HISTÓRIA DA FILOSOFIA OCIDENTAL

HISTÓRIA DA FILOSOFIA OCIDENTAL

BERTRAND RUSSELL

LIVRO 1: A FILOSOFIA ANTIGA

LIVRO 2: A FILOSOFIA CATÓLICA

LIVRO 3: A FILOSOFIA MODERNA

EDITORA NOVA FRONTEIRA

3ª EDIÇÃO | TRADUÇÃO HUGO LANGONE

Título original: *History of Western Philosophy*
Tradução autorizada da edição em inglês publicada pela Routledge, que faz parte do Taylor & Francis Group.

Editora Nova Fronteira Participações S.A.
Av. Rio Branco, 115 — Salas 1201 a 1205 — Centro — 20040-004
Rio de Janeiro — RJ — Brasil
Tel.: (21) 3882-8200

Dados Internacionais de Catalogação na Publicação (CIP)

R961h Russell, Bertrand

História da filosofia ocidental/ Bertrand Russell; traduzido por Hugo Langone. - 3. ed. - Rio de Janeiro: Nova Fronteira, 2025.
936 p.; 15,5 x 23 cm

ISBN: 978.65.5640.981-8

1. História e filosofia ocidental moderna. I. Langone, Hugo. II. Título.

CDD 109.4
CDU 1(091)(4)

André Felipe de Moraes Queiroz – Bibliotecário – CRB-4/2242

Conheça outros livros da editora:

Sumário

HISTÓRIA DA FILOSOFIA OCIDENTAL

LIVRO I: A FILOSOFIA ANTIGA

Prefácio

Algumas palavras, a título de desculpa e explicação, se fazem necessárias para que este livro se esquive de uma censura ainda mais severa do que aquela que decerto merece.

Devo tal desculpa aos especialistas nas várias escolas e filósofos. Com a possível exceção de Leibniz, todo filósofo sobre o qual me debruço é mais bem-conhecido por outras pessoas do que por mim. No entanto, se é necessário que os livros abrangentes sejam escritos, e dado que não somos imortais, é inevitável que seus autores dediquem a cada parte um tempo menor do que o tempo de que dispõe aquele que se concentra num só autor ou num breve período. Alguns, dotados de uma austeridade acadêmica inflexível, concluirão que os livros abrangentes não deveriam ser escritos em ocasião alguma — ou então, caso o sejam, que deveriam consistir em monografias assinadas por diversos autores. Todavia, algo se perde quando muitos autores colaboram. Se existe alguma unidade no movimento da história, se existe qualquer relação íntima entre o que ocorre antes e o que se passa depois, enunciá-lo exige que o período anterior e o período posterior sejam sintetizados por uma única mente. Aquele que estuda Rousseau talvez encontre dificuldade em fazer jus a seu vínculo com a Esparta de Platão e Plutarco; o historiador que se debruça sobre Esparta talvez não se mostre profeticamente ciente de Hobbes, Fichte e Lênin. Revelar relações como essas é um dos objetivos deste livro, o qual apenas uma investigação ampla pode alcançar.

Muitas são as histórias da filosofia, mas, até onde sei, nenhuma delas tem como propósito aquele que estabeleci para mim mesmo. Os filósofos são tanto efeitos como causas: efeitos de suas circunstâncias sociais, bem como da política e das instituições de suas épocas; causas (quando com sorte) de crenças que forjam a política e as instituições de anos vindouros. Em grande parte das histórias da filosofia, cada filósofo surge como que num vácuo; suas opiniões são formuladas sem vínculo algum — no máximo, com a opinião de filósofos anteriores. Por minha vez, procurei revelar cada filósofo, na medida em que a verdade permite, como fruto de seu *milieu*, como um homem em quem se cristalizaram e se concentraram pensamentos e emoções que, de maneira vaga e difusa, eram comuns à comunidade que ele integrava.

Tudo isso exigiu a inserção de alguns capítulos de pura história social. É impossível compreender os estoicos e os epicuristas sem determinado conhecimento da era helênica, do mesmo modo como é impossível compreender os escolásticos sem um entendimento mínimo do crescimento da Igreja desde o século V até o século XIII. Desse modo, expus aquilo que, em cada um dos principais períodos históricos, pareceu-me ter exercido maior influência sobre o pensamento filosófico; e o fiz com maior intensidade, ademais, nos pontos em que a história talvez seja pouco conhecida por alguns leitores — no que tange ao início da Idade Média, por exemplo. Nesses capítulos históricos, porém, suprimi rigorosamente tudo aquilo que me parecia ter pouca ou nenhuma importância para a filosofia contemporânea ou posterior.

O problema da seleção num livro como este é um tanto difícil. Se não é minuciosa, a obra se torna insípida e desinteressante; se o é, arrisca tornar-se intoleravelmente extensa. Procurei alcançar um meio-termo, debruçando-me tão somente sobre aqueles filósofos que me parecem ter considerável relevância, e mencionando, com relação a eles, tais minúcias, que, muito embora não possuam importância fundamental, são valiosas em virtude de alguma qualidade ilustrativa ou vivificante.

Desde seus primórdios, a filosofia não tem se limitado apenas a escolas ou a disputas entre um punhado de homens instruídos; ela também tem sido parte integrante da vida comunitária, e foi assim que procurei examiná-la. Se algum mérito há neste livro, ele tem origem nesse ponto de vista.

Esta obra deve sua existência ao dr. Albert C. Barnes, tendo sido originalmente concebida, e em parte proferida, na forma de palestras ministradas na Fundação Barnes, da Pensilvânia.

Como na maioria dos trabalhos que produzi desde 1932, um enorme auxílio me foi dado, tanto na pesquisa quando em outras esferas, pela minha esposa, Patricia Russell.

Introdução

As concepções de vida e mundo que denominamos "filosóficas" são fruto de dois fatores: primeiro, das concepções religiosas e éticas herdadas; depois, do tipo de investigação que pode ser chamada "científica", palavra que usamos aqui em seu sentido mais vasto. Cada filósofo diferiu amplamente no que diz respeito às proporções em que esses dois fatores influíram em seus sistemas, mas é a presença de ambos, em algum grau, o que caracteriza a filosofia.

"Filosofia" é uma palavra que tem sido empregada de diversas formas: algumas mais abrangentes, outras mais limitadas. Desejo utilizá-la em um sentido bastante amplo, que agora tentarei explicar.

Tal qual a compreendo, filosofia é algo que se encontra entre a teologia e a ciência. A exemplo da teologia, consiste ela em especulações sobre questões quanto às quais, até hoje, um conhecimento definido se mostrou inverificável; a exemplo da ciência, porém, recorre à razão humana em vez de à autoridade, seja esta a autoridade da tradição ou da revelação. Todo conhecimento *definido*, defendo eu, pertence à ciência; todo *dogma* referente ao que está além do conhecimento definido pertence à teologia. Entre ambas, no entanto, existe uma terra de ninguém, uma terra exposta a ataques de ambos os lados. Essa terra de ninguém é a filosofia. Quase todas as questões que mais despertam o interesse dos espíritos especulativos são questões para as quais a ciência é incapaz de oferecer respostas, e para as quais as soluções confiantes dos teólogos não parecem tão convincentes quanto no passado. Estaria o mundo dividido entre mente e matéria? Caso esteja, o que seria a mente e o que seria a matéria? Aquela estaria submetida a esta, ou possuiria capacidades independentes? Porventura o universo possui alguma unidade ou propósito? Estaria caminhando para algum objetivo? Existem de fato leis da natureza, ou só acreditamos nelas em virtude de nosso amor inato pela ordem? Seria o homem o que parece ser aos olhos do astrônomo, isto é, um agregado minúsculo de carbono impuro e água, arrastando-se impotentemente sobre um planeta pequeno e de pouca importância? Ou seria aquilo que parece ser a Hamlet? Os dois, talvez? Haveria um modo de vida nobre e outro vil, ou seriam todos apenas fúteis? Se há um modo nobre, no que consiste e como podemos alcançá-lo? O bem precisa ser eterno para que o valorizemos, ou vale a pena almejá-lo ainda que o universo esteja caminhando inexoravelmente para a morte? Existiria algo como a sabedoria, ou o que parece sê-la nada mais é do que o refinamento final da insensatez? Para perguntas como essa, resposta nenhuma pode ser encontrada no laboratório. Teologias diferentes declararam estar em posse das respostas, todas elas definitivas demais; esse caráter definitivo, contudo, faz que as mentes modernas as tratem com desconfiança. O estudo dessas questões, quiçá até sua solução, é o que cabe à filosofia.

Para quê, então, você pode perguntar, perder tempo com tais problemas sem solução? Há duas maneiras de responder a essa pergunta: como um historiador, ou como um alguém que enfrenta o terror da solidão cósmica.

A resposta do historiador, na medida em que sou capaz de oferecê-la, virá à baila ao longo desta obra. Desde que os homens se tornaram capazes da especulação livre, suas atitudes dependeram, em inúmeros aspectos importantes, de teorias referentes ao mundo e à vida humana, ao que é bom e ao que é mau. Isso se aplica tanto aos dias de hoje quanto a qualquer tempo passado. Para que compreendamos determinada época ou nação, devemos compreender sua filosofia, e para compreendermos sua filosofia nós devemos ser, em alguma medida, filósofos. Há aqui uma causalidade recíproca: as circunstâncias da vida humana ajudam a determinar sua filosofia, mas, em contrapartida, sua filosofia ajuda a determinar suas circunstâncias. O modo como essa interação se deu ao longo dos séculos será o tema das páginas seguintes.

Há ainda, porém, uma resposta mais pessoal. A ciência nos diz o que podemos conhecer, mas aquilo que podemos conhecer é pouco, e, se esquecemos quanto somos incapazes de saber, acabamos por nos tornar insensíveis a muito daquilo que possui enorme importância. A teologia, por outro lado, inspira uma crença dogmática que nos leva a achar que temos conhecimento quando, na verdade, o que temos é ignorância, e ao fazê-lo ela gera uma espécie de insolência impertinente com relação ao universo. Na presença de esperanças e medos vívidos, a incerteza se faz dolorosa, mas é preciso suportá-la caso desejemos viver sem o auxílio de contos de fada reconfortantes. Tampouco é bom esquecer as perguntas que a filosofia levanta, ou nos convencermos de que encontramos respostas indubitáveis para elas. Ensinar-lhes como viver sem certezas, sem, porém, se sentirem paralisados pela hesitação, essa talvez seja a principal contribuição que a filosofia, em nossa era, pode oferecer àqueles que a estudam.

A filosofia nasceu, como ramo distinto da teologia, na Grécia do século VI a.C. Após seguir seu curso na Antiguidade, mergulhou novamente na teologia quando da ascensão do cristianismo e da queda de Roma. Seu segundo período de relevância, que vai desde o século XI ao século XIV, foi dominado pela Igreja Católica, exceto por uns poucos e grandes rebeldes, como o imperador Frederico II (1195-1250). Esse período teve fim com as confusões que culminaram na Reforma. A terceira fase, que vai do século XVII até os dias de hoje, é dominada, mais do que em períodos anteriores, pela ciência; as crenças religiosas tradicionais continuam a ser importantes, mas parecem necessitar de justificativas e são modificadas onde quer que a ciência exija. Poucos dos filósofos desse período são ortodoxos do ponto de vista católico, e o Estado secular é mais importante, em suas especulações, do que a Igreja.

A exemplo da religião e da ciência, a coesão social e a liberdade individual se encontram em conflito, ou numa desconfortável harmonia, ao longo de todo esse período. Na Grécia, a coesão social era garantida pela lealdade à cidade-estado; mesmo Aristóteles, que via Alexandre tornar a cidade-estado obsoleta, era incapaz de ver mérito em qualquer outro regime. Quanto a liberdade do indivíduo era solapada por seu dever para com a cidade variava muito. Em Esparta, sua liberdade era tão reduzida quanto na Alemanha ou na Rússia modernas; no melhor período de Atenas, os cidadãos, a despeito de perseguições ocasionais, eram extraordinariamente livres de restrições impostas pelo Estado. O pensamento grego até Aristóteles é dominado pela devoção religiosa e patriótica à cidade; seus sistemas éticos são adaptados à vida dos *cidadãos* e contêm um abrangente elemento político. Quando os gregos se viram subjugados — primeiro pelos macedônios, depois pelos romanos —, os conceitos adequados a seus dias de independência deixaram de se aplicar. Por um lado, isso gerou perda de vigor mediante a ruptura com a tradição; por outro, originou uma ética mais individual e menos social. Os estoicos entendiam a vida virtuosa como uma relação entre alma e Deus, e não como uma relação entre o cidadão e o Estado. Prepararam, assim, o caminho para o cristianismo, que a exemplo do estoicismo era originalmente apolítico, uma vez que, ao longo de seus três primeiros séculos, seus adeptos não possuíam qualquer influência sobre o governo. Durante os seis séculos e meio que separaram Alexandre e Constantino, a coesão social foi garantida não pela filosofia e pelas antigas lealdades, e sim pela força: primeiro, pela força dos exércitos; depois, por aquela da administração civil. Os exércitos romanos, as estradas romanas, o direito romano e oficiais romanos criaram e preservaram um Estado centralizado poderoso. Nada podia ser atribuído à filosofia romana, uma vez que ela não existia.

Durante esse longo período, as ideias gregas herdadas da época da liberdade foram submetidas a um lento processo de transformação. Algumas das velhas ideias, de modo especial aquelas que devemos considerar especificamente religiosas, ganharam relativa importância; outras, mais racionalistas, foram desprezadas porque não mais se adequavam ao espírito da época. Desse modo, os pagãos posteriores podaram a tradição grega até que ela pudesse ser incorporada à doutrina cristã.

O cristianismo popularizou uma opinião importante, implícita já no ensinamento dos estoicos mas estranha ao espírito geral da antiguidade: refiro-me à opinião de que o dever do homem para com Deus é mais imperativo do que seu dever para com o Estado.[1] Esse ponto de vista — segundo o qual, como disseram Sócrates e os apóstolos, "devemos obedecer a Deus, e não ao homem" — sobreviveu à conversão de Constantino, uma vez que os primeiros imperadores cristãos eram arianos ou se inclinavam ao arianismo. Quando os imperadores

[1] Essa opinião não fora desconhecida em tempos passados: é enunciada na *Antígona* de Sófocles, por exemplo. Antes dos estoicos, contudo, eram poucos os que a defendiam.

abraçaram a ortodoxia, ele caiu em desuso. No Império Bizantino essa ideia continuou latente, assim como no Império Russo posterior, cujo cristianismo advinha de Constantinopla.[2] No Ocidente, contudo, onde os imperadores católicos foram substituídos de maneira quase imediata (exceção feita a algumas regiões da Gália) por conquistadores bárbaros e hereges, a superioridade da lealdade religiosa em relação à lealdade política sobreviveu — e em certa medida ainda sobrevive.

Durante seis séculos, a invasão bárbara deu fim à civilização da Europa ocidental. Na Irlanda, ela perdurou até sua destruição, no século IX, pelos dinamarqueses, mas antes de ser extinta deu origem a uma figura notável: Escoto Erígena. No Império Oriental, a civilização grega perdurou em uma forma ressecada, como se num museu, até a queda de Constantinopla em 1453; Constantinopla, porém, nada de relevante deu ao mundo além de sua tradição artística e dos códigos de direito romano de Justiniano.

Durante o período das trevas, que abarca do século V a meados do século XI, o mundo romano ocidental passou por mudanças muito interessantes. O conflito, introduzido pelo cristianismo, entre o dever para com Deus e o dever para com o Estado assumiu a forma do conflito entre Igreja e rei. A jurisdição eclesiástica do papa se estendia sobre Itália, França e Espanha, Grã-Bretanha e Irlanda, Alemanha, Escandinávia e Polônia. Inicialmente, seu controle sobre os bispos e abades fora da Itália e do sul da França era muito fraco, mas desde Gregório VII (final do século XI) tornou-se real e efetivo. Doravante, o clero de toda a Europa ocidental constituiria uma só organização dirigida desde Roma, buscando o poder de maneira inteligente, incansável e, até depois do ano 1300, geralmente vitoriosa em seus embates com os governantes seculares. O conflito entre Igreja e Estado não era apenas um conflito entre clero e leigos; tratava-se também da renovação do conflito entre o mundo mediterrâneo e os bárbaros do norte. A unidade da Igreja ecoava a unidade do Império Romano; sua liturgia era realizada em latim e seus próceres vinham, em sua grande maioria, da Itália, da Espanha ou do sul da França. Sua educação, quando esta foi enfim restaurada, era clássica; suas noções de direito e governo seriam mais inteligíveis a Marco Aurélio do que eram aos monarcas contem-

[2] É por essa razão que o russo moderno não acredita que devemos obedecer mais ao materialismo dialético do que a Stalin.

porâneos. A Igreja representava, de uma só vez, a continuidade com o passado e o que havia de mais civilizado no presente.

O poder secular, por sua vez, estava nas mãos de reis e barões de origem teutônica, os quais se empenhavam para preservar tudo quanto lhes fosse possível das instituições que haviam trazido das florestas da Alemanha. O poder absoluto era estranho a essas instituições, bem como aquilo que, aos olhos daqueles vigorosos conquistadores, parecia ser uma legalidade maçante e sem vida. O rei tinha de dividir seu poder com a aristocracia feudal, mas a todos eram permitidas explosões ocasionais de paixão na forma de guerras, assassinatos, saques ou estupros. Os monarcas poderiam se arrepender, dado que eram sinceramente piedosos e, no final das contas, o próprio arrependimento era uma forma de paixão. A Igreja, porém, jamais conseguiu produzir, neles, a regularidade serena do bom comportamento que o empregador moderno exige, e em geral obtém, de seus empregados. De que servia conquistar o mundo se eles não poderiam beber, matar e amar segundo o ditame de seus espíritos? E por que eles, com seus exércitos de cavaleiros orgulhosos, deveriam se submeter às ordens de homens livrescos, comprometidos com o celibato e destituídos de força armada? A despeito da desaprovação eclesiástica, eles conservaram os duelos e os julgamentos em batalha, bem como desenvolveram os torneios e o amor cortês. Vez ou outra, em acessos de ira, chegavam até mesmo a assassinar clérigos destacados.

Toda a força armada estava do lado dos reis, mas ainda assim a Igreja se saiu vitoriosa. Seu triunfo se deu, em parte, por ter ela quase o monopólio da educação e, em parte, por estarem os reis sempre em batalha uns com os outros; no entanto, o principal motivo estava em que tanto os governantes quanto o povo — com pouquíssimas exceções — acreditarem piamente em que a Igreja possuía o poder das chaves. A Igreja podia decidir se determinado rei deveria passar a eternidade no céu ou no inferno; a Igreja podia absolver os súditos do dever da lealdade, estimulando assim a rebelião. Além disso, a Igreja representava a ordem em vez de a anarquia, e como consequência ganhou o apoio da classe mercantil emergente. De modo especial na Itália, esse último fator foi decisivo.

A tentativa teutônica de preservar ao menos uma independência parcial da Igreja se exprimia não apenas na política, mas também na arte, no romance, na cavalaria e na guerra. No mundo intelectual, foi muito reduzida a sua expressão, visto que a educação se limitava quase toda ao clero. A filosofia explícita da Idade Média não é um reflexo preciso da época, mas apenas daquilo que um de seus grupos pensava. Entre os eclesiásticos, porém — de modo especial entre os frades franciscanos —, encontravam-se alguns que, por diversas razões, divergiam do papa. Na Itália, ademais, a cultura se estendeu à laicidade alguns séculos antes de tê-lo feito ao norte dos Alpes. Frederico II, que tentou fundar uma nova religião, representa o extremo da cultura antipapal; Tomás de Aquino, que nascera no reino de Nápoles, onde Frederico II era autoridade máxima, continua sendo até hoje o expoente clássico da filosofia papal. Cerca de cinquenta anos depois, Dante logrou uma síntese, oferecendo-nos a única exposição equilibrada de todo o universo de ideias do medievo.

Depois de Dante, tanto por razões políticas quanto econômicas, a síntese filosófica medieval sucumbiu. Enquanto durou, teve como traços o asseio e uma completude minuciosa; tudo aquilo que o sistema explicava era inserido com precisão em relação aos outros conteúdos de seu limitadíssimo universo. No entanto, o Grande Cisma, o movimento conciliar e o papado renascentista culminaram na Reforma, a qual foi responsável por destruir a unidade da cristandade e a teoria escolástica do governo, que girava ao redor do papa. No período do Renascimento, novos conhecimentos, referentes tanto à Antiguidade quanto à superfície da Terra, fizeram que os homens se cansassem de sistemas, que passaram então a ser vistos como prisões mentais. A astronomia copernicana conferiu à Terra e ao homem uma posição mais humilde do que aquela de que haviam desfrutado na teoria ptolemaica. O prazer dos novos fatos tomou, entre os homens inteligentes, o lugar que ocupava o prazer de raciocinar, analisar e sistematizar. Embora na arte ainda se mostre ordenado, no âmbito do pensamento o Renascimento prefere uma desordem ampla e fecunda. Nesse aspecto, Montaigne é quem melhor representa o período.

Como em tudo o que não era arte, também na teoria política a ordem entrou em colapso. A Idade Média, embora turbulenta na prática, viu seu pensamento ser dominado por uma paixão pela legalidade e por uma teoria muito precisa do poder político. No fim das contas, todo poder deriva de Deus; Ele delegou autoridade ao papa nas coisas sagradas e aos imperadores nos assuntos seculares. O papa e o imperador, contudo, perderam sua importância durante o século XV. O papa acabou se tornando mais um entre os príncipes da Itália, envolvendo-se no jogo incrivelmente complicado e inescrupuloso da política de poder italiana. As novas monarquias nacionais na França, na Espanha e na Inglaterra desfrutavam, em seus próprios territórios, de um poder em que nem o papa nem o imperador podiam interferir. Graças sobretudo à pólvora, o Estado nacional passou a exercer, sobre os pensamentos e sentimentos dos homens, uma influência que jamais tivera antes e que aos poucos destruiu o que ainda restava da crença romana na unidade da civilização.

Essa desordem política foi expressa no livro *O príncipe* de Maquiavel. Na falta de um princípio norteador, a política se torna uma disputa crua pelo poder; a obra fornece conselhos perspicazes para quem deseja ter sucesso nesse jogo. O que se dera no grande auge da Grécia ocorreu novamente na Itália renascentista: as restrições morais tradicionais desapareceram por causa de sua suposta associação com a superstição; a libertação dos grilhões tornou as pessoas energéticas e criativas, gerando um raro florescer de gênios; ao mesmo tempo, porém, a anarquia e a traição que inevitavelmente resultavam do declínio da moralidade fez dos italianos um povo coletivamente impotente, e assim, a exemplo dos gregos, eles caíram sob o jugo de nações menos civilizadas, mas não tão carentes de coesão social.

Nesse caso, porém, o resultado foi menos desastroso do que no caso da Grécia, uma vez que as nações recém-poderosas, exceção feita à Espanha, revelaram-se tão capazes de grandes conquistas quanto haviam sido os italianos.

Do século XVI em diante, a história do pensamento europeu é dominada pela Reforma. A Reforma foi um movimento complexo e multiface, cujo sucesso se deveu a uma série de causas. Tratou-se, em grande parte, de uma revolta das nações do norte contra o domínio renovado de Roma. Força que subjugara o norte, a religião, na Itália, havia decaído: o papado continuou a ser uma instituição e cobrava altos tributos da Alemanha e da Inglaterra, mas estas nações, que ainda eram piedosas, viam-se incapazes de demonstrar reverência pelos Bórgias e Médicis, que declaravam salvar almas do purgatório em troca de quantias que gastavam com luxos e imoralidades. Razões nacionais, econômicas e morais se mesclaram e fortaleceram a revolta contra Roma. Além disso, os príncipes logo perceberam que, se em seus territórios a Igreja se tornasse meramente nacional, eles seriam capazes de dominá-la e tornar-se-iam muito mais poderosos em casa do que estiveram quando dividiam seu domínio com o papa. Por todas essas razões, as inovações teológicas de Lutero foram acolhidas pelos governantes e povos de grande parte do norte da Europa.

A Igreja Católica advinha três fontes. Sua história sagrada era judaica; sua teologia, grega; e seu governo e direito canônico, ao menos de maneira indireta, romanos. A Reforma rejeitou os elementos romanos, abrandou aqueles que provinham da Grécia e fortaleceu em demasia os judaicos. Cooperou, desse modo, com as forças nacionalistas que desfaziam o trabalho de coesão social realizado primeiro pelo Império Romano e, depois, pela Igreja de Roma. Na doutrina católica, a revelação divina não terminou com as Escrituras; ela continuava, de era em era, por meio da Igreja, à qual, portanto, o indivíduo tinha o dever de submeter suas opiniões privadas. Os protestantes, por sua vez, rejeitaram a Igreja como veículo da revelação; a verdade só deveria ser buscada na Bíblia, a qual cada um poderia interpretar por conta própria. Se os homens diferissem nas leituras, não havia qualquer autoridade nomeada por Deus que pudesse solucionar a disputa. Na prática, o Estado reivindicou para si o direito que outrora pertencia à Igreja, mas tratava-se aí de uma usurpação. Segundo a teoria protestante, não deve haver intermediário terreno entre a alma e Deus.

Os efeitos dessa mudança foram profundos. Para que determinada verdade fosse assegurada, não se fazia mais necessário consultar autoridades; bastava a reflexão interior. Rapidamente desenvolvida foi a tendência ao anarquismo, na política, e ao misticismo, na religião, que só com dificuldades se adequava à ortodoxia católica. Passou a haver não apenas um protestantismo, mas uma multiplicidade de seitas; não apenas uma filosofia contrária à escolástica, mas tantas quantas eram os filósofos; não apenas um imperador em oposição ao papa, como no século XIII, mas uma enorme quantidade de reis hereges. Como consequência, tanto no campo do pensamento quanto no campo da literatura, consolidou-se um subjetivismo cada vez mais profundo, o qual começou como uma libertação sadia da escravidão espiritual, mas progrediu inflexivelmente para um isolamento particular hostil à sanidade social.

A filosofia moderna tem início com Descartes, cuja certeza fundamental, da qual o mundo externo deve ser deduzido, é a existência de si e dos próprios pensamentos. Esse foi apenas o primeiro passo de um desdobramento que vai de Berkeley e Kant até Fichte e que afirma que tudo não passa de emanação do ego. Tratava-se de uma sandice, e desde então a filosofia vem tentando fugir desse extremo e retornar ao mundo do bom senso cotidiano.

De mãos dadas com o subjetivismo na filosofia andou, no âmbito da política, o anarquismo. Ainda durante a vida de Lutero, discípulos importunos e irreconhecidos desenvolveram a doutrina do anabatismo, a qual predominou, durante certo tempo, na cidade de Münster. Os anabatistas repudiavam toda e qualquer lei, uma vez que a seus olhos o homem bom será orientado a todo momento pelo Espírito Santo, que não se deixa limitar por fórmulas. Partindo dessa premissa, chegaram ao comunismo e à promiscuidade sexual, e após uma resistência heroica foram enfim exterminados. Sua doutrina, porém, difundiu-se em formas mais brandas pela Holanda, pela Inglaterra e pelos Estados Unidos; historicamente, trata-se da fonte do quaquerismo. Uma forma de anarquismo mais feroz, agora não mais vinculada à religião, surgiu no século XIX. Na Rússia, na Espanha e, em grau mais reduzido, na Itália, ela alcançou considerável sucesso, e até hoje continua sendo um bicho-papão para as autoridades de imigração norte-americanas. Essa forma moderna, muito embora seja antirreligiosa, ainda conserva muito do espírito do protestantismo primitivo; difere sobretudo por dirigir aos governos seculares a hostilidade que Lutero dirigia aos papas.

Uma vez liberta, a subjetividade não pôde ser refreada até que seguisse seu rumo. No campo da moralidade, a ênfase protestante na consciência individual era essencialmente anárquica. Os hábitos e costumes eram tão fortes que, exceto em ocasionais rupturas, como aquela verificada em Münster, os discípulos do individualismo no campo da ética continuaram a agir da maneira que se convencionara virtuosa. Esse, porém, era um equilíbrio precário. O culto à "sensibilidade" do século XVIII começou a torná-lo instável: determinado ato era admirado não por suas consequências boas ou por sua conformidade com certo código moral, e sim pela emoção que o havia inspirado. Dessa atitude nasceu o culto do herói tal qual expresso por Carlyle e Nietzsche, bem como o culto byroniano de todo tipo de paixão violenta.

Tanto na arte quanto na literatura e na política, o movimento romântico está associado a esse modo subjetivo de julgar os homens não como membros de uma comunidade, mas como objetos de contemplação esteticamente deleitosos. Os tigres são mais bonitos do que as ovelhas, mas nós os preferimos atrás das grades. O romântico típico retira as grades e se deleita com os magníficos saltos com que o tigre aniquila a ovelha. Ele exorta os homens a verem a si mesmos como tigres, e quando tem sucesso os resultados não são de todo agradáveis.

Foram muitas as reações contra as formas mais insanas de subjetivismo nos tempos modernos. Em primeiro lugar, temos a doutrina do liberalismo, a qual encontrou um meio-termo e tentou determinar as respectivas esferas do governo e do indivíduo. Em sua forma moderna, ela teve início com Locke, homem que se opunha tanto ao "entusiasmo" — ao individualismo dos anabatistas — quanto à autoridade absoluta e à subserviência cega à tradição. Uma revolta mais radical conduz à doutrina do culto do Estado, a qual confere a ele a posição que o catolicismo conferia à Igreja e, às vezes, até mesmo a Deus. Hobbes, Rousseau e Hegel representam estágios diferentes dessa teoria, e suas doutrinas ganharam corpo em Cromwell, Napoleão e na Alemanha moderna. Na teoria, o comunismo se encontra muito distante dessas filosofias, mas na prática acaba sendo conduzido a um tipo de comunidade muito semelhante àquela que resulta do culto do Estado.

Durante todo esse longo desenvolvimento, isto é, de 600 a.C. até os dias de hoje, os filósofos se dividiram entre aqueles que desejavam estreitar os laços sociais e aqueles que desejavam afrouxá-los. A essa diferença, outras se associaram. Os disciplinadores exigiram um sistema dogmático, fosse ele velho ou novo, e assim se viram forçados a nutrir, em maior ou menor grau, certa hostilidade para com a ciência, uma vez que seus dogmas não podiam ser empiricamente demonstrados. De maneira quase invariável, proclamaram que a felicidade não está no bem, e que a "nobreza" ou o "heroísmo" devem ter prioridade. Eles se mostraram afeitos às partes irracionais da natureza humana, visto que a seus olhos a razão era inimiga da coesão social. Os libertários, por sua vez, exceção feita aos anarquistas radicais, tendiam a ser científicos, utilitários, racionalistas e hostis às paixões violentas, bem como inimigos das formas mais profundas de religião. Esse conflito existia na Grécia antes da ascensão do que hoje conhecemos como filosofia e se mostra de modo um tanto explícito já no pensamento grego primitivo. Assumindo formas diferentes, ele perdurou até os dias de hoje, e certamente perdurará por muitas eras vindouras.

Claro está que cada lado dessa disputa — assim como em todas as que se estendem por longos períodos de tempo — está parcialmente certo e parcialmente errado. A coesão social é uma necessidade, e a humanidade ainda não conseguiu reforçá-la valendo-se apenas de argumentos racionais. Toda comunidade está exposta a dois perigos opostos: de um lado, à ossificação causada pelo excesso de disciplina e de reverência pela tradição; do outro, à dissolução, ou à submissão a conquistas estrangeiras, suscitada pelo crescimento de um individualismo e uma independência pessoal que tornam a cooperação impossível. Em geral, as civilizações importantes começam com um sistema rígido e supersticioso que é gradativamente abrandado e que, em determinado momento, culmina num período de brilhante genialidade, enquanto a parte boa da velha tradição se perpetua e o mal inerente à sua dissolução ainda é latente. Quando, porém, o mal se manifesta, ele conduz à anarquia e, daí, a uma tirania nova e inevitável, produzindo uma síntese original que é assegurada por um sistema dogmático novo. A doutrina do liberalismo é uma tentativa de fugir dessa interminável oscilação. Sua essência está na tentativa de consolidar uma ordem social que não se fundamente num dogma irracional e de garantir estabilidade sem impor mais restrições do que aquelas que se fazem necessárias à preservação da comunidade. Se essa tentativa será bem-sucedida, só o futuro dirá.

Parte I
Os pré-socráticos

1
O surgimento da civilização grega

Não há, em toda a história, fato que seja tão surpreendente ou difícil de ser explicado quanto o repentino surgimento da civilização na Grécia. Muito daquilo que constitui a civilização já existia há milhares de anos no Egito e na Mesopotâmia, tendo dali se espalhado aos países vizinhos; todavia, certos elementos só passaram a existir quando de sua criação pelos gregos. O que estes lograram na arte e na literatura todos o sabem, mas aquilo que realizaram na esfera puramente intelectual é ainda mais extraordinário. Os gregos inventaram a matemática,[1] a ciência e a filosofia; foram os primeiros a escrever narrativas históricas em oposição aos anais; e, livres dos grilhões de uma ortodoxia herdada, especularam livremente sobre a natureza do mundo e sobre as finalidades da vida. O que ocorreu foi tão desconcertante que, até pouquíssimo tempo atrás, bastava aos homens parecer embasbacados e falar misticamente sobre a genialidade grega. No entanto, nós podemos compreender o desenvolvimento da Grécia em termos científicos, e vale muito a pena fazê-lo.

A filosofia tem início com Tales, cuja existência felizmente pode ser datada em virtude de ter ele previsto um eclipse que, segundo os astrônomos, se deu no ano 585 a.C. Desse modo, a filosofia e a ciência, que originalmente não estavam separadas, nasceram juntas no início do século VI. O que acontecera na Grécia e nos países vizinhos antes desse período? Toda e qualquer resposta será parcialmente conjec-

[1] A aritmética e algo da geometria já existiam entre os egípcios e babilônicos, mas consistiam sobretudo em regras práticas. O raciocínio dedutivo realizado a partir de premissas genéricas foi inovação grega.

tural, mas em nosso século a arqueologia nos propiciou muito mais informações do que aquelas de que nossos avós desfrutavam.

A arte da escrita foi inventada em torno do ano 4000 a.C. no Egito e, não muito tempo depois, na Mesopotâmia. Em cada país, ela teve início na forma de desenhos que indicavam os objetos desejados. Essas figuras logo adquiriram contornos convencionais, de modo que as palavras passaram a ser representadas por ideogramas, como ainda acontece na China. Ao longo de milhares de anos, esse sistema complicado evoluiu até transformar-se na escrita alfabética.

O desenvolvimento precoce da civilização no Egito e na Mesopotâmia se deveu ao Nilo, ao Tigre e ao Eufrates, rios que tornaram a agricultura muito fácil e produtiva. Em vários aspectos, aquela civilização era muito semelhante à que os espanhóis encontraram no México e no Peru. Havia um rei divino, dotado de poderes despóticos; no Egito, era ele o dono de toda a terra. Havia uma religião politeísta, com um deus supremo que tinha com o rei uma relação especialmente íntima. Havia uma aristocracia militar, bem como uma aristocracia sacerdotal. Caso o rei fosse fraco ou estivesse envolvido numa guerra difícil, esta última muitas vezes se via em condições de intervir no poder real. Aqueles que cultivavam o solo eram servos pertencentes ao rei, à aristocracia ou ao sacerdócio.

Eram consideravelmente distintas a teologia egípcia e a teologia babilônica. Os egípcios se preocupavam com a morte e acreditavam que as almas dos mortos desciam para o submundo, onde seriam julgadas por Osíris de acordo com a vida que levaram sobre a Terra. Segundo eles, a alma acabaria por retornar ao corpo, o que culminou na mumificação e na construção de tumbas esplêndidas. As pirâmides foram erguidas por reis diversos no final do quarto e no início do terceiro milênio antes de Cristo. Após esse período, a civilização egípcia tornou-se cada vez mais estereotipada e o conservadorismo religioso impossibilitou o progresso. Aproximadamente em 1800 a.C., o Egito foi conquistado pelos semitas denominados hicsos, que governaram o país por cerca de dois séculos. Eles não deixaram qualquer marca permanente ali, mas sua presença deve ter ajudado a difundir a civilização egípcia na Síria e na Palestina.

A Babilônia teve um desenvolvimento mais belicoso do que o Egito. Inicialmente, a raça governante não era a dos semitas, mas a dos "sumérios", cuja origem é desconhecida. Eles inventaram a escrita cuneiforme, posteriormente adotada pelos semitas que os conquistaram. Houve um período no qual várias cidades independentes existiram e lutaram entre si, mas no final a Babilônia se destacou e construiu um império. Os deuses das outras cidades se tornaram subservientes, e Marduk, deus da Babilônia, alcançou uma posição semelhante àquela que tinha Zeus no panteão grego. O mesmo tipo de coisa ocorreu no Egito, mas muito tempo antes.

As religiões do Egito e da Babilônia, a exemplo de outras religiões antigas, tiveram início como cultos da fertilidade. A Terra era fêmea, e o Sol, macho. O touro era em geral tido como corporificação da fertilidade masculina, e assim deuses-touros eram comuns. Na Babilônia, Ishtar, deusa da Terra, superava todas as outras divindades. Em toda a Ásia ocidental, a Grande Mãe era venerada com diferentes nomes. Quando os colonos gregos da Ásia Menor encontraram templos dedicados a ela, nomearam-na Ártemis e adotaram o culto já existente. É essa a origem da "Diana dos efésios".[2] O cristianismo a converteu na Virgem Maria, e foi um concílio em Éfeso que legitimou o título de "Mãe de Deus" tal qual aplicado à Nossa Senhora.

Uma vez que a religião esteve associada ao governo do império, razões políticas em muito contribuíram para transformar seus traços primitivos. Um deus ou uma deusa se tornava vinculado ao Estado e precisava garantir não apenas uma colheita abundante, mas também vitória nas guerras. Uma casta sacerdotal abastada desenvolvia o ritual e a teologia, unindo num só panteão as diversas divindades das partes que compunham o império.

Associando-se ao governo, os deuses também se associavam à moralidade. Os legisladores recebiam seus códigos de um deus; por conseguinte, violar a lei se tornava ato de impiedade. O código legal mais antigo a chegar até nós é aquele de Hamurabi, rei da Babilônia (2067-2025 a.C.); dizia o monarca que as leis lhe foram entregues por Marduque. O vínculo entre religião e moralidade se estreitou continuamente ao longo dos tempos antigos.

Ao contrário do que acontecia no Egito, a religião babilônica nutria maior interesse pela prosperidade nesse mundo do que pela felicida-

[2] Diana era a equivalente latina de Ártemis. É Ártemis a mencionada no Testamento grego no qual nossa tradução fala de Diana.

de no próximo. Magia, adivinhações e astrologia, embora não fossem práticas específicas da Babilônia, desenvolveram-se mais ali do que em qualquer outro lugar, e foi sobretudo por meio da Babilônia que vieram a exercer tamanha influência na Antiguidade tardia. Da Babilônia saíram alguns elementos que pertencem à ciência: a divisão do dia em vinte e quatro horas e do círculo em 360 graus; coube a ela, também, a descoberta da ciclicidade dos eclipses, o que permitiu que os eclipses lunares fossem previstos com exatidão e que os eclipses solares fossem previstos com certa probabilidade. Esse saber babilônico, como veremos, foi assimilado por Tales.

As civilizações do Egito e da Mesopotâmia eram agrícolas, ao passo que as das nações vizinhas eram, ao menos no início, pastorais. Um novo elemento surgiu quando do desenvolvimento do comércio, que em sua origem era quase todo marítimo. Até cerca do ano 1000 a.C., as armas eram feitas de bronze, e as nações que não possuíam os metais necessários em seu próprio território viam-se obrigadas a obtê-los mediante o comércio ou a pirataria. A pirataria foi um recurso temporário, e, nos locais em que as condições sociais e políticas se mostraram suficientemente estáveis, logo se concluiu que o comércio era mais rentável. No comércio, a ilha de Creta parece ter sido a pioneira. Por cerca de onze séculos — de 2500 até 1400 a.C., digamos —, existiu ali uma cultura artisticamente avançada denominada minoica. O que sobreviveu da arte cretense emana alegria e um luxo quase decadente, o que em muito difere da obscuridade assustadora dos templos egípcios.

Dessa importante civilização quase nada se conhecia até as escavações realizadas, entre outros, por *Sir* Arthur Evans. Tratava-se de uma civilização marítima, em estreito vínculo com o Egito (exceto durante o período dos hicsos). A partir das imagens egípcias, se torna evidente que o considerável comércio realizado entre Egito e Creta foi levado a cabo por navegantes cretenses; esse comércio atingiu seu ponto mais alto em cerca de 1500 a.C. A religião cretense parece ter nutrido certas afinidades com as religiões da Síria e da Ásia Menor, mas sua arte, não obstante fosse bastante original e maravilhosamente vivaz, estava mais próxima do Egito. O centro da civilização cretense era o chamado "palácio de Minos", em Cnossos; sua memória foi conservada nas tradições da Grécia clássica. Os palácios de Creta eram magníficos, mas foram destruídos mais ou menos no final do século XIV a.C., muito provavelmente por invasores vindos da Grécia. A cronologia da história cretense deriva dos objetos egípcios encontrados na ilha e dos objetos cretenses encontrados no Egito; todo o nosso conhecimento depende de evidências arqueológicas.

Os cretenses cultuavam uma deusa, ou talvez várias delas. A deusa de que menos se tem dúvidas era a "Senhora dos Animais": tratava-se de uma caçadora, provavelmente a fonte da Ártemis clássica.[3] Ao que parece, era também mãe. Além do "Senhor dos Animais", a única deidade masculina, é seu jovem filho. Há algumas evidências de que se acreditava na vida após a morte, quando, a exemplo do que pregava a fé egípcia, os atos realizados na Terra receberiam sua recompensa ou sua punição. No geral, porém, a arte indica que os cretenses foram um povo alegre, pouco oprimido por superstições sombrias. Gostavam de lutas de touros, nas quais tanto toureiras quanto toureiros exibiam impressionantes números acrobáticos. *Sir* Arthur Evans acredita que essas lutas eram celebrações religiosas e que os artistas pertenciam à mais alta nobreza; essa visão, porém, não é por todos aceita. As figuras remanescentes estão repletas de movimento e realismo.

Os cretenses desenvolveram uma escrita linear, mas ela ainda não foi decifrada. Na vida doméstica, eram pacíficos, e suas cidades não ostentavam muros; não há dúvidas de que sua defesa vinha de forças marítimas.

Antes da destruição da cultura minoica, ela se espalhou, mais ou menos no ano 1600 a.C., à região continental da Grécia, onde sobreviveu, submetida a estágios graduais de modificação, até cerca de 900 a.C. Essa civilização continental é denominada micênica; ela se deu a conhecer por meio das tumbas dos reis e também de fortalezas construídas no topo das colinas, o que demonstra ter havido ali mais medo da guerra do que em Creta. Preservadas, tanto as tumbas quanto as fortalezas impressionaram a imaginação da Grécia clássica. Os trabalhos artísticos mais antigos do palácio ou foram produzidos por mão de obra cretense, ou são muito parecidos com aqueles de Creta. É a civilização micênica, vista sob o véu da lenda, que Homero descreve.

[3] Ela possui um irmão gêmeo ou consorte conhecido como "Senhor dos Animais", mas ele é menos proeminente. Só posteriormente é que Ártemis veio a ser identificada com a Grande Mãe da Ásia Menor.

Grande é a incerteza que circunda os micênicos. Porventura sua civilização só existiu porque haviam sido conquistados pelos cretenses? Falavam grego, ou se tratava de uma raça indígena anterior? Nenhuma resposta definitiva pode ser dada, mas há evidências que tornam provável o fato de terem sido conquistadores de língua grega e de ao menos sua aristocracia consistir em invasores louros do Norte que levaram consigo a língua grega.[4] Os gregos chegaram à Grécia em três ondas sucessivas: primeiro vieram os jônicos, depois os aqueus e, por fim, os dóricos. Ao que parece, os jônicos, muito embora fossem conquistadores, adotaram a civilização cretense quase por inteiro, do mesmo modo como, no futuro, os romanos adotariam a civilização da Grécia. No entanto, os jônicos foram importunados, e em grande medida também desapropriados, por seus sucessores, os aqueus. Sabe-se, a partir de tabuletas hititas encontradas em Boghaz-Keui, que os aqueus consolidaram um império extenso e organizado no século XIV a.C. A civilização micênica, que fora enfraquecida pela guerra dos jônicos e aqueus, foi praticamente destruída pelos dóricos, os últimos invasores gregos. Se os invasores precedentes haviam adotado de maneira quase integral a religião minoica, os dóricos conservaram a religião indo-europeia de seus ancestrais. A religião do período micênico, porém, perdurou, de modo especial nas classes baixas, e assim a religião da Grécia clássica era uma mistura das duas. Com efeito, algumas das deusas clássicas tinham origem micênica.

Muito embora o que foi dito acima pareça provável, é preciso ter em mente que não *sabemos* se os micênicos eram gregos ou não. O que sabemos é que sua civilização sucumbiu, que mais ou menos na época de seu fim o ferro substituiu o bronze e que durante certo tempo a supremacia marítima ficou nas mãos dos fenícios.

Tanto na reta final da era micênica quanto após o seu termo, alguns dos invasores se fixaram em definitivo e se tornaram agricultores, enquanto outros continuaram viajando e ingressaram, primeiro, nas ilhas e na Ásia Menor e em seguida na Sicília e no sul da Itália, onde fundaram cidades que viviam às custas do comércio marítimo. Foi nessas cidades costeiras que os gregos desenvolveram contribui-

[4] Veja-se *The Minoan-Mycenaean Religion and Its Survival in Greek Religion*, de Martin P. Nilsson, p. 11ss.

ções qualitativamente novas à civilização; a supremacia de Atenas veio depois, e esteve igualmente associada ao poder naval.

A parte continental da Grécia é montanhosa e amplamente infértil. Muitos, contudo, são os vales produtivos que possibilitam fácil acesso ao mar, mas que encontram nas montanhas obstáculos para uma tranquila comunicação terrestre entre si. Nesses vales, pequenas comunidades isoladas cresceram, as quais viviam da agricultura e orbitavam ao redor de uma cidade, em geral próxima ao mar. Nessas circunstâncias, era natural que, tão logo a população de determinada comunidade crescesse a ponto de sobrepujar seus recursos internos, aqueles que não pudessem viver em terra firme se entregassem à navegação. As cidades do continente estabeleceram colônias, muitas vezes em lugares nos quais era muito mais fácil encontrar subsistência do que antes, em casa. Assim, em seu período histórico mais remoto, os gregos da Ásia Menor, da Sicília e da Itália foram muito mais ricos do que os gregos do continente.

O sistema social era muito diferente em cada parte da Grécia. Em Esparta, uma pequena aristocracia vivia às custas da dominação do trabalho de servos de outras raças; nas regiões agrícolas mais pobres, a população consistia sobretudo em fazendeiros que cultivavam a própria terra com a ajuda de seus familiares. No entanto, nos pontos onde o comércio e a indústria floresceram, os cidadãos livres ficaram ricos empregando escravos — homens nas minas e mulheres na indústria têxtil. Na Jônia, esses escravos vinham dos povos bárbaros vizinhos, sendo, em regra, conquistados nas guerras. Com o crescimento da riqueza ocorreu também o crescente isolamento de mulheres respeitáveis, as quais, exceção feita a Esparta e Lesbos, quase não tomariam parte nos aspectos civilizados da vida grega.

Um desenvolvimento muito genérico se verificou: primeiro, da monarquia à aristocracia, ao que se seguiu uma alternância entre tirania e democracia. Os reis não eram absolutos como os do Egito e da Babilônia; recebiam orientação de um Conselho de Anciãos e não podiam violar os costumes sem serem punidos. "Tirania" não significava necessariamente governo ruim, mas apenas o governo de alguém cuja pretensão ao poder não tinha razões hereditárias. "Democracia" significava o governo realizado por todos os cidadãos, entre os quais não se incluíam os escravos e as mulheres. A exemplo dos Médicis, os primeiros tiranos chegaram ao poder por serem os membros mais ricos de suas respectivas plutocracias. Muitas vezes, a fonte de sua riqueza estava nas minas de ouro e prata que possuíam e que se tornaram ainda mais rentáveis após a instituição da cunhagem, desenvolvida no reino da Lídia, adjacente à Jônia.[5] Aparentemente, a cunhagem foi inventada pouco antes de 700 a.C.

Uma das consequências mais importantes, para os gregos, do comércio e da pirataria — inicialmente, ambos quase não se distinguem — foi a assimilação da arte da escrita. Muito embora ela já existisse havia milhares de anos no Egito e na Babilônia, e muito embora os cretenses minoicos possuíssem um alfabeto hoje considerado uma forma de grego, não se sabe ao certo a data em que os gregos assimilaram a escrita alfabética. Eles descobriram a arte com os fenícios, que haviam sido expostos, a exemplo dos outros habitantes da Síria, à influência egípcia e babilônica e que desfrutaram da supremacia no comércio marítimo até o surgimento das cidades gregas da Jônia, da Itália e da Sicília. Ao escreverem, no século XIV, para Aquenáton (rei herege do Egito), os sírios ainda empregavam o estilo cuneiforme babilônico; Hirão de Tiro (969-936), porém, valera-se já do alfabeto fenício, que provavelmente havia se desenvolvido a partir da escrita egípcia. No início, os egípcios empregavam uma escrita puramente figurativa; pouco a pouco, essas imagens, que haviam sido em grande parte convencionadas, passaram a representar sílabas (a primeira sílaba do nome das coisas retratadas) e, enfim, letras isoladas, ao estilo de "A era um Arqueiro que alvejou um sapo".[6] Esse último passo, que não foi inteiramente dado pelos egípcios, e sim pelos fenícios, dotou o alfabeto de todas as suas vantagens. Tomando-o de empréstimo dos fenícios, os gregos modificaram o alfabeto para que se adequasse à sua língua, logrando a importante inovação de acrescentar vogais ao grupo formado apenas por consoantes. Não há dúvidas de que a aquisição desse conveniente método de escrita precipitou o surgimento da civilização grega.

O primeiro fruto notável da civilização helênica foi Homero. Tudo o que se diz sobre ele é resultado de conjecturas, mas há uma posição

[5] Veja-se P.N. Ure, *The Origin of Tyranny*.

[6] "Gimel", por exemplo, a terceira letra do alfabeto hebraico, significa "camelo", e seu signo é uma imagem convencionada do animal.

amplamente aceita segundo a qual fora ele não um indivíduo, mas uma série de poetas. De acordo com os que partilham dessa opinião, entre a redação completa da *Ilíada* e da *Odisseia* foram necessários cerca de duzentos anos — alguns dizem que tratou-se do período entre 750 e 550 a.C.[7] —, ao passo que outros dizem que "Homero" já estava praticamente concluído no final do século VIII.[8] Em sua forma atual, os poemas homéricos foram levados a Atenas por Pisístrato, que reinou (com interrupções) de 560 a 527 a.C. Doravante, a juventude ateniense passou a conhecer Homero de cor, sendo essa a principal parte de sua educação. Em algumas partes da Grécia, de modo especial em Esparta, Homero só veio a ter o mesmo prestígio posteriormente.

Os poemas homéricos, a exemplo dos romances corteses da Idade Média tardia, representam o ponto de vista de uma aristocracia civilizada que trata como plebeias várias das superstições que ainda abundam entre o povo. Muito tempo depois, muitas dessas superstições voltaram à luz do dia. Norteados pela antropologia, muitos autores modernos chegaram à conclusão de que Homero, longe de ser primitivo, foi um expurgador, alguém semelhante àqueles que racionalizavam os mitos antigos no século XVIII, conservando o ideal de esclarecimento urbano da classe alta. Tanto nessa época quanto depois, os deuses do Olimpo, representantes da religião em Homero, não eram os únicos objetos de culto entre os gregos. Havia, na religião popular, elementos mais sombrios e selvagens que o melhor do pensamento grego conseguiu manter à distância, mas que davam seu bote em momentos de fraqueza ou terror. Na época da decadência, descobriu-se que crenças descartadas por Homero não haviam sido enterradas por completo durante o período clássico. Isso explica uma série de coisas que, de outro modo, soariam inconsistentes e surpreendentes.

Em toda parte, a religião primitiva era tribal, e não pessoal. Certos ritos eram realizados a fim de satisfazer, por meio da magia imitativa, os interesses da tribo, em especial no que dizia respeito à fertilidade vegetal, animal e humana. O solstício de inverno era o momento em que se fazia necessário encorajar o Sol a não fraquejar; a primavera e a colheita também exigiam cerimônias adequadas. Com frequência,

[7] Beloch, *Griechische Geschichte*, cap. xii.

[8] Rostovtseff, *History of the Ancient World*, vol. I, p. 399.

essas cerimônias eram realizadas de tal maneira que acabavam por gerar uma grande excitação coletiva, na qual cada indivíduo perdia seu senso de isolamento e se sentia um só com a tribo inteira. Em todo o mundo, animais sagrados e seres humanos passaram a ser cerimoniosamente mortos e comidos em determinado estágio da evolução religiosa. Esse estágio foi alcançado em diferentes datas nas diferentes regiões. O sacrifício humano em geral perdurou por mais tempo do que a deglutição sacrifical de homens vitimados; no início dos tempos históricos na Grécia, tal ritual ainda não havia sido extinto. Ritos de fertilidade sem elementos cruéis eram comuns em toda a nação; os mistérios eleusinos, de modo particular, tinham simbolismos essencialmente agrícolas.

É preciso admitir, no entanto, que em Homero a religião não é muito religiosa. Os deuses são completamente humanos, só diferindo dos homens por serem imortais e dotados de poderes sobrenaturais. Moralmente, nada há a ser dito deles, e é difícil perceber como podem ter inspirado tanto temor. Em algumas passagens supostamente tardias, são tratados com uma irreverência voltairiana. Esse sentimento religioso genuíno que podemos encontrar em Homero está menos interessado nos deuses do Olimpo do que em seres mais sombrios, como o Fado, a Necessidade ou o Destino, aos quais mesmo Zeus está sujeito. O Fado exerceu grande influência sobre o pensamento grego, e talvez seja uma das fontes de que a ciência derivou a crença no direito natural.

Os deuses homéricos eram os deuses de uma aristocracia conquistadora, e não os deuses úteis da fertilidade daqueles que de fato trabalhavam a terra. Como afirma Gilbert Murray:[9]

> Os deuses da maioria das nações afirmam ter criado o mundo. Os olímpicos não o fazem. O máximo que fizeram foi conquistá-lo. (...) E, uma vez conquistados seus reinos, o que fazem? Porventura estão a serviço do governo? Promovem a agricultura? Desenvolvem o comércio e as indústrias? Nada disso. Por que deveriam realizar qualquer trabalho honesto? É mais fácil viver de taxas e estourar, com raios, aqueles que não as pagam. Eles são líderes conquistadores, piratas reais.

[9] *Five Stages of Greek Religion*, p. 67.

Lutam, banqueteiam, brincam, tocam música; bebem em demasia e riam estrondosamente do ferreiro coxo que os cultua. Jamais sentem medo, exceto do próprio rei. Nunca contam mentiras, exceto no amor e na guerra.

Tampouco os heróis humanos de Homero são bem-comportados. Sua principal família era a Casa de Pélope, mas ela foi incapaz de estabelecer um padrão de vida familiar feliz.

Tântalo, fundador asiático da dinastia, começou sua carreira cometendo uma ofensa direta contra os deuses; dizem alguns que desejava ludibriá-los, fazendo que comessem carne humana — a carne de seu próprio filho, Pélope. Também este, que retornara miraculosamente à vida, foi autor de ofensa. Pélope venceu a famosa corrida de carros contra Enomau, rei de Pisa, valendo-se da conivência de Mírtilo, o auriga do monarca. Em seguida, livrou-se de seu aliado, a quem prometera recompensa, lançando-o ao mar. A maldição se estendeu a seus filhos, Atreu e Tieste, na forma daquilo que os gregos denominam *ate*: um impulso forte, talvez mesmo irresistível, para o crime. Tieste corrompeu a esposa do irmão e, com isso, roubou a "sorte" da família, o famoso velocino de ouro. Atreu, por sua vez, garantiu que seu irmão fosse banido, e ao convocá-lo sob o pretexto de uma reconciliação fê-lo comer a carne de seus próprios filhos. A maldição foi agora herdada pelo filho de Atreu, Agamemnon, que ofendeu Ártemis ao matar um veado sagrado; a fim de apaziguar a deusa e garantir para sua frota entrada segura em Troia, sacrificou a própria filha, Ifigênia, sendo por sua vez assassinado por Clitemnestra, sua esposa infiel, e o amante Egisto, filho sobrevivente de Tieste. Orestes, filho de Agamemnon, vingou o pai matando sua mãe e Egisto.[10]

Como realização já concluída, Homero foi produto da Jônia, isto é, de uma parte da Ásia Menor helênica e das ilhas adjacentes. Em determinado momento do século VI (no máximo), os poemas homéricos tiveram fixada sua forma atual. Foi também durante esse século que a ciência, a filosofia e a matemática grega nasceram. Enquanto isso, acontecimentos de crucial importância ocorriam em outras

[10] H.J. Rose, *Primitive Culture in Greece*, 1925, p. 193.

partes do mundo. Confúcio, Buda e Zoroastro, caso de fato tenham existido, provavelmente pertencem ao período.[11] Em meados do século, o Império Persa foi fundado por Ciro; mais próximo ao seu termo, as cidades gregas da Jônia, às quais os persas haviam concedido limitada autonomia, organizaram uma rebelião sem resultados; esta rebelião foi neutralizada por Dario, e os melhores homens da Jônia tornaram-se, assim, exilados. Muitos dos filósofos desse período eram refugiados que vagavam de uma cidade a outra nas áreas ainda não escravocratas do mundo helênico, difundindo a civilização que, até o momento, estivera confinada sobretudo à Jônia. Eles eram bem-tratados em suas viagens. Xenófanes, que viveu na parte final do século VI e era um dos refugiados, afirma: "Eis o tipo de coisa que devemos dizer quando junto à lareira no inverno, recostados no sofá macio após uma boa refeição, bebendo o vinho doce e mastigando grãos-de-bico: 'De que país vens, meu bom senhor, e qual a vossa idade? Que idade tinhas quando os medos apareceram?'" O resto da Grécia conseguiu preservar sua independência nas batalhas de Salamina e de Plateias, após as quais a Jônia viu-se temporariamente livre.[12]

A Grécia se dividiu em numerosos estados independentes, cada qual consistindo numa cidade dotada de algum território agrícola ao seu redor. O nível de civilização variava muito em cada parte do mundo grego, e apenas uma minoria das cidades contribuiu para o conjunto da façanha helênica. Esparta, sobre a qual terei muito o que dizer adiante, foi importante do ponto de vista militar, mas não cultural. Corinto era rica e próspera, um grande centro comercial, mas não produziu muitos homens de peso.

Então havia as comunidades rurais puramente agrícolas, como a proverbial Arcádia; os citadinos a imaginavam idílica, mas na verdade estava repleta de velhos horrores bárbaros.

Os habitantes cultuavam Hermes e Pã e realizavam um grande número de cultos de fertilidade, nos quais uma mera coluna quadrada frequentemente fazia as vezes da estátua de um deus. O bode era o

---

[11] A data de Zoroastro, porém, é assaz hipotética. Alguns o situam já no ano 1000 a.C. Veja-se *Cambridge Ancient History*, vol. IV, p. 207.

[12] Como resultado da derrota de Atenas para Esparta, os persas recuperaram toda a costa da Ásia Menor, tendo seu direito a ela reconhecido na Paz de Antálcidas (387-6 a.C.). Cerca de cinquenta anos depois, foram incorporados ao império de Alexandre.

símbolo da fertilidade, uma vez que os camponeses eram pobres demais para possuírem touros. Quando a comida se fazia escassa, batia-se na estátua de Pã. (Atitudes semelhantes ainda são encontradas em aldeias chinesas distantes.) Havia um grupo de supostos lobisomens, muito provavelmente associados ao sacrifício humano e ao canibalismo. Pensava-se que quem experimentasse a carne de uma vítima humana sacrificada tornava-se um deles. Uma caverna foi consagrada ao Zeus Liceu (o Zeus-lobo); ali, ninguém tinha sombra, e aquele que a adentrasse morreria no período de um ano. Toda essa superstição ainda prosperava em tempos clássicos.[13]

Pã, cujo nome original (segundo alguns) era "Paon", alimentador ou pastor, recebeu seu título mais conhecido, cujo sentido é Deus de Todos, quando da adoção de seu culto por Atenas no século V, após a guerra persa.[14]

Na Grécia antiga, contudo, havia muito daquilo que pode ser compreendido como religião no sentido em que a entendemos. Elas estavam associadas não aos olímpicos, mas a Dionísio ou Baco, em quem costumamos pensar como o deus, de péssima fama, do vinho e da bebedeira. É bastante notável o modo como de seu culto nasceu um misticismo profundo, um misticismo que influenciou amplamente muitos filósofos e ajudou até mesmo a modelar a teologia cristã; compreendê-lo, portanto, é obrigação de todo aquele que deseja estudar a evolução do pensamento grego.

Dionísio, ou Baco, foi inicialmente um deus da Trácia. Os trácios eram muito menos civilizados do que os gregos, que os tinham como bárbaros. A exemplo de todas as regiões agrônomas primitivas, eles possuíam cultos de fertilidade e um deus que a concedia. Seu nome era Baco. Nunca se soube ao certo se Baco teve forma de homem ou touro. Ao descobrirem como produzir cerveja, os trácios julgaram divina a embriaguez e renderam homenagens ao deus. Quando, no futuro, descobriram as vinhas e aprenderam a beber vinho, a estima que sentiam por ele aumentou ainda mais. Sua função de promover a fertilidade em geral se tornou relativamente subordinada às suas funções relacionadas à uva e à loucura divina produzida pelo vinho.

[13] Rose, *Primitive Greece*, p. 65ss.

[14] J.E. Harrison, *Prolegomena to the Study of Greek Religion*, p. 651.

Não se sabe com precisão quando seu culto migrou da Trácia para a Grécia, mas parece ter sido pouco antes do período histórico. O culto de Baco foi tratado com hostilidade pelos ortodoxos, mas ainda assim se consolidou. Ele continha muitos elementos bárbaros, como o dilaceramento de animais seguido da ingestão de sua carne crua. Havia, também, um curioso elemento feminista. Matronas e moças respeitáveis, em grupos consideráveis, passavam noites inteiras nas colinas realizando danças que estimulavam o êxtase, inebriadas, em parte, pelo álcool, mas sobretudo por razões místicas. Tratava-se, para os maridos, de uma prática desagradável, mas eles não ousavam se opor à religião. Tanto a beleza quanto a selvageria do culto são expostas nas *Bacantes* de Eurípides.

O sucesso de Dionísio na Grécia não surpreende. A exemplo de todas as comunidades que se civilizaram com rapidez, os gregos, ou ao menos determinada porção deles, desenvolveram amor pelo primitivo, ansiando por um modo de vida mais instintivo e apaixonado do que aquele sancionado pela moral da época. Para o homem ou a mulher que, por compulsão, tem o comportamento mais civilizado do que a emoção, a racionalidade é tediosa, e a virtude, vista como um fardo e uma escravidão. Isso desencadeia uma reação em pensamento, sentimento e conduta. É a reação em pensamento, de modo particular, que nos será de interesse, mas se faz necessário, antes, dizer algo sobre a reação em pensamento e conduta.

O homem civilizado se distingue do selvagem sobretudo pela *prudência* — ou então, para usarmos termo um pouco mais abrangente, pela *previdência*. Ele está disposto a suportar dores no presente em vista de prazeres futuros, ainda que estes se mostrem um tanto distantes. Esse hábito cresceu em importância com o surgimento da agricultura; nenhum animal e nenhum selvagem trabalharia na primavera para ter comida no inverno seguinte, exceto no caso de algumas formas de ação puramente instintivas, como a fabricação do mel pelas abelhas ou o enterro de nozes pelos esquilos. Nesses casos, não há previdência; o que existe é o impulso direto para um ato que, para o espectador humano, obviamente se mostrará útil no futuro. A verdadeira previdência só ocorre quando o homem faz algo para o qual impulso algum o impele, agindo porque sua razão lhe diz que em algum momento se beneficiará daquilo. A caça não exige previdência porque é prazerosa, mas cuidar do solo é trabalho e não pode ser feito a partir de um impulso espontâneo.

A civilização freia os impulsos não apenas mediante a previdência, que é um controle autoadministrável, mas também por meio do direito, dos costumes e da religião. Esse freio é herdado dos bárbaros, mas torna-se menos instintivo e mais sistemático. Certas ações são denominadas criminosas e punidas; outras, muito embora não castigadas por lei, são consideradas malvadas, expondo os culpados à desaprovação social. A instituição da propriedade privada traz consigo a sujeição das mulheres e, na maioria das vezes, também a criação de uma classe de escravos. De um lado, os objetivos da comunidade são impingidos ao indivíduo; do outro, esse indivíduo, tendo consolidado o hábito de ver sua vida como um todo, cada vez mais sacrifica o presente em nome do futuro.

É evidente que esse processo pode ser levado longe demais, como no caso do avaro. Mesmo, porém, quando não chega a esse extremo, a prudência pode facilmente acarretar a perda de algumas das melhores coisas da vida. Aquele que cultua Dionísio se volta contra a prudência. Na embriaguez, seja ela física ou espiritual, ele recupera a intensidade emotiva que a prudência havia destruído; a seus olhos, o mundo se torna cheio de deleites e beleza, e sua imaginação é subitamente libertada da prisão das preocupações cotidianas. O ritual báquico produzia o chamado "entusiasmo", o que etimologicamente significa o ingresso do deus no adorador, que então acreditava ser um só com a divindade. Muito do que há de mais sublime nas obras humanas envolve certo elemento de embriaguez,[15] certa abolição da prudência por meio da paixão. Sem o elemento báquico, a vida seria desinteressante; com ele, é perigosa. A oposição entre prudência e paixão constitui conflito que perpassa a história. Não se trata, porém, de um conflito no qual devemos nos alinhar por inteiro a um dos lados.

Na esfera do pensamento, civilização sóbria é quase sinônimo de ciência. A ciência, porém, quando pura, não é satisfatória; os homens também necessitam de paixão, arte e religião. A ciência pode estabelecer limites para o conhecimento, mas não deve fazer o mesmo com

[15] Refiro-me à embriaguez mental, e não àquela causada pelo álcool.

a imaginação. Entre os filósofos gregos, assim como entre os filósofos de épocas posteriores, havia aqueles que eram sobretudo científicos e aqueles que eram sobretudo religiosos; estes últimos deviam muito, direta ou indiretamente, à religião de Baco. Isso se aplica de modo especial a Platão e, por meio dele, àqueles desdobramentos que acabaram incorporados à teologia cristã.

Originalmente, o culto de Dionísio era selvagem e, em certos aspectos, repulsivo. Não foi nesta forma que ele influenciou os filósofos, e sim na forma espiritualizada atribuída a Orfeu, que era asceta e substituiu a embriaguez física pela mental.

Orfeu é uma figura obscura, mas também interessante. Alguns dizem que foi de fato de um homem; outros, que era um deus ou um herói imaginário. Segundo a tradição, viera, como Baco, da Trácia, mas parece mais provável que ele (ou o movimento associado a seu nome) tenha saído de Creta. Certo é que as doutrinas órficas contêm muitos elementos que parecem ter se originado no Egito, e foi sobretudo por meio de Creta que o Egito influenciou a Grécia. Dizem que Orfeu foi um reformador dilacerado por mênades coléricas, estimuladas pela ortodoxia báquica. Sua dependência musical é menos evidente nas formas mais antigas da lenda. Originalmente, era sacerdote e filósofo.

Fosse qual fosse o ensinamento de Orfeu (caso de fato tenha existido), nós conhecemos bem o ensinamento dos órficos. Eles acreditavam na transmigração das almas; declaravam que, no além, elas poderiam, de acordo com a vida que tinham levado na Terra, receber tanto a bem-aventurança eterna quanto tormentos perpétuos ou temporários. Os órficos desejavam se tornar "puros" mediante cerimônias de purificação e fugindo de certos tipos de contágio. Os mais ortodoxos se abstinham de carne animal, exceção feita às ocasiões rituais em que a ingeriam sacramentalmente. O homem, diziam, é parte terra, parte céu; levando uma vida pura, a parte celeste cresce e a terrestre se reduz. No final, ele poderia se tornar um só com Baco e ser chamado de "um Baco". Havia uma teologia elaborada, segundo a qual o deus havia nascido duas vezes: uma de sua mãe, Sêmele, e outra da coxa de Zeus, seu pai.

Muitas foram as formas assumidas pelo mito de Dionísio. Numa delas, Dionísio é filho de Zeus e Perséfone; ainda quando menino, é dilacerado pelos Titãs, que comem toda a sua carne, menos o coração.

Alguns dizem que Zeus ofereceu o coração a Sêmele; outros, que Zeus o ingeriu. Em ambos os casos, isso deu origem ao segundo nascimento de Dionísio. A dilaceração de um animal selvagem e a ingestão de sua carne crua pelas bacantes supostamente representava a dilaceração e a ingestão de Dionísio pelos Titãs, e em certo sentido o animal era a encarnação do deus. Os Titãs haviam nascido da terra, mas após comerem o deus passaram a possuir uma centelha de divindade. O homem é parcialmente terrestre e parcialmente divino, e os ritos báquicos buscavam aproximá-lo da divindade plena.

Eurípides põe uma confissão bastante instrutiva na boca de um sacerdote órfico:

> Filho de fenícia, rebento da tíria Europa e do grande Zeus, que reina em Creta, a de cem cidades. Venho após deixar os sagrados templos, aos quais o cipreste nativo, cortado por machado cálibe, proporciona cobertura de vigas e, quando unido com cola taurina, construção precisa. Levo vida de pureza desde que me fiz sacerdote do Zeus do Ida. Celebrado os trovões do Zagreu e os banquetes de carne crua, e tendo oferecido tochas à mãe montanha junto com os curetes, fui feito Baco, uma vez purificado. Vestido todo de branco, evito os mortais e sarcófagos, guardo-me de comidas feitas de alimentos animados.

Em tumbas foram encontradas tabuletas órficas que instruem a alma do morto quanto à forma de encontrar seu caminho no mundo vindouro e quanto ao que dizer a fim de mostrar-se digno da salvação. Elas estão quebradas e incompletas; na que se encontra menos destruída (a tabuleta de Petelia) , lê-se:

> Encontrarás, à esquerda da Mansão de Hades, uma fonte,
> A cujo lado um cipreste branco se ergue.
> Dessa fonte, não te aproximas.
> Outra encontrarás, porém, no Lago da Memória,
> Do qual jorra água fria e em cuja frente há sentinelas.
> Dize: "Sou filho da Terra e do Céu Estrelado;
> Minha raça, porém, é do Céu (tão só), e disso bem sabeis.
> Eis-me: tenho sede e pereço. Dai-me logo
> A água fria que emana do Lago da Memória."

Então dar-te-ão de beber da sacra fonte,
E doravante, entre os outros heróis, serás senhor. (...)

Outra tabuleta diz: "Ave, tu, que sofreste do sofrimento. (...) De Homem tornaste-te Deus." E numa terceira: "Feliz e Bem-aventurado, serás Deus e não mortal."

A fonte de que a alma não deve beber é o Lete, que conduz ao esquecimento; a outra fonte é Mnemosine, a memória. Para alcançar a salvação no além-mundo, a alma não deve esquecer, mas, ao contrário, deve conquistar uma memória que sobrepuja o que é natural.

Os órficos constituíam uma seita ascética; o vinho, para eles, era tão somente um símbolo, a exemplo do que seria no sacramento cristão. A embriaguez que buscavam era a embriaguez do "entusiasmo", da união com o deus. Desse modo, acreditavam adquirir um conhecimento místico que não poderia ser obtido por meios ordinários. Esse elemento místico adentrou a filosofia grega por meio de Pitágoras, que reformou o orfismo do mesmo modo como Orfeu reformara a religião de Dionísio. A partir de Pitágoras, os elementos órficos passaram à filosofia de Platão e, de Platão, à maior parte da filosofia que teve algum grau de religiosidade.

Certos elementos indubitavelmente báquicos sobreviveram onde o orfismo exerceu influência. Um deles foi o feminismo, que esteve muito presente em Pitágoras, e que encontra em Platão progressismo ao ponto de exigir igualdade política plena para as mulheres. "As mulheres, como sexo", diz Pitágoras, "possuem afinidade mais natural com a piedade". Outro elemento báquico consistia no respeito pela emoção violenta. A tragédia grega se originara nos ritos de Dionísio. Eurípides, de modo especial, prestou homenagem aos dois principais deuses do orfismo: Dionísio e Eros. Ele não nutre respeito algum pelo homem friamente bem-comportado e seguro de si, o homem que, em suas tragédias, se torna louco ou é levado ao sofrimento pelos deuses, como castigo por sua blasfêmia.

Convencionou-se dizer que os gregos ostentavam uma serenidade admirável, a qual lhes permitia contemplar a paixão desde fora, percebendo o que houvesse de beleza nela ao mesmo tempo em que se conservavam calmos e olímpicos. Essa, no entanto, é uma visão muito unilateral. Talvez isso se aplique a Homero, Sófocles e Aristóteles, mas está longe de se aplicar àqueles gregos que sofreram, direta ou indiretamente, influências báquicas ou órficas. Em Elêusis, onde os mistérios eleusinos constituíam a parte mais sagrada da religião estatal ateniense, era entoado um hino que dizia:

> Com a taça de vinho erguida
> E tua enlouquecedora orgia,
> Ao florido vale de Elêusis
> Chegaste tu: Baco, Pã, ave!

Nas *Bacantes* de Eurípides, o coro das mênades ostenta uma mistura de poesia e selvageria que se encontra no polo oposto ao da serenidade. Elas celebram o prazer que é dilacerar membro por membro de um animal selvagem e comê-lo cru ali mesmo:

> Quando pelos montes correm os tíasos, é doce cair por terra, cingido do sacro velo, perseguir o corço e matá-lo, devorar-lhe as carnes sangrentas, lançando-se pelos serros da Frígia, pelas montanhas da Lídia, quando Brômio vai na frente.[16]

(Brômio era um dos muitos nomes de Dionísio.) A dança das mênades na montanha não era apenas violenta; tratava-se também de uma fuga dos fardos e das preocupações da civilização, uma fuga rumo ao mundo da beleza não humana e à liberdade do vento e das estrelas. Com menor furor, elas cantam:

> Nus, enfim, correrão meus pés, noite báquica em fora, para trás, no ar rociado, rejeitando a cerviz — tal uma corça folgando no prado, entre os verdes regalos, a salvo da caça terrível e da rede aleivosa? Aos silvos, o caçador seus cães atiça; mas, rio abaixo, rápida como torvelinho, a gazela salta, buscando a pradaria apartada dos homens, a solidão, na sombra espessa dos bosques.[17]

[16] Em tradução de Eudoro de Sousa (São Paulo: Hedra, 2010, p. 22). [N.T.]

[17] Ibid., p. 49. [N.T.]

Antes de repetir que os gregos eram "serenos", tente imaginar as matronas da Filadélfia se comportando dessa maneira, ainda que se trate de uma peça de Eugene O'Neill.

O órfico não é mais sereno do que o devoto não reformado de Dionísio. Para o órfico, viver neste mundo consiste em dor e desgaste. Estamos presos a uma roda que gira em intermináveis ciclos de nascimento e morte; nossa verdadeira vida está nas estrelas, mas vivemos atados à terra. Apenas por meio da purificação, da renúncia e de uma vida ascética é que podemos escapar dessa roda e, enfim, lograr o êxtase da união com Deus. Essa não é a visão de homens para os quais a vida é fácil e prazerosa; assemelha-se mais ao canto religioso dos gregos:

Direi a Deus meus problemas todos
Tão logo eu chegue em casa.

Nem todos os gregos, mas uma grande quantidade, eram apaixonados e infelizes, pessoas em guerra consigo mesmas, conduzidas a um caminho pelo intelecto e a outro pelas paixões, dotadas da imaginação necessária para conceberem o céu e a autoconfiança determinada que cria o inferno. Elas tinham como máxima "nada em demasia", mas tudo o que lhes dizia respeito era excessivo — o pensamento puro, a poesia, a religião e o pecado. Foi a combinação de paixão e intelecto o que fez os gregos grandes enquanto grandes foram. Sozinho, nenhum desses dois elementos teria transformado todo o mundo futuro como o fizeram juntos. Seu protótipo na mitologia não é o Zeus olímpico, e sim Prometeu, aquele que trouxe o fogo do céu e foi recompensado com o tormento eterno.

Se tomado como caracterização dos gregos como um todo, o que acabou de ser dito seria uma visão tão unilateral quanto aquela segundo a qual a característica mais expressiva dos gregos era a "serenidade". Havia, na Grécia, duas tendências: a primeira, religiosa, mística e sobrenatural; a outra, alegre, empírica e racionalista, interessada em adquirir conhecimento de uma série de fatos. Heródoto representa esta segunda tendência; o mesmo se aplica aos primeiros filósofos jônicos e, até certo ponto, também a Aristóteles. Beloch (op. cit., I, 1, p. 434) declara, após descrever o orfismo:

A nação grega, contudo, abundava demais em vigor juvenil para aceitar uma crença que negava este mundo e deslocava a vida real para o Além. Por conseguinte, a doutrina órfica permaneceu confinada ao círculo relativamente pequeno dos iniciados, sem exercer a menor influência sobre a religião estatal — nem mesmo em comunidades que, a exemplo de Atenas, haviam inserido a celebração dos mistérios no rito do Estado e dado a ela proteção legal. Um milênio teria de transcorrer antes que essas ideias — em trajes teológicos diferentes, é verdade — se saíssem vitoriosas no mundo grego.

Essa parece ser uma afirmação exagerada, em especial no que diz respeito aos mistérios eleusinos, impregnados de orfismo como estavam. Em geral, os que ostentavam temperamento religioso se voltavam para o orfismo, enquanto os racionalistas nutriam desprezo por suas manifestações. Podemos comparar seu prestígio com o prestígio do metodismo na Inglaterra do final do século XVIII e do início do século XIX.

Sabemos mais ou menos o que um grego instruído aprendia de seu pai, mas pouquíssimo daquilo que, nos primeiros anos de vida, ensinava-lhe sua mãe, que era em grande medida excluída da civilização com a qual os homens se deleitavam. Ao que parece, os atenienses cultos, mesmo no auge de seu florescimento e por mais racionalistas que possam ter sido em seus processos mentais explicitamente conscientes, conservaram da tradição e da infância um modo de pensar e sentir mais primitivo, o qual era sempre mais propenso à vitória em tempos de tensão. Por esse motivo, é improvável que uma análise simples da visão de mundo grega se mostre adequada.

Só recentemente a influência da religião sobre o pensamento grego, de modo especial da religião não olímpica, foi reconhecida de maneira adequada. *Prolegomena to the Study of Greek Religion*, livro revolucionário de Jane Harrison, enfatizou tanto os elementos primitivos quanto os elementos dionisíacos da religião dos gregos comuns; *From Religion to Philosophy*, de F. M. Cornford, procurou conscientizar os estudiosos da filosofia grega da influência que a religião exercia sobre os filósofos, mas não pode ser considerado inteiramente confiável em muitas de suas interpretações — em sua antropologia, por exemplo.[18]

[18] Por outro lado, os livros que Cornford dedicou aos vários diálogos platônicos parecem-me inteiramente admiráveis.

A exposição mais equilibrada que conheço se encontra em *Early Greek Philosophy*, de John Burnet, de modo especial no capítulo segundo, que tem como título "Science and Religion" [Ciência e religião]. O conflito entre ciência e religião, diz ele, nasceu do "renascimento religioso que varreu a Hélade no século VI a.C.", bem como do deslocamento do cenário da Jônia para o Ocidente. "A religião da Hélade continental", afirma, "havia se desenvolvido de forma muito distinta da religião da Jônia. De modo especial, o culto de Dionísio, deus que viera da Trácia e mal é mencionado em Homero, continha em germe uma maneira completamente nova de ver a relação entre homem e mundo. Seria equivocado, decerto, atribuir aos próprios trácios visões assaz elevadas; no entanto, não pode haver dúvidas de que, para os gregos, o fenômeno do êxtase sugeria que a alma era algo mais do que um duplo frágil do eu e que somente quando "fora do corpo" é que poderia revelar sua verdadeira natureza...

> Aparentemente, a religião grega estava prestes a ingressar no mesmo estágio em que já haviam ingressado as religiões do Oriente; e, com exceção do surgimento da ciência, é difícil identificar o que poderia ter interrompido essa tendência. É comum encontrarmos a afirmação de que os gregos só não adotaram uma religião de tipo oriental porque não possuíam sacerdócio; isso, no entanto, é tomar o efeito como causa. Sacerdotes não criam dogmas, muito embora os preservem depois de sua criação; além disso, nos estágios primitivos de seu desenvolvimento, os povos do oriente também não tinham sacerdotes assim. Não foi tanto a falta de sacerdócio o que salvou a Grécia, mas a existência de escolas científicas.
>
> A nova religião — pois em certo sentido aquela era uma religião nova, ainda que se tratasse de algo tão antigo quanto a humanidade — alcançou o ponto máximo de seu desenvolvimento na fundação das comunidades órficas. Até onde nos é possível vislumbrar, o lar original dessas comunidades fora a Ática; espalharam-se, entretanto, com extraordinária rapidez, de modo especial no sul da Itália e na Sicília. Tratava-se, sobretudo, de associações para o culto de Dionísio, as quais porém se distinguiam por duas características originais entre os helênicos. Elas viam a revelação como fonte de autoridade religiosa e se organizavam como comunidades artificiais. Os poemas que conti-

nham sua teologia foram atribuídos ao trácio Orfeu; uma vez que ele mesmo descera ao Hades e era portanto um guia seguro em meio aos perigos que acometiam a alma desencarnada no mundo vindouro.

Burnet afirma então a impressionante semelhança entre as crenças órficas e aquelas que predominavam na Índia da mesma época, muito embora também declare que qualquer contato teria sido impossível. Em seguida, chega ao significado original da palavra "orgia", a qual era utilizada pelos órficos no sentido de "sacramento" e tinha como objetivo purificar a alma do crente e permitir-lhe escapar da roda do nascimento. Ao contrário dos sacerdotes dos cultos olímpicos, os órficos fundaram o que podemos denominar "igrejas", isto é, comunidades religiosas a que qualquer um, independentemente de raça ou sexo, poderia ser admitido mediante iniciação; de sua influência surgiu o conceito da filosofia como modo de vida.

2

A escola de Mileto

Em toda história da filosofia escrita para estudantes, o que se menciona primeiro é o fato de a filosofia ter início com Tales, que declarara que tudo é feito d'água. Isso desencoraja o iniciante, alguém que está se esforçando — talvez não com muito afinco — para sentir pela filosofia aquele respeito que o currículo parece esperar dele. No entanto, temos um grande motivo para respeitar Tales, ainda que talvez na condição de homem das ciências, e não de filósofo no sentido moderno da palavra.

Tales nasceu em Mileto, cidade comercial próspera da Ásia Menor em que havia uma enorme população escrava e uma amarga luta de classes entre os ricos e pobres livres. "Inicialmente, em Mileto, o povo se saiu vitorioso e assassinou as esposas e filhos dos aristocratas; em seguida, os aristocratas assumiram o controle e queimaram seus oponentes vivos, iluminando os espaços ao ar livre da cidade com tochas vivas."[1] Condições semelhantes prevaleciam na maior parte das cidades da Ásia Menor na época de Tales.

Mileto, a exemplo de outras cidades comerciais da Jônia, passou por desenvolvimentos econômicos e políticos importantes durante os séculos VII e VI a.C. Inicialmente, o poder pertencia aos proprietários de terras da aristocracia, o que porém foi pouco a pouco substituído pela plutocracia dos comerciantes. Estes, por sua vez, foram substituídos por um tirano, que (como de costume) alcançara o poder com o apoio do partido democrata. O reino da Lídia se localizava ao leste das cidades costeiras da Grécia, mas continuou a travar relações amistosas com elas até a queda de Nínive (606 a.C.). Isso fez com que a Lídia se visse livre para voltar sua atenção para o Ocidente, mas em geral

[1] Rostovtsev, *History of the Ancient World*, vol. I, p. 204.

Mileto conseguiu preservar suas relações amistosas, de modo especial com Creso, último dos reis lídios, vencido por Ciro em 546 a.C. Também eram importantes as relações de Mileto com o Egito, onde o rei dependia de mercenários da Grécia e havia aberto algumas cidades ao comércio grego. O primeiro assentamento grego no Egito se deu num forte ocupado por uma guarnição de Mileto; o mais importante, porém, que ocorreu no período entre 610 e 560 a.C., foi o de Táfnis. Ali, Jeremias e muitos outros fugitivos judeus encontraram refúgio ao fugirem de Nabucodonosor (*Jeremias* 43, 5ss); todavia, se o Egito influenciou indubitavelmente os gregos, os judeus não o fizeram. Tampouco podemos achar que Jeremias sentiu algo além de horror com relação aos céticos jônicos.

Quanto à data de existência de Tales, nossa melhor prova, como vimos, é sua famosa previsão de um eclipse que, segundo os astrônomos, deve ter ocorrido no ano 585 a.C. Outras provas também sugerem que suas atividades ocorreram mais ou menos nessa época. Não é prova de sua extraordinária genialidade ter previsto um eclipse. Mileto era aliado da Lídia, que por sua vez travara relações culturais com Babilônia, cujos astrônomos haviam descoberto que os eclipses se repetiam em intervalos de cerca de 19 anos. Eles eram capazes de prever os eclipses lunares com precisão, mas no caso dos solares eram ludibriados pelo fato de um eclipse poder ser visto em determinado local e não em outro. Consequentemente, tudo o que podiam saber era em que data valia a pena esperar por um eclipse, e é provável que isso fosse tudo o que Tales soubesse. Nem ele nem os outros astrônomos sabiam por que esse ciclo existia.

Dizem que Tales viajou pelo Egito e levou dali, para os gregos, a ciência da geometria. O conhecimento egípcio da geometria se resumia sobretudo a regras práticas, e não há por que acreditarmos que Tales chegou às provas dedutivas como os gregos posteriores. Ele parece ter descoberto como calcular a distância de uma embarcação no mar a partir de observações feitas em dois pontos da terra e como estimar a altura de uma pirâmide a partir do tamanho de sua sombra. Muitos outros teoremas geométricos lhe são atribuídos, o que provavelmente não procede.

Tales foi um dos Sete Sábios da Grécia. Cada qual ficou particularmente famoso por uma máxima de sabedoria; a dele consiste no erro de achar que "a água é o melhor".

Segundo Aristóteles, Tales achava que a água era a substância original, responsável por dar forma a todas as outras; afirmou, ademais, que a terra repousava sobre a água. Aristóteles também declara que, segundo Tales, o ímã possuía alma, devido à sua capacidade de movimentar o ferro; do mesmo modo, teria afirmado que todas as coisas estavam repletas de deuses.[2]

A declaração de que tudo era feito d'água deve ser encarada como uma hipótese científica, e de modo algum tola. Há vinte anos, a opinião aceita era a de que tudo era feito de hidrogênio, o qual responde por dois terços da água. Os gregos eram precipitados em suas hipóteses, mas a escola de Mileto ao menos estava preparada para verificá-las empiricamente. Pouquíssimo sabemos de Tales para reconstruirmos sua vida de maneira satisfatória, mas de seus sucessores em Mileto muito mais é conhecido, sendo razoável supor que algo de sua visão de mundo viera dele. Tanto a ciência quanto a filosofia de Tales eram cruas, mas de tal maneira que estimulavam o pensamento e a observação.

São muitas as lendas sobre ele, mas não creio que *saibamos* mais do que os poucos fatos que mencionei. Algumas dessas histórias são agradáveis — por exemplo, aquela narrada por Aristóteles na *Política* (1259ª): "Era censurada a sua pobreza porque supostamente demonstrava que a filosofia não servia para nada. Diz a anedota que, graças a seu conhecimento das estrelas, Tales descobriu, ainda em pleno inverno, que haveria abundante colheita de azeitonas no ano seguinte; obteve então algum dinheiro e adquiriu o direito de usar todos os lagares de oliva em Quios e Mileto, pagando pouco porque ninguém dera oferta concorrente. Chegado o tempo da colheita, quando iniciou-se uma súbita e numerosa procura por lagares, Tales sublocou-os pelo preço que lhe agradava e fez fortuna. Demonstrou a todos, assim, que os filósofos podem enriquecer facilmente se assim lhes aprouver, mas que sua ambição é outra."

Anaximandro, o segundo filósofo da escola de Mileto, é muito mais interessante do que Tales. Suas datas são incertas, mas dizem que tinha 64 anos em 546 a.C., e há razões para acharmos que isso está próximo da verdade. Ele afirmava que todas as coisas vinham de uma

[2] Burnet (*Early Greek Philosophy*, p. 51) questiona esta última máxima.

única substância primária, mas que essa substância não era a água, como Tales dizia, nem qualquer outra conhecida. Tratava-se do infinito, eterno e imperecível, que "abarca todos os mundos" — a seus olhos, nosso mundo era apenas um de muitos. A substância primária é transformada nas várias substâncias que conhecemos, as quais, por sua vez, convertem-se umas nas outras. Quanto a isso, ele tece uma observação importante e memorável:

> Naquilo de que têm origem as coisas elas também perecem, como estabelece a ordem, pois se reparam e satisfazem mutuamente por sua injustiça, segundo a ordem do tempo.

A ideia de justiça — tanto a justiça cósmica quanto a humana — desempenhava na religião e filosofia gregas um papel que não é facilmente compreensível por um moderno. Com efeito, a palavra "justiça" mal consegue expressar o que de fato significava, mas é difícil encontrar vocábulo preferível. O pensamento que Anaximandro expressa parece ser o seguinte: deve haver certa proporção de fogo, terra e água no mundo, mas cada elemento (concebido como um deus) sempre procura ampliar seu domínio. Todavia, existe também uma espécie de necessidade ou de lei natural que sempre restaura o equilíbrio; onde houvera fogo, por exemplo, existem agora cinzas, que são terra. Esse conceito de justiça — da não violação de limites eternamente estabelecidos — constituía uma das crenças gregas mais arraigadas. Os deuses estavam sujeitos à justiça tanto quanto os homens, mas essa força suprema não era pessoal e não era um Deus supremo.

Anaximandro desenvolvera um raciocínio para provar que a substância primária não poderia ser a água ou qualquer outro elemento conhecido. Caso um desses fosse primário, sobrepujaria os outros. Aristóteles registra que, segundo ele, esses elementos conhecidos estavam em oposição uns aos outros. O ar é frio, a água é úmida e o fogo é quente. "Desse modo, caso algum deles fosse infinito, o resto já teria deixado de existir." A substância primária, portanto, deveria ser neutra nessa disputa cósmica.

Havia um movimento eterno ao longo do qual tiveram origem os mundos. Ao contrário do que pregava a teologia judaica ou cristã, os mundos não haviam sido criados, mas evoluíram. E também no reino animal verificava-se evolução. As criaturas vivas advinham do elemento úmido que o Sol evaporara. O homem, como todo e qualquer animal, descendia dos peixes. Era necessário que proviesse de animais de outra espécie, uma vez que, graças à sua longa infância, não poderia ter sobrevivido, originalmente, tal qual é hoje.

Anaximandro foi um homem repleto de curiosidade científica. Dizem ter sido o primeiro a elaborar um mapa. Afirmava que a Terra tinha a forma de um cilindro. Muitas fontes o registram dizendo que o Sol era tão grande quanto a Terra, ou ainda 27 ou 28 vezes maior.

Nos pontos em que é original, Anaximandro é científico e racionalista.

Anaxímenes, o último da tríade de Mileto, não é tão interessante quanto Anaximandro, mas realiza alguns avanços importantes. Suas datas são muito incertas. Não há dúvidas de que é posterior a Anaximandro e não há dúvidas de que viveu antes de 494 a.C., dado que neste ano Mileto foi destruída pelos persas no curso da supressão da revolta jônica.

A substância fundamental, dizia ele, é o ar. A alma é ar; o fogo, ar rarefeito; quando condensado, o ar se torna água; condensado ainda mais, se converte em terra e, por fim, pedra. Essa teoria tem o mérito de tornar quantitativas todas as diferenças entre as substâncias; tudo depende do grau de condensação.

Anaxímenes achava que a Terra era como uma mesa redonda e que o ar a tudo abarcava: "Do mesmo modo como a alma, que é ar, conserva-nos unidos, também o hálito e o ar abarcam tudo." Fica-nos a impressão de que o mundo respira.

Ele foi mais admirado na Antiguidade do que Anaximandro, muito embora quase todo leitor moderno venha a fazer o juízo oposto. Anaxímenes teve grande influência sobre Pitágoras e sobre grande parte da especulação subsequente. Os pitagóricos descobriram que a Terra é esférica, mas os atomistas adotavam a visão de Anaxímenes e afirmavam que sua forma era como a de um disco.

A escola de Mileto é importante não em virtude daquilo que logrou, mas em virtude do que tentou fazer. Ela nasceu do contato do espírito grego com a Babilônia e o Egito. Mileto era uma cidade comercial rica, na qual os preconceitos e superstições primitivos haviam sido abrandados por seu trato com várias nações. Até ser conquistada por Dario no início do século V, a Jônia foi, do ponto de vista cultural, a parte mais importante do mundo helênico. Ela quase não foi tocada pelo movimento religioso vinculado a Dionísio e Orfeu; sua religião era olímpica, mas parece não ter sido levada muito a sério. As especulações de Tales, Anaximandro e Anaxímenes devem ser tomadas como hipóteses científicas, e quase nunca revelam a indevida intrusão de desejos antropomórficos e ideias morais. As questões que levantaram eram boas, e seu vigor inspirou os investigadores futuros.

O próximo estágio da filosofia grega, associado às cidades gregas ao sul da Itália, é mais religioso — de modo particular, mais órfico. Em alguns aspectos, suas conquistas foram mais interessantes e admiráveis, mas seu espírito era menos científico do que o espírito das de Mileto.

3
Pitágoras

Pitágoras, cuja influência em tempos antigos e modernos é o tema a que me dedico neste capítulo, foi, intelectualmente, um dos homens mais brilhantes já vivos — e tanto nas ocasiões em que era sábio quanto nas ocasiões em que não era. A matemática como raciocínio dedutivo-demonstrativo tem início com Pitágoras, tendo estreita relação com uma forma peculiar de misticismo. A influência da matemática sobre a filosofia, a qual se deve parcialmente a ele, tem sido profunda e inoportuna desde sua época.

Comecemos com o pouco que sabemos sobre sua vida. Pitágoras nasceu na ilha de Samos e prosperou em cerca de 532 a.C. Alguns dizem que era filho de um cidadão importante de nome Mnesarco; outros, que seu pai era o deus Apolo. Deixo ao leitor a incumbência de escolher a melhor alternativa. Em sua época, Samos era governada pelo tirano Polícrates, velho rufião que tornou-se imensamente rico e possuía uma enorme esquadra.

Samos era rival de Mileto no comércio; seus comerciantes chegaram até Tartessos, na Espanha, cidade famosa por suas minas. Polícrates tornou-se tirano de Samos em cerca de 535 a.C., reinando até 515. Ele não se deixava perturbar por escrúpulos morais; livrara-se de seus dois irmãos, a quem inicialmente havia se associado na tirania, e utilizou liberalmente sua esquadra para a pirataria. Ele se beneficiou do fato de Mileto ter se submetido pouco antes à Pérsia. A fim de conter novas expansões persas ao oeste, aliou-se a Amásis, rei do Egito. Quando, porém, o rei Cambises, da Pérsia, passou a dedicar-se por completo à conquista do Egito, Polícrates percebeu que tinha chances de vencer e mudou de lado. Enviou uma frota, composta de seus inimigos políticos, para atacar o Egito, mas a tripulação se rebelou e voltou a Samos para atacá-lo. Polícrates conseguiu dominá-los; no entanto, acabou por sucumbir em virtude da traiçoeira sedução de sua avareza. O sátrapa persa em Sárdis fingiu ter o desejo de rebelar-se contra o Grão Rei, mostrando-se disposto a pagar grandes quantias pela ajuda de Polícrates; este então se dirigiu ao continente para ter com ele, foi capturado e crucificado.

Polícrates foi patrono das artes, tendo embelezado Samos com obras públicas notáveis. Anacreonte era o poeta de sua corte. Pitágoras, porém, desgostava de seu governo, e assim deixou Samos. Dizem, e não é improvável, que Pitágoras visitou o Egito e adquiriu grande parte de sua sabedoria no local; qualquer que seja o caso, é certo que ele acabou por instalar-se em Crotone, no sul da Itália.

As cidades gregas da Itália meridional, como Samos e Mileto, eram ricas e prósperas; além disso, não estavam expostas ao perigo dos persas.[1] As duas maiores eram Síbares e Crotone. Síbares permaneceu famosa por seu luxo; Diodoro afirma que, em seu auge, sua população chegou a 300 mil, mas isso é certamente um exagero. Crotone quase se equiparava a Síbares em tamanho. Ambas viviam da importação de artigos jônicos para a Itália; parte deles era consumida no país, e parte, exportada novamente, da costa ocidental para a Gália e para a Espanha. As várias cidades gregas da Itália lutavam violentamente entre si; quando Pitágoras desembarcou em Crotone, esta acabara de ser derrotada por Locros. Logo após sua chegada, porém, Crotone saiu-se completamente vitoriosa da guerra contra Síbares, que por sua vez foi toda destruída (510 a.C.). No comércio, Síbares estivera intimamente associada a Mileto. Crotone era famosa pela medicina; um tal Democede de Crotone tornou-se médico de Polícrates e, depois, de Dario.

Em Crotone, Pitágoras fundou uma sociedade de discípulos que, durante certo período, exerceu influência na cidade. No final das contas, porém, os cidadãos se voltaram contra ele, que então se mudou para Metaponto (também ao sul da Itália), onde morreu. Pitágoras tornou-se uma figura mítica, à qual eram creditados milagres e poderes mágicos; no entanto, foi também o fundador de uma escola de

[1] As cidades gregas da Sicília eram ameaçadas pelos cartagineses, mas na Itália esse perigo não era tido como iminente.

matemáticos.[2] Desse modo, duas tradições opostas disputam sua memória, e é difícil deslindar a verdade.

Pitágoras é um dos homens mais interessantes e desconcertantes da história. As tradições que lhe dizem respeito não são apenas uma mistura inextricável de verdade e falsidade; mesmo em sua forma mais transparente e incontroversa, elas nos apresentam uma psicologia assaz curiosa. Pitágoras pode ser sucintamente descrito como uma combinação de Einstein e sra. Eddy. Ele fundou uma religião cujas principais doutrinas eram a transmigração das almas[3] e a iniquidade do ato de comer feijão. Sua religião ganhou corpo numa ordem religiosa que, aqui e ali, alcançou o controle do Estado e instituiu uma regra de santos. Os desvirtuados, porém, ansiavam por feijão e cedo ou tarde acabavam por rebelar-se.

Eis algumas das regras da ordem pitagórica:

1. Abster-se de feijões.
2. Não apanhar o que caiu.
3. Não tocar galos brancos.
4. Não partir o pão.
5. Não passar sobre barras transversais.
6. Não atiçar o fogo com ferro.
7. Não comer de um pedaço inteiro de pão.
8. Não desfolhar grinaldas.
9. Não sentar sobre o quartilho.
10. Não comer o coração.
11. Não caminhar em estradas.
12. Não permitir que andorinhas partilhem de seu teto.
13. Ao retirar a panela do fogo, não deixar sua marca nas cinzas, revolvendo-as.
14. Não olhar para espelhos ao lado de um lume.

---

[2] Sobre ele, Aristóteles diz que "primeiro se ocupou da matemática e da aritmética e, depois, a um só tempo, dos prodígios praticados por Ferécides".

[3] *Clown*: Que diz Pitágoras sobre as aves silvestres?
Malvólio: Que a alma de vovó bem poderia residir num pássaro.
Clown: E que juízo fazes dessa opinião?
Malvólio: Tenho a alma em alta conta, e de modo algum aprovo o que foi dito.
Clown: Vá em paz: estás ainda nas trevas. Deverás ser da opinião de Pitágoras para que reconheça eu tua sanidade. (*Noite de Reis*)

15. Ao levantar-se da cama, enrolar os lençóis e desfazer a marca do corpo.[4]

Todos esses preceitos têm relação com conceitos primitivos de tabu.

Cornford (*From Religion to Philosophy*) diz achar que "a Escola de Pitágoras representa a principal corrente daquela tradição mística que colocamos em oposição à tendência científica". Ele vê Parmênides, a quem dá o rótulo de "descobridor da lógica", como "broto do pitagorismo" e Platão como alguém que "encontra na filosofia italiana sua principal fonte de inspiração". O pitagorismo, diz ele, foi um movimento de reforma no seio do orfismo, que por sua vez fora um movimento de reforma do culto de Dionísio. A oposição entre racional e místico que perpassa toda a história surge, entre os gregos, na condição de oposição entre os deuses olímpicos e aqueles deuses, menos civilizados, que mais afinidade nutriam com as crenças primitivas de que tratam os antropólogos. Segundo essa divisão, Pitágoras estava do lado do misticismo, ainda que de um tipo de misticismo peculiarmente intelectual. Ele atribuía a si mesmo um caráter semidivino, e ao que parece teria dito: "Existem homens e deuses, e existem seres como Pitágoras." Todos os sistemas por ele inspirados, diz Cornford, "tendem a ser supramundanos, conferindo todo o valor à unidade invisível de Deus e condenando o mundo visível como algo falso e ilusório, um meio turvo em que os raios da luz celestial se partem e se obscurecem na neblina e nas trevas".

Dicearco afirma que Pitágoras ensinou, "primeiro, que a alma é imortal e se transforma em outras espécies de coisas viventes; que tudo o que ganha vida volta a nascer nas revoluções de um determinado ciclo, de modo que nada é absolutamente novo; e, por fim, que tudo o que nasce com vida em si deve ser tratado como afim".[5] Dizem que, a exemplo de São Francisco, Pitágoras pregava aos animais.

Na sociedade que fundou, homens e mulheres eram admitidos nas mesmas condições; a propriedade era comum, bem como o estilo de vida. Até as descobertas científicas e matemáticas eram consideradas coletivas, sendo misticamente atribuídas a Pitágoras mesmo depois de

[4] Retirado de *Early Greek Philosophy*, de Burnet.

[5] Cornford, op. cit., p. 201.

sua morte. A Hipaso de Metaponto, que violou essa regra, sobreveio um naufrágio porque a ira divina quis castigar sua impiedade.

O que tudo isso, porém, tem que ver com a matemática? Esse elo se encontra numa ética que louvava a vida contemplativa. Burnet a resumiu da seguinte maneira:

> Somos forasteiros neste mundo; o corpo é o túmulo da alma. Para escaparmos, contudo, não devemos dar fim a nós mesmos. Com efeito, somos rebanho de Deus, nosso pastor, e sem Sua ordem não temos o direito de fugir. Nesta vida, do mesmo modo como são três os tipos de pessoas que vêm aos jogos olímpicos, três são os tipos de homem. À classe inferior pertencem os que vêm para comprar e vender; acima, estão os que competem. Os melhores, porém, são os que acorrem tão somente para observar. Não há maior purificação, portanto, do que a ciência desinteressada, e o homem que se dedica a isso é o verdadeiro filósofo, aquele que conseguiu libertar-se de modo mais eficaz da "roda do nascimento".[6]

O modo como o sentido das palavras se altera é muitas vezes assaz esclarecedor. Tratei, antes, da palavra "orgia"; desejo agora debruçar-me sobre "teoria". Trata-se de uma palavra de origem órfica que Cornford interpreta como "apaixonada contemplação simpática". Nesse estado, diz ele, "o espectador se identifica com o Deus que sofre, morre sua morte e nasce de novo com seu renascimento". Segundo Pitágoras, a "apaixonada contemplação simpática" era intelectual e comunicava conhecimento matemático; a partir do pitagorismo, portanto, "teoria" aos poucos assumiu seu sentido moderno. No entanto, para todos os que foram inspirados por Pitágoras o termo conservava um quê de revelação extática. Àqueles que só relutantemente aprenderam um pouco de matemática na escola, isso pode parecer estranho; todavia, aos olhos de quem tenha experimentado o inebriante deleite de subitamente compreender o que a matemática de tempos em tempos oferece àquele que a ama, a visão pitagórica parecerá completamente natural, mesmo se falsa. Talvez se tenha a impressão de que o filósofo empírico é escravo de seu material, ao passo que o matemáti-

[6] *Early Greek Philosophy*, p. 108.

co puro, tal qual o músico, é criador livre de seu mundo de ordenada beleza.

É interessante notar, na descrição da ética pitagórica que apresenta Burnet, quanto ela se opunha aos valores modernos. Numa partida de futebol, os homens de mente moderna consideram os jogadores mais nobres do que os meros espectadores. Semelhante é a visão no que tange ao Estado: eles admiram mais os políticos, que são competidores no jogo, do que aqueles que apenas o assistem. Essa mudança de valores está associada a uma mudança do sistema social — o guerreiro, o cavalheiro, o plutocrata e o ditador: cada qual possui seus próprios parâmetros do que seja bom e verdadeiro. O cavalheiro com frequência deu as caras na teoria filosófica porque está associado ao gênio grego, porque a virtude da contemplação recebeu endosso teológico e porque o ideal da verdade desinteressada dignificava a vida acadêmica. O cavalheiro deve ser definido como membro de uma sociedade de iguais que vive do trabalho escravo ou do trabalho de homens cuja inferioridade é inquestionável. Cumpre observar que essa definição inclui o santo e o sábio, na medida em que a vida desses homens é contemplativa, e não ativa.

As definições modernas de verdade — como aquelas do pragmatismo e pelo instrumentalismo, mais práticas do que contemplativas — são inspiradas pelo industrialismo em oposição à aristocracia.

Independentemente do que pensemos acerca de um sistema social que tolera a escravidão, é aos cavalheiros no sentido descrito acima que devemos a matemática pura. Tendo sido o que nos conduziu a ela, o ideal contemplativo foi fonte de frutífera atividade; isso elevou seu prestígio e propiciou-lhe alcançar, na teologia, na ética e na filosofia, um êxito do qual, de outro modo, não desfrutaria.

Basta o que já se disse como explicação das duas faces de Pitágoras: o profeta religioso e o matemático puro. Ele foi incomensuravelmente influente em ambos os aspectos, os quais não eram tão distintos quanto pode parecer à compreensão moderna.

A maioria das ciências, quando incipiente, esteve vinculada a alguma crença falsa que lhe conferia um valor fictício. A astronomia se vinculava à astrologia; a química, à alquimia. A matemática se associava a um tipo de erro mais refinado. O conhecimento matemático parecia certo, exato e aplicável ao mundo real; além disso, era obtido apenas pelo pensamento, sem que se fizesse necessária qualquer observação. Por conseguinte, parecia satisfazer um ideal do qual o conhecimento empírico do dia a dia passava longe. Com base na matemática, supunha-se que o pensamento era superior aos sentidos, que a intuição era superior à observação. Se o mundo dos sentidos não se adéqua à matemática, pior para o mundo dos sentidos. De diversas maneiras buscaram-se métodos de se aproximar do ideal do matemático, e as sugestões resultantes foram fonte de muito do que veio a se mostrar equivocado na metafísica e na teoria do conhecimento. Essa forma de filosofia tem início com Pitágoras.

Como é de conhecimento geral, Pitágoras afirmou que "todas as coisas são números". Essa declaração, se interpretada à maneira moderna, é logicamente absurda, mas o que ele quis dizer não era. Pitágoras descobriu a importância dos números na música, e o vínculo estabelecido entre música e aritmética sobrevive nos termos "média harmônica" e "progressão harmônica". Considerou os números como formas, tal qual aparecem nas faces de um dado ou nas cartas. Nós ainda falamos de números quadrados ou cúbicos, termos que devemos a ele, que também tratou dos números oblongos, dos números triangulares, dos números piramidais etc. Tratava-se do número de seixos (ou, como mais naturalmente diríamos, de pinceladas) necessários para definir as formas em questão. Ao que parece, para Pitágoras o mundo era atômico, e os corpos, um complexo de moléculas composto de átomos dispostos em várias formas. Desse modo, ele esperava fazer da aritmética a disciplina fundamental para a física e para a estética.

A maior descoberta de Pitágoras, ou de seus discípulos imediatos, foi a proposição, referente aos triângulos retângulos, de que a soma do quadrado dos lados adjacentes ao ângulo reto é igual ao quadrado do lado que resta, isto é, da hipotenusa. Os egípcios sabiam que um triângulo cujos lados são 3, 4 e 5 possui um ângulo reto, mas ao que parece os gregos foram os primeiros a observarem que $3^2 + 4^2 = 5^2$ e a descobrirem, a partir dessa sugestão, uma prova da proposição geral.

Infelizmente para Pitágoras, seu teorema logo culminou na descoberta dos incomensuráveis, os quais pareciam refutar toda a sua filosofia. Num triângulo retângulo isósceles, o quadrado da hipotenusa é o dobro do quadrado de cada lado. Vamos supor que cada lado tenha uma polegada; qual o tamanho da hipotenusa? Suponhamos que seu comprimento seja m/n polegadas. Por conseguinte, $m^2/n^2 = 2$. Se m e n possuem um fator comum, faça-se a divisão; ou m ou n deve ser ímpar. Ora, $m^2 = 2n^2$, e assim m^2 é par, m é par e n, ímpar. Suponhamos que $m = 2p$. Nesse caso, $4p^2 = 2n^2$, $n^2 = 2p^2$ e n, portanto, é ímpar, contrariando a hipótese. Desse modo, nenhuma fração m/n medirá a hipotenusa. Essa é, em substância, a prova que encontramos no Livro X de Euclides.[7]

Tal raciocínio demonstrava que, independentemente da unidade de medida que adotemos, há comprimentos que não travam qualquer relação numérica exata com a unidade, de modo que não há dois números inteiros m e n tais que m vezes o comprimento em questão seja n vezes a unidade. Isso convenceu os matemáticos gregos de que a geometria deve se consolidar à parte da aritmética. Há passagens nos diálogos de Platão que demonstram que a abordagem independente da geometria já vinha sendo praticada à época; em Euclides, ela é aprimorada. No Livro II, ele prova, pela geometria, muitas coisas que provaríamos naturalmente pela álgebra, como $(a + b)^2 = a^2 + 2ab + b^2$. Fora em virtude da dificuldade imposta pelos incomensuráveis que Euclides julgou esse passo necessário. O mesmo se aplica a seu tratamento da proporção nos Livros V e VI. Todo o sistema é logicamente deleitoso e antecipa o rigor dos matemáticos do século XIX. Enquanto inexistiu teoria aritmética adequada referente aos incomensuráveis, o método de Euclides foi o melhor possível em geometria. Quando Descartes introduziu a geometria de coordenadas, fazendo retornar a aritmética ao lugar supremo, ele admitiu a possibilidade de uma solução do problema dos incomensuráveis, muito embora em sua época solução alguma tivesse sido encontrada.

Profunda foi a influência da geometria sobre a filosofia e sobre o método científico. Tal qual estabelecida pelos gregos, ela tem início com axiomas autoevidentes (ou que eram assim considerados) e passa, mediante o raciocínio dedutivo, a teoremas que estão longe de sê-lo. Crê-se que os axiomas e teoremas se aplicam ao espaço real, o que é algo que se dá na experiência. Desse modo, parecia possível descobrir coisas sobre o mundo real pela observação do que é autoevidente

[7] Não sendo, porém, de sua autoria. Veja-se Heath, *Greek Mathematics*. A prova acima provavelmente era conhecida por Platão.

e pelo recurso à dedução. Essa visão influenciou Platão e Kant, bem como a maioria dos filósofos intermediários. Quando a Declaração da Independência afirma que "consideramos estas verdades autoevidentes", tem Euclides como norte. A doutrina dos direitos naturais trazida pelo século XVIII é uma busca por axiomas euclidianos na esfera da política.[8] A despeito de seu material reconhecidamente empírico, a forma dos *Principia* de Newton é inteiramente dominada por Euclides. A teologia, em suas formas escolásticas exatas, encontra seu estilo nessa mesma fonte. A religião pessoal deriva do êxtase; a teologia, da matemática; e ambas são encontradas em Pitágoras.

A matemática, segundo creio, é a fonte principal da crença na verdade eterna e exata, bem como da crença num mundo inteligível suprassensível. A geometria lida com círculos exatos, mas nenhum objeto sensível é *exatamente* circular; por mais cuidadosos que sejamos no manejo dos compassos, há imperfeições e irregularidades. Isso sugere a visão de que todo raciocínio exato se aplica a objetos ideais, e não sensíveis; é natural que se vá além e se afirme que o pensamento é mais nobre do que os sentidos e que os objetos do pensamento são mais reais do que aqueles da percepção sensorial. As doutrinas místicas referentes à relação do tempo com a eternidade também são reforçadas pela matemática pura, uma vez que, se reais, os objetos matemáticos — como os números — encontram-se na eternidade, e não no tempo. Esses objetos eternos podem ser concebidos como pensamentos de Deus. Daí a doutrina, formulada por Platão, de que Deus é um geômetra, bem como a crença de *Sir* James Jeans em que Ele é viciado em aritmética. Desde Pitágoras, e sobretudo desde Platão, a religião racionalista tem sido completamente dominada, em contraposição à religião apocalíptica, pela matemática e pelo método matemático.

A combinação de matemática e teologia, inaugurada por Pitágoras, caracterizou a filosofia religiosa da Grécia, da Idade Média e da época moderna anterior a Kant. Antes de Pitágoras, o orfismo era análogo às religiões de mistérios da Ásia. Em Platão, santo Agostinho, Tomás de Aquino, Descartes, Spinoza e Leibniz, contudo, verifica-se uma associação íntima entre religião e raciocínio, entre aspiração moral e admiração lógica pelo atemporal, que vem de Pitágoras e que distingue

[8] "Autoevidentes" foi expressão colocada por Franklin em lugar do "sagradas e inegáveis" de Jefferson.

a teologia intelectualizada da Europa do misticismo, mais direto, da Ásia. Apenas recentemente é que se pôde afirmar com clareza em que ponto Pitágoras errou. Desconheço outro homem tão influente quanto ele na esfera do pensamento. Afirmo-o porque descobrimos que o que se apresenta como platonismo, quando analisado, não passa, em essência, de pitagorismo. O conceito de um mundo eterno que se revela ao intelecto, mas não aos sentidos, deriva inteiramente dele. Para Pitágoras, contudo, os cristãos não teriam pensado em Cristo como o Verbo; tampouco os teólogos teriam buscado *provas* lógicas de Deus e da imortalidade. Tudo isso, no entanto, se encontra nele implícito. Como se explicitou ficará claro à medida que prosseguirmos.

4

Heráclito

Duas atitudes opostas hoje são comuns com relação aos gregos. A primeira, praticamente universal do Renascimento até pouco tempo atrás, trata-os com reverência quase supersticiosa, na condição de inventores de tudo o que há de melhor e homens de gênio sobrenatural, aos quais os modernos são incapazes de se igualar. A outra atitude, inspirada pelos triunfos da ciência e pela crença otimista no progresso, considera a autoridade dos antigos um pesadelo e tem por melhor esquecer suas contribuições ao pensamento. Não me vejo em condições de adotar nenhuma dessas visões radicais; cada qual, cabe-me dizer, está parcialmente certa e parcialmente errada. Antes de entrar em detalhes, procurarei expor que tipo de sabedoria ainda podemos obter a partir do estudo do pensamento grego.

Quanto à natureza e à estrutura do mundo, são muitas as hipóteses possíveis. O progresso em metafísica, na medida em que houve um, consistiu no refinamento gradual de todas essas hipóteses, no desenvolvimento de suas implicações e na reformulação de cada uma delas de encontro às objeções levantadas pelos adeptos das hipóteses rivais. Conceber o universo segundo cada um desses sistemas é tanto deleite imaginativo quanto antídoto contra o dogmatismo. Além disso, ainda que nenhuma das hipóteses pudesse ser demonstrada, há conhecimento genuíno na descoberta daquilo que faz cada qual ser consistente consigo mesma e com os fatos conhecidos. Ora, quase todas as hipóteses que dominaram a filosofia moderna foram levantadas primeiro pelos gregos; é difícil exagerar os elogios à engenhosidade imaginativa que demonstraram em questões abstratas. O que direi sobre os gregos será proclamado sobretudo a partir desse ponto de vista;

tenho-os como origem de teorias que adquiriram vida e crescimento independentes e que, muito embora um tanto infantis à primeira vista, mostraram-se capazes de sobreviver e evoluir ao longo de mais de dois mil anos.

Os gregos, é bem verdade, ofertaram ainda algo cujo valor para o pensamento abstrato revelou-se permanente: eles descobriram a matemática e a arte do raciocínio dedutivo. A geometria, de modo particular, é invenção grega, e sem ela a ciência moderna seria impossível. Todavia, atrelada à matemática dá as caras a unilateralidade do gênio grego: ele raciocinava por dedução a partir daquilo que parecia autoevidente, e não indutivamente a partir daquilo que fora observado. O impressionante êxito que lograram os gregos ao empregarem esse método iludiu não somente o mundo antigo, mas também a grande maioria do mundo moderno. Somente aos poucos é que o método científico — o qual busca alcançar os princípios indutivamente, a partir de observações de fatos particulares — tem substituído a crença helênica na dedução realizada a partir de axiomas luminosos e derivados da mente do filósofo. Por essa e outras razões, é um equívoco tratar os gregos com reverência supersticiosa. Muito embora alguns deles tenham sido os primeiros a pressenti-lo, o método científico é alheio à inclinação de seu espírito, e a tentativa de glorificá-los menosprezando o progresso intelectual dos últimos quatro séculos exerce efeito limitador sobre o pensamento moderno.

Há, no entanto, um argumento mais genérico contra a reverência, dirija-se ela aos gregos ou a outrem. Quando se estuda um filósofo em particular, a postura correta a ser adotada não é nem de reverência, nem de desprezo. Deve-se iniciar com uma espécie de simpatia hipotética, até que seja possível descobrir como é acreditar em suas teorias; somente então é que renascerá a atitude crítica, uma atitude que deve se assemelhar, na medida do possível, ao estado de espírito de alguém que abandona as opiniões até então defendidas. O desprezo prejudica a primeira parte desse processo; a reverência, a segunda. Duas coisas devemos ter em mente: que aquele cujas opiniões e teorias são dignas de estudo supostamente foi homem de certa inteligência; e que é improvável que alguém tenha chegado à verdade definitiva e integral em algum assunto. Quando alguém inteligente expressa uma visão que nos parece obviamente absurda, não devemos tentar demonstrar que essa visão é de alguma forma verdadeira, e sim compreender de que modo ela passou a *parecer* veraz. Esse exercício de imaginação histórica e psicológica amplia o escopo de nosso pensamento e nos ajuda a perceber quão tolos muitos dos preconceitos que nos são caros parecerão a uma época de diferente temperamento.

Entre Pitágoras e Heráclito, tema deste capítulo, viveu outro filósofo de menor importância: Xenófanes. Sua data é incerta, sendo definida sobretudo à luz do fato de ele aludir a Pitágoras e Heráclito se referir a ele. Xenófanes era jônio de nascimento, mas viveu a maior parte da vida no sul da Itália. Acreditava que tudo era feito de terra e água. No que diz respeito aos deuses, foi um livre-pensador bastante vigoroso. "Homero e Hesíodo atribuíram aos deuses tudo aquilo que é vergonhoso e infausto aos mortais: roubos, adultérios, trapaças. (...) Os mortais creem que os deuses são gerados como eles, que possuem vestimentas semelhantes, bem como voz e forma. (...) Sim, e se bois, cavalos ou leões ostentassem mãos com as quais pudessem pintar e produzir obras de arte como as dos homens, os deuses dos cavalos teriam a forma de cavalos, os deuses dos bois se assemelhariam a bois, e seus corpos seriam à imagem de suas espécies. (...) Os etíopes fazem negros os seus deuses, com narizes arrebitados; os trácios dizem que os seus têm olhos azuis e cabelos ruivos." Ele acreditava num só Deus, distinto dos homens em forma e pensamento, um Deus que "sem esforço manejava, com a força da mente, todas as coisas". Xenófanes zombava da doutrina pitagórica da transmigração. "Certa feita, dizem, ele [Pitágoras] estava de passagem quando viu um cão sendo maltratado. 'Para', disse, 'não o açoita! Trata-se da alma de um amigo! Soube tão logo ouvi sua voz.'" Segundo Xenófanes, era impossível certificar-se da verdade em questões teológicas. "A verdade exata sobre os deuses e sobre aquilo que trato não há homem que saiba, nem jamais haverá. Com efeito, ainda que alguém diga algo irretocavelmente correto, não obstante ele o desconhece — só há conjecturas."[1]

Xenófanes tem seu lugar na sucessão de racionalistas, contrários como eram às tendências místicas de Pitágoras e outros. Na condição de pensador independente, porém, não se encontra no primeiro escalão.

[1] Reproduzido a partir de Edwyn Bevan, *Stoics and Sceptics*. Oxford, 1913, p. 121.

Como vimos, é muito difícil isolar a doutrina de Pitágoras da doutrina de seus discípulos; e, embora ele seja muito antigo, a influência de sua escola é em grande medida posterior à de vários outros filósofos. O primeiro a elaborar uma teoria que ainda tem prestígio foi Heráclito, cuja vida transcorreu em cerca de 500 a.C. De sua biografia pouco se sabe, exceção feita ao fato de ter sido cidadão aristocrata de Éfeso. Na Antiguidade, Heráclito notabilizou-se sobretudo pela doutrina segundo a qual tudo está em fluxo, o que no entanto, como veremos, é apenas um dos aspectos de sua metafísica.

Embora fosse jônio, Heráclito não pertencia à tradição científica dos de Mileto.[2] Foi místico, mas com um misticismo peculiar. Tinha o fogo como substância fundamental; tudo nasce, tal qual a chama numa fogueira, a partir da morte de algo mais. "Os mortais são imortais e os imortais são mortais; um vive a morte do outro e morre sua vida." No mundo há unidade, mas trata-se de unidade formada por uma combinação de opostos. "Todas as coisas procedem do uno, e o uno, de todas as coisas"; não obstante, há menos realidade nos muitos do que no uno, que é Deus.

A partir do que sobrevive de seus escritos, Heráclito não parece ter sido personagem afável. Era dado ao desprezo e representava o contrário de um democrata. A respeito de seus concidadãos, diz: "Os efésios, cada um de seus adultos, fariam por bem enforcar-se, deixando a cidade para os jovens imberbes; expulsaram, afinal, Hermodoro, o melhor entre eles, dizendo: 'Não aceitaremos o que for o melhor entre nós; se este porventura existir, que viva alhures, com outros.'" Ele maldiz todos os antecessores ilustres, com uma única exceção. "Homero deve ser eliminado de cada lista e açoitado." "Daqueles cujos discursos ouvi, não há um que compreenda que a sabedoria está em todos ausente." "O conhecimento de muitas coisas não ensina o saber; caso contrário, tê-lo-ia ensinado a Hesíodo e Pitágoras, bem como a Xenófanes e Hecateu." "O que Pitágoras (...) reclamava como sabedoria nada mais era que o conhecimento de muitas coisas e a arte da maldade." A única exceção de suas condenações é Teutamo, que possui "mais importância do que os outros". Quando investigamos

---

[2] Cornford, op. cit. (p. 184), enfatiza isso, o que julgo correto. Heráclito é muitas vezes incompreendido, sendo assimilado aos outros jônios.

o porquê de seu elogio, descobrimos que Teutamo afirmara que "a maioria dos homens é má".

O desprezo que Heráclito tem pela humanidade leva-o a cogitar que somente por meio da força os homens agem em vista do próprio bem. Diz ele: "Todo animal é conduzido ao pasto às bofetadas"; e ainda: "O jumento quer antes palha do que ouro."

Como é de se esperar, ele acredita na guerra: "A guerra", diz, "é pai e rei de todos; a alguns fez deuses e outros, homens; a alguns, escravos e outros, livres." E também: "Homero estava errado quando disse: 'Que o conflito desapareça dentre os deuses e homens!' Não percebeu ele que então suplicava pelo fim do universo; ouvida sua súplica, afinal, tudo morreria." E ainda: "Devemos saber que a guerra é comum a todos, que conflito é justiça e que tudo ganha existência e se vai por meio do conflito."

Sua ética é uma espécie de ascetismo orgulhoso muito semelhante ao de Nietzsche. Heráclito vê a alma como mistura de fogo e água, sendo o fogo nobre, e a alma, ignóbil. A alma em que predomina o fogo ele denomina "seca". "A alma seca é a melhor e mais sábia." "É prazeroso às almas tornar-se úmidas." "O homem, quando se embriaga, é conduzido por um rapaz imberbe, aos tropeços, ignorando onde pisa, trazendo a alma úmida." "É a morte, para as almas, tornar-se água." "É duro lutar contra os desejos do próprio coração. O que quer que deseje, ele obtém às custas da alma." "Não é bom para os homens conseguir tudo aquilo que desejam." Pode-se dizer que Heráclito valoriza o poder conquistado pelo domínio de si e que despreza as paixões que distraem o homem de suas ambições centrais.

A atitude de Heráclito para com as religiões de seu tempo, ao menos para com a báquica, é em grande medida hostil. Não se trata, porém, da hostilidade de um racionalista científico. Ele possui sua própria religião; em parte, interpreta a teologia de seu tempo de modo a fazê-la adequar-se à sua doutrina e, em parte, rejeita-a com considerável desdém. Foi já denominado báquico (por Cornford) e tratado como intérprete dos mistérios (por Pfleiderer). Não creio que os fragmentos relevantes deem respaldo a essa visão. Ele afirma, por exemplo, que "Os mistérios praticados entre os homens não são sacros". Isso dá a entender que tinha em mente possíveis mistérios que eram "sacros" de fato, mas que diferiam consideravelmente dos que então existiam. Não desprezasse tanto o vulgo para empenhar-se em propagandas, Heráclito teria sido um reformista religioso.

Seguem abaixo todos os ditos sobreviventes de Heráclito que dizem respeito à sua atitude para com a teologia da época.

> O Senhor de quem é o oráculo de Delfos não profere nem esconde seu sentido, mas demonstra-o por um signo.
>
> E a Sibila, que com lábios delirantes profere coisas melancólicas, desadornadas e insípidas, transpõe mil anos com sua voz, graças ao deus que nela está.
>
> As almas farejam no Hades.
>
> As maiores mortes logram maior quinhão. (Aqueles que morrem se tornam deuses.)
>
> Sonâmbulos, mágicos, sacerdotes de Baco e sacerdotisas dos lagares, mercadores de mistérios.
>
> Os mistérios praticados entre os homens não são sacros.
>
> E rezam para tais imagens como se falassem à casa de um homem, desconhecendo o que são os deuses ou heróis.
>
> Pois, não fosse para Dionísio que realizam procissão e entoam o vexatório hino fálico, estariam agindo de maneira assaz vergonhosa. Hades, entretanto, é o mesmo que Dionísio, em cuja honra vão à loucura e celebram a festa dos lagares.
>
> Purificam-se em vão, sujando-se de sangue como se aquele que pisasse na lama lavasse nela seus pés. Quem o visse proceder dessa maneira o tomaria por louco.

Heráclito considerava o fogo o elemento primordial do qual tudo o mais procedera. Tales, como recordará o leitor, acreditava que tudo surgira da água; Anaxímenes, que o ar era o elemento primitivo; Héracles preferiu o fogo. Por fim, Empédocles sugeriu um meio-termo diplomático, reconhecendo os quatro elementos: terra, ar, fogo e água. A química dos antigos parou por aí. Nenhum progresso ulterior se deu nessa ciência até os alquimistas maometanos iniciarem sua busca pela pedra filosofal, pelo elixir da vida e por uma forma de transformar metais ignóbeis em ouro.

A metafísica de Heráclito é dinâmica o suficiente para satisfazer o mais inquieto dos modernos:

> Este mundo, que é o mesmo para todos, nenhum deus ou homem o criou; antes, sempre foi, é e será um Fogo sempiterno, com partes que ardem e outras que esmorecem.
>
> As transformações do Fogo são, primeiramente, mar; metade do mar é terra, metade é redemoinho de vento.

Num mundo assim, era de se esperar a mudança perpétua, e era nela que Heráclito acreditava.

Havia, no entanto, outra doutrina que ele valorizou mais do que a doutrina do fluxo perpétuo: a da mistura de opostos. "Os homens desconhecem", diz, "quanto aquilo que discorda está de acordo consigo mesmo. Trata-se da harmonização de tensões opostas, como aquela do arco e da lira". Sua crença no conflito está associada à sua teoria, dado que no conflito os opostos se unem para produzir um movimento que é harmonia. Há unidade no mundo, mas uma unidade que resulta da diversidade:

> Pares são as coisas inteiras e não inteiras, o que é unido e separado, harmonioso e discorde. O uno é feito de todas as coisas e todas as coisas advêm do uno.

Às vezes, ele se expressa como se a unidade fosse mais fundamental do que a diversidade:

> O bom e o iníquo são um só.
>
> Para Deus, todas as coisas são belas, boas e justas, mas para os homens algumas são injustas e outras, justas.
>
> O caminho para cima e o caminho para baixo é um só e o mesmo.
>
> Deus é dia e noite, inverno e verão, guerra e paz, abundância e fome; assume, porém, várias formas, tal qual o fogo quando, mesclado com condimentos, recebe um nome segundo o sabor de cada um.

Não obstante, não haveria unidade caso não houvesse opostos que se combinassem: "O oposto é o que é bom para nós."

Essa doutrina contém a semente da filosofia de Hegel, a qual procede pela síntese de contrários.

A exemplo da metafísica de Anaximandro, a metafísica de Heráclito é marcada pelo conceito da justiça cósmica, responsável por impedir que do conflito de opostos resulte a vitória completa de um de seus elementos.

> Todas as coisas se convertem em Fogo, e o Fogo, em todas as coisas, tal como as mercadorias em ouro, e o ouro, em mercadorias.
>
> O fogo vive a morte do ar e o ar vive a morte do fogo; a água vive a morte da terra e terra, a morte da água.
>
> O Sol não excederá suas medidas; caso o faça, as Erínias, servas da justiça, descobri-lo-ão.
>
> Devemos saber que a guerra é comum a todos, que conflito é justiça.

Heráclito, repetidas vezes, fala de "Deus" em oposição a "deuses". "Os caminhos do homem não têm sabedoria, mas os de Deus têm. (...) O homem é chamado de bebê por Deus como a criancinha o é pelo homem. (...) O mais sábio dos homens é qual um macaco se comparado com Deus, do mesmo modo como o mais belo dos macacos é feio se comparado com o homem."

Deus, sem dúvida alguma, é a corporificação da justiça cósmica.

A doutrina de que tudo se encontra em fluxo é a mais famosa de todas as opiniões de Heráclito; é também a mais enfatizada por seus discípulos, como bem descreve Platão no *Teeteto*.

> Não podeis pisar duas vezes o mesmo rio, pois águas novas estão sempre correndo em vossa direção.[3]
>
> O Sol é novo a cada dia.

Em geral, acredita-se que sua crença na mudança universal tenha sido enunciada na expressão "todas as coisas fluem"; isso, porém, é provavelmente apócrifo, a exemplo do "Pai, não posso mentir" de Washington e do "Erguei-vos, guardas, para cima deles!" de Wellington. Suas palavras, tais quais as palavras de todos os filósofos que precedem Platão, só são conhecidas a partir de citações — a maioria das quais fizeram Platão e Aristóteles a fim de refutá-las. Quando imaginamos o que seria de qualquer filósofo moderno caso só fosse conhecido a partir da polêmica de seus rivais, percebemos quão admiráveis

[3] Cf., porém: "Pisamos e não pisamos nos mesmos rios: nós somos e não somos."

os pré-socráticos devem ter sido, uma vez que ainda parecem grandes não obstante a nuvem de malícia difundida por seus inimigos. Qualquer que seja o caso, tanto Platão quanto Aristóteles afirmam que Heráclito ensinara que "nada é, tudo é devir" (Platão), e que "nada é constante" (Aristóteles).

Retornarei ao exame dessa doutrina ao falar de Platão, que teve grande interesse em refutá-la. Por ora, não investigarei o que a filosofia tem a dizer sobre ela; exporei somente o que os poetas achavam e os homens de ciência ensinaram.

A busca de algo permanente é um dos instintos mais profundos a conduzirem os homens à filosofia. Ela deriva, sem dúvida, do amor ao lar e da ânsia por proteger-se do perigo; por conseguinte, descobrimos que ela é tanto mais apaixonada nas vidas que estão mais expostas à catástrofe. A religião busca a permanência de duas formas: Deus e a imortalidade. Em Deus não há variações nem sombra de instabilidade; a vida após a morte é eterna e imutável. A alegria do século XIX voltou os homens contra essas concepções estáticas, e a teologia progressista moderna acredita haver progresso no paraíso e evolução na divindade. Mesmo nessa concepção, no entanto, há algo de permanente: o progresso propriamente dito e seu objetivo imanente. Além disso, uma dose de desastre provavelmente reconduzirá a esperança dos homens a suas velhas formas supraterrestres: se a vida sobre a terra encontra-se em desespero, somente no paraíso é que a paz pode ser almejada.

Os poetas lamentaram a capacidade do tempo de varrer o objeto de seu amor.

> O Tempo estiola a flor da mocidade,
> cava em formosa fronte as paralelas,
> com à Natura a vera raridade,
> nada resiste a suas ceifadelas.

Eles em geral acrescem que os versos que saem de suas penas são indestrutíveis:

Mas de esperança meus versos ficarão:
louvam-se contra a sua cruel mão.[4]

No entanto, essa é apenas uma presunção literária convencional. Místicos de inclinação filosófica, incapazes de negarem que tudo o que há no tempo é transitório, elaboraram um conceito segundo o qual a eternidade não é a persistência pelos tempos sem fim, e sim existência fora de todo o processo temporal. A vida eterna, de acordo com alguns teólogos — o deão Inge, por exemplo —, não significa a existência em cada momento do tempo futuro, e sim um modo de ser completamente independente do tempo, no qual não há antes ou depois e, portanto, nenhuma possibilidade lógica de mudança. Essa visão foi expressa pela poesia de Vaughan:

Contemplei a Eternidade em noite passada
Qual grão halo de luz pura, ilimitada,
Sua paz à luz era igualada;
Abaixo, o Tempo em dias, em horas, eras,
Conduzido pelas esferas
Como grande sombra ia; e nela o universo
Com o que trazia era imerso.

Muitos dos sistemas filosóficos mais famosos tentaram enunciar esse conceito em prosa sóbria, como se expressassem aquilo que a razão, pacientemente perseverante, nos forçará a acreditar.

Heráclito mesmo, não obstante sua crença na mudança, admitiu que *algo* não tinha fim. A concepção de eternidade (em oposição à duração infinita) que encontramos em Parmênides não existe em Heráclito, mas em sua filosofia o fogo central jamais se extingue: o mundo "sempre foi, é e será um Fogo sempiterno". Fogo, no entanto, é algo que está em constante mutação, e sua permanência é antes a permanência de um processo, e não de uma substância — muito embora tal visão não deva ser atribuída ao filósofo.

A ciência, tal qual a filosofia, procurou fugir da doutrina do fluxo perpétuo buscando substrato permanente em meio aos fenômenos

[4] Em tradução de Vasco Graça Moura (Shakespeare, "Soneto 60", in *Os sonetos completos de William Shakespeare*. São Paulo: Editora Landmark, 2005, p. 131). [N.T.]

cambiantes. A química parecia satisfazer esse desejo. Ela descobriu que o fogo, aparente causa de destruição, apenas se transmudava: os elementos se recombinam, mas cada átomo existente antes da combustão ainda existe ao cabo do processo. Por conseguinte, supôs-se que os átomos eram indestrutíveis e que toda mudança no mundo físico consistia tão somente numa nova disposição de elementos persistentes. Essa visão prevaleceu até a descoberta da radioatividade, quando notou-se que os átomos poderiam se desintegrar.

Nada intimidados, os físicos inventaram unidades novas e menores chamadas elétrons e prótons, das quais se compunham os átomos; por alguns anos, acreditou-se que essas unidades desfrutavam da indestrutibilidade outrora atribuída ao átomo. Infelizmente, os prótons e elétrons pareciam suscetíveis à colisões e explosões, formando, com isso, não matéria nova, e sim uma onda de energia que se espalhava pelo universo com a velocidade da luz. A energia teve de ocupar o lugar da matéria como aquilo que é permanente. Ao contrário da matéria, porém, a energia não é um refinamento da noção de "coisa" sustentada pelo senso comum; trata-se apenas de uma característica dos processos físicos. Ela pode ser engenhosamente identificada com o Fogo heraclitiano, mas é antes o ardor, e não o que arde. "O que arde" desapareceu da física moderna.

Passando do pequeno ao grande, a astronomia não nos permite mais considerar eternos os corpos celestes. Os planetas surgiram a partir do Sol, que por sua vez formou-se de uma nebulosa. Ele dura já alguns anos e durará por mais tempo, mas cedo ou tarde, provavelmente em um bilhão de anos, acabará por explodir e destruir todos os planetas. Ao menos é isso o que dizem os astrônomos; à medida que o dia derradeiro se aproxima, talvez venham eles a encontrar algum equívoco em seus cálculos.

Tal qual apregoada por Heráclito, a doutrina do fluxo perpétuo é dolorosa, e, como vimos, a ciência nada pode fazer para refutá-la. Uma das principais ambições dos filósofos tem sido revigorar esperanças que a ciência parece ter sufocado. Por conseguinte, eles têm ansiado, com enorme persistência, por algo que não esteja sujeito ao império do Tempo. Essa busca teve início com Parmênides.

5

Parmênides

Os gregos não eram propensos à moderação nem no plano da teoria, nem no plano da prática. Heráclito defendeu que *tudo* muda; Parmênides respondeu que *nada* o fazia.

Parmênides nasceu em Eleia, ao sul da Itália, e viveu na primeira metade do século V a.C. Segundo Platão, o jovem Sócrates (em cerca do ano 450 a.C., digamos) foi ter com ele, já idoso, e muito aprendeu. Seja verídico ou não o colóquio, podemos ao menos concluir o que é de todo modo evidente, a saber: que até mesmo Platão foi influenciado pelas doutrinas de Parmênides. Os filósofos do sul da Itália e da Sicília eram mais dados ao misticismo e à religião do que os da Jônia, em geral de tendência mais científica e cética. No entanto, foi na Magna Grécia, sob a influência de Pitágoras, que a matemática mais floresceu; na época tratava-se, contudo, de uma matemática mesclada com o misticismo. Parmênides foi influenciado por Pitágoras, mas a medida dessa influência é fruto de conjecturas. O que torna Parmênides historicamente importante é o fato de ter inventado uma forma de raciocínio metafísico que, de uma forma ou de outra, é também encontrado na maioria dos metafísicos subsequentes até Hegel, este inclusive. Costuma-se dizer que Hegel inventou a lógica, mas o que na verdade concebeu foi a metafísica que se fundamenta na lógica.

A doutrina de Parmênides foi enunciada no poema *Sobre a natureza*. Ele considerava os sentidos enganosos e condenava a multiplicidade de objetos sensíveis como mera ilusão. O único ser verdadeiro é o "Uno", infinito e indiviso. Não se trata, como em Heráclito, de uma união de contrários, uma vez que não há opostos. Ele aparentemente achava, por exemplo, que "frio" significa apenas "não quente" e que "escuro" nada é mais do que "não claro". O "Uno" não é concebido como concebemos Deus; por tratá-lo como esfera, Parmênides parece vê-lo como material e extenso. Não é possível, contudo, dividi-lo, dado que sua totalidade se encontra em toda parte.

Parmênides divide seu ensinamento em duas partes, respectivamente denominadas "caminho da verdade" e "caminho da opinião". Não nos debrucemos sobre este último. Eis, em seus pontos essenciais, o que se conservou de suas afirmações sobre o caminho da verdade:

> Não podes saber o que não é — é impossível — nem proferi-lo; pois é um só o que pode ser pensado e o que pode existir.
>
> Como, no entanto, pode aquilo que é vir a ser? Ou como poderia ganhar existência? Se passou a ser, não é; tampouco é se vier a ser no futuro. O *devir*, assim, se extingue, e não se deve falar em *desaparecer*.
>
> Aquilo que pode ser pensado e aquilo porque o pensamento existe são o mesmo; pois não é possível encontrar pensamento sem algo que exista e a respeito do qual ele se exprime.[1]

Eis a essência desse raciocínio: quando pensa, você pensa *em* algo; quando usa um nome, deve ser o nome de algo. Por conseguinte, tanto o pensamento quanto a linguagem exigem objetos que lhes sejam extrínsecos. Uma vez que é possível pensar e falar em algo tanto num momento quanto em outro, tudo aquilo em que podemos pensar e falar deve existir em todos os tempos. Não pode haver, portanto, mudança, uma vez que a mudança consiste em coisas ganhando ou perdendo existência.

Esse é o primeiro caso, na filosofia, em que um argumento referente ao pensamento e à linguagem é aplicado ao mundo como um todo. Não podemos tomá-lo como válido, é claro, mas vale a pena investigar que elementos de verdade contém.

É possível articular o raciocínio desta forma: para que a linguagem tenha sentido, as palavras devem significar algo, e em geral elas não significam outras palavras, mas algo que se encontra ali quer falemos

[1] Observação de Burnet: "Eis o que creio ser o sentido. [...] Não pode haver pensamento correspondente a um nome que não seja o nome de algo real."

dele, quer não. Suponhamos, por exemplo, que você fale de George Washington. Não existisse um personagem histórico assim batizado, este nome (ao que parece) não teria sentido e as frases que o contivessem seriam absurdas. Parmênides defende não apenas que George Washington deve ter existido no passado, mas também que, em certo sentido, continua a existir, uma vez que ainda podemos utilizar seu nome de modo que signifique algo. Isso parece evidentemente falso, mas como contornar o raciocínio?

Tomemos uma pessoa fictícia — Hamlet, por exemplo — e examinemos o seguinte enunciado: "Hamlet foi príncipe da Dinamarca." De certa forma, trata-se de uma verdade, mas não no sentido histórico puro e simples. O enunciado correto seria: "Diz Shakespeare que Hamlet foi príncipe da Dinamarca." Ou ainda, mais explicitamente: "Diz Shakespeare que houve um príncipe da Dinamarca de nome 'Hamlet'." Aqui, nada mais há de imaginário. Shakespeare, Dinamarca e o som "Hamlet" são reais; este último, porém, não é de fato um nome, dado que ninguém chegou a chamar-se Hamlet. Caso alguém diga que "'Hamlet' é o nome de uma pessoa imaginária", não estará de todo correto; seria preciso dizer: "Imagina-se que 'Hamlet' seja o nome de uma pessoa real."

Hamlet é um indivíduo imaginário; o mesmo se aplica à espécie dos unicórnios. Algumas frases em que a palavra "unicórnio" figura são verdadeiras, e outras, falsas; em cada caso, porém, isso não se dá diretamente. Examinemos os enunciados "o unicórnio possui um chifre" e "a vaca possui dois chifres". Para demonstrar a veracidade deste último, é preciso olhar para uma vaca; não basta dizer que determinado livro afirma serem dois os seus chifres. A prova de que os unicórnios só têm um, contudo, deve ser buscada nos livros; na realidade, o enunciado correto seria: "Certos livros declaram que há animais com um só chifre, chamados 'unicórnios'." Todas as declarações relativas aos unicórnios se referem à *palavra* "unicórnio", assim como todas as declarações relativas a Hamlet se referem à *palavra* "Hamlet".

É óbvio, contudo, que na maioria dos casos nós não falamos de palavras, e sim daquilo que elas significam. Isso, por sua vez, leva-nos de volta ao raciocínio de Parmênides, segundo o qual se a palavra pode ser usada de maneira significativa, deve significar *algo*, e portanto aquilo que ela significa em certo sentido existe.

O que dizer, então, sobre George Washington? Parece restar-nos apenas duas alternativas: a primeira é dizer que ele ainda existe; a outra, que ao usarmos as palavras "George Washington" não estamos falando do homem que carregou o nome. Ambas parecem paradoxais, mas esta última o é em menor grau, e procurarei mostrar em que sentido é verdadeira.

Parmênides parte do princípio de que as palavras têm sentido constante; é esse, na verdade, o fundamento de seu argumento, o qual crê inquestionável. Todavia, muito embora o dicionário ou a enciclopédia forneça o que pode ser considerado o sentido oficial e socialmente ratificado de determinada palavra, duas pessoas que utilizem o mesmo vocábulo não têm na cabeça pensamentos iguais.

George Washington mesmo podia empregar seu nome e "eu" como sinônimos. Podia perceber os próprios pensamentos e movimentos corporais, sendo-lhe portanto possível dar a seu nome emprego mais pleno do que davam os outros. Seus amigos, quando em sua presença, viam-se em condições de observar os movimentos de seu corpo e de adivinhar seus pensamentos; para eles, o nome "George Washington" ainda denotava algo concreto, perceptível na própria experiência. Depois da morte de seu amigo, precisaram substituir as percepções pela memória, o que acarretou mudanças nos processos mentais que ocorriam ao empregarem seu nome. Para nós, que não o conhecemos, os processos mentais são ainda mais diferentes. Podemos pensar em sua foto e dizer para nós mesmos: "É este o homem"; podemos pensar no "primeiro presidente dos Estados Unidos". Caso sejamos ignorantes, talvez ele não seja para nós mais do que "o homem que se chamava 'George Washington'." O que quer que seu nome nos sugira, porém, não se trata do homem em si, dado que não o conhecemos, mas de algo que se faz presente hoje aos sentidos, à memória ou ao pensamento. Isso demonstra a falácia do raciocínio de Parmênides.

A perpétua alteração do sentido das palavras é dissimulada pelo fato de essa mudança não fazer diferença alguma para a veracidade ou falsidade das proposições em que os vocábulos aparecem. Se você tomar qualquer frase verdadeira em que o nome de "George Washington" figura, sua veracidade não será prejudicada caso utilizada a expressão "o primeiro presidente dos Estados Unidos" em seu lugar. Há exceções a essa regra. Antes da eleição de Washington, era possível dizer “Espero que George Washington seja o primeiro presidente dos Estados Unidos”, mas não “Espero que o primeiro presidente dos Estados Unidos seja o primeiro presidente dos Estados Unidos” — a não ser que o enunciador nutrisse paixão incomum pela lei da identidade. Todavia, é fácil criar uma regra que exclua esses casos excepcionais, e nos casos restantes é possível substituir “George Washington” por qualquer expressão descritiva que se aplique somente a ele. Ademais, é apenas por meio de tais expressões que sabemos o que sabemos sobre sua pessoa.

Parmênides defende que, sendo nós incapazes de conhecer o que hoje se costuma denominar passado, este não pode ser passado de fato: em certo sentido, deve existir também agora. Daí deduz o filósofo que mudança é algo que inexiste. O que temos afirmado sobre George Washington está de acordo com esse raciocínio. Em certo sentido, pode-se dizer que não temos conhecimento do passado. Quando rememoramos, essa rememoração se dá no agora e se distingue do acontecimento rememorado. Todavia, proporciona-nos uma *descrição* do que ocorreu, e para quase todos os fins práticos não é necessário distinguir a descrição daquilo que é descrito.

Todo esse raciocínio revela como é fácil extrair conclusões metafísicas a partir da linguagem e como a única forma de evitar argumentos falaciosos desse tipo é levar o estudo lógico e psicológico da linguagem mais além do que fizeram os metafísicos.

Creio, no entanto, que, se Parmênides retornasse dos mortos e lesse o que tenho escrito, iria considerá-lo demasiadamente superficial. “Como podes saber”, perguntaria, “que tuas declarações sobre George Washington se referem a um tempo pretérito? Segundo dizes, a referência direta se dá a coisas hoje presentes; tuas rememorações, por exemplo, acontecem agora, e não no tempo que julgas rememorar. Se é preciso aceitar a memória como fonte de conhecimento, o passado deve se fazer presente ao espírito *agora* e, em certo sentido, ainda existir”.

Não procurarei refutar esse raciocínio agora; ele exige o exame da memória, tema árduo. Reproduzi aqui o raciocínio para recordar o leitor de que, quando importantes, as teorias filosóficas costumam ser recuperadas em forma nova depois de refutadas em sua forma original. As refutações raramente são definitivas; na maioria dos casos, não passam de prelúdio a novos refinamentos.

O que a filosofia subsequente, até tempos um tanto modernos, aceitou de Parmênides não foi a impossibilidade de toda e qualquer mudança — paradoxo por demais violento —, e sim a indestrutibilidade da *substância*. A palavra "substância" não figura em seus sucessores imediatos, mas em suas especulações o *conceito* já se encontra presente. Supunha-se que a substância era o sujeito persistente de predicados variantes. Como tal, tornou-se — e permaneceu por mais de dois mil anos — um dos conceitos fundamentais da filosofia, da psicologia, da física e da teologia. Terei muito mais a dizer sobre o tema adiante. Por ora, interessa-me apenas assinalar que a ideia foi introduzida como forma de fazer jus aos raciocínios de Parmênides sem negar fatos óbvios.

6
Empédocles

A mistura de filósofo, profeta, homem da ciência e charlatão que encontramos já em Pitágoras corporificou-se plenamente em Empédocles, que viveu em cerca de 440 a.C. e, portanto, foi contemporâneo mais jovem de Parmênides, muito embora sua doutrina seja, em muitos aspectos, mais semelhante à de Heráclito. Empédocles era cidadão de Agrigento, na costa austral da Sicília; político democrata, dizia ao mesmo tempo que era um deus. Na maioria das cidades gregas, de modo especial naquelas da Sicília, havia conflitos constantes entre democracia e tirania; cada partido vencido tinha seus líderes executados ou exilados. Os exilados raramente hesitavam em negociar com os inimigos da Grécia — a Pérsia ao leste e Cartago ao oeste. Empédocles foi devidamente banido, mas ao que parece preferiu, após esse desterro, a carreira do sábio à de refugiado intriguista. Também é provável que, em sua juventude, tenha sido mais ou menos órfico; que antes do exílio tenha mesclado política e ciência; e que apenas depois, quando exilado, tenha se tornado um profeta.

São muitas as coisas que diz a lenda sobre Empédocles. Teria realizado milagres ou atos semelhantes, valendo-se por vezes de magia e, por vezes, de seu conhecimento científico. Podia controlar os ventos, dizem as narrativas; trouxe de volta à vida uma mulher que parecia morta havia trinta anos. Por fim, dizem que morreu lançando-se à cratera do Etna para provar que era deus. Nas palavras do poeta:

Grão Empédocles, de ânimo inflamado,
Lançou-se ao Etna, foi todo assado.

Matthew Arnold escreveu um poema sobre o tema, mas, embora se trate de um de seus piores, não contém a trova acima.

Tal qual Parmênides, Empédocles escreveu em versos. Lucrécio, por ele influenciado, exaltou-o em alto grau como poeta, mas nesse aspecto as opiniões divergem. Visto só terem sobrevivido fragmentos de seus textos, seu valor poético deve permanecer em suspenso.

É preciso lidar separadamente com sua ciência e sua religião, uma vez que ambas não são compatíveis entre si. Debruçar-me-ei primeiro sobre sua ciência, depois sobre sua filosofia e, por fim, sobre sua religião.

A contribuição mais importante de Empédocles à ciência foi a descoberta do ar como substância independente. Provou-o observando que, quando um balde ou vasilhame semelhante é submerso de ponta-cabeça na água, o líquido não adentra o recipiente. Diz ele:

> Quando uma menina, brincando com uma clepsidra de cobre fulgente, tampa o orifício do tubo com sua mão delicada, submergindo ao mesmo tempo o objeto na massa vencida de água argêntea, a corrente não flui para o interior do recipiente; o volume de ar que ali se encontra, pressionando as perfurações, conserva-a do lado de fora até que a jovem alivie a pressão, e então o ar escapa e um volume equivalente de água pode adentrar.

Esse trecho figura em sua explicação da respiração.

Empédocles também descobriu ao menos um exemplo de força centrífuga: se um copo d'água se fizer girar atado à extremidade de uma corda, a água não transborda.

Ele sabia que há sexo nas plantas e elaborou uma teoria, que devemos reconhecer um tanto fantástica, da evolução e sobrevivência dos mais aptos. Originalmente, "tribos incontáveis de criaturas mortais se espalharam pelo mundo, assumindo todos os tipos de forma: era maravilhoso vê-las". Havia cabeças sem pescoço, braços sem ombros, olhos sem frontes, membros soltos em busca de articulações. Juntaram-se todas essas coisas ao acaso; havia criaturas coxas com incontáveis mãos, criaturas com rostos e troncos voltados para direções opostas, criaturas com corpo de boi e rosto de homem, bem como criaturas com rosto bovino e corpo humano. Havia hermafroditas que uniam em si as naturezas masculina e feminina, sendo porém estéreis. No final, somente algumas formas sobreviveram.

No que tange à astronomia: sabia Empédocles que a Lua brilha com luz refletida e achava que isso também se aplicava ao Sol; declarou levar tempo para a luz se propagar, mas que esse tempo é tão ínfimo que não o percebemos; reconheceu que os eclipses solares são causados pela interposição da Lua, fato que parece ter assimilado de Anaxágoras.

Foi o fundador da escola italiana de medicina, e a escola médica que dele se originou teve influência tanto sobre Platão quanto Aristóteles. Segundo Burnet (p. 234), ela impactou toda a tendência do pensamento científico e filosófico.

Tudo isso revela o vigor científico da época, um vigor que não foi igualado nos períodos posteriores da Grécia.

Chego agora à sua cosmologia. Foi Empédocles, como já pudemos mencionar, quem definiu a terra, o ar, o fogo e a água como os quatro elementos (não obstante a palavra "elemento" jamais tenha sido por ele usada). Cada um deles era sempiterno, mas poderia se unir aos outros, em diferentes proporções, para produzir as substâncias complexas e cambiantes que encontramos no mundo. Os elementos se combinavam pelo Amor e se separavam pelo Ódio. Amor e Ódio eram, para Empédocles, substâncias primárias tais quais a terra, o ar, o fogo e a água. Havia períodos em que o Amor predominava e períodos em que o Ódio era mais forte. Uma era de ouro existira em que o Amor triunfava por completo. Nela, apenas a Afrodite cipriota (frag. 128) era pelos homens cultuada. As mudanças no mundo não se pautam por propósito nenhum, mas apenas pelo Acaso e pela Necessidade. Verifica-se um ciclo: quando os elementos são misturados pelo Amor, o Ódio os deslinda novamente; quando o Ódio os separa, o Amor pouco a pouco os reúne. Como consequência, toda substância é temporária; apenas os elementos, junto do Amor e do Ódio, são sempiternos.

Há aqui certa semelhança com Heráclito, mas uma semelhança mais suave, uma vez que não é apenas o Ódio, mas o Ódio com o Amor, o que gera mudança. Platão associa Heráclito e Empédocles no *Sofista* (242):

Certas musas jônicas e, mais recentemente, também sicilianas concluíram ser mais seguro unir os dois princípios (o Uno e o Múltiplo) e dizer que o ser é uno e múltiplo, que mantém sua coesão pela hostilidade e pela amizade, sempre cindindo-se e sempre juntando-se, como insinuam as musas mais severas; as mais brandas, por sua vez, não insistem na luta e paz perpétuas, mas reconhecem seu relaxamento e sua alternância; paz e unidade às vezes prevalecem sob influência de Afrodite, ao que se seguem a pluralidade e a guerra em razão de um princípio de discórdia.

Empédocles afirmou que o mundo material é uma esfera; que, na Era de Ouro, o Ódio estava fora, e o Amor, dentro; que aos poucos o Ódio entrou e o Amor foi expulso, até que o Ódio estivesse inteiramente dentro e o Amor, completamente fora. Então, muito embora não seja claro o motivo, tem início um movimento oposto que conduz mais uma vez à Era de Ouro, a qual porém não dura para sempre. O ciclo se repete por inteiro. Poderíamos talvez supor que ambos os extremos seriam estáveis, mas não é essa a visão de Empédocles. Ele queria explicar o movimento tendo em conta o argumento de Parmênides, e não desejava chegar, em determinado estágio, a um universo imutável.

Em linhas gerais, as visões religiosas de Empédocles são pitagóricas. Em fragmento que muito provavelmente se refere a Pitágoras, ele diz: "Houve entre eles homem de raro conhecimento, muito versado em toda sorte de obras sábias, alguém que alcançara a riqueza máxima da sabedoria; pois, independentemente de quando empenhasse a totalidade de seu espírito, via muito facilmente tudo de todas as coisas em dez, mesmo vinte vidas humanas." Na Era de Ouro, como já se mencionou, os homens só cultuavam Afrodite, "e o altar não recendia do sangue puro do touro, sendo tomado como a maior das abominações entre os homens o ato de ingerir os aprazíveis membros depois de extinta a vida".

Em determinada ocasião, trata a si mesmo, exuberantemente, como um deus:

> Amigos, vós que viveis na grã cidade junto à rocha amarela de Agrigento, próxima à citadela, abundante em boas obras e porto de honra

ao estrangeiro — homens inábeis na iniquidade, a todos saúdo. Entre vós vou como deus imortal, em nada mortal agora, honrado entre todos, coroado de faixas e guirlandas de flores. Tão logo, quando com meu séquito adentro as cidades que florescem, encontro homens e mulheres no caminho, reverência me prestam; seguem-me multidões infindas que me indagam o caminho do logro; desejam, uns, oráculos; outros, angustiados há tanto por toda sorte de enfermidades, desejam de mim palavra de cura. (...) Por que atenho-me, porém, em coisas tais, como se fosse grande feito sobrepujar os homens mortais, perecíveis?

Noutro momento, sente-se ele mesmo pecador, submetendo-se à expiação da própria impiedade:

> Há um oráculo da Necessidade, uma antiga ordenança dos deuses, eterna e selada por grandes juramentos, segundo o qual, quando um dos demônios cujo fado tem duração de dias macula pecaminosamente as mãos com sangue, ou então cede ao conflito e perjura, deve ele errar por trinta mil anos desde a morada dos bem-aventurados, nascendo entrementes em toda sorte de formas mortais, trocando um penoso caminho de vida por outro. Pois o poderoso Ar leva-o ao Mar, que por sua vez o vomita sobre a Terra seca; a Terra lança-o aos raios do Sol flamejante, que o atira de volta aos remoinhos do Ar. Cada qual o toma de outro, e todos o rejeitam. Um desses sou eu agora, desterrado e errando longe dos deuses por ter depositado minha confiança em um conflito insensato.

Qual teria sido seu pecado, não sabemos; talvez nada que nos parecesse muito grave, pois ele diz:

> Desventurado seja eu porque o impiedoso dia da morte não me destruiu antes de forjar atos iníquos de destruição com meus lábios.
>
> Abstém-te por completo de folhas de louro.
>
> Desgraçados, verdadeiros desgraçados, mantende vossas mãos longe dos feijões!"

Ou seja, talvez ele nada mais tivesse feito do que mastigar algumas folhas de louro ou refestelar-se com feijões.

A passagem mais célebre de Platão, na qual este mundo é comparado a uma caverna onde vemos tão somente a sombra das realidades do luminoso mundo luminoso superior, é antecipada por Empédocles; sua origem se encontra na doutrina dos órficos.

Alguns, supostamente os que se abstêm do pecado ao longo de várias encarnações, enfim alcançam a glória imortal na companhia dos deuses:

> Por fim, contudo, surgem eles[1] entre os mortais como profetas, cancionistas, médicos e príncipes; elevam-se doravante como deuses, em honra, partilhando do lar e da mesma mesa dos outros deuses, livres das desgraças humanas, salvos do destino e incapazes da dor.

Em tudo isso, parece, há pouquíssimo que já não se encontrasse no ensinamento do orfismo e do pitagorismo.

Fora da ciência, a originalidade de Empédocles consiste na doutrina dos quatro elementos e no emprego dos dois princípios, o Amor e o Ódio, como explicação da mudança.

Empédocles rejeitou o monismo e defendeu que o curso da natureza era regulado pelo acaso e pela necessidade, e não por um objetivo. Nesses aspectos, sua filosofia foi mais científica do que a de Parmênides, Platão e Aristóteles. Noutros, é bem verdade, ele cedeu às superstições correntes; no entanto, não foi nisso pior do que muitos homens da ciência mais recentes.

[1] Não fica claro quem são "eles", mas é possível presumir que se trata dos que preservaram a pureza.

7

Atenas em relação à cultura

A grandeza de Atenas se inicia no período das duas guerras persas (490 a.C. e 480-79 a.C.). Antes dessa época, vinham da Jônia e da Magna Grécia (as cidades gregas do sul da Itália e da Sicília) os grandes homens. A vitória de Atenas sobre o rei persa Dario em Maratona (490 a.C.), bem como a vitória das frotas gregas unidas, sob liderança ateniense, contra seu filho e sucessor Xerxes (480 a.C.), conferiram a Atenas grande prestígio. Os jônicos que viviam nas ilhas e em parte do continente da Ásia Menor se haviam rebelado contra a Pérsia, e sua libertação se deu por mãos atenienses após a expulsão dos persas do continente grego. Dessa operação não participaram os espartanos, cujas preocupações se limitavam apenas a seu território. Por conseguinte, Atenas tornou-se a parte predominante na aliança contra a Pérsia. Dizia a constituição da aliança que qualquer Estado constituinte deveria arcar com determinado número de embarcações ou com os custos delas. A grande maioria optou pela segunda opção, e desse modo Atenas consolidou sua supremacia naval sobre os outros aliados, transformando gradualmente a aliança em um Império ateniense. Atenas enriqueceu e prosperou sob a sábia liderança de Péricles, cujo governo durou, por livre escolha dos cidadãos, cerca de trinta anos, tendo fim com sua queda em 430 a.C.

A era de Péricles foi a mais feliz e gloriosa da história de Atenas. Ésquilo, que combatera nas guerras persas, inaugurou a tragédia grega; uma de suas peças, *Os persas*, afastando-se do costume de escolher temas homéricos, lida com a derrota de Xerxes. A ele logo seguiu-se Sófocles, por sua vez sucedido por Eurípides. Ambos presenciam os dias obscuros da Guerra do Peloponeso que deu sequência à queda e morte de Péricles, e Eurípides reflete em suas peças o ceticismo do período posterior. O poeta cômico Aristófanes, seu contemporâneo, zomba de todos os ismos desde o ponto de vista do robusto e limitado senso comum; de modo particular, expõe Sócrates à desonra por negar a existência de Zeus e interessar-se por mistérios pseudocientíficos não sagrados.

Atenas fora capturada por Xerxes e os templos da Acrópole acabaram destruídos pelo fogo. Péricles esforçou-se para reconstruí-los. Foram erguidos por ele o Partenão e os outros templos cujas ruínas ainda sobrevivem para impressionar o nosso tempo. O escultor Fídias foi empregado pelo Estado a fim de esculpir estátuas colossais de deuses e deusas. Ao final deste período, Atenas era cidade mais bela e esplêndida do mundo helênico.

Heródoto, pai da história, nasceu em Halicarnasso, na Ásia Menor, mas viveu em Atenas; encorajado pelo Estado, escreveu seu relato das guerras persas do ponto de vista ateniense.

Os feitos de Atenas na época de Péricles talvez sejam o que há de mais desconcertante em toda a história. Até então, Atenas estivera atrás de muitas outras cidades gregas; nem na arte, nem na literatura, ela produzira alguém ilustre (exceção feita a Sólon, que foi de início legislador). De súbito, estimulados pela vitória, pela riqueza e pela necessidade de reconstrução, arquitetos, escultores e dramaturgos que permanecem insuperáveis até hoje produziram obras de grande influência desde então até os tempos modernos. Isso se torna ainda mais surpreendente quando examinamos a pequenez da população envolvida. Estima-se que, em seu auge, isto é, em cerca de 430 a.C., Atenas teve população de mais ou menos 230 mil pessoas (incluindo escravos), e o território adjacente da Ática rural provavelmente possuiu população um tanto menor. Nunca, nem antes nem depois, uma proporção equivalente de habitantes mostrou-se capaz de realizar obras de excelência tão elevada.

À filosofia Atenas dá dois grandes nomes: Sócrates e Platão. Platão pertence a período algo posterior, mas Sócrates passou a juventude e o início da vida adulta sob Péricles. Os atenienses se interessavam o bastante por filosofia para ouvirem com avidez os mestres que vinham de outras cidades. Os sofistas eram procurados por jovens que desejam aprender a arte da argumentação; no *Protágoras*, o Sócrates platônico realiza uma divertida descrição satírica dos discípulos fervorosos agarrando-se às palavras do destacado visitante. Péricles, como veremos, trouxe de fora Anaxágoras, de quem Sócrates declarou ter aprendido a preeminência da mente na criação.

Ao que parece, a maioria dos diálogos de Platão se situa na época de Péricles, fornecendo-nos um agradável retrato da vida entre os ricos. Platão pertencia a uma família da aristocracia ateniense e foi educado na tradição do período anterior àquele em que a guerra e a democracia destruíram a riqueza e segurança da classe alta. Seus jovens, que não precisam trabalhar, dedicam a maior parte do tempo livre à ciência, à matemática e à filosofia; conhecem Homero quase de cor e são juízes críticos dos méritos de quem recita poesia profissionalmente. A arte do raciocínio dedutivo fora descoberta havia pouco e trouxe consigo o estímulo de novas teorias — tanto verdadeiras quanto falsas — a todo o campo do saber. Naquela época, como em poucas outras, era possível ser inteligente e feliz — e feliz por meio da inteligência.

Entretanto, o equilíbrio de forças que deu origem a essa idade de ouro era precário. Suas ameaças provinham tanto de dentro quanto de fora: de dentro, vindas da democracia; de fora, de Esparta. Para compreendermos o que se deu após Péricles, é preciso examinar brevemente a história precedente da Ática.

No início do período histórico, consistia a Ática numa pequena região agrícola autossubsistente; Atenas, sua capital, não era grande, mas abarcava uma população crescente de artesãos e artífices talentosos, que desejavam levar seus produtos para o exterior. Aos poucos, revelou-se mais vantajoso cultivar vinhas e olivas do que grãos e importar estes últimos, sobretudo, da costa do mar Negro. Essa forma de cultivo exigia mais capital do que os cereais, e assim os pequenos lavradores contraíram dívidas. Ática, a exemplo dos outros Estados gregos, fora monárquica no período homérico, mas o rei tornou-se mero oficial religioso destituído de poder político. O governo passou às mãos da aristocracia, que oprimiu tanto os lavradores do campo quanto os artesãos da cidade. Um meio-termo em direção à democracia foi alcançado por Sólon no início do século VI, e grande parte de seu trabalho sobreviveu ao subsequente período de tirania perpetrado por Pisístrato e seus filhos. Ao cabo desse período, os aristocratas, na condição de adversários da tirania, confiaram-se à democracia. Até a queda de Péricles, os processos democráticos concederam poder aos aristocratas, como viria a ocorrer na Inglaterra do século XIX. Ao fim de sua vida, porém, os líderes da democracia ateniense começaram a exigir quinhão maior do poder político. Ao mesmo tempo, sua política imperialista, à qual a prosperidade econômica de Atenas estivera atrelada, fomentou atrito crescente com Esparta, o que enfim culminou na Guerra do Peloponeso (431-404), na qual Atenas foi derrotada por completo.

Não obstante seu colapso político, o prestígio de Atenas perdurou, e ao longo de quase um milênio a filosofia centrou-se ali. Alexandria superou Atenas na matemática e na ciência, mas Platão e Aristóteles a tornaram imbatível na filosofia. A Academia, onde Platão ensinou, sobreviveu a todas as outras escolas e resistiu, como uma ilha de paganismo, nos dois séculos que se seguiram à conversão do Império Romano ao cristianismo. Em 529 d.C., a intolerância religiosa de Justiniano obrigou-a enfim a fechar as portas. A Idade das Trevas baixava sobre a Europa.

8

Anaxágoras

O filósofo Anaxágoras, embora não se equipare a Pitágoras, Heráclito ou Parmênides, possui considerável relevância histórica. Era da Jônia e levou adiante a tradição científica e racionalista do local. Foi o primeiro a apresentar a filosofia aos atenienses e o primeiro a sugerir a mente como causa primária das mudanças físicas.

Anaxágoras nasceu em Clazômenas em cerca de 500 a.C., mas passou aproximadamente trinta anos de sua vida em Atenas, mais ou menos de 462 a 432 a.C. Provavelmente o fizera a pedido de Péricles, dado a civilizar seus conterrâneos. Talvez tenha sido Aspásia, natural de Mileto, a apresentá-lo a Péricles. Diz Platão no *Fedro*:

> Péricles, ao que parece, interessou-se por Anaxágoras, que foi homem de ciência; satisfazendo-se, então, com a teoria de coisas elevadas, e logrando conhecer a verdadeira natureza do intelecto e da tolice, tema principal sobre o qual discorria Anaxágoras, retirou dessa fonte tudo quanto considerou interessante para aprimorá-lo na arte do discurso.

Dizem que Anaxágoras influenciou também Eurípides, mas isso é mais duvidoso.

Os cidadãos de Atenas, como os de outras eras e continentes, nutriam certa hostilidade por aqueles que desejavam introduzir um nível de cultura superior ao nível com o qual estavam já acostumados. Quando Péricles alcançou idade avançada, seus oponentes iniciaram uma campanha para diminuí-lo ao atacar seus amigos. Acusaram Fídias de furtar parte do ouro utilizado em suas estátuas. Sancionaram uma lei que permitia a deposição de quem não praticasse a religião e de quem ensinasse teorias sobre "coisas elevadas". Em cumprimento a essa lei, levaram Anaxágoras a juízo, acusando-o de ensinar que o Sol era uma pedra incandescente e que a Lua era feita de terra. (A mesma acusação foi repetida pelos acusadores de Sócrates, que dele zombavam por estar datado.) Não se sabe ao certo o que aconteceu, salvo o fato de que Anaxágoras precisou deixar Atenas. Parece provável que Péricles o tenha livrado da prisão e organizado sua saída. Ele retornou à Jônia, onde fundou uma escola. Em obediência a seu testamento, o aniversário de sua morte era considerado feriado escolar.

Anaxágoras afirmou que tudo é infinitamente divisível e que mesmo a menor porção de matéria contém algo de cada elemento. As coisas parecem ser aquilo que mais contêm. Desse modo, por exemplo, tudo traz em si um pouco de fogo, mas só recebe esse nome aquilo em que tal elemento predomina. Tal qual Empédocles, ele se opõe ao vazio, declarando que uma clepsidra ou uma pele inchada demonstram existir ar mesmo onde não parece haver nada.

Distinguiu-se de seus predecessores por ver o espírito (*nous*) como substância que participa da composição das coisas vivas, as quais diferencia da matéria morta. Em cada coisa, diz ele, há um pouco de tudo, exceto espírito, presente em apenas algumas coisas. O espírito tem controle sobre tudo em que há vida; é infinito, rege-se a si mesmo e não se mescla com nada. Com exceção do espírito, tudo, por menor que seja, contém porções de todos os contrários — o quente e o frio, por exemplo, ou o branco e o preto. Anaxágoras afirmava que a neve é (em parte) negra.

O espírito é a fonte de todo movimento. Ele causa rotação, a qual se espalha gradualmente pelo mundo e faz que as coisas mais leves se dirijam à circunferência, e as mais pesadas, ao centro. O espírito é uniforme, sendo tão bom nos animais quanto é no homem. A aparente superioridade humana se deve ao fato de o homem possuir mãos; todas as supostas diferenças de inteligência na verdade não passam de diferenças corporais.

Tanto Aristóteles quanto o Sócrates platônico se queixam de que Anaxágoras, após introduzir o espírito, dá a ele pouquíssimo uso. Aristóteles assinala que Anaxágoras só introduz o espírito como causa quando não conhece outra. Sempre que pode, oferece uma explicação mecânica. Ele rejeitou a necessidade e o acaso como origem das coisas; não obstante, sua cosmologia não conheceu a "Providência". Anaxágoras não parece ter refletido muito sobre ética ou religião; provavelmente foi ateu, como disseram seus acusadores. Todos os seus predecessores o influenciaram, exceto Pitágoras. A influência de Parmênides foi a mesma em seu caso e no de Empédocles.

Na ciência, teve grandes méritos. Foi o primeiro a explicar que a Lua brilha com luz refletida, muito embora haja um fragmento críptico em Parmênides sugerindo que este também o sabia. Anaxágoras articulou a teoria correta dos eclipses e tinha ciência de que a Lua está abaixo do Sol. O Sol e as estrelas, disse, são pedras em brasa, mas nós não sentimos o calor das estrelas porque se encontram muito distantes. O Sol é maior que o Peloponeso. A Lua possui montanhas e (pensava ele) habitantes.

Dizem que Anaxágoras pertenceu à escola de Anaxímenes; decerto manteve viva a tradição racionalista e científica dos jônicos. Não se encontra nele as preocupações éticas e religiosas que, passadas dos pitagóricos a Sócrates e de Sócrates a Platão, deram viés obscurantista à filosofia grega. Ele não se encontra no primeiro escalão propriamente dito, mas é importante como o primeiro a levar a filosofia a Atenas e como uma das influências que ajudaram a moldar Sócrates.

9
Os atomistas

Foram dois os fundadores do atomismo: Leucipo e Demócrito. É difícil dissociá-los: são em geral mencionados juntos, e ao que parece algumas obras do primeiro foram posteriormente atribuídas ao segundo.

Leucipo, que parece ter vivido em cerca de 440 a.C.,[1] nasceu em Mileto e deu sequência à filosofia racionalista e científica associada a tal cidade. Foi muito influenciado por Parmênides e Zenão. Tão pouco se sabe sobre ele que, dizem, Epicuro (futuro seguidor de Demócrito) negou sua existência por completo — teoria que veio a ser recuperada por alguns modernos. Encontramos, no entanto, uma série de alusões a Leucipo em Aristóteles, e parece improvável que tais alusões (entre as quais se incluem citações textuais) viessem a ser feitas caso ele não passasse de mito.

Demócrito é figura muito mais definida. Nasceu em Abdera, na Trácia; quanto à sua data, ele mesmo declarou ser jovem quando da velhice de Anaxágoras — ou seja, mais ou menos em 432 a.C. —, e portanto acredita-se que tenha se destacado em cerca de 420 a.C. Em busca de conhecimento, viajou incansavelmente pelas terras do sul e do leste; talvez tenha passado tempo considerável no Egito, e decerto visitou a Pérsia. Então retornou a Abdera, onde se fixou. Zeller considera-o "superior a todos os filósofos precedentes e contemporâneos em riqueza de conhecimento, bem como superior à maioria na perspicácia e na correção lógica de seu pensamento".

Demócrito foi contemporâneo de Sócrates e dos sofistas, e portanto deveria, por questões puramente cronológicas, ser abordado um

[1] Cyril Bailey, *The Greek Atomists and Epicurus*, fixa a data ao redor de 430 a.C., ou mesmo um pouco antes.

pouco depois em nossa história. O problema é que é difícil dissociá-lo de Leucipo. Desse modo, examino-o antes de Sócrates e dos sofistas, muito embora parte de sua filosofia tivesse como objetivo responder a Protágoras, concidadão seu e sofista de maior destaque. Quanto visitou Atenas, Protágoras foi recebido com entusiasmo; Demócrito, por sua vez, declara: "Fui a Atenas e ninguém me conhecia." Durante muito tempo, sua filosofia foi ignorada ali. "Não se sabe ao certo", diz Burnet, "se Platão conhecia algo de Demócrito. (...) Aristóteles, por sua vez, conhece-o bem, pois também vinha do norte da Jônia".[2]

Platão nunca o menciona em seus diálogos, mas dizem que Diógenes Laércio nutriu por ele tanto desgosto que quis ver todos os seus livros queimados. Heath o tem em altíssima conta como matemático.[3]

As ideias fundamentais da filosofia de Leucipo e Demócrito são obras do primeiro; no que toca seu desdobramento, porém, é quase impossível dissociá-los, e isso não se faz necessário para nosso objetivo. Leucipo, se não também Demócrito, adotou o atomismo na tentativa de encontrar meio-termo entre o monismo e o pluralismo, representados respectivamente por Parmênides e Empédocles. Seu ponto de vista foi notavelmente semelhante ao da ciência moderna, evitando a maioria das faltas a que se inclinava a especulação grega. Eles acreditavam que tudo era feito de átomos, indivisíveis apenas fisicamente, mas não em sua geometria; que entre os átomos há espaço vazio; que os átomos são indestrutíveis; que sempre estiveram e sempre estarão em movimento; que existe um número infinito de átomos e de tipos de átomos, cujas diferenças se limitam à forma e ao tamanho. Aristóteles[4] declara que, segundo os atomistas, os átomos também diferem quanto ao calor, sendo os esféricos, que compõem o fogo, os mais quentes; no que diz respeito ao peso, cita Demócrito: "Quanto mais um indivisível cresce, mais pesado se torna." É questão controversa, porém, se na teoria dos atomistas os átomos possuíam peso desde a origem.

Os átomos estavam sempre em movimento, mas há discórdia entre os comentaristas quanto ao caráter do movimento original. Alguns,

[2] *From Thales to Plato*, p. 193.

[3] *Greek Mathematics*, vol. I, p. 176.

[4] *Da geração e da corrupção*, 316ª.

Zeller de modo especial, afirmam que os átomos eram tratados como se em queda livre; os mais pesados caíam mais rápido e, dessa maneira, alcançavam os mais leves. Isso provocava impacto e os átomos se deslocavam como bolas de bilhar. Era essa, sem dúvida, a visão de Epicuro, que em quase todos os aspectos fundamentou suas teorias nas de Demócrito, ao mesmo tempo em que tentou, de modo pouquíssimo inteligente, levar em consideração as críticas de Aristóteles. Há razões consideráveis, porém, para acharmos que o peso não foi propriedade original dos átomos de Leucipo e Demócrito. Parece mais provável que, para eles, os átomos se movessem de maneira arbitrária, como na moderna teoria cinética dos gases. Demócrito afirmou que não era possível identificar nada acima nem abaixo no vazio infinito e comparou o movimento dos átomos na alma ao movimento das partículas de um raio solar quando não há vento. Essa é uma visão muito mais inteligente do que a de Epicuro, e creio ser possível presumir que tenha sido adotada por Leucipo e Demócrito.[5]

Como resultado das colisões, os conjuntos de átomos passam a formar vórtices. O resto se parece com o que diz Anaxágoras, mas era já um avanço explicar os vórtices mecanicamente, e não segundo a ação do espírito.

Foi comum na Antiguidade censurar os atomistas por atribuírem tudo ao acaso. Nada mais inverdadeiro: eles foram deterministas ferrenhos para os quais tudo acontece de acordo com as leis naturais. Demócrito negou explicitamente que as coisas possam acontecer por acaso.[6] Leucipo, embora tenha sua existência questionada, notabilizou-se por ter dito que "nada acontece pelo nada, mas tudo a partir de razão e necessidade". É verdade que não explicou por que o mundo teve de ser, originalmente, o que foi; talvez isso pudesse ser atribuído ao acaso. Uma vez existente o mundo, porém, seu desenvolvimento ulterior se deu de modo invariavelmente fixo a partir de princípios mecânicos. Aristóteles e outras figuras censuraram tanto Leucipo quanto Demócrito por não explicarem o movimento original dos átomos, mas nisso os atomistas foram mais científicos do que seus críticos. A causa deve começar a partir de algo, e onde quer que ela tenha início não é

[5] Essa é a interpretação adotada por Burnet e, ao menos no que diz respeito a Leucipo, por Bailey (op. cit., p. 83).

[6] Veja-se Bailey, op. cit., p. 121, sobre o determinismo de Demócrito.

possível atribuir causa ao dado inicial. O mundo pode ser atribuído a um Criador, mas até mesmo para o Criador não há explicação. Na realidade, a teoria dos atomistas se aproximou mais da ciência moderna do que qualquer outra teoria proposta na Antiguidade.

Ao contrário de Sócrates, Platão e Aristóteles, os atomistas tentaram explicar o mundo sem introduzir a noção de *finalidade* ou *causa final*. A "causa final" de determinada ocorrência é um acontecimento futuro em virtude do qual a ocorrência se dá. Aos afazeres humanos, o conceito é aplicável. Por que o padeiro faz pão? Porque as pessoas terão fome. Por que se constroem ferrovias? Porque as pessoas desejarão viajar. Em casos assim, o propósito a que servem explica as coisas. Quando perguntamos o "porquê" de determinado acontecimento, queremos saber ou "A que propósito o acontecimento serviu?", ou "Que circunstâncias anteriores o ocasionaram?". A resposta à primeira pergunta é uma explicação teleológica, segundo as causas finais; a resposta à segunda, uma explicação mecanicista. Desconheço como se poderia saber antecipadamente qual dessas duas perguntas caberia à ciência formular; desconheço tampouco se a ciência deveria formular ambas. A experiência, porém, revela que a pergunta mecanicista conduz ao conhecimento científico, ao passo que a teleológica não o faz. Os atomistas fizeram a pergunta mecanicista e lhe forneceram uma resposta mecanicista. Seus sucessores até o Renascimento estiveram mais interessados na questão teleológica, e assim conduziram a ciência a um beco sem saída.

Com relação a ambas as perguntas há uma limitação que é muitas vezes ignorada tanto no pensamento popular quanto na filosofia. Nenhuma delas pode ser formulada inteligivelmente se tiver como objeto a realidade como um todo (incluindo Deus), mas somente acerca de partes dela. Quanto à explicação teleológica, esta em geral chega rapidamente a um Criador, ou ao menos a um Artífice, cujos propósitos se realizam no desdobramento da natureza. Todavia, se alguém for teleológico a ponto de ir adiante e questionar a que propósito serve o Criador, torna-se manifesto que sua questão é ímpia. Ademais, trata-se também de uma questão insensata, visto que exigiria que o Criador fosse criado por uma espécie de super-Criador a cujos propósitos serviria. O conceito de finalidade, portanto, só é aplicável dentro da realidade, e não à realidade como um todo.

Um raciocínio parecido se aplica às explicações mecanicistas. Um acontecimento é ocasionado por outro, outro é ocasionado por um terceiro etc. Se questionarmos, porém, a causa do todo, somos conduzidos novamente ao Criador, que deve por si só não ter causa. Todas as explicações causais, portanto, devem ter um início arbitrário. Isso esclarece por que a teoria dos atomistas não errou ao deixar sem explicação os movimentos originais dos átomos.

Não se suponha que as razões por trás de suas teorias eram *completamente* empíricas. A teoria atômica foi resgatada nos tempos modernos a fim de explicar os fatos da química, mas estes não eram conhecidos pelos gregos. Não havia, outrora, uma distinção muito clara entre a observação empírica e o raciocínio lógico. Parmênides, é verdade, tratava os fatos observados com desprezo, mas Empédocles e Anaxágoras mesclariam grande parte de suas metafísicas com observações referentes a clepsidras e baldes giratórios. Até os sofistas, nenhum filósofo parece ter duvidado de que uma metafísica e uma cosmologia completas poderiam ser estabelecidas pela combinação de muito raciocínio e alguma observação. Por sorte, os atomistas insistiram numa hipótese para a qual foram encontradas provas mais de dois mil anos depois, mas à época sua crença carecia de qualquer fundamento sólido.[7]

Tal qual os outros filósofos da época, Leucipo desejava harmonizar os argumentos de Parmênides com a óbvia realidade do movimento e da mudança. Como diz Aristóteles:[8]

> Não obstante tais opiniões [as de Parmênides] pareçam logicamente consequentes num exame dialético, dar-lhes crédito beira a loucura quando se atenta aos fatos. Com efeito, não há lunático que esteja tão fora de si a ponto de supor que fogo e gelo são "uma só coisa"; alguns, loucos o bastante, não veem diferença entre o que é certo e o que *parece* certo por força do hábito.

Leucipo, no entanto, cria-se em posse de uma teoria que se harmonizava com a percepção sensorial e não aboliria nem o devir, nem o de-

[7] Sobre os fundamentos lógicos e matemáticos das teorias dos atomistas, veja-se Gaston Milhand, *Les Philosophes géomètres de la Grèce*, cap. iv.

[8] *Da geração e da corrupção*, 325ª.

saparecer, nem o movimento, nem a multiplicidade das coisas. Ele fez estas concessões aos fatos da percepção: por um lado, admitiu a ideia dos monistas de que não poderia haver movimento sem vazio. Como resultado, chegou a uma teoria que assim enuncia: "O vazio é um *não ser*, e parte alguma do que *é* é *não ser*; com efeito, o que *é* em sentido estrito é um pleno absoluto. Um tal pleno, todavia, não é *uno*; trata-se, antes, de um *múltiplo* infinito em número e, graças à pequenez de seu volume, também invisível. Os *múltiplos* se movem no vazio (pois há vazio): unindo-se, produzem o *devir*; separando-se, o *desaparecimento*. Ademais, atuam e sofrem ações sempre que porventura há contato (uma vez que não se trata do *uno*), gerando-se quando se juntam e entrelaçam. Do *uno* genuíno, por outro lado, não poderia vir multiplicidade, e tampouco do múltiplo poderia vir um *uno*: é impossível."

Veremos que há um ponto sobre o qual todos, até então, estavam de acordo: o de que não poderia haver movimento num pleno. Nisso todos erraram. Pode haver ali movimento *cíclico*, contanto que sempre tenha existido. Supunha-se que algo só poderia se mover em local vazio e que, num pleno, os espaços vazios inexistem. Poder-se-ia objetar, talvez validamente, que o movimento jamais se *iniciaria* num pleno, mas ninguém pode declarar que ele seria impossível. Aos gregos, no entanto, parecia obrigatório ou aceitar o mundo imutável de Parmênides, ou admitir o vazio.

Ora, os argumentos de Parmênides contra o não ser pareciam logicamente irrefutáveis no que tocava o vazio, sendo reforçados pela descoberta de que, onde não parece haver nada, há ar. (Esse é um exemplo da confusa mistura de lógica e observação que era comum à época.) Podemos enunciar a posição parmenidiana assim: "Dizes que *há* vazio; por conseguinte, o vazio não é um nada; nesse caso, não é o vazio." Não se pode dizer que os atomistas *responderam* a esse raciocínio; eles apenas declararam a intenção de ignorá-lo, uma vez que o movimento é um fato da experiência e, portanto, o vazio *deve* existir, por mais difícil que seja concebê-lo.[9]

[9] Bailey (op. cit., p. 75) afirma, por outro lado, que Leucipo formulara uma resposta "extremamente sutil". Em essência, tratava-se da admissão da existência de algo (o vazio) que não era corpóreo. De modo semelhante, diz Burnet: "É fato curioso que os atomistas, por todos considerados os grandes materialistas da Antiguidade, tenham sido os primeiros a afirmarem claramente que algo pode ser real sem ser um corpo."

Examinemos a história subsequente do problema. A primeira forma, e também a mais óbvia, de evitar a dificuldade lógica é traçar a distinção entre *matéria* e *espaço*. Segundo essa perspectiva, o espaço não é um nada; tem, antes, natureza de receptáculo, cujas partes podem ou não ser preenchidas com matéria. Diz Aristóteles (*Física*, 208b): "A teoria de que o vazio existe exige a existência do lugar, pois seria o vazio definido como lugar destituído de corpo." Essa visão é enunciada com extrema clareza por Newton, que assevera a existência do espaço absoluto e, com isso, distingue o movimento absoluto do movimento relativo. Na controvérsia copernicana, ambos os lados (ainda que quase não o percebessem) estavam comprometidos com essa visão, uma vez que viam diferença entre dizer que "o céu gira do leste ao oeste" e dizer que "a Terra gira do oeste para o leste". Se todo movimento é relativo, essas duas declarações não passam de formas diferentes de dizer o mesmo, como "João é pai de Tiago" e "Tiago é filho de João". No entanto, se todo movimento é relativo e o espaço não é substancial, só nos restam os argumentos parmenidianos contra o vazio.

Descartes, cujos argumentos são da mesma classe daqueles propostos pelos filósofos gregos primitivos, afirmou que a extensão é a essência da matéria, e portanto existe matéria em toda parte. Para ele, extensão é adjetivo, não substantivo; seu substantivo é a matéria, e sem seu substantivo ela não pode existir. O espaço vazio, a seu ver, é tão absurdo quanto a felicidade sem que um ser sensível esteja feliz. Leibniz, partindo de princípios um tanto diferentes, também acreditava no pleno, mas afirmou que o espaço é tão somente um sistema de relações. Sobre o tema houve uma famosa controvérsia entre ele e Newton, representado por Clarke. A controvérsia permaneceu em aberto até Einstein, cuja teoria deu a vitória a Leibniz.

O físico moderno, muito embora ainda acredite que em certo sentido a matéria é atômica, não crê no espaço vazio. Onde não há matéria, ainda há *algo*, mais precisamente ondas de luz. A matéria não desfruta mais do elevado prestígio que lhe conferira a filosofia mediante os argumentos de Parmênides. Ela não é uma substância imutável, mas apenas uma forma de agrupar acontecimentos. Alguns acontecimentos pertencem a grupos que podem ser tratados como coisas materiais; a outros, como às ondas de luz, isso não se aplica. São os acontecimentos que formam a *substância* do mundo, e cada qual tem breve duração. Nesse aspecto, a física moderna se alinha a Heráclito e se opõe a Parmênides, mas foi ao lado de Parmênides que ela esteve até Einstein e a teoria quântica.

No que diz respeito ao espaço, a visão moderna explica que não se trata nem de substância, como afirmou Newton e, ao que parece, também disseram Leucipo e Demócrito, nem do adjetivo de corpos estendidos, como pensou Descartes; é ele, antes, um sistema de relações, como defendeu Leibniz. Não está claro se uma tal visão se coaduna com a existência do vazio. Talvez possa fazê-lo enquanto objeto da lógica abstrata. Poderíamos dizer que, entre duas coisas, há maior ou menor *distância* e que essa distância não exige a existência de coisas intermediárias. Seria impossível, no entanto, adotar um tal ponto de vista na física moderna. Desde Einstein, a distância se encontra entre *acontecimentos*, e não entre *coisas*, envolvendo tanto o tempo quanto o espaço. Essa é, em essência, uma concepção causal, e na física moderna não há ação à distância. Tudo isso, porém, está alicerçado em bases empíricas, e não lógicas. Ademais, a visão moderna não pode ser enunciada senão em termos de equações diferenciais, e desse modo seria ininteligível aos filósofos da Antiguidade.

Ao que parece, então, o desenvolvimento lógico da visão dos atomistas é a teoria newtoniana do espaço absoluto, a qual se depara com a dificuldade de atribuir realidade ao não ser. A essa teoria não há objeções *lógicas*. A principal objeção está em que o espaço absoluto é absolutamente incognoscível e não pode, por conseguinte, ser hipótese necessária numa ciência empírica. A objeção mais prática vem do fato de ser possível à física seguir adiante sem ela. Todavia, o mundo dos atomistas continua sendo logicamente possível, mostrando-se mais afim ao mundo real do que o universo de qualquer outro filósofo antigo.

Demócrito elaborou suas teorias com uma minuciosidade considerável, e alguns de seus desdobramentos são para nós interessantes. Cada átomo, disse, era impenetrável e indivisível porque não continha vazio nenhum. Quando você usa uma faca para cortar uma maçã, a faca deve encontrar espaços vazios em que possa penetrar; se a maçã não contivesse vazio algum, seria infinitamente dura e, portanto, fisicamente indivisível. Cada átomo é imutável em seu interior; trata-se, na realidade, de um Uno parmenidiano. Tudo o que os átomos fazem é se mover e se chocar mutuamente, combinando-se nas ocasiões em que suas formas podem se encaixar. Essas formas são inúmeras; o fogo é composto de pequenos átomos esféricos, e o mesmo se aplica à alma. Por colisão, os átomos produzem vórtices, os quais geram corpos e, por fim, mundos.[10] Existem muitos mundos: alguns crescendo, outros decaindo; alguns talvez não tenham Sol ou Lua, outros podem ter vários. Cada mundo possui início e fim. Pode ser destruído ao colidir com um mundo de maior tamanho. As palavras de Shelley podem resumir essa cosmologia:

> Mundos sobre mundos sempre estão girando
> Desde a criação até o decair,
> Como borbulhas num rio a fluir,
> Fervendo, rebentando, derivando.[11]

A vida se desenvolveu a partir do lodo primário. Há algo de fogo em toda a extensão de um corpo vivo, mas a maior parte se encontra no cérebro ou no tronco. (Sobre isso, diferem as autoridades.) O pensamento é uma espécie de movimento, e portanto está apto a causar movimento alhures. Percepção e pensamento são processos físicos. Os tipos de percepção se resumem a dois: a percepção dos sentidos e a do entendimento. As deste último gênero dependem tão somente das coisas percebidas, ao passo que as do primeiro dependem também dos sentidos e, portanto, podem conduzir ao erro. Como Locke, Demócrito afirmou que qualidades como calor, gosto e cor não se encontram no objeto, mas se devem a nossos órgãos sensoriais; ao mesmo tempo, pertencem ao objeto qualidades como peso, densidade e solidez.

Demócrito foi um materialista estrito; para ele, como vimos, a alma era composta de átomos e o pensamento se limitava a um processo físico. Não havia propósito no universo, apenas átomos governados por leis mecânicas. Ele descria a religião popular e se opunha ao *nous* de Anaxágoras. No campo da ética, tinha a alegria como objetivo de vida e via tanto a moderação quanto a cultura como formas de alcançá-la.

[10] Sobre o modo como isso supostamente acontecia, veja-se Bailey, op. cit., p. 138ss.

[11] Tradução de Péricles Eugênio da Silva Ramos (*Ode ao vento oeste e outros poemas*. São Paulo: Hedra, 2009, p. 87). [N.T.]

Desgostava de tudo o que era violento e apaixonado; via o sexo como reprovável por envolver a subjugação da consciência pelo prazer. Demócrito valorizava a amizade, mas tinha as mulheres em baixa conta e não desejou ter filhos, visto que educá-los atrapalha a filosofia. Em tudo isso, assemelhou-se em grande medida a Jeremy Bentham; guardava igualmente amor por aquilo que os gregos denominavam democracia.[12]

Esse é, ao menos para mim, o último dos filósofos gregos a não resvalar num erro que viciou todo o pensamento antigo e medieval subsequente. Todos os filósofos que até aqui examinamos estiveram engajados numa desinteressada tentativa de compreender o mundo. Julgaram mais fácil compreendê-lo do que de fato é, mas sem esse otimismo lhes faltaria coragem para começar. Em linhas gerais, tiveram uma postura genuinamente científica sempre que deixaram de adotar os preconceitos da época, mas essa atitude não era *apenas* científica: ela foi também imaginativa e vigorosa, repleta do prazer que advém da aventura. Estavam interessados em tudo — em meteoros e eclipses, peixes e redemoinhos, religião e moralidade; a um intelecto agudo, associaram o entusiasmo das crianças.

Desse momento em diante, e não obstante os inigualáveis feitos do passado, surgem as primeiras sementes da decadência; a elas, segue-se a degradação gradual. O que há de errado até mesmo nas melhores filosofias que sucedem a Demócrito é a indevida ênfase no homem quando comparado ao universo. Primeiro vem, com os sofistas, o ceticismo, que se dedica ao estudo do modo *como* nós conhecemos, e não à tentativa de obter conhecimento novo. Em seguida verifica-se, com Sócrates, a ênfase na ética; com Platão, a rejeição do mundo dos sentidos em favor de um mundo autocriado de pensamento puro; e, com Aristóteles, a crença na finalidade como conceito científico fundamental. Não obstante a genialidade de Platão e Aristóteles, há, no pensamento de ambos, vícios que se mostraram infinitamente danosos. Desde então, tudo o que se viu foi perda de vigor e uma gradual recrudescência da superstição popular. Uma perspectiva parcialmente nova surgiu com o triunfo da ortodoxia católica; todavia, foi somente no Renascimento que a filosofia recuperou o vigor e a independência que caracterizaram os predecessores de Sócrates.

[12] "A pobreza, numa democracia, deve ser preferida ao que é chamado prosperidade sob os déspotas tanto quanto se deve se preferir a liberdade à escravidão", diz.

10
Protágoras

Aos grandes sistemas pré-socráticos que temos examinado se opôs, na metade final do século V a.C., um movimento cético que teve em Protágoras, liderança entre os sofistas, sua figura mais importante. A palavra "sofista", em seu sentido original, não tinha conotação negativa; significava, na medida em que é possível a comparação, o que hoje entendemos por "professor". O sofista era alguém que ganhava a vida ensinando aos jovens certas coisas que, pensava-se, seriam úteis na vida prática. Como não havia provisão pública desse tipo de instrução, os sofistas só educavam os que tinham meios, ou os filhos dos que tinham. Isso os tornou propensos a fazer parte de uma divisão de classes, o que só se intensificou em virtude das circunstâncias políticas da época. Em Atenas e muitas outras cidades, a democracia triunfara na política, mas nada foi feito para reduzir a riqueza dos que pertenciam às velhas famílias aristocráticas. Em linhas gerais, eram os ricos que encarnavam o que hoje nos parece ser a cultura helênica: eles tinham acesso a educação e lazer; as viagens amenizaram seus preconceitos tradicionais, e o tempo que dedicavam ao debate aguçava sua inteligência. O que se denominava democracia não tangia à instituição da escravidão, o que permitia aos ricos gozar da própria riqueza sem oprimir os cidadãos livres.

Em muitas cidades, porém, e de modo especial em Atenas, os cidadãos nutriam pelos ricos uma hostilidade dupla: a da inveja e a do tradicionalismo. Os ricos eram considerados — muitas vezes com justiça — ímpios e imorais; estavam subvertendo as velhas crenças e provavelmente tentavam destruir a democracia. Desse modo, a democracia política passou a ser associada ao conservadorismo cultural, ao passo que os inovadores culturais tendiam a ser reacionários políticos. De certa forma, a mesma situação existe nos Estados Unidos modernos, onde a Tammany, organização majoritariamente católica, esforça-se para defender os dogmas teológicos e éticos tradicionais contra os ataques do Iluminismo. Os americanos esclarecidos, porém, são politicamente mais fracos do que eram os de Atenas, visto terem sido incapazes de trabalhar ao lado da plutocracia. Há, no entanto, uma classe importante e altamente intelectual que está interessada na defesa da plutocracia, a saber: a classe dos advogados corporativos. Em *alguns* aspectos, suas funções são semelhantes às desempenhadas em Atenas pelos sofistas.

A democracia ateniense, embora apresentasse a grave limitação de não incluir escravos ou mulheres, foi em alguns traços mais democrática do que qualquer sistema moderno. Os juízes e a grande maioria dos oficiais executivos eram escolhidos à sorte, ocupando seus cargos por períodos curtos; tratava-se, portanto, de cidadãos comuns — como nossos jurados — que carregavam os preconceitos e a falta de profissionalismo característicos do cidadão comum. Em geral, um número grande de juízes ouvia cada caso. O pleiteante e o defensor, ou o acusador e o réu, compareciam em pessoa; não eram representados por advogados profissionais. Naturalmente, o triunfo ou o fracasso dependiam em grande medida dos talentos oratórios demonstrados no recurso a preconceitos populares. Embora fosse necessário apresentar discurso próprio, era possível contratar um especialista que o redigisse ou, o que muitos preferiam, pagar para aprender as artes necessárias ao bom desempenho nos tribunais. Caberia aos sofistas ensinar essas artes.

A época de Péricles é análoga, na história ateniense, à era vitoriana na história da Inglaterra. Atenas era rica e poderosa; pouco atormentada por guerras, possuía uma constituição democrática administrada por aristocratas. Como vimos a respeito de Anaxágoras, uma oposição democrática pouco a pouco se fortaleceu contra Péricles e atacou cada um de seus amigos. A Guerra do Peloponeso eclodiu em 431 a.C.[1] Atenas (a exemplo de muitas outras localidades) foi arrasada pela peste; a população, que fora de 230 mil habitantes, decaiu considera-

[1] Teve fim em 404 a.C., com a derrota completa de Atenas.

velmente e jamais retornou ao nível anterior (Bury, *History of Greece*, I, p. 444). O próprio Péricles, em 430 a.C., foi destituído do cargo de general e multado por apropriação indébita do dinheiro público, sendo, entretanto, restituído logo em seguida. Seus dois filhos legítimos morreram em decorrência da peste, e ele mesmo veio a falecer no ano seguinte (429 a.C.). Fídias e Anaxágoras foram condenados; Aspásia, que sofreu processo sob acusação por impiedade e por manter uma casa desordenada, foi, no entanto, absolvida.

Numa comunidade assim, era natural que aqueles que estavam sujeitos a sofrer hostilidade dos políticos democráticos desejassem lograr destreza judicial. Atenas, afinal, muito embora inclinada à perseguição, era em determinado aspecto menos iliberal do que a América moderna, visto ser permitido aos acusados de impiedade e corrupção juvenil manifestar-se em defesa própria.

Isso explica a popularidade dos sofistas em determinada classe e sua impopularidade em outra. Aos próprios olhos, contudo, serviam eles a objetivos mais impessoais, e não há dúvidas de que muitos estiveram genuinamente interessados em filosofia. Platão esforçou-se para caricaturá-los e aviltá-los, mas não devemos julgá-los de acordo com suas polêmicas. Em tom mais leve, tomemos o seguinte trecho do *Eutidemo*, no qual dois sofistas, Dionisodoro e Eutidemo, se esforçam para desconcertar um indivíduo simplório de nome Ctesipo. Dionisodoro começa:

> — Dizes ter um cão?
> — Sim, e cão bem mau — respondeu Ctesipo.
> — Porventura tem ele cachorrinhos?
> — Sim, cachorrinhos que lhe são muito semelhantes.
> — E eles têm o cão como pai?
> — Sim — disse —, vi-o eu mesmo unir-se à cadela.
> — E o cão não é teu?
> — Decerto.
> — Então ele é pai e é seu; eis que é teu pai e os cachorrinhos, teus irmãos.

Em tom mais sério, veja-se o diálogo que leva como título *O sofista*. Eis um exame lógico de definição que toma o sofista como exemplo.

Sobre sua lógica não nos debruçaremos agora; tudo o que desejo sublinhar, aqui, é a conclusão derradeira:

> A arte de suscitar contradições, advinda de um tipo insincero de mimetismo arrogante, da estirpe da criação de simulacros, derivada da fabricação de imagens, caracterizada como uma porção humana, e não divina, da técnica que se vale de um jogo ilusório de palavras — tal é o sangue e tal a linhagem que, com justiça, podemos atribuir ao verdadeiro sofista.

Há uma anedota sobre Protágoras, sem dúvida apócrifa, que ilustra a associação dos sofistas com os tribunais feita pela opinião popular. Dizem que ele instruíra um jovem sob a condição de só ser pago caso o rapaz triunfasse em seu primeiro processo, o qual foi movido por Protágoras apenas para receber seus honorários.

É hora, porém, de deixar de lado essas preliminares e investigar o que de fato se sabe sobre Protágoras.

Protágoras nasceu em cerca de 500 a.C. na cidade de Abdera, a mesma de origem de Demócrito. Visitou Atenas em duas ocasiões, e a última delas não se deu após 432 a.C. Elaborou um código de leis para a cidade de Thurii em 444-3 a.C. Diz a tradição que foi acusado de impiedade, mas isso não parece veraz, ainda que ele tenha escrito um livro *Sobre os deuses* cujo início é: "No que diz respeito aos deuses, ignoro o que são e o que não são, e tampouco sei que formas são aquelas que assumem; pois muitas coisas há que impedem o conhecimento preciso: a obscuridade do tema e a curta duração da vida humana."

Sua segunda visita a Atenas é descrita satiricamente no *Protágoras* de Platão e suas doutrinas vêm examinadas com seriedade no *Teeteto*. Sua existência notabilizou-se sobretudo pela doutrina de que "o homem é a medida de todas as coisas, das coisas que são o que são e das coisas que não são o que não são". Tal declaração é interpretada como se afirmasse que *cada* homem é a medida de todas as coisas e que, quando os homens diferem, não há verdade objetiva que determine quem está certo e quem está errado. Trata-se de doutrina essencialmente cética, e ao que parece fundamentava-se no caráter "enganoso" dos sentidos.

F.C.S. Schiller, um dos três fundadores do pragmatismo, tinha o costume de declarar-se discípulo de Protágoras. Isso, creio, se deu porque segundo a interpretação que Platão faz no *Teeteto*, Protágoras afirma que uma opinião pode ser *melhor* do que outra, mas não *mais verdadeira*. Quando alguém sofre de icterícia, por exemplo, tudo parece amarelo. Não há sentido em afirmar que as coisas não são amarelas de verdade, e sim da cor que veem os olhos de um homem saudável; podemos dizer, porém, que, sendo saúde melhor que doença, a opinião do saudável é melhor do que a opinião do acometido por icterícia. Esse ponto de vista está obviamente alinhado ao pragmatismo.

A descrença na verdade objetiva obriga a que, para fins práticos, seja a maioria o juiz do que deve receber crédito. Protágoras, portanto, foi levado a defender a lei, a convenção e a moralidade tradicional. Muito embora não soubesse, como vimos, se os deuses de fato existiam, esteve certo de que convinha cultuá-los. Esse é sem dúvida o ponto de vista correto para alguém cujo ceticismo teórico é profundo e lógico.

Protágoras passou toda a vida adulta numa espécie de turnê perpétua pelas cidades da Grécia, ensinando, mediante o pagamento de taxas, "a todo aquele que desejava eficiência prática e uma cultura mental superior" (Zeller, p. 1299). Platão se opõe — de modo um tanto esnobe, se adotarmos a postura moderna — à prática dos sofistas de cobrar por instruções. Platão, no entanto, desfrutava de meios privados suficientes, sendo aparentemente incapaz de perceber as necessidades daqueles que não tinham sua sorte. É estranho ver os professores modernos, os quais não encontram motivos para recusar seus salários, repetindo com frequência as reprimendas de Platão.

Há ainda, porém, outro ponto em que os sofistas diferiam da maioria dos filósofos contemporâneos. Era comum, exceto entre os sofistas, que os professores fundassem escolas que em muito se assemelhavam a fraternidades; havia um tempo maior ou menor de vida comum, muitas vezes algo análogo à vida monástica e, em geral, propagava-se uma doutrina esotérica não exposta ao público. Tudo isso mostrou-se natural em locais onde a filosofia procedera do orfismo. Entre os sofistas não havia nada parecido. Segundo criam, o que tinham para ensinar não estava vinculado à religião ou à virtude. Eles ensinavam a arte de debater e todo conhecimento que lhe fosse útil. Em linhas gerais, estavam preparados, tais quais os advogados modernos, para demonstrar como defender ou refutar qualquer opinião, sem se preocuparem em obter conclusões próprias. Aqueles para os quais a filosofia era um modo de vida intimamente vinculado à religião ficavam chocados, é claro; a seus olhos, os sofistas eram frívolos e imorais.

Em certa medida — muito embora seja impossível precisá-la —, o ódio que não apenas as pessoas em geral, mas também Platão e os filósofos subsequentes sentiam pelos sofistas se devia a seu mérito intelectual. A busca da verdade, quando realizada de todo o coração, deve ignorar considerações morais; é impossível saber, com antecedência, se a verdade será aquilo que todos em determinada sociedade têm como edificante. Os sofistas estavam preparados para seguir um raciocínio até onde ele os levasse — muitas vezes ao ceticismo. Górgias, um desses sofistas, afirmou que nada existe; que, se algo porventura existe, é incognoscível; e que, se reconhecidas sua existência e sua inteligibilidade, jamais seria possível comunicá-lo aos outros. Não sabemos quais foram seus argumentos, mas posso imaginar que possuíam uma força lógica que obrigou seus adversários a buscarem refúgio na edificação. Platão está sempre preocupado em defender visões que transformarão as pessoas no que ele entende como virtuosas; poucas vezes é intelectualmente honesto, uma vez que julga as doutrinas de acordo com suas consequências sociais. Mesmo nisso, contudo, não há nele honestidade; Platão finge seguir a razão e julgar segundo parâmetros puramente teóricos, mas na verdade o que faz é distorcer o debate de modo a conduzi-lo a um resultado virtuoso. Esse vício foi assimilado pela filosofia, e nela persistiu até os dias de hoje. Foi provavelmente a difundida hostilidade para com os sofistas o que conferiu esse caráter a seus diálogos. Um dos defeitos dos filósofos posteriores a Platão está em que suas investigações éticas pressupõem que eles já saibam as conclusões que devem alcançar.

Aparentemente, houve na Atenas do fim do século V homens que ensinaram doutrinas políticas que pareciam imorais aos olhos de seus contemporâneos e que parecem imorais também às nações democráticas de hoje. Trasímaco, no livro primeiro da *República*, declara que não há justiça, mas somente o interesse do mais forte; que as leis são elaboradas pelos governos em benefício próprio; e que não há parâmetro impessoal a que possamos recorrer na luta pelo poder. De acordo com

Platão (dessa vez no *Górgias*), Cálicles defendeu doutrina semelhante. A lei da natureza, dizia, é a lei do mais forte, mas por conveniência os homens haviam estabelecido instituições e preceitos morais em que os fortes eram tolhidos. Doutrinas assim conquistaram muito mais adeptos em nossa época do que na Antiguidade. E elas não são características dos sofistas, independentemente do que pensemos a seu respeito.

Durante o século V — qualquer que seja o papel que os sofistas possam ter desempenhado nessa mudança —, houve em Atenas uma transformação que fez certa simplicidade puritana e rigorosa tornar-se um cinismo perspicaz e um tanto cruel, incompatível com a defesa tíbia, e igualmente cruel, da ortodoxia que então se esfacelava. No início do século é alcançado o sucesso na defesa ateniense das cidades da Jônia contra os persas, bem como a vitória em Maratona, dada no ano de 490 a. C; já quando de seu termo, dá-se em 404 a.C. a derrota de Atenas para Esparta e a execução de Sócrates, esta em 399 a.C. Com isso Atenas deixou de ser importante do ponto de vista político, mas conquistou uma supremacia cultural que permaneceu inconteste até o triunfo do cristianismo.

Algo da história da Atenas do século V se faz crucial para a compreensão de Platão e de todo o pensamento grego subsequente. Na primeira guerra persa, coube aos atenienses a glória mais importante, conquistada pela vitória decisiva em Maratona. Na segunda, dez anos depois, os atenienses ainda eram os melhores gregos no mar, mas em terra a vitória se deveu sobretudo aos espartanos, líderes reconhecidos do mundo helênico. Não obstante, os espartanos sustentavam uma visão de mundo estritamente provinciana, deixando de se opor aos persas tão logo estes foram expulsos da Grécia europeia. A defesa dos gregos asiáticos e a libertação das ilhas conquistadas pelos persas foram realizadas, com enorme sucesso, por Atenas. A cidade se tornou força marítima preeminente e obteve um controle imperialista considerável das ilhas jônicas. Sob a liderança de Péricles, que foi tanto democrata moderado quanto moderado imperialista, Atenas prosperou. Os grandes templos, cujas ruínas representam ainda a glória ateniense, foram construídos por iniciativa sua, devida ao desejo de substituir os que haviam sido destruídos por Xerxes. A cidade cresceu em riqueza e cultura com uma velocidade impressionante; e, como invariavelmente acontece em tempos assim, de modo especial quando a riqueza se deve ao comércio exterior, a moralidade e as crenças tradicionais decaíram.

Havia, na Atenas de então um número extraordinariamente grande de homens de gênio. Todos os três grandes dramaturgos, Ésquilo, Sófocles e Eurípides, pertencem à época. Ésquilo lutou em Maratona e presenciou a batalha de Salamina. Sófocles foi ainda ortodoxo em relação à religião. Eurípides, no entanto, foi influenciado por Protágoras e pelo espírito de livre investigação da época; seu tratamento dos mitos, por conseguinte, é cético e subversivo. Aristófanes, o poeta cômico, zombou de Sócrates, dos sofistas e dos filósofos, mas ainda assim fazia parte de seu círculo; no *Banquete*, Platão o retrata em relações amistosas com Sócrates. O escultor Fídias, como vimos, integrava o círculo de Péricles.

A excelência de Atenas, nesse período, era mais artística do que intelectual. Nenhum dos grandes matemáticos ou filósofos do século V foi ateniense, com exceção de Sócrates; Sócrates, ademais, não foi escritor, e sim homem que se limitou à disputa oral.

A eclosão da Guerra do Peloponeso, em 431 a.C., bem como a morte de Péricles, em 429 a.C., deram início a um período sombrio da história de Atenas. Os atenienses eram superiores no mar, mas os espartanos haviam conquistado a supremacia em terra e ocuparam repetidas vezes a Ática (exceto Atenas) durante o verão. Como resultado, Atenas ficou superlotada e foi gravemente acometida pela peste. Em 414 a.C., os atenienses enviaram uma grande expedição à Sicília na esperança de capturar Siracusa, aliada de Esparta, mas a tentativa resultou em fracasso. A guerra fez deles gente feroz e perseguidora. Em 416 a.C., conquistaram a ilha de Milos, deram fim à vida de todos os homens de idade militar e escravizaram os outros habitantes. *As troianas*, de Eurípides, é um protesto contra tamanha barbárie. O conflito tinha seu aspecto ideológico, uma vez que Esparta era defensora da oligarquia, e Atenas, da democracia. Os atenienses tiveram motivos para suspeitar de seus aristocratas, cuja traição, pensava-se, influenciara a derradeira derrota naval ocorrida na batalha de Egospótamos, em 405 a.C.

Ao cabo da guerra, os espartanos instituíram em Atenas um governo oligárquico conhecido como a Tirania dos Trinta. Alguns desses

Trinta, incluindo Crítias, seu chefe, foram discípulos de Sócrates. Merecidamente impopular, o grupo foi destituído dentro de um ano. Com a aquiescência de Esparta, a democracia foi restaurada, mas tratava-se agora de uma democracia amargurada, uma democracia em que a anistia impossibilitava que qualquer vingança direta fosse perpetrada contra inimigos internos, mas que se aproveitava de qualquer pretexto que a anistia não abarcasse para persegui-los. Foi nessa atmosfera que se deram o julgamento e a morte de Sócrates (399 a.C.).

Parte II
Sócrates, Platão e Aristóteles

11
Sócrates

Sócrates é tema difícil para o historiador. Há muitos homens sobre os quais pouquíssimo se sabe; outros, sobre os quais muito é conhecido. No caso de Sócrates, porém, é incerto se sabemos muito ou pouco. Ele foi, sem dúvida, cidadão ateniense de meios modestos que dedicou seu tempo ao debate e ensinou filosofia aos jovens — mas não, como os sofistas, em troca de dinheiro. Certamente foi julgado, condenado a morte e executado em 399 a.C., com cerca de setenta anos. É certo que sua figura foi conhecida em Atenas, visto que Aristófanes caricaturou-o no livro *Nuvens*. No entanto, além desse ponto têm início as controvérsias. Dois de seus pupilos, Platão e Xenofonte, escreveram copiosamente a seu respeito, declarando no entanto coisas muito distintas. Mesmo quando ambos concordam, Burnet sugere que Xenofonte copia Platão. Nos pontos em que discordam, alguns creem num, outros creem no outro e há quem não creia em nenhum. Não ousarei tomar partido em disputa tão arriscada, mas exporei brevemente os diversos pontos de vista.

Comecemos por Xenofonte, um militar de inteligência pouco abundante e, no conjunto, visões bastante convencionais. Xenofonte lamenta que Sócrates fosse acusado de impiedade e de corromper a juventude; afirma que, ao contrário, tratou-se de homem eminentemente pio que exercera influência benéfica sobre os que estiveram a seu alcance. Suas ideias, ao que parece, longe de serem subversivas, eram na verdade bobas e não saíam do lugar-comum. Essa defesa é um tanto exagerada, uma vez que não explica a hostilidade que Sócrates atraíra para si. Como diz Burnet (*Thales to Plato*, p. 149): "A defesa de Sócrates por Xenofonte é demasiadamente ditosa. Ele jamais teria sido morto se as coisas se dessem de tal maneira."

Muitos têm tendido a achar que tudo quanto Xenofonte disse é verdadeiro, visto que não teria inteligência para conceber algo falacioso. Essa é, contudo, uma linha de raciocínio inválida. O relato que um tolo faz do que dissera alguém inteligente jamais é preciso, uma vez que ele traduz inconscientemente o que ouviu em algo que lhe seja possível compreender. Prefiro que me descreva meu pior inimigo entre os filósofos do que um amigo inocente em filosofia. Desse modo, não podemos aceitar o que diz Xenofonte quando se trata de alguma questão filosófica difícil ou quando se trata de parte de um raciocínio que busca provar que Sócrates foi condenado de maneira injusta.

Não obstante, algumas de suas reminiscências são muito convincentes. Ele relata (a exemplo de Platão) como Sócrates esteve continuamente interessado em colocar gente competente em posições de poder. Ele formulava perguntas como: "Caso queira remendar um sapato, a quem devo recorrer?" Ao que algum jovem engenhoso respondia: "A um sapateiro, caro Sócrates." Sócrates ia ter com carpinteiros, funileiros, entre outros, e por fim lhes perguntava algo como: "Quem deve remendar a nave do Estado?" Quando conquistou a inimizade da Tirania dos Trinta, Crítias, que era deles o chefe e que conhecia os modos de Sócrates por ter estudado sob sua tutela, proibiu-o de continuar instruindo os jovens, e acrescentou: "Seria bom deixares em paz os sapateiros, carpinteiros e funileiros. Devem ter já os sapatos gastos, considerando quanto os puseste a caminhar" (Xenofonte, *Memorabilia*, Livro I, cap. II). Isso se deu durante o breve governo oligárquico que os espartanos instituíram ao cabo da Guerra do Peloponeso. Na maior parte do tempo, porém, Atenas foi democrática, e de tal maneira que mesmo os generais eram eleitos ou escolhidos à sorte. Sócrates deparou-se com um jovem que almejava ser general e convenceu-o de que faria bem em conhecer algo da arte da guerra. O jovem, então, submeteu-se a um breve curso de estratégia. Quando voltou, Sócrates, após dirigir-lhe elogios satíricos, enviou-o de volta para que desse prosseguimento aos estudos (ibid., Livro III, cap. i). Um segundo jovem ele colocou para aprender os princípios das finanças. O mesmo quis fazer com muitos outros, incluindo o ministro da guerra. Decidiu-se, porém, que era mais fácil silenciá-lo por meio da cicuta do que curar as mazelas de que ele se queixava.

Quanto ao relato de Platão, suas dificuldades são bem diferentes das que encontramos em Xenofonte: é muito difícil precisar quanto Platão almeja retratar o Sócrates histórico e quanto deseja que o personagem que os diálogos nomeiam "Sócrates" seja apenas porta-voz de suas opiniões. Platão, além de filósofo, é também ficcionista de grande gênio e encanto. Ninguém acredita, e tampouco ele finge, que os colóquios retratados em seus diálogos se deram do modo como estão registrados. Não obstante, nos primeiros diálogos os colóquios são completamente naturais, e os personagens, bastante convincentes. É a excelência de Platão como autor de ficção que lança dúvidas sobre sua condição de historiador. Seu Sócrates é um personagem consistente e extraordinariamente interessante, o qual ultrapassa a capacidade inventiva da maioria dos homens; no entanto, creio apenas que Platão *poderia* tê-lo inventado. Se o fez ou não é questão completamente diferente.

O diálogo que quase todos julgam histórico é a *Apologia*; trata-se, supostamente, do discurso que Sócrates proferiu em defesa própria durante seu julgamento. Não é um registro estenográfico, claro, e sim o que se conservou na memória de Platão alguns anos após o acontecimento, quando foi compilado e desdobrado segundo a arte literária. Platão estivera presente no julgamento, e parece bastante claro que o que escreveu é *mais ou menos* o que lembrou ter ouvido da boca de Sócrates e que sua intenção é, no geral, histórica. Basta isso, com todas as suas limitações, para fornecer-nos um retrato bastante definitivo do caráter socrático.

Os principais fatos do julgamento não deixam espaço para dúvidas. A acusação se baseou na declaração de que "Sócrates é malfeitor e excêntrico, alguém que investiga o que está sob a terra e acima dos céus, fazendo o pior parecer o melhor e ensinando tudo isso aos outros." O verdadeiro fundamento da hostilidade para com ele, porém, está quase certamente em que o consideravam aliado do partido aristocrata; a maioria de seus pupilos pertencia a essa facção, e alguns deles, ocupando posição de poder, tinham se mostrado um tanto perniciosos. Esse fundamento, no entanto, não poderia ser manifestado em virtude da anistia. A maioria o julgou culpado, e permitido ao réu, de acordo com a legislação ateniense, propor uma pena mais branda que a morte. No caso de condenação, os juízes tinham de escolher entre a pena exigida pelos promotores e a pena sugerida pela defesa. Era do interesse de Sócrates, portanto, sugerir uma pena substancial que a corte considerasse adequada. Entretanto, tudo o que propôs foi uma multa de trinta minas, pela qual alguns de seus amigos (incluindo Platão) estavam dispostos a se responsabilizar. Tratava-se de uma punição tão pequena que a corte aborreceu-se, e uma maioria mais ampla do que aquela que o julgara culpado o condenou à morte. Ele sem dúvida previra o resultado. Claro está que Sócrates não desejava evitar a pena de morte por meio de concessões que poderiam dar a impressão de que reconhecia sua culpa.

Os acusadores eram Ânito, político democrata; Meleto, poeta trágico, "jovem e desconhecido, de cabelo escasso, barba rala e nariz adunco"; e Lícon, retórico obscuro. (Ver Burnet, *Thales to Plato*, p. 180.) Eles declararam que Sócrates era culpado de não cultuar os deuses que o Estado cultuava e de introduzir novas divindades; afirmaram, ainda, que ele corrompia a juventude ao ensinar-lhe essas coisas.

Sem preocuparmo-nos ainda mais com o insolúvel problema da relação do Sócrates platônico com o Sócrates real, vejamos o que Platão coloca em sua boca como resposta a tal acusação.

Sócrates começa acusando seus perseguidores de eloquência e refutando a mesma acusação de eloquência que lhe havia sido aplicada. A única eloquência da qual é capaz, diz, é aquela da verdade. Eles, ademais, não deveriam irritar-se caso se expressasse à maneira habitual, e não mediante "um aglomerado de orações devidamente guarnecido com palavras e provérbios". Sócrates tem mais de setenta anos e jamais estivera num tribunal antes; devem perdoar, portanto, seu modo pouco forense de se expressar.

Ele então afirma que possui ainda, além de seus acusadores formais, um grande corpo de acusadores informais, os quais, desde quando os juízes eram pequeninos, saíam por aí a falar de "um tal Sócrates, homem sábio que especulava sobre os céus e investigava a Terra, e fazia o pior parecer o melhor". Ao que parece, ele diz, esses homens não creem na existência dos deuses. A velha acusação por parte da opinião pública é mais perigosa do que a denúncia formal, uma vez que Sócrates desconhece de que homens ela procede — exceto no caso de Aristófanes.[1] Sócrates assinala, em resposta a esses velhos motivos

[1] As *Nuvens* trazem Sócrates como alguém que nega a existência de Zeus.

de hostilidade, que não é homem de ciência — "Nada tenho que ver com especulações físicas" —, que não é professor e que não recebe dinheiro para ensinar. Em seguida, zomba dos sofistas e condena o conhecimento que estes apregoam ter. Qual seria, portanto, "a razão por que sou chamado sábio e desfruto de tão vil reputação"?

Aparentemente, certa vez o oráculo de Delfos foi consultado sobre a existência de homem mais sábio que Sócrates, ao que respondeu que não havia. Sócrates declara ter se sentido desconcertado: ele nada sabia, mas ao mesmo tempo um deus não poderia mentir. Recorreu, portanto, aos homens considerados sábios, desejando descobrir se poderia acusar a divindade de erro. Em primeiro lugar, consultou um político que "muitos consideravam sábio e que considerava a si mesmo mais sábio ainda". Logo descobriu que aquele homem não era sábio e fez questão de lho revelar de maneira gentil mas firme, "e como consequência passou ele a odiar-me". Em seguida, foi ter com os poetas e pediu-lhes que explicassem passagens de seus escritos, o que porém foram incapazes de fazer. "Então descobri que não era segundo a sabedoria que os poetas escrevem sua poesia, mas segundo uma espécie de gênio e inspiração". Então foi ao encontro dos artesãos, mas descobriu-os igualmente decepcionantes. No processo, diz ele, fez muitos inimigos perigosos. Por fim, concluiu que "somente Deus é sábio; e com tal resposta tenciona revelar que a sabedoria dos homens vale pouco ou nada; ele não está se referindo a Sócrates, mas apenas usando meu nome a título de ilustração, como se dissesse: 'Ó, homens: é o mais sábio aquele que, tal qual Sócrates, sabe que sua sabedoria nada vale.'" Seu esforço para desmascarar os que afetavam sabedoria tomou todo o tempo que tinha e deixou-o em extrema miséria, mas Sócrates considera seu dever justificar o oráculo.

Os jovens das classes mais ricas, afirma Sócrates, sem ter muito o que fazer, gostam de ouvi-lo desmascarar os outros e acabam por agir da mesma forma, aumentando assim o número de seus inimigos. "Não gostam estes, afinal, de reconhecer que sua simulação de conhecimento foi identificada."

Basta o que se disse quanto à primeira classe de acusadores.

Sócrates passa agora a examinar o acusador Mileto, "aquele que denomina a si mesmo homem bom e verdadeiro enamorado de seu país". Ele questiona quem são as pessoas que *aprimoram* os jovens.

Meleto menciona, em primeiro lugar, os juízes; então, sob pressão, é levado pouco a pouco a afirmar que todos os atenienses, exceto Sócrates, aprimoram a juventude. Sócrates então congratula a cidade por sua ventura, e, em seguida, sublinha que é melhor viver entre os bons do que entre os maus, e desse modo não poderia ser tão tolo a ponto de corromper seus concidadãos *intencionalmente*; se o faz sem querer, então, caberia a Mileto instruí-lo, e não denunciá-lo.

A denúncia afirmara que Sócrates não apenas negava os deuses do Estado, mas também apresentava deuses seus; Meleto, todavia, declara que Sócrates é ateu puro e simples, acrescentando: "Proclama ele que o Sol é uma rocha e que a Lua é terra." Sócrates responde que Meleto deve achar que está acusando Anaxágoras, cujas visões são anunciadas no teatro por um dracma (ao que parece, nas peças de Eurípides). Sócrates, é claro, assinala que essa acusação de ateísmo contradiz a denúncia, e então se debruça sobre considerações mais genéricas.

O restante da *Apologia* assume tom essencialmente religioso. Ele fora soldado e permanecera no posto como lhe fora ordenado. Agora "Deus ordena-me que cumpra a missão do filósofo de investigar a mim mesmo e os outros", e desertar agora seria tão vergonhoso quanto antes, em época de batalha. Medo da morte não é sabedoria, uma vez que ninguém sabe se morrer pode ser um bem maior. Se lhe fosse oferecida a vida sob a condição de que deixasse de especular como até então fizera, ele responderia: "Homens de Atenas, tendes meu respeito e amor. Todavia, devo obedecer antes a Deus do que a vós,[2] e enquanto dotado estiver de vida e força jamais deixarei de praticar e ensinar a filosofia, exortando todo aquele com quem me deparar. (...) Sei, afinal, que é isso o que ordena Deus, e creio que jamais se viu no Estado um bem maior que meu serviço a Ele." Sócrates prossegue:

> Algo mais devo dizer, ao que talvez vos sintais tentados a protestar; creio, porém, que vos será proveitoso ouvi-lo, e portanto suplico: não protesteis. Digo-vos que, se matardes alguém como eu, sereis mais prejudicados do que esta vítima. Nada me prejudicará — nem Meleto, nem mesmo Ânito: é-lhes impossível fazê-lo, pois a um homem

[2] Cf. *Atos*, v. 29.

> mau não é permitido prejudicar um melhor. Não nego que Ânito possa matá-lo, exilá-lo ou privá-lo de direitos civis; e ele talvez imagine, bem com os outros, que está infligindo grande mal a tal homem: aqui discordo. Com efeito, o mal de fazer o que ele está fazendo — o mal de tirar injustamente a vida de outrem — é muito maior.

É pelo bem dos juízes, diz Sócrates, e não pelo próprio bem, que se defende. Ele é um moscardo que Deus dera ao Estado, e não será fácil encontrar outro semelhante. "Ouso dizer que os senhores talvez se sintam indispostos, como alguém que de súbito desperta do sono; julgais que darão fim à minha existência, tal qual sugere Ânito, e que dormireis tranquilamente pelo resto de suas vidas, a menos que Deus, cuidadoso, opte por enviar-vos outro moscardo."

Por que Sócrates só se manifestara em particular, não oferecendo conselhos em questões públicas? "Vós me ouvirdes falar em diversas ocasiões, em diversos lugares, sobre um oráculo ou sinal que vem até mim, e é essa a divindade que Meleto ridiculariza em sua denúncia. Esse sinal, uma espécie de voz, começou a ter comigo quando eu era ainda criança; sempre me proíbe, mas jamais me ordena a nada. É o que me impede de ser político." Ele então afirma que, em política, o homem honesto não sobrevive por muito tempo. Dá dois exemplos de situações em que esteve inevitavelmente envolvido em questões públicas: na primeira, resistiu à democracia; na segunda, à Tirania dos Trinta. Em ambos os casos, as autoridades agiam ilegalmente.

Ele assinala que entre os presentes se encontram velhos pupilos seus, bem como os pais e irmãos desses pupilos; nenhum deles a acusação convocara para provar que ele corrompia a juventude. (Esse é praticamente o único argumento, na *Apologia*, a que um advogado de defesa daria assentimento.) Sócrates se recusa a seguir o costume de convocar filhos chorosos para amolecer o coração dos juízes; episódios assim, diz ele, fazem que tanto o acusado quanto a cidade pareçam ridículos. É seu dever convencer os juízes, e não pedir-lhes favores.

Após o veredito e a rejeição da pena alternativa de trinta minas (em relação à qual Sócrates nomeia Platão, presente no tribunal, como um de seus fiadores), ele profere um último discurso.

> E agora, a vós que me condenastes, de bom grado profetizo, pois estou prestes a morrer e na hora da morte recebem os homens o dom da profecia. Profetizo a vós, que sois meus assassinos, que tão logo após a minha partida encontrareis punição muito mais dura do que esta que me infligis. (...) Se julgais que ao matar-me podereis impedir a censura de vossas vidas iníquas, não há engano maior; nada disso vos permitirá escapar do que é possível ou honrável; a forma mais fácil e nobre não está em incapacitar os outros, mas em aprimorar a si mesmos.

Sócrates então se volta para os juízes que votaram a favor de sua libertação, declarando que seu oráculo jamais se opusera a nada do que fizera naquele dia, muito embora noutras ocasiões o tivesse interrompido no meio de uma fala. Isso, diz ele, "sugere que o que agora se dá comigo é um bem e que se equivocam aqueles de nós para os quais a morte é um mal". Com efeito, ou a morte é um sono sem sonhos — o que é claramente bom —, ou a alma migra para outro mundo. E "o que não faria um homem caso pudesse ir ter com Orfeu, Museu, Hesíodo e Homero? Ah, se for isso verdade, que eu morra repetidas vezes!". No mundo por vir, ele encontrará outras pessoas que morreram injustamente, e sobretudo dará sequência à sua busca do conhecimento. "No outro mundo, os homens não são condenados à morte por fazerem perguntas: decerto que não são. Pois, além de serem mais felizes do que somos aqui, serão também imortais, caso seja veraz o que dizem (...)."

> A hora da partida chegou, e seguimos cada qual nossos caminhos: eu, rumo à morte; vós, para a vida. Qual o melhor dos dois, Deus apenas sabe.

A *Apologia* retrata com clareza um certo tipo de homem: um homem muito seguro de si, generoso, indiferente ao sucesso mundano, acreditando-se guiado por uma voz divina e convencido de que o pensamento claro é o requisito mais importante de uma vida reta. Excetuando-se esta última declaração, assemelha-se ele a um mártir cristão ou a um puritano. Na passagem derradeira, em que examina o que sobrevém após a morte, é impossível não termos a impressão de que ele crê na imortalidade e de que a incerteza que professa é apenas fingida. Sócrates não se deixa perturbar, como fazem os cristãos, pelo medo do tormento eterno: ele não duvida de que sua vida no mundo futuro será feliz. No *Fédon*, o Sócrates platônico explica a crença na imortalidade; se foram aquelas as razões que influenciaram o Sócrates histórico, é impossível dizer.

Quase não há dúvidas de que o Sócrates histórico dizia-se guiado por um oráculo ou *daimon*. Não se sabe se trata-se de algo análogo ao que um cristão denominaria voz da consciência ou se aquilo se lhe dirigia como voz *real*. Joana d'Arc foi inspirada por vozes, sintoma comum de loucura. Sócrates propenso a entrar em transes catalépticos, e ao menos parece ser essa a explicação natural de incidentes como aquele ocorrido na época de seu serviço militar:

> Certa manhã, refletia sobre algo que era incapaz de resolver; não desistiu: continuou a pensar desde a manhã até a noite. Ficou ali, absorto em pensamentos; ao anoitecer, chamou a atenção dos outros, e assim espalhou-se o rumor de que Sócrates estivera pensando sobre algo desde o raiar do dia. Após o jantar, alguns jônicos curiosos (devo dizer que isso não se deu no inverno, mas no verão) colocaram ao ar livre suas esteiras a fim de averiguarem se Sócrates ficaria assim noite adentro. Ali ele permaneceu até a manhã seguinte; retornada a luz, ofereceu uma oração ao Sol e seguiu seu rumo. (*Banquete*, 220)

Esse tipo de coisa, embora em grau mais reduzido, era comum para Sócrates. No início do *Banquete*, ele e Aristodemo seguem juntos para o jantar, mas Sócrates fica para trás, acometido por um surto de abstração. Quando Aristodemo chega a seu destino, Ágaton, o anfitrião, questiona: "O que fizeste com Sócrates?" Aristodemo fica desconcertado ao descobrir que o filósofo não o acompanhava; um escravo é enviado para procurá-lo e o encontra no pórtico de uma casa vizinha. "Está ali, imobilizado", diz o servo ao retornar, "e quando o chamo não move um músculo". Aqueles que o conhecem bem explicam que Sócrates "tem o costume de parar onde quer que esteja e ensimesmar-se sem qualquer razão". Eles o deixam em paz. Sócrates só aparece quando já findo o banquete.

Todos estão de acordo quanto à sua feiura; possuía nariz arrebitado e barriga saliente; era "mais feio que todos os silenos do drama satírico" (Xenofonte, *Banquete*). Trajava sempre roupas velhas e surradas, apresentando-se descalço onde quer que fosse. Sua indiferença ao calor e ao frio, à fome e à sede, impressionava a todos. No *Banquete*, Alcibíades descreve Sócrates quando no serviço militar:

> Mostrava resistência extraordinária quando, cortados os suprimentos, éramos obrigados a viver sem comida. Em ocasiões assim, comuns como são em tempos de guerra, superava não somente a mim, mas a todos: não havia quem o igualasse. (...) Sua fortaleza ao suportar o frio também surpreendia. Sobreviera ali uma geada rigorosa, uma vez que o inverno na região é de fato severo; quando não permaneciam em local fechado, caso saíssem, todos tinham de envergar uma quantidade abundante de roupas, trazendo os pés bem calçados e envoltos em feltro e lã. Em condições tais, tendo os pés descalços e as roupas de costume, Sócrates marchou melhor que os outros soldados, todos calçados; estes o olhavam de esguelha porque parecia desprezá-los.

Seu domínio sobre as paixões corporais é enfatizado com frequência. Raras eram as ocasiões em que bebia vinho; quando o fazia, era capaz de exceder a todos, mas jamais o viram embriagado. Na esfera amorosa, caso Platão esteja falando a verdade, permaneceu "platônico" mesmo sob as mais intensas tentações. Foi o santo órfico perfeito: no dualismo da alma celeste e do corpo terreno, alcançara o domínio da alma sobre o corpo. Sua indiferença ante a morte é a prova derradeira desse controle. Ao mesmo tempo, não era um órfico ortodoxo; só aceitava suas doutrinas fundamentais, jamais as superstições e as cerimônias de purificação.

O Sócrates platônico antecipa tanto os estoicos quanto os cínicos. Aqueles defenderam que o bem supremo é a virtude e que o homem não pode privar-se da virtude por razões exteriores; essa doutrina subjaz à afirmação socrática de que os juízes não lhe podem fazer mal. Os cínicos desprezavam os bens mundanos, demonstrando seu desdém ao se absterem dos confortos da civilização; trata-se do mesmo ponto de vista que levava Sócrates a caminhar descalço e malvestido.

Parece não haver dúvidas de que as preocupações de Sócrates eram éticas, e não científicas. Na *Apologia*, como vimos, ele diz: "Nada tenho que ver com especulações físicas." Os primeiros diálogos platônicos, em geral tidos como os mais socráticos, ocupam-se sobretudo da definição de termos éticos. *Cármides* trata da definição de temperança ou moderação; *Lísis*, da definição de amizade; *Laques*, da definição de coragem. Em todos eles, não se chega a conclusão alguma, mas Sócrates deixa claro que julga importante que tais questões sejam examinadas. O Sócrates platônico afirma consistentemente que nada sabe e que é mais sábio do que os outros apenas porque tem ciência disso; todavia, não acha que o conhecimento seja inalcançável — pelo contrário: Sócrates acredita que sua busca é de extrema importância. Ele afirma que homem nenhum peca de propósito, e por conseguinte só o conhecimento se faz necessário para que todos se tornem perfeitamente virtuosos.

A íntima relação entre virtude e conhecimento é característica de Sócrates e Platão. Em certa medida, ela existe em todo o pensamento grego, contrastando nisso com o pensar do cristianismo. Na ética cristã, essencial é o coração puro, e é no mínimo tão provável encontrar um entre os ignorantes quanto entre os eruditos. Essa diferença entre a ética grega e a ética cristã perdura até o presente.

A dialética, isto é, o método de buscar o conhecimento por meio de perguntas e respostas, não foi inventada por Sócrates. Parece que Zenão, o discípulo de Parmênides, foi o primeiro a praticá-la de maneira sistemática; no *Parmênides*, ele sujeita Sócrates ao mesmo tipo de tratamento a que Sócrates sujeita os outros alhures. Todavia, há bons motivos para acharmos que Sócrates praticou e desenvolveu o método. Como vimos, quando incriminado ele pondera com alegria que no mundo futuro formulará perguntas para sempre e não poderá ser condenado à morte porque será imortal. Caso tenha praticado a dialética à maneira descrita na *Apologia*, a hostilidade que Sócrates suscitara é explicada com facilidade: todos os trapaceiros de Atenas teriam se juntado contra ele.

O método dialético é adequado a algumas questões e inadequado a outras. Talvez isso tenha ajudado a determinar o caráter das investigações de Platão, as quais consistiram, em sua grande maioria, em buscas que poderiam ser tratadas assim. E graças à influência platônica, a maior parte da filosofia subsequente esteve atrelada às limitações que resultam desse método.

Algumas questões claramente não podem ser abordadas desse modo. A ciência empírica, por exemplo. É bem verdade que Galileu utilizou diálogos para defender suas teorias, mas isso se deu no intuito de vencer o preconceito; os fundamentos positivos de suas descobertas só poderiam ser inseridos em diálogo com grande artificialidade. Nas obras de Platão, Sócrates sempre finge que só está evocando um conhecimento que o questionado já possui; com base nisso, compara a si mesmo a uma parteira. Quando, no *Fédon* e no *Mênon*, aplica seu método a problemas geométricos, ele se vê obrigado a formular perguntas que qualquer juiz rejeitaria. Seu método está em harmonia com a doutrina da reminiscência, segundo a qual nós aprendemos por meio da recordação do que já sabíamos desde uma existência anterior. Contra essa visão, considere-se qualquer descoberta feita por intermédio do microscópio — a difusão de doenças por bactérias, por exemplo: não podemos reconhecer a possibilidade de um tal conhecimento ser evocado em alguém ignorante por meio de perguntas e respostas.

As questões adequadas ao método socrático são aquelas de que já temos conhecimento suficiente para chegarmos à conclusão certa, mas às quais, em virtude da confusão do pensamento ou da falta de análise, somos incapazes de dar melhor emprego lógico. Uma pergunta como "O que é a justiça?" pode ser adequadamente examinada num diálogo platônico. Todos usamos livremente os adjetivos "justo" e "injusto", e ao investigarmos a forma como os empregamos podemos chegar indutivamente à definição que mais se harmoniza com seu uso. Tudo o que se faz necessário é o conhecimento de como as palavras em questão são utilizadas. Todavia, quando encerrada a investigação, realizamos tão somente uma descoberta linguística, e não uma descoberta no campo da ética.

Não obstante, podemos aplicar proveitosamente esse método a uma classe muito mais ampla de casos. Sempre que o objeto do exame for lógico, e não factual, o diálogo será um bom método de esclarecer a verdade. Suponhamos, por exemplo, que alguém afirme que a democracia é boa, mas que pessoas que defendem certas opiniões não deveriam votar. Nesse caso, podemos acusá-lo de incoerência e demonstrar que ao menos uma de suas declarações deve estar mais ou menos errada. Acredito que os equívocos lógicos têm mais relevância prática do que as pessoas imaginam; eles permitem que seus perpetradores assumam uma posição confortável em todo assunto discutido. Qualquer corpo doutrinário logicamente coerente será em parte doloroso e contrário aos preconceitos da época. O método dialético — ou, de modo mais genérico, o hábito do debate livre — tende a promover a consistência lógica, sendo útil precisamente dessa forma. Todavia, ele se torna bastante inútil quando se tem por objetivo descobrir fatos novos. Talvez "filosofia" possa ser definida como a soma de todas as investigações que podem ser levadas a cabo por meio dos métodos de Platão. Se tal definição é adequada, porém, isso se dá em virtude da influência que Platão exerceu sobre os filósofos subsequentes.

12
A influência de Esparta

Compreender Platão — compreender, na verdade, muitos filósofos posteriores — exige que se conheça um pouco de Esparta. Esparta teve impacto duplo sobre o pensamento grego, dado, de um lado, por meio da realidade e, do outro, por meio do mito. Cada um deles é importante. A realidade permitiu que os espartanos derrotassem Atenas na guerra; o mito influenciou a teoria política de Platão e de incontáveis autores subsequentes. Encontra-se em *A vida de Licurgo*, de Plutarco, a exposição plena do mito; os ideais que tal narrativa favorece desempenharam papel importante na construção das doutrinas de Rousseau, de Nietzsche e do nacional-socialismo.[1] O mito tem importância ainda maior no plano histórico do que a realidade; não obstante, iniciaremos por esta última, visto que o mito a teve como fonte.

Lacônia, da qual Esparta, ou Lacedemônia, foi capital, ocupava o sudeste do Peloponeso. Os espartanos, raça dominante, haviam conquistado o país na época da invasão dórica proveniente do norte, reduzindo a população encontrada à condição de servos. Esses servos eram chamados de hilotas. Em tempos históricos, toda a terra pertenceu aos espartanos, mas a lei e o costume os impediam de cultivá-la com as próprias mãos, uma vez que o trabalho era considerado degradante e eles precisavam estar sempre livres para o serviço militar. Os servos não eram comprados ou vendidos; permaneciam atrelados à terra, da qual cada adulto espartano possuía um lote ou mais. A exemplo dos hilotas, esses quinhões não podiam ser comprados ou vendidos, sendo, antes, passados de pai para filho segundo a lei. (Poderiam, no entanto,

[1] Sem falar no dr. Thomas Arnold e nas escolas públicas inglesas.

ser legados em testamento.) O dono da terra recebia, anualmente, setenta medimnos (cerca de 105 alqueires) de grãos para si, doze para a esposa e uma porção de vinho e frutas.[2] Tudo o que excedesse essa quantidade pertencia ao hilota. Os hilotas eram gregos tanto quanto os espartanos e ressentiam amargamente sua condição servil. Quando podiam, rebelavam-se. Os espartanos tinham uma polícia secreta que lidava com esse perigo, mas como complemento a essa precaução colocavam em prática outra: uma vez ao ano, declaravam guerra aos hilotas, de modo que era possível a seus jovens matar todos aqueles que lhes parecessem insubordinados sem incorrerem em punição legal por homicídio. Os hilotas podiam ser libertados pelo Estado, mas não por seus mestres; emancipavam-se também ao demonstrarem bravura excepcional em batalha, mas isso era um tanto raro.

Em determinado momento do século VIII a.C., os espartanos conquistaram a vizinha Messênia, reduzindo grande parte de seus habitantes a hilotas. Esparta passara por uma carência de *Lebensraum*, mas o novo território eliminou temporariamente essa fonte de descontentamento.

Os lotes eram destinados aos espartanos comuns; a aristocracia possuía propriedades suas, enquanto os lotes não passavam de porções de terra comum distribuídas pelo Estado.

Os habitantes livres das outras partes da Lacônia, denominados "periecos", não exerciam participação no poder político.

A única atividade do cidadão espartano era a guerra, para a qual se preparava desde o nascimento. As crianças fracas eram expostas após inspeção pelos chefes da tribo; apenas as consideradas vigorosas podiam ser criadas. Até os vinte anos, todos os meninos eram instruídos numa única e grande escola; o objetivo do treinamento era torná-los durões, indiferentes à dor e submissos à disciplina. Não havia tolices quanto à educação cultural ou científica; seu único propósito era produzir bons soldados, dedicados tão somente ao Estado.

Aos vinte anos tinha início o serviço militar propriamente dito. O casamento era permitido a todo aquele que ultrapassasse essa idade, mas até os trinta o homem tinha de viver na "casa masculina", devendo administrar seu matrimônio como se fosse um caso ilícito e secre-

[2] Bury, *History of Greece*, vol. I, p. 138. Parece que os espartanos comiam quase seis vezes mais que suas esposas.

to. Depois dos trinta anos, tornava-se cidadão pleno. Todo cidadão pertencia a um refeitório e jantava com os outros membros; era obrigação de cada um oferecer uma contribuição em espécie, retirada da produção de seu lote. Era convicção do Estado que nenhum espartano deveria ser pobre e nenhum deveria ser rico. Cada qual tinha de viver a partir do que produzia seu lote, o qual não poderia transferir senão como doação gratuita. A ninguém era permitido ter ouro ou prata, e a moeda tinha como matéria-prima o ferro. A simplicidade espartana se tornou proverbial.

Em Esparta as mulheres ocupavam posição peculiar. Não eram isoladas como as mulheres respeitáveis do restante da Grécia. As meninas recebiam o mesmo treinamento físico dedicado aos rapazes; ainda mais notável era o fato de ambos praticarem a ginástica juntos, todos nus. Desejava-se (segundo o *Licurgo* de Plutarco)

> que as donzelas fortalecessem seus corpos com o exercício da corrida, da luta, do arremesso de barras e do lançamento de dardos, de maneira que o fruto que futuramente pudessem conceber, alimentando-se de um corpo forte e robusto, brotasse e melhor crescesse; do mesmo modo, que ao reunirem forças assim, por meio de exercícios, tolerassem com mais facilidade as dores da maternidade. (...) Embora as donzelas se mostrassem nuas em público, não se via ou oferecia desonestidade; tudo era jogo repleto de brincadeiras, sem qualquer elemento ou libidinagem juvenil.

Os homens que não se casavam eram declarados "infames segundo a lei" e obrigados, mesmo no frio mais rigoroso, a caminhar nus de um lado para o outro *fora* do lugar em que os jovens realizavam seus exercícios e danças.

Às mulheres era vetado demonstrar qualquer emoção que não fosse vantajosa para o Estado. Poderiam revelar desprezo por um covarde e seriam louvadas caso se tratasse de seu filho; não deveriam, contudo, demonstrar dor caso um recém-nascido seu fosse condenado à morte por ser fraco ou caso seus filhos fossem mortos em batalha. Pelos outros gregos, eram consideradas excepcionalmente castas; ao mesmo tempo, uma mulher casada que não gerasse filhos não poderia se opor caso o Estado a obrigasse a verificar se outro homem teria mais sucesso que seu marido na tarefa de gerar cidadãos. A legislação encorajava os filhos. Segundo Aristóteles, um pai de três era dispensado do serviço militar; aquele que tivesse quatro filhos, de todos os fardos dos Estado.

A constituição de Esparta era complicada. Havia dois reis pertencentes a famílias distintas, substituídos por hereditariedade. Um ou outro comandava o exército em tempos de guerra, mas em tempos de paz seus poderes eram limitados. Nos banquetes coletivos, recebiam duas vezes mais comida do que os outros, e quando um deles morria instaurava-se luto geral. Eram membros do Conselho dos Anciãos, corpo que consistia em trinta homens, reis inclusos; os outros 28 deveriam ter mais de sessenta anos, sendo eleitos vitaliciamente por todos os cidadãos de família aristocrática. O Conselho julgava casos criminais e preparava as questões que seriam apresentadas à Assembleia. A Assembleia era formada por todos os cidadãos; não lhe era possível iniciar nada, mas votava em qualquer proposta que lhe fosse apresentada. Lei nenhuma era sancionada sem o seu consentimento. Esta aprovação, porém, embora necessária, não bastava; os anciãos e os magistrados deveriam proclamar a decisão antes que ela se tornasse valida.

Além dos reis, do Conselho dos Anciãos e da Assembleia, havia um quarto braço do governo característico de Esparta. Tratava-se dos cinco éforos. Estes advinham de todo o corpo de cidadãos; eram eleitos segundo um método que Aristóteles denomina "demasiado infantil" e que, segundo Bury, era praticamente uma escolha à sorte. Consistia no elemento "democrático" da constituição,[3] cujo objetivo, ao que parece, era contrabalançar os reis. Todo mês os reis juravam fidelidade à constituição; em seguida, os éforos juravam fidelidade aos reis contanto que estes permanecessem fiéis à sua promessa. Quando um dos monarcas saía em expedição marcial, dois éforos o acompanhavam a fim de observar seu comportamento. Os éforos eram a corte civil suprema, mas sobre os reis tinham jurisdição criminal.

A Antiguidade tardia supôs que a constituição espartana se devera a um legislador de nome Licurgo, que teria promulgado suas leis em

[3] Ao falar dos elementos "democráticos" da constituição espartana, deve-se ter em mente, é claro, que os cidadãos como um todo formavam uma classe dominante que tiranizava cruelmente os hilotas e que não conferia poder algum aos periecos.

885 a.C. Na realidade, o sistema espartano cresceu aos poucos, e Licurgo foi um personagem mítico, originalmente um deus. Seu nome significava "expulsor de lobos" e sua origem era árcade.

Esparta suscitou, entre os outros gregos, uma admiração que nos soa impressionante. Originalmente, ela diferiu muito menos das outras cidades gregas; em seus primórdios, produzia poetas e artistas tão bons quanto os produzidos alhures. Em cerca do século VII a.C., porém, ou mesmo depois, sua constituição (falsamente atribuída a Licurgo) consolidou-se na forma que temos examinado; tudo o mais foi submetido ao sucesso na guerra, e Esparta deixou de contribuir no que a Grécia oferecia à civilização do mundo. Aos nossos olhos, o Estado espartano parece um modelo, em miniatura, do Estado que os nazistas fundariam caso se saíssem vitoriosos. Os gregos tinham impressão diferente. Como diz Bury:

> Um estrangeiro de Atenas ou Mileto que visitasse, no século V, os dispersos vilarejos que formavam a despretensiosa cidade sem muros deveria achar que fora transportado para outra época, uma época de homens mais corajosos, melhores e mais simples, não maculados pela riqueza e não atormentados pelas ideias. Para um filósofo tal qual Platão, que especulava no campo da ciência política, o Estado espartano parecia o que de mais próximo havia do ideal. O grego comum o via como uma estrutura de beleza rigorosa e simples, como uma cidade dórica suntuosa tal qual um templo dórico, muito mais nobre do que sua residência, mas de permanência não tão confortável.[4]

Uma das razões que explicam a admiração que os outros gregos sentiam por Esparta estava na sua estabilidade. Todas as outras cidades gregas passavam por revoluções, mas a constituição espartana permaneceu inalterada durante séculos, exceto pelo gradual aumento do poder dos éforos, dado porém de acordo com a lei, sem violência.

Não se pode negar que, por um longo período, os espartanos foram bem-sucedidos naquilo que mais desejavam: criar uma raça de guerreiros invencíveis. A batalha das Termópilas (480 a.C.), embora resultasse tecnicamente em derrota, talvez constitua o melhor exemplo de seu valor. Nas Termópilas, uma estreita passagem entre as monta-

[4] *History of Greece*, vol. I, p. 141.

nhas, os espartanos esperavam deter o exército persa. Trezentos homens, acompanhados de ajudantes, repeliram todos os ataques frontais. No final, porém, os persas descobriram um atalho pelas colinas e atacaram os gregos por ambos os lados. Cada espartano foi morto em seu posto. Dois homens se haviam ausentado por questões de saúde, visto estarem sofrendo de uma enfermidade ocular que quase se assemelhava a uma cegueira temporária. Um deles insistiu em que seu hilota o conduzisse à batalha, onde morreu; o outro, Aristodemo, declarou-se enfermo demais para lutar e permaneceu ausente. Quando voltou a Esparta, ninguém lhe dirigiu a palavra; era chamado de "o covarde Aristodemo". Um ano depois, compensou sua desventura morrendo bravamente durante a batalha de Plateias, da qual os espartanos saíram vitoriosos.

Após a guerra, os espartanos ergueram um monumento no local onde se dera a batalha das Termópilas, no qual se lia tão somente: "Estrangeiro, dize aos lacedemônios que aqui estamos, em obediência às suas ordens."

Durante muito tempo, os espartanos se mostraram invencíveis em terra. Conservaram essa supremacia até 371 a.C., quando foram derrotados pelos tebanos na batalha de Leuctra. Foi esse o fim de sua grandeza militar.

À parte a guerra, a realidade de Esparta não esteve no mesmo nível da teoria. Heródoto, que viveu nessa importante época, observa surpreendentemente que nenhum espartano resistia a subornos. Isso se dava apesar de o desprezo pelos ricos e o amor pela vida simples serem duas das principais coisas transmitidas na educação espartana. Lemos que as mulheres espartanas eram castas, mas muitas vezes ocorria de um conhecido herdeiro do trono ser colocado de lado por não ser filho do esposo de sua mãe. Lemos que os espartanos eram inflexivelmente patriotas, mas ainda assim o rei Pausânias, vitorioso em Plateias, terminou como traidor a serviço de Xerxes. Não obstante questões tão flagrantes, a política de Esparta foi sempre mesquinha e provincial. Quando Atenas libertou, do domínio dos persas, os gregos da Ásia Menor e das ilhas adjacentes, Esparta permaneceu neutra; contanto que o Peloponeso permanecesse a salvo, a sorte dos outros gregos era objeto de indiferença. Toda tentativa de confederação do mundo helênico foi frustrada pelo particularismo espartano.

Aristóteles, que viveu após a derrocada de Esparta, oferece-nos uma descrição muito hostil de sua constituição.[5] O que afirma difere de tal maneira do que dizem os outros que é difícil acreditar que se trata do mesmo local. Por exemplo: "O legislador quis tornar todo o Estado robusto e moderado, tendo nisso êxito no que toca os homens; negligenciou, contudo, as mulheres, que cedem a toda sorte de intemperança e luxúria. Como consequência, nesse Estado a riqueza é tida em altíssima conta, em especial se os cidadãos se encontram sob o domínio das esposas, como é o caso da maioria das raças guerreiras. (...) Mesmo no que diz respeito à coragem, inútil na vida cotidiana e necessária apenas na guerra, a influência das lacedemônias tem sido extremamente prejudicial. (...) Essa licenciosidade das lacedemônias existiu desde os tempos mais remotos, sendo tudo o que delas se podia esperar. Pois (...) quando Licurgo, segundo revela a tradição, desejou submeter as mulheres às suas leis, elas resistiram e fizeram-no desistir de sua tentativa."

Ele então acusa os espartanos de avareza, a qual atribui à distribuição desigual das propriedades. Embora não seja possível vender lotes, diz Aristóteles, eles podem ser doados ou legados em testamento. Dois quintos de toda a terra, acrescenta, pertencem às mulheres. Verifica-se, como consequência, uma grande redução no número de cidadãos: dizem que outrora houvera dez mil deles, mas quando da derrota pelas mãos de Tebas existia menos de mil.

Aristóteles critica cada ponto da constituição espartana. Diz ele que os éforos são muitas vezes pobres, e portanto facilmente subornáveis; que seu poder é tão grande que mesmo os reis se veem forçados a cortejá-los, de modo que a constituição se tornara uma democracia. Os éforos, lemos, possuem privilégios demais e vivem de maneira contrária ao espírito da constituição, ao mesmo tempo em que o rigor imposto aos cidadãos comuns é de tal maneira intolerável que eles acabam por buscar refúgio em prazeres sensoriais secretos e ilícitos.

Aristóteles escreveu na época da decadência de Esparta, mas em alguns pontos afirma expressamente que o mal em questão existia desde os tempos mais remotos. Seu tom é tão seco e realista que é

[5] *Política*, vol. II, 9 (1269b-1270a).

difícil desacreditá-lo, além de estar de acordo com o que a modernidade viu resultar da excessiva severidade das leis. No entanto, não foi a Esparta de Aristóteles aquela que permaneceu na imaginação dos homens; foram, antes, a Esparta mítica de Plutarco e a idealização filosófica de Esparta apresentada na *República* de Platão. Século após século, jovens leram essas obras e se encheram do desejo de serem Licurgos ou filósofos-reis. A resultante união entre idealismo e amor ao poder sempre desencaminhou os homens e continua a fazê-lo também hoje.

Para os leitores do medievo e da modernidade, o mito de Esparta foi estabelecido sobretudo por Plutarco. Quando Plutarco esteve em atividade, Esparta pertencia a um passado romântico; seu auge lhe era tão distante quanto o tempo de Colombo é do nosso. O que ele afirma deve ser tratado com enorme cautela pelo historiador das instituições, mas ao historiador do mito é de enorme importância. A Grécia sempre influenciou o mundo mediante a imaginação, os ideais e as esperanças humanas, e não diretamente por intermédio do poder político. Roma construiu um grande número de estradas que ainda existem, bem como leis que constituem a fonte de muitos códigos legais modernos; todavia, foram seus exércitos que conferiram importância a essas coisas. Os gregos, muito embora fossem guerreiros admiráveis, conquistaram pouco, uma vez que consumiam uns contra os outros sua fúria militar. Coube ao semibárbaro Alexandre difundir o helenismo pelo Oriente Próximo e fazer do grego a língua literária do Egito, da Síria e do interior da Ásia Menor. Os gregos jamais conseguiriam realizar essa tarefa — e não por carecerem de força militar, mas por serem incapazes de alcançar uma coesão política. Os veículos políticos do helenismo nunca foram helênicos; todavia, foi o gênio grego o que inspirou as nações estrangeiras de modo a fazê-las difundir a cultura daqueles que as haviam conquistado.

O que tem relevância ao historiador do mundo não são as guerras insignificantes entre as cidades gregas, tampouco as sórdidas rixas pelo predomínio de determinado grupo; importam-lhe, antes, as lembranças que a humanidade conservou desse breve período — como a memória de um belo nascer do Sol nos Alpes enquanto o alpinista luta contra um dia árduo de vento e neve. Essas memórias, desvanecendo pouco a pouco, imprimiram na mente dos homens a imagem de certos cumes que um dia brilharam com peculiar fulgor sob a luz matinal, mantendo vivo o conhecimento de que por trás das nuvens um esplendor ainda sobrevivia e poderia a qualquer momento se dar a conhecer. De todas essas memórias, Platão foi a mais importante para o cristianismo primitivo, bem como Aristóteles para a Igreja medieval; quando, porém, findo o Renascimento os homens começaram a valorizar a liberdade política, foi sobretudo a Plutarco que se voltaram. Ele influenciou profundamente os liberais ingleses e franceses do século XVIII, bem como os fundadores dos Estados Unidos; influenciou o movimento romântico na Alemanha e continuou, sobretudo por meios indiretos, a influenciar o pensamento alemão até o presente. Em alguns aspectos, sua influência foi positiva; noutros, negativa. No que toca Licurgo e Esparta, foi negativa. O que ele tem a dizer sobre Licurgo é importante; exporei brevemente o que descreve, mesmo sob o risco de alguma repetição.

Licurgo, diz Plutarco, tendo decidido dar leis a Esparta, viajou pelo mundo a fim de estudar diversos tipos de instituições. Afeiçoou-se pelas leis de Creta, "muito corretas e severas"; descontentaram-no as da Jônia, onde havia "aspectos supérfluos e vãos". No Egito, descobriu as vantagens de separar os soldados do restante do povo. Então, retornando de suas andanças, "implementou a prática em Esparta, onde, dando aos mercadores, artífices e trabalhadores braçais a parte que lhes cabia, fundou uma comunidade nobre". Estabeleceu divisão de terras semelhante entre todos os cidadãos de Esparta, a fim de "eliminar da cidade toda insolvência, inveja, cobiça e deleite, bem como todas as riquezas e toda a pobreza". Proibiu dinheiro de ouro e prata; aceitava-se tão somente o de ferro, cujo valor era tão pequeno que "para acumular a soma de dez minas seria preciso ocupar todo o porão de uma casa". Dessa forma, baniu todas as "ciências supérfluas e inúteis", uma vez que não havia dinheiro suficiente para pagar quem as praticasse; pela mesma lei, impossibilitou todo comércio exterior. Retóricos, alcoviteiros e joalheiros, aos quais desagradava o dinheiro de ferro, evitavam Esparta. Em seguida, Licurgo ordenou que todos os cidadãos comessem juntos e partilhassem do mesmo alimento.

Licurgo, a exemplo de outros reformadores, considerava a educação infantil "a matéria mais importante do reformador"; e, como todos aqueles que têm o poder militar como principal objetivo, ansiou por conservar alta a taxa de natalidade. As "brincadeiras, os esportes e as danças que, nuas, as raparigas realizavam diante dos jovens eram provocações que visavam encantá-los e atraí-los ao casamento; não se viam levados ao casamento por razões matemáticas, como diz Platão, mas por gosto, por amor". O costume de tratar o casamento como caso clandestino nos primeiros anos "fazia perdurar em ambos um amor ainda ardente, bem como um desejo mútuo renovado". Ao menos é o que pensa Plutarco. Ele então explica que não era amaldiçoado o idoso que, tendo esposa mais jovem, permitisse que um homem mais novo tivesse filhos por ela gerados. "Era também lícito que o homem honesto, apaixonado pela esposa de outro, (...) rogasse para que o marido o deixasse dividir com ela o leito e lavrar aquele solo robusto, espalhando a semente de filhos bem-afeiçoados". Não havia espaço para ciúmes bobos, visto "não ser desejo de Licurgo que as crianças pertencessem a alguém em particular, e sim que fossem comuns, para a felicidade de todos: por essa razão, quis também que esses futuros cidadãos não fossem gerados por homem qualquer, mas somente pelos mais honestos". Plutarco então explica que é esse o princípio que os fazendeiros aplicam a seus animais.

Quando nascia uma criança, o pai a apresentava aos anciãos de sua família para que fosse examinada: se saudável, era devolvida para ser criada; se não, lançavam-na em um poço d'água profundo. Desde o início, as crianças eram submetidas a um rigoroso processo de robustecimento; em alguns aspectos, tratava-se de algo positivo — não usavam fraldas, por exemplo. Aos sete anos, os meninos eram retirados de casa e enviados a um internato, onde se dividiam em unidades, cada qual sob as ordens de um dos seus, escolhido por seu bom senso e coragem. "No que toca o ensino, aprendiam tanto quanto lhes conviesse: no restante do tempo, descobriam como obedecer, como suportar a dor, como tolerar o trabalho braçal e como triunfar, tranquilos, no combate." Brincavam nus na maior parte do tempo; após os doze anos, não usavam cotas; andavam sempre "sujos e descuidados", e não tomavam banho, a não ser em dias específicos do ano. Dormiam em leitos de palha, à qual ajuntavam espinhos no inverno. Aprendiam a roubar e eram punidos quando pegos — não pelo roubo, mas pela estupidez.

O amor homossexual entre os homens, quiçá entre as mulheres, era costume admitido em Esparta, e desempenhava um papel reconhecido na educação dos adolescentes. O amante de um jovem era valorizado ou desvalorizado de acordo com as ações do rapaz. Plutarco afirma que, certa vez, tendo um rapaz gritado ao ser ferido em batalha, seu amante foi multado em virtude de tamanha covardia.

Havia pouca liberdade em todos os estágios da vida de um espartano.

> Sua disciplina e a ordem de vida se mantinham inalteradas mesmo depois que se tornavam adultos. Não era lícito, afinal, que os homens vivessem como lhes aprouvesse; habitavam em sua cidade como se num acampamento, onde cada qual conhecia as próprias concessões e as atividades que cabiam à sua vocação. Em suma, sabiam todos que não haviam nascido para si, mas para servir ao país. (...) Entre o que de melhor e mais alegre trouxe Licurgo à cidade, encontram-se o grande descanso e ócio a que eram obrigados os cidadãos, contanto que não se dedicassem a qualquer ocupação vil ou iníqua; ademais, não precisavam se preocupar em acumular grandes riquezas em local em que os bens não eram vantajosos nem estimados. Pois os hilotas, homens agrilhoados em consequência das guerras, trabalhavam a terra e lhes concediam certa receita a cada ano.

Plutarco narra em seguida a história de um ateniense condenado por ociosidade e relata o que exclamou um espartano que soubera da notícia: "Mostrem-me o homem condenado por viver nobremente e como um cavalheiro."

Licurgo (continua Plutarco) "acostumara os cidadãos de tal maneira que eles não queriam ou não podiam viver sozinhos, mas apenas ligados uns aos outros, sempre acompanhados, como as abelhas ao redor da rainha".

Não podiam os espartanos viajar, e tampouco os estrangeiros eram admitidos em Esparta, exceto a trabalho; temia-se que costumes de fora corrompessem a virtude lacedemônia.

Plutarco menciona a lei que permitia que os espartanos matassem hilotas caso lhes aprouvesse, mas recusa-se a acreditar que algo tão abominável se devera a Licurgo. “Nada me convence de que Licurgo concebeu ou instituiu ato tão iníquo e mau quanto era tal ordenação: imagino sua natureza gentil e misericordiosa, de acordo com a clemência e a justiça que empregou em todos os afazeres.” À parte essa questão, Plutarco é só elogios à constituição de Esparta.

O efeito que teve Esparta sobre Platão, sobre quem nos debruçaremos agora, ficará claro à luz da exposição de sua Utopia, tema do próximo capítulo.

13

Fontes das opiniões de Platão

Platão e Aristóteles foram, de todos os filósofos, os que exerceram maior influência entre os antigos, os medievais ou os modernos. De ambos, teve Platão impacto mais profundo sobre a posteridade. Digo isso por duas razões: em primeiro lugar, porque o próprio Aristóteles é fruto de Platão; depois, porque a teologia e a filosofia cristãs, ao menos até o século XIII, foram muito mais platônicas do que aristotélicas. Faz-se portanto necessário, numa história do pensamento filosófico, dar a Platão — e em grau menor também a Aristóteles — mais atenção do que a quaisquer de seus predecessores ou sucessores.

Os pontos mais importantes da filosofia de Platão são, antes de mais nada: sua Utopia, a primeira de uma longa série; depois, sua teoria das ideias, tentativa pioneira de lidar com o problema ainda irresoluto dos universais; em terceiro lugar, seus argumentos em favor da imortalidade; quarto, sua cosmogonia; e, quinto, sua concepção do conhecimento como reminiscência, e não como percepção. Antes, porém, de lidarmos com qualquer um desses tópicos, tecerei algumas observações sobre as circunstâncias de sua vida e as influências que determinaram suas opiniões políticas e filosóficas.

Platão nasceu em 428-7 a.C., nos primeiros anos da Guerra do Peloponeso. Foi aristocrata abastado que se relacionou com várias pessoas vinculadas à Tirania dos Trinta. Era jovem quando Atenas foi derrotada e atribuiu tal fracasso à democracia, a qual estava inclinado a desprezar em virtude de sua posição social e seus contatos familiares. Foi pupilo de Sócrates, por quem nutriu afeição e respeito profundos — e Sócrates fora condenado à morte pela democracia. Não surpreende, portanto, que tenha se voltado a Esparta a fim de conceber sua comunidade ideal. Platão teve a habilidade de revestir sugestões nada liberais de modo a enganar os tempos futuros, os quais passaram a admirar a *República* sem jamais terem ciência do que suas propostas acarretavam. Sempre se julgou correto louvar Platão, mas não compreendê-lo. É esse o fado comum dos grandes homens. Minha proposta vai em direção contrária. Desejo compreendê-lo, mas tratando-o com pouquíssima reverência, como se fosse ele um contemporâneo inglês ou americano que defendesse o totalitarismo.

As influências puramente filosóficas de Platão também foram influências que o predispuseram em favor de Esparta. São elas, em linhas gerais, Pitágoras, Parmênides, Heráclito e Sócrates.

De Pitágoras (por intermédio de Sócrates ou não), Platão assimilou os elementos órficos de sua filosofia: a tendência religiosa, a crença na imortalidade e no mundo vindouro, o tom sacerdotal e tudo aquilo que está envolvido na comparação da caverna; vêm dele, ademais, seu respeito pela matemática e a profunda associação de intelecto e misticismo.

De Parmênides, obteve a crença em que a realidade é eterna e atemporal, bem como a convicção de que, com base em fundamentos lógicos, toda mudança é ilusória.

De Heráclito, Platão herdou a doutrina negativa segundo a qual nada no mundo sensível é permanente. Isso, associado à doutrina de Parmênides, o fez concluir que o conhecimento não deve derivar dos sentidos, mas apenas do intelecto — o que, por sua vez, se adequava muito bem ao pitagorismo.

De Sócrates ele provavelmente assimilou o interesse por problemas éticos e a tendência a buscar explicações teleológicas, e não mecânicas, do mundo. O "Bem" se faz mais presente em seu pensamento do que no dos pré-socráticos, e é difícil não atribuir o fato à influência de Sócrates.

Como tudo isso se relaciona, porém, com o autoritarismo político?

Em primeiro lugar: sendo atemporais a Bondade e a Realidade, o melhor Estado será aquele que copia de maneira mais fiel o modelo celestial, ostentando o mínimo de mudanças e o máximo de perfeição estática. Seus governantes, ademais, devem ser aqueles que mais bem compreendem o Bem eterno.

Em segundo lugar: seguindo o exemplo de todos os místicos, Platão traz em suas crenças um núcleo de certeza essencialmente incomunicável, exceto mediante o modo de vida. Os pitagóricos se haviam empenhado para estabelecer uma regra para os iniciados, e é isso, no final das contas, o que Platão também deseja. Se um homem almeja tornar-se bom estadista, precisa conhecer o Bem, o que só pode ser alcançado mediante a combinação de disciplina intelectual e moral. Se os que não se submeterem a uma disciplina assim obtiverem a permissão de fazer parte do governo, inevitavelmente a corromperão.

Em terceiro lugar: segundo os princípios platônicos, muita educação se faz necessária na formação de um bom governante. Parece-nos pouco sábio insistir em que ao jovem Dionísio, tirano de Siracusa, deveria aprender geometria a fim de se tornar um bom rei, mas do ponto de vista de Platão tratava-se de algo essencial. Ele foi pitagórico o bastante para achar que sem a matemática qualquer sabedoria se faz impossível. Essa visão implica uma oligarquia.

Em quarto lugar: Platão adotou, tanto quanto a maioria dos filósofos gregos, a visão de que o ócio é essencial à sabedoria, que por conseguinte não será encontrada entre os que trabalham para sobreviver, mas somente entre aqueles que têm recursos independentes ou entre aqueles que o Estado livra das angústias referentes à própria subsistência. Esse ponto de vista é essencialmente aristocrático.

Duas questões gerais surgem quando cotejamos Platão com as ideias modernas. A primeira é: existiria de fato algo denominado "sabedoria"? E a segunda: caso ela de fato exista, seria possível elaborar uma constituição que lhe confira poder político?

A "sabedoria", no sentido proposto, não seria nenhum tipo de talento especializado, como aquele do sapateiro, do médico ou do estrategista militar. Deve ser, antes, algo mais genérico, uma vez que sua posse supostamente torna o homem capaz de governar de maneira sábia. Tenho para mim que Platão teria declarado que a sabedoria consiste no conhecimento do bem, complementando sua definição com a doutrina socrática segundo a qual nenhum homem peca de propósito, e, portanto, aquele que sabe o que é o bem faz o que é certo. Para nós, tal visão parece distante da realidade. Diremos, mais naturalmente, que há interesses divergentes e que o estadista deve chegar ao melhor meio-termo possível. Os membros de determinada classe ou nação podem nutrir um interesse comum, mas em geral esse interesse estará em conflito com os interesses de outras classes ou outras nações. Há, sem dúvidas, interesses comuns à humanidade como um todo, mas eles não bastam para determinar as ações políticas. Talvez venham a fazê-lo no futuro, mas certamente não enquanto existirem Estados soberanos. Mesmo então, a maior dificuldade em satisfazer esses interesses comuns consistiria em chegar a um meio-termo entre interesses específicos mutuamente hostis.

Ainda, porém, que suponhamos a existência de algo como a "sabedoria", existiria forma de constituição capaz de conferir o governo aos sábios? Claro está que as maiorias, como os conselhos gerais, podem cometer erros — o que de fato aconteceu. As aristocracias nem sempre são sábias; os reis muitas vezes são tolos; os papas, não obstante sua infalibilidade, cometeram erros grosseiros. Porventura haverá quem defenda a concessão do governo aos que se formaram nas universidades, ou mesmo aos doutores em teologia? Ou ainda a homens que, nascidos pobres, acabaram por acumular grandes fortunas? É evidente que nenhuma seleção de cidadãos definível por lei pode ser mais sábia, na prática, do que toda a coletividade.

É possível alegar que uma instrução adequada pode conferir sabedoria política ao homem. Isso faria surgir, contudo, a seguinte pergunta: no que consistiria uma instrução adequada? Essa, por sua vez, não passaria de uma questão partidária.

É problema insolúvel, portanto, o de encontrar um grupo de homens "sábios" e transferir-lhe o governo. Essa é a razão definitiva em favor da democracia.

14

A Utopia de Platão

Em linhas gerais, a *República*, o mais importante dos diálogos de Platão, consiste em três partes. A primeira (que vai até quase o final do Livro V) se debruça sobre a construção de uma comunidade ideal; trata-se da primeira de todas as Utopias.

Uma de suas conclusões é a de que os governantes devem ser filósofos. Os livros VI e VII têm como objetivo definir o termo "filósofo". Esse debate constitui a segunda seção.

A terceira consiste sobretudo no exame dos vários tipos de constituições existentes, bem como de seus méritos e defeitos.

O objetivo nominal da *República* é definir "justiça". No entanto, fica antes estabelecido que, sendo mais fácil ver as coisas em algo amplo do que nos detalhes, mais vale investigar o que torna um Estado justo do que investigar o que faz um indivíduo sê-lo. E, uma vez que a justiça deve figurar entre os atributos do melhor Estado imaginário, delineia-se primeiro um tal Estado e só depois se conclui qual de suas perfeições deve ser denominada "justiça".

Comecemos por descrever a Utopia de Platão em suas linhas gerais, examinando então os pontos que surgirem pelo caminho.

Platão primeiro define que os cidadãos devem se dividir em três classes: as pessoas comuns, os soldados e os guardiões. Apenas a estes últimos cabe o poder político. Deve haver menos membros nesta classe do que nas outras duas. Inicialmente, ao que parece, sua eleição deve se dar pelas mãos do legislador; em seguida, são substituídos por hereditariedade, mas em casos excepcionais uma criança promissora pode ser promovida de uma das classes inferiores; ao mesmo tempo, entre os filhos dos guardiões um menino ou jovem insatisfatório pode ser rebaixado.

O principal problema, como Platão bem percebe, está em assegurar que os guardiões se conservem fiéis às intenções do legislador. Para garanti-lo, ele formula várias propostas nos campos educacional, econômico, biológico e religioso. Não fica sempre claro quanto dessas propostas se aplica aos que não pertencem à classe dos guardiões; algumas, claro está, cabem também aos soldados, mas no geral Platão só está interessado naqueles, que devem formar uma classe à parte — como os jesuítas no Paraguai de outrora, os clérigos nos Estados da Igreja até 1870 e o Partido Comunista na União Soviética de hoje.

O que primeiro devemos considerar é a educação. Ela se divide em duas partes: a música e a ginástica. Cada qual tem um significado mais amplo do que no presente: "música" significa tudo o que se encontra sob a alçada das "musas", enquanto "ginástica" abarca tudo o que diz respeito ao treinamento e à aptidão física. "Música" é algo tão amplo quanto aquilo que chamamos de "cultura", ao passo que "ginástica" abrange um pouco mais do que o "esporte" de hoje.

A cultura deve ter como objetivo a transformação dos homens em *gentlemen* no sentido em que o termo, sobretudo graças a Platão, costuma ser empregado na Inglaterra. Em determinado aspecto, a Atenas de sua época foi análoga à Inglaterra do século XIX: em ambas existiu uma aristocracia que desfrutou de riquezas e prestígio social, mas à qual não coube o monopólio do poder político; em cada uma, ademais, a aristocracia precisou garantir quanto do poder lhe fosse possível por meio de um comportamento impressivo. Na Utopia de Platão, porém, a aristocracia governa sem qualquer restrição.

A gravidade, o decoro e a coragem parecem ser as principais qualidades a serem cultivadas pela educação. É preciso censurar, desde cedo e rigidamente, a literatura a que os jovens têm acesso e a música que podem ouvir. As mães e amas só devem contar às crianças histórias autorizadas. Homero e Hesíodo estão vetados por uma série de razões. Em primeiro lugar, trazem os deuses se comportando mal, o que não é nada edificante; o jovem deve aprender que os males jamais vêm dos deuses, uma vez que Deus não é o autor de todas as coisas, mas apenas das boas. Em segundo lugar, há em Homero e Hesíodo elementos cujo objetivo é incutir nos leitores o medo da morte, ao passo que na educação é necessário fazer todo o esforço possível para que os jovens se disponham a morrer em batalha. Os meninos devem aprender que a escravidão é pior do que a morte, e portanto não podem ouvir histórias de bons homens que choram e se queixam, ainda que se trate da morte de seus amigos. Em terceiro lugar, o decoro exige que jamais haja risadas estridentes, mas ainda assim Homero fala da "inextinguível risada dos deuses bem-aventurados". Como o mestre-escola censurará o júbilo quando os jovens podem citar passagens como essa? Em quarto lugar, há em Homero trechos que enaltecem banquetes suntuosos, bem como outros que descrevem a luxúria dos deuses; esses excertos desestimulam a temperança. (O deão Inge, verdadeiro platônico, opôs-se ao seguinte verso de um conhecidíssimo hino em que são descritas as alegrias do céu: "O grito dos que triunfam, a canção dos que banqueteiam.") Desse modo, não pode haver histórias em que os iníquos são felizes ou os bons, miseráveis; o impacto moral que isso exerce sobre os espíritos jovens é extremamente infeliz. Em virtude do que se disse, os poetas devem ser condenados.

Platão desenvolve em seguida um curioso raciocínio sobre o teatro. O homem bom, diz ele, não se deve dispor a imitar alguém mau. Ora, a maioria das peças contém vilões; por conseguinte, tanto o dramaturgo quanto o ator que interpreta o papel vilanesco devem imitar culpados de diversos crimes. Não são apenas os criminosos, mas também as mulheres, os escravos e a gente inferior como um todo, aqueles que os homens superiores não deveriam reproduzir. (Na Grécia, assim como na Inglaterra elisabetana, o papel das mulheres era interpretado por homens.) As peças, portanto, quando admissíveis, só devem ter como personagens heróis impecáveis e de boa estirpe. A impossibilidade disso é tão evidente que Platão decide banir da cidade todos os dramaturgos:

> Quando qualquer um desses pantomímicos cavalheiros, tão espertos que se veem em condições de imitar o que quer que seja, vem ter conosco e se oferece para exibir a si mesmo e sua poesia, colocamo-nos de joelhos e o louvamos como pessoa assaz doce, santa e maravilhosa; devemos, entretanto, informar-lhe também que em nosso Estado gente como ele não pode existir; não o permitirá a lei. Destarte, após untá-lo de mirra e depositarmos sobre sua cabeça a guirlanda de lã, enviamo-lo para outra cidade.

Em seguida tem lugar a censura da música (em seu sentido moderno). As harmonias lídias e jônicas devem ser proibidas; a primeira porque expressa pesar; a seguinte, por ser serena. Somente a dória (em virtude da coragem) e a frígia (graças à sua temperança) não estão vetadas. Os ritmos permitidos devem ser simples e, como tais, expressar uma vida corajosa e harmoniosa.

Muito austero deve ser o treinamento do corpo. Ninguém comerá peixe ou carne que não seja assada; vetados estão os temperos e a confeitaria. Quem for criado de acordo com um tal regime, diz Platão, não precisará de médicos.

Até certa idade, os jovens não devem contemplar a feiura ou o vício. No momento oportuno, porém, é necessário expô-los a "encantamentos" — tanto na forma de terrores que não devem atemorizar quanto na forma de prazeres vis que não devem tentar a vontade. Apenas depois de terem resistido a tais provações é que serão considerados aptos a se tornarem guardiões.

Os rapazes, antes de maduros, devem presenciar a guerra, muito embora não lhes caiba tomar parte no combate.

Quanto à economia, Platão propõe um comunismo pleno para os guardiões e (creio) também para os soldados, embora isso não seja muito manifesto. Os guardiões devem desfrutar de casas pequenas e comidas simples; têm de viver como se em acampamento, jantando em unidades; nenhuma propriedade privada terão além da que se fizer absolutamente necessária. Ouro e prata lhes serão proibidos. Embora não sejam ricos, não há por que não serem felizes; todavia, o objetivo da cidade é o bem do todo, e não a felicidade de uma só classe. Tanto a riqueza quanto a pobreza são prejudiciais, e na cidade de Platão não existirá nem uma, nem outra. Há no texto um curioso raciocínio referente à guerra: diz o autor que será fácil conquistar aliados para a cidade, uma vez que ela não desejará parte nenhuma dos espólios das vitórias.

Com fingida má vontade, o Sócrates platônico aplica então seu comunismo à família. Aqueles que são amigos, diz, devem ter tudo em comum, inclusive as mulheres e filhos. Ele reconhece que haverá nisso dificuldades, mas não as julga insolúveis. Em primeiro lugar, as meninas devem receber a mesma educação dos meninos, aprendendo a música, a ginástica e a arte da guerra em companhia deles. Deve haver igualdade entre mulheres e homens em todos os aspectos. "A mesma educação que faz do homem guardião bom fará da mulher uma boa guardiã; com efeito, a natureza original de ambos é uma só." Não há dúvidas quanto à existência de diferenças entre homens e mulheres, mas tais diferenças nada têm que ver com a política. Algumas mulheres são filosóficas e, portanto, adequadas à condição de guardiãs; outras são bélicas e dariam boas soldadas.

O legislador, tendo selecionado os guardiões — alguns homens e algumas mulheres —, ordenará que partilhem das mesmas casas e das mesmas refeições. O casamento, como sabemos, passará por transformação radical.[1] Em certas festividades, noivas e noivos, na quantidade que se fizer necessária para manter a população em número constante, serão unidos à sorte — ou ao menos assim serão levados a crer: na verdade, os responsáveis por governar a cidade manipularão as uniões de acordo com princípios eugênicos. Eles garantirão que os melhores pais tenham mais filhos. Todas as crianças serão retiradas dos responsáveis tão logo nasçam, e grande esforço será feito para que nenhum pai ou mãe saiba quem é seu filho e nenhum filho saiba quem o gerou. As crianças deformadas, bem como aquelas de pais inferiores, "serão descartadas em local misterioso e desconhecido, segundo lhes cabe". Os filhos nascidos de uniões não ratificadas pelo Estado serão considerados ilegítimos. As mães devem ter entre vinte e quarenta anos; os pais, 25 e 55. Fora desse intervalo, o sexo é liberado, mas torna-se compulsório o aborto ou o infanticídio. Nos "casamentos" definidos pelo Estado, as pessoas em questão não têm voz; elas devem se deixar motivar por seu dever para com o Estado, e não pelas emoções comuns que os poetas banidos costumavam enaltecer.

Uma vez que ninguém sabe quem são seus pais, deverão ser chamados de "pai" todos aqueles que têm idade para sê-lo, o que também se aplica à "mãe", aos "irmãos" e às "irmãs". (Encontra-se esse tipo de coisa entre alguns selvagens, o que costumava desconcertar os missionários.) Não poderá haver casamento entre "pai" e "filha" nem entre "mãe" e "filho"; em geral, mas nem sempre, vetado está o casamento de "irmão" com "irmã". (Creio que, se refletisse com mais atenção,

[1] "Essas mulheres serão, sem exceção alguma, esposas comuns daqueles homens, e ninguém deverá ter mulher própria."

Platão descobriria que proibira *todos* os casamentos, exceto aqueles entre "irmão" e "irmã", que considera raras exceções.)

Acredita-se que os sentimentos hoje atrelados às palavras "pai", "mãe", "filho" e "filha" ainda se lhes estarão atrelados sob as novas disposições estabelecidas por Platão; um jovem, por exemplo, deixará de agredir um idoso porque poderia estar agredindo o próprio pai.

O objetivo almejado, naturalmente, é minimizar o sentimento de posse, eliminando assim os obstáculos que se opunham ao domínio do espírito público e à aprovação da falta de propriedade privada. Foram motivos muito semelhantes os que levaram o clero ao celibato.[2]

Chego enfim ao aspecto teológico do sistema. Não tenho em mente os deuses gregos reconhecidos, mas antes certos mitos que o governo deverá difundir. Mentir, diz Platão com todas as letras, é prerrogativa do governo tanto quanto medicar é prerrogativa dos médicos. Vimos que a administração deve iludir as pessoas fingindo organizar casamentos à sorte; essa, porém, não é uma questão religiosa.

Deve haver uma "nobre mentira" que, assim espera Platão, pode até mesmo enganar os governantes, mas que de todo modo ludibriará o restante da cidade. Essa "mentira" é exposta de modo consideravelmente detalhado. Sua parte mais importante é o dogma de que Deus criou três tipos de homens: os melhores, feitos de ouro; em segundo lugar, aqueles feitos de prata; e, por fim, o rebanho comum, composto de bronze e ferro. Os homens feitos de ouro estão aptos a se tornarem guardiões; os que são feitos de prata devem ser soldados; enquanto ao restante cabe o trabalho manual. Em geral, mas nem sempre, as crianças pertencem à mesma categoria de seus pais; quando não, devem ser promovidas ou rebaixadas de acordo. É muito difícil que a presente geração creia nesse mito, mas a próxima, e todas as subsequentes, podem ser educadas de modo a não questioná-lo.

Platão está certo quando acredita que a crença nesse mito poderia se consolidar em duas gerações. Os japoneses aprendem desde 1868 que o Mikado descende da deusa do Sol e que o Japão foi criado antes do restante do mundo. Qualquer professor universitário que, mesmo em obra de erudição, lance dúvidas sobre esses dogmas é dispensado por apresentar práticas antijaponesas. O que Platão não parece perce-

[2] Veja-se Henry C. Lea., *A History of Sacerdotal Celibacy*.

ber é que a aceitação compulsória de mitos como esse é incompatível com a filosofia, implicando um tipo de educação que atrofia a inteligência.

A definição de "justiça", objetivo nominal de todo o debate, encontramos no Livro IV. Ela, pelo que lemos, se realiza quando cada qual faz o próprio trabalho e não é intrometido: a cidade é *justa* sempre que o mercador, o ajudante e guardião se ocupam de suas atividades sem interferirem naquelas que são de outras classes.

Que todos devem cuidar da própria vida é sem dúvida um preceito admirável, mas isso dificilmente corresponde ao que um moderno denominaria "justiça". A palavra grega assim traduzida designaria um conceito muito importante para o pensamento grego, mas não há entre nós equivalente exato. Vale recordar o que dissera Anaximandro:

> Naquilo de que têm origem as coisas elas também perecem, como estabelece a ordem, pois se reparam e satisfazem mutuamente por sua injustiça, segundo a ordem do tempo.

Antes de ter início a filosofia, os gregos desenvolveram, em relação ao universo, uma teoria ou sentimento que pode ser dito religioso ou ético. Segundo essa teoria, toda pessoa e toda coisa possuem lugar e função próprios. Isso não depende da sanção de Zeus, uma vez que ele mesmo está sujeito ao tipo de lei que governa os outros. Tal teoria está relacionada à ideia do fado ou da necessidade; aplica-se forçosamente aos corpos celestes. No entanto, onde há vigor verifica-se, também, a tendência a violar limites justos; nascem daí os conflitos. Uma espécie de lei impessoal supraolímpica pune a *hybris* e restaura a ordem eterna que o agressor tentara transgredir. Essa perspectiva, que em sua origem talvez não fosse consciente, passou à filosofia e é encontrada tanto nas cosmologias do conflito, como aquelas de Heráclito e Empédocles, quanto em doutrinas monistas como a de Parmênides. Trata-se da fonte de onde vem a crença na lei natural e humana, e claramente subjaz ao conceito platônico de justiça.

A palavra "justiça", tal qual a aplica ainda o direito, se assemelha mais ao conceito de Platão do que o uso que lhe dá a especulação política. Sob a influência da teoria democrática, passamos a vincular justiça a igualdade, enquanto para Platão esse sentido não existe.

"Justiça", na acepção em que é quase sinônimo de "lei" — como quando falamos em "tribunais de justiça" —, diz respeito sobretudo aos direitos de posse, o que nada tem que ver com igualdade. A primeira definição de "justiça", sugerida no início da *República*, afirma que ela consiste no pagamento de dívidas. Essa definição é logo descartada por ser inadequada, mas há algo nela que perdura até o fim.

Vários são os elementos da definição de Platão que devemos sublinhar. Em primeiro lugar, ela possibilita que existam diferenças de poder e privilégio sem que haja injustiça. Os guardiões devem conservar consigo todo o poder porque são os membros mais sábios da comunidade; só haveria injustiça, segundo a definição de Platão, caso houvesse nas outras classes gente mais sábia do que os guardiões. É por isso que Platão prevê a promoção e o rebaixamento dos cidadãos, muito embora acredite que o nascimento e a educação sejam vantagens que, em grande parte dos casos, tornarão os filhos dos guardiões superiores aos filhos dos outros. Caso houvesse uma ciência mais exata do governo e maior certeza de que os homens cumpririam os preceitos, muito se haveria de dizer em favor do sistema de Platão. Ninguém acha injusto ter num time de futebol os melhores jogadores, muito embora isso torne a equipe muito superior. Se o futebol fosse administrado tão democraticamente quanto o governo ateniense, os alunos que jogariam por suas universidades seriam escolhidos à sorte. No entanto, em questões de governo é difícil saber quem tem mais ou menos habilidade; do mesmo modo, não há certeza nenhuma de que um político usará seus talentos em favor dos interesses públicos, e não em benefício próprio ou de sua classe, partido ou credo.

Além disso, a definição que Platão dá a "justiça" pressupõe ou um Estado que se organiza de acordo com princípios tradicionais, ou um Estado que, como o seu, almeja realizar em sua totalidade determinado ideal ético. A justiça, lemos, consiste em que cada homem realize o trabalho que lhe cabe. Qual será, porém, o trabalho desse homem? Num Estado que, a exemplo do Egito antigo ou do reino dos incas, permanece inalterado geração após geração, o trabalho do homem é o trabalho de seu pai, e disso problema nenhum surge. Porém, no Estado de Platão não há quem possua pai legal. Seu trabalho, portanto, deve ser decidido segundo seus próprios gostos ou segundo o juízo que o Estado faz de suas aptidões. É esta última opção a que

Platão desejaria, é claro. No entanto, certos tipos de trabalho, embora exijam altíssima destreza, podem ser considerados perigosos; Platão assume tal posição ante a poesia, e eu o faço também em relação à obra de Napoleão. Os objetivos do Governo, por conseguinte, são essenciais à determinação da atividade que um homem desempenhará. Não obstante a necessidade de todos os governantes serem filósofos, não deve haver inovações: o filósofo será para sempre aquele que compreende e concorda com Platão.

Quando questionamos o que logrará a República de Platão, encontramos resposta um tanto enfadonha. Ela triunfará em guerras contra povos mais ou menos semelhantes e garantirá o sustento de um pequeno número de pessoas. Em virtude de sua rigidez, é quase certo que não produzirá nenhuma arte ou ciência; nesse aspecto, bem como em outros, lembrará Esparta. Apesar de tudo o que se diz, nada mais se alcançará além da habilidade marcial e do que baste para comer. Platão sobrevivera à fome e à derrota em Atenas; talvez achasse, inconscientemente, que evitar esses males era o melhor que um estadista podia fazer.

Se elaborada a sério, uma Utopia deve obviamente incorporar os ideais de seu criador. Examinemos, por um momento, o que se deve entender por "ideais". Em primeiro lugar, eles são desejados por quem os acredita, mas não da mesma maneira que um homem deseja confortos pessoais como alimento e habitação. O que diferencia o "ideal" de um objeto de desejo comum é o fato de aquele ser impessoal; trata-se de algo que não faz (ao menos não de maneira ostensível) nenhuma referência especial ao ego do homem desejoso, e portanto é teoricamente capaz de ser desejado por todos. Por conseguinte, poderíamos definir "ideal" como algo desejado e não egocêntrico, de tal modo que aquele que o deseja gostaria que os outros também o fizessem. Posso desejar que a ninguém falte o que comer, que cada um tenha todos em alta conta e assim por diante, e se desejo algo desse tipo também desejarei que os outros o desejem. Assim, posso construir o que se assemelha a uma ética impessoal muito embora se alicerce na base pessoal de meus desejos — o desejo continua sendo meu ainda quando aquilo que é desejado não remete a mim. Por exemplo, um homem pode desejar que todos compreendam a ciência e outro, que todos apreciem a arte; é uma diferença pessoal entre os dois o que gera a diferença que verificamos entre seus desejos.

O elemento pessoal virá à tona tão logo uma controvérsia se instaure. Suponhamos que alguém diga: "O senhor se equivoca quando deseja que todos sejam felizes; seu desejo deveria ser a felicidade dos alemães e a infelicidade de todo o resto." Nesse caso, "deveria" assinala que é isso o que o falante quer que eu deseje. Eu poderia responder que, por não ser alemão, é psicologicamente impossível que eu deseje a infelicidade dos não alemães; essa réplica, porém, soa inadequada.

Além disso, pode haver conflito também entre ideais puramente impessoais. O herói de Nietzsche difere do santo cristão, mas ambos são admirados impessoalmente: aquele pelos nietzschianos e este pelos cristãos. Como optaremos por um dos dois senão à luz de nossos desejos? Se não há nada mais, um desacordo ético só pode ser solucionado mediante apelos emocionais ou pela força — em último caso, pela guerra. Em questões factuais, podemos recorrer à ciência e aos métodos científicos de observação, mas no que toca as questões últimas da ética não parece haver nada análogo. Sendo esse o caso, as disputas éticas deságuam em disputas de poder, incluindo o poder da propaganda.

No primeiro livro da *República*, esse ponto de vista é articulado em sua forma bruta por Trasímaco, personagem que, como quase todos os que figuram nos diálogos platônicos, foi de fato alguém de carne e osso. Trata-se de um sofista da Calcedônia que se notabilizara como professor de retórica; aparece na primeira comédia de Aristófanes, de 427 a.C. Após ter Sócrates examinado amistosamente a justiça junto de um senhor de nome Céfalo e com os irmãos mais velhos de Platão, Gláucon e Adimanto, Trasímaco, que até então o escutara com impaciência crescente, irrompe com um veemente protesto contra tamanha tolice. Ele declara enfaticamente que "justiça nada mais é do que o interesse do mais forte".

Por meio da esquiva, Sócrates refuta esse ponto de vista; ele nunca é tratado de maneira adequada. Essa ideia suscita uma pergunta fundamental em relação à ética e à política. A saber: há um padrão para "bom" e "ruim", à exceção daquilo que deseja o homem que usa tais palavras? Se não houver, grande parte das consequências delineadas por Trasímaco parecem inevitáveis. Ainda sim, como é possível dizer que há?

Nesse ponto, à primeira vista a religião oferece uma resposta simples. Deus determina o que é bom e o que não é; o homem cuja vontade está em harmonia com a vontade de Deus é um homem bom. Essa resposta, porém, não é nada ortodoxa. Dizem os teólogos que Deus é bom, e isso implica a existência de um padrão de bondade que independe da vontade de Deus. Desse modo, somos forçados a perguntar: existiria uma verdade ou falsidade objetiva na frase "o prazer é bom" do mesmo modo como há uma verdade ou falsidade objetiva na declaração de que "a neve é branca"?

Para responder a essa pergunta, uma discussão longuíssima se faria necessária. Alguns talvez achem que, por razões práticas, podemos nos esquivar da questão fundamental. Dizem: "Não sei o que se entende por 'verdade objetiva', mas hei de considerar uma declaração 'verdadeira' se concordam em adotá-la todos ou praticamente todos os que a investigaram"; nesse sentido, é "verdade" que a neve é branca, que César foi assassinado, que a água é composta de hidrogênio e oxigênio etc. Nesses casos, vemo-nos diante de uma questão factual: existiriam, no campo da ética, declarações aceitas de maneira semelhante? Caso existam, elas podem alicerçar tanto regras de conduta privada quanto uma teoria política. Caso não existam, na prática travaremos, independentemente de qual seja a verdade filosófica em questão, uma disputa de força, de propaganda ou de ambas sempre que uma diferença ética irreconciliável existir entre grupos poderosos.

Aos olhos de Platão, esse problema não existe. Embora seu senso dramático o leve a exprimir forçosamente a posição de Trasímaco, ele ignora sua força e se permite ser rudemente injusto ao contradizê-la. Platão está certo de que há o "Bem" e de que sua natureza é averiguável; quando alguém discorda, está no mínimo cometendo um erro intelectual, como se o desacordo fosse científico ou dissesse respeito a questão referente a fatos.

A diferença entre Platão e Trasímaco é importantíssima, mas para o historiador da filosofia trata-se de algo que deve ser apenas observado, e não decidido. Platão se julga capaz de *provar* que sua República ideal é boa; um democrata que aceite a objetividade da ética talvez se julgue capaz de *provar* que a República é ruim; todos os que concordam com Trasímaco, porém, dirão: "Não se trata, aqui, de provar ou refutar; o que está em jogo é se você *gosta* do tipo de Estado que Platão deseja. Caso goste, ótimo; caso não goste, azar. Se muitos gostam e muitos não gostam, a decisão não pode ser tomada à luz da razão, mas apenas pela força, real ou dissimulada." Essa é uma das questões filosóficas que ainda estão em aberto; de cada lado se encontram homens que merecem respeito. Todavia, durante muito tempo a opinião que Platão defendeu permaneceu quase inconteste.

É preciso observar, ademais, que a visão que substitui o padrão objetivo pela opinião consensual traz consequências que poucos aceitariam. O que dizer de inovadores da ciência como Galileu, que defendem uma opinião com a qual poucos concordam, mas que por fim acabam por conquistar o apoio de quase todos? Eles o fazem mediante argumentos, e não por meio de apelos emocionais, de propaganda estatal ou do uso da força. Isso implica um critério diferente da opinião geral. Em questões éticas, encontramos algo análogo no caso dos grandes mestres religiosos. Cristo ensinou que não é errado colher espigas de milho no sábado, mas que é um erro odiar seus inimigos. A inovações éticas como essa claramente subjaz um padrão que difere da opinião da maioria; entretanto, qualquer que seja esse padrão, ele não é um fato objetivo como o que encontramos nas questões científicas. Esse é um problema difícil, e não me considero capaz de solucioná-lo. Por ora, contentemo-nos em sublinhá-lo.

A República de Platão, ao contrário das Utopias modernas, talvez tenha sido concebida para de fato se tornar realidade. Isso não era tão fantástico ou impossível como pode aparentar. Muitas de suas disposições, inclusive algumas que talvez nos pareçam impraticáveis, foram de fato realizadas em Esparta. A regra dos filósofos fora experimentada por Pitágoras, e quando da visita de Platão à Sicília e ao sul da Itália o pitagórico Arquitas desfrutava de grande influência política em Taras (a moderna Tarento). Era prática comum entre as cidades que um sábio elaborasse suas leis; Sólon o fizera em Atenas, Protágoras em Thurii. As colônias, naquela época, eram livres do controle de suas metrópoles, e seria perfeitamente possível que um grupo de platônicos fundasse a República nas praias da Espanha ou da Gália. Infelizmente, quis o destino que Platão fosse para Siracusa, enorme cidade comercial em desesperada guerra contra Cartago; numa tal atmosfera, filósofo nenhum poderia fazer muito. Na geração seguinte, a ascensão da Macedônia tornou datados todos os Estados diminutos e fez fúteis os experimentos políticos em miniatura.

15
A teoria das ideias

A parte mediana da *República*, que vai desde o segmento final do Livro V até o fim do Livro VII, se ocupa sobretudo de questões de filosofia pura, e não de política. Essas questões são apresentadas em declaração um tanto abrupta:

> Quando os filósofos forem reis, ou quando nos reis e príncipes deste mundo se encontrarem o espírito e o poder da filosofia; quando a grandeza política e a sabedoria se conjugarem numa coisa só; e quando forem colocadas à parte aquelas naturezas vulgares que buscam eliminar tanto uma quanto a outra, apenas então as cidades — e também a raça humana — encontrarão alívio de tais males; apenas então este nosso Estado desfrutará da possibilidade da vida e de contemplar a luz do dia.

Caso isso seja verdade, devemos definir o que caracteriza o filósofo e o que entendemos por "filosofia". O exame consequente constitui a parte mais famosa da *República*, quiçá a mais influente. Há nele trechos de extraordinária beleza literária; o leitor pode discordar (como eu mesmo faço) do que está sendo dito, mas é impossível não se sentir comovido.

A filosofia de Platão se fundamenta na distinção, formulada pela primeira vez em Parmênides, entre realidade e aparência; ao longo de todo o exame de que agora nos ocupamos, expressões e raciocínios parmenidianos reaparecem constantemente. Todavia, acerca da realidade há um tom religioso que é mais pitagórico do que parmenidiano, e a respeito da matemática e da música são muito mais abundantes os elementos que remetem diretamente aos discípulos de Pitágoras. Essa combinação da lógica de Parmênides com a sobrenaturalidade de Pitágoras e dos órficos gerou uma doutrina que, supunha-se, satisfazia tanto o intelecto quanto os sentimentos religiosos; dela resultou uma síntese poderosa que, com diversas modificações, influenciou a maioria dos grandes filósofos até Hegel, este incluso. No entanto, não apenas filósofos foram influenciados por Platão. Por que os puritanos se opunham à música, à pintura e ao ritual vistoso da Igreja Católica? A reposta pode ser encontrada no décimo livro da *República*. Por que as crianças são forçadas a aprender, na escola, a aritmética? Os motivos são fornecidos no livro sétimo.

Os parágrafos que se seguem resumem a teoria das ideias de Platão.

Temos como pergunta: o que é um filósofo? A primeira resposta está de acordo com a etimologia: filósofo é o amante da sabedoria. Isso, porém, não significa que ele ama o conhecimento como talvez o faça um curioso; a curiosidade vulgar não faz o filósofo. A definição, portanto, deve ser retificada: o filósofo é o homem que ama a "visão da verdade". Que visão é essa?

Considere-se um homem que ama coisas belas, que faz questão de ver novas tragédias, contemplar novos quadros e ouvir novas músicas. Esse homem não é um filósofo, porque só ama as coisas belas, e não ama beleza em si. Quem ama somente o que é belo está sonhando; o que conhece a beleza absoluta se encontra desperto. Aquele possui tão somente opinião; este, o conhecimento.

Que diferença há entre "conhecimento" e "opinião"? O homem que detém o conhecimento detém o conhecimento de *algo*, isto é, de algo que existe, uma vez que o inexistente nada é. (Eis um resquício de Parmênides.) Por conseguinte, o conhecimento é infalível porque é impossível, do ponto de vista lógico, que esteja equivocado. A opinião, por sua vez, pode se equivocar. Como isso ocorre? A opinião não pode dizer respeito a algo que não é — o que seria impossível — nem àquilo que é, pois nesse caso seria conhecimento. Como consequência, a opinião deve tratar daquilo que é e não é.

De que maneira seria possível algo assim? A resposta está em que as coisas sempre partilham de traços opostos: o que é belo é também feio em certos aspectos; em certos aspectos, o que é justo é também injusto — e assim por diante. Todos os objetos dos sentidos, defende Platão, possuem esse caráter contraditório; encontram-se, portanto, entre o ser e o não ser, sendo adequados enquanto objetos da opinião, mas não do conhecimento. "Todavia, pode-se dizer que os que veem o absoluto, o eterno e o imutável não nutrem mera opinião, mas conhecem."

Concluímos, assim, que a opinião diz respeito ao mundo que se apresenta aos sentidos e que o conhecimento se debruça sobre o mundo eterno e suprassensível; a opinião trata de determinados objetos belos, por exemplo, enquanto o conhecimento se interessa pela beleza propriamente dita.

O único argumento proposto diz ser autocontraditório achar que algo pode ser belo e não belo ou justo e não justo; diz também que ainda assim as coisas parecem trazer em si essas características. Desse modo, objetos particulares não podem ser reais. Heráclito dissera que "pisamos e não pisamos nos mesmos rios: nós somos e não somos". Associando isso a Parmênides, chegamos à conclusão de Platão.

Todavia, há algo de enorme importância na doutrina platônica que não remete a nenhum de seus predecessores: a teoria das "ideias" ou das "formas". Essa teoria é parcialmente lógica e parcialmente metafísica. A parte lógica diz respeito ao significado de palavras genéricas. Há muitos animais sobre os quais podemos dizer, sem nos equivocarmos, que "se trata de um gato". O que queremos assinalar com essa palavra? Sem dúvida, algo que difere de cada gato particular. Aparentemente, um animal é um gato quando faz parte de uma natureza geral comum a todos os gatos. A língua não pode funcionar sem palavras genéricas como "gato", e termos como esse claramente não são insignificantes. No entanto, se a palavra "gato" significa algo, esse algo não pode ser este ou aquele gato específico, e sim uma espécie de "gatice" universal, a qual não nasce quando determinado gato nasce nem morre quando ele morre. Na realidade, não há para ela posição no espaço ou no tempo; é "eterna". Essa é a parte lógica da doutrina. Os argumentos em seu favor, sejam no final das contas válidos ou não, são fortes e completamente independentes da parte metafísica.

Segundo a parte metafísica da doutrina, a palavra "gato" significa certo gato ideal e único — "*o* gato", criado por Deus. Cada gato compartilha da natureza *do* gato, mas de modo mais ou menos imperfeito;

somente em razão dessa imperfeição é que pode haver muitos deles. *O* gato é real; os gatos específicos são apenas *aparentes*.

No último livro da *República*, é apresentada, como preâmbulo à condenação dos pintores, uma exposição muito clara da doutrina das ideias ou das formas.

Nesse ponto Platão explica que, sempre que certo número de indivíduos possui nome comum, possui também uma "ideia" ou "forma" comum. Embora muitas sejam as camas, por exemplo, há apenas uma "ideia" ou "forma" de cama. Do mesmo modo como o reflexo de uma cama no espelho é apenas aparente e não "real", também as várias camas particulares são irreais, limitando-se a cópias da "ideia"; esta, feita por Deus, é a única cama verdadeira. Dessa cama única e criada por Deus pode haver *conhecimento*; a respeito das várias camas produzidas pelos carpinteiros, resta apenas a *opinião*. O filósofo, como tal, só se interessará pela única cama verdadeira, e não pelas diversas camas que encontra pelo mundo sensível. Ele será de certa forma indiferente aos afazeres mundanos: "como ele, dono de espírito tão magnificente, espectador de todo o tempo e toda a existência, poderia dedicar parte considerável de seu pensamento à vida humana?" O jovem capaz da filosofia irá se distinguir de seus companheiros por ser justo e afável, por gostar do saber, por ser dono de boa memória e por apresentar espírito naturalmente harmonioso. Alguém assim será educado para tornar-se filósofo e guardião.

Adimanto intervém nesse momento, em protesto. Quando tenta debater com Sócrates, alega, tem a impressão de que se desvia um pouco do caminho a cada passo; no final, todas as ideias que nutria estão de ponta-cabeça. Independentemente do que diz Sócrates, porém, é possível notar que os que se dedicam à filosofia se convertem em monstros estranhos — para não falar em grandes vagabundos; mesmo os melhores se tornam inúteis nas mãos da filosofia.

Sócrates reconhece que é isso o que ocorre no mundo real, mas declara que os culpados, nesse caso, são os outros, e não os filósofos; numa comunidade sábia, estes não parecem bobos; apenas entre os tolos é que os sábios parecem destituídos de sabedoria.

O que fazer diante de um tal dilema? Duas são as formas pelas quais a República poderia ser instaurada: com os filósofos tornando-se governantes, ou os governantes, filósofos. A primeira via parece impossível como ponto de partida, uma vez que, em cidade que já não é filosófica, os filósofos são impopulares. Um príncipe, contudo, *poderia* tornar-se filósofo — e "um só basta; faça este que a cidade se submeta à sua vontade e logo dará origem à comunidade-modelo a respeito da qual o mundo se mostra tão incrédulo". Platão cria ter encontrado um tal príncipe no jovem Dionísio, tirano de Siracusa, mas o rapaz acabou por decepcioná-lo.

Nos livros sexto e sétimo da *República,* Platão se ocupa de duas perguntas. A primeira: "O que é a filosofia?" E depois: "Como educar o rapaz ou a rapariga de temperamento adequado para que se tornem filósofos?"

A filosofia, para Platão, é uma espécie de visão, a "visão da verdade". Não se trata de algo *puramente* intelectual; tampouco é apenas sabedoria, mas *amor* a ela. O "amor intelectual de Deus", de Spinoza, representa a mesma união íntima de pensamento e emoção. Todo homem que já realizou alguma espécie de trabalho criativo pôde experimentar, em maior ou menor grau, o estado de espírito em que, após longo esforço, a verdade ou a beleza refulgem — ou parecem refulgir — em glória repentina. Trate-se de algo pequeno ou de algo referente ao universo: naquele momento, a experiência é bastante convincente; a dúvida pode vir depois, mas em tal instante a certeza é plena. Creio que o que de melhor se produziu na arte, na ciência, na literatura e na filosofia é resultado de momentos assim. Se com os outros acontece tal qual comigo, não sei dizer. De minha parte, descobri que, quando desejo escrever um livro sobre algo, devo mergulhar nos detalhes até que todas as partes do tema me sejam conhecidas; um dia, então, caso tenha sorte, vislumbro o todo, com cada uma de suas partes devidamente interligadas. Depois disso, devo apenas redigir o que vislumbrara. A analogia mais próxima que encontro é a do viajante que, tendo percorrido certa montanha sob a névoa até que toda trilha, todo sulco e todo vale lhe fossem isoladamente conhecidos, vê então, à distância, a mesma montanha brilhar sob a luz do Sol.

Essa experiência, creio, é necessária ao trabalho criativo de qualidade, mas não basta; com efeito, a certeza subjetiva que traz consigo pode ser fatalmente enganosa. William James descreve o homem que experimentou o gás do riso; sempre que se encontrava sob sua influência, conhecia o segredo do universo, mas bastava retornar a si que o esquecia. Por fim, com imenso esforço, colocou no papel esse segredo antes de sua visão esvanecer. Completamente recuperado, apressou-se para verificar o que havia anotado. Leu: "Um odor de petróleo toma conta de todo o lugar." O que parece ser uma descoberta repentina pode enganar e deve ser verificado sobriamente, tão logo passe a embriaguez divina.

A visão de Platão, na qual ele acreditava piamente quando da redação da *República*, necessita no final das contas do auxílio de uma parábola — a da caverna — para comunicar sua natureza ao leitor. Todavia, só chegamos a ela após uma série de debates preliminares, cujo objetivo é fazer o leitor perceber que o mundo das ideias é necessário.

Em primeiro lugar, o mundo do intelecto é diferenciado do mundo dos sentidos; em seguida, intelecto e percepção sensorial são divididos, cada qual, em dois tipos. Dos dois gêneros de percepção sensorial não precisamos nos ocupar; os dois do intelecto recebem, respectivamente, os nomes de "razão" e "entendimento". Destes, ocupa a razão posição superior; está relacionada às ideias puras e seu método é dialético. O entendimento é o tipo de intelecção usado na matemática; é inferior à razão porque se vale de hipóteses que não pode verificar. Na geometria, por exemplo, dizemos: "Seja ABC um triângulo retângulo." É contra as regras questionar se ABC é de fato um triângulo assim, muito embora, caso se trate de figura desenhada, tenhamos a certeza de que não é, uma vez que não podemos desenhar linhas absolutamente retas. Por conseguinte, a matemática jamais tem a capacidade de nos revelar o que *é*, mas apenas o que *seria* caso... Tampouco existem linhas retas no mundo sensível; por conseguinte, se desejarmos que a matemática abarque mais do que uma verdade hipotética, teremos de encontrar provas da existência de linhas retas suprassensíveis num mundo também suprassensível. Segundo Platão, o entendimento não é capaz de fazê-lo, mas a razão sim; ela demonstra que existe um triângulo retângulo nos céus, à luz do qual as proposições geométricas podem ser afirmadas categoricamente, e não apenas como hipóteses.

Surge, aqui, uma dificuldade que não escapou à atenção de Platão e que se fez presente aos filósofos idealistas modernos. Vimos que Deus criou tão somente uma cama, e é natural supormos que também só fez uma única linha reta. Se existe um triângulo celeste, contudo, ele necessariamente precisaria ter criado ao menos três linhas assim. Os objetos da geometria, embora ideais, devem existir em muitos exemplares; é preciso que *dois* círculos possam se cruzar e assim em diante. Isso dá a entender que, segundo a teoria de Platão, a geometria não seria capaz de alcançar a verdade última, devendo ser encarada como parte dos estudos da aparência. Nós, porém, ignoraremos esse problema, para o qual a resposta de Platão é um tanto obscura.

Platão procura explicar a diferença entre a clara visão intelectual e a confusa visão da percepção sensitiva, e para tanto cria uma analogia com o sentido da visão. A visão, diz ele, difere dos outros sentidos porque exige não somente o olho e o objeto, mas também a luz. Nós vemos com clareza os objetos sobre os quais o Sol incide; no crepúsculo, enxergamos de maneira confusa e, na escuridão, não vemos absolutamente nada. Ora, o mundo das ideias é aquilo que vemos quando o objeto está iluminado pelo Sol, ao passo que o mundo das coisas passageiras é o mundo crepuscular confuso. O olho é comparado à alma, e o Sol, na condição de fonte de luz, à verdade ou à bondade.

> A alma é como um olho: quando repousa sobre aquilo em que verdade e ser refulgem, ela percebe e entende, irradiando inteligência; quando, porém, volta-se ao crepúsculo do devir e do perecer, possui tão somente opinião, e assim vai pestanejando, sendo ora de uma opinião, ora de outra, e aparenta não ter inteligência alguma (...). Ora, o que confere a verdade ao conhecido e a capacidade de conhecer ao conhecedor é aquilo que havereis de denominar ideia do bem; é isso o que estimareis como causa da ciência.

Isso culmina na célebre alegoria da caverna, segundo a qual os que carecem da filosofia se assemelham a prisioneiros que, encerrados numa caverna, podem olhar apenas em uma só direção por estarem presos, tendo atrás de si uma fogueira, e diante dos olhos, uma parede. Entre eles e a parede nada há; tudo o que veem são as sombras de si mesmos e dos objetos que se encontram às suas costas, projetadas pela luz do fogo. Inevitavelmente, eles acreditam que tais sombras são reais e desconhecem os objetos que as geram. Por fim, um daqueles homens consegue escapar e ver a luz do Sol; pela primeira vez, é capaz de contemplar as coisas reais e toma ciência de que até então fora enganado pelas sombras. Se é o tipo de filósofo apto a tornar-se guardião, sentirá que tem o dever, em respeito àqueles que eram seus companheiros de prisão, de retornar à caverna e instruí-los quanto à verdade, revelando-lhes o caminho para cima. Encontrará, porém, dificuldades para convencê-los, uma vez que, tendo deixado a luz do Sol, verá as sombras com menos clareza do que eles, aos olhos dos quais parecerá mais estúpido do que antes da fuga.

> — E agora — disse eu —, deixa-me mostrar com uma imagem quanto nossa natureza está na luz ou nas trevas. Imagina seres humanos em caverna subterrânea, cuja cavidade se abre para a luz. Ali estiveram desde a infância; têm as pernas e pescoços acorrentados de modo a não poderem mover-se, sendo-lhes tão somente possível ver o que há adiante, uma vez que os grilhões os impedem de virar o pescoço. Acima e atrás deles, uma fogueira refulge à distância, e entre o fogo e os prisioneiros há um caminho escarpado; se atento, verás uma parede baixa ao longo dessa estrada, tal qual a tela que têm diante de si os que manejam os títeres, e sobre a qual exibem seus bonecos.
>
> — Assim o vejo.
>
> — Imagina, então — afirmei —, homens que caminham ao longo da parede, em posse de toda sorte de recipientes, de estátuas e figuras de animais feitos de madeira, pedra e diversos materiais, os quais transpõem tal muro. Alguns desses homens falam, outros estão silentes.
>
> — Apresentaste-me imagem estranha, e estes são prisioneiros igualmente estranhos.
>
> — Como nós mesmos — retorqui. — E eles só veem as próprias sombras ou as sombras uns dos outros, as quais o fogo projeta na parede oposta da caverna.

É peculiar a posição do bem na filosofia de Platão. A ciência e a verdade, diz ele, são *como* o bem, mas o bem desfruta de lugar mais elevado. "O bem não é essência, mas a excede sobremaneira, tanto em dignidade quanto em poder." A dialética conduz ao fim do mundo intelectual na percepção do bem absoluto. É por intermédio do bem que pode a dialética prescindir das hipóteses do matemático. O pressuposto subjacente é o de que a realidade, oposta como é à aparência, é completa e perfeitamente boa; perceber o bem, portanto, é perceber a realidade. Em toda a filosofia de Platão há a mesma fusão de intelecto e misticismo que existe no pitagorismo, mas nesse cume final o misticismo claramente se encontra em vantagem.

A doutrina das ideias de Platão contém uma série de erros óbvios. Não obstante, ela representa um importantíssimo avanço na filosofia, visto tratar-se da primeira teoria a enfatizar o problema dos universais — os quais, assumindo formas diversas, persiste até o presente. Os primórdios são dados à crueza, mas sua originalidade não deve ser negligenciada por causa disso. Mesmo após realizadas todas as correções necessárias, algo subsiste daquilo que Platão tinha a dizer. O mínimo absoluto do que perdura, mesmo aos olhos dos que são mais hostis a Platão, é o fato de não podermos nos expressar em linguagem composta apenas de nomes próprios; também é preciso que haja palavras genéricas como "homem", "cão" e "gato" — ou, se não estas, ao menos palavras relativas, como "semelhante", "antes" e assim por diante. Tais palavras não são meros ruídos destituídos de sentido, e é difícil perceber como poderiam significar algo num mundo que consistisse apenas em coisas particulares, como aquelas designadas pelos nomes próprios. Talvez haja formas de contornar esse raciocínio, mas ele ainda assim fornece, *prima facie*, uma boa defesa dos universais. Conferirei provisoriamente a ele algum grau de validade; admitido isso, porém, o resto do que Platão afirma está longe de proceder.

Em primeiro lugar, Platão não tem conhecimento da sintaxe filosófica. Posso declarar que "Sócrates é humano", que "Platão é humano" etc., e em todas essas afirmações pode-se presumir que "humano" possui exatamente o mesmo sentido. Independentemente, porém, do que isso venha a significar, trata-se de algo que não é do mesmo gênero de Sócrates, de Platão e do resto dos indivíduos que compõem a raça humana. "Humano" é adjetivo; seria absurdo afirmar que "humano é humano". Platão comete um erro análogo ao daquele que o afirma. Ele acredita que a beleza é bela, que o "homem" universal é o nome de um homem-modelo criado por Deus, do qual os homens de carne e osso são apenas cópias imperfeitas e, de alguma forma, irreais. Platão é incapaz de perceber quão grande é a lacuna entre os universais e os particulares; suas "ideias" não passam de outros particulares, superiores ética e esteticamente aos tipos comuns. Ele mesmo viria a notar tal dificuldade; isso percebemos no *Parmênides*, obra que constitui um dos casos mais notáveis de autocrítica na filosofia.

O *Parmênides* supostamente tem, como narrador, Antifonte (meio-irmão de Platão); ele é o único a recordar-se do colóquio, mas só tem interesse por cavalos. É encontrado enquanto carrega uma rédea, e com dificuldades o convencem a relatar o famoso diálogo entre Parmênides, Zenão e Sócrates. Lemos que o colóquio ocorrera quando Parmênides já era velho (cerca de 65 anos); Zenão, homem de meia-idade (cerca de quarenta anos); e Sócrates, bastante jovem. Sócrates expõe a teoria das ideias: ele está certo de que existem as ideias de semelhança, justiça, beleza e bondade; não está seguro quanto à existência da ideia de homem; e rejeita com indignação a sugestão de que poderia haver ideias de objetos como cabelo, lama e sujeira — muito embora, acrescenta, existam ocasiões em que acredita não haver nada que não possua ideia. Ele foge dessa visão porque receia cair num poço sem fundo de insensatez.

> "Sim, Sócrates — disse Parmênides —, dá-se isso porque és muito jovem; se não estou enganado, chegará o tempo em que a filosofia terá sobre ti maior poder, e então não desprezarás nem mesmo a mais vil de todas as coisas."

Sócrates reconhece que, a seus olhos, "Há certas ideias de que todas as outras coisas tomam parte e das quais derivam seus nomes; os semelhantes, por exemplo, se tornam semelhantes porque compartilham da semelhança; as coisas grandes se tornam grandes porque compartilham da grandeza; e o justo e o belo se tornam justo e belo porque compartilham da justiça e da beleza".

Parmênides começa então a levantar dificuldades. (a) Porventura o individual participa de toda a ideia, ou somente de uma parte? Para cada resposta há objeções. No primeiro caso, cada coisa estaria em muitos lugares de uma só vez; no segundo, a ideia seria divisível, e algo que tenha parte de pequenez será menor do que a pequenez absoluta, o que é absurdo. (b) Se um indivíduo toma parte numa ideia, o indivíduo e a ideia se tornam semelhantes; deve haver, portanto, outra ideia que abarque tanto os particulares quanto a ideia original, e então é preciso que haja ainda uma terceira que abranja tanto os particulares quanto as duas ideias — e assim *ad infinitum*. Desse modo, toda ideia, em lugar de ser una, torna-se uma série infinita de ideias.

(Esse é o mesmo argumento que Aristóteles enuncia com seu "terceiro homem".) (c) Sócrates sugere que talvez as ideias não passem de pensamento, mas Parmênides assinala que os pensamentos devem se referir a algo. (d) As ideias não podem se assemelhar aos particulares que dela compartilham, pelo motivo elucidado em (b). (e) As ideias, caso existam, não se podem nos dar a conhecer, uma vez que nosso conhecimento não é absoluto. (f) Se o conhecimento de Deus é absoluto, Ele não nos conhecerá e, portanto, será incapaz de governar-nos.

Todavia, a teoria das ideias não é abandonada por completo. Sem as ideias, declara Sócrates, não haverá nada sobre o que a mente possa repousar, e assim o raciocínio será destruído. Parmênides lhe diz que seus problemas advêm de sua falta de instrução prévia, mas conclusão nenhuma é alcançada.

Não creio que as objeções lógicas que Platão opõe à realidade dos particulares sensíveis sobrevivam a um escrutínio. Ele diz, por exemplo, que tudo o que é belo também é feio em certos aspectos; que o que é duplo é também meio, e assim em diante. Porém, quando declaramos que determinada obra de arte é bela em certos aspectos e feia em outros, a análise sempre nos permitirá (ao menos em teoria) dizer "que esta parte ou aspecto é belo, enquanto aquela parte ou aquele aspecto não é". Quanto ao "duplo" e ao "meio", trata-se de termos relativos; não há contradição no fato de dois ser o dobro de um e metade de quatro. Platão a todo momento se complica por não compreender os termos relativos. Ele acha que, se A é maior que B e menor que C, A é de uma só vez grande e pequeno, o que lhe parece contraditório. Problemas assim figuram entre as doenças infantis da filosofia.

A distinção entre realidade e aparência não pode ter as consequências que lhe atribuem Parmênides, Platão e Hegel. Se a aparência de fato aparece, não se trata de nada, sendo portanto parte da realidade; esse é um raciocínio parmenidiano correto. Se a aparência não aparece de fato, por que esquentar a cabeça com ela? Pode ser que alguns digam, porém, que "a aparência não aparece de fato, mas só parece aparecer." Isso não será de nenhuma valia, pois ainda podemos questionar: "Porventura ela de fato parece aparecer, ou só parece aparecer *aparentemente*?" Cedo ou tarde, mesmo se a aparência for parecer aparecer, devemos chegar a algo que *de fato* aparece, sendo portanto parte da realidade. Platão não sonharia em negar que parece haver muitas camas, muito embora só exista uma real, aquela que foi feita por Deus. No entanto, ele não se debruçou sobre as implicações do fato de haver muitas aparências e de essa variedade ser parte da realidade. Qualquer tentativa de dividir o mundo em porções, cada qual mais "real" do que a outra, está fadada ao fracasso.

Vinculada a isso encontra-se outra visão curiosa defendida por Platão: a de que o conhecimento e a opinião devem dizer respeito a objetos diferentes. *Nós* diremos: se acho que nevará, trata-se de opinião; se mais tarde vejo a neve, trata-se de conhecimento; o tema, contudo, é o mesmo nos dois casos. Platão, porém, acredita que aquilo que é matéria de opinião não pode jamais ser matéria de conhecimento. O conhecimento é certo e infalível; a opinião não é apenas falha, mas necessariamente equivocada, uma vez que admite a realidade daquilo que não passa de aparência. Tudo isso é repetição do que Parmênides já dissera.

Há um aspecto em que a metafísica de Platão parece diferir daquela desenvolvida por Parmênides. Para este, há apenas o Uno; para Platão, são muitas as ideias. Não há apenas a beleza, a verdade e a bondade, mas, como vimos, também a cama celeste criada por Deus; há um homem celeste, um cão celeste, um gato celeste e assim por diante, perfazendo uma arca de Noé completa. Tudo isso, porém, não parece ter sido adequadamente examinado na *República*. Uma ideia ou forma platônica não é pensamento, muito embora possa ser objeto de um. É difícil perceber como Deus pode tê-la criado, uma vez que sua existência é atemporal; ademais, ele não poderia decidir pela criação de uma cama se, no momento da decisão, não visualizasse aquela mesma cama platônica a que, dizem-nos, deu existência. O que é atemporal deve ser incriado. Chegamos aqui a uma dificuldade que atormentou muitos teólogos filósofos. Apenas o mundo contingente, o mundo do espaço e do tempo, pode ter sido criado; no entanto, esse mundo cotidiano é o mesmo que vem condenado por ser ilusório e mau. Ao que parece, portanto, o Criador só teria criado ilusão e maldade. Alguns gnósticos foram coerentes a ponto de adotar essa visão; em Platão, porém, a dificuldade encontra-se ainda sob a superfície, e na *República* ele dá a impressão de jamais ter tomado ciência disso.

Segundo Platão, o filósofo que é guardião deve retornar à caverna e viver entre os que jamais viram o Sol da verdade. Aparentemente, o próprio Deus, caso deseje emendar Sua criação, deve fazer isso; um platônico cristão poderia interpretar a Encarnação segundo essa linha. No entanto, continua sendo completamente impossível explicar por que Deus não se contentou com o mundo das ideias. O filósofo encontra a caverna na existência e retorna para ela motivado pela bondade; é possível pensar que caso tenha criado tudo, o Criador, porém, poderia ter evitado a criação da caverna.

Talvez essa dificuldade só surja à luz da noção cristã de Criador, não sendo aplicável portanto a Platão, para quem Deus não criou tudo, mas somente o que é bom. A multiplicidade do mundo sensível, de acordo com essa perspectiva, deveria advir de fonte que se distingue de Deus. Além disso, as ideias talvez não tenham sido *criadas* por Deus, sendo apenas parte integrante de Sua essência. O aparente pluralismo envolvido na multiplicidade de ideias, portanto, não seria definitivo nesse caso. No final das contas há apenas Deus ou o Bem, em relação ao qual as ideias são adjetivas. Essa é, de todo modo, uma interpretação possível de Platão.

Platão traça um interessante esboço da educação que caberia ao jovem que se tornará guardião. Vimos que o rapaz é selecionado por sua honra, a partir de uma mistura de qualidades intelectuais e morais; ele deve ser justo e gentil, gostar do saber, possuir boa memória e espírito harmonioso. O jovem escolhido por esses méritos se dedicará, dos vinte aos trinta anos, aos quatro estudos pitagóricos: aritmética, geometria (plana e espacial), astronomia e harmonia. Esses estudos ele não deve realizar em espírito utilitário, mas no intuito de preparar a mente para a visão das coisas eternas. Na astronomia, por exemplo, não se preocupará em demasia com os corpos celestes tais quais eles são, e sim com a matemática do movimento de corpos celestes ideais. Esse ponto de vista talvez soe absurdo a ouvidos modernos, mas, por mais estranho que pareça, acabou mostrando-se proveitoso na astronomia empírica. O modo como isso se deu é curioso, e vale a pena abordá-lo.

Até que sejam profundamente analisados, os movimentos planetários parecem irregulares e complexos, e não se assemelham àqueles que um Criador pitagórico teria optado por estabelecer. Era evidente para todo grego que os céus deveriam exemplificar a beleza matemática, e isso só ocorreria caso os planetas se movimentassem em círculos. Platão teria clara ciência disso, graças à ênfase que dá ao bem. Surgiu assim o problema: há uma hipótese que possa reduzir a aparente desordem dos movimentos planetários à ordem, à beleza e à simplicidade? Caso exista, teremos a ideia do bem como justificativa para defendê-la. Aristarco de Samos encontrou-a: todos os planetas, incluindo a Terra, giram em círculos ao redor do Sol. Essa perspectiva foi rejeitada por dois mil anos, em parte graças à autoridade de Aristóteles, que atribui hipótese bastante semelhante aos "pitagóricos" (*De coelo*, 293[a]). Recuperou-a Copérnico, e seu sucesso talvez pareça justificar o viés estético de Platão na astronomia. Infelizmente, porém, Kepler descobriu que os planetas se movem em elipses, e não em círculos, tendo o Sol como foco e não como centro; em seguida, Newton concluiu que tais elipses sequer são precisas. Desse modo, a simplicidade geométrica almejada por Platão e aparentemente encontrada por Aristarco de Samos era uma ilusão e nada mais.

Esse fragmento da história científica ilustra uma máxima geral: toda e qualquer hipótese, por mais absurda que pareça, *pode* ser útil para a ciência caso permita ao descobridor conceber as coisas de maneira nova; quando cumpre esse objetivo por acaso, porém, provavelmente tornar-se-á obstáculo para avanços ulteriores. A crença no bem como chave para a compreensão científica do mundo foi útil em determinado estágio da astronomia, mas posteriormente acabou por tornar-se daninha. O viés ético e estético de Platão, e mais ainda aquele de Aristóteles, fez muito para matar a ciência grega.

É digno de nota que a grande maioria dos platônicos modernos ignore a matemática, não obstante a enorme importância que Platão conferiu à aritmética e à geometria e a imensa relevância que elas tiveram para seu pensamento. Vemos nisso um exemplo dos males da especialização: homem nenhum deve escrever sobre Platão sem ter dedicado muito de sua juventude ao grego, a ponto de não lhe sobrar tempo para as coisas que o próprio Platão julgava importantes.

16

A teoria da imortalidade de Platão

O diálogo que leva o nome de Fédon é interessante em muitos aspectos. Ele tem como objetivo descrever os últimos momentos da vida de Sócrates: o colóquio que travou imediatamente antes de beber a cicuta e o período que precedeu sua perda de consciência. Vemos ali o ideal platônico do homem que é sábio e bom ao máximo e que não tem medo de morrer. Tal qual representada por Platão, a imagem de Sócrates diante da morte foi eticamente importante tanto na Antiguidade quanto em tempos modernos. O que o relato evangélico da Paixão e da Crucifixão representava para os cristãos, o *Fédon* representou para os filósofos pagãos e para os livres-pensadores.[1] Todavia, a imperturbabilidade de Sócrates em seus instantes finais está vinculada à sua crença na imortalidade, e o *Fédon* é importante por apresentar não somente a morte de um mártir, mas também muitas doutrinas que o cristianismo viria a assimilar. Direta ou indiretamente, a teologia de são Paulo e dos Pais derivou em grande medida dali, e dificilmente é possível entendê-la se ignoramos Platão.

O *Críton*, diálogo anterior, narra como alguns dos amigos e discípulos de Sócrates elaboraram um plano para conduzi-lo a Tessália. As autoridades atenienses provavelmente ficariam felizes com a fuga, e é possível presumir que tal estratégia teria dado certo. No entanto, Sócrates nada queria daquilo. Declarou que fora condenado segundo a lei e que seria um erro cometer algo ilegal a fim de salvar-se do castigo. Em primeiro lugar, Sócrates recorreu ao princípio que associamos

[1] Mesmo para muitos cristãos, só a morte de Cristo o supera. "Não há nada, em nenhuma tragédia antiga ou moderna, bem como na poesia e na história (com uma única exceção), que se assemelhe às horas derradeiras de Sócrates em Platão." Essas são as palavras do reverendo Benjamin Jowett.

ao Sermão da Montanha, segundo o qual "não devemos devolver o mal com mal a alguém, qualquer que seja o mal que ele tenha nos provocado". Em seguida, imaginou-se em diálogo com as leis de Atenas, que assinalam que ele lhes deve o tipo de respeito que um filho deve a seu pai ou um escravo a seu mestre, mas em grau ainda maior; ademais, todo cidadão ateniense é livre para emigrar caso o Estado o aborreça. As leis concluem assim uma longa fala:

> Escuta-nos, Sócrates, a nós que te criamos. Não pensa primeiro na vida e nos filhos, e só depois na justiça; pensa primeiro na justiça, para que te vejas justificado perante os príncipes do mundo abaixo. Com efeito, nem tu nem qualquer outro que te pertença será mais feliz, bem-aventurado ou justo nesta vida, e tampouco mais feliz na outra, caso faças o que propõe Críton. Agora tu partes inocente, como sofredor e não perpetrador de males; és vítima não das leis, mas dos homens. Se fores adiante, porém, devolvendo o mal com mal e a injúria com injúria, violando os pactos e acordos que fizeste conosco e ofendendo aqueles que menos deverias ofender, isto é, a ti, teus amigos, tua nação e a nós, terás nossa cólera enquanto estiveres vivo, ao mesmo tempo em que nossas irmãs, as leis do mundo inferior, recebê-lo-ão como inimigo; com efeito, elas saberão que fizeste o melhor para nos destruir.

Essa voz, diz Sócrates, "eu pareço ouvi-la soar tal qual a flauta soa aos ouvidos do místico". Ele então conclui que é seu dever ficar e acolher a pena de morte.

No *Fédon*, o momento derradeiro chegou; seus grilhões são retirados e lhe é permitido conversar livremente com seus amigos. Ele despede sua mulher chorosa a fim de que seu sofrimento não interfira na discussão.

Sócrates começa afirmando que, embora todo aquele que tem o espírito da filosofia não temerá a morte, mas antes a acolherá, ele não dará fim à própria vida, pois atitudes como essa são consideradas ilícitas. Seus amigos questionam por que o suicídio é assim considerado, e sua resposta, que está de acordo com a doutrina órfica, é quase a mesma que ouviríamos da boca de um cristão. "Há uma doutrina, difundida em segredo, que diz que o homem é prisioneiro a quem não cabe o direito de abrir a porta e fugir; esse é um grande mistério, e não o compreendo muito bem." Ele compara a relação entre homem e Deus com a relação do rebanho com seu dono; ficaríeis encolerizados, diz, se vosso boi tomasse a liberdade de dar fim à própria vida, e assim "pode haver razão em dizer que o homem deve esperar, e não tirar a própria vida até que Deus o chame, como agora chama a mim". Ele não sofre com a morte, uma vez que está certo de que "encontrarei, em primeiro lugar, outros deuses que são sábios e bons (dos quais estou tão certo quanto é possível estar em questões assim) e, depois (muito embora não esteja tão convicto disso), homens que já partiram e que são melhores do que os que deixo para trás. Tenho boas esperanças de que existe algo reservado aos mortos, algo muito melhor para os bons do que para os maus".

A morte, diz Sócrates, é a separação entre alma e corpo. Vemo-nos, aqui, sob o dualismo de Platão — entre realidade e aparência, ideias e objetos sensíveis, razão e percepção sensorial, alma e corpo. Os pares estão vinculados: o primeiro de cada par é superior ao segundo em realidade e bondade. Como consequência natural desse dualismo, uma moralidade ascética se desenvolveu. O cristianismo adotou essa doutrina somente em parte. Dois eram seus obstáculos. O primeiro estava na criação do mundo visível: estivesse certo Platão, esse ato poderia parecer ruim, e assim o Criador não seria bom. O segundo estava em que o cristianismo ortodoxo jamais poderia condenar o casamento, não obstante considerasse o celibato mais nobre. Os maniqueus foram mais consistentes em ambos os aspectos.

A distinção entre espírito e matéria, lugar-comum na filosofia, na ciência e no pensamento popular subsequentes, possui origem religiosa, tendo começado como distinção entre alma e corpo. O órfico, como vimos, declara-se filho da Terra e do céu estrelado. Da Terra vem o corpo; do céu, a alma. É essa a teoria que Platão busca expressar em linguagem filosófica.

No *Fédon*, Platão logo se põe a desenvolver as implicações ascéticas de sua doutrina, mas tal ascetismo é de tipo moderado e cavalheiresco. Ele não afirma que o filósofo deve abster-se por completo dos prazeres comuns, mas apenas que não deve se deixar escravizar por eles. O filósofo não deve se importar com o comer e o beber, mas é evidente que deve se alimentar quanto for necessário; não há sugestão de jejum. Ademais, lemos que Sócrates, embora indiferente ao vinho, bebia em certas ocasiões mais do que todos os outros, sem jamais sentir-se, porém, embriagado. Não era o ato de beber o que ele condenava, e sim o prazer da bebida. De maneira semelhante, o filósofo não deve se importar com os prazeres do amor, nem com trajes caros, nem com sandálias, nem com qualquer outro tipo de adorno pessoal. Ele deve dedicar-se completamente à alma, e não ao corpo. "Preferirá, tanto quanto lhe for possível, afastar-se do corpo e voltar-se à alma."

É evidente que essa doutrina se tornaria ascética quando popularizada, mas não é essa sua intenção propriamente dita. O filósofo não se esforçará para fugir dos prazeres dos sentidos, mas estará sempre pensando em outras distintas. Conheci filósofos que não se recordavam das refeições e que, quando enfim comiam, faziam-no com um livro diante dos olhos. Esses homens agiam como Platão recomendava: não estavam se abstendo da gula mediante um esforço moral, mas apenas tinham interesse em outras questões. Ao que parece, o filósofo deveria se casar, bem como ter e criar filhos, com essa mesma atitude despreocupada, mas desde a emancipação das mulheres isso se tornou mais difícil. Não admira que Xântipe fosse uma megera.

Os filósofos, continua Sócrates, procuram afastar a alma da comunhão com o corpo, enquanto os demais acham que a vida nada vale para quem "não tem sentimento de prazer e não toma parte no prazer corporal". Com essa expressão, Platão parece ratificar — inadvertidamente, talvez — a visão de determinada classe de moralistas, para os quais os prazeres corporais são os únicos que existem. Esses moralistas defendem que o homem que não busca os prazeres do sentido abstém-se do prazer como um todo e vive de maneira virtuosa. Eis um erro que causou danos enormes. Na medida em que a divisão entre alma e corpo pode ser aceita, tanto os piores quanto os melhores prazeres são mentais — a inveja, por exemplo, bem como inúmeras formas de crueldade e amor ao poder. O Satã de Milton supera o tormento físico e se dedica a uma obra de destruição de que lhe advém um prazer completamente mental. Muitos clérigos eminentes, tendo renunciado aos prazeres do sentido sem se precaverem contra os outros, se deixaram dominar por um amor ao poder que fê-los perpetrar crueldades e perseguições estarrecedoras em nome da religião. Em nossa época mesma, Hitler foi homem assim; pelo que dizem, os prazeres do sentido tinham para ele pouquíssima importância. A libertação da tirania do corpo contribui para a grandeza, mas tanto no pecado quanto na virtude.

Isso, porém, não passa de uma digressão, e devemos retornar a Sócrates.

Chegamos agora ao aspecto intelectual da religião que Platão atribui (com razão ou não) a Sócrates. Lemos que o corpo é um obstáculo para a aquisição do conhecimento e que tanto a visão quanto a audição são testemunhas imprecisas: a verdadeira existência, caso possa revelar-se à alma, revela-se em pensamento, e não nos sentidos. Vejamos por um instante as implicações dessa doutrina. Ela envolve a rejeição completa do conhecimento empírico, incluindo toda a história e toda a geografia. Não temos como saber se houve uma Atenas ou um Sócrates; sua morte e sua coragem ao falecer pertencem ao mundo das aparências. Somente por meio da visão e da audição é que sabemos disso, e o verdadeiro filósofo ignora ambas. O que lhe resta, então? Em primeiro lugar, a lógica e a matemática. Todavia, as duas são hipotéticas e não justificam nenhuma afirmação categórica sobre o mundo real. O passo seguinte — um passo crucial — depende da ideia do bem. Tendo chegado a ela, o filósofo supostamente sabe que o bem é o real, sendo então capaz de deduzir que o mundo das ideias é o mundo verdadeiro. Filósofos subsequentes elaboraram argumentos que demonstram a identidade do real e do bem, mas Platão parece tratá-la como identidade autoevidente. Se desejamos entendê-lo, devemos partir do princípio de que essa suposição se justifica.

É melhor o pensamento, diz Sócrates, quando a mente está fechada em si e não é perturbada por sons, visões, dores ou prazeres, despedindo-se do corpo e almejando o ser verdadeiro; "nisso, o filósofo desonra o corpo". Desse ponto Sócrates passa às ideias, formas ou essências. Há uma justiça absoluta, uma beleza absoluta e um bem absoluto, mas nenhum deles se faz visível aos olhos. "Ademais, não falo apenas destes: há também a grandeza absoluta, a saúde, a força, a essência ou a verdadeira natureza de tudo." Tudo isso só a visão intelectual pode enxergar. Por conseguinte, enquanto estivermos no corpo e a alma estiver contaminada pelos males corporais, nosso desejo de verdade não será satisfeito.

Esse ponto de vista exclui a observação e a experimentação científica como métodos de obter conhecimento. A mente de quem realiza o experimento não está "fechada em si" e não anseia por evitar sons ou visões. Os dois tipos de atividade mental que podem ser realizados pelo método recomendado por Platão são a matemática e a intelecção mística. Isso explica por que ambas se justapõem tão intimamente em seu pensamento e no dos pitagóricos.

Para o empirista, o corpo é aquilo que nos põe em contato com o mundo da realidade externa; para Platão, trata-se de um mal duplo: o corpo é um instrumento de distorção que nos faz ver por um espelho, em enigma, e é também fonte de luxúria que nos distrai da busca do conhecimento e da visão da verdade. Algumas citações o esclarecerão.

> O corpo é fonte de aborrecimentos intermináveis pelo simples fato de exigir alimento; ademais, é suscetível a doenças que, acometendo-nos, impossibilitam nossa busca do ser verdadeiro. Ele nos enche de amores, prazeres e medos, de toda sorte de fantasias, de tolices infindáveis; em verdade, como dizem os homens, ele nos priva de toda capacidade de pensar. Donde vêm as guerras, as brigas e discórdias? Donde, senão do corpo e seus prazeres? Nascem as guerras do amor ao dinheiro, que deve ser obtido pelo bem do corpo e a seu serviço. Graças a cada um desses impedimentos, não há tempo a ser dedicado à filosofia. Por fim — sendo isso, de tudo, o pior —, mesmo quando vivemos no ócio e nos dedicamos a certa especulação, o corpo não cessa de interferir, causando tumulto e confusão nas investigações, assombrando-nos de tal maneira que acaba por impedir-nos de ver a verdade. Já demonstrou a experiência que devemos libertar-nos do corpo a fim de alcançar o conhecimento verdadeiro: a alma em si mesma deve contemplar as coisas em si mesmas. Desse modo chegaremos à sabedoria que almejamos e da qual nos declaramos amantes. Não, porém, nesta vida, mas após a morte: se em companhia do corpo a alma não pode lograr o conhecimento puro, somente no mundo por vir será ele alcançado, caso de fato o seja.
>
> Por conseguinte, livrando-nos da tolice do corpo seremos puros e teremos contato com os puros, conheceremos em primeira mão a clara luz que refulge em toda parte e que não é senão a luz da verdade. Com efeito, não pode o impuro aproximar-se do puro. (...) E no que consiste

> a purificação senão na separação de alma e corpo? (...) Essa separação e libertação recebem o nome de morte (...). São os verdadeiros filósofos, e apenas eles, os que buscam a todo momento a libertação da alma.
>
> Há apenas uma moeda pela qual tudo deve ser trocado, e essa moeda é a sabedoria.
>
> Aparentemente, os que instituíram os mistérios não foram insensatos ao insinuarem, há muito tempo, que aquele que segue para o mundo inferior sem ter se santificado e iniciado encontrará um lamaçal, enquanto o iniciado e puro habitará com os deuses. Com efeito, declaram os mistérios que é grande o número dos que portam o tirso, mas pequena a quantidade de místicos — em minha interpretação, os verdadeiros filósofos.

Essa linguagem é toda mística e deriva dos mistérios. O conceito de "pureza" vem dos órficos, entre os quais possui, sobretudo, sentido ritual; em Platão, no entanto, tem o sentido de fim da escravidão por parte do corpo e de suas necessidades. É interessante vê-lo dizer que as guerras são causadas por amor ao dinheiro e que o dinheiro só tem utilidade a serviço do corpo. A primeira metade dessa opinião é a mesma sustentada por Marx, mas a segunda diz respeito a uma visão de mundo um tanto diferente. Platão acredita que o homem poderia viver com pouquíssimo dinheiro caso seus desejos se reduzissem ao mínimo, o que sem dúvida procede. No entanto, ele também acha que o filósofo deveria abster-se de trabalhos manuais, o que o faria viver, necessariamente, da riqueza gerada pelos outros. Num Estado muito pobre, é provável que não haja filósofos. Foi o imperialismo de Atenas nos tempos de Péricles o que permitiu aos atenienses estudar filosofia. Em linhas gerais, os bens do intelecto são tão dispendiosos quanto as mercadorias mais materiais, assim como igualmente dependentes das condições econômicas. A ciência exige bibliotecas, laboratórios, telescópios, microscópios, e daí em diante, ao mesmo tempo em que seus homens precisam ser auxiliados pelo trabalho alheio. Aos olhos do místico, porém, tudo isso é bobagem. Um homem santo na Índia ou no Tibete não precisa de aparato nenhum; utiliza apenas um tecido sobre o quadril, come somente arroz e se sustenta com a parca esmola que lhe dão os que o julgam sábio. Esse é o desdobramento lógico do ponto de vista platônico.

Retornando ao *Fédon*: Cebes declara duvidar da sobrevivência da alma após a morte e pede que Sócrates forneça-lhe argumentos. Sócrates o faz, mas é preciso dizer que se trata de argumentos muito pobres.

O primeiro deles afirma que tudo o que tem oposto advém desse contrário — declaração que nos recorda das visões de Anaximandro acerca da justiça cósmica. Ora, vida e morte são opostos, e assim cada qual deve gerar o outro. Segue-se que as almas dos mortos existem alhures, retornando à Terra em tempo oportuno. Parece pertencer a teoria semelhante a declaração de são Paulo: "(...) o que semeias não readquire vida a não ser que morra."

O segundo argumento declara que conhecimento é reminiscência, e portanto a alma deve existir antes do nascimento. A teoria de que conhecimento é reminiscência se respalda sobretudo no fato de que temos ideias, como a da igualdade exata, que não podem derivar da experiência. Temos a experiência da igualdade aproximada, mas a igualdade absoluta não é jamais encontrada entre os objetos sensíveis; não obstante, sabemos o que entender por "igualdade absoluta". Uma vez que não aprendemos isso a partir da experiência, devemos carregar tal conhecimento desde uma existência prévia. Esse raciocínio, diz ele, se aplica a todas as outras ideias. Desse modo, a existência das essências, bem como nossa capacidade de apreendê-las, prova a preexistência da alma dotada de conhecimento.

A tese de que todo conhecimento é reminiscência ganha mais espaço no *Mênon* (82ss). Ali Sócrates declara: "Não há aprendizado, apenas rememoração." Ele afirma demonstrar essa ideia depois de pedir que Mênon convoque um jovem escravo, a quem formula problemas geométricos. As respostas do menino supostamente provam que ele de fato conhece a geometria, muito embora não estivesse ciente, até então, da posse de tal conhecimento. A mesma conclusão de que o conhecimento se encontra na alma desde uma existência anterior é lida também no *Fédon*.

Quanto a isso, é possível observar, em primeiro lugar, que o argumento não se aplica ao conhecimento empírico. Seria impossível ao jovem escravo "recordar" quando as Pirâmides foram construídas, ou ainda quando o cerco de Troia ocorrera de fato, sem ter presenciado tais acontecimentos. Apenas o tipo de conhecimento dito *a priori* —

em especial nos campos da lógica e da matemática — poderia existir em cada um independentemente da experiência. Com efeito, esse é o único tipo de conhecimento (além da intelecção mística) que Platão reconhece como conhecimento verdadeiro. Vejamos como esse raciocínio pode ser refutado no âmbito da matemática.

Tomemos o conceito de igualdade. Devemos admitir que não experimentamos, entre os objetos sensíveis, a igualdade perfeita; encontramos somente uma igualdade aproximada. Como chegamos, então, à ideia da igualdade absoluta? Seria o caso de jamais chegarmos a ela?

Eis um caso concreto. O metro é definido como a medida de certa barra em Paris sob determinada temperatura. O que queremos dizer quando afirmamos, sobre outra barra qualquer, que esta possui exatamente um metro? Não creio que queiramos dizer nada. Poderíamos afirmar: "Os processos mais precisos de mensuração que a ciência conhece hoje são incapazes de demonstrar que nossa barra é mais longa ou mais curta do que o metro-padrão em Paris." Se precipitados o suficiente, poderíamos profetizar que nenhum refinamento subsequente na técnica da mensuração modificará esse resultado. No entanto, essa é ainda uma declaração empírica, uma vez que a evidência empírica pode refutá-la a qualquer momento. Não creio que tenhamos a ideia da igualdade *absoluta* que Platão supõe termos.

Ainda que isso aconteça, porém, claro está que nenhuma criança a possui até determinada idade e que tal ideia é *induzida* pela experiência, ainda que não derive diretamente dela. Além disso, se nossa existência anterior ao nascimento careceu de percepção sensorial, ela terá sido tão incapaz de gerar a ideia quanto esta vida o é; e, se supusermos que nossa existência anterior foi em parte suprassensível, por que não conjecturar o mesmo acerca de nossa existência atual? Com base em tudo isso, o argumento não procede.

Já aceita a doutrina da reminiscência, Cebes diz: "Metade do que foi solicitado já se esclareceu, a saber: que nossas almas existiam antes de nascermos; que a alma existirá também após a morte é a metade que resta e ainda carece de provas." Sócrates então se dedica a isso. Ele afirma que a prova está na afirmação de que tudo é gerado a partir de seu oposto, de modo que a morte deve gerar a vida tanto quanto a vida gera a morte. Acresce, porém, um novo argumento, o qual teve vida mais longa na filosofia: Sócrates diz que apenas o que é complexo pode se dissolver, e que a alma, bem como as ideias, é simples e não se compõe de partes. O que é simples não pode ter início, fim ou mudança. Ora, as essências são imutáveis: a beleza absoluta, por exemplo, é sempre a mesma, enquanto os objetos belos mudam continuamente. Desse modo, as coisas vistas são temporais, mas as invisíveis são eternas. O corpo é visto, mas a alma não; por conseguinte, a alma deve ser incluída no grupo das coisas eternas.

Por ser eterna, a alma está em seu lugar quando contempla as coisas eternas, isto é, as essências, mas deixa-se perder e confundir ao contemplar o mundo das coisas cambiantes, como na percepção sensorial.

> A alma, ao valer-se do corpo como instrumento de percepção, isto é, ao valer-se da visão, da audição e dos outros sentidos (com efeito, perceber por meio do corpo é perceber por meio dos sentidos), (...) é arrastada pelo corpo até a região do mutável, onde vaga e se confunde; gira o mundo ao redor dela, que, ao deparar-se com a mudança, mais se assemelha a um beberrão. (...) Ao voltar-se a si mesma, porém, ela reflete e passa para o outro mundo — para a região da pureza, da eternidade, da imortalidade e da imutabilidade, todas de sua espécie —, onde reside quando está só e não foi abandonada ou inibida. Afasta-se assim dos caminhos errantes e, em comunhão com o imutável, é também ela imutável. Esse estado da alma é denominado sabedoria.

A alma do verdadeiro filósofo, libertada em vida dos grilhões da carne, partirá após a morte para o mundo invisível, onde viverá na bem-aventurança e em companhia dos deuses. A alma impura, contudo, tendo outrora amado o corpo, tornar-se-á um espectro a assombrar o sepulcro ou adentrará o corpo de um animal como o burro, o lobo ou a águia, dependendo de seu caráter. O homem que foi virtuoso, mas não filósofo, será abelha, vespa, formiga ou algum outro animal de caráter gregário e social.

Apenas o verdadeiro filósofo vai para o céu ao morrer. "Ninguém que não tenha estudado a filosofia e não seja inteiramente puro à época de sua partida desfrutará da companhia dos Deuses; só o fará o amante da sabedoria." É por isso que os verdadeiros devotos da filosofia se abstêm dos prazeres carnais: eles não temem a pobreza ou a desgraça, mas "notam que a alma estava apenas atada ou grudada ao corpo; até que a filosofia a recebesse, só lhe era possível ver a existência real através das grades de uma prisão, e não em si mesma. (...) Graças à luxúria, ela tornou-se a principal cúmplice de seu cativeiro". O filósofo será temperante porque "todo prazer e toda dor são como um prego que crava e fixa a alma no corpo até que ela se torne como ele e julgue verdadeiro o que o corpo diz sê-lo".

Nesse momento, Símias evoca a perspectiva pitagórica segundo a qual a alma é uma harmonia. Diz: se é quebrada a lira, seria possível à harmonia sobreviver? Sócrates responde que a alma não é uma harmonia, pois a harmonia é complexa, mas a alma é simples. Além disso, diz ele, a visão de que a alma é uma harmonia contradiz sua preexistência, a qual fora anteriormente demonstrada por intermédio da doutrina da reminiscência; com efeito, a harmonia não existe antes da lira.

Em seguida, Sócrates explicita seu desenvolvimento filosófico. Trata-se de um desenvolvimento muito interessante, mas que não possui qualquer relevância para o raciocínio principal. Então, passa a expor a doutrina das ideias, ao que se segue a conclusão de que "as ideias existem e as outras coisas delas participam, e das quais também derivam seus nomes". Por fim, Sócrates descreve o destino das almas após a morte: as boas vão para o céu, e as más, para o inferno; às medianas cabe o purgatório.

Tanto o seu fim quanto suas despedidas são também descritos. As últimas palavras de Sócrates são: "Críton, devo um galo a Asclépio; lembra-te de saldar a minha dívida." Os homens ofereciam um galo a Asclépio tão logo se recuperavam de alguma doença, e Sócrates havia se recuperado da intermitente febre da vida.

"De todos os homens de seu tempo", conclui Fédon, "foi ele o mais sábio e justo, o melhor".

Durante muitos séculos, o Sócrates platônico foi modelo para os filósofos. O que devemos dizer dele do ponto de vista ético? (Interesso-me somente pelo homem tal qual Platão o descreve.) Seus méritos são claros. Ele é indiferente ao sucesso mundano; de tal maneira carece de medo que permanece calmo, cortês e bem-humorado até o fim, importando-se mais com aquilo que acredita ser a verdade do que com qualquer outra coisa. Todavia, possui também alguns defeitos muito graves. É desonesto e sofístico nos raciocínios; em seu pensamento particular, utiliza o intelecto para chegar a conclusões que lhe são agradáveis, sem empenhar-se na busca desinteressada da verdade. Há nele um quê de presunção e bajulação, assemelhando-se nisso a um clérigo ruim. Sua coragem diante da morte seria mais notável se ele não achasse que desfrutaria da bem-aventurança eterna na companhia dos deuses. Ao contrário de alguns predecessores, Sócrates não apresentou um pensamento científico, mas não obstante estava determinado a provar que o universo se adaptava a seus padrões éticos. Isso é trair a verdade, o pior de todos os pecados filosóficos. Podemos muito bem achar que, como homem, ele foi admitido na comunhão dos santos; como filósofo, porém, deve passar longo tempo num purgatório científico.

17

A cosmogonia de Platão

A cosmogonia de Platão é enunciada no *Timeu*,[1] obra vertida ao latim por Cícero e único dos diálogos que o Ocidente conheceu durante o medievo. Teve, tanto na Idade Média quando no neoplatonismo que a precedeu, mais influência do que qualquer outro escrito de Platão — o que é curioso, pois contém mais tolices do que todos eles. Como filosofia, não possui importância alguma, mas foi tão influente historicamente que é preciso examiná-lo com detalhes.

No *Timeu*, o lugar que Sócrates ocupa nos diálogos anteriores é tomado por um adepto do pitagorismo, e as doutrinas dessa escola são em grande medida adotadas, incluindo (até certo ponto) a visão de que o número explica o mundo. Há, em primeiro lugar, um resumo dos primeiros cinco livros da *República*; em seguida, é exposto o mito de Atlântida, pretensa ilha vizinha às Colunas de Hércules que fora maior do que a Líbia e a Ásia juntas. Em seguida, Timeu, astrônomo pitagórico, conta a história do mundo até a criação do homem. Em linhas gerais, o que ele diz é o que segue.

O que é imutável apreendem a inteligência e a razão; o mutável é apreendido pela opinião. O mundo, porque é sensível, não pode ser eterno, e portanto deve ter sido criado por Deus. Uma vez que Deus é bom, fez o mundo segundo o modelo do eterno; destituído de inveja, quis Ele que tudo fosse tão semelhante a Si quanto possível. "Deus desejou que todas as coisas fossem boas e, dentro do possível, nada fosse mau." "Encontrando a esfera visível não em repouso, mas movendo-se de maneira irregular e desordenada, da desordem fez a

[1] O diálogo contém muitas obscuridades e deu origem a controvérsias entre os comentadores. No geral, estou de acordo com o admirável *Plato's Cosmology*, de Cornford.

ordem." (Parece, assim, que o Deus de Platão, ao contrário do Deus judaico-cristão, não criou o mundo a partir do nada, mas reorganizou uma matéria preexistente.) Ele colocou a inteligência na alma, e a alma, no corpo. Fez o mundo como uma só criatura viva, dotada de alma e inteligência. Existe tão somente *um* mundo, e não, como afirmaram vários pré-socráticos, uma série deles; não pode haver mais porque se trata de uma cópia criada com a finalidade de conformar-se ao máximo com o original eterno apreendido por Deus. Todo o mundo é um único animal visível que abarca os outros animais. Trata-se de um globo, uma vez que *semelhante* é melhor que *dessemelhante*, e apenas o globo é semelhante em todas as partes. Gira porque o movimento circular é, de todos, o mais perfeito; e, por ser esse seu único movimento, pés e mãos não lhe são necessários.

Os quatro elementos — fogo, ar, água e terra, cada qual aparentemente representado por um número — se encontram em proporção contínua, isto é, o fogo está para o ar como o ar está para a água e como a água está para a terra. Deus empregou todos os elementos ao fazer o mundo, e por isso ele é perfeito e não suscetível à velhice ou a doenças. A proporção o torna harmônico, o que por sua vez lhe confere seu espírito de amizade e seu caráter indissolúvel, exceto pelas mãos de Deus.

Deus fez primeiro a alma e, depois, o corpo. A alma é composta do indivisível-imutável e do divisível-mutável; trata-se de um terceiro tipo de essência, um tipo intermediário.

Segue-se então uma explicação pitagórica dos planetas, a qual conduz à explicação da origem do tempo:

> Quando o pai e criador viu mover-se e viver a criatura que fizera, imagem criada dos deuses eternos, regozijou-se e decidiu, em seu júbilo, assemelhar ainda mais a cópia ao original. Uma vez que este eterno, quis ele tornar o universo eterno até onde lhe fosse possível. Ora, a natureza do ser ideal era infinda, mas conferir tal atributo em plenitude à criatura era inconcebível. Optou, por conseguinte, por ter uma imagem móvel da eternidade, e ao dar ordem ao céu fez essa imagem eterna mover-se segundo o número, ao passo que a eternidade repousa na unidade; a essa imagem damos o nome de Tempo.[2]

[2] Vaughan devia estar lendo essa passagem quando escreveu o poema que se inicia com "Contemplei a Eternidade em noite passada".

Antes disso, não havia dias nem noites. Da essência eterna não devemos dizer que *foi* ou *será*; apenas *é* está correto. Subentende-se que da "imagem móvel da eternidade" é plausível dizer que era e será.

O tempo e os céus passaram a existir no mesmo instante. Deus fez o Sol de modo que os animais pudessem aprender aritmética — supõe-se que, sem a sucessão de dias e noites, não teríamos pensado nos números. Ver o dia e a noite, os meses e anos, deu-nos ciência do número e a concepção do tempo, e daí veio a filosofia. Essa é a maior dádiva que devemos à visão.

Existem (além do mundo como um todo) quatro tipos de animais: os deuses, as aves, os peixes e os animais terrestres. Os deuses são basicamente fogo; as estrelas fixas, animais divinos e eternos. O Criador disse aos deuses que *poderia* destruí-los, mas não o faria. Após ter feito a parte imortal e divina, deixou a cargo deles a tarefa de fazer a parte mortal de todos os outros animais. (Essa e outras passagens de Platão referentes aos deuses talvez não devam ser levadas muito a sério. No início, Timeu declara que busca apenas o que é provável e diz que não tem certeza. Muitos detalhes são claramente imaginativos, e não literais.)

O Criador, diz Timeu, fez uma alma para cada estrela. As almas experimentam as sensações, o amor, o medo e a ira; superando-os, vivem com retidão — caso contrário, não. Se o homem viver bem, após morrer habitará para sempre a sua estrela, com alegria; se não o fizer, tornar-se-á, em sua próxima existência, mulher; caso ele (ou ela) persistir nas más ações, virará animal selvagem e passará por transmigrações até que a razão enfim triunfe. Deus colocou algumas almas sobre a Terra, outras sobre a Lua e outras sobre os planetas e as estrelas, deixando a cargo dos deuses forjar seus corpos.

Dois são os tipos de causas: as que são inteligentes e as que, movidas por outras, veem-se impelidas a mover outras. Aquelas estão dotadas de espírito e são as que realizam coisas belas e boas, ao passo que estas geram efeitos casuais sem ordem ou desígnio. Ambos os tipos devem ser estudados, uma vez que a criação é mista, formada de necessidade e espírito. (Cumpre observar que a necessidade não está sujeita ao poder de Deus.) Timeu trata em seguida da parte com que a necessidade contribui.[3]

---

[3] Cornford (op. cit.) assinala que tal "necessidade" não deve ser confundida com o conceito moderno de um reino determinista da lei. As coisas que se dão por "necessidade" são aquelas que não são suscitadas por um objetivo: elas são caóticas e não estão sujeitas a leis.

Terra, ar, fogo e água não são os princípios ou letras ou elementos primordiais; não são sequer sílabas ou compostos primitivos. Com relação ao fogo, por exemplo, não devemos dizer que é *esse algo, isso,* mas que é *de tal modo* — ou seja, não se trata de uma substância, mas de um de seus estados. Surge aqui a pergunta: porventura as essências inteligíveis seriam apenas nomes? A resposta, lemos, depende de se o espírito é ou não o mesmo que a verdadeira opinião. Se não é, o conhecimento deve ser o conhecimento das essências, e assim estas não podem ser meros nomes. Ora, o espírito e a opinião verdadeira certamente diferem, pois o primeiro é infundido por meio da instrução, e o outro, pela persuasão; aquele vem acompanhado da razão verdadeira, mas não este; todos os homens partilham da opinião verdadeira, mas o espírito é atributo dos deuses e de pouquíssimos homens.

Isso culmina numa teoria espacial um tanto curiosa, segundo a qual o espaço é intermediário entre o mundo da essência e o mundo das coisas sensíveis transitórias.

> Existe um tipo de ser que é sempre o mesmo, que é incriado e indestrutível, que jamais recebe em si o que vem de fora tampouco adentra qualquer outro, que não é visível nem de outra forma sensível; sua contemplação cabe à inteligência e somente a ela. Há uma segunda natureza de mesmo nome, semelhante, percebida pelos sentidos, criada, sempre em movimento, ocupando lugar e desocupando-o, assimilada pela opinião e pelo sentido. Há, por fim, uma natureza terceira — o espaço —, que é eterna e não admite destruição, que abriga todas as coisas criadas, que é apreendida sem o auxílio dos sentidos, isto é, por uma espécie de razão espúria, e que quase não é real; contemplando-a como em sonho, dizemos que tudo o que existe deve necessariamente estar e ocupar um espaço, e que aquilo que não se encontra nem no céu, nem na Terra não tem existência.

Essa é uma passagem dificílima, e não almejo compreendê-la plenamente. A teoria expressa deve ter nascido, creio eu, de uma reflexão sobre a geometria, que parecia ser objeto da razão pura, como a aritmética, mas também dizia respeito ao espaço, que é um aspecto do mundo sensível. Em geral é fantasioso buscar analogias com filósofos posteriores, mas me parece inevitável achar que Kant teria gostado dessa visão do espaço, a qual possui afinidades com a sua.

Os verdadeiros elementos do mundo material, diz Timeu, não são a terra, o ar, o fogo e a água, e sim dois tipos de triângulos retângulos — o primeiro, metade de um quadrado; o outro, metade de um triângulo equilátero. Em sua origem, tudo era confuso; "os vários elementos ocupavam lugares diferentes antes de dispostos para formar o universo". Deus, no entanto, forjou-os segundo a forma e o número, fazendo "o melhor possível a partir de coisas que não eram nem belas, nem boas". Lemos que esses dois tipos de triângulo são as mais belas de todas as formas, e assim Deus empregou-os para edificar a matéria. Por meio deles, é possível construir quatro dos cinco sólidos regulares, e cada átomo de um dos quatro elementos é um sólido regular. Os átomos da terra são cubos; os do fogo, tetraedros; os do ar, octaedros; e os da água, icosaedros. (Chegarei aos dodecaedros agora.)

A teoria dos sólidos regulares, enunciada no décimo terceiro livro de Euclides, era ainda descoberta recente na época de Platão. Ela foi complementada por Teeteto, que é apresentado como alguém muito jovem no diálogo que leva seu nome. Segundo a tradição, foi ele quem demonstrou pela primeira vez que só existem cinco tipos de sólidos regulares e quem descobriu o octaedro e o icosaedro.[4] O tetraedro, o octaedro e o icosaedro regulares têm triângulos equiláteros como faces; o dodecaedro, por sua vez, possui pentágonos regulares, e assim não pode ser construído a partir dos dois triângulos de Platão. Por essa razão, ele não o associa aos quatro elementos.

Quanto ao dodecaedro, Platão declara apenas que "havia ainda uma quinta combinação utilizada por Deus no delineamento do universo". Essa é uma afirmação obscura, que sugere que o universo é um dodecaedro; todavia, alhures afirma-se que se trata de uma esfera.[5] O pentagrama sempre teve destaque na magia, o que supostamente foi obra dos pitagóricos, que o chamavam de "Saúde" e o empregavam como símbolo de reconhecimento dos membros da fraternidade:[6] ao que parece, suas propriedades se deviam ao fato de o dodecaedro ter

---

[4] Veja-se Heath, *Greek Mathematics*, vol. I, p. 159, 162, 294-296.

[5] Para uma harmonização das duas teses, veja-se Cornford, op. cit., p. 219.

[6] Heath, op. cit., p. 161.

pentágonos como faces e ser, em certo sentido, símbolo do universo. O tema encanta, mas é difícil averiguar o que há de preciso quanto a ele.

Após um exame da sensação, Timeu examina as duas almas do homem — uma imortal, e a outra, mortal; uma criada por Deus, e a outra, pelos deuses. A alma mortal está "sujeita a afetos terríveis e irresistíveis: em primeiro lugar, o prazer, maior de todos os estímulos ao mal; em seguida a dor, que afasta do bem; também a precipitação e o medo, dois conselheiros insensatos; a raiva, difícil de ser abrandada; e a esperança, que facilmente desencaminha. Todos esses foram por eles [os deuses] mesclados com um sentido irracional e um amor audaz, segundo leis necessárias. Desse modo, forjaram os homens".

A alma imortal se encontra na cabeça; a mortal, no torso.

Há uma fisiologia curiosa, segundo a qual o objetivo dos intestinos é impedir a gula ao conservar em si o alimento; a isso segue-se outra explicação da transmigração. Os homens covardes ou iníquos serão mulheres na vida que há de vir. Os inocentes e frívolos que acreditam que a astronomia pode ser aprendida pela observação das estrelas, sem conhecimento algum da matemática, se tornarão pássaros; os que não têm filosofia alguma virarão animais terrestres; os mais estúpidos, peixes.

O parágrafo final do diálogo apresenta um resumo:

> Podemos dizer agora que nossa fala sobre a natureza do universo encontrou seu termo. O mundo recebeu animais — mortais e imortais — e está repleto deles; tornou-se animal visível que contém tudo o que é visível, o Deus sensível que é imagem do inteligível, o maior, melhor, mais belo e perfeito — o céu único e unigênito.

É difícil saber o que deve ser levado a sério no *Timeu* e o que deve ser considerado fruto da fantasia. Creio que o relato da criação como ordenamento do caos deva ser levado a sério; o mesmo se aplica à proporção entre os quatro elementos e à relação destes com os sólidos regulares e com os triângulos que os constituem. As explicações do tempo e do espaço são, obviamente, aquilo em que Platão crê, o que também pode ser dito da visão do mundo criado como cópia de um arquétipo eterno. A mistura de necessidade e objetivo no mundo é crença comum a quase todos os gregos, antecedendo em muito o surgimento da filosofia; Platão a aceitou, evitando assim o problema do mal que atormenta a teologia cristã. Acredito que seu mundo-animal tenha sido enunciado com seriedade. Os detalhes da transmigração, porém, bem como o papel atribuído aos deuses e outros detalhes não essenciais, parecem-me formulados somente para dar a impressão de maior solidez.

Como já se disse, todo o diálogo merece ser estudado em virtude da enorme influência que exerceu sobre o pensamento antigo e medieval, e essa influência não se limita àquilo que é menos fantasioso.

18
Conhecimento e percepção em Platão

A maioria dos modernos dá como certo que o conhecimento empírico depende ou deriva da percepção. Em Platão, porém, bem como entre filósofos de outras escolas, encontramos uma doutrina bastante diferente, segundo a qual nada digno de ser denominado "conhecimento" pode advir dos sentidos, e o único conhecimento real diz respeito a conceitos. Por conseguinte, "2 + 2 = 4" é conhecimento genuíno, ao passo que a declaração de que "a neve é branca" é tão ambígua e incerta que não pode encontrar lugar no rol de verdades do filósofo.

Essa visão talvez remeta a Parmênides, mas a filosofia deve sua forma explícita a Platão. Desejo, neste capítulo, tratar da crítica que Platão opõe à visão de que conhecimento equivale a percepção. Ela se encontra na primeira metade do *Teeteto*.

O diálogo tem como objetivo encontrar a definição de "conhecimento", mas tudo o que logra é uma conclusão negativa; são propostas e rejeitadas várias definições, e não se sugere nada satisfatório.

A primeira delas, única que examinarei, é enunciada por Teeteto nas seguintes palavras:

> Parece-me que aquele que conhece algo está percebendo o que conhece, e assim, de acordo com o que me é possível julgar agora, conhecimento nada mais é que percepção.

Sócrates identifica essa doutrina com aquela de Protágoras que diz que "o homem é a medida de todas as coisas", isto é, que toda e qualquer coisa "é para mim tal qual parece a mim, e para ti, tal qual parece a ti". Sócrates acresce: "A percepção, portanto, é sempre algo que *é*, e por ser conhecimento é infalível."

Grande parte do raciocínio que se segue procura caracterizar a percepção; feito isso, não tarda a ficar claro que percepção não pode ser conhecimento.

Sócrates acresce à doutrina de Protágoras aquela de Heráclito segundo a qual tudo está sempre mudando: "Todas as coisas das quais dizemos que 'são' na verdade encontram-se em processo de tornar-se." Platão acredita que isso se aplica aos objetos sensoriais, mas não aos objetos do conhecimento verdadeiro. Todavia, ao longo de todo o diálogo suas doutrinas positivas se conservam em segundo plano.

Da doutrina de Heráclito — ainda que se aplique apenas aos objetos dos sentidos — e da definição de conhecimento como percepção, segue-se que o conhecimento diz respeito ao que está em processo de *vir a ser*, não ao que *é*.

Nesse ponto, encontramos alguns quebra-cabeças bastante elementares: lemos que, sendo seis maior que quatro e menor que doze, seis é ao mesmo tempo grande e pequeno, o que é uma contradição. Do mesmo modo, Sócrates é hoje mais alto que Teeteto, jovem que ainda tem muito a crescer; em alguns anos, porém, será mais baixo. Por conseguinte, Sócrates é alto e baixo. A ideia da proposição relacional parece ter desconcertado Platão, o que também aconteceu com a maioria dos grandes filósofos até Hegel, este incluso. Tais quebra-cabeças, porém, não são muito relevantes para o raciocínio e podem ser ignorados.

Voltando à percepção: crê-se que sua fonte é a interação entre o objeto e o órgão sensorial, ambos os quais, segundo a doutrina de Heráclito, estão sempre mudando; alterando-se, mudam portanto a percepção. Sócrates observa que, quando está bem, considera doce o vinho, mas amargo quando se encontra indisposto. Vemos aqui uma mudança no perceptivo que ocasiona uma mudança na percepção.

Certas objeções à doutrina de Protágoras são formuladas; destas, algumas são retiradas em seguida. Declara-se que Protágoras também deveria ter reconhecido os porcos e babuínos como medidas de todas as coisas, uma vez que ambos também percebem. São levantadas questões sobre a validade da percepção nos sonhos e na loucura.

Sugere-se que, caso Protágoras esteja certo, não há homem que saiba mais que outro: Protágoras não é apenas tão sábio quanto os deuses; ele também — e isso é mais sério — não é mais sábio do que um tolo. Além disso, se os juízos de determinado homem são tão acertados quanto os de outro, aqueles que acham que Protágoras está errado podem ter tanta razão quanto ele.

Sócrates se encarrega de responder a muitas dessas objeções, colocando-se temporariamente no lugar de Protágoras. No que diz respeito aos sonhos, o percepto é verdadeiro enquanto objeto percebido. A afirmação dos porcos e babuínos é rejeitada, considerada um ultraje vulgar. Ao debruçar-se sobre o argumento que diz que, se todo homem é medida de todas as coisas, todos os homens são igualmente sábios, Sócrates sugere uma resposta interessantíssima em prol de Protágoras: ainda que determinado juízo não possa ser *mais verdadeiro* do que outro, pode ser *melhor* no sentido de trazer melhores consequências. Isso remete ao pragmatismo.[1]

Essa resposta, porém, muito embora tenha sido elaborada por Sócrates, não o satisfaz. Ele afirma, por exemplo, que ao prever o desdobramento de minha doença um médico de fato *sabe* mais sobre o meu futuro do que eu. Do mesmo modo, quando os homens diferem quanto ao que o Estado deveria decretar, as consequências revelam que alguns tiveram maior conhecimento do futuro do que outros. Por conseguinte, não podemos escapar da conclusão de que o sábio é melhor medida das coisas do que o tolo.

Todas essas são objeções à doutrina de que cada homem é a medida de todas as coisas; apenas indiretamente se aplicam à teoria de que "conhecimento" significa "percepção", e somente na medida em que esta conduz à outra. Há, no entanto, um argumento direto, segundo o qual à memória deve-se admitir o mesmo que à percepção. A ele é dado consentimento e a definição proposta é retificada.

Chegamos então às críticas à doutrina de Heráclito. Elas são primeiro levadas ao extremo, segundo a prática de seus discípulos entre os brilhantes jovens de Éfeso. Uma coisa pode mudar de duas formas: por locomoção ou pela alteração de uma qualidade; segundo dizem, a doutrina do fluxo afirma que tudo está sempre mudando em ambos

[1] Tudo indica que foi essa passagem a que fez nascer em F.C.S. Schiller sua admiração por Protágoras.

os aspectos.[2] Além disso, as coisas não passam por *alguma* mudança qualitativa; tudo tem *todas* as suas qualidades sempre em transformação — lemos que é assim que pensam os inteligentes de Éfeso. Isso provoca consequências estranhas. Não podemos dizer que "isto é branco", pois se era branco quando começamos a falar já o terá deixado de ser quando do fim da frase. Não estaremos certos ao dizer que vemos algo, pois a visão está sempre se convertendo em não visão.[3] Se tudo está mudando de todas as formas possíveis, não há por que não chamar a visão de não visão ou a percepção de não percepção. Desse modo, quando dizemos que "percepção é conhecimento", poderíamos muito bem dizer que "percepção é não conhecimento".

O que o argumento acima revela é que, independentemente do que esteja em fluxo perpétuo, o sentido das palavras deve se conservar ao menos por um instante, uma vez que, caso contrário, nenhuma afirmação é precisa e nenhuma afirmação é mais verdadeira que falsa. Deve haver *algo* mais ou menos constante para que o discurso e o conhecimento sejam possíveis. Creio ser necessário admiti-lo. Essa admissão, porém, é perfeitamente compatível com uma quantidade considerável de fluxo.

Nesse momento, o debate sobre Parmênides é rejeitado por ser ele demasiadamente grande e magnífico. Trata-se de "figura reverenda e terrível". "Havia, nele, uma espécie de profundidade muito nobre." "É alguém a quem respeito acima de qualquer outro." Nessas observações, Platão revela seu amor por um universo estático e sua antipatia pelo fluxo heraclitiano adotado pelo bem do raciocínio. Todavia, após essa expressão de reverência, ele se abstém de desenvolver a alternativa parmenidiana a Heráclito.

Chegamos agora ao argumento derradeiro de Platão contra a equiparação entre conhecimento e percepção. Ele começa assinalando que nós percebemos *por meio* dos olhos e dos ouvidos, e não *com* eles; em seguida, afirma que parte de nosso conhecimento não está vinculado

[2] Parece que nem Platão nem os dinâmicos jovens de Éfeso perceberam que a locomoção é impossível para a radical doutrina heraclitiana. O movimento exige que a coisa A esteja ora aqui, ora ali: ela deve permanecer a *mesma* enquanto se move. Na doutrina que Platão examina, há mudança qualitativa e mudança espacial, mas não de substância. Nesse aspecto, a física quântica moderna vai mais longe do que foram os discípulos mais radicais de Heráclito na época de Platão. Segundo Platão, essa ideia seria fatal para a ciência, mas isso não se confirmou.

[3] Compare-se com a propaganda: "*That's Shell — that was!*"

a qualquer órgão sensorial. Podemos saber, por exemplo, que sons e cores não se parecem, muito embora nenhum órgão sensorial perceba ambos. Não há órgão especial que perceba a existência e a inexistência, a semelhança e a dessemelhança, a igualdade e a diferença, bem como a unidade e os números em geral. O mesmo se aplica ao honroso e ao desonroso, ao bom e ao mau. "O espírito contempla certas coisas por esforço próprio, e outras, pelas faculdades corporais." Percebemos o que é duro e o que macio pelo tato, mas é o espírito que julga que ambos existem e que são opostos. Apenas ele pode alcançar a existência, e não temos acesso à verdade se a existência não for alcançada. Segue-se que somos incapazes de conhecer as coisas somente pelos sentidos, uma vez que eles não podem saber por si sós que as coisas existem. Conhecimento, portanto, consiste em reflexão, e não em impressões; assim, percepção não é conhecimento: ela "não desempenha papel algum na apreensão da verdade, uma vez que nenhum papel desempenha na apreensão da existência".

Não é nada fácil identificar o que deve ser aceito e o que deve ser rejeitado nesse raciocínio contra a equiparação de conhecimento e percepção. Platão examina três teses inter-relacionadas, a saber:

(1) Conhecimento é percepção.
(2) O homem é a medida de todas as coisas.
(3) Tudo se encontra em estado de fluxo.

(1) A primeira delas, da qual primeiramente se ocupa o argumento, é examinada em si apenas na passagem final de que tratamos anteriormente. Nela lemos que a comparação, o conhecimento da existência e a compreensão do número são essenciais ao conhecimento, mas não podem ser abarcados pela percepção porque não são realizados por um órgão sensorial. Diferentes coisas podem ser ditas sobre cada um desses elementos. Comecemos com a semelhança e a dessemelhança.

Que são semelhantes ou dessemelhantes dois matizes de cor que tenho diante dos olhos é algo que aceito não como "percepto", mas como "juízo da percepção". O "percepto", direi eu, não é conhecimento, mas apenas algo que acontece e que pertence, de uma só vez, ao mundo da física e ao mundo da psicologia. Nós, a exemplo de Platão, vemos naturalmente a percepção como relação entre um perceptivo e um objeto: dizemos "eu vejo a mesa". No entanto, "eu" e "mesa" são aqui constructos lógicos. O núcleo da ocorrência pura e simples não passa de algumas manchas coloridas. Estas se associam a imagens táteis, podendo suscitar palavras e tornar-se fonte de lembranças. O percepto, quando preenchido com imagens táteis, torna-se "objeto", o qual é supostamente físico; quando preenchido com palavras e memórias, torna-se "percepção", que é parte de um "sujeito" e considerada mental. O percepto é apenas uma ocorrência — não é verdadeiro nem falso; quando complementado com palavras, é juízo, capaz da verdade ou da falsidade. A esse juízo dou o nome de "juízo da percepção". A proposição "conhecimento é percepção" deve ser interpretada como se dissesse que "conhecimento é juízo da percepção". Somente nessa forma ela pode ser gramaticalmente correta.

Voltando à semelhança e à dessemelhança: é perfeitamente possível, quando percebo duas cores ao mesmo tempo, que sua semelhança ou dessemelhança seja parte do dado e asseverada pelo juízo da percepção. A afirmação platônica de que não temos órgão sensorial que perceba a semelhança e a dessemelhança ignora o córtex e presume que todos os órgãos sensoriais se encontram na superfície do corpo.

O argumento em favor do reconhecimento da semelhança e da dessemelhança como dados perceptivos possíveis é o que segue. Suponhamos que vemos dois matizes de cores — A e B — e que julgamos que "A é igual a B". Suponhamos ainda, como faz Platão, que esse juízo costuma ser correto e que o é no caso que examinamos. Por conseguinte, há uma relação de semelhança entre A e B, e não apenas um juízo que a afirma. Se houvesse apenas nosso juízo, se trataria de um juízo arbitrário, incapaz da verdade ou da falsidade. Uma vez que é obviamente capaz da verdade ou da falsidade, a semelhança entre A e B pode subsistir, não sendo ela algo apenas "mental". O juízo de que "A é igual a B" é verdadeiro (caso o seja) graças a um "fato", a exemplo do juízo de que "A é vermelho" ou "A é redondo". O espírito não está *mais* envolvido na percepção da semelhança do que na percepção da cor.

Chego agora à *existência*, a que Platão dá grande ênfase. Quanto ao som e à cor, diz ele, temos um pensamento que abarca ambos de uma só vez: o de que existem. A existência pertence a tudo e está entre as coisas que o espírito apreende por si só; sem alcançar a existência, é impossível alcançar a verdade.

O argumento contra Platão, aqui, é muito diferente do argumento utilizado na questão da semelhança e da dessemelhança. O que Platão diz sobre a existência não passa de erro gramatical ou sintaxe ruim. Isso é importante não apenas em relação a Platão, mas também a questões distintas, como o raciocínio ontológico que busca provar a existência da Divindade.

Suponha que você diga a uma criança: "Leões existem, mas unicórnios não." É possível prová-lo, no caso dos leões, levando-a ao zoológico e dizendo: "Veja só, eis um leão." Você não acrescentará, a menos que seja filósofo: "E você pode muito bem ver que ele existe." Se for filósofo e vier a fazê-lo, por sua vez, estará dizendo uma insensatez. Declarar que "leões existem" é o mesmo que dizer "há leões", isto é, que "'*x* é um leão' se aplica a determinado *x*". No entanto, desse *x* não podemos dizer que "exista"; só podemos aplicar o verbo a uma descrição, seja ela completa ou incompleta. "Leão" é descrição incompleta porque se aplica a muitos objetos; "o maior leão do zoológico" é completa por aplicar-se a só um.

Ora, suponhamos que eu esteja olhando para um vermelho refulgente. Posso dizer: "É isto o que percebo agora." Posso dizer ainda: "O que percebo agora existe." Entretanto, não devo dizer que "isto existe" porque a palavra "existe" só tem sentido quando aplicada a uma descrição, em contraposição a um nome.[4] Isso descarta a *existência* como um dos elementos de que o espírito toma ciência nos objetos.

Volto-me agora à compreensão dos números. Aqui, duas coisas muito diferentes devem ser consideradas: de um lado, as proposições da aritmética; do outro, as proposições empíricas de enumeração. "2 + 2 = 4" pertence ao primeiro gênero; "tenho dez dedos", ao segundo.

Concordo com Platão quando ele diz que a aritmética e a matemática pura como um todo não derivam da percepção. A matemática pura consiste em tautologias análogas a "homens são homens", mas em geral mais complicadas. Para descobrirmos se determinada proposição matemática é verdadeira, não precisamos estudar o mundo, mas apenas o significado dos símbolos; e os símbolos, quando postas de lado as definições (cujo objetivo é apenas abreviar), são palavras

---

[4] Sobre o tema, veja-se o último capítulo desta obra.

como "ou", "não", "todos" e "alguns", as quais, ao contrário de "Sócrates", não indicam nada no mundo real. Uma equação matemática afirma que dois grupos de símbolos possuem o mesmo significado; e, na medida em que nos limitamos à matemática pura, esse significado poderá ser compreendido sem o conhecimento de nada que possa ser percebido. A verdade matemática, como Platão bem defendeu, independe portanto da percepção; no entanto, essa é uma verdade bastante peculiar, que diz respeito apenas a símbolos.

As proposições enumerativas, a exemplo de "tenho dez dedos", pertencem a uma categoria completamente distinta, e é claro que dependem, ao menos em parte, da percepção. Não há dúvidas de que é a partir da percepção que o conceito de "dedo" é obtido; mas e quanto ao conceito de "dez"? Ao que parece, chegamos aqui a uma verdadeira ideia universal ou platônica. Não podemos dizer que abstraímos "dez" da percepção, uma vez que um percepto que pode ser visto como dez de alguma coisa pode ser igualmente visto de outro modo. Suponhamos que eu denomine "digitário" o conjunto de todos os dedos de uma só mão; desse modo, posso dizer que "tenho dois digitários", o que descreve o mesmo fato da percepção que eu descrevera com o auxílio do número dez. Assim, se a compararmos com uma declaração qual "isto é vermelho", na declaração "tenho dez dedos" a percepção desempenha um papel menor, e o conceito, um papel maior. A questão, porém, é tão somente de grau.

No que toca as proposições em que a palavra "dez" aparece, a resposta completa é aquela segundo a qual, quando analisadas corretamente, tais proposições revelam não possuir nenhum constituinte que corresponda a tal vocábulo. Explicá-lo no caso de um número tão grande seria complicado; tomemos, portanto, "tenho duas mãos". Isso significa que

> existem um *a* e um *b* tais que *a* e *b* não são idênticos; e, qualquer que seja *x*, "*x* é uma de minhas mãos" é verdadeiro se, e somente se, *x* é *a* ou *x* é *b*.

Não ocorre acima a palavra "dois". É verdade que duas letras, *a* e *b*, ali figuram, mas não precisamos *saber* que são duas mais do que precisamos saber que são pretas, brancas ou de qualquer outra cor.

Desse modo, os números são *formais* em certo sentido preciso. Os fatos que verificam proposições as quais afirmam que diversas compilações têm, cada qual, dois membros não têm em comum um constituinte, e sim uma forma. Nisso, distinguem-se de proposições referentes à Estátua da Liberdade, à Lua ou a George Washington. Estas proposições se referem a uma porção específica do espaço-tempo; é isso o que têm em comum todas as declarações passíveis de serem feitas sobre a Estátua da Liberdade. Ao mesmo tempo, não há nada em comum entre as proposições "existem dois isso-ou-aquilo" senão a forma. A relação do símbolo "dois" com o sentido da proposição em que ele aparece é muito mais complicada do que a relação do símbolo "vermelho" com o sentido da proposição em que ele figura. Podemos dizer que, em certo sentido, o símbolo "dois" nada significa; quando surge numa declaração verdadeira, não há constituinte correspondente no significado dessa declaração. Caso desejemos, podemos seguir adiante e afirmar que os números são eternos, imutáveis, e assim por diante, mas devemos acrescentar que não passam de ficções lógicas.

Há algo mais. No que diz respeito ao som e à cor, Platão afirma que, "juntos, ambos são *dois* e cada qual é *um*". Nós nos ocupamos do *dois*, e agora devemos fazer o mesmo com o *um*. Há aqui um erro muito parecido com aquele relativo à existência. O predicado "um" não é aplicável a coisas, mas apenas a classes de unidades. Podemos dizer que "a Terra possui um satélite", mas é um erro sintático afirmar que "a Lua é uma". O que uma afirmação como essa poderia significar? É igualmente possível afirmar que "a Lua é muitas", uma vez que possui muitas partes. Dizer que "a Terra tem um satélite" é comunicar uma propriedade do conceito "satélite da Terra", qual seja:

> Há um c tal que "x é um satélite da Terra" é verdadeiro se, e somente se, x é c.

Essa é uma verdade astronômica; no entanto, se em lugar de "um satélite da Terra" você colocar "a Lua" ou qualquer nome próprio, ou o resultado não terá sentido, ou será uma tautologia. "Um", portanto, é propriedade de certos conceitos do mesmo modo como "dez" é propriedade do conceito "meu dedo". Afirmar, porém, que "a Terra tem um satélite, a Lua, e por isso a Lua é um" é tão ruim quanto afirmar que "os Apóstolos eram doze; Pedro era apóstolo; por conseguinte, Pedro era doze" — o que seria válido se em vez de "doze" disséssemos "branco".

As considerações acima demonstram que, não obstante haja um tipo formal de conhecimento — a saber: a lógica e a matemática, as quais não derivam da percepção —, os argumentos de Platão acerca de todos os outros conhecimentos são falaciosos. Isso não prova, é claro, que sua conclusão é falsa, mas apenas que ele não forneceu razões válidas para supô-la verdadeira.

(2) Chego agora à posição de Protágoras que afirma que o homem é a medida de todas as coisas — ou, na interpretação que lhe é dada, que *cada* homem é a medida de todas as coisas. Aqui, é essencial estabelecer em que nível a discussão procederá. Para início de conversa, é óbvio que devemos distinguir os perceptos das inferências. No que diz respeito aos perceptos, cada homem está inevitavelmente confinado ao seu; o que sabe acerca dos perceptos alheios se deve à inferência, a partir do que percebe ao ouvir e ler. Os perceptos dos sonhadores e loucos são, *enquanto* perceptos, tão bons quanto os dos outros; a única objeção que pode ser levantada contra eles é a de que, dadas as suas circunstâncias incomuns, estão aptos a originar inferências falaciosas.

E sobre as inferências, o que dizer? Seriam igualmente pessoais e privadas? Em certo sentido, diremos que sim. Acredito no que acredito porque tenho um motivo que me obriga a isso. É verdade que tal motivo pode ser a afirmação de outrem, mas mesmo nesse caso pode tratar-se de motivo adequado — por exemplo, se eu for um juiz atento às testemunhas. Por mais protagoriano que eu seja, é razoável que aceite a opinião de um contador sobre certas cifras, e não a minha, porque no passado descobri repetidas vezes que, se à primeira vista discordava dele, um pouco mais de reflexão revelava-me que ele tinha razão. Nesse sentido, posso admitir que outro homem é mais sábio do que eu. Se interpretada corretamente, a posição protagoriana nada tem que ver com a visão de que eu jamais cometo erros; tudo o que apregoa é que a evidência de meus erros deve aparecer a *mim*. Meu eu passado pode ser julgado como se fosse julgada outra pessoa. Tudo isso, porém, no que tange à inferência como contrária aos perceptos, pressupõe certo parâmetro impessoal de retidão. Se minha inferência é tão boa quanto qualquer outra, a anarquia intelectual que Platão deduz de Protágoras de fato procede. Nesse ponto, um ponto importante, Platão parece estar certo. O empirista, porém, diria que as percepções são a prova da retidão nas inferências que dizem respeito a matérias empíricas.

(3) A doutrina do fluxo universal é caricaturada por Platão, e assim é difícil acreditar que alguém a tenha defendido na forma radical que ele enuncia. Suponhamos, por exemplo, que as cores que vemos estão mudando a todo momento. Uma palavra como "vermelho" se aplica a muitos matizes; e, se digo "vejo vermelho", não há razão para que isso deixe de ser verdadeiro durante o tempo que demoro para enunciá-lo. Platão chega a seus resultados ao aplicar, aos processos de mudança contínua, oposições lógicas como percepção e não percepção, conhecimento e não conhecimento. Tais oposições, porém, não convêm à descrição de tais processos. Suponhamos que, num dia enevoado, você observe um homem afastar-se numa avenida: ele se torna cada vez mais turvo até o momento em que você está certo de que não o vê mais, mas há antes um período intermediário, de dúvida. As oposições lógicas foram inventadas para a nossa conveniência, mas a mudança contínua exige aparato quantitativo, cuja possibilidade Platão ignora. O que ele diz sobre o tema, portanto, está muito longe da verdade.

Ao mesmo tempo, deve-se reconhecer que o discurso seria impossível caso as palavras não possuíssem, em certa medida, sentidos fixos. Também aqui, porém, é muito fácil ser absoluto em demasia. O sentido das palavras muda; tomemos, como exemplo, a palavra "ideia". Somente após submetermo-nos a um considerável processo educativo é que aprendemos a dar a esta palavra o sentido que Platão lhe deu. É necessário que a mudança do sentido das palavras seja mais lenta do que as mudanças que as palavras descrevem; todavia, não é necessário que *nenhuma* mudança aconteça. Talvez isso não se aplique às palavras abstratas da lógica e da matemática, mas estas, como vimos, só se aplicam à forma das proposições, e não a seu conteúdo. Também aqui descobrimos que a lógica e a matemática são peculiares. Platão, sob a influência dos pitagóricos, aproximou em demasia os outros conhecimentos da matemática. Ele partilhou desse erro com muitos dos grandes filósofos, mas ainda assim trata-se de um erro.

19

A metafísica de Aristóteles

Ao estudarmos qualquer filósofo importante, mas sobretudo Aristóteles, é necessário fazê-lo de duas maneiras: evocando seus predecessores e evocando seus sucessores. À luz daqueles, os méritos de Aristóteles são enormes; à luz destes, são igualmente enormes os seus deméritos. Por seus deméritos, porém, seus sucessores são mais responsáveis do que ele. Aristóteles viveu no final do período criativo do pensamento grego, e após a sua morte dois mil anos se passaram até que o mundo visse outro filósofo que estivesse mais ou menos à sua altura. Ao final desse longo período, sua autoridade se tornara quase tão inconteste quanto a da Igreja, convertendo-se, tanto na ciência como na filosofia, em obstáculo ao progresso. Desde o início do século XVII, quase todo avanço intelectual sério teve como ponto de partida o ataque a alguma doutrina aristotélica; na lógica, isso ocorre até hoje. No entanto, o resultado seria — no mínimo — igualmente desastroso se qualquer outro predecessor seu (exceto talvez Demócrito) tivesse obtido equivalente autoridade. Para que lhe façamos justiça, devemos, em primeiro lugar, esquecer tanto sua exagerada reputação póstuma quanto a exagerada condenação que ela engendrou.

Foi provavelmente em 384 a.C. que, em Estagira, na Trácia, Aristóteles nasceu. Seu pai herdara o posto de médico de família do rei da Macedônia. Quando com cerca de dezoito anos, Aristóteles chegou a Atenas e tornou-se pupilo de Platão; permaneceu na Academia por quase duas décadas, até a morte do mestre, em 348-7 a.C. Viajou algum tempo e casou-se com a irmã ou sobrinha de um tirano chamado Hérmias. (Diziam as más línguas que se tratava da filha ou concubina de Hérmias, mas ambas as histórias são falsas porque ele era um eunuco.) Em 343 a.C., Aristóteles tornou-se tutor de Alexandre, que tinha então treze anos; permaneceu no cargo até que o jovem, aos dezesseis anos, fosse declarado maior de idade por seu pai e nomeado regente durante a ausência de Filipe. Tudo o que se gostaria de saber sobre a relação de Aristóteles e Alexandre é inaveriguável, em especial porque muitas lendas foram rapidamente inventadas. Há trocas de cartas entre ambos que todos julgam falsas. Os que admiram os dois acreditam que o preceptor influenciou o pupilo. Hegel considera que a carreira de Alexandre revela a utilidade prática da filosofia. Sobre isso, A.W. Benn afirma: "Seria triste se a filosofia não tivesse melhor testemunha para apresentar em seu favor do que a figura de Alexandre. (...) Arrogante, beberrão, cruel, vingativo e rudemente supersticioso, ele uniu os vícios de um líder montanhês ao furor de um déspota oriental."[1]

Quanto a mim, não obstante esteja de acordo com Benn no que toca a personalidade de Alexandre, creio que sua obra teve grande importância e foi extremamente benéfica; não fosse ele, a tradição da civilização helênica talvez tivesse perecido. No que diz respeito à influência de Aristóteles, temos liberdade para dar crédito ao que parecer mais plausível. De minha parte, suponho-a *nula*. Alexandre foi um jovem ambicioso e apaixonado; tinha péssima relação com o pai e, ao que parece, pouca paciência para os estudos. Aristóteles acreditava que Estado nenhum deveria ter mais de cem mil cidadãos[2] e apregoava a doutrina da mediocridade áurea. Não vejo seu pupilo considerando-o nada além de um velho pedante e prosaico enviado por seu pai no intuito de conservá-lo longe das travessuras. É bem verdade que Alexandre nutriu um respeito esnobe pela civilização ateniense, mas isso se aplica a todos os de sua dinastia que desejavam provar que não eram bárbaros. Trata-se de sentimento análogo ao que nutriram os aristocratas russos do século XIX por Paris. Não deve, portanto, ser atribuído à influência de Aristóteles. Além disso, não vejo nada mais em Alexandre que possa ter vindo dessa fonte.

É ainda mais surpreendente que Alexandre tenha exercido tão parca influência sobre Aristóteles, cujas especulações políticas negligen-

---

[1] *The Greek Philosophers*, vol. I, p. 285.

[2] *Ética*, 1170B.

ciavam que a era das cidades-estados já havia dado lugar à dos impérios. Suspeito de que Aristóteles o tenha considerado, até o fim, "um menino ocioso e cabeça-dura que jamais foi capaz de compreender algo de filosofia". No geral, o contato desses dois gigantes parece ter sido infrutífero tal qual seria caso vivessem em mundos diferentes.

De 335 a 323 a.C. (data em que morreu Alexandre), Aristóteles viveu em Atenas. Foi durante esses doze anos que fundou sua escola e escreveu a maior parte de seus livros. À época da morte de Alexandre, os atenienses se rebelaram e se voltaram contra os amigos do rei — entre os quais estava Aristóteles, logo acusado de impiedade. Ao contrário de Sócrates, porém, Aristóteles fugiu para evitar sua punição. No ano seguinte, 322, faleceu.

Como filósofo, Aristóteles diferiu de seus antecessores em muitos aspectos. Foi o primeiro a escrever como um professor: seus tratados são sistemáticos, seus exames se dividem em títulos. É professor profissional, e não um profeta inspirado. Sua obra é crítica, cuidadosa, prosaica, livre de qualquer entusiasmo báquico. Em Aristóteles, os elementos órficos de Platão são diluídos e mesclados com uma forte dose de senso comum; onde é platônico, temos a impressão de que seu temperamento natural fora subjugado pela doutrina a que estivera sujeito. Ele não é apaixonado, tampouco profundamente religioso. Os erros de seus predecessores eram os erros gloriosos de uma juventude que almejava o impossível; os seus pertencem a uma velhice que se vê incapaz de livrar-se dos preconceitos de sempre. Ele se destaca nos detalhes e na crítica; decepciona no plano mais amplo, pois lhe falta a clareza fundamental e o fogo titânico.

É difícil decidir por onde começar a exposição da metafísica de Aristóteles. Talvez o melhor ponto de partida seja a crítica que opõe à teoria das ideias e a doutrina dos universais que formula como alternativa. Aristóteles sugere, contra a teoria das ideias, uma série de argumentos muito bons, a maioria dos quais já encontrada no *Parmênides* de Platão. O mais forte deles é o do "terceiro homem": se o homem é homem porque se assemelha ao homem ideal, deve haver ainda um homem mais ideal para o qual tanto o homem comum quanto o homem ideal sejam semelhantes. Sócrates é tanto homem quanto animal, e assim cumpre saber se o homem ideal é também animal ideal; caso seja, deve haver tantos animais ideais quanto há espécies de animais. Não precisamos ir adiante; Aristóteles deixa claro que, se certo número de indivíduos partilha de um predicado, isso não pode se dar em consequência da relação com algo que seja da mesma espécie que eles, e sim com algo mais ideal. Podemos dar isso como provado, mas a doutrina que o próprio Aristóteles propõe está longe de ser clara. Foi essa falta de clareza o que possibilitou a controvérsia medieval entre nominalistas e realistas.

Da metafísica de Aristóteles pode-se dizer, *grosso modo*, que é Platão diluído em senso comum. Ela é difícil porque Platão e senso comum não se misturam com facilidade. Quando procuramos compreendê-la, às vezes achamos que está expressando as visões habituais de um inocente em filosofia e, às vezes, que formula um platonismo com vocabulário novo. De nada servirá enfatizar demais uma única passagem porque adiante ela pode ser corrigida ou modificada. No geral, o modo mais fácil de compreender tanto a sua teoria dos universais quanto a sua teoria da matéria e da forma é formulando primeiro a doutrina afim ao senso comum — a qual constitui metade de sua perspectiva — e só depois as modificações platônicas a que ele a sujeita.

Até certo ponto, a doutrina dos universais é bastante simples. Existem, na linguagem, nomes próprios e adjetivos. Os nomes próprios se aplicam a "coisas" ou "pessoas"; cada qual é a única coisa ou pessoa a que o nome em questão se aplica. O Sol, a Lua, a França e Napoleão são únicos; não há uma série de elementos a que esses nomes se aplicam. Por outro lado, termos como "gato", "cão" e "homem" são aplicáveis a muitos elementos diferentes. O problema dos universais está relacionado ao sentido dessas palavras e de adjetivos como "branco", "duro", "redondo" etc. Diz ele:[3] "Por 'universal' entendo aquilo cuja natureza é tal que pode ser predicado de muitos objetos, e por 'individual' entendo o que não pode sê-lo."

O que um nome próprio designa é uma "substância"; o que significa um adjetivo ou um nome de classe, como "humano" ou "homem", é dito "universal". A substância é "esse algo", "isso", mas o universal, um "de tal qualidade" — ele indica o *tipo* de coisa, e não a coisa real. O universal não é uma substância porque não é um "esse algo". (A cama celestial de Platão sê-lo-ia àqueles que a percebessem; nesse

[3] *Sobre a interpretação*, 17ª.

ponto Aristóteles o contradiz.) "Parece impossível", diz Aristóteles, "que um termo universal seja o nome de uma substância. Com efeito, (...) a substância de cada coisa é aquilo que lhe é peculiar, que não pertence a nada mais; o universal, por sua vez, é comum, dado ser dito universal tudo aquilo que é de tal maneira que pertence a mais de uma coisa". O ponto crucial da questão, até agora, é o fato de o universal não poder existir por si só, mas apenas *em* coisas particulares.

Superficialmente, a doutrina de Aristóteles é bastante simples. Suponhamos que eu diga "Existe algo cujo nome é jogo de futebol": a maioria das pessoas veria tal observação como um truísmo. Contudo, se eu inferisse que seria possível ao futebol existir sem jogadores, diriam com justiça que sou insensato. De modo semelhante, pode-se dizer que existe algo chamado paternidade, mas apenas porque existem pais; que existe a doçura, mas somente porque há coisas doces; que há a vermelhidão, mas apenas porque há o que é vermelho. Essa dependência, ademais, não é recíproca: os homens que jogam futebol ainda existiriam se jamais o jogassem; o que é doce pode se tornar amargo; e meu rosto, que em geral é rubro, pode empalidecer-se sem deixar de ser meu rosto. Somos levados a concluir, portanto, que a existência daquilo a que o adjetivo confere sentido depende daquilo a que o nome próprio confere sentido, mas o contrário não procede. Creio ser isso o que Aristóteles quer dizer. Sua doutrina, tanto nesse aspecto quanto em muitos outros, é a expressão pedante de um preconceito do senso comum.

Todavia, não é fácil dar precisão à teoria. Se o futebol não pode existir sem jogadores, pode muito bem fazê-lo sem este ou aquele atleta. E, enquanto uma pessoa pode existir sem jogar futebol, não pode existir sem fazer *algo*. A qualidade *vermelhidão* não pode existir sem *algum* objeto, mas isso lhe é possível sem este ou aquele; de modo semelhante, um objeto não pode existir sem *alguma* qualidade, mas pode fazê-lo sem uma ou outra. O suposto fundamento da distinção entre coisas e qualidades, portanto, parece ser ilusório.

Na realidade, o verdadeiro fundamento da distinção é linguístico e deriva da sintaxe. Há nomes próprios, adjetivos e termos relacionais. Podemos dizer: "João é sábio, Tiago é tolo, João é mais alto que Tiago." Aqui, "João" e "Tiago" são nomes próprios, "sábio" e "tolo" são adjetivos e "mais alto" é termo relacional. Desde Aristóteles, os metafísicos têm interpretado metafisicamente essas diferenças sintáticas: João e Tiago são substâncias, sabedoria e tolice são universais. (Os termos relacionais eram ignorados ou mal compreendidos.) Pode ser que, se tratadas com suficiente cuidado, as diferenças metafísicas apresentem certa relação com as diferenças sintáticas, mas, sendo esse o caso, isso só ocorrerá por meio de um processo longo, que incidentalmente exigirá a criação de uma linguagem filosófica artificial. Ademais, nessa linguagem não figurarão nomes como "João" e "Tiago" nem adjetivos como "sábio" e "tolo"; todas as palavras da linguagem comum terão sido submetidas à análise e substituídas por outras de significação menos complexa. Até que esse trabalho esteja concluído, a questão dos particulares e dos universais não pode ser examinada de forma adequada; e, quando enfim chegar a hora de examiná-la, descobriremos que a questão discutida é um tanto diferente daquela que fora compreendida no início.

Por conseguinte, se fui incapaz de tornar clara a teoria aristotélica dos universais, isso se deu (insisto) porque ela mesma não é clara. Não há dúvidas, porém, de que se trata de um avanço com relação à teoria das ideias e de que se debruça sobre um problema genuíno e importantíssimo.

Há ainda outro termo de grande importância para Aristóteles e seus seguidores escolásticos: "essência". Nesse caso, "essência" está longe de ser equivalente a "universal". Sua "essência" é "aquilo que você é por natureza": podemos dizer que consiste naquelas propriedades que lhe é impossível perder sem deixar de ser quem é, e possui essência não somente a coisa individual, mas também a espécie. Sua definição deve consistir na menção de sua essência. Retornarei ao conceito de "essência" ao tratar da lógica aristotélica. Por ora, observarei apenas que ela me parece uma noção confusa, incapaz de ser entendida com precisão.

O que se segue na metafísica de Aristóteles é a distinção entre "forma" e "matéria". ("Matéria" é palavra que deve ser entendida no sentido que a opõe a "forma"; difere aqui da "matéria" que se opõe ao "espírito".)

Mais uma vez, é o senso comum a base da teoria de Aristóteles, mas as modificações platônicas se fazem ainda mais importantes do que no caso dos universais. Podemos começar com uma estátua de mármore: nesse caso, o mármore é a matéria, e o aspecto conferido pelo escultor, a forma. Ou, para tomarmos os exemplos de Aristóteles: se alguém produz uma esfera de bronze, o bronze é a matéria, e a esfericidade, a forma; no caso de um mar calmo, a água é uma, e a lisura, a outra. Até este ponto, tudo parece simples.

Em seguida, Aristóteles diz que é em virtude da forma que a matéria é uma coisa definida, sendo isso a substância da coisa. O que ele quer dizer parece advir pura e simplesmente do senso comum: a "coisa" deve ter um limite, e esse limite confere a ela uma forma. Tomemos, por exemplo, um volume d'água: qualquer porção *pode* ser delimitada pelo uso de uma vasilha, tornando-se assim uma "coisa"; não é "coisa", porém, quando não está isolada do resto da massa homogênea. A estátua é uma "coisa", e em certo sentido o mármore de que ela é feita não se alterou em relação ao que era quando parte de um bloco ou quando parte do conteúdo de uma pedreira. *Nós* não dizemos naturalmente que é a forma o que confere substancialidade, mas isso só ocorre porque a hipótese atômica impregnou-se em nossa imaginação. Cada átomo, porém, sendo "coisa", só o é por estar delimitado em relação ao conjunto, tendo assim também uma "forma".

Chegamos agora a uma declaração nova que à primeira vista parece complexa. Lemos que a alma é a forma do corpo. Claro é, aqui, que "forma" não é o mesmo que "aspecto". De como a alma é a forma do corpo voltarei a me ocupar em breve; por ora, observarei somente que, no sistema de Aristóteles, ela é aquilo que faz do corpo *uma* coisa, com unidade de propósito e as características que associamos ao termo "organismo". O propósito do olho é ver, mas ele não pode fazê-lo quando afastado de seu corpo. Na realidade, quem vê é a alma.

Talvez tenhamos a impressão, assim, de que "forma" é aquilo que confere unidade a certa porção de matéria e de que essa unidade é, em geral, senão sempre, teleológica. No final as contas, porém, "forma" é muito mais do que isso, e esse algo a mais é um tanto complexo.

Lemos que a forma de uma coisa é sua essência e substância primária. Embora os universais não sejam substanciais, as formas são. Quando um homem produz uma esfera de bronze, tanto a matéria quanto a forma já existiam; tudo o que ele faz é unir as duas: do mesmo modo como não faz o metal, o homem não faz a forma. Nem tudo tem matéria. Há coisas eternas e nessas não há matéria, exceção feita às que se movem no espaço. As coisas crescem em realidade ao adquirirem forma; matéria sem forma não passa de potencialidade.

A visão de que as formas são substâncias que existem independentemente da matéria em que se exemplificam parece expor Aristóteles aos argumentos que ele mesmo opõe às ideias platônicas. Segundo ele, a forma é muito diferente do universal, mas ambos possuem muitas características semelhantes. Lemos que a forma é mais real do que a matéria; eis uma reminiscência da realidade única das ideias. A mudança que Aristóteles opera na metafísica de Platão é menor do que ele faz parecer. Essa visão é adotada por Zeller, que sobre o problema da matéria e da forma diz:[4]

> A explicação definitiva para a falta de clareza de Aristóteles ao tratar desse tema, porém, jaz em que ele só se emancipou pela metade da tendência platônica a hipostasiar ideias. As "Formas" tinham para ele, tanto quanto as "Ideias" para Platão, uma existência metafísica própria, responsável por condicionar todas as coisas individuais. E, por mais perspicaz que tenha sido ao compreender o nascimento das ideias a partir da experiência, continua sendo verdadeiro que tais ideias, em especial quando mais distantes da experiência e da percepção imediata, acabam por se converter de produto lógico do pensamento humano em pressentimento imediato de um mundo suprassensível, bem como em objeto, nesse sentido, de uma intuição intelectual.

Não vejo como Aristóteles poderia refutar essa crítica.

A única resposta que posso imaginar seria aquela segundo a qual duas coisas não poderiam ter a *mesma* forma. Se um homem faz duas esferas de bronze, diríamos, cada qual possui uma esfericidade específica, uma esfericidade que é substancial e particular, exemplo da "esfericidade" universal, mas não idêntica a ela. Não creio que a linguagem das passagens citadas possa dar respaldo a essa interpretação. Além disso, ela estaria suscetível à objeção de que, na visão de Aristóteles, a esfericidade particular seria incognoscível, enquanto é da essência de sua metafísica que as coisas, ao tornarem-se mais forma e menos matéria, vão se tornando também mais conhecíveis. Isso não está de acordo com o restante de suas visões, a menos que a forma possa cor-

[4] *Aristotle*, vol. I, p. 204.

porificar-se em muitas coisas particulares. Caso dissesse que há tantas formas que exemplificam a esfericidade quanto há coisas esféricas, ele teria de modificar muito radicalmente a sua filosofia. Por exemplo, a visão de que uma forma é idêntica à sua essência é incompatível com a saída sugerida acima.

A doutrina da matéria e da forma em Aristóteles está vinculada à distinção entre potência e ato. A matéria bruta é a forma em potência; toda mudança é aquilo que deveríamos denominar "evolução", no sentido de que, após a mudança, a coisa em questão possui mais forma do que antes. Aquilo que tem mais forma é considerado mais "real". Deus é forma e realidade puras; nEle, portanto, não pode haver mudança. Veremos que essa doutrina é otimista e teleológica: o universo, bem como tudo o que nele está contido, evolui continuamente para melhor.

O conceito de potência é conveniente em certas ocasiões, contanto que seja utilizado de modo a permitir-nos traduzir nossas declarações numa forma em que o conceito está ausente. "Um bloco de mármore é uma estátua em potencial" significa: "De um bloco de mármore, mediante atos oportunos, uma estátua é esculpida." Quando, porém, a potência é utilizada como conceito fundamental e irredutível, sempre camufla um pensamento confuso. O emprego que Aristóteles lhe dá é um dos pontos negativos de seu sistema.

A teologia de Aristóteles é interessante e está intimamente vinculada ao restante de sua metafísica — com efeito, "teologia" é um dos nomes que "metafísica" recebe. (O livro que conhecemos com esse nome não foi intitulado dessa forma por ele.)

Existem, diz ele, três tipos de substância: aquelas que são sensíveis e perecíveis, aquelas que são sensíveis, mas não perecíveis, e aquelas que não são nem sensíveis, nem perecíveis. A primeira classe abarca as plantas e animais; a segunda inclui os corpos celestes (que para Aristóteles não passavam por mudança nenhuma, exceto o movimento); e a terceira compreende tanto a alma racional no homem quanto Deus.

O principal argumento em favor de Deus é a Causa Primeira: deve haver algo que origina o movimento, algo que é por si só imóvel, eterno, substância e ato. O objeto do desejo e o objeto do pensamento, diz Aristóteles, provocam assim o movimento, sem que estejam eles mesmos a se mover. Desse modo, Deus produz movimento por ser amado, enquanto todas as outras causas de moção operam ao se moverem (como a bola de bilhar). Deus é pensamento puro, pois pensamento é o que há de mais excelente. "A vida também cabe a Deus; com efeito, a atividade do pensamento é vida e Deus é essa atividade mesma; ademais, a atividade autodependente de Deus é vida excelente e eterna. Dizemos, portanto, que Deus é ser vivo, eterno e excelente, de modo que a vida e a duração contínua e eterna pertencem a Ele; de fato, isso *é* Deus" (1072[b]).

> Claro está, de acordo com o que foi dito, que há uma substância eterna, imóvel, distinta das coisas sensíveis. Também é evidente que tal substância não pode ter magnitude; é sem partes e indivisível. (...) Claro está, ademais, que é impassível e inalterável; com efeito, todas as demais mudanças são posteriores à mudança de lugar. (1073[a])

Deus não possui os atributos de uma Providência cristã, pois o ato de pensar em algo que não fosse perfeito, isto é, n'Ele mesmo, o privaria de Sua perfeição. "Deve ser em si mesmo que o pensamento divino pensa (visto tratar-se da mais excelente de todas as coisas), e tal pensamento é um pensamento sobre o pensamento" (1074[b]). Devemos inferir que Deus não conhece a existência de nosso mundo sublunar. A exemplo de Spinoza, Aristóteles afirma que, embora os homens devam amar a Deus, é impossível a Deus amar os homens.

Deus não é *definível* como "motor imóvel". Pelo contrário: considerações astronômicas levam à conclusão de que existem 47 ou 55 deles (1074[a]). A relação entre esses motores imóveis e Deus não é esclarecida; com efeito, segundo a interpretação natural existiriam 47 ou 55 deuses. Após uma das passagens sobre Deus citadas acima, Aristóteles declara: "Não devemos ignorar a questão de saber se há uma só substância assim ou mais de uma", e logo em seguida dá início ao argumento que culmina nos 47 ou 55 motores imóveis.

O conceito de motor imóvel é complexo. À mentalidade moderna, parece que a causa de uma mudança deve ser uma mudança anterior e que, se o universo foi um dia estático, deveria assim ter permanecido para sempre. Para compreendermos o que Aristóteles quer dizer, devemos levar em consideração suas afirmações sobre as causas. Em sua opinião, existem quatro tipos de causa, denominadas, respectivamente: material, formal, eficiente e final. Voltemos ao homem que esculpe uma estátua. A causa material da estátua é o mármore, a causa formal é a essência da estátua a ser produzida, a causa eficiente é o contato do cinzel com o mármore e a causa final é o fim que o escultor tem em vista. Na terminologia moderna, a palavra "causa" se restringiria à causa eficiente. O motor imóvel pode ser visto como causa final: confere propósito à mudança, que em essência nada mais é do que uma evolução rumo à semelhança com Deus.

Disse eu que Aristóteles não teve temperamento profundamente religioso, mas isso só é veraz em parte. Talvez seja possível interpretar certo aspecto de sua religião com alguma liberdade, da seguinte maneira:

Deus existe eternamente enquanto pensamento puro, felicidade e autossatisfação completa, isento de qualquer propósito irrealizado. O mundo sensível, por sua vez, é imperfeito, mas possui vida, desejo, um tipo de pensamento impuro e ambição. Todas as coisas vivas têm, em maior ou menor grau, certa ciência de Deus, sendo impelidas à ação por admiração e amor a Ele. Desse modo, Deus é a causa final de toda atividade. A mudança consiste em dar forma à matéria, mas, no que diz respeito às coisas sensíveis, um substrato de matéria sempre permanece. Somente Deus consiste em forma sem matéria. O mundo evolui continuamente rumo a um grau mais elevado de forma, assemelhando-se assim, cada vez mais, a Deus. Todavia, esse é um processo que não pode ser concluído, visto ser impossível eliminar a matéria por inteiro. Temos aí uma religião de progresso e evolução, uma vez que a perfeição estática de Deus só move o mundo por meio do amor que os seres finitos por Ele sentem. Platão foi matemático; Aristóteles, biológico. Isso explica suas diferenças religiosas.

Essa, porém, seria uma visão unilateral da religião aristotélica. Também encontramos em Aristóteles o amor grego pela perfeição estática e a preferência pela contemplação em detrimento da ação. A doutrina da alma ilustra esse aspecto de sua filosofia.

Se Aristóteles apregoou ou não alguma forma de imortalidade tem sido questão controversa entre os comentadores. Averróis, para quem a resposta é negativa, teve seguidores em países cristãos; os mais radicais foram denominados epicuristas, e Dante encontrou-os no inferno. Com efeito, a doutrina de Aristóteles é complexa e facilmente suscetível a incompreensões. Em *Sobre a alma*, ele afirma que a alma está presa ao corpo e ridiculariza a doutrina pitagórica da transmigração (407[b]). Ao que parece, a alma perece junto com o corpo: "Segue-se, sem que disso haja qualquer dúvida, que a alma é inseparável do corpo" (413[a]). Todavia, logo em seguida se lê: "ou ao menos certas partes dela o são." Corpo e alma se relacionam como matéria e forma: "a alma deve, portanto, ser necessariamente uma substância, no sentido de forma de um corpo material que traz, em si, vida em potência. Entretanto, a substância é um ato, e assim a alma será o ato do corpo, conforme caracterizado acima" (412[a]). A alma "é substância no sentido que corresponde à fórmula definitiva da essência de uma coisa. Isso significa que se trata do 'quê essencial' de um corpo desse tipo" (isto é, que tem vida) (412[b]). A alma é o grau primeiro do ato de um corpo natural que possui vida em potência. O corpo assim descrito é um corpo organizado (412[a]). Questionar se alma e corpo são um só é tão absurdo quanto questionar se a cera e a forma que o selo lhe confere são uma só coisa (412[b]). A autoalimentação é a única capacidade psíquica que possuem as plantas (413[a]). A alma é a causa final do corpo (414[a]).

Na obra, Aristóteles distingue "alma" de "espírito": o espírito é superior à alma e menos preso ao corpo. Após tratar da relação entre alma e corpo, ele diz: "O caso do espírito é distinto; parece-me que se trata de uma substância independente implantada na alma e que é impossível destruí-la" (408[b]). E ainda: "Ainda carecemos de evidências a respeito do espírito ou da capacidade de pensar. Parece ser um tipo muito distinto de alma, diferenciando-se tanto quanto o que é eterno difere do perecível. É capaz de ter existência fora do contato com todas as outras faculdades psíquicas. A partir do que dissemos, claro está que cada parte da alma não pode ter existência independente, não obstante certas declarações feitas em contrário" (413[b]). O espírito é a parte de nós que compreende a matemática e a filosofia; seus objetos são atemporais, e por conseguinte é visto também como atemporal. A alma é o que move o corpo e percebe os objetos sensíveis; caracteriza-se pela autoalimentação, pela sensação, pelo sentimento e pela mobilidade (413[b]); ao espírito, porém, cabe a função mais nobre de pensar, a qual não possui qualquer relação com o corpo ou os sentidos.

Como consequência, o espírito pode ser imortal mesmo se o restante da alma não o for.

Para que compreendamos a doutrina aristotélica da alma, devemos recordar que a alma é a "forma" do corpo e que o aspecto espacial é um tipo de "forma". O que há em comum entre alma e aspecto? Tenho a impressão de ser a atribuição de unidade a certa quantidade de matéria. A parte de um bloco de mármore que se tornará estátua ainda não está separada do resto do mármore; não se trata ainda de "coisa" e não possui ainda unidade. Depois de esculpida, a estátua tem unidade que deriva de sua forma. Ora, a característica essencial da alma, em virtude da qual dizemos que é "forma" do "corpo", está no fato de fazer do corpo um todo orgânico, dotado de propósitos enquanto unidade. Um órgão isolado tem objetivos que são extrínsecos a si mesmo; o olho, quando sozinho, é incapaz de ver. Desse modo, muitas são as coisas que podem ser ditas de um animal ou de uma planta como um todo mas não de alguma de suas partes. É nesse sentido que a organização ou forma confere substancialidade. Aquilo que confere substancialidade a uma planta ou animal é denominado "alma" por Aristóteles. "Espírito", porém, é algo distinto e não tão preso ao corpo; talvez seja parte da alma, mas somente uma minoria dos seres vivos o possui (415[a]). O espírito, como especulação, não pode ser causa de movimento, uma vez que jamais pensa no que é praticável e jamais diz o que deve ser evitado ou almejado (432[b]).

Uma doutrina semelhante, mas dotada de uma pequena diferença terminológica, é formulada na *Ética a Nicômaco*. Existem na alma um elemento racional e um irracional. A parte irracional divide-se em duas: em vegetativa, encontrada em tudo o que vive, inclusive nas plantas, e em apetitiva, verificável em todos os animais (1102[b]). A vida da alma racional consiste na contemplação, que por sua vez constitui a felicidade plena do homem, não obstante seja impossível lográ-la por completo. "Uma vida assim seria demasiadamente elevada para o homem; com efeito, não é na medida em que é homem que viverá assim, mas na medida em que algo divino se faz presente nele; e isso é tão superior à nossa complexa natureza quanto sua atividade é superior ao exercício do outro tipo de virtude [a virtude prática]. Se, portanto, a razão é divina em comparação com o homem, a vida que a tem como norte é divina em comparação com a vida humana. Porém, não devemos seguir o conselho dos que nos exortam a pensar em coisas humanas por sermos homens e em coisas mortais por sermos mortais; devemos, antes, almejar a imortalidade tanto quanto possível, bem como esforçarmo-nos para viver de acordo com o que há de melhor em nós; pois, ainda que seja isso pequeno em volume, muito maior é em força, e em valor supera tudo" (1177[b]).

À luz dessas passagens, temos a impressão de que a individualidade — aquilo que distingue um homem do outro — diz respeito ao corpo e à alma irracional, enquanto a alma racional ou o espírito é divino e impessoal. Um homem gosta de ostras, e outro, de abacaxis; isso os diferencia. Quando, porém, pensam na tabuada de multiplicar, não há entre eles diferença alguma, contanto que pensem corretamente. O irracional nos separa, o racional nos une. Por conseguinte, a imortalidade do espírito ou da razão não é uma imortalidade pessoal de cada um, mas uma participação na imortalidade de Deus. Não parece que Aristóteles um dia acreditou na imortalidade *pessoal* tal qual apregoada por Platão e, depois, pelo cristianismo. Tudo o que achava era que os homens, na medida em que racionais, participam do divino, que é imortal. Cabe aos homens aumentar o elemento divino em sua natureza, e fazê-lo é a mais elevada de todas as virtudes. No entanto, se isso se realizasse por completo, cada qual deixaria de existir como pessoa isolada. Talvez essa não seja a única interpretação possível das palavras de Aristóteles, mas creio que seja a mais natural.

20

A ética de Aristóteles

No *corpus* aristotélico, são três os tratados dedicados à ética, mas a autoria de dois deles costuma ser hoje atribuída a discípulos. A autenticidade da *Ética a Nicômaco* em geral permanece inconteste, mas mesmo nesse terceiro trabalho há um segmento (os Livros V, VI e VII) que muitos dizem ter sido obra de pupilos. Entretanto, ignorarei a questão controversa e tratarei todo o livro como se de autoria de Aristóteles.

Em linhas gerais, sua visão sobre a ética representa as opiniões que predominavam entre os homens educados e experimentados da época. Ao contrário das de Platão, elas não estão impregnadas de religiosidade mística e tampouco abarcam teorias heterodoxas, como aquelas formuladas na *República* ao tratar da propriedade e da família. Aqueles que não se encontram nem abaixo nem acima do nível dos cidadãos decentes e bem-comportados encontrarão na *Ética* uma exposição sistemática dos princípios pelos quais julgam que suas condutas devem ser reguladas. Os que exigirem algo mais ficarão decepcionados. O livro encanta aos homens respeitáveis de meia-idade e vem sendo por eles utilizado, de modo especial desde o século XVII, para reprimir o ardor e o entusiasmo dos jovens. Para alguém de emoções intensas, porém, ele provavelmente soará repulsivo.

O bem, lemos, é a *felicidade*, que por sua vez é uma atividade da alma. Aristóteles diz que Platão agiu bem ao dividir a alma em duas partes, uma racional, e a outra, irracional. A parte irracional se divide em vegetativa (encontrada até mesmo nas plantas) e apetitiva (encontrada em todos os animais). A parte apetitiva pode ser racional em certa medida, caso em que os bens que busca são tais que a razão os aprova. Isso é essencial à exposição da virtude, pois em Aristóteles somente a razão é puramente contemplativa, sendo-lhe impossível realizar qualquer atividade prática sem o auxílio do apetite.

Dois são os tipos de virtude: *intelectuais* e *morais*, cada qual correspondendo a uma das duas partes da alma. As virtudes intelectuais resultam da instrução; as morais, do hábito. É papel do legislador tornar bons os cidadãos fomentando bons hábitos. Tornamo-nos justos ao praticarmos atos justos, e assim com todas as outras virtudes. Se formos obrigados a adquirir hábitos bons, crê Aristóteles, com o tempo encontraremos prazer ao agir bem. Vem à mente a fala de Hamlet à sua mãe:

> Ar de virtude assume tu, se não a tens.
> Pois o costume, que o juízo todo gasta,
> Se é demônio, qual anjo nisso também é:
> Ao que fez uso de ações boas, virtuosas,
> Vestido novo ou uniforme também dá
> Que traja bem.

Chegamos agora à famosa doutrina da mediocridade áurea. Toda virtude é meio-termo entre dois extremos, cada qual um vício. Demonstra-o o exame das várias virtudes. A coragem é meio-termo entre a covardia e a temeridade; a generosidade, entre a prodigalidade e a maldade; o amor-próprio, entre a vaidade e a humildade; a vivacidade de espírito, entre a bufonaria e a grosseria; a modéstia, entre a timidez e a falta de vergonha. Algumas virtudes não parecem se encaixar nesse esquema — a sinceridade, por exemplo. Aristóteles a toma como meio-termo entre a vanglória e a falsa modéstia (1108[a]), mas isso só se aplica à sinceridade de alguém em relação a si mesmo. Não vejo como ela, em sentido mais amplo, possa se adequar a esse esboço. Certa feita, houve um prefeito que adotara a doutrina de Aristóteles; ao final de seu mandato, fez um discurso em que disse ter tentado percorrer a tênue linha que separa a parcialidade da imparcialidade. A visão da sinceridade como meio-termo parece igualmente absurda.

As opiniões de Aristóteles a respeito de questões morais são sempre as que se convencionaram em seu tempo. Em alguns aspectos, diferem das opiniões de hoje, sobretudo quando alguma forma de aristocracia está envolvida. Nós acreditamos que os seres humanos, ao menos em teoria ética, possuem direitos iguais e que justiça subentende igualdade; Aristóteles, por sua vez, acredita que não é igualdade o que a justiça subentende, mas a justa proporção, a qual só *às vezes* é igualdade (1131^b).

A justiça de um amo ou de um pai é diferente da justiça de um cidadão, uma vez que o filho ou o escravo é propriedade e contra a própria propriedade não pode haver injustiça (1134^b). Quanto aos escravos, porém, a doutrina sofre leve modificação no que toca a possibilidade de haver amizade entre eles e o amo: "Nada há em comum entre ambos. O escravo é um instrumento vivo. (...) Enquanto escravo, portanto, não é possível travar com ele amizade. Na condição de homem, porém, a possibilidade existe; com efeito, parece haver certa justiça entre dois homens que partilham de um único sistema de leis ou que são partes de um mesmo acordo; por conseguinte, também pode haver amizade com ele enquanto é homem" (1161^b).

Um pai pode repudiar um filho perverso, mas um filho não pode repudiar seu pai, pois deve a ele mais do que poderia pagar-lhe — sobretudo a sua existência (1163^b). Em relações desiguais, é correto que o inferior ame o superior mais do que este ame aquele; afinal, todos devem ser amados em proporção a seu valor: esposas, filhos e súditos devem amar mais os maridos, pais e monarcas do que o contrário. Num bom casamento, "o homem administra de acordo com seu valor e com as matérias que lhe compete administrar, mas deixa para a mulher aquelas que a ela cabem" (1160^b). Ele não deve interferir no que compete à esposa; muito menos deve ela administrar o que é dele, como às vezes acontece quando se trata de uma herdeira.

Na concepção de Aristóteles, o melhor indivíduo é alguém muito diferente do santo cristão: ele deve ter amor-próprio e não subestimar os próprios méritos; deve também desprezar quem é digno de desprezo (1124^b). A descrição do homem altivo ou magnânimo[1] é interessantíssima por revelar como se diferenciam as éticas pagã e cristã e em que sentido Nietzsche estava certo ao tratar o cristianismo como uma moralidade de escravos.

---

[1] Em sentido literal, a palavra grega significa "de alma grande" e é costumeiramente traduzida como "magnânimo", mas a tradução Oxford diz "altivo". Nenhum dos dois termos expressa muito bem, em seu sentido moderno, o que Aristóteles quis dizer, mas prefiro a palavra "magnânimo" e a empreguei em lugar de "altivo" na citação acima, cuja fonte é a tradução Oxford.

O homem magnânimo, sendo ele o que merece mais, deve ser bom no mais alto grau; com efeito, o melhor homem sempre merece mais e o melhor de todos, o máximo. Por conseguinte, o homem verdadeiramente magnânimo deve ser bom. E a grandeza em toda virtude parece ser característica dele. Seria assaz inadequado ao magnânimo fugir do perigo, agitando as mãos à direita e à esquerda, ou injuriar outrem; com que finalidade, afinal, cometeria ele, a quem nada é grande, atos desventurosos? (...) A magnanimidade, por conseguinte, parece ser uma espécie de coroa das virtudes, uma vez que as torna maiores e não pode ser encontrada sem elas. Desse modo, é difícil ser magnânimo de fato, uma vez que é impossível sê-lo sem nobreza e bondade de caráter. São sobretudo as honras e desonras que interessam ao magnânimo. As honras que forem grandiosas e conferidas por homens bons, ele aceitará com satisfação modesta, acreditando receber o que lhe cabe ou ainda menos do que isso; ainda que não haja honra digna da virtude perfeita, ele a receberá porque nada há de maior que lhe possam oferecer. A honra que vem da gente vulgar, porém, oferecida por razões mesquinhas, ele desprezará ao máximo, dado não ser esta a que merece; e o mesmo com a desonra, que nesse caso seria injusta. (...) Poder e riqueza são desejáveis em nome da honra; e, para o homem a quem mesmo a honra é coisa pouca, todas as outras também o serão. Por essa razão os homens magnânimos são considerados desdenhosos. (...) Não correrá ele riscos mesquinhos, (...) mas apenas os grandes riscos; e, quando em perigo, não poupará a própria vida, ciente de que há situações em que ela de nada vale. Ademais, trata-se do tipo de homem que confere benefícios mas envergonha-se de recebê-los, pois aquilo é marca do homem superior, e isto, do inferior. Também dá como retribuição benefícios maiores, pois desse modo o benfeitor original, além de receber o que lhe cabe, ser-lhe-á também devedor. (...) É traço do homem magnânimo nunca ou quase nunca pedir, mas oferecer auxílio de bom grado e dignificar-se ante o que ocupa posição elevada, enquanto se comporta despretensiosamente com os de classe mediana; com efeito, é coisa difícil e nobre ser superior àqueles, mas fácil sê-lo entre estes, e uma atitude nobre para com os primeiros não é sinal de má educação, enquanto entre os humildes é tão vulgar quanto uma demonstração de força contra os fracos. (...) Ele também não deve dissimular seu ódio e seu amor, uma vez que

> esconder os próprios sentimentos, isto é, cuidar menos da veracidade do que daquilo que pensam os outros, é postura de covardes. (...) Fala ele o que bem entender porque é desdenhoso e dado a revelar a verdade, exceto quando fala com ironia ao vulgo. (...) Tampouco é dado a admirações, pois para ele nada é grande. (...) Também não se presta a fofocas, pois jamais falará sobre si ou sobre outrem por não importar-lhe ser enaltecido nem culpar terceiros. (...) Ele é aquele que possuirá coisas belas e improfícuas em detrimento das profícuas e úteis. (...) Ademais, julga-se próprio do homem magnânimo o passo lento, a voz profunda e o falar equilibrado. (...) Eis, pois, o homem magnânimo; o que não lhe está à altura é indevidamente humilde e aquele que o supera é vaidoso. (1123^{b}-1125^{a})

É de causar calafrios imaginar como seria o vaidoso.

Independentemente do que se diga do homem magnânimo, uma coisa é certa: não pode haver muitos como ele numa só comunidade. Não o digo apenas no sentido, genérico, de que provavelmente não existirão muitos virtuosos porque a virtude é difícil; o que quero dizer é que as virtudes do magnânimo dependem sobretudo de sua extraordinária posição social. Aristóteles considera a ética uma ramificação da política, e não surpreende, após os elogios que destina à altivez, que considere a monarquia a melhor forma de governo, e a aristocracia, a segunda melhor. Monarcas e aristocratas podem ser "magnânimos", enquanto os cidadãos comuns seriam dignos de riso caso tentassem viver segundo os mesmos parâmetros.

Isso levanta uma questão que é em parte ética e, em parte, política. Podemos considerar moralmente satisfatória a comunidade que, por sua constituição essencial, limita o que há de melhor a uns poucos e exige que a maioria se contente com o que é menos desejável? Platão e Aristóteles dizem que sim, e Nietzsche concorda. Estoicos, cristãos e democratas acreditam que não. No entanto, há diferenças consideráveis no modo como o negam. Os estoicos e os primeiros cristãos têm a virtude como sumo bem e afirmam que as circunstâncias exteriores não podem impedir alguém de ser virtuoso; não há necessidade, portanto, de buscar um sistema social justo, visto que a injustiça só afeta questões de pouca importância. O democrata, por sua vez, costuma afirmar que os bens mais importantes são o poder e a propriedade, ao menos no que diz respeito à política; é-lhe impossível, portanto, concordar com um sistema social que seja injusto nesses aspectos.

A visão estoico-cristã exige uma concepção de virtude muito diferente da que é sustentada por Aristóteles, pois defende que é possível tanto ao escravo quanto ao senhor ser virtuoso. A ética cristã reprova a altivez, considerada por Aristóteles como virtude, e enaltece a humildade, para ele um vício. As virtudes intelectuais, elevadas acima de todas as outras por Platão e Aristóteles, devem ser eliminadas da lista por completo a fim de que os pobres e humildes possam ser virtuosos como todos os outros. O papa Gregório Magno reprovou solenemente um bispo que ensinava a gramática.

A visão aristotélica segundo a qual a suma virtude é para poucos está logicamente vinculada à subordinação da ética à política. Se o objetivo é antes a boa comunidade, em detrimento do bom indivíduo, é possível que na boa comunidade uma tal subordinação exista. Numa orquestra, o primeiro violino é mais importante do que o oboé, não obstante ambos se façam necessários à excelência do todo. É impossível organizar uma orquestra dando a cada homem o que seria melhor na condição de indivíduo isolado. O mesmo se aplica ao governo de um grande Estado moderno, por mais democrático que seja. Ao contrário daquelas da Antiguidade, a democracia moderna confere grande poder a certos indivíduos escolhidos — presidentes ou primeiros-ministros —, dos quais exige méritos que não são esperados do cidadão comum. Se não estiverem pensando em termos religiosos ou políticos, as pessoas provavelmente concordarão que o bom presidente merece mais honras do que o bom pedreiro. Numa democracia, ninguém espera que o presidente seja como o homem magnânimo de Aristóteles, mas não obstante é preciso que se distinga do cidadão comum e que tenha certos méritos convenientes a seu cargo. Esses méritos próprios talvez não sejam considerados "éticos", mas isso se dá porque usamos o adjetivo em sentido mais limitado do que aquele empregado por Aristóteles.

Como resultado do dogma cristão, a distinção entre moral e outros méritos se tornou mais aguda do que em tempos gregos. Possui mérito o homem que é grande poeta, grande compositor ou grande pintor, mas esses não são méritos *morais*; não o julgamos mais virtuoso por possuí-los, nem achamos que isso torna mais fácil sua ida para o céu.

O mérito *moral* só se refere aos atos da vontade, isto é, à escolha certa entre várias ações *possíveis*.[2] Ninguém pode me culpar por não ter escrito uma ópera, visto que não sei como fazê-lo. A perspectiva ortodoxa declara que, sempre que duas ações são possíveis, a consciência me diz qual é a correta, e escolher a outra é pecar. A virtude nada mais é do que evitar o pecado; não se trata de algo positivo. Não há por que esperar que um homem educado seja *moralmente* melhor do que um inculto ou mais inteligente do que um tolo. Assim, muitos méritos de enorme importância social são eliminados do âmbito da ética. Em seu uso moderno, o adjetivo "antiético" possui abrangência muito mais restrita do que o adjetivo "indesejável". É indesejável ser parvo, mas não antiético.

Muitos filósofos modernos, porém, não aceitaram essa visão da ética. Segundo eles, seria necessário definir o bem antes de dizer que nossas ações deveriam ser aquelas que tendem a realizá-lo. Esse ponto de vista se assemelha mais ao de Aristóteles, para quem felicidade é o bem. É verdade que só o filósofo tem acesso à suma felicidade, mas para Aristóteles isso não constitui objeção.

As teorias éticas podem ser divididas em duas classes: as que veem a virtude como fim e as que a veem como meio. No geral, Aristóteles é da opinião de que as virtudes são meios que conduzem a um fim, que é a felicidade. "Sendo, pois, o fim aquilo que almejamos, e os meios aquilo sobre o que deliberamos e decidimos, as ações referentes aos meios devem estar de acordo com a escolha e devem ser voluntárias. Ora, o exercício das virtudes tem relação com os meios" (1113[b]). Todavia, há ainda outro sentido em que a virtude diz respeito à finalidade das ações: "O bem humano é a atividade da alma segundo a virtude numa vida completa" (1098[a]). Creio que ele diria que as virtudes intelectuais são fins, mas as virtudes práticas, apenas meios. Os moralistas cristãos afirmam que, embora costumem ser boas as consequências das ações virtuosas, elas não são *tão* boas como as ações virtuosas mesmas, as quais devem ser estimadas por si sós e não segundo seus efeitos. Por outro lado, aqueles que têm o prazer como bem encaram as virtudes como meros meios. Qualquer definição de bem, salvo aquela que o equipara à virtude, chegará à mesma conclusão: a de que

[2] É verdade que Aristóteles diz o mesmo (1105[a]), mas em sua leitura as consequências não têm tão grande alcance quanto na interpretação cristã.

as virtudes são meios que conduzem a bens que delas diferem. Como vimos, nesse aspecto Aristóteles concorda, embora não totalmente, com os que julgam que primordial à ética é definir o bem e que a virtude deve ser caracterizada como a ação que tende a produzi-lo.

A relação da ética com a política levanta outra questão ética de considerável importância. Dado que o bem que deveria almejar a ação correta é o bem de toda a comunidade — ou, no final das contas, de toda a raça humana —, esse bem social seria a soma dos bens desfrutados pelos indivíduos ou algo que pertence essencialmente ao todo, e não a suas partes? Podemos ilustrar o problema valendo-nos de uma analogia com o corpo humano. Os prazeres são associados sobretudo às diferentes partes do corpo, mas nós os encaramos como se pertencessem à pessoa inteira; podemos desfrutar de um cheiro agradável, mas sabemos que, sozinho, o nariz seria incapaz de fazê-lo. Analogamente, alguns defendem que, numa comunidade organizada com rigor, existem excelências que pertencem ao todo, mas não a uma parte específica. Caso sejam metafísicos, podem afirmar, qual fez Hegel, que cada qualidade boa é um atributo do universo como um todo; no entanto, em geral acrescentarão que é menos equivocado atribuir o bem a um Estado do que a um indivíduo. Em termos lógicos, essa visão pode ser formulada da forma que segue. Podemos atribuir a um Estado vários predicados que não podem ser atribuídos a seus membros isolados — o fato de ser populoso, extenso, poderoso etc. A perspectiva em questão inclui os predicados éticos nessa classe e diz que eles só pertencem aos indivíduos por derivação. Um homem pode pertencer a um Estado populoso ou a um Estado bom, mas ele mesmo, dizem, não é nem bom nem populoso. Essa visão, muito adotada por filósofos alemães, não é aquela de Aristóteles, salvo talvez, em certa medida, no que diz respeito à sua concepção de justiça.

Uma parte considerável da *Ética* se ocupa do exame da amizade, o qual inclui todas as relações que envolvem afeto. A amizade perfeita só é possível entre os bons. Além disso, ninguém pode ser amigo de muita gente. Não convém a um indivíduo ter amizade com gente de posição mais elevada, exceto caso tenha também virtude superior, o que justificará o respeito que lhe é demonstrado. Vimos que, em relações desiguais — como aquelas entre marido e mulher e entre pai e filho —, o superior deve ser mais amado. É impossível ser amigo de Deus, dado que Ele não pode amar-nos. Aristóteles examina se o homem pode ser amigo de si mesmo e conclui que isso só é possível caso se trate de um homem bom; homens perversos, afirma, muitas vezes odeiam a si próprios. O homem bom deve amar a si mesmo, mas com nobreza (1169[a]). Amigos oferecem consolo nos momentos de desgraça, mas não é legítimo fazê-los infelizes buscando sua comiseração, como fazem as mulheres e os afeminados (1171[b]). Além disso, não é apenas nos momentos de desgraça que eles são desejáveis, pois o homem feliz necessita de amigos com quem possa partilhar sua alegria. "Ninguém escolheria o mundo inteiro se lhe fosse posta a condição de permanecer só, uma vez que o homem é criatura política e é de sua natureza viver com os outros" (1169[b]). Tudo o que é dito sobre a amizade é razoável, mas não há uma palavra sequer que fuja do senso comum.

Aristóteles demonstra mais uma vez seu bom senso quando da análise do *prazer*, por Platão tratado de modo um tanto ascético. No sentido em que Aristóteles o emprega, prazer é diferente de felicidade, ainda que não possa existir felicidade sem ele. São três, em sua opinião, os pontos de vista referentes ao prazer: (1) aquele segundo o qual nunca é bom; (2) aquele segundo o qual alguns são bons, mas a maioria não; (3) aquele segundo o qual o prazer é bom, mas não é o que há de melhor. Ele rejeita a primeira declaração afirmando que a dor é indubitavelmente ruim, e assim o prazer deve ser bom. De maneira muito acertada, afirma também que é absurdo dizer que o homem pode ser feliz na angústia: certo grau de ventura exterior se faz necessário à felicidade. Aristóteles descarta ainda a visão de que todos os prazeres são corpóreos; tudo tem em si algo de divino e, portanto, a capacidade de alcançar prazeres mais elevados. Os bons homens sentem prazer se não estiverem desgraçados, e Deus está sempre gozando de um prazer simples e único (1152-1154).

Há, num segmento posterior do livro, outro exame do prazer que não está inteiramente de acordo com o que foi dito anteriormente. Lemos ali que existem prazeres ruins, mas que não são prazeres para as pessoas boas (1173[b]); que talvez os prazeres sejam de tipos diferentes (ibid.); e que os prazeres são bons ou maus dependendo das atividades a que estejam vinculados (1175[b]). Há coisas que são mais estimadas do que o prazer; ninguém se contentaria em passar toda a vida com o intelecto de uma criança, ainda que seja prazeroso fazê-lo. Cada animal tem um prazer próprio, e o do homem está relacionado à razão.

Isso culmina na única doutrina no livro que não se resume ao senso comum. A felicidade se encontra na atividade virtuosa, e a felicidade perfeita jaz na melhor delas, que é contemplativa. A contemplação é preferível à guerra, à política ou a qualquer outra carreira prática porque se concilia com o ócio, essencial à felicidade. A virtude prática só oferece um tipo secundário de felicidade; a felicidade suprema está no exercício da razão, pois a razão, mais do que qualquer outra coisa, é o homem. O homem não pode ser *plenamente* contemplativo, mas, na medida em que é, compartilha da vida divina. "A atividade de Deus, que ultrapassa todas as outras em bem-aventurança, deve ser contemplativa." De todos os seres humanos, o filósofo é o que possui atividade mais divina, sendo portanto o mais feliz e o melhor:

> Aquele que exercita e cultiva a razão parece estar em melhor estado de espírito e ser mais caro aos deuses. Com efeito, se os deuses têm, como se pensa, qualquer interesse pelos afazeres humanos, seria sensato que se deleitassem com o que é melhor e mais afim a si mesmos [isto é, a razão] e que recompensassem os que o amam e honram, ocupando-se assim das coisas que lhes são caras e agindo tanto com retidão quanto com nobreza. É manifesto que todos esses atributos pertencem sobretudo ao filósofo. Desse modo, é ele o mais caro aos deuses. Supostamente, aquele que o é será o mais feliz, de modo que também assim o filósofo será mais feliz do que qualquer outro. (1179[a])

Essa passagem é praticamente a peroração da *Ética*; os poucos parágrafos que se seguem fazem a transição para a política.

Tentemos definir agora o que devemos pensar acerca dos méritos e deméritos da *Ética*. Ao contrário de muitos dos temas tratados pelos filósofos gregos, a ética não viu nenhum avanço claro no sentido em que veem as descobertas averiguadas; nada na ética é *conhecido* em sentido científico. Desse modo, não há razões para que um tratado antigo a ela dedicado seja inferior a um moderno em qualquer aspecto. Quando Aristóteles fala sobre astronomia, podemos afirmar com toda a certeza que se equivoca; quando se ocupa da ética, porém, nada nesse sentido pode ser dito. Em linhas gerais, são três as perguntas que podemos formular acerca da ética de Aristóteles ou de qualquer outro filósofo: (1) é internamente consistente? (2) É consistente com as outras visões do autor? (3) Fornece, às perguntas éticas, respostas que estão de acordo com nossos sentimentos éticos? Se a resposta à primeira ou à segunda pergunta for negativa, o filósofo em questão cometeu algum equívoco intelectual; se negativa for a resposta da terceira, não temos o direito de dizer que errou: podemos apenas declarar que não nos agrada.

Examinemos cada uma dessas três perguntas no contexto da teoria ética enunciada em *Ética a Nicômaco*.

(1) Como um todo, o livro é consistente, exceto em certos aspectos de pouca importância. A doutrina de que o bem é felicidade e a felicidade consiste na atividade bem-sucedida é satisfatoriamente elaborada. Embora desenvolvida com enorme engenho, a teoria de que toda virtude é meio-termo entre dois extremos não é tão feliz, uma vez que não se aplica à contemplação intelectual, considerada a melhor de todas as atividades. É possível, porém, defender que a doutrina do meio-termo só deve ser aplicada às virtudes práticas, e não às do intelecto. Talvez a posição do legislador, para tomarmos outro ponto de vista, seja um tanto ambígua. Ele deve lograr que as crianças e jovens tenham por hábito ações boas que, no final, farão que sintam prazer na virtude e com que ajam virtuosamente sem a necessidade de imposições legais. É óbvio que o legislador também pode levar os jovens a hábitos *maus*; para que isso não ocorra, deve possuir toda a sabedoria do guardião platônico. Se ocorrer, porém, o argumento de que a vida virtuosa é agradável sucumbirá. Mas talvez esse problema pertença mais à política do que à ética.

(2) A ética de Aristóteles é toda consistente com a sua metafísica. Na realidade, suas teorias metafísicas são elas mesmas expressões de um otimismo ético. Ele acredita na importância científica das causas finais, o que subentende a crença em que o propósito pauta o desenvolvimento do universo. Acha que, em sua maioria, as mudanças acarretam o aumento da organização ou forma, e as ações virtuosas são basicamente aquelas que favorecem essa tendência. É verdade que boa parte de sua ética prática não é particularmente filosófica, mas antes

o resultado da observação dos afazeres humanos; contudo, embora possa ser independente de sua metafísica, essa parte de sua doutrina não a contradiz.

(3) Quando comparamos os gostos éticos de Aristóteles com os nossos, descobrimos em primeiro lugar uma aceitação da desigualdade que ao sentimento moderno parece repugnante. Não apenas inexiste objeção à escravidão ou à superioridade dos maridos e pais com relação às esposas e filhos; também se afirma que o que é melhor é essencialmente destinado a poucos — aos homens magnânimos e aos filósofos. A maioria dos homens, parece, não passa de instrumento para a produção de um punhado de governantes e sábios. Kant defendeu que cada ser humano é um fim em si, e isso pode ser visto como expressão da perspectiva introduzida pelo cristianismo. Todavia, há na visão kantiana uma dificuldade lógica, uma vez que ela não fornece instrumentos para que se alcance uma decisão quando os interesses de dois homens se opõem. Se cada qual é um fim em si, como chegaremos a um princípio que determine quem deve ceder? Um tal princípio deve estar relacionado à comunidade, e não ao indivíduo. No sentido mais amplo da palavra, deverá ser um princípio de "justiça". Bentham e os utilitaristas interpretam "justiça" como "igualdade": quando os interesses de dois homens são incompatíveis, a atitude correta é aquela que gera maior felicidade total, independentemente de quem a desfrute ou de como for partilhada. Se mais é dado ao melhor e menos ao pior, isso ocorre porque, em longo prazo, a felicidade geral aumenta quando recompensada a virtude e punido o vício, e não porque uma doutrina ética elementar diz que o bom merece mais do que o mau. "Justiça", segundo esse ponto de vista, consiste em considerar somente a quantidade de felicidade envolvida, sem favorecer nenhuma pessoa ou classe em detrimento de outra. Os filósofos gregos, entre os quais Platão e Aristóteles, possuem uma concepção de justiça diferente, ainda hoje muito difundida. Eles acreditavam — originalmente, com base na religião — que cada coisa ou pessoa possui esfera própria, sendo "injusto" violá-la. Alguns homens, dados o seu caráter e suas aptidões, têm esfera maior do que outros, e não há injustiça nenhuma no ato de desfrutarem um quinhão maior de felicidade. Essa visão é dada como certa por Aristóteles, mas suas raízes na religião primitiva, manifestas como eram nos filósofos precedentes, deixaram de ser claras em seus escritos.

Quase não se encontra em Aristóteles aquilo que podemos chamar de benevolência ou filantropia. Os sofrimentos da humanidade, na medida em que esteve ciente deles, não o comovem; intelectualmente, Aristóteles os toma como males, mas não há evidências de que lhe causem tristeza, exceto quando os sofredores são seus amigos.

Em linhas mais gerais, há na *Ética* uma pobreza emocional que não encontramos em filósofos precedentes. Há uma vaidade e uma despreocupação indevidas nas especulações aristotélicas sobre os afazeres humanos; tudo aquilo que faz com que os homens se interessem apaixonadamente uns pelos outros parece esquecido. Mesmo sua exposição da amizade é tépida. Ele não dá sinal nenhum de que vivenciara qualquer uma daquelas experiências que dificultam a preservação da lucidez; os aspectos mais profundos da vida moral lhe parecem desconhecidos. Pode-se afirmar que Aristóteles deixa de fora toda a esfera da experiência humana que se refere à religião. O que ele tem a dizer é aquilo que será útil a homens despreocupados e de paixões fracas; nada disso importa aos que estão possuídos por um deus ou um demônio, tampouco para aquele cuja desgraça exterior o leva ao desespero. Por essa razão, tenho para mim que sua *Ética*, não obstante a fama de que desfruta, carece de importância intrínseca.

21

A política de Aristóteles

A *Política* de Aristóteles é interessante e importante: interessante por revelar os preconceitos comuns aos gregos instruídos da época; importante por ser fonte de muitos princípios que permaneceram influentes até o final do medievo. Não acredito haver nela o que possa ter utilidade prática para o estadista de hoje, mas muito do que diz esclarece os conflitos travados nas diferentes partes do mundo helênico. Nada é dito sobre os métodos de governo dos Estados estrangeiros. É bem verdade que encontramos alusões ao Egito, à Babilônia, à Pérsia e a Cartago, mas com a exceção do que se diz sobre Cartago elas são bastante superficiais. Alexandre não tem seu nome mencionado; também não há nada sobre a radical transformação que ele operava no mundo. Todo o exame diz respeito às cidades-estados, e não há previsão de sua obsolescência. Em virtude de sua divisão em cidades independentes, a Grécia era um laboratório de experiências políticas, mas nada a que tais experimentos tivessem relevância existiu desde a época de Aristóteles até o surgimento das cidades italianas na Idade Média. Em muitos sentidos, a experiência a que Aristóteles recorre é mais relevante para o mundo comparativamente moderno do que para qualquer outro que tenha existido ao longo dos 1.500 anos posteriores à redação da obra.

Há, episodicamente, muitos comentários divertidos, e de alguns podemos nos ocupar antes de passarmos à teoria política. Lemos que Eurípides, quando na corte de Arquelau, rei da Macedônia, foi acusado de ter mau hálito por um certo Decâmnico. Para apaziguar sua fúria, o rei permitiu-lhe que flagelasse o acusador, e assim o fez. Passados muitos anos, Decâmnico participou de uma conspiração bem-

-sucedida para matar o rei, mas nessa época Eurípides já era morto. Lemos também que as crianças devem ser concebidas no inverno, quando o vento vem do norte; que a indecência deve ser cautelosamente evitada, uma vez que "palavras vergonhosas conduzem a atos vergonhosos"; e que a obscenidade jamais deve ser tolerada, exceto nos templos, onde a lei admite até mesmo a ribaldaria. Não se deve casar muito novo, pois nesse caso os filhos serão fracos e afeminados, as esposas se tornarão dissolutas e os maridos verão tolhido seu crescimento. O momento certo para o casamento é aos 37 anos para os homens e aos 18 para as mulheres.

Lemos como Tales, ridicularizado por sua pobreza, comprou em parcelas todos os lagares de oliva, cobrando então taxas para permitir seu uso exclusivo — tudo para demonstrar que os filósofos *podem* fazer fortuna e que, se permanecem pobres, é porque têm algo mais importante em que pensar do que a riqueza. Nada disso, porém, é coisa importante; é hora de ocuparmo-nos de temas mais sérios.

O livro começa assinalando a importância do Estado: trata-se do tipo mais elevado de comunidade, o qual tem como ambição o sumo bem. Na ordem do tempo, a família vem primeiro; ela se alicerça sobre as duas relações basilares: homem e mulher, senhor e escravo, ambas naturais. Várias famílias unidas formam uma aldeia; várias aldeias, um Estado, contanto que a combinação seja grande o bastante para ser autossuficiente. O Estado, embora posterior à família no tempo, é superior a ela — e mesmo ao indivíduo — em virtude de sua natureza. Afinal, "o que cada coisa é quando desenvolvida em plenitude nós denominamos sua natureza", e a sociedade humana, quando integralmente desenvolvida, é um Estado, sendo o todo superior às partes. O conceito que aqui subjaz é o de *organismo*: lemos que, quando o corpo é destruído, cada uma das mãos deixa de sê-lo. Por conseguinte, a mão deve ser definida de acordo com seu propósito — o de segurar —, o qual só pode ser realizado quando ela está vinculada a um corpo vivo. De maneira semelhante, um indivíduo não pode satisfazer seu objetivo se não fizer parte de um Estado. Aquele que fundou o Estado, diz Aristóteles, foi o maior dos benfeitores; com efeito, sem *lei* o homem é o pior dos animais, e a existência da lei depende do Estado. O Estado não é uma mera sociedade voltada ao comércio e à prevenção de crimes: "A finalidade do Estado é a boa vida. (...) Ademais, o Estado é a união das famílias e aldeias numa vida perfeita e autossuficiente, isto é, uma vida feliz e honrável" (1280[b]). "Uma sociedade política existe em prol das ações nobres, e não como mero companheirismo" (1281[a]).

Uma vez que é composto o Estado de lares e que cada lar consiste numa família, é pela família que o exame da política deve ter início. O grosso deste exame diz respeito à escravidão, pois na Antiguidade os escravos eram sempre vistos como parte da família. A escravidão é conveniente e correta, mas o escravo deve ser *naturalmente* inferior ao senhor. Já no nascimento, alguns são destinados à sujeição, e outros, ao governo; o homem que por natureza não pertence a si mesmo, mas a outro, é escravo por natureza. Os escravos não devem ser gregos, mas de uma raça inferior e menos vigorosa (1255[a] e 1330[a]). Os animais domésticos são melhores quando governados pelo homem, e o mesmo acontece com aqueles que são naturalmente inferiores quando governados pelos superiores. Pode-se questionar se a prática de tornar escravos os prisioneiros de guerra é justificada; o poder, por conduzir à vitória, parece sinal de virtude superior, mas esse nem sempre é o caso. Todavia, a guerra é justa quando travada contra homens que, embora devam por natureza ser governados, não se submeterão (1256[b]); nesse caso, subentende-se que seria correto tornar escravos os conquistados. Isso parece suficiente para escusar todo e qualquer conquistador que já passou pela Terra; afinal, nação nenhuma admitirá que deve ser governada por natureza, e a única prova das intenções da natureza deve advir do resultado da guerra. Em toda guerra, portanto, os vencedores estão certos, e os vencidos, errados. Que satisfatório!

Em seguida se dá um exame do comércio que exerceu forte influência sobre a casuística escolástica. Dois usos podem ser dados a uma coisa: um próprio e o outro impróprio. Um sapato, por exemplo, pode destinar-se ao uso próprio de ser calçado ou ao impróprio, ao ser negociado. Segue-se que há certa degradação do sapateiro, que deve negociar seus sapatos a fim de sobreviver. Lemos que a venda a varejo não é parte natural da arte de acumular riqueza (1257[a]). A forma natural de fazê-lo está no gerenciamento hábil da casa e da terra. Há limite para a riqueza obtida dessa maneira, mas não há para a do comércio. O comércio tem que ver com o *dinheiro*, mas a riqueza não é a aquisição de moeda. A riqueza que deriva do comércio é odiada com justiça, dada que é inatural. "A espécie mais odiada — e com a maior das razões — é a usura, que gera lucro a partir do dinheiro por si só, e não de seu objeto natural. Com efeito, o dinheiro foi concebido para ser empregado no comércio, mas não para multiplicar-se com juros. (...) De todas as formas de acumular riqueza, é essa a menos natural" (1258).

O que se originou dessa declaração pode ser lido em *A religião e o surgimento do capitalismo*, de Tawney. No entanto, ainda que sua história seja confiável, o viés de seu comentário tende ao que é pré-capitalista.

"Usura" se refere a *todo* empréstimo com juros, e não apenas aos que têm juros exorbitantes. Desde os tempos helênicos até hoje, a humanidade — ou ao menos seu quinhão mais desenvolvido do ponto de vista econômico — tem se dividido entre devedores e credores; aqueles censuram os juros, estes os aprovam. Na maioria das vezes, os proprietários de terra foram os devedores, e os homens dedicados ao comércio, os credores. Com poucas exceções, a visão dos filósofos coincidiu com os interesses pecuniários de suas classes. Os filósofos gregos pertenciam à classe dos proprietários de terra ou eram por eles empregados; por conseguinte, reprovavam os juros. Os filósofos medievais eram clérigos, e a propriedade da Igreja consistia sobretudo em terras; assim, não havia razões para retificar a opinião de Aristóteles. Sua objeção à usura foi reforçada pelo antissemitismo, uma vez que o capital mais fluido era judaico. Clérigos e barões tinham suas brigas — às vezes assaz amargas; no entanto, uniam-se ambos contra o perverso judeu que, concedendo-lhes empréstimo em tempos de péssima colheita, acreditava merecer alguma recompensa por sua parcimônia.

Com a Reforma, a situação mudou. Muitos dos protestantes mais fervorosos eram homens de negócios, para os quais emprestar dinheiro com juros tinha crucial importância. Como consequência, os juros foram legitimados — primeiro por Calvino e depois por outros teólogos protestantes. Por fim, viu-se a Igreja Católica forçada a fazer o mesmo, uma vez que as velhas proibições não se adequavam ao mundo moderno. Os filósofos, cuja renda advém do investimento das universidades, têm defendido os juros desde que deixaram de ser clérigos e, assim, de ter também qualquer relação com a posse de terras. Em cada estágio, abundaram argumentos teóricos em favor da opinião economicamente conveniente.

A Utopia de Platão é criticada por Aristóteles de várias maneiras. Há, em primeiro lugar, a interessantíssima observação de que ela confere demasiada unidade ao Estado, o que faria dele um indivíduo. Em seguida, encontramos o tipo de objeção à abolição da família que todo leitor naturalmente levanta. Platão acredita que, apenas por darem o título de "filho" a todos os que têm idade para sê-lo, os homens nutrirão por toda a massa os sentimentos que têm em relação a seus descendentes verdadeiros — e o mesmo acontece com o título de "pai". Aristóteles, por sua vez, afirma que o que pertence à maioria recebe menor cuidado e que, se os "filhos" forem comuns a muitos "pais", serão negligenciados por todos. É melhor ser primo na realidade do que "filho" em sentido platônico; o projeto de Platão tornaria o amor insípido. Em seguida encontra-se o curioso argumento que diz que, por ser virtuoso abster-se do adultério, seria uma pena que um sistema social abolisse essa virtude e o vício correlato (1263^{b}). Então se pergunta: se as mulheres pertencerem à coletividade, quem administrará a casa? Certa feita, escrevi um ensaio, intitulado "Arquitetura e sistema social", em que assinalei que todos aqueles que combinam comunismo e abolição da família advogam também casas coletivas para um grande número de pessoas, com cozinhas, salas de jantar e quartos infantis partilhados. Esse sistema pode ser descrito como mosteiros sem celibato. Trata-se de algo essencial aos planos de Platão, mas decerto não é mais impossível do que muitas outras coisas que ele recomenda.

O comunismo de Platão aborrece Aristóteles, uma vez que poderia conduzir ao ódio contra os preguiçosos e ao tipo de querela comum entre correligionários. Seria melhor que cada qual cuidasse da própria vida. A propriedade deveria ser privada, mas as pessoas também deveriam ser instruídas na benevolência de modo a permitirem que seu uso fosse em grande medida comum. A benevolência e a generosidade são virtudes, mas se tornam impossíveis sem a propriedade privada. Por fim, lemos que, se os planos de Platão fossem bons, já teriam sido concebidos por outra pessoa.[1] Não concordo com Platão, mas, se há algo que poderia me levar a fazê-lo, seriam os argumentos que Aristóteles lhe opõe.

[1] Cf. o discurso do Néscio em Sydney Smith: "Se a proposta é sã, tê-la-ia negligenciado o saxão? Tê-la-ia ignorado o dinamarquês? Teria escapado à sabedoria do normando?" (Cito de memória.)

Como vimos ao tratarmos da escravidão, Aristóteles não crê na igualdade. Admitida, porém, a sujeição de escravos e mulheres, resta ainda saber se todos os *cidadãos* devem ser politicamente iguais. Alguns homens, diz ele, julgam que isso é desejável, dado que todas as revoluções desencadeiam a regulação da propriedade. Aristóteles rejeita esse argumento, afirmando que os maiores crimes se devem antes ao excesso do que à falta; homem nenhum se torna tirano para deixar de sentir frio.

Um governo é bom quando almeja o bem de toda a comunidade e mau quando só se preocupa consigo mesmo. Há três boas classes de governo: a monarquia, a aristocracia e o governo constitucional (ou politeia); três são também as más: a tirania, a oligarquia e a democracia. Há ainda várias formas mistas intermediárias. Observa-se que os governos bons e maus se definem de acordo com as qualidades éticas dos detentores do poder, e não segundo a forma da constituição. Isso, no entanto, só é verdadeiro em parte. A aristocracia é o governo dos homens de virtude, a oligarquia é o governo dos ricos, e Aristóteles não considera virtude e riqueza sinônimos precisos. O que ele afirma, de acordo com a doutrina da mediocridade áurea, é que uma competência moderada tem mais chances de se associar à virtude: "A humanidade não adquire ou preserva a virtude com o auxílio de bens exteriores, mas conquista bens externos por meio da virtude e da felicidade; e a felicidade, consista ela no prazer, na virtude ou em ambos, com maior frequência se acha entre os de espírito e caráter mais cultivados, dotados de moderada quantidade de bens exteriores, do que entre aqueles que os possuem em quantidade inútil, mas carecem de qualidades superiores" (1323[a-b]). Desse modo, há diferença entre o governo dos melhores (aristocracia) e o governo dos mais ricos (oligarquia), visto que os melhores provavelmente só possuirão fortunas módicas. Há também, entre democracia e politeia, diferenças que se encontram além da esfera ética do governo, pois aquilo que Aristóteles denomina "politeia" conserva certos elementos oligárquicos (1293[b]). Entre monarquia e tirania, porém, a única diferença é ética.

Aristóteles é enfático ao distinguir oligarquia e democracia segundo a condição econômica do grupo governante: há oligarquia quando os ricos governam sem levar em consideração os pobres, enquanto na democracia o poder está nas mãos dos necessitados, que desprezam os interesses dos ricos.

A monarquia é melhor do que a aristocracia e a aristocracia é melhor do que a politeia. Pior, porém, é a corrupção dos melhores, e assim a tirania é pior do que a oligarquia, e a oligarquia, pior do que a democracia. Desse modo, Aristóteles alcança sua qualificada defesa da democracia: uma vez que os governos existentes são ruins, entre os governos existentes as democracias tendem a ser o que há de melhor.

Em muitos aspectos, o conceito grego de democracia foi mais radical do que o nosso; Aristóteles afirma, por exemplo, que eleger magistrados é oligárquico, sendo democrático designá-los à sorte. Em democracias radicais, a assembleia dos cidadãos estava acima da lei e decidia cada questão de maneira independente. As cortes atenienses eram compostas de um grande número de cidadãos escolhidos à sorte, sem o auxílio de qualquer jurista; é evidente, portanto, que estavam suscetíveis à influência da eloquência ou da paixão partidária. Quando a democracia é criticada, devemos compreender que é esse o tipo de coisa que se tem em mente.

Há um longo exame das causas da revolução. Na Grécia, as revoluções eram tão frequentes quanto há pouco na América Latina, e assim Aristóteles possuía uma fecunda experiência a que poderia recorrer. A causa principal estava no conflito de oligarcas e democratas. A democracia, diz o filósofo, nasce da opinião de que homens igualmente livres devem ser iguais em todos os aspectos; a oligarquia, do fato de que os homens que são superiores em algum aspecto reivindicam demais. Ambas possuem uma espécie de justiça, mas não a melhor possível. "Por conseguinte, sempre que seu quinhão no governo não está de acordo com as ideias preconcebidas, as duas partes instigam a revolução" (1301[a]). Os governos democráticos são menos propensos a revoluções do que as oligarquias, uma vez que os oligarcas podem se desentender entre si. Os oligarcas parecem ter sido gente de vigor; lemos que, em algumas cidades, faziam um juramento: "Serei inimigo do povo e perpetrarei, contra eles, todo mal de que for capaz." Os reacionários de hoje não são tão francos.

Os três elementos necessários para impedir a revolução são as propagandas do governo na educação, o respeito pela legislação mesmo nas menores coisas e a justiça na lei e na administração, isto é, a "igualdade segundo a proporção e que cada qual desfrute do que lhe cabe" (1307[a], 1307[b], 1310[a]). Aristóteles parece nunca ter percebido a dificuldade que "igualdade segundo a proporção" representa. Caso se trate da verdadeira justiça, deve ser essa uma proporção de *virtude*. Ora, medir a virtude é difícil e questão de controvérsia partidária. Na prática política, portanto, a virtude tende a ser medida de acordo com a renda; a distinção entre aristocracia e oligarquia que Aristóteles tenta traçar só é possível onde existe uma nobreza hereditária bem-estabelecida. Não obstante, uma grande classe de ricos não nobres terá de ser admitida ao poder tão logo venha a existir, a fim de que não instigue nenhuma revolução. As aristocracias hereditárias não podem mais conservar seu poder, exceto onde a terra é praticamente a única fonte de riqueza. Toda a desigualdade social é, em longo prazo, desigualdade de renda. Isso é parte do argumento em prol da democracia: a tentativa de lograr uma "justiça proporcional" fundamentada em qualquer mérito diferente da riqueza certamente sucumbirá. Os defensores da oligarquia fingem acreditar que renda é proporcional a virtude; o salmista afirmou jamais ter visto homem de retidão suplicar pão; e Aristóteles acredita que os homens bons adquirem precisamente a renda que lhes cabe — nem muito, nem pouco. Todas essas visões, porém, são absurdas. Todo tipo de "justiça" que difira da igualdade absoluta recompensará, na prática, alguma qualidade muito distinta da virtude, devendo portanto ser condenada.

Há uma interessante seção dedicada à tirania. O tirano deseja riquezas; o rei, honra. O tirano tem mercenários como guardas; o rei, cidadãos. Os tiranos são em sua grande maioria demagogos, chegando ao poder com promessas de proteger o povo contra os notáveis. Em tom ironicamente maquiavélico, Aristóteles explica o que um tirano deve fazer para conservar-se no comando. Ele deve impedir a ascensão de qualquer um que tenha méritos excepcionais, recorrendo, caso necessário, à execução ou ao assassinato. Deve proibir refeições em comum, clubes e qualquer educação capaz de fomentar sentimentos hostis. Não deve haver assembleias ou debates literários. O tirano deve impedir as pessoas de conhecerem bem umas as outras e obrigá-las a viver em público às suas portas. Deve valer-se de espiões, como as detetives de Siracusa. Deve semear rixas e empobrecer seus súditos, bem como fazer com que se ocupem de grandes obras, como fizera o rei do Egito ao ordenar a construção das pirâmides. Ele deve dar poder a mulheres e escravos, convertendo-os em informantes. Deve travar guerras para que seus súditos tenham o que fazer e sempre desejem um líder (1313[a-b]).

É triste notar que, de todas as que traz o livro, essa é a passagem que mais se adequa aos dias de hoje. Aristóteles conclui que não há maldade grande demais para um tirano. No entanto, diz, há ainda outro método de preservar a tirania: sendo moderado e parecendo religioso. Ele não define qual dos métodos tem mais probabilidade de funcionar.

Há um longo raciocínio que busca provar que a conquista de estrangeiros não é a finalidade do Estado, o que revela que muitos adotavam o ponto de vista imperialista. É verdade, porém, que existe uma exceção: a conquista de "escravos naturais" é correta e justa. Segundo a perspectiva de Aristóteles, isso justificaria as guerras travadas contra os bárbaros, mas não contra os gregos, pois grego nenhum é "escravo natural". Em geral, guerra é apenas meio, e não fim; uma cidade isolada, para a qual a conquista é impossível, pode ainda assim ser feliz; Estados que vivem no isolamento não precisam ser inativos. Deus e o universo são ativos mesmo sendo-lhes impossível conquistar estrangeiros. A felicidade que o Estado deve buscar, portanto, não obstante a guerra possa lográ-la, não deve *ser* a guerra, mas as atividades pacíficas.

Isso conduz à pergunta: quão grande o Estado deve ser? Lemos que as cidades grandes jamais são bem governadas, uma vez que não é possível ordenar grandes multidões. O Estado deve ser grande o bastante para tornar-se mais ou menos autossuficiente, mas não grande demais para o governo constitucional. Deve ser pequeno o bastante para que as pessoas conheçam o caráter umas das outras, sob o risco de não haver justiça nas eleições e ações judiciais. O território deve ter extensão que possa ser contemplada por inteiro desde o topo de uma montanha. Lemos que deve ser autossuficiente (1326[b]) e que deve ter comércio por exportação e importação (1327[a]), o que parece inconsistente.

Aos homens que trabalham para sobreviver não deve ser conferida cidadania. "Os cidadãos não devem ter a vida do artesão ou do comerciante, pois trata-se, esta, de vida ignóbil e hostil à virtude." Tampouco devem ser lavradores, visto que o ócio lhes é necessário. Ademais, enquanto os cidadãos devem ser donos de propriedade, os lavradores devem ser escravos de uma raça diferente (1330[a]). Lemos que as raças do norte são impetuosas; as do sul, inteligentes. Desse modo, os escravos devem ter origem meridional, dado ser inconveniente que sejam impetuosos. Somente os gregos são tanto impetuosos quanto inteligentes; seu governo é melhor do que o dos bárbaros, e caso se unissem ser-lhes-ia possível governar o mundo (1327[b]). Caberia aqui alguma alusão a Alexandre, mas nada é dito.

No que diz respeito ao tamanho dos Estados, Aristóteles comete, em diferente escala, o mesmo erro cometido por muitos liberais modernos. O Estado deve ser capaz de defender-se na guerra — e, se alguma cultura liberal conseguir sobreviver, deve defender-se sem grandes dificuldades. Qual a extensão ideal daquele que o fizer é questão que depende da técnica da guerra e da indústria. Nos tempos de Aristóteles, a cidade-estado estava obsoleta porque não pudera defender-se contra a Macedônia. Atualmente, como há pouco se provou,[2] a Grécia como um todo está obsoleta nesse mesmo sentido, a Macedônia inclusa. Defender a independência completa da Grécia ou de qualquer país pequeno é hoje tão fútil quanto defender a independência completa de uma cidade cujo território pode ser visto por inteiro desde um ponto elevado. Não é possível haver independência verdadeira sem que o Estado ou a aliança em questão seja forte o suficiente para repelir, por conta própria, as tentativas de conquista estrangeira. Nada menor que a combinação de Estados Unidos e Império Britânico satisfará tal exigência; talvez mesmo essa seja uma unidade pequena demais.

O livro — que na forma que temos parece não ter sido concluído — tem fim com o exame da educação. A educação, é claro, destina-se apenas às crianças que se tornarão cidadãs; os escravos podem aprender artes úteis como a culinária, mas estas não fazem parte da formação. O cidadão deve moldar-se à forma do governo sob o qual vive, e assim faz diferença se a cidade em questão é oligárquica ou democrática. Em seu exame, porém, Aristóteles supõe que todos os cidadãos participarão do poder político. As crianças devem aprender o que é útil, mas não vulgarizante; não devem assimilar, por exemplo,

[2] Isso foi escrito em maio de 1941.

qualquer habilidade que deforme o corpo ou lhes possibilite ganhar dinheiro. Devem praticar atividade física de maneira moderada, mas não ao ponto de lograrem talento profissional; os jovens que treinam para os jogos olímpicos têm a saúde prejudicada, do que dá mostra o fato de aqueles que venceram quando novos dificilmente vencerem quando homens-feitos. As crianças devem aprender a desenhar para que possam estimar as pinturas e esculturas que expressam ideias morais. Podem aprender a cantar e tocar instrumentos, mas apenas na medida em que isso lhes permita desfrutar criticamente da música, e nunca a ponto de se tornarem executores hábeis; homem livre nenhum, afinal, tocaria ou cantaria sem estar bêbado. Naturalmente, não obstante a utilidade de tais artes, devem aprender a ler e a escrever. O objetivo da educação, contudo, é antes a "virtude" do que a utilidade. O que Aristóteles entende por "virtude" nos foi esclarecido na *Ética*, à qual frequentemente se refere.

Os pressupostos fundamentais de Aristóteles na *Política* são muito diferentes daqueles que encontramos em qualquer autor moderno. O objetivo do Estado, segundo ele, é produzir cavalheiros doutos — homens que combinam a mentalidade aristocrática com o amor pelo saber e pelas artes. Foi na Atenas de Péricles que essa combinação existiu em sua forma mais perfeita, mas isso só ocorreu entre os abastados, e não entre a população como um todo. Seu esmorecimento teve início nos anos derradeiros do estadista. Destituído de cultura, o populacho voltou-se contra os amigos de Péricles que eram dados a defender os privilégios dos ricos por meio da traição, de assassinatos, do despotismo ilegal e outros métodos não muito cavalheirescos. Após a morte de Sócrates, a intolerância da democracia ateniense diminuiu e Atenas continuou a ser o centro da cultura antiga, mas o poder político passou a residir alhures. Ao longo da Antiguidade tardia, poder e cultura em geral estiveram separados: o poder, nas mãos de soldados brutos; a cultura, com gregos impotentes, muitas vezes escravos. Isso só se aplica em parte aos tempos áureos de Roma, mas é precisamente o que ocorreu antes de Cícero e depois de Marco Aurélio. Após a invasão bárbara, os "cavalheiros" passaram a ser os bárbaros do norte, e os homens de cultura, os sutis clérigos do sul. Essa situação perdurou mais ou menos até o Renascimento, quando os leigos começaram a adquirir cultura. Do Renascimento em diante, a concepção grega do governo realizado por cavalheiros doutos tornou-se aos poucos predominante, alcançando seu auge no século XVIII.

Várias forças deram fim a tudo isso. Em primeiro lugar, a democracia tal qual corporificada na Revolução Francesa e depois. Como no período que se seguiu a Péricles, os cavalheiros doutos tiveram de defender seus privilégios contra o populacho, e nesse processo acabaram deixando de ser ou cavalheiros, ou doutos. Uma segunda causa foi a ascensão do industrialismo, a qual trouxe consigo uma técnica científica muito diferente da cultura tradicional. A terceira razão foi a educação popular, que conferia a capacidade de ler e escrever, mas não cultura; isso permitiu que um tipo novo de demagogo praticasse um novo tipo de propaganda, como visto nas ditaduras.

Tanto para o bem quanto para o mal, portanto, os dias do cavalheiro douto se foram.

22
A lógica de Aristóteles

A influência de Aristóteles, enorme em diversos campos diferentes, alcançou seu ponto mais alto na lógica. Na Antiguidade tardia, quando Platão ainda reinava na metafísica, Aristóteles já era, na lógica, autoridade reconhecida, conservando a posição ao longo de todo o medievo. Apenas no século XIII é que os filósofos cristãos lhe conferiram supremacia também na metafísica. Essa supremacia foi em grande parte perdida após o Renascimento, mas aquela referente à lógica perdurou. Mesmo hoje, todos os professores católicos de filosofia, bem como muitos outros, ainda rejeitam obstinadamente as descobertas da lógica moderna, aderindo com estranha determinação a um sistema que é sem dúvidas tão antiquado quanto a astronomia ptolemaica. Isso torna difícil ser historicamente justo com Aristóteles. Sua influência atual é tão hostil ao pensamento claro que é difícil lembrar quão avançado ele esteve em relação a seus predecessores (inclusive Platão) ou quão admirável sua obra lógica ainda seria caso estivesse em estágio de progresso contínuo, e não permanecesse (como na verdade esteve) num beco sem saída, seguida por mais de dois mil anos de estagnação. Ao lidar com os predecessores de Aristóteles, não preciso lembrar o leitor de que eles não são verbalmente inspirados; por conseguinte, é possível enaltecê-los por suas capacidades sem subscrever a todas as suas doutrinas. Aristóteles, por sua vez, é ainda um campo de batalha, em especial na lógica; assim, não é possível tratá-lo com um espírito puramente histórico.

O que Aristóteles fez de mais importante na lógica encontra-se em sua doutrina do silogismo. Silogismo é o raciocínio que consiste em três partes: uma premissa maior, uma premissa menor e uma conclusão. Há silogismos de vários tipos, e cada qual possui um nome atribuído pelos escolásticos. O mais popular é chamado "Bárbara":

Todos os homens são mortais (premissa maior).
Sócrates é homem (premissa menor).
Logo, Sócrates é mortal (conclusão).

Ou:

Todos os homens são mortais.
Todos os gregos são homens.
Logo, todos os gregos são mortais.

(Aristóteles não diferencia essas duas formas, o que, como veremos, é um erro.)

Outras formas são:

Nenhum peixe é racional; todos os tubarões são peixes; logo, nenhum tubarão é racional. (Esse silogismo é chamado "Celarent".)

Todos os homens são racionais; alguns animais são homens; logo, alguns animais são racionais. (Esse é chamado "Darii".)

Nenhum grego é negro; alguns homens são gregos; logo, alguns homens não são negros. (Esse é chamado "Ferio".)

Esses quatro silogismos formam a "primeira figura"; Aristóteles acresce uma segunda e uma terceira, às quais os escolásticos adicionaram uma quarta. Já se demonstrou como diversos recursos podem reduzir as três últimas figuras à primeira delas.

De uma única premissa, muitas conclusões podem ser retiradas. De "alguns homens são mortais", podemos inferir que "alguns mortais são homens". Segundo Aristóteles, isso também pode ser deduzido de "todos os homens são mortais". De "nenhum deus é mortal" inferimos que "nenhum mortal é deus", mas de "alguns homens não são gregos" não se segue que "alguns gregos não são homens".

À parte as inferências mencionadas, Aristóteles e seus seguidores achavam que toda inferência dedutiva, quando enunciada com rigor, é silogística. Desse modo, ao formularmos todos os tipos válidos de silogismo e explicarmos cada raciocínio sugerido de maneira silogística, seria possível evitar todas as falácias.

Esse sistema representa o começo da lógica formal e, como tal, foi em igual medida importante e admirável. Se considerado, porém, como seu fim, e não como princípio, sujeita-se a três tipos de crítica, referentes:

(1) Aos defeitos formais do próprio sistema.
(2) À supervalorização do silogismo quando comparado com outras formas de raciocínio dedutivo.
(3) À supervalorização da dedução como forma de raciocínio.

Sobre cada um desses itens há algo a ser dito.

(1) *Os defeitos formais.* Comecemos com as declarações segundo as quais "Sócrates é homem" e "todos os gregos são homens". É necessário traçar, entre ambas, uma distinção que a lógica aristotélica não traça. A declaração "todos os gregos são homens" é em geral interpretada como se implicasse que os gregos existem; sem essa implicação, determinados silogismos de Aristóteles não são válidos. Tomemos este exemplo:

> Todos os gregos são homens; todos os gregos são brancos; logo, alguns homens são brancos.

Isso só é válido caso existam gregos. Se porventura eu dissesse que

> todas as montanhas douradas são montanhas; todas as montanhas douradas são douradas; logo, algumas montanhas são douradas,

minha conclusão seria falsa, embora as premissas sejam, em certo sentido, verdadeiras. Para sermos explícitos, devemos portanto dividir a declaração "todos os gregos são homens" em duas: uma dizendo que "existem gregos" e a outra, que, "se algo é um grego, esse algo é um homem". A segunda declaração é puramente hipotética e não dá a entender que existem gregos.

A declaração "todos os gregos são homens", portanto, tem forma muito mais complexa do que a declaração "Sócrates é homem". "Sócrates é homem" tem "Sócrates" como sujeito, mas "todos os gregos são homens" não tem como sujeito "todos os gregos", pois nada há referente a "todos os gregos" na declaração "existem gregos" ou na declaração "se algo é um grego, esse algo é um homem".

Esse erro puramente formal foi fonte de muitos equívocos na metafísica e na teoria do conhecimento. Examinemos o estado de nosso conhecimento em relação às proposições "Sócrates é mortal" e "todos os homens são mortais". Para averiguar a veracidade de "Sócrates é mortal", a maioria de nós se contenta em recorrer a testemunhos; para que um testemunho seja confiável, porém, deve ele remeter-nos a alguém que tenha conhecido Sócrates e o tenha visto morto. Esse único fato observado — o corpo morto de Sócrates —, junto com o conhecimento de que aquela pessoa era alguém chamado Sócrates, é suficiente para nos assegurar que Sócrates é mortal. No caso de "todos os homens são mortais", entretanto, o problema é diferente. Nosso conhecimento das proposições genéricas é questão dificílima. Às vezes, elas são apenas verbais: sabe-se que "todos os gregos são homens" porque nada é denominado "um grego" se não for homem. Declarações genéricas como essa podem ser averiguadas mediante o uso do dicionário; elas não nos revelam, sobre o mundo, nada mais do que o modo como as palavras são utilizadas. No entanto, "todos os homens são mortais" não é declaração que pertence a essa classe; não há nada logicamente autocontraditório num homem imortal. Nós acreditamos na proposição por razões indutivas, uma vez que não há nenhum caso bem-documentado de alguém que tenha vivido mais do que (digamos) 150 anos; isso, porém, só faz com que a proposição seja provável, e não certa. Ela não será certa enquanto existirem homens vivos.

Erros metafísicos foram cometidos graças à suposição de que "todos os homens" é sujeito de "todos os homens são mortais" no mesmo sentido em que "Sócrates" é sujeito de "Sócrates é mortal". Desse modo, era possível afirmar que, de certa forma, "todos os homens" designa um ente de tipo semelhante àquele designado por "Sócrates". Isso fez com que Aristóteles dissesse que uma espécie é, em certo sentido, uma substância. Ele é cauteloso ao qualificar tal declaração, mas seus seguidores, de modo especial Porfírio, não demonstraram tanto cuidado.

Outro erro que Aristóteles comete em virtude desse equívoco é o de achar que o predicado de um predicado pode ser predicado do sujeito original. Se digo: "Sócrates é grego, todos os gregos são humanos", Aristóteles acredita que "humano" é predicado de "grego" enquanto "grego" é predicado de Sócrates, e "humano" é evidentemente predicado de "Sócrates". A verdade, porém, é que "humano" não é predicado de "grego". A distinção entre nomes e predicados — ou, em linguagem metafísica, entre particulares e universais — é, portanto, turva, o que traz consequências desastrosas para a filosofia. Numa dessas confusões resultantes, afirma-se que uma classe com um só membro é idêntica a esse membro mesmo. Isso impossibilitou que se formulasse uma teoria correta sobre o número *um* e culminou em intermináveis séries de teorias metafísicas ruins sobre a unidade.

(2) *Supervalorização do silogismo.* O silogismo é apenas um tipo de raciocínio dedutivo. Na matemática, que é inteiramente dedutiva, ele quase nunca ocorre. É bem verdade que seria possível reescrever raciocínios matemáticos em forma silogística, mas isso seria assaz artificial e não os tornaria mais convincentes. Tomemos, como exemplo, a aritmética. Se, ao comprar mercadorias que valem dezesseis xelins e três peniques, ofereço uma libra como pagamento, que troco devo receber? Enunciar essa soma simples em forma de silogismo seria absurdo e acabaria por dissimular a natureza real do raciocínio. Por outro lado, há na lógica inferências não silogísticas, como: "Um cavalo é um animal, logo a cabeça de um cavalo é a cabeça de um animal." Na realidade, entre as deduções válidas os silogismos são poucos e não desfrutam de qualquer prioridade lógica. A tentativa de dar destaque ao silogismo na dedução enganou os filósofos quanto à natureza do raciocínio matemático. Kant, que percebeu que a matemática não é silogística, concluiu que ela utiliza princípios extralógicos, mas que seriam tão certos quanto os da lógica. Embora à sua maneira, Kant se deixou enganar por seu respeito a Aristóteles tanto quanto seus predecessores.

(3) *Supervalorização da dedução.* Em geral, os gregos davam mais importância à dedução como fonte de conhecimento do que os filósofos modernos. Aristóteles, nesse aspecto, falhou menos do que Platão; ele reconheceu repetidas vezes a importância da indução e dedicou atenção considerável a uma questão: como conhecemos as primeiras premis-

sas das quais a dedução deve partir? Não obstante, em sua teoria do conhecimento ele se assemelhou a outros gregos e atribuiu à dedução indevida proeminência. Estaremos de acordo com a afirmação segundo a qual o sr. Smith (por exemplo) é mortal, e podemos dizer livremente que o sabemos porque sabemos também que todos os homens são mortais. Entretanto, o que de fato sabemos não é que "todos os homens são mortais"; sabemos algo como "todos os homens nascidos há mais de 150 anos são mortais, e o mesmo se aplica a quase todos os homens nascidos há mais de cem anos". É por isso que achamos que o sr. Smith há de morrer. No entanto, esse raciocínio é antes uma indução do que uma dedução. É menos convincente do que esta e gera apenas uma probabilidade, não uma certeza; por outro lado, porém, possibilita um conhecimento *novo*, o qual a dedução é incapaz de fornecer. Todas as inferências importantes que se encontram fora do campo da lógica e da matemática pura são indutivas, e não dedutivas; as únicas exceções são o direito e a teologia, cujos princípios primeiros advêm de um texto inquestionável, isto é, de códigos legislativos ou das Escrituras.

Além dos *Analíticos anteriores*, cujo foco é o silogismo, existem outros escritos lógicos de Aristóteles que têm considerável importância para a história da filosofia. Um deles é o pequeno tratado acerca das *Categorias*. O neoplatônico Porfírio dedicou à obra um comentário que exerceu influência notável sobre a filosofia do medievo, mas por ora devemos ignorá-lo e nos limitar a Aristóteles.

O que exatamente se entende por "categoria", tanto em Aristóteles quanto em Kant e Hegel, confesso jamais ter sido capaz de entender. De minha parte, não creio que o termo tenha sido útil à filosofia como expressão de alguma ideia clara. As categorias, em Aristóteles, são dez: substância, quantidade, qualidade, relação, lugar, tempo, hábito, estado, ação e paixão. A única definição dada para o termo "categoria" é: "expressões que não possuem, sob aspecto nenhum, significação composta" — ao que se segue a lista fornecida acima. Isso parece querer dizer que toda palavra cujo sentido não é composto pelo significado de outras palavras significa uma substância, uma quantidade etc. Não lemos qualquer indício do princípio que pautara a compilação das dez categorias.

"Substância" é, primariamente, aquilo que não pode nem ser predicado de um sujeito nem estar presente nele. Diz-se que algo "está presente num sujeito" quando é incapaz de existir sem ele, embora não o integre. Os exemplos dados são o fragmento de conhecimento gramatical existente no espírito e certa brancura que possa se encontrar no corpo. Nesse sentido primário, substância é uma coisa, uma pessoa ou um animal. Em outro sentido, porém, uma espécie ou um gênero — "homem" ou "animal", por exemplo — também podem ser denominados substâncias. Esse sentido secundário, que parece indefensável, abriu as portas para que autores futuros desenvolvessem uma metafísica de péssima qualidade.

Os *Analíticos posteriores* se dedicam sobretudo à questão que deve inquietar toda e qualquer teoria dedutiva: como as primeiras premissas são obtidas? Dado que a dedução deve partir de algum ponto, devemos iniciar por algo não provado, conhecido de outra forma que não por meio da demonstração. Não apresentarei a teoria de Aristóteles em seus detalhes, uma vez que ela depende da noção de *essência*. Uma definição, diz ele, é a declaração da natureza essencial de uma coisa. A noção de essência será parte íntima de toda filosofia realizada desde Aristóteles até os tempos modernos. Trata-se, em minha opinião, de uma noção confusa, mas sua relevância histórica exige que lhe dediquemos algumas palavras.

Ao que parece, por "essência" de uma coisa se entendia "aquelas de suas propriedades que não podem se alterar sem que ela perca sua identidade". Sócrates às vezes está feliz, às vezes está triste; às vezes está sadio, às vezes está doente. Uma vez que tais propriedades podem mudar sem que ele deixe de ser Sócrates, elas não fazem parte de sua essência. Ao mesmo tempo, considera-se da essência o fato de Sócrates ser homem — muito embora não o admitam os pitagóricos, que creem na transmigração. Na realidade, a questão da "essência" diz respeito ao uso das palavras. Nós empregamos o mesmo nome, em diferentes ocasiões, para designar ocorrências bastante distintas que consideramos manifestações de uma única "coisa" ou "pessoa". No entanto, isso não passa de uma conveniência verbal. A "essência" de Sócrates, portanto, consiste naquelas propriedades em cuja ausência não devemos usar o nome "Sócrates". A questão é puramente linguística: uma *palavra* pode ter essência, mas uma *coisa*, não.

O conceito de "substância", a exemplo daquele conferido à "essência", é um deslocamento para a metafísica de algo que não passa de conveniência linguística. Ao descrevermos o mundo, julgamos conveniente caracterizar certo número de ocorrências como acontecimentos da vida de "Sócrates" e certo número de ocorrências como acontecimentos da vida do "sr. Smith". Isso nos faz pensar que "Sócrates", ou "sr. Smith", denota algo que perdura ao longo de alguns anos e que de alguma forma é mais "sólido" e "real" do que os acontecimentos que lhe sucedem. Se Sócrates está doente, julgamos que nas outras ocasiões está bem, e assim o ser de Sócrates independe de sua enfermidade, enquanto a doença necessita de que alguém esteja enfermo. Todavia, embora Sócrates não precise estar doente, *algo* deve ocorrer para que se possa dizer que ele existe. Por conseguinte, Sócrates não é mais "sólido" do que as coisas que lhe acontecem.

O conceito de "substância", quando levado a sério, jamais está isento de dificuldades. Presume-se que uma substância é o sujeito das propriedades e algo diferente de todas elas. No entanto, quando suprimimos as propriedades e tentamos imaginar a substância por si só, descobrimos que nada resta. Em outras palavras: o que distingue uma substância de outra? Não é a diferença das propriedades, pois, segundo a lógica da substância, essa diferença pressupõe a diversidade numérica entre as substâncias em questão. Duas substâncias, portanto, devem ser *simplesmente* duas, sem que sejam distinguíveis em si mesmas. Como, então, chegaremos a descobrir que *são* duas?

"Substância", na verdade, é tão somente um modo conveniente de reunir acontecimentos em feixes. O que podemos saber sobre o sr. Smith? Quando olhamos para ele, vemos um padrão de cores; quando o ouvimos falar, escutamos uma série de sons. Acreditamos que, como nós, ele tem pensamentos e sentimentos. Mas o que é o sr. Smith além de todas essas ocorrências? Um mero gancho imaginário do qual as ocorrências supostamente pendem. Na realidade, elas têm tanta necessidade de um gancho quanto o solo tem necessidade de um elefante que nele repouse. Todos podem ver, no caso análogo de uma região geográfica, que uma palavra como "França" (digamos) não passa de uma conveniência linguística e que não há uma *coisa* chamada "França" que esteja além de suas várias partes. O mesmo se aplica ao "sr. Smith": trata-se de um nome coletivo referente a uma série de ocorrências. Se o tomássemos como algo mais, ele designaria um elemento completamente incognoscível, e portanto desnecessário à expressão do que conhecemos.

"Substância", em suma, é um equívoco metafísico ocasionado pela transferência, à estrutura do mundo, da estrutura de frases compostas por um sujeito e um predicado.

Concluo que as doutrinas aristotélicas de que temos nos ocupado neste capítulo são inteiramente falsas, exceção feita à teoria formal do silogismo, que é irrelevante. Todo aquele que deseja aprender lógica hoje perderá tempo caso se ponha a ler Aristóteles ou algum de seus discípulos. Não obstante, os escritos lógicos aristotélicos revelam grande destreza, e teriam sido úteis à humanidade caso aparecessem quando a originalidade intelectual ainda era ativa. Infelizmente, por terem sido redigidos no final do período criativo do pensamento grego, tais escritos acabaram sendo aceitos como dogmas. Quando a originalidade lógica enfim renasceu, um reinado de dois mil anos dificultara demasiadamente a destronização de Aristóteles. Durante todo o período moderno, praticamente todo avanço no campo da ciência, da lógica ou da filosofia teve de ser realizado contra a ferrenha oposição dos discípulos aristotélicos.

23

A física de Aristóteles

Meu objetivo, neste capítulo, é examinar dois livros de Aristóteles: o que tem como título *Física* e o que tem como título *Sobre o céu*. Ambos estão intimamente vinculados; o segundo retoma o raciocínio no ponto mesmo em que o primeiro o deixara. A influência de cada qual foi enorme, prevalecendo na ciência até a época de Galileu. Palavras como "quintessência" e "sublunar" derivam de teorias expressas nessas obras. Por conseguinte, é obrigação do historiador da filosofia estudá-las mesmo que não haja uma só frase, ali, que possa ser aceita à luz da ciência moderna.

Para compreendermos as visões de Aristóteles — bem como as visões da maioria dos gregos — acerca da física, precisamos entender seu fundo imaginativo. Todo filósofo, além do sistema formal que oferece ao mundo, possui ainda outro, mais simples, do qual pode não ter consciência. Se a tem, provavelmente percebe que tal sistema não servirá; esconde-o, portanto, e formula algo mais sofisticado, em que acredita porque se assemelha a seu sistema bruto, mas ao qual pede aceitação dos demais pois confia tê-lo enunciado de modo que não pode ser refutado. A sofisticação se dá mediante a refutação das refutações, mas isso jamais dará, por si só, resultado positivo: na melhor das hipóteses, isso revela que uma teoria *pode* ser verdadeira, e não que *deve* ser. O resultado positivo, independentemente de quão pouco o filósofo o perceba, deve-se a seus pressupostos imaginativos, isto é, àquilo que Santayana denomina "fé animal".

Em relação à física, o fundo imaginativo de Aristóteles era muito diferente do fundo imaginativo do estudante moderno. Hoje em dia, o jovem começa pela mecânica, cujo nome por si só o faz recordar as máquinas. Está acostumado a automóveis e aviões; nem mesmo nos recônditos mais profundos de sua imaginação subconsciente ele acredita que um automóvel contém um cavalo em seu interior, ou ainda que um avião voa porque suas asas são aquelas de uma ave dotada de poderes mágicos. Os animais perderam sua importância nas imagens que fazemos do mundo. Nelas, o homem se encontra comparativamente sozinho como mestre de um ambiente material majoritariamente sem vida e amplamente subserviente.

Para o grego que tentava oferecer uma explicação científica do movimento, a visão puramente mecânica mal se afigurava como possibilidade, exceto no caso de homens de gênio como Demócrito e Arquimedes. Dois grupos de fenômenos pareciam importantes: os movimentos dos animais e os movimentos dos corpos celestes. Para o homem de ciência moderno, o corpo de um animal é uma máquina intricada, dotada de estrutura físico-química demasiadamente complexa; toda descoberta nova consiste na redução do abismo que parece haver entre animais e máquinas. Para o grego, era mais natural assimilar os movimentos aparentemente sem vida aos dos animais. Uma criança ainda distingue os animais vivos de outras coisas em virtude do fato de poderem se movimentar sozinhos; para muitos gregos, em especial para Aristóteles, essa peculiaridade se apresentava como base de uma teoria física genérica.

Mas e quanto aos corpos celestes? Eles diferem dos animais em virtude da regularidade de seus movimentos, mas isso pode se dever apenas à sua perfeição superior. Todo filósofo grego, independentemente do que tenha vindo a pensar em sua vida adulta, aprendera na infância que o Sol e a Lua eram deuses; Anaxágoras foi acusado de impiedade por julgar que não estavam vivos. Era natural, ao filósofo que não mais conseguia considerar divinos os corpos celestes, achar que seus movimentos nasciam da vontade de um Ser Divino que nutria pela ordem e pela simplicidade geométrica um amor helênico. Desse modo, a fonte final de todo movimento é a Vontade: na Terra, a Vontade caprichosa dos seres humanos e dos animais; no céu, a Vontade imutável do Artífice Supremo.

Não desejo insinuar que isso se aplica a cada detalhe do que Aristóteles tem a dizer. O que sugiro é que isso revela seu fundo imaginativo e representa o tipo de coisa cuja veracidade ele esperaria confirmar ao iniciar suas investigações.

Após essas considerações preliminares, examinemos o que ele de fato diz.

A física, em Aristóteles, é a ciência daquilo que os gregos denominavam *phusis* (ou *physis*), palavra que é traduzida como "natureza", mas que não possui o sentido que atribuímos hoje ao termo. Nós ainda nos referimos à "ciência natural" e à "história natural", mas "natureza", não obstante seja termo um tanto ambíguo, raramente tem um sentido equivalente àquele atribuído ao termo *phusis*. *Phusis* dizia respeito ao crescimento; caso alguém diga que é da "natureza da glande transformar-se em carvalho", estará usando a palavra em sentido aristotélico. A "natureza" de algo, diz Aristóteles, é o seu fim, aquilo em prol do qual ela existe. Assim, a palavra possui implicação teleológica. Algumas coisas existem por natureza, e outras, por motivações diferentes. Animais, plantas e corpos (elementos) simples existem por natureza; eles possuem um princípio de movimento interno (a palavra traduzida como "movimento" ou "moção" tem sentido mais amplo do que "locomoção"; além da ideia de locomoção, abarca também a mudança de qualidade ou tamanho). A natureza é a fonte do estar em movimento ou em repouso. As coisas "têm uma natureza" quando têm um princípio interno desse tipo. A expressão "segundo a natureza" se aplica a essas coisas e a seus atributos essenciais. (Foi esse ponto de vista que fez que "antinatural" passasse a exprimir censura.) A natureza se encontra antes na forma do que na matéria; o que é carne ou osso em potencial ainda não adquiriu natureza própria, e uma coisa é mais do que é quando realizada à plenitude. Esse ponto de vista parece, todo ele, sugestão da biologia: a glande é um carvalho "em potencial".

A natureza pertence à classe de causas que operam para alcançar uma finalidade. Isso conduz ao exame da visão segundo a qual a natureza opera por necessidade e sem objetivo. Nesse ponto, Aristóteles examina ainda a sobrevivência do mais apto tal qual formulada por Empédocles. Trata-se de um equívoco, diz ele, porque as coisas ocorrem de maneira fixa, e, quando determinada série possui um fim, todos os estágios precedentes existem em vista dele. São "naturais" as coisas que, "mediante movimento contínuo, originado de um princípio interno, chegam a algum fim" (199^b).

Embora possa parecer admiravelmente adequada à explicação do crescimento de animais e plantas, essa concepção de "natureza" acabou por tornar-se um grande obstáculo ao progresso da ciência, bem como fonte de muito do que se fez de ruim na ética. Nesse último aspecto, ela ainda é daninha.

Lemos que o movimento é a realização daquilo que existe em potência. Essa visão, à parte seus outros defeitos, é incompatível com a relatividade da locomoção. Quando A se move relativamente a B, B se move relativamente a A, e não há sentido em dizer que um dos dois está em movimento enquanto o outro repousa. Quando um cão vai atrás de um osso, todos parecem concordar que o cachorro se move enquanto o osso permanece em repouso (até que seja pego) e que o movimento possui um objetivo: satisfazer a "natureza" do cão. Acontece, porém, que esse ponto de vista não pode ser aplicado à matéria morta e que, para os objetivos da física científica, nenhuma concepção de "fim" é útil, tampouco um movimento pode ser tratado senão como relativo.

Aristóteles rejeita o vazio que defendem Leucipo e Demócrito. Em seguida, passa a um exame bastante curioso do tempo. É possível, afirma, que digam que o tempo não existe porque é composto de passado e futuro, dos quais aquele já deixou de ser e este não existe ainda. Essa visão, porém, ele rejeita. O tempo, diz, é movimento que admite numeração. (Não fica claro por que ele julga a numeração essencial.) É lícito questionar, continua, se o tempo poderia existir sem a alma, visto que nada há a ser contado sem alguém que o conte, e o tempo envolve numeração. Ao que parece, para ele o tempo consiste em determinado número de horas, dias ou anos. Algumas coisas, diz, são eternas no sentido de não se encontrarem no tempo; presume-se que esteja pensando nos números.

Sempre houve movimento e sempre haverá; com efeito, não pode existir tempo sem movimento, e todos, com a exceção de Platão, têm o tempo como incriado. Nesse ponto, os seguidores cristãos foram obrigados a discordar de Aristóteles, uma vez que a Bíblia nos diz que o universo teve um início.

A *Física* tem fim com o argumento em favor do motor imóvel, por nós abordado quando do exame da *Metafísica*. Existe um motor imóvel que provoca diretamente um movimento circular. O movimento circular é o fundamental, bem como o único que pode ser contínuo e infinito. O primeiro motor não tem partes nem magnitude e encontra-se na circunferência do mundo.

Chegando a essa conclusão, passamos aos céus.

O tratado *Sobre o céu* enuncia uma teoria agradável e simples. Aquilo que se encontra sob a Lua está sujeito à geração e à deterioração; da Lua para cima, tudo é incriado e indestrutível. A Terra, que é esférica, encontra-se no centro do universo. Na esfera sublunar, tudo é composto de quatro elementos: terra, água, ar e fogo; há, porém, ainda um quinto, presente na composição dos corpos celestes. O movimento natural dos elementos terrestres é retilíneo, enquanto o do quinto elemento é circular. Os céus são perfeitamente esféricos, e as regiões superiores são mais divinas do que as inferiores. As estrelas e os planetas não são compostos de fogo, mas apenas do quinto elemento; seu deslocamento se deve ao deslocamento das esferas a que estão atrelados. (Tudo isso aparece em forma poética no *Paradiso* de Dante.)

Os quatro elementos terrestres não são eternos, mas geram-se a si mesmos a partir dos demais. O fogo é absolutamente leve, uma vez que seu movimento natural é para cima; a terra é absolutamente pesada. O ar é relativamente leve, e a água, relativamente pesada.

Essa teoria colocou as gerações futuras em grandes dificuldades. Os cometas, que eram considerados destrutíveis, tiveram de ser destinados à esfera sublunar, mas no século XVII descobriu-se que traçam órbitas ao redor do Sol e raramente estão tão próximos quanto a Lua. Uma vez que o movimento natural dos corpos terrestres é retilíneo, afirmava-se que um projétil disparado horizontalmente se moveria horizontalmente por certo tempo, quando então começaria a cair na vertical. A descoberta, por parte de Galileu, de que um projétil se move em parábola chocou seus colegas aristotélicos. Copérnico, Kepler e Galileu tiveram de se opor a Aristóteles e à Bíblia quando enunciaram que a Terra não é o centro do universo, completando um giro uma vez ao dia e contornando o Sol uma vez ao ano.

Passando a uma questão mais genérica, a física aristotélica é incompatível com a "primeira lei" de Newton, enunciada originalmente por Galileu. Segundo essa lei, todo corpo deixado por si mesmo, se já em movimento, continuará a mover-se em linha reta com velocidade uniforme. Desse modo, causas externas não são necessárias para explicar o movimento, mas para esclarecer as *mudanças* que nele ocorrem, seja na velocidade, seja na direção. O movimento circular, que Aristóteles considerava "natural" aos corpos celestes, envolve uma mudança contínua na direção do movimento, e assim exige uma força dirigida ao centro do círculo, como na lei da gravidade de Newton.

Por fim, a visão de que os corpos celestes são eternos e incorruptíveis teve de ser abandonada. O Sol e as estrelas têm vida longa, mas não eterna. Eles vieram de uma nebulosa, e, no final, ou explodirão, ou morrerão de frio. Nada no mundo visível está livre da mudança ou da decrepitude; a crença aristotélica no contrário, embora aceita pelos cristãos medievais, é resultado do culto pagão do Sol, da Lua e dos planetas.

24

Matemática e astronomia na Grécia antiga

Interessa-me, neste capítulo, não a matemática por si só, mas em sua relação com a filosofia grega — relação que, sobretudo em Platão, foi muito próxima. A preeminência dos gregos se afigura mais claramente na matemática e na astronomia do que em qualquer outra disciplina. O que fizeram na arte, na literatura e na filosofia pode ser considerado melhor ou pior de acordo com o gosto de cada um, mas o que lograram na geometria está além de qualquer controvérsia. Eles haviam recebido algo do Egito e um pouco menos da Babilônia, mas o que essas fontes ofereciam tratava-se, na matemática, de regras simples e, na astronomia, de registros de observações feitas durante períodos muito longos. A arte da demonstração matemática teve, quase em sua totalidade, origem grega.

Muitas são as anedotas agradáveis — a maioria provavelmente sem fundo histórico — que revelam os problemas práticos que estimularam as investigações matemáticas. Dessas, a mais antiga e mais simples se refere a Tales: quando no Egito, pediu-lhe o rei que descobrisse a altura de uma pirâmide. Tales esperou a hora do dia em que sua sombra tinha a mesma medida de sua altura; em seguida, mediu a sombra da pirâmide, que obviamente era igual à altura. Dizem que o primeiro a estudar as leis da perspectiva foi o geômetra Agatarcos, que desejava pintar o cenário das peças de Ésquilo. O problema de descobrir a distância de um barco em alto-mar, supostamente resolvido por Tales, fora solucionado antes. Diz-se que um dos grandes problemas a ocupar os geômetras gregos, aquele da duplicação do cubo, teve origem nos sacerdotes de determinado templo, aos quais um oráculo informara que o deus desejava uma estátua duas vezes maior do que aquela que então possuíam. Inicialmente, pensaram apenas em duplicar as dimensões da estátua, mas então perceberam que o resultado seria oito vezes maior do que a original, o que exigiria um gasto maior do que o determinado pelo deus. Desse modo, eles enviaram uma comitiva a Platão a fim de perguntar-lhe se alguém na Academia poderia resolver o problema. Os geômetras se dedicaram a essa questão por séculos, produzindo, incidentalmente, muitas obras admiráveis. O problema, como se sabe, consiste em determinar a raiz cúbica de dois.

A raiz quadrada de dois, primeiro irracional a ser descoberto, era conhecida pelos pitagóricos iniciais, e métodos engenhosos de se aproximar de seu valor foram elaborados. O melhor sugere que formemos duas colunas de números, os quais chamaremos de a e b; cada qual se inicia por 1. O a seguinte resulta, em cada estágio, da adição dos últimos a e b já obtidos; o b seguinte provém da adição de duas vezes o a anterior ao b anterior. Os primeiros seis pares assim obtidos são: (1, 1), (2, 3), (5, 7), (12, 17), (29, 41), (70, 99). Em cada par, $2a^2 — b^2$ é 1 ou -1. Por conseguinte, b/a é quase a raiz quadrada de dois, aproximando-se mais e mais a cada novo passo. O leitor poderá verificar por si só, por exemplo, que o quadrado de 99/70 é quase igual a dois.

Pitágoras, figura sempre um tanto vaga, é descrito por Proclo como o primeiro a fazer da geometria uma disciplina liberal. Muitas autoridades, incluindo *Sir* Thomas Heath,[1] acreditam ter sido ele quem descobriu o teorema que leva seu nome, segundo o qual, num triângulo retângulo, o quadrado do lado oposto ao ângulo reto é igual à soma dos quadrados dos dois outros lados. De todo modo, esse teorema já era conhecido pelos pitagóricos em data muito anterior. Eles também sabiam que a soma dos ângulos de um triângulo equivale a dois ângulos retos.

À parte a raiz quadrada de dois, outros irracionais foram estudados — em casos particulares, por Teodoro, contemporâneo de Sócrates, e de modo mais genérico por Teeteto, contemporâneo de Platão, mas um pouco mais velho. Demócrito escreveu um tratado sobre os irracionais, mas pouco se sabe acerca de seu conteúdo. Platão nutriu profundo interesse pelo tema e menciona a obra de Teodoro e de Teeteto

[1] *Greek Mathematics*, vol. I, p. 145.

no diálogo que leva o nome deste último. Nas *Leis* (819-820), ele afirma que a ignorância geral sobre o assunto é uma desgraça e dá a entender que só começou a investigá-lo quando já maduro. Obviamente, o assunto exerceu influência importante sobre a filosofia pitagórica.

Uma das consequências mais importantes da descoberta dos irracionais foi a elaboração, por Eudoxo (*ca.* 408-*ca.* 355 a.C.), da teoria geométrica da proporção. Antes dele, em relação à proporção havia apenas uma teoria aritmética, segundo a qual a razão entre *a* e *b* é igual à razão entre *c* e *d* caso *a* vezes *d* seja igual a *b* vezes *c*. Na falta de uma teoria aritmética dos irracionais, essa teoria só é aplicável aos racionais. Eudoxo, porém, ofereceu uma nova definição que não está sujeita a essa restrição e que evoca os métodos da análise moderna. A teoria é desenvolvida em Euclides, tendo nele maior beleza lógica.

Além disso, Eudoxo foi responsável por inventar ou aprimorar o "método da exaustão", que Arquimedes viria a utilizar com grande êxito. Esse método antecipava o cálculo integral. Tomemos, por exemplo, o problema da área de um círculo. É possível inscrever, num círculo, um hexágono regular, um dodecágono regular, ou um polígono regular com mil ou um milhão de lados. A área desse polígono, independentemente da quantidade de lados, é proporcional ao quadrado do diâmetro do círculo. Quanto mais lados o polígono tiver, mais próximo ficará de igualar-se ao círculo. É possível provar que, construído um polígono com número suficiente de lados, a diferença entre sua área e a área do círculo pode ser inferior a qualquer área previamente dada, por menor que seja. Para tanto, utiliza-se o "axioma de Arquimedes". Segundo ele (em forma bastante simplificada), se a maior de duas quantidades for dividida em duas, a metade for dividida novamente etc., haverá enfim certa quantidade que é menor do que a menor das duas quantidades originais. Em outras palavras, se *a* é maior do que *b*, há um número inteiro *n* tal que 2^n vezes *b* é maior que *a*.

O método da exaustão às vezes conduz a resultados exatos, como na quadratura da parábola realizada por Arquimedes; às vezes, logra apenas aproximações sucessivas, como na tentativa de realizar a quadratura do círculo. O problema da quadratura do círculo é o de determinar a razão, denominada π, entre a circunferência de um círculo e seu diâmetro. Arquimedes utilizou a aproximação 22/7 em seus cálculos; ao inscrever e circunscrever um polígono regular de 96 lados, demonstrou que π é menor que 3 2/7 e maior que 3 10/71. O método poderia conduzir a qualquer grau exigido de aproximação, mas isso é tudo o que pode fazer nesse problema. O emprego de polígonos inscritos e circunscritos para aproximações de π remete a Antifonte, contemporâneo de Sócrates.

Euclides, que em minha infância ainda era o único manual de geometria para crianças, viveu em Alexandria em cerca de 300 a.C., poucos anos depois da morte de Alexandre e Aristóteles. A maior parte de seus *Elementos* não era original, mas tanto a ordem das proposições quanto a estrutura lógica lhe foram, em grande medida, próprias. Quanto mais se estuda a geometria, mais admirável parecem. O tratamento das paralelas mediante o famoso postulado a elas dedicado tem o duplo mérito do rigor na dedução e da não ocultação da dubiedade do pressuposto inicial. A teoria da proporção, que segue aquela de Eudoxo, evita todas as dificuldades referentes aos irracionais valendo-se de métodos essencialmente semelhantes àqueles introduzidos na análise do século XIX por Weierstrass. Euclides passa então a uma espécie de álgebra geométrica e lida, no Livro X, com o tema dos irracionais. Em seguida, ocupa-se da geometria sólida e termina com a construção dos sólidos regulares, a qual fora aperfeiçoada por Teeteto e utilizada no *Timeu*, de Platão.

A obra *Elementos*, de Euclides, certamente é um dos maiores livros já escritos, além de ser um dos monumentos mais perfeitos do intelecto helênico. Possui, é claro, limitações tipicamente gregas: seu método é puramente dedutivo e carece de instrumentos para a verificação dos pressupostos iniciais. Tais pressupostos seriam inquestionáveis, mas no século XIX a geometria não euclidiana demonstrou que *poderiam* estar parcialmente errados e que apenas a observação definiria se de fato estavam ou não.

Encontramos em Euclides o desdém pela utilidade prática que Platão apregoara. Dizem que, tendo acabado de ouvir uma demonstração, um de seus pupilos perguntou o que ganharia caso aprendesse geometria, após o que Euclides chamou um escravo e falou: "Dá ao jovem três moedas, porque ele deve ganhar algo com aquilo que aprende." O desprezo pela prática, porém, tinha justificativas pragmáticas. Ninguém, em tempos helênicos, acharia que as cônicas poderiam ter alguma utilidade; no século XVII, porém, Galileu descobriu que os projéteis se movem em parábolas, e Kepler, que os planetas se deslocam em elipses. Num piscar de olhos, todo o trabalho que os gregos haviam feito por puro amor à teoria se tornou crucial à arte da guerra e à astronomia.

O espírito dos romanos era prático demais para que apreciassem Euclides; o primeiro a mencioná-lo foi Cícero, em cuja época não havia dele nenhuma tradução latina; na verdade, não há nenhum *registro* de tradução latina até Boécio (*ca.* 480 d.C.). Os árabes nutriram por ele maior estima: em cerca de 760 d.C., uma cópia foi dada ao califa pelo imperador bizantino; em 800 d.C., sob Harun al-Rashid, ela foi traduzida para o árabe. A versão latina mais antiga que ainda temos foi traduzida do árabe por Adelardo de Bath em 1120 d.C. Doravante, o estudo da geometria foi gradualmente revigorado no Ocidente, mas apenas na Renascença tardia é que os avanços mais importantes ocorreram.

Chego agora à astronomia, disciplina em que os triunfos gregos foram tão notáveis quanto na geometria. Os babilônicos e egípcios lhes haviam preparado o terreno após séculos e mais séculos de observação. O aparente movimento dos planetas foi registrado, mas não se sabia que a estrela da manhã e a estrela da tarde eram uma só. Na Babilônia — e provavelmente também no Egito —, fora descoberto um ciclo de eclipses que permitiu que a predição de eclipses lunares se tornasse bastante confiável (não, porém, a dos solares, uma vez que estes nem sempre eram visíveis de determinado local). Devemos aos babilônicos a divisão do ângulo reto em noventa graus e do grau em sessenta minutos; eles tinham predileção pelo número sessenta, usado como base até mesmo de um de seus sistemas de numeração. Os gregos gostavam de atribuir a sabedoria de seus pioneiros a viagens ao Egito, mas o que de fato fora realizado antes dos gregos é pouco. Todavia, a previsão de um eclipse por Tales foi exemplo de influência estrangeira; não há motivos para acharmos que ele acrescentou algo ao que aprendera de fontes egípcias e babilônias. Que sua previsão tenha se cumprido não passou de golpe de sorte.

Comecemos com algumas descobertas iniciais e algumas hipóteses corretas. Segundo Anaximandro, a Terra flutuava livremente e não se apoiava sobre nada. Aristóteles,[2] que muitas vezes rejeitou as melho-

---

[2] *De caelo*, 295[b].

res hipóteses de sua época, opôs-se à teoria de Anaximandro que dizia que a Terra, estando no centro, permanecia imóvel porque não havia razão para que se movesse em certa direção e não em outra. Se isso procedesse, disse, um homem colocado no centro de um círculo com alimentos em diversos pontos da circunferência morreria de fome por não ter razões para escolher uma porção de comida em detrimento de outra. Esse raciocínio retorna na filosofia escolástica no exame do livre-arbítrio. Surge mais uma vez na forma do "asno de Buridan", que acabou por morrer de fome por ser incapaz de escolher entre dois feixes de feno colocados, equidistantemente, à sua direita e à sua esquerda.

Pitágoras muito provavelmente foi o primeiro a supor que a Terra pudesse ser esférica, mas suas razões (ao que parece) eram mais estéticas do que científicas. Razões científicas, porém, logo vieram à baila. Anaxágoras descobriu que a Lua brilha por luz refletida e formulou a teoria certa dos eclipses. Tinha ainda a Terra por plana, mas a forma da sombra terrestre nos eclipses lunares deu aos pitagóricos argumentos conclusivos em favor de sua esfericidade. Os pitagóricos foram ainda além, defendendo que a Terra não passava de um planeta entre muitos outros. Eles sabiam — dizem que a partir do próprio Pitágoras — que a estrela da manhã e a estrela da tarde eram uma só; além disso, achavam que todos os planetas, incluindo o nosso, se moviam em círculos — não ao redor do Sol, mas ao redor do "fogo central". Eles haviam descoberto que a Lua sempre tem a mesma face voltada para a Terra e acreditavam que a Terra sempre voltava a mesma face para o "fogo central". As regiões mediterrâneas se achavam do lado oposto ao que se voltava a esse fogo, que por isso era sempre invisível. O nome dado ao fogo central foi "casa de Zeus" ou "Mãe dos deuses". Presumia-se que o Sol brilhava por refletir a luz emitida pelo fogo central. Além da Terra, havia ainda outro corpo, a contraTerra, localizado à mesma distância em relação ao centro. Duas razões o explicavam, uma científica e outra derivada do misticismo aritmético. A científica advinha da correta observação de que um eclipse lunar às vezes ocorre quando o Sol e a Lua estão acima do horizonte. A refração, causa desse fenômeno, era-lhes desconhecida, e por isso achavam que, em casos assim, o eclipse se devia à sombra de um corpo que não o da Terra. A outra razão estava no fato de o Sol e a Lua, os cinco planetas, a Terra, a contraTerra e o fogo central totalizarem *dez* corpos celestes, e dez era o número místico dos pitagóricos.

Essa teoria pitagórica é atribuída a Filolau, tebano que viveu no final do século V a.C. Embora fantasiosa e parcialmente anticientífica, ela é muito importante porque exigiu a maior parte do esforço imaginativo necessário à concepção da hipótese copernicana. Conceber a Terra não como centro do universo, e sim como um planeta entre os demais, bem como imaginá-la como astro que não se encontra eternamente fixo, mas que vaga pelo espaço, revela grande emancipação do pensamento antropocêntrico. Quando esse abalo enfim acometeu a imagem natural que o homem fazia do universo, logo os argumentos científicos conduziram a uma teoria mais precisa.

Várias observações contribuíram para isso. Enópides, que viveu pouco depois de Anaxágoras, descobriu a obliquidade da eclíptica. Logo ficou claro que o Sol deve ser muito maior do que a Terra, fato que defendiam os que negavam a Terra como centro do universo. O fogo central e a contraTerra foram descartados pelos pitagóricos logo após Platão. Heráclides de Ponto (cujas datas giram em torno de 388 a 315 a.C., fazendo dele contemporâneo de Aristóteles) descobriu que Vênus e Mercúrio revolvem ao redor do Sol e adotou a visão de que a Terra gira ao redor de seu próprio eixo a cada 24 horas. Este foi um passo importantíssimo e inédito. Heráclides pertenceu à escola de Platão e deve ter sido grande homem, mas não recebeu o respeito que esperaríamos; ele é descrito como um dândi obeso.

Aristarco de Samos, que viveu mais ou menos de 310 a 230 a.C., sendo portanto cerca de 25 anos mais velho que Arquimedes, é o mais interessante de todos os astrônomos da Antiguidade; ele formulou toda a hipótese copernicana segundo a qual os planetas, incluindo a Terra, revolvem ao redor do Sol, e a Terra gira em torno do próprio eixo uma vez a cada 24 horas. É um pouco frustrante descobrir que a única obra sobrevivente de Aristarco, *Sobre os tamanhos e distâncias do Sol e da Lua*, está alinhada à visão geocêntrica. É verdade que, à luz dos problemas com que o livro lida, não faz a menor diferença que teoria foi adotada. Talvez ele tenha considerado imprudente sobrecarregar seus cálculos com uma oposição desnecessária ao ponto de vista geral dos astrônomos; talvez só tenha chegado à hipótese copernicana após concluída a obra. Em seu livro sobre Aristarco, no qual oferece o texto da obra com sua tradução, *Sir* Thomas Heath[3] tende à segunda hipótese. De todo modo, os indícios de que Aristarco sugeriu a visão copernicana são bastante conclusivos.

O primeiro e melhor deles é o que fornece Arquimedes, como vimos, contemporâneo mais jovem de Aristarco. Escrevendo a Gélon, rei da Siracusa, ele afirma que Aristarco escreveu "um livro que consiste em algumas hipóteses", e continua: "Declaram suas hipóteses que as estrelas fixas e o Sol permanecem imóveis, que a Terra revolve ao redor do Sol na circunferência de um círculo, com o Sol repousando no meio da órbita." Há uma passagem em Plutarco que diz que Cleantes "acreditava ser obrigação dos gregos denunciar Aristarco de Samos por impiedade, uma vez que colocara o Lar do Universo [isto é, a Terra] em movimento, como resultado de sua tentativa de salvar os fenômenos a partir do princípio de que o céu permanece em repouso e a Terra revolve em círculo oblíquo, ao mesmo tempo em que gira ao redor do próprio eixo". Cleantes foi contemporâneo de Aristarco e morreu em cerca de 232 a.C. Noutra passagem, Plutarco diz que Aristarco só formulou sua visão como hipótese, mas que seu sucessor Seleuco a apregoou como opinião conclusiva. (Seleuco viveu em cerca de 150 a.C.) Aécio e Sexto Empírico também afirmam que Aristarco formulou a hipótese heliocêntrica, mas não dão a entender que tenha sido enunciada *apenas* como hipótese. Ainda que o tenha feito, porém, não parece improvável que o tenha influenciado, como a Galileu dois mil anos depois, o medo de ofender os preconceitos religiosos — medo que a postura de Cleantes (já mencionada) revela bem-fundamentado.

Uma vez formulada — seja de maneira categórica, seja de maneira temporária — por Aristarco, a hipótese copernicana não encontrou nenhum outro adepto, além de Seleuco, entre os astrônomos antigos. Essa rejeição geral se deu sobretudo em virtude de Hiparco, que viveu de 161 a 126 a.C. Heath o descreve como "o maior astrônomo da Antiguidade".[4] Foi o primeiro a escrever sistematicamente sobre trigonometria; descobriu a precessão dos equinócios; calculou a extensão do mês lunar errando por menos de um segundo; aprimorou a

[3] *Aristarchus of Samos, the Ancient Copernicus*. Oxford, 1913. O que se segue toma como base esse livro.

[4] *Greek Mathematics*, vol. II, p. 253.

estimativa de Aristarco referente aos tamanhos e distâncias do Sol e da Lua; catalogou 850 estrelas fixas, fornecendo sua latitude e longitude. Contra a hipótese heliocêntrica de Aristarco, adotou e aprimorou a teoria dos epiciclos concebida por Apolônio, que vivera em torno de 220 a.C.; foi um desenvolvimento dessa teoria o que acabou por ser conhecido como o sistema ptolemaico, batizado em homenagem a Ptolomeu, cuja vida transcorreu em meados de II a.C.

Talvez Copérnico conhecesse algo — não muito, porém — da hipótese quase esquecida de Aristarco, sentindo-se encorajado ao encontrar uma autoridade antiga que desse respaldo à sua inovação. Não fosse isso, o impacto dessa hipótese sobre a astronomia subsequente teria sido praticamente *nulo*.

Ao calcularem o tamanho da Terra, da Lua e do Sol, bem como as distâncias entre Sol e Lua, os astrônomos antigos se valeram de métodos teoricamente válidos, mas foram tolhidos pela falta de instrumentos de precisão. Levando em consideração essa carência, muitos de seus resultados foram surpreendentemente bons. Eratóstenes calculou que o diâmetro da Terra era de 7.850 milhas — mais de 12.633 quilômetros —, o que está apenas cinquenta milhas — mais de 80 quilômetros — aquém da verdade. Ptolomeu estimou que a distância média da Lua era 29 ½ vezes o diâmetro da Terra, enquanto a cifra exata gira em torno de 30,2. Nenhum deles chegou a um número próximo ao do tamanho e da distância do Sol, por todos subestimados. Eis os seus resultados, cuja unidade de medida é o diâmetro da Terra:

Aristarco, 180;
Hiparco, 1.245;
Posidônio, 6.545.

O número certo é 11.726. Veremos que tais estimativas foram se aprimorando (embora a de Ptolomeu revelasse retrocesso); a de Posidônio[5] é cerca da metade do número correto. No geral, a imagem que faziam do sistema solar não era tão distante da verdade.

A astronomia grega era geométrica, e não dinâmica. Os antigos achavam que o movimento dos corpos celestes era uniforme e circular,

[5] Posidônio foi professor de Cícero. Ele viveu na segunda metade do século II a.C.

ou então composto de deslocamentos encíclicos. Eles não desenvolveram o conceito de *força*. Havia esferas que se moviam juntas e nas quais vários corpos celestes se fixavam. Com Newton e a gravidade, um ponto de vista novo e menos geométrico foi introduzido. É curioso notar que há um retorno ao ponto de vista geométrico na Teoria Geral da Relatividade formulada por Einstein, que desconsidera o conceito de força em sentido newtoniano.

O problema com que se depara o astrônomo é este: dados os movimentos aparentes dos corpos celestes na esfera celestial, introduzir, como hipótese, uma terceira coordenada, a profundidade, de modo a tornar a descrição dos fenômenos a mais simples possível. O mérito da hipótese copernicana não é a *veracidade*, mas a simplicidade; em vista da relatividade do movimento, não há questão de veracidade envolvida. Em sua busca de hipóteses que poderiam "salvar os fenômenos", os gregos atacaram o problema — se não em intenção, ao menos na prática — do modo cientificamente correto. Uma comparação com seus predecessores e seus sucessores até Copérnico convencerá os estudantes de quão impressionante foi o gênio desses cientistas.

Dois grandes homens completam a lista dos matemáticos gregos de primeira linha: Arquimedes e Apolônio, vivos no século III a.C. Arquimedes era amigo — provavelmente primo — do rei de Siracusa, morrendo quando da captura da cidade pelos romanos em 212 a.C. Apolônio viveu desde a juventude em Alexandria. Arquimedes não foi apenas matemático, mas também físico e estudante de hidrostática. Apolônio notabilizou-se sobretudo por seu trabalho com as cônicas. Nada mais direi sobre eles, uma vez que chegaram tarde demais para poderem influenciar a filosofia.

Depois desses dois grandes homens, e ainda que trabalhos respeitáveis continuassem a ser realizados em Alexandria, a era de ouro chegou ao fim. Sob domínio romano, os gregos perderam a autoconfiança que pertence à liberdade política, e ao fazê-lo fomentaram um respeito paralisante pelos seus predecessores. O soldado romano que matou Arquimedes simboliza a morte do pensamento original que Roma decretou em todo o mundo helênico.

Parte III
A filosofia antiga após Aristóteles

25
O mundo helênico

A história do mundo de língua grega na Antiguidade pode ser dividida em três períodos: o período das cidades-estados livres, que chegou ao fim pelas mãos de Filipe e Alexandre; o período do domínio macedônio, cujo último resquício foi extinto pela anexação romana do Egito, após a morte de Cleópatra; e o período do Império Romano. Dos três, o primeiro é caracterizado pela liberdade e pela desordem; o segundo, pela sujeição e pela desordem; e o terceiro, pela sujeição e pela ordem.

O segundo desses períodos é conhecido como era helênica. Na ciência e na matemática, o que se logrou nele foi o que de melhor alcançaram os gregos. Na filosofia, esse momento inclui a fundação das escolas epicuristas e estoicas, bem como o ceticismo enquanto doutrina definidamente formulada; por conseguinte, ainda se faz importante do ponto de vista filosófico, conquanto em menor grau do que o período de Platão e Aristóteles. Após o século III a.C., nada de novo é visto na filosofia grega até os neoplatônicos do século III de nossa era. Nesse ínterim, o mundo romano foi sendo preparado para o triunfo do cristianismo.

A breve carreira de Alexandre transformou subitamente o mundo grego. Em dez anos, de 334 a 324 a.C., ele conquistou a Ásia Menor, a Síria, o Egito, a Babilônia, a Pérsia, a Samarcandra, a Báctria e o Panjabe. O Império Persa, o maior que o mundo já conhecera, foi destruído em três batalhas. Tornou-se familiar à curiosidade grega a antiga sabedoria dos babilônicos, bem como suas velhas superstições; o mesmo com o dualismo zoroastriano e (em menor grau) as religiões da Índia, local em que o budismo caminhava para a supremacia. Por onde quer que passasse — pelas montanhas do Afeganistão, pelas margens do

Jaxartes, pelos afluentes do Indo —, Alexandre fundava cidades gregas, nas quais tentava reproduzir as instituições da Grécia com certo grau de autogoverno. Embora seu exército fosse composto sobretudo de macedônios, e embora a maioria dos gregos europeus se submetesse a ele contra a própria vontade, Alexandre via a si mesmo, ao menos no princípio, como o apóstolo do helenismo. Aos poucos, porém, à medida que suas conquistas se ampliaram, optou por promover uma amistosa fusão de gregos e bárbaros.

Havia inúmeros motivos para isso. Por um lado, claro estava que seus exércitos, que não eram muito grandes, seriam incapazes de dominar pela força, permanentemente, um império tão vasto; era imperioso, portanto, recorrer à conciliação dos povos conquistados. Por outro lado, o Oriente não estava acostumado com nenhuma forma de governo diferente daquela mantida por um rei divino, papel que Alexandre julgava adequado para si. Se considerava-se deus ou se apenas assumiu os atributos da divindade por razões políticas é questão que cabe ao psicólogo, uma vez que as evidências históricas são inconclusivas. De todo modo, claramente lhe agradava a adulação que recebeu no Egito como sucessor dos faraós e na Pérsia como grão-rei. Seus comandantes macedônios — os "Companheiros", como eram chamados — assumiam para com ele a postura que os nobres ocidentais assumem diante de seu soberano constitucional: não se prostravam à sua frente e ofereciam-lhe conselhos e críticas, ainda que às custas de suas vidas; num momento crucial, controlaram as suas ações e o forçaram a retornar ao Indo em vez de marchar rumo à conquista do Ganges. Os orientais eram mais corteses, contanto que seus preceitos religiosos fossem respeitados. Isso não representava qualquer obstáculo para Alexandre: bastava identificar Amnon ou Bel com Zeus e declarar-se filho do deus. Os psicólogos observam que Alexandre odiava Filipe e provavelmente foi cúmplice de seu assassinato; teria sido agradável acreditar que sua mãe Olímpia, tal qual uma donzela da mitologia grega, fora um dia amada por um deus. A carreira de Alexandre foi tão milagrosa que ele pode muito ter encontrado numa origem miraculosa a melhor explicação para seu êxito prodigioso.

Os gregos se sentiam muito superiores aos bárbaros; Aristóteles decerto expressa a opinião geral quando diz que as raças do norte são impetuosas, e as do sul, civilizadas, mas apenas os gregos são ao mesmo tempo impetuosos e civilizados. Platão e Aristóteles julgavam errado escravizar gregos, mas não bárbaros. Alexandre, que não era bem grego, tentou dar termo a essa postura de superioridade. Ele mesmo se casou com *duas* princesas bárbaras. Além disso, instigou os macedônios mais destacados a se casarem com mulheres persas de berço nobre. Supõe-se que suas várias cidades gregas abrigavam muito mais colonos do que colonas, e assim seus homens devem ter seguido seu exemplo, esposando as mulheres locais. Como resultado dessa política, originou-se entre os homens de pensamento a noção de humanidade como um todo único; a velha lealdade à cidade-estado e (em menor grau) à raça grega não parecia mais adequada. Na filosofia, esse ponto de vista cosmopolita tem início com os estoicos, mas sua origem, na prática, é muito anterior, datando dos tempos de Alexandre. Assim, a interação entre os gregos e bárbaros foi recíproca: os bárbaros aprenderam algo da ciência grega, enquanto os gregos muito assimilaram da superstição bárbara. Ao abranger um território mais amplo, a civilização grega tornou-se menos grega.

A civilização da Grécia era essencialmente urbana. Havia, é claro, muitos gregos ocupando-se da agricultura, mas estes pouco contribuíram para o que distinguiu a cultura helênica. Da escola de Mileto em diante, os gregos de destaque na ciência, na filosofia e na literatura estiveram ligados a cidades comerciais ricas, muitas vezes rodeadas de povos bárbaros. Esse tipo de civilização não teve origem com os gregos, mas com os fenícios; os trabalhos manuais domésticos de Tiro, Sídon e Cartago dependiam de escravos, ao passo que a condução de suas guerras cabia a mercenários contratados. Eles não dependiam, como as capitais modernas, de enormes populações rurais compostas de gente com o mesmo sangue e direitos políticos iguais. A analogia moderna mais próxima será encontrada no Extremo Oriente da segunda metade do século XIX. Singapura e Hong Kong, bem como Xangai e outros portos comerciais da China, eram pequenas ilhas europeias onde os brancos formavam uma aristocracia comercial que vivia às custas do trabalho de peões. Na América do Norte, acima da linha Mason-Dixon, os brancos, não dispondo de mão de obra como essa, foram obrigados a praticar a agricultura. É por isso que a influência dos brancos é sólida na América do Norte, enquanto no Extremo Oriente já sofreu grande redução e pode facilmente cessar por completo. Grande parte desse tipo de cultura, porém, sobreviverá, sobretudo o industrialismo. Essa analogia nos ajudará a compreender a posição dos gregos nas regiões orientais do império de Alexandre.

O impacto de Alexandre sobre a imaginação da Ásia foi grande e duradouro. O *Primeiro livro dos macabeus*, escrito séculos após a sua morte, tem início com um relato de sua carreira:

> Depois de ter saído da terra de Cetim, Alexandre, o Macedônio, filho de Filipe, que já tinha dominado a Hélade, venceu Dario, rei dos persas e dos medos, e tornou-se rei em seu lugar. Empreendeu, então, numerosas guerras, apoderou-se de fortalezas e eliminou os reis da Terra. Avançou até às extremidades do mundo e tomou os despojos de uma multidão de povos, e a Terra silenciou diante dele. Assim exaltado, seu coração se elevou. E recrutou um exército sobremaneira poderoso, submetendo províncias, nações e soberanos, que se tornaram seus tributários. Depois disso tudo, caiu doente e percebeu que ia morrer. Convocou então seus oficiais, os nobres que tinham com ele convivido desde a mocidade e, estando ainda em vida, repartiu com eles o reino.[1] Alexandre havia reinado por 12 anos quando morreu.[2]

Ele sobreviveu como herói lendário na religião maometana, e até hoje pequenos líderes do Himalaia se dizem descendentes seus.[3] Não houve nenhum outro herói plenamente histórico que tenha oferecido ocasião tão perfeita à faculdade mitopoética.

Com a morte de Alexandre, seguiu-se a tentativa de preservar a unidade de seu império. De seus dois filhos, porém, um era infante e o outro ainda não nascera. Cada qual teve seus partidários, mas na guerra civil que disso resultou ambos foram colocados de lado. No final, o império foi dividido entre as famílias de três generais: *grosso modo*, uma ficou com a parte europeia, outra com a parte africana e outra com a parte asiática. A parte europeia acabou nas mãos dos descendentes de Antígono; Ptolomeu, a quem coube o Egito, fez de Alexandria sua capital; Seleuco, que após muitas guerras obteve a Ásia, esteve muito

[1] Isso não é historicamente correto.

[2] Em tradução da *Bíblia de Jerusalém* (São Paulo: Paulus, 2002). [N.T.]

[3] Talvez já não seja mais assim, uma vez que os filhos daqueles que nisso acreditavam foram educados em Eton.

ocupado com suas campanhas para estabelecer capital fixa, mas acabou tendo Antioquia como principal cidade de sua dinastia.

Tanto os ptolemaicos quanto os selêucidas (nome pelo qual foi denominada a dinastia de Seleuco) abandonaram as tentativas de Alexandre de fundir gregos e bárbaros, consolidando, em seu lugar, tiranias militares inicialmente baseadas na alíquota do exército macedônio a que tinham direto, à qual se somaram mercenários gregos. Os ptolemaicos conservaram o Egito com segurança, mas, na Ásia, dois séculos de guerras dinásticas confusas só tiveram fim com a conquista romana. Ao longo desses séculos, a Pérsia foi conquistada pelos partas e os gregos bactrianos ficaram cada vez mais isolados.

No século II a.C. (ao fim do qual rapidamente decaíram), eles tiveram um rei, Menandro, cujo império indiano foi muito extenso. Há alguns diálogos remanescentes entre ele e um sábio budista em páli e, parcialmente, também em uma tradução chinesa. O doutor Tarn sugere que o primeiro se baseia num original grego, mas decerto não o segundo, em cuja conclusão Menandro abdica e se torna santo budista.

O budismo, à época, era uma religião proselitista vigorosa. Numa inscrição que ainda existe, Asoka (264-228), santo rei budista, relata que enviara missionários a todos os reis macedônios: "E esta é a principal conquista na opinião de Sua Majestade: a conquista pela Lei; é também a que efetuou Sua Majestade tanto em seus domínios quanto em todos os reinos vizinhos, numa distância de seiscentas léguas. Fê-lo mesmo ali onde habita o rei grego de nome Antíoco e além, onde residem os quatro reis chamados, respectivamente, Ptolomeu, Antígono, Magas e Alexandre; (...) realizou-o também aqui, nos domínios reais, entre os ionas"[4] [isto é, os gregos de Panjabe]. Infelizmente, nenhum relato desses missionários sobreviveu.

A Babilônia sofreu uma influência muito mais profunda do helenismo. Como vimos, o único antigo a acompanhar Aristarco de Samos na defesa do sistema copernicano foi Seleuco de Selêucia do Tigre, que se destacou mais ou menos em 150 a.C. Tácito nos revela que, no primeiro século de nossa era, a Selêucia não havia "resvalado nos costumes bárbaros dos partas, mas ainda conservava as instituições

[4] Citado em Bevan, *House of Selecus*, vol. I, p. 298n.

de Seleuco,[5] seu fundador grego. Trezentos cidadãos, escolhidos por sua riqueza ou sabedoria, compunham, por assim dizer, um Senado; também o populacho possui seu quinhão de poder".[6] Em toda a Mesopotâmia, bem como mais ao ocidente, o grego se tornou a língua da literatura e da cultura, permanecendo como tal até a conquista maometana.

A Síria (excluída a Judeia) teve sua linguagem e sua literatura completamente helenizadas. As populações rurais, porém, mais conservadoras, mantiveram as religiões e as línguas com que haviam se acostumado.[7] Na Ásia Menor, as cidades gregas do litoral influenciaram durante séculos seus vizinhos bárbaros. Isso se intensificou com a conquista macedônia. O primeiro conflito entre helenismo e judeus está registrado no *Livro dos macabeus*. Trata-se de uma história extremamente interessante, diferente de tudo o mais no império macedônio. Voltarei a ela mais tarde, ao lidar com a origem e o crescimento do cristianismo. Em nenhuma outra parte a influência grega encontrou oposição pertinaz.

Da perspectiva da cultura helênica, o que obteve o mais brilhante sucesso no século III a.C. foi a cidade de Alexandria. O Egito esteve menos exposto à guerra do que as partes europeia e asiática do domínio macedônio, e a Alexandria ocupava uma posição extraordinariamente privilegiada do ponto de vista comercial. Os ptolemaicos eram mecenas e atraíram para a sua capital muitos dos melhores homens da época. Até a queda de Roma, a matemática foi majoritariamente alexandrina. É verdade que Arquimedes era siciliano e pertencia à única parte do mundo em que (até o momento de sua morte, em 212 a.C.) as cidades-estados gregas conservaram sua independência; no entanto, também ele havia estudado em Alexandria. Eratóstenes foi bibliotecário-chefe da famosa biblioteca local. Os matemáticos e homens de ciência vinculados, de maneira mais ou menos próxima, à Alexandria do século III a.C. eram tão capazes quanto qualquer grego dos séculos passados, logrando resultados de igual importância. Ao contrário de seus predecessores, porém, não foram homens que colocaram a

[5] O rei, não o astrônomo.

[6] *Anais*, Livro VI, cap. 42.

[7] Veja-se *Cambridge Ancient History*, vol. VII, p. 194-5.

totalidade do saber sob domínio da província e propuseram filosofias universais; eram, antes, especialistas no sentido moderno da palavra. Euclides, Aristarco, Arquimedes e Apolônio se contentavam em ser matemáticos; na filosofia, não aspiraram a nenhuma originalidade.

A especialização caracterizou esse período não apenas no mundo do saber, mas também em todas as suas esferas. Nas cidades gregas autogovernantes dos séculos V e IV, um homem capaz era considerado capaz de tudo. Sendo propícia a ocasião, fazia-se soldado, político, legislador ou filósofo. Sócrates, muito embora desgostasse de política, não teve como se furtar dos debates políticos. Foi soldado e, a despeito de sua negativa na *Apologia*, também estudioso da física. Enquanto não se ocupava com as lições de ceticismo ministradas aos jovens aristocratas que buscavam o que houvesse de mais recente, Protágoras elaborava um código de leis para Thurii. Platão deu alguns passos na política, ainda que sem sucesso. Xenofonte, quando não estava escrevendo sobre Sócrates nem atuando como cavalheiro do campo, ocupava seu tempo livre como general. Os matemáticos pitagóricos tentavam conquistar o governo das cidades. Todos tinham de servir em júris e cumprir outros deveres públicos. No século III, tudo isso mudou. É verdade que não deixou de haver política nas velhas cidades-estados, mas sua forma tornara-se limitada e irrelevante, uma vez que a Grécia se achava à mercê dos exércitos macedônios. Davam-se entre os soldados da Macedônia as disputas sérias pelo poder; elas não envolviam qualquer questão de princípio, mas apenas a distribuição do território entre aventureiros rivais. Em questões administrativas e técnicas, esses soldados mais ou menos grosseiros empregavam gregos como especialistas; no Egito, por exemplo, um excelente trabalho foi realizado na irrigação e na drenagem. Havia soldados, administradores, físicos, matemáticos, filósofos, mas não havia alguém que fosse todos ao mesmo tempo.

Nesse período o homem que tinha dinheiro, mas não nutria nenhum desejo de poder, podia desfrutar de uma vida bastante agradável — desde que nenhum exército de saqueadores cruzasse seu caminho. Os instruídos que caíssem nas graças de um príncipe podiam gozar de grande luxo, contanto que fossem bajuladores hábeis e não se importassem em ser alvos de ignorantes gracejos reais. Contudo, não havia segurança alguma. Uma revolução palaciana poderia destronar o patrono do sábio adulador; os gálatas poderiam devastar o palacete do rico homem; as cidades poderiam ser saqueadas como resultado de uma guerra dinástica. Em circunstâncias assim, não surpreende que as pessoas passassem a cultuar a deusa Fortuna ou Sorte. Não parecia haver fundo racional no ordenamento dos afazeres humanos. Aqueles que obstinadamente insistiam em encontrar racionalidade em algum lugar se refugiavam em si mesmos e decidiam, como o Satã de Milton, que

> A mente é onde habita, que em si pode
> Do inferno fazer céu; do céu, inferno.

Exceto por aventureiros egocêntricos, ninguém mais se sentia interessado pelos afazeres públicos. Após as brilhantes conquistas de Alexandre, o mundo helênico submergiu no caos por falta de um déspota forte o suficiente para alcançar uma supremacia estável ou de um princípio poderoso o bastante para gerar coesão social. A inteligência grega, vendo-se diante de novos problemas políticos, revelou-se inteiramente incompetente. Não há dúvidas de que os romanos eram estúpidos e brutais se comparados com os gregos, mas ao menos foram capazes de produzir ordem. A velha desordem dos dias de liberdade fora tolerada porque todo cidadão dela participava. A nova desordem macedônia, porém, imposta aos súditos por governantes incompetentes, era completamente intolerável, muito mais do que a subsequente submissão a Roma.

O descontentamento social e o medo da revolução se espalhavam em todas as direções. Os salários da mão de obra livre decaíram, aparentemente em virtude da concorrência dos escravos orientais; nesse ínterim, os preços das mercadorias básicas sofreram aumento. No início de sua empreitada, Alexandre encontrara tempo para firmar tratados que conservariam os pobres em seu lugar. "Nos tratados firmados entre Alexandre e os Estados da Liga de Corinto em 335, definiu-se que o Concílio da Liga e o representante de Alexandre garantiriam que em nenhuma das cidades haveria confisco de propriedade privada, divisão de terras, cancelamento de dívidas ou libertação de escravos por razões revolucionárias."[8] Os banqueiros, no mundo helênico, eram os templos; eles detinham a reserva do ouro e controlavam o crédito. No

[8] "The Social Question in the Third Century", escrito por W.T. Tarn e publicado em *The Hellenistic Age*, de vários autores (Cambridge, 1923). Esse ensaio é demasiado interessante e contém muitos fatos que não encontramos com facilidade alhures.

início do século III, o templo de Apolo, em Delfos, concedia empréstimos a 10%; antes, a taxa de juros era ainda mais alta.[9]

Caso fossem jovens e vigorosos, os trabalhadores livres cujos salários não lhes permitissem comprar o que havia de mais básico poderiam trabalhar como mercenários. A vida de um mercenário era, naturalmente, cheia de dificuldades e perigos, mas também oferecia grandes possibilidades. O jovem poderia participar da pilhagem de alguma cidade oriental abastada ou de uma rebelião lucrativa. Devia ser perigoso para um líder licenciar seu exército, e talvez tenha sido essa uma das razões pelas quais as guerras eram quase contínuas.

O velho espírito cívico continuou mais ou menos vivo nas antigas cidades gregas, mas não nas recentemente fundadas por Alexandre (sem exceção feita a Alexandria). Em tempos anteriores, uma cidade nova era sempre uma colônia formada por imigrantes de uma cidade mais velha, com a qual permanecia ligada por vínculos sentimentais. Esse tipo de sentimento teve grande longevidade, do que dão mostras, por exemplo, as atividades diplomáticas de Lâmpsaco, no Helesponto, em 196 a.C. A cidade, ameaçada pelo rei selêucida Antíoco III, decidiu recorrer a Roma em busca de proteção. Uma embaixada foi enviada, mas não partiu diretamente para terras romanas: dirigiu-se, antes, apesar da enorme distância, para Marselha, cidade que, a exemplo Lâmpsaco, era também colônia de Foceia, além de ser vista com olhos amistosos pelos romanos. Os cidadãos de Marselha, após assistirem a um discurso do emissário, decidiram de imediato enviar uma missão diplomática própria à Roma, no intuito de manifestar seu apoio àquela cidade-irmã. Os gauleses que viviam no interior decidiram tomar parte e enviaram uma carta a seus parentes da Ásia Menor, os gálatas, recomendando Lâmpsaco à sua amizade. A Roma, é claro, agradava a oportunidade de meter-se nos afazeres da Ásia Menor, e com sua intervenção Lâmpsaco conservou sua liberdade — até que isso se tornasse inconveniente aos romanos.[10]

Em geral, os governantes da Ásia se denominavam "filo-helenos", favorecendo as velhas cidades gregas na medida em que a política e a necessidade militar o permitiam. As cidades desejavam — e (quando podiam) reclamavam como direito — o autogoverno democrático, a isenção de tributos e a ausência de guarnição real. Valia a pena conci-

[9] Ibid.

[10] Bevan, *House of Seleucus*, vol. II, p. 45-6.

liá-las porque sua riqueza permitia que cedessem mercenários, e muitas tinham portos importantes. Caso escolhessem o lado errado numa guerra civil, porém, ficariam expostas a conquistas. No geral, tanto os selêucidas quanto as dinastias que aos poucos se consolidaram as trataram de maneira tolerável, mas houve exceções.

As novas cidades, embora desfrutassem de certo grau de autogoverno, não seguiam as mesmas tradições das antigas. Seus cidadãos não eram da mesma origem, mas vinham de todas as partes da Grécia. Tratava-se, em geral, de aventureiros como os *conquistadores* ou os colonizadores de Joanesburgo, e não de peregrinos piedosos como os primeiros colonos gregos ou os pioneiros da Nova Inglaterra. Por conseguinte, nenhuma das cidades de Alexandre consolidou-se como uma unidade política forte. Isso era conveniente do ponto de vista da realeza, mas uma fraqueza do ponto de vista da difusão do helenismo.

A influência, no mundo helênico, da religião e da superstição não gregas foi em geral negativa, mas não de todo. Pode não ter sido esse o caso. Judeus, persas e budistas tinham religiões muito superiores ao politeísmo popular dos gregos, as quais podiam ser estudadas com proveito pelos melhores filósofos. Infelizmente, foram os babilônicos ou caldeus os que mais chamaram a atenção dos gregos: em primeiro lugar, devido à sua fabulosa Antiguidade; os registros sacerdotais remontavam a milhares de anos e diziam remontar a milênios mais. Em seguida, traziam a legítima sabedoria: os babilônicos haviam conseguido prever eclipses muito antes dos gregos. Todavia, essas eram apenas as causas da receptividade; o que se recebeu foi sobretudo astrologia e magia. "A astrologia", diz o professor Gilbert Murray, "acometeu o espírito helênico como uma nova doença acomete o povo de uma ilha distante. A tumba de Ozymandias, tal qual descrita por Diodoro, fora coberta de símbolos astrológicos, e a de Antíoco I, descoberta em Comagena, era do mesmo tipo. Era natural aos monarcas achar que as estrelas velavam por eles. Todos, porém, estavam prontos para serem contaminados".[11] Parece que a astrologia foi ensinada pela primeira vez aos gregos na época de Alexandre; quem o teria feito foi um caldeu de nome Beroso, que lecionava em Cós e, segundo Sêneca, "interpretou Bel". "Isso", diz o professor Murray, "deve significar que traduzira para o grego o 'Olho de Bel', um tratado em setenta tábulas

[11] *Five Stages of Greek Religion*, p. 177-8.

encontrado na biblioteca de Assurbanipal (686-626 a.C.), mas redigido para Sargão I no terceiro milênio a.C." (ibid., p. 176).

Como veremos, até mesmo a maioria dos melhores filósofos acabou por dar crédito à astrologia. Por acreditar que o futuro podia ser predito, ela implicava uma crença na necessidade ou no fado que contrastava com a crença na fortuna então predominante. Não há dúvidas de que a maior parte dos homens acreditava em ambas e jamais percebeu a inconsistência.

A confusão geral trouxe inevitavelmente consigo a decadência moral — em grau ainda maior do que o enfraquecimento do intelecto. Anos e mais anos de incerteza, embora compatíveis com o mais alto grau de santidade em alguns, são hostis às virtudes prosaicas e cotidianas dos cidadãos respeitáveis. Parece inútil a parcimônia se amanhã todas as nossas economias podem se dissipar; não há vantagem na honestidade quando aquele que dela se beneficia nos burlará; não há por que aderir ferrenhamente a uma causa quando nenhuma causa é importante ou possui chance de sucesso; não há argumento em favor da sinceridade quando apenas a sutil tergiversação torna a preservação da vida e da fortuna possível. Num mundo assim, o homem cuja virtude só tem como fonte uma prudência puramente mundana tornar-se-á, caso corajoso, aventureiro; caso covarde, procurará a obscuridade como um contemporizador tímido.

Menandro, que pertence a essa época, diz:

Muitos casos chegaram ao meu conhecimento
De homens que, embora não fossem patifes por natureza,
Patifes se tornaram à força, graças a algum infortúnio.

Isso sintetiza o caráter moral do século III a.C., exceção feita a um punhado de homens excepcionais. Mesmo entre esses poucos, o medo tomou o lugar da esperança: o objetivo de suas vidas era antes fugir de infortúnios do que lograr um bem positivo. "A metafísica se deslocou para segundo plano, ao passo que a ética, agora individual, adquiriu crucial importância. A filosofia não é mais o pilar de fogo que serve como norte a alguns intrépidos buscadores da verdade: trata-se, antes, de uma ambulância que, finda a luta pela existência, vem recolhendo os fracos e feridos."[12]

[12] C.F. Angus, em *Cambridge Ancient History*, vol. VII, p. 231. A citação de Menandro foi retirada do mesmo capítulo.

26

Cínicos e céticos

A relação dos homens intelectualmente eminentes com a sociedade de seu tempo foi diferente de acordo com a época em questão. Em tempos afortunados, eles em geral estiveram em harmonia com o que havia ao seu redor; sugeriam, é verdade, as reformas que lhes parecessem necessárias, mas tinham a certeza de que suas sugestões seriam acolhidas de bom grado e não se mostravam contrariados com o mundo em que viviam, mesmo se nada mudasse para melhor. Noutras épocas, foram em geral revolucionários, tendo em mente que mudanças radicais se faziam necessárias mas acreditando que, em parte como resultado de sua atuação, tais mudanças seriam realizadas num futuro próximo. Houve também épocas em que desesperaram do mundo e sentiram que, embora eles mesmos soubessem o que se fazia necessário, não havia esperança de que um dia se realizaria. Esse estado de espírito resvala com facilidade num desespero mais profundo, segundo o qual a vida na Terra é essencialmente ruim e só há esperança de bem numa vida futura ou numa transfiguração mística.

Em certas épocas, essas atitudes foram adotadas por diferentes homens ao mesmo tempo. Vejamos, por exemplo, o início do século XIX. Goethe é cômodo, Bentham é reformador, Shelley é revolucionário, Leopardi é pessimista. Na maioria das vezes, porém, encontramos um só tom a prevalecer entre os grandes autores. Na Inglaterra de Elisabete e do século XVIII, os escritores eram cômodos; na França, tornaram-se revolucionários em cerca de 1750; na Alemanha, viraram nacionalistas a partir de 1813.

Entre o século V e o século XV, período de domínio eclesiástico, houve certo conflito entre o que se acreditava na teoria e o que se sentia na prática. Teoricamente, o mundo era um vale de lágrimas, uma preparação, em meio a tribulações, para o mundo vindouro. Na prática, porém, era impossível aos escritores, quase todos clérigos, não regozijar-se com o poder da Igreja; eles tinham a oportunidade de praticar uma atividade abundante que lhes parecia útil. Desse modo, tinham a mentalidade de uma classe governante, e não de homens que se sentem exilados num mundo estrangeiro. Isso faz parte do curioso dualismo que perpassa a Idade Média graças ao fato de a Igreja, embora fundamentada sobre crenças extramundanas, ser, à época, a instituição mais importante do mundo cotidiano.

A preparação psicológica para a sobrenaturalidade do cristianismo se inicia no período helênico e está vinculada ao eclipse da cidade-estado. Em geral, os filósofos gregos até Aristóteles, muito embora reclamassem disto ou daquilo, não se sentiam cosmicamente desesperados ou politicamente impotentes. Poderiam pertencer, vez ou outra, a um partido já derrotado, mas nesse caso sua derrota se dera devido aos riscos do conflito, e não em virtude de certa impotência inevitável dos sábios. Mesmo aqueles que — como Pitágoras e, de certo modo, também Platão — condenavam o mundo das aparências e buscavam refúgio no misticismo tinham projetos práticos para converter os membros das classes governantes em santos e sábios. Quando o poder político passou às mãos dos macedônios, os filósofos gregos naturalmente se afastaram da política e se dedicaram mais ao problema da virtude ou da salvação individual. Eles deixam de perguntar como os homens podem criar um Estado bom e indagam como os homens podem ser virtuosos num mundo perverso ou felizes num mundo de sofrimento. É bem verdade que essa mudança é tão somente uma mudança de grau, que essas questões já haviam sido levantadas antes e que, durante certo tempo, os estoicos tardios nutriram interesse pela política — a política de Roma, e não da Grécia. Não obstante, as mudanças foram reais. Exceção feita a um breve período do estoicismo romano, a visão de mundo daqueles que pensavam e sentiam a sério se tornou cada vez mais subjetiva e individualista, quando então o cristianismo desenvolveu o Evangelho de salvação individual que inspirou um zelo missionário e criou a Igreja. Até que isso se realizasse, não havia instituição a que o filósofo poderia aderir de todo o coração, e portanto não havia nenhuma válvula de escape adequada para seu legítimo amor ao poder. Por esse motivo, os filósofos do período helênico são mais limitados como seres humanos do que os homens que viveram enquanto a cidade-estado ainda inspirava lealdade. Eles ainda pensam, uma vez que isso lhes é inevitável, mas já quase não esperam que seu pensamento venha a dar frutos no mundo.

Quatro escolas filosóficas foram fundadas na época de Alexandre. As duas mais famosas, a dos estoicos e a dos epicuristas, serão tema de capítulos subsequentes; neste, trataremos dos cínicos e dos céticos.

A primeira dessas escolas deriva, através de Diógenes, seu fundador, de Antístenes, discípulo de Sócrates cerca de vinte anos mais velho do que Platão. Antístenes foi personagem notável, em certos aspectos muito semelhante a Tolstói. Até o período que se seguiu à morte de Sócrates, viveu no círculo aristocrático de seus discípulos e não demonstrou nenhum sinal de heterodoxia. Contudo, quando já não era mais jovem, algo — não se sabe se a derrota de Atenas, a morte de Sócrates ou algum desgosto pelas críticas filosóficas — o fez desprezar o que outrora estimava. Ele nada queria além da bondade pura e simples. Associou-se a trabalhadores e vestiu-se como um deles. Dedicou-se a pregar a céu aberto, valendo-se de um estilo que os ignorantes podiam compreender. Passou a considerar inútil toda filosofia refinada; o que poderia ser conhecido só poderia sê-lo pelo homem simples. Ele acreditava no "retorno à natureza" e levou essa crença ao extremo. Não deveria haver governo, propriedade privada, casamento, religião fixa. Seus seguidores, quiçá até ele mesmo, condenaram a escravidão. Não foi um ascético propriamente dito, mas desprezou o luxo e a busca dos prazeres artificiais dos sentidos. "Antes a loucura do que o deleite", disse.[1]

A fama de Antístenes foi superada por seu discípulo Diógenes, "jovem de Sinope, no Euxino, com quem [Antístenes] não simpatizara de imediato; era filho de um cambista preso por adulterar a moeda. Antístenes ordenou que o jovem se afastasse, mas este não lhe deu atenção; fustigou-o com sua vara, mas Diógenes não se moveu. Diógenes desejava 'sabedoria' e viu que Antístenes poderia oferecê-la. Seu objetivo de vida era fazer o que seu pai fizera e 'adulterar a moeda', mas em escala muito mais ampla. Ele adulteraria toda a moeda exis-

[1] Benn, vol. II, p. 4, 5; Murray, *Five Stages*, p. 113-14.

tente no mundo. Cada timbre convencional era falso. Os homens eram cunhados como generais e reis; as coisas, como honra e sabedoria, felicidade e riquezas; tudo era metal vil com inscrições mentirosas".[2]

Ele decidiu viver como cão, e por isso foi denominado "cínico", isto é, "canino". Diógenes rejeitou todas as convenções — as da religião, do costume, do vestir-se, da habitação, da alimentação ou da decência. Dizem que vivia num barril, mas Gilbert Murray garante-nos de que isso não é verdade: tratava-se, antes, de um jarro grande, do tipo usado primitivamente nos funerais.[3] Diógenes viveu como um faquir indiano: à base de esmolas. Proclamava-se irmão não apenas de toda a raça humana, mas também dos animais. Foi homem sobre o qual se acumularam histórias, mesmo durante a sua vida. Todos sabem que Alexandre foi ter com ele e perguntou-lhe o que desejava: "Apenas que saia da frente da luz", respondeu.

O ensinamento de Diógenes está longe de ser o que hoje chamamos de "cínico". Muito pelo contrário: ele guardava uma ardente paixão pela "virtude", em comparação com a qual todo bem mundano nada valia. Buscou a virtude e a liberdade moral na emancipação do desejo: sê indiferente aos bens que a fortuna tem a conceder e ficarás livre do medo. Nesse aspecto, como veremos, sua doutrina foi retomada pelos estoicos, que porém não o seguiram na rejeição das amenidades da civilização. Segundo Diógenes, Prometeu foi justamente punido por levar ao homem as artes que geraram a complicação e a artificialidade da vida moderna. Nisso, assemelha-se aos taoistas, a Rousseau e a Tolstói; foi, porém, muito mais consistente.

Muito embora fosse contemporâneo de Aristóteles, sua doutrina tem o temperamento da era helênica. Aristóteles é o último filósofo grego a encarar o mundo com alegria; depois dele, todos sustentam, de uma forma ou de outra, alguma filosofia de isolamento. O mundo é mau; aprendamos a não depender dele. Os bens externos são precários; não passam de dons da fortuna, e não da recompensa por nossos esforços. Apenas os bens subjetivos — a virtude ou o contentamento por meio da resignação — são seguros, e como tais serão os únicos valorizados pelo sábio. Pessoalmente, Diógenes foi homem cheio de vi-

[2] Ibid., p. 117.

[3] Ibid., p. 119.

gor, mas sua doutrina, como todas aquelas do período helênico, voltava-se aos homens aborrecidos, nos quais a decepção havia aniquilado o zelo natural. Decerto não se tratava de uma doutrina calculada para promover a arte ou a ciência ou o estadismo, ou qualquer atividade útil, exceção feita à atitude de oposição ao poderoso mal.

É interessante observar o que foi feito do ensinamento cínico quando popularizado. No início do século III a.C., os cínicos estavam em voga, sobretudo na cidade de Alexandria. Eles publicavam pequenos sermões em que assinalavam quão fácil era viver sem bens materiais, quão alegres poderiam se tornar os que só ingeriam alimentos simples, quão aquecidos poderiam ficar todos no inverno sem roupas caras (o que era verdade no Egito!), quão tolo era ter afeto pela terra natal ou lamentar a morte de um filho ou amigo. "Porque meu filho ou esposa está morto", diz Teles, um dos cínicos que popularizaram a doutrina, "há razão para que eu, que ainda estou vivo, negligencie a mim mesmo e deixe de cuidar do que me pertence?".[4] É difícil, nesse ponto, simpatizar-se com a vida simples, aqui demasiadamente simplificada. Ficamos a imaginar quem apreciava tais sermões. Seriam os ricos, desejosos de se convencer de que o sofrimento dos pobres era algo imaginário? Ou os novos pobres, que então tentavam desprezar o homem de negócios bem-sucedido? Seriam ainda os bajuladores, que tentavam persuadir-se de que a caridade que aceitavam não tinha importância? Teles diz ao rico: "Dá-me liberalmente e aceito com altivez, sem rastejar-me, sem rebaixar-me de maneira vil, sem murmurejar."[5] Conveniente doutrina. O cinismo popular não apregoava a abstinência das coisas boas deste mundo, mas apenas certa indiferença por elas. No caso de um mutuário, isso pode converter-se na minimização da obrigação para com o mutuante. Pode-se vislumbrar como a palavra "cínico" veio a significar o que significa hoje.

O que havia de melhor na doutrina cínica passou para o estoicismo, uma filosofia mais completa e bem-acabada.

Como doutrina escolar, o ceticismo foi articulado pela primeira vez por Pirro, que era membro do exército de Alexandre e participara de sua campanha até a Índia. Parece que isso saciara seu gosto pelas via-

[4] *The Hellenistic Age*. Cambridge, 1923, p. 84ss.

[5] Ibid., p. 86.

gens, e que ele passou o resto da vida em sua cidade natal, Élis, onde morreu em 275 a.C. Não havia nada muito original em sua doutrina além da sistematização e da formalização de algumas dúvidas velhas. O ceticismo acerca dos sentidos atormentou os filósofos gregos desde muito cedo; as únicas exceções estavam naqueles que, a exemplo de Parmênides e Platão, negavam o valor cognitivo da percepção e faziam dessa negação uma oportunidade para o dogmatismo intelectual. As ambiguidades e as aparentes contradições da percepção sensorial haviam levado os sofistas, de modo particular Protágoras e Górgias, a um subjetivismo muito parecido com o de Hume. Pirro parece (uma vez que, muito sabiamente, não escreveu livro nenhum) ter acrescido um ceticismo moral e lógico ao ceticismo que dizia respeito aos sentidos. Dizem que defendia a impossibilidade de haver fundamento racional para a escolha de determinada razão em detrimento de outra. Na prática, isso significa que é preciso conformar-se com o costume do país em que se habita. Um discípulo moderno iria à igreja aos domingos e se ajoelharia nos momentos adequados, mas sem nutrir nenhuma das crenças religiosas que supostamente inspiram tais ações. Os velhos céticos cumpriam todo o ritual pagão, e alguns chegaram até a se tornar sacerdotes; seu ceticismo garantia-lhes que tal comportamento não poderia ser declarado errado, ao passo que o senso comum (que sobreviveu à sua filosofia) ratificava sua conveniência.

Naturalmente, o ceticismo encantou muitos espíritos não filosóficos. Ao notarem a diversidade de escolas e a acerbidade de suas disputas, as pessoas acabavam por concluir que todas aspiravam a um conhecimento que na verdade era inalcançável. O ceticismo era o consolo do preguiçoso, uma vez que retratava o ignorante como alguém tão sábio quanto o reputado homem de saber. Àqueles que, por temperamento, solicitavam o evangelho, o ceticismo talvez parecesse insatisfatório; no entanto, como toda doutrina do período helênico, ele se apresentava como um antídoto contra a preocupação. Por que perturbar-se quanto ao futuro? Ele é completamente incerto. Você pode muito bem desfrutar do presente; "o que está por vir ainda é desconhecido". Por essas razões, o ceticismo gozou de considerável sucesso popular.

Cumpre observar que o ceticismo, como filosofia, não apregoa a dúvida pura e simples, e sim aquela que podemos chamar de dúvida dogmática. O homem de ciência diz: "Creio que isso seja assim, mas não tenho certeza." O homem dotado de curiosidade intelectual, por sua vez, afirma: "Não sei o motivo disso, mas espero descobrir." E o cético filosófico: "Ninguém sabe e jamais saberá." É esse elemento de dogmatismo que torna o seu sistema vulnerável. Naturalmente, os céticos negam que estejam afirmando de maneira dogmática a impossibilidade do conhecimento, mas suas negativas não convencem.

Tímon, porém, outrora discípulo de Pirro, formulou alguns argumentos intelectuais que, para a lógica grega, exigiam refutações difíceis. A única lógica que os gregos admitiam era a dedutiva, e toda dedução tinha de partir, como em Euclides, de princípios gerais considerados autoevidentes. Tímon negou a possibilidade de encontrar tais princípios. Desse modo, tudo deverá ser provado por intermédio de outra coisa, e todo raciocínio ou será circular, ou será uma corrente infinda que pende do nada. Em ambos os casos, nada pode ser provado. Como percebemos, esse argumento corta a raiz da filosofia aristotélica que dominou a Idade Média.

Certas formas de ceticismo defendidas, em nossa época, por homens que estão longe de ser inteiramente céticos não haviam ocorrido aos céticos da Antiguidade. Eles não duvidavam dos fenômenos nem questionavam proposições que, em sua opinião, expressavam tão somente o que sabemos diretamente a seu respeito. A maior parte da obra de Tímon se perdeu, mas dois fragmentos remanescentes ilustrarão essa questão. Um diz: "O fenômeno é sempre válido." E o outro: "Que o mel é doce recuso-me a afirmar; que parece doce, a isso dou pleno assentimento."[6] Um cético moderno assinalaria que o fenômeno apenas *ocorre*, não sendo nem válido nem inválido; o que é válido ou inválido deve ser uma declaração, e declaração nenhuma pode estar vinculada ao fenômeno a ponto de ser incapaz da falsidade. Pela mesma razão, diria ele, a declaração segundo a qual "o mel parece doce" é apenas muitíssimo provável, e não absolutamente certa.

Em certos aspectos, a doutrina de Tímon foi muito semelhante à de Hume. Ele declarou que algo que jamais fora observado — os átomos, por exemplo — não poderia ser validamente inferido; todavia,

[6] Citado por Edwyn Bevan, *Stoics and Sceptics*, p. 126.

quando dois *fenômenos* tiverem sido observados juntos e com frequência, um poderia ser inferido a partir do outro.

Tímon passou os últimos anos de sua longa vida em Atenas, onde morreu no ano de 235 a.C. Com sua morte, a escola de Pirro teve fim enquanto escola, mas, por mais estranho que possa parecer, suas doutrinas foram adotadas — com algumas alterações — pela Academia, representante da tradição platônica.

O homem que realizou essa surpreendente revolução filosófica foi Arcesilau, contemporâneo de Tímon que faleceu muito idoso, em cerca de 240 a.C. O que a maioria dos homens assimilou de Platão foi a crença num mundo intelectual suprassensível, bem como na superioridade da alma imortal em relação ao corpo perecível. Platão, porém, tinha muitas faces, e em alguns aspectos poderia ser visto como propagador do ceticismo. O Sócrates platônico declara nada saber; essa afirmação nós normalmente tratamos como ironia, mas poderia ser levada a sério. Muitos dos diálogos não logram nenhuma conclusão positiva e almejam deixar o leitor em estado de dúvida. Alguns — a parte final do *Parmênides*, por exemplo — parecem não ter qualquer objetivo senão o de revelar que ambos os lados de qualquer questão podem ser defendidos com igual plausibilidade. A dialética platônica pode ser tratada como fim em vez de meio, e nesse caso se presta admiravelmente à defesa do ceticismo. Parece ter sido essa a forma como Arcesilau interpretou o homem a quem ainda professava seguir. Ele havia decapitado Platão, mas o torso que restara era genuíno.

O modo como Arcesilau ensinou mereceria muitos elogios caso os jovens alunos tivessem se mostrado capazes de evitar a paralisia que aquilo lhes causava. Arcesilau não defendia nenhuma teoria, mas refutaria toda tese elaborada por um pupilo. Às vezes defendia duas proposições contraditórias em ocasiões sucessivas, demonstrando assim como argumentar convincentemente em favor de ambas. Um pupilo vigoroso o bastante para rebelar-se poderia aprender a destreza e a evasão das falácias, mas na realidade nenhum parece ter aprendido nada além da sagacidade e da indiferença pela verdade. Tão grande foi a influência de Arcesilau que a Academia permaneceu cética por cerca de duzentos anos.

No meio desse período, ocorreu um divertido incidente. Carnéades, digno sucessor de Arcesilau no comando da Academia, foi um dos três filósofos que Atenas enviou em missão diplomática a Roma no ano de 156 a.C. Ele não via razões para que sua dignidade como embaixador prejudicasse sua principal ocupação, e assim anunciou uma série de aulas em Roma. Os jovens, que à época ansiavam por imitar os modos gregos e por adquirir a cultura da Grécia, afluíram para ouvi-lo. Sua primeira lição expôs as visões de Aristóteles e Platão sobre a justiça, sendo completamente edificante. A segunda, por sua vez, teve como objetivo refutar tudo o que fora dito na primeira — não, porém, com o intuito de obter conclusões opostas, e sim para demonstrar que toda conclusão é injustificada. O Sócrates de Platão afirmara que a injustiça fazia mais mal para quem a cometia do que para a vítima. Carnéades, em sua segunda lição, tratou esse ponto de vista com desprezo. Os grandes Estados, assinalou, se tornaram grandes porque cometeram agressões injustas contra seus vizinhos mais fracos; em Roma, era impossível negá-lo. Num naufrágio, você pode salvar a própria vida às custas de outra mais fraca, e estaria sendo tolo se não o fizesse. Ele parece acreditar que "Mulheres e crianças primeiro" não é máxima que conduz à sobrevivência pessoal. O que você faria caso estivesse fugindo de um inimigo vitorioso e, tendo perdido seu cavalo, encontrasse um companheiro ferido sobre o dele? Se sensato, derrubá-lo-ia e pegaria o animal, independentemente do que a justiça ditasse. Esse raciocínio pouco edificante é surpreendente em quem se diz seguidor de Platão, mas parece ter agradado aos jovens romanos de espírito moderno.

Houve, porém, um homem a quem aquilo não agradava: o velho Catão, representante do código moral austero, rígido, estúpido e brutal que fizera Roma derrotar Cartago. Da juventude à velhice, viveu ele de maneira simples, levantando cedo, praticando um trabalho manual severo, comendo apenas alimentos frugais e jamais vestindo traje que custasse mais de cem moedas. Com o Estado, foi escrupulosamente honesto, evitando todo suborno e toda pilhagem. Exigia dos outros romanos todas as virtudes que praticava por si mesmo, afirmando que acusar e perseguir os iníquos era a melhor coisa que um homem correto poderia fazer. Na medida do possível, reforçou a velha severidade dos costumes romanos:

> Catão expulsou do Senado também um tal Manílio, que muito provavelmente seria feito cônsul no ano seguinte, apenas porque beijara a esposa com afeto demasiado à luz do dia e diante da filha; e, ao censurá-lo por tal ato, disse-lhe que sua esposa jamais o beijava, exceto quando trovejava.[7]

Quando no poder, recusou o luxo e os banquetes. Fez a esposa amamentar não apenas os próprios filhos, mas também os de seus escravos, a fim de que, nutridos pelo mesmo leite, pudessem amar os seus. Quando seus escravos se tornavam velhos demais para trabalhar, vendia-os sem remorsos. Insistia em que eles deveriam estar trabalhando ou dormindo, nada mais. Encorajava-os a brigarem entre si, uma vez que "era incapaz de tolerar que fossem amigos". Quando um escravo cometia delito grave, chamava os demais e os forçava a condenar o delinquente à morte; em seguida, na presença dos sobreviventes, com as próprias mãos colocava a sentença em prática.

O contraste entre Catão e Carnéades era completo: o primeiro fizera-se brutal mediante uma moralidade demasiadamente estrita e tradicional; o outro, ignóbil mediante uma moralidade excessivamente lassa e infectada pela dissolução social do mundo helênico.

> A língua grega desagradou a Marco Catão desde o momento primeiro em que os jovens começaram a estudá-la e em que ele viu crescer sua estima na cidade de Roma: temia que, se a juventude romana se tornasse hábil no saber e na eloquência, desistiria definitivamente da honra e glória das armas. (...) Certa feita, quando no Senado, queixou-se abertamente de que se retinham por muito tempo os embaixadores e não os despachavam, recordando também que se tratava de homens perspicazes, capazes de persuadir facilmente do que bem entendessem. E, não havendo outro motivo, deveria isso bastar para desconfiarem de algo e enviá-los de volta para suas escolas, a fim de que pudessem instruir os meninos da Grécia e deixar em paz os de Roma, que deveriam aprender a obedecer as leis e o Senado como antes. Ora, dirigia-se assim ao Senado não em virtude de certa indisposição ou malícia para com Carnéades, como pensavam alguns; fazia-o, antes, porque em geral odiava a filosofia.[8]

---

[7] Plutarco, *Vidas*, Marco Catão.

[8] Ibid.

Os atenienses, na visão de Catão, eram uma raça menor e sem lei. Pouco importava se *eles* haviam se degradado graças aos rasos sofismas dos intelectuais; os jovens romanos deveriam se conservar puritanos, imperialistas, impiedosos e estúpidos. Ele, porém, falhou; os romanos posteriores, embora conservassem muitos de seus vícios, adotaram também os de Carnéades.

Após Carnéades (*ca.* 180 a *ca.* 110 a.C.) , o líder da Academia foi um cartaginês cujo verdadeiro nome era Asdrúbal, mas que ao lidar com os gregos preferia ser chamado de Clitômaco. Ao contrário do antecessor, que limitou-se às aulas, Clitômaco escreveu mais de quatrocentos livros, alguns dos quais em língua fenícia. Seus princípios parecem ter sido os mesmos de Carnéades. Em alguns aspectos, eram úteis. Esses dois céticos se opuseram à crença na adivinhação, na magia e na astrologia que cada vez mais se espalhava. Também elaboraram uma doutrina construtiva referente aos graus de probabilidade: embora a certeza jamais se justifique, algumas coisas têm mais probabilidade de serem verdadeiras do que outras. A probabilidade deve guiar-nos na prática, uma vez que é razoável agir de acordo com a mais provável das hipóteses plausíveis. Com essa visão a maioria dos filósofos modernos estaria de acordo. Infelizmente, os livros que a enunciam foram perdidos, e é difícil reconstruir a doutrina a partir dos indícios que sobrevivem.

Após Clitômaco, a Academia deixou de ser cética, e a partir de Antíoco (cuja morte se deu em 69 a.C.) suas doutrinas passaram a ser, durante séculos, quase as mesmas dos estoicos.

No entanto, o ceticismo não desapareceu. Seu resgate foi feito por Enesidemo, cretense oriundo de Cnossos, onde, segundo o pouco que sabemos, podem ter existido céticos dois mil anos antes, distraindo cortesãos dissolutos com dúvidas quanto à divindade da senhora dos animais. As datas de Enesidemo são incertas. Ele rejeitou as doutrinas da probabilidade que Carnéades propusera e retornou às formas mais antigas de ceticismo. Sua influência foi considerável; seguiu-o o satírico Luciano, no século II d.C.; também, pouco depois, Sexto Empírico, único filósofo cético da Antiguidade cujas obras ainda sobrevivem. Há, por exemplo, um pequeno tratado, intitulado "Argumentos contra a crença em Deus", que foi traduzido por Edwyn Bevan em *Later Greek Religion* (p. 52-56) e que, segundo este, foi provavelmente retirado de Carnéades, tal qual relata Clitômaco.

O tratado se inicia com a explicação de que, no *comportamento*, os céticos são ortodoxos: "Nós, céticos, seguimos na prática os modos do mundo, mas sem defendermos nenhuma opinião sobre eles. Falamos dos deuses como se existissem, prestamos-lhes culto e dizemos que exercem a providência; no entanto, quando assim nos expressamos, não exprimimos crença alguma e evitamos a imprudência dos que dogmatizam."

Ele então declara que as pessoas diferem quanto à natureza de Deus; alguns, por exemplo, julgam-No incorpóreo, e outros, corpóreo. Uma vez que não temos experiência dEle, não podemos conhecer Seus atributos. A existência de Deus não é autoevidente, e portanto necessita de provas. Segue-se um raciocínio um tanto confuso para provar que tais provas são impossíveis. Em seguida, ele se ocupa do problema do mal e termina com as seguintes palavras:

> Os que afirmam positivamente que Deus existe necessariamente resvalam na impiedade. Com efeito, se dizem que Deus controla tudo, convertem-No em autor das coisas más; se, por outro lado, declaram que controla tão somente algumas coisas, ou mesmo que nada controla, veem-se obrigados a fazer dEle um Deus invejoso ou impotente, o que é impiedade claríssima.

O ceticismo, embora continuasse a encantar indivíduos cultos até o século III d.C., opunha-se ao espírito da época, que cada vez mais voltava-se para a religião dogmática e para as doutrinas da salvação. O ceticismo teve força suficiente para fazer que os homens instruídos se desagradassem das religiões estatais, mas nada tinha de positivo, nem mesmo na esfera puramente intelectual, que pudesse colocar em seu lugar. Do Renascimento em diante, o ceticismo teológico foi substituído, na maioria de seus proponentes, por uma crença entusiasmada na ciência, mas na Antiguidade não havia substituto como esse para a dúvida. Sem responder aos argumentos dos céticos, o mundo antigo se afastou deles. Descreditados os deuses do Olimpo, desobstruiu-se o caminho para a invasão das religiões orientais, as quais competiram pela adesão dos supersticiosos até o triunfo do cristianismo.

27
Os epicuristas

As duas grandes escolas do período helênico, a dos estoicos e a dos epicuristas, eram contemporâneas em sua fundação. Zenão e Epicuro, os fundadores, nasceram mais ou menos à mesma época e se instalaram em Atenas, como líderes de suas respectivas seitas, numa distância de cinco anos um do outro. Por conseguinte, é questão de gosto a escolha de qual delas será tratada primeiro. Começarei pelos epicuristas porque suas doutrinas foram estabelecidas de uma vez por todas por seu fundador, ao passo que o estoicismo teve desenvolvimento mais longo, estendendo-se até o imperador Marco Aurélio, morto em 180 d.C.

No que toca a vida de Epicuro, a principal autoridade foi Diógenes Laércio, cuja vida transcorreu no século III d.C. No entanto, deparamo-nos com duas dificuldades: em primeiro lugar, o próprio Diógenes Láercio aceita de bom grado lendas de pouco ou nenhum valor histórico; além disso, parte de sua *Vida* consiste no registro de acusações escandalosas levantadas contra Epicuro pelos estoicos, e nem sempre fica claro se ele está afirmando algo ou apenas aludindo a uma difamação. Devemos ter em mente os escândalos inventados pelos estoicos quando sua altiva moralidade é enaltecida; de todo modo, eles não se aplicam a Epicuro. Por exemplo, há uma lenda que diz que sua mãe foi uma sacerdotisa charlatã, e sobre isso Diógenes diz:

> Dizem [os estoicos, ao que parece] que ele costumava ir de casa em casa com sua mãe lendo as orações de purificação e que assistia a seu pai no ensino elementar por uma miserável pitança.

Sobre isso, Bailey comenta:[1] "Se há veracidade na história de que acompanhava sua mãe como acólito, recitando as fórmulas de seus encantamentos, ele pode perfeitamente ter sido inspirado, quando muito jovem, pelo ódio à superstição que no futuro seria traço tão destacado de seus ensinamentos." A teoria é atraente, mas, diante da radical falta de escrúpulos que a Antiguidade tardia demonstrava ao inventar um escândalo, não creio que possa ter fundamento.[2] Contra ela há o fato de Epicuro nutrir um afeto extraordinariamente forte por sua mãe.[3]

Os principais fatos de sua vida, porém, parecem suficientemente certos. Seu pai foi um pobre colono ateniense em Samos; Epicuro nasceu em 342-1 a.C., mas não se sabe se ali ou na Ática. De todo modo, foi em Samos que sua meninice transcorreu. Ele afirma que se entregou ao estudo da filosofia aos catorze anos. Aos dezoito, mais ou menos à época da morte de Alexandre, seguiu para Atenas, aparentemente para estabelecer sua cidadania; enquanto lá estava, porém, os colonos atenienses foram expulsos de Samos (322 a.C.). A família de Epicuro se refugiou na Ásia Menor, onde ele voltou a encontrá-la. Em Taos, nessa época ou talvez um pouco antes, aprendeu filosofia com um certo Nausífanes, ao que parece um seguidor de Demócrito. Embora seja essa também a maior fonte de sua filosofia madura, Epicuro nunca expressou nada além de desprezo por Nausífanes, a quem se referia como "o Molusco".

Em 311, fundou sua escola, que se estabeleceu primeiro em Mitilene, depois em Lâmpsaco e, por fim, desde 307, em Atenas, onde ele morreu em 270-1 a.C.

Após os duros anos de sua juventude, levou vida plácida em Atenas, perturbado apenas por uma saúde débil. Possuía uma casa e um jardim (ao que parece, separado da casa), e era neste que lecionava. Seus três irmãos, junto com alguns outros, foram membros de sua escola desde o princípio, mas em Atenas a comunidade cresceu não

[1] Cyril Bailey, *The Greek Atomists and Epicurus*. Oxford, 1928, p. 221. O sr. Bailey tem um estudo especial sobre Epicuro, e esse livro tem valor inestimável aos estudiosos.

[2] Os estoicos foram muito injustos com Epicuro. Diz Epiteto, por exemplo, ao dirigir-se a ele: "Eis a vida de que dizes ser digno: comer, beber, copular, evacuar e roncar." Livro II, cap. xx, *Discursos* de Epiteto.

[3] Gilbert Murray, *Five Stages*, p. 130.

somente com a chegada de discípulos filosóficos, mas também com o acréscimo de amigos e dos filhos dos amigos, de escravos e das *hetaerae*. Estas últimas participações eram ocasião de escândalo para seus inimigos, mas parece que muito injustamente. Ele teve uma capacidade assaz excepcional para manter a amizade puramente humana e escreveu cartas aprazíveis aos filhos pequenos dos membros da comunidade. Não praticou, na expressão das emoções, a dignidade e a reserva que eram esperadas dos filósofos antigos; suas cartas são surpreendentemente naturais e impassíveis.

A vida da comunidade era muito simples — em parte por princípio, mas também (sem dúvida) por falta de dinheiro. Seus alimentos e bebidas consistiam sobretudo em pão e água, o que Epicuro julgava bastante satisfatório. "Enche-se de prazer o meu corpo", diz, "quando vivo à base de pão e de água e cuspo nos prazeres do luxo — não, porém, pelo que são, mas em virtude das inconveniências que trazem". Financeiramente, a comunidade dependia, ao menos em parte, de contribuições voluntárias. "Envia-me um pedaço de queijo", escreve, "para que possa fazer, quando me aprouver, um banquete". A outro amigo: "Dá-nos ofertas para a manutenção de nosso sagrado corpo em teu nome e no nome de teus filhos." E mais uma vez: "A única contribuição que exijo é aquela que ordenei que meus discípulos me enviassem ainda que estivessem entre os hiperbóreos. Desejo receber de cada um de vós 220 dracmas[4] por ano e nada mais."

Epicuro sofreu de débil saúde durante toda a vida, mas aprendeu a tolerá-la com enorme fortaleza. Foi ele, e não um estoico, o primeiro a sustentar que o homem poderia ser feliz no sofrimento. Duas cartas — a primeira, escrita no dia anterior à sua morte; a outra, redigida no dia em que veio a falecer — revelam que ele tinha o direito de afirmá-lo. Lemos na primeira: "Sete dias antes de escrever isso, a obstrução se tornou plena, e sofri dores semelhantes às que levam os homens a seu dia derradeiro. Se algo me acontecer, cuida dos filhos de Metrodoro por quatro ou cinco anos, mas não gaste com eles mais do que hoje gastas comigo." Diz a segunda: "Neste dia verdadeiramente feliz de minha vida, quando encontro-me à beira da morte, escrevo-te. As enfermidades que acometem minha bexiga e estômago estão cumprindo

[4] Cerca de cinco libras.

seu papel e nada perderam de sua severidade; contra tudo isso, porém, está a alegria que em meu coração sinto ao recordar-me das conversas que travei contigo. Espero, em vista da devoção que desde a meninice nutriste por mim e pela filosofia, que cuides dos filhos de Metrodoro." Metrodoro, um de seus primeiros discípulos, estava morto; Epicuro lembrou-se de seus filhos em seu testamento.

Embora Epicuro fosse gentil e afável no trato com a maioria das pessoas, um lado diferente de seu caráter vinha à tona em suas relações com os filósofos, sobretudo com aqueles de quem poderiam julgá-lo devedor. "Suponho", diz ele, "que tais resmungões tomar-me-ão como discípulo do Molusco [Nausífanes] e declararão que escutei seu ensinamento na companhia de certos jovens beberrões. Pois de fato tratava-se de um homem mau, e seus hábitos eram tais que jamais poderiam conduzir à sabedoria".[5] Jamais reconheceu quanto devia a Demócrito; no que diz respeito a Leucipo, declarou que nunca houvera filósofo com esse nome — com o que não desejava afirmar a inexistência do homem, e sim que tal homem não era filósofo. Diógenes Laércio fornece uma lista de epítetos abusivos que ele supostamente aplicou a seus predecessores mais eminentes. Vinculada a essa falta de generosidade para com os demais filósofos estava outra falha grave: a do dogmatismo ditatorial. Seus seguidores tinham de aprender uma espécie de credo com todas as suas doutrinas, as quais estavam proibidos de questionar. Nenhum deles jamais veio a acrescentar ou modificar algo. Quando transformou, duzentos anos depois, a filosofia de Epicuro em poesia, Lucrécio, na medida em que se pode discernir, nada adicionou de cunho teórico ao ensinamento do mestre. Onde quer que a comparação seja possível, Lucrécio concorda precisamente com o original, e costuma-se dizer que, alhures, pode ser utilizado para preencher as lacunas criadas pela perda de todos os trezentos livros de Epicuro. De seus escritos, nada resta além de poucas cartas, alguns fragmentos e uma declaração das "doutrinas principais".

A filosofia de Epicuro, a exemplo de todas aquelas de sua época (com a parcial exceção do ceticismo), tinha como principal objetivo garantir a tranquilidade. Ele considerava bom o prazer e aderiu, com notável consistência, a todas as consequências dessa visão. "O pra-

[5] W.J. Oates, *The Stoic and Epicurean Philosophers*, p. 47. Sempre que possível, vali-me das traduções do sr. Oates.

zer", disse, "é o começo e o final da vida bem-aventurada". Diógenes Laércio reproduz uma de suas falas, retirada de um livro sobre *O fim da vida*: "Desconheço como posso conceber o bem abstendo-me dos prazeres do paladar e afastando-me dos prazeres do amor e daqueles da audição e da visão." E novamente: "O início e a raiz de todo bem estão no prazer do estômago; mesmo a sabedoria e a cultura devem remeter a ele." O prazer do espírito, nos diz ele, é a contemplação dos prazeres do corpo. A única vantagem que possui sobre os prazeres corporais jaz no fato de que podemos aprender a contemplar o prazer em vez da dor, adquirindo, assim, mais controle sobre os prazeres mentais do que sobre os prazeres físicos. "Virtude", se não significar "prudência na busca do prazer", é substantivo vazio. A justiça, por exemplo, consiste em agir de modo a não haver ocasião para temer o ressentimento de outros homens — visão que culminou numa doutrina da origem da sociedade que pouco difere da teoria do contrato social.

Epicuro discorda de alguns de seus predecessores hedonistas quando distingue os prazeres *ativos* e os prazeres *passivos*, ou os *dinâmicos* e os *estáticos*. Os prazeres dinâmicos se resumem à conquista de determinado fim desejado, com o desejo precedente acompanhado de dor. Os prazeres estáticos consistem num estado de equilíbrio resultante da existência do tipo de conjuntura que seria desejado caso não existisse. Creio ser possível dizer que a satisfação da fome, quando em progresso, é prazer dinâmico, mas que o estado de quietude que sobrevém quando ela é plenamente saciada representa um prazer estático. Desses dois tipos, Epicuro julga mais prudente almejar o segundo, uma vez que é puro e não depende da existência da dor como estímulo ao desejo. Quando o corpo se encontra em estado de equilíbrio, não há dor, e assim deveríamos almejar o equilíbrio e os prazeres serenos em vez das alegrias mais violentas. Ao que parece, Epicuro desejaria, caso lhe fosse possível, encontrar-se sempre no estado de quem comeu moderadamente, e não sob o voraz desejo de alimentar-se.

Na prática, portanto, ele é levado a considerar a ausência de dor, e não a presença de prazer, o objetivo do sábio.[6] O estômago pode estar na raiz das coisas, mas o sofrimento causado pelas dores estomacais é

[6] "A ausência de dor [para Epicuro] é prazer por si só; no final das contas, trata-se do mais verdadeiro dos prazeres." Bailey, op. cit., p. 249.

maior do que os prazeres da gula; assim, Epicuro vivia à base de pão, acrescendo um pouco de queijo nos dias de festa. Desejos como os de riqueza e honra são fúteis porque tornam o homem inquieto quando poderia estar satisfeito. "O maior alimento de todos é a prudência; ela é ainda mais preciosa do que a filosofia." A filosofia, tal qual ele a compreendia, era um sistema prático destinado a garantir uma vida feliz; exigia tão somente o bom senso, e não a lógica ou a matemática ou qualquer outro treinamento complexo prescrito por Platão. Epicuro instiga Pítocles, seu amigo e jovem discípulo, a "fugir de toda forma de cultura". Foi consequência natural de seus princípios que aconselhasse a abstinência da vida pública, pois, à medida que um homem cresce em poder, cresce também o número daqueles que o invejam e, portanto, desejam prejudicá-lo. Ainda que ele fuja do infortúnio exterior, a paz de espírito é impossível em situação assim. O sábio procurará viver sem ser percebido, de modo a não ter inimigo nenhum.

O amor sexual, o mais "dinâmico" dos prazeres, inclui-se naturalmente no rol de vetos. "A relação sexual", declara o filósofo, "jamais fez bem a homem algum, e terá sorte aquele a quem ainda não prejudicou." Epicuro gostava das crianças (dos outros), mas para que seu gosto fosse satisfeito ele parece ter confiado em que os outros não seguiriam seu conselho. Com efeito, sua afeição por crianças ia contra aquilo que julgava certo, pois ele achava que casamento e filhos distraíam de ambições mais sérias. Lucrécio, que o acompanha na denúncia do amor, não vê mal na relação sexual, contanto que dissociada da paixão.

O prazer social mais seguro, segundo Epicuro, é a amizade. A exemplo de Bentham, ele acredita que todos os homens buscam, a todo momento, apenas o próprio prazer, fazendo-o às vezes de forma sábia e, outras, sem sabedoria alguma. Todavia, e mais uma vez a exemplo de Bentham, a natureza gentil e afetuosa de Epicuro leva-o a adotar um admirável comportamento que, segundo suas teorias, deveria ter sido evitado. É claro que gostava de seus amigos independentemente do que pudesse obter deles, mas persuadiu a si próprio de que nutria o mesmo egoísmo que sua filosofia atribuía a todos os homens. Segundo Cícero, ele declarava que "a amizade não pode apartar-se do prazer; deve ser cultivada, portanto, porque sem ela não podemos viver em segurança ou sem medo, tampouco de maneira aprazível".

Ocasionalmente, porém, esquecia em alguma medida as suas teorias. "Toda amizade é desejável por si só", afirma, acrescentando: "embora se origine da necessidade de ser ajudado."[7]

Embora sua ética parecesse, aos olhos dos outros, repugnante e carente de elevação moral, Epicuro falou com muita franqueza. Como vimos, tratou a comunidade no jardim como "nosso corpo sagrado". Escreveu um livro intitulado *Sobre a santidade* e ostentava todo o fervor de um reformista religioso. Deve ter nutrido forte sentimento de piedade em relação aos sofrimentos da humanidade, bem como a inabalável convicção de que eles se reduziriam enormemente caso os homens adotassem sua filosofia. Tratava-se de uma filosofia valetudinária, destinada a adequar-se a um mundo em que a felicidade aventuresca se tornara quase impossível. Coma pouco, a fim de não ter indigestão; beba pouco, temendo a manhã seguinte; abstenha-se da política e do amor e de todas as atividades violentamente apaixonadas; não dê chance ao azar casando-se e tendo filhos; em sua vida mental, eduque-se para contemplar os prazeres em vez das dores. A dor física é, sem dúvida alguma, grande mal; se severa, porém, será breve, e se prolongada poderá ser tolerada por intermédio da disciplina mental e do costume de pensar em coisas boas. Antes de tudo mais, viva de modo a evitar o medo.

Foi a fuga do medo o que fez Epicuro aventurar-se pela filosofia teórica. Ele afirmava que duas das maiores causas de medo eram a religião e o temor da morte — ambos interligados, uma vez que a religião estimulava a visão de que os mortos eram infelizes. Por conseguinte, buscou ele uma metafísica que demonstrasse que os deuses não interferem nos afazeres humanos e que a alma perece com o corpo. A maioria dos modernos vê a religião como consolo, mas para Epicuro tratava-se do contrário. A interferência sobrenatural no curso da natureza parecia-lhe fonte de terror; a imortalidade, fatal à esperança de livrar-se do sofrimento. Desse modo, ele elaborou uma complexa doutrina cujo objetivo era curar os homens das crenças que inspiram medo.

Epicuro foi materialista, mas não determinista. Seguiu Demócrito na crença de que o mundo consiste em átomos e vazio; ao contrá-

[7] Sobre o tema da amizade e da adorável inconsistência de Epicuro, veja-se Bailey, op. cit., p. 517-20.

rio dele, porém, não achava que os átomos eram sempre guiados por leis naturais. O conceito de necessidade na Grécia, como vimos, tinha origem religiosa, e talvez ele estivesse certo ao achar que um ataque à religião estaria incompleto se permitisse que a necessidade ainda existisse. Seus átomos tinham peso e encontravam-se em queda contínua — não ao centro da Terra, mas para baixo, em algum sentido absoluto. Aqui e acolá, porém, um átomo, estimulado por algo semelhante ao livre-arbítrio, desviaria levemente do caminho para baixo[8] e se chocaria com outro. Desse ponto em diante, o desenvolvimento dos vórtices etc. seguia o mesmo caminho proposto por Demócrito. A alma é material e composta de partículas como aquelas da brisa e do calor. (Epicuro achava que a brisa e o vento continham substância diferente do ar; não se resumiam a ar em movimento.) Os átomos da alma se distribuem por todo o corpo. A sensação se deve a delgadas películas que os corpos expelem e que viajam até tocarem esses átomos da alma. Tais películas podem ainda existir quando os corpos de que originalmente procederam foram dissolvidos; eis o que explica os sonhos. No momento da morte, a alma se dispersa, e seus átomos, que obviamente sobrevivem, deixam de ser capazes de causar a sensação, uma vez que não estão mais vinculados ao corpo. Segue-se, nas palavras de Epicuro, que "a morte nada é para nós; com efeito, aquilo que se dissolveu carece de sensação, e aquilo que carece de sensação não é, para nós, coisa alguma".

Quanto aos deuses, Epicuro acredita firmemente em que existam; afinal, a difundida existência da ideia dos deuses não poderia ser explicada de outra forma. No entanto, está convencido de que eles não se ocupam dos afazeres de nosso mundo. São, antes, hedonistas racionais que seguem seus preceitos e se abstêm da vida pública; governar seria trabalho desnecessário, para o qual, em sua vida de bem-aventurança completa, eles não se sentem inclinados. Sem dúvida, as adivinhações, os augúrios e todas as práticas semelhantes não passam de superstições, o que também se aplica à crença na Providência.

Não há, portanto, um fundamento que justifique o medo de suscitar a raiva dos deuses ou de sofrer no Hades após a morte. Embora estejamos sujeitos às forças da natureza — forças que podem ser cien-

[8] Visão análoga é proposta hoje por Eddington em sua leitura do princípio de indeterminação.

tificamente estudadas —, temos ainda o livre-arbítrio e somos, não obstante certas limitações, senhores de nosso destino. Não podemos fugir da morte, mas a morte, se adequadamente compreendida, não é um mal. Caso vivamos com prudência e sigamos as máximas de Epicuro, provavelmente lograremos certo grau de autonomia da dor. Esse é um evangelho moderado, mas, para um homem desconcertado ante a miséria humana, era suficiente para inspirar entusiasmo.

Epicuro não se interessa pela ciência em si mesma; valoriza-a apenas enquanto fonte de explicações naturalistas para os fenômenos que a superstição atribui aos deuses. Quando são várias as explicações naturalistas possíveis, afirma que não há motivos para tentar escolher uma delas. As fases da Lua, por exemplo, foram explicadas de muitas formas diferentes; qualquer uma dessas, contanto que não faça referência aos deuses, é boa, e não passaria de ociosa curiosidade tentar definir qual é a verdadeira. Não surpreende que os epicuristas em nada tenham contribuído para o conhecimento natural. Foram úteis ao censurar a crescente devoção dos pagãos antigos à magia, à astrologia e à adivinhação, mas permaneceram, a exemplo de seu fundador, dogmáticos e limitados, isentos de interesse genuíno por qualquer coisa que não dissesse respeito à felicidade individual. Eles sabiam de cor o credo de Epicuro, ao qual nada acrescentaram durante os séculos em que a escola sobreviveu.

O único discípulo destacado de Epicuro é o poeta Lucrécio (99 a 55 a.C.), que foi contemporâneo de Júlio César. Nos dias finais da República romana, o pensamento livre estava em voga e as doutrinas epicuristas apeteciam aos instruídos. O imperador Augusto deu início a um resgate artístico da velha virtude e da velha religião que fez que o poema de Lucrécio *Sobre a natureza das coisas* se tornasse impopular, condição em que permaneceu até o Renascimento. Somente um manuscrito da obra sobreviveu ao medievo, tendo escapado por pouco de ser destruído nas mãos de fanáticos. Poucos poetas tiveram de esperar tanto tempo por reconhecimento, mas no período moderno seus méritos têm sido constatados por quase todo o mundo. Ele e Benjamin Franklin, por exemplo, foram os autores favoritos de Shelley.

Seu poema enuncia em verso a filosofia de Epicuro. Muito embora ambos partilhem da mesma doutrina, possuem temperamentos muito distintos. Lucrécio foi homem apaixonado que precisou de muito mais exortações à prudência do que Epicuro. Cometeu suicídio, e ao que parece também sofreu de loucura intermitente — suscitada, segundo alguns, pelas dores do amor ou pelos efeitos indesejados de um encanto amoroso. Por Epicuro, sentia o mesmo que sentia por um salvador, aplicando a linguagem da intensidade religiosa ao homem a quem considerava o destruidor da religião:

> Quando, miserável, a vida humana jazia sobre a Terra,
> Visivelmente pisada e de modo tão vil comprimida
> Pela cruel religião — que entrementes,
> Desde o mais alto céu, horrenda fronte revelava
> Aos mortais —, foi homem da Grécia o primeiro
> A ousar erguer-lhe os olhos,
> O primeiro a pôr-se de pé e resistir-lhe.
> A ele, nem a fama dos deuses, nem os raios,
> Nem os céus, com ameaças murmúreas, lograram subjugar.
> Ao contrário, tanto excitaram o agudo valor
> De seu espírito, que fizeram-no ansiar ser o primeiro
> A derribar as portas bem cerradas da Natureza.
> Destarte, o fervente vigor de seu espírito venceu
> E para além das chamejantes fortalezas do mundo
> Foi, percorrendo com espírito e mente
> O desmedido universo por inteiro; daí voltou
> Vitorioso para trazer-nos
> O saber daquilo que pode e não pode
> Existir, revelando-nos de modo tão admirável
> Por que princípio cada coisa tem seus poderes
> Limitados, bem como seu arraigado marco de fronteira.
> Por razão tal, está hoje a religião subjugada
> E calcada pelos homens:
> E nós, aos altos céus, essa vitória exalta.

O ódio pela religião expresso por Epicuro e Lucrécio não será facilmente compreendido se aceitarmos o que se convencionou dizer sobre a alegria da religião e dos rituais gregos. Por exemplo, a "Ode sobre uma urna grega", de Keats, enaltece uma cerimônia religiosa, mas não aquela que é capaz de encher o espírito de terrores obscuros e sinistros. Creio que as crenças populares não costumavam ser alegres assim. No culto dos deuses do Olimpo houve menos crueldade supersticiosa do que nas outras formas de religião grega, mas mesmo os olímpicos exigiram, até o século VII ou VI a.C., sacrifícios humanos ocasionais — prática que foi registrada tanto no mito quanto no teatro.[9] Na época de Epicuro, o sacrifício humano ainda era reconhecido em todo o mundo bárbaro; até a conquista romana, praticaram-no, em épocas de crise — durante as Guerras Púnicas, por exemplo —, inclusive as populações bárbaras mais civilizadas.

Segundo Jane Harrison, que o demonstrou de maneira um tanto convincente, entre os gregos também se encontravam, além dos cultos oficiais de Zeus e seus parentes, crenças mais primitivas, associadas a ritos mais ou menos bárbaros. Em certa medida, elas foram incorporadas ao orfismo, movimento que acabou por predominar entre os homens de temperamento religioso. Dizem muitas vezes que o Inferno é invenção cristã, mas isso é um erro. Tudo o que o cristianismo fez nesse âmbito foi sistematizar crenças populares mais antigas. Desde o começo da *República* de Platão fica claro que o medo do castigo após a morte era comum na Atenas do século V, e é pouco provável que tenha abrandado no intervalo que separou Sócrates de Epicuro. (Não tenho em mente a minoria instruída, e sim a população como um todo.) Decerto também era comum atribuir pestes, terremotos, derrotas em batalhas e calamidades semelhantes ao desgosto divino ou à falta de respeito pelos augúrios. Creio que a literatura e a arte gregas provavelmente enganam quanto às crenças populares. O que saberíamos sobre o metodismo do final do século XVIII se não restassem registros do período além de livros e pinturas da aristocracia? A influência do metodismo, a exemplo da influência da religiosidade na era helênica, vinha de baixo; era já forte à época de Boswell e de *Sir* Joshua Reynolds, embora as alusões que ambos fazem a ele não deixem transparecer a força de sua influência. Por conseguinte, não devemos julgar a religião popular na Grécia segundo a imagem das "urnas gregas" ou segundo a obra de poetas e filósofos aristocratas. Epicuro não foi aristocrata nem por nascimento, nem por suas amizades; talvez isso explique a excepcional hostilidade que sentia pela religião.

[9] Lucrécio menciona o sacrifício de Ifigênia como exemplo do mal causado pela religião, Livro I, 85-100.

A partir do Renascimento, foi sobretudo o poema de Lucrécio o que tornou conhecida aos leitores a filosofia de Epicuro. Quando não se tratava de filósofos profissionais, o que mais os impressionava era seu contraste com a crença cristã em questões como o materialismo, a negação da Providência e a rejeição da imortalidade. Particularmente impressionante ao leitor moderno é perceber que tais visões — em geral consideradas sinistras e deprimentes — são apresentadas como evangelho que liberta do fardo do medo. Lucrécio está tão convicto quanto qualquer cristão da importância da crença verdadeira em matérias religiosas. Após descrever como os homens buscam fugir de si mesmos quando são vítimas de conflito interior, procurando alívio, em vão, na mudança de lugar, ele diz:[10]

Foge cada homem de seu eu,
Não obstante de seu eu lhe seja impossível
Escapar: apega-se a ele a despeito de si mesmo
E odeia, pois, embora doente,
Não percebe o porquê da enfermidade.
Se o fizessem, todos abandonariam tudo o mais
E primeiro buscariam conhecer a natureza do mundo,
Visto ser nosso estado durante o tempo eterno,
E não por uma hora só, o que está em dúvida,
O estado em que os mortais terão de passar
Todo o tempo que lhes resta após a morte.

O tempo de Epicuro fora um tempo pesado, e a extinção talvez soasse como um bem-vindo descanso para a fadiga do espírito. O período derradeiro da República, por sua vez, não foi, para a maioria dos romanos, um tempo de desilusão: homens de energia monumental estavam criando uma ordem nova a partir do caos, algo que os macedônios haviam sido incapazes de fazer. No entanto, para o aristocrata romano alheio tanto à política quanto à luta pelo poder e pela pilhagem, o curso dos acontecimentos deve ter sido profundamente desencorajador. Se a isso somarmos a aflição da loucura recorrente, não surpreende que Lucrécio tenha aceitado a esperança da inexistência como libertação.

[10] Livro III, 1068-76.

Contudo, o medo da morte está tão profundamente arraigado no instinto que o evangelho de Epicuro não foi capaz de granjear a simpatia das massas em tempo nenhum; permaneceu sempre como credo de uma minoria instruída. Mesmo entre os filósofos posteriores à era de Augusto, foi em geral rejeitado em favor do estoicismo. É bem verdade que sobreviveu, não obstante seu vigor tenha sido decrescente, nos seiscentos anos que se seguiram à morte de Epicuro. Entretanto, à medida que eram oprimidos pelas misérias de nossa existência terrestre, os homens passaram a exigir medicamentos cada vez mais fortes da filosofia ou da religião. Com poucas exceções, os filósofos se refugiaram no neoplatonismo; os ignorantes se voltaram, primeiro, para inúmeras superstições orientais e, depois, em quantidades cada vez maiores, para o cristianismo, que em sua forma primitiva via todo o bem da vida após o túmulo e, com isso, oferecia aos homens um evangelho contrário ao de Epicuro. Doutrinas muito semelhantes às dele, porém, foram resgatadas pelos *philosophes* franceses no final do século XVIII e trazidas à Inglaterra por Bentham e seus seguidores; isso foi realizado em consciente oposição ao cristianismo, por esses homens tratado com a mesma hostilidade com que Epicuro tratara as religiões de seu tempo.

28
O estoicismo

Embora seja contemporâneo do epicurismo em sua origem, o estoicismo teve história mais longa e doutrina menos constante. O que Zenão, seu fundador, ensinou no início do século III a.C. em muito diferiu dos ensinamentos de Marco Aurélio na segunda metade do século II d.C. Zenão foi um materialista cujas doutrinas em geral combinavam cinismo e Heráclito; aos poucos, porém, graças a um acréscimo de platonismo, os estoicos se afastaram do materialismo até que poucos vestígios dele restassem. É bem verdade que sua doutrina ética mudou muito pouco e era o que a maioria deles tinha como mais importante. Mesmo nesse aspecto, porém, a ênfase se modifica. Com o passar do tempo, cada vez menos é dito sobre os outros aspectos do estoicismo e cada vez mais se insiste na ética e nas partes da teologia que lhe são mais relevantes. No que diz respeito a todos os estoicos primitivos, atrapalha-nos o fato de só restarem alguns fragmentos de suas obras. Somente Sêneca, Epiteto e Marco Aurélio, vivos nos séculos I e II d.C., têm livros completos que chegaram até nós.

O estoicismo é menos grego do que qualquer outra filosofia de que nos ocupamos até aqui. Os primeiros estoicos eram em sua grande maioria sírios; os últimos eram romanos. Tarn (*Hellenistic Civilization*, p. 87) suspeita de influências caldeias no estoicismo. Ueberweg observa com justiça que, ao helenizar o mundo bárbaro, os gregos descartaram aquilo que só a eles convinha. Ao contrário das filosofias puramente gregas de outrora, o estoicismo é emocionalmente limitado e, em certo sentido, fanático; contém, no entanto, elementos religiosos de que o mundo sentia necessidade e que os gregos pareciam incapazes de oferecer. De modo especial, era atraente aos governantes:

"quase todos os sucessores de Alexandre — ou melhor, todos os principais reis existentes nas gerações posteriores a Zenão — declararam-se estoicos", diz o professor Gilbert Murray.

Zenão era fenício; nasceu em Cítio, no Chipre, durante a segunda metade do século IV a.C. É provável que sua família tenha se dedicado ao comércio e que interesses financeiros constituíssem a principal motivação de sua ida para Atenas. Quando lá, porém, ansiou por estudar filosofia. As visões dos cínicos lhe agradaram mais do que as de qualquer outra escola, mas ele foi algo como eclético. Os seguidores de Platão o acusavam de plagiar a Academia. Sócrates foi o principal santo dos estoicos em toda a história da escola; sua atitude diante de seu julgamento, sua recusa em fugir, sua calma em face da morte, bem como a afirmação de que mais se prejudica quem comete do que quem sofre a injustiça — tudo isso se adequava perfeitamente ao ensinamento estoico. O mesmo podemos dizer de sua indiferença ao calor e ao frio, de sua simplicidade no comer e no vestir e de sua completa independência de todo conforto corporal. Os estoicos, porém, nunca assumiram para si a doutrina das ideias de Platão, e a maioria rejeitou seus argumentos em favor da imortalidade. Somente os estoicos tardios adotaram suas posições acerca da imaterialidade de alma; os primeiros se alinharam a Heráclito conforme a ideia de que a alma é composta de fogo material. Verbalmente, encontramos essa doutrina também em Epiteto e Marco Aurélio, mas parece que neles o fogo não deve ser tomado à letra como um dos quatro elementos que compõem as coisas físicas.

Zenão não tinha paciência para sutilezas metafísicas; era a virtude o que julgava importante, e a física e a metafísica só foram valorizadas na medida em que contribuíam para ela. Ele tentou combater as tendências metafísicas da época por meio do senso comum — na Grécia de então, sinônimo de materialismo. As dúvidas quanto à confiabilidade dos sentidos o irritavam, e ele levou ao extremo a doutrina contrária.

"Zenão começou pela afirmação da existência do mundo real. 'O que queres dizer com real?', perguntou o cético. 'Sólido e material. Quero dizer que esta mesa é matéria sólida.' 'E Deus? E a alma?', indagou o outro. 'Plenamente sólidos', disse Zenão, 'mais sólidos, se possível, do que a mesa.' 'E a virtude ou a justiça ou a regra de três:

são também matérias sólidas?' 'Sem dúvida', declarou Zenão, 'muito sólidas'."[1]

Claro está, nesse ponto, que Zenão, a exemplo de muitos outros, deixou-se levar, por seu zelo antimetafísico, a uma metafísica própria.

As principais doutrinas a que a escola permaneceu fiel ao longo de todo o tempo são as que dizem respeito ao determinismo cósmico e à liberdade humana. Zenão acreditava que o acaso inexistia e que o curso da natureza era rigorosamente determinado por leis naturais. Originalmente, havia apenas o fogo; aos poucos, os outros elementos surgiram: ar, água e terra, nessa mesma ordem. Cedo ou tarde, porém, haverá uma conflagração cósmica, e tudo voltará a ser fogo. Essa, de acordo com a maioria dos estoicos, não é a consumação final, semelhante ao fim do mundo do cristianismo, mas nada mais do que a conclusão de um ciclo; todo o processo, então, se repetirá incessantemente. Tudo o que acontece já aconteceu antes e acontecerá de novo — e não apenas uma vez, mas inúmeras.

Até esse ponto, a doutrina talvez pareça esmorecida, em nada mais consoladora do que um materialismo comum — como aquele de Demócrito. Porém, só tratamos aqui de um de seus aspectos. Como na teologia do século XVIII, o curso da natureza tinha como ordenador, no estoicismo, um Legislador que era também uma Providência benevolente. Até em seus detalhes mais ínfimos, o todo satisfaria certas finalidades por meios naturais — finalidades que, exceto quando referentes aos deuses e demônios, podem ser encontradas na vida do homem. Tudo tem um objetivo vinculado aos seres humanos. Alguns animais são bons alimentos, outros oferecem ocasiões para testarmos a coragem; mesmo percevejos em nossos lençóis são úteis, uma vez que nos ajudam a acordar de manhã e a não permanecermos na cama por tempo demasiado. O Poder supremo é às vezes denominado Deus e, às vezes, Zeus. Sêneca diferenciou Zeus do objeto da crença popular; era também real, mas subordinado.

Deus não está separado do mundo; trata-se, antes, da alma do mundo, e cada um de nós traz consigo uma parte do Fogo Divino. Todas as coisas são parte de um único sistema chamado Natureza, e a vida de um homem é boa quando em harmonia com ela. Em certo

[1] Gilbert Murray, *The Stoic Philosophy*, 1915, p. 25.

sentido, *toda* vida se harmoniza com a Natureza, uma vez que foram as leis naturais que lhe deram existência; em outro, porém, a vida humana só está em harmonia com a Natureza quando a vontade individual se dirige a finalidades que nela se encontram. A *virtude* consiste numa *vontade* que está de acordo com a Natureza. Os iníquos, embora obedeçam forçosamente a lei de Deus, fazem-no sem querer; na comparação de Cleantes, são como um cão amarrado numa carroça, forçado a ir aonde quer que ela vá.

Na vida de cada um dos homens, a virtude é o único bem; coisas como a saúde, a felicidade e as posses não importam. Uma vez que a virtude reside na vontade, depende apenas do homem tudo o que há de bem ou mal em sua vida. Talvez ele se torne pobre, mas e daí? Pode ainda ser virtuoso. Um tirano pode colocá-lo na prisão, mas ele ainda pode perseverar e viver em harmonia com a Natureza. Talvez seja condenado à morte, mas ainda assim é capaz de morrer nobremente, como fizera Sócrates. Os outros homens só têm poder sobre aquilo que lhe é extrínseco; a virtude, único bem verdadeiro, depende apenas do indivíduo. Desse modo, cada um possui liberdade plena, contanto que se livre dos desejos mundanos. É apenas mediante juízos falsos que tais desejos prevalecem; o sábio cujos juízos são verdadeiros é senhor do próprio destino em tudo aquilo que valoriza, uma vez que nenhuma força extrínseca pode privá-lo da virtude.

Há, nessa doutrina, dificuldades lógicas manifestas. Se a virtude é de fato o único bem, uma Providência benevolente deve ter como ocupação única proporcionar virtude, mas as leis da Natureza produziram uma abundância de pecadores. Se a virtude é o único bem, não pode haver razões para nos opormos à crueldade e à injustiça, uma vez que tanto uma quanto a outra, como os estoicos não cansam de assinalar, oferecem ao sofredor melhores oportunidades para o exercício da virtude. Se o mundo é completamente determinista, as leis naturais decidirão se serei ou não virtuoso. Caso me torne iníquo, será por força da natureza, e a liberdade que a virtude supostamente oferece não me é possível.

Para o espírito moderno, é difícil entusiasmar-se com uma vida virtuosa se nada ela alcançará. Nós admiramos o médico que arrisca a própria vida numa epidemia de peste porque achamos que a doença é um mal e porque esperamos reduzir sua frequência. Se a doença não é mal algum, porém, o médico pode muito bem permanecer no conforto de sua casa. Para o estoico, sua virtude é um fim em si mesmo, e não algo que proporciona o bem. Além disso, se olharmos para as coisas em perspectiva mais ampla, o que haverá no final? A destruição do mundo presente pelo fogo e a repetição de todo o processo. Poderia haver algo mais devastadoramente fútil? Talvez encontremos progresso aqui e ali por um tempo, mas em longo prazo há apenas recorrência. Quando vemos algo intoleravelmente doloroso, esperamos que com o passar do tempo essas coisas deixem de acontecer; o estoico, porém, assegura-nos de que o que acontece agora continuará acontecendo sem cessar. A Providência, que enxerga o todo, deve aborrecer-se de tamanho desespero.

A isso se associa certa frieza na concepção estoica da virtude. Não são condenadas apenas as paixões más, e sim todas elas. O sábio não se simpatiza; quando sua esposa ou filhos morrem, pensa que isso não é obstáculo à própria virtude e, portanto, não sofre em demasia. A amizade, tida em alta conta por Epicuro, é muito boa, mas não deve chegar ao ponto de que os infortúnios dos amigos destruam nossa santa calma. Quanto à vida pública, talvez seja seu dever dela participar, uma vez que oferece muitas oportunidades para a justiça, para a fortaleza e assim em diante; no entanto, não deve se deixar motivar pelo desejo de beneficiar a humanidade, uma vez que os benefícios que é possível conferir — a paz, por exemplo, ou certa quantidade adequada de comida — não são benefícios reais, e de todo modo, nada importa a alguém senão a própria virtude. O estoico não é virtuoso a fim de fazer o bem; antes, faz o bem a fim de ser virtuoso. Não lhe ocorria amar o próximo como a si mesmo. O amor, exceto em sentido superficial, não tem espaço em sua concepção de virtude.

Quando digo isso, penso no amor como emoção, e não como princípio. Como princípio, os estoicos apregoavam o amor universal; é possível encontrá-lo enunciado em Sêneca e seus sucessores, e provavelmente fora tomado de estoicos anteriores. A lógica da escola conduziu a doutrinas que foram abrandadas pela humanidade de seus adeptos, homens que eram muito melhores do que seriam caso se mostrassem consistentes. Kant — que a eles se assemelha — afirma que é preciso ser bondoso no trato com o irmão porque a lei moral dita a bondade, e não por causa de um sentimento de simpatia; duvido, porém, que em sua vida ele tenha vivido de acordo com tal preceito.

Deixando essas generalidades de lado, chegamos enfim à história do estoicismo.

De Zenão,[2] há apenas alguns fragmentos remanescentes. Esses dão a entender que ele definiu Deus como a mente inflamável do mundo, que considerou Deus uma substância corporal e que todo o universo formava a substância divina; diz Tertuliano que, segundo Zenão, Deus atravessa o mundo material como o mel atravessa a colmeia. Segundo Diógenes Laércio, Zenão afirmou que a Lei Geral, que é a Razão Reta e impregna tudo, equivale a Zeus, Líder Supremo do governo do universo: Deus, Espírito, Destino e Zeus são uma coisa só. O Destino é a força que move a matéria; "Providência" e "Natureza" são alguns dos nomes que recebe. Zenão não acha que deve haver templos dedicados aos deuses: "De erigir templos não haverá necessidade; com efeito, o templo não deve ser considerado de grande valor ou sacralidade. Nada tem grande valor ou sacralidade quando procedente de construtores ou mecânicos." A exemplo dos estoicos tardios, ele parece ter acreditado na astrologia e na adivinhação. Cícero diz que atribuíra potência divina às estrelas. Diógenes Laércio afirma: "Todos os tipos de adivinhação os estoicos julgam válidos. A adivinhação deve existir, dizem, se existe algo como a Providência. Eles provam a realidade da arte da adivinhação por meio de uma série de casos em que as previsões se concretizaram, como assevera Zenão." Crisipo é claro nesse quesito.

A doutrina estoica referente à virtude não figura nos fragmentos sobreviventes de Zenão, mas parece ter sido por ele defendida.

Cleantes de Assos, seu sucessor imediato, notabilizou-se sobretudo por duas coisas. Em primeiro lugar, por ter afirmado, como já vimos, que Aristarco de Samos deveria ser denunciado por impiedade porque fizera do Sol, e não da Terra, o centro do universo. Em segundo lugar, em virtude de seu *Hino a Zeus*, do qual grande parte poderia ter sido escrita por Pope ou por qualquer cristão culto do século posterior a Newton. Ainda mais cristã é sua breve oração:

Guia-me, Zeus, e também tu, Destino,
Guia-me.
Em qualquer tarefa que me envies,

[2] Para as fontes do que se segue, veja-se Bevan, *Later Greek Religion*, p. 1ss.

Guia-me.
Sigo sem temor, e se por receio
Faço-me tardo ou indisposto, devo ainda seguir-te.

Crisipo (280 a 207 a.C.), sucessor de Cleantes, foi autor prolífico: dizem que escreveu 705 livros. Foi responsável por tornar o estoicismo sistemático e pedante. Afirmou que apenas Zeus, o Fogo Supremo, é imortal; os outros deuses, incluindo o Sol e a Lua, nascem e morrem. Afirma-se que para ele Deus não desempenhava nenhum papel na causa do mal, mas não está claro como harmonizou isso com o determinismo. Alhures, lida com o mal à maneira de Heráclito, declarando que os opostos implicam um ao outro e que o bem sem o mal é logicamente impossível: "Nada há que seja mais inepto do que aqueles para os quais o bem poderia ter existido sem a existência do mal. Bem e mal, por serem antitéticos, devem necessariamente subsistir na oposição." Em favor de sua doutrina ele recorre a Platão, e não a Heráclito.

Crisipo afirmou que o homem bom está sempre feliz e que o homem mau vai sempre descontente; declarou ainda que a felicidade do homem bom não se diferencia da felicidade de Deus. Quanto à questão da sobrevivência da alma após a morte, havia opiniões conflitantes. Cleantes afirmara que todas as almas sobrevivem até a mais próxima conflagração universal (quando tudo é absorvido por Deus); Crisipo, porém, declarava que isso só se aplica às almas dos sábios. Seus interesses não eram tão exclusivamente éticos quanto os interesses dos estoicos tardios; de fato, ele julgava a lógica fundamental. O silogismo hipotético e disjuntivo, bem como a palavra "disjunção", existe graças aos estoicos; o mesmo se aplica ao estudo da gramática e à invenção dos "casos" na declinação.[3] Crisipo, ou ainda outros estoicos inspirados por sua obra, elaborou uma teoria do conhecimento complexa, de caráter majoritariamente empírico e fundamentada na percepção, ainda que admitisse certas ideias e princípios que julgava estabelecidos por *consensus gentium*, isto é, por acordo dos homens. Zenão, entretanto, a exemplo dos estoicos romanos, subordinou todos os estudos teóricos à ética; diz ele que a filosofia é como um pomar, no qual a lógica são as paredes; a física, as árvores; e a ética, o fruto — ou

[3] Veja-se Barth, *Die Stoa*, 4ª edição, Stuttgart, 1922.

ainda como um ovo, sendo a lógica a casca; a física, a clara; e a ética, a gema.[4] Crisipo, ao que parece, atribuiu valor mais independente aos estudos teóricos. Talvez sua influência explique o fato de haver, entre os estoicos, muitos homens que fizeram avanços na matemática e em outras ciências.

Após Crisipo, o estoicismo foi consideravelmente modificado por dois homens importantes: Panécio e Posidônio. Panécio introduziu traços platônicos notáveis, abandonando o materialismo. Foi amigo do jovem Cipião e influenciou Cícero, principal responsável por difundir o estoicismo entre os romanos. Posidônio, sob cuja tutela Cícero estudou em Rodes, influenciou-o ainda mais. Foi aluno de Panécio, que morreu em cerca de 110 a.C.

Posidônio (*ca.* 135 a *ca.* 51 a.C.) foi grego sírio; era ainda menino quando o império selêucida teve fim. Talvez tenha sido a experiência da anarquia na Síria o que o fez viajar em direção ao Ocidente — primeiro para Atenas, onde embebeu a filosofia estoica, e depois mais além, para as regiões ocidentais do Império Romano. "Viu com os próprios olhos o ocaso do Sol no Atlântico, além dos limites do mundo conhecido; viu a costa africana do outro lado da Espanha, onde as árvores estavam repletas de macacos; viu os vilarejos bárbaros no interior de Marselha, onde cabeças humanas, pendendo da porta das casas como troféus, eram uma imagem cotidiana."[5] Tornou-se escritor prolífico, dedicando-se a temas científicos; com efeito, um dos motivos para suas viagens era o desejo de estudar as marés, o que não poderia ser feito no Mediterrâneo. Realizou um trabalho excelente na astronomia; como vimos no Capítulo 24, seu cálculo da distância do Sol foi o melhor em toda a Antiguidade.[6] Também foi historiador digno de nota e deu continuidade a Políbio. No entanto, foi sobretudo como filósofo eclético que ficou conhecido: mesclou com o estoicismo muito do que ensinara Platão, o que a Academia aparentemente esquecera em seu período cético.

---

[4] Ibid.

[5] Bevan, *Stoics and Sceptics*, p. 88.

[6] Ele calculou que, velejando para o oeste desde Cadiz, era possível chegar à Índia após 70 mil estádios. "Essa observação tornou-se o fundamento da confiança de Colombo." Tarn, *Hellenistic Civilization*, p. 249.

Essa afinidade com Platão vem à tona em seu ensinamento sobre a alma e a vida após a morte. Panécio dissera, como a maioria dos estoicos, que a alma perece junto do corpo. Posidônio, ao contrário, afirma que sua existência tem continuidade no ar, onde permanece intacta, na maioria dos casos, até a próxima conflagração mundial. Não há inferno, mas os iníquos não têm a mesma sorte dos bons, pois o pecado torna os vapores de sua alma lodosos e a impedem de elevar-se até o local a que a alma boa se eleva. Os *muito* iníquos permanecem perto do solo e reencarnam; os verdadeiramente virtuosos ascendem à esfera estelar e passam o tempo vendo as estrelas dar voltas. É-lhes possível ajudar outras almas; isso explica (segundo ele) a veracidade da astrologia. Bevan sugere que, com esse resgate de noções órficas e com a incorporação de crenças neopitagóricas, Posidônio pode ter preparado o caminho para o gnosticismo. Acrescenta, e com razão, que fatal para tais filósofos foi não o cristianismo, e sim a teoria copernicana.[7] Cleantes tinha razão em ver Aristarco de Samos como um inimigo perigoso.

Do ponto de vista histórico (mas não filosófico), muito mais importantes do que os primeiros estoicos foram aqueles que mantiveram relação com Roma: Sêneca, Epiteto e Marco Aurélio — um ministro, um escravo e um imperador, respectivamente.

Sêneca (*ca*. 3 a.C. a 65 d.C.), espanhol, teve como pai um habitante instruído de Roma. Seguiu carreira política e vinha sendo moderadamente bem-sucedido quando o imperador Cláudio o exilou na Córsega (41 d.C.), uma vez que conquistara a inimizade da imperadora Messalina. A segunda esposa de Cláudio, Agripina, retirou Sêneca do exílio em 48 d.C. e nomeou-o tutor de seu filho, então com onze anos. Sêneca teve menos sorte com seu pupilo do que Aristóteles: tratava-se do imperador Nero. Embora, como estoico, Sêneca desprezasse oficialmente as riquezas, ele acumulou uma fortuna que chegou a totalizar, segundo dizem, trezentos milhões de sestércios (cerca de três milhões de libras). Grande parte desse valor fora adquirida com empréstimos na Britânia; segundo Dião, os juros exagerados que praticava eram uma das causas de revolta no país. A heroica rainha Boadiceia,

[7] Esse retrato de Posidônio baseia-se sobretudo no Capítulo III de *Stoics and Sceptics*, de Edwyn Bevan.

caso o fato seja veraz, liderou uma rebelião contra o capitalismo em sua forma representada pelo apóstolo filosófico da austeridade.

À medida que os excessos de Nero se tornavam cada vez mais desenfreados, Sêneca foi caindo em desprestígio. Justamente ou não, acusaram-no de ser cúmplice de uma abrangente conspiração para matar Nero e colocar um novo imperador — dizem alguns tratar-se do próprio Sêneca — em seu trono. Graças aos serviços que prestara, foi-lhe graciosamente permitido que cometesse suicídio (65 d.C.).

Seu fim foi edificante. Quando informado da decisão do imperador, pôs-se a escrever um testamento. Ao ouvir que não havia tempo para tarefa tão demorada, voltou-se para sua queixosa família e disse o seguinte — ou ao menos algo parecido: "Não vos preocupeis; deixo-vos algo muito mais valioso do que as riquezas terrenas: o exemplo de uma vida virtuosa." Em seguida, cortou os pulsos e pediu a secretários que anotassem suas últimas palavras; segundo Tácito, sua eloquência não cessou durante esses momentos derradeiros. O poeta Lucano, seu sobrinho, sofreu morte semelhante à mesma época e faleceu recitando os próprios versos. A posteridade julgou Sêneca mais por seus admiráveis preceitos do que por sua prática um tanto dúbia. Muitos dos padres declararam-no cristão, e uma suposta correspondência travada entre ele e são Paulo foi reconhecida como genuína por homens como são Jerônimo.

Epiteto (nascido em cerca de 60 d.C. e morto mais ou menos em 100 d.C.) é homem muito diferente, embora bastante parecido enquanto filósofo. Era grego; originalmente, foi escravo de Epafrodito, homem que Nero libertara e convertera em ministro. Também mancava — como resultado, dizem, de uma cruel punição recebida em seus tempos de escravidão. Viveu e lecionou em Roma até 90 d.C., quando o imperador Domiciano, para quem os intelectuais não tinham qualquer utilidade, baniu todos os filósofos. Epiteto refugiou-se então em Nicópolis, no Épiro, onde morreu após passar alguns anos escrevendo e lecionando.

Marco Aurélio (121 a 180 d.C.) estava na outra extremidade da escala social. Era filho adotivo do bom imperador Antonino Pio, tio e sogro a quem sucedeu em 161 d.C. e cuja memória venerava. Como imperador, dedicou-se à virtude estoica. Muito precisou de fortaleza, uma vez que seu reinado foi acometido por calamidades — terremotos, pestes, guerras longas e árduas, insurreições militares. Suas *Meditações*, as quais tinham a si mesmo como destinatário e aparentemente não se destinavam à publicação, revelam que considerava seus deveres públicos um fardo e que sofria de enorme exaustão. Cômodo, seu único filho, seria um dos piores de todos os péssimos imperadores, mas conseguiu ocultar suas inclinações perversas enquanto o pai viveu. A esposa do filósofo, Faustina, foi acusada, talvez injustamente, de grande imoralidade, mas sem jamais provocar sua desconfiança; após a sua morte, ele esforçou-se por vê-la deificada. Marco Aurélio perseguiu os cristãos por rejeitarem a religião estatal, por ele tida como politicamente necessária. Foi consciencioso em todas as suas ações, mas em sua maioria não teve sucesso. Trata-se de uma figura patética: numa lista de desejos mundanos a serem vencidos, o que julga mais tentativo é o de levar uma pacata vida no interior. Jamais lhe surgiu a oportunidade para fazê-lo. Algumas de suas *Meditações* foram escritas no acampamento, durante longas expedições cujos apuros acabaram por ocasionar a sua morte.

É digno de nota que Epiteto e Marco Aurélio estejam de acordo em todas as questões filosóficas. Isso sugere que, embora as circunstâncias sociais afetem a filosofia de seu tempo, as circunstâncias individuais influenciam menos do que se imagina. Os filósofos costumam ser homens com certa abertura mental, capazes em sua grande maioria de subtrair os acidentes de suas vidas; não obstante, nem mesmo eles logram transcender o bem ou mal de suas épocas. Em tempos ruins, inventam consolos; nos bons, nutrem interesses mais intelectuais.

Gibbon, cuja minuciosa história se inicia com os vícios de Cômodo, concorda com a maioria dos autores do século XVIII quando trata o período dos Antoninos como uma era de ouro. "Se solicitássemos", diz ele, "que alguém definisse o período da história mundial em que a raça humana foi mais feliz e próspera, o questionado certamente assinalaria, sem hesitar, o período que transcorreu desde a morte de Domiciano até a ascensão de Cômodo". É impossível concordar por completo com esse juízo. O mal da escravidão causou grande sofrimento e drenou o vigor do mundo antigo. Intoleravelmente cruéis, apresentações de gladiadores e lutas com animais selvagens devem ter degradado os que desfrutavam do espetáculo. É bem verdade que Marco Aurélio ordenou que os gladiadores combatessem com espadas embotadas, mas essa reforma teve vida curta; ademais, ele nada fez quanto às lutas com animais selvagens. O sistema econômico era péssimo; a Itália ia perdendo seus cultivos e a população de Roma dependia da livre distribuição de cereais pelas províncias. Toda iniciativa se concentrava no imperador e em seus ministros; em toda a extensão do Império, com a exceção de um ou outro general rebelde, ninguém poderia fazer nada além de submeter-se. Os homens buscavam no passado o que houvera de melhor; o futuro, achavam, seria no máximo uma fadiga — na pior das hipóteses, um horror. Quando comparamos o tom de Marco Aurélio com o tom de Bacon, Locke ou Condorcet, notamos a diferença entre uma época fatigada e uma época esperançosa. Na esperançosa, os grandes males do presente são suportados porque se sabe que passarão; na época fatigada, porém, mesmo os bens perdem seu sabor. A ética estoica convinha ao tempo de Epiteto e Marco Aurélio porque seu evangelho era antes um evangelho de resistência do que de esperança.

Não há dúvidas de que, do ponto de vista da felicidade geral, a era dos antoninos foi muito melhor do que qualquer outro período até o Renascimento. Todavia, a análise cautelosa revela que não se tratou de tempo tão próspero quanto seus resquícios arquitetônicos dão a entender. A civilização greco-romana modificou pouquíssimo as regiões agrícolas, limitando-se praticamente às cidades. Mesmo nas cidades, porém, havia proletários acometidos por grave pobreza e uma enorme classe de escravos. Eis como Rostovtseff conclui sua análise das condições sociais e econômicas das cidades:[8]

> Essa imagem de sua condição social não é tão encantadora quanto a imagem de seu aspecto exterior. A impressão que passam nossas fontes é a de que o esplendor das cidades foi criado por, e existia para, uma minoria bastante reduzida de suas populações; de que o bem-estar dessa pequena minoria alicerçava-se em fundamentos relativamente fracos; e de que a grande massa da população citadina ou vivia com rendas muito moderadas, ou em extrema pobreza. Em suma, não devemos exagerar a riqueza das cidades: seu aspecto exterior engana.

[8] Rostovtseff, *The Social and Economic History of the Roman Empire*, p. 179.

Na Terra, afirma Epiteto, somos todos prisioneiros, e em corpos mundanos. Segundo Marco Aurélio, ele costumava dizer: "És uma pequena alma que carrega um cadáver." Zeus não pôde tornar livre o corpo, mas deu-nos uma porção de sua divindade. Deus é o pai dos homens, e somos todos irmãos. Não devemos dizer "Sou ateniense" ou "Sou romano", e sim "Sou cidadão do universo". Se você fosse parente do César, sentir-se-ia seguro; quanto mais não deveria sentir-se sendo parente de Deus? Se compreendermos que a virtude é o único bem verdadeiro, veremos que nenhum mal real pode nos acometer.

> Hei de morrer, mas morrerei murmurejando? Hei de ser preso, mas lamentarei também? Hei de ser exilado, mas pode alguém impedir-me de partir com um sorriso, com coragem, em paz? "Revela o segredo." Recuso-me a fazê-lo, pois isso está em meu poder. "Serás acorrentado, então." O que dizes, caro amigo? Acorrentar-me-ás? Acorrentarás minha perna, de fato, mas minha vontade... essa, não. Nem Zeus poderá tomá-la. "Serás lançado na prisão." Meu corpo, queres dizer. "Serás decapitado." Por quê? Quando eu te disse que era o único homem no mundo que não poderia ser decapitado?
>
> Essas são reflexões em que deveriam se demorar os que se entregam à filosofia, lições de que deveriam tomar nota a cada dia, nas quais deveriam se exercitar.[9]

Os escravos são semelhantes aos outros homens, uma vez que todos são igualmente filhos de Deus.

Devemos nos submeter a Deus do mesmo modo como o bom cidadão se submete à lei. "O soldado promete não respeitar ninguém mais do que respeita César, mas nós respeitamos a nós mesmos antes de todos os outros."[10] "Quando estiveres diante do poderoso da Terra, recorda-te de que Outro vê do alto o que está a acontecer e que deves antes agradar a Ele do que àquele homem."[11]

Quem, então, é o estoico?

Mostrai-me um homem que se moldou ao parâmetro dos juízos que emite do mesmo modo como, dizemos, uma estátua fidiana moldou-

---

[9] Reproduzido de Oates, op. cit., p. 225-6.

[10] Ibid., p. 251.

[11] Ibid., p. 280.

> -se à arte de Fídias. Mostrai-me quem está doente mas feliz, em perigo mas feliz, agonizante mas feliz, em exílio mas feliz, em desgraça mas feliz. Mostrai-me tal homem. Pelos deuses, como gostaria de ver um estoico! Não, não podeis mostrar-me um estoico já completo; mostrai-me, então, um que esteja em formação, um que tenha começado a trilhar o caminho. Fazei-me tal gentileza, não poupeis um velho como eu de visão que jamais contemplei até hoje. O quê! Pensais que trareis o Zeus de Fídias, ou ainda sua Atena, aquela obra de marfim e ouro? É uma alma o que desejo; mostrai-me a alma daquele que deseja ser um só com Deus e não mais censurar a Deus ou o homem; que deseja não falhar em nada, não experimentar o infortúnio, libertar-se da ira, da inveja e do ciúme — aquele que (por que ocultar o que tenciono?) deseja trocar sua humanidade pela divindade e que, nesse pobre corpo seu, tem como objetivo entrar em comunhão com Deus. Mostrai-me tal homem. Não, não podeis.

Epiteto não se cansa de mostrar como devemos lidar com os aparentes infortúnios, e para tanto recorre frequentemente a diálogos simples.

A exemplo dos cristãos, ele acredita que devemos amar nossos inimigos. Como os outros estoicos, em geral despreza os prazeres, mas há um tipo de felicidade que não deve ser tratado com desdém. "Atenas é bela. Sim, de fato, mas a felicidade possui beleza muito superior — a liberdade da paixão e das preocupações, a sensação de que vossos afazeres não dependem de ninguém" (p. 428). Todo homem é ator numa peça cujos papéis foram definidos por Deus; é nosso dever atuar com dignidade independentemente de qual seja o papel que nos cabe.

Há grande sinceridade e simplicidade nos escritos que registram o ensinamento de Epiteto. (Obtidos a partir de notas tomadas por seu pupilo Arriano.) Sua moral é elevada e sobrenatural. Numa situação em que o principal dever do homem é resistir ao poder tirânico, seria difícil encontrar algo mais útil. Em alguns aspectos — no reconhecimento da fraternidade do homem, por exemplo, ou na defesa da igualdade dos escravos —, ela é superior a tudo o que encontramos em Platão ou Aristóteles ou qualquer filósofo cujo pensamento é inspirado pela cidade-estado. O mundo real, na época de Epiteto, era muito inferior à Atenas de Péricles; todavia, o mal naquilo que existia libertou suas aspirações, e seu mundo ideal é tão superior ao de Platão quanto o mundo em que vivia é inferior à Atenas do século V.

As *Meditações* têm início com o reconhecimento de que Marco Aurélio é devedor de seu avô, de seu pai, de seu pai adotivo, de vários professores e dos deuses. Algumas das obrigações que enumera são curiosas. De Diogneto, diz ele, aprendeu a não dar ouvidos a milagreiros; de Rústico, a não escrever poesia; de Sexto, a praticar a seriedade sem afetação; do gramático Alexandre, a não corrigir os erros gramaticais alheios, mas antes utilizar a expressão correta logo em seguida; do Alexandre platônico, a não justificar sua demora em responder cartas recorrendo à urgência dos afazeres; de seu pai adotivo, a não apaixonar-se por meninos. Ele deve aos deuses, diz ainda, o fato de não ter sido educado por muito tempo pela concubina de seu avô; de não ter provado sua virilidade muito cedo; de seus filhos não serem estúpidos nem terem o corpo deformado; de sua esposa ser obediente, afetuosa e simples; e de não ter perdido tempo com a história, o silogismo e a astronomia quando passou a dedicar-se à filosofia.

O que há de impessoal nas *Meditações* se alinha a Epiteto. Marco Aurélio tem dúvidas acerca da imortalidade, mas diz, como diria um cristão: "Visto ser possível que deixes esta vida neste exato momento, regula todo ato e pensamento como convém." Viver em harmonia com o universo é o que é bom, e harmonizar-se com o universo nada mais é do que obedecer a vontade de Deus.

> Harmoniza comigo tudo o que é harmonioso para ti, Universo. Nada para mim é precoce ou tardio se para ti é oportuno. É fruto para mim tudo o que trazem tuas estações, Natureza: de ti tudo vem, em ti tudo está, a ti tudo retorna. Diz o poeta: "Cara cidade de Crécrops" — e tu não dirás: "Cara cidade de Zeus?"

Nota-se que a Cidade de Deus de Santo Agostinho foi parcialmente tomada do imperador pagão.

Marco Aurélio está certo de que Deus dá um demônio a cada um como guia, crença que reaparece no anjo da guarda cristão. Conforta-o conceber o universo como um todo perfeitamente unido; trata-se, segundo ele, de um ser vivo só, dotado de uma só substância e uma só alma. Uma de suas máximas é: "Considere, de modo frequente, a conexão de todas as coisas do universo." "O que quer que te aconteça estava preparado para ti desde a eternidade; e a implicação das causas tecia desde a eternidade os fios de teu ser." A isso se associa, a despeito de sua posição no Estado romano, a crença estoica na raça humana como comunidade única: "Minha cidade e país, na medida em que sou Antonino, é Roma, mas, na medida em que sou homem, é o mundo." Encontramos nele a mesma dificuldade que encontramos em todos os estoicos: a de conciliar o determinismo com a liberdade da vontade. "Os homens existem uns pelos outros", diz ao meditar a respeito de seu dever como governante. "A iniquidade de um homem não prejudica outrem", afirma na mesma página, no momento em que medita sobre a doutrina de que a vontade virtuosa é boa por si só. Ele jamais deduziu que a bondade de um homem não causa bem a outrem e que ele seria o único prejudicado caso fosse um imperador tão mau quanto Nero; não obstante, parece ser essa a conclusão resultante.

"É próprio do homem", diz ele, "amar mesmo os que agem mal. É isso o que sobrevirá se te ocorrer a lembrança de que são todos parentes, de que erram por ignorância e sem intencionalidade, de que em breve tu e eles estareis mortos; e, sobretudo, de que não te causaram mal nenhum, pois não fizeram que tua faculdade condutora se tornasse inferior ao que era antes."

E mais uma vez: "Ama a humanidade, segue a Deus. (...) E basta recordar que a Lei tudo governa."

Essas passagens revelam muito claramente as contradições inerentes à ética e à teologia estoicas. De um lado, o universo é um todo rigidamente determinista, no qual tudo o que acontece é resultado de causas anteriores. Do outro, a vontade de cada indivíduo é completamente autônoma, e homem nenhum pode ser levado a pecar por causas exteriores. Essa é apenas uma das contradições, havendo outra que lhe está intimamente relacionada. Uma vez que a vontade é autônoma e apenas a vontade virtuosa é boa, o homem não pode fazer bem ou mal a outrem, e assim a benevolência não passa de ilusão. Sobre cada uma dessas contradições é preciso dizer algo.

A contradição entre o livre-arbítrio e o determinismo é uma daquelas que atravessam a filosofia desde os tempos mais remotos, assumindo formas diferentes em tempos diferentes. Neste ponto, é sua forma estoica a que nos interessa.

Creio que um estoico defenderia sua visão mais ou menos desta maneira caso se submetesse a um interrogatório socrático: o universo é um único Ser animado, dotado de uma alma que também pode ser denominada Deus ou Razão. No geral, esse Ser é livre. Deus decidiu desde o princípio que agiria segundo leis gerais fixas, mas que garantiriam os melhores resultados. Às vezes, em casos particulares, os resultados não são de todo desejáveis, mas vale suportar essa inconveniência, como nos códigos legislativos humanos, em virtude da vantagem da fixidez legislativa. Um ser humano é parcialmente fogo, parcialmente barro inferior; na medida em que é fogo (ao menos quando da melhor qualidade), é também parte de Deus. Quando o quinhão divino do homem exercita virtuosamente a vontade, essa vontade é parte da vontade de Deus, que é livre; nessas circunstâncias, por conseguinte, a vontade humana também é livre.

Essa resposta só é boa até certo ponto, pois sucumbe quando examinamos as causas de nossas volições. Todos sabemos empiricamente, por exemplo, que a dispepsia afeta de maneira negativa a virtude do homem e que, mediante drogas administradas à força, o poder da vontade pode ser suprimido. Tomemos o caso favorito de Epiteto, o do homem preso injustamente por um tirano — exemplo que tem sido mais comum nos últimos anos do que em qualquer outro período da história humana. Alguns desses homens agiram com heroísmo estoico; outros, de modo um tanto misterioso, não o fizeram. Tornou-se claro não apenas que a tortura, quando suficiente, dará fim à fortaleza de quase todo indivíduo, mas também que a morfina e a cocaína podem reduzir qualquer um à docilidade. Na realidade, a vontade só é independente do tirano na medida em que o tirano não é científico. Esse é um exemplo radical, mas os mesmos argumentos que existem em favor do determinismo no mundo inanimado existem também na esfera das volições humanas em geral. Não digo — não creio — que tais argumentos sejam conclusivos; afirmo apenas que possuem a mesma força em ambos os casos e que não pode haver razão para que sejam aceitos num e rejeitados noutro. O estoico, quando empenhado em estimular uma atitude de tolerância para com os pecadores, reconhecerá que a vontade pecaminosa resulta de causas prévias; é somente a vontade virtuosa a que lhe parece livre. Todavia, isso é inconsistente. Marco Aurélio explica que sua virtude se deve à boa influência de seus pais, avós e professores; a vontade boa resulta tanto de causas prévias quanto a vontade má. Um estoico pode dizer que sua filosofia é fonte de virtude naqueles que a adotam, mas parece que ela não terá esse efeito desejável se não houver certa dose de erro intelectual. A percepção de que virtude e pecado são (como os estoicos teriam afirmado) resultados inevitáveis de causas anteriores provavelmente exercerá um efeito bastante paralisante sobre o esforço moral.

Chego agora à segunda contradição. O estoico, embora apregoasse a benevolência, afirmava que em teoria homem nenhum pode fazer o bem nem prejudicar outrem, dado que só a vontade virtuosa é boa, e ela independe de causas extrínsecas. Essa contradição é mais manifesta do que a outra e mais própria dos estoicos (entre os quais se incluem certos moralistas cristãos). O que explica a não percepção dessa contradição é o fato de eles, como muitos outros, admitirem dois sistemas éticos: um magnífico, para si mesmos, e outro inferior, para as "raças menores sem a lei". O filósofo estoico, ao pensar em si mesmo, afirma que a felicidade e tudo o que parece bem mundano não têm valor; diz até mesmo que desejar felicidade é contrário à natureza, isto é, que isso implica falta de resignação ante a vontade de Deus. Como homem prático responsável por administrar o Império Romano, contudo, Marco Aurélio sabe muito bem que esse tipo de coisa não funcionará. É dever seu garantir que os navios de grãos procedentes da África cheguem devidamente a Roma, que medidas sejam tomadas para aliviar os sofrimentos causados pela peste e que os inimigos bárbaros não cruzem a fronteira. Ou seja, ao lidar com aqueles súditos que não consideram filósofos estoicos já certos ou filósofos estoicos em potencial, ele aceita os parâmetros de bem e de mal que o mundo também aceita. É mediante a aplicação desses parâmetros que ele cumpre seu dever como administrador. Estranho é o fato de tal dever encontrar-se, ele mesmo, na esfera mais alta daquilo que o sábio estoico deveria fazer, embora seja deduzido de uma ética considerada por si próprio fundamentalmente equivocada.

A única resposta que consigo conceber para tal dificuldade talvez seja logicamente inexpugnável, mas não é muito plausível. Creio que seria formulada por Kant, cujo sistema ético é muito semelhante ao dos estoicos. É verdade, diria ele, que não existe nada bom além da vontade boa, mas a vontade é boa quando dirigida a certos fins que, por si só, são indiferentes. Pouco importa se o sr. A está feliz ou infeliz, mas, se sou virtuoso, agirei do modo que me parece alegrá-lo, visto ser isso o que a lei moral dita. Não posso tornar o sr. A virtuoso porque sua virtude só depende de si mesmo; todavia, posso realizar algo a fim de fazê-lo feliz, ou rico, ou instruído ou saudável. A ética estoica, portanto, pode ser articulada da seguinte maneira: certas coisas são vulgarmente consideradas bens, mas isso é equivocado; o que *é* bom é a vontade que se dirige à busca por garantir esses falsos bens a outras pessoas. Uma tal doutrina não implica contradição lógica, mas perde toda a sua plausibilidade se acreditamos genuinamente que não tem valor o que em geral é considerado bem, pois nesse caso a vontade virtuosa poderia perfeitamente dirigir-se a fins muito distintos.

Há um quê de amargura no estoicismo. A felicidade nos é impossível, mas podemos ser bons; finjamos, portanto, que, na medida em que somos bons, não importa se somos infelizes. Essa doutrina é heroica e, num mundo ruim, útil; todavia, não é verdadeira ou fundamentalmente sincera.

Embora a principal relevância dos estoicos seja ética, em dois aspectos sua doutrina deu frutos em outros campos. Um desses campos é a teoria do conhecimento; o outro, a doutrina da lei e dos direitos naturais.

Na teoria do conhecimento, eles aceitaram a percepção a despeito de Platão; o caráter enganador dos sentidos, diziam, não passava de juízo falso e poderia ser evitado com um pouco de cautela. Um filósofo estoico de nome Esfero, discípulo imediato de Zenão, foi certa feita convidado a um jantar pelo rei Ptolomeu, que, tendo sido informado de sua doutrina, ofereceu-lhe uma romã de cera. O filósofo tentou comê-la e foi motivo de risadas para o rei. Em seguida, disse-lhe que não estivera *certo* de que se tratava de uma romã verdadeira, mas que julgara improvável que algo não comestível fosse servido numa refeição real.[12] Nessa resposta, recorreu ele à distinção estoica entre as coisas que podem ser conhecidas com certeza a partir da percepção e as coisas que, pela percepção, afiguram-se apenas prováveis. No geral, essa doutrina era sensata e científica.

[12] Diógenes Laércio, vol. VII, 177.

Embora mais questionável, uma outra doutrina defendida no campo da teoria do conhecimento exerceu maior influência. Trata-se da crença nas ideias e nos princípios inatos. A lógica grega era plenamente dedutiva, o que levantava a questão das primeiras premissas. Elas deveriam ser, ao menos em parte, genéricas, e nenhum método existia que pudesse demonstrá-las. Os estoicos afirmavam que alguns princípios são luminosamente óbvios e reconhecidos por todos os homens, e por isso poderiam tornar-se base para as deduções, como nos *Elementos* de Euclides; declaravam também, de modo semelhante, que as ideias inatas poderiam ser empregadas como ponto de partida para as definições. Essa perspectiva foi aceita ao longo de toda a Idade Média, e mesmo Descartes adotou-a.

Do modo como figura nos séculos XVI, XVII e XVIII, a doutrina do *direito natural* é um resgate da doutrina estoica, ainda que com importantes modificações. Foram os estoicos os responsáveis pela distinção entre *jus naturale* e *jus gentium*. O direito natural derivava de primeiros princípios tidos como subjacentes a todo conhecimento genérico. Por natureza, diziam os estoicos, todos os seres humanos são iguais. Nas *Meditações*, Marco Aurélio prestigia o "regime em que há uma só lei para todos, um regime cuja administração estima os direitos iguais e a liberdade de expressão de cada um, um governo majestoso que respeita, sobretudo, a liberdade dos governados". Esse era um ideal que não pôde se concretizar consistentemente no Império Romano, mas que exerceu influência sobre sua legislação — de modo particular, sobre a melhoria da condição das mulheres e dos escravos. O cristianismo tomou para si esse elemento do ensinamento estoico, bem como grande parte do restante. Quando, no século XVII, surgiu enfim a oportunidade de combater o despotismo de maneira eficaz, as doutrinas estoicas do direito e da igualdade naturais adquiriram, sob aparência cristã, uma força prática que, na Antiguidade, imperador nenhum poderia lhes dar.

29

O Império Romano em relação à cultura

De muitas formas mais ou menos isoladas o Império Romano influenciou a história da cultura.

Em primeiro lugar, temos a influência direta de Roma sobre o pensamento helênico. Não se trata de algo muito importante ou profundo.

Em segundo lugar, a influência da Grécia e do Oriente sobre a parte ocidental do Império. Esse efeito foi profundo e duradouro, uma vez que incluiu a religião cristã.

Em terceiro lugar, a importância da longa paz romana para a difusão da cultura e para a habituação dos homens à ideia de uma civilização única, associada a um só governo.

Em quarto lugar, a transmissão da civilização helênica aos maometanos e, daí, à Europa ocidental.

Antes de examinarmos cada uma dessas influências de Roma, uma brevíssima sinopse de sua história política será útil.

As conquistas de Alexandre haviam deixado intacto o Mediterrâneo ocidental. No início do século III a.C., dominaram-no duas cidades-estados poderosas: Cartago e Siracusa. Na primeira e na segunda Guerras Púnicas (264-241 e 218-201), Roma conquistou Siracusa e reduziu Cartago à insignificância. Ao longo do século II, apoderou-se das monarquias macedônias — embora seja verdade que o Egito continuou sendo Estado vassalo até a morte de Cleópatra (30 a.C.). A Espanha foi conquistada incidentalmente na guerra com Aníbal; a França, por César em meados do século I a.C.; e a Inglaterra, cerca de cem anos depois. As fronteiras do Império, em seu auge, eram o Reno e o Danúbio, na Europa; o Eufrates, na Ásia; e o deserto, no Norte da África.

O imperialismo romano talvez tenha alcançado seu apogeu no Norte da África (importante na história cristã como lar de são Cipriano e santo Agostinho), onde extensas regiões, incultas tanto antes quanto depois do domínio de Roma, foram fertilizadas e abrigaram cidades populosas. O Império Romano como um todo foi estável e pacífico por mais de duzentos anos, desde a acessão de Augusto (30 a.C.) até os desastres do século III.

Nesse ínterim, a constituição do Estado romano passou por mudanças importantes. Originalmente, Roma fora uma pequena cidade-estado bastante semelhante às da Grécia, em especial àquelas que, como Esparta, não dependiam do comércio exterior. Os reis, como aqueles da Grécia homérica, haviam cedido lugar a uma república aristocrática. Embora o elemento aristocrático, corporificado pelo Senado, tenha permanecido poderoso, elementos democráticos foram aos poucos acrescidos, e o meio-termo resultante foi visto pelo estoico Panécio (cujas visões são reproduzidas por Políbio e Cícero) como a combinação ideal de elementos monárquicos, aristocráticos e democráticos. Todavia, a conquista desordenou esse equilíbrio precário ao atribuir imensa riqueza à classe senatorial e, em grau um pouco menor, aos "cavaleiros", nome pelo qual a classe média alta era conhecida. A agricultura italiana, que estivera nas mãos de pequenos fazendeiros que cultivavam cereais à custa do próprio trabalho, junto de suas famílias, passou às grandes propriedades pertencentes à aristocracia romana, nas quais vinhas e oliveiras eram cultivadas por mão de obra escrava. Como resultado, verificou-se a virtual onipotência do Senado, a qual foi desavergonhadamente utilizada para o enriquecimento de alguns homens, sem que fossem levados em consideração os interesses ou o bem-estar de seus súditos.

Um movimento democrático iniciado pelos Gracos na segunda metade do século II a.C. culminou numa série de guerras civis e — como muitas vezes se viu na Grécia — no estabelecimento de uma "tirania". É curioso notar a repetição, em tão grande escala, de desdobramentos que na Grécia se estavam limitados a áreas pequeninas. Augusto, herdeiro e filho adotivo de Júlio César que reinou de 30 a.C. a 14 d.C., deu fim ao conflito civil e (com algumas exceções) às guerras de conquista travadas no exterior. Pela primeira vez desde os primórdios da civilização grega, o mundo antigo desfrutou de paz e segurança.

Dois fatores haviam arruinado o sistema político grego: a reivindicação de soberania absoluta por parte de cada cidade e o conflito amargo e sangrento, dado na maioria dessas cidades, entre ricos e pobres. Após a conquista de Cartago e dos reinos helênicos, a primeira dessas causas deixou de afligir o mundo, visto ser então impossível manter qualquer resistência eficaz contra Roma. A segunda, porém, perdurou. Nas guerras civis, era comum que um general se declarasse defensor do Senado, e outro, do povo. A vitória era daquele que oferecesse as maiores recompensas aos soldados. Tais soldados não desejavam apenas pagamento e despojos, mas também doações de terra; por conseguinte, cada guerra civil tinha termo com a expulsão formalmente legal de muitos proprietários — nominalmente, rendeiros do Estado —, os quais davam lugar aos legionários do vencedor. Os custos da guerra, quando ainda em andamento, eram saldados por meio da execução de ricos e do confisco de suas propriedades. Não foi fácil dar fim a esse sistema desastroso; no final, para a surpresa de todos, Augusto logrou vitória tão completa que não restou competidor que se opusesse à sua busca de poder.

Para o mundo romano, a descoberta de que o período de guerra civil chegara ao fim foi surpreendente e deixou todos felizes, exceção feita a um pequeno grupo senatorial. Para todos os demais, trouxe grande alívio o momento em que Roma, sob a liderança de Augusto, enfim logrou a estabilidade e a ordem que os gregos e macedônios haviam tentado em vão alcançar e que Roma, antes de Augusto, também fora incapaz de produzir. Na Grécia, diz Rostovtseff, a Roma republicana não "introduziu nada de novo, exceto a pauperização, a falência e a interrupção de toda atividade política independente".[1]

O reinado de Augusto representou um período de felicidade para o Império Romano. A administração das províncias foi enfim organizada com alguma estima pelo bem-estar da população, e não somente de acordo com um sistema puramente predatório. Augusto não foi apenas deificado oficialmente após a sua morte; de maneira espontânea, foi também tratado como deus em várias cidades provinciais. Os poetas o enalteceram; as classes comerciais julgaram a paz universal conveniente; e mesmo o Senado, por ele tratado com todas as

[1] *History of the Ancient World*, vol. II, p. 255.

demonstrações de respeito, não perdeu a oportunidade de acumular honras e títulos às suas custas.

Porém, embora o mundo estivesse feliz, a vida havia perdido certo sabor, uma vez que se passara a preferir a segurança à aventura. Nos primórdios, todo grego livre tivera a oportunidade de aventurar-se; Filipe e Alexandre deram fim a isso, e no mundo helênico somente os dinastas macedônios desfrutaram da liberdade anárquica. O mundo grego perdeu sua juventude e tornou-se ou cínico ou religioso. A esperança de ver os ideais se concretizando em instituições mundanas se esvaiu, e com ela também o entusiasmo dos melhores homens. O céu, para Sócrates, era um lugar em que continuaria a debater; para os filósofos posteriores a Alexandre, tratava-se de algo mais distinto de sua existência aqui embaixo.

Em Roma, um desenvolvimento semelhante ocorreu mais tarde e assumiu forma menos dolorosa. Diferentemente da Grécia, Roma não foi conquistada. Pelo contrário: recebeu o estímulo de um imperialismo bem-sucedido. Ao longo do período das guerras civis, foram os romanos os responsáveis pelas desordens. Os gregos não haviam garantido a paz e a ordem submetendo-se aos macedônios, ao passo que gregos e romanos o fizeram ao se submeterem a Augusto. Augusto foi romano a quem os romanos se submeteram de bom grado, e não *apenas* em virtude de sua força superior; além disso, ele se esforçou para dissimular a origem militar de seu governo e para fundamentá-lo em decretos do Senado. A adulação expressa pelo Senado era em grande parte insincera, sem dúvida, mas fora da classe senatorial ninguém se sentia humilhado.

O humor dos romanos era como o do *jeune homme rangé* que, na França do século XIX, sossegava num casamento de conveniência após uma vida inteira de aventuras amorosas. Esse humor, embora satisfeito, não é criativo. Os grandes poetas da era de Augusto haviam sido formados em tempos difíceis; Horácio escapou para Filipos, e tanto ele quanto Virgílio tiveram suas fazendas confiscadas e cedidas a soldados vitoriosos. Almejando a estabilidade, Augusto esforçou-se de maneira um tanto insincera para resgatar a piedade de outrora, e por esse motivo teve de ser hostil à livre investigação. O mundo romano começava a ficar estereotipado, e tal processo teve continuidade sob os imperadores subsequentes.

Os sucessores imediatos de Augusto perpetraram crueldades impressionantes contra os senadores e contra possíveis concorrentes pela púrpura. Em certa medida, o desgoverno do período se estendeu às províncias, mas no geral a máquina administrativa criada por Augusto continuou a funcionar muito bem.

Um período melhor teve início com a ascensão de Trajano, em 98 d.C., e continuou até a morte de Marco Aurélio, em 180 d.C. Durante esse intervalo, o governo do Império foi tão bom quanto um governo despótico pode ser. Por outro lado, o século III não passou de um desastre completo. O exército tomou ciência de seu poder, fez e desfez imperadores em troca de dinheiro e da promessa de uma vida sem guerras e, como consequência, deixou de ser uma força combatente eficaz. Bárbaros do norte e do leste invadiram e saquearam o território romano. O exército, preocupado com ganhos particulares e com a discórdia civil, não teve competência para defender-se. O sistema fiscal sucumbiu por inteiro: de uma só vez, foi atingido por uma imensa diminuição de recursos e um grande aumento de gastos com guerras malogradas e suborno de militares. Além da guerra, a peste contribuiu para uma grande redução da população. Parecia que o império estava prestes a ruir.

Evitaram tal resultado dois homens de vigor: Diocleciano (286-305 d.C.) e Constantino, cujo indiscutível reinado se estendeu de 312 a 337 d.C. Pelas mãos de ambos, o império dividiu-se em oriental e ocidental, correspondendo, aproximadamente, à divisão entre as línguas grega e latina. Constantino definiu Bizâncio como capital da parte oriental e alterou seu nome para Constantinopla. Diocleciano deteve temporariamente o exército modificando seu caráter; de sua época em diante, as forças combatentes mais eficazes passaram a ser compostas de bárbaros — sobretudo germânicos, aos quais os postos mais altos foram abertos. Essa era uma atitude perigosa, é claro, e no início do século V surgiram suas consequências naturais. Os bárbaros concluíram que era mais vantajoso lutar por si sós do que para um senhor romano. Não obstante, tais forças serviram a seu propósito por mais de um século. As reformas administrativas de Diocleciano foram igualmente bem-sucedidas por um tempo e igualmente desastrosas em longo prazo. O sistema romano permitiria a aplicação do autogoverno local às cidades e deixaria a cargo de seus oficiais coletar os impostos, dos quais apenas a soma total devida por cada localidade seria estabelecida pelas autoridades centrais. Esse sistema funcionara bem o suficiente em tempos de prosperidade, mas, no estado de exaustão em que se encontrava o império, a renda exigida era maior do que aquela que poderia ser gerada sem dificuldades excessivas. As autoridades municipais eram pessoalmente responsáveis pelos tributos e fugiam para escapar do seu pagamento. Diocleciano encorajou cidadãos abastados a aceitarem cargos municipais e declarou a fuga ilegal. Por motivos semelhantes, converteu os moradores de áreas rurais em servos, presos à terra e proibidos de migrar. Esse sistema foi mantido pelos imperadores subsequentes.

A inovação mais importante de Constantino foi a adoção do cristianismo como religião estatal, o que aparentemente se deu porque uma grande parcela dos soldados era cristã.[2] Desse modo, quando, no século V, os germânicos destruíram o Império Ocidental, seu prestígio os fez adotar a religião cristã e preservar, para a Europa do Ocidente, tudo aquilo que a Igreja absorvera das civilizações antigas.

O desenvolvimento do território designado para a parte oriental do Império foi outro. O Império do Oriente, embora diminuísse continuamente em extensão (exceto na época das transitórias conquistas de Justiniano, no século VI), sobreviveu até 1453, quando Constantinopla foi conquistada pelos turcos. No entanto, a maior parte do que outrora havia sido as províncias romanas se fez maometana, incluindo também a África e a Espanha no Ocidente. Ao contrário dos germânicos, os árabes rejeitaram a religião daqueles que conquistaram, mas absorveram sua civilização. O Império Oriental era de civilização grega, e não latina; por conseguinte, do século VII ao XI, foi, junto dos árabes, o responsável por preservar a literatura grega e tudo aquilo que restara da civilização da Grécia, em oposição à latina. Do século XI em diante, inicialmente por influência moura, o ocidente recuperou aos poucos o que havia perdido da herança grega.

Chego agora às quatro formas pelas quais o Império Romano influenciou a história da cultura.

[2] Ver Rostovtseff, *History of the Ancient World*, vol. II, p. 332.

I. *A influência direta de Roma sobre o pensamento grego.* Tal influência tem início no século II a.C. e é obra de dois homens: o historiador Políbio e o filósofo estoico Panécio. A postura natural do grego ante o romano era uma mistura de desprezo e medo; o grego se julgava mais civilizado, mas sabia-se menos poderoso do ponto de vista político. Se os romanos tiveram mais sucesso na política, isso só provava que a política era uma atividade ignóbil. O grego comum do século II a.C. adorava o prazer, era astuto, inteligente nos negócios e inescrupuloso em tudo mais. No entanto, havia ainda homens de capacidade filosófica. Alguns deles — sobretudo os céticos, como Carnéades — permitiram que a inteligência destruísse a seriedade. Outros, como os epicuristas e uma parte dos estoicos, se dedicaram por completo a uma vida isolada e pacata. Uns poucos, porém, com mais discernimento do que o demonstrado por Aristóteles com relação a Alexandre, perceberam que a grandeza de Roma se devia a certos méritos que inexistiam entre os gregos.

O historiador Políbio, nascido em Arcádia em cerca de 200 a.C., foi enviado a Roma como prisioneiro, e no novo local teve a sorte de tornar-se amigo do jovem Cipião, a quem acompanhou em muitas de suas campanhas. Não obstante a maioria dos romanos cultos estivesse familiarizada com o grego, não era comum que um grego falasse latim, mas as circunstâncias em que se achava Políbio fizeram-no conhecedor da língua. Ele escreveu, para uso dos gregos, a história das últimas Guerras Púnicas, as quais haviam permitido que Roma conquistasse o mundo. Sua admiração pela constituição romana já se tornava datada à época em que escrevia, mas até a sua época ela fora comparada muito favoravelmente, em matéria de estabilidade e eficiência, às constituições sempre cambiantes da maioria das cidades gregas. Os romanos, é claro, leram sua história com prazer; se os gregos também o fizeram é mais duvidoso.

Do estoico Panécio já nos ocupamos no capítulo anterior. Foi amigo de Políbio e, assim como ele, protegido do jovem Cipião. Enquanto Cipião viveu, Panécio esteve frequentemente em Roma; após a sua morte, em 129 a.C., ele permaneceu em Atenas como líder da escola estoica. Roma ainda tinha o que a Grécia perdera: a esperança vinculada às oportunidades políticas. Por conseguinte, suas doutrinas foram mais políticas do que aquelas dos estoicos anteriores, bem como mais distintas das desenvolvidas pelos cínicos. É provável que a admiração que os romanos instruídos cultivavam por Platão o tenha influenciado a abandonar a estreiteza dogmática de seus predecessores estoicos. Na forma mais ampla que lhe deram Panécio e Posidônio, seu sucessor, o estoicismo encantou fortemente os romanos mais sérios.

Numa data posterior, Epiteto, embora fosse grego, passou a maior parte da vida em Roma, de onde retirou a maioria de seus exemplos; ele está sempre exortando o sábio a não tremer à presença do imperador. Sabemos precisar a influência que exerceu sobre Marco Aurélio, mas é difícil mapear sua influência sobre os gregos.

Plutarco (*ca.* 46 a 120 d.C.), em *Vidas dos gregos e romanos ilustres*, traçou um paralelo entre os homens mais eminentes de ambos os países. O autor viveu por tempo considerável em Roma e foi estimado pelos imperadores Adriano e Trajano. Além das *Vidas*, escreveu inúmeras obras de filosofia, religião, história natural e moral. As *Vidas* têm como manifesto objetivo reconciliar Grécia e Roma no pensamento das pessoas.

À parte esses homens excepcionais, Roma como um todo esterilizou as regiões de língua grega do Império. Deterioraram-se tanto o pensamento quanto a arte. Até o final do século II d.C., a vida para os abastados era agradável e fácil; não havia incentivo ao esforço nem muitas oportunidades para a realização de grandes feitos. As escolas filosóficas reconhecidas — a Academia, os peripatéticos, os epicuristas e os estoicos — continuaram a existir até Justiniano fechar suas portas. Nenhuma delas, porém, deu mostras de vitalidade após a época de Marco Aurélio; à exceção dos neoplatônicos do século III d.C., sobre os quais nos debruçaremos no capítulo seguinte — e esses homens foram pouquíssimo influenciados por Roma. As metades latina e grega do Império se tornaram cada vez mais divergentes; o conhecimento do grego rareou no Ocidente, e, após Constantino, o latim, no Oriente, continuou a ser usado apenas no direito e no exército.

II. *A influência da Grécia e do Oriente sobre Roma.* Dois são os fatores a serem considerados nesse ponto: em primeiro lugar, a influência da arte, da literatura e da filosofia helênicas sobre a maioria dos romanos instruídos; depois, a difusão das religiões e superstições não helênicas por todo o mundo ocidental.

(1) O contato com os gregos fez com que os romanos percebessem a si mesmos como comparativamente bárbaros e rudes. Os gregos eram incomensuravelmente superiores em muitos aspectos: na manufatura e na técnica agrícola; nos tipos de conhecimento que se faziam necessários ao bom oficial; na conversação e na arte de gozar a vida; na arte, na literatura, na filosofia. Os romanos só os superavam na tática militar e na coesão social. Sua relação com os gregos era algo como a dos prussianos com a França em 1814 e 1815; esta última, porém, foi temporária, ao passo que aquela se estendeu por um período prolongado. Depois das Guerras Púnicas, os jovens romanos desenvolveram admiração pelos gregos. Eles aprenderam sua língua, copiaram sua arquitetura, empregaram escultores da Grécia. Os deuses romanos passaram a ser identificados com os deuses helênicos. Criou-se uma origem troiana para os romanos no intuito de associá-los aos mitos homéricos. Os poetas latinos adotaram as métricas gregas, e os filósofos latinos, suas teorias. Até o fim, Roma foi parasita cultural da Grécia. Os romanos não inventaram forma artística alguma, não elaboraram sistema filosófico original algum e não realizaram descoberta científica alguma. Construíram boas estradas, códigos legislativos sistemáticos e exércitos eficazes; em todo o resto, voltavam-se para a Grécia.

A helenização de Roma trouxe consigo uma suavização dos costumes que repugnou Catão, o Velho. Até as Guerras Púnicas, os romanos tinham sido um povo bucólico, com as virtudes e os vícios dos fazendeiros: eram austeros, engenhosos, brutais, obstinados e estúpidos. Sua vida familiar fora estável e solidamente alicerçada sobre a *patria potestas*; mulheres e jovens eram completamente submissos. Tudo mudou com o influxo repentino de riqueza. As pequenas fazendas desapareceram e foram gradualmente substituídas por propriedades enormes, nas quais o trabalho escravo foi empregado a fim de colocar em prática os novos tipos científicos de agricultura. Uma grande classe de mercadores floresceu, e uma significativa quantidade de homens enriqueceu por meio de saques, tais quais os *nabobs* da Inglaterra do século XVIII. As mulheres, outrora escravas virtuosas, tornaram-se livres e dissolutas; o divórcio se popularizou; os ricos deixaram de ter filhos. Os gregos, que haviam passado por um desenvolvimento semelhante séculos antes, encorajaram, por meio do exemplo, o que os historiadores denominam decadência da moral. Mesmo nos tempos mais dissolutos do Império, o romano comum ainda considerava Roma o sustentáculo de um padrão ético mais puro, em oposição à corrupção decadente da Grécia.

A influência cultural da Grécia sobre o Império Ocidental diminuiu rapidamente do século III d.C. em diante, sobretudo em virtude da decadência da cultura como um todo. Muitas são as causas que o explicam, mas uma em particular deve ser mencionada. Nos últimos anos do Império Ocidental, o governo era mais claramente uma tirania militar do que antes, e o exército em geral elegia um general bem-sucedido para ser imperador. Porém, mesmo nos escalões superiores, o exército não tinha mais romanos instruídos, e sim semibárbaros da fronteira. Para esses soldados brutos, a cultura não tinha utilidade alguma; os cidadãos civilizados eram para eles meras fontes de renda. As pessoas haviam empobrecido demais para poderem gastar com educação, e o Estado passou a considerá-la desnecessária. No Ocidente, por conseguinte, apenas uns poucos homens de erudição excepcional continuaram a ler o grego.

(2) A religião e a superstição não helênicas, por sua vez, passaram a exercer atração cada vez maior sobre o Ocidente. Nós já vimos como as conquistas de Alexandre apresentaram ao mundo grego as crenças dos babilônicos, dos persas e dos egípcios; foi de modo semelhante que as conquistas romanas tornaram familiares ao Ocidente todas essas doutrinas, bem como aquelas de judeus e cristãos. Examinarei o que diz respeito aos judeus e aos cristãos posteriormente; por ora, limito-me, na medida em que posso, às superstições pagãs.[3]

Em Roma, toda seita e todo profeta tinham representantes e, às vezes, caíam nas graças dos círculos governamentais mais altos. Luciano, que defendeu o ceticismo sadio a despeito da credulidade de seu tempo, conta uma divertida anedota, em geral tida como verdadeira, sobre um profeta e milagreiro chamado Alexandre, o Paflagônio. Esse homem curava os doentes e predizia o futuro, fazendo breves incursões pela chantagem. Sua fama chegou aos ouvidos de Marco Aurélio, que então combatia os marcomanos no Danúbio. O imperador foi ter com ele para saber como vencer a guerra e ouviu que, se lançasse

[3] Ver Cumont, *Oriental Religions in Roman Paganism*.

dois leões naquele rio, uma grande vitória se seguiria. O conselho do vidente foi acatado, mas coube aos marcomanos a grande vitória. Apesar desse contratempo, a fama de Alexandre continuou a crescer. Após consultá-lo acerca de várias questões, Rutiliano, romano proeminente e de graduação consular, pediu-lhe que o ajudasse na escolha de uma esposa. Alexandre, a exemplo de Endimião, gozara dos favores da Lua e tivera com ela uma filha, a qual o oráculo recomendou ao homem que o consultava. "Rutiliano, com sessenta anos à época, cumpriu de imediato o mandato divino e contraiu casamento sacrificando hecatombes inteiras à sua sogra celestial."[4]

Mais importante do que a carreira de Alexandre, o Paflagônio, foi o reinado de Elagábalo ou Heliogábalo (218 a 22 d.C.), imperador que fora sacerdote sírio do Sol até sua ascensão ao trono por eleição do exército. Em sua lenta viagem da Síria a Roma, seu retrato, enviado como presente ao Senado, precedeu-o. "Fora desenhado em seus paramentos sacerdotais de seda e ouro, segundo a moda folgada e fluida dos medos e fenícios; sobre a cabeça trazia uma tiara suntuosa, e seus colares e pulseiras abundantes haviam sido adornados com gemas de valor inestimável. Suas sobrancelhas estavam tingidas de preto; a face, pintada de um vermelho e branco artificial. Os senadores, solenes, confessaram com um suspiro que, após ter vivenciado a tirania inflexível e longa dos próprios conterrâneos, Roma era então humilhada pelo afeminado luxo do despotismo oriental."[5] Apoiado por uma grande parcela do exército, ele se pôs a introduzir em Roma, com um ardor fanático, as práticas religiosas do Oriente; seu nome era o nome do deus-Sol cultuado em Emesa, onde fora sumo sacerdote. Sua mãe ou avó, a verdadeira governante, percebeu que ele tinha ido longe demais e destituiu-o em favor de seu sobrinho Alexandre (222-35), cujas tendências orientais eram mais moderadas. A mistura de credos que se fazia possível em seu tempo é ilustrada por sua capela particular, na qual foram colocadas estátuas de Abraão, Orfeu, Apolônio de Tiana e Cristo.

A religião de Mitra, de origem persa, competiu de perto com o cristianismo, em especial durante a segunda metade do século III d.C. Os

---

[4] Benn, *The Greek Philosophers*, vol. II, p. 226.

[5] Gibbon, cap. vi.

imperadores, que tentavam desesperadamente controlar o exército, perceberam que a religião poderia proporcionar a estabilidade que se fazia necessária; era preciso, no entanto, que se tratasse de uma das religiões novas, uma vez que eram essas as que os soldados prestigiavam. O culto foi introduzido em Roma e tinha muitos elementos agradáveis ao espírito militar. Mitra era um deus-Sol, mas não tão afeminado quanto seu colega sírio; ocupava-se da guerra, da grande guerra entre bem e mal que passara a integrar o credo persa desde Zoroastro. Rostovtseff[6] reproduz um baixo-relevo encontrado num santuário subterrâneo em Heddernheim, na Alemanha, que retrata seu culto e revela-nos que seus discípulos devem ter sido numerosos entre os soldados — e não apenas no Oriente, mas no Ocidente também.

A adoção do cristianismo por Constantino foi politicamente bem-sucedida, ao contrário das antigas tentativas de introduzir uma religião nova. Do ponto de vista governamental, porém, todas essas tentativas anteriores haviam sido muito semelhantes às dele: suas possibilidades de sucesso advinham dos infortúnios e do desgaste do mundo romano. As religiões tradicionais da Grécia e de Roma convinham a homens interessados no mundo terreno, homens que esperavam a felicidade ainda na Terra. A Ásia, que tivera experiência mais longa com o desespero, havia desenvolvido antídotos mais bem-sucedidos na forma de esperanças sobrenaturais; de todos eles, o cristianismo era o mais eficaz na oferta de consolo. Não obstante, à época em que se tornou a religião estatal, o cristianismo havia absorvido muito da Grécia, tendo-o transmitido junto com o elemento judaico aos períodos subsequentes do Ocidente.

III. *A unificação entre governo e cultura.* Devemos primeiro a Alexandre, e depois a Roma, o fato de não terem se perdido os feitos da grande era grega, como aqueles do período minoico. No século V a.C., um Gengis Khan qualquer, caso surgisse, poderia ter varrido do mapa tudo o que fora importante no mundo helênico; Xerxes, com um pouco mais de competência, teria conseguindo transformar a civilização grega em algo muito inferior ao que veio a tornar-se após sua expul-

[6] *History of the Ancient World*, vol. II, p. 343.

são. Vejamos o período que vai de Ésquilo a Platão: tudo o que se obteve nessa época foi feito por uma parcela minúscula da população de certas cidades comerciais. Esses locais, como o futuro logo revelou, eram incapazes de resistir à conquista estrangeira, mas, por um extraordinário golpe de sorte, seus conquistadores macedônios e romanos eram filo-helenos e não destruíram aquilo de que se apoderaram, ao contrário do que fariam Xerxes e Cartago. O fato de conhecermos o que foi feito pelos gregos na arte, na literatura, na filosofia e na ciência se deve à estabilidade introduzida pelos conquistadores do Ocidente, os quais tiveram o bom senso de admirar a civilização que governavam e se esforçaram ao máximo para preservá-la.

Em certos aspectos — os aspectos político e ético —, Alexandre e os romanos possibilitaram o desenvolvimento de uma filosofia melhor do que aquela que era apregoada pelos gregos em seus dias de liberdade. Os estoicos, como vimos, acreditavam na fraternidade humana e não limitaram suas simpatias aos gregos. O logo domínio de Roma acostumou os homens à ideia de uma só civilização sob um único governo. *Nós* sabemos que havia partes importantes do mundo que não estavam submetidas a Roma — de modo particular, a Índia e a China. Todavia, para o romano parecia que fora do Império havia somente tribos mais ou menos bárbaras que poderiam ser conquistadas tão logo valesse a pena o esforço. Tanto em essência quanto idealmente, o Império, na mente dos romanos, se espalhava por todo o mundo. Essa concepção foi passada à Igreja, que era "católica" apesar dos budistas, dos confucianos e (posteriormente) dos maometanos. *Securus judicat orbis terrarum* é uma máxima de santo Agostinho que incorpora a doutrina dos estoicos tardios; seu encanto se deve à aparente universalidade do Império Romano. Durante a Idade Média, posterior à época de Carlos Magno, a Igreja e o Sacro Império Romano eram mundiais no plano da ideia, embora todos soubessem que na realidade não era isso o que acontecia. A concepção de uma única família humana, de uma só religião católica, de uma cultura universal e de um Estado mundial tem assombrado o pensamento dos homens desde que Roma quase a tornou realidade.

O papel desempenhado por Roma na ampliação da área civilizada teve imensa importância. O norte da Itália, a Espanha, a França e partes do oeste da Alemanha Ocidental foram civilizados como resultado da impetuosa conquista das legiões romanas. Todas essas regiões se mostraram tão capazes de alcançar um alto nível cultural quanto a própria Roma. Nos últimos dias do Império Ocidental, a Gália produziu homens que eram no mínimo equivalentes aos contemporâneos que viviam nas regiões de civilização mais antiga. Foi graças à difusão da cultura por Roma que os bárbaros só produziram um eclipse temporário, e não uma escuridão permanente. Talvez se diga que a *qualidade* da civilização jamais voltou a ser a mesma da Atenas de Péricles; no entanto, num mundo de guerra e destruição, a quantidade é, em longo prazo, quase tão importante quanto a qualidade — e a quantidade se deveu a Roma.

IV. *Os maometanos como veículos do helenismo*. No século VII, os discípulos do Profeta conquistaram a Síria, o Egito e o Norte da África; no século seguinte, tomaram a Espanha. Suas vitórias foram fáceis; os combates, fracos. Eles não eram fanáticos, a não ser, talvez, durante os primeiros anos; contanto que pagassem seus tributos, cristãos e judeus permaneceriam intactos. Os árabes se apossaram em pouco tempo da civilização do Império Oriental, mas na esperança de verem um regime em ascensão, e não o desgaste do declínio. Seus homens instruídos liam os autores gregos em traduções e escreviam comentários. A reputação de Aristóteles se deve sobretudo a eles; na antiguidade, ele não fora alçado ao mesmo nível de Platão.

Muito nos ensina o exame de algumas das palavras que tomamos do árabe, como álgebra, álcool, alquimia, alambique, álcali, azimute e zênite. Com a exceção de "álcool" — que não indicava bebida, mas uma substância empregada na química —, tais vocábulos nos fornecem um bom panorama de algumas das coisas que devemos aos árabes. Inventaram a álgebra os gregos alexandrinos, mas os maometanos a levaram além. "Alquimia", "alambique" e "álcali" são palavras vinculadas à tentativa de converter metais ignóbeis em ouro, prática grega que levou os árabes a recorrerem à sua filosofia com meio de aprendizagem.[7] "Azimute" e "zênite" são termos astronômicos e foram úteis aos árabes sobretudo no campo da astrologia.

---

[7] Veja-se *Alchemy, Child of Greek Philosophy*, de Arthur John Hopkins. Columbia, 1934.

O método etimológico camufla o que devemos aos árabes no que diz respeito ao conhecimento da filosofia grega; com efeito, quando seus preceitos voltaram a ser estudados na Europa, os termos técnicos exigidos foram tomados do grego ou do latim. Na filosofia, os árabes foram melhores como comentadores do que como pensadores originais. Sua importância, para nós, vem de terem sido eles, e não os cristãos, os herdeiros imediatos das partes da tradição grega que apenas o Império Oriental conservara vivas. O contato com os maometanos na Espanha e, em menor grau, na Sicília fez o Ocidente tomar ciência de Aristóteles, dos algarismos arábicos, da álgebra e da química. Foi esse contato que deu início ao resgate do saber no século XI e que culminou na filosofia escolástica. Somente mais à frente, do século XIII em diante, foi que o estudo do grego permitiu que os homens fossem diretamente às obras de Platão, Aristóteles e outros autores gregos da Antiguidade. Todavia, se os árabes não tivessem preservado a tradição, os homens do Renascimento talvez não suspeitassem de quanto poderiam ganhar com o resgate do saber clássico.

30
Plotino

Plotino (204-70 d.C.), fundador do neoplatonismo, é o último dos grandes filósofos da Antiguidade. Sua vida é quase coextensiva a um dos períodos mais desastrosos da história romana. Pouco antes de seu nascimento, o exército tomara ciência do próprio poder e adotara a prática de escolher os imperadores em troca de recompensas financeiras, assassinando-os logo em seguida para tornar possível uma nova venda do império. Preocupações como essa tornaram os soldados inadequados à defesa da fronteira e permitiram a realização de vigorosas incursões dos germânicos, ao norte, e dos persas, ao leste. A guerra e a peste reduziram a população do Império em cerca de um terço, ao passo que a elevada taxação e a diminuição de recursos ocasionaram a ruína financeira até mesmo nas províncias em que nenhuma força hostil ingressara. As cidades que outrora tinham sido portadoras da cultura foram acometidas de maneira especialmente forte; cidadãos importantes fugiam em grandes números no intuito de escapar da cobrança de impostos. Somente após a morte de Plotino a ordem foi reestabelecida, e o Império, temporariamente salvo pelas vigorosas medidas de Diocleciano e Constantino.

Não encontramos menção a nada disso nas obras de Plotino. Ele deu as costas para o espetáculo de ruína e miséria do mundo real a fim de contemplar um mundo eterno de bondade e beleza. Nisso, manteve-se em harmonia com os homens mais sérios de seu tempo. Para todos eles, fossem pagãos ou cristãos, o mundo dos afazeres práticos parecia não oferecer qualquer esperança, e somente o Outro Mundo soava digno de lealdade. Para o cristão, esse Outro Mundo era o Reino dos Céus, apreciado apenas após a morte; para o platônico, tratava-se do mundo eterno das ideias — o mundo real, e não o das aparências ilusórias. Os teólogos cristãos mesclaram esses dois pontos de vista e incorporaram muitos elementos da filosofia de Plotino. O deão Inge, em seu inestimável livro sobre o filósofo, enfatiza com muita precisão o que o cristianismo deve a ele. "O platonismo", diz, "é parte da estrutura vital da teologia cristã, com a qual, ouso dizer, nenhuma outra filosofia pode se conciliar sem atritos". Segundo ele, há uma "absoluta impossibilidade de extrair o platonismo do cristianismo sem destruir o cristianismo por completo". Inge assinala que santo Agostinho trata o sistema de Platão como "o mais puro e lúcido de toda a filosofia" e fala de Plotino como homem em quem "Platão viveu de novo", alguém que, se nascido pouco depois, teria "modificado algumas de suas palavras e se tornado cristão". Santo Tomás de Aquino, afirma ainda o deão, "se aproxima mais de Plotino do que do *verdadeiro* Aristóteles".

Plotino, por conseguinte, é historicamente importante porque ajudou a forjar o cristianismo do medievo e a teologia católica. Ao falar do cristianismo, o historiador deve ter o cuidado de reconhecer as enormes mudanças por que ele passou, bem como a variedade de formas que pode assumir mesmo numa só época. O cristianismo dos Evangelhos sinóticos é quase isento de metafísica, e nesse aspecto assemelha-se ao da América moderna; nos Estados Unidos, o platonismo é estranho ao pensamento e sentimento populares, e a maioria dos cristãos norte-americanos se ocupa muito mais de seus deveres aqui na Terra e do progresso social do mundo cotidiano do que das esperanças transcendentais que consolaram os homens quando tudo o que era terreno inspirava desespero. Não me refiro à alteração de dogmas, e sim a uma mudança de ênfase e interesse. Se incapaz de perceber quão grande é essa diferença, o cristão moderno não conseguirá compreender o cristianismo do passado. Como nosso estudo é histórico, interessam-nos as crenças reais dos séculos passados, e quanto a elas é impossível discordar do que diz o deão Inge acerca da influência de Platão e Plotino.

Todavia, Plotino não é importante *apenas* do ponto de vista histórico. Mais do que qualquer outro filósofo, ele representa um tipo de teoria importante. Pode-se declarar importante um sistema filosófico por várias razões. A primeira e mais óbvia vem do fato de o considerarmos verdadeiro. Não são muitos os estudiosos da filosofia que diriam isso de Plotino, e nesse aspecto o deão Inge é rara exceção. Entretanto, veracidade não é o único mérito que uma metafísica pode possuir. Ela pode ter beleza, e isso certamente encontramos em Plotino; há passagens, nele, que evocam os cantos finais do *Paradiso* de Dante e quase nada mais na literatura. Vez ou outra, suas descrições do eterno mundo da glória

> Desvelam à arrebatada fantasia
> O canto calmo, de pura harmonia,
> Que ante o trono de safira é cantado
> Ao que ali está sentado.

Mais uma vez, uma filosofia pode ser importante por expressar adequadamente aquilo em que os homens se inclinam a acreditar quando sob certos humores e circunstâncias. A alegria e a tristeza destituídas de complicações não constituem matéria para a filosofia, e sim para os gêneros mais simples da poesia e da música. Apenas a alegria e a tristeza que vêm acompanhadas de reflexão sobre o universo geram teorias metafísicas. Um homem pode ser um pessimista alegre ou um otimista melancólico. Talvez Samuel Butler nos sirva como exemplo do primeiro tipo, enquanto Plotino exemplifica o segundo. Em épocas como aquela em que viveu, a infelicidade é imediata e premente; a felicidade, caso alcançável, deve ser buscada por meio da reflexão sobre as coisas que se distanciam das impressões do sentido. Uma tal felicidade traz sempre consigo um elemento de tensão; diferencia-se, e muito, da felicidade simples de uma criança. Uma vez que não advém do mundo cotidiano, mas do pensamento e da imaginação, exige ela a capacidade de ignorar ou desprezar a vida dos sentidos. Desse modo, não são aqueles que desfrutam da felicidade instintiva os que elaboram os tipos de otimismo metafísico que dependem da crença na realidade de um mundo suprassensível. Entre os homens que têm sido infelizes em sentido mundano, mas resolutamente determinados a encontrar uma felicidade superior no mundo da teoria, Plotino ocupa lugar elevadíssimo.

Tampouco seus méritos puramente intelectuais devem ser desprezados. Em muitos aspectos, ele esclareceu o ensinamento de Platão;

desenvolveu, com o máximo de consistência que lhe era possível, o tipo de teoria que veio a defender ao lado de muitos outros. Seus argumentos contra o materialismo são bons, e toda a ideia que desenvolveu acerca da relação entre alma e corpo é mais clara do que a de Platão ou Aristóteles.

A exemplo de Spinoza, Plotino ostenta uma espécie muito impressionante de pureza e nobreza moral. É sempre sincero, nunca destemperado ou crítico; está sempre preocupado em revelar ao leitor, da maneira mais simples possível, aquilo que crê importante. Independentemente do que se pense dele como filósofo teórico, é impossível não adorá-lo como homem.

O que conhecemos da vida de Plotino se deve à biografia escrita por seu amigo e discípulo Porfírio, semita cujo nome era, na realidade, Malco. No entanto, há em seu relato elementos miraculosos que tornam difícil acreditarmos por completo nos trechos mais críveis.

Plotino não dava importância à sua aparência espaço-temporal e não gostava de falar sobre os acidentes de sua existência histórica. Declarou, porém, que nascera no Egito, e sabe-se que na juventude estudou em Alexandria, onde viveu até os 39 anos e onde teve como professor Amônio Sacas, muitas vezes considerado fundador do neoplatonismo. Em seguida, ingressou na expedição do imperador Gordiano III contra os persas; diz-se que desejava, com isso, estudar as religiões do Oriente. O imperador, que era ainda jovem, foi assassinado pelo exército, como era costume à época. Isso se deu durante sua campanha na Mesopotâmia, em 244 d.C. Por essa razão, Plotino abandonou seus projetos no Oriente e se instalou em Roma, onde logo começou a lecionar. Entre seus ouvintes estavam muitos homens influentes, e ele caiu nas graças do imperador Galiano.[1] Elaborou, então, o projeto de fundar a República de Platão na Campânia e de construir, para tanto, uma cidade nova, de nome Platonópolis. Inicialmente, o imperador mostrou-se favorável, mas acabou por retirar sua permissão. Pode parecer estranho que houvesse espaço para uma cidade nova

[1] Sobre Galiano, Gibbon observa: "Dominou muitas ciências curiosas, mas inúteis; foi orador ágil e poeta elegante, jardineiro habilidoso, cozinheiro excelente e príncipe vil. Quando as grandes emergências do Estado exigiam sua presença e atenção, via-se preso a conversas com o filósofo Plotino, perdendo seu tempo em prazeres mesquinhos ou licenciosos, preparando sua iniciação nos mistérios gregos ou solicitando um lugar no Areópago de Atenas" (cap. X).

tão perto de Roma, mas é provável que a região fosse malárica à época — como é hoje —, sem que porém tivesse sido antes. Plotino nada escreveu até os 49 anos; a partir de então, produziu muito. Suas obras foram editadas e organizadas por Porfírio, que era mais pitagórico do que Plotino e fez com que a escola neoplatônica se tornasse mais sobrenaturalista do que seria se seguisse seu mestre mais fielmente.

O respeito que Plotino sentia por Platão é enorme; em geral, trata-o por "Ele". Os "bem-aventurados antigos" costumam ser abordados com reverência, mas essa reverência não se estende aos atomistas. Os estoicos e epicuristas, ainda ativos à época, são contestados — os estoicos, em virtude de seu materialismo; os epicuristas, em tudo o que diz sua filosofia. Aristóteles desempenha papel maior do que parece, visto que os empréstimos dele tomados passam muitas vezes despercebidos. Nota-se a influência de Parmênides em muitos momentos.

O Platão de Plotino não é tão vigoroso quanto o Platão real. A teoria das ideias, as doutrinas místicas do *Fédon* e do Livro VI da *República*, bem como o exame do amor no *Banquete*, são quase todo o Platão que figura nas *Enéadas* (nome pelo qual os livros de Plotino são chamados). Os interesses políticos, a tentativa de definir virtudes isoladas, o prazer da matemática, a avaliação dramática e afetuosa dos indivíduos e, sobretudo, a jovialidade de Platão não têm lugar em Plotino. Platão, como afirmou Carlyle, "está sempre muito à vontade em Sião", enquanto Plotino planeja muito bem o seu comportamento.

A metafísica plotiniana se inicia com uma Santíssima Trindade: o Uno, o Espírito e a Alma. Os três, porém, não são iguais como as Pessoas da Trindade cristã; o Uno é supremo, e a ele se segue o Espírito e, por fim, a Alma.[2]

O Uno é um tanto sombrio. Às vezes é denominado Deus; às vezes, Bem. Transcende o Ser, que a ele se segue. Não devemos atribuir-lhe predicados, mas dizer apenas que "é" (o que evoca Parmênides). Seria equivocado falar de Deus como se fosse "Tudo", uma vez que Deus transcende o Todo. Deus está presente em todas as coisas. O Uno pode estar presente sem chegar: "embora não se encontre em lugar nenhum, não há lugar em que não se encontre." Não obstante seja às

[2] Orígenes, que foi contemporâneo de Plotino e teve o mesmo professor de filosofia, ensinou que a Primeira Pessoa era superior à Segunda, que por sua vez superava a Terceira. Nisso, esteve de acordo com Plotino. Sua visão, porém, veio a ser declarada herética.

vezes tratado como o Bem, também lemos que o Uno precede tanto o Bem quanto o Belo.[3] Em determinadas ocasiões, parece assemelhar-se ao Deus de Aristóteles. Lemos que Deus não tem necessidade de derivados e ignora o mundo criado. O Uno é indefinível, e acerca dele há mais verdade no silêncio do que em toda e qualquer palavra.

Chegamos agora à Segunda Pessoa, denominada *nous* por Plotino. É sempre difícil encontrar palavra inglesa que lhe corresponda. A tradução-padrão nos dicionários é "mente", mas o termo não traz as conotações corretas, em especial quanto utilizado para se referir a uma filosofia religiosa. Se disséssemos que Plotino coloca a mente acima da alma, passaríamos uma impressão completamente equivocada. McKenna, tradutor do filósofo, utiliza "Princípio Intelectual", mas trata-se de expressão estranha, que ademais não sugere um objeto adequado à veneração religiosa. O deão Inge emprega "Espírito", termo que talvez seja o melhor possível; carece, porém, do elemento intelectual que foi importante em todas as religiões gregas posteriores a Pitágoras. A matemática, o mundo das ideias e todo pensamento referente àquilo que não é sensível têm, para Pitágoras, Platão e Plotino, algo de divino; eles constituem a atividade do *nous*, ou ao menos o que de mais próximo podemos conceber a seu respeito. Foi esse elemento intelectual da religião de Platão o que levou os cristãos — de modo especial o autor do Evangelho de são João — a identificarem Cristo com o *Logos*. O *Logos*, nesse aspecto, é traduzido como "razão", o que nos impede de empregar "razão" como tradução de *nous*. Seguirei o que faz o deão Inge e utilizarei "Espírito", mas com a ressalva de que *nous* possui uma conotação intelectual que "Espírito" não comunica em seu sentido corriqueiro. Muitas vezes, porém, utilizarei o termo original.

Lemos que o *nous* é imagem do Uno e que é engendrado porque o Uno, em busca de si mesmo, tem visão. O *nous* é essa visão mesma. Trata-se de um conceito difícil. Um Ser sem partes, diz Plotino, pode conhecer a si próprio; nesse caso, quem vê e quem é visto são um só. Em Deus, concebido, como fizera Platão, em analogia com o Sol, o iluminador e o iluminado são a mesma coisa. Levando adiante a analogia, o *nous* pode ser visto como a luz por que o Uno vê a si mesmo. Podemos conhecer a Mente Divina, da qual nos esquecemos

[3] *Enéada V*, Tratado V, cap. 12.

por teimosia. Para que isso aconteça, temos de investigar nossa alma quando em seu estado mais divino: devemos colocar de lado tanto o corpo junto da parte da alma que o forjou quanto "o sentido, com seus desejos, impulsos e todas as futilidades"; o que resta é imagem do Intelecto Divino.

> Os que foram divinamente possuídos e inspirados possuem ao menos o conhecimento de que têm em si algo maior, não obstante lhes seja impossível revelar o que é; a partir dos movimentos que os estimulam e das declarações que deles vêm, percebem não a si próprios, mas o poder que os move: do mesmo modo, parece, agimos com relação ao Supremo quando em posse do *nous* puro; conhecemos a Mente Divina a partir de seu interior, aquilo que dá o Ser e tudo o mais dessa ordem. Todavia, conhecemos também outro que sabemos não ser nenhum desses, e sim um princípio mais nobre do que tudo o que conhecemos como Ser: é mais pleno e maior; está acima da razão, da mente e do sentimento; confere tais poderes e não deve ser com eles confundido.[4]

Desse modo, quando somos "divinamente possuídos e inspirados", vemos não apenas o *nous*, mas também o Uno. Em contato com o Divino, dessa forma, não nos é possível raciocinar ou expressar a visão em palavras — essa é etapa posterior. "No momento do contato, não há capacidade de fazer qualquer afirmação; não há ócio; raciocinar sobre a visão é passo posterior. Podemos saber que houve a visão quando a Alma é iluminada de súbito. Essa luz advém do Supremo e é o Supremo; podemos acreditar na Presença quando, a exemplo daquele outro Deus a chamado de certo homem, Ele vem trazendo a luz; essa luz é prova do advento. Assim, a Alma na escuridão permanece sem a visão; na luz, possui o que busca. Esse é o verdadeiro fim que se coloca diante da Alma: aproveitar-se daquela luz, ver o Supremo pelo Supremo, e não à luz de qualquer outro princípio — ver o Supremo que é também o meio que conduz à visão; com efeito, aquilo que ilumina a Alma é aquilo que deve ser visto, do mesmo modo como é por meio da luz solar que vemos o Sol."

---

[4] *Enéadas*, V, 3, 14.

Como consegui-lo, porém?
Elimina tudo.[5]

A experiência do "êxtase" (estar fora do próprio corpo) acontecia frequentemente a Plotino:

> Muitas vezes ocorreu-me: arrebatado do corpo e ensimesmado; alheio a todas as outras coisas e concentrado em mim; contemplando uma beleza maravilhosa; mais do que nunca, seguro de ser um só com a ordem mais elevada, vivendo a mais nobre das vidas e adquirindo identidade com o divino; repousando nele por ter alcançado sua atividade; posto acima de tudo quanto no Intelectual é menor que o Supremo: não obstante, chega o momento de descer da intelecção ao raciocínio, e após habitar no divino pergunto-me de que modo desço e de que modo a Alma entrou-me em meu corpo — a Alma que, mesmo no interior dele, é a elevada coisa que revelara ser.[6]

Isso nos leva à Alma, membro terceiro e mais baixo da Trindade. Embora inferior ao *nous*, a Alma é a responsável por todas as coisas vivas: fez o Sol, a Lua e as estrelas, bem como todo o mundo visível. Trata-se da prole do Intelecto Divino — e é dupla: há uma alma interior, atenta ao *nous*, e outra voltada para fora. Esta última está associada a um movimento para baixo, no qual a Alma gera sua imagem, isto é, a Natureza e o mundo dos sentidos. O estoicos haviam identificado a Natureza com Deus, mas Plotino trata-a como a esfera mais inferior, como algo que emana da Alma quando ela esquece de voltar-se para o alto, na direção do *nous*. Isso talvez insinue a visão gnóstica segundo a qual o mundo visível é mau, mas não é essa a posição de Plotino. O mundo visível é belo e serve como residência a espíritos bem-aventurados; é apenas menos bom do que o mundo intelectual. Num exame controverso e interessantíssimo da visão gnóstica, segundo a qual o cosmos e seu criador são maus, ele admite que certas partes da doutrina gnóstica — o ódio da matéria, por exemplo — talvez se devam a Platão, mas declara que as outras, aquelas que não têm origem platônica, faltam com a verdade.

---

[5] *Enéadas*, V, 3, 17.

[6] IV, 8, 1.

Dois são os tipos de objeção ao gnosticismo propostos por Plotino. De um lado, diz ele que a Alma, ao criar o mundo material, o faz a partir da memória do divino, e não porque tenha caído; o mundo dos sentidos, crê, é tão bom quanto um mundo sensível pode ser. Ele experimenta intensamente a beleza das coisas que os sentidos percebem:

> Aquele que percebe verdadeiramente a harmonia do Reino Intelectual poderá equivocar-se, se dotado de inclinação à música, ao responder à harmonia nos sons sensíveis? Que geômetra ou aritmético não sentiria prazer nas simetrias, nas correspondências e nos princípios de ordem observados no que é visível? Até mesmo no caso das imagens: os que veem pelos sentidos do corpo as produções da arte da pintura não percebem a coisa de uma só forma; comove-os profundamente reconhecer nos objetos apresentados aos olhos aquilo que se encontra na ideia, e assim são chamados a recordarem a verdade — a experiência mesma da qual brota o Amor. Ora, se a visão da Beleza, reproduzida excelentemente num rosto, precipita a alma àquela outra Esfera, decerto ninguém que vê o encantamento se dissipar no mundo dos sentidos, a vasta ordem e a forma que ostentam as estrelas remotas será tão tolo ou insensível a ponto de não se deixar levar por tal recordação e não se deixar apoderar pelo deslumbre reverente causado pelo pensamento de tudo isso, tão grande e nascido daquela grandeza. Não reagir de tal maneira nada mais seria do que não ter compreendido este mundo nem ter experimentado qualquer visão do outro (II, 9, 16).

Há outra razão para rejeitarmos a perspectiva gnóstica. Acreditam os gnósticos que o divino não está associado ao Sol, à Lua e às estrelas, criados como foram por um espírito mau: de todas as coisas percebidas, somente a alma do homem possui alguma bondade. Plotino, entretanto, está convicto de que os corpos celestes são corpos de seres divinos, incomensuravelmente superiores ao homem. No que diz respeito aos gnósticos, "sua própria alma, a alma do mais baixo grau da humanidade, declaram-na imortal, divina; todos os céus, entretanto, e todas as estrelas celestes nada tiveram a ver com o Princípio Imortal, ainda que sejam muito mais puros e muito mais belos do que suas almas" (II, 9, 5). A visão de Plotino encontra respaldo no *Timeu* e foi adotada por alguns padres cristãos — Orígenes, por exemplo. Do ponto de vista imaginativo, é encantadora; expressa os sentimentos que os corpos celestes inspiram naturalmente e diminui a solidão do homem no universo físico.

Não há, no misticismo de Plotino, nada que seja rabugento ou hostil à beleza, mas este foi o último dos mestres religiosos de quem, por muitos séculos, se pôde dizer algo do gênero. A beleza, bem como todos os prazeres a ela vinculados, passou a ser considerada demoníaca; tanto os pagãos quanto os cristãos passaram a glorificar a feiura e a sujeira. Juliano, o Apóstata, assemelhando-se aos santos ortodoxos de seu tempo, gabava-se da densidade de sua barba. Nada disso pode ser encontrado em Plotino.

A matéria é criada pela Alma e não possui realidade independente. Toda Alma tem sua hora; quando o momento chega, ela desce e adentra o corpo que lhe é adequado. O que a motiva não é a razão, e sim algo análogo ao desejo sexual. Ao deixar o corpo, a alma adentra outro caso tenha sido pecaminosa, visto que a justiça exige que ela seja punida. Quem assassinou a própria mãe nesta vida será, na próxima, mulher assassinada pelo filho (III, 2, 13). O pecado deve ser castigado, mas o castigo acontece naturalmente, mediante o incessante impulso dos erros do pecador.

Porventura recordamos esta vida quando mortos? A resposta é perfeitamente lógica, mas não se trata daquilo que os teólogos modernos diriam. A memória diz respeito à nossa vida no tempo, ao passo que a melhor e mais verdadeira vida encontra-se na eternidade. Por conseguinte, à medida que se aproxima da vida eterna, a alma se recorda cada vez menos da anterior; amigos, filhos e esposa serão gradualmente esquecidos. Por fim, nada saberemos das coisas deste mundo e só contemplaremos o reino intelectual. Não haverá lembrança da personalidade, que na contemplação perde ciência de si. A alma tornar-se-á uma só com o *nous*, mas não para destruir-se: o *nous* e a alma individual serão, simultaneamente, dois *e* um (IV, 4, 2).

Na *Enéada* IV, dedicada à Alma, o sétimo tratado se ocupa do exame da imortalidade.

O corpo, por ser composto, é claramente mortal; se é parte de nós, não somos imortais por completo. Qual é, porém, a relação entre alma e corpo? Aristóteles (que não é explicitamente mencionado) afirmou que a alma era a forma do corpo, mas Plotino rejeita tal visão declarando que o ato intelectual seria impossível caso isso acontecesse. Os estoicos acham que a alma é material, mas a unidade anímica prova que isso não procede. Além disso, uma vez que a matéria é passiva, não pode ter criado a si mesma; a matéria não poderia existir se a alma não a houvesse criado, e caso a alma não existisse a matéria desapareceria num piscar de olhos. A alma não é matéria, nem a forma do corpo material, e sim Essência, que é eterna. Essa visão subjaz ao raciocínio platônico segundo o qual a alma é imortal porque as ideias são eternas; apenas em Plotino, porém, é que ela se torna explícita.

De que modo a alma adentra o corpo, deixando a apatia do mundo intelectual? Por meio do apetite, que, embora às vezes seja ignóbil, pode ser também comparativamente nobre. Na melhor das hipóteses, a alma "tem o desejo de gerar ordem à maneira daquilo que vira no Princípio Intelectual [*nous*]". Ou seja, a alma contempla o reino interior da essência e deseja produzir algo, tão semelhante quanto possível, que possa ser visto ao olhar para fora ao invés de voltar-se para o interior — tal qual um compositor que primeiro concebe sua música e, depois, deseja ouvi-la executada por uma orquestra.

No entanto, esse desejo de criação próprio da alma tem resultados infelizes. Enquanto vive no mundo puro da essência, a alma não está isolada das outras almas, mas, tão logo se junta a um corpo, assume a tarefa de governar o que é inferior a si e, por meio dessa tarefa, separa-se das outras almas, as quais têm, cada qual, um corpo próprio. "O corpo obscurece a verdade, mas lá[7] tudo se sobressai com clareza, à parte" (IV, 9, 5).

Só com dificuldades essa doutrina, a exemplo daquela de Platão, evita a visão de que a criação foi um erro. A alma, em seu melhor estado, contenta-se com o *nous*, o mundo da essência; todavia, estivesse ela sempre em seu melhor estado, não sentiria a necessidade de criar, mas apenas de contemplar. Parece que o ato da criação deve ser justificado com base no fato de o mundo criado ser, em linhas gerais, o melhor possível do ponto de vista lógico; porém, trata-se ainda de

[7] Plotino utiliza "Lá" tal qual um cristão — no seguinte trecho, por exemplo:

> A vida que não conhece fim,
> A vida sem lágrimas, Lá está.

uma cópia do mundo eterno, e como tal possui somente a beleza que é possível a uma cópia. A declaração definitiva encontramos no tratado sobre os gnósticos (II, 9, 8):

> Questionar por que a Alma criou o Cosmos é questionar por que há uma Alma e por que um Criador cria. A pergunta, ademais, implica um princípio no eterno e representa, além disso, a criação como o ato de um Ser variável que se converte disso naquilo.
>
> Os que nisso acreditam devem ser instruídos — caso estejam dispostos a serem corrigidos — acerca da natureza do que é Celeste, e levados a desistir da blasfêmia que com tamanha facilidade dirigem aos poderes majestosos, ante os quais deveriam nutrir escrúpulo reverente.
>
> Nem mesmo na administração do Universo há fundamento para tal ataque, uma vez que ele dá provas manifestas da grandeza da Natureza Intelectual.
>
> Esse Tudo que ganhou vida não é estrutura amorfa como aquelas formas inferiores no interior das quais nasceram a noite e o dia da prodigalidade de sua vitalidade. O Universo é uma vida organizada, eficaz, completa e abrangente que revela uma sabedoria insondável. Como, pois, pode alguém negar que seja imagem clara e belamente formada das Divindades Intelectuais? É cópia, sem dúvida, e não original; no entanto, é essa a sua natureza mesma: não pode ser, de uma só vez, símbolo e realidade. Entretanto, afirmar que se trata de cópia inadequada é faltar com a verdade; não foi deixado de fora nada que uma bela representação na ordem física pudesse incluir.
>
> Uma tal reprodução teve necessariamente de existir — embora não por deliberação e invenção — porque o Intelectual não poderia ser, de todas as coisas, a última; deveria, antes, possuir Ato duplo: um em seu seio e outro, do lado de fora; deveria, portanto, ser posterior ao Divino. Com efeito, aquilo com que todo poder tem fim é incapaz de passar algo de si para o que vem abaixo.

Talvez essa seja a melhor resposta aos gnósticos que os princípios de Plotino possibilitam. O problema, em linguagem um pouco distinta, foi herdado pelos teólogos cristãos; também eles encontraram dificuldades para explicar a criação sem dar espaço para a blasfema conclusão de que, antes dela, algo faltava ao Criador. Na realidade, a dificuldade desses teólogos é maior do que a de Plotino, uma vez que ele pode dizer que a natureza da Mente tornava a criação inevitável, enquanto a opinião do cristão declara que o mundo resultou do exercício irrestrito do livre-arbítrio de Deus.

Plotino possui uma percepção muito vívida de certo tipo de beleza abstrata. Ao descrever a posição do Intelecto como intermediária entre o Uno e a Alma, ele subitamente irrompe num trecho de rara eloquência:

> O Supremo, em seu progresso, jamais pode nascer de um veículo inanimado, tampouco diretamente da Alma; antes, será anunciado por alguma beleza inefável: precedendo o Grão Rei vem o séquito inferior; em seguida, em fila, os maiores e mais nobres, próximos do rei; depois, suas honradas companhias; então, após todas essas grandezas, surge de súbito o Monarca Supremo propriamente dito, e todos, exceto os que se contentaram com o espetáculo anterior à sua chegada e se puseram em marcha, prostram-se eles mesmos e o aclamam (V, 5, 3).

Há um tratado sobre a beleza intelectual que revela o mesmo tipo de sentimento (V, 8):

> Decerto, todos os deuses são augustos e belos numa beleza inexprimível. O que os torna assim? O Intelecto, de modo especial o Intelecto que opera neles (o divino Sol e as estrelas) e os faz visíveis (...).
>
> O "viver à vontade" é Lá; e desses seres divinos a verdade é mãe e ama, existência e sustento; veem tudo o que não é processo, mas ser autêntico, bem como a si mesmos; com efeito, tudo é transparente e nada opaco, nada resistente; todo ser é transparente para outro em largura e profundidade; a luz atravessa a luz. Ademais, cada qual contém tudo em si e ao mesmo tempo vê tudo em qualquer outro, de modo que há tudo em toda parte e tudo é tudo e cada todo, sendo infinita a glória. Cada qual é grande; o pequeno é grande; o Sol, Lá, é todas as estrelas, e toda estrela, mais uma vez, é todas as estrelas e o Sol. Embora alguma maneira de ser predomine em cada um, todos se espelham uns nos outros.

Além da imperfeição que o mundo inevitavelmente carrega por ser uma cópia, existe, tanto para Plotino quanto para os cristãos, um mal mais positivo que resulta do pecado. O pecado é consequência do livre-arbítrio, defendido por Plotino em oposição aos deterministas, de modo particular os astrólogos. Ele não se arrisca a negar a validade da astrologia como um todo, mas tenta limitá-la de modo a fazer que seja compatível com o livre-arbítrio. O mesmo faz com a magia: o sábio, diz, está isento do poder do mago. Porfírio relata que um filósofo rival tentara lançar feitiços maus contra Plotino, os quais, porém, retornaram para o rival em virtude de sua santidade e sabedoria. Porfírio e todos os seguidores de Plotino são muito mais supersticiosos do que ele. Em Plotino, a superstição era a mais branda que lhe permitiria a época. Esforcemo-nos agora para resumir os méritos e defeitos da doutrina que apregoou — doutrina que foi aceita pela teologia cristã em sua essência e na medida em que permaneceu sistemática e intelectual.

Antes de mais nada, há a construção daquilo que Plotino acreditava ser um refúgio seguro de ideais e esperanças — um refúgio, ademais, que subentendia certo esforço moral e intelectual. No século III e nos séculos que se seguiram à invasão bárbara, a civilização ocidental se aproximou da destruição completa. Por sorte, embora a teologia fosse praticamente a única atividade mental que ainda existia, o sistema então aceito não era de todo supersticioso, preservando, ainda que às vezes de modo muito oculto, doutrinas que incorporavam grande parte do intelecto grego e grande parte da devoção moral comum a estoicos e neoplatônicos. Isso possibilitou tanto a ascensão da filosofia escolástica quanto o estímulo renascentista que derivou do estudo renovado de Platão e, a partir dele, também dos outros antigos.

Por outro lado, a filosofia de Plotino encorajava os homens a olharem para dentro, e não para fora. Quando olhamos para dentro, vemos o *nous*, que é divino; olhando para o exterior, encontramos as imperfeições do mundo sensível. Esse tipo de subjetividade resultara de um crescimento gradual; nós já o encontramos nas doutrinas de Protágoras, Sócrates e Platão, assim como nos estoicos e nos epicuristas. Todavia, no início tratava-se de algo apenas doutrinário, e não temperamental; durante um longo período, foi incapaz de aniquilar a curiosidade científica. Nós já vimos como Posidônio, em cerca de 100 a.C., viajara para a Espanha e para a costa atlântica da África a fim de estudar as marés. Aos poucos, entretanto, o subjetivismo invadiu os sentimentos e doutrinas dos homens. A ciência não foi mais cultivada, e somente a virtude era considerada importante. Tal qual concebida por Platão, a virtude envolvia tudo o que era então possível em matéria de êxito mental, mas nos séculos posteriores passou a ser vista cada vez mais como algo que exigia tão somente a vontade virtuosa, e não o desejo de compreender o mundo físico ou de aprimorar o mundo das instituições humanas. Em suas doutrinas éticas, o cristianismo não se viu livre desse defeito, ainda que, na prática, a importância da difusão da fé fornecesse objetivo prático à atividade moral, que não mais estava confinada ao aperfeiçoamento do eu.

Plotino é tanto fim quanto começo — fim no que diz respeito aos gregos; começo no que toca à cristandade. Para o mundo antigo, fatigado como estava após séculos de decepções, exaurido como estava pelo desespero, sua doutrina talvez fosse aceitável, mas não era estimulante. No mundo mais rude dos bárbaros, cuja energia superabundante precisava ser antes limitada e regulada do que estimulada, o que penetrou de seu ensinamento foi benéfico, uma vez que o mal a ser combatido não era o langor, mas a brutalidade. O trabalho de transmitir o que podia sobreviver de sua filosofia foi desempenhado pelos filósofos cristãos da última época de Roma.

HISTÓRIA DA FILOSOFIA OCIDENTAL

LIVRO 2: A FILOSOFIA CATÓLICA

Introdução

A filosofia católica, no sentido em que empregarei o termo, é a filosofia que dominou o pensamento europeu de Agostinho até o Renascimento. Tanto antes quanto depois desse período de dez séculos, houve filósofos que pertenceram a essa mesma escola genérica. Precedendo Agostinho, temos os primeiros Pais, de modo particular Orígenes; após o Renascimento, são muitos os nomes, entre os quais os católicos ortodoxos de hoje, que lecionam filosofia e adotam algum sistema medieval, de modo particular o de Tomás de Aquino. Entretanto, foi apenas de Agostinho ao Renascimento que os maiores filósofos se ocuparam de construir ou aperfeiçoar a síntese católica. Nos séculos cristãos anteriores a Agostinho, os estoicos e neoplatônicos ofuscam os Pais em destreza filosófica; após o Renascimento, nenhum dos filósofos de destaque, mesmo entre os católicos ortodoxos, preocupou-se em levar adiante a tradição escolástica ou agostiniana.

O período de que nos ocuparemos neste livro difere dos períodos anteriores e posteriores não apenas na filosofia, mas também de muitas outras formas. A diferença mais notável jaz no poder da Igreja. A Igreja aproximou as crenças filosóficas das circunstâncias sociais e políticas de uma forma que não se viu nem antes, nem depois do período medieval, que aqui fixamos por volta de 400 a 1400 d.C. A Igreja é uma instituição social alicerçada sobre um credo que em parte toca a filosofia e, em parte, a história sagrada. Ela logrou poder e riqueza por meio desse credo. Os governantes leigos, que frequentemente a combateram, foram derrotados porque a grande maioria da população, incluindo a maior parte desses próprios governantes leigos, estava profundamente convencida da veracidade da fé católica. A Igreja teve de lutar contra certas tradições — a romana e a germânica: a romana era mais forte na Itália, em especial entre os advogados; a germânica, entre a aristocracia feudal que resultara da conquista bárbara. Contudo, durante muitos séculos nenhuma dessas tradições se mostrou forte o suficiente para opor-se com sucesso à Igreja, o que se deveu sobretudo ao fato de não estarem incorporadas a nenhuma filosofia adequada.

Uma história do pensamento como esta sobre a qual nos ocupamos será inevitavelmente unilateral ao lidar com a Idade Média. Com pouquíssimas exceções, todos os homens do período que contribuíram para a vida intelectual foram clérigos. A laicidade, no medievo, construiu aos poucos um sistema político e econômico vigoroso, mas em certo sentido suas atividades foram cegas. Na Idade Média tardia surgiu uma literatura secular importante, muito distinta daquela produzida pela Igreja; numa história geral, ela exigiria mais atenção do que exige em uma história do pensamento filosófico. É somente na época de Dante que encontramos um leigo que escreve tendo pleno conhecimento da filosofia eclesiástica de seu tempo. Até o século XIV, os eclesiásticos possuem um monopólio virtual da filosofia, que, por conseguinte, é escrita desde o ponto de vista da Igreja. Por essa razão, o pensamento medieval não pode ser compreendido sem uma exposição bastante extensa do crescimento das instituições eclesiásticas, de modo especial o papado.

Em contraposição ao mundo da Antiguidade, o mundo medieval se caracteriza por várias formas de dualismo. Há o dualismo do clero e do laicato, o dualismo do latim e do teutão, o dualismo do reino de Deus e dos reinos deste mundo, o dualismo do espírito e da carne. Todos estão exemplificados no dualismo do papa e do imperador. O dualismo do latim e do teutão é efeito da invasão bárbara, mas os outros possuem fontes mais antigas. As relações entre clero e laicato, para a Idade Média, deveriam ter como modelo aquelas de Samuel e Saul; a reivindicação da supremacia para o clero surgiu no período dos imperadores e reis arianos ou semiarianos. O dualismo do reino de Deus e dos reinos deste mundo encontra-se no Novo Testamento, mas foi sistematizado em *A Cidade de Deus* de santo Agostinho. O dualismo do espírito e da carne que lemos em Platão, e que foi enfatizado pelos neoplatônicos, é importante no ensinamento de são Paulo e dominou o ascetismo cristão dos séculos IV e V.

A filosofia católica é dividida em dois períodos pela Idade das Trevas, durante a qual a atividade intelectual praticamente inexistiu na Europa Ocidental. Desde a conversão de Constantino até a morte de Boécio, o pensamento dos filósofos cristãos é ainda dominado pelo Império Romano — seja como realidade, seja como memória recente. Nessa época, os bárbaros são vistos como mero aborrecimento, e não como parte independente da cristandade. Existe ainda uma comunidade civilizada, na qual todas as pessoas abastadas sabem ler e escrever e na qual um filósofo deve encantar tanto a laicidade quanto o clero. Entre esse período e a Idade das Trevas, no final do século VI, encontra-se Gregório Magno, homem que considera a si mesmo súdito do imperador bizantino, mas que assume postura altiva diante dos reis bárbaros. Depois dele, a separação entre clero e laicato se torna cada vez mais demarcada em toda a cristandade do Ocidente. A aristocracia laica cria o sistema feudal, responsável por abrandar levemente a turbulenta anarquia que então prevalece. A humildade cristã é apregoada pelo clero, mas só as classes mais baixas a praticam. O orgulho pagão ganha corpo no duelo, no julgamento pelo combate, nos torneios e na vingança pessoal; a todos esses a Igreja é avessa, mas incapaz de impedir. A partir do início do século XI, ela consegue emancipar-se, com grande dificuldade, da aristocracia feudal, e essa emancipação é uma das causas do surgimento da Europa a partir da Idade das Trevas.

O primeiro grande período da filosofia católica foi dominado por santo Agostinho e, entre os pagãos, por Platão. O segundo culmina em santo Tomás de Aquino, que crê, junto com seus sucessores, que Aristóteles supera Platão com enorme vantagem. O dualismo de *A Cidade de Deus*, porém, sobrevive a todo vapor. A Igreja representa a Cidade de Deus, e em matéria política os pensadores estão do lado de seus interesses. A filosofia se ocupava da defesa da fé e evocava a razão para debater com aqueles que, a exemplo dos maometanos, não aceitavam a validade da revelação cristã. Com essa evocação, os filósofos objetavam as críticas não apenas como teólogos, mas também como elaboradores de sistemas destinados a atrair homens de todos os credos. No longo prazo, o recurso à razão talvez tenha se mostrado equivocado, mas no século XIII parecia altamente bem-sucedido.

A síntese do século XIII, que assumiu ar de completude e finalidade, foi destruída por uma série de motivos. Talvez o mais importante tenha sido o crescimento de uma classe comercial rica, dado primeiro na Itália e, depois, alhures. A aristocracia feudal fora em geral ignorante, estúpida e bárbara; a gente comum tomara partido da Igreja, julgando-a superior aos nobres em inteligência, em moralidade e em sua capacidade de combater a anarquia. Porém, as classes comerciais incipientes mostravam-se tão inteligentes quanto o clero e igualmente bem-informadas em questões mundanas; elas eram mais capazes de cooperar com os nobres e mais aceitáveis, aos olhos das classes urbanas inferiores, como defensoras da liberdade cívica. As tendências democráticas vieram à baila e, após ajudarem o papa a derrotar o imperador, buscaram emancipar a vida econômica do controle eclesiástico.

Outro motivo para o fim da Idade Média esteve no surgimento das fortes monarquias nacionais da França, da Inglaterra e da Espanha. Tendo suprimido a anarquia interna e se aliado aos ricos mercadores contra a aristocracia, os reis acumularam, em meados do século XV, força suficiente para desafiar o papa em prol dos interesses nacionais.

O papado, nesse ínterim, perdera o prestígio moral de que desfrutara e de que em geral fora digno nos séculos XI, XII e XIII. Primeiro pela subserviência dos papas à França quando do período em que viveram em Avignon, e depois mediante o Grande Cisma, eles involuntariamente convenceram o mundo ocidental de que uma autocracia papal sem controle não era nem possível nem desejável. No século XV, a posição deles como governantes da cristandade se viu subordinada, na prática, à sua posição como príncipes italianos, envolvidos como estavam no complexo e inescrupuloso jogo político da Itália.

Desse modo, o Renascimento e a Reforma deram fim à síntese medieval, até hoje jamais superada por nada tão meticuloso e, à primeira vista, tão completo. O crescimento e a decadência dessa síntese constituem o tema de que se ocupa o Livro II.

O estado de espírito dos pensadores ao longo de todo o período foi de profunda infelicidade a respeito dos afazeres deste mundo, apenas tolerável graças à esperança de um mundo melhor no além. Essa infelicidade era reflexo do que se desenrolava em toda a Europa Ocidental. O século III foi um período de desastre, no qual o nível geral de bem-estar decaiu vertiginosamente. Após uma trégua no século IV, o século V trouxe consigo a extinção do Império Ocidental e a fixação dos bárbaros em todo o seu antigo território. Os ricos instruídos das cidades, dos quais a civilização romana tardia dependera, foram em sua grande maioria reduzidos à condição de refugiados pobres; o restante passou a viver de suas propriedades rurais. Novos abalos continuaram até cerca do ano 1000 d.C., sem que houvesse, porém, descanso que permitisse recuperação. As guerras dos bizantinos e lombardos destruíram grande parte do que restara da civilização na Itália. Os árabes conquistaram a maior parte do território do Império Oriental, estabeleceram-se na África e na Espanha, ameaçaram a França, e chegaram até mesmo, em uma ocasião, a saquear Roma. Dinamarqueses e normandos levaram o caos à França, à Inglaterra, à Sicília e ao sul da Itália. A vida nesses séculos era precária e cheia de dificuldades; e, se era ruim na realidade, superstições obscuras a tornavam ainda pior. Achava-se que a grande maioria das pessoas — mesmo se cristãs — iria para o inferno. A todo momento, os homens se viam rodeados de espíritos malignos e expostos às maquinações de feiticeiros e bruxas. Não havia alegria possível, exceto, nos momentos venturosos, para aqueles que conservavam a displicência das crianças. A miséria geral fazia crescer a intensidade do sentimento religioso. A vida dos bons aqui embaixo constituía peregrinação rumo à cidade celeste; nada de valor era possível no mundo sublunar, exceção feita à virtude resoluta que conduziria, no final das contas, à bem-aventurança eterna. Os gregos, em seu auge, haviam encontrado alegria e beleza no mundo cotidiano. Empédocles, apostrofando seus concidadãos, proclama: "Amigos, vós que habitais a grande cidade que contempla, do alto de sua cidadela, o amarelo rochedo de Agrigento, vós ocupados em boas obras, asilo honroso ao estrangeiro, homens inábeis para a iniquidade, a todos saúdo!" Posteriormente, até o Renascimento, os homens deixaram de encontrar no mundo visível uma felicidade simples como essa, e desse modo voltaram suas esperanças para o que não viam. Agrigento foi substituída, como objeto de seu amor, pela Jerusalém de Ouro. Quando a felicidade terrena enfim retornou, a intensidade da nostalgia do outro mundo diminuiu gradualmente. Os homens usavam as mesmas palavras, mas com uma sinceridade menos profunda.

Na tentativa de tornar inteligível a gênese e a relevância da filosofia católica, julguei necessário dedicar mais espaço à história geral do que o exigido pelas filosofias antiga ou moderna. A filosofia católica é essencialmente a filosofia de uma instituição — a saber, a da Igreja Católica. Em grande medida, o pensamento moderno, mesmo quando longe de ser ortodoxo, ocupa-se amplamente — de modo especial na ética e na teoria política — de problemas que derivam das visões cristãs referentes à lei moral e das doutrinas católicas referentes às relações entre Igreja e Estado. No paganismo greco-romano, não existe a dupla lealdade que o cristão devia, desde os primórdios, a Deus e a César ou, em termos políticos, à Igreja e ao Estado.

Em geral, os problemas levantados por essa dupla lealdade foram solucionados na prática antes que os filósofos pudessem elaborar a teoria necessária. Dois, e muito distintos, foram os estágios desse processo: o primeiro, anterior à queda do Império Ocidental; o segundo, posterior. A prática que uma linhagem longa de bispos estabelecera e que chegou a seu ponto máximo em santo Ambrósio deu a santo Agostinho o alicerce de sua filosofia política. Então sobrevieram a invasão bárbara e, com ela, um período longo de confusão, no qual a ignorância cresceu gradualmente. Entre Boécio e santo Anselmo, período de mais de cinco séculos, temos somente João Escoto como filósofo de destaque — e ele, como irlandês, em geral escapou dos vários processos que então moldavam o restante do mundo ocidental. Não obstante, porém, a ausência de filósofos, o período em questão não careceu de desenvolvimentos intelectuais. O caos fez surgir problemas práticos e urgentes que foram resolvidos por intermédio das instituições e dos modos de pensar que dominaram a filosofia escolástica e que são, em grande medida, importantes para nós até hoje. Essas instituições e esses modos de pensamento não foram introduzidos por teóricos, e sim por homens práticos que experimentavam as tensões do conflito. Prelúdio imediato à filosofia escolástica, a reforma moral da Igreja no século XI foi uma reação contra a crescente absorção dessa instituição por parte do sistema feudal. Para compreendermos os escolásticos, precisamos compreender Hildebrando, e para compreender Hildebrando é necessário conhecermos algo dos males que ele combateu. Tampouco podemos ignorar a fundação do Sacro Império Romano e o efeito que teve ele sobre o pensamento europeu.

Por essas razões, o leitor encontrará, nas páginas que se seguem, uma história eclesiástica e política abundante, cuja relevância para o desenvolvimento do pensamento filosófico talvez não se faça imediatamente manifesta. Torna-se ainda mais necessário expor algo dessa história porque o período em questão é obscuro e desconhecido pela maioria daqueles que estão acostumados com a história antiga e a história moderna. Poucos filósofos técnicos exerceram tanta influência sobre o pensamento filosófico quanto santo Ambrósio, Carlos Magno e Hildebrando. Assim, expor o que há de essencial a respeito desses homens e de sua época é indispensável a qualquer tratamento adequado de nosso tema.

Parte I
Os Pais

1
O desenvolvimento religioso dos judeus

A religião cristã, tal qual transmitida aos bárbaros pelo Império Romano tardio, consistia em três elementos: primeiro, em certas crenças filosóficas derivadas sobretudo de Platão e do neoplatonismo, mas também, em parte, do estoicismo; segundo, numa concepção de moral e história derivada do judaísmo; e, terceiro, em certas teorias — de modo especial a da salvação — que eram em geral novidades do cristianismo, embora remontassem, em parte, ao orfismo e a cultos semelhantes do Oriente Próximo.

Aos meus olhos, são estes os elementos judaicos mais importantes do cristianismo:

1. Uma história sagrada que tem início com a Criação, que culmina numa consumação futura e que justifica o comportamento de Deus com relação ao homem.

2. A existência de um pequeno quinhão da humanidade que Deus ama de maneira especial. Para os judeus, esse quinhão era formado pelos Escolhidos; para os cristãos, trata-se dos eleitos.

3. Um novo conceito de "retidão". A virtude da esmolaria, por exemplo, foi tomada do judaísmo tardio pelo cristianismo. A importância atribuída ao batismo talvez derive do orfismo ou das religiões de mistério pagãs, mas a filantropia prática, enquanto elemento da concepção cristã de virtude, parece ter vindo dos judeus.

4. A Lei. Os cristãos conservaram parte da Lei hebraica — o Decálogo, por exemplo —, mas rejeitaram seus elementos cerimoniais e rituais. Na prática, entretanto, foram atribuídos ao Credo sentimentos muito semelhantes aos que os judeus atribuíam à Lei. A isso subjazia

a doutrina, de essência helênica, segundo a qual a crença correta é no mínimo tão importante quanto a ação virtuosa. O que tem origem judaica é a exclusividade dos eleitos.

5. O Messias. Os judeus acreditavam que o Messias lhes traria prosperidade temporal e a vitória sobre seus inimigos terrenos; ademais, ele permaneceria aqui no futuro. Para os cristãos, o Messias era o Jesus histórico, também identificado com o *Logos* da filosofia grega; além disso, não era na Terra, mas no céu, que o Messias permitiria que seus seguidores triunfassem sobre os inimigos.

6. O Reino dos Céus. Em certo sentido, o mundo vindouro é conceito que judeus e cristãos partilham com o platonismo tardio. Neles, todavia, a ideia assume forma mais concreta do que nos filósofos gregos. A doutrina grega — encontrada em grande parte da filosofia cristã, mas não no cristianismo popular — apregoava que o mundo sensível, o mundo do espaço e do tempo, é uma ilusão, e que o homem, mediante a disciplina intelectual e moral, pode descobrir como habitar o mundo eterno, o único real de fato. A doutrina judaica e cristã, por sua vez, não concebeu o Outro Mundo como *metafisicamente* diferente deste, e sim como o mundo do futuro, quando o virtuoso desfrutará de bem-aventurança infinda e o iníquo sofrerá tormento perpétuo. Essa crença incorporava a psicologia da vingança e se fazia inteligível a quem quer que fosse, ao contrário da doutrina dos filósofos gregos.

Para compreendermos a origem de tais crenças, devemos levar em consideração certos fatos da história judaica. A eles voltaremos agora a nossa atenção.

A história primitiva dos israelitas não pode ser confirmada por nenhuma fonte extrínseca ao Antigo Testamento, e é impossível saber em que ponto ela deixa de ser lenda pura e simples. É provável que Davi e Salomão tenham sido reis de fato, mas, tão logo chegamos a algo certamente histórico, encontramos dois reinos de Israel e de Judá. A primeira pessoa no Antigo Testamento de que há registro independente é Acab, rei de Israel, mencionado numa epístola assíria de 853 a.C. Em 722 a.C., os assírios enfim conquistaram o reino do Norte, dali removendo grande parte da população; doravante, somente o reino de Judá preservou a tradição e a religião israelitas. Esse reino sobreviveu aos assírios, cujo poder chegou ao fim com a captura de Nínive pelos babilônicos e pelos medos em 606 a.C. Todavia, em 586 a.C., Nabucodonosor capturou Jerusalém, destruiu o Templo e transferiu parte considerável da população para a Babilônia. O reino babilônico sucumbiu em 538 a.C., quando a Babilônia foi tomada por Ciro, rei dos medos e persas. Em 537 a.C., o monarca fez circular um decreto que permitiu aos judeus o retorno à Palestina. Muitos deles o fizeram, tendo como líderes Neemias e Esdras; o Templo foi reconstruído e a ortodoxia judaica começou a cristalizar-se.

No período de cativeiro, e também certo tempo antes e depois, passou a religião judaica por um desenvolvimento muito importante. Originalmente, parece não ter havido grande diferença, do ponto de vista religioso, entre os israelitas e as tribos vizinhas. Javé não passava de um deus tribal que favorecia os filhos de Israel, onde a existência de outros deuses, cujo culto era corriqueiro, não era negada. Quando diz "Não terás outros deuses diante de mim", o primeiro Mandamento está afirmando algo novo à época imediatamente anterior ao cativeiro. Provam-no com clareza vários textos de profetas antecedentes. Foram os profetas dessa época que começaram a ensinar que o culto de deuses pagãos era pecado. Para que saíssem vitoriosos das constantes guerras do período, diziam, o auxílio de Javé era fundamental, e Ele retiraria seu apoio caso outros deuses também fossem honrados. Jeremias e Ezequiel, de modo particular, parecem ter elaborado a ideia de que todas as religiões são falsas, exceto uma, e de que o Senhor pune a idolatria.

Algumas citações ilustrarão o que eles ensinavam e o predomínio das práticas pagãs contra as quais protestaram. "Não vês o que fazem nas cidades de Judá e nas ruas de Jerusalém? Os filhos ajuntam a lenha, os pais acendem o fogo e as mulheres preparam a massa para fazerem tortas à rainha do Céu [Ishtar]; depois fazem libações a deuses estrangeiros para me ofenderem."[1] O senhor se ofende. "Construíram os lugares altos de Tofet no vale de Ben-Enom, para queimar os seus filhos e as suas filhas, o que eu não tinha ordenado e nem sequer pensado."[2]

---

[1] Jeremias VII, 17-18. (N.T.: Vêm os trechos bíblicos da Bíblia de Jerusalém. São Paulo: Paulus, 2002. Modificações serão feitas quando necessário.)

[2] Ibid. VII, 31.

Há em Jeremias uma interessantíssima passagem que denuncia a idolatria dos judeus no Egito. O profeta mesmo vivera entre eles durante certo período. Jeremias comunica aos refugiados judeus que Javé dará fim a todos porque suas esposas haviam queimado incenso para outros deuses. Eles se recusam a dar-lhe ouvidos, porém, e dizem: "Porque continuaremos a fazer tudo o que prometemos: oferecer incenso à rainha do Céu e fazer-lhe libações, como fazíamos, nós e nossos pais, nossos reis e nossos príncipes, nas cidades de Judá e nas ruas de Jerusalém; tínhamos, então, fartura de pão, éramos felizes e não víamos a desgraça." Jeremias, contudo, garante-lhes que Javé notara essas práticas idólatras e que o infortúnio sobreviria por causa delas. "Eis que juro por meu grande Nome, disse Javé, que em toda a terra do Egito meu Nome não será mais invocado pela boca de nenhum homem de Judá (...). Eis que velarei sobre eles para a sua desgraça, e não para a sua felicidade: todos os homens de Judá que se encontram na terra do Egito morrerão pela espada e pela fome, até a sua extinção total."[3]

Ezequiel fica igualmente chocado diante das práticas idólatras dos judeus. Em visão, o Senhor mostra-lhe mulheres, no portão ao norte do templo, chorando por Tamuz (divindade babilônica); em seguida, revela-lhe "abominações ainda mais graves": 25 homens à porta do templo cultuando o Sol. Declara o Senhor: "Pois bem, também eu agirei com furor: os meus olhos não terão pena, eu não pouparei. Eles clamarão aos meus ouvidos em alta voz, mas eu não os escutarei."[4]

Ao que parece, tanto a ideia de que todas as religiões são iníquas, exceto uma, quanto a ideia de que o Senhor pune a idolatria foram inventadas por esses profetas. Em geral, eles eram pessoas ardorosamente nacionalistas que ansiavam pelo dia em que o Senhor destruiria por completo os gentios.

O cativeiro foi tomado como prova da denúncia dos profetas. Se Javé era onipotente, e os judeus, o seu Povo Escolhido, os sofrimentos de que padeciam só poderiam ser explicados pela iniquidade dos judeus. A psicologia praticada é aquela da correção paterna: os judeus serão purificados pelo castigo. Sob a influência dessa crença, eles desenvolveram, no exílio, uma ortodoxia muito mais rígida e nacional-

[3] Ibid. XLIV, 11 ao final.

[4] Ezequiel VIII, 11 ao final.

mente exclusiva do que aquela que prevalecera quando independentes. Os judeus que haviam ficado para trás e não foram transferidos para a Babilônia não viram desenvolvimento sequer parecido. Quando, após o cativeiro, Esdras e Neemias retornaram para Jerusalém, ficaram chocados ao descobrir que os casamentos mistos eram comuns, e os dissolveram.[5]

Os judeus se distinguiam das outras nações da Antiguidade em virtude de seu resoluto orgulho nacional. Todas as demais, quando conquistadas, cederam tanto interior quanto exteriormente; somente os judeus conservaram a crença na própria proeminência e a convicção de que seus infortúnios se deviam à ira divina, suscitada pelo fato de não terem preservado a pureza de sua fé e de seu rito. Os livros históricos do Antigo Testamento, a maioria dos quais compilada após o cativeiro, davam impressão enganosa, visto sugerirem que as práticas idólatras contras as quais os profetas protestavam constituíam desvio de um rigor prévio, quando na verdade esse rigor jamais existira. Os profetas foram muito mais inovadores do que dá a entender a Bíblia quando não lida historicamente.

Algumas das coisas que vieram a caracterizar a religião judaica foram desenvolvidas durante o cativeiro — ainda que viessem, em parte, de fontes já existentes. Graças à destruição do Templo, único local em que os sacrifícios podiam ser oferecidos, o ritual judaico deixou de ser sacrificial. As sinagogas foram criadas nessa época, e nelas eram lidos fragmentos das Escrituras que já existiam. A importância do sabá começou a ser enfatizada nesse período, bem como a circuncisão enquanto marca do judeu. Como já vimos, foi apenas durante o exílio que o casamento com gentios tornou-se proibido. Deu-se também o crescimento de toda forma de exclusividade: "Eu, Javé vosso Deus, separei-vos desses povos."[6] "Sede santos, porque eu, Javé vosso Deus, sou santo."[7] A Lei é produto desse tempo. Ela foi uma das principais forças responsáveis por preservar a unidade nacional.

O que chamamos Livro de Isaías foi obra de dois profetas distintos: um anterior e o outro posterior ao exílio. O segundo deles, denomi-

[5] Esdras IX-X, 5.

[6] Levítico XX, 24.

[7] Ibid. XIX, 2.

nado Dêutero-Isaías pelos estudiosos da Bíblia, é o mais notável de todos os profetas. Foi o primeiro a registrar Deus dizendo que "Não há outro Deus senão eu". Ele crê na ressurreição do corpo, o que talvez resulte da influência persa. Suas profecias sobre o Messias foram posteriormente usadas no Antigo Testamento como principal prova de que os profetas haviam previsto a chegada de Cristo.

Nos debates dos cristãos com os pagãos e os judeus, os textos do Dêutero-Isaías desempenharam papel importante, e por isso citarei os mais notáveis. Todas as nações serão convertidas no fim: "Estes quebrarão as suas espadas, transformando-as em relhas, e suas lanças, a fim de fazerem podadeiras. Uma nação não levantará a espada contra a outra, e nem se aprenderá mais a fazer guerra" (Isaías II, 4). "Eis que a virgem está grávida e dará à luz um filho e dar-lhe-á o nome de Emanuel."[8] (Houve controvérsia, quanto a esse texto, entre judeus e cristãos; diziam os judeus que a tradução correta é "uma jovem está grávida", mas para os cristãos eles estavam mentindo.) "O povo que andava nas trevas viu uma grande luz, uma luz raiou para os que habitavam uma terra sombria. (...) Porque um menino nos nasceu, um filho nos foi dado, ele recebeu o poder sobre seus ombros, e lhe foi dado este nome: Conselheiro Maravilhoso, Deus Forte, Pai para Sempre, Príncipe da Paz."[9] De todas, a passagem que mais parece profética se encontra no capítulo 53, em que achamos os célebres trechos: "Era desprezado e abandonado pelos homens, homem sujeito à dor, familiarizado com o sofrimento (...). Eram nossos sofrimentos que ele levava sobre si, nossas dores que ele carregava. (...) Mas ele foi trespassado por causa das nossas transgressões, esmagado por causa de nossas iniquidades. O castigo que havia de trazer-nos a paz, caiu sobre ele, sim, por suas feridas fomos curados. (...) Foi maltratado, mas livremente humilhou-se e não abriu a boca, como cordeiro conduzido ao matadouro; como ovelha que permanece muda na presença dos tosquiadores ele não abriu a boca." A inclusão dos gentios na salvação final é explícita: "As nações caminharão na tua luz, e os reis, no clarão do teu Sol nascente."[10]

---

[8] Isaías VII, 14.

[9] Ibid. IX, 1, 5.

[10] Ibid. LX, 3.

Depois de Esdras e Neemias, os judeus desaparecem temporariamente da história. O Estado judaico sobreviveu como teocracia, mas seu território era diminuto — segundo E. Bevan, abarcava uma faixa de dez a quinze milhas ao redor de Jerusalém, nada mais.[11] Depois de Alexandre, a região tornou-se objeto de disputa entre ptolemaicos e selêucidas. Isso, porém, raramente implicou conflitos em território judeu de fato, o que por muito tempo permitiu que os judeus exercessem livremente sua religião.

Suas máximas morais, à época, são articuladas no Eclesiástico, redigido provavelmente em cerca de 200 a.C. Até há pouco, o livro só era conhecido em versão grega; é essa a razão que explica por que o incluíram entre os apócrifos. Um manuscrito hebraico, contudo, foi descoberto recentemente, e em certos aspectos é diferente do texto grego de nossa versão dos apócrifos. A moral ali apregoada é muito mundana. Estima-se altamente a reputação entre vizinhos. A honestidade é a melhor política porque é útil ter Javé do próprio lado. A esmolaria é recomendada. O único sinal da influência grega está no enaltecimento da medicina.

Os escravos não devem ser tratados com demasiada gentileza. "Para o asno forragem, chicote e carga; para o servo pão, correção e trabalho. (...) Emprega-o em trabalhos, como lhe convém, e, se não obedecer, prende-o ao grilhão" (XXXIII, 25, 28). Ao mesmo tempo, recorda-te de que pagara por ele e de que, caso fuja, perderás tu o teu dinheiro; isso impõe limite ao rigor lucrativo (Ibid. 32, 33). As filhas são grande fonte de angústia; aparentemente, na época do autor, elas eram muito inclinadas à imoralidade (XLII, 9-11). Ele tem as mulheres em baixíssima conta: "Porque das vestes sai a traça e da mulher, a malícia feminina" (Ibid., 13). É equivocado alegrar-se diante dos filhos; o certo é, desde a infância, fazê-los "dobrar o pescoço" (VII, 23, 24).

No geral, a exemplo do velho Catão, o autor representa a moralidade do virtuoso homem de negócios sob uma luz pouquíssimo atrativa.

A tranquila existência dessa virtuosidade reconfortante foi rudemente interrompida por Antíoco IV, rei selêucida determinado a helenizar todos os seus domínios. Em 175 a.C., ele fundou um ginásio em Jerusalém e ensinou os jovens a usarem chapéus gregos e a praticarem

[11] *Jerusalem under the High Priests*, p. 12.

o atletismo. Nisso, auxiliou-o um judeu helenizante de nome Jasão, por ele feito sumo sacerdote. A aristocracia sacerdotal havia se tornado lassa e deixou-se atrair pela civilização grega; no entanto, a eles se opôs veementemente um grupo denominado *hassidim* (os "piedosos"), forte entre a população rural.[12] Quando, em 170 a.C., Antíoco travou guerra contra o Egito, os judeus se rebelaram. O rei retirou os vasos sagrados do Templo e colocou nele a imagem do Deus. Seguindo prática que se mostrara bem-sucedida em todos os outros lugares, também identificou Javé com Zeus.[13] Decidiu então extirpar a religião judaica e dar fim à circuncisão e à observância das normas alimentares. A tudo isso Jerusalém submeteu-se, mas alhures os judeus resistiram com extrema determinação.

A história desse período é narrada no primeiro livro dos Macabeus. O capítulo inicial revela como Antíoco decretou que todos os habitantes de seu reino deveriam formar um povo uno e abandonar suas leis distintas. Todos os pagãos obedeceram, bem como muitos israelitas — não obstante o rei ordenasse que profanassem o sábado, sacrificassem carne suína e não circuncidassem os filhos. Os desobedientes seriam condenados à morte. Ainda assim, foram muitos os que resistiram. "Quanto às mulheres que haviam feito circuncidar seus filhos, eles, cumprindo o decreto, as executavam com os mesmos filhinhos pendurados a seus pescoços, e ainda com os seus familiares e com aqueles que haviam operado a circuncisão. Apesar de tudo, muitos em Israel ficaram firmes e se mostraram irredutíveis em não comerem nada de impuro. Aceitaram antes morrer que contaminar-se com os alimentos e profanar a Aliança sagrada, como de fato morreram."[14]

Foi nessa época que a doutrina da imortalidade difundiu-se entre os judeus. Acreditava-se, antes, que a virtude seria recompensada aqui na Terra, mas a perseguição que molestou os mais virtuosos deixou claro que não era isso o que aconteceria. Para que fosse salvaguardada a justiça divina, portanto, fazia-se necessário acreditar as recompen-

---

[12] É provável que tenha nascido deles a seita dos essênios, cujas doutrinas parecem ter influenciado o cristianismo primitivo. Veja-se Oesterley e Robinson, *History of Israel*, vol. II, p. 323ss. Os fariseus são da mesma descendência.

[13] Alguns judeus alexandrinos não objetaram a essa identificação. Veja-se a *Carta de Aristeias*, 15, 16.

[14] 1 Macabeus I, 60-3.

sas e castigos dados no além. Essa doutrina não foi aceita por todos os judeus: à época de Cristo, os saduceus ainda a rejeitavam. Nesse período, porém, eles constituíam grupo pequeno, e no futuro todos os judeus passariam a crer na imortalidade.

A revolta contra Antíoco teve como líder Judas Macabeu, comandante militar competente que recapturou Jerusalém (164 a.C.) e, depois, partiu para a agressão. Por vezes, matou todos os homens e, por outras, circuncidou-os à força. Seu irmão, Jônatas, foi feito sumo sacerdote e recebeu permissão para ocupar Jerusalém com uma guarnição, conquistando parte da Samaria e adquirindo Joppa e Acra. Ele negociou com Roma e teve sucesso em assegurar autonomia plena. Sua família, composta de sumo sacerdotes até Herodes, foi conhecida como a dinastia dos asmoneus.

Ao suportarem e resistirem à perseguição, os judeus da época demonstraram grande heroísmo, não obstante defendessem o que hoje não nos parece importante, como a circuncisão e a iniquidade da ingestão de carne suína.

O período de perseguição por Antíoco IV foi crucial para a história judaica. Os judeus da Diáspora tornavam-se, à época, cada vez mais helenizados; os da Judeia eram poucos, e mesmo entre estes os ricos e poderosos tendiam a ceder às inovações gregas. Não fosse a heroica resistência dos *hassidim*, a religião judaica talvez sumisse com facilidade; e, tivesse sido esse o seu destino, nem o cristianismo nem o islamismo existiriam na forma em que vieram a existir. Townsend, no texto introdutório à tradução do quarto livro dos Macabeus, diz:

> Já se afirmou muito bem que, se o judaísmo como religião tivesse perecido sob Antíoco, não haveria solo em que o cristianismo pudesse florescer; desse modo, o sangue dos mártires macabeus, responsáveis por salvar o judaísmo, acabou por tornar-se semente da Igreja. Assim também, como não apenas a cristandade, mas ainda o islamismo deriva seu monoteísmo de fonte judaica, pode-se perfeitamente dizer que o mundo de hoje deve aos macabeus a existência mesma do monoteísmo, tanto no Oriente quanto no Ocidente.[15]

[15] *The Apocrypha and Pseudepigrapha of the Old Testament in English*. Ed. R.H. Charles, vol. II, p. 659.

Os mesmos macabeus, porém, não ganharam a admiração dos judeus posteriores, dado que seus familiares, na condição de sumos sacerdotes, adotaram uma política mundana e contemporizadora após seus triunfos. A admiração cabe aos mártires. O quarto livro dos Macabeus, provavelmente escrito em Alexandria na época de Cristo, ilustra essa realidade e alguns outros pontos interessantes. Apesar de seu título, o texto não menciona os macabeus em lugar nenhum, mas narra a impressionante fortaleza de um velho e, depois, de sete jovens irmãos — todos eles torturados e queimados por Antíoco enquanto sua mãe, lá presente, exortava-os a que permanecessem firmes. Inicialmente, o rei tentou ganhá-los pela amizade, dizendo-lhes que, se aceitassem comer carne de porco, tê-los-ia em alta conta e lhes garantiria carreiras de sucesso. Tendo eles recusado, porém, mostrou-lhes os instrumentos de tortura. Permaneceram os sete inabaláveis, dizendo-lhe que sofreria os tormentos eternos após a morte, enquanto eles herdariam a bem-aventurança perpétua. Um por um, na presença dos irmãos e de sua mãe, foram instigados a comer carne de porco; dada a recusa, acabaram torturados e mortos. No final, o rei voltou-se para seus soldados e declarou esperar que se inspirassem naqueles exemplos de coragem. Esse relato é embelezado pela lenda, é claro, mas é historicamente veraz que a perseguição foi severa e suportada com heroísmo. Também é verdade que os principais pontos em disputa eram a circuncisão e o consumo de carne de porco.

O livro é interessante também noutro aspecto. Embora seja claramente um judeu ortodoxo, seu autor emprega a linguagem da filosofia estoica e está interessado em demonstrar que os judeus vivem em pleno acordo com seus preceitos. Seu início se dá com a seguinte declaração:

> É filosófica em sumo grau a questão que tenciono examinar, a saber: se a Razão Inspirada governa supremamente as paixões. À filosofia que ela contém desejo que volteis vossa zelosa atenção.

Os judeus alexandrinos mostravam-se dispostos a aprender com os gregos na filosofia, mas aderiam com extraordinária tenacidade à Lei, de modo especial no que dizia respeito à circuncisão, à observância do sabá e à abstinência de carne suína e outras carnes impuras. Da época de Neemias até o período que se seguiu à queda de Jerusalém, em 70 d.C., a importância que deram à Lei aumentou constantemente. Eles não mais tolerariam profetas que tinham algo de novo a dizer, e os que se sentiam impelidos a escrever à maneira dos profetas fingiam ter descoberto um livro velho, escrito por Daniel, Salomão ou outro antigo de respeitabilidade impecável. As peculiaridades rituais os uniam como nação, mas a ênfase dada à Lei aos poucos aniquilou a originalidade e os tornou vigorosamente conservadores. Essa rigidez faz muito notável a revolta de são Paulo contra o predomínio da Lei.

O Novo Testamento, contudo, ao contrário do que talvez pareça aos que nada sabem da literatura judaica imediatamente anterior ao nascimento de Cristo, não é um início de todo novo. O fervor profético não havia de forma alguma cessado, ainda que precisasse adotar o recurso da pseudonímia para ser ouvido. De maior interesse, nesse aspecto, é o Livro de Enoque,[16] obra composta a várias mãos, tendo seu autor mais antigo vivido pouco antes da época dos macabeus, e o mais novo, em cerca de 64 a.C. A maior parte da obra afirma expor visões apocalípticas do patriarca Enoque. Ela é muito importante para o quinhão da religião judaica que se voltou para o cristianismo. Os autores do Novo Testamento a conhecem bem; são Judas acredita que o livro é mesmo de Enoque. Os primeiros Pais cristãos — Clemente de Alexandria e Tertuliano, por exemplo — o julgavam canônico, mas Jerônimo e Agostinho o rejeitaram. Como consequência, a obra caiu em esquecimento e ficou perdida até o início do século XIX, quando foram encontrados, na Abissínia, três manuscritos em língua etíope. Desde então, outros manuscritos com partes de seu conteúdo foram achados em versões gregas e latinas. Ao que parece, parte da obra foi originalmente escrita em hebraico e parte em aramaico. Seus autores eram membros dos *hassidim*; seus sucessores, os fariseus. Ela denuncia reis e príncipes — a dinastia dos asmoneus e os saduceus — e influenciou a doutrina do Novo Testamento, de modo particular no que diz respeito ao Messias, ao Sheol (inferno) e à demonologia.

O livro consiste, sobretudo, em "parábolas", nesse caso mais cósmicas do que aquelas do Novo Testamento. Há visões do céu e do inferno, do Juízo Final, e assim por diante; onde sua qualidade literária

[16] Para o texto do livro em inglês, veja-se Charles, op. cit., cuja introdução é também de grande valor.

é boa, recordamos os primeiros dois livros do *Paraíso perdido*; onde é inferior, vêm-nos à mente os livros proféticos de Blake.

Há uma expansão de Gênesis VI, 2, 4 que é curiosa e prometeica. Os anjos ensinaram aos homens a metalurgia e foram castigados por revelarem "segredos eternos". Eram também canibais. Os anjos que pecaram tornaram-se deuses pagãos; suas esposas, sereias. No final, porém, foram punidos com tormentos eternos.

Encontramos descrições do céu e do inferno dotadas de considerável mérito literário. O Juízo Final é realizado pelo "Filho do Homem, que é justo" e está sentado no trono de Sua glória. No fim, alguns dos gentios se arrependerão e serão perdoados; a maioria deles, porém, bem como todos os judeus helenizantes, encontrará a danação eterna, uma vez que os justos clamarão por vingança e serão atendidos.

Há uma seção dedicada à astronomia na qual lemos que o Sol e a Lua possuem carros guiados pelo vento, que o ano consiste em 364 dias, que o pecado do homem faz com que os corpos celestes desviem de seus cursos e que apenas os virtuosos podem saber astronomia. As estrelas cadentes são anjos caídos punidos pelos sete arcanjos.

Em seguida vem a história sagrada. Até os macabeus, ela segue o que já se conhece a partir da Bíblia em seus trechos iniciais e a partir da história em seus trechos finais. Então, o autor se dedica ao futuro: à Nova Jerusalém, à conversão do restante dos gentios, à ressurreição dos justos e ao Messias.

Muito é dito sobre o castigo dos pecadores e sobre a recompensa dos íntegros, que jamais assumem a postura de clemência cristã com relação àqueles. "O que fareis vós, pecadores, e para onde fugireis quando, no dia do juízo, ouvirdes a voz em oração dos justos?" "O pecado não foi enviado à Terra, mas os homens mesmos o criaram." Os pecados são marcados no céu. "Vós, pecadores, sereis amaldiçoados para sempre e não tereis paz." Os pecadores podem ser felizes durante a vida e mesmo na morte, mas suas almas descem para o Sheol, onde sofrerão "a escuridão, as correntes e uma chama ardente". Quanto aos justos, "eu e meu Filho estaremos com eles unidos para toda a eternidade".

As últimas palavras do livro são: "Aos fiéis ele dará fidelidade na habitação de caminhos retos; e eles verão os que nasceram nas trevas caindo nas trevas, enquanto os justos resplandecerão; e os pecadores hão de clamar e vê-los resplandecentes, e irão aonde os dias e estações lhes foram prescritos."

A exemplo dos cristãos, os judeus pensavam muito no pecado, mas poucos viam *a si mesmos* como pecadores. Essa foi, em linhas gerais, uma inovação cristã, introduzida pela parábola do fariseu e do publicano e ensinada como virtude nas denúncias que fez Cristo dos escribas e fariseus. Os cristãos se esforçavam para praticar a humildade cristã; os judeus, em geral, não.

Pouco antes da época de Cristo, porém, encontramos exceções importantes entre os judeus ortodoxos. Tomemos, por exemplo, "Os Testamentos dos Doze Patriarcas", escrito entre 109 e 107 a.C. por um fariseu que admirava João Hircano, sumo sacerdote da dinastia dos asmoneus. O livro, na forma que chegou até nós, contém interpolações cristãs, mas todas dizem respeito a dogmas. Quando extirpadas, o ensinamento ético permanece muito semelhante àquele dos Evangelhos. Como afirma o reverendo e doutor R. H. Charles: "O Sermão da Montanha reflete, em vários trechos, o espírito de nosso texto, chegando mesmo a reproduzir seu próprio fraseado: muitas passagens dos Evangelhos exibem traços assim, e são Paulo parece ter usado o livro como *vade mecum*" (op. cit., p. 291-2). Encontramos no livro preceitos como:

> Amai-vos uns aos outros de coração; se alguém pecar contra ti, trata-o pacificamente, e em tua alma não conserva ardil; se porventura arrepender-se e confessar-se, perdoa-lhe. Caso negue-se, porém, a fazê-lo, não te encolerizes, a fim de que, tomando de ti o veneno, não se entregue ele à blasfêmia e, assim, peque em dobro. (...) Caso seja desavergonhado, persistindo na iniquidade, ainda assim perdoa-lhe de coração e deixa para Deus a vingança.

O dr. Charles acredita que Cristo devia ter conhecimento dessa passagem. Mais uma vez encontramos:

> Ama o Senhor e teu próximo.
>
> Ama o Senhor ao longo de toda a vida e teu próximo com um coração sincero.
>
> Amo o Senhor; amo também cada homem de todo o coração.

Deve-se comparar essas citações com Mateus XXII, 37-39. Encontramos ainda a reprovação de todo ódio nos "Testamentos dos Doze Patriarcas"; por exemplo:

> Ira é cegueira e não permite ver a face de homem nenhum com veracidade.
>
> O ódio, portanto, é mau, pois a todo momento se une à mentira.

O autor do livro, como era de se esperar, afirma que serão salvos não somente os judeus, mas todos os gentios.

Os cristãos aprenderam com os Evangelhos a julgarem negativamente os fariseus, mas o autor desse livro era um deles e apregoou, como vimos, as mesmas máximas éticas que consideramos os traços mais distintivos da pregação de Cristo. A explicação desse fato, porém, não é complexa. Em primeiro lugar, ele deve ter sido, mesmo à época em que viveu, um fariseu excepcional; a doutrina mais difundida era, sem dúvida alguma, aquela do Livro de Enoque. Em segundo lugar, sabemos que todos os movimentos tendem à ossificação; quem seria capaz de inferir os princípios de Jefferson a partir dos princípios das Filhas da Revolução Americana? Em terceiro lugar, sabemos, a respeito dos fariseus, que a devoção que nutriam pela Lei como verdade absoluta e definitiva logo deu termo a todo pensamento e sentimento novo e vivaz. Assim declara o dr. Charles:

> Quando o farisaísmo, rompendo com os antigos ideais de seu grupo, comprometeu-se com interesses e movimentos políticos e entregou-se cada vez mais ao estudo da letra da Lei, deixou logo de dar espaço ao desenvolvimento de um sistema ético elevado como o dos Testamentos [dos Patriarcas]; assim, os verdadeiros sucessores dos primeiros *hassidim* e sua doutrina se apartaram do judaísmo e encontraram seu lar natural no seio do cristianismo primitivo.

Após um temporário governo liderado pelos sumo sacerdotes, Marco Antônio fez de seu amigo Herodes rei dos judeus. Herodes foi aventureiro gaio, muitas vezes à beira da falência; era alguém acostumado com a sociedade romana e assaz distante da piedade judaica. Sua mulher pertencia à família dos sumos sacerdotes, mas ele mesmo era idumeu, o que por si só bastaria para torná-lo alvo da desconfiança judaica. Foi oportunista hábil, desertando Antônio tão logo ficou claro que seria Otávio o vitorioso. Ainda assim, fez grandes esforços para reconciliar os judeus com seu governo. Reconstruiu o Templo, ainda que tenha adotado para isso um estilo helênico, com fileiras de colunas coríntias; sobre o portão principal, entretanto, colocou uma grande águia de ouro, infringindo dessa maneira o segundo Mandamento. Quando se espalharam os rumores de que Herodes estava morrendo, os fariseus retiraram a ave, mas como vingança ele condenou uma série deles à morte. Herodes faleceu em 4 d.C., e logo após sua morte os romanos aboliram a realeza, colocando a Judeia sob o comando de um procurador. Pôncio Pilatos, que ascendeu ao cargo em 26 d.C., era homem sem tato e foi logo removido.

Em 66 d.C., os judeus, liderados pela facção dos zelotes, se rebelaram contra Roma, mas saíram derrotados. Jerusalém foi capturada em 70 d.C., o Templo foi destruído e poucos judeus permaneceram na Judeia.

Os judeus da Diáspora já haviam se tornado importantes séculos antes desse período. Originalmente, eram povo quase todo agrícola, mas acabaram por descobrir o comércio com os babilônicos durante o tempo de cativeiro. Muitos permaneceram na Babilônia após a época de Esdras e Neemias, alguns deles extremamente ricos. Após a fundação de Alexandria, uma grande quantidade de judeus se instalou na cidade. Tinham lá, para si, uma região que lhes fora destinada — não, porém, como gueto, mas para que não se maculassem pelo contato com os gentios. Os judeus alexandrinos se tornaram muito mais helenizados do que os da Judeia e esqueceram o hebraico. Por essa razão, foi necessário verter o Antigo Testamento para o grego, esforço que deu origem à Septuaginta. O Pentateuco foi traduzido em meados do século III a.C.; as outras partes, um pouco depois.

Muitas lendas circularam sobre a Septuaginta, assim batizada por ser obra de setenta tradutores. Dizia-se que cada um traduzira todo o conjunto por si só e que, feita a comparação, cada versão mostrou-se idêntica às outras em seus mínimos detalhes, o que provaria sua inspiração divina. Não obstante, demonstrou a erudição posterior que a Septuaginta tinha defeitos graves. Após o advento do cristianismo, os judeus deram a ela pouco uso e retomaram a leitura do Antigo Testamento em hebraico. Os primeiros cristãos, por sua vez, dos quais só uns poucos conheciam o hebraico, dependiam da Septuaginta ou de suas traduções para o latim. Um texto mais apurado nasceu dos esforços de Orígenes no século III, mas os que só sabiam a língua latina utilizaram versões muito falhas até Jerônimo concluir, no século V, a Vulgata. Esta foi acolhida com muitas críticas à época, uma vez que Jerônimo recebera ajuda judaica no estabelecimento do texto e muitos cristãos acreditavam que os judeus haviam falsificado deliberadamente os profetas, a fim de que não parecessem prever Cristo. Aos poucos, no entanto, a obra de são Jerônimo foi aceita, e até hoje ocupa posição de autoridade dentro da Igreja Católica.

O filósofo Fílon, contemporâneo de Cristo, é quem mais bem ilustra a influência dos gregos sobre os judeus na esfera do pensamento. Embora ortodoxo do ponto de vista religioso, Fílon é, em matéria de filosofia, majoritariamente platônico; outras inspirações importantes vêm dos estoicos e dos neopitagóricos. Ainda que sua influência entre os judeus tenha cessado após a queda de Jerusalém, os Pais cristãos descobriram que ele havia demonstrado o modo de conciliar a filosofia grega com a aceitação das Escrituras hebraicas.

Em toda cidade importante da Antiguidade, passou a haver consideráveis colônias de judeus, que partilhavam, com representantes de outras religiões Orientais, a influência sobre os que não estavam contentes nem com o ceticismo, nem com as religiões oficiais da Grécia e de Roma. Muitos foram convertidos ao judaísmo — e não somente no Império, mas também no sul da Rússia. Foram provavelmente os círculos judeus e semijudeus que o cristianismo encantou quando de seus primórdios. O judaísmo ortodoxo, por sua vez, tornou-se mais ortodoxo e mais fechado após a queda de Jerusalém, do mesmo modo como se dera após a queda suscitada por Nabucodonosor. Depois do século I, o cristianismo também cristalizou-se, e suas relações com o judaísmo tornaram-se completamente hostis e externas: como veremos, ele foi responsável por dar grande estímulo ao antissemitismo. Ao longo da Idade Média, os judeus não tomaram parte na cultura dos países cristãos, sendo perseguidos com demasiado rigor para conseguirem dar à civilização qualquer outra coisa que não fosse capital para a construção de catedrais e empreendimentos do gênero. Somente entre os maometanos é que, à época, foram tratados com humanidade e conseguiram se dedicar à filosofia e à especulação erudita.

Durante o medievo, os maometanos foram mais civilizados e humanos do que os cristãos. De modo particular em tempos de entusiasmo religioso, estes perseguiram os judeus; às Cruzadas, ademais, associaram-se massacres desconcertantes. Nos países maometanos, por sua vez, os judeus não foram maltratados, ao menos não na maior parte do tempo. Em especial na Espanha dos mouros, tiveram relevância para o saber; Maimônides (1135-1204), cujo local de nascimento é Córdova, é tido por alguns como fonte de grande parte da filosofia de Spinoza. Quando os cristãos reconquistaram a Espanha, foram sobretudo os judeus os responsáveis pela transmissão do saber dos mouros. Judeus eruditos que conheciam o hebraico, o grego e o árabe e que estavam familiarizados com a filosofia de Aristóteles comunicaram seu conhecimento a escolásticos menos doutos. Eles também transmitiram artes menos desejáveis, como a alquimia e a astrologia.

Após a Idade Média, os judeus ainda deram grandes contribuições para a civilização, mas não mais como raça.

2

O cristianismo durante os primeiros quatro séculos

Inicialmente, o cristianismo foi pregado de judeus para judeus como um judaísmo reformado. São Tiago, e em menor grau também são Pedro, não desejavam ir além disso, e é possível que o conseguissem, não fosse por são Paulo, que esteve determinado a acolher gentios sem exigir circuncisão ou submissão à Lei mosaica. A rixa entre as duas facções é descrita nos Atos dos Apóstolos do ponto de vista paulino. As comunidades cristãs que em diversas regiões são Paulo fundou eram compostas, não há dúvidas, de conversos saídos dos judeus e de gentios que buscavam uma nova religião. As certezas do judaísmo o tornaram atraente numa época de dissolução da fé, mas a circuncisão servia como obstáculo à conversão dos homens. As leis rituais a respeito dos alimentos também eram inconvenientes. Ainda que fossem os únicos, esses dois empecilhos teriam impossibilitado que a religião hebraica se tornasse universal. Graças a são Paulo, o cristianismo conservou o que as doutrinas dos judeus possuíam de atraente, mas sem os traços que os gentios tinham mais dificuldade para assimilar.

A visão de que os judeus formavam o Povo Escolhido, porém, não deixou de ofender o orgulho grego. Também rejeitaram-na, de maneira radical, os gnósticos. Segundo estes, ou ao menos alguns deles, o mundo sensível fora criado por uma deidade inferior chamada *Yaldabaoth*, filho rebelde da *Sophia* (a sabedoria celeste). Tratar-se-ia do Javé do Antigo Testamento, enquanto a serpente, longe de ser má, tivera como objetivo alertar Eva de seus logros. Durante muito tempo, a deidade suprema permitiu que *Yaldabaoth* agisse com liberdade; por fim, enviou Seu Filho para que habitasse temporariamente o corpo do homem Jesus e libertasse o mundo do falso ensinamento de Moisés. Os que defendiam essa visão — ou alguma visão parecida — em geral a associavam a uma filosofia platônica; Plotino, como vimos, encontrou certa dificuldade para refutá-la. O gnosticismo oferecia um meio-termo entre o paganismo filosófico e o cristianismo, dado que, embora honrasse Cristo, tinha os judeus em baixa conta. O mesmo se aplicaria ao maniqueísmo que levou santo Agostinho à Fé Católica. Esse maniqueísmo mesclou elementos cristãos com elementos zoroastrianos; ensinava que o mal é um princípio positivo incorporado na matéria e que o princípio bom incorpora-se no espírito; condenava a ingestão de carne e toda relação sexual, inclusive no casamento. Essas doutrinas intermediárias ajudaram a converter pouco a pouco os homens instruídos de língua grega; no entanto, o Novo Testamento alerta os verdadeiros crentes contra eles: "Timóteo, guarda o depósito, evita o palavreado vão e ímpio e as contradições de uma falsa ciência [gnose], pois alguns, professando-a, se desviaram da fé."[1]

Gnósticos e maniqueus continuaram a prosperar até o governo tornar-se cristão. Doravante, foram obrigados a ocultar suas crenças, mas ainda exerceram influência secreta. Uma das doutrinas de certa seita gnóstica foi adotada por Maomé. Ensinava ela que Jesus foi apenas homem e que o Filho de Deus desceu sobre ele quando de seu batismo, abandonando-o no momento da Paixão. Para confirmar essa visão, recorriam ao "Deus meu, Deus meu, por que me abandonaste?",[2] trecho, é preciso admitir, que os cristãos sempre julgaram difícil. Os gnósticos consideravam indigno ao Filho de Deus nascer, ser criança e, sobretudo, morrer na cruz; diziam que tudo isso coube ao homem Jesus, mas não ao Filho divino de Deus. Maomé, que reconheceu Jesus como profeta — ainda que não divino —, tinha a forte sensação de que os profetas não deveriam padecer fim infeliz. Desse modo, adotou a visão dos docetas (uma seita gnóstica), segundo os quais o que pendera da cruz fora um mero espectro contra o qual judeus e romanos tentaram levar a cabo, impotente e ignorantemente, sua inútil vingança. Desse modo, algo do gnosticismo passou à doutrina ortodoxa do islamismo.

[1] 1 Timóteo VI, 20-21.

[2] Marcos XV, 34.

A atitude dos cristãos ante os judeus de seu tempo logo se tornou hostil. A visão recebida afirmava que Deus falara aos patriarcas e profetas, prevendo, pela boca desses homens santos, o advento de Cristo; quando esse advento se deu, porém, os judeus foram incapazes de reconhecê-Lo, sendo então contados entre os iníquos. Além disso, Cristo ab-rogou a Lei mosaica, colocando em seu lugar o duplo mandamento de amar a Deus e ao próximo; também isso os judeus foram perversamente incapazes de reconhecer. Tão logo o Estado adotou o cristianismo, consolidou-se o antissemitismo em sua forma medieval, nominalmente iniciado como manifestação do zelo cristão. Até que ponto o Império Cristão influenciou os motivos econômicos que o inflamaram em tempos posteriores parece impossível averiguar.

Na mesma proporção em que helenizou-se, o cristianismo também se tornou teológico. A teologia judaica sempre foi simples. Javé passou de deidade tribal ao Deus único e onipotente que criara o céu e a Terra; quando percebeu-se que não conferia prosperidade terrena aos virtuosos, a justiça divina foi transferida para o céu, o que exigia a crença na imortalidade. Ao longo de toda a sua evolução, porém, o credo judaico não trouxe nada que fosse complexo e metafísico; ele não continha mistérios, e todo judeu era capaz de entendê-lo.

Em geral, essa simplicidade judaica ainda caracteriza os Evangelhos sinópticos (Mateus, Marcos e Lucas), mas já não a encontramos em são João, que identifica Cristo com o *Logos* estoico-platônico. É antes o Cristo como figura teológica o que interessa o quarto evangelista, e não o Cristo Homem. Isso se aplica ainda mais aos Pais: em seus escritos, encontram-se muito mais alusões a são João do que aos outros três Evangelhos juntos. As epístolas paulinas também contêm grande quantidade de teologia, em especial no que diz respeito à salvação; ao mesmo tempo, revelam considerável conhecimento da cultura grega: uma citação de Menandro, uma alusão ao cretense Epimênides, que dissera que todos os nativos de Creta eram mentirosos, etc. Não obstante, são Paulo[3] diz: "Tomai cuidado para que ninguém vos escravize por vãs e enganosas 'filosofias'."

A síntese da filosofia grega e das Escrituras hebraicas permaneceu mais ou menos casual e fragmentada até a época de Orígenes (185-

[3] Ou, antes, o autor da Epístola atribuída a são Paulo. Colossenses II, 8.

254 d.C.). A exemplo de Fílon, Orígenes viveu em Alexandria, cidade que, graças ao comércio e à universidade, foi de sua fundação à sua queda o principal centro de sincretismo intelectual. Como seu contemporâneo Plotino, foi pupilo de Amônio Sacas, para muitos o fundador do neoplatonismo. Suas doutrinas, tais quais formuladas no *De principiis*, em muito se assemelham às doutrinas plotinianas — mais, na verdade, do que é compatível com a ortodoxia.

Segundo Orígenes, nada existe que seja plenamente incorpóreo, exceto Deus — Pai, Filho e Espírito Santo. As estrelas são seres racionais vivos a que Deus concedeu almas que já existiam. O Sol, crê, é capaz do pecado. Como apregoara Platão, a alma é enviada aos homens quando de seu nascimento, tendo existido previamente desde a Criação. *Nous* e alma se diferenciam mais ou menos como em Plotino: quando o *nous* cai, torna-se alma; a alma, quando virtuosa, vira *nous*. No final, todos os espíritos se submeterão por completo a Cristo e se tornarão incorpóreos. Mesmo o diabo será salvo no fim.

Orígenes, não obstante seja reconhecido como um dos Pais, veio a ser condenado como herege por defender:

1. A preexistência das almas, tal qual apregoada por Platão.
2. Que a natureza humana do Cristo, e não apenas Sua natureza divina, existira antes da Encarnação.
3. Que nossos corpos, quando da ressurreição, serão transformados em corpos absolutamente etéreos.
4. Que todos os homens, e mesmo os demônios, serão salvos no final.

São Jerônimo, que expressara admiração um tanto irrestrita por Orígenes em virtude de seu trabalho no estabelecimento do texto do Antigo Testamento, julgou prudente dedicar tempo e veemência à rejeição de seus erros teológicos.

As aberrações de Orígenes não eram apenas teológicas; em sua juventude, foi culpado de um erro irreparável, suscitado por uma interpretação demasiado literal do texto: "E há eunucos que se fizeram eunucos por causa do Reino dos Céus."[4] Esse método de fugir das

[4] Mateus XIX, 12.

tentações da carne, adotado rudemente por Orígenes, havia sido condenado pela Igreja; além disso, tornava-o inelegível para as santas ordens, ainda que alguns eclesiásticos pareçam ter achado o contrário, suscitando assim controvérsias nada edificantes.

A obra mais longa de Orígenes é um tratado intitulado *Contra Celso*. Celso foi autor de um livro (hoje perdido) contra o cristianismo, e Orígenes se pôs a respondê-lo ponto a ponto. Celso começa sua objeção aos cristãos afirmando que pertencem a associações ilegais; Orígenes não o nega, mas afirma que essa é uma virtude, como o tiranicídio. Segue-se então aquele que é na verdade o real fundamento do desgosto de Celso: o cristianismo, diz ele, vem dos bárbaros judeus, e apenas os gregos podem encontrar sentido no que os bárbaros ensinam. Orígenes responde que todo aquele que passasse da filosofia grega aos Evangelhos concluiria que estes são verdadeiros e oferecem demonstrações satisfatórias ao intelecto grego. Ademais, "os Evangelhos têm demonstrações próprias, mais divinas do que qualquer outra que possam ter desenvolvido os dialéticos da Grécia; e esse método mais divino o apóstolo denomina 'manifestação de Espírito e poder'; de 'Espírito' em virtude das profecias, suficientes para gerar fé em todo aquele que as lê, de modo especial no que se refere a Cristo; e de 'poder' graças aos sinais e maravilhas que devemos acreditar realizadas no passado, entre outros muitos argumentos, porque traços seus ainda se encontram entre os que regulam suas vidas segundo os preceitos do Evangelho".[5]

Essa passagem é interessante pois já desvela o duplo argumento em favor da crença que caracteriza a filosofia cristã. De um lado, a razão pura, se retamente exercitada, é suficiente para estabelecer o que há de essencial na fé cristã, de modo particular Deus, a imortalidade e o livre-arbítrio. Do outro, as Escrituras revelam não somente esses elementos basilares, mas muito mais. Além disso, a inspiração divina das Escrituras é assegurada pelo fato de os profetas terem previsto a chegada do Messias, pelos milagres e pela influência benéfica da crença sobre a vida dos fiéis. Alguns desses argumentos são hoje considerados datados, mas o último foi ainda expresso por William James. Até o Renascimento, eram todos aceitos por qualquer filósofo cristão.

[5] Orígenes, *Contra Celso*, Livro I, cap. II.

Alguns dos argumentos de Orígenes são curiosos. Ele diz que os magos evocam o "Deus de Abraão" sem que saibam, muitas vezes, de quem se trata; não obstante, parece que essa evocação é especialmente poderosa. Os nomes são essenciais na magia; não é indiferente se Deus é chamado por Seu nome judaico, egípcio, babilônico, grego ou brâmane. As fórmulas mágicas perdem sua eficácia quando traduzidas. Somos levados a crer que os magos da época utilizavam fórmulas retiradas de todas as religiões conhecidas — mas, se Orígenes estiver certo, aquelas que advinham de fontes hebraicas eram as mais eficazes. O argumento se torna ainda mais curioso quando ele assinala que Moisés proibira a feitiçaria.[6]

Os cristãos, lemos, não devem tomar parte no governo do Estado; cabe-lhes apenas a "nação divina", isto é, a Igreja.[7] Essa doutrina, é claro, foi consideravelmente modificada após Constantino, mas algo dela sobreviveu: encontra-se implícita em *A Cidade de Deus* de santo Agostinho. Ela levou os clérigos vivos quando da queda do Império Ocidental a olharem passivamente os desastres seculares, ao mesmo tempo que empregavam seus enormes talentos na disciplina da Igreja, na controvérsia teológica e na difusão do monasticismo. Certo traço seu ainda existe: a maioria das pessoas vê a política como algo "mundano" e indigno de qualquer homem verdadeiramente santo.

O governo da Igreja se desenvolveu lentamente durante os três primeiros séculos, e com muita velocidade após a conversão de Constantino. Os bispos eram eleitos pelo povo; adquiriram, aos poucos, considerável poder sobre os cristãos de suas dioceses, mas antes de Constantino praticamente não havia nenhuma forma de governo central sobre toda a Igreja. O poder dos bispos das grandes cidades aumentava graças à prática da esmolaria: as ofertas dos fiéis eram administradas pelos bispos, que poderiam oferecer ou não ajuda aos pobres. Desse modo, passou a existir uma multidão de necessitados pronta para fazer a vontade episcopal. Quando o Estado se tornou cristão, aos bispos foram conferidas funções jurídicas e administrativas. Passou a existir também um governo central, ao menos em matérias de doutrina. Constantino foi importunado pela briga entre católi-

[6] Ibid., Livro I, cap. XXVI.

[7] Ibid., Livro VIII, cap. LXXV.

cos e arianos; aderindo aos cristãos, quis que se tornassem um grupo unificado. Para dar fim às dissensões, convocou o Concílio Ecumênico de Niceia, em que foi elaborado o Credo Niceno[8] e determinado de uma vez por todas, graças à controvérsia ariana, o padrão da ortodoxia. Controvérsias posteriores também foram decididas em concílios ecumênicos semelhantes, até que a cisão entre Oriente e Ocidente, associada à recusa oriental em admitir a autoridade do papa, tornou-os impossíveis.

O papa, embora fosse oficialmente o indivíduo mais importante da Igreja, só veio a ter autoridade completa sobre ela em período muito posterior. O crescimento gradual do poder papal é tema interessantíssimo, e sobre ele debruçar-me-ei em capítulos posteriores.

O crescimento do cristianismo antes de Constantino, bem como os motivos da conversão do imperador, foram explicados de diversas formas por uma série de autores. Gibbon[9] elenca cinco causas:

> I. O zelo inflexível e — se nos for possível utilizar tal expressão — intolerante dos cristãos, derivado, é certo, da religião judaica, mas expurgado do espírito fechado e insocial que, em vez de convidar, afastara os gentios da lei de Moisés.
>
> II. A doutrina de uma vida futura, aprimorada por toda circunstância adicional capaz de conferir peso e eficácia a essa verdade importante.
>
> III. Os poderes miraculosos atribuídos à Igreja primitiva.
>
> IV. A moral pura e austera dos cristãos.
>
> V. A união e a disciplina da república cristã, que aos poucos constituiu um Estado independente e crescente no âmago do Império Romano.

Em linhas gerais, é possível aceitar essa análise, mas com algumas ressalvas. A primeira causa — a inflexibilidade e a intolerância derivadas dos judeus — pode ser admitida por completo. Vemos nós, em nossa própria época, as vantagens da intolerância na propaganda política. Os cristãos acreditavam, em sua grande maioria, que seriam os únicos a irem para o céu e que a maior parte dos terríveis castigos

[8] Não precisamente em sua forma atual, fixada em 362.

[9] *The Decline and Fall of the Roman Empire* [*Declínio e queda do Império Romano*, em edição brasileira], cap. XV.

do mundo por vir acometeria os pagãos. As outras religiões que competiam por prestígio no século III não tinham esse caráter ameaçador. Os que cultuavam a Grande Mãe, por exemplo: embora possuíssem uma cerimônia análoga ao batismo — o Taurobólio —, eles não ensinavam que sua omissão conduziria ao inferno. Pode-se observar, a propósito, que o Taurobólio tinha custos altos: era preciso matar um touro, cujo sangue deveria gotejar sobre o converso. Um rito como esse é aristocrático e não pode ser fundamento de uma religião que abarcará a grande massa da população — ricos e pobres, livres e escravos. Nesses aspectos, o cristianismo levou vantagem sobre todos os seus rivais.

Quanto à doutrina da vida futura, foi ela ensinada, no Ocidente, primeiro pelos órficos e, depois, pelos filósofos gregos. Os profetas hebraicos — alguns deles — também ensinaram a ressurreição do corpo, mas parece ter sido com os gregos que os judeus aprenderam a crer na ressurreição do espírito.[10] A doutrina da imortalidade, na Grécia, tinha forma popular no orfismo e forma erudita no platonismo. Esta última, fundamentada em raciocínios difíceis, não poderia tornar-se muito difusa; a forma órfica, por sua vez, provavelmente exerceu grande influência sobre as visões gerais da Antiguidade tardia, e não somente entre os pagãos, mas também entre judeus e cristãos. Alguns elementos — tanto órficos quanto asiáticos — das religiões de mistério foram assimilados pela teologia cristã; em todos eles, o mito central é o do deus morto que vive novamente.[11] Creio, portanto, que a doutrina da imortalidade tivera menos que ver com a difusão do cristianismo do que imaginou Gibbon.

Os milagres sem dúvida desempenharam importante papel na propaganda cristã. Todavia, na Antiguidade tardia eles eram muito comuns e não se limitavam a uma religião só. Não é fácil afirmar por que, nessa competição, os milagres cristãos foram acreditados por mais gente do que os milagres das outras seitas. Tenho para mim que Gibbon omite uma questão muito importante: a posse de um Livro Sagrado. Os milagres a que os cristãos recorriam haviam se originado numa Antiguidade distante, no meio de uma nação que os

[10] Veja-se Oesterley e Robinson, *Hebrew Religion*.

[11] Veja-se Angus, *The Mystery Religions and Christianity*.

antigos julgavam misteriosa; uma história consistente era narrada, segundo a qual, da Criação em diante, a Providência sempre operara milagres — primeiro para os judeus e, depois, para os cristãos. Aos olhos de um estudioso moderno da história, é óbvio que a história primitiva dos israelitas é sobretudo lendária, mas não era nisso que criam os antigos. Eles acreditavam no relato homérico do cerco de Troia, em Rômulo e Remo etc.; por que, questiona Orígenes, deveríamos aceitar essas tradições e rejeitar aquelas dos judeus? A esse raciocínio não havia resposta lógica. Por conseguinte, nada seria mais natural do que aceitar os milagres do Antigo Testamento. Uma vez acreditados, ademais, os milagres mais recentes se tornavam críveis, especialmente em vista da interpretação cristã dos profetas.

Antes de Constantino, a moral dos cristãos era indubitavelmente superior à dos pagãos médios. Foram às vezes perseguidos, e quase sempre se encontraram em desvantagem nas disputas com os pagãos. Acreditavam piamente que a virtude seria recompensada no céu, e o pecado, punido no inferno. Sua ética sexual trazia consigo um rigor raro na Antiguidade. Plínio, que tinha como dever oficial persegui-los, deu testemunho de seu caráter moral elevado. Após a conversão de Constantino, como é natural, passou a haver oportunistas entre os cristãos; com algumas exceções, porém, os eclesiásticos de destaque continuaram a ser homens dotados de princípios morais inflexíveis. Creio que Gibbon não erra ao sublinhar esse nível moral elevado como uma das causas da difusão do cristianismo.

No final, Gibbon assinala "a união e a disciplina da república cristã". Creio que, do ponto de vista político, essa é a mais importante de todas as cinco causas. No mundo moderno, estamos habituados à organização política; todo político precisa contar com o voto católico, mas este voto é contrabalançado pelo de outros grupos organizados. Um católico que se candidate à presidência norte-americana estará em desvantagem, por causa do preconceito protestante. Se, porém, esse preconceito não existisse, teria ele mais chances do que qualquer outro. Esse parece ter sido o cálculo de Constantino. O apoio dos cristãos como um só bloco organizado seria obtido se ele os favorecesse. Qualquer hostilidade existente contra os cristãos era desorganizada e politicamente ineficaz. Rostovtseff provavelmente está certo ao afirmar que uma grande parte do exército era cristã e que foi isso o que influenciou Constantino. De todo modo, os cristãos, ainda enquanto minoria, possuíram uma espécie de organização que até então não se conhecia — embora hoje seja comum — e que lhes proporcionou toda a influência política de um grupo de pressão ao qual nenhum outro se opõe. Essa foi a consequência natural de seu virtual monopólio do zelo — zelo este que era herança dos judeus.

Infelizmente, tão logo obtiveram poder político, os cristãos voltaram esse zelo uns contra os outros. Antes de Constantino, eram já existentes as heresias — e não poucas —, mas os ortodoxos não tinham então como puni-las. Quando o Estado se fez cristão, grandes recompensas, na forma de poder e riqueza, se colocaram ao alcance dos eclesiásticos; passaram a existir eleições acirradas, e disputas teológicas tornaram-se também disputas por benefícios mundanos. Constantino conservou certo grau de neutralidade nas disputas dos teólogos, mas, de sua morte (337) até a ascensão de Teodósio, em 379, seus sucessores (exceção feita a Juliano, o Apóstata) mostraram-se mais ou menos favoráveis aos arianos.

O herói desse período é Atanásio (c. 297-373), que ao longo de toda a sua vida foi o mais intrépido dos defensores da ortodoxia nicena.

O intervalo que vai de Constantino até o Concílio de Calcedônia (451) é singular graças à importância política da teologia. Duas questões sucessivas agitaram o mundo cristão: primeiro, a natureza da Trindade; depois, a doutrina da Encarnação. Apenas a primeira estava em voga à época de Atanásio. Ário, culto sacerdote alexandrino, afirmava que o Filho não é igual ao Pai, mas fora por Ele criado. Em período anterior, essa visão talvez não suscitasse tanto antagonismo, mas no século IV a maioria dos teólogos a rejeitou. A doutrina que acabou por prevalecer é aquela segundo a qual Pai e Filho são iguais e têm a mesma substância, constituindo, porém, Pessoas distintas. A visão de que não se trata de Pessoas distintas, mas apenas aspectos diferentes de um único Ser, formava a heresia sabeliana, assim chamada graças a Sabélio, seu fundador. A ortodoxia, portanto, teve de caminhar sobre uma corda bamba: aqueles que enfatizavam indevidamente a distinção entre Pai e Filho corriam o risco de ceder ao arianismo, enquanto aqueles que enfatizavam indevidamente sua unidade poderiam incorrer na heresia de Sabélio.

O Concílio de Niceia (325) condenou as doutrinas de Ário por uma esmagadora maioria. Todavia, modificações várias foram sugeridas por uma série de teólogos e adotadas por imperadores. Atanásio, que foi bispo de Alexandria de 328 até a morte, esteve constantemente no exílio em virtude de seu zelo pela ortodoxia nicena. Era imensamente popular no Egito, país que o seguiu inflexivelmente. É curioso notar que, durante a controvérsia religiosa, o sentimento nacional (ou ao menos regional), aparentemente extinto desde a conquista romana, foi resgatado. Constantinopla e Ásia se inclinaram ao arianismo, o Egito tornou-se fanaticamente atanasiano e o Ocidente aderiu com firmeza aos decretos do Concílio de Niceia. Finda a controvérsia ariana, novas controvérsias mais ou menos semelhantes surgiram, e nelas o Egito seguiu um caminho herético, e a Síria, outro. Perseguidas pelos ortodoxos, essas heresias prejudicaram a unidade do Império Oriental e facilitaram a conquista maometana. Os movimentos separatistas não surpreendem por si só, mas é curioso que tenham se vinculado a questões teológicas muito sutis e abstrusas.

De 335 a 378, os imperadores favoreceram mais ou menos — na medida de sua ousadia — as opiniões arianas. Exceção foi Juliano, o Apóstata (361-363), que, como pagão, era neutro a respeito das disputas internas dos cristãos. Por fim, em 379, o imperador Teodósio deu pleno apoio aos católicos, que assim consolidaram sua vitória em todo o Império. Santo Ambrósio, são Jerônimo e santo Agostinho, temas do capítulo seguinte, viveram a maior parte de suas vidas durante esse período de triunfo católico. A ele, porém, seguiu-se no Ocidente outro domínio ariano: aquele dos godos e vândalos, que dividiram entre si a conquista da maior parte do Império Ocidental. Seu poder durou cerca de um século, ao cabo do qual foi suprimido por Justiniano, pelos lombardos e pelos francos. Justiniano e os francos eram ortodoxos, e mais tarde também os lombardos o seriam. Desse modo, logrou a fé católica seu êxito definitivo.

3

Três doutores da Igreja

Quatro homens são chamados Doutores da Igreja Ocidental: santo Ambrósio, são Jerônimo, santo Agostinho e o papa Gregório Magno. Três deles foram contemporâneos, enquanto o quarto pertenceu a um período posterior. Neste capítulo, trarei um pouco da vida e da época dos três primeiros, reservando para segmento posterior a explicação das doutrinas de santo Agostinho, aos nossos olhos o mais importante.

Ambrósio, Jerônimo e Agostinho viveram durante o breve interstício entre a vitória da Igreja Católica no Império Romano e a invasão bárbara. Eram todos jovens quando do reinado de Juliano, o Apóstata; Jerônimo viveu dez anos após os godos saquearem Roma sob a liderança de Alarico; Agostinho viveu até a invasão da África pelos vândalos e morreu enquanto sitiavam Hipona, de onde era bispo. Imediatamente depois, os mestres da Itália, da Espanha e da África passaram a ser hereges não apenas bárbaros, mas também arianos. A civilização declinou por séculos, e somente cerca de mil anos depois a cristandade voltou a produzir homens que a eles se equiparassem em erudição e cultura. Ao longo de toda a Idade das Trevas e de todo o período medieval, a autoridade deles foi reverenciada; mais do que quaisquer outros homens, foram os três que forjaram o molde que deu forma à Igreja. Em linhas gerais, santo Ambrósio consolidou o conceito eclesiástico da relação entre Igreja e Estado; são Jerônimo deu à Igreja do Ocidente sua Bíblia latina e grande parte de seu incentivo ao monasticismo; e santo Agostinho fixou tanto a teologia da Igreja até a Reforma quanto grande parte das doutrinas de Lutero e Calvino. Poucos homens os superaram em influência. A independência da Igreja com relação ao Estado secular, defendida com sucesso por santo Ambrósio, constituía doutrina nova e revolucionária, prevalecendo até a Reforma; quando Hobbes a combateu no século XVII, foi sobretudo contra Ambrósio que argumentou. Santo Agostinho esteve em primeiro plano na controvérsia teológica dos séculos XVI e XVII, na qual protestantes e jansenistas o defenderam e os católicos ortodoxos lhe fizeram face.

A capital do Império Ocidental no final do século IV era Milão, de onde Ambrósio era bispo. Seus deveres o colocavam a todo momento em contato com os imperadores, diante dos quais costumava falar não apenas como igual, mas às vezes até como superior. Suas relações com a corte imperial ilustram um contraste genérico que caracteriza bem a época: se o Estado era frágil, incompetente, governado por interesseiros sem princípios e totalmente carente de qualquer política que fosse além de conveniências momentâneas, a Igreja era vigorosa, capaz, guiada por homens prontos para se sacrificarem e dotada de uma política tão visionária que fê-la vitoriosa pelos mil anos subsequentes. É bem verdade que esses méritos foram contrabalançados pelo fanatismo e pela superstição, mas sem eles nenhum movimento de reforma, à época, poderia ter logrado sucesso.

Santo Ambrósio teve inúmeras chances de alcançar o sucesso a serviço do Estado. Seu pai, cujo nome era também Ambrósio, foi oficial de alto escalão: era prefeito da Gália. É provável que o santo tenha nascido em Tréveris, cidade de fronteira em que legiões romanas se posicionaram para manter os germânicos cercados. Aos treze anos, foi levado para Roma, onde recebeu educação de qualidade, incluindo uma sólida base em grego. Quando cresceu, voltou-se para o direito, área em que teve grande sucesso; aos trinta anos, foi feito governador da Ligúria e da Emília. Ainda assim, quatro anos depois, Ambrósio deu as costas ao governo secular e, por aclamação do povo, tornou-se bispo de Milão, vencendo um candidato ariano. Doou todos os seus bens terrenos aos pobres e dedicou o restante de sua vida ao serviço da Igreja, correndo, às vezes, grande risco pessoal. Essa escolha certamente não foi ditada por razões mundanas, mas teria sido sábia se porventura o fosse. Ainda que se tornasse imperador, no Estado daquela época ele jamais teria encontrado, para sua política administrativa, o espaço que encontrou no cumprimento de seus deveres episcopais.

Nos primeiros nove anos do episcopado de Ambrósio, o Ocidente teve como imperador Graciano, católico virtuoso e negligente. Ele de tal modo se dedicou à caça que acabou por negligenciar o governo, sendo por fim assassinado. Sucedeu-o, na maior parte do Império Ocidental, um usurpador de nome Máximo, mas na Itália a sucessão passou para o irmão mais novo de Graciano, Valentiniano II, à época ainda um garoto. Inicialmente, o poder imperial foi exercido por sua mãe Justina, viúva do imperador Valentiniano I; e, por tratar-se de uma ariana, os conflitos entre ela e santo Ambrósio se tornaram inevitáveis.

Todos os três santos de que nos ocupamos neste capítulo escreveram cartas inúmeras, muitas das quais foram preservadas; como consequência, sabemos muito mais sobre eles do que sobre qualquer filósofo pagão e sobre quase todos os eclesiásticos do medievo. Santo Agostinho enviava missivas a todos, tratando sobretudo da doutrina ou da disciplina da Igreja; as cartas de são Jerônimo têm como principais destinatários as senhoras, que dele recebiam conselhos sobre como preservar a virgindade; enquanto isso, as cartas mais importantes e interessantes de santo Ambrósio foram enviadas a imperadores: nelas, dizia-lhes ele em que aspectos haviam ficado aquém de seu dever ou, oportunamente, felicitava-os por seu devido cumprimento.

A primeira questão pública com que Ambrósio teve de lidar foi aquela do altar e da estátua da Vitória em Roma. O paganismo perdurou mais entre as famílias senatoriais da capital do que alhures; a religião oficial se encontrava nas mãos de um clero aristocrata e estava associada ao orgulho imperial dos conquistadores do mundo. A estátua da Vitória fora removida do Senado por Constâncio, filho de Constantino, e lá recolocada por Juliano, o Apóstata. O imperador Graciano removeu-a mais uma vez, ao que uma comitiva do Senado, liderada por Símaco, prefeito da cidade, solicitou sua nova recolocação.

Símaco, que também teve influência sobre a vida de Agostinho, foi membro distinto de uma família destacada; era rico, aristocrático, culto e pagão. Em 382, Graciano baniu-o de Roma por sua oposição à remoção da estátua da Vitória, mas não por muito tempo, visto que ele tornou-se prefeito da cidade em 384. Trata-se do avô do Símaco que foi sogro de Boécio e homem de destaque no reinado de Teodorico.

Os senadores cristãos objetaram, e, com a ajuda de Ambrósio e do papa (Dâmaso), a visão que defendiam foi aceita pelo imperador. Após a morte de Graciano, Símaco e os senadores pagãos recorreram, em 384 d.C., a seu sucessor, Valentiniano II. Respondendo a essa nova tentativa, Ambrósio escreveu para o governante articulando a tese de que, do mesmo modo como todos os romanos deviam prestar serviço militar ao soberano, também ele (o imperador) devia servir ao Deus Onipotente.[1] "Que ninguém se aproveite", diz, "de vossa juventude; caso seja um pagão a exigi-lo, não é certo que deva atrelar vosso espírito aos laços de sua superstição; antes, por seu zelo, deveria ele instruir-vos e exortar-vos ao zelo da fé verdadeira, visto que defende coisas vãs com toda a paixão pela verdade." Ser forçado a jurar ante o altar de um ídolo, diz ele, é para o cristão como ser perseguido. "Fosse causa civil, reservar-se-ia direito de resposta ao grupo contrário; trata-se de causa religiosa, e eu, como bispo, reivindico. (...) Caso algo mais venha a ser decretado, nós, os bispos, não poderemos sofrê-lo e ignorá-lo; podereis vir à Igreja, mas não encontrareis nenhum sacerdote, ou então encontrareis um que vos será hostil."[2]

A epístola seguinte assinala que as doações da Igreja servem a propósitos a que jamais servira a riqueza dos templos pagãos. "Os bens da Igreja são o sustento dos pobres. Deixai-os contar quantos cativos os templos libertaram, que alimento deram aos necessitados, a quantos exilados ofereceram meios de sustento." Esse era um argumento relevante, e a prática cristã o justificava.

Santo Ambrósio se fez entender, mas Eugênio, subsequente usurpador que favoreceu os pagãos, devolveu o altar e a estátua. Apenas em 394, após Teodósio derrotar Eugênio, é que a questão foi enfim decidida em favor dos cristãos.

Inicialmente, o bispo travou relação amistosa com a corte imperial, chegando a ser enviado em missão diplomática até o usurpador Máximo, que talvez viesse a invadir a Itália. Muito antes, porém, surgiu um grave objeto de controvérsia. Justina, a imperatriz ariana, exigiu que uma igreja em Milão fosse cedida aos arianos, mas Ambrósio se recusou. As pessoas se alinharam ao bispo, e grandes multidões tomaram

[1] Essa tese parece antecipar a visão de mundo do feudalismo.

[2] Epístola XVII.

conta da basílica. Soldados góticos, de crença ariana, foram enviados para conquistá-la, mas acabaram por se fraternizar com o povo. "Os condes e tribunos", diz Ambrósio em carta impetuosa à irmã,[3] "vieram até mim e exortaram a que eu logo cedesse a basílica, dizendo que o imperador, que tinha tudo sob seu domínio, estava exercendo direito que lhe cabia. Respondi que, se desejassem algo meu, isto é, minha terra, meu dinheiro ou qualquer coisa do tipo que a mim pertencesse, dar-lhes-ia de bom grado, embora tudo o que tenho pertença aos pobres. O que é de Deus, porém, não está sujeito ao poder imperial. 'Se é meu patrimônio o exigido, adentrai-o; se meu corpo, vou-me de imediato. Desejai acorrentar-me ou matar-me? Será um prazer. Não me defenderei com multidões, tampouco me agarrarei aos altares e suplicarei por minha vida; antes, morrerei pelos altares de muito bom grado.' Fiquei verdadeiramente aturdido ao descobrir que homens armados haviam sido enviados para tomar a basílica; receei que houvesse, enquanto o povo a defendia, matança que prejudicasse toda a cidade. Rezei para que me fosse permitido não sobreviver à destruição de uma cidade tão grande, ou quiçá de toda a Itália."

Esses medos tinham fundamento, uma vez que os soldados góticos eram dados à selvageria, como se mostraria 25 anos mais tarde, quando do saque de Roma.

A força de Ambrósio vinha do apoio popular. Ele foi acusado de incitar o povo, mas respondeu que "em meu poder estava não induzi-lo, mas, nas mãos de Deus, aquietá-lo". Nenhum dos arianos, disse, ousou dar um só passo adiante, uma vez que não havia ariano nenhum entre os cidadãos. Ambrósio recebeu ordem formal para ceder a basílica, e aos soldados decretou-se que usassem de violência caso necessário. No final, porém, os oficiais se recusaram a fazê-lo e o imperador se viu forçado a ceder. Uma grande batalha fora vencida na guerra pela independência eclesiástica; Ambrósio demonstrara a existência de questões em que o Estado devia ceder à Igreja, e com isso estabeleceu um princípio novo que conserva sua importância até os dias de hoje.

Seu próximo conflito foi com o imperador Teodósio. Uma sinagoga havia sido incendiada, e o conde do Leste afirmou que fora o bispo local quem instigara a ação. O imperador ordenou que os verdadei-

---

[3] Ibid. XX.

ros incendiários fossem punidos e que o bispo culpado reconstruísse o edifício. Santo Ambrósio não admite nem nega a cumplicidade do bispo, mas fica indignado com o fato de o imperador tomar partido dos judeus contra os cristãos. Suponha-se que o bispo se recuse a obedecer. Nesse caso, deverá tornar-se mártir, caso persista, ou apóstata, caso ceda. Suponha-se que o conde decida reconstruir a sinagoga ele mesmo, às custas dos cristãos. O imperador então teria um conde apóstata, enquanto o dinheiro cristão sustentaria a falta de fé. "Porventura a descrença dos judeus deve ter para si uma sinagoga construída a partir dos espólios da Igreja? E porventura o patrimônio que, pela benevolência de Cristo, os cristãos adquiriram pode vir a compor o tesouro dos infiéis?" Ele continua: "É provável, imperador, que seja a causa da disciplina a mover-te. O que possui, contudo, maior importância: a demonstração de disciplina ou a causa da religião? É imperioso que o juízo se submeta à religião. Não foste informado, imperador, da ocasião em que, tendo Juliano ordenado a recuperação do Templo de Jerusalém, os que retiravam seu entulho foram consumidos pelo fogo?"

É manifesto que, para o santo, a destruição das sinagogas não deveria ser punida de forma alguma. Esse é um dos exemplos do modo como a Igreja, tão logo obteve poder, passou a estimular o antissemitismo.

O próximo conflito entre o imperador e o santo foi mais honroso para o segundo. Em 390 d.C., quando Teodósio se encontrava em Milão, uma multidão assassinou em Tessalônica o capitão da guarnição. Ao receber a notícia, Teodósio foi tomado por uma fúria incontrolável e exigiu terrível vingança. Enquanto as pessoas se reuniam no circo, os soldados as atacaram e, em matança indiscriminada, massacraram pelo menos sete mil delas. Ambrósio, então, que já havia se esforçado em vão para refrear o imperador, enviou-lhe uma carta esplendidamente corajosa e de base puramente moral, isenta de qualquer questão referente à teologia ou ao poder da Igreja:

> Houve aquilo, na cidade dos tessalonicenses, de que não há um só registro semelhante, aquilo que não fui capaz de impedir; com efeito, aquilo que eu já previra atroz nas muitas vezes em que contra o fato supliquei.

Davi pecou repetidamente e confessou seu pecado com penitência.[4] Teodósio por acaso faria o mesmo? Ambrósio decide: "Não ousarei oferecer o sacrifício caso te faças presente. Porventura aquilo que não é permitido quando se derrama o sangue de um inocente é permitido quando o sangue de muitos foi derramado? Creio que não."

O imperador se arrependeu e, despido da púrpura, cumpriu penitência pública na catedral de Milão. Desde essa época até a sua morte, em 395, ele não teve mais atritos com Ambrósio.

Embora Ambrósio ganhasse destaque como estadista, foi também, em outros aspectos, homem típico de seu tempo. A exemplo de outros autores eclesiásticos, ele escreveu um tratado em louvor da virgindade e outro que censura a nova união de viúvas. Após ter decidido o lugar de sua nova catedral, dois esqueletos (revelados numa visão, dizia-se) foram convenientemente achados ali; descobriu-se que realizavam milagres, e Ambrósio declarou pertencerem a dois mártires. Outros milagres são relatados em suas cartas com toda a credulidade que caracteriza a época. Ele foi inferior a Jerônimo como erudito e inferior a Agostinho como filósofo. Como estadista responsável por consolidar de maneira hábil e corajosa o poder da Igreja, porém, destaca-se como homem de primeiro escalão.

Jerônimo é em geral lembrado como o tradutor que deu origem à Vulgata, até hoje a versão católica oficial da Bíblia. Antes dele, a Igreja Ocidental em geral recorreu, no que diz respeito ao Antigo Testamento, às traduções da Septuaginta, que em pontos importantes diferia do original hebraico. Como vimos, os cristãos eram dados a defender que, desde a ascensão do cristianismo, os judeus haviam falsificado o texto hebraico naquilo que parecia predizer o Messias. Esse é um ponto de vista que a sã erudição revelou insustentável e que Jerônimo rejeitou com firmeza. Ele aceitou a ajuda de rabinos, oferecida em segredo por medo dos judeus. Ao defender-se contra as críticas cristãs, declarou: "Que consulte os judeus o que contestar algo nesta tradução." Por ter acolhido o texto hebraico na forma que os judeus julgavam correta, sua versão foi inicialmente recebida com hostilidade, mas acabou por ganhar espaço graças, em parte, ao apoio que santo Agostinho deu a

[4] Essa alusão aos livros de Samuel dá início a uma linha de argumentação bíblica contra os reis que perdurou em toda a Idade Média, chegando até mesmo ao conflito entre os puritanos e os Stuarts. Figura, por exemplo, em Milton.

ela como um todo. Tratava-se de uma façanha e tanto, que exigia uma crítica textual considerável.

Jerônimo nasceu em 345 — cinco anos após Ambrósio — em uma região não muito distante da Aquileia, na cidade de Strídon, que veio a ser destruída pelos godos em 377. Sua família era próspera, mas não rica. Em 363, ele seguiu para Roma, onde estudou retórica e pecou. Após viajar pela Gália, instalou-se na Aquileia e tornou-se asceta. Nos cinco anos seguintes, foi anacoreta em locais ermos na Síria. "Sua vida no deserto foi de rigorosa penitência, de lágrimas e gemidos que se alternavam com êxtases espirituais, de tentações infligidas pelas recordações, que o assombravam, da vida romana. Ele vivia em celas ou cavernas; trabalhava para ter seu pão diário e cobria-se de aniagens."[5] Depois desse período, Jerônimo viajou até Constantinopla e viveu em Roma por três anos, onde tornou-se amigo e conselheiro do papa Dâmaso; com seu incentivo, dedicou-se à tradução da Bíblia.

São Jerônimo foi homem de muitas querelas. Brigou com santo Agostinho sobre o comportamento, um tanto questionável, que são Pedro adotara, conforme referido por são Paulo, em Gálatas II; rompeu com seu amigo Rufino por causa de Orígenes; e foi tão veemente em sua oposição a Pelágio que seu mosteiro foi atacado por uma multidão pelagiana. Após a morte de Dâmaso, parece ter brigado também com o novo papa; enquanto em Roma, conheceu várias senhoras que eram ao mesmo tempo aristocráticas e piedosas, algumas das quais persuadiu a adotarem a vida ascética. O novo papa não gostou nada disso, bem como muitos outros em Roma. Por essa razão, entre outras várias, Jerônimo trocou Roma por Belém, onde permaneceu de 386 até sua morte, dada em 420.

Entre as mulheres distintas que converteu, duas eram especialmente notáveis: a viúva Paula e sua filha Eustóquia. Ambas o acompanharam na tortuosa viagem a Belém. Pertenciam à mais alta nobreza, e é impossível não sentirmos um sabor de esnobismo na atitude do santo para com elas. Quando Paula morreu e foi enterrada em Belém, Jerônimo compôs um epitáfio para seu túmulo:

[5] *Select Library of Nicene and Post-Nicene Fathers*, vol. VI, p. 17.

Nesta tumba, uma filha de Cipião jaz,
Fruto da renomada casa paulina,
Do ramo dos Gracos, da estirpe
De Agamêmnon mesmo, ilustre;
Jaz aqui a senhora Paula, por ambos os pais
Benquista, tendo por filha
Eustóquia; é a primeira das damas romanas,
Que a penúria e Belém escolheu por Cristo.[6]

São curiosas algumas das cartas que Jerônimo enviou a Eustóquia. Diz-lhe de maneira muito detalhada e franca como preservar a virgindade; explica o sentido anatômico preciso de certos eufemismos do Antigo Testamento; e emprega uma espécie de misticismo erótico ao louvar as alegrias da vida conventual. A freira é uma Esposa de Cristo, e esse casamento é louvado no Cântico dos Cânticos. Em longa carta redigida à época em que ela professou seus votos, o santo envia uma memorável mensagem à mãe de Eustóquia: "Zanga-te por que ela escolhe ser esposa de um rei [Cristo], e não de um soldado? Conferiu-te assim grande prestígio; és agora sogra de Deus."[7]

À própria Eustóqua ele diz, na mesma carta (XXII):

> Deixa sempre que a privacidade de tua cela te guarde; deixa sempre que o Noivo brinque ali dentro. Rezas? Falas com o Noivo. Lês? Ele fala contigo. Quando tomada pelo sono, Ele te surpreenderá e porá a mão no fecho da porta, e teu coração se inclinará a Ele; acordarás, então, e levantando terás nos lábios: "Estou doente de amor", ao que Ele responderá: "Um jardim enclaustrado é minha irmã, minha esposa; um manancial fechado, uma cerrada fonte."

No mesmo texto, ele relata como, após afastar-se de todas as suas relações e todos os seus amigos — "e também, o que é ainda mais difícil, do saboroso alimento com que eu estava acostumado" —, ainda não conseguira deixar para trás sua biblioteca, levando-a consigo para o deserto. "Então, homem miserável que eu era, só jejuaria desde que depois pudesse ler Cícero." Após dias e noites de remorso, ele cairia

[6] Ibid., p. 212.

[7] Ibid., p. 30.

de novo e leria Plotino. Depois de tal condescendência, o estilo dos profetas lhe parecia "rude e repulsivo". Por fim, durante uma febre, sonhou ele que, no Juízo Final, Cristo lhe perguntava quem era, ao que Jerônimo se dizia cristão. Veio a resposta: "Mentes; és seguidor de Cícero, e não de Cristo." Foi então flagelado. Em seu sonho, Jerônimo bradou: "Senhor, se voltar a ter livros mundanos, ou se porventura mais uma vez vier a lê-los, terei negado a Ti." Isso, acrescenta, "não foi nenhum sono ou devaneio".[8]

Durante alguns anos, suas cartas passam a conter poucas citações clássicas, mas certo tempo depois ele volta a recorrer a versos de Virgílio, Horácio e até mesmo Ovídio. No entanto, tais versos parecem vir da memória, sobretudo porque alguns são repetidos sem cessar.

As cartas de Jerônimo expressam mais vividamente do que qualquer outro texto que conheço os sentimentos suscitados pela queda do Império Romano. Em 396, ele escreve:[9]

> Estremeço ao pensar nas catástrofes de nossa era. Diariamente, e há mais de vinte anos, sangue romano tem sido derramado entre Constantinopla e os Alpes Julianos. Cítia, Trácia, Macedônia, Dácia, Tessália, Acaia, Épiro, Dalmácia, Panônia — cada qual foi saqueada por godos e sármatas, quados e alanos, hunos, vândalos e marcomanos. (...) O mundo romano sucumbe; não obstante, conservamos a cabeça erguida: não a dobramos. Que ânimo, pensai, têm agora os coríntios, os atenienses, os lacedemônios, os árcades ou qualquer um dos gregos sobres os quais os bárbaros exercem seu domínio? Mencionei pouquíssimas cidades, mas foram todas capitais de Estados nada inferiores.

Ele então narra a destruição perpetrada pelos hunos no Oriente e termina com uma observação: "Para tratar de temas tais como merecem, Tucídides e Salústio estão mudos."

[8] Essa hostilidade para com a literatura pagã persistiu na Igreja até o século XI, exceção feita à Irlanda, onde os deuses do Olimpo jamais foram cultuados e, portanto, não faziam recear a Igreja.

[9] Carta LX.

Dezessete anos depois, três após o saque de Roma, Jerônimo escreve:[10]

> O mundo mergulha na ruína. Sim! É vergonhoso lembrar, porém, que nossos pecados ainda vivem e florescem. A gloriosa cidade, capital do Império Romano, é engolida por fogo tremendo, e não há região da Terra em que os romanos não se vejam exilados. Igrejas antes tidas como sagradas nada mais são, hoje, do que montes de pó e cinzas; ainda assim, temos o espírito fixo no desejo de lucrar. Vivemos como se fôssemos morrer amanhã, mas construímos como se tivéssemos vida eterna neste mundo. Nossas paredes refulgem com o ouro, e o mesmo com nossos tetos e com o capitel de nossas colunas; Cristo, contudo, morre às nossas portas, pelado e faminto, na pessoa de Seus pobres.

O trecho acima surge casualmente em carta enviada a um amigo que decidira dedicar sua filha à virgindade perpétua, e a maior parte da epístola diz respeito às regras que devem ser observadas na educação das jovens que assim se consagraram. É estranho que, mesmo profundamente comovido com a queda do mundo antigo, ele acredite que preservar a virgindade seja mais importante do que triunfar sobre hunos, vândalos e godos. Em momento algum suas reflexões se ocupam de medidas políticas práticas; em momento algum ele assinala os males do sistema fiscal ou da confiança depositada num exército de bárbaros. O mesmo se aplica a Ambrósio e Agostinho. É bem verdade que Ambrósio foi estadista, mas sua atuação se deu apenas em favor da Igreja. Não surpreende que o Império tenha sucumbido numa época em que os espíritos mais elevados e vigorosos se afastavam de tal maneira das questões seculares. Por outro lado, se a ruína era inevitável, a visão de mundo cristã possibilitava que os homens crescessem em fortaleza e preservassem, numa época em que as esperanças terrenas pareciam vãs, todas as suas esperanças religiosas. A expressão desse ponto de vista em *A Cidade de Deus* foi o maior feito de santo Agostinho.

No que diz respeito a Agostinho, neste capítulo só falarei de sua vida como homem; de seu lado teólogo e filósofo me ocuparei no capítulo seguinte.

---

[10] Carta CXXVIII.

Santo Agostinho nasceu em 354, nove anos após Jerônimo e catorze depois de Ambrósio; nativo da África, passou nela a maior parte de sua vida. Sua mãe era cristã, mas não o pai. Após um período como maniqueu, tornou-se católico e foi batizado por Ambrósio, em Milão. Foi feito bispo de Hipona, cidade próxima de Cartago, em cerca de 396. Ali permaneceu até 430, data de sua morte.

De sua meninice sabemos mais do que no caso da maioria dos eclesiásticos, dado que a narrou nas *Confissões*. A obra teve imitadores famosos, de modo especial Rousseau e Tolstói, mas não creio ter havido qualquer predecessor comparável. Em alguns aspectos, santo Agostinho é semelhante a Tolstói, a quem, porém, foi superior em intelecto. Era homem apaixonado; na juventude, esteve muito distante do padrão de virtude, mas dentro de si guiava-o o desejo de buscar a verdade e a retidão. Como Tolstói, esteve obcecado, em sua velhice, por um sentimento de pecado que tornou sua vida austera, e sua filosofia, desumana. Combateu as heresias com vigor, mas algumas de suas visões, quando repetidas por Jansênio no século XVII, foram declaradas heréticas. Até que os protestantes tomassem para si seus pontos de vista, a Igreja Católica jamais impugnara sua ortodoxia.

Um dos primeiros incidentes relatados nas *Confissões* se deu em sua meninice e, por si só, não o distingue dos outros garotos. Parece que, junto com alguns companheiros de sua idade, Agostinho furtou a pereira de um vizinho mesmo sem estar com fome e apesar de seus pais terem peras melhores em casa. Ao longo de toda a vida, ele continuou a ver aquele como um ato de incrível perversidade. Não teria sido tão ruim caso estivesse faminto ou não possuísse nenhum outro meio de obter peras, mas antes tratara-se de algo perpetrado por pura corrupção e inspirado pelo amor à maldade. É isso o que o torna inexprimivelmente negro. Agostinho roga para que Deus o perdoe:

> Eis aqui, meu Deus, meu coração, eis aqui meu coração, do qual tiveste misericórdia quando no fundo do abismo. Que meu coração te diga, agora, o que ali buscava ao praticar o mal sem outra tentação senão a da malícia. Era vil, e eu a adorei; adorei perecer, adorei meu defeito; adorei não aquilo por que a falta cometi, mas a falta mesma. Torpe

alma minha, que saltando de teu firmamento ia ao extermínio, que nada buscava pela infâmia, mas a infâmia mesma![11]

Ele continua assim por sete capítulos — tudo em virtude de algumas peras furtadas numa travessura infantil. Ao espírito moderno, isso soa mórbido;[12] em seu tempo, porém, parecia correto e sinal de santidade. O sentimento do pecado, que era então muito forte, chegara aos judeus como forma de conciliar a importância que davam a si mesmos com a derrota exterior. Javé era onipotente e tinha especial interesse pelos judeus; por que então não prosperavam? Por sua iniquidade: eram idólatras, casavam-se com gentios, não observavam a Lei. Os propósitos de Deus tinham os judeus como centro, mas, por ser a retidão o maior dos bens, e por ser ela conquistada apenas por meio da tribulação, eles primeiro deveriam ser castigados e reconhecer tal castigo como sinal do amor paterno de Deus.

Os cristãos colocaram a Igreja no lugar do Povo Escolhido, mas isso pouca diferença teve para a psicologia do pecado, exceção feita a um único aspecto. A Igreja, tal qual os judeus, sofria tribulações; era também acometida por heresias; cristãos apostatavam sob as tensões da perseguição. Houve, todavia, um desenvolvimento importante, em grande medida já experimentado pelos judeus: a substituição do pecado coletivo pelo individual. Originalmente, fora a nação judaica que pecara e recebera castigo; mais tarde, o pecado se tornou mais pessoal, perdendo assim seu caráter político. Quando a nação judaica foi substituída pela Igreja, essa mudança se tornou essencial, uma vez que a Igreja, como entidade espiritual, não poderia pecar e o pecador poderia perder sua comunhão com ela. O pecado, como há pouco dissemos, tem vínculo com a presunção. De início, estava relacionado à nação judaica, mas depois tal importância deslocou-se ao indivíduo — jamais à Igreja, pois esta não pecava. Por conseguinte, a teologia cristã dividiu-se em duas partes: uma referente à Igreja, e a outra à alma individual. Futuramente, a primeira veio a ser mais enfatizada pelos católicos, e a segunda pelos protestantes; mas em santo Agostinho ambas existem em igual medida, sem qualquer traço de incompati-

[11] *Confissões*, Livro II, cap. IV.

[12] Devo excetuar Mahatma Gandhi, cuja autobiografia contém trechos muito semelhantes à passagem acima.

bilidade. Salvos são aqueles que Deus predestinou à salvação, e essa é uma relação direta da alma com Deus. Todavia, ninguém se salvará sem ser batizado e, portanto, tornar-se membro da Igreja, o que faz dela intermediária entre a alma e Deus.

O pecado é o que se faz essencial à relação direta, dado que explica como uma Divindade benevolente pode causar aos homens sofrimento e como, a despeito disso, as almas individuais podem ser o que há de maior importância no mundo criado. Desse modo, não surpreende que a teologia a que a Reforma recorreria se devesse a um homem cujo sentimento do pecado foi anormal.

Basta de peras. Vejamos agora o que as *Confissões* têm a dizer sobre outros temas.

Agostinho relata que aprendera latim sem dificuldades quando pequeno, mas que odiou o grego que tentaram incutir-lhe na escola porque obrigavam-no "veementemente com cruéis ameaças e punições". Até o fim de sua vida, seu conhecimento do grego continuou parco. A partir desse contraste, poder-se-ia presumir que Agostinho elaboraria uma moral que propusesse métodos educacionais mais suaves, mas o que ele afirma é o seguinte:

> Deste modo, claro está que a curiosidade livre mais auxilia o aprendizado do que um ameaçador constrangimento. Entretanto, apenas a este cabe refrear as oscilações de tal liberdade segundo Tuas leis, Deus meu, as quais sabem, desde a palmatória do mestre até as provações dos mártires, abrandar certas amarguras salutares que nos trazem de volta para Ti e nos distanciar das perniciosas alegrias que de Ti nos afastam.

Os golpes do mestre-escola, embora incapazes de fazê-lo aprender o grego, acabaram por curá-lo de ser perniciosamente alegre, e, por conseguinte, constituíram parte desejável da educação. Para os que têm o pecado como a mais importante de todas as preocupações humanas, essa visão é lógica. Agostinho então assinala que pecou não apenas em época de escola, quando contava mentiras e roubava comida, mas mesmo antes; com efeito, ele se vale de um capítulo inteiro (Livro I, cap. VII) para provar que mesmo os lactentes estão repletos de pecado (gula, inveja, entre outros vícios horríveis).

Ao chegar à adolescência, os desejos da carne o dominaram. "Onde, porém, estava eu? Quão distante, exilado das delícias de tua casa naquele décimo sexto ano de minha carne, quando se apoderou de mim, e a ele todo me entreguei, aquele furor da libido que a iniquidade humana permitia, mas proibiam Tuas leis!"[13]

Seu pai nada fez para afastá-lo desse mal, limitando-se apenas a ajudar Agostinho nos estudos. Sua mãe, entretanto, santa Mônica, exortava-o à castidade, mas em vão; ainda assim, não sugeriu o matrimônio, "receando que o vínculo conjugal frustrasse minhas esperanças futuras".

Aos dezesseis anos, seguiu ele para Cartago, onde "por toda parte crepitava um caldeirão de amores impuros. Ainda não amava, porém, mas amava o amar e, em profunda miséria, odiava-me a mim mesmo por não ser tão miserável. Buscava o que amar amando o amor, e odiava a segurança (...). Amar e ser amado era o que de mais doce havia para mim, sobretudo se podia gozar de quem amava. Desse modo maculei a fonte da amizade com as imundícies da concupiscência e obscureci sua candura com o tártaro da luxúria".[14] Essas palavras descrevem sua relação com uma concubina que amou fielmente por muitos anos;[15] teve com ela um filho que também amava e com cuja educação religiosa teve, após sua conversão, bastante cuidado.

Chegou então a época em que ele e sua mãe julgaram oportuno pensar em casamento. Agostinho noivou, pois, com uma jovem que a agradava, o que, porém, o obrigou a romper com a concubina. "Arrancada do meu lado", diz ele, "por ser impedimento para o matrimônio, meu coração, que a ela se apegara, ficou ferido e verteu sangue. Ela então retornou para a África [Agostinho estava em Milão], jurando a Ti jamais conhecer outro homem e deixando comigo o filho que me dera".[16] Entretanto, como tal casamento só poderia realizar-se em dois anos em virtude da idade da jovem, ele tomou para si outra concubina, esta menos oficial e menos conhecida. Sua consciência o atormentava cada vez mais, e Agostinho costumava rezar: "Dá-me a castidade e a

---

[13] *Confissões*, Livro II, cap. II.

[14] Ibid., Livro III, cap. I.

[15] Ibid., Livro IV, cap. II.

[16] Ibid., Livro VI, cap. XV.

continência, mas não agora."[17] Por fim, antes que chegasse a hora do casamento, a religião triunfou por completo e ele dedicou o resto de sua vida ao celibato.

Voltando para um período anterior: aos dezenove anos, tendo já dominado a retórica, Agostinho foi reconduzido à filosofia por Cícero. Tentou ler a Bíblia, mas apenas para descobrir que não tinha a dignidade ciceroniana. Foi nessa época que, para a tristeza de sua mãe, tornou-se maniqueu. Profissionalmente, era professor de retórica. Teve obsessão pela astrologia, contra a qual se voltaria pelo fato de apregoar que "a causa inevitável de teu pecado jaz nos céus".[18] Foi leitor de filosofia na medida em que podia lê-la em latim; menciona, de modo especial, as *Dez categorias* de Aristóteles, por ele compreendida, diz, sem a ajuda de nenhum mestre. "E de que me servia, escravo das piores paixões, ler e compreender por mim mesmo todos os livros das artes ditas 'liberais'? (...) As costas voltava para a luz e o rosto, para o que ela iluminava; por conseguinte, meu rosto (...) não era ele próprio iluminado."[19] Nessa época, Agostinho acreditava que Deus era corpo extenso e luminoso, do qual ele mesmo fazia parte. Seria desejável que, em vez de apenas dizer que estavam em erro, Agostinho revelasse em detalhes os princípios que os maniqueus defendiam.

É interessante que tenham sido científicas as primeiras razões que fizeram santo Agostinho rejeitar os maniqueus. Ele recordava — assim nos diz[20] — o que aprendera sobre astronomia nos escritos dos melhores astrônomos: "Então comparava-os com a doutrina de Manes, que sobre todas essas coisas escreveu muitos disparates; não descobri, porém, em parte alguma, explicação que me satisfizesse dos solstícios e equinócios, dos eclipses do Sol e da Lua, bem como de muitas outras coisas do gênero que havia lido nos livros de sabedoria. Ordenavam-me, todavia, que cresse, ainda que nenhuma explicação me dessem a respeito daquelas doutrinas que os números e o testemunho de meus olhos haviam averiguado; antes, era tudo bem diferente." Agostinho tem o cuidado de assinalar que erros científicos não constituem neces-

[17] Ibid., Livro VIII, cap. VII.

[18] Ibid., Livro IV, cap. III.

[19] Ibid., Livro IV, cap. XVI.

[20] Ibid., Livro V, cap. III.

sariamente erros de fé; isso só acontece quando articulados com ar de autoridade, como se vindos de inspiração divina. Imaginamos o que ele diria se estivesse vivo na época de Galileu.

Na esperança de dar fim às suas dúvidas, um bispo maniqueu de nome Fausto, famoso por ser o membro mais sábio da seita, veio a seu encontro. "Logo descobri", contudo, "tratar-se de homem que ignorava por completo as artes liberais, exceção feita à gramática, o qual conhecia de maneira vulgar. Como havia lido, porém, algumas orações de Túlio, um ou outro livro de Sêneca, certas obras de poetas e alguns volumes de sua seita, redigidos em latim mais elegante, e como também exercitava diariamente o seu falar, adquirira alguma eloquência, que se provou muito agradável e sedutora, já que estava sob seu controle e possuía uma certa graça natural".[21]

Agostinho percebeu que Fausto era completamente incapaz de solucionar suas dificuldades astronômicas. Os livros dos maniqueus, diz, estão repletos de "longuíssimas fábulas acerca do céu e das estrelas, do Sol e da Lua", e tais fábulas não estão de acordo com o que descobriram os astrônomos; no entanto, quando indagou Fausto sobre essas questões, seu interlocutor confessou com toda a franqueza sua ignorância. "Por essa razão, pareceu-me ainda mais simpático. Com efeito, a modéstia de um espírito franco é ainda mais encantadora do que o conhecimento daquilo que eu desejava; e em todas as questões mais difíceis e sutis, encontrei-o sempre igual."[22]

Esse sentimento é surpreendentemente liberal; não se esperava algo assim à época. Tampouco está de pleno acordo com a atitude posterior de santo Agostinho com relação aos hereges.

Nesse período, ele decidiu instalar-se em Roma — mas não porque a renda dos professores era, lá, superior à de Cartago, e sim porque ouvira que as aulas decorriam mais ordenadamente. Em Cartago, as desordens perpetradas pelos alunos eram tão grandes que lecionar se tornava quase impossível. No entanto, embora houvesse menos desordem, em Roma os alunos se esquivavam fraudulentamente dos pagamentos.

---

[21] Ibid., Livro V, cap. VI.

[22] Ibid., Livro II, cap. VII.

Quando em Roma, Agostinho ainda estava vinculado aos maniqueus, mas tinha menos certeza de sua retidão. Ele começou a achar que os acadêmicos estavam certos quando afirmavam que os homens deveriam duvidar de tudo.[23] Porém, ainda concordava com os maniqueus quando estes diziam "que não somos nós que pecamos, mas que outra natureza (qual seja, desconheço) peca em nós", e que o Mal era uma espécie de substância. Isso só deixa claro que, tanto antes quanto depois de sua conversão, a questão do pecado inquietou-o.

Após cerca de um ano em Roma, ele foi enviado pelo prefeito Símaco a Milão, para onde havia sido solicitado um professor de retórica. Ali, descobriu Ambrósio, "conhecido em todo o mundo como um dos melhores". Passou a amá-lo por sua bondade e a preferir a doutrina católica à dos maniqueus, mas durante certo tempo reprimiu-o o ceticismo que assimilara dos acadêmicos, "a cujos cuidados, porém, eu recusava veementemente o langor de minha alma, uma vez que ignoravam o salutar nome de Cristo".[24]

Em Milão, juntou-se a ele sua mãe, que exerceu poderosa influência ao acelerar os passos finais de sua conversão. Era católica muito fervorosa, e Agostinho sempre escreve sobre ela em tom de reverência. Sua figura se fez ainda mais importante nessa época porque Ambrósio andava ocupado demais para ir ter com Agostinho em particular.

Há um interessantíssimo capítulo[25] no qual Agostinho compara a filosofia platônica à doutrina cristã. Diz ele que o Senhor colocara em suas mãos, àquela época, "certos livros dos platônicos traduzidos do grego para o latim. Neles li, se não com estas palavras, certamente com o mesmo sentido e fundamentado em muitas e diversas razões, que 'no princípio era o Verbo, e o Verbo estava com Deus, e Deus era o Verbo. Este estava desde o princípio com Deus. Todas as coisas foram feitas por Ele, e sem Ele nada foi feito. O que foi feito é vida nele, e a vida era luz dos homens, e a luz resplandece nas trevas, mas as trevas não a compreenderam'. Também li que a alma do homem, embora 'dê testemunho da luz, não é ela mesma a luz', e sim o Verbo, Deus; é Ele a 'luz verdadeira que ilumina todo homem que vem a este mundo'. Li

[23] Ibid., Livro V, cap. X.

[24] Ibid., Livro V, cap. XIV.

[25] Ibid., Livro VII, cap. IX.

ainda que 'neste mundo estava', que 'o mundo foi por Ele feito', mas o 'mundo não o reconheceu'. No entanto, que 'veio aos Seus e os Seus não o receberam' e que 'a todos quantos o receberam lhes deu o poder de se tornarem filhos de Deus, crendo em seu nome', isso não li". Agostinho não leu também que "o Verbo se fez carne e habitou entre nós"; nem que "Ele se humilhou a si mesmo, fazendo-se obediente até a morte, e morte de cruz"; e tampouco que, "ao nome de Jesus, todo joelho se dobre".

Em linhas gerais, ele encontrou nos platônicos a doutrina metafísica do *Logos*, mas não a doutrina da Encarnação e a consequente doutrina da salvação humana. Algo não muito distinto dessas doutrinas existira no orfismo e nas outras religiões de mistério, mas isso santo Agostinho parece ter ignorado. De todo modo, nenhuma delas tivera relação com um acontecimento histórico comparativamente recente, como foi o caso do cristianismo.

Em oposição aos maniqueus, que eram dualistas, Agostinho passou a acreditar que o mal não se origina de substância alguma, e sim da perversão da vontade.

Ele encontrou especial consolo nos escritos de são Paulo.[26]

Por fim, depois de conflitos interiores ardorosos, Agostinho se converteu (386), abandonando o professorado, sua concubina e sua noiva. Após um breve período em retiro e meditação, foi batizado por santo Ambrósio. Sua mãe regozijou-se, mas faleceu logo em seguida. Em 388, ele retornou para a África, onde permaneceu pelo resto de sua vida, ocupando-se inteiramente de seus deveres episcopais e de controversos escritos contra várias heresias — a donatista, a maniqueia e a pelagiana.

[26] Ibid., Livro VII, cap. XXI.

4

A filosofia e a teologia de santo Agostinho

Santo Agostinho foi autor assaz copioso, de modo especial no que diz respeito a temas teológicos. Alguns de seus escritos polêmicos foram tópicos e perderam o interesse após seu triunfo; outros, porém, em particular os que tocam os pelagianos, conservaram sua influência praticamente até os tempos de hoje. Não almejo tratar suas obras à exaustão, mas apenas examinar o que me parece tanto intrínseca quanto historicamente importante. O que abordarei:

> Primeiro, sua filosofia pura, de modo particular sua teoria do tempo.
>
> Segundo, a filosofia da história tal qual desenvolvida em *A Cidade de Deus*.
>
> Terceiro, a filosofia da salvação tal qual elaborada em oposição aos pelagianos.

I. Filosofia pura

Na maior parte do tempo, santo Agostinho não se ocupa da filosofia pura; quando o faz, no entanto, demonstra grande habilidade. Ele é o primeiro de uma longa série de homens cujas visões puramente especulativas foram influenciadas pela necessidade de adaptar-se às Escrituras. Não é possível dizer o mesmo dos filósofos cristãos anteriores — de Orígenes, por exemplo: neste, o cristianismo e o platonismo se encontram lado a lado e não se interpenetram. Em santo Agostinho, por sua vez, o pensamento original no âmbito da filosofia pura é estimulado pelo fato de o platonismo não estar, em determinados aspectos, em harmonia com o Gênesis.

A melhor obra puramente filosófica de santo Agostinho é o livro décimo primeiro das *Confissões*. As edições populares da obra têm fim com o Livro X, partindo do princípio de que aquilo que se segue não é interessante. No caso, é desinteressante porque se trata de boa filosofia, e não de biografia. O Livro XI se debruça sobre o seguinte problema: tendo ocorrido a Criação do modo como afirmam tanto o primeiro capítulo do Gênesis quanto Agostinho em sua oposição aos maniqueus, ela deveria ter se dado o mais cedo possível. Ele então imagina os argumentos de um objetante.

Para que sua resposta seja compreendida, o que primeiro devemos entender é que a criação a partir do nada, tal qual apregoada no Antigo Testamento, era uma ideia completamente alheia à filosofia grega. Quando fala da criação, Platão concebe uma matéria primitiva a que Deus dá forma, e o mesmo se aplica a Aristóteles. O Deus deles é um artífice ou arquiteto, e não um Criador. A substância é tida como coisa eterna e incriada; apenas a forma se deve à vontade de Deus. Contra essa visão, santo Agostinho afirma, como todo cristão ortodoxo deve fazer, que o mundo não foi criado a partir de certa matéria, e sim a partir do nada. Deus criou a substância, e não apenas sua ordem e disposição.

A visão grega, segundo a qual a criação desde o nada é impossível, retornou de tempos em tempos durante a era cristã e culminou no panteísmo, para o qual Deus e o mundo não são distintos e tudo o que aqui há é parte de Deus. Essa visão foi desenvolvida em sua plenitude por Spinoza, mas a ela quase todos os místicos se sentem atraídos. Desse modo, ocorreu de, ao longo de todos os séculos cristãos, os místicos encontrarem dificuldades para permanecer na ortodoxia, uma vez que lhes é difícil acreditar que o mundo se encontra fora de Deus. Agostinho, entretanto, não vê obstáculo algum nesse ponto; o Gênesis é claro, e isso lhe basta. Sua visão sobre o tema é crucial para sua teoria do tempo.

Por que o mundo não foi criado mais cedo? Porque o "mais cedo" não existe. O tempo foi criado quando da criação do mundo. Deus é eterno no sentido de ser atemporal; nele não há antes nem depois, mas apenas um presente eterno. A eternidade de Deus está isenta da relação temporal; todo o tempo se Lhe faz presente de uma vez só. Ele não *precedeu* Sua criação do tempo porque, para tanto, deveria encontrar-se no tempo, quando na verdade vive eternamente fora do fluxo temporal. Isso leva santo Agostinho a uma teoria relativista que é bastante admirável.

"O que é, então, o tempo?", indaga. "Se ninguém me pergunta, eu sei; se desejo explicá-lo a quem questiona, eis que o desconheço." Inúmeras dificuldades o desconcertam. Apenas o presente, diz ele, de fato é, e não o passado ou o futuro; o presente, ademais, é tão somente um momento, e o tempo só pode ser medido enquanto passa. Não obstante, tanto o passado quanto o futuro existem verdadeiramente, e assim parecem restar-nos apenas contradições. A única forma como Agostinho consegue evitá-las é dizendo que o passado e o futuro só podem ser concebidos como presente: o "passado" deve ser identificado com a memória, e o "futuro", com a expectativa, e tanto a memória quanto a expectativa são realidades do agora. Afirma ele a existência de três tempos: "um presente das coisas passadas, um presente das coisas presentes e um presente das coisas futuras." "O presente do passado é a memória; o presente do presente, a visão; e o presente do futuro, a expectativa."[1] Dizer que existem três tempos — o passado, o presente e o futuro — é um modo vago de se expressar.

Agostinho percebe que não solucionara todas as dificuldades com essa teoria. "Anseia minha alma por conhecer esse enredadíssimo enigma", diz ele, que então reza para que Deus o ilumine, e garante-Lhe que seu interesse pelo problema não vem de vã curiosidade. "Confesso-Te, Senhor, que desconheço ainda o que seja o tempo." Todavia, o ponto capital da solução que Agostinho sugere jaz na subjetividade do tempo: o tempo se encontra no espírito humano, que espera, atenta e recorda.[2] Segue-se que não pode haver tempo sem um ser criado[3] e que falar do tempo anterior à Criação não tem sentido.

Eu mesmo não concordo com essa teoria na medida em que ela faz do tempo algo mental. Não há dúvidas, porém, de que se trata de teoria muito capaz e de que deve ser seriamente examinada. Irei além e direi que ela representa um grande avanço com relação a qualquer outra que encontramos sobre o tema na filosofia grega. Sua exposição

[1] Ibid., Livro XI, cap. XX.

[2] Ibid., cap. XXVIII.

[3] Ibid., cap. XXX.

é melhor e mais clara do que aquela da teoria subjetiva do tempo que Kant defendeu e que, desde então, tem sido amplamente aceita pelos filósofos.

A teoria de que o tempo é apenas um aspecto de nosso pensamento é uma das formas mais radicais daquele subjetivismo que, como vimos, crescera pouco a pouco desde a época de Protágoras e Sócrates. Seu aspecto emocional está na obsessão pelo pecado, que é posterior a seus aspectos intelectuais. Santo Agostinho ostenta ambos os tipos de subjetivismo. A postura subjetivista levou-o a antecipar não somente a teoria kantiana do tempo, mas também o *cogito* de Descartes. Em seus *Solilóquios*, ele diz: "Tu, que desejas conhecer-te, sabes que existes? Sei. De onde o sabes? Desconheço. És ser simples ou composto? Não sei. Sabes que te moves? Não sei. Sabes que pensas? Sei." Eis aí, ademais, não apenas o *cogito* de Descartes, mas também sua resposta ao *ambulo ergo sum* de Gassendi. Como filósofo, portanto, Agostinho merece lugar de destaque.

II. A Cidade de Deus

Quando, em 410, Roma foi saqueada pelos godos, os pagãos naturalmente atribuíram o desastre ao abandono dos deuses antigos. Enquanto Júpiter foi cultuado, diziam, Roma continuou poderosa; agora que os imperadores lhe deram as costas, ele não mais protege seus romanos. Esse raciocínio exigia uma resposta, e *A Cidade de Deus*, escrita gradualmente entre 412 e 427, foi a resposta de santo Agostinho. No entanto, à medida que ia sendo desenvolvida, a obra alçou voos maiores e delineou um esquema cristão completo da história — passado, presente e futuro. O livro exerceu influência incomensurável ao longo de toda a Idade Média, em especial nos conflitos da Igreja com os príncipes seculares.

A exemplo de outros livros grandiosos, esse se imprime, na memória dos que o leram, como algo melhor do que parece ser quando de sua releitura. Contém muitas coisas que nos dias de hoje quase ninguém aceitaria, e sua tese central foi bastante obscurecida pelas excrescências de seu tempo. A ampla concepção, porém, de um contraste entre a Cidade deste mundo e a Cidade de Deus continuou a inspirar muitos, e mesmo hoje pode ser rearticulada em termos não teológicos.

Omitir os detalhes da obra ao descrevê-la e concentrar-se apenas em sua ideia central seria construir uma visão favorável indevida; por outro lado, ater-se aos detalhes é omitir o que há, nela, de melhor e mais importante. Esforçar-me-ei para evitar ambos os erros: oferecerei, primeiro, uma exposição dos detalhes; em seguida, passarei à ideia geral, tal qual se apresenta em seu desenvolvimento histórico.

O livro tem início com reflexões que remetem ao saque de Roma e que têm como objetivo demonstrar que coisas ainda piores haviam ocorrido em tempos pré-cristãos. Entre os pagãos que atribuem o desastre ao cristianismo, encontram-se muitos que, durante o saque, buscaram refúgio nas igrejas, respeitadas porque os godos eram cristãos. No saque de Troia, por sua vez, o templo de Juno não oferecera proteção nenhuma, e tampouco os deuses preservaram a cidade da ruína. Os romanos jamais pouparam os templos das cidades que conquistaram; nesse aspecto, o saque de Roma foi mais brando do que a maioria dos outros, e esse abrandamento se deveu ao cristianismo.

Os cristãos que haviam sofrido com o saque não tinham o direito de reclamar, e por várias razões. Godos iníquos podem ter prosperado às suas custas, mas sofrerão no mundo futuro: se todos os pecados fossem punidos na Terra, não haveria necessidade do Juízo Final. Caso fossem virtuosos, tudo o que os cristãos suportassem seria para sua edificação, pois os santos, na perda do que é temporal, nada perdem de valor. Pouco importa se seus corpos não forem enterrados, dado que animais famintos não podem interferir na ressurreição do corpo.

Em seguida, chega a vez das virgens piedosas que foram violadas durante o ataque. Ao que parece, havia quem julgasse que tais damas tinham perdido, sem culpa própria, a coroa da virgindade. A essa visão o santo se opõe muito sensatamente. "Nada disso: a cupidez alheia não pode poluir-te." A castidade é virtude do espírito e não pode ser perdida pelo estupro, mas apenas pela intenção de pecar, ainda que não levada a cabo. Sugere-se que Deus permitira tais violações porque as vítimas estiveram demasiadamente orgulhosas de sua continência. É mau cometer suicídio a fim de evitar o estupro; a isso segue-se uma longa discussão sobre Lucrécia, que não deveria ter se suicidado porque suicídio é sempre pecado.

Há uma ressalva quanto à isenção de culpa nas mulheres virtuosas que são violadas: elas não devem gostar do ato. Caso o façam, estão em pecado.

Então Agostinho chega à iniquidade dos deuses pagãos. Por exemplo: "Os jogos cênicos, espetáculos de torpezas e vaidades licenciosas, não foram instituídos em Roma pelos vícios dos homens, mas por ordem direta de vossos deuses."[4] Seria melhor cultuar um homem virtuoso, como Cipião, do que deuses tão imorais. Quanto ao saque de Roma, porém, ele não precisa desconcertar os cristãos, que possuem refúgio na "cidade de Deus peregrina".

Neste mundo, as duas cidades — a terrena e a celeste — se misturam; no além, contudo, os predestinados e os réprobos serão separados. Nesta vida, não podemos saber quem, entre nossos aparentes inimigos, estará entre os eleitos.

A parte mais difícil da obra — assim o lemos — consistirá na refutação dos filósofos, com os melhores dos quais os cristãos estão de acordo acerca da maioria dos temas — acerca da imortalidade e da criação divina do mundo, por exemplo.[5]

Os filósofos não abandonaram o culto dos deuses pagãos, e suas instruções morais eram fracas em virtude da iniquidade dos deuses. Nada sugere que fossem meras fábulas; santo Agostinho acreditava que existiam, mas que se tratava de demônios. Agradava-lhes que histórias vulgares sobre si mesmos fossem contadas, dado que desejavam prejudicar os homens. Os feitos de Júpiter têm mais valor para a maioria dos pagãos do que as doutrinas de Platão ou as opiniões de Catão. "Platão, que numa cidade bem-organizada não deu lugar aos poetas, foi melhor que esses deuses, desejosos como eram de ser honrados com jogos cênicos."[6]

Do rapto das sabinas em diante, Roma foi sempre iníqua. São muitos os capítulos dedicados à corrupção do imperialismo romano. Tampouco é verdade que Roma não sofrera antes de o Estado tornar-se cristão; desde os gauleses e das guerras civis, foram tantos os seus sofrimentos quanto os causados pelos godos — e ainda mais.

[4] *A Cidade de Deus*, I, 32.

[5] Ibid., I, 36.

[6] Ibid., II, 14.

A astrologia não é apenas má, mas também falsa; disso dão prova as diferentes sinas dos gêmeos, cujo horóscopo é o mesmo.[7] A concepção estoica de Destino (a qual tinha relação com a astrologia) é equivocada, uma vez que anjos e homens desfrutam do livre-arbítrio. É bem verdade que Deus antevê nossos pecados, mas nós não pecamos *em virtude* de sua antevisão. É equívoco achar que a virtude traz infelicidade, mesmo se neste mundo: os imperadores cristãos, quando virtuosos, foram felizes a despeito de suas desventuras, e tanto Constantino quanto Teodósio foram contemplados pela fortuna; além disso, o reino judaico existira pelo mesmo tempo em que durou a adesão dos judeus às verdade da religião.

Encontramos uma exposição muito favorável de Platão, por Agostinho colocado acima de todos os outros filósofos, que deveriam dar-lhe lugar: "Cedam Tales, com sua água; Anaxímenes, com o ar; os estoicos, com seu fogo; Epicuro, com seus átomos."[8] Todos estes foram materialistas; Platão, não. Platão percebeu que Deus não era coisa corpórea, mas que todas as coisas derivam sua existência de Deus e de algo imutável. Também teve razão ao dizer que não está na percepção a fonte da verdade. Os platônicos são os melhores no campo da lógica e da ética, e os que mais se aproximam do cristianismo. "Diz-se que Plotino, vivo há pouco, compreendeu Platão como ninguém mais." Quanto a Aristóteles, foi inferior a Platão, mas muito superior ao restante. Ambos, porém, disseram que todos os deuses são bons e devem ser cultuados.

Contra os estoicos, que condenavam toda e qualquer paixão, santo Agostinho afirma que as paixões dos cristãos podem ser causa de virtude; a ira ou a piedade não devem ser condenadas por si só: antes, é preciso investigar sua causa.

Os platônicos estão certos sobre Deus e errados sobre os deuses. Também se equivocam ao não reconhecerem a Encarnação.

Há um exame longo dos anjos e demônios que se vincula ao exame dos neoplatônicos. Os anjos podem ser bons ou maus, enquanto os demônios são sempre maus. Para os anjos, o conhecimento das coisas

[7] Esse argumento não é original; antes, deriva do cético acadêmico Carnéades. Cf. Cumont, *Oriental Religions in Roman Paganism*, p. 166.

[8] *A Cidade de Deus*, VIII, 5.

temporais (embora exista) é vil. Santo Agostinho defende, com Platão, que o mundo sensível é inferior ao mundo eterno.

O Livro XI tem início com a exposição da natureza da Cidade de Deus. Trata-se da sociedade dos eleitos. O conhecimento de Deus só é obtido por meio de Cristo. Há coisas que podem ser descobertas pela razão (como nos filósofos), mas para todo conhecimento religioso ulterior devemos recorrer às Escrituras. Não nos cabe tentar entender o tempo e o espaço antes da criação do mundo: não havia tempo antes dela e não há espaço onde o mundo inexiste.

Tudo o que é bem-aventurado é eterno, mas nem tudo o que é eterno é bem-aventurado — o inferno e Satanás, por exemplo. Deus anteviu os pecados dos demônios, mas também sua utilidade no aprimoramento do universo como um todo, algo que se assemelha à antítese na retórica.

Orígenes se engana ao achar que as almas foram dadas aos corpos como punição. Se assim fosse, as almas más teriam corpos maus, quando, na verdade, os demônios, mesmo os piores, possuem corpos aéreos, os quais são melhores do que os nossos.

O mundo foi criado em seis dias porque seis é número perfeito (isto é, igual à soma de seus fatores).

Existem anjos bons e anjos maus, mas nem mesmo os anjos maus têm essência contrária a Deus. Os inimigos divinos não o são por natureza, mas, sim, por vontade. A vontade má não tem causa *eficiente*, mas apenas *deficiente*; não se trata de *efeito*, mas de *defeito*.

O mundo tem menos de seis mil anos de idade. Ao contrário do que apregoam alguns filósofos, a história não é cíclica: "Cristo morreu de *uma vez por todas* pelos nossos pecados."[9]

Se não pecassem, nossos primeiros pais não teriam morrido; como o fizeram, porém, toda a posteridade também morreu. A ingestão da maçã trouxe não apenas a morte natural, mas também a morte eterna, isto é, a danação.

Porfírio se equivoca quando nega corpos aos santos no paraíso. Os santos terão corpos melhores do que o corpo que tivera Adão antes da queda; serão corpos espirituais, mas não espíritos; tampouco terão peso. Os homens desfrutarão de corpos masculinos, e as mulheres,

[9] Romanos VI, 10; Hebreus VII, 27.

de corpos femininos; os que morreram quando crianças ressurgirão em corpos adultos.

O pecado de Adão teria condenado toda a humanidade à morte eterna (isto é, à danação), mas a graça de Deus fez com que muitos dela se livrassem. O pecado veio da alma, não da carne. Tanto os platônicos quanto os maniqueus se enganam quando atribuem o pecado à natureza da carne, embora os platônicos não sejam tão maus como os maniqueus. A punição de toda a humanidade pelo pecado de Adão foi justa, dado que o homem, que poderia ter sido espiritual em seu corpo, tornou-se, em virtude do delito, carnal em espírito.[10]

Isso culmina num exame longo e minucioso do desejo sexual, ao qual estamos sujeitos como parte de nosso castigo pelo pecado de Adão. Esse exame é importantíssimo porque revela a psicologia do ascetismo, e devemos nos ocupar dele ainda que o santo confesse que o tema é imodesto. Sua teoria é formulada como a seguir.

Devemos reconhecer que a relação sexual, quando no matrimônio, não é pecaminosa, contanto que tenha como objetivo gerar filhos. Não obstante, mesmo no casamento o homem virtuoso desejará proceder sem a lascívia. Mesmo no casamento, como bem demonstra o desejo de privacidade, as pessoas se envergonham da relação sexual, uma vez que "esse ato lícito da natureza vem acompanhado (desde nossos primeiros pais) de nossa vergonha penal". Os cínicos julgam possível a ausência de vergonha; Diógenes Laércio não teria nenhuma, desejando ser, em todas as coisas, tal qual um cão. Mesmo ele, porém, após uma só tentativa, abandonou na prática essa falta de vergonha radical. O que é vergonhoso na lascívia é sua independência da vontade. Antes da queda, Adão e Eva poderiam ter relações sexuais sem ela, muito embora não o tenham feito. Os artesãos, quando no cumprimento de seu ofício, movem as mãos sem lascívia; Adão, se permanecesse afastado da macieira, teria desempenhado o ato sexual de modo semelhante, sem as emoções que hoje ela exige. A exemplo do resto do corpo, os membros sexuais teriam obedecido à vontade. A necessidade da lascívia na relação sexual é castigo pelo pecado de Adão, e, não fosse ele, o sexo talvez estivesse dissociado do prazer. Omitindo certos detalhes fisiológicos que o tradutor deixou, muito adequadamente, na

[10] *A Cidade de Deus*, XIV, 15.

decente obscuridade do latim original, o que se expôs é a teoria sexual de santo Agostinho.

Claro está, a partir do que vimos, que aquilo que faz o ascético ser avesso ao sexo é sua independência da vontade. A virtude, afirma-se, exige que a vontade controle por completo o corpo, mas um tal controle não basta para tornar o ato sexual possível. Desse modo, o ato sexual parece inconsistente com a vida perfeitamente virtuosa.

Desde a Queda, o mundo se divide em duas cidades: uma reinará eternamente com Deus, e a outra padecerá do tormento eterno com Satanás. Caim pertence à cidade do Diabo; Abel, à de Deus. Este, pela graça e em virtude da predestinação, foi peregrino na Terra e cidadão do céu. Os patriarcas pertenceram à Cidade de Deus. O exame da morte de Matusalém leva santo Agostinho à controversa comparação da Septuaginta com a Vulgata. Os dados trazidos pela Septuaginta fazem concluir que Matusalém sobrevivera ao dilúvio por catorze anos, o que é impossível, dado que não estava na Arca. A Vulgata, que seguira os manuscritos hebraicos, fornece dados que revelam que sua morte se dera no ano do dilúvio. Nesse ponto, santo Agostinho afirma que são Jerônimo e os manuscritos hebraicos devem estar certos. Alguns defendiam que os judeus haviam falsificado deliberadamente, por malícia, os manuscritos hebraicos, em oposição aos cristãos; essa hipótese ele rejeitou. Por outro lado, a Septuaginta deve ter contado com inspiração divina. Sua única conclusão diz que os copistas de Ptolomeu se equivocaram ao transcrevê-la. Ao tratar das traduções do Antigo Testamento, ele diz: "A Igreja recebeu aquela dos Setenta como se não houvesse mais nenhuma, e dela se servem os gregos cristãos, dos quais a maior parte ignora se há outra. A partir dessa versão dos Setenta, uma em latim foi produzida, a usada pelas igrejas latinas. Em nossos dias, Jerônimo, homem muito versado e grande linguista, traduziu as Escrituras diretamente do hebraico para o latim. Os judeus reconhecem que essa versão é muito fiel e afirmam que os Setenta se equivocaram em muitos pontos. Não obstante, as igrejas de Cristo julgam que à autoridade desses homens que o sumo sacerdote escolhera para tal obra não deve preceder a de nenhum outro." Agostinho aceita a história do miraculoso acordo entre as setenta traduções independentes e acredita que tal concórdia é prova de que a Septuaginta possui inspiração divina. Os hebreus, porém, desfrutam da mesma inspiração. Isso deixa em aberto a questão que diz respeito à autoridade da versão de Jerônimo. Talvez ele se alinhasse mais claramente a Jerônimo caso os dois não tivessem brigado a respeito das propensões oportunistas de são Pedro.[11]

Agostinho sincroniza a história sagrada e a história profana. Lemos que Eneias chegara à Itália quando Abdão[12] era juiz em Israel e que a última perseguição se dará sob o Anticristo. Sua data, porém, é desconhecida.

Após um admirável capítulo contra a tortura judicial, santo Agostinho se põe a combater os novos acadêmicos, segundo os quais todas as coisas são duvidosas. "A Igreja de Cristo detesta essas dúvidas e as tem como loucura, possuindo, das coisas que compreende, ciência certíssima." Devemos acreditar na verdade das Escrituras. Ele então explica que não há virtude verdadeira longe da verdadeira religião. A virtude pagã "se prostitui a demônios obscenos e impuros". O que num cristão seria virtude é, nos pagãos, vício. "As virtudes que [a alma] crê possuir e, assim, governar suas paixões, se não se referem a Deus, são antes vícios do que virtudes." Os que não pertencem a essa sociedade (a Igreja) terão por destino a miséria eterna. "Quando no mundo se desencadeia esse conflito, ou vence a dor, e a morte nos priva de suas sensações, ou vence a natureza e suprime a dor. Na outra vida, porém, subsiste a dor para atormentar e a natureza para sentir a dor, e não falta nem uma nem a outra para que a pena dure para sempre."

São duas as ressurreições: a da alma, quando de sua morte, e a do corpo, no Juízo Final. Após um exame das várias dificuldades acerca do milênio, bem como dos feitos subsequentes de Gogue e Magogue, ele chega a um texto em 2 Tessalonicenses II, 11, 12: "É por isso que Deus lhes manda o poder da sedução, para acreditarem na mentira e serem condenados, todos os que não creram na verdade, mas antes consentiram na injustiça." Talvez haja quem julgue injusto que o Onipotente os engane e, então, puna-os por terem sido enganados; para santo Agostinho, porém, isso parece estar em ordem. "Os julgados serão seduzidos e os seduzidos, condenados. Os julgados serão sedu-

---

[11] Gálatas II, 11-14.

[12] De Abdão sabemos tão somente que teve quarenta filhos e trinta sobrinhos, e que todos os setenta montavam jumentos (Juízes XII, 14).

zidos pelos juízos de Deus, ocultamente justos e justamente ocultos, os quais não cessaram jamais de julgar os homens desde o primeiro pecado." Santo Agostinho afirma que Deus dividiu a humanidade entre eleitos e réprobos não em virtude de seus méritos ou deméritos, e sim de maneira arbitrária. Todos merecem a danação, e por isso os réprobos não têm por que queixar-se. À luz da passagem de são Paulo citada acima, tem-se a impressão de que eles são iníquos porque réprobos, e não o contrário.

Após a ressurreição do corpo, os corpos dos condenados queimarão eternamente sem se consumir. Nisso nada há de estranho: acontece com a salamandra e com o monte Etna. Os demônios, embora incorpóreos, podem ser queimados por fogo corpóreo. Os tormentos do inferno não purificam e não se abrandarão pela intercessão dos santos. Orígenes enganara-se ao achar que o inferno não é eterno. Os hereges e os católicos pecaminosos serão condenados.

O livro tem fim com a descrição da visão de Deus por parte dos santos no paraíso e da felicidade eterna da Cidade de Deus.

A partir do resumo que fizemos, a importância da obra talvez não se faça manifesta. Influente foi sua separação entre Igreja e Estado, segundo a qual, claro fica, o Estado só poderia ser parte da Cidade de Deus caso se submetesse à Igreja em todas as questões religiosas. Essa tem sido a doutrina da Igreja desde então. Ao longo de todo o medievo, do gradual crescimento do poder papal e do conflito entre papa e imperador, santo Agostinho forneceu à Igreja Ocidental a justificativa teórica de seu regime. Nos tempos lendários dos juízes e no período histórico que sucedeu o retorno do cativeiro babilônico, o Estado judaico fora teocrático; o Estado cristão deveria seguir o mesmo caminho. A fraqueza dos imperadores e da maioria dos monarcas do Ocidente medieval permitiu que a Igreja realizasse, em grande medida, o ideal da Cidade de Deus. No Oriente, onde o imperador era forte, esse desdobramento jamais teve lugar, e a Igreja permaneceu muito mais sujeita ao Estado do que no Ocidente.

A Reforma, que resgatou a doutrina salvífica de santo Agostinho, pôs de lado seu ensinamento teocrático e fez-se erastiana,[13] graças sobretudo às exigências práticas da luta contra o catolicismo. O eras-

---

[13] Erastianismo é a doutrina que diz que a Igreja deve submeter-se ao Estado.

tianismo protestante, porém, não foi nada enérgico, e a maioria dos religiosos protestantes ainda sofria a influência de santo Agostinho. Os anabatistas, os Homens da Quinta Monarquia e os quacres tomaram para si parte de sua doutrina, mas sem dar tanta ênfase à Igreja. Agostinho afirmara a predestinação e a necessidade do batismo para a salvação; ambas as doutrinas não se harmonizam muito bem, e os protestantes radicais acabaram por colocá-las de lado. Sua escatologia, porém, continuou agostiniana.

Pouco há, em *A Cidade de Deus*, que seja fundamentalmente original. Sua escatologia tem origem judaica e adentrou o cristianismo mediante, sobretudo, o Livro do Apocalipse. A doutrina da predestinação e da eleição é paulina, ainda que santo Agostinho lhe tenha dado desenvolvimento mais completo e lógico do que aquele que encontramos nas Epístolas. A distinção entre história sagrada e história profana é articulada com clareza no Antigo Testamento. O que fez santo Agostinho foi unir todos esses elementos e relacioná-los à história de seu tempo, fazendo-o de tal modo que a queda do Império Ocidental, bem como o período de confusão subsequente, pudesse ser assimilada pelos cristãos sem que a fé fosse colocada à prova de maneira desnecessária e rigorosa.

O modelo judaico de história — composto de passado e futuro — exerce poderoso encanto sobre os oprimidos e desafortunados de todas as épocas. Santo Agostinho adaptou esse modelo ao cristianismo; Marx, ao socialismo. Para compreendermos Marx psicologicamente, devemos utilizar o seguinte dicionário:

Javé = materialismo dialético
Messias = Marx
Eleitos = proletariado
Igreja = Partido Comunista
Segunda Vinda = Revolução
Inferno = punição dos capitalistas
Milênio = a nação comunista

Os termos à esquerda dão substância emocional aos termos da direita, e é essa substância emocional, com a qual estão familiarizados todos os que receberam educação cristã ou judaica, que torna a escatologia de Marx crível. Um dicionário semelhante poderia ser redigido para os nazistas, mas suas concepções são mais veterotestamentárias e menos cristãs do que aquelas de Marx, ao passo que seu Messias é mais semelhante aos macabeus do que a Cristo.

III. A controvérsia pelagiana

Muito da parte mais influente da teologia agostiniana teve como objetivo combater a heresia pelagiana. Pelágio foi galês cujo nome real era Morgano, que significa "homem do mar" tal qual "Pelágio", em grego. Foi homem douto e aprazivelmente eclesiástico, menos fanático do que muitos de seus contemporâneos. Acreditava no livre-arbítrio, questionava a doutrina do pecado original e achava que, quando agem virtuosamente, os homens o fazem graças a seu próprio esforço moral. Caso ajam retamente e sejam ortodoxos, terão o céu como recompensa de suas virtudes.

Embora pareçam hoje lugar-comum, essas visões causaram grande comoção à época e foram declaradas, sobretudo graças aos esforços de santo Agostinho, heréticas. Por um tempo, porém, desfrutaram de considerável sucesso. Agostinho teve de escrever ao patriarca de Jerusalém a fim de alertá-lo do capcioso heresiarca, que havia convencido muitos teólogos orientais a adotarem seus pontos de vista. Mesmo após sua condenação, outras pessoas, denominadas semipelagianas, defenderam formas mais brandas de sua doutrina. Muito tempo foi necessário para que o ensinamento mais puro do santo triunfasse por completo, de modo especial na França, onde a condenação derradeira da heresia semipelagiana se deu no Concílio de Orange, em 529.

Santo Agostinho ensinou que, antes da Queda, Adão desfrutara do livre-arbítrio e poderia ter se abstido do pecado. Uma vez, porém, que ele e Eva comeram a maçã, a corrupção penetrou-os e, por meio dos dois, toda a posteridade; por conseguinte, nenhum de seus descendentes pode abster-se, por si só, de pecar. Somente a graça de Deus permite que os homens sejam virtuosos. Como todos herdamos os pecados de Adão, todos merecemos a danação eterna. Todos os que morrem sem o batismo, incluindo os bebês, irão para o inferno e sofrerão tormentos sem fim. Não temos por que nos queixar disso, uma vez que somos todos iníquos. (Nas *Confissões*, o santo enumera os crimes de que fora culpado ainda no berço.) Mediante a graça que Deus livremente lhes dá, alguns dos que foram batizados são escolhidos para lograr o céu; são esses os eleitos. Eles não vão para o céu porque são bons: todos somos inteiramente depravados, exceto na medida em que a graça de Deus, oferecida somente aos eleitos, permite-nos não sê-lo. Não é possível dizer por que alguns são salvos, e outros, condenados; isso cabe à opção imotivada de Deus. A danação revela a justiça divina; a salvação, Sua misericórdia. Ambas demonstram igualmente Sua bondade.

Os argumentos em favor dessa feroz doutrina — resgatada por Calvino e, desde então, não mais defendida pela Igreja Católica — são encontrados nos escritos de são Paulo, de modo particular na Epístola aos Romanos. Agostinho os trata como um advogado trata a lei: sua interpretação é hábil e traz à baila o sentido mais oculto do texto. Saímos convencidos, no final, não de que são Paulo acreditava no que Agostinho deduz, mas de que, tomando certos textos isoladamente, eles implicam aquilo mesmo que é declarado. Talvez pareça estranho que não tenha sido motivo de choque a condenação de bebês não batizados, mas antes fosse fato atribuído a um Deus bom. A convicção do pecado, porém, de tal maneira dominou-o que ele realmente acreditava que os recém-nascidos eram membros de Satanás. Grande parte do que há de mais feroz na Igreja do medievo remete a esse obscuro sentimento de culpa universal.

Há apenas uma dificuldade intelectual que realmente desconcerta santo Agostinho, e não se trata do fato de parecer desventura que o homem tenha sido criado, uma vez que a maioria dos seres humanos está predestinada ao tormento eterno. O que o desconcerta é que, se o pecado original é herança de Adão, como apregoa são Paulo, a alma deve ser propagada pelos pais tanto quanto o corpo, visto que é à alma que o pecado diz respeito. Agostinho encontra dificuldades nessa doutrina, mas afirma que, se a Escritura nada diz sobre o tema, não pode ser necessário à salvação encontrar a postura certa sobre ele. Desse modo, a questão fica em aberto.

É estranho que os últimos homens a se destacarem intelectualmente antes da Idade das Trevas não tenham se interessado em salvar a civilização, em expulsar os bárbaros ou em retificar abusos administrativos, mas antes em pregar os méritos da virgindade e a danação de bebês não batizados. Uma vez que foram essas as preocupações que a Igreja legou aos bárbaros conversos, não surpreende que o período subsequente tenha superado quase todas as demais épocas plenamente históricas em crueldade e superstição.

5
Os séculos V e VI

O século V foi o século da invasão bárbara e da queda do Império Ocidental. Após a morte de Agostinho, em 430, pouca filosofia foi feita; o período foi de ação destrutiva, mas determinou em grande medida os caminhos que a Europa iria tomar. Foi nesse século que os ingleses invadiram a Bretanha e a transformaram em Inglaterra; foi também quando a invasão dos francos fez a Gália tornar-se França, e quando os vândalos invadiram a Espanha, dando seu nome à Andaluzia. Em meados do século, são Patrício converteu os irlandeses ao cristianismo. Em todo o mundo ocidental, reinos germânicos rudes substituíram a burocracia centralizada do Império. A posta imperial deixou de existir, as grandes estradas caíram em decadência, a guerra deu fim ao comércio em larga escala e, tanto no plano político quanto no plano econômico, a vida mais uma vez tornou-se local. A autoridade central só foi conservada na Igreja, e ainda assim com grande dificuldade.

Das tribos germânicas que invadiram o Império no século V, a mais importante foi a dos godos. Estes foram empurrados para o oeste pelos hunos, que os atacaram desde o Oriente. De início, tentaram conquistar o Império Oriental, mas saíram derrotados; então, voltaram-se para a Itália. Desde Diocleciano, foram empregados como mercenários romanos, o que lhes ensinara mais sobre a arte da guerra do que poderiam descobrir por si sós. Alarico, rei dos godos, saqueou Roma em 410, mas morreu no mesmo ano. Odoacro, soberano dos ostrogodos, deu fim ao Império Ocidental em 476 e reinou até 493, quando foi traiçoeiramente assassinado por outro ostrogodo: Teodorico, que até 526 foi rei da Itália. De Teodorico terei mais o que dizer em breve, dado que foi importante tanto no plano histórico quanto no plano da lenda: na Canção dos Nibelungos, surge como "Dietrich von Bern" ("Bern" sendo, no caso, Verona).

Nesse ínterim, os vândalos se instalaram na África; os visigodos, no sul da França; e os francos, no norte.

No meio da invasão germânica teve lugar a incursão dos hunos sob a liderança de Átila. Os hunos tinham origem mongol, mas com frequência se puseram ao lado dos godos. Em 451, porém, momento crucial em que invadiram a Gália, ambos já haviam entrado em conflito; unidos, godos e romanos derrotaram os hunos em Châlons. Átila então se voltou contra a Itália e cogitou marchar Roma adentro, mas o papa Leão dissuadiu-o, assinalando que Alarico morrera após saquear a cidade. Tal autodomínio, contudo, de nada lhe serviu, pois veio ele a falecer no ano seguinte. Após sua morte, o poder dos hunos decresceu.

Durante esse período de confusão, a Igreja se viu atormentada por uma complicada controvérsia referente à Encarnação. Dois eclesiásticos protagonizaram os debates: Cirilo e Nestório. Mais ou menos por acidente, aquele foi declarado santo, e este, herege. São Cirilo foi patriarca de Alexandria desde 412 até sua morte, em 444; Nestório, por sua vez, foi patriarca de Constantinopla. O problema em questão dizia respeito à relação entre a divindade e a humanidade de Cristo. Porventura havia duas Pessoas, uma humana e outra divina? Tal era a visão defendida por Nestório. Ou haveria somente uma natureza? Ou duas naturezas em uma só pessoa — uma humana e uma divina? Essas perguntas suscitaram, no século V, um grau quase inacreditável de paixão e fúria. "Uma discórdia secreta e incurável travaram aqueles que temiam confundir e aqueles que receavam apartar a divindade e a humanidade de Cristo."[1]

São Cirilo, o defensor da unidade, foi homem de zelo fanático. Utilizou sua posição como patriarca para instigar massacres contra a enorme colônia judaica de Alexandria. A principal causa de sua reputação é o linchamento de Hipátia, senhora de destaque que, em tempos de fanatismo, aderira à filosofia neoplatônica e dedicara seus talentos à matemática. Ela foi "arrancada de sua carruagem, despida, arrastada até a igreja e impiedosamente chacinada pelas mãos de

[1] Gibbon, op. cit., cap. XLVII.

Pedro, o Leitor, e de uma tropa de fanáticos selvagens e cruéis: sua carne foi descolada dos ossos com ostras afiadíssimas; seus membros trêmulos, entregues às chamas. O progresso justo da investigação e do castigo foi interrompido graças a presentes oportunos".[2] Depois disso, Alexandria deixou de ser importunada por filósofos.

Afligiu são Cirilo descobrir que Constantinopla estava sendo desvirtuada pelo ensinamento de seu patriarca Nestório, para quem havia em Cristo duas Pessoas, uma humana e uma divina. Por conseguinte, Nestório se opôs à nova prática de denominar a Virgem "Mãe de Deus": ela, dizia, fora tão somente a mãe da Pessoa humana, ao passo que a Pessoa divina, aquela que era Deus, não possuía mãe nenhuma. Sobre essa questão a Igreja se viu dividida: *grosso modo*, os bispos ao leste de Suez favoreciam Nestório, enquanto os outros a oeste tomavam partido de são Cirilo. Um concílio se reuniu em Éfeso, no ano 431, a fim de solucionar a questão. Os bispos ocidentais, que chegaram primeiro, trancaram as portas para evitar os atrasados e decidiram, afobadamente, em favor de são Cirilo, que ali presidia. "Esse tumulto episcopal, à distância de treze séculos, assume o venerável aspecto do terceiro concílio ecumênico."[3]

Como resultado do concílio, Nestório foi declarado herege. Não desistiu, porém, e fundou a seita nestoriana, dona de um grande número de seguidores na Síria e em todo o Oriente. Alguns séculos depois, o nestorianismo ainda mostrava-se tão forte na China que parecia candidato a tornar-se religião oficial. No século XVI, nestorianos foram encontrados na Índia pelos missionários espanhóis e portugueses. A perseguição ao nestorianismo por parte do governo católico de Constantinopla fomentou um descontentamento que ajudou os maometanos na conquista da Síria.

A língua de Nestório, que por sua eloquência seduzira tantos, foi comida por vermes — ao menos é o que nos garantem.

Éfeso aprendera a substituir Ártemis pela Virgem, mas ainda ostentava o mesmo zelo descomedido pela deusa que ostentara na época de são Paulo. Dizia-se que a Virgem fora enterrada lá. Em 449, após a morte de são Cirilo, um sínodo em Éfeso tentou levar seu

[2] Ibid.

[3] Gibbon, op. cit., cap. XLVII.

triunfo além e, assim, resvalou na heresia contrária à de Nestório: a monofisita, segundo a qual Cristo possui uma só natureza. Se ainda fosse vivo, são Cirilo certamente a teria defendido e se tornado herege. O imperador deu apoio ao sínodo, mas não o papa. Por fim, no ano da batalha de Châlons, o papa Leão, o mesmo que dissuadira Átila de atacar Roma, convocou um concílio ecumênico para 451, na Calcedônia; nele, os monofisitas foram condenados, e a doutrina ortodoxa da Encarnação enfim estabelecida. O Concílio de Éfeso definira que há apenas uma *Pessoa* de Cristo; o de Calcedônia, que Ele existe em duas *naturezas*, uma humana e uma divina. A influência do papa nessa decisão foi crucial.

A exemplo dos nestorianos, os monofisitas negaram submissão. O Egito quase todo adotou sua heresia, que se difundiu do Nilo até a Abissínia. A heresia dos abissínios foi um dos subterfúgios que Mussolini utilizou para conquistá-los. Como a heresia contrária da Síria, a heresia do Egito facilitou a conquista árabe.

Durante o século VI, foram quatro os homens de grande importância para a história da cultura: Boécio, Justiniano, Bento e Gregório Magno. Serão eles o principal tema do restante deste capítulo e do capítulo seguinte.

A conquista gótica da Itália não deu fim à civilização romana. Sob Teodorico, rei da Itália e dos godos, a administração civil foi inteiramente romana. A Itália gozou (quase até o fim) de paz e tolerância religiosa; seu rei era sábio e vigoroso. Ele nomeou cônsules, preservou o direito romano e conservou o Senado: quando em Roma, sua primeira visita era à cúria.

Embora ariano, Teodorico teve boa relação com a Igreja até seus anos derradeiros. Em 523, o imperador Justino proscreveu o arianismo, o que deixou Teodorico irritado. Ele tinha razões para temer, uma vez que a Itália era católica e, por afinidade teológica, via-se levada a tomar partido do imperador. Com razão ou não, ele acreditou na existência de uma conspiração em que estariam envolvidos homens de seu próprio governo. Isso o fez prender e executar o senador Boécio, ministro seu que escreveu as *Consolações da filosofia* quando na prisão.

Boécio é figura singular. Foi lido e admirado ao longo de toda a Idade Média, sendo sempre considerado cristão devoto e por todos tratado quase como se fora um dos Pais. Não obstante, as *Consolações da filosofia*, escritas em 524, enquanto aguardava sua execução, é obra puramente platônica; não prova que não foi cristão, mas revela que a filosofia pagã lhe influenciara muito mais do que a teologia do cristianismo. Alguns trabalhos teológicos que lhe são atribuídos, de modo particular um sobre a Trindade, são considerados espúrios por muitas autoridades; todavia, é provável que tenham sido eles os responsáveis por permitir que o medievo o tratasse como ortodoxo e assimilasse, dele, um platonismo que de outro modo seria visto com desconfiança.

A obra alterna verso e prosa: Boécio, falando em seu próprio nome, se expressa em prosa, enquanto a filosofia responde em verso. Há certa semelhança com Dante, que sem dúvida foi por ele influenciado na *Vita nuova*.

As *Consolações*, por Gibbon justamente denominadas "volume de ouro", têm início com a declaração de que Sócrates, Platão e Aristóteles são os verdadeiros filósofos; estoicos, epicuristas e outros são usurpadores que a massa profana confundira com amigos da filosofia. Boécio diz ter obedecido à ordem pitagórica (e não *cristã*) de "seguir Deus". A felicidade, que equivale à bem-aventurança, está no bem, e não no prazer. A amizade é "o que há de mais sagrado". Muito de sua moral está de acordo com a doutrina estoica — fora, de fato, retirado de Sêneca. Há um resumo em verso do início do *Timeu*. A isso segue-se um longo trecho de metafísica puramente platônica. A imperfeição, lemos, é uma falta, o que subentende a existência de um modelo perfeito. Boécio adota a teoria privativa do mal. Em seguida, passa a um panteísmo que deveria ter chocado os cristãos, mas que por algum motivo não o fez. A bem-aventurança e Deus, diz ele, constituem os principais bens, e por essa razão são idênticos. "Os homens se tornam felizes quando obtêm a divindade." "Os que obtêm a divindade se tornam deuses. Por conseguinte, todo aquele que é feliz é um deus, mas só um Deus existe por natureza; muitos, entretanto, podem existir por participação." "Com justiça, considera-se bondade a soma, origem e causa de tudo o que é almejado." "A substância de Deus consiste tão somente no bem." Pode Deus fazer o mal? Não. Desse modo, o mal não é nada, dado que Deus pode fazer tudo. Os virtuosos são sempre poderosos; os maus, sempre fracos; ambos desejam o bem, mas somente o virtuoso o alcança. Os iníquos sofrem maior infortúnio escapando do castigo do que sofrendo-o. "Nos sábios não há lugar para o ódio."

O tom do livro se assemelha mais ao de Platão do que ao de Plotino. Não há traços da superstição ou da morbidez que caracterizam a época, bem como nenhum vestígio da obsessão pelo pecado e nenhuma busca pelo inalcançável. A serenidade filosófica é perfeita — e de tal modo que, se redigida na prosperidade, a obra talvez fosse considerada presunçosa. Tal qual foi escrita — na prisão, sob pena de morte —, é tão admirável quanto os últimos momentos do Sócrates platônico.

Nada há de semelhante até depois de Newton. Reproduzirei *in extenso* um dos poemas da obra,[4] cuja filosofia pouco difere do *Ensaio sobre o homem* de Pope.

Se queres discernir as leis Daquele que troa
No céu, graças a um espírito puro e perspicaz,
Contempla os mais altos cimos celestes.
Ali, em virtude do justo pacto do universo,
Os astros preservam uma antiga paz.
Não, o Sol avivado por suas flamas avermelhadas
Não bloqueia o eixo enregelado de Febe;
Não, a Ursa, que dobra seu rápido curso
No polo extremo do universo,
Nunca, quando os astros se banham nas águas
Do poente onde ela os vê se purificarem,
Deseja submergir suas flamas no Oceano.
Vésper anuncia as sombras da noite,
E o benfazejo dia retorna com Lúcifer.
O curso dos astros é eternamente reconduzido
Por uma harmonia recíproca; e banidas estão
As discórdias e as guerras das regiões estreladas.
A concórdia harmoniza os elementos
De maneira equilibrada: a umidade
Agressiva deixa passagem à secura;
O frio conclui um pacto com as flamas,

[4] Em tradução de Willian Li. Veja-se Boécio, *A consolação da filosofia*. São Paulo: WMF Martins Fontes, 2012, p. 124-5. [N.T.]

O ligeiro fogo se alça às alturas
E a terra se abaixa devido ao seu próprio peso.
É por essas razões que, na morna primavera,
A estação coberta de flores exala mil perfumes,
O tórrido verão deixa sedenta a Ceres,
Mas logo vem o outono, carregado de frutas,
E a chuva cai e impregna o inverno.
Tudo o que respira e tem vida sobre esta terra
Esse equilíbrio nutre e produz.
Mas ele também traz tudo o que nasce
Para ser precipitado a um fim inelutável.
Entrementes, assenta-se sobre seu trono supremo o Criador:
É ele quem traz as rédeas do comando do mundo;
Rei e Senhor, fonte e origem,
Lei e sapiência daquilo que é justo
E daquilo a que foi dado forma e movimento,
Ele tudo reúne e canaliza os erros.
Pois, se ele não restabelecesse as boas trajetórias,
E não forçasse os astros a manterem sua órbita,
Tudo o que agora obedece a uma ordem estável,
Separando-se de sua fonte, fatalmente se desintegraria.
Ele é a harmonia da qual participam todas as coisas
Que aspiram a ser levadas ao seu fim: o bem.
Pois elas não poderiam subsistir de outra forma
Senão dando em troca amor por amor
E volvendo à causa primeira que lhes deu o ser.

Boécio permaneceu amigo de Teodorico até o fim. Seu pai foi cônsul, ele foi cônsul e seus dois filhos foram cônsules. Símaco, seu sogro (provavelmente neto daquele que se opusera a Ambrósio na controvérsia da estátua da Vitória), era homem importante na corte do rei gótico. Teodorico empregou Boécio para reformar a moeda e para impressionar, com aparelhos como relógios de sol e clepsidras, reis bárbaros menos sofisticados. Talvez a liberdade que demonstrava com relação às superstições não fosse tão excepcional nas famílias aristocráticas romanas, mas sua combinação com um grande saber e com o zelo pelo bem comum era única à época. Não me vem à memória nenhum homem, na Europa, igualmente livre da superstição e do fanatismo nos dois séculos que o antecederam e nos dez que se seguiram. Tampouco seus méritos são apenas negativos: seu modo de investigar é nobre, desinteressado e sublime. Boécio seria homem notável em qualquer época; naquela em que viveu, é extremamente impressionante.

A reputação medieval de Boécio se deveu, em parte, ao fato de o tomarem como mártir da perseguição ariana — visão que teve início cerca de duzentos ou trezentos anos após a sua morte. Em Pávia, foi *considerado* santo, mas não chegou a ser canonizado de fato. Embora Cirilo fosse santo, Boécio não foi.

Dois anos após a execução de Boécio, morreu Teodorico. No ano seguinte, Justiniano tornou-se o imperador. Ele reinou até 565, tempo em que fez muito mal e algum bem. Notabilizou-se sobretudo por seu *Digesto,* é claro, mas não me debruçarei sobre o tema porque é da alçada dos advogados. Justiniano foi homem de profunda piedade, do que deu mostras ao fechar, dois anos após sua acessão, as escolas de filosofia em Atenas, onde o paganismo ainda reinava. Os filósofos desalojados rumaram para a Pérsia, onde foram acolhidos de bom grado pelo rei; não obstante, ficaram chocados — mais, diz Gibbon, do que convinha aos filósofos — pelas práticas poligâmicas e incestuosas dos persas e então voltaram para casa, caindo no anonimato. Três anos após essa proeza (532), Justiniano dedicou-se a outra, agora mais louvável: a construção da Santa Sofia. Jamais estive lá, mas pude ver os belos mosaicos contemporâneos de Ravena, entre os quais se encontram os retratos de Justiniano e Teodora, sua imperatriz. Ambos foram muito piedosos, ainda que Teodora tenha sido mulher fácil, por ele conquistada no circo. Para piorar, sentia-se inclinada ao monofisismo.

Basta de escândalos. O imperador, apraz-me dizer, foi homem de ortodoxia impecável, mesmo no que dizia respeito aos "Três Capítulos", controvérsia vexatória. O Concílio de Calcedônia declarou ortodoxos três Pais suspeitos de nestorianismo; Teodora, ao lado de muitos outros, aceitou cada decreto do concílio, menos esse. A Igreja Ocidental defendia tudo o que o concílio decidira, e assim a imperatriz foi levada a perseguir o papa. Justiniano a adorava, e após sua morte, em 548, ela tornou-se para ele o que o príncipe consorte tornar-se-ia para a rainha

Vitória. No final, Justiniano incorreu em heresia — aquela do aftartodocetismo. Um historiador contemporâneo (Evágrio) escreve: "Tendo recebido, antes do fim de sua vida, a recompensa devida a seus delitos, foi ele buscar a justiça que lhe cabia ante o tribunal do inferno."

Justiniano almejava reconquistar tanto quanto lhe fosse possível do Império Ocidental. Invadiu a Itália em 535 e, de início, teve rápido sucesso contra os godos. Acolhido pela população católica, foi representante de Roma contra os bárbaros. Os godos, porém, se reorganizaram; durou a guerra dezoito anos, durante os quais Roma, bem como a Itália em geral, sofreu mais do que sofrera na invasão bárbara.

Roma foi capturada cinco vezes — três pelos bizantinos e duas pelos godos — e se viu reduzida a uma cidadezinha. O mesmo tipo de coisa aconteceu na África, que fora mais ou menos reconquistada por Justiniano. De início, seus exércitos foram bem-recebidos; então descobriu-se que a administração bizantina era corrupta e seus impostos, elevadíssimos. No final, muitos já desejavam o retorno de godos e vândalos. A Igreja, porém, até seus anos derradeiros, permaneceu inflexivelmente ao lado do imperador, em virtude de sua ortodoxia. Justiniano não tentou reconquistar a Gália por causa da distância e, também, porque os francos eram ortodoxos.

Em 568, três anos após a morte de Justiniano, a Itália foi invadida pelos lombardos, tribo germânica nova e impiedosa. Guerras entre eles e os bizantinos foram travadas intermitentemente por duzentos anos, quase até a época de Carlos Magno. Os bizantinos controlavam cada vez menos a Itália; no sul, depararam-se também com os sarracenos. Roma continuou a ser-lhes nominalmente submissa, e os papas tratavam os imperadores orientais com deferência. Não obstante, desde a chegada dos lombardos os imperadores desfrutaram de pouca, ou mesmo nenhuma, autoridade na maior parte da Itália. Foi esse o período que arruinou a civilização italiana. Veneza foi fundada pelos que se refugiavam dos lombardos, e não, como apregoa a tradição, pelos que fugiam de Átila.

6

São Bento e Gregório Magno

Na decadência civilizacional generalizada que se consolidou durante as incessantes guerras travadas no século VI e depois, foi sobretudo a Igreja que preservou o que sobrevivera da cultura da Roma antiga. Esse trabalho foi feito de maneira assaz imperfeita, uma vez que o fanatismo e a superstição prevaleciam mesmo entre os maiores eclesiásticos da época; por essa razão, o saber secular era considerado iníquo. Ainda assim, as instituições eclesiásticas criaram uma estrutura sólida que possibilitaria, em tempos futuros, o resgate do saber e das artes civilizadas.

Do período de que nos ocupamos, três atividades da Igreja exigem atenção especial: em primeiro lugar, o movimento monástico; depois, a influência do papado, em especial sob Gregório Magno; e, por fim, a conversão dos bárbaros pagãos por meio das missões. Direi algo sobre cada uma delas a seguir.

O movimento monástico surgiu no Egito e na Síria simultaneamente, mais ou menos no início do século IV. Assumiu ele duas formas: a dos eremitas solitários e a dos mosteiros. Santo Antão, primeiro dos eremitas, nasceu no Egito em cerca de 250 e afastou-se do mundo mais ou menos em 270. Durante quinze anos, viveu sozinho em choça vizinha à sua casa; então, durante duas décadas permaneceu no deserto, em solidão remota. Sua fama se espalhou, porém, e multidões ansiavam por ouvir suas pregações; assim, em cerca do ano 305, passou a ensinar e estimular a vida eremítica. Praticou austeridades radicais, reduzindo a comida, a bebida e o sono ao mínimo exigido à própria sobrevivência. O demônio o atacava constantemente com visões libidinosas, mas Antão virilmente resistia à maligna diligência de Satanás. Ao final de sua vida, a Tebaida[1] estava cheia de eremitas inspirados por seu exemplo e preceitos.

Alguns anos depois, em cerca de 315 ou 320, outro egípcio, Pacômio, fundou o primeiro mosteiro. Ali os monges levavam vida comum: não havia pobreza privada, e as refeições e observâncias religiosas eram coletivas. Foi nessa forma, e não naquela de santo Antão, que o monasticismo conquistou o mundo cristão. Nos mosteiros que vieram de Pacômio, os monges se ocupavam do trabalho — sobretudo de atividades agrícolas — em vez de passarem todo o seu tempo resistindo às tentações da carne.

Mais ou menos na mesma época, o monasticismo se desenvolveu na Síria e na Mesopotâmia. Em ambas, o ascetismo ganhou extensão ainda maior do que no Egito. São Simeão e outros eremitas estilitas eram sírios. Foi desde o Oriente que o monasticismo chegou aos países de língua grega, graças sobretudo a são Basílio (c. 360). Seus mosteiros foram menos ascéticos: tinham orfanatos e escolas para meninos (e não apenas para os que deveriam se tornar monges).

De início, o monasticismo foi movimento espontâneo, extrínseco à organização da Igreja. Foi santo Atanásio quem a conciliou com ele os eclesiásticos. Em parte como resultado de sua influência, chegou a tornar-se regra que os monges fossem sacerdotes. Também foi ele, quando em Roma no ano de 339, quem levou o movimento para o Ocidente. São Jerônimo fez muito para promovê-lo, e santo Agostinho introduziu-o na África. São Martinho de Tours inaugurou mosteiros na Gália; são Patrício, na Irlanda. O mosteiro de Iona foi fundado por são Columba em 566. Em tempos passados, antes de os monges serem introduzidos na organização eclesiástica, haviam sido fonte de desordem. Primeiro, não havia forma de distinguir os verdadeiros ascetas daqueles que, por serem necessitados, achavam os estabelecimentos monásticos comparativamente confortáveis. Além disso, havia o fato de os monges darem turbulento apoio a seu bispo favorito, fazendo com que sínodos (e quase concílios) caíssem em heresia. O sínodo de Éfeso (não o concílio), que tomou partido dos monofisitas, deu-se sob uma aterrorizante pressão monacal. Não fosse a resistência do papa,

[1] Deserto próximo à Tebas egípcia.

a vitória dos monofisitas poderia muito bem ter sido permanente. Em tempos futuros, desordens como essa deixariam de ocorrer.

Parece ter havido freiras antes de existirem monges, já em meados do século III.

A limpeza era tratada com repulsa. Piolhos eram denominados "pérolas de Deus" e tidos como sinais de santidade. Santos e santas se gabavam de que seus pés jamais haviam tocado água, exceto quando tinham de atravessar rios. Em séculos posteriores, os monges serviram a muitos objetivos úteis; eram agricultores hábeis, e alguns conservaram vivos, ou reviveram, o saber. No início, porém, de modo especial entre os eremitas, não havia nada disso: a maioria dos monges não trabalhava e nada lia além daquilo que prescrevia a religião, concebendo a virtude de maneira inteiramente negativa, isto é, como abstenção do pecado, em especial aqueles da carne. É bem verdade que são Jerônimo levou sua biblioteca consigo para o deserto, mas no final acabou por julgar tal atitude pecaminosa.

No monasticismo ocidental, o nome mais importante é o de são Bento, fundador da ordem beneditina. Membro de uma nobre família úmbrica, ele nasceu em cerca de 480 perto de Espoleto; aos vinte anos, fugiu dos luxos e prazeres de Roma para a solidão de uma gruta, onde viveu por três anos. Após esse período, sua vida foi menos solitária, e em cerca de 520 fundou o famoso mosteiro de Monte Cassino, para o qual elaborou a "regra beneditina". Tratava-se de regra adaptada ao clima ocidental, que exigia menos austeridade do que a encontrada entre os monges egípcios e sírios. Uma competição pouco edificante de extravagância ascética estivera se proliferando, na qual o praticante mais radical era considerado também o mais santo. A isso são Bento deu fim, decretando que as austeridades que fugissem da regra só poderiam ser praticadas com permissão do abade. A este foi dado grande poder; era eleito por toda a vida e exercia (dentro dos limites da regra e da ortodoxia) um controle quase despótico sobre seus monges, que não mais podiam, como antes, trocar um mosteiro por outro caso se sentissem assim inclinados. No futuro, os beneditinos se notabilizariam por seu saber, mas inicialmente suas leituras eram apenas devocionais.

As organizações possuem uma vida própria que independe da intenção de seus fundadores. O exemplo mais impressionante desse fato é a Igreja Católica, que teria surpreendido Jesus e até mesmo Paulo. A ordem beneditina é exemplo menor. Os monges fazem voto de pobreza, obediência e castidade. Quanto a isso, Gibbon observa: "Escutei ou ouvi, algures, esta franca confissão de um abade beneditino: 'Meu voto de pobreza valeu-me centenas de milhares de coroas por ano; meu voto de obediência alçou-me ao nível de um príncipe soberano.' Esqueço-me das consequências desse voto de castidade."[2] Os desvios da ordem, porém, não foram de todo lamentáveis. Isso se aplica de modo particular ao saber. A biblioteca de Monte Cassino era famosa, e de muitas formas o mundo deve aos gostos refinados dos beneditinos tardios.

São Bento viveu em Monte Cassino desde a sua fundação até o fim da vida, em 543. O mosteiro foi saqueado pelos lombardos pouco antes de Gregório Magno — ele mesmo um beneditino — ser feito papa. Os monges fugiram para Roma, mas retornaram tão logo a fúria dos lombardos se abrandou.

A partir dos diálogos do papa Gregório Magno, escritos em 593, descobrimos muito sobre são Bento. Ele fora "enviado a Roma para o estudo das belas-letras. Ao notar, porém, que muitos resvalavam, por esses estudos, em vida dissoluta e libertina, recolheu o pé que quase pusera no mundo, receando que, conhecendo-o demais, também ele viesse a despencar por tão perigoso e ímpio abismo. Desprezando então seus livros e abandonando casa e riqueza paternas, buscou, no determinado desejo de servir somente a Deus, lugar em que pudesse satisfazer seu santo objetivo; assim partiu, versado na douta ignorância e dotado de indouta sabedoria".

São Bento logo obteve o poder de realizar milagres. O primeiro deles foi o reparo de um crivo por meio da oração. Os habitantes penduraram à porta da igreja o objeto, que "lá continuou por muitos anos, mesmo em meio às desordens dos lombardos". O santo, deixando o crivo de lado, retornou para sua gruta, desconhecida senão por um amigo; era este quem secretamente lhe fornecia comida, valendo-se para tanto de uma corda em que, para informar-lhe que o jantar chegara, fora atado um sino. Satanás lançou uma rocha contra a corda e rompeu tanto ela quanto a campainha; nem assim, porém, o inimigo

[2] Op. cit., XXXVII, nota 57.

da humanidade viu cumprida sua esperança de interromper o suprimento de comida do santo.

Quando Bento já estivera na gruta pelo tempo que os objetivos de Deus exigiam, Nosso Senhor apareceu a certo sacerdote no domingo de Páscoa, revelou-lhe o paradeiro do eremita e ordenou-lhe que partilhasse do banquete pascal com o santo. Por esse mesmo tempo, também alguns pastores o encontraram. "Espiando-o por entre os arbustos e vendo-o vestido de peles, julgaram de início tratar-se de animal selvagem; quando, porém, enfim conheceram o servo de Deus, muitos foram por sua causa convertidos da vida silvática à graça da vida piedosa."

A exemplo de outros eremitas, Bento sofreu as tentações da carne. "Conhecera, em tempo passado, certa mulher cuja lembrança o espírito maligno então lhe trazia novamente à memória, inflamando de tal maneira o coração do servo de Deus que, quase vencido pela paixão, cogitou ele abandonar o deserto. Eis, porém, que, de súbito e com o auxílio da graça divina, voltou a si; então, vendo crescerem moitas de urtigas e espinhos, pôs de lado suas vestes e lançou-se ali, onde por tanto tempo revolveu que, saindo, toda a sua carne estava lastimosamente desgarrada. Desse modo, pelas feridas do corpo ele curou as feridas da alma."

Tendo sua fama se espalhado, os monges de certo mosteiro, cujo abade recentemente falecera, rogaram para que Bento aceitasse suceder-lhe. Ele o fez e insistiu na rigorosa observância da virtude, de modo que aqueles, em fúria, decidiram matá-lo com uma taça de vinho envenenado. Quando, no entanto, fez Bento o sinal da cruz sobre o copo, o vidro se estilhaçou. O santo então retornou para o deserto.

O milagre do crivo não foi o único que teve utilidade prática. Certa feita, um godo virtuoso usava um serpete para remover espinhos, quando então a cabeça do instrumento se desprendeu e caiu em águas profundas. O santo, ao ser informado, mergulhou o cabo na água, fazendo com que a lâmina de ferro viesse à tona e se juntasse novamente à outra parte.

Um sacerdote vizinho, invejando a reputação daquele santo homem, enviou-lhe um pão envenenado, mas Bento estava miraculosamente ciente de sua atitude. Ele tinha por costume oferecer pão a certo corvo, e quando, no dia em questão, a ave chegou, ele lhe disse: "Em nome de Nosso Senhor Jesus Cristo, toma este pão e leva-o a lugar tal que homem nenhum possa encontrá-lo." O corvo obedeceu-lhe e, ao voltar, recebeu seu jantar de costume. O mau sacerdote, percebendo que seria incapaz de matar o corpo de Bento, decidiu então matar sua alma, enviando sete jovens nuas ao mosteiro. O santo, temendo que alguns dos monges mais novos pudessem ser conduzidos ao pecado, decidiu ir embora ele mesmo, de modo que o sacerdote não mais tivesse razão para praticar atos como aquele. Todavia, o malfeitor acabou morrendo com o teto de seu quarto caindo sobre si. Um monge regozijante levou a Bento a notícia e pediu-lhe que retornasse. Bento pranteou a morte do pecador e impôs penitência ao monge por seu júbilo.

Gregório não apenas relata milagres, mas também se dedica, vez ou outra, a expor fatos da carreira de são Bento. Após fundar doze mosteiros, Bento enfim chegou a Monte Cassino, onde havia uma "capela" dedicada a Apolo que os camponeses ainda empregavam em cultos pagãos. "Mesmo naquele tempo a turba de infiéis oferecia sacrifícios iníquos." Bento destruiu o altar, substituiu-o por uma igreja e converteu os pagãos das redondezas. Satanás enfureceu-se:

> O velho inimigo da humanidade, incapaz de aceitar tudo aquilo, fez-se presente aos olhos do sacro pai não privadamente ou em sonho, mas em visão clara, e com grandes brados queixou-se de que havia sofrido violência. O barulho era ouvido pelos monges, mas ele mesmo não se lhes fazia visível. Tal qual relatou-lhes o venerável pai, o inimigo surgiu a seus olhos em forma apavorante e cruel; com sua boca flamejante e olhos ardentes, parecia querer despedaçá-lo: o que o demônio lhe dizia ouviam todos os monges. Primeiro, chamou Bento pelo nome, e como o homem de Deus nada respondia, explodiu em injúrias e vitupérios. Desse modo, ao chamá-lo "Bento bento", sem porém receber nenhuma resposta, de imediato acrescentou: "Maldito Bento, e não bento: que tens tu comigo? E por que me persegues?"

Tem fim aqui a história; entende-se que Satanás desistiu em desespero.

Reproduzi trechos extensos desses diálogos porque eles possuem importância tripla. Em primeiro lugar, são a principal fonte de tudo o que sabemos sobre a vida de são Bento, cuja regra tornou-se modelo para todos os mosteiros do Ocidente, exceção feita àqueles da Irlanda ou fundados por irlandeses. Em segundo lugar, eles nos trazem um retrato vívido da atmosfera mental que preponderava entre as pessoas mais civilizadas do final do século VI. Por fim, foram escritos pelo papa Gregório Magno, quarto e último doutor da Igreja Ocidental, bem como um dos papas de maior destaque do ponto de vista político. A ele voltaremos agora nossa atenção.

O venerável W. H. Hutton, arcediago de Northampton,[3] afirma que Gregório foi o maior homem do século VI; seus únicos concorrentes, diz, seriam Justiniano e são Bento. Todos os três, é bem verdade, tiveram impacto profundo sobre os tempos futuros: Justiniano, graças às suas Leis (e não suas conquistas, que foram efêmeras); Bento, por sua ordem monástica; e Gregório, em virtude do crescimento do poder papal que ele possibilitou. Nos diálogos que tenho reproduzido, ele parece infantil e crédulo, mas como estadista é astuto e imperioso, alguém muitíssimo ciente do que pode ser conquistado no mundo complexo e em transformação em que tem de atuar. O contraste é surpreendente; entretanto, os mais eficazes homens de ação com frequência ocupam lugar secundário no plano intelectual.

Gregório Magno, primeiro papa a adotar o nome, nasceu em Roma em cerca de 540, no seio de uma família rica e nobre. Parece que seu avô fora papa depois de ter enviuvado. Ele mesmo, quando jovem, teve para si um palácio e imensa fortuna. Recebeu o que era tido como boa educação, embora esta não incluísse o conhecimento do grego, por ele jamais obtido mesmo após residência de seis anos em Constantinopla. Em 573, tornou-se prefeito da cidade de Roma. A religião, porém, o encantou: Gregório deixou seu posto, destinou a riqueza que possuía à fundação de mosteiros e à caridade, transformou seu próprio palácio em lar de monges e tornou-se ele mesmo beneditino. Dedicou-se à meditação e a austeridades que prejudicaram permanentemente sua saúde. Todavia, o papa Pelágio II notara suas habilidades políticas e enviou-o como embaixador para Constantinopla, cidade a que Roma estivera nominalmente sujeita desde o tempo de Justiniano. Gregório viveu ali de 579 a 585, representando os interesses papais na corte

[3] *Cambridge Medieval History*, II, cap. VIII.

do imperador e a teologia papal nos debates com os eclesiásticos do Oriente, sempre mais inclinados à heresia do que aqueles ocidentais. O então patriarca de Constantinopla defendia a errônea opinião de que nossos corpos serão impalpáveis quando ressurretos, mas Gregório impediu o imperador de seguir igual desvio da fé verdadeira. Foi incapaz, porém, de convencê-lo a iniciar uma campanha contra os lombardos, principal objetivo de sua missão.

Nos cinco anos seguintes, entre 585 e 590, Gregório foi o chefe de seu mosteiro. Em seguida, com a morte do papa, assumiu o seu posto. Aqueles eram tempos difíceis, mas sua confusão mesma oferecia grandes oportunidades para o estadista hábil. Os lombardos destruíam a Itália. Espanha e África encontravam-se em estado de anarquia graças à fraqueza dos bizantinos, à decadência dos visigodos e às depredações dos mouros. Na França, guerras eram travadas entre o norte e o sul. A Bretanha, outrora cristã sob os romanos, retornara ao paganismo desde a invasão saxônica. Havia ainda resquícios do arianismo, e a heresia dos Três Capítulos não fora de todo extinta. Esse período turbulento contagiou até mesmo bispos, muitos dos quais levavam vidas pouquíssimo exemplares. A simonia abundava, continuando a ser mal notório até a segunda metade do século XI.

Gregório combateu com energia e sagacidade todas essas fontes de inquietação. Antes de seu pontificado, o bispo de Roma, embora reconhecido como um dos principais homens da hierarquia, não era visto como alguém dotado de qualquer jurisdição fora de sua diocese. Santo Ambrósio, por exemplo, que teve ótima relação com o papa de seu tempo, jamais se considerou sujeito, em grau nenhum, à sua autoridade. Gregório — devido em parte às suas qualidades pessoais e, em parte, também à anarquia que então preponderava — conseguiu asseverar uma autoridade que veio a ser admitida tanto pelos eclesiásticos do Ocidente quanto, em menor grau, pelos eclesiásticos orientais. Tal autoridade ele exerceu sobretudo enviando cartas aos bispos e a governantes seculares de todas as partes do mundo romano, mas também de outras maneiras. Sua *Regra pastoral*, em que conselhos são dados aos bispos, desfrutou de enorme influência em todo o medievo primitivo. Seu objetivo era orientar as atividades episcopais, e assim foi aceita. Gregório a redigiu, primeiro, para o bispo de Ravena, enviando-a também para o de Sevilha. Sob Carlos Magno, passou a ser distribuída aos bispos quando de sua consagração. Alfredo, o Grande, traduziu-a para o anglo-saxão. No Oriente, circulou em grego. A obra oferece conselhos profundos, quiçá até surpreendentes — o de não negligenciar os negócios, por exemplo. Também diz que os governantes não devem ser criticados; antes, é preciso que tenham sempre presente o fogo do inferno caso deixem de seguir os conselhos da Igreja.

As cartas de Gregório são extraordinariamente interessantes não apenas porque revelam seu caráter, mas também porque dão-nos um retrato de seu tempo. Seu tom, exceto quando dirigia-se ao imperador e às damas da corte bizantina, é o de um diretor de escola — às vezes elogia, noutras censura e jamais demonstra qualquer hesitação quanto a seu direito de dar ordens.

Tomemos, como amostra, as epístolas que redigiu no ano 599. A primeira tem como destinatário o bispo de Cagliari, na Sardenha, homem que, embora velho, era perverso. Diz Gregório, entre outras coisas: "Chegou a meu conhecimento que, no dia do Senhor, antes de celebrar as solenidades da missa, foste arar o campo do portador desses presentes. (...) Do mesmo modo, após as solenidades da missa, não receaste arrancar as balizas de tal propriedade. (...) Vendo que ainda temos misericórdia de teus cabelos grisalhos, reflete demoradamente, ancião, e abstém-te de comportamento tão leviano e de atos tão perversos." Simultaneamente, Gregório escreve às autoridades seculares da Sardenha sobre o mesmo tema. Em seguida, o bispo em questão deve ser censurado também por cobrar pela realização de funerais, e mais uma vez porque, com sua aprovação, um judeu converso colocara uma Cruz e uma imagem da Virgem numa sinagoga. Além disso, era de conhecimento de todos que ele e outros bispos sardenhos viajavam sem a permissão do metropolitano. Tudo isso deveria cessar. Segue-se então uma carta rigorosíssima ao procônsul da Dalmácia, na qual lemos, entre outras coisas: "Desconhecemos se vossa satisfação se deve a Deus ou aos homens"; e mais uma vez: "Quanto a vosso desejo de ter conosco amistosa relação, é oportuno que, com todo o vosso coração e toda a vossa alma, e também, como vos convém, com vossas lágrimas, deis satisfação a vosso Redentor por essas coisas." Ignoro o que o infeliz fizera.

Então é a vez de uma carta enviada a Calínico, exarco da Itália, a fim de congratulá-lo pela vitória sobre os eslavos e de orientá-lo sobre como agir com relação aos hereges da Ístria, que se enganavam com relação aos Três Capítulos. Ele também escreve sobre o tema ao bispo de Ravena. Excepcionalmente, encontramos uma epístola enviada ao bispo de Siracusa em que Gregório se defende em vez de encontrar falhas alheias. O problema em questão é denso: se o "Aleluia" deve ser dito em determinado momento da missa. O uso que Gregório lhe dá, afirma, não vem de sua subserviência aos bizantinos, como dera a entender o bispo de Siracusa; antes, chegara até ele desde são Tiago, por intermédio do bem-aventurado Jerônimo. Desse modo, os que achavam que ele estava sendo indevidamente submisso ao costume grego se equivocavam. (Questão semelhante foi uma das causas do cisma dos velhos crentes, na Rússia.)

Uma série de cartas foi enviada a soberanos bárbaros — tanto homens quanto mulheres. Brunilda, rainha dos francos, queria que o pálio fosse conferido a certo bispo francês, e Gregório estava disposto a atender seu pedido; infelizmente, porém, o emissário por ela enviado era cismático. A Agilolfo, rei dos lombardos, ele escreveu congratulando-o por dar fim às hostilidades. "Pois, caso a paz infelizmente não se estabelecesse, o que mais seguir-se-ia senão o pecado e o perigo em ambos os lados, o derramamento do sangue de camponeses miseráveis, cujo trabalho é proveitoso aos dois?" Ao mesmo tempo, ele escreve para Teodelinda, esposa de Agilolfo, pedindo-lhe que faça seu esposo persistir no reto caminho. Dirige-se mais uma vez a Brunilda a fim de objetar-se a duas coisas em seu reino: ao fato de os leigos serem promovidos diretamente ao episcopado, sem um período probatório como sacerdotes comuns, e ao fato de aos judeus ser permitido ter escravos cristãos. A Teodorico e Teodeberto, reis dos francos, declara que, graças à exemplar piedade franca, gostaria de dizer apenas coisas agradáveis, mas não poderia deixar de assinalar a preponderância da simonia em seu reino. Escreve também ao bispo de Turim acerca de um agravo. Uma carta enviada a um soberano bárbaro é elogiosa do início ao fim; seu destinatário é Ricardo, rei dos visigodos, ariano que se fizera católico em 587. O papa o recompensa enviando-lhe "uma pequena chave vinda do sacratíssimo corpo do bem-aventurado apóstolo Pedro, a fim de transmitir-lhe sua bênção; ela contém o ferro de suas correntes, de modo que aquilo que circundara seu pescoço no martírio possa livrar-vos de todos os pecados". Espero que Sua Majestade tenha gostado do presente.

O bispo de Antioquia recebe instruções acerca do herético sínodo de Éfeso, sendo também informado de que "chegou a nossos ouvidos que nas igrejas do Oriente ninguém ingressa nas ordens sagradas sem oferecer suborno" — questão que deve retificar sempre que estiver em seu poder fazê-lo. O bispo de Marselha é censurado por quebrar imagens que estavam sendo adoradas: é bem verdade que a adoração de imagens é um erro, mas elas ainda assim são úteis e devem ser tratadas com respeito. Dois bispos da Gália são repreendidos porque uma senhora que se tornara freira foi forçada a casar. "Nesse caso, (...) tereis o ofício dos mercenários, e não o mérito dos pastores."

Essas são algumas das cartas enviadas num único ano. Não é de surpreender que a Gregório não restasse tempo para a contemplação, como ele mesmo lamenta numa das epístolas do período (CXXI).

Gregório não teve apreço pelo conhecimento secular. A Desidério, bispo de Vienne, na França, ele escreve:

> Chegou a nossos ouvidos, e não podemos deixar de mencioná-lo sem vergonha, que tua Fraternidade tem [isto é, tu tens] por costume expor a gramática a certas pessoas. De tal modo o julgamos impróprio, e com tal veemência a isso nos opomos, que convertemos o que foi dito antes em gemidos e tristeza, uma vez que os louvores dados a Cristo não podem coabitar na mesma boca que louva Júpiter. (...) Na mesma proporção em que é execrável que algo assim seja dito de um sacerdote, convém que se assegure, por meio de evidências rigorosas e verazes, se é esse ou não o caso.

Essa hostilidade dirigida ao saber pagão sobreviveu na Igreja por ao menos quatro séculos, até a época de Gerbert (Silvestre II). Foi somente a partir do século XI que a Igreja reconciliou-se com ele.

A postura de Gregório ante o imperador é muito mais deferente do que sua postura ante os reis bárbaros. Escrevendo para um correspondente em Constantinopla, ele diz: "O que agrada ao mais pio dos imperadores, independentemente do que ordene, está em seu poder. O que decidir, assim se faça. Que não interfira, porém, na deposição [de um bispo ortodoxo]. Em tudo o que fizer, contanto que seja canônico, nós o seguiremos. Caso não o seja, suportá-lo-emos na medida em que fazê-lo não nos leve ao pecado." Quando o imperador Maurício foi destronado por um motim que teve como líder o obscuro centurião de nome Focas, este tomou o poder e massacrou os cinco filhos de Maurício na presença do imperador, que logo em seguida foi ele mesmo levado à morte. Focas, é claro, foi coroado pelo patriarca de Constantinopla, que não tinha outra alternativa senão a morte. O que mais surpreende é o fato de Gregório enviar de Roma, a uma distância comparavelmente segura, cartas com adulações repugnantes ao usurpador e à sua esposa. "Há a seguinte diferença", diz, "entre os reis das nações e os imperadores da república: os reis das nações são senhores de escravos; os imperadores da república, de homens livres. (...) Queira o Deus Todo-Poderoso conservar, em todo pensamento e toda ação, o coração de tua Piedade [isto é, você] nas mãos de Sua graça; e que tudo aquilo que deve ser realizado com justiça, tudo aquilo que deve ser realizado com clemência, oriente o Espírito Santo que em teu peito habita". E à esposa de Focas, a imperatriz Leôncia, ele escreve: "Que língua bastaria para expressar, que mente para pensar, quão grandes graças devemos ao Deus Todo-Poderoso pela serenidade de vosso império, no qual jugos pesados e antigos foram eliminados de nossos pescoços e retornou o doce jugo da supremacia imperial." Poder-se-ia supor que Maurício fora um monstro, mas na verdade tratava-se de um bom velho. Os apologistas isentam Gregório de culpa sob a alegação de que ele ignorava as atrocidades que Focas estivera cometendo. Não há dúvidas, porém, de que Gregório conhecia o comportamento habitual dos usurpadores bizantinos, e ele não esperou para certificar-se de que Focas era exceção.

A conversão dos pagãos constituiu parte importante da crescente influência da Igreja. Os godos foram convertidos no final do século IV por Úlfilas (ou Úlfila) — convertidos, no entanto, para o arianismo, que era também o credo dos vândalos. Após a morte de Teodorico, porém, os godos gradualmente se fizeram católicos: o rei dos visigodos, como vimos, abraçou a fé ortodoxa na época de Gregório. Os francos professavam o catolicismo desde o tempo de Clóvis. Os irlandeses foram convertidos antes da queda do Império Ocidental por são Patrício, gentil-homem de Somersetshire[4] que viveu no meio deles de 432

[4] Ao menos é o que diz Bury em seu *Life of St. Patrick and His Place in History*.

até sua morte, em 461. Os irlandeses, por sua vez, muito fizeram para evangelizar a Escócia e o norte da Inglaterra. Nesse trabalho, o grande missionário foi são Columba; outro foi são Columbano, autor de longas cartas enviadas a Gregório a respeito da data da Páscoa e de outras questões importantes. A conversão da Inglaterra, à parte a Nortúmbria, foi preocupação especial de Gregório. Todos sabem como, antes de tornar-se papa, ele viu dois meninos loiros e de olhos azuis no mercado de escravos de Roma; ao ouvir que eram anglos, respondeu: "Nada disso: são anjos." Quando papa, enviou santo Agostinho a Kent para converter aquele povo. Em sua correspondência, encontramos muitas cartas sobre a missão enviadas a santo Agostinho, a Etelberto, rei dos anglos, e a outros. Gregório decreta que os templos pagãos da Inglaterra não devem ser destruídos; antes, deve-se destruir os ídolos e consagrar os templos como igrejas. Santo Agostinho formula uma série de questões ao papa — se primos podem se casar, por exemplo, ou então se esposos que tiveram relação sexual na noite anterior poderiam ir à igreja (sim, diz Gregório, desde que tenham se lavado) etc. A missão, como bem sabemos, foi próspera, e é por isso que somos todos cristãos até hoje.

O período de que temos nos ocupado é peculiar porque, embora seus homens de destaque sejam inferiores aos de muitas outras épocas, sua influência sobre o futuro foi maior. O direito romano, o monasticismo e o papado devem muito de sua longa e profunda influência a Justiniano, Bento e Gregório. Os homens do século VI, embora menos civilizados do que seus predecessores, foram muito mais civilizados do que aqueles que viveram nos quatro séculos seguintes, além de terem conseguido forjar instituições que acabaram por refrear os bárbaros. É digno de nota que, dos três homens mencionados, dois tenham sido nativos aristocráticos de Roma, e o terceiro, imperador romano. Gregório é, num sentido muito autêntico, o último dos romanos. Seu tom de comando, embora justificado por seu cargo, tem fundamento instintivo no orgulho aristocrático de Roma. Depois dele, e ao longo de muitas épocas, a cidade deixou de produzir grandes homens. No entanto, teve ela sucesso ao refrear, em tempos de decadência, a alma de seus conquistadores: a reverência que demonstraram pela Cátedra de Pedro foi resultado do respeito que sentiam pelo trono dos Césares.

No Oriente, a história seguiu outro rumo. Maomé nasceu quando Gregório tinha cerca de trinta anos de idade.

Parte II
Os escolásticos

7

O papado na Idade das Trevas

Durante os quatro séculos que separaram Gregório Magno de Silvestre II, o papado passou por vicissitudes impressionantes. Esteve por vezes sujeito ao imperador grego; noutras ocasiões, ao imperador do Ocidente e à aristocracia romana local. Não obstante, papas vigorosos dos séculos VIII e IX se aproveitaram de momentos propícios para consolidar a tradição do poder papal. O período que vai de 600 d.C. até o ano 1000 é de vital importância para a compreensão da Igreja medieval e de sua relação com o Estado.

Os papas lograram independência dos imperadores gregos não tanto em virtude dos próprios esforços, mas sobretudo pelas armas dos lombardos, por quem, contudo, não sentiam qualquer gratidão. A Igreja Grega sempre permaneceu assaz subserviente ao imperador, que julgava-se competente para decidir sobre questões de fé, bem como para nomear e destituir bispos, incluindo patriarcas. Os monges buscavam independência do soberano, e por essa razão às vezes se alinharam ao papa. Os patriarcas de Constantinopla, por sua vez, embora dispostos a se submeterem ao imperador, se recusaram a reconhecer qualquer grau de subserviência à autoridade papal. Por vezes, nos momentos em que necessitava da ajuda do papa contra os bárbaros na Itália, o imperador nutria maior afeição por ele do que o patriarca de Constantinopla. A principal causa da separação derradeira entre as Igrejas do Oriente e do Ocidente foi a recusa daquela em submeter-se à jurisdição papal.

Após a derrota dos bizantinos pelas mãos dos lombardos, os papas tiveram razão para achar que também eles seriam conquistados por aqueles bárbaros vigorosos. Salvaram-se por meio de uma aliança com os francos, que, sob Carlos Magno, conquistaram a Itália e a Germânia. Essa aliança deu origem ao Sacro Império Romano, cuja constituição pressupunha a harmonia entre papa e imperador. O poder da dinastia carolíngia, porém, decresceu rapidamente. De início, o papa colheu as vantagens dessa decadência, e assim, na segunda metade do século IX, Nicolau I elevou o poder papal a uma altura até então inédita. A anarquia geral, entretanto, culminou na independência prática da aristocracia romana, que no século X controlou o papado com resultados desastrosos. O modo como tanto o papado quanto a Igreja em geral se salvaram, mediante um grande movimento de reforma, da subordinação à aristocracia feudal será tema de capítulo posterior.

No século VII, Roma ainda se via sujeita ao poder militar dos imperadores, e cabia aos papas obedecer ou sofrer. Alguns, como Honório, obedeceram até mesmo ao ponto da heresia; outros, como Martinho I, resistiram e foram encarcerados pelo imperador. De 685 a 752, a maioria dos papas foi síria ou grega, mas, à medida que os lombardos conquistavam mais partes da Itália, o poder bizantino decresceu. O imperador Leão, o Isáurio, emitiu em 726 o decreto iconoclasta, considerado herético não somente no Ocidente, mas também por grande parte do Oriente. A ele os papas resistiram de maneira vigorosa e bem-sucedida; em 787, sob a imperatriz Irene (a princípio, como regente), o Oriente enfim abandonou a heresia. Nesse ínterim, porém, alguns acontecimentos dados no Ocidente interromperam para sempre o controle de Bizâncio sobre o papado.

Em cerca de 751, os lombardos dominaram Ravena, capital da Itália bizantina. Embora isso expusesse os papas ao grande perigo dos lombardos, libertou-os de toda dependência dos imperadores gregos. Os papas haviam preferido os gregos aos lombardos por uma série de razões. Primeiro, a autoridade dos imperadores era válida, enquanto os reis bárbaros, exceto se reconhecidos pelos soberanos, eram tidos como usurpadores; segundo, os gregos eram civilizados; terceiro, os lombardos eram nacionalistas, ao passo que a Igreja conservava o internacionalismo romano; quarto, os lombardos haviam sido arianos no passado, e mesmo após sua conversão ainda eram alvos de certo ódio.

Em 739, sob o rei Liutprando, os lombardos tentaram conquistar Roma e encontraram a calorosa oposição do papa Gregório III, que buscou auxílio nos francos. Os reis merovíngios, descendentes de Clóvis, haviam perdido todo poder efetivo no reino franco, então governado pelos "mordomos do palácio". Nessa época, o mordomo do palácio era Carlos Martel, homem excepcionalmente vigoroso e capaz, bastardo como Guilherme, o Conquistador. Em 732, ele venceu a decisiva batalha de Tours contra os mouros, resguardando a França para a cristandade. Isso deveria valer-lhe a gratidão da Igreja, mas a necessidade financeira levou-o a apoderar-se de algumas terras eclesiásticas, o que reduziu bastante o apreço do clero por seus méritos. No entanto, tanto ele quanto Gregório III morreram em 741, e seu sucessor, Pepino, agradou plenamente a Igreja. Em 754, o papa Estêvão III cruzou os Alpes a fim de escapar dos lombardos e visitou Pepino, chegando a um acordo que mostrou-se altamente vantajoso para ambos os lados. O papa necessitava de proteção militar, enquanto Pepino ansiava por algo que só o papa poderia oferecer: a legitimação do título de rei em lugar do título de último dos merovíngios. Em troca, Pepino cedeu ao papa Ravena e concedeu todo o território do antigo exarcado na Itália. Uma vez que Constantinopla não reconheceria um tal presente, isso implicava a cisão política com o Império Oriental.

Se os papas continuassem submissos aos imperadores gregos, o desenvolvimento da Igreja Católica teria sido muito diferente. Na Igreja Oriental, o patriarca de Constantinopla jamais tornou-se tão independente da autoridade secular quanto o papa, e tampouco logrou a mesma superioridade com relação aos outros eclesiásticos. Originalmente, todos os bispos eram considerados iguais, e em grande medida essa visão perdurou no Oriente. Além disso, havia ainda outros patriarcados orientais — Alexandria, Antioquia e Jerusalém —, ao passo que o papa era o único patriarca do Ocidente. (Esse fato, porém, perdeu sua importância após a conquista maometana.) No Ocidente, mas não no Oriente, quase todo o laicato permaneceu iletrado por muitos séculos, o que deu à Igreja uma vantagem de que ela não desfrutou no Oriente. O prestígio de Roma ultrapassou o de qualquer cidade oriental, uma vez que mesclava a tradição imperial com as lendas do martírio de Pedro e Paulo e com a lenda de Pedro como o primeiro papa. O prestígio do imperador talvez lhe possibilitasse fazer frente ao papa, mas o mesmo não podia ser dito de nenhum monarca ocidental. Os sacro imperadores romanos muitas vezes careceram de qualquer poder real; ademais, eles só se tornavam imperadores quando o papa os coroava. Por todas essas razões, a emancipação papal do domínio bizantino fez-se crucial tanto para a independência da Igreja com relação aos monarcas seculares quanto para o estabelecimento definitivo da monarquia papal no governo da Igreja do Ocidente.

Alguns documentos de enorme importância — a "Doação de Constantino" e as Falsas Decretais — pertencem a esse período. Das Falsas Decretais não devemos nos ocupar, mas é preciso dizer algo sobre a Doação de Constantino. A fim de conferir ar de antiga legalidade ao dom de Pepino, os clérigos forjaram um documento que se passava por decreto do imperador: por meio dele, Constantino concedia ao papa, quando da fundação da Nova Roma, a Roma antiga e todos os seus territórios ocidentais. Esse legado, base do poder temporal do papa, foi aceito como genuíno por todo o medievo subsequente. Viria a ser declarado falso pela primeira vez no Renascimento, por denúncia feita por Lorenzo Valla em 1439. Ele escrevera um livro "sobre a elegância da língua latina", a qual naturalmente inexistia numa produção do século VIII. Curiosamente, após ter publicado sua obra contra a Doação de Constantino, bem como um tratado em louvor a Epicuro, foi feito secretário apostólico pelo papa Nicolau V, que se importava mais com a latinidade do que com a Igreja. Nicolau V, porém, não se dispôs a ceder os Estados católicos, ainda que seu direito de posse se fundamentasse na suposta Doação.

O conteúdo desse notável documento foi sintetizado da seguinte maneira por C. Delisle Burns:[1]

> Após um resumo do credo niceno, da queda de Adão e do nascimento de Cristo, afirma Constantino que sofre de lepra, que os médicos nada podiam fazer e que, por conseguinte, havia procurado "os sacerdotes do Capitólio". Estes propuseram que massacrasse uma série de crianças e se lavasse no sangue delas, mas graças às lágrimas de suas mães ele as poupou. Naquela noite mesma, Pedro e Paulo lhe apareceram; disseram que o papa Silvestre se escondia numa caverna do Sorate e o curaria. Constantino seguiu, então, até lá, onde o "papa universal" explicou-lhe que Pedro e Paulo não eram deuses, mas apóstolos, e

[1] Cito um livro ainda não publicado: *The First Europe*.

mostrou-lhe retratos que ele reconheceu à luz da visão que tivera, admitindo-o ante todos os seus "sátrapas". Por conta disso, o papa Silvestre estipulou para ele um período de penitência com o cilício e batizou-o quando viu tocá-lo uma mão advinda do céu. Constantino foi curado da lepra e abandonou o culto dos ídolos. Em seguida, "acompanhado de todos os seus sátrapas, do Senado, de seus nobres e de todo o povo romano, julgou por bem conceder poder supremo à Sé de Pedro", bem como domínio sobre Antioquia, Alexandria, Jerusalém e Constantinopla. Construiu, ademais, uma igreja no palácio de Latrão. Ao papa conferiu a coroa, a tiara e os trajes imperiais. Pôs uma tiara sobre a cabeça do pontífice e tomou as rédeas de seu cavalo. Deixou para "Silvestre e seus sucessores Roma e todas as províncias, distritos e cidades da Itália e do Ocidente, para que permanecessem sujeitas à Igreja Romana para sempre"; em seguida, instalou-se no Oriente "porque, ali onde o Imperador celeste colocara o principado dos bispos e a cabeça da religião cristã, não é justo que tenha poder o imperador terreno".

Os lombardos não se submeteram docilmente a Pepino e ao papa, mas levaram a pior nas repetidas guerras que travaram com os francos. Por fim, no ano de 774, Carlos Magno, filho de Pepino, marchou Itália adentro, derrotou por completo os lombardos, foi reconhecido como rei e finalmente ocupou Roma, onde confirmou a doação ao pai. Os papas de sua época, Adriano e Leão III, julgaram vantajoso fomentar seus planos de todas as formas possíveis. Carlos Magno conquistou grande parte da Germânia, converteu os saxões mediante uma perseguição vigorosa e, por fim, em sua pessoa mesma, restaurou o Império Ocidental, sendo coroado imperador pelo papa no Natal de 800 d.C., em Roma.

A fundação do Sacro Império Romano marcou época na teoria medieval, muito embora não o tenha feito tanto na prática. A Idade Média esteve singularmente inclinada a ficções legais, e até essa época ainda se acreditava na fantasia de que o antigo Império Romano continuava sujeito, *de jure*, ao imperador de Constantinopla, tido como única fonte de autoridade *jurídica*. Carlos Magno, adepto das ficções legais, afirmou que o trono do Império estava vacante porque Irene, soberana oriental que então reinava (e que se denominava imperador, e não imperatriz), era usurpadora: mulher nenhuma, afinal, poderia assumir tal posto. Carlos derivava do papa a reivindicação de sua própria legitimidade. Desse modo, houve desde o início curiosa interdependência entre papa e imperador. Só poderia haver imperador se o papa o coroasse em Roma; por outro lado, durante alguns séculos, todo imperador forte reivindicou para si o direito de designar ou depor os pontífices. A teoria medieval do poder legítimo dependia tanto de um quanto de outro; essa dependência mútua era humilhante para os dois, mas também foi, por séculos a fio, inevitável. Havia atritos constantes, e ora um lado ganhava, ora o outro. Por fim, no século XIII, o conflito se tornou irreconciliável. O papa saiu vitorioso, mas perdeu autoridade moral logo em seguida. Tanto o papa quanto o sacro imperador romano sobreviveram — o papa, até os dias de hoje; o imperador, até a época de Napoleão. Todavia, a complexa teoria medieval referente a seus respectivos poderes perdeu efetividade durante o século XV. A unidade da cristandade que ela asseverava foi destruída pelo poder das monarquias francesa, espanhola e inglesa, na esfera secular, e pela Reforma, na esfera religiosa.

O caráter de Carlos Magno e seu séquito é assim sintetizado pelo dr. Gerhard Seeliger:[2]

> Levava-se uma vida vigorosa na corte de Carlos. Encontramos lá a magnificência e o gênio, mas também a imoralidade. Com efeito, no que toca às pessoas que trazia para seu círculo, Carlos não foi exigente. Ele mesmo não foi modelo nenhum, tolerando graves licenciosidades em quem gostava e julgava útil. De "sacro imperador" foi chamado, ainda que sua vida ostentasse pouca santidade. É assim chamado por Alcuíno, que também elogia a bela filha do imperador, Rotrude, pelas virtudes que a distinguiam, não obstante desse à luz um filho do conde Rodrigo de Maine sem ser dele esposa. Carlos não desejava separar-se de suas filhas e não permitiria que casassem, e, assim, foi obrigado a aceitar as consequências. Berta, sua outra filha, teve também dois filhos com o piedoso abade Angilberto de Saint-Riquier. Na realidade, a corte de Carlos foi centro de uma vida muito lassa.

---

[2] Em *Cambridge Medieval History*, II, p. 663.

Carlos Magno era bárbaro vigoroso — politicamente aliado à Igreja, mas não sobrecarregado de piedade pessoal. Era incapaz de ler e escrever, mas deu início a um renascimento literário. Levou vida dissoluta e nutriu afeição exagerada por suas filhas, mas fez tudo isso para promover a vida santa entre seus súditos. A exemplo de Pepino, seu pai, usou com destreza o zelo dos missionários a fim de fomentar sua influência na Germânia, mas assegurou-se de que os papas obedeceriam suas ordens. Estes o fizeram de muito bom grado porque Roma havia se tornado uma cidade bárbara — na qual a pessoa do papa não ficava segura sem proteção externa — e porque as eleições papais haviam se convertido numa desordenada luta de facções. Em 799, inimigos locais sequestraram o pontífice, colocaram-no na prisão e ameaçaram cegá-lo. Durante a vida de Carlos, tinha-se a impressão de que uma nova ordem seria inaugurada; depois de sua morte, contudo, pouco sobreviveu além de uma teoria.

Os ganhos da Igreja, de modo particular os do papado, foram muito mais sólidos do que aqueles do Império Ocidental. A Inglaterra fora convertida por uma missão monástica sob as ordens de Gregório Magno, permanecendo muito mais sujeita a Roma do que os países cujos bispos haviam se acostumado à autonomia local. A conversão da Germânia se deu sobretudo pelas mãos de são Bonifácio (680-754), missionário inglês amigo de Carlos Martel e Pepino, além de completamente fiel ao papa. Bonifácio fundou muitos mosteiros na Germânia; são Galo, seu amigo, criou o mosteiro suíço que leva seu nome. De acordo com algumas autoridades, Bonifácio nomeou Pepino rei valendo-se de um ritual retirado do Primeiro Livro dos Reis.

São Bonifácio nasceu em Devonshire e foi educado em Exeter e Winchester. Partiu para a Frísia em 716, mas logo teve de retornar. Em 717, foi para Roma, e em 719 o papa Gregório II o enviou à Germânia para que convertesse os germânicos e combatesse a influência dos missionários irlandeses (os quais se enganavam, como certamente o leitor se recordará, quanto à data da Páscoa e à forma da tonsura). Após triunfos consideráveis, voltou para Roma em 722, onde foi feito bispo por Gregório II, a quem fez voto de obediência. O papa deu-lhe uma carta a ser entregue a Carlos Martel e o incumbiu, além de converter os pagãos, também de pôr fim à heresia. Em 732, tornou-se arcebispo; em 738, visitou Roma pela terceira vez. Em 741, o papa

Zacarias fez dele legado e encarregou-o pela reforma da igreja franca. Bonifácio fundou então a abadia de Fulda, para a qual elaborou uma regra mais rigorosa do que a beneditina. Em seguida, iniciou controvérsia com um bispo irlandês de Salzburgo que tinha como nome Virgílio, o qual afirmava que existem outros mundos além do nosso, mas ainda assim foi canonizado. Em 754, tendo retornado para a Frísia, Bonifácio e seus companheiros foram massacrados pelos pagãos. É graças a ele que o cristianismo germânico é papal, e não irlandês.

Os mosteiros ingleses, de modo especial os de Yorkshire, tinham grande importância à época. A civilização tal qual existira na Bretanha romana havia desaparecido, e aquela trazida pelos missionários cristãos girava, toda ela, ao redor das abadias beneditinas, que em tudo dependiam diretamente de Roma. O Venerável Beda foi monge em Jarrow. Seu pupilo Egberto, primeiro arcebispo de York, fundou a escola catedral em que Alcuíno foi educado.

Alcuíno é figura importante na cultura de então. Foi para Roma em 780 e, durante sua viagem, conheceu, em Parma, o imperador Carlos Magno, que contratou-o para ensinar latim aos francos e educar a família real. Passou parte considerável de sua vida na corte do imperador, empenhado em lecionar e fundar escolas. Na velhice, foi abade de são Martinho em Tours. Escreveu uma série de livros, incluindo uma história, em verso, da igreja em York. O imperador, embora sem instrução, depositava considerável fé no valor da cultura, e por um breve período reduziu a escuridão da Idade das Trevas. Seus esforços nessa direção, porém, foram efêmeros. A cultura de Yorkshire foi destruída pelos dinamarqueses; a da França, prejudicada pelos normandos. Os sarracenos tomaram de assalto a Itália meridional, conquistaram a Sicília e, em 846, chegaram a atacar inclusive Roma. O século X talvez tenha sido, como um todo, o período mais sombrio da cristandade ocidental; o século IX é redimido pelos eclesiásticos ingleses e pela impressionante figura de João Escoto, sobre quem terei mais o que dizer agora.

À primeira vista, a decadência do poder carolíngio após a morte de Carlos Magno e a divisão de seu império beneficiaram o papado. O papa Nicolau I (858-67) elevou o poder papal a um nível até então jamais visto. Brigou com os imperadores do Oriente e do Ocidente; com Carlos, o Calvo, rei de França; com o rei Lotário II, de Lorena; e com o episcopado de praticamente todo país cristão. Em quase todas as disputas, porém, foi bem-sucedido. O clero de muitas regiões se tornara dependente dos príncipes locais, e ele se esforçou para remediar a situação. Suas duas principais controvérsias dizem respeito ao divórcio de Lotário II e à deposição canonicamente ilegal de Inácio, patriarca de Constantinopla. O poder da Igreja ao longo de todo o medievo teve grande relação com os divórcios reais. Os reis eram homens de paixões obstinadas, para os quais a indissolubilidade do matrimônio era doutrina que cabia somente a súditos. No entanto, apenas a Igreja podia celebrar um casamento, e se ela declarasse inválida determinada união era muito provável que uma sucessão contestada e uma guerra dinástica se seguissem. Portanto, a Igreja ocupava posição de força quando se opunha aos divórcios reais e aos casamentos irregulares. Na Inglaterra, ela perdeu essa posição sob Henrique VIII, mas recuperou-a durante o reinado de Eduardo VIII.

Quando Lotário II exigiu um divórcio, o clero de seu reino anuiu. O papa Nicolau, entretanto, depôs os bispos que haviam concordado e recusou-se a reconhecer o pedido de separação. O irmão de Lotário, o imperador Luís II, marchou então sobre Roma a fim de intimidar o pontífice, mas, como os terrores supersticiosos preponderavam, acabou por retirar-se. No final das contas, a vontade papal prevaleceu.

A questão do patriarca Inácio é interessante por demonstrar que o papa ainda podia se fazer ouvir no Oriente. Inácio, detestável aos olhos do regente Bardas, foi deposto, e a seu lugar foi promovido Fócio, até então um leigo. O governo bizantino solicitou ao papa que ratificasse o procedimento, e o pontífice enviou dois legados a Constantinopla para investigarem a questão. Estes, porém, ao lá chegarem, ficaram aterrorizados e deram anuência. Durante certo tempo, os fatos foram ocultados do papa, mas, quando os descobriu, o pontífice tomou medidas enérgicas. Convocou um concílio em Roma a fim de examinar a questão; depôs do bispado um de seus legados e o arcebispo que consagrara Fócio; anatematizou Fócio, destituiu todos os que este havia ordenado e restituiu os que haviam sido depostos por se oporem a ele. O imperador Miguel III ficou furioso e enviou ao papa uma carta colérica, recebendo o seguinte como resposta: "O dia dos sacerdotes-reis e dos pontífices-imperadores é hoje passado; o cristianismo separou as duas funções. Os imperadores cristãos necessitam do papa em virtude da vida eterna, enquanto os papas nenhuma necessidade têm de imperadores, exceto no que diz respeito às coisas do século." Fócio e o imperador responderam com a convocação de um concílio que excomungou o papa e declarou a Igreja Romana herética. Logo em seguida, porém, Miguel III foi assassinado, e Basílio, seu sucessor, devolveu Inácio a seu cargo, reconhecendo explicitamente a jurisdição papal na matéria. Esse triunfo se deu logo após a morte de Nicolau e foi quase completamente atribuível às conspirações do palácio. Depois da morte de Inácio, Fócio mais uma vez tornou-se patriarca, e a cisão entre as Igrejas Oriental e Ocidental só fez aumentar. Por essa razão, não se pode dizer que a política de Nicolau tenha logrado vitória a longo prazo.

Foi quase mais difícil para Nicolau impor sua vontade ao episcopado do que impô-la aos reis. Os arcebispos viam-se então como homens muito importantes, e assim relutavam em se submeter docilmente a um monarca eclesiástico. O papa, contudo, asseverava que os bispos deviam sua existência a ele, e no geral conseguiu fazer sua visão prevalecer. Ao longo de todos esses séculos, grandes foram as dúvidas referentes ao modo como os bispos deveriam ser nomeados. Originalmente, eram eleitos por aclamação dos fiéis na cidade da sé; em seguida, muitas vezes elegeu-nos um sínodo composto de bispos vizinhos; e, depois, também o rei ou o papa. Os bispos podiam ser depostos por razões graves, mas não estava claro se deveriam ser julgados pelo pontífice ou por um sínodo provincial. Todas essas incertezas faziam com que a força de determinado cargo dependesse da energia e da astúcia de quem o ocupasse. Nicolau elevou o poder papal ao máximo de suas capacidades; sob seus sucessores, retornou, porém, o seu declínio.

Durante o século X, o controle do papado passou à aristocracia romana local. Não havia ainda regra fixa para a eleição dos papas: a elevação se dava às vezes por aclamação popular; às vezes, pelas mãos de imperadores ou reis; e, às vezes, como no século X, por obra dos detentores do poder urbano em Roma. À época, Roma deixara de ser a cidade civilizada que ainda era no tempo de Gregório Magno. Havia por vezes brigas de facções; noutro momento, alguma família rica assumia o controle valendo-se de uma mistura de violência e corrupção. A desordem e a fraqueza da Europa Ocidental eram tão grandes nesse período que a cristandade talvez parecesse ameaçada de extinção. O imperador e o rei da França nada podiam fazer para refrear a anarquia gerada em seus reinos pelos potentados feudais que, supostamente, deveriam ser seus vassalos. Os húngaros realizaram incursões no norte da Itália. Os normandos tomaram de assalto a costa francesa, até que, em 911, a Normandia lhes foi cedida e eles, em troca, se tornaram cristãos. No entanto, o maior perigo na Itália e na França meridional vinha dos sarracenos, os quais eram inconvertíveis e não ostentavam qualquer reverência pela Igreja. Eles concluíram a conquista da Sicília no final do século IX; instalaram-se às margens do rio Garigliano, próximo a Nápoles; destruíram Monte Cassino e outros mosteiros de destaque. Tinham ainda um assentamento na costa da Provença, donde invadiram a Itália e os vales alpinos e interromperam o tráfego entre Roma e o norte.

A conquista da Itália foi impedida pelo Império Oriental, que subjugou os sarracenos de Garigliano em 915. Não teve, porém, força suficiente para governar Roma como fizera após a conquista de Justiniano, e assim o papado se tornou, por cerca de cem anos, uma prerrogativa da aristocracia romana ou dos condes de Túsculo. Os romanos mais poderosos do início do século X eram o "senador" Teofilato e sua filha Marózia, em cuja família o papado praticamente tornou-se hereditário. Marózia teve inúmeros maridos em sequência e um número desconhecido de amantes. Um destes ela elevou ao papado sob o título de Sérgio II (904-11). O filho do casal foi o papa João XI (931-36); o neto, João XII (955-64), que tornou-se pontífice aos dezesseis anos e "completou o rebaixamento do papado por meio de sua vida imoral e das orgias de que o palácio de Latrão logo tornou-se cenário".[3] Ao que parece, teria sido Marózia o fundamento da lenda da "papisa Joana".

Naturalmente, os papas desse período perderam toda a influência que seus predecessores haviam conservado no Oriente. Perderam também o poder, que Nicolau I exercera com sucesso, sobre os bispos ao norte dos Alpes. Concílios provinciais asseveraram independência completa do papa, mas foram incapazes de se libertarem dos soberanos e senhores feudais. Cada vez mais os bispos se assemelhavam aos magnatas feudais leigos. "A Igreja mesma, portanto, parece vítima dessa anarquia em que a sociedade laica chafurda. Todas as paixões más grassam irres-

[3] *Cambridge Medieval History*, III, p. 455.

tritamente, e, mais do que nunca, a parte do clero que ainda nutre certo interesse pela religião e pela salvação das almas confiadas à sua responsabilidade lamenta a decadência universal e volta os olhos dos fiéis para o espectro do fim do mundo e do Juízo Final."[4]

Ao contrário que se achava, porém, erra quem acredita que a época foi tomada por um singular medo do fim do mundo no ano 1000. De são Paulo em diante, os cristãos acreditavam que o fim do mundo estava perto, mas cuidavam de seus afazeres cotidianos mesmo assim.

O ano 1000 pode ser convenientemente encarado como aquele que marca o fim do ponto mais baixo da civilização na Europa Ocidental. Dali em diante, consolidou-se o movimento de ascensão que perdurou até 1914. No princípio, esse progresso se deu sobretudo mediante a reforma monástica. Fora das ordens monacais, a maior parte do clero se tornara violenta, imoral e mundana; ela havia se corrompido pela riqueza e pelo poder que as boas ações dos piedosos patrocinavam. O mesmo aconteceu, sem cessar, também com as ordens monásticas; os reformadores, no entanto, trazendo consigo um novo zelo, recuperaram sua força moral na mesma medida em que ela decaía.

Outra razão que faz do ano 1000 um divisor de águas é o fim, sacramentado mais ou menos à época, da conquista realizada pelos maometanos e pelos bárbaros do norte, ao menos no que diz respeito à Europa Ocidental. Godos, lombardos, húngaros e normandos vieram em ondas sucessivas; cada uma dessas hordas foi convertida, mas também enfraqueceu a tradição civilizada. O Império Ocidental se fragmentou em vários reinos bárbaros; os reis perderam autoridade sobre os vassalos. A anarquia era universal e trazia consigo, tanto em pequena quanto em larga escala, uma violência contínua. Por fim, todas as raças de conquistadores nórdicos foram convertidas ao cristianismo e fixaram morada. Os normandos, últimos a chegar, mostraram-se particularmente capazes da civilização. Eles reconquistaram a Sicília, que estava na mão dos sarracenos, e livraram a Itália dos maometanos. Trouxeram a Inglaterra de volta para o mundo romano, do qual havia sido em grande parte excluída pelos dinamarqueses. Uma vez instalados na Normandia, permitiram a renovação da França e lhes deram ajuda material durante o processo.

[4] Ibid.

O emprego da expressão "Idade das Trevas" para designar o período que vai do ano 600 ao ano 1000 assinala nossa inadequada restrição à Europa Ocidental. Na China, o período abarca a dinastia Tang e o auge da poesia chinesa, sendo notável também por outros inúmeros motivos. Da Índia à Espanha, a brilhante civilização do islamismo floresceu. O que se perdeu para a cristandade à época não se perdeu para a civilização, mas antes o contrário. Ninguém poderia adivinhar que a Europa Ocidental prevaleceria tanto no plano do poder quanto no plano da cultura. Nós hoje temos a impressão de que o Ocidente europeu é a civilização, mas trata-se, essa, de uma visão limitada. A maior parte do conteúdo cultural de nossa civilização veio do Mediterrâneo oriental, das mãos de gregos e judeus. Quanto ao poder, a Europa Ocidental teve predomínio desde as Guerras Púnicas até a queda de Roma — *grosso modo*, durante os seis séculos entre 200 a.C. a 400 d.C. Passada essa época, nenhum Estado da Europa Ocidental desfrutou de poder comparável ao da China, do Japão ou do Califado.

A superioridade de que desfrutamos desde o Renascimento se deve, em parte, à ciência e à técnica científica e, em parte, também às instituições políticas que foram gradualmente erigidas ao longo do medievo. Não há, na natureza das coisas, nada que garanta que essa superioridade deva continuar. Na presente guerra, grande força militar foi demonstrada pela Rússia, pela China e pelo Japão. Todos mesclam a técnica ocidental com uma ideologia do Oriente — a bizantina, a confuciana, a xintoísta. A Índia, se libertada, trará ainda outro elemento oriental. Caso sobreviva, não é improvável que a civilização alcance, nos próximos séculos, diversidade maior do que aquela que vem apresentando desde o Renascimento. Há um imperialismo cultural que é mais difícil de ser vencido do que o imperialismo do poder. Muito após o colapso do Império Ocidental — até a Reforma, na verdade —, toda a cultura europeia conservou algum traço do imperialismo romano. Ela hoje tem, para nós, o sabor imperialista do Ocidente europeu. Para que nos sintamos em casa no mundo posterior à presente guerra, creio que teremos de tratar a Ásia como igual não apenas no plano político, mas também no plano da cultura. Que mudanças isso suscitará eu desconheço, mas estou certo de que serão profundas e de elevada importância.

8
João Escoto

João Escoto, nome que às vezes vem acompanhado de Erígena,[1] é o personagem mais impressionante do século IX. Não seria tanto, porém, caso fosse vivo no século V ou XV. Era irlandês, neoplatônico, hábil estudioso do grego, pelagiano, panteísta. Passou grande parte de sua vida sob o patronato de Carlos, o Calvo, rei de França, e, embora estivesse longe de ser ortodoxo, não sofreu, até onde sabemos, perseguição alguma. Colocou a razão acima da fé e nenhuma importância deu aos eclesiásticos, que, no entanto, recorriam a seus arbitramentos a fim de solucionar controvérsias.

Para compreendermos a existência de um homem como esse, devemos voltar nossa atenção para a cultura irlandesa dos séculos que se seguiram a são Patrício. Além do fato, dolorosíssimo, de são Patrício ser inglês, há ainda dois outros pouco menos penosos: primeiro, o de que já havia cristãos na Irlanda antes de ele chegar; depois, o de que, independentemente do que tenha feito pelo cristianismo irlandês, não foi a ele que se deveu a cultura da nação. Diz um autor gaulês que, à época da invasão da Gália — primeiro por Átila e depois pelos godos, pelos vândalos e por Alarico —, "todos os homens doutos que ali estavam fugiram pelo oceano; e, nos países situados além-mar — a saber, na Irlanda —, bem como em todos os lugares a que se dirigiram, levaram aos habitantes de tais regiões um enorme avanço no saber".[2] Se algum desses homens buscou refúgio na Inglaterra, os anglos, os saxônicos e os jutos o devem ter suprimido; os que seguiram para a

[1] O complemento é redundante, pois faria com que seu nome fosse "João irlandês da Irlanda". No século IX, "Escoto" significava "irlandês".

[2] *Cambridge Medieval History*, III, p. 501.

Irlanda, contudo, conseguiram transplantar, na companhia dos missionários, muito do saber e da civilização que então desapareciam do continente. Há boas razões para acharmos que, ao longo dos séculos VI, VII e VIII, sobreviveram entre os irlandeses o conhecimento do grego e uma considerável familiaridade com os clássicos latinos.[3] A língua grega era conhecida na Inglaterra desde os tempos de Teodoro, arcebispo da Cantuária (669-90), ele mesmo um grego educado em Atenas; também pode ter chegado ao norte por meio dos missionários irlandeses. "No final do século VII", diz Montague James, "foi na Irlanda que a sede do conhecimento se manifestou de modo mais agudo, e o trabalho de ensinar foi levado a cabo com enorme diligência. Ali, a língua latina (e, em menor grau, também a grega) era estudada do ponto de vista do sábio. (...) Apenas quando migraram em massa para o continente, motivados de início pelo zelo missionário e, depois, pelas difíceis circunstâncias encontradas em casa, é que eles se tornaram instrumentais para o resgate dos fragmentos da literatura que já tinham aprendido a valorizar".[4] Érico de Auxerre, em cerca de 876, descreve o influxo de estudiosos irlandeses: "Desprezando os perigos do mar, a Irlanda, com sua turba de filósofos, migra quase em massa para nossas praias, e todos os mais doutos condenaram-se a si mesmos a exílio voluntário, atendendo ao convite de Salomão, o sábio" — isto é, rei Carlos, o Calvo.[5]

Muitas vezes, a vida dos homens cultos foi forçosamente nômade. No início da filosofia grega, grande parte dos filósofos se refugiara dos persas; no final, época de Justiniano, refugiava-se *entre* eles. No século V, como vimos, os homens de saber fugiram da Gália para as Ilhas Ocidentais querendo escapar dos germânicos; no século IX, por sua vez, retornaram da Inglaterra e da Irlanda para fugirem dos escandinavos. Nos dias de hoje, os filósofos alemães têm de ir a terras ainda mais ocidentais para se esquivarem de seus compatriotas. Pergunto-me se um voo de regresso demorará tempo igualmente longo para acontecer.

Pouquíssimo se sabe sobre os irlandeses no período em que preservaram para a Europa a tradição da cultura clássica. Essa cultura

[3] A questão é cautelosamente examinada em *Cambridge Medieval History*, III, cap. XIX. Sua conclusão é favorável ao conhecimento do grego pelos irlandeses.

[4] Loc. cit., p. 507-8.

[5] Loc. cit., p. 524.

estava vinculada aos mosteiros e, como revelam os livros penitenciais, era repleta de piedade, mas não parece ter nutrido grande interesse pelas sutilezas teológicas. Antes monástica do que episcopal, ela não tinha a perspectiva administrativa que caracterizara os eclesiásticos do continente desde Gregório Magno. E, por ter permanecido em geral desligada de qualquer contato com Roma, ainda via o papa como a época de santo Ambrósio o vira. Pelágio, embora provavelmente bretão, foi tido por alguns como irlandês. É provável que sua heresia tenha sobrevivido na Irlanda, onde as autoridades foram incapazes de suprimi-la como fizeram, com dificuldades, na Gália. Essas circunstâncias ajudam a explicar a extraordinária liberdade e o extraordinário vigor das especulações de João Escoto.

O início e o fim de sua vida nos são desconhecidos: conhecemos apenas seu período intermediário, durante o qual foi empregado pelo rei da França. Ao que parece, nasceu em cerca de 800 e morreu mais ou menos em 877, mas ambas as datas não passam de conjecturas. Esteve na França durante o papado de Nicolau I, e mais uma vez encontramos, em sua vida, personagens que tiveram relação com esse papa, como Carlos, o Calvo, o imperador Miguel e o próprio pontífice.

Carlos convidou João à França em cerca de 843 e colocou-o à frente da escola da corte. Uma disputa acerca da predestinação e do livre-arbítrio se consolidara entre o monge Godescalco e o importante eclesiástico Incmaro, arcebispo de Reims. O monge era predestinacionista; o arcebispo, libertário. João tomou partido do arcebispo no tratado *Da predestinação divina*, mas deu apoio demasiadamente imprudente. Tratava-se de tema espinhoso; Agostinho o abordara nos escritos contra Pelágio, mas era arriscado concordar com o santo e ainda mais arriscado contradizê-lo de maneira explícita. João defendeu o livre-arbítrio, o que poderia muito bem passar impune; o que causou indignação foi o caráter puramente filosófico de seu raciocínio. Ele não se dizia contrário a nada do que era aceito pela teologia, mas defendeu que uma filosofia independente da revelação possuía autoridade equivalente, ou mesmo superior. João declarou que tanto a razão quanto a revelação são fontes da verdade, e por isso não podem estar em conflito; se *parecerem* conflitar, porém, à razão deve ser dada a preferência. A verdadeira religião, afirmou, é a verdadeira filosofia e vice-versa. Sua obra foi condenada por dois concílios, um em 855 e outro em 859; o primeiro deles é descrito como "mingau irlandês".

Ele escapou da punição graças ao apoio do rei, de quem parece ter sido íntimo. Se devemos dar crédito a Guilherme de Malmesbury, o monarca perguntou a João quando com ele jantaria: "O que separa um escoto de um tolo?" Ao que João respondeu: "Apenas a mesa de jantar." O rei morreu em 877, e nada do que depois ocorreu na vida de João nos é conhecido. Alguns creem que também ele faleceu naquele ano. Há lendas que relatam que foi convidado à Inglaterra por Alfredo, o Grande, o qual tornou-se abade de Malmesbury ou Athelney e foi morto pelos monges. Tamanha desgraça, no entanto, parece ter acometido outro João.

Sua mais próxima obra foi a tradução, desde o grego, do Pseudo-Dionísio, trabalho que desfrutou de grande reputação no início da Idade Média. Quando são Paulo pregou em Atenas, "alguns homens aderiram a ele e abraçaram a fé. Entre esses achava-se Dionísio, o Areopagita" (Atos XVII, 34). Nada mais se sabe sobre esse homem, mas na Idade Média conhecia-se muito mais. Ele viajara para a França e fundara a abadia de Saint-Denis — ou ao menos é o que diz Hilduíno, que foi abade pouco antes da chegada de João à França. Além disso, fora o suposto autor de uma importante obra que harmonizava o neoplatonismo com o cristianismo. A data dessa obra nos é desconhecida, mas não há dúvidas de que é anterior ao ano 500 e posterior a Plotino. Ela foi amplamente lida e estimada no Oriente, mas no Ocidente só veio a ser conhecida por todos após o ano 827, quando Miguel, o imperador grego, enviou uma cópia para Luís, o Piedoso, que por sua vez repassou-a ao supracitado abade Hilduíno. Este, acreditando tratar-se de obra escrita pelo discípulo de são Paulo, o célebre fundador de sua abadia, certamente teve o desejo de conhecer seu conteúdo, mas não havia quem pudesse traduzir do grego antes da chegada de João, que levou a cabo o trabalho. Deve tê-lo feito com prazer, pois suas próprias opiniões estavam de acordo com as do Pseudo-Dionísio, que doravante passaria a exercer grande influência sobre a filosofia católica do Ocidente.

A tradução de João foi enviada ao papa Nicolau em 860. Porque sua permissão não fora solicitada antes da publicação da obra, o pontífice sentiu-se ofendido e ordenou que Carlos mandasse João para Roma —

ordem que foi ignorada. No que toca, porém, à substância — de modo especial, à erudição — que a tradução revela, não conseguiu encontrar defeitos. Seu bibliotecário Anastásio, excelente grego cuja opinião pedira sobre a obra, mostrou-se impressionado com o fato de alguém vindo de país tão remoto e bárbaro conhecer tão profundamente a língua grega.

A maior obra de João intitula-se (em grego) *Da divisão da natureza*. Trata-se de um livro que a escolástica denominaria "realista", visto que afirmava, com Platão, que os universais são anteriores aos particulares. João inclui sob "Natureza" não somente aquilo que é, mas também o que não é. Toda ela se divide em quatro classes: (1) o que cria e não é criado; (2) o que cria e é criado; (3) o que é criado, mas não cria; (4) o que não cria nem é criado. A primeira, obviamente, diz respeito a Deus. A segunda, às ideias (platônicas), que subsistem em Deus. A terceira, ao que se encontra no espaço e no tempo. A quarta, para nossa surpresa, novamente a Deus, mas não enquanto Criador, e sim como Fim e Propósito de todas as coisas. Tudo aquilo que emana de Deus luta para voltar para Ele e, portanto, tem como termo o próprio princípio. A ponte entre o Uno e o múltiplo é o *Logos*.

No âmbito do não ser ele inclui muitas coisas — os objetos físicos, por exemplo, que não pertencem ao mundo inteligível, e também o pecado, dado que implica a perda do modelo divino. Apenas aquilo que cria e não é criado possui subsistência essencial; trata-se da essência de todas as coisas. Deus é o princípio, o meio e o fim de tudo. A essência de Deus não pode ser conhecida pelos homens ou pelos anjos. Até para Si próprio ele é, em certo sentido, incognoscível: "Deus não conhece a Si mesmo, aquilo que Ele é, porque não é um *quê*; em certo sentido, Ele é incompreensível a Si e a toda inteligência."[6] Na existência das coisas, a existência de Deus pode ser percebida; em sua ordem, Sua sabedoria; e em seu movimento, Sua vida. Seu ser é o Pai, Sua sabedoria é o Filho e Sua vida é o Espírito Santo. Dionísio, contudo, está certo ao dizer que nome algum pode expressar Deus verdadeiramente. Existe uma teologia afirmativa que diz que Ele é verdade, bondade, essência etc., mas tais afirmações só são verdadei-

[6] Cf. Bradley acerca da insuficiência de toda a cognição. Ele afirma que verdade nenhuma é de todo verdadeira, mas que a melhor verdade à disposição não é *intelectualmente* corrigível.

ras simbolicamente; todos esses predicados, afinal, possuem opostos, enquanto Deus não os tem.

A classe de coisas que tanto criam quanto são criadas abarca todas as primeiras causas, protótipos ou ideias platônicas. O total dessas causas primeiras é o *Logos*. O mundo das ideias é eterno, mas criado. Sob a influência do Espírito Santo, as primeiras causas dão origem ao mundo das coisas particulares, cuja materialidade é ilusória. Quando se diz que Deus criou as coisas a partir do "nada", esse "nada" deve ser entendido como o próprio Deus, no sentido em que Ele transcende todo conhecimento.

A Criação é um processo eterno: a substância de todas as coisas finitas é Deus. A criatura não é um ser distinto dele. Ela subsiste em Deus, que se manifesta na criatura de maneira inefável. "A Santíssima Trindade ama a Si mesma em nós e em Si.[7] Ela vê e move a Si mesma."

O pecado tem sua fonte na liberdade e surgiu porque o homem se voltara para si mesmo, e não para o divino. O mal não tem fundamento em Deus porque em Deus não há a ideia do mal. O mal é o não ser e carece de fundamento: se o tivesse, seria necessário. O mal é privação do bem.

O *Logos* é o princípio que traz o múltiplo de volta para o Uno e o homem de volta para Deus; trata-se, portanto, do Salvador do mundo. Mediante a união com Deus, a parte do homem que a executa se torna divina.

João discorda dos aristotélicos quando nega substancialidade a coisas particulares e chama Platão de auge dos filósofos. Porém, dos tipos de coisas que enuncia, os três primeiros derivam indiretamente do motor-imóvel, do motor-e-móvel e do móvel-mas-não-movente de Aristóteles. No sistema de João, o quarto tipo, aquele que diz respeito ao que nem cria nem é criado, vem da doutrina de Dionísio, segundo a qual todas as coisas retornam para Deus.

A heterodoxia de João Escoto salta aos olhos diante do resumo acima. Seu panteísmo, recusando uma realidade substancial às coisas, contraria a doutrina cristã. Sua interpretação da criação a partir do "nada" não é do tipo que um teólogo prudente poderia aceitar. Sua Trindade, que em muito se assemelha à de Plotino, não preserva a

[7] Cf. Spinoza.

igualdade das Três Pessoas, muito embora ele procure salvaguardar-se nesse ponto. A independência de seu espírito é revelada por essas heresias, além de ser impressionante para o século IX. Sua perspectiva neoplatônica talvez fosse comum na Irlanda tanto quanto o fora entre os Pais gregos dos séculos IV e V. Se conhecêssemos mais do cristianismo irlandês entre o século V e o século IX, talvez o julgássemos menos surpreendente. Por outro lado, é possível que grande parte daquilo que nele é herético deva ser atribuído à influência do Pseudo-Dionísio, que foi, em virtude de sua suposta relação com são Paulo, equivocadamente tido como ortodoxo.

Sua visão da criação como algo atemporal também é, certamente, herética, e o força a dizer que o relato do Gênesis é alegórico. O paraíso e a queda não devem ser tomados à letra. Como todos os panteístas, ele encontra dificuldades ao tratar do pecado. Afirma que originalmente o homem não pecava e que, sem pecado, também não havia distinção de sexos. Isso contraria, como é evidente, o "homem e mulher ele os criou". Segundo João, os seres humanos só foram divididos em homens e mulheres quando do pecado. A mulher incorpora a natureza sensitiva e caída do homem. No final, a distinção de sexos desaparecerá mais uma vez, quando então teremos corpo puramente espiritual.[8] O pecado consiste na vontade maldirecionada, na falsa suposição de que algo é bom quando não é. Sua punição é natural: consiste em descobrir a vaidade dos desejos humanos. Tal punição, porém, não é eterna. Como Orígenes, João afirma que até os demônios serão salvos no fim, ainda que só depois dos demais.

A tradução do Pseudo-Dionísio realizada por João teve grande impacto sobre o pensamento medieval, mas não seu *magnum opus* sobre a divisão da Natureza. A obra foi condenada repetidas vezes por heresia, e, por fim, em 1225, o papa Honório III ordenou que todas as suas cópias fossem queimadas. Felizmente, essa ordem não foi cumprida à risca.

[8] Contraste-se com santo Agostinho.

9

Reforma eclesiástica no século XI

No século XI, pela primeira vez desde a queda do Império Ocidental, a Europa testemunhou um progresso veloz que não se perdeu logo em seguida. Durante o renascimento carolíngio, certo tipo de avanço fora feito, sem, porém, ter se mostrado sólido. No século XI, as melhorias foram duradouras e multifaces. Tiveram início com a reforma monástica; em seguida, estenderam-se ao papado e ao governo da Igreja. Por fim, quando do termo do século, produziram os primeiros filósofos escolásticos. Os sarracenos foram expulsos da Sicília pelos normandos; os húngaros, que haviam se convertido ao cristianismo, deixaram de ser saqueadores; as conquistas dos normandos na França e na Inglaterra salvaram ambos os países de novas incursões escandinavas. A arquitetura, que só não era bárbara onde a influência bizantina prevaleceu, logrou sublimidade súbita. O nível da educação aumentou enormemente entre o clero e consideravelmente entre a aristocracia laica.

Na mente de seus fomentadores, os primeiros estágios do movimento de reforma foram efetuados por motivos morais. Tanto o clero regular quanto o clero secular se haviam desencaminhado, e para fazê-los viver de acordo com seus princípios os homens de zelo começaram a trabalhar. Por trás, porém, dessas razões puramente morais, havia outra que de início talvez fosse inconsciente, mas que aos poucos tornou-se cada vez mais manifesta. Tratava-se do desejo de concluir a separação entre clero e laicato e aumentar, por meio dela, o poder do primeiro. Por conseguinte, era natural que a vitória da reforma, na Igreja, conduzisse diretamente a um conflito violento entre o imperador e o papa.

Os sacerdotes tinham formado casta isolada e poderosa no Egito, na Babilônia e na Pérsia, mas não na Grécia ou em Roma. Na Igreja Cristã primitiva, a distinção entre clero e laicato passou a existir aos poucos; quando lemos sobre os "bispos" no Novo Testamento, a palavra não significa o que veio a significar para nós. A separação entre o clero e o resto da população assumiu dois aspectos: o primeiro, doutrinal; o segundo, dependente do primeiro, político. O clero detinha certos poderes miraculosos, em especial no que tocava aos sacramentos — exceção feita apenas ao batismo, que poderia ser realizado por leigos. Sem a ajuda do clero, o casamento, a absolvição e a extrema-unção eram impossíveis. Mais importante ainda, para o medievo, era a transubstanciação: apenas um sacerdote era capaz de realizar o milagre da missa. Foi somente no século XI, mais precisamente em 1079, que a transubstanciação tornou-se artigo de fé, não obstante fosse por todos reconhecida havia muito tempo.

Graças a seus poderes miraculosos, os sacerdotes poderiam determinar se alguém passaria a eternidade no céu ou no inferno. Caso morresse excomungado, iria para o inferno; se morto tendo um sacerdote realizado as cerimônias convenientes, acabaria no céu — contanto que arrependido e devidamente confessado. Antes, porém, de chegar ao céu, seria necessário passar certo tempo — talvez bastante longo — padecendo as dores do purgatório. Os sacerdotes poderiam encurtar tal duração se realizassem missas por essa alma, o que se dispunham a fazer em troca de um conveniente pagamento em dinheiro.

Deve-se compreender que tanto os padres quanto os leigos acreditavam em tudo isso com veemência; não se tratava apenas de um credo oficialmente professado. A todo momento, os poderes miraculosos do clero lhe faziam triunfar sobre os príncipes poderosos e os exércitos que conduziam. Esses poderes, no entanto, eram limitados de duas formas: por explosões incautas de paixão em certos leigos impetuosos e por divisões no clero. Até a época de Gregório VII, os habitantes de Roma demonstraram pouco respeito pela pessoa do papa. Eles o sequestravam, prendiam, envenenavam ou combatiam sempre que os turbulentos conflitos faccionais os tentavam a fazê-lo. Mas de que modo isso é compatível com suas crenças? Parte da explicação jaz na mera falta de autocontrole, não há dúvidas, mas há também a crença na possibilidade do arrependimento no leito de morte. Outra razão, menos eficaz em Roma do que alhures, jazia no fato de os monarcas conseguirem impor seus desejos aos bispos de seu reino, garantindo, assim, magia sacerdotal suficiente para se salvarem da danação. A disciplina da Igreja e o governo eclesiástico unificado, portanto, eram essenciais ao poder do clero. Esses objetivos foram concretizados ao longo do século XI, sendo parte integrante da reforma moral da hierarquia.

O poder do clero como um todo só estaria assegurado se cada eclesiástico fizesse enormes sacrifícios. Os dois grandes males sobre os quais os reformadores se debruçaram eram a simonia e o concubinato. É preciso dizer algo sobre cada um.

Graças às boas ações dos piedosos, a Igreja enriquecera. Muitos bispos possuíam propriedades enormes, e mesmo os párocos costumavam levar o que, para a época, era uma vida confortável. Na prática, a nomeação dos bispos em geral se encontrava nas mãos do rei, mas às vezes cabia também a algum nobre feudal subordinado. Era comum que o rei vendesse bispados — na realidade, isso constituía parte substancial de sua renda. O bispo, por sua vez, vendia as promoções eclesiásticas que estavam sob o seu poder. Não havia nada de secreto nisso. Gerbert (Silvestre II) descreveu o que diziam os bispos: "Dei ouro e recebi o episcopado; não temo reavê-lo, porém, caso me comporte como deveria. Ordeno um sacerdote e recebo ouro; faço um diácono e ganho uma pilha de prata. Vede, o ouro que dei eu agora o tenho, sem qualquer redução, em minha bolsa."[1] Em Milão, Pedro Damião descobriu, no ano de 1059, que todo clérigo da cidade, a começar pelo arcebispo, cometera simonia — e uma situação como essa estava longe de ser excepcional.

A simonia era pecado, é claro, mas não era esse o único argumento contra a prática. Ela fazia com que o progresso eclesiástico se desse de acordo com o dinheiro, e não segundo o mérito; confirmava a autoridade laica na nomeação de bispos e a subserviência episcopal aos governantes seculares; e tendia a fazer do episcopado parte do sistema feudal. Ademais, quando um homem comprava sua promoção, ficava naturalmente ansioso por refazer-se, de modo que os interesses do mundo provavelmente o preocupariam mais do que os interesses espi-

[1] *Cambridge Medieval History*, V, cap. 10.

rituais. Por essas razões, a campanha contra a simonia tornou-se parte necessária da luta eclesiástica pelo poder.

Considerações muito semelhantes se aplicavam ao celibato clerical. Os reformadores do século XI frequentemente falavam em "concubinato", mas seria mais correto dizer "casamento". Os monges, é claro, estavam impossibilitados de contrair matrimônio em virtude do voto de castidade, mas não havia nenhuma proibição clara, com relação a isso, que se aplicasse ao clero secular. Até os dias de hoje, na Igreja do Oriente, os párocos podem se casar. No século XI, a maioria dos párocos no Ocidente era casada. Os bispos, por sua vez, recorriam à declaração de são Paulo: "É preciso, porém, que o epíscopo seja irrepreensível, esposo de uma única mulher."[2] Não havia, na insistência dada ao celibato clerical, um problema moral tão claro quanto o da campanha contra a simonia, mas as motivações políticas eram similares.[3]

Quando casados, os sacerdotes naturalmente tentavam transferir a propriedade da Igreja a seus filhos. Eles podiam fazê-lo de maneira lícita caso os descendentes se tornassem sacerdotes, e por isso um dos primeiros passos do grupo reformista, tão logo este chegou ao poder, foi proibir a ordenação dos filhos dos padres.[4] Em tempos de confusão, no entanto, subsistia ainda o risco de os pais sacerdotes encontrarem formas ilegais de alienar parte das terras eclesiásticas. Além da consideração econômica, havia também o fato de que, se o sacerdote fosse homem de família como seus vizinhos, pareceria a eles alguém não tão distante. Pelo menos desde o século V, o celibato foi intensamente admirado; e, se o clero precisava gozar da reverência de que seus poderes dependiam, seria altamente vantajoso que se apartasse dos outros homens pela abstinência do matrimônio. Não há dúvidas de que os próprios reformadores acreditavam, com toda a sinceridade, que o estado de casado, embora não verdadeiramente pecaminoso, era inferior ao do celibato, sendo admitido apenas graças à fraqueza da carne. São Paulo ordena que, "se não podem guardar a continência, casem-se",[5] mas o homem verdadeiramente santo deve ser capaz de

[2] 1 Timóteo III, 2.

[3] Veja-se Henry C. Lea, *The History of Sacerdotal Celibacy*.

[4] Em 1046, decretou-se que o filho de um clérigo não poderia ser bispo; em seguida, que não poderia ingressar nas sacras ordens.

[5] 1 Coríntios VII, 9.

"guardar a continência". O celibato clerical, portanto, é essencial para a autoridade moral da Igreja.

Após essas preliminares genéricas, chegamos à história propriamente dita do movimento que reformou a Igreja no século XI.

Seu início remete à fundação da abadia de Cluny, realizada em 910 pelas mãos de Guilherme, o Pio, duque da Aquitânia. Desde o princípio, a abadia foi independente de toda autoridade externa, exceto da do papa; além disso, a autoridade de seu abade se estendia aos outros mosteiros que lhe deviam sua existência. A maioria dos mosteiros da época era rica e lassa; Cluny, embora evitasse o ascetismo radical, teve o cuidado de preservar a decência e o decoro. Odon, seu segundo abade, foi para a Itália e ganhou o controle de vários mosteiros romanos. Não foi sempre bem-sucedido: "Farfa, dividida por um cisma entre dois abades rivais que haviam assassinado seu predecessor, resistiu à introdução dos monges de Cluny por Odon e se livrou, pelo uso do veneno, do abade que Alberico investira com o emprego de força armada."[6] (Alberico era o governante de Roma que convidara Odon.) No século XII, o zelo reformista de Cluny se esvaiu. São Bernardo se opôs à sua bela arquitetura; a exemplo da maioria dos fervorosos da época, ele acreditava que os esplêndidos edifícios eclesiásticos eram sinal de um orgulho pecaminoso.

Ao longo do século XI, muitas outras ordens foram fundadas por reformadores. Romualdo, eremita ascético, criou a Ordem dos Camaldulenses em 1012; Pedro Damião, de quem nos ocuparemos em breve, foi seu seguidor. Os cartuxos, que jamais deixaram de ser austeros, nasceram de Bruno de Colônia em 1084. No ano de 1098, a Ordem de Cister foi inaugurada, e a ela juntar-se-ia são Bernardo em 1113. Os cistercienses aderiam com rigor à regra beneditina. Janelas com vitrais estavam vetadas. Os *conversi*, ou irmãos leigos, faziam os trabalhos. Esses homens professavam os votos, mas estavam proibidos de aprender a ler ou escrever; atuavam sobretudo na agricultura, embora também pudessem desempenhar outras tarefas, como a da arquitetura. A abadia de Fountains, em Yorkshire, é cisterciense: trata-se de obra notável para homens que acreditavam que toda beleza vinha do diabo.

---

[6] *Cambridge Medieval History*, V, p. 662.

Como ficará claro à luz do caso de Farfa, que esteve longe de ser único, os reformadores monásticos exigiam grande coragem e vigor. Ali onde tiveram sucesso, apoiaram-nos as autoridades seculares. Foram esses homens e seus seguidores que tornaram possível a reforma — primeiro a do papado e, depois, a da Igreja como um todo.

A reforma do papado, todavia, foi de início obra do imperador. O último papa dinástico foi Bento IX, eleito em 1032; dizem que somava apenas doze anos à época. Era filho de Alberico de Túsculo, a quem já aludimos quando tratamos do abade Odon. À medida que envelhecia, tornava-se cada vez mais pervertido, chocando até mesmo os romanos. Sua iniquidade alcançou tal nível que ele decidiu resignar o papado e casar-se. Vendeu-o a seu padrinho, logo Gregório VI. Embora chegasse ao papado por meio da simonia, Gregório era reformador, bem como amigo de Hildebrando (Gregório VII). O modo que utilizou para tornar-se papa, porém, era escandaloso demais para ser ignorado. O jovem imperador Henrique III (1039-56) foi reformador piedoso que abandonara a simonia em detrimento de grande parte de sua receita, conservando ao mesmo tempo o direito de nomear bispos; ele chegou à Itália em 1046, quando com 22 anos, e depôs Gregório VI sob a acusação de simonia.

Henrique III conservou, ao longo de todo o seu reinado, o poder de fazer e desfazer papas; exerceu-o, porém, com grande sabedoria e segundo os interesses da reforma. Tendo se livrado de Gregório VI, nomeou em seu lugar um bispo alemão: Suidgero de Bamberg; os romanos abriram mão dos direitos eleitorais que haviam reivindicado e muitas vezes exercido, quase sempre muito mal. O novo papa faleceu no ano seguinte; o mesmo ocorreu, quase imediatamente, com o sucessor nomeado — ao que parece, por envenenamento. Henrique III escolheu, então, alguém que lhe era próximo: Bruno de Toul, que assumiu o nome de Leão IX (1049-54). Tratava-se de um reformador fervoroso, que viajou muito e realizou muitos concílios; quis também combater os normandos no sul da Itália, mas nisso não foi bem-sucedido. Hildebrando era seu amigo, podendo quase ser chamado de pupilo. Morto Leão, o imperador nomeou mais um papa: Gebhard de Hischberg, que tornou-se Vítor II em 1055. Henrique, porém, faleceu no ano seguinte; no próximo, também o pontífice. Desse momento em diante, as relações entre imperador e papa se tornaram menos amistosas. O pontífice, após ter adquirido autoridade moral com a ajuda de Henrique III, reivindicou primeiro independência e, depois, autoridade moral sobre o imperador. Desse modo, teve início o grande conflito que duraria duzentos anos e terminaria com a derrota do monarca. A longo prazo, portanto, a política de reforma papal que Henrique III colocara em prática talvez tenha carecido de visão.

Henrique IV, o imperador seguinte, reinou por cinquenta anos (1056-1106). Inicialmente, porque era menor de idade, a regência foi exercida por sua mãe, a imperatriz Agnes. Estêvão IX foi papa durante um ano. Quando de sua morte, os cardeais escolheram um pontífice e os romanos, reafirmando os direitos a que haviam abdicado, outro. A imperatriz tomou partido dos cardeais, cujo indicado assumiu o nome de Nicolau II. Embora tenha durado apenas três anos, seu reinado foi importante. Ele fez as pazes com os normandos e, assim, logrou que o papado se tornasse menos dependente do imperador. À época, o modo como os papas eram eleitos foi determinado por um decreto, segundo o qual a escolha seria feita primeiro pelos cardeais-bispos, depois pelos outros cardeais e, por fim, pelo clero e povo de Roma, cuja participação — depreende-se — era puramente formal. Na prática, eram os cardeais-bispos os responsáveis pela eleição do papa. Se possível, ela deveria dar-se em Roma, mas poderia também ocorrer alhures caso as circunstâncias tornassem a eleição em solo romano difícil ou indesejável. Nenhum papel caberia ao imperador. Tal decreto, só aceito após enorme esforço, representava um passo crítico na emancipação papal do controle laico.

Nicolau II emitiu um decreto que tornava inválidas as futuras ordenações de homens culpados de simonia. O decreto não retroagia porque, se o fizesse, invalidaria a ordenação da grande maioria dos padres existentes.

Durante o pontificado de Nicolau II, uma interessante disputa teve início em Milão. O arcebispo, seguindo a tradição ambrosiana, reivindicou certa independência do papa. Ele e seu clero haviam se aliado à aristocracia e se opuseram veementemente à reforma. A classe mercantil e as classes inferiores, por sua vez, desejavam que o clero fosse piedoso; motins se seguiram em apoio ao celibato clerical, e um movimento reformista poderoso, denominado "patarino", foi criado em oposição ao arcebispo e seus partidários. Em 1059, o papa, dando apoio à reforma, enviou a Milão, como seu legado, o insigne são Pedro Damião. Damião foi autor do tratado *Da onipotência divina*, em que afirmou que Deus pode realizar coisas contrárias à lei da contradição e desfazer o passado. (Essa visão foi rejeitada por santo Tomás e, desde então, tratada como heterodoxa.) Opôs-se ainda à dialética e tratou a filosofia como serva da teologia. Como vimos, foi seguidor do eremita Romualdo e se dedicou com grande relutância à condução dos afazeres. Sua santidade, porém, era de tal maneira benéfica ao papado que um grande esforço de persuasão foi feito para convencê-lo a ajudar na campanha de reforma. Tendo cedido às investidas do papa, em 1059 Damião proferiu, na cidade de Milão, um discurso contra a simonia aos clérigos que ali se reuniam. De início, estes ficaram tão coléricos que sua vida esteve em perigo, mas, por fim, sua eloquência os convenceu, e cada um, com lágrimas nos olhos, confessou-se culpado; além disso, todos prometeram obediência a Roma. Sob o papa seguinte, travou-se com o imperador uma disputa referente à sé de Milão em que o pontífice, com a ajuda dos patarinos, saiu-se vitorioso.

Quando da morte de Nicolau II, em 1061, Henrique IV era já adulto e iniciou contra os cardeais uma briga a respeito da sucessão papal. O imperador não havia reconhecido o decreto da eleição e não estava preparado para abdicar de seus direitos na eleição do papa. A disputa durou três anos, mas no final a escolha dos cardeais prevaleceu sem que houvesse um teste de força definitivo entre o imperador e a cúria. O que se fez determinante foi o óbvio mérito do papa que os cardeais escolheram, homem dotado de virtude e experiência, além de ser ex-pupilo de Lanfranco (futuro arcebispo de Cantuária). À morte desse papa (1073), de nome Alexandre II, seguiu-se a eleição de Hildebrando (Gregório VII).

Gregório VII (1073-85) é um dos papas de maior destaque. Estivera em primeiro plano muito tempo antes e exercera grande influência sobre a política papal. Foi graças a ele que o papa Alexandre II abençoara a expedição inglesa de Guilherme, o Conquistador; favoreceu também os normandos na Itália e no norte. Fora protegido de Gregório VI, que comprara o papado a fim de combater a simonia; após a deposição deste, Hildebrando passou dois anos no exílio. Viveu em Roma praticamente todo o resto de sua vida. Não era homem douto, mas deixou-se inspirar sobretudo por santo Agostinho, cujas doutrinas aprendera de Gregório Magno, seu herói. Feito papa, passou a crer-se porta-voz de são Pedro. Isso proporcionou-lhe um grau de autoconfiança que, pelos cálculos mundanos, não se justificava. Reconheceu que a autoridade do imperador também tinha origem divina: inicialmente, comparou o papa e o imperador a dois olhos; mais tarde, quando em disputa com o soberano, ao Sol e à Lua — sendo o papa, é claro, o primeiro. O papa é supremo no que diz respeito à moral e, portanto, tem o direito de depor o imperador caso este haja imoralmente — e nada poderia ser mais imoral do que resistir ao papa. Tudo isso ele acreditava genuína e profundamente.

O papa Gregório VII esforçou-se mais do que qualquer outro para impor o celibato clerical. Na Germânia, o clero se opôs à medida e, tanto por causa dessa quanto por outras razões, viu-se inclinado a tomar partido do imperador. No entanto, em toda parte o laicato preferia que os sacerdotes fossem celibatários. Gregório fomentou, contra os sacerdotes casados e suas esposas, motins em que ambos muitas vezes eram brutalmente maltratados. Ele conclamou que os leigos não deveriam frequentar missas celebradas pelos sacerdotes recalcitrantes. Decretou, ainda, que os sacramentos ministrados pelo clero casado eram inválidos e que esse clero não deveria entrar nas igrejas. Tudo isso suscitou a oposição clerical e o apoio dos leigos; mesmo em Roma, onde outrora os papas costumavam correr risco de vida, foi ele popular entre o povo.

Na época de Gregório, iniciou-se a grande disputa referente às "investiduras". Quando de sua consagração, o bispo recebia um anel e um báculo como símbolos de seu ofício. Conferia-os o imperador ou o rei (dependendo do local) na condição de senhor feudal do bispo, mas Gregório insistiu em que fossem entregues pelo papa. A disputa fazia parte dos esforços para desvincular a hierarquia eclesiástica da hierarquia feudal. Durou ela muito tempo, mas no final o papado saiu-se inteiramente vitorioso.

A querela que conduziu ao episódio de Canossa dizia respeito, no início, à arquidiocese de Milão. Em 1075, o imperador nomeou, com a cooperação dos bispos auxiliares, um arcebispo; o papa encarou isso como violação de sua prerrogativa e ameaçou o imperador com a excomunhão e a deposição. O soberano revidou convocando um concílio episcopal em Worms, onde os bispos abdicaram da lealdade ao papa.

Eles lhe enviaram uma carta em que o acusavam de adultério, de perjúrio e, o que era ainda pior, de maltratar os bispos. O imperador também escreveu-lhe para dizer-se acima de todo juízo mundano. Ele e os bispos proclamaram a deposição de Gregório; Gregório excomungou o imperador e os bispos, declarando que eram *eles* os depostos. O palco, então, estava armado.

No primeiro ato, a vitória coube ao papa. Os saxões, que antes haviam se rebelado e feito as pazes com Henrique IV, se rebelaram de novo; ao mesmo tempo, os bispos germânicos se reconciliaram com Gregório. O mundo como um todo se desconcertou ante o modo como o imperador tratava o pontífice. Como consequência, no ano seguinte (1077) Henrique decidiu buscar sua absolvição. Em pleno inverno, ele atravessou o passo do Monte Cenis com sua esposa, seu filho pequeno e alguns criados para apresentar como suplicante na frente do castelo de Canossa, onde o papa se encontrava. Por três dias o papa fê-lo esperar descalço e em trajes penitenciais. Por fim, Henrique foi admitido. Tendo expressado arrependimento e jurado que seguiria as orientações papais no trato com seus oponentes germânicos, ele foi perdoado e readmitido à comunhão.

A vitória do papa, porém, mostrou-se ilusória. Ele foi traído por uma regra de sua própria teologia — a que obrigava a absolvição de penitentes. Por mais estranho que seja dizê-lo, Gregório foi enganado por Henrique e achou que o arrependimento do imperador fora sincero. Seu erro logo tornou-se claro. Ele não pôde mais apoiar os inimigos germânicos de Henrique, que se sentiram traídos; desse momento em diante, as coisas começaram a lhe ser desfavoráveis.

Os adversários germânicos de Henrique elegeram um imperador rival de nome Rodolfo. Inicialmente, embora afirmasse que cabia a si escolher um dos dois, o papa se recusou a dar um veredito. Em 1080, tendo já experimentado a insinceridade do arrependimento do imperador, acabou escolhendo Rodolfo. Nessa época, porém, Henrique já triunfara sobre a maioria de seus oponentes na Germânia. Ele fez com que seus partidários clericais elegessem um antipapa e, em 1084, ingressou com ele em Roma. O antipapa coroou-o como convinha, mas ambos precisaram fugir rapidamente ante a ameaça dos normandos, que, para o alívio de Gregório, haviam avançado. Os normandos saquearam Roma brutalmente e levaram consigo Gregório, que foi praticamente seu prisioneiro até o ano seguinte, quando morreu.

Desse modo, suas políticas parecem ter resultado em desastre. A verdade, porém, é que elas foram adotadas com mais moderação por seus sucessores. Um meio-termo favorável ao papado foi improvisado temporariamente, mas o conflito era irreconciliável por natureza. De seus estágios posteriores nos ocuparemos em capítulos subsequentes.

Resta dizer algo sobre o renascimento intelectual ocorrido no século XI. O século X careceu de filósofos; a única exceção é Gerbert (papa Silvestre II, 999-1003), e mesmo ele foi mais matemático do que filósofo. No entanto, à medida que o século XI avançava, homens de relevância filosófica real começaram a aparecer. Destes, os mais importantes foram Anselmo e Roscelino, mas alguns outros também merecem destaque. Todos foram monges que tiveram relação com o movimento de reforma.

Pedro Damião, o mais velho, já foi mencionado. Berengário de Tours (m. 1088) é interessante por ser algo racionalista. Afirmou que a razão é superior à autoridade, e para tal visão recorreu a João Escoto, que por isso foi postumamente condenado. Berengário negou a transubstanciação e foi obrigado duas vezes a desmentir-se. Suas heresias foram combatidas por Lanfranc no livro *De corpore et sanguine Domini*. Lanfranc nasceu em Pavia, estudou direito em Bolonha e tornou-se dialético de primeiro escalão. Trocou, porém, a dialética pela teologia e ingressou no mosteiro de Bec, na Normandia, onde esteve à frente de uma escola. Guilherme, o Conquistador, fez dele arcebispo da Cantuária em 1070.

Como Lanfranc, santo Anselmo era italiano, tornou-se monge em Bec e foi ordenado arcebispo da Cantuária (1093-1109), em cujo ofício seguiu os princípios de Gregório VII e brigou com o rei. Notabilizou-se sobretudo por inventar o "argumento ontológico" em favor da existência de Deus. Tal qual por ele formulado, o raciocínio se desdobra da seguinte maneira: nós definimos "Deus" como o maior objeto possível ao pensamento. Ora, se um objeto do pensamento não existe, outro exatamente igual a ele, mas existente, é maior. Por conseguinte, o maior de todos os objetos do pensamento deve existir — caso contrário, outro ainda maior seria possível. Desse modo, Deus existe.

Esse raciocínio jamais foi aceito pelos teólogos. Recebeu críticas negativas já à época, sendo então esquecido até a segunda metade do século XIII. Tomás de Aquino o rejeitou, e entre os teólogos a autoridade de Tomás prevaleceu desde então. Entre o filósofos, porém, seu destino foi melhor. Descartes resgatou-o de maneira um pouco mais branda; Leibniz julgou possível validá-lo mediante o acréscimo de um complemento que provasse que Deus é *possível*; e Kant acreditou tê-lo refutado de uma vez por todas. Não obstante, ele em certo sentido subjaz ao sistema de Hegel e seus seguidores, reaparecendo no princípio de Bradley: "O que pode ser e deve ser é."

Obviamente, um raciocínio dotado de história tão distinta deve ser tratado com respeito, seja ele válido ou não. A verdadeira questão é: existe algo em que podemos pensar e que, pelo mero fato de sermos capazes de fazê-lo, demonstra existir fora de nosso pensamento? Todo filósofo *gostaria* de dizer que sim, uma vez que seu papel é descobrir coisas sobre o mundo mais por meio do pensamento do que pela observação. Se a resposta for positiva, então há uma ponte que leva do pensamento puro às coisas; se negativa, não há. Nessa forma genérica, Platão emprega uma espécie de argumento ontológico a fim de provar a realidade objetiva das ideias. Porém, antes de Anselmo ninguém havia expressado o raciocínio em toda a sua pureza lógica. Ao ganhar em pureza, ele perde em plausibilidade; também isso, porém, deve ser creditado ao santo.

O restante da filosofia de Anselmo deriva sobretudo de santo Agostinho, de quem assimila muitos elementos platônicos. Ele acredita nas ideias platônicas e delas obtêm outra prova da existência de Deus. Por meio dos raciocínios do neoplatonismo, declara demostrar que há não apenas Deus, mas também a Trindade. (Recordemos que Plotino possui uma Trindade, ainda que não seja possível ao cristão aceitá-la como ortodoxa.) Anselmo acredita que a razão está subordinada à fé. "Creio para entender", diz; seguindo Agostinho, professa que sem a crença a compreensão é impossível. Deus, afirma ainda, não é *justo*, mas a *justiça*. Lembremos que João Escoto diz coisas semelhantes. É Platão sua origem comum.

Santo Anselmo, a exemplo de seus predecessores na filosofia cristã, alinha-se antes à tradição platônica do que à tradição aristotélica. Por essa razão, não possui os traços distintivos da filosofia denominada "escolástica", cujo ponto mais alto é Tomás de Aquino. Pode-se dizer que esse tipo de filosofia começa com Roscelino, contemporâneo de Anselmo dezessete anos mais novo. Roscelino marca um novo começo e será examinado em capítulo posterior.

Quando dizemos que a filosofia medieval foi, até o século XIII, majoritariamente platônica, precisamos ter em mente que Platão só era conhecido de segunda ou terceira mão, exceto por um fragmento do *Timeu*. João Escoto, por exemplo, não poderia ter defendido o que defendeu se não fosse por Platão, mas a maior parte daquilo que é platônico em seu pensamento vem do Pseudo-Dionísio. A data do autor é incerta, mas parece provável que ele tenha sido discípulo do neoplatônico Proclo. Também é provável, porém, que jamais tenha ouvido falar de Proclo nem lido uma linha sequer de Plotino. Além do Pseudo-Dionísio, é Boécio a outra fonte de platonismo na Idade Média. Em muitos aspectos, esse platonismo diferiu daquilo que um estudioso moderno depreende dos escritos do próprio Platão. Ele omitiu quase tudo o que não possuía vínculo óbvio com a religião, e na filosofia religiosa também ampliou e enfatizou certos aspectos em detrimento de outros. Essa mudança na concepção de Platão já havia sido operada por Plotino. O conhecimento de Aristóteles também era fragmentário, mas em direção contrária: tudo o que se conhecia dele até o século XII era a tradução, realizada por Boécio, das *Categorias* e do *De emendatione*. Assim, Aristóteles era visto como mero dialético, e Platão, apenas como filósofo religioso e autor que elaborara a teoria das ideias. Ao longo da Idade Média tardia, essas duas concepções parciais foram aos poucos retificadas, de modo especial a referente a Aristóteles. No que diz respeito a Platão, porém, o processo só viria a se concluir no Renascimento.

10

Cultura e filosofia maometanas

As investidas contra o Império Oriental, a África e a Espanha diferiram em dois aspectos dos ataques dos bárbaros do norte contra o Ocidente: em primeiro lugar, o Império Oriental sobreviveu até 1453, quase mil anos a mais do que o Ocidental; além disso, as principais investidas contra o Império do Oriente foram realizadas pelos maometanos, que não se tornaram cristãos após a conquista, mas desenvolveram uma importante civilização própria.

A Hégira,[1] que marca o início da era maometana, se deu em 622 d.C.; Maomé morreu dez anos depois. Imediatamente após sua morte, as conquistas árabes começaram, evoluindo com extraordinária rapidez. No Oriente, a Síria foi invadida em 634 e, dois anos depois, completamente subjugada. Em 637, invadida foi a Pérsia, cuja conquista se completou em 650. A Índia foi dominada em 664; Constantinopla, sitiada em 669 (e mais uma vez em 716-17). O movimento rumo ao Ocidente não foi tão repentino. O Egito foi conquistado em 642; Cartago, só em 697. A Espanha, exceção feita a uma pequena extremidade ao noroeste, foi tomada em 711-12. A expansão ocidental (exceto na Sicília e na Itália meridional) ficou em suspenso após a derrota dos maometanos na batalha de Tours, em 732, apenas cem anos depois da morte do profeta. (Os turcos otomanos, que por fim conquistariam a Constantinopla, pertencem a período posterior àquele sobre o qual nos debruçamos.)

Várias circunstâncias facilitaram essa expansão. A Pérsia e o Império Oriental estavam esgotados após longas guerras. Os sírios, em sua grande maioria nestorianos, eram perseguidos pelos católicos,

[1] A Hégira foi a fuga empreendida por Maomé de Meca a Medina.

enquanto os maometanos toleravam todas as seitas cristãs contanto que lhe pagassem o tributo. De maneira semelhante, no Egito, os monofisitas, que constituíam o grosso da população, acolheram de bom grado os invasores. Na África, os árabes se aliaram aos berberes, povo que os romanos jamais subjugaram por completo. Juntos, árabes e berberes invadiram a Espanha, onde tiveram o auxílio dos judeus, outrora impiedosamente perseguidos pelos visigodos.

A religião do Profeta se resumia a um monoteísmo simples, sem as complicações da elaborada teologia da Trindade e da Encarnação. O Profeta não se declarou divino; tampouco seus seguidores o professaram assim. Ele resgatou a proibição judaica das imagens de escultura e vetou o uso do vinho. Era dever do fiel conquistar para o islamismo tudo quanto no mundo lhe fosse possível, mas não deveria haver perseguição a cristãos, judeus ou zoroastrianos — os "povos do Livro", como lhes chama o Corão, referindo-se aos que seguiam a doutrina de uma Escritura.

A Arábia era quase toda desértica, e se lhe tornava cada vez mais difícil abrigar sua população. As primeiras conquistas dos árabes começaram como meras incursões em busca de despojos e só se converteram em ocupação permanente depois que a experiência lhes revelou a fraqueza do inimigo. Ao longo de cerca de vinte anos, homens acostumados a uma existência parca em pleno deserto subitamente se viram mestres de algumas das regiões mais ricas do mundo, capazes de desfrutar de todos os luxos e refinamentos de uma civilização antiga. Eles resistiram melhor às tentações dessa transformação do que havia resistido a maioria dos bárbaros do norte. Uma vez que seu império se consolidara sem muitas batalhas grandes e rigorosas, houvera pouca destruição, e desse modo a administração civil conservou-se quase intacta. Tanto na Pérsia quanto no império bizantino, o governo civil fora altamente organizado. De início, os membros das tribos árabes desconheciam suas complicações, aceitando forçosamente os serviços dos homens treinados que encontravam no comando. Em geral, esses homens não hesitavam em servir a seus novos mestres. Com efeito, a mudança só facilitou seu trabalho, uma vez que a taxação foi consideravelmente reduzida. Além disso, no desejo de fugir dos tributos, também as populações trocaram em quantidade notável o cristianismo pelo islamismo.

O Império Árabe era uma monarquia absoluta liderada pelo califa, sucessor do profeta que herdava muito de sua santidade. O califado era nominalmente eletivo, mas logo tornou-se hereditário. A primeira dinastia — a Omíada, que durou até 750 — foi fundada por homens cuja aceitação de Maomé era puramente política, permanecendo sempre contrária aos fiéis mais fanáticos. Os árabes, embora tenham conquistado grande parte do mundo em nome de uma religião nova, não formavam raça muito religiosa: o motivo de suas conquistas era o saque e a riqueza, e não a religião. Foi somente graças à ausência de fanatismo que um punhado de guerreiros mostrou-se capaz de governar, sem grandes dificuldades, populações enormes, dotadas de superior civilidade e uma estranha religião.

Os persas, por sua vez, foram desde o princípio homens profundamente religiosos e altamente especulativos. Convertidos, fizeram do islamismo algo muito mais interessante, religioso e filosófico do que imaginaram o profeta e seus parentes. A partir da morte de Ali, genro de Maomé, em 661, os maometanos se dividiram em duas seitas: a sunita e a xiita. Aquela é maior; a outra segue Ali e acredita que os membros da dinastia Omíada foram usurpadores. Por muito tempo pertenceram os persas à seita xiita. Foi sobretudo por influência deles que os Omíadas foram vencidos e substituídos pelos Abássidas, que representavam seus interesses. A mudança foi marcada pela transferência da capital de Damasco para Bagdá.

Politicamente, os Abássidas favoreceram mais os radicais do que fizeram os Omíadas, mas não tomaram posse de todo o império. Um membro da família Omíada escapou do massacre geral e fugiu para a Espanha, onde foi reconhecido como governante legítimo. Doravante, a Espanha seria independente do resto do mundo maometano.

Sob os primeiros Abássidas, o califado alcançou seu maior esplendor. O mais conhecido deles é Harun al-Rashid (m. 809) — contemporâneo de Carlos Magno e da imperatriz Irene —, que, graças às *Mil e uma noites*, é conhecido por todos em sua forma lendária. Sua corte foi um brilhante centro de luxo, poesia e saber; sua renda era enorme, e seu império se estendeu do Estreito de Gibraltar até o Indo. Tinha vontade absoluta; acompanhava-o um carrasco, que desempenhava seu papel a um mero aceno de cabeça do califa. Tal esplendor, porém, teve vida curta. Seu sucessor cometeu o erro de convocar, para seu exército, uma maioria de turcos, que eram insubordinados e logo reduziram o califa a um nada, a ser cegado ou morto tão logo os soldados se cansassem dele. Não obstante, o califado sobreviveu; o último califa da dinastia Abássida foi morto pelos mongóis em 1256, junto com 800 mil habitantes de Bagdá.

O sistema político e social dos árabes teve defeitos semelhantes aos do Império Romano, mas também outros. Mesclada com a poligamia, a monarquia absoluta resultava, como de costume, em guerras dinásticas sempre que um governante morria, tendo fim com a vitória de um dos seus filhos e com a morte de todos os outros. Havia quantidades enormes de escravos, sobretudo por causa das guerras vencidas; por vezes, davam-se perigosas insurreições servis. O comércio se desenvolveu consideravelmente, tanto mais quanto o califado ocupou posição central entre o Oriente e o Ocidente. "A posse de enorme riqueza não estimulou apenas a demanda de artigos dispendiosos, como sedas da China e peles da Europa setentrional; o comércio também foi fomentado por algumas circunstâncias especiais, como a vasta extensão do Império Muçulmano, a difusão do árabe como língua mundial e o grande prestígio conferido ao comerciante no sistema ético dos muçulmanos; tinha-se em mente que o próprio Profeta fora comerciante e recomendara o comércio durante a peregrinação à Meca."[2] A exemplo da coesão militar, o comércio dependia das enormes estradas que os árabes haviam herdado dos romanos e dos persas — estradas que, ao contrário do que ocorria quando nas mãos dos conquistadores do norte, eram por eles mantidas em bom estado. Aos poucos, porém, o império se fragmentou: a Espanha, a Pérsia, a África do Norte e o Egito se desligaram sucessivamente e obtiveram independência completa ou quase completa.

Uma das melhores características da economia árabe estava na agricultura, em especial no uso habilidoso da irrigação, desenvolvida em locais onde a água era escassa. Até hoje a agricultura espanhola se beneficia das obras de irrigação realizadas pelos árabes.

Embora tenha nascido na Síria, a distinta cultura do mundo muçulmano logo floresceu nas extremidades orientais e ocidentais — na Pérsia e na Espanha. À época da conquista, os sírios eram admirado-

[2] *Cambridge Medieval History*, IV, p. 286.

res de Aristóteles, a quem os nestorianos preferiam em detrimento de Platão, favorecido pelos católicos. Os árabes receberam dos sírios seu conhecimento da filosofia grega e, portanto, desde o princípio consideraram Aristóteles mais importante do que Platão. Ainda assim, esse Aristóteles vestiu um traje neoplatônico. Al-Kindi (m. c. 873), primeiro a escrever filosofia em língua arábica e o único filósofo de destaque que foi árabe de origem, traduziu partes das *Enéadas* de Plotino e publicou-as sob o título *A teologia de Aristóteles*. Isso levou grande confusão à concepção arábica de Aristóteles, e foram necessários séculos para que o equívoco fosse corrigido.

Entrementes, na Pérsia, os muçulmanos tiveram contato com a Índia. Foi a partir dos escritos sânscritos que, no século VIII, a astronomia veio a ser por eles descoberta. Em cerca de 830, Muhammad ibn Musa al-Khwarizmi, responsável por traduzir do sânscrito certas obras matemáticas e astronômicas, publicou um livro que acabou por ser vertido para o latim no século XII sob o título *Algoritmi de numero Indrum*. Foi nele que o Ocidente encontrou o que chamamos de numerais "arábicos", mas que deveriam ser denominados "índicos". O mesmo autor escreveu um livro sobre álgebra que o Ocidente utilizou como manual até o século XVI.

A civilização persa continuou a ser admirável, tanto intelectual quanto artisticamente, mesmo após sair gravemente prejudicada da invasão dos mongóis no século XIII. Omar Khayyám, único homem de quem tenho notícia que foi tanto poeta quanto matemático, reformou o calendário em 1079. Curiosamente, seu melhor amigo foi o fundador da seita dos Assassinos; trata-se do "Velho da Montanha", de lendária fama. Os persas foram grandes poetas: dizem os que o leram que Ferdusi (c. 941), autor do *Shahnameh*, é comparável a Homero. Notabilizaram-se também como místicos, ao contrário dos outros maometanos. A seita sufi, que ainda existe, permitia-se grande liberdade na interpretação mística e alegórica dos dogmas ortodoxos; era mais ou menos neoplatônica.

Os nestorianos, mediante os quais as influências gregas começaram a adentrar o mundo muçulmano, estavam longe de ter visão de mundo puramente grega. Sua escola em Edessa fora fechada pelo imperador Zenão em 481; com isso, seus homens de saber migraram para a Pérsia, onde continuaram a trabalhar, mas não sem sofrer influência local. Os nestorianos só valorizavam Aristóteles por sua lógica, e de início foi sua lógica o que os filósofos árabes julgaram importante. Mais tarde, porém, passaram a estudar também sua *Metafísica* e o *De anima*. Em geral, os filósofos árabes são enciclopédicos: interessam-se pela alquimia, pela astrologia, pela astronomia e pela zoologia tanto quanto pelo que chamaríamos filosofia. Foram vistos com desconfiança pela populaça, que era fanática e dogmática; sua segurança (quando existiu) deveu-se à proteção de príncipes de pensamento comparativamente livre.

Dois filósofos maometanos, um da Pérsia e o outro da Espanha, exigem atenção especial: Avicena e Averróis. O primeiro tornou-se mais famoso entre os maometanos; o segundo, entre os cristãos.

Avicena (ibn Sina) (980-1037) passou a vida em lugares que geralmente só acreditamos existir na poesia. Nasceu na província de Bucara; aos 24 anos, foi para Khiva ("a isolada Khiva no deserto") e, depois, para Coração ("a solitária praia Coraçane"). Durante certo tempo, ensinou em Isfahan a medicina e a filosofia; por fim, fixou morada em Teerã. Foi ainda mais famoso na área médica do que na filosofia, embora pouco acrescentasse a Galeno. Do século XII ao XVII, foi usado na Europa como guia de medicina. Não foi personagem santa — com efeito, tinha paixão pelo vinho e pelas mulheres. Era visto com desconfiança pelos ortodoxos, mas fez amizade com príncipes em virtude de suas habilidades médicas. Graças à hostilidade dos mercenários turcos, meteu-se às vezes em confusão: ora vivia escondido, ora estava preso. Foi autor de uma enciclopédia que o Oriente quase não conheceu por causa da hostilidade dos teólogos, mas que teve influência sobre o Ocidente em virtude de suas traduções latinas. Sua psicologia possui tendência empírica.

A filosofia de Avicena se aproxima mais de Aristóteles — e é menos neoplatônica — do que aquela de seus predecessores muçulmanos. Como os futuros escolásticos cristãos, ele se ocupa do problema dos universais. Platão dissera que os universais são anteriores às coisas. Aristóteles adota duas visões: uma quando está pensando e outra quando a combater Platão. Isso faz dele um objeto ideal para os comentadores.

Avicena inventou uma fórmula que veio a ser repetida por Averróis e Alberto Magno: "O pensamento produz a generalidade nas formas."

A partir disso, poder-se-ia supor que não acreditava nos universais isolados do pensamento, mas essa é uma visão demasiadamente simplória. De uma só vez, diz ele, os gêneros — isto é, os universais — encontram-se antes das coisas, nas coisas e depois das coisas. Isso ele explica da seguinte maneira: as espécies estão *antes* das coisas no entendimento de Deus (Deus decide, por exemplo, criar os gatos. Isso requer que Ele tenha o "gato" ideal, que por sua vez é anterior, nesse aspecto, aos gatos particulares); estão *nas* coisas em objetos naturais (criados os gatos, os traços felinos se encontram em cada um deles); e estão *após* as coisas em nosso pensamento (depois de conhecermos muitos gatos, percebemos que se assemelham uns aos outros e chegamos à ideia genérica de "gato"). Como se depreende, essa visão almeja reconciliar teorias distintas.

Averróis (ibn Rushd) (1126-98) viveu na extremidade oposta do mundo muçulmano. É natural de Córdova, onde seu pai e avô haviam sido cádis; ele mesmo foi um, primeiro em Sevilha e depois em Córdova. Estudou teologia e jurisprudência, passando em seguida à medicina, à matemática e à filosofia. Foi recomendado ao "califa" Abu Ya'qub Yusuf na condição de alguém capaz de analisar as obras de Aristóteles. (Parece, contudo, que não sabia o grego.) Foi favorecido pelo governante e tornou-se seu médico, mas infelizmente o paciente faleceu dois anos depois. Ya'qub al-Mansur, seu sucessor, por onze anos deu prosseguimento ao patronato do pai, mas então, alarmado ante a oposição dos ortodoxos ao filósofo, destituiu-o e exilou-o: primeiro, para uma pequena cidade vizinha a Córdova; depois, para o Marrocos. Averróis foi acusado de cultivar a filosofia dos antigos às custas da fé verdadeira. Al-Mansur publicou um édito que dizia que Deus reservara o inferno aos que achavam que a verdade poderia ser encontrada pela razão desassistida. Todos os livros dedicados à lógica e à metafísica foram enviados para a fogueira.[3]

Logo após essa época, o território espanhol dos mouros foi consideravelmente reduzido pelas conquistas cristãs. A filosofia muçulmana na Espanha teve fim com Averróis; em seguida, uma ortodoxia rigorosa eliminou de vez a especulação no resto do mundo maometano.

De modo um tanto divertido, Ueberweg procura defender Averróis da acusação de heterodoxia — questão, diremos, que compete

[3] Diz-se que Averróis voltou a ser estimado pouco antes de sua morte.

aos muçulmanos resolver. Ele assinala que, segundo os místicos, todo texto do Corão possuía sete, setenta ou setecentas camadas de interpretação, cabendo o sentido literal apenas ao vulgo ignorante. Parece seguir-se, daí, que o ensinamento de um filósofo não poderia entrar em conflito com o Corão: afinal, entre as setecentas interpretações certamente haveria ao menos uma que se alinharia ao que o filósofo tinha a dizer. No mundo maometano, porém, os ignorantes parecem ter objetado a todos os saberes que fossem além do conhecimento do Livro Sagrado; eles eram perigosos mesmo se nenhuma heresia específica pudesse ser demonstrada. A visão dos místicos, segundo a qual o populacho deveria tomar o Corão à letra, mas os sábios não precisavam fazê-lo, dificilmente conquistaria grande aceitação popular.

Averróis ocupou-se de aprimorar a interpretação árabe de Aristóteles, até então erroneamente influenciada pelo neoplatonismo. Ele lhe conferiu, em grau muito maior do que fizera até mesmo Avicena, o tipo de reverência que se dá ao fundador de uma religião. Averróis afirma que a existência de Deus pode ser provada pela razão independentemente da revelação — visão que foi também defendida por Tomás de Aquino. Quanto à imortalidade, parece ter seguido de perto Aristóteles, afirmando que a alma não é imortal, mas o intelecto (*nous*) o é. Isso, contudo, não garante a imortalidade *pessoal*, uma vez que o intelecto é o mesmo quando manifesto em pessoas distintas. Naturalmente, essa perspectiva foi combatida pelos filósofos cristãos.

Embora crente, Averróis, a exemplo da maioria dos filósofos maometanos posteriores, não seguiu a ortodoxia à risca. Havia uma seita de teólogos completamente ortodoxos que se opunha a toda filosofia por acreditá-la deletéria à fé. Um deles, chamado al-Ghazali, escreveu um livro intitulado *A destruição dos filósofos*, no qual assinala que, contendo o Corão toda a verdade necessária, não há necessidade de especulação desvinculada da revelação. Averróis respondeu com um livro chamado *Destruição da destruição*. Os dogmas religiosos que al-Ghazali contrapôs aos filósofos eram a criação *ex nihilo* do mundo no tempo, a realidade dos atributos divinos e a ressurreição do corpo. Segundo Averróis, a religião contém a verdade filosófica em forma alegórica. Isso se aplica de modo particular à criação, por ele interpretada, segundo sua aptidão filosófica, à maneira aristotélica.

Averróis é mais importante para a filosofia cristã do que para a filosofia maometana. Nesta última, representava um beco sem saída; naquela, um começo. No início do século XIII, foi traduzido para o latim pelas mãos de Miguel Escoto — o que surpreende, uma vez que suas obras pertencem à segunda metade do século XII. Sua influência na Europa foi enorme, e não apenas sobre os escolásticos, mas também sobre um grande número de livres-pensadores não profissionais, que negavam a imortalidade e eram chamados averroístas. No que toca aos filósofos profissionais, de início seus admiradores estiveram sobretudo entre os franciscanos e os da Universidade de Paris. Esse, porém, é assunto de que nos ocuparemos em capítulo posterior.

A filosofia árabe não foi importante pela originalidade. Homens como Avicena e Averróis são basicamente comentadores. Em linhas gerais, as visões dos filósofos mais científicos vêm de Aristóteles e dos neoplatônicos no campo da lógica e da metafísica; de Galeno, na medicina; e de fontes gregas e índicas na matemática e astronomia. Entre os místicos, a filosofia religiosa contém ainda uma mistura de velhas crenças persas. Os que escreviam em árabe demonstraram certa originalidade na matemática e na química — nesta última, como resultado acidental das pesquisas alquímicas. Em seu auge, a civilização maometana notabilizou-se nas artes e em muitos âmbitos técnicos, mas não revelou-se capaz de dedicar-se à especulação independente em questões teóricas. Sua importância, que não deve ser subestimada, é a de transmissora. Entre a civilização da Europa antiga e a civilização da Europa moderna esteve a Idade das Trevas. Os maometanos e bizantinos, embora carecessem da energia intelectual necessária a uma inovação, preservaram o aparato civilizacional: a educação, os livros e o ócio erudito. Ambos estimularam o Ocidente quando este saiu do barbarismo — os maometanos, sobretudo no século XIII; os bizantinos, principalmente no XV. Em cada caso, esse estímulo gerou um pensamento novo superior ao produzido pelos transmissores: no primeiro caso, a escolástica; no segundo, o Renascimento (que, entretanto, teve também outras causas).

Entre os mouros espanhóis e os cristãos, os judeus formaram um elo útil. Muitos tinham permanecido na Espanha quando os cristãos reconquistaram o país. Como sabiam o árabe e haviam forçosamente assimilado a língua cristã, estavam aptos para fazer traduções. Outro meio de transfusão foi a perseguição maometana dos aristotélicos no século XIII, a qual levou os filósofos mouros a buscar refúgio entre os judeus, de modo especial na Provença.

Dos judeus espanhóis desenvolveu-se um filósofo importante: Maimônides. Ele nasceu na cidade de Córdova em 1135, mas foi para o Cairo com trinta anos e passou ali o resto de sua vida. Escreveu em árabe, porém foi logo traduzido para o hebraico. Algumas décadas depois de sua morte, foi vertido para o latim, provavelmente a pedido do imperador Frederico II. Escreveu um livro chamado *Guia dos perplexos*, destinado aos filósofos que haviam perdido a fé. Seu objetivo é harmonizar Aristóteles com a teologia judaica. Aristóteles é autoridade no mundo sublunar; a revelação, no mundo celeste. No entanto, filosofia e revelação se unem no conhecimento de Deus. A busca da verdade é um dever religioso. A astrologia é rejeitada. O Pentateuco não deve sempre ser tomado à letra; quando o sentido literal se opuser à razão, deveremos buscar a interpretação alegórica. Contra Aristóteles, ele afirma que Deus não criou a partir do nada somente a forma, mas também a matéria. Ao resumir o *Timeu* (que conhecia em árabe), favorece-o, em determinados pontos, em detrimento de Aristóteles. A essência de Deus é incognoscível, constituída sobretudo de perfeições predicadas. Os judeus o declararam herege e chegaram a convocar as autoridades eclesiásticas cristãs contra ele. Alguns acreditam que exerceu influência sobre Spinoza, mas isso é muito questionável.

11

O século XII

Quatro aspectos do século XII nos interessam de maneira especial:

(1) O prolongado conflito entre império e papado;
(2) O surgimento das cidades lombardas;
(3) As Cruzadas;
(4) O desenvolvimento da escolástica.

Todos eles se estenderam até o século seguinte. As Cruzadas chegaram gradualmente a fim inglório, mas, no que diz respeito aos outros três movimentos, o século XIII marcou o apogeu daquilo que no século XII é apenas uma fase de transição. No século XIII, o papa triunfou em definitivo sobre o imperador, as cidades lombardas consolidaram uma independência segura e a escolástica alcançou seu ponto mais alto. Tudo isso, porém, resultou daquilo que o século XII preparara.

Vinculado ao aumento do poder papal e eclesiástico está não somente o primeiro desses quatro movimentos, mas também os outros três. O papa se aliou às cidades lombardas contra o imperador; Urbano II deu início à primeira Cruzada, cujas continuações tiveram como principais fomentadores os pontífices subsequentes; os filósofos escolásticos eram todos clérigos, e os concílios da Igreja se empenhavam para mantê-los dentro dos limites da ortodoxia ou para castigá-los caso se desviassem. Não há dúvida de que a percepção do triunfo político da Igreja, do qual eles se criam partícipes, estimulou sua iniciativa intelectual.

Entre tudo o que há de curioso na Idade Média está o fato de ela ter sido original e criativa sem sabê-lo. Todos os grupos justificavam suas políticas com argumentos antiquados e arcaicos. Na Germânia, o imperador recorreu aos princípios feudais da época de Carlos Magno; na Itália, ao direito romano e ao poder dos imperadores de outrora. As cidades lombardas foram ainda mais longe, apelando para as instituições da Roma republicana. Os partidários papais fundamentavam suas reivindicações na forjada Doação de Constantino e nas relações de Saul e Samuel narradas pelo Antigo Testamento. Os escolásticos recorriam tanto às Escrituras quanto a Platão, no início, e Aristóteles, no final; quando foram originais, tentaram ocultar esse fato. As Cruzadas foram uma tentativa de resgatar o modo como as coisas existiam antes da ascensão do islamismo.

Não nos deixemos enganar por esse arcaísmo literário. Apenas no caso do imperador é que ele correspondeu aos fatos. O feudalismo estava em decadência, de modo especial na Itália; o Império Romano só existia na memória. Por conseguinte, o imperador encontrava-se derrotado. Embora demonstrassem, em seu desenvolvimento tardio, grande semelhança com as cidades da Grécia Antiga, as cidades do norte da Itália repetiram o modelo não por imitação, mas por igualdade de circunstâncias: eram ambas comunidades mercantis e republicanas pequenas, ricas, altamente civilizadas, cercadas de monarquias com um nível de cultura inferior. Os escolásticos, por mais que reverenciassem Aristóteles, mostraram-se mais originais do que qualquer árabe — mais, na verdade, do que qualquer um desde Plotino ou mesmo Agostinho. Como no pensamento, na política predominou a mesma originalidade.

Conflito entre império e papado

Da época de Gregório VII até meados do século XIII, a história europeia gira em torno da luta pelo poder travada entre a Igreja e os monarcas leigos — o imperador, principalmente, mas também, aqui e acolá, os reis da França e da Inglaterra. O pontificado de Gregório terminara em aparente desastre, mas suas políticas foram retomadas, ainda que de modo mais moderado, por Urbano II (1088-99), que repetiu os decretos contra a investidura laica e desejou que as eleições episcopais fossem livremente realizadas pelo clero e pelo povo (que sem dúvida teria participação apenas formal). Na prática, contudo, ele não se opôs às nomeações laicas quando estas se mostraram boas.

No princípio, Urbano só encontrava segurança em território normando. Em 1093, porém, o filho de Henrique IV, Conrado, rebelou-se contra o pai e, associado ao papa, conquistou o norte da Itália, onde a Liga Lombarda, aliança de cidades que tinha como líder Milão, era favorável ao pontífice. Em 1094, Urbano atravessou a Itália setentrional e a França em procissão triunfante. Impôs-se sobre Filipe, rei francês que, por desejar um divórcio, foi excomungado pelo papa, mas se submeteu. No Concílio de Clermont, em 1095, proclamou a primeira Cruzada, gerando assim uma onda de entusiasmo religioso que culminou no aumento do poder papal — bem como em massacres atrozes de judeus. Urbano passou o último ano de sua vida em Roma, desfrutando de segurança numa cidade em que os papas raramente ficavam a salvo.

O papa seguinte, Pascoal II, veio de Cluny, tal qual Urbano. Deu continuidade às disputas sobre as investiduras e teve sucesso na França e na Inglaterra. Todavia, após a morte de Henrique IV, dada em 1106, o imperador seguinte, Henrique V, passou por cima do pontífice, que não era homem mundano e permitiu que sua santidade tivesse mais peso que seu senso político. O papa propôs que o imperador renunciasse às investiduras e afirmou que, em troca, os bispos e abades renunciariam aos bens temporais. O imperador declarou aceitar, mas, quando o acordo tornou-se público, os eclesiásticos se rebelaram furiosamente contra o papa. O imperador, que estava em Roma, aproveitou a oportunidade para sequestrar o pontífice, que cedeu às ameaças, desistiu das investiduras e coroou Henrique V. Onze anos depois, porém, mediante a Concordata de Worms (1122), o papa Calisto II forçou Henrique V a ceder na questão das investiduras e a abdicar do controle sobre as eleições episcopais na Borgonha e na Itália.

Eis o balanço da disputa até então: o papa, que estivera sujeito a Henrique III, havia se equiparado ao imperador. Tornara-se, ao mesmo tempo, plenamente soberano na Igreja, por ele governada através de legados. Esse aumento do poder papal havia reduzido a importância relativa dos bispos. Agora, as eleições papais estavam livres do controle laico, e os eclesiásticos eram, em geral, mais virtuosos do que antes do movimento de reforma.

Surgimento das cidades lombardas

O estágio seguinte teve relação com o imperador Frederico Barbarossa (1152-90), homem hábil e enérgico que triunfaria em qualquer iniciativa na qual o sucesso fosse possível. Tratava-se de alguém instruído, que lia latim com prazer e admirava o direito romano. Via a si mesmo como herdeiro dos imperadores de Roma e esperava alcançar o mesmo poder, mas por ser germânico não gozava de popularidade na Itália. As cidades lombardas, embora dispostas a reconhecer sua soberania formal, se opuseram a ele quando interferiu em seus interesses — exceção feita àquelas que temiam Milão, contra a qual algumas solicitaram seu amparo. O movimento patarino perdurou em Milão e estava associado a uma tendência mais ou menos democrática; a maioria das cidades do norte da Itália — mas não todas — sentia apreço pelos milaneses, aos quais se juntou em oposição ao imperador.

Adriano IV, inglês vigoroso que fora missionário na Noruega, tornou-se papa dois anos após a acessão de Barbarossa. De início, teve com ele relação de amizade: uniam-se em oposição a um inimigo em comum. A cidade de Roma reivindicava independência de ambos e convocou, para a batalha, o auxílio de um herege virtuoso: Arnaldo de Brescia.[1] Sua heresia era muito grave: Arnaldo afirmava que os "clérigos que têm propriedades, os bispos que possuem feudos e os monges que gozam de bens não podem ser salvos". Essa visão ele defendia por achar que o clero deveria dedicar-se por inteiro a questões espirituais. Ninguém questionava sua austeridade sincera, muito embora fosse declarado iníquo em virtude de sua heresia. São Bernardo, que se opôs a ele com veemência, afirmou que "não come nem bebe; a exemplo do Diabo, tem fome e sede do sangue das almas". O predecessor de Adriano no papado escrevera a Barbarossa para queixar-se de que Arnaldo dava apoio à facção popular que desejava eleger uma centena de senadores e dois cônsules, bem como ter um imperador próprio. Frederico, que estava de partida para a Itália, ficou naturalmente es-

[1] Dizem que foi pupilo de Abelardo, mas isso é duvidoso.

candalizado. Estimulada por Arnaldo, a demanda romana por liberdade coletiva culminou numa revolta em que foi morto um cardeal. Com isso, Adriano, papa recém-eleito, colocou Roma sob interdição. Por estarem na Semana Santa, a superstição venceu os romanos, que se submeteram e prometeram banir Arnaldo. Ele se escondeu, mas foi capturado pelas tropas do imperador. Queimado, teve suas cinzas lançadas ao Tibre por receio de que fossem preservadas como relíquias santas. Após atraso causado pela recusa de Frederico em segurar as rédeas e o estribo do papa enquanto este apeava, em 1155 o pontífice coroou o imperador em meio à resistência do populacho, que foi domado mediante grande massacre.

Afastado o homem honesto, os políticos pragmáticos estavam livres para retomar sua querela.

O papa, tendo feito as pazes com os normandos, ousou romper com o imperador em 1157. Durante vinte anos, houve guerra quase contínua entre o imperador, de um lado, e o papa, junto com as cidades lombardas, do outro. Os normandos, em sua grande maioria, deram apoio ao pontífice. A maior parte da luta contra o imperador ficou a cargo da Liga Lombarda, que falava em "liberdade" e era inspirada por um intenso sentimento popular. O imperador sitiou várias cidades; em 1162, chegou a capturar Milão, reduzindo-a a pó e obrigando seus cidadãos a viverem alhures. Cinco anos depois, porém, a Liga reconstruiu a cidade milanesa e seus antigos habitantes retornaram. Nesse mesmo ano, o imperador, devidamente munido de um antipapa,[2] marchou Roma adentro na companhia de um grande exército. O papa fugiu, e parecia não haver esperanças; todavia, a peste acabou por destruir o exército de Frederico, que voltou para a Germânia como fugitivo solitário. Embora não somente a Sicília, mas também o imperador grego, se alinhasse agora à Liga Lombarda, Barbarossa quis lançar-se ainda em outra tentativa, dessa vez frustrada com sua derrota na batalha de Legnano, em 1176. Depois disso, foi forçado a dar fim às agressões, permitindo às cidades uma liberdade substancial. No conflito entre império e papado, porém, as condições de paz não possibilitaram vitória completa a nenhuma das partes.

[2] Houve antipapas ao longo de quase todo o período. Quando da morte de Adriano IV, os dois reivindicantes, Alexandre III e Vítor IV, iniciaram uma disputa pelo manto papal. Fracassando, Vítor IV (o antipapa) conseguiu de seus partidários um manto substituto que havia preparado com antecedência, mas na pressa colocou-o do avesso.

O fim de Barbarossa foi honroso. Em 1189, ele participou da terceira Cruzada, morrendo no ano seguinte.

O surgimento das cidades livres é o resultado mais importante dessa longa disputa. O poder do imperador estava vinculado à decadência do sistema feudal; o do papa, embora ainda crescesse, dependia sobretudo da necessidade que o mundo tinha de alguém que se opusesse ao imperador, e por isso decaiu quando o império deixou de ser uma ameaça. O poder das cidades, por sua vez, era algo novo; ele resultava do progresso econômico e era fonte de novas formas políticas. Ainda que isso não venha à tona no século XII, as cidades italianas logo desenvolveram uma cultura não clerical que logrou níveis altíssimos na literatura, na arte e na ciência. Tudo isso só se tornou possível graças à bem-sucedida resistência a Barbarossa.

Todas as grandes cidades da Itália setentrional viviam do comércio, e no século XII as circunstâncias mais estáveis deram aos comerciantes uma prosperidade sem precedentes. As cidades marítimas de Veneza, Gênova e Pisa jamais tiveram de lutar por sua liberdade e, portanto, mostraram-se menos hostis ao imperador do que aquelas localizadas no sopé dos Alpes, mais importantes por serem portas de entrada para a Itália. É por isso que, de todas as cidades italianas, Milão é a mais interessante e importante da época.

Até Henrique III, os milaneses em geral se contentaram em seguir seu arcebispo, mas a isso deu fim o movimento patarino, já mencionado em capítulo anterior: o arcebispo se alinhou à nobreza, enquanto um movimento popular poderoso se opôs a ambos. Certos rudimentos da democracia resultaram daí, e foi elaborada uma constituição que estabelecia que os governantes da cidade deveriam ser eleitos pelos cidadãos. Em várias cidades do norte, mas sobretudo em Bolonha, havia uma erudita classe de advogados leigos altamente versados no direito romano; a partir do século XII, ademais, o laicato rico tornou-se muito mais instruído do que a nobreza feudal ao norte dos Alpes. Embora tomassem partido do papa contra o imperador, as abastadas cidades comerciais não tiveram visão de mundo eclesiástica. Nos séculos XII e XIII, muitas adotaram heresias de tipo puritano, como os mercadores da Inglaterra e da Holanda após a Reforma. Posteriormente, eles tenderiam ao livre pensamento, servindo à Igreja apenas da boca para fora, sem qualquer piedade real.

Dante é o último representante do velho homem; Boccaccio, o primeiro do novo.

As Cruzadas

As Cruzadas não nos interessam como guerras, e sim por terem certa importância para a cultura. Era natural que o papado tomasse tal iniciativa, uma vez que o objeto dela era (ao menos ostensivamente) religioso; assim, o poder do pontífice cresceu graças à propaganda de guerra e ao zelo religioso que era estimulado. Outra consequência importante foi o massacre de uma grande quantidade de judeus; os que não eram massacrados em geral perdiam suas propriedades e eram batizados à força. O assassínio de judeus se deu em larga escala na Germânia, quando da primeira Cruzada, e na Inglaterra, quando da terceira, após a acessão de Ricardo Coração de Leão. York, onde o primeiro imperador cristão dera início a seu reinado, foi o cenário de uma das mais assustadoras atrocidades em massa contra o povo judaico. Antes das Cruzadas, os judeus tiveram quase o monopólio do comércio de bens orientais na Europa; depois, como resultado da perseguição, ele passou quase todo às mãos dos cristãos.

Outra consequência das Cruzadas, dessa vez muito diferente, foi o estímulo da troca literária com Constantinopla. Durante o século XII e o início do século XIII, muitas traduções do grego para o latim foram realizadas como resultado dessa relação. Sempre houvera intercâmbio com Constantinopla, de modo especial por meio dos venezianos, mas os mercadores italianos haviam se interessado pelos clássicos gregos tanto quanto os mercadores ingleses ou americanos em Xangai se interessaram pelos clássicos da China. (O conhecimento europeu dos clássicos chineses se deu sobretudo graças aos missionários.)

O desenvolvimento da escolástica

Em seu sentido estrito, a escolástica tem início nos primórdios do século XII. Possui, enquanto escola filosófica, algumas características bem-definidas. Em primeiro lugar, está confinada aos limites do que, ao autor, parece ser a ortodoxia; caso suas visões sejam condenadas em concílio, ele em geral está disposto a se retratar. Isso não deve ser de todo atribuído à covardia: antes, é análogo à submissão de um juiz à decisão de um tribunal de apelação. Em segundo lugar, Aristóteles, que se tornou mais conhecido durante os séculos XII e XIII, é cada vez mais aceito, dentro dos limites da ortodoxia, como autoridade suprema; Platão não ocupa mais a primeira posição. Em terceiro lugar, é grande a crença na "dialética" e no raciocínio silogístico; o temperamento geral dos escolásticos é antes meticuloso e disputativo do que místico. Em quarto lugar, a questão dos universais é colocada em primeiro plano após a descoberta de que Aristóteles e Platão não estão de acordo quanto a ela; seria equivocado achar, porém, que os universais constituem a principal preocupação dos filósofos do período.

Tanto nesse quanto em outros aspectos, o século XII prepara o terreno para o século XIII, ao qual pertencem os principais nomes. Os primeiros, porém, trazem o encanto dos pioneiros. Vemos ali uma confiança intelectual nova e, apesar do respeito por Aristóteles, também um exercício livre e vigoroso da razão, ao menos nos pontos em que os dogmas não tornaram a especulação muito perigosa. Os defeitos do método escolástico são aqueles que inevitavelmente resultam da ênfase dada à "dialética". Ei-los: a indiferença aos fatos e à ciência, a crença no raciocínio em questões que apenas a observação pode julgar e a insistência indevida em distinções e sutilezas verbais. Esses defeitos nós já mencionamos quanto do tratamento de Platão, mas na escolástica eles existem em forma muito mais extremada.

O primeiro filósofo que podemos declarar estritamente escolástico é Roscelino. Pouco se sabe sobre ele. Nasceu em Compiègne em cerca de 1050 e lecionou em Loches, na Bretanha, onde teve Abelardo como pupilo. Foi acusado de heresia em concílio realizado em Reims no ano de 1092, retratando-se por receio de ser apedrejado até a morte por eclesiásticos dados a linchamentos. Fugiu para a Inglaterra, mas foi imprudente o bastante para atacar santo Anselmo. Então, partiu para Roma, onde reconciliou-se com a Igreja. Roscelino desaparece da história em cerca de 1120; a data de sua morte é puramente conjectural.

Nada resta de seus escritos, exceção feita a uma carta sobre a Trindade enviada a Abelardo, na qual desdenha do destinatário e zomba de sua castração. Ueberweg, que poucas vezes revela emoção, se vê levado a observar que Roscelino não deve ter sido homem agradável. Fora essa epístola, suas visões são conhecidas sobretudo por meio dos escritos controversos de Anselmo e Abelardo. Segundo Anselmo, ele dissera que os universais são meros *flatus vocis*, isto é, "sopros de voz". Se tomado à letra, isso quer dizer que um universal é uma ocorrência física, aquilo que se dá quando pronunciamos uma palavra. Não se deve supor, porém, que Roscelino defendia algo tão tolo. Diz Anselmo que, segundo Roscelino, *homem* não é uma unidade, mas apenas um nome comum; como bom platônico, Anselmo atribui essa visão ao fato de ele só reconhecer realidade no que é sensível. Em linhas gerais, Roscelino parece ter afirmado que um todo dotado de partes não tem realidade própria, sendo tão somente uma palavra: a realidade está nas partes. Essa visão o deveria ter levado, e talvez de fato o tenha feito, a um atomismo radical. De todo modo, criou-lhe problemas com relação à Trindade. Roscelino achava que as Três Pessoas são três substâncias distintas e que apenas o costume nos impede de dizer que existem Três Deuses. A alternativa, que rejeitou, estaria, segundo ele, em dizer que não somente o Filho encarnara, mas também o Pai e o Espírito Santo. Na medida em que é herética, toda essa especulação foi por ele desmentida no ano de 1092, em Reims. É impossível saber com exatidão o que Roscelino pensava sobre os universais, mas de qualquer forma está claro que foi uma espécie de nominalista.

Abelardo, seu pupilo, era homem muito mais capaz e muito mais distinto. Nasceu perto de Nantes em 1079 e foi pupilo de Guilherme de Champeaux (um realista) em Paris, onde lecionou na escola catedral e combateu as visões de seu tutor, forçando-o a modificá-las. Após um período dedicado ao estudo da teologia sob Anselmo de Laon (não o arcebispo), retornou a Paris em 1113 e obteve extraordinária popularidade como professor. Foi nessa época que tornou-se amante de Heloísa, sobrinha do cônego Fulberto. O cônego mandou que o castrassem, e tanto ele quanto Heloísa tiveram de se retirar do mundo: ele, num mosteiro em Saint-Denis; ela, num convento em Argenteuil. Diz um douto alemão de nome Schmeidler que a famosa correspondência entre ambos foi concebida por Abelardo como ficção literária. Não tenho competência para julgar se a teoria está correta, mas nada no caráter de Abelardo faz com que ela pareça impossível: ele foi homem sempre vão, disputativo, insolente; após seu infortúnio, também mostrou-se colérico e humilhado. As cartas de Heloísa são muito mais fervorosas do que as dele, e é possível imaginá-lo elaborando-as como bálsamo para seu orgulho ferido.

Mesmo em seu desterro, Aberlado desfrutou de grande sucesso como professor; os jovens gostavam de sua inteligência, de sua destreza dialética e de sua irreverência para com os professores mais velhos. Estes, por sua vez, sentiam por ele antipatia correspondente, e, em 1121, Abelardo foi condenado em Soissons por um livro nada ortodoxo sobre a Trindade. Submetendo-se como convinha, ele se tornou abade do mosteiro de Saint-Gildas, na Bretanha, onde encontrou monges que lhe pareciam selvagens sem cultura. Após quatro anos miseráveis no exílio, retornou a uma relativa civilidade. Sua história posterior é obscura, salvo o fato de que continuou a lecionar, segundo o testemunho de João de Salisbury, com grande sucesso. A pedido de são Bernardo, foi condenado mais uma vez em 1141, agora em Sens. Refugiou-se em Cluny e morreu no ano seguinte.

O livro mais famoso de Abelardo, redigido em 1121-22, é o *Sic et non*: “Sim e não”. Nele, o autor desenvolve raciocínios dialéticos contra e a favor de uma série de teses, muitas vezes sem tentar chegar a conclusão nenhuma. Claro está que gosta da disputa propriamente dita, julgando-a útil por afiar o pensamento. O livro exerceu considerável influência por retirar as pessoas de sua dormência dogmática. Embora nenhum empírico possa aceitar a visão de Abelardo segundo a qual a dialética é (além das Escrituras) o único caminho para a verdade, ela teve valiosa influência como solvente de preconceitos e como estímulo ao uso destemido do intelecto. Nada fora das Escrituras é infalível, disse ele; mesmo os apóstolos e os Pais podem errar.

Do ponto de vista moderno, seu apreço pela lógica foi exagerado. Ele a julgava “*a* ciência cristã” e brincava com o fato de seu nome derivar de “*Logos*”. “No princípio era o *Logos*”, diz o Evangelho de são João — e isso, segundo ele, demonstra a dignidade da lógica.

Sua principal ênfase recai sobre a lógica e a teoria do conhecimento. Sua filosofia é uma análise crítica, em grande medida linguística. Quanto aos universais, isto é, àquilo que pode ser predicado de muitas coisas diferentes, diz que não predicamos uma *coisa*, mas uma *palavra*. Nesse sentido, ele é nominalista. Contra Roscelino, contudo, Abelardo assinala que um *flatus vocis é* uma coisa; não é a palavra como ocorrência física o que predicamos, mas a palavra como *significado*.

Aqui, ele recorre a Aristóteles: as coisas, diz, se assemelham umas às outras, e essas semelhanças dão origem aos universais. Todavia, esse ponto de semelhança entre dois similares não é por si só uma coisa. É esse o erro do realismo, contra o qual diz coisas ainda mais hostis — por exemplo, que os conceitos gerais não estão fundamentados na natureza das coisas, sendo, antes, imagens confusas de muitas delas. Não obstante, ele não nega por completo um lugar às ideias platônicas: elas existem na mente divina como modelos da criação; são, na verdade, os conceitos de Deus.

Tudo isso, esteja certo ou não, é sem dúvida muito hábil. A maioria dos debates modernos sobre o problema dos universais não foi muito além.

São Bernardo, cuja santidade não bastou para torná-lo inteligente,[3] incompreendeu Abelardo e levantou contra ele acusações injustas. Afirmou que Abelardo trata a Trindade como um ariano; a graça, como um pelagiano; a Pessoa de Cristo, como um nestoriano; e que se revela um pagão ao se preocupar em provar que Platão é cristão. Afirmou, ademais, que ele destrói o mérito da fé cristã ao defender que Deus pode ser compreendido inteiramente pela razão humana. Na verdade, Abelardo jamais defendeu esse último ponto e sempre conferiu grande espaço para a fé — embora achasse, como santo Anselmo, que a Trindade pode ser racionalmente demonstrada sem o auxílio da revelação. É verdade que, certa feita, identificou o Espírito Santo com a Alma do Mundo platônica, mas tal visão foi abandonada tão logo seu caráter herético lhe foi assinalado. É provável que tenha sido sua combatividade, e não suas doutrinas, o que o fez ser acusado de heresia, uma vez que seu hábito de criticar os eruditos tornava-o alguém violentamente impopular entre todos os que estavam em posição de influência.

A maioria dos homens instruídos do período dedicou-se menos à dialética do que Abelardo. Havia, especialmente na Escola de Chartres, um movimento humanista que admirava a Antiguidade e seguia Platão e Boécio. Um renovado interesse pela matemática também surgiu: Adelardo de Bath foi para a Espanha no início do século XII e traduziu Euclides.

[3] "A grandeza de são Bernardo jaz não nas qualidades de seu intelecto, mas nas qualidades de seu caráter" – *Encyclopaedia Britannica*.

Do lado oposto ao do seco método escolástico, consolidou-se um forte movimento místico que teve como líder são Bernardo. Seu pai fora cavaleiro, morto na primeira Cruzada. Ele mesmo era monge cisterciense, tornando-se, em 1115, abade da recém-fundada abadia de Claraval. Foi muito influente na política eclesiástica, fazendo pender a balança contra antipapas, combatendo heresias no norte da Itália e no sul da França, fazendo valer o peso da ortodoxia contra filósofos aventureiros e pregando a segunda Cruzada. Ao atacar os filósofos, foi em geral bem-sucedido; todavia, após o colapso de sua Cruzada, foi incapaz de garantir a condenação de Gilberto de la Porrée, que concordava mais com Boécio do que parecia conveniente ao santo caçador de heresias. Embora político e fanático, foi homem de genuíno temperamento religioso, e seus hinos latinos possuem grande beleza.[4] Entre os que influenciou, o misticismo se tornou cada vez mais dominante, até transformar-se numa espécie de heresia em Joaquim de Fiore (m. 1202). A influência desse homem, porém, pertence a época posterior. São Bernardo e seus seguidores buscavam a verdade religiosa não por meio do raciocínio, e sim na experiência subjetiva e na contemplação. Abelardo e Bernardo talvez sejam igualmente unilaterais.

Bernardo, na condição de místico religioso, lamentava que o papado se deixasse absorver por questões mundanas e desgostava do poder temporal. Embora pregasse a Cruzada, não parecia compreender que a guerra exige organização e não pode ser conduzida somente pelo entusiasmo religioso. Ele se queixa de que era "antes a lei de Justiniano do que a lei de Deus" a que estava absorvendo a atenção dos homens. Quando o papa defende seus domínios pelo uso da força militar, Bernardo fica alarmado. A função do papa é espiritual, e por isso não deveria arriscar-se no governo. A esse ponto de vista, contudo, mescla-se uma reverência ilimitada pelo pontífice, por ele chamado "príncipe dos bispos; herdeiro dos apóstolos; por primado, Abel; por governo, Noé; no patriarcado, Abraão; na ordem, Melquisedeque; em dignidade, Aarão; na autoridade, Moisés; na jurisdição, Samuel; no poder, Pedro; na unção, Cristo." Naturalmente, as atividades de são Bernardo resultaram em grande aumento do poder papal nos assuntos seculares.

[4] Os hinos latinos medievais, rimados e acentuais, dão expressão – às vezes sublime, às vezes ingênua e patética – ao melhor lado do sentimento religioso da época.

João de Salisbury, embora não fosse pensador importante, é valioso por possibilitar-nos conhecer a época, da qual escreveu uma fofoqueira exposição. Ele foi secretario de três arcebispos da Cantuária, entre eles Becket; foi também amigo de Adriano IV. Ao final da vida, tornou-se bispo de Chartres, onde morreu em 1180. Em questões extrínsecas à fé, foi homem de temperamento cético; declarava-se acadêmico (no sentido que Agostinho empregara o termo). Seu respeito pelos reis era limitado: "um rei iletrado é um asno coroado". Reverenciava são Bernardo, mas tinha plena ciência de que sua tentativa de conciliar Platão e Aristóteles seria um fracasso. Admirava também Abelardo, mas riu de sua teoria dos universais e da teoria dos universais de Roscelino. Aos seus olhos, a lógica era uma boa introdução ao saber, mas por si só não passava de algo sem vida e estéril. Aristóteles, diz, pode ser aprimorado, mesmo na lógica; o respeito pelos autores antigos não deve impedir o exercício crítico da razão. Platão, para ele, ainda é o "príncipe de todos os filósofos". João conhece pessoalmente a maioria dos homens doutos de seu tempo e desempenha um amistoso papel nos debates escolásticos. Ao revisitar uma escola filosófica depois de trinta anos, sorri ao perceber que ela ainda discutia os mesmos problemas. A atmosfera da sociedade que ele frequenta é muito semelhante à das áreas comuns da Oxford de trinta anos antes. Quando em idade avançada, as escolas catedrais deram lugar às universidades, e as universidades, ao menos na Inglaterra, vêm tendo notável continuidade desde aquela época até hoje.

Durante o século XII, os tradutores fizeram crescer cada vez mais o número de livros gregos disponíveis aos estudiosos do Ocidente. Eram três as grandes fontes de traduções: Constantinopla, Palermo e Toledo. Toledo foi a mais importante, mas as traduções que de lá vinham eram muitas vezes realizadas a partir do árabe, e não do grego. No segundo quarto do século XII, o arcebispo Raimundo de Toledo fundou uma escola de tradutores cujo trabalho deu muitos frutos. Em 1128, Tiago de Veneza traduziu os *Analíticos*, os *Tópicos* e os *Elencos sofísticos* de Aristóteles; os *Analíticos posteriores* foram considerados difíceis pelos filósofos ocidentais. Henrique Aristipo de Catânia (m. 1162) verteu o *Fédon* e o *Mênon*, mas suas traduções não tiveram efeito imediato. Parcial como era o conhecimento da filosofia grega no século XII, os homens instruídos estavam cientes de que ainda havia muito dela a ser conhecido pelo Ocidente, e assim surgiu certa avidez por adquirir um conhecimento mais pleno da Antiguidade. O fardo da ortodoxia não foi tão grande quanto às vezes se imagina; era sempre possível escrever um livro e, caso necessário, descartar suas partes heréticas após um debate público meticuloso. A maioria dos filósofos da época era natural da França, que se fazia importante para a Igreja como contrapeso ao império. Quaisquer que fossem as heresias teológicas que pudessem vir a defender, os clérigos instruídos eram quase todos ortodoxos do ponto de vista político: eis o que explica a peculiar iniquidade de Arnaldo de Brescia, que foi exceção à regra. Politicamente, toda a escolástica primitiva pode ser vista como o desdobramento da luta da Igreja pelo poder.

12

O século XIII

No século XIII, a Idade Média alcançou seu ponto mais alto. A síntese que pouco a pouco vinha sendo construída desde a queda de Roma chegou a seu grau máximo de completude. O século XIV trouxe a dissolução das instituições e das filosofias, enquanto o século XV viu o início daquelas que ainda tratamos como modernas. Os grandes homens do século XIII foram muito importantes. Inocêncio III, são Francisco, Frederico II e Tomás de Aquino são, cada qual à sua maneira, os representantes supremos de seus respectivos grupos. Houve também grandes façanhas que não estão tão claramente associadas a nomes de destaque: as catedrais góticas da França, a literatura romântica de Carlos Magno, Artur e os nibelungos, os primórdios do governo constitucional, com a Magna Carta e a Câmara dos Comuns. O que nos interessa mais diretamente é a filosofia escolástica, de modo especial na forma em que elaborou-a Tomás; todavia, deixaremos ela para o próximo capítulo e tentaremos, antes, oferecer uma visão geral dos acontecimentos que mais ajudaram a formar a atmosfera mental da época.

A figura central do início do século é o papa Inocêncio III (1198-1216), político astuto, homem de vigor infindo, alguém que cria inflexivelmente nas reivindicações mais radicais do papado, mas que não demonstrou nenhuma humildade cristã. Em sua consagração, pregou segundo o texto: "Vê! Eu te constituo, hoje, sobre as nações e sobre os reinos, para arrancar e para destruir, para exterminar e para demolir, para construir e para plantar." Denominou-se "rei dos reis, senhor dos senhores, sacerdote para sempre segundo a ordem de Melquisedeque". A fim de reforçar essa visão de si mesmo, aproveitou-se de cada circunstância favorável. Na Sicília — outrora conquistada pelo imperador Henrique VI (m. 1197), marido de Constança, herdeira dos reis normandos —, o novo rei era Frederico, que tinha apenas três anos quando da acessão de Inocêncio. Com o reino em turbulência, Constança necessitou da ajuda papal. Ela fez do pontífice guardião do pequeno Frederico e garantiu que ele reconheceria os direitos do filho na Sicília ao aceitar a superioridade do papa. Portugal e Aragão fizeram concessões semelhantes. Na Inglaterra, após resistência veemente, o rei João se viu forçado a ceder o reino a Inocêncio e a recebê-lo novamente como feudo papal.

Em certo sentido, os venezianos o passaram para trás na quarta Cruzada. Os soldados da Cruz embarcariam em Veneza, mas houve dificuldades para encontrar navios suficientes. Ninguém possuía o bastante, exceto os venezianos, que então sugeriram (por razões puramente comerciais) ser muito melhor conquistar Constantinopla do que Jerusalém (seria, de todo modo, um trampolim útil, uma vez que o Império Oriental jamais vira com bons olhos os cruzados). Julgou-se necessário concordar com Veneza; Constantinopla foi capturada e um imperador latino, empossado. De início, Inocêncio se irritou, mas logo percebeu que seria agora possível reunir as Igrejas do Oriente e do Ocidente. (Sua esperança mostrou-se vã.) Exceto nesse caso, desconheço qualquer outra pessoa que tenha passado Inocêncio III para trás. Ele deu início à grande Cruzada contra os albigenses, a qual arrancou a heresia, a felicidade, a prosperidade e a cultura do sul da França. Depôs Raimundo, conde de Toulouse, por mostrar-se indiferente à Cruzada e legou a maior parte do terreno dos albigenses àquele que a liderara: Simão de Monforte, pai do pai do Parlamento. Brigou com o imperador Oto e exigiu que os germânicos o depusessem. Eles o fizeram e, por sugestão sua, elegeram para seu lugar Frederico II, que já atingira a maioridade. Entretanto, pelo apoio dado a Frederico ele pagou um enorme preço em promessas — as quais, porém, Frederico estava determinado a quebrar o mais rápido possível.

Inocêncio III foi o primeiro *grande* papa em que não havia nenhum traço de santidade. A reforma da Igreja fez com que a hierarquia se sentisse segura de seu prestígio moral, e assim convenceu-a de que não precisava mais se preocupar em ser santa. Dessa época em diante, o tema do poder dominou de maneira cada vez mais exclusiva o papado, suscitando a oposição de alguns religiosos mesmo à época. Inocêncio codificou o direito canônico a fim de aumentar o poder da cúria; Walther von der Vogelweide rotulou o código como "o livro mais negro já dado pelo inferno". Embora o papado ainda tivesse vitórias retumbantes a conquistar, o modo como seu declínio se daria já podia ser vislumbrado.

Frederico II, outrora tutelado de Inocêncio III, seguiu para a Germânia em 1212 e foi eleito, com a ajuda do papa, substituto de Oto. Inocêncio não viveu para ver que formidável inimigo do papado ele havia criado.

Frederico, um dos governantes mais notáveis de toda a história, passou a infância e a juventude em circunstâncias difíceis e adversas. Seu pai, Henrique VI (filho de Barbarossa), havia derrotado os normandos da Sicília e se casado com Constança, herdeira do reino. Estabeleceu ali uma guarnição germânica odiada pelos sicilianos, mas acabou morrendo em 1197, quando Frederico somava dois anos. Constança voltou-se então contra os germânicos e, com a ajuda do papa, tentou governar sem eles. Os germânicos ficaram ressentidos, e Oto buscou conquistar a Sicília; foi essa a causa de sua rixa com o pontífice. Palermo, onde Frederico passara a infância, esteve sujeita a outros problemas. Houve ali revoltas muçulmanas; pisanos e genoveses brigavam entre si e contra todos os outros pela posse da ilha; as pessoas de importância estavam sempre mudando de lado, tendendo ao grupo que maior preço pagava pela traição. Culturalmente, porém, a Sicília tinha grandes vantagens. Ali, as civilizações muçulmana, bizantina, italiana e germânica se encontraram e misturaram como em nenhum outro lugar. O grego e o árabe ainda eram línguas vivas na Sicília. Frederico aprendeu a falar seis idiomas fluentemente, e em todos os seis foi brilhante. Sentia-se à vontade com a filosofia árabe e travou relação amistosa com os maometanos, para escândalo dos cristãos piedosos. Por ser um Hohenstaufen, podia ser considerado germânico na Germânia, mas do ponto de vista cultural e sentimental foi italiano, com leves traços bizantinos e árabes. Seus contemporâneos o viam com um espanto que aos poucos converteu-se em horror; chamavam-no "maravilha do mundo e inovador admirável". Enquanto vivo, foi tema de mitos. Dizia-se que escreveu o livro *De tribus impostoribus*, sendo os três impostores Moisés, Cristo e Maomé. A obra, que jamais existiu, foi sucessivamente atribuída a muitos inimigos da Igreja — o último deles: Spinoza.

As palavras "guelfo" e "gibelino" começaram a ser empregadas na época da disputa de Frederico com o imperador Oto. São corruptelas de Welf e Waiblingen, nomes de família dos dois adversários. (O sobrinho de Oto foi ancestral da família real britânica.)

Inocêncio III morreu em 1216; Oto, a quem Frederico derrotara, em 1218. Honório III, o novo papa, teve de início boas relações com Frederico, mas logo as dificuldades apareceram. Em primeiro lugar, Frederico se recusou a tomar parte na Cruzada; depois, teve problemas com as cidades lombardas, que em 1226 acordaram uma aliança ofensiva e defensiva por 25 anos. Elas odiavam os germânicos; um de seus poetas redigiu versos ferozes contra eles: "Não ameis a gente da Germânia; longe, longe de vós permaneçam esses cães raivosos." Isso parece expressar o sentimento de todos os da Lombardia. Frederico quis permanecer na Itália a fim de lidar com as cidades, mas em 1227 Honório morreu e foi sucedido por Gregório IX, asceta ardoroso que adorava são Francisco e teve o sentimento correspondido. (Ele canonizou são Francisco dois anos após a sua morte.) Gregório nada considerava mais importante do que a Cruzada, e por isso excomungou Frederico por não tomar parte nela. Frederico, que se casara com a filha e herdeira do rei de Jerusalém, estava disposto a ir tão logo pudesse, e assumiu o título de rei de Jerusalém para si. Em 1228, ainda excomungado, finalmente foi, o que deixou Gregório ainda mais irado do que estivera por ele não ter ido: como, afinal, a tropa cruzada poderia ser guiada por um homem banido pelo papa? Tendo chegado à Palestina, Frederico fez amizade com os maometanos, explicou-lhes que os cristãos davam importância a Jerusalém mesmo sendo ela cidade de pouco valor estratégico e convenceu-os, pacificamente, a lhe devolverem a região. Isso deixou o papa ainda mais furioso: era preciso combater os infiéis, e não negociar com eles. De todo modo, Frederico foi devidamente coroado em Jerusalém, e ninguém podia negar que ele havia sido bem-sucedido. A paz entre o papa e o imperador foi restabelecida em 1230.

Durante os poucos anos pacíficos que se seguiram, o imperador dedicou-se aos interesses do reino da Sicília. Com a ajuda de seu primeiro-ministro, Pietro della Vigna, promulgou um novo código legal que derivava do direito romano e revelava um novo nível civilizacional em seu domínio sulista. O código foi logo traduzido ao grego, para o benefício dos habitantes que falavam a língua. Frederico fundou também uma importante universidade em Nápoles e cunhou moedas de ouro que receberam o nome de "augustais" — as primeiras moedas de ouro no Ocidente por muitos anos. Estabeleceu um comércio mais livre e aboliu toda alfândega interna. Chegou até a convocar os representantes eleitos das cidades para seu conselho, os quais, porém, só exerceram funções consultivas.

O período de paz teve fim em 1237, quando Frederico mais uma vez entrou em conflito com a Liga Lombarda; o papa se juntou a esta e excomungou o imperador novamente. Desse período até a morte de Frederico, dada em 1250, travou-se guerra praticamente contínua — guerra que, em ambos os lados, tornou-se cada vez mais amarga, cruel e traiçoeira. Grandes eram as oscilações da sorte, e o problema ainda não lograra solução quando o imperador faleceu. Aqueles que tentaram suceder-lhe não tinham seu poder e foram aos poucos derrotados, deixando a Itália dividida, e o papa, vitorioso.

A morte dos papas fazia pouca diferença na disputa; cada pontífice novo mantinha a política de seu predecessor praticamente intacta. Gregório IX morreu em 1241; em 1243, Inocêncio IV, inimigo ferrenho de Frederico, foi eleito. Luís IX, a despeito de sua impecável ortodoxia, tentou abrandar a fúria de Gregório e Inocêncio IV, mas não obteve sucesso. Inocêncio rejeitou cada tentativa de diálogo vinda do imperador e lançou mão de toda sorte de artimanhas inescrupulosas contra ele: declarou-o deposto, iniciou uma cruzada para combatê-lo e excomungou quem o apoiasse. Os frades pregaram em oposição ao papa, os muçulmanos se insurgiram e conspirações passaram a existir entre os mais destacados de seus supostos partidários. Tudo isso fez de Frederico homem cada vez mais cruel; os conspiradores eram cruelmente punidos, enquanto os prisioneiros perdiam tanto o olho quanto a mão direita.

Certa feita, durante essa titânica batalha, Frederico cogitou fundar uma nova religião, na qual seria ele o Messias e o ministro Pietro della Vigna assumiria o lugar de são Pedro.[1] O imperador não chegou ao

[1] Veja-se a vida de Frederico II, por Hermann Kantorowicz.

ponto de tornar público esse projeto, mas escreveu sobre ele a della Vigna. Subitamente, porém, com razão ou não, teve a certeza de que Pietro tramava contra ele; por esse motivo, decidiu cegá-lo e o expôs publicamente numa jaula. Pietro evitou novos sofrimentos cometendo suicídio.

Não obstante suas habilidades, Frederico não lograria o sucesso porque as forças antipapais existentes à época eram piedosas e democráticas, ao passo que seu objetivo se assemelhava a um resgate do Império Romano pagão. Do ponto de vista cultural, tratava-se de um homem esclarecido; politicamente, era um retrógrado. Sua corte era oriental, e ele possuía um harém com eunucos. Ainda assim, foi nessa corte que a poesia italiana teve início; o próprio Frederico teve certo mérito como poeta. Em seu conflito com o papado, publicou declarações controversas sobre os perigos do absolutismo eclesiástico. Elas teriam sido aplaudidas no século XVI, mas em nada resultaram em sua época. Os hereges, que deveriam estar do seu lado, pareciam-lhe meros rebeldes, e para agradar o papa ele os perseguiu. Não fosse o imperador, as cidades livres talvez se opusessem ao pontífice; na medida, porém, em que Frederico exigiu sua submissão, elas acolheram o papa como aliado. Desse modo, embora estivesse livre das superstições de seu tempo e fosse culturalmente superior aos outros governantes contemporâneos, sua posição como imperador obrigou-o a se opor a tudo o que fosse liberal em matéria de política. Ele fracassou, como era inevitável, mas, apesar de seus fracassos, continua sendo um dos homens mais interessantes da história.

Os hereges, perseguidos pela Cruzada de Inocêncio III e por todos os governantes (incluindo Frederico), merecem ser estudados tanto por aquilo que são quanto por nos darem a conhecer o sentimento popular, que pouco figura nos escritos da época.

A mais interessante — e maior — de todas as seitas heréticas foi a dos cátaros, mais conhecida, no sul da França, como a seita dos albigenses. Suas doutrinas vieram da Ásia por meio dos balcânicos e foram, no norte da Itália, amplamente defendidas, bem como foram defendidas no sul da França pela grande maioria, incluindo os nobres, que gostaram do pretexto para se apoderar das terras da Igreja. A causa da difusão da heresia estava, em parte, na decepção que acompanhara o fracasso das Cruzadas, mas também, e sobretudo, na repulsa moral suscitada pela riqueza e pela iniquidade do clero. Espalhara-se o pendor, análogo ao do posterior puritanismo, pela santidade pessoal, e a ele se juntou o culto da pobreza. A Igreja era rica e, em grande medida, também mundana; muitíssimos eram os padres de comportamento repulsivamente imoral. Os frades acusavam as velhas ordens e os párocos de abuso do confessionário para fins de sedução, e os inimigos dos frades devolviam a denúncia. Não há dúvidas de que tais acusações eram em grande parte justificadas. Quanto mais a Igreja reivindicava supremacia com base em fundamentos religiosos, mais as pessoas comuns ficavam alarmadas com o contraste entre o que era dito e o que era praticado. Os mesmos motivos que culminariam na Reforma já eram visíveis no século XIII. A principal diferença estava em que os governantes seculares não se achavam prontos para tomar partido dos hereges, o que se devia sobretudo à inexistência de uma filosofia capaz de harmonizar a heresia com o desejo de domínio dos reis.

As doutrinas dos cátaros não são conhecidas com exatidão, uma vez que dependemos por completo do testemunho de seus inimigos. Além disso, por serem versados na história das heresias, os eclesiásticos tendiam a aplicar rótulos familiares e a atribuir a seitas existentes todos os princípios de seitas passadas, muitas vezes fundamentando-se em semelhanças assaz distantes. Ainda assim, há muita coisa que está fora de questão. Parece que os cátaros eram dualistas e que, a exemplo dos gnósticos, consideravam o Jeová do Antigo Testamento um demiurgo iníquo, sendo Deus verdadeiro apenas aquele revelado no Novo Testamento. Viam a matéria como algo essencialmente mau e acreditavam que, para o virtuoso, não há ressurreição do corpo. Os maus, porém, transmigrarão para corpos de animais. Com base nisso, eram vegetarianos, abstendo-se até mesmo de ovos, queijo e leite. Comiam peixes, porém, por acreditarem que não se reproduziam por meio do sexo. Todo sexo lhes era abominável; o casamento, diziam alguns, é ainda pior do que o adultério, uma vez que é contínuo e complacente. Por outro lado, não encontravam objeção ao suicídio. Aceitavam o Novo Testamento mais literalmente do que os ortodoxos; privavam-se de juramentos e davam a outra face. Os perseguidores registram o caso de um acusado de heresia que defendeu-se dizendo que comia carne, mentia, jurava e era um bom católico.

Os preceitos mais rigorosos da seita só deveriam ser observados por certas pessoas excepcionalmente santas, denominadas "perfeitas"; às outras era permitido comer carne e até mesmo casar.

É interessante investigar a genealogia dessas doutrinas. Elas chegaram à Itália e à França por meio dos cruzados, que as assimilaram da seita bogomilista, oriunda da Bulgária; em 1167, quando os cátaros realizaram um concílio próximo a Toulouse, delegados búlgaros se fizeram presentes. Os bogomilistas, por sua vez, resultavam da fusão de maniqueus e paulicianos. Os paulicianos foram uma seita armênia que rejeitou o batismo de crianças, o purgatório, a invocação dos santos e a Trindade; espalharam-se rapidamente pela Trácia e, dali, para a Bulgária. Eram fiéis a Marcião (c.150 d.C.), que acreditara seguir são Paulo ao rejeitar os elementos judaicos do cristianismo e nutrira certa afinidade pelos gnósticos, sem, porém, ser um deles.

Só me ocuparei de mais uma heresia popular: a dos valdenses. Trata-se dos seguidores de Pedro Valdo, entusiasta que, em 1170, iniciou "cruzada" em prol da observância da lei de Cristo. Ele doou todos os seus bens para os necessitados e fundou a sociedade dos "Pobres de Lyon", que praticavam a pobreza e uma rigorosa vida de virtudes. De início, tiveram aprovação papal, mas invectivaram com demasiado entusiasmo a imoralidade do clero e foram condenados pelo Concílio de Verona em 1184. Em seguida, estipularam que todo homem bom tinha competência para pregar e expor as Escrituras; nomeavam, ademais, os próprios ministros e dispensaram os serviços do presbiterato católico. O grupo se espalhou pela Lombardia e pela Boêmia, onde preparou o caminho para os hussitas. Na perseguição albigense, que também prejudicou os valdenses, muitos fugiram para o Piemonte; foi por causa de sua perseguição no Piemonte quando da época de Milton que o poeta escreveu o soneto "Vinga, Senhor, teus massacrados santos". Encontramo-los ainda hoje nos remotos vales alpinos e nos Estados Unidos.

Todas essas heresias alarmaram a Igreja, que tomou medidas vigorosas para suprimi-las. Inocêncio III achava que os hereges mereciam a morte, culpados como eram de trair a Cristo. Ele convocou o rei da França a uma cruzada contra os albigenses, que foi realizada em 1209 com incrível ferocidade; de modo especial após a tomada de Carcassonne, houve um massacre espantoso. A extirpação das heresias estivera a cargo dos bispos, mas tornou-se onerosa demais para ser executada por homens que tinham também outros deveres. Desse modo, Gregório IX instituiu, em 1233, a Inquisição, que viria a assumir essa função do episcopado. A partir de 1254, os acusados pela Inquisição deixaram de ter direito a aconselhamento. Se condenados, sua propriedade era confiscada — na França, para a coroa. Caso declarado culpado, o acusado era entregue às autoridades seculares com uma oração para que sua vida fosse poupada. Todavia, se as autoridades seculares não conseguissem queimá-lo, elas mesmas ficavam suscetíveis à Inquisição, que não lidava apenas com a heresia em seu sentido comum, mas também com a magia e a bruxaria. Na Espanha, voltou-se sobretudo contra os criptojudeus. O trabalho era desempenhado principalmente pelos dominicanos e franciscanos. A Inquisição jamais penetrou na Escandinávia ou na Inglaterra, mas os ingleses mostraram-se bastante dispostos a utilizá-la contra Joana d'Arc. Como um todo, foi muito bem-sucedida; logo no início, sua instituição eliminou por completo a heresia albigense.

A Igreja do início do século XIII corria o risco de sofrer uma revolta tão terrível quanto aquela do século XVI. Dela foi salva sobretudo pelo surgimento das ordens mendicantes; são Francisco e são Domingos fizeram pela ortodoxia muito mais do que haviam feito até mesmo os papas mais vigorosos.

São Francisco de Assis (1181 ou 1182-1226) foi um dos homens mais adoráveis que a história já conheceu. Ele vinha de família abastada e, na juventude, não foi inimigo das diversões habituais. Certo dia, enquanto cavalgava, passou por um leproso e, de súbito, um impulso de piedade fê-lo apear e beijar o homem. Logo em seguida, decidiu abandonar todos os bens mundanos e dedicar a vida à pregação e às boas obras. Seu pai, um respeitável homem de negócios, ficou furioso, mas não pôde detê-lo. Francisco logo reuniu uma série de seguidores, todos dedicados à pobreza absoluta. Inicialmente, a Igreja viu o movimento com certa desconfiança: em muito se assemelhava aos "Pobres de Lyon". Os primeiros missionários que são Francisco enviou a locais distantes foram confundidos com hereges por praticarem a pobreza em vez de apenas professarem, como os monges, um voto que ninguém levava a sério. Inocêncio III, porém, foi astuto o bastante para vislumbrar o valor que o movimento teria caso se mantivesse nos limites da ortodoxia, e em 1209 ou 1210 reconheceu aquela ordem incipiente. Gregório IX, amigo pessoal de são Francisco, continuou a prestigiá-lo, mas impôs certas regras que causaram aborrecimento aos impulsos entusiásticos e anárquicos do santo. Francisco desejava interpretar o voto de pobreza no sentido mais estrito possível; ele se opunha à posse de casas ou igrejas por seus membros, que deveriam suplicar pelo pão e não poderiam ter nenhuma moradia além daquela que lhes fosse proporcionada por uma casual hospitalidade. Em 1219, ele viajou para o Oriente e pregou diante do sultão, que o recebeu com cordialidade mas conservou-se maometano. Quando de seu retorno, descobriu que os franciscanos haviam construído uma casa para si; ficou profundamente triste, mas o papa convenceu-o ou forçou-o a ceder. Após sua morte, Gregório o canonizou, mas abrandou sua regra no que dizia respeito à pobreza.

Em questão de santidade, Francisco teve iguais; o que o torna único entre os santos é sua alegria espontânea, seu amor universal e seu talento para a poesia. Sua bondade parecia ocorrer-lhe naturalmente, como se não houvesse empecilho nenhum a ser superado. Ele amou tudo o que fosse vivo — e não apenas na condição de cristão ou de homem benevolente, mas também como poeta. O hino que dedicou ao Sol, escrito pouco antes de sua morte, *quase* poderia ter sido escrito por Aquenáton, o adorador solar, mas não chega a tanto: embora não pareça óbvio, é o cristianismo que lhe dá forma. Francisco sentia-se responsável pelos leprosos, mas nisso tinha em vista a alegria deles, e não a própria; ao contrário da maioria dos santos cristãos, ele esteve mais interessado na felicidade alheia do que em sua salvação. Tampouco demonstrou qualquer sentimento de superioridade, nem mesmo quando diante do mais humilde ou do mais iníquo. Tomás de Celano afirmou que ele foi mais do que um santo no meio de santos; entre os pecadores, era mais um.

Se Satanás existisse, o futuro da ordem fundada por são Francisco lhe proporcionaria a maior das satisfações. O irmão Elias, sucessor imediato do santo no comando da ordem, chafurdou no luxo e permitiu o abandono completo da pobreza. Nos anos que se seguiram à morte do fundador, os franciscanos atuaram sobretudo como recrutadores nas guerras amargas e sangrentas entre guelfos e gibelinos. A

Inquisição, iniciada sete anos após a sua morte, foi em muitos países conduzida principalmente pelos franciscanos. Uma pequena minoria, denominada "espirituais", permaneceu fiel a seu ensinamento; muitos deles foram queimados pela Inquisição, acusados de heresia. Esses homens afirmavam que Cristo e os apóstolos não tiveram bem algum — nem mesmo as roupas que vestiam. João XXII declarou essa posição herética em 1323. No final das contas, a vida de são Francisco só serviu para fundar mais uma ordem rica e corrupta, para fortalecer a hierarquia e para facilitar a perseguição de todos os que se destacavam pela seriedade moral ou pela liberdade de pensamento. Diante de seus objetivos e de seu caráter, é impossível imaginar resultado mais amargamente irônico.

São Domingos (1170-1221) é muito menos interessante do que são Francisco. Era castelhano e teve, tal qual Loyola, fanática devoção pela ortodoxia. Seu principal objetivo era combater a heresia, e foi com isso em mente que abraçou a pobreza. Esteve presente ao longo de toda a guerra albigense, embora digam que lamentou algumas de suas atrocidades mais radicais. A ordem dominicana foi fundada por Inocêncio III em 1215 e teve rápido sucesso. O único traço humano de são Domingos que conheço é a confissão, feita a Jordão da Saxônia, de que preferia conversar com mulheres jovens a conversar com as de idade. Em 1242, a ordem determinou solenemente que tal passagem fosse suprimida da biografia do fundador, escrita por Jordão.

Os dominicanos foram ainda mais ativos do que os franciscanos nas atividades da Inquisição. Todavia, também prestaram valioso serviço à humanidade por sua devoção ao saber. Essa não fora a intenção de são Domingos, que decretara que seus frades "não deveriam aprender as ciências seculares ou as artes liberais, exceto se dispensados"; a regra foi revogada no ano de 1259, após o qual tudo foi feito para que a vida de estudos dos dominicanos se tornasse mais fácil. O trabalho manual não estava entre seus deveres, e as horas de devoção foram reduzidas a fim de proporcionar-lhes mais tempo para estudar. Eles se dedicaram à conciliação de Aristóteles e Cristo; Alberto Magno e Tomás de Aquino, ambos dominicanos, lograram esse objetivo na medida em que ele se fazia possível. A autoridade de Tomás foi tão impressionante que os dominicanos subsequentes pouco avançaram na filosofia; embora Francisco se opusesse, ainda mais do que Domingos, ao saber, os principais nomes do período imediatamente subsequente foram franciscanos: Roger Bacon, Duns Escoto e Guilherme de Ockham pertenceram à ordem. Daquilo que os frades fizeram pela filosofia se ocuparão os capítulos seguintes.

13

Santo Tomás de Aquino

Tomás de Aquino (n. 1225 ou 1226, m. 1274) é considerado o maior dos filósofos escolásticos. Nas instituições católicas tradicionais que possuem a filosofia como disciplina, seu sistema tem de ser lecionado como o único correto; essa tem sido a regra desde uma ordem emitida por Leão XIII em 1879. Santo Tomás, portanto, não possui apenas interesse histórico: trata-se também de uma influência viva, tal qual Platão, Aristóteles, Kant e Hegel — e em grau maior do que os últimos dois. Na maioria das vezes, ele segue Aristóteles tão à risca que, entre os católicos, o Estagirita possui praticamente a mesma autoridade de um dos Pais; criticá-lo no âmbito da filosofia pura é quase tratado como impiedade.[1] Porém, as coisas não foram sempre assim. Nos dias de Tomás de Aquino, a batalha contra Platão e a favor de Aristóteles ainda precisava ser travada. A influência de Tomás garantiu a vitória até o Renascimento, quando Platão, que tornou-se mais conhecido do que no medievo, conquistou mais uma vez a supremacia entre a maioria dos filósofos. No século XVII, era possível ser ortodoxo e cartesiano; Malebranche, embora sacerdote, não foi jamais censurado. Em nossa época, porém, liberdades dessa sorte pertencem ao passado; os eclesiásticos católicos devem necessariamente aceitar santo Tomás caso se interessem pela filosofia.

Santo Tomás era filho do conde de Aquino, cujo castelo, localizado no reino de Nápoles, ficava perto de Monte Cassino, onde a educação do "doutor angélico" se iniciaria. Durante seis anos, esteve na universidade napolitana criada por Frederico II; em seguida, tornou-se dominicano e foi para Colônia, a fim de estudar sob a tutela de Alber-

[1] Quando o fiz num programa de rádio, foram muitos os protestos dos católicos.

to Magno, principal aristotélico entre os filósofos da época. Após um período em Colônia e Paris, Tomás retornou em 1259 à Itália, onde passou todo o resto de sua vida, exceção feita ao período de três anos entre 1269 e 1272. Nestes, ficou em Paris, onde os dominicanos enfrentavam problemas em virtude de seu aristotelismo: as autoridades universitárias desconfiavam de uma herética afinidade com os averroístas, que possuíam um poderoso grupo na instituição. Baseados em sua interpretação de Aristóteles, os averroístas afirmavam que a alma, na medida em que é individual, não é imune à morte; a imortalidade pertence apenas ao intelecto, que é impessoal e diferente dos seres intelectuais. Quando foi assinalado que sua doutrina era contrária à fé católica, eles recorreram ao subterfúgio da "dupla verdade": uma baseada na razão e pertencente à filosofia, e outra baseada na revelação e pertencente à teologia. Tudo isso fizera Aristóteles ser visto com maus olhos, e santo Tomás, quando em Paris, esforçou-se para desfazer o mal causado por aquela adesão deveras radical às doutrinas árabes. Nisso, ele foi particularmente bem-sucedido.

Tomás, ao contrário de seus predecessores, teve um conhecimento verdadeiramente competente de Aristóteles. Seu amigo Guilherme de Moerbeke muniu-o de traduções realizadas a partir do grego, e o próprio Tomás teceu seus comentários. Até sua época, as ideias aristotélicas haviam sido obscurecidas por acreções platônicas, mas o santo seguiu o verdadeiro Aristóteles e antipatizou-se com o platonismo, incluindo aquele que figura em Agostinho. Ele conseguiu convencer a Igreja de que o sistema de Aristóteles deveria ser preferido ao de Platão como fundamento da filosofia cristã, e que os averroístas cristãos e maometanos haviam interpretado o filósofo equivocadamente. De minha parte, devo dizer que o *De anima* conduz de modo muito mais natural à visão de Averróis do que à visão de Tomás, mas desde essa época a Igreja vem pregando o contrário. Além disso, cumpre assinalar que as visões de Aristóteles referentes à grande maioria das questões da lógica e da filosofia não foram definitivas: desde então, já se demonstrou já que foram, em sua grande maioria, equivocadas; também essa opinião não pode ser exposta por qualquer filósofo ou professor de filosofia católico.

A *Summa contra gentiles*, obra mais importante de santo Tomás, foi escrita entre 1259 e 1264. Seu objetivo é definir a verdade da religião cristã por meio de argumentos destinados a um leitor que, pelo jeito, ainda não é cristão; em geral, depreende-se que esse leitor imaginário é alguém versado na filosofia dos árabes. Tomás de Aquino escreveu também a *Summa theologiae*, obra cuja importância é quase a mesma, mas que suscita menos o nosso interesse porque emprega mais argumentos que presumem, de antemão, a veracidade do cristianismo.

O que se segue é um resumo da *Summa contra gentiles*.

Examinemos primeiro o que se entende por "sabedoria". Um homem pode ser sábio em determinado ofício — o de construir casas, por exemplo; isso dá a entender que ele conhece muito bem os meios que o levarão a determinado fim. Ao mesmo tempo, todos os fins particulares estão subordinados à finalidade do universo, e é à finalidade do universo que a sabedoria, *per se*, diz respeito. Ora, a finalidade do universo é o bem do intelecto, isto é, a *verdade*. Nesse sentido, a busca da sabedoria é a mais perfeita, sublime, proveitosa e prazerosa de todas as buscas. Tudo isso é demonstrado por intermédio da autoridade do "Filósofo", isto é, de Aristóteles.

Meu objetivo (diz ele) é declarar a verdade que a fé católica professa. Contudo, preciso recorrer à razão natural, uma vez que os gentios não aceitam a autoridade das Escrituras. A razão natural, porém, é deficiente no que diz respeito às coisas de Deus; ela pode demonstrar certas partes da fé, mas não outras. Pode provar a existência de Deus e a imortalidade da alma, mas não a Trindade, a Encarnação ou o Juízo Final. O que quer que seja demonstrável está, até certo ponto, de acordo com a fé cristã, e nada na revelação é *contrário* à razão. No entanto, é importante separar as partes da fé que podem ser demonstradas pela razão das partes que não podem. Assim, dos quatro livros em que a *Summa* se divide, os primeiros três não recorrem à revelação, exceto quando desejam demonstrar que ela está de acordo com as conclusões a que a razão chegara; somente no livro quarto são tratados os temas que sem a revelação não podem ser conhecidos.

O primeiro passo é provar a existência de Deus. Alguns o julgam desnecessário, declarando que a existência divina é autoevidente. Se conhecêssemos Sua essência, não haveria erro nisso, pois em Deus (como será demonstrado adiante) essência e existência são uma coisa só. Entretanto, nós a desconhecemos, salvo de modo muito imperfeito. Os sábios a conhecem mais do que os ignorantes, e o anjos ainda mais que os dois; no entanto, criatura nenhuma a sabe a ponto de ser capaz de deduzir a existência de Deus a partir de Sua essência. Com base nisso, o argumento ontológico é rejeitado.

É importante recordar que as verdades religiosas passíveis de demonstração também podem ser conhecidas pela fé. As provas são difíceis e só podem ser compreendidas pelos instruídos. Todavia, a fé é necessária também ao ignorante, aos jovens e àqueles que, em virtude de suas preocupações práticas, não desfrutam do tempo livre necessário ao aprendizado da filosofia. Para estes, a revelação basta.

Dizem alguns que Deus é cognoscível *somente* pela fé. Eles declaram que, se os princípios da demonstração se fizessem conhecidos mediante a experiência derivada dos sentidos — como afirmam os *Analíticos posteriores* —, tudo aquilo que transcende o sentido não poderia ser provado. Isso é falso, porém; ademais, mesmo que fosse verdadeiro, Deus poderia ser conhecido a partir de Seus efeitos sensíveis.

Tal qual em Aristóteles, a existência de Deus é demonstrada pelo recurso ao motor imóvel.[2] Há coisas que são apenas movidas e coisas que tanto movem quanto são movidas. Tudo o que se move é movido por algo, e, uma vez que o regresso infinito é impossível, devemos em algum momento chegar àquilo que move outras coisas sem mover-se. Esse motor imóvel é Deus. Poder-se-ia objetar que um tal raciocínio implica a eternidade do movimento, o que os católicos rejeitam. Isso, porém, nada mais seria que erro: ele é válido na hipótese da eternidade do movimento e só sai fortalecido pela hipótese oposta, que envolve um início e, portanto, uma Causa Primeira.

Na *Summa theologiae*, cinco provas da existência de Deus são formuladas. A primeira delas é o argumento do motor imóvel, tal qual exposto acima. A segunda, o argumento da Causa Primeira, que mais uma vez depende da impossibilidade de um regresso infinito. A terceira, o fato de que deve haver uma fonte última de toda necessidade. Esse argumento é praticamente igual ao segundo. A quarta, o fato de que existem no mundo várias perfeições, cuja fonte deve consistir em algo completamente perfeito. A quinta, o fato de mesmo as coisas que não têm vida servirem a um propósito, que, por sua vez, deve provir

[2] Em Aristóteles, contudo, o raciocínio conduz a 47 ou 55 deuses.

de um ser que lhes é extrínseco, dado que apenas coisas vivas podem ter objetivo interno.

Voltando à *Summa contra gentiles*: tendo demonstrado a existência de Deus, podemos agora dizer muitas coisas sobre Ele. Todas, porém, são em certo sentido negativas; a natureza divina só nos é conhecida por meio daquilo que não é. Deus é eterno porque é imóvel; é imutável porque não contém potência passiva. Davi de Dinant (panteísta materialista do início do século XIII) "bradava" que Deus é idêntico à matéria primária, mas isso é absurdo porque a matéria primária é passividade pura, e Deus é puramente ativo. Em Deus não há composição, e por isso Ele não é um corpo, tendo em vista que corpos têm partes.

Deus é Sua própria essência; se assim não fosse, não seria simples, mas composto de essência e existência. (Esse ponto é importante.) Em Deus, essência e existência são idênticas. Não há acidentes nele. Deus não pode ser especificado por nenhuma diferença substancial; Ele não pertence a gênero nenhum, tampouco pode ser definido. No entanto, não carece da excelência dos gêneros. Em certos aspectos, as coisas são como Deus; noutros, não são. É mais adequado dizer que as coisas são semelhantes a Ele do que dizer que Ele é semelhante às coisas.

Deus é bom e Sua própria bondade; é também o bem de todo bem. É inteligente, e Seu ato de inteligência é Sua essência. Ele compreende por meio de Sua essência e compreende-Se à perfeição. (João Escoto, recordaremos, pensava o contrário.)

Embora não haja composição no intelecto divino, Deus compreende muitas coisas. Isso talvez traga certas dificuldades, mas as coisas que Ele compreende não possuem existência distinta nele. Tampouco existem *per se*, como achou Platão: com efeito, a forma das coisas naturais não pode existir ou ser compreendida isolada da matéria. Ainda assim, Deus deve entender as formas antes de criar. Eis a solução para essa dificuldade: "A concepção do intelecto divino, enquanto se conhece a Si mesmo — e que é o Seu Verbo —, não é somente semelhança do mesmo Deus compreendido, mas também de todas as coisas a que a essência divina se assemelha. Assim, pois, Deus pode conhecer muitas coisas mediante uma só espécie inteligível, que é a essência divina, e mediante uma só intenção intelectual, que é o Verbo."[3] Toda forma, na medida em que é algo positivo, é uma perfeição. O intelecto de Deus abrange, em Sua essência, aquilo que é próprio de cada coisa, compreendendo onde ela é semelhante a Ele e onde não é; por exemplo, é a vida, e não o conhecimento, a essência de uma planta, enquanto é o conhecimento, e não o intelecto, a essência de um animal. Por conseguinte, a planta é como Deus por estar viva, mas diferente por não ter conhecimento; um animal é como Deus por ter conhecimento, mas diferente por não ter intelecto. É sempre pela negação que a criatura difere de Deus.

Deus compreende todas as coisas no mesmo instante. Seu conhecimento não é um hábito; tampouco é discursivo ou argumentativo. Deus é verdade. (Isso deve ser compreendido à letra.)

Chegamos agora a uma questão que já havia desconcertado tanto Platão quanto Aristóteles. Porventura Deus pode conhecer coisas particulares, ou Ele só teria conhecimento dos universais e das verdades genéricas? O cristão, por crer na Providência, deve afirmar que Deus conhece coisas particulares, mas existem argumentos fortes contra essa visão. Santo Tomás enumera sete desses argumentos e se põe a refutá-los. Eis os sete:

1. Sendo a singularidade matéria assinalada, nada imaterial pode conhecê-la.
2. Os singulares não existem sempre e não podem ser conhecidos quando inexistem; por conseguinte, um ser imutável não pode conhecê-los.
3. Os singulares são contingentes, e não necessários; desse modo, não pode haver conhecimento certo deles, exceto quando existem.
4. Alguns singulares se devem a volições, e estas só podem ser conhecidas pela pessoa que deseja.
5. Os singulares são em número infinito, e o infinito, como tal, é desconhecido.
6. Os singulares são vis demais para ganharem a atenção de Deus.
7. Em alguns singulares há mal, mas Deus não pode conhecer o mal.

[3] *Summa contra gentiles*, Livro I, cap. LIII.

Tomás responde que Deus conhece os singulares como sua causa; que Ele conhece coisas que ainda não existem, tal qual um artífice que fabrica sua obra; que conhece os contingentes futuros porque vê tudo o que está no tempo como se fosse presente, uma vez que Ele mesmo não está no tempo; e que, ao contrário de nós, conhece nossas mentes e desejos secretos, bem como mais uma infinidade de coisas. Ele conhece o que é trivial porque nada é *inteiramente* trivial e tudo possui *alguma* nobreza; caso contrário, Deus só conheceria a Si mesmo. Além disso, a ordem do universo é nobilíssima, o que não pode ser percebido sem que se conheçam também as partes triviais. Por fim, Deus conhece as coisas más porque conhecer o que é bom implica o conhecimento do mal que lhe é oposto.

Em Deus há Vontade; Sua Vontade é Sua essência e tem como principal objeto a essência divina. Ao desejar a Si mesmo, Deus deseja também as outras coisas, pois Deus é o fim de todas. Ele deseja até mesmo aquilo que ainda não existe. Deseja, ademais, Seu próprio ser e bondade, mas, embora deseje outras coisas, Ele não as deseja *necessariamente*. Há livre-arbítrio em Deus; uma *razão* pode ser atribuída à Sua volição, mas não uma *causa*. Ele não pode desejar coisas impossíveis em si mesmas; por exemplo, não pode tornar uma contradição verdadeira. O exemplo que o santo menciona a fim de assinalar algo que ultrapassa até o poder divino não é tão feliz: ele afirma que Deus não poderia fazer um homem converter-se em asno.

Em Deus existem o deleite, a alegria e o amor; Deus nada odeia e possui as virtudes contemplativa e ativa. Ele é feliz e é Sua própria felicidade.

Chegamos agora (no Livro II) às considerações que dizem respeito às criaturas. Isso é útil para refutar os erros cometidos contra Deus. Ao contrário do que diziam os antigos, Deus criou o mundo a partir do nada. O tema das coisas que Deus não pode fazer é retomado. Ele não pode ser um corpo ou mudar a si mesmo; não pode fracassar; não pode aborrecer-se, esquecer, arrepender-se, ficar colérico ou triste; não pode fazer alguém não ter alma, nem que a soma dos ângulos de um triângulo não seja dois triângulos retos. Ele não pode desfazer o passado, cometer pecados, fabricar outro Deus ou fazer com que Ele mesmo não exista.

O Livro II se ocupa sobretudo da alma do homem. Todas as substâncias intelectuais são imateriais e incorruptíveis; os anjos não têm corpos, mas nos homens a alma está unida a um. Ela é a forma do corpo, tal qual em Aristóteles. Não existem três almas no homem, mas apenas uma. Toda a alma está presente em cada parte do corpo. A alma dos animais, ao contrário da humana, não é imortal. O intelecto é parte da alma de cada um; não há, como afirmara Averróis, um único intelecto em que vários homens tomam parte. A alma não é transmitida pelo sêmen, mas criada quando do nascimento de cada homem. Há nisso um obstáculo, é verdade: quando alguém nasce fora do matrimônio, Deus parece tornar-se cúmplice de adultério. Essa contestação, porém, é apenas especiosa. (Há uma objeção grave acerca da transmissão do pecado original que perturbara santo Agostinho: é a alma que peca; no entanto, se ela não é transmitida, e sim criada, como pode herdar o pecado de Adão? Isso não é examinado.)

O problema dos universais é abordado quando do tratamento do intelecto. A posição de santo Tomás é aquela de Aristóteles: os universais não subsistem fora da alma, mas o intelecto, quando os compreende, compreende coisas que à alma são extrínsecas.

O terceiro livro se ocupa sobretudo de questões éticas. O mal não é intencional, não é uma essência e possui uma causa acidental que é boa. Tudo tende a ser como Deus, que é o fim de todas as coisas. A felicidade humana não consiste nos prazeres carnais, na honra, na glória, na riqueza, no poder mundano ou nos bens do corpo; tampouco reside nos sentidos. A felicidade última do homem não está nos atos de virtude moral, que são apenas meios; trata-se, antes, da contemplação de Deus. Entretanto, o conhecimento de Deus que a maioria das pessoas possui não basta; não basta também o conhecimento obtido por meio da demonstração. Até mesmo o conhecimento obtido pela fé é insuficiente. Nesta vida, não poderemos ver Deus em Sua essência nem desfrutar da felicidade última; no mundo vindouro, porém, nós O veremos face a face. (Não de modo literal, lemos, porque Deus não tem rosto.) Isso acontecerá não por nossa capacidade natural, mas por meio da luz divina; mesmo então, porém, não O veremos por inteiro. Mediante essa visão nós nos tornaremos partícipes da vida eterna, isto é, da vida fora do tempo.

A Divina Providência não exclui o mal, a contingência, o livre-arbítrio, o acaso ou a sorte. O mal tem origem em causas secundárias, como no caso do artista bom munido de ferramentas ruins.

Os anjos não são iguais: entre eles há ordem. Cada qual é o único espécime de sua espécie, uma vez que, por não terem corpos, só se distinguem por diferenças específicas, e não pela posição ocupada no espaço.

A astrologia deve ser rejeitada pelas razões de sempre. À pergunta "O destino existe?", Tomás responde que *poderíamos* dar o nome de "destino" à ordem que a Providência definiu, mas que é mais sábio não fazê-lo porque "destino" é palavra pagã. Isso conduz ao argumento de que a oração é útil não obstante a Providência seja imutável. (Fui incapaz de acompanhar esse raciocínio.) Deus às vezes opera milagres, mas ninguém mais consegue fazê-lo. A magia, porém, é possível com o auxílio de demônios; ela não é propriamente miraculosa e não ocorre com a ajuda das estrelas.

A *lei divina* nos orienta a amar a Deus e, em grau menor, também ao próximo. Proíbe a fornicação porque o pai deve permanecer com a mãe durante a criação dos filhos. Veta ainda a contracepção por ser contra a natureza, mas não o celibato perpétuo, com base no mesmo argumento. O matrimônio deve ser indissolúvel, uma vez que o pai é crucial à educação dos filhos, sendo mais racional do que a mãe e possuindo mais força física para os momentos em que o castigo se mostrar necessário. Nem toda relação carnal é pecaminosa, pois trata-se de algo natural; achar, porém, que o estado conjugal é tão bom quanto a continência é cair na heresia de Joviniano. A monogamia deve ser rigorosa; a poligamia é injusta com as mulheres e a poliandria tornaria a paternidade incerta. É preciso proibir o incesto porque ele complicaria a vida familiar. Contra o incesto entre irmãos e irmãs há um argumento bastante curioso: se ao amor entre marido e mulher fosse acrescido aquele entre irmãos, a atração mútua resultante seria tão forte que acabaria por estimular relações sexuais indevidamente frequentes.

Cumpre observar que todos esses argumentos referentes à ética sexual recorrem puramente a considerações racionais, e não a decretos e proibições divinas. Aqui, tal qual ao longo dos três primeiros livros, Tomás se alegra ao citar, no final de seus raciocínios, textos que demonstram que a razão o levou a conclusões que estão de acordo com as Escrituras. Ele só recorre à autoridade após ter chegado a seu resultado.

Há um exame bastante vigoroso e interessante da pobreza voluntária. Como era de se esperar, Tomás chega a uma conclusão que se alinha aos princípios das ordens mendicantes, mas formula as objeções com uma força e um realismo tão grandes que demonstram tratar-se das objeções que ele de fato ouvia do clero secular.

Em seguida ele se volta para o pecado, para a predestinação e para a eleição. Nisso, sua posição é em grande medida a mesma de Agostinho. Pelo pecado mortal o homem perde seu fim último por toda a eternidade, e desse modo merece o castigo eterno. Homem nenhum pode se livrar do pecado sem a graça; não obstante, é o pecador deve ser responsabilizado se não se converter. O homem necessita da graça para perseverar no bem, mas ninguém pode *merecer* o auxílio divino. Deus não é a causa do pecar, mas deixa alguns no pecado e livra outros. Quanto à predestinação, santo Tomás parece achar, com santo Agostinho, que não há razão que explique por que alguns são eleitos e vão para o céu, e outros permanecem réprobos e seguem para o inferno. Ele também afirma que homem nenhum pode ingressar no céu sem ser batizado. Essa não é uma das verdades que podem ser demonstradas pela razão desassistida; é revelada, antes, em João III, 5.[4]

O quarto livro diz respeito à Trindade, à Encarnação, à supremacia do papa, aos sacramentos e à ressurreição do corpo. Em linhas gerais, é destinado antes aos teólogos do que aos filósofos, e por isso só me ocuparei dele muito brevemente.

Há três formas de conhecer a Deus: pela razão, pela revelação e pela intuição de coisas que só são previamente conhecidas pela revelação. Sobre a terceira via, porém, ele não diz quase nada. Um autor inclinado ao misticismo se debruçaria mais sobre ela do que sobre as outras, mas o temperamento de Tomás é mais dedutivo do que místico.

A Igreja Grega é culpada por negar a dupla processão do Espírito Santo e a supremacia do papa. Somos alertados de que, embora Cristo seja concebido do Espírito Santo, não devemos achar que Ele fora filho do Espírito Santo segundo a carne.

[4] "Respondeu-lhe Jesus: 'Em verdade, em verdade, te digo: quem não nascer da água e do Espírito não pode entrar no Reino de Deus.'"

Os sacramentos são válidos mesmo quando ministrados por sacerdotes iníquos. Esse era um ponto importante da doutrina da Igreja. Muitíssimos eram os padres que viviam em pecado mortal, e as pessoas piedosas temiam que eles não pudessem administrar os sacramentos. Eis algo estranho; ninguém sabia se estava de fato casado ou se recebera uma absolvição válida. A situação culminou em heresias e cismas, pois os que tinham espírito puritano buscaram instituir um sacerdócio à parte, dotado de virtude mais impecável. Por conseguinte, a Igreja se viu obrigada a asseverar, com enorme veemência, que o pecado de um padre não o incapacitava ao desempenho de suas funções.

Uma das últimas questões examinadas é a ressurreição do corpo. Aqui, como nas outras partes, Tomás enuncia muito claramente os argumentos levantados contra a posição ortodoxa. Um deles suscita, à primeira vista, grandes dificuldades. O que acontecerá, pergunta o santo, àquele que durante toda a vida jamais comeu algo além de carne humana e que teve pais que agiam da mesma forma? Parece injusto que, na consumação dos dias, suas vítimas sejam privadas de seus corpos em virtude de sua avidez; e, se assim não for, o que restará para reconstruir o corpo de tal homem? Apraz-me dizer que essa dificuldade, à primeira vista insuperável, é triunfantemente vencida. Assinala santo Tomás que a identidade do corpo não depende da persistência das mesmas partículas materiais; durante a vida, pelos processos de alimentação e digestão, a matéria que compõe o corpo passa por mudanças perpétuas. O canibal, portanto, pode muito bem receber o mesmo corpo ao ressuscitar, ainda que não seja composto da mesma matéria que o formava quando de sua morte. Com essa reflexão reconfortante, podemos dar fim a nosso resumo da *Summa contra gentiles*.

Em suas linhas gerais, a filosofia de Tomás está de acordo com a filosofia de Aristóteles. O leitor a aceitará ou rejeitará na medida em que aceita ou rejeita a filosofia do Estagirita. A originalidade de Tomás está em que ele adapta Aristóteles aos dogmas cristãos fazendo o mínimo de alterações. Em sua época, foi considerado inovador audaz; mesmo depois de morto, muitas de suas doutrinas foram condenadas pelas universidades de Paris e Oxford. Tomás é ainda mais notável por sua sistematização do que por sua originalidade. Mesmo se todas as suas doutrinas estivessem equivocadas, a *Summa* continuaria sendo um imponente edifício intelectual. Quando deseja refutar determinada doutrina, Tomás primeiro a enuncia; muitas vezes, o faz com grande força, e quase sempre procurando ser justo. A agudeza e a clareza com que distingue os argumentos derivados da razão dos argumentos derivados da revelação são admiráveis. Ele conhece Aristóteles muito bem e o compreende profundamente, o que não pode ser dito de nenhum filósofo católico anterior.

Esses méritos, contudo, não parecem suficientes para justificar seu renome. Em certo sentido, seu recurso à razão é insincero: a conclusão a ser alcançada já fora estabelecida de antemão. Tomemos, por exemplo, a indissolubilidade do matrimônio. Ele a defende baseado no fato de que o pai é útil na educação dos filhos, (a) por ser mais racional do que a mãe e (b) porque, sendo mais forte, também é mais capaz de impor castigo físico. Um educador moderno poderia replicar (a) que não há razão para achar que os homens são em geral mais racionais do que as mulheres e (b) que o tipo de punição que exige grande força física não é desejável. Poderia assinalar ainda que, no mundo moderno, os pais quase não desempenham função educativa. Ainda assim, nenhum seguidor de santo Tomás deixaria de acreditar, com base nisso, na monogamia perpétua, uma vez que o real fundamento de sua crença não vem dos argumentos empregados.

Tomemos ainda os argumentos que dizem provar a existência de Deus. Todos eles, exceto o da teleologia das coisas inanimadas, dependem da suposta impossibilidade de uma série não possuir primeiro termo. Todo matemático sabe que essa impossibilidade não existe; a série de números inteiros negativos que tem fim em -1 é exemplo do contrário. Mais uma vez, porém, é improvável que um católico abandone sua crença em Deus caso se convença de que os argumentos de santo Tomás são ruins; ou ele inventará outros argumentos, ou se refugiará na revelação.

As afirmações de que a essência e a existência de Deus são uma coisa só, de que Deus é Sua própria bondade, Seu próprio poder etc., sugerem uma confusão (encontrada já em Platão, mas supostamente evitada por Aristóteles) entre o modo de ser dos particulares e o modo de ser dos universais. A essência de Deus, deve-se supor, tem a natureza dos universais, enquanto Sua existência, não. É difícil formular essa dificuldade de maneira satisfatória, uma vez que ela ocorre no interior de uma lógica que não pode mais ser aceita. Ainda assim, ela assinala claramente uma espécie de confusão sintática, sem a qual grande parte da argumentação referente a Deus perderia sua plausibilidade.

Há pouco do verdadeiro espírito filosófico em Tomás de Aquino. A exemplo do Sócrates platônico, ele não segue os caminhos a que seu raciocínio o conduz e não desenvolve qualquer investigação cujo resultado não possa ser conhecido de antemão. Antes de começar a filosofar, Tomás já sabe a verdade: trata-se daquela declarada pela fé católica. Se for capaz de encontrar argumentos aparentemente razoáveis em favor de determinadas partes da crença, tanto melhor; se não for, porém, basta recorrer à revelação. A descoberta de argumentos em favor de uma conclusão preestabelecida não é filosofia, e sim uma defesa especial. Portanto, não acredito que Tomás deva ser colocado no mesmo nível dos melhores filósofos gregos ou modernos.

14

Os escolásticos franciscanos

Em geral, os franciscanos tiveram ortodoxia menos impecável do que os dominicanos. Entre as duas ordens houve rivalidade profunda, e os franciscanos não se sentiram inclinados a aceitar a autoridade de santo Tomás. Os três filósofos franciscanos mais importantes foram Roger Bacon, Duns Escoto e Guilherme de Ockham. São Boaventura e Mateus de Aquasparta também exigem atenção.

Roger Bacon (c. 1214 — c. 1294) não foi muito admirado em seu tempo, mas no período moderno tem sido mais louvado do que merece. Foi menos filósofo em sentido estrito do que homem de saber universal, dotado de paixão pela matemática e pela ciência. Em seu tempo, a ciência estava mesclada à alquimia, e as pessoas achavam que lidava também com a magia negra. Bacon teve problemas constantes, pois suspeitavam de que era herege e praticava a magia. Em 1257, são Boaventura, ministro-geral da ordem franciscana, colocou-o sob vigilância em Paris e proibiu-o de publicar. Enquanto a proibição ainda vigorava, porém, Guy Foulques, legado papal na Inglaterra, ordenou-lhe que redigisse sua filosofia para o pontífice. Em pouquíssimo tempo, foram escritos três livros: *Opus majus, Opus minus* e *Opus tertium*. Ao que parece, as obras causaram boa impressão, e em 1268 Bacon recebeu autorização para retornar a Oxford, de onde fora transferido para uma espécie de prisão em Paris. Todavia, nada conseguia fazer dele um homem cauteloso. Bacon dirigiu críticas desdenhosas aos mais eruditos de seus contemporâneos; de modo particular, declarou que os tradutores do grego e do árabe eram repulsivamente incompetentes. Em 1271, escreveu um livro intitulado *Compendium studii philosophiae,* no qual atacou a ignorância clerical. Isso nada fez para aumentar a popularidade de que desfrutava entre seus colegas; em 1278, seus livros foram condenados pelo ministro-geral da ordem e ele foi colocado na prisão por catorze anos. Foi liberado em 1292, mas morreu logo em seguida.

Bacon teve saber enciclopédico, mas não sistemático. Ao contrário da maioria dos filósofos da época, valorizou enormemente o experimento, ilustrando sua importância por meio da teoria do arco-íris. Escreveu bastante sobre geografia; Colombo leu parte de sua obra e foi por ela influenciado. Era também bom matemático e citou os livros seis e nove de Euclides. Ocupou-se da perspectiva, seguindo fontes árabes. Segundo ele, a lógica era disciplina inútil; a alquimia, porém, valorizou a ponto de dedicar-lhe alguns escritos.

Para que se tenha uma ideia de seu escopo e método, resumirei alguns segmentos do *Opus majus*.

São quatro, segundo ele, as causas da ignorância. A primeira consiste no exemplo da autoridade fraca e inadequada. (Como a obra foi escrita para o papa, ele faz questão de dizer que isso não inclui a Igreja.) A segunda, na influência do hábito. A terceira, na opinião da turba indouta. (Depreende-se que isso inclui todos os seus contemporâneos, exceto ele.) A quarta, no encobrimento da própria ignorância por uma aparência de sabedoria. Dessas quatro pragas — das quais a última é a pior — vêm todos os males humanos.

Ao defender uma opinião, é equivocado recorrer à sabedoria de nossos ancestrais, aos costumes ou à crença comum. Para respaldar essa visão, ele cita Sêneca, Cícero, Avicena, Averróis, Adelardo de Bath, são Jerônimo e são Crisóstomo. Bacon parece achar que tais nomes bastam para demonstrar que não é preciso respeitar autoridades.

Seu respeito por Aristóteles é grande, mas não ilimitado. "Somente Aristóteles, junto com seus seguidores, tem sido denominado filósofo segundo o juízo dos sábios." A exemplo de quase todos os seus contemporâneos, ele se refere a Aristóteles como "o Filósofo", mas nem mesmo o Estagirita chegara ao limite da sabedoria humana. Depois dele, Avicena foi "o príncipe e líder da filosofia", embora não compreendesse por completo o arco-íris: o filósofo persa não reconhecera sua causa final, que segundo o Gênesis é a dissipação do vapor aquoso. (Ainda assim, ao ocupar-se do arco-íris, Bacon cita Avicena com grande admiração.) Aqui e acolá, ele diz algo que recende a ortodoxia:

por exemplo, que a única sabedoria perfeita se encontra na Bíblia, tal qual a explicam o direito canônico e a filosofia. Soa mais sincero, porém, quando declara que não há objeções à aquisição de conhecimento a partir dos gentios; além de Avicena e Averróis, ele cita al-Farabi[1] com muita frequência e, de quando em quando, também Albumasar[2] e alguns outros. Albumasar é mencionado quando deseja demonstrar que a matemática já era conhecida antes do Dilúvio, e que Noé e seus filhos a sabiam; isso, creio eu, é uma amostra daquilo que podemos aprender com os infiéis. Bacon louva a matemática como única fonte (não revelada) de certeza e como disciplina necessária para a astronomia e para a astrologia.

Bacon segue Averróis quando afirma que, em essência, o intelecto ativo é substância isolada da alma. Ele cita vários teólogos de destaque — entre eles Grosseteste, bispo de Lincoln — para respaldar sua opinião, que é oposta à de santo Tomás. As passagens aparentemente contrárias que encontramos em Aristóteles, diz, se devem a equívocos de tradução. Ele não cita Platão de primeira mão, mas de segunda, por meio de Cícero, ou de terceira, por intermédio dos árabes que se dedicaram a Porfírio (embora não nutrisse qualquer respeito por este, cuja doutrina dos universais ele denomina "infantil").

Em tempos modernos, Bacon tem sido enaltecido por valorizar, como fonte de saber, mais o experimento do que o raciocínio. Seus interesses e sua forma de lidar com os temas são muito diferentes, não há dúvidas, daqueles dos escolásticos típicos. Suas tendências enciclopédicas se assemelham às inclinações de dois autores árabes, cuja influência sobre ele foi profundamente maior do que a da maioria dos filósofos cristãos. Como ele, os árabes se interessavam pela ciência e acreditavam na magia e na astrologia, enquanto os cristãos consideravam a magia iníqua, e a astrologia, uma ilusão. Bacon impressiona porque difere enormemente dos outros filósofos cristãos medievais, mas exerceu pouca influência em sua época e, aos meus olhos, não foi tão científico quanto se diz. Os escritores ingleses costumavam afirmar que ele inventou a pólvora, mas isso, é claro, não é verdade.

---

[1] Seguidor de Kindi: m. 950.

[2] Astrônomo, 805-885.

São Boaventura (1221-1274), o homem que, enquanto ministro-geral da ordem franciscana, proibiu Bacon de publicar, foi alguém totalmente diferente. Pertencia à tradição de santo Anselmo, cujo argumento ontológico foi por ele defendido. Em sua opinião, o novo aristotelismo era fundamentalmente oposto ao cristianismo. Acreditava nas ideias platônicas, as quais, porém, apenas Deus conhece à perfeição. Em seus escritos, Agostinho é citado a todo momento, mas não encontramos citação nenhuma dos árabes e apenas poucas referências da Antiguidade pagã.

Mateus de Aquasparta (c. 1235-1302) foi seguidor de Boaventura, mas menos intacto pela nova filosofia. Era franciscano e tornou-se cardeal; opôs-se a santo Tomás, assumindo um ponto de vista agostiniano. Ao mesmo tempo, Aristóteles se tornara para ele "o Filósofo", sendo citado constantemente. Avicena é mencionado muitas vezes; a santo Anselmo ele se refere com respeito, bem como ao Pseudo-Dionísio; a autoridade maior, porém, é santo Agostinho. Diz ele que devemos encontrar um meio-termo entre Platão e Aristóteles. As ideias de Platão são "extremamente equivocadas"; elas definem a sabedoria, mas não o conhecimento. Aristóteles, por outro lado, também está errado: ele define o conhecimento, e não a sabedoria. Nosso conhecimento — conclui-se — resulta tanto das coisas inferiores quanto das superiores, tanto dos objetos externos quanto das razões ideais.

Duns Escoto (c. 1270-1308) deu continuidade à controvérsia entre os franciscanos e Tomás. Ele nasceu na Escócia ou Ulster, tornou-se franciscano em Oxford e passou seus últimos anos em Paris. Contra santo Tomás, defendeu a Imaculada Conceição, e nisso a Universidade de Paris — bem como toda a Igreja Católica, no final das contas — concordou com ele. É agostiniano, mas em forma menos radical do que Boaventura, ou até mesmo Mateus de Aquasparta; como no caso dos dois, difere de santo Tomás graças a uma grande mistura de platonismo (via Agostinho) em sua filosofia.

Escoto examina, por exemplo, "se a compreensão do viajante pode conhecer uma verdade certa e pura naturalmente, sem a iluminação especial da luz incriada". Diz ele tratar-se de algo impossível, e sua visão é defendida apenas por meio de citações de santo Agostinho; a única dificuldade que encontra vem de Romanos I, 20: "Sua realidade invisível — seu eterno poder e sua divindade — tornou-se inteligível, desde a criação do mundo, através das criaturas."

Duns Escoto foi realista moderado. Acreditava no livre-arbítrio e esteve inclinado ao pelagianismo. Afirmou que o *ser* não é diferente da *essência*. Interessou-se sobretudo pelas *evidências*, isto é, pelos tipos de coisas que podem ser conhecidas sem prova. Destas, são três os tipos: (1) os princípios conhecidos por si sós, (2) as coisas conhecidas a partir da experiência e (3) nossas próprias ações. Sem a iluminação divina, contudo, não podemos saber nada.

A maioria dos franciscanos preferiu Duns Escoto a Tomás.

Duns Escoto afirmava que, por não haver diferença entre ser e essência, o "princípio de individuação" — isto é, aquilo que faz com que uma coisa não seja idêntica a outra — deve ser forma, e não matéria. O "princípio de individuação" era um dos problemas que a filosofia escolástica julgava importante. Em diversas formas, ele conserva sua relevância até hoje. Sem fazermos referência a nenhum autor em particular, talvez possamos enunciar o problema da seguinte maneira.

Entre as propriedades das coisas individuais, algumas são essenciais, e outras, acidentais; as propriedades acidentais de algo são aquelas de que ele pode prescindir sem perder sua identidade — usar um chapéu, por exemplo, caso você seja um homem. Surge então a questão: dadas duas coisas da mesma espécie, elas sempre diferem em essência? Ou é possível que a essência seja exatamente a mesma em ambas? Santo Tomás defende a segunda opção ao tratar das substâncias materiais, e a primeira, ao tratar daquelas que são imateriais. Duns Escoto, por sua vez, declara que há *sempre* diferenças essenciais entre duas coisas diferentes. A visão de santo Tomás depende da teoria de que a matéria pura consiste em partes indiferenciadas, as quais se distinguem somente pela diferença de sua posição no espaço. Desse modo, uma pessoa, consistindo em espírito e corpo, só pode diferir *fisicamente* de outra em virtude da posição espacial de seu corpo. (Isso poderia acontecer, em teoria, com os gêmeos idênticos.) Duns Escoto, por sua vez, acredita que, se as coisas são distintas, isso deve se dar por certa diferença qualitativa. Essa visão, claro está, se aproxima mais do platonismo do que a de santo Tomás.

Vários estágios devem ser percorridos antes de podermos formular o problema em termos modernos. O primeiro passo, dado por Leibniz, foi o de livrar-se da distinção entre as propriedades essenciais e as propriedades acidentais — distinção que, a exemplo de muitas outras que os escolásticos tomaram de Aristóteles, revela-se irreal tão logo tentemos articulá-la com clareza. Desse modo, nós temos, em lugar de "essência", "todas as proposições que são verdadeiras acerca da coisa em questão". (Em geral, no entanto, a posição espacial e temporal ainda estaria excluída.) Leibniz afirma que é impossível que duas coisas sejam exatamente iguais em tal sentido; é esse o seu princípio da "identidade dos indiscerníveis". Ele foi criticado pelos físicos, que declararam que duas partículas de matéria só poderiam diferir quanto à posição no espaço e no tempo. Esta visão tem se tornado cada vez mais difícil em virtude da relatividade, que reduz o espaço e o tempo a relações.

Mais um passo precisa ser dado para a modernização do problema, e isso quer dizer: o descarte do conceito de "substância". Uma vez descartado, a "coisa" converte-se em mero feixe de qualidades, uma vez que deixa de existir todo e qualquer núcleo de "coisidade" pura. Parece seguir-se, ao descarte da "substância", que temos de adotar visão mais semelhante à de Escoto do que à de Tomás. Ainda assim, isso traz consigo uma grande dificuldade referente ao espaço e ao tempo. Dessa questão eu me ocupei, tal qual a encaro, sob o título "Nomes próprios", em *Investigação sobre o sentido e a verdade*.

Guilherme de Ockham é o escolástico mais importante depois de santo Tomás. As circunstâncias de sua vida só são conhecidas muito imperfeitamente. É provável que tenha nascido entre 1290 e 1300; morreu no dia 10 de abril, mas não se sabe se em 1349 ou 1350. (A Peste Negra causou grande devastação em 1349, e portanto é esse o ano mais provável.) A maioria das pessoas afirma que ele veio ao mundo na Ockham de Surrey, mas Delisle Burns favorece a Ockham de Yorkshire. Esteve em Oxford e também em Paris, onde foi primeiro pupilo e, depois, rival de Duns Escoto. Envolveu-se na rixa sobre a pobreza travada entre a ordem franciscana e João XXII. O papa havia perseguido os espirituais com o apoio de Miguel de Cesena, ministro-geral da ordem, mas um acordo fora firmado a fim de permitir que a propriedade deixada aos frades fosse por eles concedida ao pontífice, que assim lhes possibilitaria o benefício sem o pecado da posse de bens. A isso deu fim João XXII, para quem tal posse deveria ser direta. Diante disso, a maioria dos membros da ordem se rebelou, tendo Miguel de Cesena como líder. Ockham, que fora chamado a Avignon pelo papa a fim de responder às acusações de heresia quanto à transubstanciação, tomou partido de Miguel; o mesmo foi feito por outro homem importante: Marsílio de Pádua. Todos os três foram excomungados em 1328, mas fugiram de Avignon e se refugiaram com o imperador Luís. Luís era um dos dois que reivindicavam o império; foi favorecido pela Germânia, mas de seu concorrente tomou partido o papa. O pontífice excomungou Luís, que recorreu contra ele a um concílio geral. O próprio papa foi acusado de heresia.

Dizem que, ao conhecer o imperador, Ockham disse: "Defende-me com a espada e defender-te-ei com a pena." Sob a proteção do imperador, ele e Marsílio de Pádua se instalaram em Munique e escreveram tratados políticos de considerável importância. O que aconteceu com Ockham após a morte do imperador, em 1338, é incerto. Dizem alguns que reconciliou-se com a Igreja, mas isso parece falso.

O império não era mais o que fora na época dos Hohenstaufen, e o papado, embora alimentasse pretensões cada vez maiores, não suscitava a mesma reverência de outrora. Clemente V se mudara para Avignon no início do século XIV; agora, o pontífice era subordinado político do rei da França. O império se afundara ainda mais: graças à força da França e da Inglaterra, não era possível reivindicar nem mesmo o domínio universal mais quimérico. Por outro lado, em virtude de sua subserviência ao rei francês, também o pontífice abrandou suas pretensões à universalidade em questões temporais. Desse modo, o conflito entre papa e imperador era no fundo um conflito entre a França e a Germânia. A Inglaterra, sob o domínio de Eduardo III, estava em guerra com aquela, e portanto era aliada da Germânia; isso fez com que também a Inglaterra se tornasse antipapal. Os inimigos do papa exigiam um concílio ecumênico, única autoridade eclesiástica que poderia ser considerada superior ao pontífice.

Nessa época, o caráter da oposição ao papa se alterou. Em vez de ser apenas a favor do imperador, ela adquiriu um tom democrático, em especial no que dizia respeito ao governo da Igreja. Isso lhe conferiu o vigor novo que acabaria por resultar na Reforma.

Dante (1265-1321), embora fosse poeta bastante inovador, esteve um pouco aquém de seu tempo no plano do pensamento. O livro *De monarchia* traz uma visão de mundo gibelina, e cem anos antes seria adequado à sua época. Ele trata o imperador e o papa como homens independentes e designados por Deus. Na *Divina comédia*, seu Satanás possui três bocas, nas quais são eternamente mastigados Judas Iscariotes, Bruto e Cássio, três traidores — o primeiro, contra Cristo; os outros dois, contra César. O pensamento de Dante é interessante não somente por si só, mas também por vir de um leigo. Todavia, não foi influente e estava completamente datado.

Marsílio de Pádua (1270-1342), por sua vez, inaugurou a nova forma de oposição ao papa, na qual o imperador desempenha sobretudo um papel de dignidade decorativa. Era amigo próximo de Guilherme de Ockham e influenciou suas opiniões políticas. Politicamente, é mais importante do que ele. Guilherme defende que o legislador é a maioria do povo e que a maioria tem o direito de punir os príncipes. Marsílio também aplica a soberania popular à Igreja, incluindo o laicato. Concílios populares locais devem ser realizados, nos quais os leigos tomarão parte: cabe a eles eleger os representantes dos concílios gerais. Somente o concílio ecumênico estaria apto a excomungar e oferecer interpretações autorizadas das Escrituras. Desse modo, todos os fiéis teriam voz ativa no estabelecimento da doutrina. A Igreja não deverá desfrutar de autoridade secular; ninguém será excomungado sem o aval civil; e o papa não deve gozar de poderes especiais.

Ockham não foi tão longe quanto Marsílio, mas elaborou um método completamente democrático de eleger o concílio geral.

O movimento conciliar teve seu auge no início do século XV, quando fez-se necessário para remediar o Grande Cisma. Cumprida a tarefa, porém, esvaiu-se. Seu ponto de vista, como já podemos vislumbrar em Marsílio, era diferente daquele que, em teoria, os protestantes viriam a adotar. Estes reivindicavam o direito do juízo privado e não estavam dispostos a se submeter a um concílio geral. Afirmavam que a crença religiosa não é questão a ser decidida por nenhuma maquinaria governamental. Marsílio, pelo contrário, ainda almeja preservar a unidade da fé católica, mas deseja que isso se dê de maneira democrática, e não mediante o absolutismo papal. Na prática, a maioria dos protestantes nada mais fez, ao chegar ao poder, do que substituir o papa pelo rei, deixando de assegurar tanto a liberdade do juízo privado quanto um método democrático para a decisão de questões doutrinais. Em sua oposição ao pontífice, porém, os protestantes encontraram respaldo nas doutrinas do movimento conciliar. De todos os escolásticos, Ockham foi o preferido de Lutero. Cumpre dizer que uma parte considerável deles defendeu a doutrina do juízo privado mesmo onde o Estado era já protestante. Esse foi o principal ponto a diferenciar os independentes dos presbiterianos na Guerra Civil inglesa.

As obras políticas de Ockham[3] seguem o estilo das disputas filosóficas: trazem argumentos favoráveis e contrários a várias teses, às vezes sem lograr conclusão nenhuma. Estamos acostumados a um tipo de propaganda política mais direta, mas naquela época a forma escolhida provavelmente era a mais eficaz.

Algumas amostras ilustrarão seu método e sua visão de mundo.

Há um longo tratado intitulado "Oito questões acerca do poder do papa". A primeira delas pergunta se um homem tem o direito de exercer poder supremo na Igreja e no Estado. A segunda: a autoridade secular deriva imediatamente de Deus ou não? A terceira: porventura o papa tem o direito de conceder jurisdição ao imperador e outros príncipes? A quarta: a escolha por parte dos eleitores confere poderes plenos ao rei germânico? A quinta e a sexta: que direitos adquire a Igreja mediante o direito dos bispos de designar reis? A sétima: uma cerimônia de coroação seria válida caso presidida pelo arcebispo errado? A oitava: a escolha pelos eleitores confere ao rei germânico o título de imperador? À época, todas essas eram questões prementes da política prática.

Outro tratado sobre o tema questiona se um príncipe poderia adquirir bens da Igreja sem a permissão do papa. Seu objetivo é justificar a atitude de Eduardo III, que taxara o clero em virtude da guerra contra a França. Recorde-se que Eduardo era aliado do imperador.

Em seguida, encontramos a "Consulta sobre uma causa matrimonial". Ocupa-se ela de definir se o imperador poderia casar-se com sua prima.

Percebe-se que Ockham se esforçou ao máximo para granjear a proteção da espada imperial.

É hora de nos voltarmos às doutrinas puramente filosóficas de Ockham. Sobre o tema, Ernest E. Moody publicou o ótimo *The Logic*

[3] Veja-se *Guillelmi de Ockham Opera Politica*, Manchester University Press, 1940.

of William of Occam. Muito do que direi aqui se baseia nessa obra, cujo ponto de vista, embora bastante incomum, parece-me o correto. Verificamos, nos autores que se dedicam à história da filosofia, a tendência a interpretar os homens à luz de seus sucessores, mas em geral isso é um erro. Ockham tem sido visto como responsável por suscitar a derrocada da escolástica, como precursor de Descartes, de Kant ou de qualquer outro autor que o comentarista favoreça entre os filósofos modernos. Segundo Moody, com quem estou de acordo, tudo isso é um erro. Ockham, afirma ele, interessou-se sobretudo em restaurar um Aristóteles puro, isento tanto das influências agostinianas quanto das influências árabes. Esse também fora, em grande medida, o objetivo de santo Tomás, mas os franciscanos, como vimos, tinham continuado a seguir santo Agostinho muito mais fielmente do que ele. A interpretação que os historiadores modernos dão a Ockham tem sido maculada, segundo Moody, pelo desejo de encontrar uma transição *gradual* da filosofia escolástica à filosofia moderna; isso levou as pessoas a atribuírem a ele certas doutrinas modernas, quando na verdade tudo o que fez foi interpretar Aristóteles.

Ockham é mais conhecido por uma máxima que não encontramos em suas obras, mas que recebeu o nome de "navalha de Ockham". Diz ela: "Os entes não devem ser multiplicados além da necessidade." Embora não o afirme, Guilherme disse algo muito semelhante, a saber: "É em vão fazer com mais o que pode ser feito com menos." Ou seja: se numa ciência tudo puder ser interpretado sem pressupormos este ou aquele ente hipotético, não há razão para pressupô-lo. Eu mesmo julgo esse princípio extremamente útil na análise lógica.

Na lógica — embora aparentemente não na metafísica —, Ockham foi nominalista. Os nominalistas do século XV[4] o viam como fundador de sua escola. Ele achava que Aristóteles fora mal-interpretado pelos escotistas e que esse equívoco interpretativo devera-se, em parte, à influência de Avicena e, em parte, a uma causa anterior: o tratado de Porfírio sobre as *Categorias* de Aristóteles. Nesse tratado, Porfírio formulara três perguntas: (1) Os gêneros e espécies são substâncias? (2) Seriam elas corpóreas ou incorpóreas? (3) Caso incorpóreas, esta-

[4] Por exemplo, Swineshead, Heytesbury, Gerson e d'Ailly.

riam nas coisas sensíveis ou seriam isoladas? Essas questões Porfírio levantou por crê-las relevantes às categorias de Aristóteles, e assim levou a Idade Média a interpretar o *Organon* de modo demasiadamente metafísico. Tomás tentara corrigir esse erro, mas Duns Escoto reintroduziu-o. Como resultado, a lógica e a teoria do conhecimento se tornaram dependentes da metafísica e da teologia. Ockham esforçou-se para separá-las mais uma vez.

Para Ockham, a lógica é instrumento da filosofia da natureza, que pode ser independente da metafísica. Trata-se da análise da ciência discursiva. A ciência diz respeito às coisas, mas a lógica, não. As coisas são individuais, mas, entre os termos, universais são encontrados. A lógica se ocupa dos universais, ao passo que a ciência os emprega sem analisá-los. A lógica se volta para termos ou conceitos não enquanto estados psíquicos, e sim como fatores dotados de sentido. "O homem é uma espécie" não é proposição da lógica, uma vez que exige conhecimento do homem. A lógica lida com coisas forjadas pela mente dentro de si mesma, as quais não podem existir sem a existência da razão. O conceito é um signo *natural*; a palavra, um signo *convencional*. Devemos distinguir quando estamos falando da palavra como coisa de quando a estamos empregando como algo que contém significado. Caso contrário, podemos resvalar em falácias como: "O homem é uma espécie; Sócrates é homem; por conseguinte, Sócrates é uma espécie."

Termos que apontam para coisas são denominados "termos de primeira intenção"; aqueles que assinalam termos, "termos de segunda intenção". Os termos da ciência são de primeira intenção; os da lógica, de segunda. Os termos *metafísicos* são peculiares porque significam tanto as coisas significadas pelas palavras de primeira intenção quanto as coisas significadas pelas palavras de segunda. Há exatamente seis termos metafísicos: ser, coisa, algo, uno, verdade, bem.[5] São todos peculiares porque podem ser predicados uns dos outros. A lógica, porém, pode independer deles.

A compreensão tem como objeto as coisas, e não as formas produzidas pela mente; estas não constituem *aquilo* que é compreendido, e sim aquilo *por que* compreendemos. Os universais, na lógica,

[5] Não me interrompo para criticar o uso que Ockham dá aos termos.

são apenas termos ou conceitos empregados como predicados de muitos outros termos ou conceitos. *Universal, gênero* e *espécie* são termos de segunda intenção, e por isso não podem significar *coisas*. No entanto, uma vez que *uno* e *ser* são convertíveis, se um universal existisse ele seria uno e coisa individual. O universal é apenas um signo de muitas coisas. Quanto a isso, Ockham está de acordo com Tomás em sua oposição a Averróis, Avicena e os agostinianos. Ambos afirmam que só existem coisas individuais, mentes individuais e atos de entendimento. Tanto Tomás quanto Ockham, é bem verdade, admitem o *universale ante rem*, mas apenas quando explicam a criação; ela deveria estar na mente de Deus antes de Ele poder criar. Isso, porém, é da alçada da teologia, e não da explicação do conhecimento *humano*, que se ocupa somente do *universale post rem*. Ao explicar o conhecimento do homem, Ockham jamais admite que os universais sejam *coisas*. Sócrates se assemelha a Platão, diz ele, mas não em virtude de uma terceira *coisa* denominada semelhança. Semelhança é termo de segunda intenção e se encontra na mente. (Tudo isso é verdadeiro.)

Segundo Ockham, as proposições que dizem respeito a contingentes futuros ainda não são nem verdadeiras nem falsas. Aqui, como alhures, ele conserva a lógica livre da metafísica e da teologia.

Exemplos das análises de Ockham talvez se façam úteis.

Pergunta: "Aquilo que o entendimento conhece primeiro, segundo o primado da geração, é o individual?"

Contra: o universal é o objeto primeiro e próprio do entendimento.

A favor: o objeto do sentido e o objeto do entendimento são os mesmos, mas o individual é o primeiro objeto do sentido.

Por conseguinte, o sentido da questão deve ser articulado. (Aparentemente, pelo fato de ambos os argumentos parecerem fortes.)

Ele continua: "A coisa que se encontra fora da alma sem ser signo é compreendida, primeiro, por um tal entendimento (isto é, pelo entendimento do que é individual), e por isso o individual é conhecido primeiro, dado que é individual tudo o que está fora da alma."

Ockham diz então que o conhecimento abstrato sempre pressupõe o conhecimento "intuitivo" (ou seja, concernente à percepção), e este é causado pelas coisas individuais.

Ele então enumera quatro dúvidas possíveis e se põe a resolvê-las.

Sua conclusão traz uma resposta afirmativa à pergunta original, mas acrescenta que "o universal é o primeiro objeto pelo primado da adequação, e não pelo primado da geração".

O problema subjacente é o de se, ou quanto, a percepção é fonte de conhecimento. Recorde-se que, no *Teeteto*, Platão rejeita a definição de conhecimento como percepção. Ockham certamente não conheceu o *Teeteto*, mas, tivesse o conhecido, discordaria do tratado.

À questão de "se a alma sensitiva e a alma intelectiva são de fato distintas no homem", ele responde que são, embora seja difícil demonstrá-lo. Um de seus argumentos afirma que, com nossos apetites, podemos desejar algo que rejeitamos com a compreensão; desse modo, o apetite e a compreensão pertencem a domínios distintos. Outro declara que as sensações encontram-se subjetivamente na alma sensitiva, mas não de igual maneira na intelectiva. Mais uma vez: a alma sensitiva é extensa e material, diferentemente da intelectiva. Quatro objeções são levadas em consideração, todas teológicas;[6] ainda assim, recebem respostas. A visão adotada por Ockham nessa questão talvez não seja a que esperamos. De todo modo, ele está em harmonia com santo Tomás e em desacordo com Averróis: em sua opinião, o intelecto de cada homem é apenas seu, e não algo impessoal.

Ao insistir na possibilidade de estudar a lógica e o conhecimento humano sem qualquer referência à metafísica e à teologia, a obra de Ockham encorajou a pesquisa científica. Os agostinianos, disse ele, se equivocaram ao achar que as coisas são ininteligíveis e os homens não são inteligentes, acrescentando a isso a luz que vem desde o infinito e torna possível o conhecimento. Nisso, Ockham esteve de acordo com Tomás; diferiu, porém, em ênfase, dado que Tomás fora antes de mais nada um teólogo, enquanto ele, ao menos no que diz respeito à lógica, foi sobretudo um filósofo secular.

Sua atitude encheu de confiança os que estudavam problemas particulares — por exemplo, Nicolas de Oresme (m. 1382), seu seguidor imediato e responsável por investigar a teoria planetária. Em certa medida, esse homem foi precursor de Copérnico; ele formulou tanto

[6] Por exemplo: entre a Sexta-feira Santa e a Páscoa, a alma de Cristo desceu ao inferno, enquanto Seu corpo permaneceu no túmulo de José de Arimateia. Se a alma sensitiva é distinta da alma intelectiva, a alma sensitiva de Cristo passou esse período no inferno ou no túmulo?

a teoria geocêntrica quanto a heliocêntrica e afirmou que ambas explicavam todos os fatos conhecidos à época, de modo que não havia como decidir em favor de uma das duas.

Depois de Guilherme de Ockham, não houve mais escolásticos de destaque. O próximo período favorável aos grandes filósofos teve início no Renascimento tardio.

15
O eclipse do papado

O século XIII consumou a grande síntese filosófica, teológica, política e social que se desenvolvera pouco a pouco pela combinação de vários elementos. O primeiro deles era a filosofia grega pura, de modo especial as filosofias de Pitágoras, Parmênides, Platão e Aristóteles. Em seguida se deu, como resultado das conquistas de Alexandre, um grande influxo de crenças orientais.[1] Aproveitando-se do orfismo e dos mistérios, essas crenças transformaram a visão de mundo dos que falavam a língua grega e, depois, também a dos que falavam a língua latina. O deus morto e ressuscitado, a ingestão sacramental do que seria a carne da divindade, o segundo nascimento para uma vida nova, dado por intermédio de uma cerimônia análoga ao batismo — tudo isso passou a integrar a teologia de extensas regiões do mundo romano pagão. A tais elementos associou-se ainda uma ética que era, ao menos em teoria, ascética: a da libertação do cativeiro da carne. Da Síria, do Egito, da Babilônia e da Pérsia veio a instituição de um sacerdócio à parte da população laica, dotado de poderes mais ou menos mágicos e apto a exercer uma influência política considerável. Rituais impressionantes, vinculados sobretudo à crença na vida após a morte, tiveram origem nessas mesmas fontes. Da Pérsia veio, de modo particular, um dualismo que tratava o mundo como o campo de batalha de duas grandes turbas: uma boa, liderada por Aúra-Masda, e outra má, orientada por Arimã. A magia *negra* era aquela que funcionava com a ajuda deste último e seus seguidores do mundo dos espíritos. Satanás é um desdobramento de Arimã.

[1] Veja-se Cumont, *Oriental Religions in Roman Paganism*.

Esse influxo de ideias e práticas bárbaras vem sintetizado com certos elementos helênicos na filosofia neoplatônica. No orfismo, no pitagorismo e em certas partes de Platão, os gregos desenvolveram pontos de vista facilmente combináveis com aqueles do Oriente, talvez por os terem tomado do Oriente muito tempo antes. Com Plotino e Porfírio, o desenvolvimento da filosofia pagã encontra seu termo.

O pensamento desses homens, porém, embora profundamente religioso, não era capaz de inspirar, sem grandes transformações, uma religião popular vitoriosa. Sua filosofia era difícil, e nem todos mostravam-se capazes de entendê-la: seu caminho de salvação era intelectual demais para as massas. O conservadorismo os levava a defender a religião tradicional da Grécia, a qual, porém, precisavam interpretar alegoricamente a fim de abrandar seus elementos imorais e harmonizá-la com o monoteísmo filosófico que apregoavam. A religião grega começara a declinar, sendo incapaz de competir com os rituais e as teologias do Oriente. Os oráculos se silenciaram, e o sacerdócio jamais formara uma casta distinta poderosa. A tentativa de resgatar a religião grega tinha, portanto, um caráter arcaico que lhe conferia certa fragilidade e pedantismo, notáveis especialmente no imperador Juliano. Já no século III, era possível prever que uma religião asiática viria a conquistar o mundo romano, ainda que parecesse haver vários concorrentes com chances de vitória.

O cristianismo combinou elementos poderosos vindos de várias fontes. Dos judeus, aceitou o Livro Sagrado e a doutrina de que todas as religiões, exceto uma, são falsas e más; ao mesmo tempo, evitou a exclusividade racial dos judeus e as inconveniências da lei mosaica. O judaísmo tardio já aprendera a acreditar na vida após a morte, mas os cristãos deram nova definição ao céu e ao inferno, bem como às formas de chegar ao primeiro e escapar do segundo. A Páscoa mesclou a *Pessach* dos judeus a celebrações pagãs do Deus ressurreto. O dualismo persa foi absorvido, mas com uma asseveração mais firme da onipotência do princípio bom e com o acréscimo de que os deuses pagãos eram seguidores de Satanás. De início, os cristãos não estiveram no mesmo nível de seus rivais na filosofia ou nos ritos, mas aos poucos tais deficiências foram compensadas. No princípio, a filosofia foi mais avançada entre os gnósticos semicristãos do que entre os ortodoxos, mas a partir de Orígenes os cristãos desenvolveram uma filosofia adequada por meio da modificação do neoplatonismo. O rito dos cristãos primitivos é tema um tanto obscuro, mas na época de santo Ambrósio ele se tornara extremamente impressionante. O poder e o isolamento do sacerdócio foram tomados do Oriente; fortaleceram-nos os métodos de governo da Igreja, muito influenciados pelas práticas do Império Romano. O Antigo Testamento, as religiões de mistério, a filosofia grega e os métodos romanos de administração se mesclaram na Igreja Católica e, juntos, deram a ela uma força que nenhuma organização social precedente tivera.

A exemplo da Roma antiga — embora mais lentamente —, a Igreja Ocidental passou da república à monarquia. Vimos os estágios por que o poder papal passou — de Gregório Magno à derrocada final dos Hohenstaufen nas guerras entre guelfos e gibelinos, seguindo por Nicolau I, Gregório VII e Inocêncio III. Ao mesmo tempo, a filosofia cristã, que até então fora agostiniana e, por isso mesmo, abundantemente platônica, enriqueceu-se com a inclusão de novos elementos provenientes do contato com Constantinopla e os maometanos. Durante o século XIII, Aristóteles veio a ser conhecido de modo bastante completo no Ocidente; por influência de Alberto Magno e Tomás de Aquino, tornou-se, na mente dos instruídos, a maior autoridade após as Escrituras e a Igreja. Até os dias de hoje, é essa a sua posição entre os filósofos católicos. Sinto-me forçado a achar que a substituição de Platão e santo Agostinho por Aristóteles foi um erro do ponto de vista cristão. O temperamento de Platão era mais religioso do que o de Aristóteles, e a teologia cristã estivera, quase desde o princípio, adaptada ao platonismo. Platão ensinara que o conhecimento não é percepção, mas uma espécie de visão reminiscente; Aristóteles foi muito mais empírico. Santo Tomás, ainda que pouco o desejasse, preparou o caminho de volta do devaneio platônico à observação científica.

Acontecimentos externos tiveram mais peso do que a filosofia na desintegração da síntese católica iniciada no século XIV. O Império Bizantino foi conquistado pelos latinos em 1204, em cujas mãos permaneceu até 1261. Durante esse período, a religião de seu governo foi católica, e não grega. Após 1261, porém, Constantinopla foi perdida pelo papa e jamais resgatada, não obstante a nominal união em Ferrara no ano de 1438. A derrota do Império Ocidental em seu conflito com o papado mostrou-se inútil à Igreja em virtude da ascensão das monarquias nacionais na França e na Inglaterra; politicamente, ao longo da maior parte do século XIV, o papa foi mera ferramenta nas mãos do rei da França. Mais importantes do que essas causas foram a ascensão de uma classe comercial rica e o aumento do conhecimento entre os leigos. Ambos tiveram início na Itália, onde permaneceram mais avançados do que nas outras partes do Ocidente até meados do século XVI. As cidades da Itália setentrional foram muito mais ricas, no século XIV, do que qualquer outra cidade do norte; além disso, os leigos doutos, em especial nas áreas do direito e da medicina, se tornavam cada vez mais numerosos. As cidades possuíam um espírito de independência que poderia ser dirigido contra o pontífice agora que o imperador não representava mais uma ameaça. Os mesmos movimentos, porém, existiram alhures, ainda que em grau mais reduzido. Flandres prosperou; o mesmo se deu com as cidades da Liga Hanseática. Na Inglaterra, o comércio de lã constituiu fonte de riqueza. À época, as tendências que, em linhas muito gerais, poderíamos denominar democráticas eram fortíssimas; mais fortes ainda eram as tendências nacionalistas. O papado, que se tornara muito mundano, parecia não passar de uma agência de recolhimento de impostos, tomando para si rendas copiosas que a maioria dos países desejava manter em casa. Os papas não possuíam mais — ou não desejavam possuir — a autoridade moral que lhes conferira poder. São Francisco fora capaz de trabalhar em harmonia com Inocêncio III e Gregório IX, mas a maioria dos homens ardorosos do século XIV entrou em conflito com o papado.

No início do século, contudo, as causas da decadência papal ainda não se faziam visíveis. Na bula *Unam sanctam*, Bonifácio VIII formulou reivindicações mais radicais do que qualquer outra jamais feita por um pontífice. Em 1300, ele instituiu o ano do Jubileu, quando é concedida indulgência plenária a todo católico que visitar Roma e cumprir certos formalismos enquanto estiver lá. Isso trouxe quantias generosas aos cofres da cúria e aos bolsos do povo romano. Deveria haver jubileus a cada cem anos, mas o lucro foi tão grande que o período foi abreviado para cinquenta anos e, depois, para 25, intervalo que permanece em vigor até hoje. O primeiro Jubileu, aquele de 1300, teve o papa no auge de seu sucesso, e talvez seja conveniente considerar essa a data que deu início ao seu declínio.

Bonifácio VIII era italiano de Anagni. Ficara sitiado na Torre de Londres quando, em nome do papa, esteve na Inglaterra para dar apoio a Henrique III contra os barões revoltosos; em 1267, foi resgatado pelo filho do rei, futuro Eduardo I. Em sua época, existia já um poderoso grupo francês na Igreja, e à sua eleição se opuseram os cardeais da França. Ele travou violento conflito com Filipe IV sobre o direito de o rei taxar o clero francês. Bonifácio teve inclinação para o nepotismo e para a avareza; por conta disso, desejou controlar o máximo de fontes de renda possível. Foi acusado de heresia, provavelmente com razão; parece que era averroísta e não acreditava na imortalidade. Sua rixa com o rei da França se tornou tão amarga que o monarca enviou uma tropa para prendê-lo, na esperança de que um concílio geral o depusesse. O pontífice foi pego em Anagni, mas fugiu para Roma, onde morreu. Depois disso, muito tempo precisou se passar antes que um papa voltasse a se opor ao rei da França.

Após um reinado intermediário muito breve, os cardeais elegeram, em 1305, o arcebispo de Bordeaux, que adotou o nome de Clemente V. Clemente era gascão e representou consistentemente o grupo francês na Igreja. Ao longo de todo o seu pontificado, jamais foi à Itália. Sua coroação se deu em Lyon; em 1309, instalou-se em Avignon, onde os papas permaneceram por cerca de setenta anos. Clemente V sinalizou sua aliança com o rei francês quando ambos uniram forças contra os Templários. Os dois precisavam de dinheiro — o papa, por ser dado ao favoritismo e ao nepotismo; Filipe, em virtude da guerra inglesa, da revolta flamenga e dos custos de um governo cada vez mais enérgico. Após ter saqueado os banqueiros da Lombardia e ter perseguido os judeus até o limite "do que o tráfico pode aguentar", ocorreu ao rei que os Templários, além de serem banqueiros, possuíam enormes propriedades fundiárias na França, e com a ajuda do papa talvez fosse possível obtê-las. Acordou-se, assim, que a Igreja descobriria que os Templários tinham caído em heresia, o que haveria de permitir que o monarca e o pontífice dividissem os espólios. Em certo dia de 1307, todos os principais Templários da França foram presos; uma lista de perguntas capitais previamente elaboradas foi formulada a cada um; sob tortura, eles confessaram que haviam rendido homenagem a Satanás e cometido muitas outras abominações; por fim, em 1313, o papa suprimiu a ordem, e toda a sua propriedade foi confiscada. A melhor descrição desse procedimento encontra-se em *History of the Inquisition*, de Henry C. Lea, autor que, após rigorosa investigação, conclui que as acusações levantadas contra os Templários foram completamente infundadas.

No caso dos Templários, os interesses financeiros do papa e do rei coincidiram. Na maioria das ocasiões e em grande parte da cristandade, porém, não era isso o que acontecia. Nos tempos de Bonifácio VIII, Filipe IV garantira o apoio dos Estados (inclusive o da Igreja) em suas disputas fiscais com o papa. Quando os pontífices se tornaram politicamente subservientes à França, os soberanos hostis ao rei francês passaram a ser também hostis ao papa. Isso levou Guilherme de Ockham e Marsílio de Pádua a serem protegidos pelo imperador; em data pouco posterior, João de Gante amparou Wycliffe.

Os bispos da época já estavam, em geral, completamente submetidos ao papa — na realidade, cada vez mais eram nomeados por ele. As ordens monásticas e os dominicanos mostravam-se igualmente obedientes, mas os franciscanos ainda possuíam certo espírito de independência. Foi isso o que culminou em seu conflito com João XXII, do qual já nos ocupamos ao examinarmos Guilherme de Ockham. Durante o conflito, Marsílio convenceu o imperador a marchar Roma adentro, onde a coroa imperial lhe foi conferida pelo populacho e onde um antipapa franciscano acabou por ser eleito após o povo declarar João XXII deposto. Nada, porém, resultou disso, salvo uma diminuição geral do respeito pelo papado.

A revolta contra o domínio do papa assumiu formas diversas em diferentes lugares. Veio às vezes associada ao nacionalismo monárquico; noutras ocasiões, a ela somou-se o horror puritano pela corrupção e pela mundanalidade da corte papal. Na própria Roma, a revolta esteve vinculada a uma democracia arcaica. Durante certo tempo, sob o papado de Clemente VI (1342-52), Roma buscou libertar-se do pontífice ausente sob a liderança do notável Cola di Rienzo. Roma não sofreu apenas por mãos papais, mas também pelas mãos da aristocracia local, que deu continuidade à turbulência que havia degradado o papado no século X. Com efeito, foi em parte para escapar dos romanos nobres e sem lei que os papas haviam se refugiado em Avignon. De início, Rienzo, filho de taberneiro, rebelou-se somente contra os nobres, e nisso recebeu o apoio do pontífice. Ele de tal maneira suscitou o entusiasmo popular que os nobres acabaram fugindo (1347). Petrarca, que o admirava e dedicou-lhe uma ode, instou-o a dar prosseguimento à sua grande e nobre obra. Rienzo recebeu o título de tribuno e proclamou a soberania do povo romano sobre o império. Parece ter concebido essa soberania de maneira democrática, uma vez que convocou representantes das cidades italianas para uma espécie de parlamento. O sucesso, porém, deu a ele ilusões de grandeza. Nessa época, como em muitas outras, rivais reivindicavam o império. Rienzo convocou os dois, bem como os eleitores, para que decidissem na sua presença a questão. Naturalmente, isso fez com que ambos os candidatos imperiais se voltassem contra ele, bem como o papa, que acreditava ser seu o papel de emitir juízos em questões como essa. Rienzo foi preso pelo pontífice (1352) e mantido na prisão por dois anos, até a morte de Clemente VI. Foi, então, solto e retornou a Roma, onde por alguns meses voltou a desfrutar de poder. Nessa segunda ocasião, contudo, sua popularidade foi breve, e no final ele acabou sendo assassinado pela turba. Byron, como Petrarca, escreveu um poema em seu louvor.

Estava claro que, para o papado conservar-se como verdadeira cabeça da Igreja, seria necessário que deixasse de depender da França e retornasse para Roma. Além disso, o conflito anglo-francês, no qual a França sofreu graves derrotas, tornou-a insegura. Urbano V partiu então para Roma em 1367, mas a política italiana era complicada demais para ele, que retornou para Avignon pouco antes de morrer. Gregório IX, seu sucessor, foi homem mais determinado. A hostilidade dirigida à cúria francesa tornara várias cidades italianas — de modo especial Florença — amargamente antipapais, mas Gregório, ao regressar para Roma e opor-se aos cardeais franceses, fez tudo o que estava em seu alcance para redimir a situação. Ainda assim, após a sua morte os grupos francês e romano do Colégio de Cardeais se revelaram irreconciliáveis. Seguindo os desejos da facção romana, o italiano Bartolomeo Prignano foi eleito e assumiu o nome de Urbano VI; uma série de cardeais, porém, declarou que sua eleição não fora canônica, escolhendo em seu lugar Roberto de Genebra, integrante da facção francesa. Roberto optou pelo nome Clemente VII e instalou-se em Avignon.

Desse modo teve início o Grande Cisma, que durou cerca de quarenta anos. A França, é claro, reconheceu o papa de Avignon, enquanto seus inimigos admitiam o pontífice romano. A Escócia era inimiga da Inglaterra, que por sua vez se opunha à França; por conseguinte, os escoceses reconheceram o papa de Avignon. Cada pontífice escolheu cardeais dentre seus partidários, e quando um dos dois morria os cardeais logo elegiam outro. Desse modo, não havia como dar fim ao cisma sem recorrer a um poder superior aos dois papas. Estava claro que um deles deveria ser legítimo, e assim se tornava necessário encontrar poder superior a um pontífice *legítimo*. A única solução estava num concílio geral. Liderada por Gerson, a Universidade de Paris elaborou uma teoria nova que conferia poder de iniciativa aos concílios. Os soberanos laicos, para os quais o cisma era inconveniente, externaram seu apoio. Por fim, em 1409 um concílio foi convocado; realizou-se em Pisa. Seu fracasso, porém, foi ridículo. Declarou ele que ambos os papas estavam depostos por heresia e cisma; por essa razão, um terceiro foi eleito, que logo morreu. Então, os cardeais escolheram como sucessor um ex-pirata de nome Baldassare Cossa, o qual tomou o nome de João XXIII. Eis o balanço final: em vez de dois, havia três papas, e o pontífice conciliar não passava de um notório rufião. Nesse ponto, a situação parecia mais desesperadora do que nunca.

Ainda assim, os que apoiavam o movimento conciliar não desistiram. Em 1414, um novo concílio teve lugar em Constança, onde atitudes vigorosas foram tomadas. Primeiro, ele decretou que os papas não poderiam dissolver concílios e que deveriam se submeter a eles em certos aspectos; definiu também que um concílio geral deveria ser convocado a cada sete anos pelos pontífices futuros. João XXIII foi deposto, e o papa romano, levado a renunciar. O de Avignon se recusou a fazê-lo, e após a sua morte o rei de Aragão forçou a eleição de um sucessor. A França, contudo, que à época se via à mercê da Inglaterra, não quis reconhecê-lo, e sua facção definhou mais e mais até finalmente deixar de existir. Desse modo, cessou enfim a resistência ao papa que o concílio escolhera: eleito em 1417, ele assumiu o nome de Martinho V.

As atitudes acima foram dignas de crédito, ao contrário do tratamento dado a Hus, discípulo boêmio de Wycliffe. Ele foi levado a Constança sob a promessa de um salvo-conduto, mas ao chegar lá foi condenado e enviado para a fogueira. Wycliffe estava já morto, porém o concílio ordenou que seus ossos fossem escavados e queimados. Os que apoiavam o movimento conciliar estavam ávidos por se libertarem de qualquer suspeita de heterodoxia.

O Concílio de Constança dera fim ao cisma, mas também almejara muito mais, inclusive substituir o absolutismo papal por uma monarquia constitucional. Martinho V fizera muitas promessas antes de eleito; algumas cumpriu, outras não. Ele consentira à convocação de um concílio a cada sete anos, e a esse decreto permaneceu obediente. Dissolvido o Concílio de Constança em 1417, um novo, que mostrou-se irrelevante, foi convocado para 1424; em 1431, mais um se reuniu na Basileia. Martinho V faleceu nesse momento, e seu sucessor, Eugênio IV, viu-se envolvido, durante todo o seu pontificado, num amargo conflito com os reformadores que dirigiam o concílio. Este foi por ele dissolvido, mas recusou-se a admitir a dissolução; em 1433, o papa cedeu por um período, mas em 1437 acabou por dissolvê-lo novamente. Não obstante, as sessões continuaram até 1448, quando já era claro que o pontífice se saíra vencedor. Em 1439, o concílio alienara toda simpatia ao declarar o papa deposto e eleger um antipapa (o último da história), que, porém, renunciou quase imediatamente. No mesmo ano, Eugênio IV ganhou prestígio ao realizar um concílio próprio em Ferrara, onde a Igreja Grega, em desesperado temor dos turcos, professou sua nominal submissão a Roma. Desse modo, o papado saiu-se politicamente triunfante, mas sua capacidade de inspirar reverência moral diminuíra em demasia.

Wycliffe (c. 1320-84) ilustra, através de sua vida e doutrina, a diminuta autoridade do papado no século XIV. Ao contrário dos primeiros escolásticos, ele foi sacerdote secular, e não monge ou frade. Desfrutou de grande reputação em Oxford, onde tornou-se doutor em teologia no ano de 1372. Durante breve período, foi mestre do Balliol College. Foi também o último dos importantes escolásticos de Oxford. Como filósofo, não era progressista, mas realista — e de linha platônica, não aristotélica. Afirmou que os decretos de Deus não são arbitrários como alguns afirmavam; o mundo real não é apenas um dos muitos mundos possíveis, mas o único, uma vez que Deus deve forçosamente escolher o que é melhor. Não foi isso, porém, o que o torna interessante; tampouco parece ter sido o que mais lhe interessou, uma vez que trocou Oxford pela vida de clérigo do campo. Durante seus últimos dez anos, foi pároco de Lutterworth por indicação da coroa. Continuou, porém, a lecionar na universidade.

Wycliffe é notável pela extrema lentidão de seu desenvolvimento. Em 1372, quando com cinquenta anos ou mais, ainda era ortodoxo; ao que tudo indica, somente em data posterior tornou-se herege. Parece que só foi levado à heresia pela força de seus sentimentos morais — sua afeição pelos pobres e seu horror pelos eclesiásticos ricos e mundanos. Inicialmente, seu ataque contra o papado foi apenas político e moral, e não doutrinal; só aos poucos é que sua revolta se ampliou.

Wycliffe começou a se afastar da ortodoxia em 1376, quando ministrou uma série de lições em Oxford "Sobre o domínio civil". Ele defendeu a teoria de que apenas a retidão dá direito ao domínio e à propriedade; que o clero injusto não possuía tal direito; e que cabia ao poder civil decidir se um eclesiástico deveria ou não conservar sua propriedade. Além disso, apregoou que a propriedade é resultado do pecado: Cristo e os apóstolos não tiveram nenhuma, e por isso também o clero não deveria tê-la. Tais doutrinas ofenderam todos os clérigos, exceção feita aos frades. O governo inglês, contudo, acatou-as, uma vez que o papa arrancava da Inglaterra um imposto altíssimo, e a doutrina de que o dinheiro não deveria ser enviado da Inglaterra para o pontífice lhe era conveniente. Isso se deu de modo especial no período em que o papa esteve submisso à França, contra quem a Inglaterra se encontrava em guerra. João de Gante, detentor do poder durante a minoridade de Ricardo II, amistou-se de Wycliffe tanto quanto possível. Gregório XI, por sua vez, condenou dezoito das teses expressas em suas lições, declarando que tiveram como fonte Marsílio de Pádua. Wycliffe foi intimado a comparecer diante de um tribunal de bispos, mas a rainha e a multidão o protegeram, enquanto a Universidade de Oxford se recusou a reconhecer a jurisdição do papa sobre seus professores. (Mesmo naqueles dias, as universidades inglesas acreditavam na liberdade acadêmica.)

Enquanto isso, entre 1378 e 1379, Wycliffe continuou a escrever tratados eruditos, afirmando que o rei é o vigário de Deus e que os bispos são submissos a ele. Quando o grande cisma se consolidou, ele foi ainda além, bradando que o papa era o anticristo e declarando que a aceitação da Doação de Constantino tornara todos os pontífices subsequentes apóstatas. Ele traduziu a Vulgata para o inglês e instituiu os "padres pobres", que eram seculares. (Com isso, Wycliffe enfim conseguiu irritar os frades.) Empregou os "padres pobres" como pregadores itinerantes, cuja missão se voltou sobretudo aos pobres. Por fim, em seu ataque ao poder sacerdotal, foi levado a negar a transubstanciação, por ele considerada fraude e tolice blasfema. Nesse ponto, João de Gante ordenou que se calasse.

A Revolta Camponesa de 1381, liderada por Wat Tyler, tornou as coisas ainda mais difíceis para Wycliffe. Não há indícios de que a tenha encorajado ativamente, mas, ao contrário de Lutero quando em circunstâncias semelhantes, ele se absteve de condená-la. John Ball, o padre socialista laicizado que atuara como um de seus líderes, admirava Wycliffe, o que era embaraçoso. Por ter sido excomungado em 1366, porém, quando Wycliffe era ainda ortodoxo, ele deve ter formado suas opiniões de maneira independente. Embora certamente tenham sido disseminadas pelos "padres pobres", as posições comunistas de Wycliffe só foram enunciadas por ele em latim — ou seja: inicialmente, estiveram inacessíveis aos camponeses.

Surpreende que Wycliffe não tenha sofrido mais por suas opiniões e atividades democráticas. A Universidade de Oxford o defendeu dos bispos na medida que lhe foi possível. Quando a Câmara dos Lordes condenou seus pregadores itinerantes, a Câmara dos Comuns se recusou a anuir. Não há dúvidas de que os problemas teriam se acumulado caso ele vivesse mais, mas quando faleceu, em 1384, ainda não fora formalmente condenado. Wycliffe foi enterrado em Lutterworth, onde morreu, e seus ossos permaneceram em paz até o Concílio de Constança ordenar que fossem escavados e queimados.

Os lollardos, seu seguidores na Inglaterra, foram ferozmente perseguidos e praticamente aniquilados. No entanto, porque a esposa de Ricardo II era da Boêmia, suas doutrinas se tornaram conhecidas na região, onde Hus tornou-se seu discípulo; a despeito da perseguição, na Boêmia elas sobreviveram até a Reforma. Embora lançada para segundo plano, na Inglaterra a revolta contra o papado permaneceu no pensamento do povo, preparando o terreno para o protestantismo.

Durante o século XV, muitas outras causas se associaram ao declínio do papado para gerar, tanto no plano político quanto no plano cultural, uma mudança muito veloz. A pólvora fortaleceu os governos centrais às custas da nobreza feudal. Na França e na Inglaterra, Luís

XI e Eduardo IV se aliaram à classe média rica, que os ajudou a suprimir a anarquia aristocrática. Até os últimos anos do século, a Itália se viu praticamente livre de exércitos do norte, progredindo rapidamente tanto em riqueza quanto em cultura. Essa nova cultura tinha essência pagã, admirava Grécia e Roma e desprezava a Idade Média. A arquitetura e o estilo literário se adaptaram aos antigos modelos. Quando Constantinopla, última sobrevivente da Antiguidade, foi capturada pelos turcos, os refugiados gregos na Itália foram acolhidos de bom grado pelos humanistas. Vasco da Gama e Colombo ampliaram o mundo; Copérnico, o céu. Descobriu-se que a Doação de Constantino fora uma fábula, e sobre ela abateu-se o escárnio dos eruditos. Com a ajuda dos bizantinos, Platão passou a ser conhecido não somente em suas versões neoplatônica e agostiniana, mas também em primeira mão. A esfera sublunar não parecia mais um vale de lágrimas, um lugar de dolorosa peregrinação rumo a outro mundo; tratava-se, antes, de um lugar em que havia espaço para deleites pagãos, para a fama, para a beleza e para a aventura. Os longos séculos de ascetismo foram esquecidos numa orgia de arte, poesia e prazer. É bem verdade que, mesmo na Itália, o medievo não morreu sem resistir; Savonarola e Leonardo nasceram no mesmo ano. Em linhas gerais, porém, os velhos terrores deixaram de apavorar e a nova liberdade de espírito teve efeito inebriante. Tal efeito não duraria muito, mas por ora conservou o medo à distância. Nesse momento de jubilosa libertação, o mundo moderno nasceu.

HISTÓRIA DA FILOSOFIA OCIDENTAL

LIVRO 3: A FILOSOFIA MODERNA

Parte I
Do Renascimento a Hume

1
Características gerais

O período da história a que costumamos dar o nome de "moderno" possui um ponto de vista intelectual que difere em muitos aspectos do ponto de vista do medievo. Dois desses aspectos figuram como os mais importantes: a autoridade diminuta da Igreja e a crescente autoridade da ciência. A ambos se vinculam muitos outros. A cultura do período moderno é mais laica do que clerical. Os Estados cada vez mais substituem a Igreja como autoridade governamental responsável por controlar a cultura. O governo das nações encontra-se, de início, nas mãos dos reis; em seguida, como na antiga Grécia, passa gradualmente às mãos das democracias ou de tiranos. O poder do Estado nacional e os papéis por ele desempenhados crescem de forma constante ao longo de todo o período (exceto por certas oscilações secundárias); ainda assim, na maioria das vezes o Estado exerce menos influência sobre a opinião dos filósofos do que a Igreja exercera na Idade Média. A aristocracia feudal, que até o século XV fora capaz de conservar, ao norte dos Alpes, sua autoridade contra os governos centrais, perde primeiro sua importância política e, depois, sua importância econômica. Ela é substituída pelo rei que se alia aos mercadores ricos. Em cada país, ambos partilham do poder em proporções distintas, e os mercadores ricos tendem a ser absorvidos pela aristocracia. Desde a época das Revoluções Americana e Francesa, a democracia se torna, em seu sentido moderno, uma força política importante. Em oposição à democracia que se fundamenta na propriedade privada, o socialismo chega ao poder pela primeira vez em 1917. Caso venha a se espalhar, contudo, essa nova forma de governo deve obviamente trazer, consigo, uma forma nova de cultura. A cultura de que nos ocuparemos é sobretudo "liberal", isto é, do tipo que se vincula mais naturalmente ao comércio. A isso há exceções importantes, sobretudo na Alemanha: Fichte e Hegel, para tomarmos apenas dois exemplos, têm uma visão de mundo completamente dissociada do tráfico. Exceções como essa, porém, não são características da época em que viveram.

A rejeição da autoridade eclesiástica, traço negativo do período moderno, surge antes de seu traço positivo, que está na aceitação da autoridade científica. Durante o Renascimento italiano, a ciência desempenhou papel muito diminuto; na cabeça das pessoas, a oposição à Igreja estava vinculada à Antiguidade: ela ainda se voltava ao passado, mas tratava-se agora de um passado muito anterior à Igreja primitiva e à Idade Média. A primeira irrupção séria da ciência se deu com a publicação da teoria copernicana, em 1543; todavia, ela só veio a exercer influência no século XVII, quando retomada e aprimorada por Kepler e Galileu. Teve início, assim, o longo embate entre ciência e dogma, no qual os tradicionalistas travaram batalha já perdida contra o novo saber.

A autoridade da ciência, reconhecida pela maioria dos filósofos da era moderna, é muito distinta da autoridade da Igreja: trata-se de uma autoridade intelectual, e não governamental. Nenhuma punição é dada aos que a rejeitam, nenhuma consideração prudencial pauta os que a reconhecem; ela só prevalece mediante seu recurso intrínseco à razão. Além disso, trata-se de uma autoridade fragmentada e parcial; ao contrário do corpo de dogmas católicos, a ciência não apresenta um sistema completo que abarque a moral e as esperanças do homem, a história passada e futura do universo. Ela só se pronuncia acerca daquilo que, à época, parece ter sido cientificamente averiguado, o que não representa mais do que uma pequena ínsula num oceano de ignorância. Há, além disso, mais uma diferença em relação à autoridade eclesiástica, cujos pronunciamentos se pretendem absolutamente certos e eternamente inalteráveis: os pronunciamentos da ciência são temporários e se baseiam em probabilidades, sendo vistos como algo passível de modificação. Tudo isso estimula um estado de espírito muito diferente do estado de espírito do dogmatista medieval.

Até aqui, tenho me ocupado somente da ciência *teórica*, que consiste numa tentativa de *compreender* o mundo. A ciência *prática*, tentativa de *mudá-lo*, tem sido importante desde o princípio, e sua relevância cresceu de maneira contínua até expulsar a ciência teórica da mente das pessoas. A relevância prática da ciência foi reconhecida, primeiro, graças à sua aplicação marcial; Galileu e Leonardo conseguiram cargos públicos ao se afirmarem capazes de aprimorar a artilharia e a arte da fortificação. Desse momento em diante, o papel desempenhado na guerra pelos homens da ciência aumentou inflexivelmente. Sua atuação no desenvolvimento de máquinas e na habituação das pessoas ao uso do vapor e da eletricidade só veio a ter consequências políticas importantes próximo ao fim do século XIX. O triunfo da ciência se deveu sobretudo à sua utilidade prática, e hoje se tem tentado isolar esse aspecto seu da parte teórica, transformando cada vez mais a ciência em técnica e cada vez menos em doutrina referente à natureza do mundo. A absorção desse ponto de vista pelos filósofos é muito recente.

A emancipação da autoridade da Igreja culminou no crescimento de um individualismo que beirou a anarquia. Na cabeça dos homens do Renascimento, a disciplina intelectual, moral e política esteve associada à filosofia escolástica e ao governo eclesiástico. A lógica aristotélica dos escolásticos fora limitada, mas possibilitara certo tipo de exatidão. Quando saiu de moda, porém, não foi logo suplantada por outra melhor, mas somente pela imitação eclética de uns modelos antigos. Até o século XVII, não houve na filosofia nada de relevante. A anarquia moral e política da Itália do século XV foi espantosa e deu origem às doutrinas de Maquiavel. Ao mesmo tempo, a quebra dos grilhões morais conduziu a uma ostentação de genialidade impressionante na arte e na literatura. Uma sociedade como essa, entretanto, não é nada estável. A Reforma e a Contrarreforma, associadas à submissão da Itália à Espanha, deram fim tanto ao que havia de bom quanto ao que havia de ruim no Renascimento italiano. Quando o movimento se espalhou pelo norte dos Alpes, já não possuía mais seu velho caráter anárquico.

A filosofia moderna, porém, conservou em geral sua tendência individualista e subjetiva. Isso fica muito claro em Descartes, que constrói todo o saber a partir da certeza de sua própria existência e só aceita a clareza e a distinção (ambas subjetivas) como critérios da verdade. Em Spinoza, esse não é um traço tão manifesto, mas retorna nas mônadas sem janelas de Leibniz. Locke, cujo *temperamento* é todo ele objetivo, se vê relutantemente forçado a adotar a doutrina subjetiva segundo a qual o conhecimento diz respeito ao acordo ou desacordo de ideias — visão para ele tão repulsiva que fê-lo fugir por meio de inconsistências violentas. Após suprimir a matéria, Berkeley só não cai no completo subjetivismo porque usa um Deus que a maioria dos filósofos subsequentes considerou ilegítimo. Em Hume, a filosofia empírica culminou num ceticismo que ninguém conseguiu refutar nem aceitar. Kant e Fichte tiveram temperamento e doutrina subjetivos; Hegel salvou-se graças à influência de Spinoza. Rousseau e o movimento romântico estenderam a subjetividade da teoria do conhecimento à ética e à política — o que logicamente culminou em completa anarquia, como aquela de Bakunin. Esse tipo extremo de subjetivismo é uma forma de loucura.

Nesse ínterim, a ciência como técnica suscitou, nos homens práticos, uma visão de mundo diferente de tudo aquilo que encontramos nos filósofos teóricos. A técnica conferia sensação de poder: hoje, está o homem muito menos à mercê do ambiente do que no passado. Ainda assim, o poder que a técnica confere é social, e não individual; um homem comum perdido numa ilha deserta poderia fazer mais no século XVII do que faria hoje. A técnica científica exige a cooperação de uma quantidade grande de indivíduos organizados sob uma única direção. Sua tendência, portanto, se opõe ao anarquismo e até mesmo ao individualismo, uma vez que exige uma estrutura social concatenada. Ao contrário da religião, ela é eticamente neutra: garante aos homens que eles podem realizar maravilhas, mas não lhes diz que maravilhas realizar. Nesse aspecto, é também incompleta. Na prática, os objetivos a que a arte científica se dedicará dependem sobretudo do acaso. Respeitando certos limites, os homens que estão à frente das várias organizações de que ela necessita poderão tomar essa ou aquela direção, como bem lhes aprouver. Desse modo, o impulso do poder possui um escopo que jamais tivera antes. As filosofias inspiradas pela *técnica* científica são filosofias de poder e tendem a encarar tudo aquilo que não é humano como material bruto. Os fins não são mais levados em consideração; somente a destreza do processo é valorizada. Essa é também uma forma de loucura. Em nossos dias, trata-se, ademais, da forma mais perigosa, aquela contra a qual uma filosofia sã deve fornecer um antídoto.

O mundo antigo encontrou o fim da anarquia no Império Romano, mas o Império Romano era um fato bruto, e não uma ideia. O mundo católico buscou o mesmo fim na Igreja, que por sua vez foi uma ideia que jamais se corporificou propriamente num fato. Nem a solução antiga nem a solução medieval foram satisfatórias — a primeira, porque não foi idealizada; a segunda, porque não se concretizou. O mundo moderno, tal qual se encontra hoje, parece caminhar rumo a solução semelhante à da Antiguidade: uma ordem social imposta pela força, representando antes a vontade dos poderosos do que os anseios dos homens comuns. O problema de uma ordem social duradoura e satisfatória só pode ser solucionado mediante a combinação da solidez do Império Romano com o idealismo da Cidade de Deus agostiniana. Para que isso seja alcançado, uma nova filosofia se fará necessária.

2
O Renascimento italiano

A visão de mundo moderna, oposta como é à visão medieval, surgiu na Itália com o movimento a que chamamos Renascimento. De início, apenas uns poucos indivíduos — de modo especial Petrarca — tiveram tal mentalidade, mas ao longo do século XV ela se espalhou entre a grande maioria de italianos cultos, fossem eles leigos ou clérigos. Em determinados aspectos, os italianos do Renascimento — exceção feita a Leonardo e alguns outros — não nutriram apreço pela ciência, ao contrário dos inovadores mais importantes que tivemos desde o século XVII; a essa carência associou-se uma libertação deveras parcial da superstição, de modo particular na forma da astrologia. Muitos deles ainda apresentavam a mesma reverência dos filósofos medievais pela autoridade, substituindo, porém, aquela da Igreja pela dos antigos. Não há dúvidas de que esse era já um passo rumo à emancipação, uma vez que os antigos discordavam uns dos outros e o juízo individual se fazia necessário para que cada qual decidisse quem seguir; todavia, pouquíssimos italianos do século XV ousariam adotar uma opinião cuja autoridade não se fundamentasse tanto na Antiguidade quanto na doutrina da Igreja.

Para compreendermos o Renascimento, devemos antes nos voltar para a situação política da Itália. Após a morte de Frederico II em 1250, a Itália viu-se livre de interferências estrangeiras até a invasão, em 1494, do rei Carlos VIII de França. Havia ali cinco Estados importantes: Milão, Veneza, Florença, o Domínio Papal e Nápoles; ao lado destes, figurava uma série de pequenos principados, por vezes aliados, por vezes sujeitos a um dos Estados maiores. Gênova rivalizou com Veneza no comércio e no poderio naval até 1378, data a partir da qual tornou-se submissa à suserania milanesa.

Milão, que liderara a resistência ao feudalismo nos séculos XII e XIII, caiu, após a derrota final dos Hohenstaufen, sob o domínio dos Visconti, família competente e de poder plutocrático, não feudal. Ela governou por 170 anos, de 1277 a 1447. Então, após o triênio que viu restaurado o governo republicano, uma nova família — a dos Sforza, vinculada aos Visconti — chegou ao poder e assumiu o título de duques de Milão. De 1494 a 1535, Milão foi campo de batalha em que combateram franceses e espanhóis; os Sforza se aliaram ora a um, ora a outro. Durante o período, às vezes estiveram exilados, às vezes desfrutaram de controle nominal. Por fim, no ano de 1535, Milão foi anexada pelo imperador Carlos V.

A República de Veneza se manteve um pouco fora da política italiana, de modo especial nos primeiros séculos de sua grandeza. Jamais conquistada pelos bárbaros, de início encarou-se a si mesma como súdita dos imperadores orientais. Essa tradição, associada ao fato de seu comércio ser realizado com o Oriente, fê-la independente de Roma, o que se estendeu até a época do Concílio de Trento (1545), do qual o veneziano Paolo Sarpi escreveu uma história um tanto antipapal. Já pudemos ver como, à época da quarta Cruzada, Veneza insistiu na conquista de Constantinopla. Isso fez prosperar o comércio veneziano, que sofreu, porém, com a conquista turca de Constantinopla em 1453. Por diversas razões — vinculadas, em parte, à provisão de alimentos —, os venezianos dos séculos XIV e XV julgaram necessário tomar posse de uma considerável parte do continente italiano; isso fez nascer inimizades e culminou, no ano de 1509, na formação da Liga de Cambrai, união de Estados poderosos que viria a derrotar Veneza. Talvez fosse possível recuperar-se desse infortúnio, mas não da descoberta, por Vasco da Gama, da rota do Cabo para as Índias (1497-8). Associada ao poder dos turcos, ela arruinou Veneza, que no entanto persistiu até Napoleão privá-la de sua independência.

A constituição de Veneza, originalmente democrática, foi pouco a pouco deixando de sê-lo, e após 1297 acabou por tornar-se uma oligarquia fechada. A base do poder político era o Maior Conselho, cuja associação passou, dessa data em diante, a ser hereditária e restrita às famílias de destaque. O poder executivo pertencia ao Conselho dos Dez, que o Maior Conselho elegia. O doge, líder cerimonial do Estado, tinha cargo perpétuo; seus poderes nominais eram muito limitados, mas na prática sua influência costumava ser decisiva. A diplomacia veneziana era considerada assaz astuta, e os relatórios dos embaixadores de Veneza foram notavelmente perspicazes. Desde Ranke, os historiadores os têm utilizado como as melhores fontes dos acontecimentos sobre os quais se debruçam.

Florença era a cidade mais civilizada do mundo, bem como a principal fonte do Renascimento. Quase todos os destaques da literatura têm relação com ela, bem como grandes nomes da arte precedente e posterior. No entanto, nosso interesse se voltará, agora, apenas à política, e não à cultura. No século XIII, eram três as classes em conflito na cidade: os nobres, os mercadores ricos e os inferiores. Os nobres eram em geral gibelinos; os outros, guelfos. Os gibelinos foram enfim derrotados em 1266, e ao longo do século XIV a plebe subjugou os mercadores ricos. Tal conflito, porém, não culminou em democracia estável, mas no crescimento gradual daquilo que os gregos chamariam de "tirania". A família Médici, cujos membros se tornariam os futuros governantes de Florença, começou como uma família de chefes políticos dados à democracia. Cosme de Médici (1389-1464), primeiro a lograr notório destaque, ainda não ocupava cargo oficial; seu poder dependeu de sua destreza na manipulação eleitoral. Ele foi astuto — conciliatório quando possível; impiedoso quando necessário. Após breve intervalo, sucedeu-lhe o neto Lorenzo, o Magnífico, no poder de 1469 até sua morte, que se deu em 1492. Ambos deveram suas posições à riqueza de que desfrutavam, acumulada sobretudo por meio do comércio, mas também da mineração e de outras indústrias. Eles compreenderam como enriquecer tanto Florença quanto a si mesmos, e sob seu domínio a cidade prosperou.

Pedro, filho de Lourenço, não teve os méritos do pai e foi expulso em 1494. A isso se seguiram os quatro anos da influência de Savonarola, época em que uma espécie de renascimento puritano voltou os homens contra as diversões e o luxo, afastando-os do livre pensamento e aproximando-os da piedade que supostamente caracterizara um período mais simples. No final, porém, e sobretudo por razões políticas, os inimigos de Savonarola triunfaram e o executaram; seu corpo foi queimado em 1498. A República, de intenção democrática, mas plutocrática na realidade, sobreviveu até 1512, quando os Médici retornaram. Um filho de Lourenço, que se tornara cardeal aos 14 anos, foi eleito papa em 1513 e adotou o nome de Leão X. Assumindo o título de grão-duques da Toscana, os membros da família governaram Florença até 1737, mas nesse ínterim a cidade se tornara pobre e desimportante, a exemplo do restante da Itália.

O poder temporal do papa, cuja origem estava em Pepino e na falsa Doação de Constantino, cresceu enormemente durante o Renascimento. Ao mesmo tempo, os métodos que os papas empregaram para esse fim privaram o papado de qualquer autoridade espiritual. O movimento conciliar, frustrado no conflito entre o Concílio da Basileia e o papa Eugênio IV (1431-47), representava os elementos mais fervorosos da Igreja, bem como — o que talvez seja mais importante — a opinião eclesiástica ao norte dos Alpes. A vitória dos papas foi a vitória da Itália e (em menor grau) da Espanha. Na segunda metade do século XV, a civilização italiana diferia por completo da civilização dos países setentrionais, que eram medievais ainda. Os italianos estavam à frente na cultura, mas não na moral e na religião; mesmo no espírito dos eclesiásticos, a latinidade elegante encobria uma abundância de pecados. Nicolau V (1447-55), primeiro papa humanista, concedeu cargos papais a eruditos cujo saber ele respeitava, independentemente de outros fatores; Lorenzo Valla, epicurista que demonstrou que a Doação de Constantino era uma fraude, que ridicularizou o estilo da Vulgata e que acusou santo Agostinho de heresia, foi feito secretário apostólico. A política de encorajar o humanismo em detrimento da piedade ou da ortodoxia só veio a ter fim quando do saque de Roma, em 1527.

Do nosso ponto de vista, o estímulo ao humanismo, embora escandalizasse o fervoroso norte, poderia ser encarado como virtude; a política belicosa e a vida imoral de alguns papas, contudo, não podem ser defendidas senão à luz da luta política pelo poder. Alexandre VI (1492-1503) dedicou a carreira papal a seu engrandecimento e ao engrandecimento de sua família. Teve dois filhos, o duque de Gandia e César Bórgia: sua preferência pelo primeiro era bem maior. O duque, porém, foi assassinado, muito provavelmente pelo irmão; as ambições dinásticas do papa, portanto, tiveram de concentrar-se sobre César. Juntos, ambos conquistaram a região da Romanha e da Ancona no intuito de forjar um principado para César, mas quando o papa faleceu César ficou muito doente e não pôde agir com rapidez. Como consequência, suas conquistas foram reintegradas ao patrimônio de são

Pedro. A iniquidade de ambos esses homens logo se tornou lendária, e é difícil saber o que é verdade e o que é mentira acerca dos inúmeros homicídios de que são acusados. Não há dúvidas, no entanto, de que os dois levaram a arte da perfídia a um nível jamais antes visto. Júlio II (1503-13), sucessor de Alexandre VI, não se notabilizou pela piedade, mas deu menos ocasiões ao escândalo do que seu predecessor. Além disso, continuou o processo de ampliação do domínio papal. Como soldado, teve méritos; não, porém, como líder da Igreja Cristã. A Reforma, iniciada sob Leão X, seu sucessor (1513-21), foi o resultado natural da política pagã dos papas renascentistas.

A extremidade meridional da Itália foi ocupada pelo reino de Nápoles, ao qual na maioria das vezes a Sicília esteve unida. Nápoles e Sicília haviam constituído o singular reino pessoal do imperador Frederico II, que levara para lá uma monarquia absoluta segundo o modelo maometano: esclarecida mas despótica, vetando todo e qualquer poder à nobreza feudal. Após a sua morte, ocorrida em 1250, Nápoles e Sicília ficaram com seu filho natural, Manfredo, que no entanto herdou a implacável hostilidade da Igreja. Em 1266, foi expulso pelos franceses, que por sua vez haviam se tornado impopulares e foram massacrados nas "Vésperas sicilianas" (1282), após as quais o reino passou para as mãos de Pedro III de Aragão e seus herdeiros. Depois de uma série de complicações que culminaram na temporária separação de Nápoles e Sicília, em 1443 ambos se reuniram sob Afonso, o Magnânimo, distinto patrono das letras. De 1495 em diante, três reis franceses tentaram conquistar Nápoles, mas no final obteve o reino Fernando de Aragão (1502). Carlos VIII, Luís XII e Francisco I, reis da França, reivindicaram (sem bons fundamentos legais) Milão e Nápoles; todos invadiram a Itália e desfrutaram de sucesso temporário, mas no fim foram derrotados pelos espanhóis. A vitória da Espanha e a Contrarreforma deram um ponto final ao Renascimento italiano. Por ser o papa Clemente VII um obstáculo à Contrarreforma e, tal qual um Médici, também amigo da França, Carlos V fez com que Roma fosse saqueada por um exército composto sobretudo de protestantes. Depois disso, os papas se tornaram religiosos, e o Renascimento italiano encontrou seu termo.

A luta pelo poder político na Itália era incrivelmente complexa. Os príncipes menores, na grande maioria tiranos que ascenderam por conta própria, aliavam-se ora a um dos Estados maiores, ora a outros; se porventura não fossem sábios, eram exterminados. Havia guerras constantes, mas, até a chegada dos franceses em 1494, quase não se viu derramamento de sangue: os soldados eram mercenários ansiosos por minimizar os riscos de sua vocação. Esses conflitos puramente italianos não interferiram muito no comércio nem impediram o país de aumentar sua riqueza. Havia muita política, mas nenhum estadismo sábio; quando os franceses chegaram, o país se encontrava praticamente indefeso. As tropas da França chocaram os italianos ao de fato matarem gente em batalha. As guerras subsequentes entre franceses e espanhóis foram sérias, culminando em sofrimento e pobreza. Os Estados italianos, contudo, não cessaram de alimentar intrigas entre si, solicitando, em suas querelas internas, o auxílio da França e da Espanha sem qualquer consideração pela unidade nacional. No fim, todos sucumbiram. Cumpre dizer que a Itália inevitavelmente perderia sua importância em virtude da descoberta da América e da rota do Cabo para o Oriente; o colapso, no entanto, teria sido menos catastrófico e mais generoso para com a qualidade da civilização italiana.

O Renascimento não foi período de grandes feitos na filosofia, mas certos acontecimentos serviram como preliminares essenciais à grandeza do século XVII. Em primeiro lugar, ele demoliu o rígido sistema escolástico, convertido como fora em camisa de força intelectual. Renasceu, ademais, o estudo de Platão, o que exigia um pensamento pelo menos tão independente quanto aquele exigido para escolhermos entre ele e Aristóteles. No que diz respeito aos dois filósofos, o Renascimento promoveu um conhecimento genuíno e direto deles, livre das glosas dos neoplatônicos e dos comentaristas árabes. Por fim, e ainda mais importante, estimulou também o hábito de ver a atividade intelectual como aventura social deleitosa, e não uma meditação enclausurada que almeja preservar uma ortodoxia predeterminada.

A substituição do Aristóteles escolástico por Platão foi agilizada pelo contato com a erudição bizantina. Já no Concílio de Ferrara (1438), que nominalmente reunira as Igrejas do Oriente e do Ocidente, fora travado um debate no qual os bizantinos defenderam que Platão era superior a Aristóteles. Gemisto Pletão, platônico grego fervoroso e de ortodoxia duvidosa, fez muito para promover o platonismo na Itália; o mesmo se aplica ao grego Bessarion, que tornar-se-ia cardeal. Tanto Cosme quanto Lourenço de Médici tiveram obsessão por Platão: Cosme fundou a Academia Florentina — amplamente devota ao estudo de Platão —, continuada por Lourenço. O primeiro morreu enquanto escutava um dos diálogos platônicos. Todavia, os humanistas da época eram ocupados demais para adquirir um conhecimento da Antiguidade que lhes possibilitasse produzir algo original na filosofia.

O Renascimento não foi movimento popular: limitou-se, antes, a um pequeno número de eruditos e artistas estimulados por patronos generosos, de modo especial os Médici e os papas humanistas. Não fossem tais patronos, contudo, o sucesso de que desfrutaram teria sido muito menor. Petrarca e Boccaccio, que viveram no século XIV, pertencem mentalmente ao Renascimento, mas graças às diferentes condições políticas de sua época exerceram uma influência imediata menor do que a dos humanistas do século XV.

É difícil caracterizar de forma simples a atitude dos eruditos renascentistas com relação à Igreja. Alguns eram livres-pensadores declarados, mas mesmo esses em geral receberam a extrema-unção, fazendo as pazes com a Igreja ao sentirem a morte se aproximando. A maioria se ofendia ante a iniquidade dos papas contemporâneos, mas ainda assim exultava ao ser por eles empregada. O historiador Guicciardini escreveu, em 1529:

> Homem nenhum experimenta tanta repulsa quanto eu diante da ambição, da avareza e da libertinagem dos sacerdotes; dá-se isso não somente porque cada um desses vícios é odioso em si mesmo, mas também por serem todos impróprios aos que dizem travar relação especial com Deus e por serem de tal maneira opostos entre si que só podem coexistir em naturezas assaz singulares. Não obstante, a posição que ocupei na corte de diversos papas me forçou a desejar a grandeza dos pontífices, tendo em vista, nisso, os meus próprios interesses. Não fossem essas as circunstâncias, teria eu amado Martinho Lutero como a mim mesmo — não no intuito de libertar-me das leis que o cristianismo, tal qual compreendido e explicado por todos, a nós impõe, e sim para contemplar essa corja de canalhas em seus devidos

lugares, de modo que se vissem forçados ou a viverem sem vícios, ou a viverem sem poder.[1]

Isso é deliciosamente franco e revela com clareza por que os humanistas não puderam iniciar uma reforma. Além disso, a maioria deles não via meio-termo entre ortodoxia e pensamento livre; uma posição como aquela de Lutero lhes era impossível, uma vez que não tinham mais a sensibilidade medieval para as sutilezas da teologia. Diz Masuccio, após ter descrito a iniquidade dos monges, das freiras e dos frades: "O melhor castigo que poderiam receber seria a abolição, por Deus, do purgatório; desse modo não receberiam mais nenhuma esmola e ver-se-iam forçados a retornar para suas pás."[2] Ao contrário do que acontece com Lutero, porém, não lhe ocorre negar o purgatório, conservando ele grande parte da fé católica.

Apenas um pequeno quinhão da riqueza de Roma dependia da renda advinda dos domínios papais; tratava-se, em linhas gerais, de um tributo cobrado em toda a orbe católica segundo um sistema teológico que afirmava que os papas detinham as chaves do céu. O italiano que questionasse efetivamente tal sistema arriscaria o empobrecimento da Itália e a perda de sua posição no mundo ocidental. Como consequência, a heterodoxia italiana ao longo do Renascimento foi somente intelectual e não culminou nem em cisma, nem em qualquer tentativa de criar um movimento popular dissociado da Igreja. A única exceção, e ainda assim muito parcial, foi Savonarola, cuja mentalidade pertencia ainda ao medievo.

A maioria dos humanistas conservou as mesmas crenças religiosas acreditadas na Antiguidade. A magia e a bruxaria poderiam ser perversas, mas ninguém as tomava como impossíveis. Em 1484, Inocêncio VIII emitiu uma bula contra a bruxaria que estimulou impressionante caça às bruxas na Germânia e alhures. A astrologia foi estimada sobretudo pelos livres-pensadores e ganhou um destaque de que não desfrutava desde os tempos antigos. De imediato, a emancipação da Igreja não fez os homens pensarem racionalmente, e sim se abrirem a toda sorte de tolices antigas, do passado.

No plano moral, o primeiro efeito da emancipação foi igualmente desastroso. As velhas regras deixaram de ser respeitadas; a maioria dos

[1] Retirado de Burckhardt, *The Civilization of the Renaissance in Italy*, parte IV, cap. II.

[2] Ibid.

que governavam os Estados lograra seus cargos por meio de traições, conservando-os mediante uma impiedosa crueldade. Ao serem convidados para jantar quando da coroação de um papa, os cardeais levavam seu próprio vinho e seus próprios copeiros, com medo de serem envenenados.[3] Exceção feita a Savonarola, praticamente nenhum italiano do período se arriscaria por questões públicas. Os males da corrupção papal eram óbvios, mas nada foi feito quanto a isso. De que a unidade italiana era desejável também não havia dúvidas, porém os governantes foram incapazes de um acordo. O perigo do domínio estrangeiro urgia; não obstante, cada governante italiano se via pronto para solicitar auxílio de poderes estrangeiros — dos turcos, inclusive — em suas disputas com outros governantes italianos. Não me vem à mente nenhum crime, exceto a destruição de manuscritos antigos, de que os homens renascentistas não tenham sido muitas vezes culpados.

Fora da esfera moral, o Renascimento teve grandes méritos. Na arquitetura, na pintura e na poesia, sua reputação permanece. Dele saíram grandes homens, como Leonardo, Michelangelo e Maquiavel. Os instruídos foram libertos da estreiteza da cultura medieval; e, mesmo quando escravos do culto da Antiguidade, tomaram ciência de que figuras respeitáveis haviam defendido opiniões diversas em praticamente todas as áreas. Ao recuperar o saber do mundo grego, o Renascimento criou uma atmosfera mental em que rivalizar com os feitos helênicos tornava-se novamente possível e em que o gênio individual poderia florescer com uma liberdade inexistente desde a época de Alexandre. As condições políticas do Renascimento favoreciam o desenvolvimento individual, mas eram instáveis; tal qual na Grécia antiga, instabilidade e individualismo estiveram intimamente vinculados. Um sistema social estável se faz necessário, mas todos aqueles desenvolvidos até hoje impediram a existência de méritos excepcionais nos planos artístico e intelectual. Quantos assassinatos e quanta anarquia estamos preparados para aguentar em prol de feitos como os do Renascimento? No passado, uma quantidade considerável; hoje em dia, muito menos. Nenhuma solução para esse problema foi encontrada até hoje, não obstante o crescimento da organização social a torne cada vez mais importante.

---

[3] Burckhardt, op. cit., parte VI, cap. I.

3
Maquiavel

O Renascimento, embora não tenha gerado nenhum filósofo teórico importante, produziu um homem de supremo destaque na filosofia *política*: Nicolau Maquiavel. É costumeiro sentir-se chocado por ele, e sem dúvida trata-se de alguém desconcertante. No entanto, muitos também o seriam caso se vissem igualmente livres de imposturas. Sua filosofia política é científica e empírica; fundamenta-se em sua própria experiência e tem como objetivo formular meios que conduzem a fins específicos, independentemente de serem considerados bons ou ruins. Nas raras ocasiões em que se permite mencionar os fins que deseja, podemos todos aplaudi-los. Grande parte dos insultos que costumam ser associados a seu nome se deve à indignação de hipócritas que odeiam a franca confissão de malfeitoria. Há, é bem verdade, bastante coisa que de fato deve ser criticada, mas nisso ele é expressão de sua época. Uma tal honestidade intelectual acerca da desonestidade política dificilmente se faria possível em outra época ou outro país, exceto talvez na Grécia daqueles que deviam sua educação teórica aos sofistas e suas instruções práticas àquelas guerras entre Estados insignificantes que, tanto no período grego clássico quanto na Itália renascentista, serviam como acompanhamento político do gênio individual.

Maquiavel (1467-1527) era homem florentino cujo pai, advogado, não fora nem rico, nem pobre. Quando em seus vinte anos, viu Savonarola dominar Florença; o fim miserável que este levou claramente marcou o jovem, que observa que "todos os profetas armados venceram e os desarmados fracassaram", colocando então Savonarola como exemplo da segunda classe. Do outro lado, coloca Moisés, Ciro, Teseu e Rômulo. É típico do Renascimento que Cristo não seja mencionado.

Imediatamente após a execução de Savonarola, Maquiavel ocupou cargo secundário no governo florentino (1498). Permaneceu ali, às vezes em missões diplomáticas importantes, até o retorno dos Médici, em 1512; foi então preso por ter-lhes sempre se oposto, mas absolveram-no e permitiram-lhe viver refugiado no campo, próximo a Florença. Maquiavel tornou-se escritor por falta de outra ocupação. *O príncipe*, sua obra mais famosa, foi redigido em 1513 e dedicado a Lourenço II, uma vez que o autor esperava (em vão, como se viu) conquistar a simpatia dos Médici. Seu tom talvez se deva, em parte, a esse objetivo prático; os *Discursos*, obra mais longa e escrita no mesmo período, tem traços republicanos mais claros e é mais liberal. No início de *O príncipe*, Maquiavel declara que não se ocupará da república, dado que lidara com ela alhures. Os que não leram também os *Discursos* provavelmente terão uma visão muito unilateral de sua doutrina.

Incapaz de reconciliar-se com os Médici, Maquiavel se viu forçado a continuar a escrever. Viveu em retiro até o ano de sua morte, o mesmo do saque de Roma pelas tropas de Carlos V. O mesmo ano também pode ser reconhecido como aquele em que o Renascimento italiano chegou ao fim.

O príncipe tem como objetivo descobrir, à luz da história e de acontecimentos contemporâneos, de que modo os principados são conquistados, mantidos e perdidos. A Itália do século XV lhe proporcionava uma multiplicidade de exemplos, tanto grandes quanto pequenos. Poucos governantes de então eram legítimos; até mesmo os papas, em muitos casos, haviam assegurado a própria eleição mediante artifícios corruptos. As regras para a obtenção do sucesso não eram precisamente as mesmas que vigeriam quando os tempos se acalmassem: ninguém se chocava ante crueldades e traições que viriam a desqualificar as pessoas nos séculos XVIII ou XIX. Talvez a nossa época se veja mais bem-preparada para apreciar Maquiavel, dado que os triunfos mais notáveis de nossa era foram alcançados mediante métodos tão vis quanto qualquer artifício empregado na Itália do Renascimento. Como entendedor da arte política, Maquiavel teria aplaudido Hitler pelo incêndio do Reichstag, pela limpeza do partido em 1934 e pelo não cumprimento de sua palavra após Munique.

César Bórgia, filho de Alexandre VI, é merecedor dos mais altos elogios. Seu problema era difícil: primeiro, com a morte de seu irmão, tornar-se o único beneficiário da ambição dinástica de seu pai; segundo, conquistar pelas armas, e em nome do papa, territórios que após a morte de Alexandre deveriam pertencer a ele, e não aos Estados pontifícios; terceiro, manipular o Colégio de Cardeais para que o pontífice seguinte fosse seu amigo. Ele se empenhou com enorme destreza; de suas práticas, diz Maquiavel, um novo príncipe deveria extrair preceitos. César fracassou, é verdade, mas isso só se deu "em virtude de uma extraordinária malignidade da fortuna". Ocorreu que, quando seu pai morreu, também ele ficou perigosamente doente; ao recuperar-se, seus inimigos já tinham se refeito e seu pior rival fora eleito papa. No dia da eleição, César revelou a Maquiavel que cuidara de tudo, mas que "jamais pensara que, com a morte de seu pai, também ele viria a agonizar".

Maquiavel, que teve profundo conhecimento de suas vilezas, fornece-nos o seguinte resumo: "Examinando assim todas as ações do duque [César], nada encontro que seja digno de censura; antes, sinto-me obrigado a considerá-lo, como já o fiz, exemplo a ser imitado por todos os que, pela fortuna e com armas alheias, chegaram ao poder."

Um interessante capítulo se ocupa "Dos principados eclesiásticos"; tendo em vista o que dizem os *Discursos*, o segmento evidentemente oculta parte do pensamento de Maquiavel. O motivo de tal dissimulação jaz, não há dúvidas, no fato de *O príncipe* ter como objetivo agradar os Médici e no fato de um Médici ter acabado de ser eleito papa (Leão X). No que toca tais principados, diz-nos Maquiavel n'*O príncipe*, a única dificuldade é obtê-los: uma vez obtidos, conservam-nos costumes religiosos antigos que preservam seus príncipes no poder a despeito do modo como se comportam. Esses príncipes (assim o diz) não necessitam de exércitos porque "são confirmados por causas mais elevadas, as quais o espírito humano não pode alcançar"; são "exaltados e conservados por Deus", e "seria presunçoso e tolo aquele que os contestasse". Não obstante, continua, é admissível investigar por que meios Alexandre VI ampliara de tal maneira o poder temporal do papa.

O exame dos poderes papais nos *Discursos* é mais longo e mais sincero. Inicia-se listando os homens de destaque segundo uma hierarquia ética. Os melhores, diz ele, são os fundadores de religiões; em seguida encontram-se os fundadores de monarquias ou repúblicas e, por fim, os homens de letras. Se estes são bons, são maus os que destroem as religiões, subvertem as repúblicas ou reinos e se contrapõem à virtude ou às letras. Aqueles que instauram tiranias são iníquos, incluindo Júlio César; Bruto, por sua vez, foi bom. (O contraste entre essa visão e a visão de Dante revela o impacto da literatura clássica.) Ele afirma que a religião deveria ocupar lugar de destaque no Estado — não, porém, em virtude de sua veracidade, mas na condição de cimento social: os romanos acertavam quando fingiam acreditar nos augúrios e quando puniam os que os desprezavam. São duas as suas críticas à Igreja da época: diz ele que, em virtude de sua má conduta, ela solapou a crença religiosa e que o poder temporal dos papas impede, com a política que inspira, a unificação da Itália. As duas censuras são formuladas com enorme vigor. "Quanto mais próximas da Igreja de Roma, cabeça de nossa religião, menos religiosas são as pessoas. (...) Sua ruína e seu castigo estão próximos (...). Nós, os italianos, devemos à Igreja romana e seus sacerdotes o fato de termos nos tornado irreligiosos e maus; entretanto, temos para com ela dívida ainda maior, futura causa de nossa ruína: foi a Igreja que conservou, e ainda conserva, nosso país dividido."[1]

Diante de passagens assim, deve-se supor que a admiração de Maquiavel por César Bórgia fora motivada apenas pela destreza do segundo, e não por seus propósitos. À época renascentista, o respeito pela habilidade e pelas ações que conferiam fama era enorme. Esse tipo de sentimento sempre existiu, é claro; muitos dos inimigos de Napoleão o admiraram vigorosamente na condição de estrategista militar. Porém, na Itália de Maquiavel, a admiração quase artística da destreza foi muito maior do que em séculos anteriores ou posteriores. Seria equívoco tentar harmonizá-la com os anseios políticos mais amplos que Maquiavel julgava importantes. Os dois fatores — o amor pela destreza e o anseio patriótico pela unidade italiana — conviveram lado a lado em sua cabeça; em grau nenhum eles foram sintetizados. Desse modo, pode o autor exaltar César Bórgia por sua astúcia e censurá-lo por conservar a Itália dividida. É de se supor que, para ele, o personagem perfeito seria o homem astuto e inescrupuloso como César Bórgia no que diz respeito aos meios, mas ansiando por um fim diferente.

[1] O que perdurou até 1870.

O príncipe termina com um apelo eloquente aos Médici, solicitando que livrem a Itália dos "bárbaros" (isto é, dos franceses e espanhóis), cujo domínio "fede". Maquiavel de modo algum esperava que algo do gênero viesse a ser realizado por razões altruístas, e sim em virtude do amor ao poder e — mais ainda — à fama.

No que diz respeito à conduta dos governantes, *O príncipe* é assaz explícito em seu repúdio à moralidade transmitida. O governante que for sempre bom perecerá; em lugar disso, deverá ser esperto como a raposa e bravio como o leão. Há um capítulo (XVIII) cujo título é "De que modo devem os príncipes conservar a fé". Ali lemos que só devem fazê-lo quando se tratar de algo vantajoso e que, ocasionalmente, o príncipe não deve ter fé.

> É necessário, contudo, ser capaz de disfarçar muito bem o próprio caráter, assim como ser grande fingidor e dissimulador; ademais, são tão rudes os homens, e tão prontos a obedecer às necessidades presentes, que aquele que engana sempre encontrará quem se permita ser enganado. Eis apenas um exemplo moderno. Alexandre VI nada mais fez senão enganar os homens; não pensava em nada mais e encontrou ocasiões para fazê-lo. Homem nenhum foi tão capaz de oferecer garantias; tampouco houve homem que tenha asseverado com juramentos tão vigorosos, nem homem que os cumprisse tão pouco. Sempre, porém, foi bem-sucedido em seus logros, uma vez que conhecia bem tal aspecto das coisas. Não é de modo algum necessário, portanto, que o príncipe apresente todas as qualidades acima mencionadas [as virtudes convencionais], e sim que aparente tê-las.

Maquiavel então afirma que o príncipe deve, antes de mais nada, *parecer* religioso.

O tom dos *Discursos* — nominalmente, um comentário acerca de Lívio — é um tanto distinto. Há capítulos inteiros que parecem da lavra de Montesquieu, e a maior parte da obra poderia muito bem obter aprovação de um liberal do século XVIII. A doutrina da separação dos poderes é articulada de maneira explícita. Príncipes, nobres e povo deveriam tomar parte na Constituição; "esses três poderes, então, controlarão um ao outro, reciprocamente". A constituição de Esparta, tal qual estabelecida por Licurgo, foi de todas a melhor, pois incorporara o mais perfeito equilíbrio; a de Sólon foi excessivamente democrática e, por essa razão, culminou na tirania de Pisístrato. A constituição republicana de Roma foi boa em virtude do conflito entre Senado e povo.

A palavra "liberdade" é empregada a todo momento como algo precioso, muito embora não seja claro o que de fato vem a significar. Isso, é evidente, tem origem na Antiguidade e foi transmitido para os séculos XVIII e XIX. A Toscana preservou suas liberdades porque não contém castelo algum nem cavalheiros. ("Cavalheiros" certamente é uma tradução incorreta, mas agradável.) Temos a impressão de que o autor reconhece que a liberdade política exige certo tipo de virtude pessoal nos cidadãos. Somente na Alemanha, lemos, a probidade e a religião ainda são comuns; por conseguinte, há lá muitas repúblicas. De modo geral, o povo é mas sábio e constante do que os príncipes, não obstante digam o contrário Lívio e a maioria dos outros autores. Não é sem bons motivos que se diz que "a voz do povo é a voz de Deus".

É interessante observar como, no século XV, o pensamento político dos gregos e romanos à época da república ganhou atualidade de que não desfrutara na Grécia desde Alexandre e em Roma desde Augusto. Os neoplatônicos, os árabes e os escolásticos nutriram fervoroso interesse pela metafísica de Platão e de Aristóteles, mas não se debruçaram sobre seus escritos políticos; afinal, os sistemas políticos da época das cidades-estado haviam desaparecido por completo. O crescimento das cidades-estado na Itália foi concomitante ao resgate do saber e possibilitou que os humanistas se beneficiassem das teorias políticas dos gregos e romanos da República. O amor à "liberdade" e a teoria da separação dos poderes chegaram ao Renascimento a partir da Antiguidade e ao período moderno a partir do Renascimento (embora também diretamente da Antiguidade). Esse aspecto de Maquiavel é ao menos tão importante quanto as famosas doutrinas "imorais" d'*O príncipe*.

Cumpre notar que Maquiavel jamais escora qualquer raciocínio político em bases cristãs ou bíblicas. Os autores medievais tinham seu conceito de poder "legítimo" — aquele do papa e do imperador, ou ainda aquele que derivava de ambos. Os autores do norte, mesmo em época tão tardia quanto a de Locke, refletem sobre o que ocorrera no Jardim do Éden e acreditam que, dali, podem obter a prova de que certos tipos de poder são "legítimos". Em Maquiavel não há nada do gênero. O poder cabe àqueles que possuem o talento necessário para conquistá-lo numa competição livre. Sua preferência pelo governo popular não advém da concepção de "direitos", e sim da observação de que os governos populares são menos cruéis, inescrupulosos e inconstantes do que as tiranias.

Arrisquemos uma síntese (algo que o próprio Maquiavel não fez) das partes "morais" e "imorais" de sua doutrina. Doravante, não expressarei as opiniões que tenho, mas aquelas que são explícita ou implicitamente dele.

São alguns os bens políticos, e de todos há três especialmente importantes: a independência nacional, a segurança e a constituição bem-ordenada. A melhor constituição é a que distribui, entre príncipe, nobres e povo, os direitos legais na mesma proporção de seu poder real; sob uma tal constituição, as revoluções bem-sucedidas se tornam mais difíceis, e a estabilidade, possível. Tendo em vista a estabilidade, contudo, seria prudente conferir mais poder ao povo. Nada mais há a dizer quanto aos fins.

Existe também, na política, a questão dos meios. É fútil buscar um objetivo político mediante métodos fadados ao fracasso; se o fim é tido como bom, devemos escolher meios adequados à sua realização. O problema dos meios pode ser tratado de modo puramente científico, sem qualquer referência à bondade ou maldade dos fins. "Sucesso" é tão somente a concretização do objetivo, qualquer que seja ele. Se porventura há uma ciência do sucesso, ela pode ser estudada tanto nos sucessos dos iníquos quanto nos sucessos dos bons — e ainda melhor, dado que os pecadores bem-sucedidos são muito mais numerosos do que os santos de sucesso. Uma vez estabelecida, contudo, uma tal ciência será tão útil ao santo quanto ao pecador. Com efeito, caso nutra qualquer interesse pela política, o santo deve desejar o sucesso do mesmo modo como o pecador o faz.

Tal questão, no final das contas, é mera questão de poder. Para que determinado fim político seja alcançado, algum tipo de poder é exigido. Essa realidade pura e simples vem dissimulada por lemas, como "o que é certo prevalecerá" ou "o triunfo do mal tem vida curta". Se o lado que você tem como certo prevalece, isso se deve a seu poder superior. É bem verdade que o poder muitas vezes depende da opinião, que por sua vez depende da propaganda; também é verdade ser vantajoso, na propaganda, o parecer mais virtuoso do que seu adversário, e uma forma de parecer virtuoso é sendo-o de fato. Por essa razão, pode às vezes ocorrer de a vitória ir para o lado que mais possui o que o público geral encara como virtude. Devemos admitir, com Maquiavel, que esse foi um importante elemento do crescente poder da Igreja durante os séculos XI, XII e XIII, bem como do sucesso da Reforma no século XVI. Todavia, existem limitações importantes. Em primeiro lugar, aqueles que conquistaram o poder podem muito bem, por meio da propaganda, fazer com que seu lado pareça virtuoso; numa escola pública de Nova York ou de Boston, por exemplo, não poderia ninguém mencionar os pecados de Alexandre VI. Em segundo lugar, há períodos de caos em que a patifaria manifesta frequentemente triunfa; o de Maquiavel foi um deles. Em tempos assim, tende a haver um crescimento rápido do cinismo, o que faz com que os homens perdoem tudo, contanto que lhes seja vantajoso. Como o próprio Maquiavel afirma, nessas épocas é desejável assumir aparência de virtude diante do público ignorante.

A questão, contudo, pode ser levada um pouco mais longe. Maquiavel é da opinião de que os homens civilizados quase certamente serão egoístas inescrupulosos. Caso alguém deseje fundar hoje uma república, diz, encontrará mais facilidade entre montanheses do que entre os habitantes de uma cidade grande, uma vez que estes já estariam corrompidos.[2] Se porventura alguém for um egoísta inescrupuloso, sua linha de conduta mais sábia dependerá da população com a qual terá de interagir. A Igreja do Renascimento chocou a todos, mas somente ao norte dos Alpes o choque foi grande o suficiente para suscitar a Reforma. Na época em que a revolta de Lutero teve início, a renda do papado era provavelmente maior do que seria caso Alexandre VI e Júlio II tivessem sido mais virtuosos — e, se isso ocorreu, foi graças ao cinismo da Itália renascentista. Segue-se que os políticos terão melhor comportamento se dependerem de uma população virtuosa do que se dependerem de uma população indiferente às considerações morais; também se comportarão melhor numa comunidade em que seus crimes, caso existam, possam ser conhecidos por todos

[2] É curioso encontrar essa antecipação de Rousseau. Seria divertido, e não de todo falso, interpretar Maquiavel como um romântico desiludido.

do que numa comunidade em que há censura rigorosa sob seu controle. Certo quinhão, é claro, sempre pode ser obtido por meio da hipocrisia, mas também poderá ser bastante reduzido mediante instituições convenientes.

A exemplo do pensamento político da maioria dos antigos, o pensamento político de Maquiavel é, em determinado aspecto, um tanto raso. Ele se ocupa de grandes legisladores, como Licurgo e Sólon, como se fossem eles responsáveis por criar uma comunidade a partir do nada, sem nenhuma consideração por aquilo que se passara anteriormente. O conceito de comunidade como crescimento orgânico, na qual o estadista só consegue intervir em grau limitado, é no geral moderna, tendo sido profundamente fortalecida pela teoria da evolução. Não encontraremos essa concepção em Maquiavel do mesmo modo como não a encontramos em Platão.

No entanto, poder-se-ia afirmar que a visão evolutiva da sociedade, embora veraz no passado, não mais se aplica e deve ser substituída, tanto para o presente quanto para o futuro, por uma visão muito mais mecanicista. Na Rússia e na Alemanha, novas sociedades têm sido criadas de modo muito semelhante àquele como o mítico Licurgo teria criado o regime espartano. O velho legislador era um mito benevolente; o moderno, uma realidade aterrorizante. O mundo se tornou mais parecido com o de Maquiavel do que era antes, e o homem moderno que quiser refutar sua filosofia deverá refletir muito mais do que parecia necessário no século XIX.

4

Erasmo e More

O início do Renascimento, nos países do Norte, foi posterior a seu início na Itália e logo se entremeou com a Reforma. Nos primórdios do século XVI, contudo, deu-se um breve período em que o novo saber se disseminou vigorosamente na França, na Inglaterra e na Alemanha, sem porém tomar parte em qualquer controvérsia teológica. Esse Renascimento setentrional diferiu do italiano em muitos aspectos. Não foi anárquico nem amoral; pelo contrário: esteve associado à piedade e à virtude pública. Interessou-se em grande medida pela aplicação dos padrões de erudição à Bíblia e pela obtenção de um texto mais preciso do que o da Vulgata. Foi menos brilhante e mais sólido do que seu progenitor italiano, menos preocupado com a ostentação pessoal do saber e mais desejoso de difundir ao máximo o conhecimento.

Dois homens, Erasmo e Thomas More, servirão como amostras do Renascimento do Norte. Foram ambos amigos próximos e tiveram muito em comum. Eram cultos — More, porém, não tanto quanto Erasmo; desprezaram os dois a filosofia escolástica; almejaram uma reforma eclesiástica realizada a partir do interior, mas lamentaram o cisma protestante quando de sua concretização; foram autores perspicazes, bem-humorados e altamente talentosos. Antes da revolta de Lutero, estiveram à frente do pensamento, mas no período que se seguiu o mundo tornou-se assaz violento, em ambos os lados, para homens de seu tipo. More sofreu o martírio, enquanto Erasmo submergiu na ineficácia.

Nem Erasmo nem More foram filósofos no sentido estrito do termo. Faço menção a eles por ilustrarem a atmosfera de um período pré-revolucionário, quando a demanda por uma reforma moderada é geral e a reação dos homens tímidos ainda não foi inibida pelos extremistas. Os dois exemplificam também o desgosto, característico das reações contra a escolástica, por tudo aquilo que é sistemático na teologia ou na filosofia.

Erasmo (1466-1536) nasceu em Roterdã.[1] Era filho bastardo e inventou uma explicação romanticamente falsa das circunstâncias de seu nascimento. A verdade é que seu pai foi sacerdote, homem de certo saber que conhecia o grego. Seus pais morreram antes que se tornasse adulto, e seus tutores (ao que parece, por terem usurpado seu dinheiro) o convenceram a tornar-se monge do mosteiro de Steyr. Dessa decisão, ele se lamentaria por toda a vida. Um de seus tutores era mestre-escola, mas sabia menos latim do que o Erasmo dos tempos de estudante; em resposta a uma carta redigida pelo garoto em língua latina, ele disse: "Caso volte a escrever com tamanha elegância, acrescente por obséquio um comentário."

Em 1493, Erasmo se tornou secretário do bispo de Cambrai, chanceler da Ordem do Tosão de Ouro. Isso lhe possibilitou deixar o mosteiro e viajar, mas não para a Itália, como desejara. Seu conhecimento do grego era ainda muito parco, mas Erasmo já despontava como latinista altamente bem-sucedido; admirava de modo particular Lorenzo Valla, em virtude de seu livro sobre a graciosidade da língua latina. Considerava a latinidade profundamente compatível com a verdadeira devoção e dava como exemplos Agostinho e Jerônimo, esquecendo porém, ao que tudo indica, o sonho em que Nosso Senhor denunciara o último por ler Cícero.

Durante certo tempo, esteve na Universidade de Paris, mas nada encontrou ali que lhe pudesse ser útil. A universidade vivera dias de glória desde o começo da escolástica até Gerson e o movimento conciliar, mas agora as velhas disputas haviam se tornado áridas. Tomistas e escotistas, tratados conjuntamente como os Antigos, se opunham aos ockhamistas, denominados terministas ou modernos. Por fim, no ano de 1482, os dois lados se reconciliaram e uniram contra os humanistas, que então avançavam em Paris fora dos círculos universitários. Erasmo odiava os escolásticos, por ele tidos como envelhecidos e antiquados. Em carta, mencionou que tentava não dizer nada que fosse

[1] No que diz respeito à vida de Erasmo, segui sobretudo a excelente biografia escrita por Huizinga.

gracioso ou espirituoso por desejar o título de doutor. Na realidade, não gostava de filosofia alguma — nem mesmo de Platão e Aristóteles, muito embora ambos, antigos como eram, devessem ser tratados com respeito.

Em 1499, ele fez sua primeira visita à Inglaterra, onde tomou gosto pela moda de beijar meninas. Ali, fez amizade com Colet e More, que o encorajaram a se dedicar a um trabalho sério, e não a meras trivialidades literárias. Colet lecionava sobre a Bíblia sem conhecer o grego; Erasmo, ao ver que gostaria de se dedicar às Escrituras, notou que o conhecimento da língua grega era fundamental. Então, após deixar a Inglaterra no início de 1500, dedicou-se ao aprendizado do grego, não obstante fosse pobre demais para pagar um professor. No outono de 1502, era já proficiente; e, quando em 1506 foi para a Itália, descobriu que os italianos nada tinham a ensinar-lhe. Resolveu então editar são Jerônimo e a dar ao Testamento grego uma nova tradução latina; ambas as atividades foram levadas a cabo em 1516. A descoberta de imprecisões na Vulgata foi subsequentemente útil aos protestantes em sua controvérsia. Erasmo tentou aprender hebraico, mas desistiu.

O único livro do autor ainda lido hoje é *Elogio da loucura*. A obra foi concebida em 1509, quando Erasmo cruzava os Alpes em viagem da Itália à Inglaterra. Sua redação se deu rapidamente em Londres, na casa de Thomas More, a quem o livro é dedicado com uma jocosa sugestão de adequação, dado que *moros* significa *louco*. Nele, a Loucura se manifesta em pessoa e entoa seus louvores com grande entusiasmo. Seu texto, além de tudo, é avivado mais ainda pelas ilustrações de Holbein. A Loucura cobre todas as partes da vida humana, bem como todas as classes e profissões; todavia, não fosse por ela a raça humana chegaria à extinção, pois quem há que seja capaz de casar-se sem loucura? Como antídoto contra a sabedoria, ela aconselha que se "tome uma esposa, criatura tão inócua e tão tola, mas ao mesmo tão útil e conveniente, que é capaz de aplacar e desenrijar a inflexibilidade dos homens e seu temperamento moroso". Quem pode ser feliz sem a lisonja e o amor-próprio? Ainda assim, uma felicidade como essa é loucura. Os homens mais felizes são os que estão mais perto dos selvagens e se despojam da razão. A melhor felicidade é a que se fundamenta na ilusão, dado ser menos custosa: é mais fácil imaginar-se rei do que fazer-se um na realidade. Erasmo então faz troça do orgulho nacional e da arrogância profissional: quase todos os professores das artes e ciências são flagrantemente soberbos, extraindo sua felicidade da própria presunção.

Há passagens em que a sátira dá lugar à invectiva e a Loucura articula as posições sérias de Erasmo. Ocupam-se elas dos abusos eclesiásticos. Perdões e indulgências, mediante os quais padres "computam o tempo de permanência de cada alma no purgatório"; o culto dos santos, incluindo o da Virgem, "cujos devotos, cegos, têm por bem colocar a mãe antes do Filho"; as disputas dos teólogos acerca da Trindade e da Encarnação; a doutrina da transubstanciação; as seitas escolásticas; os papas, cardeais e bispos — tudo isso é ferozmente ridicularizado. Particularmente feroz é o ataque às ordens monásticas, cujos membros são "tolos de alma doente" dotados de pouquíssima religião, pessoas "profundamente apaixonadas por si mesmas" e "fervorosas admiradoras da própria felicidade". Comportam-se como se toda a religião consistisse em meticulosidades: "O número preciso de nós no laço das sandálias; as cores distintas de seus respectivos hábitos, bem como a matéria de que são feitos; o quão amplos e longos são seus cíngulos" — e assim por diante. "Será um deleite escutar suas alegações ante o tribunal: um alardeará como mortificou seu apetite carnal alimentando-se somente de peixe; outro ressaltará ter passado a maior parte de seu tempo no século exercitando-se no divino canto dos salmos; (...) um outro, que em sessenta anos jamais tocou em dinheiro, exceto quando por meio de um espesso par de luvas." Cristo, porém, intervirá: "Ai de vós, escribas e fariseus (...), deixei-vos um preceito e só, o de amardes uns aos outros, e não vejo nenhum de vós alegar que o cumpriu com fidelidade." Na Terra, porém, esses homens são temidos, dado que conhecem inúmeros segredos de confessionário e muitas vezes os revelam quando bêbados.

Os papas não são poupados. Eles devem imitar o Mestre pela humildade e pobreza. "Suas únicas armas deveriam ser as do Espírito, e quanto a essas são, na verdade, imensamente liberais. Consistem em interditos, suspensões, denúncias, gravames, anátemas maiores e menores, bulas clamorosas que contestam todo aquele contra o qual se voltam. Esses beatíssimos padres, ademais, nunca as emitem com tanta frequência como contra aqueles que, instigados pelo demônio e sem nenhum temor de Deus, procuram reduzir e prejudicar, de maneira perversa e maliciosa, o patrimônio de são Pedro."

Poder-se-ia supor, a partir dos trechos citados acima, que Erasmo acolhesse a Reforma, mas não foi isso o que aconteceu.

O livro tem fim com a séria sugestão de que a religião verdadeira é uma forma de Loucura. Ao longo de toda a obra, duas espécies de Loucura coexistem — uma exaltada ironicamente e outra, a sério. Exaltada a sério é aquela demonstrada na simplicidade cristã. Seu louvor se alinha ao desgosto que sente Erasmo ante a filosofia escolástica e os doutores eruditos cujo latim fugia ao latim clássico. No entanto, há também um aspecto mais profundo. Esta é, até onde sei, a primeira vez em que aparece na literatura a visão articulada pelo *Vigário saboiano* de Rousseau, segundo o qual a verdadeira religião vem não da cabeça, mas do coração, e toda teologia assaz elaborada é supérflua. Esse ponto de vista se tornou cada vez mais comum, sendo hoje amplamente aceito entre os protestantes. Em essência, trata-se de uma rejeição do intelectualismo helênico por parte do sentimentalismo do Norte.

Em sua segunda visita à Inglaterra, Erasmo permaneceu ali por cinco anos (1509-14), parte deles em Londres, parte em Cambridge. Foi grande a sua influência sobre o humanismo inglês. A educação nas escolas públicas da Inglaterra manteve-se, até há pouco, quase idêntica àquela que ele teria desejado: uma formação profunda no grego e no latim que envolvia não somente a tradução, mas também a redação em verso e prosa. A ciência, embora intelectualmente dominante desde o século XVII, era tida como indigna da atenção de um cavalheiro ou teólogo; Platão devia ser estudado, mas não os temas cujo estudo ele julgava válido. Tudo isso está de acordo com Erasmo.

Os homens do Renascimento tinham curiosidade imensa; "aqueles espíritos", diz Huizinga, "nunca se saciavam de incidentes impressionantes, de detalhes curiosos, de raridades e anomalias". De início, porém, eles buscaram tudo isso não no mundo, mas nos livros de outrora. Erasmo teve interesse pelo mundo, mas não foi capaz de digeri-lo cru; era preciso prepará-lo à maneira latina ou grega para que fosse assimilado. Histórias de viajantes eram desprezadas, mas tudo de assombroso que vinha de Plínio era tido como verdadeiro. Aos poucos, porém, a curiosidade passou dos livros ao mundo real; os homens começaram a se interessar pelos selvagens e pelos animais estranhos então descobertos, deixando de lado aqueles descritos pelos autores clássicos. Calibã vem de Montaigne, cujos canibais vêm dos viajantes. "Os antropófagos e os homens com cabeças crescendo debaixo dos ombros" haviam sido vistos por Otelo, e não extraídos da Antiguidade.

Desse modo, a curiosidade no Renascimento deixou aos poucos de ser literária para tornar-se científica. A enxurrada de fatos novos desarmou os homens de tal maneira que, no início, só lhes restou serem arrastados pela corrente. Os velhos sistemas estavam evidentemente equivocados; a física de Aristóteles, a astronomia de Ptolomeu e a medicina de Galeno não poderiam ser ampliadas de modo a abarcar as descobertas realizadas. Montaigne e Shakespeare se contentam com a confusão: a descoberta é deleitosa e tem o sistema como inimigo. Somente no século XVII é que a faculdade de elaborar sistemas se pôs à altura do novo conhecimento dos fatos. Tudo isso, contudo, nos trouxe para muito longe de Erasmo, em cuja opinião Colombo era menos interessante do que os Argonautas.

Erasmo foi homem incurável e desavergonhadamente literário. Escreveu um livro, intitulado *Enchiridion militis christiani*, para oferecer conselho aos soldados iletrados: deveriam ler a Bíblia, sim, mas também Platão, Ambrósio, Jerônimo e Agostinho. Compilou uma vasta coleção de provérbios latinos, à qual acresceu, em edições posteriores, muitos outros em grego; seu objetivo original era permitir às pessoas escrever o latim idiomaticamente. Erasmo redigiu também um livro altamente bem-sucedido de *Colóquios*, cujo intuito era ensinar como falar sobre questões corriqueiras em latim — sobre um jogo de bocha, por exemplo. Talvez isso tenha sido mais útil à época do que parece hoje. O latim era a única língua internacional, e os alunos da Universidade de Paris advinham de todo o ocidente europeu. Muitas vezes deve ter ocorrido de o latim ser o único idioma em que dois alunos conseguiam conversar.

Após a Reforma, Erasmo foi morar primeiro em Lovaina, onde uma ortodoxia católica perfeita foi conservada, e depois na Basileia, que se tornou protestante. Cada um dos lados tentou recrutá-lo, mas durante muito tempo não houve sucesso. Como vimos, Erasmo havia se manifestado com veemência acerca dos abusos eclesiásticos e da iniquidade dos papas; em 1518, ano da revolta de Lutero, o autor publicou uma sátira intitulada *Julius exclusus*, na qual descreveu Júlio II impedido de entrar no céu. A violência de Lutero, contudo, repelia-o, e Erasmo odiava a guerra. Por fim, tomou partido dos católicos. Em 1524, escreveu obra em defesa do livre-arbítrio, rejeitado por Lutero à luz de um Agostinho exagerado. Lutero respondeu-lhe com selvageria, o que levou Erasmo a uma nova resposta. Desse período até sua morte, ele se tornou cada vez menos importante. Fora sempre tímido, e a época não se prestava mais a gente assim. Para os homens honestos, as únicas alternativas honrosas eram o martírio ou a vitória. Seu amigo Thomas More se viu forçado a escolher o martírio, ao que Erasmo comentou: "Que não tivesse More se imiscuído em questões tão perigosas e deixasse a causa teológica aos teólogos!" Erasmo viveu demasiado e viu nascer uma era de novas virtudes e novos vícios — o heroísmo e a intolerância —, nenhum dos quais foi capaz de adquirir.

Thomas More (1478-1535) foi, como homem, alguém muito mais admirável do que Erasmo, mas também muito menos influente. Humanista, era ao mesmo tempo alguém de profunda piedade. Em Oxford, empenhou-se para aprender o grego, à época incomum; acreditava-se, ademais, que nutria simpatia pelos infiéis italianos. Tanto as autoridades quanto seu pai levantaram objeções, e ele foi removido da universidade. Em seguida, sentiu-se atraído pelos cartuxos, praticou austeridades radicais e cogitou ingressar na ordem. Foi dissuadido, ao que parece, pela influência de Erasmo, que havia conhecido à época. Decidiu então seguir a profissão de advogado, a mesma do pai. Em 1504, tornou-se membro do Parlamento e liderou a oposição à demanda de Henrique VII por novos impostos. Nisso foi bem-sucedido, mas o rei ficou furioso e enviou o pai de More à Torre, libertando-o, porém, mediante pagamento de £100. Com a morte do rei, em 1509, More retomou a prática do direito e caiu nas graças de Henrique VIII. Foi feito cavaleiro em 1514 e utilizado em várias embaixadas. O monarca o chamava a todo momento à corte, mas More não se apresentou; por fim, Henrique apareceu para jantar na sua casa, em Chelsea, sem ser convidado. More não se iludia quanto a ele; quando elogiado pela inclinação favorável que o rei demonstrava para consigo, respondeu: "Se minha cabeça lhe valesse um castelo na França, decerto rolaria."

Quando Wolsey caiu, o rei colocou More em seu lugar como chanceler. Ao contrário do que era à época costumeiro, More recusou todo e qualquer presente de litigantes. Logo caiu em desfavor, pois o rei estava determinado a divorciar-se de Catarina de Aragão e a tomar Ana Bolena como esposa, enquanto ele era opositor ferrenho do divórcio. Por essa razão, renunciou em 1532. Sua incorruptibilidade quando no cargo é demonstrada pelo fato de só receber £100 ao ano após a resignação. A despeito de suas opiniões, o rei o convidou para seu casamento com Ana Bolena, mas More recusou-se a comparecer. Em 1534, o monarca convenceu o Parlamento a aprovar o Ato de Supremacia, documento que declarava ele, e não o papa, a cabeça da Igreja da Inglaterra. O ato exigia um Juramento de Supremacia que More se recusou a fazer; tratava-se então, apenas, de presunção de traição, o que não acarretava pena de morte. Provou-se, contudo, mediante o relato de testemunhos muito duvidosos, que More havia dito que o Parlamento não *podia* fazer de Henrique a cabeça da Igreja; com base nisso, foi condenado por traição nacional e decapitado. Seus bens foram conferidos à princesa Isabel — Isabel I da Inglaterra —, que os conservou até o dia de sua morte.

More praticamente só é lembrado em virtude de sua *Utopia* (1518). Utopia é uma ilha do hemisfério sul onde tudo é feito da melhor maneira possível. É visitada acidentalmente por um marinheiro de nome Rafael Hitiodeu, que passa cinco anos ali e só retorna à Europa para tornar conhecidas suas sábias instituições.

A exemplo do que acontece na República de Platão, em Utopia tudo é comum, uma vez que o bem público não pode florescer onde existe propriedade privada: sem o comunismo não pode haver igualdade. No diálogo, More objeta que o comunismo tornaria os homens ociosos e destruiria o respeito nutrido pelos magistrados. A isso, porém, Rafael responde que ninguém que tivesse vivido em Utopia diria algo parecido.

Há na ilha 54 cidades. Todas se encontram no mesmo plano, salvo o fato de uma delas ser a capital. As vias têm todas vinte pés de largura e as casas privadas são exatamente iguais, com uma porta que dá para a rua e outra, para o jardim. As portas não têm trancas, e qualquer um pode ingressar em qualquer residência. Os telhados são planos. A cada dez anos, as pessoas trocam de casa — ao que parece, para evitar qualquer sentimento de posse. No campo, há fazendas; em cada uma delas, vivem não menos do que quarenta pessoas, incluindo dois escravos; cada terreno se encontra sob o domínio de um senhor e uma senhoria, ambos velhos e sábios. Os pintinhos não são chocados por galinhas, mas por incubadoras (o que não existia à época de More). Todos se vestem da mesma forma, havendo apenas uma diferença entre os trajes dos homens e mulheres e dos casados e solteiros. As modas não mudam jamais; além disso, nenhuma distinção é feita entre roupas de verão e roupas de inverno. No trabalho, usa-se couro ou pele; um paletó durará sete anos. Ao fim do expediente, o trabalhador veste uma capa de lã sobre o uniforme. Todas as capas são iguais e ostentam a cor natural da lã. Cada família produz as próprias roupas.

Todos — tanto os homens quanto as mulheres — trabalham seis horas por dia: três antes do jantar e três depois. Todos vão para a cama às oito e dormem oito horas. Lições são ministradas ao amanhecer, às quais multidões comparecem mesmo não sendo compulsórias. Após a ceia, uma hora é dedicada à recreação. Seis horas de expediente bastam porque não há nem preguiçosos, nem trabalho inútil; conosco, diz-se, mulheres, sacerdotes, ricos, servos e pedintes nada fazem de muito útil, e em virtude da existência de ricos muito esforço é gasto na produção de luxos desnecessários; tudo isso é evitado em Utopia. Às vezes, descobre-se que há excedente; nesse caso, os magistrados decretam expediente mais curto por período determinado de tempo.

Alguns são eleitos para se tornarem homens de saber; estes ficam isentos de qualquer outra atividade enquanto se mostrarem satisfatórios. Todos os que possuem relação com o governo são escolhidos dentre os eruditos. O governo tem como regime a democracia representativa, com sistema de eleição indireta; no topo há um príncipe eleito para toda a vida, mas que pode ser deposto em caso de tirania.

A vida em família é patriarcal; cada filho casado vive na casa de seu pai e é por ele governado, salvo em caso de senilidade. Se porventura a família se tornar grande demais, os filhos excedentes serão transferidos para outra. Caso uma cidade cresça em demasia, alguns de seus habitantes serão transferidos para uma segunda. Se todas as cidades crescerem assim, uma nova será construída em terreno inculto. Nada é dito quanto ao que deve ser feito quando todas as terras incultas se esgotarem. O abatimento de animais selvagens é feito, todo ele, por escravos, para que os cidadãos livres não aprendam a crueldade. Há hospitais para os doentes, e são tão excelentes que os enfermos de fato os preferem. Comer em casa é permitido, mas a maioria faz as refeições em salões comuns. Ali, o "serviço vil" é realizado por escravos, mas a preparação do alimento cabe às mulheres e o serviço, às crianças mais velhas. Os homens ocupam um banco; as mulheres, outro; mães responsáveis por filhos com menos de cinco anos permanecem em salão à parte. Todas as mulheres amamentam os próprios filhos. As crianças com mais de cinco anos, caso sejam muito novas para atuarem como garçons, "aguardam em maravilhoso silêncio" enquanto os mais velhos comem; não jantam separadamente, mas devem se contentar com os restos que lhes são dados.

No que diz respeito ao casamento, tanto os homens quanto as mulheres são punidos com rigor se não casarem virgens; além disso, o chefe de qualquer lar em que tenha havido delito estará sujeito à infâmia da negligência. Antes do casamento, noiva e noivo se veem despidos; ninguém compraria um cavalo sem antes retirar sua sela e rédeas, e considerações do gênero devem se aplicar também ao matrimônio. Permite-se o divórcio em caso de adultério ou de "caprichos intoleráveis" por parte de um dos lados, mas o culpado não pode se casar novamente. Às vezes o divórcio é concedido porque ambas as partes o desejam. Quem viola os laços matrimoniais é punido com a servidão.

Há comércio exterior, sobretudo para a obtenção de ferro, inexistente na ilha. O comércio é também utilizado para objetivos referentes à guerra. Os utopienses não pensam na glória marcial, muito embora todos aprendam como combater, tanto mulheres como homens. Eles só recorrem à guerra por três razões: para defender o próprio território quando invadido; para libertar um território aliado de invasores; e para livrar, da tirania, determinada nação oprimida. Sempre que podem, contudo, empregam mercenários que lutam em seu lugar. Os utopienses almejam que outras nações contraiam dívidas para consigo e permitem que lhes paguem mediante a provisão de mercenários. Por questões marciais, também julgam útil acumular ouro e prata, dado que podem utilizá-los para o pagamento de mercenários estrangeiros. Para si mesmos, não possuem dinheiro algum; além disso, ensinam o desprezo pelo ouro empregando-o na fabricação de penicos e de correntes para escravos. Pérolas e diamantes são usados como adornos nas crianças, mas nunca em adultos. Quando em guerra, oferecem grandes recompensas para quem assassinar o príncipe do país inimigo; recompensas ainda maiores são dadas a quem o trouxer vivo ou para o próprio príncipe, caso este resolva se render. Eles sentem compaixão pela gente simples dos países inimigos, "cientes de que são pessoas induzidas e forçadas à guerra contra a própria vontade, graças à loucura furiosa de seus príncipes e líderes". As mulheres combatem tão bem quanto os homens, mas ninguém é forçado a lutar. "As máquinas de guerra eles desenvolvem e inventam com assombrosa astúcia." Veremos que sua atitude com relação à guerra é mais sensata do que heroica, muito embora demonstrem grande coragem quando necessário.

Quanto à ética, lemos que o povo é assaz inclinado a achar que a felicidade consiste no prazer. Essa visão, contudo, não possui consequências negativas, pois eles acreditam que na vida que há de vir os bons serão recompensados e os iníquos, punidos. Não são ascetas e consideram tolice o jejum. Entre eles, as religiões são muitas, todas toleradas. Quase a totalidade da população acredita em Deus e na imortalidade; os poucos que não o fazem não são considerados cidadãos e não tomam parte na vida política, mas permanecem incólumes. Alguns santos se abstêm da carne e do matrimônio; são tidos como santos, mas não sábios. As mulheres podem se tornar sacerdotisas caso velhas e viúvas. Os sacerdotes são poucos; têm honra, mas não poder.

Os escravos são gente responsável por delitos odiosos ou estrangeiros condenados à morte em seus países, mas admitidos como servos pelos utopienses.

No caso de uma doença dolorosa e incurável, o paciente é aconselhado a cometer suicídio; caso se recuse a fazê-lo, porém, é atendido com todo o cuidado.

Rafael Hitiodeu relata que pregara o cristianismo aos utopienses e que muitos se converteram quando informados de que Cristo se opunha à propriedade privada. A importância do comunismo é enfatizada a todo momento; quase ao fim, lemos que, em todas as outras nações, "nada encontro senão certa conspiração de ricos que procuram a própria comodidade sob o nome e o título de bem comum".

Em muitos aspectos, a *Utopia* de More era espantosamente progressista. Não me refiro tanto à pregação do comunismo, que se alinhava à tradição de muitos movimentos religiosos. Penso, antes, naquilo que é dito sobre a guerra, sobre a religião e sobre a tolerância religiosa, na oposição à matança indiscriminada dos animais (há eloquentíssima passagem sobre a caça) e na defesa de um direito criminal brando. (O livro começa com um argumento contra a pena de morte por roubo.) É preciso admitir, porém, que a vida na Utopia de More seria, como na grande maioria delas, intoleravelmente maçante. A diversidade é essencial à felicidade, e ali ela quase não há. Trata-se de um defeito de todos os sistemas sociais planejados — tanto dos reais quanto dos imaginários.

5

A Reforma e a Contrarreforma

A Reforma e a Contrarreforma representam, cada uma, a rebelião de nações menos civilizadas contra o domínio intelectual italiano. Na Reforma, a revolta também teve contornos políticos e teológicos: a autoridade do papa foi rejeitada e o tributo por ele obtido graças ao poder das chaves deixou de ser pago. Quanto à Contrarreforma, houve revolta apenas contra a liberdade intelectual e moral do Renascimento italiano; o poder do papa não se reduziu — antes, cresceu, ao mesmo tempo que ficou claro que sua autoridade era incompatível com a lassidão indolente dos Bórgia e Médici. *Grosso modo*, a Reforma foi alemã e a Contrarreforma, espanhola; as guerras religiosas eram, ao mesmo tempo, guerras entre a Espanha e seus inimigos, as quais coincidiram com o período em que o poder espanhol logrou seu ponto mais alto.

Nas nações do Norte, a atitude da opinião pública ante a Itália renascentista fica clara à luz de um ditado inglês da época:

Um inglês à italiana
É o diabo em forma humana.

Cumpre observar que muitos dos vilões de Shakespeare são italianos. Iago talvez seja o exemplo de maior destaque, mas mais ilustrativo é o Iachimo de *Cimbelino*, responsável por desencaminhar o virtuoso bretão que viaja pela Itália e que vai à Inglaterra a fim de praticar seus truques perversos contra nativos ingênuos. A indignação moral contra os italianos teve muito que ver com a Reforma. Infelizmente, trazia consigo também o repúdio intelectual daquilo que a Itália tinha dado à civilização.

Os três grandes da Reforma e da Contrarreforma foram Lutero, Calvino e Inácio de Loyola. No plano intelectual, se comparados aos italianos imediatamente precedentes ou a homens como Erasmo e More, a filosofia de todos os três é medieval. Na filosofia, o século que se seguiu ao início da Reforma é árido. Lutero e Calvino retornaram a santo Agostinho, mas só conservaram a parte de seu ensinamento que trata da relação da alma com Deus, e não aquela que diz respeito à Igreja. Sua teologia se desdobrava de tal maneira que acabou por reduzir o poder eclesiástico. Aboliram o purgatório, donde a alma dos mortos poderia ser liberta mediante missas. Rejeitaram a doutrina das indulgências, da qual dependia parte considerável da renda papal. Mediante a doutrina da predestinação, a sina da alma após a morte tornou-se completamente independente da ação dos sacerdotes. Inovações como essa, embora úteis na luta contra o papado, impediram as igrejas protestantes de se tornarem tão poderosas nos países protestantes quanto era a Igreja Católica nos países católicos. Os teólogos do protestantismo eram (ao menos no início) tão fanáticos quanto os católicos, mas desfrutavam de menor poder e, portanto, não eram tão capazes de causar mal.

Praticamente desde o início houve divisão entre os protestantes quanto à autoridade do Estado em matérias religiosas. Lutero mostrou-se disposto a reconhecer o príncipe como cabeça da Igreja de seu país sempre que este se dissesse protestante. Na Inglaterra, Henrique VIII e Isabel reivindicaram vigorosamente esse direito, bem como os príncipes da Alemanha, da Escandinávia e (após a revolta contra a Espanha) da Holanda. Isso acelerou a tendência, já existente, ao aumento do poder dos reis.

Contudo, os protestantes que levavam a sério os aspectos individualistas da Reforma estiveram tão pouco dispostos a se submeterem ao rei quanto o papa. Os anabatistas, na Alemanha, foram suprimidos, mas sua doutrina se espalhou pela Holanda e pela Inglaterra. O conflito entre Cromwell e o Longo Parlamento assumiu diversos aspectos; no teológico, tratou-se em parte de uma rixa entre os que rejeitavam e os que aceitavam a visão de que o Estado deveria dar a palavra final em questões de religião. Aos poucos, o desgaste causado pelas guerras religiosas levou ao crescimento da crença na tolerância, uma das fontes do movimento que se converteria no liberalismo dos séculos XVIII e XIX.

O sucesso protestante — de início, impressionantemente rápido — foi refreado sobretudo graças à criação, por Inácio de Loyola, da ordem jesuíta. Inácio fora soldado, e sua ordem seguiu modelos militares; a obediência ao superior geral era inquestionável, e todo jesuíta deveria travar guerra contra a heresia. Já à época do Concílio de Trento, os jesuítas começaram a exercer influência. Eram disciplinados e capazes, homens inteiramente dedicados à causa, propagandistas hábeis. Sua teologia se opunha à dos protestantes: rejeitavam aqueles mesmos elementos de santo Agostinho que estes enfatizavam. Acreditavam no livre-arbítrio e se opunham à predestinação. A salvação não se dava apenas mediante a fé, mas pela fé e por obras. Os jesuítas alcançaram prestígio por seu zelo missionário, em especial no Extremo Oriente. Como confessores, tornaram-se populares (se dermos crédito a Pascal) por serem mais lenientes do que os outros eclesiásticos, exceto no que dizia respeito à heresia. Concentravam-se na educação e, assim, exerceram enorme influência sobre o espírito dos jovens. Sempre que a teologia não interferiu, a educação por eles oferecida foi a melhor possível; veremos que ensinaram a Descartes mais matemática do que ele aprenderia em qualquer outro lugar. Politicamente, formavam um corpo único e disciplinado que não hesitava ante nenhum perigo e nenhum esforço; eles instigaram os príncipes católicos a praticarem uma perseguição incansável e, na esteira dos exércitos espanhóis conquistadores, reestabeleceram o terror da Inquisição até mesmo na Itália, que estivera vivenciando quase um século de pensamento livre.

Os resultados da Reforma e da Contrarreforma na esfera intelectual foram, de início, inteiramente negativos, mas ao final acabaram se mostrando benéficos. A Guerra dos Trinta Anos convenceu a todos de que nem os protestantes nem os católicos poderiam sair completamente vitoriosos; era preciso abandonar a esperança medieval na unidade de doutrina, e isso deu aos homens maior liberdade para pensarem por si sós mesmo em questões basilares. A diversidade de credos nos mais diferentes países permitiu que as pessoas fugissem da perseguição indo morar em lugar estrangeiro. A repulsa pela guerra teológica cada vez mais voltou a atenção dos competentes para o saber secular, em especial à matemática e à ciência. Essas são algumas das razões que explicam o fato de o século XVII conter os nomes de maior destaque na filosofia e realizar o progresso filosófico mais notável desde os tempos gregos, não obstante o século XVI posterior à ascensão de Lutero tenha sido, nesse aspecto, bastante árido. Esse progresso teve início na ciência, e é com ela que começarei o capítulo seguinte.

6
O surgimento da ciência

Quase tudo o que distingue o mundo moderno dos séculos anteriores pode ser atribuído à ciência, que viu realizados no século XVII os seus triunfos mais espetaculares. O Renascimento italiano, muito embora não seja medieval, não é também moderno; antes, assemelha-se mais à melhor época da Grécia. O século XVI, absorvido como esteve na teologia, é mais medieval do que o mundo de Maquiavel. O mundo moderno, ao menos no que diz respeito à perspectiva intelectual, tem início no século XVII. Nenhum italiano do Renascimento seria ininteligível a Platão ou Aristóteles; Lutero deixaria Tomás de Aquino horrorizado, mas não lhe seria difícil compreendê-lo. Com o século XVII é diferente: nem Platão, nem Aristóteles, nem Tomás, nem Ockham compreenderiam uma só linha de Newton.

Os novos conceitos introduzidos pela ciência influenciaram profundamente a filosofia moderna. Descartes, em certo sentido seu fundador, foi ele mesmo um dos criadores da ciência do século XVII. Algo deve ser dito sobre os métodos e resultados da astronomia e da física antes que seja possível compreender a atmosfera mental do período em que a filosofia moderna teve início.

Quatro homens de destaque — Copérnico, Kepler, Galileu e Newton — ocupam posição preeminente na criação da ciência. Copérnico pertence ao século XVI, mas pouca influência exerceu em sua época.

Copérnico (1473-1543) foi eclesiástico polonês de incontestável ortodoxia. Na juventude, viajou pela Itália e absorveu algo da atmosfera renascentista. Em 1500, ocupou o leitorado ou a cátedra de matemática em Roma, mas no ano de 1503 retornou para sua terra natal, onde foi feito cônego de Frombork. Grande parte do seu tempo, ao que parece, foi dedicada ao combate dos alemães e à reforma da moeda, mas seu ócio era destinado à astronomia. Logo, passou a achar que o sol se encontra no centro do universo e que a Terra possui movimento duplo: uma rotação diurna e uma revolução anual ao redor do sol. O medo da censura eclesiástica fê-lo adiar a publicação de suas visões, muito embora tenha permitido que se tornassem conhecidas. Sua principal obra, *De revolutionibus orbium cœlestium*, veio a público no ano de sua morte (1543), trazendo um prefácio de seu amigo Osiander, que dizia que a teoria heliocêntrica só era formulada, ali, como hipótese. Não se sabe ao certo o quanto Copérnico encorajou essa declaração, mas a questão não é tão relevante: ele mesmo fez afirmações similares no corpo do livro.[1] A obra é dedicada ao papa e escapou da condenação católica oficial até a época de Galileu. A Igreja que Copérnico viu em vida era mais liberal do que viria a se tornar após o Concílio de Trento, os jesuítas e a renovada Inquisição levarem a cabo seus trabalhos.

A atmosfera da obra de Copérnico não é moderna; antes, talvez seja possível denominá-la pitagórica. É para ele axiomático que todas as moções celestes são circulares e uniformes, e como os gregos Copérnico também se deixou influenciar por motivos estéticos. Ainda há epiciclos em seu sistema, muito embora seus centros se encontrem no sol — ou, antes, perto dele. O fato de o sol não estar precisamente no centro desfigurou a simplicidade de sua teoria. Não obstante tivesse notícia das doutrinas pitagóricas, Copérnico não parece ter conhecido a teoria heliocêntrica de Aristarco; todavia, não há em suas especulações nada que não pudesse ter ocorrido a um astrônomo grego. Importante em seu trabalho foi o destronamento da Terra, que perdeu sua preeminência geométrica. No longo prazo, isso tornaria difícil conferir ao homem a importância cósmica que lhe atribui a teologia cristã, mas consequências assim não teriam sido jamais aceitas por Copérnico, que tinha ortodoxia sincera e se opôs à visão de que sua teoria contradizia a Bíblia.

Na teoria copernicana, havia dificuldades reais. A maior delas estava na ausência da paralaxe estelar. Se a Terra, em qualquer ponto

[1] Veja-se *Three Copernican Treatises*, traduzido por Edward Rosen, Chicago, 1939.

de sua órbita, encontra-se a 186 milhões de milhas do ponto em que estará daqui a seis meses, a posição aparente das estrelas deve se alterar — do mesmo modo como o barco que mostra-se ao norte quando visto de determinado ponto da costa não estará ao norte quando visto de outro. Paralaxe nenhuma foi observada, e Copérnico corretamente inferiu que as estrelas fixas deveriam estar muito mais distantes do que o sol. Somente no século XIX a técnica de medição tornou-se precisa o suficiente para identificar a paralaxe das estrelas, e isso apenas no caso de algumas estrelas mais próximas.

Outra dificuldade dizia respeito aos corpos cadentes. Se a Terra gira continuamente do oeste para o leste, um corpo que deixemos cair não deve fazê-lo para um ponto verticalmente inferior ao seu ponto de partida, e sim para um ponto mais ocidental, uma vez que a Terra terá se deslocado durante o tempo de queda. A resposta a essa dificuldade foi encontrada pela lei da inércia de Galileu, mas à época de Copérnico não havia resolução nenhuma a seu alcance.

Há um interessante livro de E. A. Burtt, intitulado *The Metaphysical Foundations of Modern Physical Science* (1925), que formula com enorme vigor as muitas crenças infundadas dos responsáveis por instituir a ciência moderna. O autor assinala, com justiça, que à época de Copérnico não existia nenhum fato conhecido que obrigasse a adoção de seu sistema e que vários, por sua vez, o contrariavam. "Os empiristas contemporâneos, caso vivessem no século XVI, teriam sido os primeiros a zombar da nova filosofia do universo." O objetivo geral da obra é descreditar a ciência moderna sugerindo que suas descobertas foram acidentes casuais nascidos do acaso, a partir de superstições tão grosseiras quanto aquelas da Idade Média. A meus olhos, porém, há nisso incompreensão da postura científica: não é aquilo *em que* o homem de ciência acredita o que o distingue, e sim *como* e *por que* essa crença se dá. Suas crenças são experimentais, e não dogmáticas; fundamentam-se em evidências, e não na autoridade ou na intuição. Copérnico estava certo quando chamou de hipótese sua teoria; seus opositores se equivocaram quando acharam que novas hipóteses eram indesejáveis.

Os homens que fundaram a ciência moderna possuíam dois méritos que não andam necessariamente juntos: enorme paciência na observação e grande audácia na articulação das hipóteses. Do segundo deles foram dotados os primeiros filósofos gregos; do primeiro, em grande medida, os astrônomos tardios da Antiguidade. Ninguém entre os antigos, porém, exceto talvez Aristarco, possuiu a ambos, bem como nenhum medieval. Copérnico, a exemplo de seus grandes sucessores, teve os dois. Valendo-se dos instrumentos disponíveis à época, ele conheceu tudo o que havia para ser conhecido sobre o movimento aparente dos corpos celestes na esfera celestial; percebeu que a rotação diurna da Terra era hipótese mais econômica do que a revolução de todas as esferas do céu. Segundo os pontos de vista modernos, dos quais todos tomam o movimento como algo relativo, a simplicidade é o único ganho que advém dessa hipótese. Não era essa, contudo, a visão dos contemporâneos. Quanto à revolução anual da Terra, houve novamente simplificação, mas não tão notável quanto aquela da rotação diurna. Copérnico ainda precisou de epiciclos, não obstante em menor quantidade do que a que se fazia necessária no sistema ptolomaico. Somente quando Kepler descobriu suas leis é que a nova teoria logrou simplicidade plena.

À parte seu efeito revolucionário sobre a imaginação cósmica, foram dois os grandes méritos da nova astronomia: primeiro, reconhecer que talvez fosse falso tudo aquilo que vinha sendo acreditado desde os tempos antigos; depois, mostrar que a verificação da verdade científica está no encontro da compilação paciente dos fatos com a suposição audaciosa das leis que os vinculam. Nenhum desses méritos teve tão completo desenvolvimento em Copérnico como em seus sucessores, mas já os encontramos em grau altíssimo na sua obra.

Alguns dos homens a que Copérnico comunicou sua teoria eram luteranos de origem alemã, mas quando Lutero a descobriu mostrou-se profundamente desnorteado. "As pessoas", disse, "dão crédito a um astrólogo arrivista que empenhou-se para demonstrar que move-se a Terra, e não os céus ou o firmamento, o sol e a lua. Quem quiser assumir a aparência de sábio deverá desenvolver novo sistema que, de todos, seja sem dúvida o melhor. Esse tolo tem por objetivo inverter toda a ciência da astronomia; as Escrituras, entretanto, dizem que Josué mandou que o sol se detivesse, e não a Terra." De modo semelhante, Calvino contestou Copérnico com o texto: "A Terra, que também ele estabeleceu, não será abalada" (Salmo XCIII, 1); e exclamou ainda: "Quem ousará conferir, a Copérnico, autoridade maior que a do Espírito Santo?" O clero protestante era ao menos tão fanático quanto os eclesiásticos católicos, mas mesmo assim passou a haver mais liberdade especulativa nos países que professavam o protestantismo, uma vez que neles o clero desfrutava de poder reduzido. O aspecto relevante do protestantismo não foi a heresia, mas o cisma; foi ele o responsável pela criação das Igrejas nacionais, que não tinham força suficiente para controlar o governo laico. Tudo isso representou enorme ganho, pois, em todas as partes, as Igrejas se opunham tanto quanto lhes era possível às inovações que elevavam a felicidade ou o conhecimento na Terra.

Copérnico não esteve em posição de oferecer qualquer evidência conclusiva em favor de sua hipótese, e durante longo tempo os astrônomos a rejeitaram. O próximo astrônomo de relevância foi Tycho Brahe (1546-1601), homem que adotou posição intermediária: afirmou que o sol e a lua giram ao redor da Terra, mas que os planetas o fazem ao redor do sol. Teoricamente, não foi muito original, mas ofereceu dois bons argumentos contra a visão de Aristóteles segundo a qual é imutável tudo o que existe acima da lua. Um deles veio da observação de uma nova estrela em 1572: descobriu-se que não possuía paralaxe diária e, portanto, deveria estar mais distante do que a lua. O outro, da observação dos cometas: também descobriu-se que eram distantes. O leitor se lembrará da doutrina de Aristóteles que diz que a mudança e a decadência se limitam à esfera sublunar; a exemplo de tudo o mais que Aristóteles afirmou sobre temas científicos, também isso foi um obstáculo ao progresso.

A importância de Tycho Brahe não esteve em sua atuação como teórico, mas em sua atuação como observador — primeiro, sob o patrocínio do rei da Dinamarca; depois, sob o imperador Rodolfo II. Brahe elaborou um catálogo de estrelas e observou a posição dos planetas ao longo de muitos anos. Ao fim de sua vida, teve Kepler, à época jovem, como assistente. Para Kepler, as observações de Brahe foram inestimáveis.

Kepler (1571-1630) é um dos exemplos mais notáveis do que a paciência pode alcançar quando se carece de grandes traços de genialidade. Ele foi o primeiro astrônomo importante, depois de Copérnico, a adotar a teoria heliocêntrica, mas os dados de Tycho Brahe mostraram que o heliocentrismo não poderia estar correto em sua forma copernicana. Sofreu influência do pitagorismo e viu-se mais ou menos inclinado ao culto do sol, não obstante fosse bom protestante. Esses motivos sem dúvida o fizeram pender à hipótese heliocêntrica. Seu pitagorismo também o levou a seguir o *Timeu* de Platão na crença de que o significado cósmico deve ter relação com os cinco sólidos regulares. Ele os empregou a fim de elaborar hipóteses para si mesmo; por fim, uma delas funcionou.

O grande feito de Kepler foi a descoberta das três leis do movimento planetário. Duas ele publicou no ano de 1609; a terceira, em 1619. A primeira lei afirma: os planetas descrevem órbitas elípticas, das quais o sol é um foco. A segunda: a linha que une um planeta ao sol cobre áreas iguais em tempos iguais. E a terceira: o quadrado do período de revolução de um planeta é proporcional ao cubo da distância média entre ele e o sol.

A título de explicação, algo deve ser dito sobre a importância dessas leis.

As primeiras duas, à época de Kepler, só poderiam ser *demonstradas* no que dizia respeito a Marte; com os outros planetas, as observações eram compatíveis, mas não a ponto de prová-las definitivamente. Entretanto, pouco tempo levou para que a confirmação decisiva fosse encontrada.

A descoberta da primeira lei — segundo a qual os planetas se movem em elipse — exigiu um esforço de desligamento da tradição muito maior do que o homem moderno é capaz de imaginar. A única coisa com a qual todos os astrônomos estiveram de acordo, sem nenhuma exceção, era o fato de cada um dos movimentos celestes ser circular ou composto de movimentos circulares. Onde os círculos se mostravam inadequados à explicação dos movimentos planetários, eram empregados epiciclos. O epiciclo é a curva traçada pelo ponto de um círculo que desliza ao longo de outro círculo. Tomemos uma grande roda, por exemplo, e fixemo-la horizontalmente sobre o solo; tomemos então uma roda menor (também em posição horizontal sobre o solo) atravessada por um prego e a façamos girar ao longo da maior, com a ponta do prego tocando o chão. Veremos, em seguida, que a marca do prego no chão traçará um epiciclo. Em relação ao sol, a órbita da lua é mais ou menos assim: a Terra descreve — aproximadamente — um círculo ao redor do sol, enquanto a lua traça um círculo ao redor da Terra. Isso, porém, não passa de uma aproximação. À medida que as observações foram se tornando mais precisas, descobriu-se que nenhum sistema de epiciclos estaria em plena conformidade com os fatos. A hipótese de Kepler revelou-se muito mais concorde às posições registradas de Marte do que a teoria de Ptolomeu, ou mesmo a de Copérnico.

A substituição dos círculos pelas elipses exigiu o abandono do viés estético que pautara a astronomia desde Pitágoras. O círculo era uma figura perfeita e as orbes celestes eram corpos sem defeitos; originalmente, haviam sido deuses, e mesmo em Platão e Aristóteles foram intimamente relacionadas às divindades. Parecia óbvio que um corpo perfeito deveria mover-se segundo uma figura perfeita. Além disso, uma vez que os corpos celestes se deslocam com liberdade, sem serem empurrados ou puxados, seu movimento deve ser "natural". Ora, era fácil acreditar na existência de algo "natural" quando se tratava de um círculo, mas não de uma elipse. Desse modo, foi preciso que muitos preconceitos profundamente arraigados fossem rejeitados antes de a primeira lei de Kepler ser aceita. Antigo nenhum, nem mesmo Aristarco de Samos, antecipara uma tal hipótese.

A segunda lei lida com a velocidade variável do planeta nos diferentes pontos de sua órbita. Se S é o sol e P_1, P_2, P_3, P_4 e P_5 são as sucessivas posições do planeta em intervalos iguais de tempo — em intervalos de um mês, digamos —, a lei de Kepler afirma que as áreas P_1SP_2, P_2SP_3, P_3SP_4 e P_4SP_5 são as mesmas. O planeta, portanto, se move mais rápido quando mais próximo do sol e mais devagar quando mais distante. Isso, mais uma vez, era algo desnorteador: um planeta deveria ser assaz grandioso para apressar-se num instante e delongar-se em outro.

A terceira lei era importante porque comparava o movimento de diferentes planetas quando as outras duas apenas lidavam com os vários planetas isoladamente. Ela diz: se r é a distância média entre um planeta e o sol; e se T é a extensão de seu ano, r^3 dividido por T^2 é igual para todos os planetas diferentes. Essa lei forneceu a prova (no que diz respeito ao sistema solar) da lei do inverso do quadrado que Newton formulou para a gravitação. Disso, porém, trataremos mais tarde.

Galileu (1564-1642) é o maior de todos os fundadores da ciência moderna, exceção feita, talvez, a Newton. Ele nasceu no dia em que Michelangelo morreu e faleceu no mesmo ano em que Newton veio ao mundo. Confio esses fatos àqueles (caso existam) que porventura ainda acreditam na metempsicose. Galileu é importante como astrônomo, decerto, mas talvez o seja ainda mais como fundador da dinâmica.

Em primeiro lugar, Galileu descobriu a relevância da *aceleração*. "Aceleração" consiste na mudança da velocidade — seja em magnitude, seja em direção; por conseguinte, um corpo que se move uniformemente num círculo possui, a todo momento, certa aceleração rumo ao centro da esfera. Na linguagem em voga antes de seu tempo, poderíamos dizer que Galileu tratou o movimento uniforme em linha reta como o único "natural", fosse sobre a Terra, fosse nos céus. Era tido como "natural" que os corpos celestes se movessem em círculos e que os corpos terrenos se deslocassem em linha reta; ao mesmo tempo, cria-se que os corpos terrestres moventes aos poucos deixariam de se mover caso deixados por si sós. Contra essa perspectiva, Galileu afirmou que todo corpo, quando sozinho, continuará a se deslocar em linha reta com uma velocidade uniforme; qualquer mudança, tanto na rapidez quanto na direção do movimento, deve ser explicada como se causada por alguma "força". Esse princípio enunciou Newton como a "primeira lei do movimento", a qual é também conhecida como lei da inércia. Retornarei a ela adiante; primeiro, algo deve ser dito acerca das minúcias das descobertas de Galileu.

Galileu foi o primeiro a estabelecer a lei dos corpos cadentes. Graças ao conceito de "aceleração", trata-se de uma lei de extrema simplicidade. Segundo ela, a aceleração de um corpo em queda livre é constante, exceto na medida em que a resistência do ar venha a interferir; ademais, a aceleração é a mesma para todos os corpos, sejam eles pesados ou leves, grandes ou pequenos. A prova completa dessa lei só se tornaria acessível quando da invenção da bomba de ar, por volta de 1654. Depois disso, fez-se possível observar os corpos caindo praticamente no vácuo, o que conduziu à descoberta de que as plumas caíam tão rapidamente quanto o chumbo. O que Galileu demonstrou foi a inexistência de uma diferença mensurável entre agregados grandes e pequenos da mesma substância. Até sua época, cria-se que um grande bloco de chumbo cairia mais rápido do que um bloco menor, mas Galileu mostrou mediante experimentos que não era esse o caso. A mensuração, à época, não era atividade tão precisa quanto viria a ser; não obstante, foi possível chegar à verdadeira lei dos corpos cadentes.

Se determinado corpo se encontra em queda livre no vácuo, sua velocidade aumenta em ritmo constante. Ao fim do primeiro segundo, sua velocidade será de 32 pés; ao fim de mais um segundo, 64; ao fim do terceiro, 96 pés por segundo — e assim por diante. A aceleração, isto é, o ritmo em que a velocidade aumenta, é sempre a mesma; a cada segundo, o acréscimo de velocidade é de (aproximadamente) 32 pés.

Galileu também estudou os projéteis, tema de grande relevância para o duque da Toscana, seu empregador. Acreditava-se que um projétil lançado horizontalmente continuaria a se mover na horizontal por determinado período de tempo e, de súbito, daria início a uma queda vertical. Seguindo a lei da inércia, Galileu demonstrou que, à parte a resistência do ar, a velocidade horizontal permaneceria constante, mas seria acrescida uma velocidade vertical que aumentaria de acordo com a lei dos corpos cadentes. Para descobrirmos como o projétil se movimentará durante um curto período — um segundo, digamos — após ter sido lançado, procederemos da seguinte maneira: caso não estivesse caindo, o objeto percorreria uma distância horizontal igual àquela que percorrera no primeiro segundo de seu voo. Ademais, caso não estivesse se movendo horizontalmente, mas apenas caindo, cairia em direção vertical com velocidade proporcional ao tempo transcorrido desde o início do voo. Com efeito, seu deslocamento espacial é aquele que seria caso primeiro se movesse com a velocidade inicial por um segundo, e, depois, caísse verticalmente por um segundo com uma velocidade proporcional ao tempo durante o qual estivera voando. Um cálculo simples demonstra que seu curso consequente é uma parábola; exceto na medida em que a resistência do ar interfere, é isso o que a observação demonstra.

O que se disse acima é exemplo simples de um princípio que se mostrou imensamente frutuoso no campo da dinâmica: o princípio de que, quando várias forças agem ao mesmo tempo, o efeito obtido é tal que é como se cada uma operasse em turnos. Isso, por sua vez, é parte de um princípio mais genérico que recebeu o nome de regra do paralelogramo. Suponhamos, por exemplo, que você está no convés de um navio em movimento e o atravessa a pé. Enquanto caminha, o navio se movimentou; em relação à água, portanto, você se deslocou tanto para frente quanto transversalmente à direção em que a embarcação se desloca. Se porventura quiser saber aonde chegará em relação à água, poderá muito bem considerar que primeiro ficou parado enquanto o navio se movia e, depois, durante igual período de tempo, o navio permaneceu parado enquanto você o atravessava. O mesmo princípio se aplica às forças. Isso possibilita o cálculo do efeito total de uma série de forças e torna exequível a análise dos fenômenos físicos, desvelando as leis isoladas das várias forças a que os corpos moventes se encontram sujeitos. Foi Galileu quem elaborou esse método imensamente frutuoso.

Em tudo o que venho dizendo, procurei me exprimir tanto quanto possível na linguagem do século XVII. A linguagem moderna é diferente em aspectos importantes, mas, para explicarmos aquilo que o século XVII conquistou, é desejável por ora adotar suas formas de expressão.

A lei da inércia solucionou um quebra-cabeça que, antes de Galileu, o sistema copernicano fora incapaz de solucionar. Caso deixemos uma pedra cair do alto de uma torre, ela cairá, como já se observou, ao pé da torre, e não ao oeste. Ao mesmo tempo, se a Terra continua a girar, ela deve ter se deslocado por certa distância durante a queda do objeto. Isso não acontece porque a pedra conserva a velocidade de rotação que, antes de ser largada, partilhava com tudo o mais que se encontra sobre a superfície terrestre. De fato, se a torre fosse alta o bastante, verificar-se-ia efeito contrário ao esperado pelos oponentes de Copérnico. A parte alta da torre, por estar mais distante do centro terrestre do que a base, move-se com maior velocidade, e portanto a pedra deveria cair um pouco mais ao leste. Tal efeito, porém, seria pequeno demais para ser mensurado.

Galileu adotou fervorosamente o sistema heliocêntrico; travou correspondência com Kepler e aceitou suas descobertas. Ao descobrir que um holandês havia inventado o telescópio, construiu um para si mesmo e logo descobriu uma série de coisas importantes: notou que a Via Láctea consiste numa multiplicidade de estrelas distintas; observou as fases de Vênus, que Copérnico soubera implícitas em sua teoria mas não fora capaz de perceber a olho nu; descobriu os satélites de Júpiter, por ele denominados, em homenagem a seu empregador, "sidera medicea". Além disso, verificou que esses mesmos satélites obedeciam às leis de Kepler. Havia, porém, uma dificuldade. Sempre haviam sido sete os corpos celestes: os cinco planetas, o sol e a lua.

Ora, sete é número sagrado. O sábado não era o sétimo dia? Não havia o candelabro de sete braços e as sete igrejas da Ásia? O que, então, poderia ser mais adequado do que a existência de sete corpos celestes? Contudo, se precisarmos acrescentar as quatro luas de Júpiter, teremos onze deles — número que carece de toda e qualquer propriedade mística. Com base nisso, os tradicionalistas condenaram o telescópio, se recusaram a olhar através dele e afirmaram que o instrumento só revelava ilusões. Galileu escreveu a Kepler expressando o desejo de que pudessem rir juntos da estupidez da "turba"; o resto de sua carta deixa claro que a "turba" consistia nos professores de filosofia que tentavam desconjurar as luas de Júpiter por meio de "pedantismos lógicos, como se fossem encantamentos mágicos".

Galileu, como é de conhecimento de todos, foi condenado pela Inquisição — primeiro em particular, no ano de 1616, e depois publicamente, em 1633, quando deu para trás e prometeu jamais voltar a afirmar que a Terra girava ou revolvia. A Inquisição conseguiu dar termo à ciência na Itália, onde não recobraria o vigor durante séculos. No entanto, foi incapaz de impedir que os homens de ciência adotassem o heliocentrismo e causou considerável dano à Igreja, em virtude de sua estupidez. Felizmente, houve países protestantes em que o clero, não obstante ansiasse por estorvar a ciência, viu-se incapaz de tomar o controle do Estado.

Newton (1642-1727) foi o responsável pelo triunfo derradeiro e pleno a que Copérnico, Kepler e Galileu haviam preparado o caminho. Partindo de suas três leis do movimento — das quais as duas primeiras se deveram a Galileu —, ele demonstrou que as três leis de Kepler equivalem à proposição de que todo planeta possui, a todo momento, uma aceleração em direção ao sol que varia inversamente ao quadrado da distância entre o sol e o astro. Seguindo a mesma fórmula, mostrou também que a aceleração em direção à Terra e ao sol explica o movimento da lua e que a aceleração dos corpos cadentes sobre a superfície terrestre também tem relação com a aceleração lunar, segundo a lei do inverso do quadrado. Newton definiu "força" como a causa da alteração do movimento, isto é, da aceleração. Desse modo, foi capaz de enunciar a lei da gravitação universal: "Todo corpo atrai outro com força diretamente proporcional ao produto de suas massas e inversamente proporcional ao quadrado da distância entre ambos." A partir dessa fórmula, foi possível deduzir tudo aquilo que se refere à teoria planetária: o movimento dos planetas e seus satélites, a órbita dos cometas, as marés. Posteriormente, ficou claro que mesmo os desvios mais insignificantes das órbitas elípticas poderiam ser deduzidos a partir da lei de Newton. O triunfo era tão pleno que Newton correu o risco de tornar-se outro Aristóteles e impor barreira insuperável ao progresso. Na Inglaterra, um século precisou se passar, desde a sua morte, para que os homens se libertassem o suficiente de sua autoridade e realizassem trabalhos originais relevantes acerca dos temas sobre os quais Newton se debruçara.

O século XVII foi notável não somente na astronomia e na dinâmica, mas também em muitas outras esferas ligadas à ciência.

Tomemos, primeiro, a questão dos instrumentos científicos.[2] O microscópio composto foi inventado pouco antes do século XVII, em cerca de 1590. O telescópio, em 1608 por um holandês de nome Lippershey, não obstante tenha sido Galileu quem deu ao instrumento seu primeiro uso sério para fins científicos. Galileu também inventou o termômetro — ou ao menos é o que parece provável. Torricelli, seu pupilo, foi o responsável pelo barômetro. Guericke (1602-86) concebeu a bomba de ar. Os relógios, embora não constituíssem novidade, foram amplamente aprimorados no século XVII, sobretudo graças ao trabalho de Galileu. Em virtude de invenções como essas, a observação científica tornou-se muito mais precisa e abrangente do que havia sido em qualquer período anterior.

Em seguida, havia o importante trabalho realizado em áreas que não a astronomia e a dinâmica. Gilbert (1540-1603) publicou sua grande obra sobre o magnetismo em 1600. Harvey (1578-1657) descobriu a circulação do sangue e divulgou seu achado em 1628. Leeuwenhoek (1632-1723) identificou os espermatozoides (não obstante outro homem, chamado Stephen Hamm, os tivesse aparentemente descoberto alguns meses antes); Leeuwenhoek também descobriu os protozoários ou organismos unicelulares, e até mesmo a bactéria. Robert Boyle (1627-91) foi, como se dizia às crianças quando de minha juventude, "pai da química e filho do conde de Cork"; é hoje lembrado sobretudo por causa da "lei de Boyle", segundo a qual,

[2] Sobre o tema, veja-se o capítulo "Scientific Instruments" em *A History of Science, Technology, and Philosophy in the Sixteenth and Seventeenth Centuries*, de A. Wolf.

numa determinada quantidade de gás e sob determinada temperatura, a pressão será inversamente proporcional ao volume.

Até aqui, nada falei sobre os avanços realizados na matemática pura, mas foram eles imensos e indispensáveis a grande parte da atividade das ciências físicas. Napier publicou a invenção dos logaritmos em 1614. A geometria de coordenadas nasceu do trabalho de vários matemáticos do século XVII; destaca-se, entre todas, a contribuição de Descartes. O cálculo diferencial e o cálculo integral foram inventados de maneira independente por Newton e Leibniz; trata-se de instrumento utilizado por quase toda a matemática de alto nível. Esses são apenas os feitos mais impressionantes alcançados no âmbito da matemática pura; houve ainda inúmeros outros de grande relevância.

O resultado da atividade científica sobre a qual nos temos debruçado foi a completa transformação da visão de mundo dos eruditos. No início do século, Thomas Browne tomava parte em julgamentos por bruxaria; no final, algo do gênero seria impossível. À época de Shakespeare, os cometas ainda eram tidos como presságios; após a publicação dos *Principia* de Newton, em 1687, sabia-se que ele e Halley haviam calculado a órbita de certos cometas e que elas obedeciam à lei da gravitação tanto quanto os planetas. O domínio da lei tomara conta da imaginação dos homens, transformando a magia e a feitiçaria em atividades incríveis. Em 1700, a perspectiva intelectual dos homens cultos era de todo moderna; em 1600, salvo entre alguns poucos, mostrava-se ainda amplamente medieval.

No que resta deste capítulo, procurarei articular de maneira sucinta tanto as crenças filosóficas que se seguiram à ciência do século XVII quanto alguns dos aspectos em que a ciência moderna difere daquela de Newton.

O que primeiro deve ser observado é a eliminação de quase todos os traços de animismo das leis da física. Muito embora não o declarassem às claras, os gregos evidentemente achavam que a faculdade do movimento era um sinal de vida. Segundo o que corriqueiramente se observa, parece que os animais se movem por si sós, ao passo que a matéria morta só se movimenta quando impulsionada por força externa. A alma de um animal possui, em Aristóteles, funções diversas, das quais uma é deslocar o corpo. O sol e os planetas, no pensamento grego, tendiam a ser concebidos como deuses, ou ao menos como corpos regulados e movimentados por eles. Anaxágoras pensou o contrário, mas era impiedoso. Demócrito pensou o contrário, mas foi negligenciado — exceto pelos epicuristas — em favor de Platão e Aristóteles. Os 47 ou 55 motores imóveis de Aristóteles são espíritos divinos e fonte final de todo o movimento dado nos céus. Por si sós, todos os corpos inanimados logo ficariam imóveis. Desse modo, para que o movimento não deixasse de existir, a atividade da alma sobre a matéria deveria ser contínua.

Tudo isso se alterou com a primeira lei do movimento. A matéria sem vida, uma vez movente, continuará a se mover para sempre, exceto se interrompida por causa externa. Além disso, as causas externas, sempre que possível averiguá-las, revelavam-se invariavelmente materiais. O sistema solar seguia adiante por ímpeto próprio e por suas próprias leis; nenhuma interferência exterior se fazia necessária. Talvez Deus ainda se mostrasse necessário para que o mecanismo começasse a funcionar; segundo Newton, os planetas foram originalmente impulsionados pela mão divina. Tendo Deus, porém, feito isso e decretado a lei da gravitação, tudo seguiu seu rumo por si só, sem qualquer necessidade ulterior de uma intervenção divina. Quando Laplace sugeriu que as mesmas forças hoje em operação poderiam ter feito os planetas nascerem a partir do sol, a participação de Deus no curso da natureza recuou ainda mais. Poderia continuar a ser o Criador, decerto, mas mesmo isso era agora duvidoso, uma vez que não havia certezas de que o mundo tivera começo no tempo. Muito embora a maioria dos homens de ciência fosse modelo de piedade, a visão de mundo que suas obras sugeriam trazia desconcerto à ortodoxia, e era um tanto justificável que os teólogos se sentissem desconfortáveis.

Outra consequência da ciência foi a profunda mudança do que era tido como a posição do homem no universo. No mundo medieval, a Terra era o centro dos céus e tudo tinha um fim que fazia referência ao homem. No universo newtoniano, a Terra não passava de um planeta menor, pertencente a uma estrela não muito distinta; as distâncias astronômicas eram tão vastas que a Terra, em comparação, não passava de um pontinho insignificante. Parecia improvável que esse imenso aparato fosse erigido para o bem das pequeninas criaturas que habitavam esse ponto. Além disso, a finalidade, que desde Aristóteles constituíra parte fundamental do conceito de ciência, era agora eliminada do procedimento científico. Qualquer um poderia achar que os céus existiam para dar glória a Deus, mas era impossível, agora, deixar essa crença interferir num cálculo astronômico. O mundo poderia ter finalidade, mas as finalidades não encontravam mais lugar nas explicações científicas.

A teoria copernicana deveria ter convertido em humildade o orgulho do homem, mas o que se deu foi o efeito contrário: os triunfos da ciência revigoraram esse orgulho. O mundo antigo, em seus dias de agonia, estivera obcecado por certo sentimento de pecado e o transmitiu na forma de opressão à Idade Média. Ser humilde diante de Deus era tanto reto quanto prudente, uma vez que Deus puniria o orgulho. As pestes, as inundações, os terremotos, os turcos, os tártaros e os cometas deixaram perplexos os séculos das sombras, para os quais somente uma humildade cada vez maior poderia impedir tais calamidades ou sua possibilidade. Contudo, era impossível permanecer humilde quando os homens realizavam triunfos tão grandes:

> Ocultava a noite a natureza e suas leis.
> "Faça-se Newton", disse Deus, e luz se fez.

Quanto à condenação, decerto o Criador de tão grande universo tinha algo melhor em que pensar do que mandar os homens para o inferno por conta de erros teológicos insignificantes. Judas Iscariotes poderia muito bem estar condenado, mas não Newton, muito embora fosse ariano.

Havia, é certo, diversos outros motivos para essa autossatisfação. Os tártaros haviam sido confinados à Ásia; os turcos deixaram de constituir ameaça. Halley rebaixara os cometas, e os terremotos, embora ainda temíveis, eram tão interessantes que os homens de ciência não conseguiam lamentá-los. Os habitantes da Europa Ocidental enriqueciam cada vez mais rapidamente e se tornavam senhores de todo o mundo: tinham conquistado a América do Sul e do Norte, eram poderosos na África e na Índia, respeitados na China e temidos no Japão. Quando a tudo isso foram acrescidos os triunfos da ciência, era de se esperar que os homens do século XVII se sentissem pessoas magníficas, e não os pecadores miseráveis que ainda diziam ser aos domingos.

Há alguns aspectos em que os conceitos da física teórica moderna diferem dos conceitos do sistema newtoniano. Para começar, a concepção de "força", proeminente no século XVII, tem sido considerada supérflua. "Força", em Newton, é o que causa a alteração do movimento, seja em magnitude ou em direção. A noção de causa é tida como importante e a força é criativamente concebida como o tipo de coisa experimentada quando empurramos ou puxamos. Por essa razão, julgou-se objeção à gravitação que ela agisse à distância, e o próprio Newton admitiu que deveria haver algum meio pelo qual fosse transmitida. Aos poucos, descobriu-se que todas as equações poderiam ser formuladas sem recurso às forças. O que se observava era certa relação entre aceleração e configuração; dizer que tal relação era suscitada pela intermediação da "força" nada acrescia ao nosso conhecimento. A observação revela que os planetas possuem aceleração constante em direção ao sol, a qual varia inversamente ao quadrado da distância entre ambos. Afirmar que isso se deve à "força" da gravitação é mero jogo verbal — como dizer que o ópio faz as pessoas dormirem porque possui virtude dormitiva. O físico moderno, portanto, apenas articula fórmulas que determinam acelerações e evita a palavra "força" por completo. "Força" era o lânguido fantasma da posição vitalista referente à causa dos movimentos, e aos poucos esse fantasma tem sido exorcismado.

Até o advento da mecânica quântica, nada ocorreu que modificasse, em grau nenhum, o essencial das primeiras duas leis do movimento: que as leis da dinâmica deveriam ser formuladas em relação à aceleração. Nesse aspecto, Copérnico e Kepler ainda devem ser incluídos entre os antigos; ambos buscaram leis definindo a forma das órbitas percorridas pelos corpos celestes. Newton deixou claro que as leis articuladas dessa forma só poderiam se aproximar da verdade. Os planetas, em virtude das perturbações causadas pela atração dos outros planetas, não se movem em elipses *exatas*. Tampouco a órbita de um planeta pode ser repetida à exatidão, e pelo mesmo motivo. A lei da gravitação, por sua vez, lidando como lidava com a aceleração, era muito simples e foi tida como exata até duzentos anos depois da época de Newton. Quando Einstein a retificou, ainda continuou a ser uma lei que lidava com acelerações.

É bem verdade que a conservação da energia é uma lei que não emprega acelerações, mas velocidades. Nos cálculos que a ela recorrem, porém, ainda são as acelerações que devem ser empregadas.

Quanto às mudanças suscitadas pela mecânica quântica, são elas muito profundas, mas permanecem, em certo grau, como objeto de controvérsia e incerteza.

Há um ponto de afastamento da filosofia newtoniana que deve ser mencionado agora: o abandono do espaço e do tempo absolutos. Recordar-se-á o leitor de uma referência à questão quando do tratamento de Demócrito. Newton acreditava num espaço composto de pontos e num tempo feito de instantes, ambos independentes dos corpos e acontecimentos que os ocupavam. Quanto ao espaço, havia um argumento empírico que dava respaldo à sua visão, a saber: o fato de os fenômenos físicos nos permitirem identificar a rotação absoluta. Se girarmos um balde com água, o líquido ficará mais elevado nas bordas e mais baixo no centro; se, no entanto, giramos o balde sem que a água também o faça, o mesmo efeito não ocorre. Desde então, a experiência do pêndulo de Foucault foi desenvolvida a fim de oferecer o que tem sido considerada a prova da rotação terrestre. Mesmo na maioria das visões modernas, a questão da rotação absoluta apresenta dificuldades. Se todo movimento é relativo, a diferença entre a hipótese de que a Terra gira e a hipótese de que os céus o fazem não passa de jogo verbal; ela nada mais é do que a diferença entre "João é o pai de Tiago" e "Tiago é o filho de João". Se os céus giram, por sua vez, as estrelas se movem mais rapidamente do que a luz, o que é tido como impossível. Não se pode dizer que as soluções modernas a essa dificuldade são de todo satisfatórias, mas satisfazem o bastante para fazer com que quase todos os físicos aceitem a visão de que o movimento e o espaço são inteiramente relativos. Tudo isso, associado à fusão do espaço e do tempo no espaço-tempo, fez com que nossa visão do universo se tornasse consideravelmente diferente da visão resultante dos trabalhos de Galileu e Newton. Sobre isso, porém, bem como sobre a teoria quântica, nada mais direi por ora.

7
Francis Bacon

Francis Bacon (1561-1626), muito embora fizesse uma filosofia em muitos aspectos insatisfatória, possui relevância permanente como fundador do método indutivo moderno e como pioneiro na tentativa de sistematizar logicamente o procedimento científico.

Era filho de Nicholas Bacon, lorde guardião do Grande Selo, e sobrinho da esposa de William Cecil, futuro lorde Burghley; por conseguinte, cresceu rodeado pela atmosfera dos afazeres do Estado. Bacon ingressou no Parlamento aos 23 anos e tornou-se conselheiro do conde de Essex. Quando, porém, caiu este em desfavor, tomou parte em sua acusação. Por esse motivo, foi rigorosamente culpado: Lytton Strachey, por exemplo, descreve-o em *Elizabeth and Essex* como um monstro de perfídia e ingratidão. Trata-se, porém, de uma grande injustiça. Bacon trabalhou com o conde enquanto este foi leal e o abandonou quando a fidelidade a ele passou a constituir traição; nisso não havia nada que mesmo o moralista mais rigoroso da época pudesse condenar.

A despeito de ter abandonado o conde de Essex, Bacon jamais gozou de pleno prestígio durante a vida da rainha Isabel. Com a acessão de Jaime, porém, seu futuro melhorou. Em 1617, ocupou o cargo de seu pai como guardião do Grande Selo; em 1618, tornou-se lorde chanceler. Tendo, contudo, se mantido em tão grande posição por apenas dois anos, foi denunciado por aceitar suborno de litigantes. Bacon reconheceu a veracidade da acusação, declarando apenas que os presentes jamais influenciaram suas decisões. Quanto a isso, que cada um forme a própria opinião, dado que não há evidências a respeito das decisões que Bacon tomaria noutras circunstâncias. Ele foi condenado ao pagamento de uma multa de 40 mil libras, à prisão na Torre pelo período que aprouvesse ao rei, ao banimento da Corte e ao impedimento de ocupar cargos públicos. Tal sentença só foi cumprida em parte. Bacon não foi forçado a pagar a multa e permaneceu na Torre por apenas quatro dias. No entanto, viu-se obrigado a abandonar a vida pública e a passar o resto de seus dias redigindo livros importantes.

A ética da profissão legal, à época, era um tanto lassa. Quase todo juiz aceitava presentes, em geral de ambas as partes. Hoje em dia, julgamos atroz que propinas assim sejam aceitas; ainda pior é o juiz, após aceitá-las, decidir contra os oferentes. No período, os presentes eram coisa corriqueira, e o juiz revelava sua "virtude" ao não se deixar influenciar por eles. Bacon foi condenado graças a um incidente ocorrido no meio de uma rixa, e não por ser excepcionalmente culpado. Não foi, decerto, homem da estatura moral do predecessor Thomas More, mas também não era extraordinariamente iníquo. No plano moral, tratava-se de um homem médio, nem melhor nem pior do que a grande massa de seus contemporâneos.

Após cinco anos recluso, Bacon faleceu em decorrência de um resfriado que pegara quando, em experiência com a refrigeração, recheava uma galinha com neve.

Seu livro mais importante, *O avanço do saber*, é notavelmente moderno em muitos aspectos. Em geral, é tido como a origem do ditado "Saber é poder"; e, embora possa haver predecessores que disseram o mesmo, Bacon o fez com nova ênfase. O fundamento de sua filosofia era inteiramente prático: conferir à humanidade o domínio das forças da natureza mediante descobertas e invenções científicas. Ele afirmou que a filosofia deveria permanecer isolada da teologia, e não mesclada a ela como na escolástica. Aceitava a religião ortodoxa; não era homem de brigar com o governo por questão assim. Todavia, muito embora julgasse a razão capaz de demonstrar a existência de Deus, acreditava que o restante da teologia só era conhecido pela revelação. Com efeito, Bacon afirmou que o triunfo da fé é maior quando determinado dogma soa absurdo à razão desassistida. A filosofia, por sua vez, deveria depender tão somente da razão. Desse modo, advogou a doutrina da "dupla verdade" — a da razão e a da revelação. A mesma doutrina fora apregoada pelos averroístas do século XIII, mas a Igreja a tinha condenado. O "triunfo da fé", para o ortodoxo, era uma artimanha perigosa. Bayle, ao final do século XVII, deu a ele uso irônico e formulou à exaustão tudo o que poderia ser dito contra algumas crenças ortodoxas, concluindo que "tanto maior é o triunfo da fé quando se crê apesar de tudo". O quanto a ortodoxia de Bacon era sincera não há como saber.

Bacon foi o primeiro de uma longa linhagem de filósofos de espírito científico que enfatizaram a importância da indução em oposição à dedução. A exemplo da maioria de seus sucessores, ele tentou encontrar uma forma de indução superior à denominada "indução por enumeração simples". Quanto a esta, pode ser exemplificada por uma parábola: era uma vez um censor que precisava registrar o nome de todos os chefes de família de uma aldeia galesa. O primeiro por ele questionado se chamava William Williams; o segundo, o terceiro e o quarto também. Por fim, o censor disse a si mesmo: "Que maçante! É evidente que todos se chamam William Williams. Colocarei isso no papel e tirarei uma folga." O oficial, porém, estava enganado: havia um único homem chamado John Jones. Claro fica, portanto, que podemos nos equivocar caso confiemos muito cegamente na indução por enumeração simples.

Bacon cria-se dotado de um método capaz de aprimorar a indução. Desejou, por exemplo, descobrir a natureza do calor e suspeitou (com razão) de que consistia em movimentos irregulares e rápidos das pequenas partes de determinado corpo. Seu método consistiu em fazer uma lista de corpos quentes, uma lista de corpos frios e uma lista de corpos com graus variáveis de calor. Com elas em mãos, esperava identificar alguma característica sempre presente nos corpos quentes e sempre ausente nos corpos frios, bem como presente em graus variáveis nos corpos dotados de diferentes graus de calor. Valendo-se de um método assim, queria identificar leis gerais, chegando, em primeiro lugar, ao grau mais baixo de generalidade. A partir de certo número dessas leis, chegaria então às leis do segundo grau de generalidade — e assim por diante. Uma lei sugerida deveria ser verificada mediante sua aplicação a circunstâncias novas; estaria confirmada na mesma medida em que funcionasse. Alguns casos são especialmente valiosos porque nos permitem escolher entre duas teorias, ambas possíveis na medida em que observadas as considerações anteriores; esses casos são denominados "prerrogativos".

Bacon não somente desprezou o silogismo, mas também subestimou a matemática — ao que parece, por não ser experimental o suficiente. Foi virulentamente hostil a Aristóteles, mas tinha Demócrito em altíssima conta. Embora não negasse que o curso da natureza fosse exemplo de finalidade divina, objetou-se a qualquer interferência da explicação teleológica na real investigação dos fenômenos; tudo, afirmou, deve ser explicado como se originado necessariamente de causas eficientes.

O valor de seu método estava, segundo ele, na demonstração da forma de dispor os dados observados que devem constituir o fundamento da ciência. Não devemos ser nem como as aranhas, que fiam as coisas com suas entranhas, nem como as formigas, que apenas recolhem; cabe-nos, antes, ser como as abelhas, que tanto coletam quanto dispõem. Eis algo injusto para com as abelhas, mas ilustra bem o que Bacon quis dizer.

Uma das partes mais famosas da filosofia de Bacon é a enumeração do que o autor denomina "ídolos", termo pelo qual assinala os maus hábitos mentais que levam as pessoas ao erro. São quatro os tipos de ídolos enumerados. Os "ídolos da tribo" são os inerentes à natureza humana; Bacon menciona, de modo particular, o costume de esperar mais ordem dos fenômenos naturais do que de fato há. Os "ídolos da caverna" são os preconceitos pessoais, característicos de cada investigador. Os "ídolos do mercado" são os que têm relação com a tirania das palavras. Os "ídolos do teatro", por sua vez, têm que ver com os sistemas de pensamento recebidos; naturalmente, Aristóteles e os escolásticos são para ele os exemplos mais notáveis.

Não obstante fosse a ciência o objeto de interesse de Bacon, e não obstante sua visão de mundo fosse no geral científica, ele negligenciou aquilo que vinha sendo realizado na ciência da época. Rejeitou a teoria copernicana, algo só desculpável na medida em que dizia respeito a Copérnico, que não articulou nenhum argumento muito sólido. Bacon, contudo, talvez pudesse ser persuadido por Kepler, que teve sua *Astronomia nova* publicada em 1609. Além disso, ele parece não ter conhecido o trabalho de Vesalius, pioneiro da anatomia moderna (muito embora admirasse Gilbert, cujo trabalho sobre o magnetismo ilustrou brilhantemente o método indutivo). Surpreendentemente, parecia desconhecer também o trabalho de Harvey, embora fosse este o seu médico. É bem verdade que Harvey só publicou a descoberta da circulação do sangue após a morte de Bacon, mas era de se esperar que Bacon tomasse ciência de suas pesquisas. Harvey não o teve em alta conta, declarando que "escreve filosofia como um lorde chanceler". Bacon decerto teria se saído melhor caso não se preocupasse tanto com o sucesso mundano.

Seu método indutivo é falho em virtude da ênfase insuficiente que dá à hipótese. Bacon acreditava que a mera disposição ordenada dos dados tornaria óbvia a hipótese correta, mas isso raramente acontece. Em regra, a articulação das hipóteses é a parte mais árdua do trabalho científico; é ali que uma grande destreza se mostra indispensável. Até hoje, método nenhum foi encontrado que possibilite a articulação de hipóteses a partir de regras. Geralmente, a hipótese é um preâmbulo necessário à compilação de fatos, uma vez que a seleção factual exige uma forma de determinar as relevâncias. Sem algo do gênero, a mera multiplicidade de fatos se torna algo desconcertante.

O papel desempenhado pela dedução na ciência é maior do que Bacon imaginava. Muitas vezes, quando uma hipótese precisa ser verificada, segue-se uma longa viagem dedutiva desde a hipótese até uma consequência passível de ser comprovada pela observação. Em geral, a dedução é matemática, e nesse aspecto Bacon subestimou a importância da matemática na investigação científica.

O problema da indução por enumeração simples não foi solucionado até hoje. Bacon estava certo ao rejeitar a enumeração simples no que diz respeito aos detalhes da investigação científica, pois ao lidarmos com minúcias podemos assumir leis genéricas sobre as quais, na medida em que tomadas como válidas, é possível erigir métodos mais ou menos convincentes. John Stuart Mill formulou quatro cânones do método indutivo, os quais podem ser proveitosamente empregados na medida em que a lei da causalidade é adotada; no entanto, ele teve de reconhecer que essa mesma lei só deve ser aceita com base na indução por enumeração simples. O que logramos por meio da organização teórica da ciência é a compilação de todas as induções subordinadas sob umas poucas induções assaz abrangentes — quiçá sob uma só. Induções abrangentes assim são confirmadas por tantas ocorrências que se julga legítimo aceitar, quanto a elas, uma indução por enumeração simples. A situação é profundamente insatisfatória, mas nem Bacon nem nenhum de seus sucessores encontraram para ela uma saída.

8

O *Leviatã* de Hobbes

Hobbes (1588-1679) é filósofo difícil de ser classificado. Foi empirista como Locke, Berkeley e Hume; no entanto, ao contrário deles, admirou o método matemático não somente no campo da matemática pura, mas também em suas aplicações. Sua visão de mundo inspirou-se, como um todo, antes em Galileu do que em Bacon. De Descartes a Kant, a filosofia continental retirou da matemática muito do que dizia sobre o saber humano, mas a tratava como algo conhecido independentemente da experiência. Desse modo, a exemplo do que fizera o platonismo, foi levada a minimizar o papel desempenhado pelo pensamento puro. O empirismo inglês, de sua parte, sofreu pouca influência da matemática e inclinou-se a uma equivocada concepção do método científico. Hobbes não apresentou nenhum desses defeitos. Somente em nosso tempo encontramos outro filósofo que, mesmo empirista, deu adequada ênfase à matemática. Nesse aspecto, o mérito de Hobbes é imenso. Ao mesmo tempo, há nele defeitos graves que nos impossibilitam colocá-lo no primeiro escalão. Não tem paciência para sutilezas e tende demais a cortar o nó górdio. As soluções que dá aos problemas são lógicas, mas alcançadas mediante a omissão de fatos complicados. É vigoroso, mas rude; empunha melhor a alabarda do que o espadim. Não obstante, sua teoria do Estado merece atenção cuidadosa, sobretudo por ser mais moderna do que qualquer teoria anterior, inclusive a de Maquiavel.

O pai de Hobbes foi vigário mal-humorado e sem educação; perdeu seu posto ao brigar com um vigário vizinho à porta da igreja. Após o incidente, Hobbes foi criado por um tio. Adquiriu bom conhecimento dos clássicos e, aos 14 anos, traduziu a *Medeia* de Eurípides em iâmbicos latinos. (Quando adulto, gabar-se-ia com justiça que, embora deixasse de citar poetas e oradores clássicos, isso não se devia à falta de familiaridade com suas obras.) Aos quinze, seguiu para Oxford, onde lhe ensinaram a lógica escolástica e a filosofia de Aristóteles. Foram esses os bichos-papões de sua vida adulta, e ele diria que pouco se beneficiara de seus anos na universidade; com efeito, a todo momento as universidades, como um todo, são criticadas em seus escritos. Em 1610, quando estava com 22 anos de idade, Hobbes tornou-se tutor do lorde Hardwick (futuramente, segundo conde de Devonshire), com quem empreendeu a *Grand Tour*. Foi nessa época que começou a conhecer as obras de Galileu e Kepler, que lhe influenciaram profundamente. Seu pupilo tornou-se seu benfeitor e assim permaneceu até 1628, quando faleceu. Por meio dele, Hobbes conheceu Ben Jonson, Bacon, o lorde Herbert de Cherbury e muitos outros homens importantes. Após a morte do conde de Devonshire, que deixou um filho jovem, Hobbes morou por um tempo em Paris, onde iniciou seus estudos de Euclides; em seguida, tornou-se tutor do filho de seu antigo pupilo. Com ele, viajou à Itália, onde visitou Galileu em 1636. Em 1637, retornou à Inglaterra.

As opiniões políticas expressas no *Leviatã*, monarquistas ao extremo, vinham sendo apregoadas por Hobbes há muito tempo. Quando o Parlamento de 1628 elaborou a Petição de Direitos, ele publicou uma tradução de Tucídides com a clara intenção de revelar os males da democracia. Quando o Longo Parlamento se reuniu em 1640 e Laud e Strafford foram enviados para a Torre, Hobbes encheu-se de temor e fugiu para a França. Seu livro intitulado *De cive*, cuja redação se deu em 1641 (não obstante só fosse publicado em 1647), articula essencialmente a mesma teoria do *Leviatã*. Não foi a real ocorrência da Guerra Civil o que deu origem a suas opiniões, e sim sua possibilidade; naturalmente, porém, suas convicções se fortaleceram quando confirmados os seus temores.

Em Paris, Hobbes foi acolhido por muitos dos principais matemáticos e homens de ciência. Estava entre aqueles que viram as *Meditações* de Descartes antes de sua publicação e escreveu objeções a elas, objeções que foram impressas pelo autor com suas respostas. Em pouco tempo, Hobbes também desfrutou de uma ampla companhia de refugiados monarquistas ingleses. De 1646 a 1648, lecionou matemática ao futuro Carlos II. Quando, porém, publicou em 1651 o *Leviatã*, ninguém ficou satisfeito. Seu racionalismo ultrajou a maioria dos refugiados; seus amargos ataques à Igreja Católica, o governo francês. Hobbes, portanto, fugiu em segredo para Londres, onde se submeteu a Cromwell e se absteve de toda e qualquer atividade política.

Não ficou ocioso, porém — nem durante esse período, nem em qualquer outro de sua longa vida. Travou disputa com o bispo Bramhall acerca do livre-arbítrio; era ele mesmo um rigoroso determinista. Superestimando suas próprias capacidades como geômetra, imaginou ter descoberto como solucionar a quadratura do círculo; sobre o tema, foi imprudentíssimo ao iniciar controvérsia com Wallis, professor de geometria em Oxford. Naturalmente, fez o professor com que parecesse tolo.

Na Restauração, Hobbes foi adotado pelo menos sincero dos amigos do rei e pelo rei mesmo, que não apenas tinha o retrato de Hobbes em sua parede, mas também concedeu-lhe pensão de 100 libras ao ano — quantia, contudo, que Sua Majestade esqueceu de pagar. Clarendon, o lorde chanceler, ficou desconcertado ante as graças demonstradas a alguém suspeito de ateísmo, e o mesmo aconteceu com o Parlamento. Após a peste e o grande incêndio, quando os temores supersticiosos do povo foram suscitados, a Câmara dos Comuns formou um comitê para investigar os escritos ateístas, mencionando de modo particular aqueles de Hobbes. Desse período em diante, ele não conseguiu obter, na Inglaterra, nenhuma licença que lhe permitisse imprimir textos sobre temas controversos. Até mesmo a história do Longo Parlamento, por ele intitulada *Behemoth*, teve de ser impressa no exterior (1668), não obstante articulasse a mais ortodoxa doutrina. A edição completa de suas obras, datada de 1688, veio a público em Amsterdã. Quando de sua velhice, sua reputação no exterior era muito maior do que na Inglaterra. Para ocupar seu tempo livre, escreveu, aos 84 anos, uma autobiografia em versos latinos; além disso, aos 87, publicou uma tradução de Homero. Não fui capaz de descobrir se escreveu qualquer livro de tamanho substancial após essa idade.

Examinaremos agora as doutrinas do *Leviatã*, principal fundamento da fama de Hobbes.

O autor anuncia, desde o início da obra, seu profundo materialismo. A vida, diz ele, nada mais é do que o movimento dos membros, e por isso os autômatos possuem vida artificial. A nação, por ele denominada Leviatã, nada mais é do que uma criação artística; na verdade, trata-se de um homem artificial. Isso vai além da mera analogia e é minuciosamente elaborado. A soberania é uma alma artificial. Os pactos e alianças por meio dos quais o "Leviatã" ganha existência tomam o lugar do *fiat* de Deus no "Faça-se o homem".

A primeira parte do livro lida com o homem individual e com os aspectos gerais da filosofia que Hobbes considerava necessários. As sensações são causadas pela pressão dos objetos; não estão nos objetos as cores, os sons etc. As qualidades dos objetos que correspondem a nossas sensações são os movimentos. A primeira lei do movimento é enunciada e aplicada, de imediato, à psicologia: a imaginação nada mais é do que um sentido que se vai deteriorando, e são ambos movimentos. Quando do sono, a imaginação é sonho; as religiões dos gentios se originaram da não distinção entre vida onírica e vida desperta. (O leitor impetuoso talvez aplique o mesmo raciocínio à religião cristã, mas Hobbes é cauteloso demais para fazê-lo ele próprio.)[1] A crença em que os sonhos são proféticos é ilusão; o mesmo se dá com a crença na bruxaria e nos fantasmas.

A sucessão de nossos pensamentos não é arbitrária, mas pautada por leis — às vezes, pelas leis de associação; às vezes, por aquelas que dependem da finalidade de nosso modo de pensar. (Isso é importante como aplicação do determinismo à psicologia.)

Hobbes, como era de se esperar, é inteiramente nominalista. Nada existe, diz ele, que seja universal além dos nomes, e sem as palavras não seríamos capazes de conceber qualquer ideia genérica. Sem a linguagem, não haveria verdade ou falsidade, pois "verdadeiro" e "falso" são atributos do discurso.

Ele tem a geometria como a única ciência genuína até então criada. O raciocínio é da mesma natureza do cálculo e deveria partir das definições. Todavia, é necessário evitar, nelas, as noções autocontraditórias, o que em geral não é feito na esfera da filosofia. A "substância incorpórea", por exemplo, não passa de bobagem. Quando se objeta que Deus é uma substância assim, oferece Hobbes duas respostas: em primeiro lugar, diz que Deus não é objeto da filosofia; depois, que

[1] Alhures, diz ele que os deuses pagãos foram criados pelo medo humano, mas que nosso Deus é o Primeiro Motor.

muitos filósofos declararam Deus corpóreo. Todo erro nas proposições *genéricas*, diz, vem do absurdo (isto é, da autocontradição); Hobbes dá como exemplos a absurdez da ideia do livre-arbítrio e a absurdez da ideia de o queijo possuir os acidentes do pão. (Sabemos que, segundo a fé católica, os acidentes do pão *podem* pertencer a uma substância que não é o pão.)

Nessa passagem, Hobbes demonstra um racionalismo à antiga. Kepler chegara à proposição genérica: "Os planetas orbitam ao redor do sol em elipses"; outras visões, contudo, como aquela de Ptolomeu, não são logicamente absurdas. Hobbes não gostava do uso da indução para a obtenção de leis genéricas, não obstante sua admiração por Kepler e Galileu.

Opondo-se a Platão, o autor afirmou também que a razão não é inata, mas desenvolve-se por meio da diligência.

Em seguida, tem lugar o exame das paixões. O "empenho" pode ser definido como um pequeno início do movimento: se em direção de algo, trata-se de *desejo*; se para longe, de *aversão*. Amor é o mesmo que desejo; ódio, o mesmo que aversão. Dizemos que algo é "bom" quando objeto daquele e "mau" quando objeto deste. (Observar-se-á que definições assim não dão objetividade a "bom" e "mau"; se os homens possuem desejos diferentes, não há método teórico que permita conciliar suas diferenças.) Lemos definições de várias paixões, a maioria delas fundamentada numa visão competitiva da vida. Por exemplo, a risada é glória súbita. O medo do poder invisível, caso permitido publicamente, é religião; se não permitido, é superstição. Por conseguinte, a decisão referente ao que é religião e ao que não é cabe ao legislador. A felicidade tem relação com o progresso contínuo; consiste ela no prosperar, e não no ter prosperado. Felicidade estática é algo inexistente — excetuadas, é claro, as alegrias celestes, que ultrapassam nossa compreensão.

A *vontade* nada mais é do que o apetite ou a aversão que resta quando da deliberação; ou seja: não difere do desejo e da aversão, sendo tão somente o mais forte de ambos em caso de conflito. Isso, é manifesto, tem relação com a negação do livre-arbítrio por parte de Hobbes.

Ao contrário da maioria dos que defendem o governo despótico, Hobbes afirma que todos os homens são naturalmente iguais. Em estado natural, antes de haver governo, cada homem deseja preservar a própria liberdade, mas também ter domínio sobre outros; ambos esses desejos são governados pelo impulso da autopreservação. Desse conflito surge uma guerra de todos contra todos, o que torna a vida "odiosa, embrutecida e breve". Em estado natural, não há propriedade, tampouco justiça ou injustiça; existe tão somente guerra, na qual "a força e a fraude são duas virtudes cardeais".

A segunda parte narra como os homens escapam desses males ao se juntarem a comunidades sujeitas, cada qual, a uma autoridade central. Diz Hobbes que isso se dá mediante um contrato social. Supõe-se que uma série de pessoas se junta e concorda em escolher um soberano, ou um corpo soberano, que exercerá autoridade sobre ela e dará fim à guerra universal. Não acredito que essa "aliança" (nome que Hobbes em geral utiliza) seja vista como um acontecimento histórico definido; é sem dúvida irrelevante ao raciocínio vê-la assim. Trata-se de um mito explicativo, empregado para explicar por que os homens se submetem, e devem se submeter, aos limites que a submissão a uma autoridade impõe à liberdade pessoal. O objetivo das restrições que os homens estabelecem para si mesmos, diz Hobbes, é preservar-se da guerra universal que resulta do amor à própria liberdade e ao domínio sobre os outros.

Hobbes examina por que os homens não conseguem cooperar como as formigas e abelhas. As abelhas da mesma colmeia, diz, não competem; não desejam a honra; e não empregam a razão para criticar o governo. Sua concórdia é natural, mas a dos homens não pode sê-lo; deve, antes, nascer da aliança. Essa aliança deve conferir poder a um homem ou a uma assembleia, pois somente assim será cumprida. "Alianças, sem a espada, não passam de palavras." (Infelizmente, o presidente Wilson se esqueceu disso.) A aliança não se dá, como em Locke e Rousseau, entre os cidadãos e o poder governante; são os cidadãos que acordam entre si que obedecerão o poder dominante escolhido pela maioria. Uma vez escolhido, o poder político desses cidadãos encontrou seu termo. A minoria encontra-se tão obrigada quanto os outros, uma vez que a aliança estabelecia a obediência ao governo escolhido pela maioria. Após a escolha do governo, os cidadãos perdem todos os seus direitos, exceto aqueles que o governo julga conveniente conceder. Não há direito à rebelião porque o governante não se vê obrigado por contrato nenhum, ao passo que os súditos estão.

Uma multidão unida dessa maneira forma uma nação. Esse "Leviatã" é um Deus mortal.

Hobbes prefere a monarquia, mas todos os seus raciocínios abstratos se aplicam igualmente a cada uma das formas de governo em que existe autoridade suprema não limitada pelos direitos legais de outros corpos. Ele só toleraria o Parlamento e nada mais — nunca um sistema em que o poder governamental fosse partilhado entre aquele e o rei. Há antítese perfeita entre essa e as visões de Locke e Montesquieu. A Guerra Civil inglesa ocorreu, diz Hobbes, porque o poder ficou dividido entre rei, lordes e comuns.

O poder supremo, caiba ele a um homem só ou a uma assembleia, é denominado soberano. Os poderes do soberano, no sistema de Hobbes, são ilimitados. Ele tem o direito de censurar toda e qualquer manifestação de opinião. Acredita-se que seu principal interesse está na preservação da paz interna e que, por essa razão, não utilizará o direito à censura para suprimir a verdade, uma vez que uma doutrina hostil à paz não pode ser verdadeira. (Eis uma visão singularmente pragmática!) As leis de propriedade devem se encontrar inteiramente sujeitas ao soberano; com efeito, em estado natural não há propriedade nenhuma, e portanto é o governo que a cria e pode controlar sua geração como bem lhe aprouver.

Admite-se a possibilidade de o soberano ser déspota, mas mesmo o pior despotismo é melhor do que a anarquia. Além disso, em muitos pontos há interseção entre os interesses do soberano e os interesses dos súditos. Ele é mais rico quando os súditos são mais ricos, mais seguro quando acolhem a lei, e assim por diante. A rebelião é um equívoco — tanto porque em geral fracassa quanto porque, se bem-sucedida, oferece mau exemplo, ensinando os outros a se rebelarem. A distinção aristotélica entre tirania e monarquia é rejeitada; a "tirania", segundo Hobbes, não passa da monarquia que desagrada a quem fala.

Vários motivos são elencados para que se prefira o governo de um monarca ao de uma assembleia. Admite-se que o monarca geralmente seguirá os próprios interesses quando estiverem em oposição aos do povo, mas o mesmo acontecerá com qualquer assembleia. Por conseguinte, o número total de privilegiados será inferior sob a monarquia. O monarca pode receber conselho de qualquer um em segredo;

a assembleia só pode fazê-lo de seus próprios membros e em público. Numa assembleia, a ausência ocasional de alguns pode fazer com que determinado grupo obtenha a maioria, o que por sua vez causa mudanças na política pública. Ademais, caso a assembleia se veja dividida entre si, a guerra civil é uma consequência possível. Por todas essas razões, conclui Hobbes, a monarquia é superior.

Ao longo de todo o *Leviatã*, Hobbes jamais leva em consideração o possível papel das eleições periódicas no refreamento da tendência das assembleias a sacrificarem o interesse público em prol do interesse privado de seus membros. Na realidade, ele não parece ter em mente parlamentos democraticamente eleitos, e sim corpos como o *Maggior Consiglio* de Veneza ou a Câmara dos Lordes, da Inglaterra. Hobbes concebe a democracia como a concebera a Antiguidade, isto é, como algo que envolve a participação direta de cada cidadão na legislação e na administração. É essa, ao menos, a visão que parece adotar.

O papel do povo, em seu sistema, termina por completo quando da escolha primeira do soberano. A sucessão será determinada por ele do mesmo modo como no Império Romano, quando os motins em nada interferiam. Admite-se que o soberano em geral escolherá um de seus filhos ou, caso não tenha nenhum, algum parente próximo; ao mesmo tempo, afirma-se que lei alguma deveria impedi-lo de agir de outra forma.

Um capítulo é dedicado à liberdade dos súditos. Tem ele início com uma definição admiravelmente precisa: liberdade é ausência de impedimentos externos ao movimento. Nesse sentido, ela é compatível com a necessidade; a água, por exemplo, *necessariamente* flui colina abaixo quando não há nada que impeça o movimento, e, por conseguinte, segundo a definição, é livre. O homem tem liberdade para fazer o que bem entender, mas necessidade de seguir o que Deus deseja. Todas as nossas volições possuem causas, e nesse sentido são necessárias. Quanto à liberdade dos súditos, estes são livres ali onde as leis não interferem; nada disso impõe limite à soberania, uma vez que as leis poderiam interferir caso o soberano assim o quisesse. Os súditos não possuem direitos quando contra o soberano, exceto aqueles que este voluntariamente os conceder. Quando Davi levou Urias à morte, nenhum mal causou a ele porque Urias era seu súdito; ofendeu, porém, a Deus, uma vez que era súdito de Deus e desobedeceu às leis divinas.

Com suas loas à liberdade, afirma Hobbes, os autores antigos levaram os homens a estimarem tumultos e sedições. Ele afirma que, quando corretamente interpretada, a liberdade por eles enaltecida era aquela dos soberanos, isto é, a ausência de domínio estrangeiro. A resistência interna aos soberanos ele condena mesmo quando poderia parecer mais justificável. Por exemplo, diz que santo Ambrósio não tivera direito algum de excomungar o imperador Teodósio após o massacre de Tessalônica. Do mesmo modo, censura o papa Zacarias por ter ajudado a depor o último dos merovíngios em favor de Pepino.

No entanto, Hobbes reconhece um limite para o dever de submissão aos soberanos. O direito à autopreservação é por ele tido como absoluto, e os súditos devem ter condição de se defender mesmo contra os monarcas. Isso é consequência lógica, uma vez que o autor fez da autopreservação o motivo da instituição do governo. Com base nisso, afirma ele (com restrições) que o homem tem o direito de não combater quando o governo o convoca para tanto. Eis um direito que nenhum governo moderno confere. Uma curiosa consequência dessa ética egoísta está no fato de a resistência ao soberano só se justificar em caso de *auto*defesa; resistir quando se trata da defesa de outrem é sempre culpável.

Há ainda outra exceção um tanto lógica: o homem nada deve ao soberano que não tem capacidade de protegê-lo. Foi isso o que justificou a submissão de Hobbes a Cromwell enquanto Carlos II esteve no exílio.

Como é evidente, não deve haver corpos semelhantes a partidos políticos ou àquilo que hoje denominaríamos sindicatos. Todos os professores são ministros do soberano e apenas devem ensinar o que ele julga útil. Os direitos de propriedade só são válidos em oposição a outros súditos, e não ao soberano. Este tem o direito de regular o comércio exterior; também não está sujeito ao direito civil. Seu direito de punir lhe é conferido não em virtude de qualquer conceito de justiça, e sim porque ele conserva a liberdade que todo homem teve em estado natural, quando ninguém poderia ser culpado por causar dano a outrem.

Há uma interessante lista de motivos (fora a conquista estrangeira) para a dissolução das nações. São eles: a concessão de pouquíssimo poder ao soberano; a permissão do julgamento privado entre os súditos; a teoria de que tudo que vai contra a consciência é pecado; a crença na inspiração; a doutrina de que o soberano está sujeito a leis civis; o reconhecimento da propriedade privada absoluta; a divisão do poder do soberano; a imitação dos gregos e romanos; a separação dos poderes temporal e espiritual; a negação do poder de taxação do soberano; a popularidade de súditos poderosos; e a liberdade para se opor ao soberano. De todos esses motivos, a história recente da Inglaterra e da França oferecia exemplos abundantes.

Acredita Hobbes que não deve haver grandes dificuldades para ensinar ao povo a crença nos direitos do soberano; não haviam, afinal, aprendido a crer no cristianismo — na transubstanciação, inclusive, contrária como é à razão? Dias devem ser dedicados à aprendizagem do dever da submissão. A instrução do povo depende do bom ensino nas universidades, que portanto devem ser cautelosamente supervisionadas. É preciso que haja uniformidade de culto, e a religião será aquela imposta pelo soberano.

A Parte II tem fim com a esperança de que algum soberano lerá o livro e se fará absoluto — esperança menos quimérica do que aquela de Platão, cuja expectativa era de que algum rei se tornasse filósofo. Assegura-se aos monarcas que o livro é de fácil leitura e bastante interessante.

A Parte III, intitulada "Da nação cristã", explica que não existe Igreja universal porque a Igreja deve depender do governo civil. Em cada país, deve o rei ser sua cabeça; a supremacia e a infalibilidade do papa não podem ser admitidas. Hobbes afirma, como era de se esperar, que um cristão sujeito a soberano não cristão deve ceder externamente: não tivera Naamã de fazer reverência na casa de Rimom?

A Parte IV, "Do reino das trevas", dedica-se sobretudo à crítica da Igreja de Roma, que Hobbes odiava por colocar o poder espiritual acima do temporal. O resto da seção constitui ataque contra a "vã filosofia", termo que em geral é sinônimo de Aristóteles.

Procuremos agora definir o que pensamos sobre o *Leviatã*. Não se trata de questão fácil, pois, na obra, mesclam-se intimamente o que há de bom e o que há de mau.

Na esfera política, existem duas questões diferentes: uma que se refere à melhor forma de Estado e outra que diz respeito a seus poderes. A melhor *forma* de Estado, segundo Hobbes, é a monarquia, mas não é essa a parte importante de sua doutrina. A parte importante está na defesa de que os *poderes* do Estado devem ser absolutos. A mesma doutrina, ou ao menos algo semelhante, havia florescido na Europa Ocidental durante o Renascimento e a Reforma. Primeiro, a nobreza feudal foi intimidada por Luís XI, Eduardo IV, Fernando e Isabela, bem como por seus sucessores. Depois, a Reforma permitiu, nos países protestantes, que o governo laico levasse a melhor sobre a Igreja. Henrique VIII teve poder de que nenhum outro rei inglês jamais desfrutara. Todavia, na França a Reforma teve, de início, efeito contrário; entre os Guise e os huguenotes, os reis eram quase impotentes. Henrique IV e Richelieu, não muito tempo antes do livro de Hobbes, haviam preparado o caminho para a monarquia absoluta que durou, em terras francesas, até a Revolução. Na Espanha, Carlos V levou a melhor sobre as Cortes e Filipe II reinou absoluto, exceto com relação à Igreja. Na Inglaterra, entretanto, os puritanos haviam desfeito a obra de Henrique VIII, e foi isso o que deu a entender a Hobbes que deve ser a anarquia o resultado da resistência ao soberano.

Toda comunidade se vê diante de dois perigos: a anarquia e o despotismo. Os puritanos, de modo particular os independentes, mostraram-se mais espantados com o risco do despotismo. Hobbes, de sua parte, tendo vivenciado o conflito entre fanatismos rivais, se deixou obcecar pelo medo da anarquia. Os filósofos liberais que surgiram depois da Restauração e assumiram o controle após 1688 notaram ambos os perigos: tinham aversão tanto a Strafford quanto aos anabatistas. Isso levou Locke à doutrina da divisão dos poderes e dos freios e contrapesos. Na Inglaterra, houve divisão real de poderes enquanto o rei teve influência; então, o Parlamento adquiriu supremacia, seguido nisso pelo Gabinete. Nos Estados Unidos, ainda haverá freios e contrapesos na medida em que o Congresso e a Suprema Corte resistirem à Administração. Na Alemanha, na Itália, na Rússia e no Japão, o governo tem desfrutado de poder ainda maior do que aquele que Hobbes julgou desejável. Como um todo, portanto, naquilo que diz respeito aos poderes do Estado, o mundo tomou os rumos que Hobbes queria após um longo período liberal, no qual, ao menos em aparência, esteve caminhando em direção contrária. A despeito do resultado da guerra corrente, parece claro que as funções do Estado continuarão a aumentar e que resistir a ele se tornará cada vez mais difícil.

No geral, o motivo que Hobbes oferece para justificar o apoio ao Estado — a saber, de que se trata da única alternativa à anarquia — é válido. No entanto, como na França de 1789 e na Rússia de 1917, é possível que um Estado seja tão ruim que faça a anarquia temporária parecer preferível à sua continuidade. Além disso, a tendência de todos os governos à tirania não pode ser refreada se eles não tiverem certo medo de rebeliões. Os governos seriam ainda piores caso a atitude submissa apregoada por Hobbes fosse adotada pelos súditos. Procede isso na esfera política, onde os governos, se possível, tentarão se tornar pessoalmente irremovíveis; procede também na esfera econômica, onde procurarão enriquecer a si mesmos e a seus amigos em detrimento do que é público; procede na esfera intelectual, onde suprimirão toda descoberta ou doutrina nova que pareça ameaçar seu poder. Essas são razões que nos levam a pensar não apenas no risco da anarquia, mas também no perigo da injustiça e na ossificação atrelada à onipotência no governo.

Os méritos de Hobbes vêm à tona com mais clareza quando o contrastamos com os primeiros teóricos políticos. Hobbes é homem completamente livre de superstição: não inicia seu raciocínio a partir do que acontecera com Adão e Eva quando da Queda. É também claro e lógico; sua ética, esteja ela certa ou errada, é inteiramente inteligível e não se vale de nenhum conceito dúbio. Fora Maquiavel, que é muito mais limitado, ele é o primeiro autor verdadeiramente moderno a escrever sobre teoria política. Onde errou, fê-lo por excesso de simplificação, e não por ter como base de seu pensamento algo irreal e fantástico. Por essa razão, ainda é válido refutá-lo.

Sem criticarmos sua metafísica ou ética, há dois pontos a serem levantados contra Hobbes. Primeiro, o autor sempre considera o interesse nacional como um todo e presume, tacitamente, que os maiores interesses de cada um dos cidadãos são os mesmos. Ele não percebe a importância do conflito entre as diferentes classes, a principal causa da transformação social segundo Marx. Isso tem relação com a crença de que os interesses do monarca são, em linhas gerais, idênticos aos de seus súditos. Em tempos de guerra, sobretudo se o conflito for feroz, há unificação de interesses, mas nos períodos de paz pode ser enorme o conflito entre o que determinada classe quer e aquilo que quer outra. De modo algum é sempre verdadeiro que, em situação assim, a melhor forma de impedir a anarquia é apregoar o poder absoluto do soberano. Certa concessão no âmbito da partilha dos poderes talvez seja a única forma possível de impedir a guerra civil. Isso ficaria claro a Hobbes a partir da história recente da Inglaterra.

Outro ponto em que a doutrina de Hobbes é excessivamente limitada diz respeito às relações entre Estados diferentes. Não há, no *Leviatã*, uma só palavra que sugira a existência de qualquer trato entre eles que vá além da guerra e das conquistas, com ocasionais interlúdios. Com base nos seus princípios, isso resulta da inexistência de um governo internacional, uma vez que as relações estatais ainda se encontram em estado originário, que é aquele da guerra de todos contra todos. Desde que exista anarquia internacional, não é possível afirmar com precisão que o aumento da eficiência em cada Estado seja do interesse da humanidade, dado que aumenta a fereza e o caráter destrutivo da guerra. Todo argumento que Hobbes apresenta em favor do governo, na medida em que minimamente válido, é válido em favor do governo internacional. Enquanto os Estados nacionais existirem e combaterem uns aos outros, somente a ineficiência pode preservar a raça humana. Aprimorar a qualidade de combate de cada Estado sem que haja formas de impedir a guerra é caminho certo rumo à destruição universal.

9
Descartes

René Descartes (1596-1650) é geralmente tido como fundador da filosofia moderna, e creio que isso seja justo. Ele foi o primeiro homem de elevada capacidade filosófica a ter sua visão de mundo profundamente afetada pela nova física e pela nova astronomia. Não obstante seja verdadeiro que conserva muito da escolástica, ele não aceita os fundamentos propostos por seus antecessores: antes, empenha-se em construir um edifício filosófico inteiro a partir do zero. Isso é algo que não ocorria desde Aristóteles e que assinala a nova autoconfiança suscitada pelo progresso da ciência. Há, em sua obra, um frescor que não encontramos em nenhum grande filósofo anterior desde Platão. Todos os filósofos intermediários foram professores, ocupação a que cabia a superioridade profissional. Descartes, por sua vez, não escreve como professor; é, antes, descobridor e explorador, alguém ansioso por comunicar o que encontrara. Seu estilo é fácil e nada pedante, dirigindo-se aos homens inteligentes do mundo e não a pupilos. Trata-se, ademais, de um estilo extraordinariamente brilhante. É uma grande felicidade para a filosofia moderna possuir pioneiro com senso literário tão admirável. Até Kant, seus sucessores, tanto na Europa continental quanto na Inglaterra, conservaram seu caráter não profissional; muitos mantiveram, ainda, traços de seu valor estilístico.

O pai de Descartes foi conselheiro do Parlamento da Bretanha e possuiu moderada quantidade de terras. Depois de sua morte, Descartes as herdou, vendeu e investiu o dinheiro, obtendo uma renda de seis ou sete mil francos ao ano. De 1604 a 1612, foi educado em La Flèche, colégio jesuíta que lhe parece ter dado melhor formação em matemática moderna do que poderia receber na maioria das universidades de então. Em 1612, seguiu para Paris, onde a vida social entediou-o; depois, retirou-se para um isolado refúgio no Faubourg Saint-Germain, onde se dedicou à geometria. Seus amigos, porém, o descobriram, e para garantir maior tranquilidade Descartes se alistou no Exército holandês (1617). Uma vez que a Holanda vivia tempos de paz, aparentemente desfrutou de dois anos de reflexão imperturbada. Com o advento da Guerra dos Trinta Anos, contudo, teve ele de se alistar no Exército bávaro (1619), e foi na Bavária, durante o inverno de 1619-20, que o autor teve a experiência descrita do *Discours de la méthode*. Certa manhã, sob o tempo frio, entrou onde ficava o fogão[1] e permaneceu ali durante todo o dia, meditando; segundo seu próprio relato, metade de sua filosofia estava já concluída quando enfim saiu, mas não devemos tomar isso muito à letra. Sócrates costumava refletir o dia inteiro sob a neve, mas a mente de Descartes só funcionava bem quando o filósofo estava aquecido.

Em 1621, Descartes desistiu de combater; após visita à Itália, instalou-se em Paris no ano de 1625. No entanto, seus amigos mais uma vez passaram a chamá-lo antes que despertasse (Descartes raramente se levantava antes do meio-dia), e assim, em 1628, ele se uniu ao Exército que cercava La Rochelle, fortaleza dos huguenotes. Quando o episódio chegou ao fim, decidiu morar na Holanda, provavelmente no intuito de escapar de qualquer perseguição. Descartes era homem tímido, católico praticante, mas partilhava das heresias de Galileu. Dizem alguns que soubera da primeira (e secreta) condenação do italiano, ocorrida em 1616. Qualquer que seja o caso, optou por não publicar *Le monde*, grande livro sobre o qual vinha se debruçando. Sua decisão se deu porque a obra trazia formuladas duas doutrinas heréticas: a rotação da Terra e a infinitude do universo. (O livro jamais foi publicado na íntegra; fragmentos vieram a público após a morte do autor.)

Descartes viveu na Holanda por vinte anos (1629-49), excetuando--se umas brevíssimas visitas à França e outra à Inglaterra, todas a trabalho. É impossível exagerar a importância que a Holanda do século XVII adquirira como único país dotado de liberdade de especulação.

[1] Descartes *diz* tratar-se de um fogão (*poêle*), mas a maioria dos comentadores o julgam impossível. Os que conhecem as casas bávaras de outrora, porém, asseguram-me de que se trata de algo inteiramente crível.

Hobbes precisou imprimir seus livros lá; Locke refugiou-se ali durante os cinco piores anos da reação na Inglaterra antes de 1688; Bayle (do *Dicionário*) também julgou por bem viver no país; e Spinoza dificilmente teria conseguido fazer seu trabalho noutro lugar.

Disse eu que Descartes era homem tímido, mas talvez seja mais bondoso de minha parte afirmar que ele desejava ficar em paz para fazer seu trabalho sem qualquer perturbação. Sempre cortejou os eclesiásticos, sobretudo os jesuítas — e não apenas enquanto esteve sob seu poder, mas também após emigrar para a Holanda. Sua psicologia é obscura, mas tendo a achar que foi católico sincero e que desejou convencer a Igreja, tanto para o bem dela quanto para o seu, a ser menos hostil à ciência moderna do que se mostrara no caso de Galileu. Há quem pense que sua ortodoxia era política e só, mas, embora seja essa uma visão possível, não a tenho como a mais provável.

Mesmo na Holanda, Descartes esteve sujeito a ataques vexatórios. Não, porém, por parte da Igreja Romana, mas pelas mãos dos fanáticos protestantes. Diziam que suas visões conduziam ao ateísmo, e Descartes teria sido denunciado não fosse a intervenção do embaixador francês e do príncipe de Orange. Fracassada a investida, outra, agora menos direta, foi empreendida alguns anos depois pelas autoridades da Universidade de Leiden, que proibiram toda e qualquer menção a ele, favorável ou não. Mais uma vez, o príncipe de Orange interveio: disse à universidade que deixasse de ser tola. Isso ilustra o quanto os países protestantes ganharam com a subordinação da Igreja ao Estado e com a correspondente fraqueza das Igrejas que não eram internacionais.

Infelizmente, por intermédio de Chanut, embaixador francês em Estocolmo, Descartes travou correspondência com a rainha Cristina da Suécia, dama apaixonada e culta que acreditava ter, como soberana, o direito de desperdiçar o tempo de grandes homens. Descartes lhe enviou um tratado sobre o amor, tema que até então negligenciara consideravelmente. Também enviou-lhe obra sobre as paixões da alma que havia redigido, originalmente, para a princesa Isabel, filha do Eleitor Palatino. Ambos os escritos fizeram com que Cristina solicitasse sua presença na corte; Descartes por fim anuiu, e a rainha enviou (em setembro de 1649) um navio de guerra para buscá-lo. No final das contas, ela queria que Descartes lhe ministrasse lições diárias, mas não tinha livre nenhum horário além das cinco da manhã. Esse levantar cedo insólito, sob o frio do inverno escandinavo, não era a melhor das situações para um homem delicado. Para piorar, Chanut caiu perigosamente doente, e Descartes tomou-o sob seus cuidados. O embaixador se recuperou, mas Descartes ficou enfermo e faleceu em fevereiro de 1650.

O filósofo nunca se casou, mas teve uma filha natural morta aos cinco anos; tratava-se, disse, da maior tristeza de sua vida. Vestia-se sempre bem e carregava uma espada. Não era diligente: trabalhava poucas horas e lia pouco. Quando partiu para a Holanda, levou consigo alguns livros, entre os quais a Bíblia e Tomás de Aquino. Sua obra parece ter sido elaborada sob grande concentração e durante períodos breves. Todavia, pode ser que, para conservar a aparência de amador cavalheiresco, fingisse trabalhar menos do que de fato trabalhava — caso contrário, seus feitos não pareceriam muito críveis.

Descartes foi filósofo, matemático e homem de ciência. Na filosofia e na matemática, teve obra de suprema importância; na ciência, embora digna de crédito, ela não se mostrou tão boa quanto a de alguns de seus contemporâneos.

Sua grande contribuição para a geometria foi a invenção da geometria de coordenadas, ainda que não se tratasse de sua forma final. Descartes utilizou o método analítico, o qual pressupõe o problema resolvido e examina as consequências de tal suposição; do mesmo modo, aplicou a álgebra à geometria. Em ambos os casos, teve predecessores — no primeiro, inclusive entre os antigos. Original nele foi o uso das coordenadas, isto é, a determinação da posição de um ponto no plano a partir da distância entre esse ponto e duas linhas fixas. Ele mesmo não chegou a descobrir todo o potencial desse método, mas fez o bastante para facilitar progressos ulteriores. Essa está longe de ser sua única contribuição para a matemática, mas é a mais importante.

O livro em que articulou a maior parte de suas teorias científicas tem como título *Principia philosophiae* e foi publicado em 1644. Há ainda, porém, outras obras de relevância: *Essais philosophiques* (1637) lida tanto com a ótica quanto com a geometria; outro título se chama *De la formation du foetus*. Descartes acolheu de bom grado as descobertas de Harvey sobre a circulação do sangue e sempre nutriu a (vã) esperança de realizar alguma descoberta importante na medicina. Via os corpos dos homens e animais como máquinas; os animais, comparava a autômatos governados inteiramente pelas leis da física e carentes de sentimento ou consciência. Os homens, por sua vez, eram diferentes: possuíam alma residente na glândula pineal. Ali, ela entraria em contato com os "espíritos vitais", e mediante esse encontro dar-se-ia a interação entre alma e corpo. A quantidade total de movimento no universo é constante; por conseguinte, a alma não pode afetá-lo. Pode, contudo, alterar a *direção* em que se movem os espíritos vitais e, indiretamente, também a direção de outras partes do corpo.

Esse segmento da teoria de Descartes foi abandonado por sua escola — primeiro, pelo discípulo holandês Geulincx; depois, por Malebranche e Spinoza. Os físicos descobriram a conservação do movimento linear: a quantidade total de movimento no mundo, em qualquer *direção* dada, é constante. Isso demonstrava ser impossível o tipo de ação do espírito sobre a matéria que Descartes concebera. Partindo do princípio — como em geral se fazia na escola cartesiana — de que toda ação física é da natureza do impacto, as leis dinâmicas bastam para determinar os movimentos da matéria, não havendo, portanto, espaço nenhum para o espírito. Entretanto, isso faz surgir uma dificuldade. Meu braço se move quando é meu desejo que se mova, mas minha vontade é um fenômeno mental e o movimento de meu braço, um fenômeno físico. Por que, então, se espírito e matéria não podem interagir, meu corpo se comporta *como se* meu espírito o controlasse? A isso, Geulincx elaborou uma resposta conhecida como a teoria dos "dois relógios". Imagine que você tenha dois relógios, ambos marcando o tempo com precisão: sempre que um assinala a hora, o outro badala, de modo que, se vir um e escutar o outro, você achará que um *levou* o outro a badalar. O mesmo ocorre com o corpo e o espírito. Deus os uniu para que um acompanhasse o outro de tal maneira que, quando da volição, leis puramente físicas fizessem meu braço se mover, muito embora a vontade não tenha operado verdadeiramente sobre o corpo.

Havia, é claro, algumas dificuldades nessa teoria. Em primeiro lugar, tratava-se de teoria muito estranha. Além disso, dado que a série física vinha rigidamente determinada por leis naturais, a série mental a ela paralela teria de ser igualmente determinista. Se a teoria era válida, deveria haver uma espécie de dicionário possível, no qual cada ocorrência cerebral fosse traduzida na ocorrência espiritual correspondente. Uma calculadora ideal seria capaz de calcular a ocorrência cerebral por intermédio das leis da dinâmica, bem como inferir a ocorrência espiritual concomitante por meio do "dicionário". Mesmo sem este, a calculadora poderia inferir palavras e ações, uma vez que ambas são apenas movimentos corporais. Seria difícil conciliar essa visão com a ética cristã e com a punição do pecado.

No entanto, essas consequências não ficaram claras de imediato. A teoria parecia dotada de dois méritos. Primeiro, fazia com que a alma fosse, em certo sentido, inteiramente independente do corpo, uma vez que este jamais agia sobre ela. Depois, permitia a formulação de seu princípio geral, segundo o qual "uma substância não pode agir sobre outra". Havia ali duas substâncias — o espírito e o corpo — tão diferentes entre si que qualquer interação parecia inconcebível. A teoria de Geulincx explicava a *aparência* da interação enquanto negava sua *realidade*.

Na mecânica, Descartes aceita a primeira lei do movimento, de acordo com a qual um corpo deixado por si só se movimentará em linha reta com velocidade constante. Não há, contudo, como na posterior teoria gravitacional de Newton, nenhuma ação que se dê à distância. Não existe vácuo nem átomos; ainda assim, toda interação é da natureza do impacto. Se dotados de conhecimento suficiente, seríamos capazes de reduzir a química e a biologia à mecânica; o processo pelo qual a semente se torna animal ou planta é mecânico e só. Não são necessárias as três almas de Aristóteles; apenas uma delas, a racional, existe de fato, e isso só no homem.

Devidamente cauteloso a fim de evitar a censura teológica, Descartes desenvolve uma cosmogonia que em pouco difere da cosmogonia de alguns pré-platônicos. Sabemos, diz ele, que o mundo foi criado tal qual no Gênesis, mas é interessante observar como ele *poderia* ter crescido naturalmente. Há também uma teoria da formação dos vórtices: segundo ela, existe ao redor do sol, no *plenum*, um imenso vórtice que carrega consigo os planetas. A teoria é engenhosa, mas incapaz de explicar por que as órbitas planetárias são elípticas, e não circulares. No geral, foi aceita na França, onde somente aos poucos a teoria newtoniana a suprimiu. Cotes, editor da primeira edição inglesa dos *Principia* de Newton, defende eloquentemente que a teoria do vórtice conduz ao ateísmo, ao passo que a de Newton exige que Deus coloque os planetas em movimento numa direção que não seja rumo ao sol. Com base nisso, crê, Newton é preferível.

Chego agora aos dois livros mais importantes de Descartes, ao menos no que diz respeito à filosofia pura. São eles o *Discurso do método* (1637) e as *Meditações* (1642). Uma vez que se sobrepõem amplamente, não se faz necessário isolá-los.

Ambas as obras começam explicando o método que viria a ser conhecido como "dúvida cartesiana". Para que tenha fundamento sólido para sua filosofia, Descartes decide duvidar de tudo o que pode ser objeto de dúvida. Prevendo que tal processo pode levar certo tempo, o autor opta, nesse ínterim, por regular sua conduta segundo regras comumente transmitidas; isso impedirá que seu espírito se veja embaraçado pelas possíveis consequências práticas de suas dúvidas.

Descartes parte do ceticismo referente aos sentidos. Posso duvidar, questiona, de que me sento agora à lareira, trajando meu robe? Sim, posso, uma vez que já sonhei estar aqui quando, na realidade, encontrava-me despido sobre a cama. (Os pijamas, e mesmo as camisolas, ainda não haviam sido inventados.) Além disso, os loucos às vezes apresentam alucinações, e é possível que me enquadre nessa categoria.

Os sonhos, porém, a exemplo dos pintores, trazem-nos cópias de coisas reais, ao menos no que diz respeito a seus elementos. (Você pode muito bem sonhar com um cavalo alado, mas apenas porque já viu cavalos e asas.) Por conseguinte, a natureza corpórea em geral, a qual implica características como extensão, magnitude e número, não pode ser questionada com tanta facilidade quanto as crenças que dizem respeito a coisas particulares. Desse modo, a aritmética e a geometria, por não se referirem a coisas assim, são mais certas do que a física e a astronomia; aplicam-se mesmo a objetos oníricos, que não diferem dos objetos reais quanto ao número e à extensão. No entanto, mesmo no que diz respeito a ambas essas disciplinas, a dúvida é possível. Deus pode me fazer errar sempre que tento contar os lados de um quadrado ou somar 2 e 3. De fato, talvez seja um equívoco, mesmo na imaginação, atribuir tamanha falta de generosidade a Deus; talvez haja um demônio maligno, não menos astuto e enganador do que poderoso, que emprega toda a sua engenhosidade para ludibriar-me. Caso um tal demônio exista, pode ser que todas as coisas que vejo não passem de ilusões por ele utilizadas como armadilhas à minha credulidade.

Resta, no entanto, algo de que não posso duvidar: nenhum demônio, por mais astuto que seja, poderia me enganar se eu não existisse. Meu corpo pode ser ilusão e não existir, mas não o pensamento: ele é diferente. "Todavia, enquanto desejava pensar que tudo era falso, era necessário que eu, que pensava, fosse algo; e, observando que a verdade *penso, logo existo* era tão sólida e tão certa que todas as mais extravagantes suposições dos céticos não conseguiam frustrá-la, julguei que poderia tomá-la, sem escrúpulos, como o princípio primeiro da filosofia que buscava."[2]

Essa passagem está no núcleo da teoria do conhecimento de Descartes e contém o que há de mais importante em sua filosofia. A maioria dos filósofos subsequentes conferiu importância à teoria do conhecimento, e o fato de o terem feito se deve majoritariamente a ele. O "penso, logo existo" faz com que o espírito seja mais certo do que a matéria e que meu espírito (para mim) seja mais certo do que o espírito dos outros. Em toda filosofia que advém de Descartes, portanto, nós encontramos tendência ao subjetivismo e a ver a matéria como algo que só pode ser conhecido, caso de fato o possa, por uma inferência dada a partir do que se sabe sobre o espírito. Ambas essas tendências existem tanto no idealismo continental quanto no empirismo britânico — naquele, triunfantemente; neste, com pesar. Em tempos muito recentes, verificou-se a tentativa de escapar desse subjetivismo por meio da filosofia conhecida como instrumentalismo, mas disso não tratarei por ora. Feita essa exceção, a filosofia moderna aceitou em grandíssima medida a formulação de seus problemas por Descartes, não obstante recusasse suas soluções.

O leitor recordará que santo Agostinho defendeu raciocínio muito semelhante ao *cogito*. Não lhe deu, porém, qualquer destaque, e o problema que o *cogito* tencionava resolver só veio a ocupar pequena parte de seus pensamentos. A originalidade de Descartes, portanto, deve ser reconhecida mesmo se consiste menos na invenção de um raciocínio do que na percepção de sua importância.

[2] O raciocínio acima — "penso, logo existo" (*cogito ergo sum*) — é conhecido como o cogito de Descartes, ao passo que o processo que nele culmina é chamado de "dúvida cartesiana".

Tendo alcançado um fundamento sólido, Descartes passa então à reconstrução do edifício do conhecimento. O eu que teve a existência provada fora demonstrado a partir do fato de que penso, logo existo enquanto penso — e apenas então. Se deixasse de pensar, não haveria prova nenhuma de minha existência. Sou algo que pensa, algo cuja natureza ou essência consiste, toda ela, no pensamento e que não precisa de nenhum lugar ou coisa material para existir. A alma, portanto, é inteiramente distinta do corpo; ademais, é mais fácil conhecer a ela do que a ele. A alma seria o que é mesmo se o corpo não existisse.

Descartes questiona, então, por que o *cogito* é tão manifesto e conclui que isso só ocorre porque trata-se de algo claro e distinto. Desse modo, adota o seguinte princípio como regra geral: *tudo o que concebemos com grande clareza e grande distinção é veraz*. Ele admite, contudo, que às vezes é árduo saber que coisas são essas.

"Pensamento", em Descartes, é utilizado em sentido amplíssimo. Algo que pensa, diz, é algo que duvida, compreende, concebe, afirma, nega, deseja, imagina e sente — sentir, afinal, como ocorre nos sonhos, é uma forma de pensar. Uma vez que o pensamento é essência do espírito, o espírito deve sempre pensar, mesmo durante o sono profundo.

O filósofo retoma, em seguida, a questão do conhecimento dos corpos. Seu exemplo vem de um pedaço de cera retirado do favo. Alguns de seus traços são evidentes aos sentidos: tem gosto de mel, aroma de flores, cor, tamanho e forma sensíveis; é duro e frio; se golpeado, emite som. Caso, porém, o coloquemos perto do fogo, tais qualidades se modificam, mas a cera se conserva; por conseguinte, o que se mostrava aos sentidos não era a cera propriamente dita. Esta se constitui de extensão, flexibilidade e movimento, os quais são compreendidos pelo espírito e não pela imaginação. A *coisa* que constitui a cera não pode ser sensível, uma vez que se encontra por trás de todas as aparências que ela assume aos vários sentidos. A percepção da cera "não é uma visão, um toque ou uma imaginação, mas uma inspeção da mente". Eu não *vejo* a cera tanto quanto não vejo homens ao avistar, na rua, chapéus e cotas. "Somente mediante a capacidade do juízo, residente em meu espírito, é que compreendo o que pensava ver com os olhos." O conhecimento que advém dos sentidos é confuso e partilhado com os animais; agora, porém, que despojei a cera de seus trajes, vejo-a, com o espírito, toda nua. A partir da visão sensível da cera, segue-se com certeza minha própria existência, mas não a dela. O conhecimento das coisas externas deve se dar pelo espírito, e não pelos sentidos.

Isso culmina numa análise dos diferentes tipos de ideia. O mais comum dos erros, diz Descartes, é pensar que minhas ideias se assemelham aos elementos externos. (A palavra "ideia", tal qual usada por Descartes, abarca as percepções sensoriais.) As ideias *parecem* se dividir em três classes: (1) as inatas, (2) as que são estranhas e vêm de fora e (3) as que eu invento. O segundo gênero de ideias assemelha-se, naturalmente supomos, aos objetos externos. Achamos isso, em parte, porque a natureza nos ensina a fazê-lo e, em parte, porque tais ideias nos vêm independentemente da vontade (isto é, por intermédio da sensação); portanto, parece razoável supor que algo estranho imprima sua semelhança em mim. Seriam essas, porém, razões boas o suficiente? Quando falo, a esse respeito, que "a natureza nos ensina a fazê-lo", quero dizer que tenho certa inclinação a acreditá-lo, e não que o vejo sob uma luz natural. O que é visto sob luz natural não pode ser negado, mas é possível que uma mera inclinação penda para o que é falso. E, quanto ao fato de as ideias do sentido serem involuntárias, isso não constitui argumento nenhum, uma vez que os sonhos são involuntários não obstante venham desde o interior. As razões que nos levam a achar que as ideias dos sentidos vêm de fora são, portanto, inconclusivas.

Além disso, às vezes há duas ideias diferentes relacionadas ao mesmo objeto externo — por exemplo, o sol tal qual aparece aos sentidos e o sol em que acreditam os astrônomos. Ambos não podem ser como o sol de fato, e a razão demonstra que aquele que vem diretamente da experiência deve ser o menos semelhante dos dois.

Todavia, essas considerações não liquidaram os argumentos céticos que lançavam dúvidas sobre a existência do mundo exterior. Para que isso seja feito é necessário, antes, provar a existência divina.

As provas cartesianas da existência de Deus não são muito originais; em linhas gerais, advêm da filosofia escolástica. Leibniz deu a elas melhor formulação, e me furtarei de examiná-las até chegarmos a ele.

Uma vez demonstrada a existência de Deus, o restante se segue com facilidade. Dado que Deus é bom, não agirá qual o demônio enganador que Descartes concebera como fundamento para a dúvida.

Ora, Deus me deu tão forte inclinação a crer nos corpos que Ele seria enganador caso não houvesse nenhum; como consequência, os corpos existem. Além disso, Ele deve me ter concedido a faculdade de retificar erros. Essa faculdade eu emprego quando recorro ao princípio segundo o qual o que é claro e distinto é veraz. Isso me permite conhecer a matemática e a física, contanto que me lembre de que só devo conhecer a verdade sobre os corpos por intermédio do espírito, e não pelo espírito e pelo corpo concomitantemente.

A parte construtiva da teoria cartesiana do conhecimento é muito menos interessante do que a parte destrutiva que a precede. Ela emprega todas as sortes de máximas escolásticas — por exemplo, a de que um efeito não pode jamais ter perfeição maior do que sua causa —, as quais de alguma forma haviam escapado do escrutínio crítico inicial. Nenhuma razão é oferecida que nos leve a aceitá-las, ainda que não sejam tão autoevidentes quanto a própria existência do indivíduo, por sua vez *demonstrada* sob o toque de trombetas. Platão, santo Agostinho e santo Tomás contêm a maior parte do que é afirmativo nas *Meditações*.

Não obstante Descartes só o aplicasse sem grande entusiasmo, o método da dúvida crítica teve grande importância filosófica. Por questões lógicas, claro está que só pode gerar resultados positivos caso o ceticismo cesse em determinado ponto. Se deve haver tanto conhecimento lógico quanto conhecimento empírico, é necessário que haja dois pontos assim: os fatos indubitáveis e os princípios indubitáveis da inferência. Os fatos indubitáveis de Descartes são seus próprios pensamentos — sendo "pensamento", no caso, empregado no sentido mais amplo possível. "Eu penso" é sua premissa fundamental. Aqui, o termo "eu" é na verdade ilegítimo; o autor deveria formular a premissa na forma "há pensamentos". A palavra "eu" é conveniente no plano gramatical, mas não descreve um dado. Quando vem a dizer "Eu sou *algo* que pensa", Descartes já está usando acriticamente o aparato das categorias transmitidas pela escolástica. Em lugar nenhum ele prova que os pensamentos necessitam de um pensador, e tampouco há motivo para acreditar nisso, exceto em sentido gramatical. No entanto, a decisão de tomar os pensamentos, e não os objetos externos, como as certezas empíricas mais relevantes foi importantíssima e exerceu profunda influência sobre toda a filosofia subsequente.

Em dois outros aspectos a filosofia de Descartes foi também importante. Primeiro, ela levou — ou quase levou — à completude o dualismo entre espírito e matéria inaugurado por Platão e desenvolvido, sobretudo por razões religiosas, pela filosofia cristã. Ignorando as curiosas atividades que se desdobram na glândula pineal e que foram posteriormente descartadas pelos seguidores de Descartes, o sistema cartesiano nos apresenta dois mundos ao mesmo tempo paralelos e independentes: o do espírito e o da matéria, cada qual passível de ser estudado sem referência ao outro. Que o espírito não move o corpo era ideia nova e se deveu explicitamente a Geulincx, mas implicitamente a Descartes. Teve como vantagem possibilitar a afirmação de que o corpo não move o espírito. Há, nas *Meditações*, um considerável exame do motivo que leva o espírito a sentir "aflição" quando o corpo está sedento. A resposta cartesiana correta afirmava que corpo e espírito eram como dois relógios e que, quando um indicava "sede", o outro assinalava "aflição". Do ponto de vista religioso, entretanto, havia grave obstáculo a essa teoria, o que me leva à segunda característica do cartesianismo que mencionei acima.

Em toda a sua teoria do mundo material, o cartesianismo mostrou-se inflexivelmente determinista. Os organismos vivos eram governados pelas leis da física tanto quanto a matéria morta; não havia mais necessidade, como na filosofia aristotélica, de uma enteléquia ou alma que explicasse o crescimento dos organismos e os movimentos animais. Descartes se permitiu uma pequenina exceção: a alma humana poderia, por volição própria, modificar a direção — não a quantidade, porém — do movimento dos espíritos vitais. Isso, no entanto, contrariava o espírito do sistema e mostrou-se contrário às leis da mecânica, sendo portanto descartado. Como consequência, todos os movimentos da matéria passaram a ser determinados por leis físicas, e por conta do paralelismo os acontecimentos mentais deveriam ser determinados da mesma maneira. Os cartesianos, por conseguinte, encontraram dificuldades para lidar com o livre-arbítrio. Além disso, para aqueles que deram mais atenção à ciência de Descartes do que à sua teoria do conhecimento, não foi difícil ampliar a teoria de que os animais eram meros autômatos: por que não dizer o mesmo dos homens e simplificar o sistema, fazendo dele um materialismo consistente? Esse passo foi de fato dado no século XVIII.

Há, em Descartes, um dualismo não resolvido entre aquilo que o autor aprendera com a ciência contemporânea e a escolástica que havia assimilado em La Flèche. Isso o levou a inconsistências, mas também fê-lo mais rico em ideias frutuosas do que qualquer filósofo inteiramente lógico poderia ser. A consistência talvez o convertesse em mero fundador de uma nova escolástica, ao passo que a inconsistência transformou-o em fonte de duas escolas filosóficas divergentes, mas importantes.

10

Spinoza

Spinoza (1632-77) é o mais nobre e adorável de todos os grandes filósofos. Intelectualmente, houve quem o superasse, mas no plano da ética ele reina absoluto. Como consequência natural, foi considerado, ao longo de sua vida e do século posterior à sua morte, homem de espantosa iniquidade. Nasceu judeu, mas os judeus o excomungaram. Os cristãos o abominavam da mesma maneira. Não obstante sua filosofia estivesse dominada pela ideia de Deus, os ortodoxos o acusaram de ateísmo. Leibniz, que muito deveu a ele, ocultou sua dívida e absteve-se, cautelosamente, de dizer uma só palavra em seu louvor; chegou inclusive a mentir sobre o quão próxima era sua relação com aquele judeu herege.

A vida de Spinoza foi muito simples. Sua família trocara a Espanha — talvez Portugal — pela Holanda a fim de fugir da Inquisição. Ele mesmo foi educado no saber judaico, mas julgou impossível permanecer ortodoxo. Mil florins ao ano lhe foram oferecidos para que ocultasse suas dúvidas; quando recusou, sofreu tentativa de assassinato. Fracassada esta, foi amaldiçoado com todas as maldições do Deuteronômio e com a maldição que Eliseu lançara sobre os jovens que foram despedaçados por ursas. Ursa nenhuma, porém, atacou Spinoza, que viveu sossegado: primeiro em Amsterdã e, depois, em Haia, ganhando a vida com o polimento de lentes. Seus desejos eram poucos e simples, e o autor demonstrou durante toda a vida uma rara indiferença pelo dinheiro. Seus poucos conhecidos o amavam mesmo desaprovando seus princípios. O governo holandês, com seu liberalismo de costume, tolerou suas opiniões em matéria teológica, muito embora ele se visse, certa feita, em maus lençóis políticos por tomar partido dos De Witt contra a Casa de Orange. Com a pouca idade de 43 anos, Spinoza morreu de tísica.

Sua principal obra, a *Ética*, teve publicação póstuma. Antes de a examinarmos, algumas palavras devem ser ditas sobre dois de seus outros livros: o *Tractatus theologico-politicus* e o *Tractatus politicus*. O primeiro consiste numa curiosa combinação de crítica bíblica e teoria política; o segundo, somente em teoria política. Na crítica bíblica, Spinoza antecipa parcialmente as perspectivas modernas, sobretudo ao atribuir, a muitos livros do Antigo Testamento, datas muito posteriores àquelas atribuídas pela tradição. O autor a todo momento se empenha para demonstrar que as Escrituras podem ser conciliadas com uma teologia liberal.

Em linhas gerais, a teoria política de Spinoza deriva de Hobbes, não obstante a enorme diferença entre o temperamento dos dois. Ele afirma que, em estado natural, não há certo ou errado, uma vez que o errado consiste na desobediência da lei. Diz também que o soberano não pode fazer mal algum e concorda com Hobbes quanto à necessidade de a Igreja se submeter por completo ao Estado. A toda rebelião ele se opõe, mesmo àquela que se volta contra um governo mau; e, como prova do dano causado pela resistência forçosa à autoridade, Spinoza menciona os problemas verificados na Inglaterra. Ao mesmo tempo, contraria Hobbes ao julgar que a democracia é a forma "mais natural" de governo. Também entra em desacordo com aquele quando declara que os súditos não devem sacrificar *todos* os seus direitos em prol do soberano. De modo particular, toma a liberdade de opinião como algo importante. Não sei ao certo, porém, de que modo Spinoza a harmoniza com a visão de que as questões religiosas devem ser decididas pelo Estado. Creio eu que, ao dizê-lo, esteja na verdade afirmando que elas deveriam ser decididas pelo Estado em vez de pela Igreja; na Holanda, o Estado era muito mais tolerante do que ela.

A Ética de Spinoza lida com três matérias distintas. Começa com a metafísica, passa à psicologia dos afetos e da vontade e, por fim, formula uma ética fundamentada na metafísica e na psicologia precedentes. Sua metafísica consiste numa modificação de Descartes e sua psicologia traz resquícios de Hobbes; a ética, porém, é toda ela original e representa o que há de mais valioso no livro. A relação de Spinoza com Descartes não se distingue, em alguns aspectos, da relação entre Plotino e Platão. Descartes foi homem de muitas faces e repleto de curiosidade intelectual, mas não carregou o fardo da seriedade moral. Não obstante inventasse "provas" em favor das crenças ortodoxas, os céticos poderiam muito bem utilizá-lo do mesmo modo como Carnéades utilizara Platão. Spinoza, muito embora não carecesse de interesses científicos e até mesmo tivesse escrito um tratado sobre o arco-íris, interessou-se sobretudo pela religião e pela virtude. Aceitou, de Descartes e seus contemporâneos, uma física materialista e determinista e buscou, dentro desse sistema, encontrar espaço para a reverência e para uma vida dedicada ao Bem. Sua tentativa era grandiosa e suscita admiração mesmo naqueles que não a consideram bem-sucedida.

O sistema metafísico de Spinoza é do gênero inaugurado por Parmênides. Há apenas uma substância, "Deus ou Natureza", e nada que seja finito é autossubsistente. Descartes reconhecera três substâncias: Deus, o espírito e a matéria. É bem verdade que, mesmo para ele, Deus em certo sentido era mais substancial do que as outras duas, uma vez que Ele as tinha criado e poderia, se assim o quisesse, suprimi-las. Exceto em sua relação com a onipotência de Deus, porém, espírito e matéria eram duas substâncias independentes, definidas, respectivamente, pelos atributos do pensamento e da extensão. Spinoza não trazia nada disso. Para ele, tanto pensamento quanto extensão eram atributos divinos. Deus possui também um número infinito de outros atributos, dado que deve ser infinito em todos os aspectos; no entanto, estes nos são desconhecidos. As almas individuais e as partes isoladas de matéria, para Spinoza, são adjetivais; não se trata de *coisas*, mas de meros aspectos do Ser divino. Não pode haver imortalidade pessoal como aquela em que creem os cristãos: há somente o tipo de imortalidade impessoal que consiste em tornar-se cada vez mais uno com Deus. As coisas finitas são definidas por suas fronteiras físicas ou lógicas, isto é, a partir daquilo que *não* são: "toda determinação é negação". Só é possível haver um Ser positivo por inteiro, o qual deve ser absolutamente infinito. Desse modo, Spinoza é levado a um panteísmo puro.

Tudo, segundo ele, é governado por uma necessidade lógica absoluta. Não existe livre-arbítrio na esfera mental, nem acaso no mundo físico. Tudo o que acontece é manifestação da natureza inescrutável de Deus, e é logicamente impossível que os acontecimentos fossem diferentes do que são. Isso levanta, a respeito do pecado, dificuldades que os críticos não demoraram a assinalar. Um deles, observando que tudo, segundo Spinoza, é decretado por Deus e, portanto, bom, questiona indignado: foi bom que Nero matasse a própria mãe? Foi bom que Adão comesse a maçã? Spinoza responde que, em atos tais, aquilo que era positivo era bom e aquilo que era negativo, mau; no entanto, a negação só existe no ponto de vista das criaturas finitas. Em Deus, único completamente real, não há negação nenhuma; por conseguinte, o mal naquilo que nos parece pecado inexiste quando os pecados são vistos como partes do todo. Essa doutrina, embora defendida, em qualquer uma de suas formas, pela maioria dos místicos, não pode obviamente se ajustar à doutrina ortodoxa do pecado e da condenação. Ela está atrelada à rejeição total do livre-arbítrio por parte de Spinoza. Ainda que não tenha sido nada polêmico, Spinoza era honesto demais para dissimular suas opiniões, independentemente do quão desconcertantes pudessem parecer a seus contemporâneos; a aversão ao que ensina, portanto, não surpreende.

A *Ética* é articulada à maneira de Euclides: mediante definições, axiomas e teoremas; tudo o que se segue aos axiomas deve ser rigorosamente demonstrado pelo raciocínio dedutivo. Isso faz com que seja difícil lê-la. O estudante moderno que se mostre incapaz de crer na existência das "provas" rigorosas que Spinoza afirma estabelecer está fadado a impacientar-se com o detalhamento de suas demonstrações — as quais, de fato, não vale a pena dominar. Basta ler a enunciação das proposições e estudar os escólios, que contêm muito do que há de melhor na *Ética*. Todavia, seria falta de compreensão culpar Spinoza por seu método geométrico. Era da essência de seu método, tanto ética quanto metafisicamente, declarar que tudo *poderia* ser demonstrado, e por isso era também essencial produzir demonstrações. *Nós* não podemos aceitar seu método, mas isso se dá porque nos é impossível aceitar sua metafísica. Não podemos achar que a interconexão das partes do universo é *lógica* porque afirmamos que as leis científicas devem ser descobertas mediante a observação, e não somente pelo raciocínio. Para Spinoza, contudo, o método geométrico se fazia necessário e estava atrelado às partes mais essenciais de sua doutrina.

Volto-me agora à sua teoria dos afetos. Ela se segue a um exame metafísico da natureza e da origem mental que culmina na espantosa proposição de que "a mente do homem possui conhecimento adequado da essência eterna e infinita de Deus". As paixões, no entanto, examinadas como são no Livro III da *Ética*, são responsáveis por nos distrair e obscurecer nossa visão intelectual do todo. "Tudo", lemos, "na medida em que é em si mesmo, esforça-se para perseverar no próprio ser". Surgem daí o amor, o ódio e o conflito. "Aquele para quem o objeto de seu ódio é destruído sentirá prazer." "Se para nós alguém desfruta de algo que uma só pessoa é capaz de possuir, empenhar-nos-emos para que o homem em questão não desfrute de tal posse." Mesmo nesse livro, porém, há momentos em que Spinoza abandona a aparência do cinismo matematicamente demonstrado; por exemplo, quando diz: "O ódio aumenta quando recíproco; por outro lado, pode ser destruído pelo amor." A autopreservação, segundo Spinoza, é o motivo fundamental das paixões, mas tem seu caráter alterado quando percebemos que é aquilo que é real e positivo em nós o que nos une ao todo, e não aquilo que preserva a aparência de separação.

Os últimos dois livros da *Ética*, intitulados, respectivamente, "Da servidão humana ou da força dos afetos" e "Da potência do intelecto ou da liberdade humana", são os mais interessantes. Somos servos na medida em que aquilo que nos acontece é determinado por causas extrínsecas; livres, na medida em que nos autodeterminamos. A exemplo de Sócrates e Platão, Spinoza acredita que toda ação errada se deve a erro intelectual: o homem que compreende adequadamente as próprias circunstâncias agirá com sabedoria; chegará até a alegrar-se diante daquilo que, a outrem, pareceria infortúnio. O autor não recorre à abnegação; antes, afirma que o interesse próprio — de modo particular a autopreservação — governa, em certo sentido, todo o comportamento humano. "Virtude nenhuma pode ser considerada anterior a esse esforço para preservar o próprio ser." No entanto, seu conceito daquilo que o sábio tomará como objetivo de seu interesse é diferente do conceito aplicado ao egoísta comum: "O sumo bem do espírito é o conhecimento de Deus e a suma virtude do espírito é conhecer a Ele." Os afetos são denominados "paixões" quando advêm de ideias inadequadas; pode haver conflitos de paixões em homens diferentes, mas aqueles que vivem em obediência à razão estarão de acordo. Por si só, o prazer é bom, mas não a esperança e o medo, a humildade e a contrição: "O que se arrepende de certa ação é duplamente desgraçado ou enfermo." Spinoza considera o tempo irreal, e portanto todos os afetos essencialmente relacionados a acontecimento futuro ou passado são contrários à razão. "Na medida em que concebe algo sob o ditame da razão, o espírito é igualmente afetado, refira-se a ideia a algo presente, passado ou futuro."

Isso é muito duro, mas encontra-se na essência do sistema de Spinoza; faremos bem, portanto, em nos debruçarmos sobre o tema por um instante. Diz a boca do povo que "tudo está bem quando termina bem"; caso o universo esteja se aprimorando aos poucos, nós o temos em mais alta conta do que se aos poucos se deteriorasse, ainda que a soma de bem e mal seja a mesma em ambos os casos. Preocupamo-nos mais com um desastre em nossa época do que com um desastre na época de Gengis Khan. Segundo Spinoza, isso é irracional. Tudo o que acontece integra o mundo eterno e atemporal visto por Deus; para Ele, data é elemento irrelevante. Na medida em que o permite a finitude humana, o sábio se empenha para ver o mundo tal qual Deus o vê, isto é, *sub specie æternitatis*: sob o aspecto da eternidade. Todavia, é possível objetar que estamos certos em nos preocuparmos mais com os infortúnios futuros que talvez possam ser evitados do que com as calamidades passadas, contra as quais nada é possível fazer. A tal raciocínio, o determinismo de Spinoza oferece resposta. Apenas a ignorância nos faz achar que podemos modificar o futuro: o que será, será. O futuro é tão fixo quanto o passado. É por essa razão que vêm condenados a esperança e o medo: ambos dependem de que vejamos o futuro como algo incerto e, por isso, se originam na falta de sabedoria.

Quando adquirimos, na medida em que nos é possível, uma visão do mundo análoga à de Deus, vemos tudo como parte do todo e como necessário à sua bondade. Por conseguinte, o "conhecimento do mal é conhecimento inadequado". Deus não tem conhecimento do mal porque não há mal a ser conhecido; a aparência do mal só surge quando encaramos partes do universo como elementos autossubsistentes.

A visão de mundo de Spinoza tem como objetivo libertar os homens da tirania do medo. "O homem livre não pensa em nada menos do que a morte; sua sabedoria, ademais, não é reflexão sobre a morte, mas sobre a vida." O filósofo viveu à altura desse preceito. No último dia de sua vida, esteve inteiramente calmo: não exaltou-se como o Sócrates do *Fédon*, mas conversou, como o faria em qualquer outro dia, sobre temas de interesse de seu interlocutor. Ao contrário de outros pensadores, Spinoza não apenas acreditou em suas doutrinas: também praticou-as. Desconheço qualquer ocasião em que, não obstante grande provocação, tenha sido levado ao tipo de ardor ou ira que sua ética condenava. Nas controvérsias, era cortês e sensato. Jamais censurava; antes, fazia o máximo para persuadir.

Desde que advenha de nós mesmos, aquilo que acontece conosco é bom; somente o que vem de fora nos é prejudicial. "Uma vez que são boas todas as coisas de que o homem é causa eficiente, mal nenhum pode acometê-lo, exceto por intermédio de causas externas." É evidente, portanto, que nada de mau pode ocorrer ao universo como um todo, uma vez que ele não está sujeito a causas extrínsecas. "Somos partes da natureza universal e seguimos sua ordem. Se compreendermos isso com juízo claro e distinto, a parte da natureza definida pela inteligência, isto é, a melhor parte de nós mesmos, decerto se submeterá ao que nos acomete, e em tal submissão esforçar-se-á para persistir." Na medida em que o homem é parte relutante do todo, é também servo; na medida em que compreendeu, pelo entendimento, a realidade única do todo, é livre. As implicações dessa doutrina são desenvolvidas no livro último da *Ética*.

Ao contrário dos estoicos, Spinoza não se volta contra *todos* os afetos, mas somente contra aqueles que são "paixões", isto é, aqueles em que parecemos passivos à mercê de forças exteriores. "Um afeto que seja paixão deixa de sê-lo tão logo fazemos, dele, uma ideia clara e distinta." O entendimento de que todas as coisas são necessárias ajuda o espírito a obter domínio dos afetos. "Ama a Deus aquele que compreende de maneira clara e distinta a si mesmo e seus afetos, e tanto mais o faz quanto mais os compreende." Essa proposição nos apresenta o "amor intelectual a Deus" em que a sabedoria consiste. Trata-se da união de amor e afeto; consiste, creio, na mistura do pensamento verdadeiro com a alegria que nasce da apreensão da verdade. Toda alegria vinda do pensamento verdadeiro é parte do amor intelectual a Deus, uma vez que nada contém de negativo e, portanto, é parte do todo de fato, e não somente em aparência (caso das coisas fragmentárias que, no pensamento, vêm de tal modo separadas que parecem más).

Disse eu, há pouco, que o amor intelectual a Deus tem relação com a alegria, mas talvez isso seja um equívoco. Spinoza, afinal, declara que Deus não é afetado por qualquer sensação de prazer ou dor e que "o amor intelectual do espírito por Deus é parte do amor infinito com o qual Deus ama a Si mesmo". No entanto, acredito que há algo no "*amor* intelectual" que não é mero intelecto; é possível que a alegria a ele atrelada seja considerada superior ao prazer.

"O amor que se volta para Deus", lemos, "deve ocupar lugar principal no espírito". Eu optei por omitir as demonstrações de Spinoza, mas ao fazê-lo acabei oferecendo um retrato incompleto de seu pensamento. Como a prova da proposição acima é breve, reproduzo-a por inteiro; com isso, o leitor poderá conceber, na imaginação, as provas que se referem às outras proposições. Eis como se demonstra a mencionada acima:

> Com efeito, esse amor está associado a todas as modificações do corpo (V, 14) e é fomentado por todas elas (V, 15); por conseguinte (V, 11), deve ocupar lugar principal no espírito, *quod erat demonstrandum*.

Das proposições a que se refere a prova acima, V, 14 diz: "O espírito pode fazer com que toda modificação do corpo ou toda imagem das coisas se refira à ideia de Deus"; V, 15, também citado, afirma: "Ama a Deus aquele que compreende de maneira clara e distinta a si mesmo e seus afetos, e tanto mais o faz quanto mais os compreende"; e V, 11: "Quanto maior é o número de objetos a que se refere uma imagem mental, tanto mais ela é frequente, ou mais frequentemente vívida, e tanto mais ocupa o espírito."

A "prova" reproduzida acima pode ser expressa da seguinte maneira: todo acréscimo na compreensão daquilo que acontece conosco consiste em remeter os acontecimentos à ideia de Deus, uma vez que, na verdade, tudo é parte dele. Essa compreensão de todas as coisas como parte divina é o amor a Deus. Quando *todos* os objetos forem referidos a Ele, a ideia de Deus ocupará plenamente o espírito.

Por conseguinte, a declaração de que o amor a Deus "deve ocupar lugar principal no espírito" não é em essência uma exortação moral, e sim uma descrição daquilo que inevitavelmente deve acontecer à medida que adquirimos conhecimento.

Lemos que ninguém pode odiar a Deus; por outro lado, "aquele que ama a Deus não pode empenhar-se para que Ele o ame em troca". Goethe, que admirou Spinoza sem nem mesmo começar a entendê-lo, tomou essa proposição como exemplo de autoabnegação, mas não se trata de nada do gênero; ela exprime, antes, uma consequência lógica da metafísica de Spinoza. O filósofo não afirma que não *convém* ao homem querer que Deus o ame, e sim que o homem que ama a Deus *não pode* querer que Deus o faça. Isso fica claro à luz da prova que diz: "Com efeito, caso o homem se empenhe assim, estaria desejando (V, 17, Cor.) que Deus, a quem ama, não fosse Deus, e por conseguinte desejaria sentir dor (III, 19), o que é absurdo (III, 28)." A proposição que lemos em V, 17 é aquela a que já nos referimos e que diz que Deus não sente paixão, prazer ou dor; o corolário a que acima se remeteu deduz que Deus não ama nem odeia ninguém. Mais uma vez, o que há aí não é um preceito ético, mas uma necessidade lógica: o homem que amasse a Deus e desejasse que Ele o amasse também estaria desejando a dor, "o que é absurdo".

A declaração de que Deus não pode amar ninguém não deve ser vista como declaração que contradiz àquela de que Deus ama a Si mesmo com amor intelectual infinito. Ele pode amar a Si próprio porque isso é possível sem nenhuma crença falsa; de todo modo, ademais, o amor intelectual é um gênero de amor muito especial.

Nesse momento, Spinoza afirma nos ter oferecido "todos os remédios contra os afetos". O grande antídoto consiste nas ideias claras e distintas acerca da natureza dos afetos e de sua relação com as causas externas. Há ainda uma vantagem ulterior no amor a Deus se o compararmos ao amor pelos seres humanos: "A enfermidade e os infortúnios espirituais em geral podem remontar ao amor excessivo por algo que está sujeito a muitas variações." Contudo, o conhecimento claro e distinto "gera amor a algo imutável e eterno", e tal amor não possui o caráter turbulento e inquietante do amor que se volta para um objeto transitório e mutável.

Não obstante a sobrevivência pessoal após a morte seja ilusão, há algo no espírito humano que é eterno. O espírito só pode imaginar ou lembrar enquanto perdura o corpo, mas há em Deus ideia que expressa a essência deste ou daquele corpo humano sob a forma da eternidade. É essa a ideia que forma a parte eterna do espírito. O amor intelectual a Deus, quando experimentado pelo indivíduo, está contido nessa parte eterna.

A bem-aventurança, consistindo como consiste no amor a Deus, não é recompensa pela virtude, e sim a virtude mesma; nós não nos regozijamos nela porque controlamos nossa cobiça, mas controlamos nossa cobiça porque nela regozijamos.

A *Ética* tem fim com as seguintes palavras:

> O sábio, na medida em que é considerado como tal, dificilmente tem o espírito perturbado; antes, estando cônscio de si mesmo, de Deus e das coisas em razão de certa necessidade eterna, não deixa nunca de ser, gozando sempre de verdadeira tranquilidade de seu ânimo. Se o caminho que conduz a isso, por mim já assinalado, parece excessivamente árduo, pode não obstante ser descoberto. Com efeito, é necessário que seja árduo, dado só ser descoberto muito raramente. Caso a salvação estivesse a nosso alcance e pudesse ser encontrada sem grande esforço, como poderia ser negligenciada por quase todos os homens? Tudo o que é excelente é também tão árduo quanto raro.

Para formar um juízo crítico da importância de Spinoza como filósofo, é necessário distinguir sua ética de sua metafísica e examinar o quanto a primeira pode sobreviver à rejeição da segunda.

A metafísica de Spinoza é o melhor exemplo do que pode ser denominado “monismo lógico” — a saber, a doutrina de que o mundo como um todo se resume a uma única substância cujas partes não podem, por razões lógicas, viver por si sós. A justificativa fundamental dessa visão vem da crença em que toda proposição possui um único sujeito e um único predicado, o que, por sua vez, nos leva a concluir que as relações e a pluralidade devem ser ilusórias. Spinoza achava que a natureza do mundo e da vida humana poderiam ser logicamente deduzidas a partir de axiomas autoevidentes; devemos nos resignar aos acontecimentos tanto quanto ao fato de que dois mais dois são quatro, uma vez que os acontecimentos resultam igualmente de necessidade lógica. É impossível aceitar sua metafísica em plenitude; ela é incompatível com a lógica moderna e com o método científico. Os *fatos* devem ser descobertos mediante observação, e não pelo raciocínio; quando inferimos com êxito o futuro, nós o fazemos por intermédio de princípios que não são logicamente necessários, e sim sugeridos por dados empíricos. Além disso, o conceito de substância a que Spinoza recorre é tal que nenhuma ciência ou filosofia de hoje pode aceitá-lo.

No entanto, quando chegamos à ética, temos a sensação — ao menos a tenho eu — de que algo (não tudo) pode ser aceito mesmo após a rejeição do fundamento metafísico. Em linhas gerais, Spinoza se interessa por demonstrar como é possível viver nobremente mesmo quando reconhecemos os limites do poder humano. Ele mesmo, mediante sua doutrina da necessidade, torna esses limites ainda mais estreitos do que são. Quando eles indubitavelmente existem, porém, as máximas de Spinoza provavelmente são as melhores que poderíamos conceber. Tomemos, por exemplo, a morte: nada que um homem venha a realizar o tornará imortal, e portanto é fútil que perca tempo temendo e se lamentando porque irá morrer. Deixar-se obcecar pelo medo de morrer é uma espécie de escravidão; Spinoza acerta quando diz que "o homem livre não pensa em nada menos do que a morte". Mesmo nesse caso, contudo, é somente a morte em geral que deve ser assim tratada; a morte que se dá em virtude de uma doença em particular deveria ser refreada, se possível, pela submissão a cuidados médicos. O que se tem de evitar, mesmo em caso assim, é certo tipo de angústia ou terror; as medidas necessárias devem ser tomadas com serenidade e nossos pensamentos devem se voltar, na medida do possível, a outras questões. As mesmas considerações se aplicam a cada um dos infortúnios puramente pessoais.

No entanto, o que dizer dos infortúnios que acometem quem amamos? Pensemos em algumas das coisas que provavelmente ocorrerão, ainda em nossa era, aos habitantes da Europa ou da China. Suponhamos que você seja judeu e sua família tenha sido massacrada. Suponhamos que é um trabalhador clandestino que atua contra os nazistas e que teve a esposa alvejada porque não conseguiram pegá-lo. Suponhamos que seu marido tenha sido obrigado, por um crime puramente imaginário, a realizar trabalho forçado no Ártico, morrendo em decorrência de crueldades que recebeu e da fome. Suponhamos que sua filha tenha sido estuprada e morta por soldados inimigos. Em circunstâncias assim, você conservaria uma calma filosófica?

Caso siga o ensinamento de Cristo, você dirá: "Pai, perdoa-lhes, pois não sabem o que fazem." Conheci quacres que poderiam dizer isso de maneira sincera e profunda e que conquistaram minha admiração precisamente por isso. Porém, antes de admirar uma pessoa é preciso ter muita certeza de que o infortúnio é por ela vivenciado em toda a sua profundidade. Não é possível aceitar a atitude de alguns estoicos que diziam: "Que me importa se minha família sofre? Posso ainda ser virtuoso." O princípio cristão "Amai vossos inimigos" é bom, mas não o princípio estoico "Sê indiferente para com teus amigos". Além disso, o princípio cristão não apregoa a calma, e sim que amemos ardentemente mesmo o pior dos homens. Não há nada que possamos dizer contra ele, exceto que, no fundo, sua prática é demasiadamente difícil para a maioria de nós.

A reação primitiva a esses desastres é a vingança. Quando Macduff descobre que sua esposa e seus filhos foram mortos por Macbeth, decide matar ele mesmo o tirano. Nas ocasiões em que o prejuízo é grande o bastante para suscitar espanto moral nos desinteressados, uma tal reação ainda é vista com admiração pela maioria. Com efeito, ela não pode ser de todo condenada: é, afinal, uma das forças que gera a punição, que às vezes pode ser necessária. Além disso, do ponto de vista da saúde mental, o ímpeto à vingança provavelmente será tão grande que, sem válvula de escape, distorcerá toda a visão de mundo do homem, deixando-o mais ou menos louco. Isso não se aplica a todos, decerto, mas a uma grande porcentagem dos casos. Ao mesmo tempo, cumpre dizer que a vingança é uma motivação perigosíssima. Na medida em que a sociedade a admite, permite que o homem seja o juiz da própria causa, o que é precisamente aquilo que a lei tenta impedir. Ademais, trata-se na maioria das vezes de uma motivação exagerada; ela busca infligir mais castigo do que o desejável. A tortura, por exemplo, não deveria ser punida com tortura, mas o homem tomado pelo desejo de vingança achará que uma morte indolor é boa demais para o objeto de sua cólera. Do mesmo modo — e é aqui que Spinoza acerta —, uma vida dominada por uma só paixão será uma vida limitada, incompatível com todo tipo de sabedoria. Como tal, portanto, a vingança não é a melhor reação à ofensa.

Diria Spinoza o mesmo que diz o cristão, mas também mais. Em sua opinião, todo pecado se deve à ignorância. Ele o perdoaria porque você não sabe o que faz. Ao mesmo tempo, faria com que evitasse o limitado escopo de onde nasce o pecado e o instigaria, mesmo sob o maior dos infortúnios, a não se encerrar no mundo de seu sofrimento. Spinoza o faria entender isso ao mostrar-lhe o sofrimento em relação a suas causas e como parte de toda a ordem da natureza. Como vimos, ele acredita que o ódio pode ser superado pelo amor: "O ódio aumenta quando recíproco; por outro lado, pode ser destruído pelo amor. O ódio que é completamente subjugado pelo amor se converte em amor; desse modo, o amor é ainda maior do que seria caso o ódio não o tivesse precedido." Gostaria eu de acreditar nisso, mas não posso senão em casos excepcionais, em que a pessoa que odeia está sob o poder daquele que se recusa a odiar também. Em casos assim, a surpresa que advém de não ser punido pode ter efeito reformador. Todavia, na medida em que o iníquo desfruta de poder, de nada vale garantir-lhe que você não o odeia, uma vez que ele atribuirá suas palavras a motivo errado. Além disso, você não pode privá-lo do poder ao não lhe oferecer resistência.

O problema, para Spinoza, é mais fácil do que para quem não crê na bondade última do universo. Segundo ele, se os infortúnios forem por nós vistos como são na realidade, isto é, como parte da concatenação de causas que se estende desde o início do tempo até o final, perceberemos que eles só são infortúnios para nós, e não para o universo; para o universo, são meras dissonâncias que elevam a harmonia geral. Isso eu sou incapaz de aceitar; creio que os acontecimentos particulares são o que são e não se tornam diferentes quando absorvidos por uma totalidade. Cada ato de crueldade é parte do universo, eternamente; nada que aconteça depois pode torná-lo bom ou conferir perfeição ao todo que ele integra.

Não obstante, quando nos cabe sofrer algo que é (ou parece ser) pior do que o que cabe à massa comum da humanidade, o princípio de Spinoza que nos pede para pensar no todo — ou ao menos em questões maiores do que nosso pesar — é útil. Há até mesmo ocasiões em que se torna reconfortante refletir sobre o fato de a vida humana, com toda a maldade e o sofrimento que contém, não passar de uma parte ínfima da vida do universo. Reflexões assim podem não bastar para constituir religião, mas, num mundo doloroso, ajudam-nos a conservar a sanidade e servem como antídoto contra a paralisia do desespero completo.

11

Leibniz

Leibniz (1646-1716) teve um dos maiores intelectos de todos os tempos, mas como ser humano não foi alguém admirável. Possuiu, é bem verdade, as virtudes que desejaríamos encontrar na carta de recomendação de um possível empregado: era engenhoso, frugal, moderado e financeiramente honesto. No entanto, também carecia por completo daquelas elevadas virtudes filosóficas que Spinoza trazia tão manifestas. Seu pensamento mais refinado não foi capaz de valer-lhe popularidade, e Leibniz os deixou em sua mesa sem publicação. O que publicou só o fez para ganhar a aprovação de príncipes e princesas. Como consequência, pode-se dizer que há dois sistemas filosóficos que o representam: o primeiro, por ele apregoado, era otimista, ortodoxo, fantástico e raso; o segundo, lentamente escavado de seus manuscritos por editores recentíssimos, tem caráter profundo, coerente, amplamente spinoziano e espantosamente lógico. Foi o Leibniz popular quem concebeu a doutrina de que este é o melhor de todos os mundos possíveis (ao que F.H. Bradley acresceu o mordaz comentário: "e tudo o que nele há é um mal necessário"); foi ele, também, quem Voltaire caricaturou como o doutor Pangloss. Estaríamos na contramão da história se ignorássemos esse Leibniz, mas o outro possui importância filosófica muito maior.

Dois anos antes do fim da Guerra dos Trinta Anos, Leibniz nasceu em Leipzig, onde seu pai trabalhava como professor de filosofia moral. Na universidade, estudou direito e obteve, em 1666, grau de doutor em Altdorf, onde recusou a cátedra que lhe fora oferecida por ter "coisas muito diferentes em vista". Em 1667, passou a trabalhar para o arcebispo de Mainz, que sentia-se, a exemplo de outros príncipes da

Alemanha Ocidental, oprimido pelo medo de Luís XIV. Com a aprovação do arcebispo, Leibniz tentou convencer o rei francês a invadir antes o Egito do que a Alemanha, mas foi lembrado de que, desde a época de são Luís, a guerra santa contra os infiéis saíra de moda. Seu projeto permaneceu desconhecido do público até ser descoberto por Napoleão quando da conquista de Hanôver em 1803, quatro anos depois da fracassada expedição egípcia que ele mesmo empreendera. Ainda por conta desse projeto, Leibniz foi em 1672 a Paris, onde passou a maior parte dos quatro anos seguintes. Seus contatos parisienses foram de enorme importância para seu desenvolvimento intelectual, dado que a Paris da época liderava o mundo tanto na filosofia quanto na matemática. Foi ali, em 1675-6, que ele inventou o cálculo infinitesimal, ignorando o trabalho anterior, mas não publicado, de Newton sobre o mesmo tema. A obra de Leibniz veio a público em 1684; a de Newton, em 1687. A subsequente disputa quanto à precedência foi infeliz e infame para ambas as partes.

Leibniz foi alguém um tanto sovina. Quando uma jovem da corte de Hanôver se casava, ele costumava agraciá-la com um "presente de casamento" que consistia em máximas úteis e que terminava com o conselho de não parar de se banhar agora que garantira um marido. A história não registrou se as noivas ficavam agradecidas.

Na Alemanha, Leibniz aprendera a filosofia aristotélica da nova escolástica, da qual conservaria algo ao longo de toda a vida adulta. Em Paris, contudo, teve contato com o cartesianismo e com o materialismo de Gassendi, sofrendo influência de ambos; à ocasião, disse, abandonou as "escolas triviais", ou seja, a escolástica. Em Paris, tomou conhecimento de Malebranche e do jansenista Arnauld. Sua última influência relevante veio de Spinoza, a quem fez uma visita no ano de 1676. Durante um mês, travou com ele discussões frequentes e garantiu para si parte da *Ética* em manuscrito. Em anos posteriores, passaria a censurar o amigo e a minimizar seus contatos com ele, declarando só tê-lo encontrado uma única vez, quando Spinoza lhe teria contado umas boas anedotas sobre política.

Sua relação com a Casa de Hanôver, em cujo serviço permaneceu pelo resto da vida, teve início em 1673. De 1680 em diante, trabalhou como seu bibliotecário em Wolfenbüttel e foi oficialmente responsável pela redação da história da Casa de Brunswick. Havia já chegado ao ano 1009 quando faleceu, e a obra só veio a ser publicada em 1843. Parte de seu tempo foi dedicada a projeto de reunificação das Igrejas, mas em vão. Viajou também para a Itália a fim de obter provas de que os duques de Brunswick travavam relações com a família Este. Não obstante essas atividades, ficou para trás na Casa de Hanôver quando Jorge I tornou-se rei da Inglaterra; o principal motivo para isso vinha de sua querela com Newton, que fizera com que a Inglaterra se lhe tornasse hostil. Ainda assim, Leibniz declarou a todos os seus correspondentes que a princesa de Gales tomara partido seu na disputa. Não obstante esse auxílio, Leibniz morreu negligenciado.

Sua filosofia popular pode ser encontrada na *Monadologia* e nos *Princípios da natureza e da graça*, um dos quais (não se sabe qual) escrito para o príncipe Eugênio de Saboia, colega de Marlborough. A base de seu otimismo teológico é articulado na *Théodicée*, obra redigida à rainha Carlota da Prússia. Partirei da filosofia que vem articulada nesses escritos e, depois, passarei a seu trabalho mais sólido, deixado sem publicação.

A exemplo de Descartes e Spinoza, Leibniz fundamentou sua filosofia na noção de substância, mas diferiu radicalmente de ambos no que diz respeito à relação entre espírito e matéria e ao número de substâncias. Descartes reconheceu três delas: Deus, o espírito e a matéria; Spinoza, apenas Deus. Para Descartes, a essência da matéria está na extensão; para Spinoza, tanto extensão quanto pensamento são atributos divinos. Leibniz, por sua vez, defendeu que a extensão não pode ser atributo de uma substância. Com efeito, ela envolve pluralidade, e portanto só pode pertencer a um agregado de substâncias; cada substância em particular não deve ser extensa. Por conseguinte, acreditou num número de substâncias infinito, denominando-as "mônadas". Cada qual teria algumas das propriedades do ponto físico, mas apenas quando vistas em abstrato; na realidade, cada mônada é uma alma. Isso é resultado natural da rejeição da extensão como atributo da substância; o único atributo essencial que restava possível parecia ser o pensamento. Desse modo, Leibniz se viu levado a negar a realidade da matéria e a substituí-la por uma família infinita de almas.

A doutrina de que as substâncias não podem interagir, desenvolvida pelos seguidores de Descartes, foi retomada por Leibniz e gerou consequências curiosas. Duas mônadas, afirmou, não podem ter qualquer relação causal entre si; quando parece que têm, as aparências estão nos enganando. Segundo ele, as mônadas "não têm janelas", o que por sua vez trazia duas dificuldades: uma no campo da dinâmica, onde os corpos parecem afetar uns aos outros, sobretudo quando do impacto; e uma segunda na esfera da percepção, que parece ser efeito do objeto percebido sobre o percipiente. Ignoraremos por ora a dificuldade dinâmica e nos voltaremos somente à questão da percepção. Leibniz afirmou que as mônadas não refletem o universo porque por ele afetadas, e sim porque Deus lhes deu natureza que produz espontaneamente tal resultado. Há uma "harmonia preestabelecida" entre as mudanças numa mônada e as mudanças noutra, e é essa harmonia o que confere aparência de interação. Trata-se, é evidente, de uma extensão dos dois relógios que badalam no mesmo momento porque marcam o tempo com rigor. Leibniz acredita numa quantidade infinita de relógios, todos dispostos pelo Criador a fim de que batam no mesmo instante. Todavia, não ocorre isso porque afetam uns aos outros, e sim porque cada qual é mecanismo completamente preciso. Aos que julgavam estranha essa harmonia preestabelecida, Leibniz apontou que admirável evidência ela oferecia da existência de Deus.

As mônadas formam hierarquia, na qual umas são superiores às outras na clareza e distinção com que refletem o universo. Em todas há certo grau de confusão perceptiva, mas a magnitude dessa confusão varia segundo a dignidade de cada mônada. O corpo humano é todo ele composto de mônadas, e cada qual é uma alma. Cada alma, por sua vez, é imortal, mas há uma mônada dominante que vem a ser conhecida como *a* alma do homem cujo corpo ela integra. Essa mônada é dominante não somente no sentido de possuir percepções mais claras do que as outras, mas também no sentido de que as mudanças no corpo humano (sob circunstâncias normais) acontecem em função dela: quando meu braço se move, o propósito a que o movimento serve não se encontra nas mônadas que compõem o membro, e sim na mônada dominante, isto é, no espírito. É essa a verdade por trás do que, segundo o senso comum, trata-se do controle do braço pela minha vontade.

Do modo como se afigura aos sentidos e pressupõe a física, o espaço não é real, mas possui congênere real, a saber: a disposição das mônadas em ordem tridimensional segundo o ponto de vista de que espelham o mundo. Cada mônada vê o mundo de acordo com certa perspectiva própria; nesse sentido, poder-se-ia dizer, de modo um tanto vago, que ela ocupa posição espacial.

Se nos for permitido falar assim, é possível dizer que não há vácuo; todo ponto de vista possível é preenchido por uma mônada real — e apenas uma. Não existem duas mônadas exatamente iguais; é esse o princípio da "identidade dos indiscerníveis" que Leibniz defende.

Ao contrário de Spinoza, Leibniz deu grande espaço ao livre-arbítrio. Segundo seu "princípio da razão suficiente", nada acontece sem motivo, mas quando se trata dos agentes livres os motivos de suas ações "inclinam sem coagir". O que um ser humano faz sempre tem motivo, mas a razão suficiente de sua ação não possui necessidade lógica. É isso, ao menos, o que diz Leibniz nos escritos populares; como veremos, há ainda outra doutrina que decidiu guardar para si após descobrir que Arnauld a julgara desconcertante.

As ações de Deus possuem o mesmo tipo de liberdade. Ele sempre age em vista do melhor, mas não sofre nenhuma compulsão lógica para fazê-lo. Leibniz concorda com Tomás de Aquino ao afirmar que Deus não pode agir em oposição às leis da lógica, mas pode decretar tudo aquilo que é logicamente possível; isso Lhe possibilita um grande leque de escolhas.

Leibniz deu forma definitiva às provas metafísicas da existência de Deus. O histórico dessas provas era longo: haviam começado com Aristóteles, ou mesmo com Platão; os escolásticos as formalizaram, e uma delas, o argumento ontológico, foi concebida por santo Anselmo. Este último, embora rejeitado por santo Tomás, foi retomado por Descartes. Leibniz, cuja destreza lógica foi insuperável, deu aos argumentos formulação superior a qualquer outra que jamais tiveram. É por essa razão que os examino no capítulo que lhe dediquei.

Antes, porém, de fazê-lo detalhadamente, será útil notar que os teólogos modernos não mais recorrem a essas evidências. A teologia medieval nasce do intelecto grego. O Deus do Antigo Testamento é um Deus de poder, enquanto o do Novo é também Deus de amor. O Deus dos teólogos, contudo, desde Aristóteles até Calvino, é uma divindade de encanto intelectual. Sua existência soluciona alguns quebra-cabeças que, de outro modo, gerariam dificuldades argumentativas para a compreensão do universo. Essa divindade que aparece ao final de cada raciocínio — a exemplo de uma proposição no campo da geometria — não satisfez Rousseau, que retornou a uma concepção de Deus mais semelhante à dos Evangelhos. Em linhas gerais, os teólogos modernos, sobretudo os protestantes, seguiram Rousseau nesse aspecto, enquanto os filósofos têm sido mais conservadores; em Hegel, Lotze e Bradley, os argumentos de tipo metafísico persistem, não obstante Kant declarasse tê-los solapado de uma vez por todas.

São quatro os argumentos de Leibniz em prol da existência de Deus: o (1) argumento ontológico, o (2) argumento cosmológico, o (3) argumento que parte das verdades eternas e o (4) argumento que parte da harmonia preestabelecida, o qual pode ser generalizado sob o argumento da criação ou, como o denomina Kant, o argumento psico-teológico. Trataremos de cada um sucessivamente.

O argumento ontológico depende da distinção entre existência e essência. Qualquer pessoa ou coisa ordinária, diz ele, existe e apresenta qualidades que formam sua "essência". Hamlet, embora não exista, possui certa essência; é melancólico, indeciso, vivaz etc. Quando descrevemos uma pessoa, se ela é real ou imaginária é questão que permanece em aberto, por mais detalhada que a descrição possa ser. A linguagem escolástica expressa isso dizendo que, no caso de qualquer substância finita, sua essência não implica sua existência. No caso de Deus, no entanto, definido como é na condição de Ser mais perfeito, santo Anselmo afirma — e também Descartes — que a essência implica a existência, pela razão de que o Ser que possui todas as perfeições é melhor quando existe do que quando não o faz; desse modo, segue-se que, se Ele não existe, não é também o melhor Ser possível.

Leibniz nem aceita nem rejeita por completo esse argumento; antes, diz que é preciso complementá-lo com a prova de que um Deus assim definido é possível. Em vista disso, pôs-se a elaborar a demonstração da possibilidade da ideia divina que mostrou a Spinoza ao encontrá-lo em Haia. Ela define Deus como o Ser mais perfeito, isto é, como o sujeito de todas as perfeições; perfeição, por sua vez, é definida como "qualidade simples, positiva e absoluta que expressa sem limites o que quer que expresse". Leibniz demonstra facilmente que duas perfeições assim definidas não podem ser incompatíveis. Conclui: "Há ou pode ser concebido, portanto, sujeito de todas as perfeições ou Ser mais perfeito. Segue-se que Ele também existe, uma vez que a existência encontra-se entre o número de perfeições."

Kant foi de encontro a esse argumento afirmando que "existência" não é predicado. Outro tipo de refutação resulta de minha teoria das descrições. Para o espírito moderno, o argumento ontológico não parece muito convincente. Ao mesmo tempo, é mais fácil intuir que é falacioso do que descobrir precisamente onde a falácia se encontra.

O argumento cosmológico é mais plausível do que o ontológico. Assume ele a forma do argumento da Primeira Causa, que por sua vez deriva do motor imóvel de Aristóteles. O argumento da Primeira Causa é simples. Segundo ele, tudo o que é finito possui causa, que de sua parte possui outra causa e assim por diante. Essa série de causas anteriores, afirma-se, não pode ser infinita, de modo que o primeiro termo da série deve ser incausado; caso contrário, não se trataria do primeiro termo. Existe, por conseguinte, algo incausado que é causa de tudo, e esse algo é, obviamente, Deus.

Em Leibniz, o argumento assume forma um tanto distinta. Ele afirma que todas as coisas que existem no mundo são "contingentes", ou seja, que seria logicamente possível que não existissem. Isso se aplica não somente a cada coisa em particular, mas também ao universo inteiro. Mesmo se achamos que o universo existe desde sempre, não há nada dentro dele que revele a causa dessa existência. No entanto, segundo a filosofia leibniziana, tudo precisa ter uma razão suficiente, inclusive o universo, cuja razão suficiente lhe deve ser extrínseca. Essa razão suficiente é Deus.

O argumento acima é melhor do que o argumento simples da Primeira Causa e não pode ser refutado com facilidade. O argumento da Primeira Causa se baseia na ideia de que toda série deve ter um termo primeiro, o que é falso; a série de frações próprias, por exemplo, não o possui. O argumento de Leibniz, porém, não depende de que o universo tenha começado no tempo. Ele é válido na medida em que aceitamos o princípio da razão suficiente, mas, se esse é negado, o argumento falha. O que o filósofo de fato quis dizer com tal princípio é questão controversa. Couturat afirma que, para Leibniz, toda proposição verdadeira é "analítica", isto é, uma proposição cuja proposição contraditória contradiz a si mesma. Se verdadeira, porém, essa interpretação (que não encontra respaldo nos escritos que Leibniz não publicou) pertence à doutrina esotérica. Em suas obras publicadas, o filósofo afirma que há diferença entre as proposições contingentes e as necessárias, que somente a primeira se segue das leis da lógica e que todas as proposições que asseveram a existência são contingentes, exceção feita à existência de Deus. Não obstante Deus exista necessariamente, a lógica não o compeliu a criar o mundo; tratou-se antes de escolha livre, motivada, e não constrangida, por Sua bondade.

É manifesto que Kant tem razão ao dizer que esse argumento depende do argumento ontológico. Se a existência do mundo só pode ser explicada mediante a existência de um Ser necessário, deve haver um Ser cuja essência implique a existência, uma vez que é isso o que se entende por Ser necessário. No entanto, se é possível que haja Ser cuja essência implique a existência, somente a razão, sem a experiência, pode dar definição a ele, cuja existência procederá do argumento ontológico; com efeito, tudo o que tem que ver com a essência pode ser conhecido independentemente da experiência — ou ao menos é essa a visão de Leibniz. Por conseguinte, a maior plausibilidade do argumento cosmológico em relação ao ontológico não passa de ilusão.

O argumento que parte das verdades eternas não pode ser formulado com precisão sem certa dificuldade. *Grosso modo*, resume-se a isto: uma declaração como "está chovendo" às vezes é verdadeira e, às vezes, falsa; ao mesmo tempo, "dois mais dois são quatro" é verdadeiro sempre. Todas as declarações que só dizem respeito à essência, e não à existência, ou são verdadeiras sempre, ou nunca o são. As primeiras recebem o nome de "verdades eternas". O centro do argumento está em que as verdades eternas são parte do conteúdo dos espíritos e que cada verdade eterna deve ser parte de um espírito eterno. Encontramos argumento não muito distinto já em Platão, que deduz a imortalidade desde a eternidade das ideias. Em Leibniz, contudo, verificamos algo mais elaborado. O filósofo afirma que a razão última das verdades contingentes deve ser encontrada nas verdades necessárias. O raciocínio, aqui, se desdobra como no argumento cosmológico: para todo o mundo contingente deve haver uma razão, que porém não pode ser contingente ela mesma; é preciso buscá-la, antes, entre as verdades eternas. Entretanto, a razão de algo que existe deve ela própria existir, e assim as verdades eternas devem existir em certo sentido, o que porém só pode ocorrer se consistirem em pensamentos na mente de Deus. Esse argumento, no fundo, nada mais é do que outra forma do argumento cosmológico. No entanto, está aberto à ulterior objeção de que não se pode afirmar que uma verdade "existe" na mente que a apreende.

Tal qual formulado por Leibniz, o argumento que parte da harmonia preestabelecida só é válido para quem aceita as mônadas sem janelas que refletem o universo. Segundo ele, uma vez que todos os relógios assinalam a mesma hora sem que haja qualquer interação causal entre eles, deve haver uma única Causa exterior que regulou cada um. A dificuldade, claro está, é aquela mesma que acomete toda a monadologia: se as mônadas jamais interagem, como cada qual sabe que existem outras? O que parece reflexo do universo talvez não passe de sonho. Na realidade, caso Leibniz esteja certo, *trata-se* verdadeiramente de sonho, mas o filósofo de alguma forma conseguiu averiguar que todas as mônadas possuem sonhos semelhantes ao mesmo tempo. Isso, não há dúvidas, é fantástico e jamais pareceria crível sem a história prévia do cartesianismo.

O argumento de Leibniz, no entanto, pode não depender de sua metafísica peculiar e transformar-se no que é chamado de argumento da criação. Segundo ele, ao investigarmos o mundo conhecido, encontramos coisas que não podem ser plausivelmente explicadas como produto de forças naturais cegas, sendo muito mais sensato, portanto, encará-las como provas de um propósito benevolente.

Não há nesse argumento nenhum defeito lógico formal. Suas premissas são empíricas e sua conclusão pode ser alcançada segundo os cânones comuns da inferência empírica. Se deve ser aceito ou não, portanto, é dúvida que não remete a questões metafísicas genéricas, e sim a considerações comparativamente minuciosas. Há uma importante diferença entre esse argumento e os outros, a saber: o Deus (caso válido) que ele demonstra não precisa gozar de todos os atributos metafísicos convencionais. Deus não precisa ser onipotente e onisciente; pode ser apenas muito mais sábio e poderoso do que nós. Os males do mundo, do mesmo modo, podem se dever a Seu poder limitado. Alguns teólogos modernos utilizaram possibilidades como essas na formação de seus respectivos conceitos de Deus. No entanto, especulações do gênero se afastam da filosofia de Leibniz, à qual devemos agora retornar.

Um dos traços mais característicos dessa filosofia é a doutrina dos muitos mundos possíveis. Um mundo é "possível" quando não contradiz as leis da lógica. É infinito o número de mundos possíveis, todos os quais devidamente contemplados por Deus antes da criação do mundo tal como o temos. Por ser bom, Deus decidiu criar o melhor dos mundos possíveis e julgou que seria o melhor aquele em que a bondade excedesse em grau mais elevado a maldade. Poderia ter Ele criado um mundo sem mal, mas esse mundo não seria tão bom quanto o que criou. Isso ocorre porque certos bens estão logicamente atrelados a certos males. Para tomarmos um exemplo trivial: beber um copo de água gelada num dia quente pode ser fonte de prazer tão grande que você é capaz de pensar que valera a pena suportar a sede; embora o afligisse, sem ela o deleite subsequente não teria sido tão intenso. Para a teologia, não são esses exemplos o que tem importância, e sim a relação do pecado com o livre-arbítrio. O livre-arbítrio é um bem imenso, mas era logicamente impossível que Deus o conferisse e, ao mesmo tempo, decretasse que o pecado não existe. Deus, portanto, optou por fazer o homem livre, não obstante previsse que Adão comeria a maçã e que o pecado inevitavelmente traria consigo o castigo. O mundo resultante, ainda que contenha mal, possui excedente muito maior de bem do que qualquer outro mundo possível; por conseguinte, é o melhor de todos os mundos, e o mal que traz em si não serve como objeção à bondade divina.

Ao que parece, o argumento acima agradou a rainha da Prússia: seus servos continuaram a sofrer enquanto ela se deleitava. Era reconfortante que um grande filósofo lhe garantisse que isso era justo e reto.

A exemplo de suas outras doutrinas populares, a solução de Leibniz para o problema do mal é logicamente possível, mas não muito convincente. Um maniqueu poderia objetar que este é o pior dos mundos possíveis, uma vez que as coisas boas nele existentes só servem para aumentar os males. O mundo, diria, foi criado por um demiurgo iníquo que permitiu o livre-arbítrio, que é bom, a fim de garantir o pecado, que é mau e faz com que a maldade sobrepuje a bondade dessa autonomia. O demiurgo, continuaria ele, criou alguns homens virtuosos para que fossem punidos pelos iníquos; afinal, o castigo dos virtuosos é mal tão grande que torna o mundo pior do que seria caso não houvesse homens bons. Não estou defendendo essa opinião, que a meus olhos é fantástica; afirmo apenas que não é mais fantástica do que a teoria de Leibniz. As pessoas querem acreditar que o universo é bom e serão benevolentes para com os argumentos ruins que assim o demonstrarem, ao mesmo tempo que darão análise escrupulosa aos raciocínios ruins em favor do contrário. A verdade é que o mundo é parcialmente bom e parcialmente mau, e o "problema do mal" só surge quando esse fato óbvio é negado.

Volto-me agora para a filosofia esotérica de Leibniz, na qual encontramos tanto as razões de muito daquilo que parece arbitrário ou fantástico em suas exposições populares quanto uma interpretação que, se conhecida por todos, as teria feito muito menos aceitáveis. É fato notável que ele tenha enganado de tal maneira os futuros estudiosos da filosofia que a maioria dos editores responsáveis por selecionar trechos de sua imensa massa de manuscritos preferiu aquilo que respaldava a interpretação recebida, rejeitando os ensaios pouco importantes que revelavam que Leibniz fora pensador muito mais profundo do que desejava aparentar. A maioria dos textos a que devemos recorrer para entendermos sua doutrina esotérica só foi publicada no ano de 1901 ou 1903, em duas obras de Louis Couturat. Um deles chegava a trazer, no alto, uma observação de Leibniz: "Fiz aqui um progresso enorme." A despeito disso, só houve editor que julgasse válido publicá-lo duzentos anos após a morte do filósofo. É bem verdade que suas cartas a Arnauld — nas quais encontramos parte de sua filosofia mais profunda — vieram a público no século XIX; todavia, fui eu o primeiro a perceber sua importância. A reação de Arnauld a elas era desencorajadora. Escreve ele: "Noto, em tais pensamentos, tantas coisas que me deixam alarmado e que, se não me engano, a maioria dos homens julgará desconcertante que não vejo que utilidade pode ter um escrito que todo o mundo aparentemente irá rejeitar." Essa opinião hostil sem dúvida levou Leibniz a adotar sigilo a respeito do que de fato pensava sobre questões filosóficas.

O conceito de substância, fundamental como é para as filosofias de Descartes, Spinoza e Leibniz, deriva da categoria lógica de sujeito e predicado. Certas palavras podem ser tanto um quanto outro; posso dizer, por exemplo, que "o céu é azul" e que "azul é uma cor". Outras — das quais os nomes próprios são os exemplos mais óbvios — não podem jamais figurar como predicados: servem apenas como sujeitos ou como um dos termos de uma relação. Diz-se, portanto, que designam *substâncias*. Além dessa característica lógica, as substâncias perduram ao longo do tempo, exceto quando suprimidas pela onipotência de Deus (o que, depreende-se, jamais acontece). Toda proposição verdadeira pode ser geral ("todos os homens são mortais"), caso em que afirma que determinado predicado implica outro, ou particular ("Sócrates é mortal"), na qual o predicado está contido no sujeito e a qualidade assinalada pelo predicado integra a noção da substância que o sujeito indica. Tudo o que ocorre a Sócrates pode ser asseverado numa frase em que "Sócrates" é o sujeito e as palavras que descrevem o ocorrido em questão, o predicado. Todos esses predicados, juntos, formam a "noção" de Sócrates. Todos necessariamente lhe pertencem, no sentido de que uma substância sobre a qual não possam ser verdadeiramente aplicados não seria Sócrates, mas outra pessoa.

Leibniz foi inflexível defensor de que a lógica possuía relevância não somente em sua própria esfera, mas também como base da metafísica. No campo da lógica matemática, desenvolveu trabalhos que seriam de enorme importância se publicados; nesse caso, ele teria se convertido no fundador da disciplina, que só se tornaria conhecida um século e meio depois. Leibniz se absteve de publicar porque não cessou de encontrar provas de que, em alguns pontos, a doutrina aristotélica do silogismo estava errada; o respeito que nutria por Aristóteles impossibilitou-o de acreditar nisso, e portanto preferiu acreditar que os erros deveriam ser seus. Não obstante, o filósofo nutriu, ao longo de toda a vida, a esperança de descobrir uma espécie de matemática geral que denominou *characteristica universalis*; por meio dela, o pensamento poderia ser substituído pelo cálculo. "Caso a possuíssemos", declara, "ser-nos-ia possível ponderar na metafísica e na moral do mesmo modo como o fazemos na geometria e na análise". "Caso houvesse controvérsias, seria menos necessária uma disputa entre filósofos do que uma entre contadores. Com efeito, bastaria que tomassem para si um lápis, posicionassem-se diante da lousa e dissessem um ao outro (tendo um amigo como testemunha, caso desejassem): Vamos aos cálculos."

Leibniz fundamentou sua filosofia em duas premissas lógicas: a lei da contradição e a lei da razão suficiente. Ambas dependem da ideia de uma proposição "analítica" em que o predicado está contido no sujeito — por exemplo, "todos os homens brancos são homens". A lei da contradição afirma que todas as proposições analíticas são verdadeiras. A da razão suficiente (somente no sistema esotérico), que todas as proposições verdadeiras são analíticas. Isso se aplica até mesmo àquilo que deveríamos tomar como declarações empíricas sobre fatos reais. Se faço uma viagem, a noção de mim mesmo deve ter incluído, desde toda a eternidade, a noção dessa viagem, que é predicado meu. "Podemos dizer que a natureza de uma substância individual ou de um ser completo está em ter uma noção de tal maneira exaustiva que basta para compreender, e para tornar deduzível a partir de si, todos os predicados do sujeito a que a noção é atribuída. Desse modo, abstraindo-a do sujeito, a qualidade de rei, que pertence a Alexandre Magno, não determina suficientemente o indivíduo e não implica nem outras qualidades do mesmo sujeito, nem tudo aquilo que a noção desse príncipe contém, enquanto Deus, vendo a noção individual ou a hecceidade de Alexandre, vê ao mesmo tempo o fundamento e a razão de todos os predicados que lhe podem ser verdadeiramente atribuídos — por exemplo, que conquistaria Dario e Poro —, chegando até mesmo a conhecer *a priori* (e não por experiência) se morreria de morte natural ou envenenado, o que só podemos saber por meio da história."

Uma das formulações mais definitivas do fundamento dessa metafísica encontramos em carta a Arnauld:

> Ao examinar a noção que tenho de toda proposição verdadeira, descubro que cada predicado, seja necessário ou contingente, pretérito, presente ou futuro, é abarcado pela noção de sujeito, e nada mais peço. (...) A proposição em questão é de grande importância e merece ser bem definida, pois segue-se que toda alma é como um mundo à parte, independente de tudo o mais, exceto Deus; que não é apenas imortal e, por assim dizer, impassível, mas também conserva, em sua substância, traços de tudo aquilo que lhe acontece.

Em seguida, Leibniz explica que as substâncias não agem umas sobre as outras, mas estão todas de acordo por refletirem o universo, cada qual a partir do seu ponto de vista. A interação não é possível, uma vez que tudo o que acontece a cada sujeito faz parte de sua noção e define, desde toda a eternidade, se determinada substância existe.

Esse sistema, claro está, é tão determinista quanto o de Spinoza. Arnauld expressa seu espanto acerca da declaração (feita por Leibniz) de "que a noção individual de cada pessoa implica de uma vez por todas tudo o que acontecerá a ela". Uma tal visão é claramente incompatível com as doutrinas cristãs do pecado e do livre-arbítrio. Ao ver que não fora bem acolhida por Arnauld, Leibniz cautelosamente evitou que se tornasse pública.

É bem verdade que, para os seres humanos, há diferença entre as verdades conhecidas pela lógica e as verdades conhecidas pela experiência. Essa diferença vem à tona de duas formas. Em primeiro lugar, não obstante tudo o que ocorra a Adão proceda de sua noção, *caso ele exista* nós só podemos averiguar essa existência mediante a experiência. Em segundo lugar, a noção de qualquer substância individual é infinitamente complexa, e a análise exigida para que se deduzam seus predicados só é possível para Deus. Essas diferenças, todavia, se devem somente à nossa ignorância e a nossas limitações intelectuais; para Deus, elas não existem. Deus apreende a noção de Adão em sua infinita complexidade e, portanto, toma todas as proposições sobre Adão como analíticas. Deus também pode averiguar *a priori* se Adão existe. Com efeito, Ele conhece Sua própria bondade, donde se segue que criará o melhor mundo possível. Além disso, também sabe se Adão forma ou não forma parte deste mundo. Por conseguinte, não há como escapar do determinismo por meio de nossa ignorância.

Há, no entanto, ainda outro ponto bastante curioso. Na maioria das vezes, Leibniz retrata a Criação como ato livre de Deus que exige o exercício de Sua vontade. De acordo com essa doutrina, a determinação daquilo que de fato existe não é provocada pela observação, mas deve proceder diretamente da bondade divina. À parte essa bondade de Deus que O leva a criar o melhor mundo possível, nenhuma razão *a priori* existe que estabeleça por que determinada coisa deveria existir em vez de outra.

Entretanto, em papéis que não foram revelados a ser humano nenhum, Leibniz às vezes formula uma teoria bastante diferente para explicar por que certas coisas existem e outras, igualmente possíveis, não. Diz ela que tudo o que inexiste se esforça para existir, mas nem todos os possíveis podem existir por não serem todos "compossíveis". Pode ser que A devesse existir e que também devesse existir B, mas não ambos; nesse caso, A e B não são "compossíveis". Duas ou mais coisas só são "compossíveis" quando é possível que todas existam. Leibniz parece ter concebido uma espécie de guerra no limbo habitado por essências que se esforçam, todas elas, para existir; nesse conflito, grupos de compossíveis se mesclam e o maior deles vence — a exemplo do maior grupo de pressão numa disputa política. Leibniz chega até mesmo a usar esse conceito como forma de *definir* a existência. Diz ele: "O existente pode ser definido como aquilo que tem compatibilidade com mais coisas do que incompatibilidade." Ou seja, se A é incompatível com B e compatível com C, D e E, enquanto B só é compatível com F e G, segue-se que A, mas não B, existe por definição. "O existente", diz Leibniz, "é o ser que é compatível com a maioria das coisas".

Nessa explicação, não são mencionados nem Deus nem, ao que parece, um ato qualquer de criação. Tampouco há a necessidade de algo mais além da lógica pura para a determinação do que existe. Se A e B são compossíveis resume-se, para Leibniz, a uma questão lógica: porventura a existência de A e B implica uma contradição? Segue-se, em teoria, que a lógica pode definir que grupo de compossíveis é o maior e, portanto, existe.

No entanto, Leibniz talvez não quisesse dar a entender que aquilo que foi dito acima era uma *definição* de existência. Caso tenha sido tão somente um critério, seria possível conciliá-lo com suas visões populares por intermédio do que ele chamou de "perfeição metafísica". Segundo o uso que dá à expressão, a perfeição metafísica parece assinalar a quantidade de existência. Não se trata, diz ele, "de nada mais do que a magnitude da realidade positiva em sentido estrito". Leibniz sempre afirma que Deus criou tanto quanto possível; essa é uma das razões pelas quais o filósofo rejeita o vácuo. Há uma crença geral (que jamais compreendi) em que é melhor existir do que não existir; com base nisso, exortamos as crianças a serem gratas aos pais. Leibniz decerto pensava o mesmo e julgou que era parte da bondade divina criar o universo mais pleno possível. Por conseguinte, o mundo real consistiria no grupo mais amplo de compossíveis. Ainda seria somente a lógica, se nas mãos de um lógico hábil, o que decidiria se determinada substância possível existiria ou não.

Com seu pensamento privado, Leibniz se torna o melhor exemplo de filósofo que emprega a lógica como chave para a metafísica. Esse tipo de filosofia tem início com Parmênides e é aprofundado no uso que Platão dá à teoria das ideias para demonstrar diversas proposições extralógicas. Spinoza pertence ao mesmo gênero, bem como Hegel. Nenhum deles, porém, é tão claro como Leibniz, que, desde a sintaxe, faz inferências acerca do mundo real. Esse tipo de argumentação caiu em descrédito com o crescimento do empirismo. Se inferências válidas podem ser obtidas a partir da linguagem e aplicadas a fatos não linguísticos é questão sobre a qual não tecerei comentários dogmáticos; no entanto, as inferências que encontramos em Leibniz e outros filósofos apriorísticos decerto não são válidas, visto que todas se devem a uma lógica falha. A lógica do sujeito-predicado, adotada por todos os filósofos do passado, ou ignora as relações pura e simplesmente, ou produz argumentos falaciosos a fim de demonstrar que as relações são irreais. Leibniz, ademais, é responsável por uma inconsistência especial: associa ele essa lógica ao pluralismo, uma vez que a proposição "existem muitas mônadas" não pertence à forma sujeito-predicado. Para que seja consistente, o filósofo para o qual todas as proposições são desse gênero deveria ser monista, como Spinoza. Leibniz rejeitou o monismo sobretudo em virtude de seu interesse pela dinâmica e do argumento segundo o qual extensão implica repetição e, portanto, não pode ser atributo de uma única substância.

Leibniz é escritor maçante e fez com que a filosofia alemã se tornasse pedante e árida. Wolf, discípulo seu que predominou nas universidades alemães até a publicação da *Crítica da razão pura*, de Kant, deixou de fora o que havia de mais interessante no autor e praticou um modo de pensar professoral. Fora da Alemanha, a filosofia de Leibniz teve pouca influência; Locke, seu contemporâneo, pautou a filosofia britânica, enquanto, na França, Descartes continuou a reinar até destroná-lo Voltaire, que colocou em voga o empirismo inglês.

Não obstante, Leibniz continua sendo grande homem, e essa grandeza é ainda mais evidente hoje do que em qualquer outro momento do passado. À parte seu destaque como matemático e inventor do cálculo infinitesimal, ele foi pioneiro na lógica matemática, tendo percebido sua importância quando ninguém mais o fazia. Além disso, muito embora sejam também fantásticas, suas hipóteses filosóficas são claríssimas e podem ser expressas com precisão. Até mesmo suas mônadas, quanto às quais não podemos dizer que carecem de janelas, podem conservar sua utilidade por sugerirem formas possíveis de ver a percepção. De minha parte, penso que o que há de melhor em sua teoria das mônadas vem de seus dois tipos de espaço: um subjetivo, nas percepções de cada mônada, e outro objetivo, consistindo na mistura dos pontos de vista de várias delas. Isso, creio, ainda é útil por relacionar a percepção à física.

12
O liberalismo filosófico

Tanto na política quanto na filosofia, a ascensão do liberalismo proporciona material para o estudo de uma questão assaz genérica e assaz importante: qual tem sido a influência das circunstâncias políticas e sociais sobre a reflexão de pensadores que gozaram de destaque e originalidade? E, do mesmo modo, qual tem sido a influência desses homens sobre os desdobramentos políticos e sociais subsequentes?

Contra dois erros opostos, ambos comuns, devemos nos acautelar. Por um lado, os que possuem mais familiaridade com os livros do que com os acontecimentos estão inclinados a superestimar a influência dos filósofos. Ao observarem certo partido político dizendo-se influenciado pelo pensamento de "fulano de tal", pensam que suas ações devem ser atribuídas a esse fulano de tal, quando na verdade o filósofo em questão muitas vezes só é aclamado porque recomenda o que o partido praticaria de qualquer maneira. Até pouco tempo atrás, quase todos os escritores exageravam o impacto de quem os havia precedido no ofício. Como reação a esse erro antigo, um novo erro apareceu: consiste ele em ver os teóricos como produtos quase passivos das circunstâncias e como homens que não possuem influência quase nenhuma sobre o curso dos acontecimentos. Nesse caso, as ideias são tão somente espuma sobre a superfície de correntes profundas, as quais são determinadas por causas materiais e técnicas; do mesmo modo como o fluxo de um rio não é causado pelas bolhas que revelam, ao observador, a direção em que ele vai, as mudanças sociais não são causadas pelo pensamento. De minha parte, creio que a verdade se encontra entre ambos os extremos. Entre as ideias e a vida prática existe, como em tudo o mais, uma interação recíproca; questionar qual é a causa e qual é o efeito é tão fútil quanto o problema do ovo e da galinha. Não perderei tempo examinando a questão em abstrato; antes, refletirei historicamente sobre um importante caso do problema geral, a saber: o desenvolvimento do liberalismo e suas ramificações desde o fim do século XVII até os dias de hoje.

O liberalismo primitivo teve origem na Inglaterra e na Holanda e apresentou certas características bem definidas. Defendia a tolerância em matéria de religião: embora fosse protestante, era de tipo mais abrangente, e não fanático, considerando tolices as guerras religiosas; valorizava o comércio e a indústria e prestigiou antes a ascensão da classe média do que a monarquia e a aristocracia; nutriu imenso respeito pelos direitos de propriedade, sobretudo quando se tratava de propriedade acumulada com o trabalho de seu proprietário. O princípio hereditário, embora não fosse rejeitado, viu seu escopo tornar-se mais restrito do que jamais fora; de modo particular, o direito divino dos reis foi rejeitado em favor da visão de que toda comunidade possui, ao menos no início, o direito de escolher a própria forma de governo. Implicitamente, o liberalismo primitivo pendeu para uma democracia mesclada com os direitos de propriedade. Havia a crença — de início não inteiramente explícita — de que todos os homens nascem iguais e de que a desigualdade subsequente é resultado das circunstâncias. Isso fez com se desse grande importância à educação em oposição às características congênitas. Houve certo viés contra o governo, uma vez que a administração de quase todos os lugares estava na mão de reis ou de aristocracias, que raramente compreendiam ou respeitavam as necessidades dos mercadores; um tal viés, porém, foi refreado pela esperança de que a compreensão e os respeitos necessários seriam conquistados em pouco tempo.

O liberalismo primitivo foi otimista, vigoroso e filosófico porque representou as forças crescentes que, ao que tudo indicava, tornar-se-iam vitoriosas sem dificuldades, trazendo com isso grandes benefícios à humanidade. Tanto na filosofia quanto na política, opunha-se a tudo o que era medieval, uma vez que as teorias do medievo haviam sido empregadas para sancionar os poderes da Igreja e do rei, para justificar a perseguição e para estorvar a ascensão da ciência. Ao mesmo tempo, opunha-se também aos fanatismos modernos dos calvinistas e anabatistas. Ele queria dar fim à rixa política e teológica para liberar energias às animadoras empreitadas do comércio e da ciência, como a Companhia das Índias Orientais e o Banco da Inglaterra, a teoria da gravitação e a descoberta da circulação do sangue. Em todo o Ocidente, o fanatismo estava dando lugar ao esclarecimento, o medo do poder espanhol chegava ao fim, todas as classes cresciam em prosperidade e os anseios mais elevados pareciam respaldados pelo juízo mais sóbrio. Durante cem anos, nada ocorreu que fizesse bruxulear tais esperanças; então, essa mesma gente deu origem à Revolução Francesa, que por sua vez culminou em Napoleão e, a partir dele, na Santa Aliança. Após todos esses acontecimentos, o liberalismo teve de recobrar o fôlego para que o otimismo do século XIX se tornasse possível.

Antes de entrarmos nos pormenores, cumpre examinar o padrão geral dos movimentos liberais desde o século XVII até o século XIX. À primeira vista, trata-se de padrão simples, mas aos poucos se torna cada vez mais complexo. Em sentido amplo, o caráter distintivo de todo o movimento é o individualismo, mas essa continuará a ser palavra muito vaga se não for definida. Até Aristóteles — ele incluído —, os filósofos da Grécia não foram individualistas no sentido em que desejo empregar o termo. Para eles, o homem era essencialmente um membro de uma comunidade; a *República* de Platão, por exemplo, empenha-se para definir a boa comunidade, e não o bom indivíduo. Com a perda de liberdade política verificada a partir de Alexandre, o individualismo se desenvolveu, ganhando como representantes os cínicos e os estoicos. Segundo a filosofia destes últimos, o homem poderia levar uma boa vida independentemente das circunstâncias sociais em que se encontrasse. Era essa, também, a visão do cristianismo, sobretudo antes de tomar o controle do Estado. No medievo, porém, não obstante os místicos conservassem vivas as tendências individualistas originais da ética cristã, a visão de mundo da maioria dos homens foi dominada, incluindo grande parte dos filósofos, por uma inflexível síntese de dogma, lei e costume; isso fez com que as crenças teóricas e a moral prática fossem controladas por uma instituição social — a Igreja Católica. O que era verdadeiro e bom não deveria ser averiguado por meio do pensamento solitário, mas por intermédio da sabedoria coletiva dos Concílios.

A primeira ruptura importante nesse sistema foi realizada pelo protestantismo, que asseverou que os Concílios Ecumênicos estavam sujeitos a erros. Determinar a verdade, por conseguinte, tornou-se antes uma empreitada individual do que social. Uma vez que indivíduos diferentes chegavam a conclusões diferentes, passaram a existir conflitos, e as decisões teológicas não mais eram procuradas nas assembleias episcopais, e sim nos campos de batalha. Como grupo nenhum se viu capaz de exterminar os outros, acabou por tornar-se evidente a necessidade de encontrar um método que conciliasse o individualismo intelectual e ético com uma vida social ordenada. Foi esse um dos principais problemas que o liberalismo primitivo procurou solucionar.

Nesse ínterim, o individualismo abriu caminho filosofia adentro. A certeza fundamental de Descartes — "penso, logo existo" — fez com que fosse diferente a base do conhecimento de cada pessoa, uma vez que os pontos de partida de cada uma era sua própria existência, e não a de outros indivíduos ou da comunidade. A ênfase cartesiana na confiabilidade das ideias claras e distintas tendia à mesma direção, pois é por meio da introspecção que cremos descobrir se nossas ideias possuem ambas essas características. Grande parte da filosofia desde Descartes trouxe consigo, em maior ou menor grau, esse aspecto intelectualmente individualista.

No entanto, são várias as formas que essa posição geral assume, cada qual fomentando, na prática, consequências muito diferentes. A visão de mundo do descobridor científico tradicional talvez seja, de todas, a que possui menor dose de individualismo. Quando chega a uma teoria nova, ele o faz somente porque isso lhe parece certo: não se curvará a nenhuma autoridade, dado que fazê-lo seria continuar aceitando as teorias de seus predecessores. Ao mesmo tempo, ele recorre aos cânones de verdade que todos aceitam e não espera persuadir os homens mediante a autoridade, e sim por meio de argumentos que lhes sejam convincentes individualmente. Na ciência, qualquer conflito entre o indivíduo e a sociedade é transitório por essência, uma vez que os homens de ciência em geral aceitam os mesmos padrões intelectuais, fazendo com que o debate e a investigação acabem por gerar concórdia. Esse, porém, é um desdobramento moderno: à época de Galileu, a autoridade de Aristóteles e da Igreja ainda era considerada ao menos tão persuasiva quanto a evidência advinda dos sentidos. Isso demonstra como o individualismo, embora não proeminente, tem papel essencial no método científico.

O liberalismo primitivo foi individualista em questões intelectuais e econômicas, mas não foi autoassertivo no plano emocional ou ético. Por ele se pautaram o século XVIII inglês, os fundadores da Constituição americana e os enciclopedistas da França. Durante a Revolução Francesa, seus representantes estavam nos grupos mais moderados, entre os quais os girondinos; uma vez exterminadas essas facções, porém, ele desapareceu por completo da política francesa durante uma geração. Na Inglaterra posterior às guerras napoleônicas, sua influência retornou com a ascensão dos benthamistas e da Escola de Manchester. Seu maior êxito tem sido nos Estados Unidos, onde, sem os freios do feudalismo e da Igreja estatal, ele vem predominando desde 1776 até hoje — ou ao menos até 1933.

Um movimento novo, que aos poucos veio a converter-se na antítese do liberalismo, tem início com Rousseau e ganha força com o movimento romântico e o princípio da nacionalidade. Nele, o individualismo se estende da esfera intelectual à esfera das paixões e seus aspectos anárquicos se tornam manifestos. O culto do herói, tal qual desenvolvido por Carlyle e Nietzsche, é típico dessa filosofia, em que vários elementos também se combinam: a aversão ao industrialismo primitivo; o ódio pela feiura que ele gerava; a reação a suas crueldades; a saudade da Idade Média, idealizada graças ao ódio pelo mundo moderno; a tentativa de mesclar a defesa da redução dos privilégios eclesiásticos e aristocráticos com a defesa dos assalariados em sua oposição à tirania dos manufatureiros; a veemente afirmação tanto do direito de rebelião em nome do nacionalismo quanto do esplendor da guerra pela "liberdade". Byron foi o poeta do movimento; Fichte, Carlyle e Nietzsche, seus filósofos.

Entretanto, como nem todos podem seguir a carreira de líderes heroicos ou fazer com que nossa vontade individual prevaleça, essa filosofia inevitavelmente conduz — a exemplo de todas as outras formas de anarquia — ao governo despótico do "herói" mais bem-sucedido. Além disso, quando sua tirania se firma, esse mesmo herói suprimirá nos outros a ética autoassertiva por meio da qual chegara ao poder. Essa teoria de vida, portanto, é autorrefutatória por inteiro, uma vez que sua adoção conduz à concretização de algo completamente diferente: um Estado ditatorial no qual o indivíduo é reprimido com severidade.

Há ainda outra filosofia que, em suas linhas gerais, constitui ramificação do liberalismo: a de Marx. A ele me dedicarei em momento posterior; por ora, deve-se apenas tê-lo na memória.

A primeira declaração abrangente da filosofia liberal é encontrada em Locke, o mais influente, mas não o mais profundo, dos filósofos modernos. Na Inglaterra, foi tão grande a harmonia entre suas visões e as visões dos homens mais inteligentes que é difícil mapear sua influência fora da filosofia teórica; na França, por sua vez, onde culminaram na oposição prática ao regime existente e na oposição teórica ao cartesianismo então predominante, elas tiveram influência considerável sobre o curso dos acontecimentos. Eis aqui um exemplo de princípio geral: uma filosofia desenvolvida num país política e economicamente avançado e que seja, em sua terra natal, pouco mais do que um esclarecimento e uma sistematização da opinião predominante pode se tornar, alhures, fonte de ardor revolucionário e, por fim, de uma revolução propriamente dita. É sobretudo por meio dos teóricos que as máximas que regulam a política dos países avançados se torna conhecida às nações que não o são. Nos países avançados, a prática inspira a teoria; nos outros, a teoria inspira a prática. Essa diferença constitui uma das razões que explicam por que ideias transplantadas raramente obtêm o mesmo sucesso obtido em seu terreno original.

Antes de examinarmos a filosofia de Locke, relembremos algumas das circunstâncias da Inglaterra seiscentista que ajudaram a dar forma a suas opiniões.

O conflito entre o rei e o Parlamento na Guerra Civil conferiu de uma vez por todas, aos ingleses, o amor ao meio-termo e à moderação, bem como o medo de levar toda e qualquer teoria à sua conclusão lógica — algo que havia predominado entre eles até então. Os princípios por que o Longo Parlamento brigava receberam, de início, o apoio de uma grande maioria. Eles desejavam abolir o direito do rei de conferir monopólios comerciais e fazer com que ele reconhecesse caber só ao Parlamento a imposição de tributos. Do mesmo modo, queriam que houvesse, na Igreja da Inglaterra, liberdade para as opiniões e práticas perseguidas pelo arcebispo Laud. Eles afirmavam que o Parlamento deveria se reunir em intervalos estabelecidos, e não ser convocado somente em ocasiões raras, nas quais o rei considerasse sua colaboração indispensável. Voltavam-se, ademais, contra a prisão arbitrária e contra a subserviência dos juízes aos desejos reais. Porém, não obstante preparados para incitar tais mudanças, muitos não se viam preparados para travar guerra contra o rei, o que lhes parecia ato de traição e impiedade. Tão logo a guerra eclodiu, a divisão de forças tornou-se mais equilibrada.

O desenvolvimento político verificado desde a eclosão da Guerra Civil até a instituição de Cromwell como lorde protetor seguiu curso que hoje já nos é familiar, mas que à época não encontrava precedentes. O grupo parlamentar consistia em duas facções: os presbiterianos e os independentes. Os presbiterianos desejavam conservar uma Igreja estatal, mas abolir o episcopado; os independentes estavam de acordo quanto aos bispos, mas afirmavam que cada congregação deveria ser livre para escolher a própria teologia, sem sofrer qualquer interferência de um governo eclesiástico central. No geral, os presbiterianos pertenciam a classe social superior à dos independentes e defendiam opiniões políticas mais moderadas. Eles queriam entrar em acordo com o rei tão logo a derrota o deixasse conciliativo. A política que adotaram, porém, mostrou-se impossível em virtude de duas circunstâncias: primeiro, o rei ostentou, acerca dos bispos, a inflexibilidade de um mártir; depois, a derrota real provou-se difícil e só foi concretizada pelo Exército Novo de Cromwell, formado por independentes. Desse modo, quando a resistência militar do rei foi enfim violada, não era ainda possível obrigá-lo a um tratado e os presbiterianos haviam perdido a preponderância das forças armadas nos Exércitos parlamentares. Quando Carlos I tentara prender os cinco membros, um clamor universal havia se elevado e seu fracasso o deixou em posição ridícula. Cromwell, porém, não enfrentou as mesmas dificuldades. Pelo Expurgo de Pride, ele descartou cerca de cem membros presbiterianos e, durante certo tempo, conseguiu uma maioria subserviente. Quando por fim decidiu descartar o Parlamento inteiro, "nem mesmo um só cão latiu": a guerra fizera com que apenas a força militar parecesse importante e suscitara o desprezo pelas formas constitucionais. Até o fim da vida de Cromwell, a Inglaterra teve como governo uma tirania militar que passou a ser cada vez mais odiada pela maioria da nação, mas que não poderia ser eliminada enquanto apenas os seus partidários estivessem armados.

Após se esconder entre os pinheiros e viver como refugiado na Holanda, Carlos II decidiu, quando da Restauração, que não mais voltaria a viajar. Isso exigiu certa moderação. Ele não advogou para si nenhum poder que lhe permitisse estabelecer tributos sem a sanção do Parlamento. Deu assentimento ao Ato do Habeas Corpus, que retirava da Coroa a prerrogativa de realizar prisões arbitrárias. Ocasionalmente, poderia escarnecer do poder fiscal do Parlamento mediante os subsídios de Luís XIV, mas no todo manteve-se como monarca constitucional. A maior parte dos limites ao poder real originalmente desejados pelos oponentes de Carlos I lhes foi conferida quando da Restauração; Carlos II respeitou-os porque ficara demonstrado que os reis podiam sofrer nas mãos de seus súditos.

Ao contrário de seu irmão, Jaime II carecia por completo de sutileza e requinte. Graças a seu catolicismo intolerante, uniu contra si os anglicanos e os inconformistas, malgrado suas tentativas de reconciliar-se com os últimos oferecendo-lhes tolerância pelo desacato ao Parlamento. A política externa também desempenhou seu papel. Os Stuart, querendo evitar os tributos que, exigidos em tempos de guerra, os fariam depender do Parlamento, praticaram uma política de subserviência: primeiro, à Espanha; depois, à França. O crescente poder francês fez nascer a invariável hostilidade dos ingleses para com o principal Estado Continental, enquanto a revogação do Edito de Nantes colocou os protestantes em feroz oposição a Luís XIV. No final, quase todos os que viviam na Inglaterra desejavam se livrar de Jaime, mas também estavam igualmente determinados a evitar que os dias de Guerra Civil e da ditadura de Cromwell voltassem a se instaurar. Uma vez que inexistia qualquer via constitucional que lhes permitisse se livrar do rei, era preciso levar a cabo uma revolução que fosse de curta duração, de modo a não dar chances para forças disruptivas. Os direitos do Parlamento deveriam ser assegurados de uma vez por todas. O rei tinha de partir, mas não a monarquia, que no entanto não deveria mais pautar-se pelo Direito Divino, e sim depender da sanção legislativa e, por conseguinte, do Parlamento. Por meio de um acerto entre a aristocracia e os grandes empreendimentos comerciais, tudo isso foi conquistado num piscar de olhos, sem a necessidade de um só tiro. O meio-termo e a moderação haviam triunfado após todas as formas de intransigência terem sido experimentadas em vão.

O novo rei, holandês como era, trouxe consigo a sabedoria comercial e teológica que caracterizava seu país. O Banco da Inglaterra foi criado; a dívida pública tornou-se investimento seguro e deixou de estar sujeita a repúdios suscitados pelos caprichos do monarca. O Ato de Tolerância, não obstante submetesse católicos e inconformistas a uma série de desvantagens, deu fim à perseguição praticada. A política externa tornou-se resolutamente antifrancesa, e assim permaneceu, com breves intervalos, até a derrota de Napoleão.

13

A teoria do conhecimento de Locke

John Locke (1632-1704) é o apóstolo da Revolução de 1688, de todas a mais moderada e bem-sucedida. Seus objetivos eram modestos, mas foram alcançados por inteiro. Desde então, nenhuma outra revolução se fez necessária na Inglaterra. Locke incorpora fielmente o seu espírito, e a maior parte de suas obras veio a público poucos anos depois de 1688. Seu principal trabalho no campo da filosofia teórica, o *Ensaio acerca do entendimento humano*, foi concluído em 1687 e publicado em 1690. A *Primeira carta sobre a tolerância*, redigida em latim, saiu do prelo em 1689 na Holanda, país em que Locke julgou prudente refugiar-se no ano de 1683. Duas cartas ulteriores sobre a *Tolerância* vieram a público em 1690 e 1692. Os dois *Tratados sobre o governo* receberam autorização para irem à prensa em 1689, sendo publicados logo em seguida. Seu livro sobre a *Educação*, por sua vez, veio a público em 1693. Muito embora sua vida tenha sido longa, todos os escritos influentes do autor pertencem ao breve intervalo que vai de 1687 a 1693. As revoluções bem-sucedidas são revigorantes para quem acredita nelas.

Locke teve como pai um puritano que combateu ao lado do Parlamento. Na época de Cromwell, quando esteve em Oxford, a universidade ainda disseminava a filosofia escolástica, pela qual o filósofo nutriu o mesmo desgosto que dedicou ao fanatismo dos independentes. De Descartes, sofreu enorme influência. Tornou-se médico e teve o lorde Shaftesbury — o "Aitofel" de Dryden — como patrono. Quando da queda de Shaftesbury em 1683, fugiu em sua companhia para a Holanda, onde permaneceu até a Revolução. Depois dela, exceção feita aos poucos anos em que trabalhou no Conselho do Comércio, a sua vida foi toda dedicada aos trabalhos literários e às numerosas controvérsias que seus livros suscitaram.

Os anos que antecederam a Revolução de 1688, quando Locke não podia — ao menos não sem grandes riscos — dar contribuição teórica ou prática à política inglesa, foram dedicados à redação do *Ensaio acerca do entendimento humano*. Trata-se de seu livro mais importante, aquele sobre o qual sua reputação jaz de maneira mais segura. Ao mesmo tempo, sua influência sobre a filosofia política foi tão grande e tão duradoura que devemos tratá-lo como o fundador do liberalismo filosófico tanto quanto o tratamos como o fundador do empirismo na teoria do conhecimento.

Locke é o mais afortunado de todos os filósofos. Sua obra na área da filosofia teórica foi concluída bem no momento em que o governo de seu país caiu nas mãos de quem partilhava de suas opiniões políticas. Tanto na prática quanto na teoria, as visões que apregoou encontraram defensores nos políticos e filósofos mais vigorosos e influentes dos séculos posteriores. Suas doutrinas políticas, com os devidos desenvolvimentos oferecidos por Montesquieu, foram incorporadas à Constituição americana e podem ser vistas em operação sempre que há disputa entre o presidente e o Congresso. A Constituição britânica teve como base as suas doutrinas até cerca de cinquenta anos atrás, e o mesmo pode ser dito daquela que os franceses adotaram em 1871.

A imensa influência de Locke na França do século XVIII deveu-se sobretudo a Voltaire, que esteve na Inglaterra quando jovem e, nas *Lettres philosophiques*, interpretou as ideias inglesas a seus compatriotas. Os *philosophes* e os reformadores moderados o seguiram; os revolucionários radicais optaram por Rousseau. Os seguidores franceses de Locke, com razão ou não, acreditavam na íntima relação entre sua teoria do conhecimento e sua política.

Na Inglaterra, essa relação é menos evidente. De seus seguidores mais destacados, Berkeley foi politicamente irrelevante e Hume, um tóri que articulou suas visões reacionárias na *História da Inglaterra*. Depois de Kant, no entanto, quando o idealismo alemão começou a exercer influência sobre o pensamento inglês, voltou a haver vínculo entre filosofia e política: em linhas gerais, os filósofos que seguiam os alemães eram conservadores, enquanto os benthamistas, de posição radical, se alinhavam à tradição de Locke. A correlação, todavia, não é invariável; T.H. Green, por exemplo, foi ao mesmo tempo progressista e idealista.

Úteis na prática não foram somente as opiniões válidas de Locke, mas também seus erros. Tomemos, por exemplo, a doutrina que se refere às qualidades primárias e secundárias. As qualidades primárias vêm definidas como aquelas que são inseparáveis do corpo: solidez, extensão, figura, movimento ou repouso, número. As secundárias consistem nas demais: cores, sons, cheiros etc. As qualidades primárias, afirma o autor, estão nos corpos de fato; as secundárias, apenas no percipiente. Sem os olhos, não haveria cores; sem o ouvido, sons — e assim por diante. Quanto às visões de Locke acerca das qualidades secundárias, há para elas bons fundamentos — icterícia, óculos azuis etc. No entanto, demonstrou Berkeley que os mesmos argumentos se aplicam também às qualidades primárias. Desde Berkeley, portanto, o dualismo de Locke nesse quesito perdeu validade filosófica. Ainda assim, predominou na física prática até o advento da física quântica, já em nossa era. Ele não era apenas dado como certo, explicitamente ou não, pelos físicos, mas também mostrou-se frutuoso como fonte de muitas descobertas importantes. A teoria de que o mundo físico é somente matéria em movimento tornou-se base das teorias, hoje aceitas, do som, do calor, da luz e da eletricidade. Não obstante os equívocos teóricos que possa apresentar, essa é uma teoria pragmaticamente útil. Isso é algo que caracteriza as doutrinas de Locke.

Sua filosofia, tal qual formulada no *Ensaio*, possui certos méritos e certos deméritos. Ambos foram igualmente úteis: os deméritos só são assim chamados do ponto de vista *teórico*. Locke é sempre sensato e se mostra incessantemente disposto a sacrificar a lógica para não tornar-se paradoxal. Como dificilmente escapará ao leitor, o autor enuncia princípios gerais capazes de nos levar a consequências muito estranhas, mas quando essas consequências parecem prestes a vir à tona, ele se recusa a seguir adiante. Para o lógico, essa é uma atitude que irrita; para o homem prático, dá mostras de um juízo sensato. Sendo o mundo o que é, está claro que um raciocínio válido que se desenvolva a partir de princípios sensatos não pode conduzir a erro. Ao mesmo tempo, um princípio pode levar a consequências práticas que julgamos absurdas. Desse modo, há justificativas para o uso do bom senso na filosofia, mas somente na medida em que demonstra que nossos princípios teóricos não podem estar corretos quando suas consequências são condenadas por um recurso ao senso comum que nos parece irresistível. O teórico pode objetar que o senso comum não é mais infalível do que a lógica, mas uma tal objeção, ainda que feita por Berkeley e Hume, seria completamente alheia ao temperamento intelectual de Locke.

Uma característica sua que passou a todo o movimento liberal é a ausência de dogmatismo. Poucas são as certezas que ele toma de seus predecessores: nossa própria existência, a existência de Deus e a veracidade da matemática. Ao mesmo tempo, quando diferem deles, suas doutrinas estão a declarar que é difícil averiguar a verdade e que o homem racional defenderá suas opiniões com certo grau de hesitação. Essa disposição tem relação óbvia com a tolerância religiosa, com o sucesso da democracia parlamentar, com o *laissez-faire* e com todo o sistema de máximas liberais. Muito embora seja homem profundamente religioso, alguém que crê com devoção no cristianismo e que aceita a revelação como fonte de conhecimento, Locke protege as revelações professadas com cercas racionais. Em certa ocasião, diz: "O testemunho puro e simples da revelação é a mais elevada das certezas"; noutra, porém, afirma: "A revelação deve ser julgada pela razão." No final das contas, portanto, a razão ainda tem supremacia.

Nesse aspecto, o capítulo "Do entusiasmo" é instrutivo. "Entusiasmo", à época, não possuía o mesmo significado que tem hoje: indicava, antes, a crença numa revelação pessoal a um líder religioso ou a seus seguidores. Tratava-se de um elemento característico das seitas derrotadas quando da Restauração. Se há uma multiplicidade de revelações pessoais desse gênero, todas inconsistentes entre si, a verdade — ou ao menos o que passa por ela — se torna puramente privada e perde seu caráter social. O amor pela verdade, tido como essencial por Locke, é assaz diferente do amor por uma doutrina particular proclamada como verdade. Uma marca certa daquele, diz, está em "não tomar nenhuma proposição com maior confiança do que aquela assegurada pelas provas". A presteza no dar ordens, diz, revela falta de amor à verdade. "Pondo de lado a razão, o entusiasmo construiria a revelação sem ela; e, ao fazê-lo, eliminaria na prática tanto uma quanto a outra, deixando em seu lugar os caprichos infundados do cérebro de um homem só." Os homens acometidos pela melancolia ou pela arrogância provavelmente se convencerão de "possuírem vínculo imediato com o Divino". Desse modo, atitudes e opiniões estranhas obtêm o respaldo de Deus, o que por sua vez encoraja "a preguiça, a ignorância e a vaidade dos homens". Locke conclui o capítulo com a máxima já citada: "A revelação deve ser julgada pela razão."

O que o filósofo entende por "razão" deve ser inferido à luz do livro como um todo. Há nele, é bem verdade, um capítulo que se intitula "Da razão", mas dedica-se o segmento a demonstrar, antes de mais nada, que ela não consiste no raciocínio silogístico. Pode resumi-lo a frase: "Deus não tem sido tão econômico para com os homens a ponto de apenas constituí-los criaturas de duas pernas e deixar para Aristóteles torná-los racionais." A razão, no sentido em que Locke a utiliza, consiste em duas partes: primeiro, na investigação que busca definir o que sabemos com certeza; depois, na investigação das proposições cuja aceitação na prática é sinal de prudência, não obstante só tenham em seu favor a probabilidade, e não a certeza. "Os fundamentos da probabilidade", diz ele, "são dois: ou a conformidade com nossa experiência, ou o testemunho da experiência alheia". O rei do Sião, observa, deixou de acreditar no que os europeus lhe diziam quando estes mencionaram o gelo.

No capítulo "Dos graus do assentimento", diz Locke que o grau de assentimento que damos a qualquer proposição deveria depender dos graus de probabilidade que existem em seu favor. Após assinalar que muitas vezes devemos agir de acordo com probabilidades que passam longe da certeza, o filósofo afirma que o correto aproveitamento dessa consideração está na "caridade e tolerância mútuas. Uma vez, portanto, que é inevitável à grande maioria dos homens, ou mesmo a todos, ter opiniões várias, sem provas certas e indubitáveis de sua veracidade; e uma vez que implica grande imputação de ignorância, superficialidade ou loucura abandonar e renunciar aos princípios anteriores quando da oferta de argumento que não pode ser imediatamente refutado ou dito insuficiente; isso, creio, levaria todos os homens a conservarem tanto a paz quanto os ofícios comuns da humanidade e da amizade na diversidade de opiniões, dado que não podemos esperar, não sensatamente, que alguém venha a abandonar de bom grado e submissamente a própria opinião, adotando em seguida a nossa, com cega resignação a uma autoridade que o entendimento humano não reconhece. Com efeito, por mais que ele seja passível de engano, não pode haver nenhum outro guia para esse entendimento senão a razão; tampouco pode ele submeter-se cegamente à vontade e aos ditames de outrem. Se aquele que desejas aproximar de teus sentimentos for homem que reflete antes de assentir, deverás dar-lhe tempo conveniente para que volte à questão e, recordando-se do que não lhe vem à mente, examine os detalhes, a fim de descobrir de que lado a vantagem se encontra; e, se porventura não refletir sobre os argumentos de peso a ponto de encontrar-se mais uma vez em grandes angústias, o mesmo muitas vezes fazemos nós em casos análogos. Sentimo-nos ultrajados quando outros nos prescrevem que pontos devemos estudar. Se for ele alguém que deseja fundamentar suas opiniões sobre a fé, como podemos conceber que renunciará àqueles princípios que o tempo e o costume de tal maneira incutiram em seu espírito que pensa ele serem autoevidentes, dotados de certeza inquestionável — ou, ainda, impressões recebidas do próprio Deus, ou mesmo de homens por Ele enviados? Como podemos esperar, digo, que as opiniões assim estabelecidas sejam descartadas em vista dos argumentos ou da autoridade de um estranho ou adversário, sobretudo se há suspeita de interesses ou intenções, como sói acontecer onde os homens se veem maltratados? Agiremos bem em nos condoermos de nossa ignorância mútua e em nos empenharmos para eliminá-la mediante as formas dóceis e honradas de informação, e não maltratando de imediato os outros como se fossem obstinados e perversos por não renunciarem às próprias opiniões e adotarem as nossas, ou ao menos aquelas que neles desejamos incutir, quando é mais do que provável que sejamos igualmente obstinados em não adotar algumas das que eles defendem. Afinal, onde há homem que possua prova incontestável da veracidade de tudo o que apregoa ou da facilidade de tudo o que condena? Ou ainda que possa dizer ter examinado a fundo todas as opiniões suas ou dos outros? Nesse efêmero estado de ação e cegueira em que nos encontramos, a necessidade de crer sem conhecer, muitas vezes tendo bases bem frágeis, deveria nos fazer mais atentos e cuidadosos no refrear a nós mesmos do que no censurar os outros. (...) Há razões para acharmos que, se os homens possuíssem mais elevada instrução, tentariam se impor menos sobre os outros".[1]

[1] *Ensaio acerca do conhecimento humano*, Livro IV, cap. XVI, seção 4.

Até o momento, lidei somente com os últimos capítulos do *Ensaio*, nos quais Locke traz a moral de sua investigação teórica anterior sobre a natureza e as limitações do conhecimento humano. Chega agora o momento de examinar o que o autor tem a dizer a respeito do tema, cuja natureza é mais puramente filosófica.

Em regra, Locke nutre desprezo pela metafísica. A propósito de certa especulação de Leibniz, escreve a um amigo: "Ambos, tu e eu, já não suportamos mais esse tipo de bobagem." A concepção de substância, que predominava na metafísica da época, Locke considera vaga e inútil, mas não se atreve a rejeitá-la por completo. Ele reconhece a validade dos argumentos metafísicos em favor da existência de Deus, porém não se dedica a eles, que parecem causar-lhe certo desconforto. Sempre que está expressando ideias novas, e não repetindo o que é tradicional, o autor pensa antes no nível dos detalhes concretos do que no nível das grandes abstrações. Sua filosofia é fragmentada como o trabalho científico, e não estatuária e monolítica como os sistemas continentais do século XVII.

Locke pode ser tratado como fundador do empirismo, doutrina segundo a qual todo o nosso conhecimento (com a possível exceção da lógica e da matemática) deriva da experiência. Por conseguinte, o primeiro livro do *Ensaio* se dedica a afirmar, em oposição a Platão, Descartes e os escolásticos, que não existem ideias ou princípios inatos. No segundo livro, lemos em detalhes a maneira como a experiência origina vários tipos de ideias. Tendo rejeitado as inatas, Locke diz:

> Desse modo, suponhamos que seja a mente, como costuma-se dizer, um papel em branco, desprovida de todo e qualquer caractere e toda e qualquer ideia. Como será ela preenchida? Donde esse vasto depósito que a fantasia atarefada e ilimitada do homem nela pintou com variedade quase infinda? Donde todo o material da razão e do saber? A isso respondo brevemente: da experiência. Nela todo o nosso conhecimento está fundamentado e dela, no final das contas, ele deduz a si mesmo.[2]

Nossas ideias procedem de duas fontes: da (a) sensação e da (b) percepção do operar da mente mesma, ao que podemos dar o nome de

[2] Livro II, cap. I, seção 2.

"sentido interno". Uma vez que só conseguimos pensar por intermédio das ideias e que todas as ideias advêm da experiência, claro está que nenhum conhecimento nosso pode antedatá-la.

A percepção, diz Locke, é "o primeiro passo e o primeiro grau rumo ao conhecimento, bem como a enseada de todos os seus materiais". A ouvidos modernos, parece isso quase um truísmo; com efeito, tornou-se senso comum entre os educados, ao menos nos países de língua inglesa. À época de Locke, no entanto, supunha-se que a mente conhecia todas as coisas *a priori*: a doutrina, por ele proclamada, de que o conhecimento dependia integralmente da percepção era nova e revolucionária. No *Teeteto*, Platão se pusera a refutar a identificação do conhecimento com a percepção, e desde então quase todos os filósofos — até Descartes e Leibniz, ambos inclusos — defenderam que a maior parte de nossos conhecimentos mais importantes não derivava da experiência. O empirismo radical de Locke, portanto, foi inovação ousada.

O terceiro livro do *Ensaio* lida com as palavras; seu objetivo, em linhas gerais, é demonstrar que aquilo que os metafísicos apresentam como conhecimento sobre o mundo não passa de jogo verbal. Intitulado "Dos termos gerais", o capítulo III assume acerca do tema dos universais uma radical posição nominalista. Todas as coisas que existem são particulares, mas podemos forjar ideias gerais — a de "homem", por exemplo — aplicáveis a muitos particulares e dar-lhes nomes. Seu caráter genérico consiste apenas no fato de que são, ou podem ser, aplicáveis a uma variedade de elementos; por si sós, na condição de ideias existentes em nossas cabeças, elas são tão particulares quanto tudo o mais que existe.

O capítulo VI do Livro III, intitulado "Dos nomes das substâncias", tem como objetivo refutar a doutrina escolástica da essência. As coisas *podem* ter essência real, que consistirá em sua constituição física; todavia, esta nos é em geral desconhecida e não constitui a "essência" de que falam os escolásticos. A essência, tal qual podemos conhecê-la, é mero jogo de palavras; consiste tão somente na definição de um termo genérico. Debater se a essência do corpo é somente extensão ou se é extensão e solidez, por exemplo, é o mesmo que debater sobre palavras: podemos definir o termo "corpo" de ambas as formas, do que mal algum resultará contanto que nos atenhamos à nossa definição.

Espécies distintas não são fatos naturais, mas linguísticos; consistem em "ideias complexas e distintas com nomes distintos atrelados a si". É bem verdade que há coisas divergentes na natureza, mas as diferenças se dão por gradações contínuas: "As delimitações das espécies, pelas quais os homens as classificam, são produzidas pelos homens." Locke então dá exemplos de monstruosidades a respeito das quais não se sabia ao certo se tratava-se de pessoas ou não. Esse ponto de vista não foi amplamente aceito até Darwin convencer os homens a adotarem a evolução mediante mudanças graduais. Somente aqueles que se deixaram afligir pela escolástica perceberão quão grande peso metafísico assim foi eliminado.

Tanto o empirismo quanto o idealismo se depararam com um problema para o qual, até hoje, a filosofia não encontrou qualquer solução satisfatória. Trata-se da demonstração de como conhecemos outras coisas além de nós mesmos e das operações de nossas mentes. Locke examina o problema, mas o que conclui é claramente inadequado. Em certa ocasião,[3] lemos: "Uma vez que a mente, em todos os seus pensamentos e raciocínios, não possui um objeto imediato além de suas ideias, as quais apenas ela contempla ou pode contemplar, claro está que nosso conhecimento só é versado nelas." E novamente: "O conhecimento é a percepção do acordo ou desacordo de duas ideias." Disso parece seguir-se que não podemos conhecer a existência de outras pessoas ou do mundo físico, pois ambos, caso existam, não são apenas ideias em minha mente. Por conseguinte, no que toca ao conhecimento, cada um de nós deve encerrar-se em si próprio e evitar qualquer contato com o mundo exterior.

Isso, no entanto, constitui paradoxo, e Locke não é alguém dado a paradoxos. Noutro capítulo, portanto, formula o autor uma teoria distinta e bastante inconsistente com a anterior. Possuímos, diz ele, três tipos de conhecimento da existência. O conhecimento de nossa própria existência é intuitivo; o da existência de Deus, demonstrativo; e o das coisas presentes ao sentido, sensitivo (Livro IV, cap. III).

No capítulo posterior, Locke se torna mais ou menos ciente da inconsistência e dá a entender que poder-se-ia objetar: "Caso consista o conhecimento no acordo de ideias, o entusiasta e o homem sóbrio se

[3] Op. cit., Livro IV, cap. I.

encontram no mesmo plano." Ao que ele responde: "Não, porém, onde as ideias estão de acordo com as coisas." Locke em seguida afirma que as ideias *simples* devem concordar com as coisas, uma vez que "a mente, como se demonstrou, não pode forjar para si mesma" quaisquer ideias desse gênero, que por sua vez consistem em "produto de coisas que operam na mente de maneira natural". Quanto às complexas ideias das substâncias, "todas as ideias complexas que fazemos delas devem ser formadas somente pelas ideias simples que descobrimos coexistir na natureza". Mais uma vez, não possuímos conhecimento nenhum, exceto mediante a (1) intuição, a (2) razão, que examina o acordo ou desacordo entre duas ideias, e a (3) "sensação, que percebe a existência de coisas particulares" (Livro IV, cap. III, seção 2).

Em tudo isso, Locke pressupõe tanto o conhecimento de que certas ocorrências mentais, por ele denominadas sensações, possuem causas extrínsecas a si mesmas quanto o conhecimento de que tais causas, ao menos em alguma medida e certos aspectos, assemelham-se às sensações que constituem seus efeitos. Como, porém, em conformidade com os princípios do empirismo, é possível conhecer algo do gênero? Nós experimentamos as sensações, mas não suas causas; nossa experiência será exatamente a mesma caso as sensações surjam de maneira espontânea. A crença em que as sensações têm causas e — sobretudo — se assemelham a elas só deve ser defendida a partir de fundamentos totalmente independentes da experiência. A visão de que "o conhecimento é a percepção do acordo ou desacordo de duas ideias" é aquela que adota Locke, cuja fuga dos paradoxos que ela traz consigo se dá mediante uma inconsistência tão grosseira que somente uma adesão resoluta ao senso comum o poderia levar a ignorá-la.

Essa dificuldade vem afligindo o empirismo até os dias de hoje. Hume a pôs de lado descartando a hipótese de que as sensações possuem causas externas, mas mesmo ele demonstrou tê-la conservado nas ocasiões em que esqueceu os próprios princípios, o que ocorreu com grande frequência. Tomada de Locke, sua máxima fundamental — "ideia nenhuma sem impressão antecedente" — só é plausível na medida em que as impressões possuem causas extrínsecas, o que a própria palavra "impressão" irresistivelmente sugere. E, nas ocasiões em que logra certo grau de consistência, Hume é extremamente paradoxal.

Ninguém até hoje foi capaz de conceber uma filosofia que seja, de uma só vez, crível e autoconsistente. Locke almejou a credibilidade e a alcançou às custas da consistência. A maior parte dos grandes filósofos realizou o oposto. Uma filosofia que não seja autoconsistente não pode ser de todo veraz, ao passo que aquela que o é pode muito bem ser inteiramente falsa. As filosofias mais frutuosas tiveram inconsistências flagrantes, mas por essa mesma razão são parcialmente verdadeiras. Não há motivos para achar que um sistema autoconsistente é mais veraz do que outro que, como o de Locke, evidentemente possui uma quantidade maior ou menor de deslizes.

As doutrinas éticas de Locke são interessantes. Isso se deve em parte a seus próprios méritos e, em parte, ao fato de anteciparem Bentham. Quando me refiro a suas doutrinas éticas, não falo de sua disposição moral como homem prático, e sim das teorias genéricas que dizem respeito ao modo como os homens agem e deveriam agir. A exemplo de Bentham, Locke foi alguém repleto de sentimentos bondosos, mas que não obstante afirmou que todos (inclusive ele mesmo) deveriam se pautar somente pelo desejo da própria felicidade ou do próprio prazer. Algumas citações deixarão isso claro:

> As coisas só são boas ou más em relação ao prazer ou à dor. Denominamos "bom" o que é capaz de causar ou aumentar nosso prazer ou reduzir nossa dor.
>
> No que consiste o motor do desejo? Respondo: na felicidade, e tão somente nela.
>
> A felicidade, em toda a sua extensão, é o máximo de prazer de que somos capazes.
>
> A necessidade de alcançar a verdadeira felicidade [é] o fundamento de toda liberdade.
>
> A preferência do vício à virtude [é] um claro juízo equivocado.
>
> O governo de nossas paixões [é] o reto aperfeiçoamento da liberdade.[4]

[4] As citações acima foram retiradas do Livro II, cap. XX.

A última declaração parece depender da doutrina das recompensas e castigos do mundo que há de vir. Deus estabeleceu certas normas morais; os que as observam irão para o céu, enquanto seus violadores correm o risco do inferno. Se prudente, aquele que busca o prazer será virtuoso. Degradada como está hoje a crença em que o pecado leva ao inferno, tornou-se mais difícil formular argumento puramente autocentrado em favor da vida virtuosa. Bentham, que foi livre-pensador, pôs o legislador humano no lugar de Deus: cabia às leis e às instituições sociais gerar harmonia entre os interesses público e privado, de modo que cada homem, ao buscar a própria felicidade, necessariamente fomentasse a felicidade geral. Isso, no entanto, é menos satisfatório do que a reconciliação dos interesses público e privado realizada pelo céu e pelo inferno, dado que os legisladores não são sempre sábios ou virtuosos e os governos humanos não gozam de onisciência.

Locke, como é evidente, tem de admitir que nem sempre os homens agem do modo que provavelmente lhes assegurará, segundo as ponderações racionais, o máximo de prazer. Nós valorizamos mais o prazer no agora do que o prazer no futuro, mais o prazer num futuro próximo do que o prazer num futuro distante. Pode-se dizer — Locke não o faz — que a taxa de juros é uma medida quantitativa da desconsideração geral dos prazeres vindouros. Se a possibilidade de gastar mil libras ao ano fosse tão agradável quanto a ideia de gastá-las hoje, eu não deveria receber para adiar meu prazer. Locke reconhece que os fiéis devotos muitas vezes cometem pecados que, segundo o próprio credo que professam, poderiam levá-los ao inferno. Todos nós conhecemos quem tenha adiado uma ida ao dentista por mais tempo do que o faria caso estivesse empenhado na busca racional do prazer. Por conseguinte, mesmo que o prazer ou a rejeição à dor fossem nossas motivações reais, seria preciso acrescer que, de acordo com sua distância no tempo, os prazeres perdem seu encanto e as dores perdem seu temor.

Por ser apenas em futuro longínquo que coincidem, segundo Locke, o interesse próprio e o interesse geral, é importante que os homens se deixem pautar, na medida do possível, por seus interesses de longo prazo. Ou seja: os homens devem ser prudentes. A prudência é a única virtude que ainda precisa ser apregoada, pois cada lapso no plano das virtudes equivale a uma falha dela. A ênfase que lhe é dada caracteriza o liberalismo; a prudência está vinculada à ascensão do capitalismo porque o prudente ficava rico enquanto o imprudente se tornava, ou permanecia, pobre. Do mesmo modo, ela possui também vínculo com certas formas de piedade protestante: a virtude praticada em vista do céu é parecidíssima, do ponto de vista psicológico, com o ato de economizar a fim de realizar um investimento.

A crença na harmonia entre os interesses privado e público é traço que caracteriza o liberalismo e sobreviveu, por muito tempo, ao fundamento teológico de que desfrutava em Locke.

Locke afirma que a liberdade depende da necessidade de obter a felicidade verdadeira e governar as paixões. Essa opinião ele extrai da doutrina de que os interesses privado e público são idênticos no longo prazo, mas não necessariamente dentro de períodos breves. Segue-se, então, que numa comunidade de cidadãos piedosos e prudentes todos agirão, se livres, de maneira a promover o bem comum. Não serão necessárias leis humanas que os restrinjam, uma vez que as leis divinas bastarão. O homem até então virtuoso que se visse tentado a se tornar salteador diria para si mesmo: "Posso muito bem escapar do magistrado humano, mas de modo algum escaparei do castigo que vem do Magistrado Divino." Dessa maneira, ele renunciaria a seus planos nefastos e viveria com a mesma virtude que ostentaria caso estivesse certo de ser capturado pela polícia. A liberdade legal, portanto, só é inteiramente possível onde tanto a prudência quanto a piedade sejam universais; alhures, as restrições impostas pela legislação criminal se fazem indispensáveis.

Locke declara repetidas vezes que a moral pode ser demonstrada, mas não desenvolve a ideia com a profundidade que gostaríamos de ver ali. Sua passagem de maior relevância é:

"*A moral é capaz de demonstração*. Tanto a ideia de um Ser Supremo, infinito em poder, bondade e sabedoria, um Ser cuja obra somos nós, que dele dependemos, quanto a ideia de nós mesmos como criaturas inteligentes e racionais, sendo ambas assaz claras para nós, possibilitar-nos-iam encontrar, se devidamente examinadas e buscadas, os fundamentos dos deveres e das regras de conduta que colocam a moral entre as ciências capazes de demonstração; quanto a isso não duvido que possa, segundo proposições autoevidentes, de consequências necessárias, desvendar as medidas do certo e do errado alguém que se aplique a essa ciência com a mesma imparcialidade e atenção dedicadas às outras. A relação de outros modos pode decerto ser percebida tanto quanto as relações de número e extensão, e não vejo por que eles não deveriam também ser capazes de demonstração se elaborados métodos convenientes que examinassem ou averiguassem seu acordo ou desacordo. 'Onde não há propriedade, não há justiça' é proposição tão certa quanto qualquer demonstração de Euclides: com efeito, sendo propriedade um direito a algo, e sendo a ideia a que o nome 'injustiça' se aplica a invasão ou violação desse direito, claro está que, estabelecidas assim tais ideias e os nomes que lhes são atrelados, posso saber com certeza que essa proposição é tão verdadeira quanto a que diz que um triângulo possui três ângulos iguais a dois ângulos retos. E também: 'Nenhum governo permite liberdade absoluta.' Sendo a ideia de governo a consolidação da sociedade segundo certas normas ou leis que exigem conformidade, e sendo a ideia da liberdade absoluta o fazer cada qual o que lhe apetece, posso ter certeza da veracidade dessa proposição tanto quanto da veracidade de qualquer proposição matemática."[5]

A passagem acima é enigmática porque, de início, parece deixar as normas morais dependentes de decretos divinos, quando nos exemplos fornecidos sugere-se que são analíticas. Creio eu que Locke julgava analítica certas partes da ética e que outras tomava por dependentes dos decretos de Deus. Outro enigma tem origem no fato de os exemplos oferecidos não se assemelharem nem um pouco a proposições éticas.

Há ainda mais uma dificuldade que poderíamos querer examinada. Em geral, dizem os teólogos que os decretos de Deus não são arbitrários, inspirando-se, antes, em Sua bondade e sabedoria. Isso exige a existência de certo conceito de bondade que anteceda tais decretos, isto é, um conceito que O tenha levado a estabelecer determinados decretos em detrimento de outros. Que conceito é esse não é algo que possamos descobrir a partir de Locke. Tudo o que o autor diz é que o homem prudente agirá desta e daquela maneira porque, caso não o faça, Deus o punirá. Ficamos completamente no escuro quanto ao porquê de o castigo estar atrelado a certas atitudes e não a atitudes contrárias.

[5] Op. cit., Livro IV, cap. III, seção 18.

Como é evidente, as doutrinas éticas de Locke não são defensáveis. À parte o fato de suscitar revolta um sistema que toma a prudência como única virtude, há outras objeções, dessa vez menos emotivas, às suas teorias.

Em primeiro lugar, afirmar que os homens só desejam o prazer é colocar a carroça na frente dos bois. Independentemente do que venha eu a desejar, sentirei prazer ao obtê-lo; todavia, em geral o prazer se deve ao desejo, e não o contrário. É possível, como fazem os masoquistas, desejar a dor, e mesmo nesse caso há prazer na satisfação do desejo, não obstante venha acompanhado de seu oposto. Mesmo na doutrina do próprio Locke não é o prazer como tal o que é desejado, uma vez que um prazer próximo é mais cobiçado do que um prazer remoto. Se a moral deve ser deduzida, como Locke e seus discípulos procuram fazer, da psicologia do desejo, não há motivos para menosprezar o desdém pelos prazeres distantes ou para apregoar a prudência como dever moral. Eis, em suma, o seu raciocínio: "Desejamos tão somente o prazer. No entanto, muitos homens desejam não o prazer como tal, mas o prazer próximo. Isso contradiz a doutrina, que defendemos, de que eles desejam o prazer como tal, e portanto ela é má." Em seus sistemas éticos, quase todos os filósofos formulam primeiro uma doutrina falsa e, depois, afirmam que a iniquidade consiste em agir de modo que a demonstre falsa, o que seria impossível caso a doutrina fosse verdadeira. Desse padrão Locke serve como exemplo.

14
A filosofia política de Locke

A. O princípio hereditário

Nos anos 1689 e 1690, logo após a Revolução de 1688, Locke escreveu seus dois *Tratados sobre o governo*, dos quais o segundo possui enorme importância para a história das ideias políticas.

O primeiro deles consiste numa crítica à doutrina do poder hereditário. Trata-se de uma resposta à obra *Patriarcha: or the Natural Power of Kings*, publicada por Robert Filmer em 1680, mas escrita sob Carlos I. Filmer, defensor fervoroso do direito divino dos reis, teve o azar de viver até 1653 e deve ter sofrido imensamente com a execução de Carlos I e a vitória de Cromwell. Seu *Patriarcha* foi escrito antes desses tristes acontecimentos, mas não da Guerra Civil; portanto, demonstra ciência da circulação de doutrinas subversivas. Essas doutrinas, como Filmer bem o aponta, não eram novas em 1640. Na realidade, tanto os teólogos protestantes quanto os teólogos católicos — cada qual em suas disputas com os monarcas católicos e protestantes, respectivamente — haviam asseverado com vigor o direito dos súditos de resistir aos príncipes tirânicos, e seus escritos deram a Robert material abundante para uma controvérsia.

Robert Filmer foi feito cavaleiro por Carlos I, e conta-se que por dez vezes sua casa foi saqueada pelos parlamentares. Segundo ele, não é improvável que Noé tenha navegado pelo Mediterrâneo e distribuído a África, a Ásia e a Europa a Cam, Sem e Jafé, respectivamente. Ele também afirmou que, de acordo com a Constituição inglesa, cabem aos lordes apenas aconselhar o rei, enquanto os comuns possuem poder ainda menor. Somente o monarca, diz, faz as leis, que por sua vez só têm origem em sua vontade. O rei, ademais, vive inteiramente livre de todo controle humano e não pode ser obrigado a nada pelos atos de seus predecessores ou de si próprio, dado que "é impossível por natureza que alguém imponha lei a si mesmo".

Como as opiniões acima demonstram, Filmer pertenceu ao grupo mais radical da facção favorável ao direito divino.

Patriarcha se inicia com um ataque à "comum opinião" de que "a humanidade encontra-se naturalmente livre, desde o nascimento, de qualquer submissão, de que goza de liberdade para escolher a forma de governo que lhe apraz e de que o poder de que determinado homem desfruta lhe foi inicialmente conferido segundo o arbítrio da massa". "Esse princípio", diz ainda, "foi incubado nas escolas", mas a verdade seria bastante diferente: Deus conferiu a Adão o poder régio, que dele foi passado a seus herdeiros e chegou hoje aos vários monarcas modernos. Os reis atuais, garante, "são, ou devem ser reputados, herdeiros diretos dos primeiros progenitores, pais naturais de todo o povo". Nosso primeiro pai, ao que parece, não estimou adequadamente o privilégio de que desfrutava na condição de monarca universal, uma vez que "o desejo de liberdade foi a causa primeira da queda de Adão". O desejo de liberdade é um sentimento que Robert Filmer declara ímpio.

As reivindicações de Carlos I e seus protagonistas exigiam mais do que outrora seria concedido aos reis. Filmer assinala que tanto para Parsons, o jesuíta inglês, quanto para Buchanan, o calvinista escocês, ambos homens que não concordaram em quase nada, o povo pode depor os soberanos em caso de desgoverno. Parsons, é claro, tinha em mente a rainha Isabel, protestante; Buchanan, a católica Maria, rainha da Escócia. A doutrina de Buchanan foi sancionada com sucesso, ao passo que o inglês teve a sua invalidada pela execução de Campion, colega seu.

Mesmo antes da Reforma, os teólogos tendiam a crer na imposição de limites ao poder real. Isso constituiu parte do conflito entre Igreja e Estado que se alastrou pela Europa durante quase todo o medievo. Nessa batalha, o Estado dependia das forças armadas; a Igreja, da inteligência e da santidade. Na medida em que conservou ambos esses méritos, a Igreja triunfou; quando só teve a seu lado a inteligência, perdeu. Entretanto, o que os santos e os homens de destaque haviam dito contra o poder real continuou a ecoar. Não obstante se colocassem em favor dos interesses papais, eles podiam ser usados para respaldar os direitos do povo ao autogoverno. “Os sutis escolásticos”, afirma Filmer, “desejando arrastar o rei para debaixo do papa, julgaram mais seguro elevar o povo acima do rei, de modo a substituir pelo poder papal o poder do monarca”. Ele cita o teólogo Belarmino, para quem o poder secular é conferido pelos homens (isto é, não por Deus) e “se encontra no povo, salvo quando este o confere a um príncipe”; Belarmino, portanto, ao menos segundo Filmer, “faz de Deus o autor imediato do Estado democrático”, o que lhe soa tão desconcertante quanto soaria, a um plutocrata moderno, ouvir que Deus é o autor imediato do bolchevismo.

Filmer não deriva o poder político de nenhum contrato, tampouco de considerações acerca do bem comum; antes, fá-lo à luz da autoridade de que um pai desfruta sobre seus filhos. Ele apregoa que a fonte de autoridade real está na sujeição dos filhos aos pais; que os patriarcas do Gênesis eram monarcas; que os reis são herdeiros de Adão, ou ao menos assim devem ser vistos; e que, por natureza, os filhos jamais estão livres do poder paterno, mesmo quando são adultos e o pai, senil.

Toda essa teoria parece tão fantástica ao espírito moderno que é difícil acreditar que alguém a tenha defendido a sério. Nós não estamos acostumados a inferir direitos políticos a partir da história de Adão e Eva; é óbvio, a nossos olhos, que o poder dos pais deve cessar por completo quando o filho ou a filha completarem 21 anos e que, antes disso, ele precisa ser rigorosamente limitado tanto pelo Estado quanto pelo direito de iniciativa que o jovem aos poucos vai adquirindo; reconhecemos que a mãe possui direitos no mínimo equivalentes aos do pai. À parte todas essas considerações, também não ocorrerá a nenhum moderno que more fora do Japão que o poder político deve ser de alguma forma assimilado ao poder dos pais sobre os filhos. No Japão, uma teoria muito semelhante à de Filmer é apregoada e ensinada pelos professores das universidades e colégios. É possível mapear os ascendentes do micado a partir da deusa do sol, de quem é herdeiro; outros japoneses também descendem dela, mas pertencem a ramos inferiores de sua família. Por conseguinte, o micado é divino e resistir-lhe constitui ato de impiedade. Em linhas gerais, essa teoria foi inventada em 1868, mas hoje diz-se em terras japonesas que vem sendo comunicada pela tradição desde a criação do mundo.

A tentativa — da qual o *Patriarcha* de Filmer faz parte — de impor teoria semelhante na Europa foi um fracasso. Mas por quê? A aceitação de uma teoria assim não é repugnante à natureza humana: além do Japão, ela também foi adotada, por exemplo, pelos egípcios da Antiguidade, bem como pelos mexicanos e peruanos que antecederam à conquista espanhola. Em determinado estágio do desenvolvimento humano, trata-se de algo natural. A Inglaterra dos Stuart havia já passado por essa fase, ao passo que o Japão moderno não o fez.

A derrota das teorias do direito divino, na Inglaterra, se deveu a duas causas principais: à multiplicidade de religiões e à disputa pelo poder entre monarquia, aristocracia e alta burguesia. No aspecto religioso, o rei tornou-se, desde o reinado de Henrique VIII, cabeça da Igreja da Inglaterra, que se opunha tanto a Roma quanto à maioria das seitas protestantes. A Igreja da Inglaterra se gabava de ser um meio-termo; o prefácio à Versão Autorizada tem início com: "Vem sendo sinal da sabedoria da Igreja Anglicana, desde a primeira compilação de sua liturgia pública, conservar posição média entre dois extremos." No geral, esse meio-termo convinha à maioria das pessoas. A rainha Maria e o rei Jaime II tentaram arrastar o país para perto de Roma; os vencedores da Guerra Civil, para perto de Genebra. Ambas as tentativas fracassaram, e após 1688 o poder da Igreja da Inglaterra permaneceu inconteste. Não obstante, seus oponentes sobreviveram. Os inconformistas, de modo particular, foram homens vigorosos, abundantes entre os mercadores e banqueiros abastados, cujo poder crescia continuamente.

A posição teológica do rei era bastante peculiar: ele representava não somente a cabeça da Igreja da Inglaterra, mas também da Igreja da Escócia. Na Inglaterra, teve de acreditar nos bispos e rejeitar o calvinismo; na Escócia, o contrário. Os Stuart possuíam convicções religiosas genuínas, e portanto essa postura ambígua lhes era impossível, tendo-lhes causado ainda mais problemas em solo escocês do que inglês. Após 1688, contudo, a conveniência política forçou os reis a professarem duas religiões a um só tempo. Uma vez que isso ia de encontro ao zelo, tornou-se difícil tomá-los por gente divina. De todo modo, nem os católicos nem os inconformistas seriam capazes de concordar com qualquer reivindicação religiosa em favor da monarquia.

Os três grupos formados por rei, aristocracia e classe média rica se mesclaram diferentemente nas mais diversas ocasiões. Sob Eduardo IV e Luís XI, o rei e a classe média se uniram contra a aristocracia; sob Luís XIV, o rei e a aristocracia se voltaram, juntos, contra a classe média; e, na Inglaterra de 1688, aristocracia e classe média se puseram contra o rei. Quando o monarca teve um dos outros grupos a seu lado, foi forte; quando ambos se uniram contra ele, foi fraco.

Por essas razões, entre muitas outras, Locke não teve dificuldades para refutar os argumentos de Filmer.

No que diz respeito ao raciocínio, a tarefa de Locke é evidentemente simples. Ele assinala que, tratando-se do poder parental, o da mãe deveria ser igual ao do pai. Enfatiza também a injustiça da progenitura, inevitável para que a herança seja a base da monarquia. Do mesmo modo, faz troça do absurdo que é achar que os monarcas são, em qualquer sentido real, herdeiros de Adão. Adão teve apenas um herdeiro, mas ninguém sabe quem é. Porventura Filmer afirmaria, no caso da descoberta desse verdadeiro beneficiário, que todo monarca existente deveria depositar a coroa a seus pés? Se o fundamento que Filmer aplica à monarquia fosse aceito, todos os reis, exceto de todos o mais excelso, não passariam de usurpadores e não teriam o direito de exigir obediência dos súditos *de facto*. O poder dos pais, ademais, é temporário e não se estende à vida ou à propriedade.

Por essas razões — fora os argumentos mais basilares —, a hereditariedade não pode ser aceita como base do poder político legítimo. Então, no segundo *Tratado sobre o governo*, Locke se empenha para encontrar fundamento que seja mais defensável.

O princípio hereditário praticamente desapareceu da política. Durante a minha vida, os imperadores do Brasil, da China, da Rússia, da Alemanha e da Áustria deram lugar a ditadores que não almejam estabelecer dinastia hereditária. A aristocracia perdeu seus privilégios em toda a Europa, exceção feita à Inglaterra, onde se tornou pouco mais do que uma forma histórica. Na maioria dos países, tudo isso é muito recente e está intimamente atrelado à ascensão das ditaduras, uma vez que o tradicional fundamento do poder vem sendo abolido e a mentalidade exigida à bem-sucedida prática democrática ainda não teve tempo para se desenvolver. Há uma grande instituição que jamais ostentou qualquer elemento hereditário: a Igreja Católica. É de se esperar que as ditaduras, caso sobrevivam, pouco a pouco se convertam em forma de governo análoga à da Igreja. Isso já ocorreu com as grandes corporações americanas, que gozam — ou gozavam, ao menos até Pearl Harbor — de poder quase igual ao do governo.

É curioso que, nos países democráticos, a rejeição do princípio hereditário quase não tenha impactado a esfera econômica. (Nos Estados totalitários, o poder econômico tem sido absorvido pelo político.) Ainda julgamos natural que alguém deixe sua propriedade aos filhos; isso é o mesmo que dizer que aceitamos o princípio de hereditariedade quando aplicado ao poder econômico e que o rejeitamos quando aplicado ao poder político. As dinastias políticas desapareceram, mas as econômicas sobrevivem. Não estou defendendo nem criticando, por ora, o diferente tratamento dessas duas formas de poder; tudo o que faço é assinalar que ele existe e que a maioria dos homens não tem ciência disso. Quando pensamos no quão natural soa para nós que seja hereditário o poder sobre a vida alheia que as grandes riquezas possibilitam, compreendemos melhor de que modo homens como Robert Filmer poderiam adotar a mesma perspectiva acerca do poder real; compreendemos melhor, também, o quão importante foi a novidade trazida pelos homens que pensavam como Locke.

Para entendermos como a teoria de Filmer poderia ser acreditada e por que a teoria lockiana era revolucionária, basta lembrarmos que, à época, um reino era visto do mesmo modo como hoje encaramos os bens imóveis. O dono da terra possui uma série de direitos legais importantes, sendo o principal deles o de escolher quem permanecerá ali. A propriedade pode ser transmitida por meio de herança, e acreditamos nós que o beneficiário tem direito justo a todos os privilégios que a lei lhe confere como consequência da transmissão. Ainda assim, por trás desse ponto de vista encontra-se aquele mesmo adotado pelos monarcas cujas reivindicações Robert Filmer defende. Há hoje, na Califórnia, uma série de grandes propriedades cujo direito deriva de concessões, ou supostas concessões, feitas pelo rei da Espanha. Ele só esteve em posição de fazê-las porque (a) a Espanha aceitava visões semelhantes à de Filmer e porque (b) os espanhóis conseguiram derrotar os índios em batalha. Não obstante, os herdeiros a quem as concessões foram dadas possuem, a nossos olhos, título justo. Talvez no futuro isso pareça tão fantástico quanto Filmer nos parece hoje.

B. O ESTADO DE NATUREZA E A LEI NATURAL

Locke inicia o segundo *Tratado sobre o governo* afirmando que, demonstrada a impossibilidade de derivar a autoridade governamental da autoridade paterna, ele agora formulará o que imagina ser a verdadeira origem do governo.

Ele parte do que denomina "estado de natureza", situação anterior a todo governo humano e que traz consigo uma "lei natural", que no entanto consiste em decretos divinos e não é imposta por nenhum legislador terreno. Não fica claro o quanto o estado de natureza se resume a mera hipótese ilustrativa e o quanto, segundo Locke, haveria nele de existência histórica; receio, contudo, que o autor esteja propenso a achar que se trata de estágio que de fato ocorreu. Os homens saíram do estado de natureza mediante um contrato social que instituiu o governo civil. Isso ele também considerou mais ou menos histórico. Por ora, entretanto, é o estado de natureza o que nos interessa.

No geral, o que Locke tem a dizer sobre ele e sobre a lei natural não é novo; trata-se de mera repetição das doutrinas escolásticas do medievo. Assim diz santo Tomás de Aquino:

> Toda lei forjada pelo homem possui caráter de lei exatamente na medida em que deriva da lei da natureza. Se contraria, contudo, em qualquer ponto, a lei da natureza, deixa imediatamente de ser lei; trata-se, no caso, de sua mera perversão.[1]

Ao longo da Idade Média, achou-se que a lei da natureza condenava a "usura", isto é, o empréstimo de dinheiro com juros. A propriedade da Igreja se resumia quase toda a terras, e seus donos foram sempre mutuários, e não credores. Quando o protestantismo surgiu, porém, seu respaldo — sobretudo o do calvinismo — veio principalmente da classe média rica, formada antes por credores que por mutuários. Calvino então sancionou a "usura" e foi nisso seguido pelos outros protestantes, bem como, enfim, pela própria Igreja Católica. A lei natural, por conseguinte, passou a ser concebida de maneira distinta, mas ninguém duvidava da existência de algo do gênero.

Muitas doutrinas que sobreviveram à crença na lei natural devem sua origem a ela — por exemplo, o *laissez-faire* e os direitos huma-

---

[1] Reproduzido por Tawney em *Religion and the Rise of Capitalism*.

nos, ambos vinculados entre si e com origem no puritanismo. Duas citações reproduzidas por Tawney deixarão isso claro. Um comitê da Câmara dos Comuns afirmou, em 1604:

> No que diz respeito à terra e também ao livre exercício da própria indústria, naquelas atividades em que se empenham e por meio dos quais vivem, todos os súditos livres nascem capazes de herdar.

E, em 1656, escreve Joseph Lee:

> É máxima inegável que, à luz da natureza e da razão, farão todos o que lhes garantirá maior vantagem. (...) O avanço dos indivíduos será o avanço do povo.

Exceto pela expressão "à luz da natureza e da razão", isso poderia muito bem ter sido escrito no século XIX.

Na teoria governamental de Locke, repito, há pouca originalidade. Ali ele se assemelha à maioria dos que ganharam fama graças às próprias ideias. Em regra, o homem que primeiro concebe uma ideia está tão à frente de seu tempo que de início todos o julgam louco, fazendo com que permaneça obscuro e logo seja esquecido. Então, pouco a pouco, o mundo se vê pronto para a ideia e aquele que a proclama em tempo oportuno recebe todo o crédito. Eis o que ocorreu, por exemplo, com Darwin; do mesmo modo, o pobre lorde Monboddo foi motivo de risadas.

Quanto ao estado de natureza, foi Locke menos original do que Hobbes, para quem tratava-se do estado em que todos guerreavam contra todos e a vida era detestável, bruta e breve. Hobbes, no entanto, era ateu célebre, enquanto a visão do estado de natureza e da lei natural que Locke tomou de seus predecessores não pode ser apartada de sua base teológica; ali onde sobreviveu sem ela, como em grande parte do liberalismo moderno, sua perspectiva carece de qualquer fundamento lógico claro.

A crença num "estado de natureza" feliz, característico de um passado remoto, deriva em parte da narrativa bíblica referente à época dos patriarcas e, em parte, do mito clássico da era de ouro. A crença geral na maldade do passado distante só se consolidou com a doutrina da evolução.

O que em Locke mais se aproxima de uma definição do estado de natureza é:

> Homens convivendo segundo a razão, sem um superior comum na Terra que goze de autoridade para julgá-los, é o estado de natureza propriamente dito.

Essa não é uma descrição da vida de selvagens, e sim da vida de uma comunidade imaginária composta de anarquistas virtuosos, para os quais não são necessários polícia ou tribunal porque estão sempre obedecendo à "razão", isto é, à "lei natural", que por sua vez consiste nas normas de conduta cuja origem é tida como divina. ("Não matarás", por exemplo, é parte da lei natural, enquanto as normas de trânsito não o são.)

Outras citações esclarecerão o que Locke tem em mente:

> Para bem compreendermos o poder político [diz ele] e o deduzirmos desde sua origem, devemos examinar o estado em que os homens se encontram na natureza, no qual há perfeita liberdade para que ordenem as próprias ações, bem como os próprios bens e pessoas, como melhor lhes aprouver e dentro dos limites da lei natural, sem que peçam permissão ou dependam da vontade de outrem.
>
> Trata-se também de um estado de igualdade, no qual todo o poder e toda a jurisdição são recíprocos, sem que ninguém tenha mais do que outro; nada há de mais evidente que o fato de as criaturas de mesma espécie e nível, nascidas promiscuamente com as mesmas vantagens da natureza e desfrutando das mesmas faculdades, serem iguais entre si, sem qualquer subordinação ou sujeição, exceto no caso em que seu senhor e mestre, mediante declaração manifesta de sua vontade, coloque uma acima das outras e lhe confira, por indicação evidente e clara, um direito indubitável ao domínio e à soberania.
>
> Não obstante seja [o estado de natureza] um estado de liberdade, não é também de licenciosidade: se o homem que nele se encontra desfruta de liberdade incontrolável para dispor de sua pessoa e suas posses, não está livre, porém, para destruir a si próprio e a qualquer criatura sob seu domínio, exceto quando vantagem mais nobre do que sua preservação pura e simples assim o exigir. O estado de natureza

possui lei natural que o governa e que obriga a todos; a razão, ademais, que é essa lei mesma, comunica a toda a humanidade, que nada mais faz senão consultá-la, que, por serem todos iguais e independentes, a ninguém cabe prejudicar a vida, a saúde, a liberdade ou as posses de outrem[2] [pois somos todos propriedade de Deus[3]].

No entanto, resta agora claro que, ali onde a maioria dos homens se encontra em estado de natureza, pode ainda haver quem não viva segundo a lei natural e que esta proporciona, até certo ponto, o que se pode realizar para resistir aos infratores. No estado de natureza, lemos, cada homem pode defender a si próprio e aquilo que lhe pertence. "Todo aquele que derramar sangue humano terá seu sangue derramado pelo homem" é parte da lei natural. Cabe-me até mesmo matar quem procura roubar minha propriedade — direito este que sobrevive à instituição do governo. Todavia, ali onde ele existe eu devo, caso o ladrão se safe, renunciar à vingança privada e recorrer à justiça.

A grande objeção ao estado de natureza vem de que cada homem se torna juiz da própria causa, uma vez que deve confiar a si próprio a defesa de seus direitos. Para essa enfermidade, o governo é remédio, mas não um remédio *natural*. Do estado de natureza, segundo Locke, escapamos por meio de um acordo que criou o governo. Nem todo acordo dá fim a tal estado, mas apenas aquele que dá origem a corpo político. Os vários governos dos Estados independentes encontram-se, hoje, em estado de natureza uns para com os outros.

Esse estado natural, segundo lemos em passagem supostamente elaborada para refutar Hobbes, não equivale ao estado de guerra, mas assemelha-se muito mais a seu contrário. Após explicar o direito que tenho de matar um ladrão, que pode ser visto como alguém que deseja travar guerra comigo, diz Locke:

> E aqui deparamo-nos com a verdadeira "diferença entre o estado de natureza e o estado de guerra", ambos, não obstante a confusão de alguns, tão distantes quanto o estado de paz, boa vontade, assistência recíproca

[2] Cf. a Declaração da Independência.

[3] "Eles são propriedade sua e também obra, feita para durar pelo tempo que bem Lhe aprouver, e não a outrem."

e preservação é distante do estado de inimizade, malícia, violência e mútua destruição.

Talvez devamos encarar a *lei* natural como algo que possui escopo mais amplo do que o *estado* de natureza, uma vez que aquela lida com ladrões e assassinos e este não. Ao menos isso sugere saída para a aparente inconsistência de Locke, que ora representa o estado de natureza como aquele em que são todos virtuosos, ora reflete sobre o que pode ser retamente feito nele para resistir às agressões dos iníquos.

Certas partes da lei natural de Locke surpreendem. O autor diz, por exemplo, que segundo ela os presos de uma guerra justa se tornam escravos. Diz, também, que por natureza todos têm o direito de punir ataques cometidos contra si e suas propriedades, podendo recorrer inclusive à morte. Não há qualquer ressalva: se porventura flagrar alguém empenhado em furtar algo insignificante, tenho aparentemente o direito de alvejá-lo.

A propriedade recebe grande ênfase na filosofia política de Locke e é tida como principal razão para o estabelecimento do governo civil:

> A grande e decisiva finalidade da união dos homens em nações e de sua submissão ao governo está na preservação de suas propriedades; nesse aspecto, há no estado de natureza numerosas carências.

Toda a teoria do estado de natureza e da lei natural é clara em certo sentido e desconcertante noutro. É manifesto o que Locke pensava, mas não como o pode ter pensado. Sua ética, vimos, é utilitária, mas o autor não recorre, em sua reflexão sobre os "direitos", a quaisquer considerações utilitaristas. Um pouco disso perpassa toda a filosofia do direito apregoada pelos advogados. Os direitos *legais* podem ser definidos: em linhas gerais, o homem possui direito legal quando pode recorrer à lei a fim de salvaguardar-se contra danos. Ele costuma ter direito legal à sua propriedade, mas caso tenha, digamos, uma loja ilícita de cocaína, não gozará de nenhum remédio lícito contra quem porventura a roubar. O legislador, porém, precisa decidir que direitos legais serão criados, e portanto se vale, naturalmente, da concepção de direitos "naturais" como aqueles que a legislação deve assegurar.

Estou me esforçando ao máximo para formular algo que se assemelhe à teoria de Locke sem recorrer a jargões teológicos. Caso partamos do princípio de que a ética, bem como a classificação dos atos como "certos" e "errados", é logicamente anterior à lei propriamente dita, torna-se possível rearticular a teoria em termos que não dizem respeito à história mítica. Para chegarmos a essa lei natural, podemos enunciar a questão da seguinte maneira: na ausência da lei e do governo, que tipos de atos cometidos por A contra B justificam que B retalie A? E que tipo de retaliação é justificada em cada caso? No geral, afirma-se que homem nenhum pode ser culpado por defender a si próprio contra uma investida homicida, mesmo que isso acarrete a morte do agressor; do mesmo modo, pode ele defender sua esposa e seus filhos — na verdade, qualquer membro do povo como um todo. Em situações assim, a existência de lei contra o assassinato se torna irrelevante caso o atacado esteja morto, como facilmente acontece, antes de poder servir-se do auxílio policial; é preciso, portanto, recorrer ao direito "natural". O homem tem também o direito de defender a propriedade que lhe pertence, não obstante difiram as opiniões sobre a extensão dos danos que o ladrão pode sofrer justamente.

Como assinala Locke, nas relações entre os Estados a lei "natural" desempenha papel relevante. Em que circunstâncias a guerra se justifica? Na medida em que governo internacional nenhum existe, a resposta à questão é puramente ética, e não legal; é preciso respondê-la do mesmo modo como a responderíamos no caso de um indivíduo em estado de anarquia.

A teoria legal se baseará na visão de que os "direitos" individuais devem ser protegidos pelo Estado. Ou seja: quando um homem sofre o tipo de dano que justificaria retaliação segundo os princípios da lei natural, a lei positiva deve atribuir ao Estado essa represália. Se porventura se deparar com alguém tentando assassinar seu irmão, você tem o direito de matar o homicida se for esta a única forma de salvá-lo; em estado de natureza, pelo menos segundo Locke, o mesmo direito se aplica caso o infrator tenha conseguido dar cabo dele. Ali onde a legislação existe, contudo, este segundo direito é perdido e repassado ao Estado. Se, ademais, você matar alguém em defesa própria ou em defesa de outrem, terá de provar ao tribunal que foi essa a razão que o motivou ao ato.

Desse modo, podemos identificar a "lei natural" com as regras morais na medida em que elas independem dos decretos legais positivos. Essas regras se fazem necessárias caso deva existir qualquer distinção entre leis boas e leis más. Para Locke, a questão é simples, uma vez que as regras morais foram estabelecidas por Deus e podem ser encontradas na Bíblia. Quando, porém, esse fundamento teológico é suprimido, o problema se torna mais complexo. De todo modo, na medida em que se afirma a existência de distinção ética entre as ações certas e as ações erradas, podemos dizer que a lei natural define que ações seriam eticamente retas e eticamente erradas numa comunidade sem governo e que a lei positiva deve tê-la, tanto quanto possível, como guia e inspiração.

Em sua forma absoluta, a doutrina segundo a qual o indivíduo possui certos direitos inalienáveis é incompatível com o utilitarismo, isto é, com a doutrina de que as atitudes corretas são aquelas que mais fazem para promover a felicidade geral. No entanto, para que determinada doutrina seja fundamento adequado para a lei, não é necessário que seja verdadeira em todos os casos possíveis, mas apenas na imensa maioria deles. Todos podemos imaginar casos em que o assassinato se justificaria, mas esses casos são raros e não servem como argumento contra a ilegalidade do homicídio. De igual maneira, do ponto de vista utilitarista, talvez seja desejável (não digo que o seja) reservar a cada indivíduo certa esfera de liberdade pessoal. Nesse caso, a doutrina dos Direitos Humanos servirá como base conveniente para as leis adequadas, não obstante estejam eles sujeitos a exceções. O utilitarista terá de examinar a doutrina tida como fundamento das leis a partir do ponto de vista de seus efeitos práticos; ele não pode condená-la *ab initio* como contrária à sua ética.

C. O contrato social

Na especulação política do século XVII, são dois os principais tipos de teoria referentes à origem do governo. Vimos Robert Filmer exemplificar o primeiro, segundo o qual Deus conferira poder a certas pessoas, que por sua vez constituíram — ou antes seus herdeiros — o governo legítimo, contra o qual rebelar-se seria não somente traição, mas também impiedade. Essa visão foi sancionada por sentimentos de imemorial antiguidade: em quase todas as civilizações primitivas, o rei fora alguém sagrado. Para os monarcas, como é natural, essa era uma teoria admirável. As aristocracias, por sua vez, tinham motivos de sobra para apoiá-la e motivos de sobra para opor-lhe resistência. Em seu favor estava o fato de ela enfatizar o princípio hereditário e oferecer forte apoio à resistência contra a classe mercantil recém-nascida. Ali onde a classe média inspirava mais medo ou ódio à aristocracia do que o rei, esses motivos prevaleceram. Onde se deu o contrário, sobretudo onde a aristocracia teve chances de conquistar poder supremo, ela esteve propensa a se opor ao rei e, portanto, também às teorias do direito divino.

O outro tipo relevante de teoria — do qual Locke é nome representativo — afirmava que o governo civil resulta de mero contrato e pertence tão somente a este mundo, sem ter sido, portanto, instaurado por autoridade divina. Alguns autores trataram o contrato social como fato histórico; outros, como ficção legal. Para todos, o importante era encontrar origem terrena para a autoridade governamental. Com efeito, era-lhes impossível conceber alternativa ao direito divino fora o suposto contrato. Todos, exceto os rebeldes, achavam que *alguma* razão deveria haver que justificasse a obediência aos governos, e não bastava declarar que, para a maioria, a autoridade governamental era algo conveniente. Em certo sentido, o governo deve ter o *direito* de exigir obediência, e o direito conferido por contrato parecia a única alternativa ao decreto divino. Por conseguinte, a doutrina de que o governo foi instituído por contrato tornou-se popular entre praticamente todos os adversários do direito divino dos reis. Há já um indício dessa teoria em Tomás de Aquino, mas sua primeira elaboração séria encontra-se em Grócio.

A doutrina do contrato era capaz de assumir formas que justificavam a tirania. Hobbes, por exemplo, afirmou que entre os cidadãos havia contrato para conferir todo o poder ao soberano escolhido, mas que o soberano não era uma de suas partes e, portanto, adquiria autoridade ilimitada. De início, essa teoria poderia ter justificado o Estado totalitário de Cromwell; após a Restauração, justificou Carlos II. Na forma que Locke lhe dá, porém, o governo é uma das partes contratuais, sendo possível opor-lhe resistência caso se mostre incapaz de cumprir seu papel no acordo. Em essência, a doutrina lockiana é mais ou menos democrática, mas seu elemento democrático encontra-se limitado pela visão (antes implícita do que explícita) de que os que não têm propriedade não devem ser reconhecidos como cidadãos.

Vejamos agora o que diz Locke sobre o presente tema.

Em primeiro lugar, lemos uma definição do poder político:

> Creio consistir o poder político tanto no direito de elaborar leis que impliquem penas de morte e, portanto, também todas as outras penalidades menores que regulam e preservam a propriedade quanto no direito de empregar a força da comunidade na execução de tais normas e na defesa da nação contra dano estrangeiro — e tudo somente em vista do bem público.

O governo, lemos, é o remédio para as inconveniências que surgem no estado de natureza em decorrência de serem todos juízes da própria causa. Todavia, ali onde o monarca é parte interessada da disputa, o remédio inexiste, uma vez que ele se torna tanto juiz quanto querelante. Considerações como essa culminaram nas visões de que os governos não podem ser absolutos e de que o judiciário deve ser independente do executivo. Ambas tiveram grande futuro na Inglaterra e nos Estados Unidos, mas por ora não nos interessam.

Por natureza, diz Locke, todo homem tem o direito de punir ataques cometidos contra si ou contra sua propriedade, podendo até mesmo recorrer à morte. A sociedade política só existe onde esse direito foi cedido à comunidade ou à legislação.

A monarquia absoluta não é uma forma de governo civil porque não há autoridade neutra que possa decidir as disputas entre o monarca e seus súditos: com efeito, em sua relação com os súditos o monarca ainda se encontra em estado de natureza. É inútil esperar que o tornar-se rei converterá naturalmente o violento em virtuoso.

> O homem que tem sido insolente e insultuoso nas florestas da América provavelmente não será muito melhor quando sobre o trono, onde talvez descubra que o saber e a religião podem justificar tudo quanto faça aos súditos e a espada venha a silenciar todos os que porventura o questionarem.

Na monarquia absoluta, os homens se protegem contra furões e raposas, mas "contentam-se — mais: julgam seguro — em ser devorados por leões".

A sociedade civil implica a regra da maioria, exceto quando se acorda que número maior é exigido. (Nos Estados Unidos, por exemplo, um número maior é necessário para a alteração da Constituição ou para a ratificação de um tratado.) Isso parece democrático, mas é preciso ter em mente que Locke não acredita que mulheres e pobres devam ter direito à cidadania.

"O início da sociedade política depende de os indivíduos consentirem em se unir e formar sociedade." Locke defende — de modo um tanto apático — que essa anuência deve ter de fato ocorrido, não obstante admita que a origem do governo antecede todo e qualquer registro histórico, exceto entre os judeus.

O acordo civil que institui o governo só obriga os que o firmaram: o filho deve concordar novamente com o que acordara o pai. (É manifesto o modo como isso decorre dos princípios de Locke, mas não se trata de algo muito realista. Estaria em grandes apuros o jovem americano que anunciasse, aos 21 anos: "Eu me recuso a ser obrigado pelo contrato que inaugurou os Estados Unidos!")

O poder do governo conferido mediante contrato, lemos, jamais vai além do bem comum. Há instantes, reproduzi uma frase que tratava dos poderes do governo e que concluía: "e tudo somente em vista do bem público." Parece não ter ocorrido a Locke questionar quem deveria ser o juiz desse bem. Como é evidente, caso se trate do governo, ele sempre decidirá as coisas em seu favor. Aparentemente, para o filósofo esse papel caberia à maioria dos cidadãos. No entanto, questões numerosas devem ser definidas com grande velocidade para que seja possível averiguar a opinião do eleitorado; dessas, talvez a paz e a guerra sejam as mais importantes. Em casos assim, o único remédio está em conferir à opinião pública ou a seus representantes um poder — o do *impeachment*, por exemplo — que possa punir, subsequentemente, os oficiais do executivo que tenham agido de maneira impopular. Este remédio, porém, é muitas vezes pouquíssimo adequado.

Há pouco, citei uma frase que devo reproduzir novamente:

> A grande e principal finalidade da união dos homens em nações e de sua submissão ao governo está na preservação de suas propriedades.

Sendo consistente com essa doutrina, Locke declara que:

O poder supremo não pode tomar de homem nenhum, sem o seu consentimento, qualquer parte de sua propriedade.

Ainda mais surpreendente é a declaração de que, muito embora tenham poder sobre a vida e a morte de seus soldados, os comandantes militares não podem tomar o dinheiro que lhes pertence. (Segue-se que, em todo e qualquer Exército, seria equivocado punir pequenas violações disciplinares por meio de multas, mas é admissível por meio da punição física, como o açoitamento. Isso demonstra o quão longe vai Locke por causa de seu culto à propriedade.)

Poderíamos muito bem achar que o problema da taxação traria problemas para Locke, mas ele não encontra nenhum. Os gastos do governo, diz, devem ser custeados pelos cidadãos, mas com o consentimento destes, isto é, o consentimento da maioria. Contudo, pergunta-se, por que o consentimento da maioria deve bastar? A anuência de cada homem, dissera Locke, é necessária para justificar que o governo tome para si qualquer parte de uma propriedade. Creio que, para ele, essa anuência tácita à taxação segundo a decisão da maioria esteja implícita na cidadania, a qual, por sua vez, ele também crê voluntária. Tudo isso, é claro, muitas vezes contradiz os fatos. A maioria dos homens não possui nenhuma liberdade de escolha real acerca do Estado a que pertencerão; do mesmo modo, hoje ninguém é livre para não pertencer a Estado nenhum. Suponha, por exemplo, que você é pacifista e reprova a guerra. Onde quer que viva, o governo tomará parte de sua propriedade para propósitos marciais. Que critério de justiça há em ser obrigado a aceitar isso? Posso conceber muitas respostas, mas não creio que nenhuma seja consistente com os princípios de Locke. Ele apregoa a regra da maioria sem refletir adequadamente e não oferece transição desde suas premissas individualistas até ela, exceto na forma do mítico contrato social.

Esse contrato social, no sentido em que é exigido, permanece mítico mesmo quando houve de fato acordo para criar o governo em questão. Os Estados Unidos nos servem como exemplo. Quando a Constituição foi adotada, os homens gozavam de liberdade de escolha. Mesmo então, muitos votaram contra ela e não constituíram, portanto, partes interessadas. Eles poderiam muito bem deixar o país, é claro, e ao permanecerem se viram obrigados por um contrato a que não haviam assentido. Na prática, contudo, costuma ser difícil deixar o próprio país, e no período posterior à Constituição o consentimento dos homens se tornou ainda mais ilusório.

A questão dos direitos do indivíduo em oposição aos do governo é problema muito complexo. Os democratas de imediato afirmam que, sendo o governo representante da maioria, tem o direito de coagir a menor parte. Até certo ponto, isso deve proceder, uma vez que a coação está na essência do governo. No entanto, o direito divino das maiorias, se levado muito longe, pode se tornar quase tão tirânico quanto o direito divino dos reis. Locke pouco diz sobre o assunto nos *Ensaios sobre o governo*, mas dedica-lhe bastante tempo nas *Cartas sobre a tolerância*, em que afirma que não se deve penalizar ninguém que creia em Deus em virtude de suas opiniões religiosas.

A teoria de que o governo foi criado por contrato, obviamente, é pré-evolutiva. A exemplo do sarampo e da tosse convulsa, ele deve ter se desenvolvido aos poucos, muito embora, também como ambos, pudesse ser introduzido repentinamente em novas regiões, como nas ilhas do Mar Meridional. Antes de estudarem a antropologia, os homens não faziam nenhuma ideia dos mecanismos psicológicos relacionados aos primórdios governamentais, tampouco das fantásticas razões que levaram as pessoas a adotarem instituições e costumes que acabariam se mostrando úteis. Como ficção legal que *justifica* o governo, porém, a teoria do contrato social possui *certo* grau de veracidade.

D. Propriedade

À luz do que se disse até aqui sobre as visões de Locke a respeito da propriedade, pode parecer que ele foi defensor dos grandes capitalistas em detrimento tanto de seus superiores quanto de seus inferiores sociais. No entanto, isso seria apenas meia verdade. Nele encontramos, lado a lado e irreconciliadas, tanto doutrinas que antecipam as do capitalismo desenvolvido quanto doutrinas que sugerem uma visão de mundo mais próxima à socialista. Nesse tema, como na maioria dos outros, é fácil descrevê-lo equivocadamente por meio de citações unilaterais.

Deixarei registrado, na ordem em que aparecem, as principais afirmações de Locke sobre o tema da propriedade.

Lemos, em primeiro lugar, que é propriedade do homem o fruto de seu trabalho — ou ao menos deveria ser. Em tempos pré-industriais, essa máxima não soava tão irreal quanto hoje. A produção urbana se dava sobretudo pelas mãos de artesãos que possuíam as próprias ferramentas e vendiam seus produtos. Quanto à produção agrícola, a escola a que Locke pertenceu declarava que a posse da terra pelo camponês seria o melhor sistema. Para ele, o homem pode possuir quanta terra lhe for possível trabalhar, mas não mais. Locke parece negligenciar por completo que, nos países da Europa, a concretização desse programa dificilmente se tornaria possível sem uma revolução sangrenta. Em todos os lugares, a maior parte da terra destinada à agricultura pertencia aos aristocratas, que cobravam dos fazendeiros uma proporção fixa da produção (muitas vezes, a metade) ou um aluguel que poderia variar de tempos em tempos. O primeiro sistema prevaleceu na França e na Itália; o segundo, na Inglaterra. Mais ao Oriente, na Rússia e Prússia, os trabalhadores eram servos que trabalhavam para o proprietário e não gozavam de praticamente nenhum direito. Ao velho sistema, na França, deu fim a Revolução; no norte da Itália e na Alemanha Ocidental, fizeram-no as conquistas dos Exércitos revolucionários franceses. A servidão foi abolida na Prússia como resultado da derrota imposta por Napoleão; na Rússia, graças à derrota na Guerra da Crimeia. Em ambos os países, contudo, os aristocratas conservaram suas terras. Na Prússia Oriental, esse sistema, embora drasticamente controlado pelos nazistas, sobreviveu até os dias de hoje; na Rússia e nas atuais Lituânia, Letônia e Estônia, os aristocratas foram desapropriados pela Revolução Russa. Na Hungria e na Polônia, sobreviveram; na Polônia Oriental, foram "liquidados" em 1940 pelo governo soviético. Este, porém, fez tudo o que esteve a seu alcance para substituir, em território russo, a propriedade dos camponeses pela coletivização.

Na Inglaterra, o desenvolvimento foi mais complexo. Nos dias de Locke, a posição do trabalhador rural era aliviada pela existência dos bens comuns, sobre os quais gozava de direitos importantes que lhe permitiam obter sua comida mediante o próprio esforço. Esse sistema, resquício do medievo, era visto com desaprovação pelos homens de mentalidade moderna, que diziam tratar-se de desperdício do ponto de vista produtivo. Desse modo, um movimento pela delimitação dessas áreas se iniciou sob Henrique VIII e continuou sob

Cromwell, sem porém ganhar força até mais ou menos 1750. Desse momento em diante, ao longo de noventa anos, cada uma delas foi sucessivamente delimitada e entregue aos proprietários locais. Cada ação do gênero exigia um Ato do Parlamento, e os aristocratas que controlavam ambas as Câmaras parlamentares utilizaram seu poder legislativo para enriquecer impiedosamente, ao mesmo tempo que deixavam os trabalhadores agrícolas à beira da inanição. Aos poucos, graças ao crescimento da indústria, a situação desses trabalhadores melhorou; fosse o contrário, afinal, seria impossível impedi-los de migrar para as cidades. Hoje, como resultado da taxação introduzida por Lloyd George, os aristocratas têm sido forçados a abrir mão de grande parte de suas propriedades agrícolas, enquanto os que também possuem terras urbanas ou industriais vêm conseguindo reter suas posses. Não houve nenhuma revolução abrupta, mas somente uma transição gradual que ainda vemos em progresso. No momento, os aristocratas que ainda têm fortunas devem sua riqueza à propriedade urbana ou industrial.

Exceto na Rússia, esse longo desdobramento parece de acordo com os princípios de Locke. É curioso que o filósofo apregoasse doutrinas cuja implementação exigia revolução significativa e, ao mesmo tempo, não demonstrasse qualquer sinal de que julgava injusto o sistema existente à época ou de que o sabia diferente daquele que advogava.

Atribuída por alguns a Karl Marx e por outros a Ricardo, a teoria do valor-trabalho — segundo a qual o valor de determinado produto depende da mão de obra exigida para sua produção — já pode ser encontrada em Locke, a quem fora sugerida por uma linhagem de predecessores que remonta a Tomás. Como afirma Tawney, num resumo da doutrina escolástica:

> A essência do argumento estava em que o pagamento pode ser adequadamente exigido pelo artesão que produz os bens ou pelos mercadores que os transportam, dado que ambos seguem a própria vocação e servem à necessidade comum. O pecado imperdoável é o do especulador ou intermediário, que obtém lucro particular mediante a exploração das necessidades públicas. Encontra-se a verdadeira descendência das doutrinas de Tomás na teoria do valor-trabalho. O último dos escolásticos foi Karl Marx.

A teoria do valor-trabalho possui dois aspectos: um ético e outro econômico. Noutras palavras: ela pode asseverar que o valor de determinado produto *deve* ser proporcional à mão de obra que ele exige ou pode asseverar que, *na realidade*, o trabalho regula o preço. Esta segunda doutrina só é parcialmente verdadeira, como Locke bem reconhece. Nove décimos do valor, diz ele, deve-se ao trabalho; sobre o décimo final o autor nada diz. É o trabalho, afirma ainda, que confere a diferença de valor. Ele dá como exemplo a terra que os índios ocupam nos Estados Unidos, sem valor quase nenhum porque não cultivada pelos nativos. Locke parece não perceber que ela pode adquirir valor tão logo as pessoas se mostrem *dispostas* a trabalhá-la — isto é, antes de o fazerem de fato. Caso possua trecho de terra deserta em que alguém encontre petróleo, você pode vendê-lo por um bom preço sem realizar qualquer atividade. Como era natural à época, o autor não concebe casos assim, mas apenas os que dizem respeito à agricultura. A posse da terra pelos camponeses, por ele defendida, é inaplicável a situações como a da mineração em larga escala, para a qual são necessários um aparato custoso e muitos trabalhadores.

O princípio de que o homem tem direito ao fruto do próprio trabalho é inútil numa civilização industrial. Suponha que você esteja empregado na fabricação de carros da Ford: como estimar o quanto do resultado final se deve a seu esforço? Suponha, ainda, que você realize transporte de bens numa empresa ferroviária: quem pode decidir o quinhão que lhe cabe na produção das mercadorias? Considerações como essas fizeram com que aqueles que desejam impedir a exploração da mão de obra abandonassem esse princípio, trocando-o por métodos mais socialistas de organizar a produção e a distribuição.

A teoria do valor-trabalho foi em geral defendida por conta de certa hostilidade por alguma classe considerada predatória. Na medida em que a defenderam, os escolásticos o fizeram em oposição aos usurários, em sua grande maioria judeus. Ricardo, por sua vez, fê-lo em oposição aos donos da terra; Marx, aos capitalistas. Locke, no entanto, parece tê-la apregoado num vácuo, sem nutrir hostilidade a classe alguma. Hostil ele só é aos monarcas, mas isso não tem nenhuma relação com o que pensa sobre o valor.

Algumas das opiniões de Locke são tão estranhas que não consigo vislumbrar modo de torná-las sensatas. O autor afirma que homem nenhum deve ter quantidade de ameixas que estrague antes de ser consumida por ele e sua família. Ao mesmo tempo, é admissível desfrutar de tanto ouro e tantos diamantes quanto for lícito conseguir, uma vez que ambos não estragam. Não lhe ocorre que o dono das ameixas pode vendê-las antes que apodreçam.

Locke dá grande ênfase ao caráter imperecível dos metais preciosos, para ele fonte do dinheiro e da desigualdade de riquezas. Com seu estilo abstrato e acadêmico, ele parece lamentar a desigualdade econômica, mas decerto não considera prudente tomar medidas que possam desencorajá-la. Não há dúvidas de que estivera impressionado, a exemplo de todos os homens de sua época, ante os avanços que os ricos haviam possibilitado à civilização, sobretudo como patronos da arte e das letras. A mesma atitude encontramos nos Estados Unidos de hoje, onde a ciência e a arte dependem em grande medida da benevolência dos ricos. De certa forma, a civilização se beneficia da injustiça social. Essa é a base daquilo que há de mais respeitável no conservadorismo.

E. Freios e contrapesos

A doutrina de que as funções legislativa, executiva e judiciária devem permanecer separadas é característica do liberalismo. Surgida na Inglaterra quando da resistência aos Stuart, ela foi formulada com clareza por Locke, ao menos no que diz respeito ao legislativo e ao executivo. Ambos têm de se manter isolados, diz, para que não haja abuso de poder. Naturalmente, deve-se recordar que, ao falar do legislativo, o autor se refere ao Parlamento e do executivo, ao rei. Ao menos é isso o que quer dizer do ponto de vista emocional, independentemente de sua intenção lógica. Portanto, Locke acredita que o legislativo é virtuoso e que o executivo costuma ser iníquo.

O filósofo diz ainda que o legislativo deve ser supremo, mas também removível pela comunidade. Nisso está implícito que, a exemplo da Câmara dos Comuns, também deve ser eleito de tempos em tempos mediante voto popular. Se levada a sério, a remoção pelo povo se opõe ao papel conferido ao rei e aos lordes pela Constituição britânica de então, que fazia de ambos parte do poder legislativo.

Em todos os governos bem-compostos, declara Locke, o legislativo e o executivo encontram-se apartados. Surge então o problema: o que fazer quando há conflito? Se o executivo não convocar o legislativo nos momentos oportunos, lemos como resposta, estará em guerra contra o povo e poderá ser removido pela força. Essa visão, como é evidente, foi inspirada pelo que ocorrera sob Carlos I. De 1628 a 1640, o rei tentara governar sem o Parlamento, e para Locke esse tipo de coisa deve ser evitado mesmo se necessária a guerra civil.

"A força", diz o autor, "a nada deve se opor senão à força injusta e ilícita". Esse princípio é inútil na prática, a não ser que exista corpo que desfrute do direito legal de declarar quando determinada força é "injusta e ilícita". A tentativa de Carlos I de coletar o dinheiro da frota sem o consentimento do Parlamento foi declarada "injusta e ilícita" pelos seus oponentes, e justa e lícita pelo próprio rei. Somente a instauração militar da Guerra Civil demonstrou que a interpretação que o monarca dera à constituição estava equivocada. O mesmo ocorreu na Guerra Civil americana. Porventura os Estados tinham direito à secessão? Ninguém o sabia, e somente a vitória do Norte sanou a dúvida legal. A crença, que encontramos em Locke e na maioria dos autores da época, em que todo homem honesto pode saber o que é justo e lícito não leva em conta nem a força do viés partidário presente em ambos os lados, nem a dificuldade de estabelecer um tribunal — seja externo, seja na consciência — capaz de pronunciar-se com autoridade acerca de questões confusas. Na prática, sendo elas suficientemente importantes, essas questões só são solucionadas por meio do exercício do poder, e não mediante a justiça e a lei.

Em certa medida, Locke demonstra, ainda que em linguagem velada, ter ciência desse fato. Para certas disputas possíveis entre o legislativo e o executivo, ele afirma não existir nenhum juiz sob o céu. Uma vez que o céu não emite declarações explícitas, isso na prática significa que a decisão só pode ser alcançada pela luta, uma vez que a vitória da melhor causa terá origem celeste. Uma visão como essa é essencial a qualquer teoria que divida o poder do governo. Onde essa doutrina foi incorporada à Constituição, só é possível evitar uma guerra civil ocasional mediante o recurso ao meio-termo e ao bom senso. Ambos, porém, não passam de atos mentais e não podem ser incorporados numa constituição escrita.

É surpreendente que Locke nada diga sobre o judiciário, mesmo sendo essa uma questão premente à época. Até a Revolução, os juízes poderiam ser dispensados pelo rei a qualquer momento e, portanto, condenavam seus inimigos e absolviam seus amigos. Revolução concluída, eles se tornaram irremovíveis, exceto se por solicitação de ambas as câmaras do Parlamento. Achava-se que isso os levaria a julgar segundo a lei, mas na prática apenas substituiu o preconceito do rei por aquele do juiz. Qualquer que seja o caso, onde o princípio dos freios e contrapesos prevaleceu, o judiciário se tornou um terceiro ramo independente do governo, ao lado do legislativo e do executivo. O exemplo mais notável disso encontramos na Suprema Corte americana.

A história da doutrina dos freios e contrapeso é interessante.

Na Inglaterra, seu país de origem, seu objetivo era limitar o poder do rei, que até a Revolução detivera controle completo do executivo. Aos poucos, no entanto, o executivo tornou-se dependente do Parlamento, uma vez que era impossível, para um ministro, atuar sem a maioria na Câmara dos Comuns. Na prática, portanto, embora não formalmente, ele passou a ser um comitê escolhido pelo Parlamento, e assim os poderes legislativo e executivo se viram cada vez menos separados. Durante os últimos cinquenta anos, ademais, outro desdobramento teve lugar graças ao poder de dissolução de que o primeiro-ministro goza e ao crescente rigor da disciplina partidária. A maioria no Parlamento decide hoje que partido estará no poder, mas praticamente nada mais faz após tomada a decisão. A legislação proposta quase nunca é promulgada, exceto quanto apresentada pelo governo. Assim, o governo atua tanto como legislativo quanto como executivo, e seu poder só é limitado pela ocasional necessidade de eleições gerais. Esse sistema, como fica claro, contraria por completo os princípios de Locke.

Na França, onde Montesquieu apregoou a doutrina com grande vigor, defenderam-na os grupos mais moderados da Revolução Francesa. A vitória dos jacobinos, porém, mergulhou-a temporariamente no esquecimento. Napoleão, é claro, não viu nela qualquer utilidade, e, após ser recuperada na Restauração, ela desapareceu mais uma vez com a ascensão de Napoleão III. Em 1871, renasceu de novo, levando à adoção de uma constituição em que o presidente desfrutava de pouquíssimo poder e o governo era incapaz de dissolver as câmaras. Como resultado, grande influência foi conferida à Câmara dos Deputados, tanto em oposição ao governo quanto ao eleitorado. A divisão do poder era maior do que na Inglaterra moderna, mas menor do que a exigida pelos princípios de Locke, uma vez que o legislativo eclipsara o executivo. A forma que a Constituição francesa assumirá após a presente guerra é impossível prever.

O país em que o princípio lockiano da divisão dos poderes foi aplicado de maneira mais completa é os Estados Unidos, onde o presidente e o Congresso são inteiramente independentes entre si, e a Suprema Corte é independente de ambos. Por acaso, a Constituição fez da Suprema Corte uma ramificação do legislativo, uma vez que nada é lei se esta assim o disser. O fato de seus poderes só serem, em teoria, interpretativos acaba por aumentá-los, dado que dificulta a crítica daquilo que, supostamente, seriam apenas decisões legais. Diz muito acerca da sagacidade política dos americanos o fato de a Constituição só ter culminado uma única vez em conflito armado.

No geral, a filosofia política de Locke mostrou-se adequada e útil até a Revolução Industrial. Desde então, tornou-se cada vez mais incapaz de lidar com problemas importantes. O poder da propriedade, tal qual concretizado nas grandes corporações, estendeu-se para além do que Locke um dia imaginara. As funções necessárias do Estado — na educação, por exemplo — aumentaram enormemente. O nacionalismo estimulou a aliança, e às vezes a fusão, dos poderes político e econômico, fazendo da guerra o principal meio de concorrência. O cidadão isolado não desfruta mais do poder e da independência de que gozava nas especulações de Locke. A nossa é a era das organizações: os conflitos se dão entre elas, e não entre indivíduos isolados. O estado de natureza, como Locke o formulou, ainda existe entre os Estados. Um novo contrato social internacional se faz necessário para que possamos desfrutar dos benefícios governamentais prometidos. Quando um governo internacional for criado, grande parte da filosofia política de Locke tornar-se-á aplicável novamente, ainda que sem a parte referente à propriedade privada.

15

A influência de Locke

Da época de Locke até o presente, dois têm sido os tipos de filosofia na Europa: um deve suas doutrinas e método à Locke; o outro deriva primeiro de Descartes e, depois, de Kant. O próprio Kant julgou ter alcançado uma síntese entre as filosofias derivadas de Descartes e as filosofias derivadas de Locke; isso, porém, nós não podemos admitir, ao menos do ponto de vista histórico; com efeito, os seguidores de Kant estiveram alinhados antes à tradição cartesiana do que à lockiana. Os primeiros herdeiros de Locke são Berkeley e Hume; em seguida, vêm os *philosophes* franceses que não pertenceram à escola de Rousseau; a eles seguem-se Bentham e os radicais filosóficos e, em quarto lugar, com importantes acréscimos da filosofia continental, Marx e seus discípulos. O sistema de Marx, no entanto, é eclético, e tudo o que se diga superficialmente sobre ele será falso. Desse modo, opto por deixá-lo de lado até o momento de examiná-lo com profundidade.

Nos tempos de Locke, seus principais adversários na filosofia foram os cartesianos e Leibniz. Contrariando a lógica, sua vitória na Inglaterra e na França se deu sobretudo graças ao prestígio de Newton. A autoridade de Descartes como filósofo se beneficiara, em sua época mesma, de seu trabalho na esfera da matemática e da filosofia natural. Todavia, a doutrina dos vórtices era definitivamente inferior, como explicação do sistema solar, à lei da gravitação de Newton. A vitória da cosmogonia newtoniana diminuiu o respeito dos homens por Descartes e aumentou a estima que sentiam pela Inglaterra. Ambas essas causas os fizeram pender para Locke. Na França do século XVIII, onde os intelectuais se rebelavam contra um despotismo antiquado, corrupto e decadente, eles tinham a Inglaterra como lar da liberdade e se inclinaram à filosofia de Locke em virtude das doutrinas políticas que ele apregoava. No período que antecedeu a Revolução, a influência lockiana na França foi reforçada pela de Hume, que viveu temporariamente em território francês e conheceu muitos dos principais *savants*.

O principal transmissor da influência inglesa à França foi Voltaire.

Na Inglaterra, os seguidores filosóficos de Locke que antecederam à Revolução Francesa não demonstraram interesse nenhum por suas doutrinas políticas. Berkeley foi bispo não muito preocupado com a política; Hume, um tóri que seguiu o exemplo de Bolingbroke. A Inglaterra era politicamente inerte à época, e um filósofo poderia contentar-se em teorizar sem perder tempo com a situação do mundo. A Revolução Francesa mudou isso e obrigou os melhores espíritos a se voltarem contra o *status quo*. Não obstante, a tradição na filosofia pura permaneceu incólume. A *Necessidade do ateísmo*, de Shelley, pelo qual o autor foi expulso de Oxford, está repleta de influências lockianas.[1]

Até a publicação, em 1781, da *Crítica da razão pura*, de Kant, talvez parecesse definitivamente superada, pelo recente método empírico, a velha tradição filosófica de Descartes, Spinoza e Leibniz. Este novo método, porém, jamais veio a predominar nas universidades alemãs, e após 1792 foi tido como responsável pelos horrores da Revolução. Revolucionários desistentes, como Coleridge, encontraram, em Kant, respaldo intelectual para sua oposição ao ateísmo francês. Aos alemães, que resistiam à França, era agradável possuir uma filosofia alemã que lhes servisse de apoio. Mesmo os franceses, após a queda de Napoleão, gostavam de ter armas contra o jacobinismo. Todos esses fatores favoreceram Kant.

A exemplo de Darwin, Kant deu início a um movimento que o teria repugnado. Ele foi liberal, democrata e pacifista, mas os que diziam desenvolver sua filosofia nada tiveram disso. Ou, se porventura ainda se denominassem liberais, foram liberais de uma nova espécie. Desde Rousseau e Kant, encontramos duas escolas de liberalismo: uma de "cabeça dura" e outra de "coração mole". Por meio de desdobramentos lógicos, a primeira passou por Bentham, Ricardo e Marx e chegou a Stalin; a de coração mole, também por passos lógicos, de Fichte, Byron, Carlyle e Nietzsche culminou em Hitler. O que digo,

[1] Tome-se, por exemplo, a declaração: "Quando uma proposição é oferecida à mente, esta percebe o acordo ou desacordo das ideias de que aquela é composta."

obviamente, é esquemático demais para ser preciso, mas pode servir como mapa e ajudar na memorização. Os estágios da evolução das ideias possuíram quase os mesmos traços da dialética hegeliana: cada doutrina se converteu, após estágios que parecem naturais, nos seus opostos. Todavia, esses desdobramentos não se deveram somente ao movimento inerente às ideias; a todo momento, foram orientados por circunstâncias externas e pelo reflexo de tais circunstâncias sobre as emoções humanas. Que as coisas assim ocorreram fica evidente ante o extraordinário fato de o liberalismo não ter passado por desenvolvimento parecido nos Estados Unidos, onde permanece até hoje como em Locke.

Deixando a política de lado, examinemos o que distingue as duas escolas filosóficas. Podemos classificá-las, em linhas gerais, como a filosofia continental e a filosofia britânica, respectivamente.

Antes de mais nada, há a diferença de método. A filosofia britânica é mais detalhada e assistemática do que a do Continente; quando se permite um princípio geral, põe-se a demonstrá-lo indutivamente pelo exame de suas várias aplicações. Desse modo, após anunciar que não há ideia sem impressão antecedente, Hume logo considera a seguinte objeção: suponha que você veja dois tons de cores semelhantes, mas não idênticos; e suponha que jamais tenha visto um tom intermediário entre os dois; porventura seria capaz de imaginar um tom assim? Ele não oferece resposta e afirma que uma conclusão contrária a seu princípio geral não lhe seria fatal, dado que seu princípio não é lógico, mas empírico. Quando — em contraste — deseja formular sua monadologia, Leibniz argumenta mais ou menos assim: tudo o que é complexo deve ser composto de partes simples; o que é simples não pode ter extensão; por conseguinte, tudo é composto de partes que não possuem extensão. O que não goza de extensão, porém, não é matéria, e assim os componentes fundamentais das coisas não são materiais. Se não são materiais, portanto, devem ser mentais. Como consequência, uma mesa não passa de uma colônia de almas.

A diferença de método, aqui, pode ser caracterizada da seguinte maneira: em Locke ou Hume, uma conclusão comparativamente modesta é obtida a partir da ampla investigação de muitos fatos, enquanto, em Leibniz, um enorme edifício dedutivo é erigido, qual uma pirâmide, sobre a cabeça de um alfinete de princípio lógico. Em

Leibniz, caso seja o princípio completamente verdadeiro e as deduções, inteiramente válidas, tudo vai bem; a estrutura, no entanto, é instável, e a menor falha faz com que tudo venha abaixo. Em Locke ou Hume, por sua vez, a base da pirâmide encontra-se sobre o sólido terreno do fato observado; a pirâmide estreita para cima, e não para baixo. Como consequência, o equilíbrio é estável e uma falha aqui ou acolá pode ser retificada sem acarretar um desastre completo. Essa diferença de método sobreviveu à tentativa de Kant de incorporar algo da filosofia empírica: de Descartes a Hegel, de um lado, e de Locke a John Stuart Mill, do outro, ela permanece invariável.

A diferença acima está relacionada a uma série de outras diferenças. Voltemo-nos, primeiro, para a metafísica.

Descartes formulou provas metafísicas da existência de Deus; delas, as mais importantes já haviam sido formuladas no século XI por santo Anselmo, arcebispo da Cantuária. Spinoza teve um Deus panteísta que, aos olhos ortodoxos, sequer parecia Deus; de todo modo, seus argumentos foram essencialmente metafísicos, e é possível remontá-los (embora ele mesmo talvez não o percebesse) à doutrina de que toda proposição deve ter sujeito e predicado. A metafísica de Leibniz bebeu da mesma fonte.

No que diz respeito a Locke, a orientação filosófica por ele inaugurada ainda não encontrou desenvolvimento pleno; ele julga válidos os argumentos de Descartes referentes à existência de Deus. Berkeley concebeu argumento inteiramente novo, mas Hume — em quem a nova filosofia chega à completude — rejeitou a metafísica por inteiro, afirmando que nada pode ser descoberto pelo raciocínio na esfera que ela abarca. Essa visão perdurou na escola empírica; a oposta, embora um tanto modificada, em Kant e seus discípulos.

Na ética, há divisão semelhante entre as duas escolas.

Locke, como vimos, acreditava no prazer como bem, e foi essa a visão que prevaleceu entre os empiristas ao longo dos séculos XVIII e XIX. Seus oponentes, por outro lado, enjeitaram o prazer por se tratar de algo ignóbil, formulando uma série de sistemas éticos que pareciam mais elevados. Hobbes valorizou o poder, e com isso concordou, até certo ponto, Spinoza. Há neste duas visões irreconciliáveis sobre a ética: a primeira, aquela de Hobbes; a outra, a que defende o bem como união mística com Deus. Leibniz não deu à ética nenhuma contribuição importante, mas Kant a tornou suprema e derivou sua metafísica de premissas éticas. Sua ética é importante porque é antiutilitarista e apriorística; damos-lhe o nome de "nobre".

Segundo Kant, caso seja gentil para com seu irmão porque gosta dele, você não terá qualquer mérito moral: tal mérito só existe quando o ato é desempenhado porque a lei moral assim o prescreve. Muito embora o prazer não seja o bem, é, todavia, injusto — de acordo com Kant — que o virtuoso sofra; e, uma vez que isso ocorre com frequência neste mundo, deve haver outro, posterior à morte, em que eles sejam recompensados. Do mesmo modo, é preciso que haja um Deus que garanta a justiça no além. Kant rejeita todos os raciocínios metafísicos do passado que provavam a existência de Deus e da imortalidade, mas considera irrefutável seu novo argumento ético.

Kant foi alguém que nutriu, acerca das questões práticas, uma visão afável e humanitária, mas o mesmo não pode ser dito sobre a maioria dos que rejeitaram a felicidade como bem. O tipo de ética denominado "nobre" está menos associado às tentativas de melhorar o mundo do que a visão, mais mundana, de que devemos tentar fazer os homens mais felizes. Isso não surpreende. O desprezo pela felicidade é mais fácil quando se trata da felicidade alheia, e não da nossa. Em geral, ela é substituída por certa forma de heroísmo, o que possibilita uma válvula de escape inconsciente para o desejo de poder e justificativas abundantes para a crueldade. Além disso, pode ser também a emoção forte o fator valorizado — foi esse o caso dos românticos. Isso levou à tolerância de paixões como o ódio e a vingança; os heróis de Byron são característicos: não consistem jamais em pessoas de comportamento exemplar. Os homens que mais fizeram para promover a felicidade humana foram, como era de se esperar, aqueles que julgavam a felicidade importante, e não quem a desprezou em oposição a algo mais "sublime". Ademais, a ética de alguém costuma refletir seu caráter, e a benevolência naturalmente conduz ao desejo da felicidade geral. Por conseguinte, os homens que tiveram a felicidade como finalidade de vida tenderam a ser mais benevolentes, enquanto os que propunham fins distintos se viram muitas vezes dominados, sem o saber, pela crueldade ou pelo amor ao poder.

Em geral, mas não invariavelmente, essas diferenças éticas estão associadas a diferenças políticas. Locke, como vimos, é experimental em suas crenças: não foi autoritário e desejou que toda questão fosse decidida pelo livre debate. O resultado, tanto no seu caso quanto no de seus seguidores, foi a fé numa reforma de tipo gradual. Uma vez que os sistemas de pensamento que apregoavam eram fragmentários, resultando do exame isolado de muitas questões diferentes, suas visões políticas estiveram naturalmente propensas a assumir o mesmo caráter. Eles militavam sem qualquer programa concebido em bloco, preferindo examinar cada questão do modo como ela mesma se lhes revelava. Na política, foram tão titubeantes e experimentais quanto na filosofia. Seus adversários, por outro lado, julgando-se capazes de "assimilar todo esse lamentável conjunto de coisas", estiveram muito mais dispostos a "deixá-lo em pedaços e remodelá-lo segundo o desejo do coração". Poderiam fazê-lo como revolucionários ou como homens que desejavam ampliar a autoridade dos poderes; em ambos os casos, não abriram mão da violência na busca de seus vastos objetivos e trataram o amor e a paz como fatores ignóbeis.

Do ponto de vista moderno, o grande defeito político de Locke e seus discípulos foi o culto da propriedade. Todavia, aqueles que os criticaram por conta disso muitas vezes o fizeram em prol de classes mais daninhas do que os capitalistas, como os monarcas, os aristocratas e os militaristas. O aristocrata dono de terras, cuja renda lhe chega às mãos sem que tenha de fazer qualquer esforço e segundo costumes imemoriais, não se considera avarento; tampouco o fazem os que não veem por trás da superfície pitoresca. Por outro lado, o homem de negócios está engajado na busca consciente da riqueza, e embora suas atividades fossem mais ou menos novas, acabaram por suscitar um ressentimento que não era direcionado às extorsões cavalheirescas dos donos de terra. Foi esse o caso dos autores de classe média e daqueles que os liam; não, porém, dos camponeses, como se viu nas Revoluções Francesa e Russa. Os camponeses, entretanto, são inarticulados.

A maioria dos adversários da escola de Locke nutriu admiração pela guerra porque a tinha como algo heroico, como algo que implicava o desprezo pelo conforto e pela tranquilidade. Os que adotaram ética utilitarista, por sua vez, tendiam a ver a maioria das guerras como sandice. Ao menos no século XIX, isso novamente os levou para o lado dos capitalistas, que se opunham às guerras porque interferiam no comércio. A posição dos capitalistas, é claro, teve como motivação somente o egoísmo, mas acabou por culminar em visões mais alinhadas ao interesse comum do que aquelas defendidas pelos militaristas e seus simpatizantes literários. É bem verdade que a atitude dos capitalistas com relação à guerra oscilou; em geral, os conflitos da Inglaterra no século XVIII, exceção feita àquele contra os Estados Unidos, foram rentáveis e receberam apoio dos homens de negócios. Dali em diante, porém, até os últimos anos do século XIX, eles optaram pela paz. Hoje, as grandes empresas estabeleceram vínculo tão estreito com o Estado nacional que a situação mudou por completo. De todo modo, tanto na Inglaterra quanto nos Estados Unidos, os grandes negócios ainda costumam desfavorecer a guerra.

Obviamente, o egoísmo esclarecido não é a mais sublime das motivações, mas aqueles que o censuram muitas vezes o substituem, acidentalmente ou não, por razões muito piores, como o ódio, a inveja e o amor ao poder. Em geral, a escola que deveu sua origem a Locke e que apregoou o egoísmo esclarecido fez mais para aumentar a felicidade humana e menos para elevar sua miséria do que aquelas que a desprezaram em nome do heroísmo e do sacrifício próprio. Não negligencio os horrores do industrialismo primitivo, mas no final das contas eles foram mitigados no seio do próprio sistema. Ademais, contraponho-os à servidão russa, aos males da guerra, ao medo e ao ódio que lhes são subsequentes e ao inevitável obscurantismo dos que procuram preservar os sistemas de outrora quando estes já perderam sua vitalidade.

16
Berkeley

George Berkeley (1685-1753) é importante para a filosofia graças à sua negação da existência da matéria, por ele justificada mediante uma série de argumentos engenhosos. Ele afirmou que os objetos materiais só existem quando percebidos. À objeção de que uma árvore, por exemplo, deixaria de existir caso ninguém a observasse, ele respondeu que Deus sempre percebe tudo; não existisse Ele, o que tomamos como objetos materiais teriam vida irregular, passando abruptamente a existir tão logo olhássemos para eles. Graças à percepção de Deus, as árvores, rochas e pedras possuem existência tão contínua quanto a que o senso comum pressupõe. Esse, na opinião de Berkeley, é um argumento poderoso em favor da existência divina. Uns versos satíricos de Ronald Knox articulam, com uma resposta, essa teoria dos objetos materiais:

Um jovem tal então dizia:
"Deve espantar em demasia
Ver Deus que a planta aqui
Persiste em existir
Sem ter ninguém na cercania."

RESPOSTA

Caro senhor,
Teu espanto estranho em demasia:
Sempre estou *eu* na cercania.
Pois bem, a planta aqui

Não cessa de existir,
Pois que a vê,
Cordialmente,

DEUS.

Berkeley era irlandês e tornou-se membro do Trinity College, em Dublin, aos 22 anos. Foi apresentado à corte por Swift, cuja Vanessa deixou-lhe metade de sua propriedade. Tendo em vista um projeto de faculdade nas Bermudas, partiu para os Estados Unidos; após três anos (1728-31) em Rhode Island, porém, voltou para casa e desistiu do plano. Foi o autor da célebre frase:

Ao Ocidente o curso do império segue seu rumo.

Por conta disso, a cidade de Berkeley, na Califórnia, foi batizada com seu nome. Em 1734, foi feito bispo de Cloyne. Adulto, trocou a filosofia pela água de alcatrão, à qual atribuía propriedades medicinais maravilhosas. Era ela que tinha em mente quando escreveu: "São essas as xícaras que alegram sem embriagar" — sentimento que tornou-se mais difundido quando aplicado por Cowper ao chá.

Os melhores trabalhos de Berkeley foram realizados quando o autor era ainda bastante jovem: *Uma nova teoria da visão* é de 1709; *Os princípios do conhecimento humano*, de 1710; e *Os diálogos de Hylas e Philonous*, de 1713. Os textos que escreveu após os 28 tiveram menor importância. Berkeley é autor elegante e possui estilo encantador.

Seu argumento contra a matéria vem formulado de maneira mais convincente nos *Diálogos de Hylas e Philonous*. Proponho-me a analisar apenas o primeiro e o início do segundo capítulo, visto que tudo o que é dito em seguida parece-me de menor importância. No trecho que examinarei, Berkeley articula argumentos válidos que conduzem a uma conclusão importante, muito embora não fosse aquela que acreditasse demonstrar. O autor imagina estar provando que toda realidade é mental, mas o que de fato demonstra é que não percebemos coisas, mas qualidades, e que essas qualidades são relativas ao percipiente.

Iniciarei com uma exposição acrítica do que me parece importante nos diálogos; em seguida, passarei às críticas; por fim, apresentarei os problemas que lhe imagino relacionados.

Há nos diálogos dois personagens: Hylas, que faz as vezes do bom senso cientificamente instruído, e Philonous, que representa Berkeley.

Após algumas observações amistosas, Hylas afirma que ouvira coisas estranhas sobre as opiniões de Philonous, para quem a substância material não existiria. "Poderia haver", brada ele, "algo mais fantástico e repugnante ao bom senso, um exemplo mais manifesto de ceticismo, do que acreditar que a *matéria* inexiste?". Philonous responde que não nega a realidade das coisas sensíveis, isto é, aquilo que é percebido imediatamente pelos sentidos; no entanto, também não vê a causa das cores nem ouve a causa dos sons. Os dois concordam que os sentidos não fazem inferências. Philonous assinala que, pela visão, percebemos apenas a luz, a cor e a forma; pela audição, apenas os sons — e assim por diante. Desse modo, nada há que seja sensível fora as qualidades sensíveis, e as coisas sensíveis não passam de qualidades sensíveis ou suas combinações.

Em oposição à visão de Hylas, para quem "uma coisa é *existir* e outra, ser percebido", Philonous se põe a provar que "é no ser percebido que a *realidade* das coisas sensíveis consiste". Que os dados sensitivos são mentais é tese que Philonous fundamenta mediante um detalhado exame dos sentidos, a começar pelo calor e pelo frio. O calor elevado, diz, é uma dor e deve encontrar-se na mente; por conseguinte, é mental. O mesmo com o frio. Esse argumento é reforçado pelo famoso raciocínio da água morna. Quando você, tendo uma das mãos quente e a outra fria, coloca ambas em água morna, uma sente frio e a outra, calor. Entretanto, a água não pode estar quente e fria ao mesmo tempo. Isso aniquila Hylas, levado como é a reconhecer que "quente e frio são apenas sensações existentes em nossas mentes". Com esperança, porém, ele assinala que ainda restam outras qualidades sensíveis.

Philonous então se volta para o paladar, indicando que o gosto doce é um prazer e o amargo, uma dor. Como consequência, prazer e dor são mentais. O mesmo se aplica aos odores, uma vez que são agradáveis ou desagradáveis.

Hylas se empenha vigorosamente para resgatar o som; em sua opinião, ele nada mais é do que movimento no ar, como se pode inferir do fato de não haver som no vácuo. É preciso, diz, "distinguir o som tal qual o percebemos e o som em si; ou, ainda, o som que percebemos imediatamente e aquele que existe sem nós". Philonous assinala que, por ser movimento, o que Hylas denomina som "real" talvez possa ser visto ou sentido, mas não ouvido; desse modo, não é o som tal qual o conhecemos o que há na percepção. Hylas, portanto, deve admitir que "também os sons não possuem existência real sem a mente".

Os dois chegam então às cores, e nesse ponto Hylas começa com confiança: "Perdoa-me, mas o caso das cores é muito distinto. Pode haver algo mais claro que o fato de as observarmos nos objetos?" As substâncias que existem sem a mente, defende ele, possuem as cores que ali vemos. Philonous não encontra dificuldades para rejeitar a opinião. Ele parte das nuvens do ocaso, que são vermelhas e douradas, e assinala que, se vistas de perto, não possuem essas cores. Em seguida, passa à diferença que causa um microscópio e para a amarelidão de quem possui icterícia. Além disso, diz ainda, os insetos pequenos devem ser capazes de ver objetos muito menores do que aqueles que vemos nós. Hylas, então, afirma que a cor não se encontra nos objetos, mas na luz; trata-se, diz, de uma substância fina e fluida. Como no caso do som, porém, Philonous assinala que as cores "reais" a que o interlocutor se refere diferem do vermelho e do azul que vemos.

Na sequência, Hylas cede com relação às qualidades secundárias, mas continua a dizer que as primárias, de modo especial a forma e o movimento, são inerentes às substâncias externas não pensantes. A isso, Philonous responde que as coisas parecem grandes quando próximas e pequenas quando distantes; do mesmo modo, determinado movimento pode parecer rápido para certo homem e lento para outro.

Hylas, aqui, procura nova saída. Ele se equivocara, diz, ao não distinguir o *objeto* da *sensação*; reconhece que é mental o ato de perceber, mas não aquilo que é percebido. As cores, por exemplo, "possuem existência real fora da mente em toda substância não pensante". Philonous, como resposta, afirma: "Que todo objeto imediato dos sentidos — isto é, qualquer ideia ou combinação de ideias — deva existir numa substância não pensante ou exterior a *todas* as mentes é, por si só, uma contradição manifesta." Observar-se-á, nesse ponto, que o argumento deixa de ser empírico e torna-se lógico. Algumas páginas depois, Philonous diz: "Tudo quanto é imediatamente percebido é uma ideia, e pode haver ideia fora da mente?"

Após um exame metafísico da substância, Hylas retorna às sensações visuais, afirmando que vê coisas à distância. A isso, responde

Philonous que se aplica também àquilo que vemos nos sonhos, tido por todos como mental; ademais, essa distância não é percebida pela visão, mas julgada em decorrência da experiência: para alguém que tenha nascido cego, mas é agora capaz de enxergar pela primeira vez, os objetos visuais não pareceriam distantes.

No início do segundo diálogo, Hylas insiste em que certos traços do cérebro constituem as causas das sensações, mas Philonous objeta que "o cérebro, por ser coisa sensível, só existe na mente".

O restante dos diálogos não é tão interessante e não precisa ser examinado.

Façamos agora a análise crítica das declarações de Berkeley.

Seu argumento consiste em duas partes. Por um lado, ele afirma que não percebemos as coisas materiais, mas somente cores, sons etc.; estes, ademais, são "mentais", isto é, encontram-se "na mente". Seu raciocínio é profundamente convincente no que diz respeito ao primeiro ponto, mas ao tratar do segundo Berkeley não oferece qualquer definição da palavra "mental". Na realidade, ele recorre à visão transmitida de que as coisas devem ser ou materiais, ou mentais, sem que nada possa ser ambos ao mesmo tempo.

Quando afirma que percebemos qualidades, e não "coisas" ou "substâncias materiais", e quando afirma que não há motivo para acharmos que as diferentes qualidades que o senso comum crê pertencerem a uma "coisa" são inerentes a uma substância distinta de todas as outras, seu raciocínio pode ser aceito. Quando, porém, se põe a dizer que as qualidades sensitivas — incluindo as primárias — são "mentais", seus argumentos são de gêneros muito distintos e possuem graus diferentes de validade. Alguns procuram demonstrar a necessidade lógica, enquanto outros são mais empíricos. Voltemo-nos, primeiro, para aqueles.

Diz Philonous: "Tudo quanto é imediatamente percebido é uma ideia, e pode haver ideia fora da mente?" Isso exigiria um longo exame da palavra "ideia". Caso se dissesse que o pensamento e a percepção consistem numa relação entre sujeito e objeto, seria possível identificar a mente com o sujeito e afirmar que nada há "na" mente, mas somente objetos "diante" dela. Berkeley analisa a opinião que diz que devemos distinguir o ato de perceber do objeto percebido e que aquele é mental e este, não. Seu argumento contra a posição é obscuro e deve sê-lo necessariamente, uma vez que, para alguém que acredita em substância mental, não há meio válido de refutá-la. Diz Berkeley: "Que todo objeto imediato dos sentidos — isto é, qualquer ideia ou combinação de ideias — deva existir numa substância não pensante ou exterior a *todas* as mentes é, por si só, uma contradição manifesta." Há, aqui, uma falácia análoga a: "É impossível que um sobrinho exista sem tio; ora, o sr. A é sobrinho; por conseguinte, é logicamente necessário que o sr. A possua tio." Isso, claro está, é logicamente evidente porque o sr. A é sobrinho, e não em virtude de algo que deva ser descoberto a partir de uma análise do sr. A. Desse modo, se algo é objeto dos sentidos, há uma mente que dele se ocupa; não se segue, todavia, que a mesma coisa não poderia existir sem ser objeto sensorial.

Há uma falácia um tanto parecida na abordagem daquilo que é concebido. Hylas afirma que é capaz conceber uma casa que ninguém percebe e que não se encontra em mente nenhuma. Philonous objeta que tudo aquilo que Hylas vier a conceber se encontrará em sua mente, de maneira que a suposta casa é, no final das contas, mental. Hylas deveria lhe ter respondido: "Não quero dizer que tenho, em minha mente, a imagem de uma casa; quando me declaro capaz de conceber uma casa que ninguém percebe, o que na verdade digo é que posso compreender a proposição 'Há uma casa que ninguém percebe' — ou melhor: 'Há uma casa que ninguém percebe ou concebe.'." Essa proposição é composta, toda ela, de palavras inteligíveis; além disso, os termos foram dispostos corretamente. Se a proposição é falsa ou verdadeira, desconheço; sei, porém, que é impossível declará-la autocontraditória. Algumas proposições muito semelhantes podem ser demonstradas. Por exemplo: a quantidade de multiplicações possíveis de dois números inteiros é infinita, e por isso há multiplicações em que ninguém jamais pensou. Caso válido, o argumento de Berkeley provaria que isso é impossível.

A falácia acima é muito comum. A partir de conceitos obtidos pela experiência, é possível formular declarações sobre classes cujos membros não são — em sua totalidade ou apenas em parte — experimentados. Tomemos um conceito bastante comum; o de "seixo", digamos. Trata-se, aqui, de um conceito empírico que deriva da percepção. No entanto, não se segue que todos os seixos sejam percebidos, a não ser que incluamos o fato de ser percebido na definição de "seixo". Caso contrário, o conceito de "seixo impercebido" é logicamente irrefutável, não obstante seja impossível, do ponto de vista lógico, perceber um exemplo seu.

Esquematicamente, o argumento se apresenta da seguinte maneira. Berkeley diz: "Os objetos sensíveis devem ser sensíveis. A é objeto sensível. Por conseguinte, A deve ser sensível." No caso, porém, de "deve" indicar necessidade lógica, o argumento só é válido caso A *deva* ser objeto sensível. O raciocínio não demonstra que é possível deduzir, a partir das propriedades de A (fora aquela de ser sensível), que A seja sensível. Ele não demonstra, por exemplo, que as cores intrinsecamente indistinguíveis daquelas que vemos talvez não existam quando não vistas. A partir de fundamentos fisiológicos, é possível acreditar que isso não ocorre, mas fundamentos como esses são empíricos; segundo a lógica, não há motivo para que não haja cores ali onde o olho ou o cérebro inexistem.

Volto-me agora aos argumentos empíricos de Berkeley. Para começar, é sinal de fraqueza mesclar argumentos empíricos com argumentos lógicos, uma vez que estes últimos, quando válidos, tornam os primeiros supérfluos.[1] Se desejo provar que um quadrado não pode ser redondo, não recorrerei ao fato de que inexiste, em qualquer cidade conhecida, uma praça quadrada que seja redonda. Quando, porém, rejeitamos os argumentos lógicos, é preciso examinar os empíricos tais quais eles se apresentam.

O primeiro desses argumentos é estranho: o calor não pode estar no objeto porque "o grau mais veemente e intenso de calor [é] uma dor enorme" e porque não podemos conceber "algo que não perceba e seja capaz de dor ou prazer". Há, na palavra "dor", uma ambiguidade de que Berkeley tira proveito. Ela pode indicar a qualidade dolorosa de determinada sensação ou a sensação mesma que possui tal qualidade. Dizemos que uma perna quebrada é dolorosa sem querer dizer que a perna se encontra na mente; do mesmo modo, o calor *causa* dor, e nada mais nos é possível dizer quando afirmamos que ele é uma dor. Esse raciocínio, portanto, é um raciocínio bastante pobre.

O raciocínio das mãos quente e fria em água morna só provaria, em sentido estrito, que aquilo que percebemos não é o quente e o frio, e

[1] Por exemplo: "Não estive bêbado na noite passada. Tomei apenas dois copos. Além disso, todos sabem que sou abstêmio."

sim o mais quente e o mais frio. Nada há que demonstre que os dois sejam subjetivos.

A respeito do paladar, repete-se o argumento do prazer e da dor: a doçura é um prazer e a amargura, uma dor; por conseguinte, ambos são mentais. Também se afirma que a mesma coisa que experimento doce pode muito bem ter gosto amargo quando eu estiver doente. Argumentos muito semelhantes são empregados a respeito dos odores: uma vez que podem ser agradáveis ou desagradáveis, eles "não podem existir senão numa substância ou mente perceptiva". Berkeley acredita, a todo momento, que aquilo que não é inerente à matéria deve ser inerente a uma substância mental e que nada pode ser mental e material ao mesmo tempo.

O argumento que se refere ao som é *ad hominem*. Hylas afirma que os sons, "na realidade", são movimentos no ar, ao que Philonous recorda que os movimentos podem ser vistos ou sentidos, e não ouvidos; desse modo, os sons "verdadeiros" são inaudíveis. Esse está longe de ser um argumento justo, uma vez que a percepção do movimento, segundo Berkeley, é tão subjetiva quanto as outras. Os movimentos que Hylas exige não poderão ser percebidos e terão de ser imperceptíveis. Não obstante, trata-se de argumento válido na medida em que assinala que o som ouvido não pode ser identificado com aqueles movimentos do ar que, segundo a física, constituem sua causa.

Após pôr de lado as qualidades secundárias, Hylas ainda não se vê preparado para abandonar as qualidades *primárias*, a saber: a extensão, a forma, a solidez, a gravidade, o movimento e o repouso. Naturalmente, o argumento se concentra na extensão e no movimento. Se as coisas possuem tamanhos reais, diz Philonous, uma mesma coisa não pode ter tamanhos distintos ao mesmo tempo; não obstante, ela parece maior quando dela estamos próximos e menor quando dela estamos distantes. Além disso, caso o movimento de fato se encontre no objeto, como o mesmo movimento pode parecer rápido a uma pessoa e lento a outra? Creio eu que os argumentos acima podem demonstrar a subjetividade do espaço percebido, mas tal subjetividade é física: aplica-se igualmente a uma câmera e, portanto, não prova que a forma é "mental". No segundo diálogo, Philonous resume a discussão até ali travada da seguinte maneira: "Além dos espíritos, tudo o que sabemos ou concebemos são nossas próprias ideias." Não lhe convinha, é claro, fazer exceção aos espíritos, uma vez que é tão impossível conhecer o espírito quanto a matéria. Os argumentos, na realidade, são quase os mesmos em ambos os casos.

Tentemos formular, agora, que conclusões positivas podemos obter a partir do tipo de argumento instituído por Berkeley.

As coisas tais quais as conhecemos são feixes de qualidades sensíveis: uma mesa, por exemplo, consiste em sua forma visual e sua solidez, no ruído que emite quando nela batemos e em seu odor (caso o tenha). Essas diferentes qualidades encontram, na experiência, certa contiguidade que faz o senso comum vê-las como algo que pertence a determinada "coisa", mas o conceito de "coisa" ou "substância" nada acrescenta às qualidades percebidas: ele é desnecessário. Até aqui, caminhamos sobre terra firme.

Todavia, devemos agora questionar o sentido de "perceber". Philonous afirma, ao tratar das coisas sensíveis, que sua realidade consiste em serem percebidas. Não nos diz, porém, o que compreende por percepção. Há uma teoria, por ele rejeitada, segundo a qual a percepção consiste numa relação entre o sujeito e aquilo que é percebido. Como o ego, para Philonous, é substância, ele poderia muito bem tê-la adotado. Não foi o que fez, porém. Para os que rejeitam a ideia de um ego substancial, essa teoria se mostra impossível. O que devemos entender, então, quando algo é dito "percebido"? Porventura significa algo mais do que o fato de que o que está em questão ocorre? Porventura podemos inverter o que diz Berkeley e, em vez de dizer que a realidade consiste no ser percebido, afirmar que o que é percebido consiste em ser real? Qualquer que seja o caso, Berkeley acredita ser logicamente possível que haja coisas impercebidas, visto que certas coisas reais o são — a saber, as substâncias espirituais. Além disso, parece óbvio que, quando dizemos que um acontecimento é percebido, não queremos dizer apenas que ele ocorre, mas algo mais.

Que "algo mais" é esse? Uma diferença óbvia entre os acontecimentos percebidos e os impercebidos está em que os primeiros podem ser recordados, enquanto os outros não. Haveria outras divergências?

A recordação pertence a um dos tipos de efeito mais ou menos próprios dos fenômenos a que, naturalmente, damos o nome de "mentais". Esses efeitos têm relação com o hábito. Uma criança que se queimou teme o fogo; um atiçador, não. O fisiologista, porém, lida com o hábito e fatores afins como se fossem característicos do tecido nervoso, sem que haja qualquer necessidade de afastar-se de uma interpretação fisicalista. Na linguagem do fisicalismo, é possível dizer que certa ocorrência é "percebida" quando possui efeitos de certo tipo; nesse sentido, poderíamos quase dizer que um curso d'água "percebe" a chuva que o torna mais profundo e que um vale fluvial é a "lembrança" de velhas tempestades. Quando descritos em termos fisicalistas, o hábito e a memória não estão inteiramente ausentes da matéria morta; nesse aspecto, a diferença entre a matéria viva e a matéria morta é apenas de grau.

Segundo essa perspectiva, dizer que determinado acontecimento é "percebido" é o mesmo que dizer que ele possui certos tipos de efeitos, e não há qualquer razão lógica ou empírica para pensarmos que *todos* os acontecimentos possuem efeitos assim.

A teoria do conhecimento sugere um ponto de vista diferente. Aqui, não partimos da ciência concluída, mas de qualquer que seja o conhecimento que nos sirva como base de nossa crença na ciência. É isso o que Berkeley faz. Nesse caso, não é necessário definir, com antecedência, um "percepto". Eis, em linhas gerais, no que o método consiste. Nós compilamos as proposições que julgamos conhecer sem inferência e descobrimos que a maioria tem relação com determinados acontecimentos datados. Esses acontecimentos nós definimos como "perceptos". Assim, os perceptos são aqueles acontecimentos que conhecemos sem nenhuma inferência — ou, antes, se dermos espaço para a memória, aqueles acontecimentos que foram, nalgum momento, perceptos. Vemo-nos, então, diante do problema: podemos nós, a partir de nossos próprios perceptos, inferir quaisquer outros acontecimentos? Aqui, quatro são as posições possíveis. As três primeiras constituem formas de idealismo.

(1) Podemos negar por completo, a outros acontecimentos, a validade de todas as inferências realizadas a partir de meus perceptos e memórias presentes. Essa visão deve ser assumida por todo aquele que quiser confinar a inferência à dedução. Qualquer acontecimento e qualquer grupo de acontecimentos são logicamente capazes de permanecerem isolados, e assim nenhum grupo de acontecimentos oferece prova *demonstrativa* da existência de outros acontecimentos. Portanto, se confinarmos a inferência à dedução, o mundo conhecido estará li-

mitado àqueles acontecimentos que, em nossa própria biografia, viermos a perceber ou, caso a memória seja admitida, tivermos percebido.

(2) A segunda posição, que consiste no solipsismo tal como é comumente reconhecido, aceita certa dedução a partir dos perceptos, mas apenas com referência a outros acontecimentos de minha própria biografia. Tomemos, por exemplo, a visão de que, a qualquer momento da vida consciente, existem objetos sensíveis que não percebemos. Vemos muitas coisas sem que digamos, para nós mesmos, que as estamos vendo — ao menos é isso o que parece. Ao conservarmos os olhos fixos num ambiente em que não percebemos movimento nenhum, podemos perceber várias coisas em sucessão e sentimo-nos convencidos de que elas se faziam visíveis antes de as percebermos. Todavia, antes que as notássemos, não constituíam dados para a teoria do conhecimento. Um tal grau de inferência a partir daquilo que observamos é feito por cada um sem pensar — mesmo por aqueles que mais desejam evitar que o conhecimento se estenda indevidamente para além da experiência.

(3) A terceira posição — ao que parece, aquela adotada por Eddington, por exemplo — afirma ser possível fazer inferências acerca de acontecimentos análogos aos da nossa própria experiência; do mesmo modo, afirma que temos o direito de acreditar, por exemplo, que existem cores vistas por outras pessoas, mas não por nós; dores de dente sentidas por outras pessoas; prazeres desfrutados e dores suportadas — e assim por diante. Ao mesmo tempo, não temos o direito de inferir acontecimentos que ninguém experimentou e que não formam parte de nenhuma "mente". Essa visão pode ser defendida com base no fato de toda inferência que diz respeito a acontecimentos extrínsecos à minha observação se dar por analogia e no fato de todos os acontecimentos que ninguém experimenta não serem suficientemente análogos a meus dados para que possam assegurar inferências analógicas.

(4) A quarta posição é aquela do senso comum e da física tradicional. Segundo ela existem, além de minhas experiências e das experiências das outras pessoas, os acontecimentos que ninguém experimenta — por exemplo, a mobília de meu quarto quando estou dormindo e a escuridão é completa. Certa feita, G.E. Moore acusou os idealistas de afirmarem que os trens só possuem rodas quando nas estações, uma vez que os passageiros não as podem ver de dentro dos vagões. O sen-

so comum se recusa a acreditar que as rodas ganham existência súbita sempre que as olhamos, sem que se deem o trabalho de existir quando não há quem as inspecione. Ali onde esse ponto de vista é científico, ele alicerça a inferência relativa a acontecimentos impercebidos sobre leis causais.

Não é meu objetivo, por ora, escolher um desses quatro pontos de vista. A decisão, caso seja possível, só pode ser tomada mediante uma investigação complexa da inferência não demonstrativa e da teoria da probabilidade. O que desejo é tão somente assinalar certos erros lógicos que foram sendo cometidos por quem debateu a questão.

Berkeley, como vimos, acredita na existência de razões lógicas que explicam que apenas as mentes e os acontecimentos mentais podem existir. Essa visão é também defendida, a partir de fundamentos diferentes, por Hegel e seus seguidores. Creio tratar-se de um grande equívoco. Uma declaração como "houve tempo anterior à existência da vida neste planeta", seja ela verdadeira ou falsa, não pode ser condenada à luz da lógica — do mesmo modo como em "há multiplicações cujo resultado ninguém jamais calculará". Ser observado ou ser um percepto nada mais é do que ter certos tipos de efeitos, e não há razão lógica para que todos os acontecimentos tenham efeitos desses tipos.

Há, todavia, um outro tipo de argumento que, muito embora não institua o idealismo como metafísica, institui-o, caso válido, como postura prática. Diz-se que uma proposição inverificável não tem sentido; essa verificação depende dos perceptos; por conseguinte, a proposição que não diz respeito a perceptos reais ou possíveis carece de sentido. Acredito que essa visão, se rigorosamente interpretada, acaba por nos confinar à primeira das quatro teorias supracitadas, impedindo-nos de falar sobre qualquer coisa que não tenhamos observado explicitamente com nossos próprios olhos. Nesse caso, trata-se de uma visão que ninguém pode adotar na prática, o que é um equívoco para uma teoria defendida à luz de fundamentos práticos. Todo o problema da verificação e de sua relação com o conhecimento é difícil e complexo, e por isso deixo-o de lado no momento.

A quarta das teorias mencionadas, a qual permite os acontecimentos que ninguém percebe, também pode ser defendida mediante raciocínios inválidos. Pode-se afirmar que a causalidade é conhecida *a priori* e que as leis causais são impossíveis, exceto na existência de acontecimentos impercebidos. Em oposição a isso, talvez se possa declarar que a causalidade não é um *a priori* e que toda e qualquer regularidade observada deve existir em relação aos perceptos. Ao que parece, todo motivo que justifique a crença nas leis da física deve ser exprimível nos termos dos perceptos. A declaração pode ser estranha e complicada; pode não ter o traço de continuidade que, até há pouco, esperaríamos de uma lei física; porém, está longe de ser impossível.

Concluo que não há objeção *a priori* contra nenhuma das quatro teorias. É possível, no entanto, afirmar que toda verdade é pragmática e que não há diferença pragmática entre elas. Caso isso seja verdadeiro, podemos adotar aquela que mais nos aprouver, dado que a diferença entre todas seria apenas linguística. Uma tal visão eu não posso aceitar, mas essa é mais uma discussão que deve ficar para depois.

Resta questionar se é possível atribuir qualquer sentido às palavras "mente" e "matéria". Todos sabem que "mente" é aquilo que o idealista imagina ser a única coisa que existe, e o mesmo faz, no caso da "matéria", o materialista. O leitor, espero eu, sabe também que os idealistas são virtuosos e os materialistas, iníquos. Todavia, talvez haja algo mais a ser dito.

Minha definição de "matéria" pode parecer insatisfatória: defino-a como aquilo que satisfaz as equações da física. É possível que nada consiga fazê-lo; nesse caso, ou a física estará equivocada, ou o estará o conceito de "matéria". Se rejeitarmos a substância, a "matéria" terá de ser um constructo lógico. Se lhe é possível ser constructo composto de acontecimentos — parte dos quais pode ser inferida — é questão difícil, mas de modo algum insolúvel.

No que diz respeito à "mente", ela deverá ser, quando rejeitada a substância, um grupo ou uma estrutura de acontecimentos. O agrupamento deve ser realizado mediante certa relação característica do tipo de fenômenos que desejamos denominar "mentais". Tomemos a memória como caso típico. Poderíamos — não obstante se trate de algo excessivamente redutor — definir o acontecimento "mental" como aquele que recorda ou é recordado. Desse modo, a "mente" a que determinado acontecimento mental pertence é o grupo de acontecimentos vinculado ao acontecimento em questão por meio de cadeias de memória, para lá e para cá.

Observar-se-á que, segundo as definições acima, uma mente e um elemento material consistem, cada qual, num grupo de acontecimentos. Não há motivo para que todo acontecimento deva pertencer a um tipo de grupo ou outro, bem como não há motivo para que certos acontecimentos não pertençam a ambos; por conseguinte, alguns acontecimentos talvez não sejam nem mentais, nem materiais, enquanto outros podem ser os dois. Isso, apenas reflexões empíricas minuciosas podem determinar.

17
Hume

David Hume (1711-76) figura entre os filósofos de maior relevância porque desenvolveu, até sua conclusão lógica, a filosofia empírica de Locke e Berkeley. Ao torná-la autoconsistente, acabou por fazê-la também incrível. Em certo sentido, encontramos nele um beco sem saída: no caminho que tomou, é impossível ir adiante. Refutá-lo tem sido, desde então, um dos principais passatempos dos metafísicos. De minha parte, não considero nenhuma dessas refutações convincentes; de todo modo, não posso esperar outra coisa senão que algo menos cético do que o sistema de Hume seja descoberto.

Sua principal obra no campo da filosofia, o *Tratado da natureza humana,* foi escrito enquanto o autor viveu na França, entre 1734 e 1737. Os dois primeiros volumes vieram a público em 1739; o terceiro, em 1740. Hume era muito jovem: não chegara ainda à casa dos trinta; também não era muito conhecido, e suas conclusões foram tais que quase todas as escolas o teriam considerado inoportuno. Ficou à espera de veementes ataques, aos quais daria respostas brilhantes. Em vez disso, ninguém deu atenção à obra; em suas palavras, "ela saiu morta da prensa". "Todavia", acrescenta, "dotado como sou de um temperamento alegre e sanguíneo, logo me recuperei do golpe". Hume se dedicou à redação de ensaios, publicando seu primeiro volume em 1741. Em 1744, tentou em vão alcançar ao professorado em Edimburgo; fracassando, tornou-se tutor de um louco e, depois, secretário de um general. Fortalecido pelas credenciais, aventurou-se novamente na filosofia. Reduziu então o *Tratado,* deixando de lado suas melhores partes e a maioria das justificativas que sustentavam suas conclusões; o resultado foi a *Investigação acerca do entendimento humano,* obra que, por muito tempo, permaneceu mais conhecida do que o *Tratado*. Foi esse o livro que despertou Kant de sua "letargia dogmática". O *Tratado*, Kant parece não ter conhecido.

Hume também escreveu os *Diálogos sobre a religião natural*, mas não os deu a conhecer em vida. Sob orientação sua, foram publicados postumamente em 1779. O *Ensaio sobre os milagres*, texto que se tornou famoso, afirma que jamais existem evidências históricas adequadas para tais acontecimentos.

Sua *História da Inglaterra*, publicada em 1755 e nos anos subsequentes, teve como objetivo demonstrar a superioridade dos tóris em comparação aos *whigs* e dos escoceses em comparação aos ingleses; Hume não julgou que a história fosse digna do desapego filosófico. O autor visitou Paris em 1763 e foi exaltado pelos *philosophes*. Infelizmente, congraçou-se com Rousseau e travou com ele famosa rixa. Hume se comportou com um autodomínio admirável, mas Rousseau, que tinha mania de perseguição, insistiu numa ruptura violenta.

Hume descreveu o próprio caráter num obituário — ou, em suas palavras, numa "oração funeral": "Fui homem de disposições brandas, de temperamento controlado, de humor aberto, social e alegre, capaz do desapego mas pouco suscetível à inimizade, de grande moderação em todas as minhas paixões. Nem mesmo meu amor à reputação literária, essa paixão dominante, conseguiu amargar meu temperamento, não obstante as frequentes decepções." Tudo isso é confirmado pelo que sabemos acerca dele.

O *Tratado da natureza humana* se divide em três livros; lidam eles, respectivamente, com o entendimento, as paixões e a moral. O que há de importante e novo em suas doutrinas encontra-se no livro primeiro, ao qual me limitarei.

Hume parte da distinção entre "impressões" e "ideias", as quais constituem dois tipos de percepção. São as *impressões* as que possuem mais força e violência. "Por ideias entendo as imagens tênues que delas fazemos ao pensar e raciocinar." As ideias, ao menos quando simples, são como impressões, mas mais tênues. "Toda ideia simples possui uma impressão simples que se lhe assemelha; do mesmo modo, toda impressão simples possui uma ideia correspondente." "Todas as nossas ideias simples derivam, em sua aparição primeira, de impressões simples, as quais correspondem a elas e são por elas representadas com exatidão." As ideias complexas, por outro lado, não precisam se assemelhar a impressões. Podemos imaginar um cavalo alado sem jamais termos visto um, mas os *constituintes* dessa complexa ideia derivam, todos, das impressões. A prova de que estas ocorrem primeiro tem origem na experiência; um cego de nascença, por exemplo, não faz ideia alguma das cores. Entre as ideias, aquelas que conservam a vivacidade das impressões originais em grau considerável pertencem à *memória*; as outras, à *imaginação*.

Há um segmento (Livro I, parte I, seção VII) intitulado "Das ideias abstratas", em cujo início encontramos um parágrafo enfaticamente alinhado à doutrina de Berkeley segundo a qual "todas as ideias gerais nada mais são do que ideias particulares anexadas a certo termo que lhes dá significado mais extenso e que faz com que, ocasionalmente, sejam evocados outros elementos individuais que lhes são semelhantes". Segundo Hume, quando fazemos ideia de um homem, esta ideia possui todas as particularidades de que desfruta a impressão de um homem. "A mente é incapaz de formar qualquer noção de quantidade ou qualidade sem formar uma noção precisa dos graus de cada uma." "As ideias abstratas, por si sós, são individuais; podem, no entanto, se tornar genéricas em sua representação." Essa teoria, uma forma moderna de nominalismo, possui dois defeitos, um lógico e outro psicológico. Primeiro, a objeção lógica: "Quando descobrimos semelhança entre vários objetos", diz Hume, "aplicamos o mesmo nome a todos". Todo nominalista estará de acordo com isso. No entanto, a verdade é que um nome comum, como "gato", é tão irreal quanto o GATO universal. A solução nominalista para o problema dos universais, portanto, não basta porque não é drástica o suficiente na aplicação de seus princípios mesmos; equivocadamente, aplica-os tão somente às "coisas", e não também às palavras.

A objeção psicológica é mais séria, ao menos no que diz respeito a Hume. Tal qual ele a formula, toda a teoria que descrever as ideias como cópias de impressões ignora a *vagueza*. Se, após ter avistado, por exemplo, uma flor que possui certa coloração, evoco uma imagem sua, essa imagem carece de precisão: há muitos tons parecidíssimos do qual ela pode ser imagem ou, na terminologia de Hume, "ideia". Não procede que "a mente é incapaz de formar qualquer noção de quantidade ou qualidade sem formar uma noção precisa dos graus de cada uma". Suponha que tenha visto um homem de 1,85m. Você conserva imagem dele, mas essa imagem provavelmente se aplicará, também, a alguém que seja alguns centímetros mais alto ou mais baixo. Vagueza não é o mesmo que generalidade, mas partilha com ela algumas de suas características. Ao negligenciar isso, Hume se vê em apuros desnecessários — por exemplo, no que diz respeito à possibilidade de imaginar um tom de cor que você jamais viu e que é intermediário entre dois tons já conhecidos e muito semelhantes. Se ambos forem suficientemente semelhantes, toda e qualquer imagem que você venha a formar será igualmente aplicável aos dois e ao tom intermediário. Ao declarar que as ideias derivam das impressões que representam à exatidão, Hume vai além do que é psicologicamente veraz.

Hume baniu o conceito de *substância* da psicologia do mesmo modo como Berkeley o banira da física. Por não existir nenhuma *impressão* do eu, diz ele, não há também ideia do eu (Livro I, parte IV, seção VI). "De minha parte, quando adentro mais intimamente o que digo ser *eu mesmo*, sempre deparo-me com uma ou outra percepção particular — de calor ou frio, luz ou sombra, amor ou ódio, dor ou prazer. Jamais vislumbro a *mim mesmo* sem uma percepção e jamais sou capaz de observar algo além dela." Ironicamente, ele admite que pode haver filósofos com essa capacidade; "entretanto, excetuado esse gênero de metafísicos, ouso afirmar, acerca do resto da humanidade, que ela nada mais é senão um feixe ou coleção de percepções diferentes, as quais sucedem umas as outras com rapidez inconcebível e se encontram em fluxo e movimento perpétuo".

Esse repúdio à ideia do Eu é de enorme importância. Vejamos precisamente no que consiste e em que medida é válido. Para começar, o Eu, caso exista, jamais é percebido; portanto, não podemos fazer ideia dele. Esse raciocínio, para que seja aceito, deve ser formulado com cautela. Homem nenhum percebe o próprio cérebro, mas possui dele uma ideia. Essas "ideias", que consistem em inferências realizadas a partir das percepções, não pertencem à provisão logicamente fundamental de ideias; são, antes, complexas e descritivas, ou ao menos devem sê-lo caso Hume esteja correto ao afirmar que todas as ideias simples derivam das impressões; rejeitado este princípio, somos forçados a voltar às ideias "inatas". Recorrendo à terminologia moderna, é possível dizer: as ideias das coisas ou ocorrências não percebidas podem sempre ser definidas nos termos das coisas ou ocorrências percebidas; assim, ao substituirmos pela definição o termo definido, podemos declarar que conhecemos empiricamente sem introduzir nenhuma coisa ou ocorrência que não percebemos. No que diz respeito ao problema que nos ocupa, todo conhecimento psicológico pode ser formulado sem a introdução do "Eu". Esse "Eu", ademais, tal qual vem definido, nada mais pode ser do que um feixe de percepções, e não uma "coisa" simples e nova. Nisso, creio que qualquer empirista sério estará de acordo com Hume.

Não se segue que inexiste um Eu simples, mas apenas que não temos como averiguar sua existência e que o Eu, exceto como "feixe" de percepções, não ingressa em parte alguma de nosso conhecimento. Essa conclusão é importante para a metafísica, uma vez que se livra do último emprego restante de "substância". É importante também para a teologia, pois abole todo conhecimento que se pode ter da "alma". Do mesmo modo, importa à análise do conhecimento, dado revelar que a categoria de sujeito e objeto não é fundamental. No que diz respeito ao ego, Hume fez progressos relevantes em relação a Berkeley.

A parte mais importante de todo o *Tratado* é a seção intitulada "Do conhecimento e da probabilidade". Hume não entende, por "probabilidade", o tipo de conhecimento contido na teoria matemática que leva o mesmo nome e que conclui, por exemplo, que a chance de dois dados mostrarem o número seis é de uma em 36. Esse conhecimento não é provável em nenhum aspecto especial; possui toda a certeza de que um conhecimento pode desfrutar. O que interessa a Hume é o conhecimento incerto, como aquele que nos dão os dados empíricos mediante inferências não demonstrativas. Esse grupo abarca tanto o nosso conhecimento do futuro quanto o nosso conhecimento daquilo que não foi observado no passado e no presente. Na realidade, abarca tudo, exceto a observação direta, de um lado, e a lógica e a matemática, do outro. A análise desse conhecimento "provável" levou Hume a certas conclusões céticas que são difíceis de refutar e de aceitar. Como consequência, os filósofos se viram diante de um desafio que, para mim, ainda não foi convenientemente solucionado.

Hume começa pela distinção de sete tipos de relação filosófica: a semelhança, a identidade, as relações de tempo e lugar, a proporção de quantidade ou número, os graus de qualidade, a contrariedade e a causação. Esses tipos, diz ele, podem ser divididos ainda em duas categorias: de um lado, a das relações que só dependem das ideias; do outro, a daquelas que podem ser modificadas sem que as ideias também se alterem. Na primeira estão a semelhança, a contrariedade, os graus de qualidade e as proporções de quantidade ou número. As relações espaçotemporais e causais, por sua vez, pertencem à segunda. Somente as relações do primeiro tipo possibilitam entendimento *certo*; nosso conhecimento a respeito das outras é apenas *provável*. A álgebra e a aritmética são as únicas ciências em que podemos levar uma longa cadeia de raciocínio adiante sem perdermos a certeza. A geometria não é tão certa quanto as duas porque somos incapazes de nos certificar da veracidade de seus axiomas. É erro achar, como muitos filósofos o fazem, que as ideias matemáticas "devem ser abarcadas por uma visão pura e intelectual, da qual apenas as faculdades superiores da alma são capazes". A falsidade dessa visão se torna manifesta, diz Hume, tão logo lembramos que "todas as nossas ideias são copiadas de nossas impressões".

As três relações que não dependem somente das ideias são a identidade, as relações espaçotemporais e a causação. Nas primeiras duas, a mente não vai além do que se faz imediatamente presente aos sentidos. (As relações espaçotemporais, alega Hume, podem ser percebidas e formar parte das impressões.) Somente a causação nos permite inferir determinada coisa ou ocorrência a partir de outra coisa ou outra ocorrência: "É a *causação*, e tão apenas ela, a responsável por criar o vínculo que nos garante, desde a existência ou ação de determinado objeto, que ele foi sucedido ou precedido por outra existência ou ação."

Da afirmação de que não existe *impressão* de relação causal, surge uma dificuldade. Podemos notar, mediante a mera observação de A e B, que A está acima ou à direita de B, mas não que é sua causa. No passado, a relação causativa fora mais ou menos assimilada à relação entre antecedente e consequente na lógica, mas isso, como Hume muito bem percebeu, constituía erro.

Tanto na filosofia cartesiana quanto na dos escolásticos, o vínculo entre causa e efeito era considerado tão necessário quanto o são os vínculos lógicos. A primeira refutação séria dessa filosofia veio de Hume, com quem a filosofia moderna da causação tem início. Junto com quase todos os filósofos até Bergson (este incluso), ele concebe uma lei para a qual há proposições de forma "A causa B" em que A e B são classes de acontecimentos; o fato de essas leis não ocorrerem em qualquer ciência bem desenvolvida parece negligenciado pelos filósofos. De toda forma, muito daquilo que disseram pode ser traduzido de modo a ser aplicado às leis causais tais quais se mostram na realidade. Podemos, portanto, ignorar por ora esse ponto.

Hume começa observando que o poder pelo qual determinado objeto gera outro não pode ser discernido a partir da ideia dos dois objetos. Desse modo, só podemos conhecer a causa e o efeito à luz da experiência, e não mediante o raciocínio ou a reflexão. A declaração "tudo o que começa deve ter causa", diz ele, não possui certeza intuitiva como os enunciados da lógica. Em suas palavras: "Não há objeto que implique a existência de outro se os consideramos em si mesmos e se jamais investigamos além das ideias que deles formamos." A partir disso, Hume afirma que deve ser a experiência o que nos proporciona o conhecimento da causa e do efeito, mas que essa experiência não pode ser somente a dos acontecimentos A e B que travam relação causal entre si. Deve ser a experiência porque não se trata de vínculo lógico; e não pode ser somente a experiência dos acontecimentos A e B porque nada somos capazes de descobrir em A que deva conduzir à produção de B. A experiência exigida, diz ele, é a da conjunção constante dos acontecimentos do tipo A com os acontecimentos do tipo B. O filósofo assinala que, na experiência, quando dois objetos são constantemente conjungidos, nós de *fato* inferimos um a partir do outro. (Por "inferir", indica ele que a percepção de um nos leva a esperar o outro; não se trata de uma inferência formal ou explícita.) "O vínculo necessário talvez dependa da inferência", e não o contrário. Ou seja: a visão de A suscita a expectativa de B, levando-nos a achar que há vínculo necessário entre os dois. A inferência não é determinada pela razão, dado que isso nos exigiria presumir a uniformidade da natureza — algo que não é, por si só, necessário, mas apenas inferido a partir da experiência.

Desse modo, Hume é levado à visão segundo a qual, quando afirmamos que "A causa B", tudo o que queremos dizer é que A e B são constantemente conjungidos, sem que haja vínculo necessário entre os dois. "Não possuímos nenhuma noção de causa e efeito além daquela de certos objetos que têm sido *sempre conjungidos* (...). Somos incapazes de compreender os motivos de uma tal conjunção."

O autor respalda sua teoria numa definição de "crença"; trata-se, segundo ele, "de ideia vívida relacionada ou associada a uma impressão presente". Por meio da associação — caso A e B tenham sido constantemente conjungidos em experiência passada —, a impressão de A gera a ideia vívida de B que constitui a crença em B. Isso explica por que achamos que A e B estão vinculados: a percepção de A está vinculada à ideia de B, não obstante uma tal opinião não possua fundamento algum. "Os objetos não travam, entre si, qualquer vínculo que possa ser descoberto; tampouco é a partir de outro princípio, senão o costume que opera sobre a imaginação, que nós, desde a aparência de um, inferimos a experiência de outro." Hume repete muitas vezes a alegação de que aquilo que nos parece ser vínculo necessário entre *objetos* não passa, na realidade, de um vínculo entre as ideias desses objetos: a mente é *determinada* pelo costume, e "é essa impressão, ou *determinação*, que me sugere a ideia de necessidade". A repetição dos casos, motivo que nos leva à crença de que A causa B, nada agrega de novo ao objeto, porém incita a mente à associação de ideias; por conseguinte, "a necessidade existe apenas na mente, não nos objetos".

Questionemos, agora, o que devemos pensar sobre a doutrina de Hume. Possui ela duas partes: uma objetiva e outra subjetiva. A objetiva diz: quando julgamos que A causa B, o que na verdade ocorreu, no que diz respeito a A e B, foi a observação de que ambos estiveram frequentemente conjungidos, isto é, de que A tem sido imediatamente, ou sem quase nenhuma demora, seguido por B; não temos o direito de dizer que A *deve* ser seguido por B ou que será seguido por B em ocasiões futuras. Tampouco há razões para dizer que, por mais que A seja frequentemente seguido por B, existe entre os dois relação além daquela sequencial. Na realidade, a causação é definível em termos sequenciais e não é uma noção independente.

A parte subjetiva da doutrina diz: a conjunção frequentemente observada de A e B é *causa* de que a impressão de A seja a *causa* da ideia de B. Entretanto, se definirmos "causa" como sugerido na parte objetiva da doutrina, será necessário reformular o que se disse. Substituindo a definição de "causa", eis o que temos:

> Tem-se observado frequentemente que a conjunção frequentemente observada dos objetos A e B tem sido frequentemente seguida por ocasiões em que a impressão de A foi seguida pela ideia de B.

Essa declaração, deve-se admitir, é veraz, mas foge ao escopo que Hume atribui à parte subjetiva de sua doutrina. Ele afirma, a todo momento, que a conjunção frequente de A e B não constitui *razão* para a expectativa de que ambos serão conjungidos no futuro; trata-se tão somente da *causa* dessa espera. Ou seja: a experiência da conjunção frequente está frequentemente conjungida ao hábito da associação. No entanto, se a parte objetiva da doutrina for aceita, o fato de as associações terem sido frequentemente formadas, no passado, em circunstâncias tais não constitui razão para acharmos que terão continuidade ou que novas associações se formarão em circunstâncias semelhantes. A verdade é que, no que toca à psicologia, Hume se permite crer num sentido de causação que ele, no geral, condena. Tomemos um exemplo. Vejo uma maçã e espero que, se comê-la, terei a experiência de determinado tipo de gosto. Segundo Hume, não há por que eu deva experimentá-lo: a lei do hábito explica a existência de minha expectativa, mas não a justifica. Ao mesmo tempo, a lei do hábito é, por si só, uma lei causal. Desse modo, eis o que devemos dizer, caso levemos Hume a sério: muito embora a visão de uma maçã tenha sido conjungida, no passado, com a expectativa de certo tipo de gosto, não há por que uma tal conjunção se repetir; da próxima vez que avistar uma maçã, talvez eu possa esperar o gosto de um rosbife. No momento, é possível que você o julgue improvável, mas isso não é razão para achar que continuará julgando-o improvável daqui a cinco minutos. Caso a doutrina objetiva de Hume esteja correta, nossas expectativas não possuem, na psicologia, razão melhor para existir do que no mundo físico. É possível caricaturar sua teoria da seguinte maneira: "A proposição 'A causa B' significa que 'a impressão de A causa a ideia de B.'" Como definição, esse não é um resultado feliz.

Devemos, portanto, examinar com mais atenção a doutrina objetiva de Hume. Possui ela duas partes. (1) Quando dizemos que "A causa B", tudo o que temos o *direito* de afirmar é que, em experiências passadas, A e B apareceram frequentemente juntos ou em veloz sucessão, sem que fosse observada qualquer ocasião em que A não fosse seguido ou acompanhado de B. (2) Independentemente de quantas vezes tenhamos observado a conjunção de A e B, não há *razão* para esperarmos que ela ocorrerá no futuro, não obstante seja *causa* dessa expectativa, isto é, não obstante tenha estado frequentemente conjungida a esta. Essas duas partes da doutrina podem ser enunciadas da seguinte maneira: (1) na causação, não há relação indefinível, exceto a conjunção ou a sucessão; (2) a indução por enumeração simples não é forma válida de raciocínio. Em geral, os empiristas têm aceitado a primeira tese e rejeitado a segunda — e, quando digo que rejeitaram a segunda, afirmo que acreditaram que, dado um acúmulo suficientemente amplo de determinada conjunção, a probabilidade de ela se realizar no caso seguinte será maior que 50%. Se porventura não defenderam precisamente isso, ao menos adotaram alguma doutrina de consequências semelhantes.

No momento, não desejo examinar a indução, tema bastante amplo e complexo; basta-me, por ora, observar que, se a primeira metade da doutrina de Hume for admitida, rejeitar a indução tornará irracional toda expectativa referente ao futuro, incluindo aquela de que continuaremos a nutrir expectativas. Não afirmo apenas que nossas expectativas *podem* estar erradas, muito embora seja preciso, de todo modo, admiti-lo. O que quero dizer é que, se tomarmos até mesmo nossas expectativas mais sólidas — a de que o sol nascerá amanhã, por exemplo —, não há razão nenhuma para acharmos que é mais fácil averiguá-las do que não averiguá-las. Dito isso, retorno ao sentido de "causa".

Aqueles que discordam de Hume afirmam que a relação de "causa" é uma relação específica que implica sequência invariável, mas não é por ela implicada. Retornando ao relógio dos cartesianos: dois cronômetros perfeitamente precisos podem bater as horas em sequência, invariavelmente, sem que nenhum deles seja a causa da batida do outro. Em geral, os que adotam essa visão afirmam que podemos às vezes *perceber* relações causais, embora, na maioria dos casos, sejamos obrigados a inferi-las de maneira mais ou menos precária a partir da conjunção constante. Vejamos que argumentos temos a favor e contra Hume nesse aspecto.

Hume condensa seu raciocínio da seguinte maneira:

> Bem sei que, de todos os paradoxos que formulei ou formularei ao longo deste tratado, é este o mais violento; sei também que é apenas à força de uma prova e um raciocínio sólidos que ele será aceito e superará os inveterados preconceitos da humanidade. Antes de nos conformarmos com essa doutrina, com que frequência devemos repetir para nós mesmos *que* a simples visão de dois objetos ou ações, independentemente do quão relacionados estejam, jamais pode nos dar qualquer ideia de uma força ou de um vínculo entre ambos; *que* essa ideia surge da repetição de sua união; *que* a repetição nem descobre, nem causa algo nos objetos, exercendo sua influência apenas sobre a mente, mediante a costumeira transição que produz; *que* essa transição costumeira, portanto, é o mesmo que a força e a necessidade, ambas consequentemente experimentadas pela alma, e não percebidas externamente nos corpos?

Hume é em geral acusado de ter visão assaz atômica da percepção, mas ele reconhece que certas relações podem ser percebidas. "Não devemos", diz, "tomar como racional nenhuma das observações que fazemos a respeito da *identidade*, bem como das relações de *tempo* e *lugar*; com efeito, em nenhuma delas a mente pode ir além do que se faz imediatamente presente aos sentidos". A causação, afirma ainda, é diferente porque nos leva para além das impressões sensoriais e nos informa de existências impercebidas. Como argumento, isso parece inválido. Nós cremos em muitas relações de tempo e lugar que não conseguimos perceber: achamos que o tempo se estende para frente e para trás, que o espaço o faz para além das paredes de nossa sala. O real argumento de Hume afirma que, embora às vezes percebamos relações de tempo e lugar, jamais percebemos as relações causais; desse modo, se admitidas, estas devem ser inferidas a partir das relações que podemos perceber. A controvérsia, portanto, se reduz a um fato empírico: percebemos ou não percebemos, ocasionalmente, relações que podemos dizer causais? Hume acredita que não e seus adversários, que sim, e não é fácil obter evidências em favor de nenhuma das partes.

Na minha opinião, o argumento mais forte em favor de Hume talvez venha do caráter das leis causais na física. Ao que parece, regras simples que seguem a forma "A causa B" jamais são admitidas na ciência, exceto como sugestões grosseiras, em fases iniciais. As leis causais por que, nas ciências avançadas, essas regras simples são substituídas são tão complexas que ninguém pode acreditar que se deem na percepção; trata-se, é evidente, de inferências complexas realizadas a partir do curso observado da natureza. Deixo de fora a teoria quântica moderna, que reforça a conclusão acima. No que toca às ciências físicas, Hume está *inteiramente* certo; proposições como "A causa B" jamais devem ser aceitas, e nossa propensão a fazê-lo é explicada à luz das leis do hábito e da associação. Essas leis mesmas, em sua forma precisa, constituirão enunciados complexos referentes ao tecido nervoso — em primeiro lugar, à sua fisiologia; depois, às suas características químicas e, por fim, a seus traços físicos.

O adversário de Hume, porém, ainda que reconheça tudo o que acabou de se dizer acerca das ciências físicas, pode não se considerar definitivamente vencido. Ele pode afirmar que, na psicologia, encontramos casos em que certa relação causal é percebida. O conceito de causa provavelmente deriva, todo ele, da volição, e é possível dizer que somos capazes de perceber relação entre uma volição e o ato consequente, o que é algo que vai além da sequência invariável. O mesmo poderia ser dito da relação entre uma dor súbita e um lamento. Essas visões, contudo, tornam-se muito difíceis depois da fisiologia. Entre a vontade de mover meu braço e o movimento consequente, há uma longa cadeia de intermediários causais formada por processos nervosos e musculares. Nós só percebemos os termos finais desse processo, isto é, a volição e o movimento; todavia, se julgamos observar vínculo causal direto entre ambos, estamos enganados. Esse argumento não dá fim à questão geral, mas revela que é precipitado acreditar que percebemos relações causais sempre que parecemos percebê-las. A balança, portanto, pende para a visão de que nada há na *causa* além de uma sucessão constante. Ao contrário do que supôs Hume, porém, sua prova não é tão conclusiva.

Hume não se satisfaz em reduzir a prova do vínculo causal à experiência da conjunção frequente; ele afirma, também, que essa experiência não justifica a expectativa de conjunções semelhantes no futuro. Por exemplo: quando (para repetirmos o caso já citado) vejo uma maçã, minha experiência pregressa me faz esperar que terá gosto de maçã, e não de rosbife. Todavia, não há justificativa racional para uma tal expectativa. Caso houvesse, ela teria de advir do princípio de que "os casos dos quais não tivemos experiência se assemelham àqueles de que tivemos". Um tal princípio não é logicamente necessário, visto que podemos ao menos conceber uma mudança no curso da natureza. Por conseguinte, deve tratar-se de um princípio de probabilidade. Ao mesmo tempo, todos os argumentos prováveis pressupõem esse princípio, e assim não é possível nem demonstrá-lo, nem mesmo torná-lo provável, mediante argumentos prováveis. "A hipótese de que *o futuro se assemelha ao passado* não está alicerçada em qualquer tipo de argumento, derivando tão somente do hábito."[1] A conclusão é de um ceticismo completo:

> Todo raciocínio provável nada mais é do que uma espécie de sensação. Não é somente na poesia e na música que devemos seguir nosso gosto e sentimento, mas também na filosofia. Quando vejo-me convencido de um princípio qualquer, trata-se apenas de uma ideia que me acomete com maior força. Quando dou preferência a um conjunto de argumentos em detrimento de outro, nada mais faço senão escolher segundo o que sinto com relação à superioridade de sua influência. Os objetos não travam, entre si, qualquer vínculo que possa ser descoberto; tampouco é a partir de outro princípio, senão o costume que opera sobre a imaginação, que nós, partindo da aparência de um, inferimos a experiência de outro.[2]

A investigação daquilo que se passa por conhecimento não parece ter logrado o resultado que Hume esperava. O subtítulo de seu livro é: "Uma tentativa de introduzir o método experimental de raciocínio nos assuntos morais". Claro está que o autor, no início, achava que o método científico chegaria à verdade, a toda a verdade e a nada mais que a verdade; no fim, contudo, Hume mostra-se convicto de que a crença nunca é algo racional, uma vez que nada sabemos. Após enunciar os argumentos em favor do ceticismo (Livro I, parte IV, seção I), ele não se põe a refutá-los, mas recorre à credulidade natural.

---

[1] Livro I, parte III, seção IV.

[2] Livro I, parte III, seção VIII.

> Determinou a natureza, por uma necessidade absoluta e incontrolável, que julgássemos tanto quanto respiramos e sentimos; não podemos deixar de julgar certos objetos sob luz mais forte e plena graças a seu vínculo costumeiro com determinada impressão presente, bem como não podemos deixar de pensar quando despertos ou de avistar os objetos circundantes quando, sob a luz do sol, voltamos a eles nossos olhos. Quem quer que tenha se empenhado para refutar esse ceticismo *completo* acabou, na realidade, por disputar sem adversário e por empregar argumentos a fim de definir uma faculdade que a natureza implantara com antecedência na mente e a tornara inevitável. Minha intenção, portanto, ao expor com tamanha cautela os argumentos dessa fantástica seita, está apenas em tornar o leitor sensível à veracidade de minha hipótese, segundo a qual *todos os nossos raciocínios referentes a causas e efeitos derivam do costume, e tão somente dele; e a crença é antes um ato próprio da parte sensitiva do que da parte cogitativa de nossas naturezas.*

"O cético", prossegue ele (Livro I, parte IV, seção II), "continua ainda a raciocinar e acreditar, muito embora afirme-se incapaz de defender sua razão pela razão; e, segundo a mesma regra, deve ele anuir ao princípio que diz respeito à existência do corpo, não obstante não lhe seja possível sustentar sua veracidade mediante argumentos da filosofia. (...) Podemos muito bem perguntar: *o que nos leva a crer na existência do corpo*? Vão, porém, é questionar se *o corpo existe ou não existe*. Isso é algo que devemos dar como certo em todos os nossos raciocínios".

O que acima se disse inicia a seção "Do ceticismo a respeito dos sentidos". Após exame prolongado, ela tem fim da seguinte maneira:

> No que toca tanto à razão quanto aos sentidos, trata-se, essa dúvida cética, de uma enfermidade que não pode jamais ser radicalmente curada; antes, deve acometer-nos a todo momento, por mais que a expulsemos e que, por vezes, pareçamos completamente recuperados. (...) Somente o descuido e a desatenção nos podem oferecer remédio. Portanto, confio por completo em ambos e dou como certo que, independentemente de qual seja a atual opinião do leitor, dentro de uma hora estará ele convencido de que existe tanto mundo exterior quanto mundo interior.

Só se estuda a filosofia — diz Hume — porque, a certos temperamentos, trata-se de uma forma de passar o tempo agradavelmente.

> Em todos os incidentes da vida, ainda nos convém conservar o ceticismo. Se acreditamos que o fogo aquece e a água refresca, isso só se dá porque nos custa demasiado crer no contrário. Além disso, se somos filósofos, devemos fazê-lo somente segundo princípios céticos e segundo uma inclinação que nos pareça levar a agir dessa maneira. Caso venha a abandonar a especulação, "*creio* que sairei perdendo do ponto de vista do prazer, e é esta a origem da minha filosofia".

A filosofia de Hume, seja ela veraz ou não, representa a falência da racionalidade do século XVIII. A exemplo de Locke, ele tem por objetivo ser sensato e empírico; em nada crê com base na autoridade, mas busca toda e qualquer instrução passível de ser obtida a partir da experiência e da observação. No entanto, por possuir intelecto superior ao de Locke, maior precisão de análise e menor capacidade de aceitar inconsistências confortáveis, ele chega à desastrosa conclusão de que, a partir da experiência e da observação, nada podemos aprender. Não existe crença racional: "Se acreditamos que o fogo aquece e a água refresca, isso só se dá porque nos custa demasiado crer no contrário." Não podemos deixar de acreditar, mas para nenhuma crença há fundamento na razão. Tampouco certa linha de ação é mais racional do que outra, uma vez que todas se encontram igualmente alicerçadas em convicções racionais. A esta última conclusão, contudo, Hume não parece ter chegado. Mesmo em seu capítulo mais cético, no qual condensa as conclusões do Livro I, ele diz: "Em linhas gerais, os erros religiosos são perigosos; os da filosofia, apenas ridículos." Todavia, Hume não tem o direito de dizer isso. "Perigoso" é palavra causal, e quem é cético quanto à causação não tem como saber que algo é "perigoso".

Com efeito, nas seções finais do tratado, o autor esquece tudo o que se refere a suas dúvidas fundamentais e escreve como qualquer moralista esclarecido de sua época escreveria. Ele aplica a suas dúvidas precisamente o que este recomenda, a saber: "descuido e desatenção". Em certo sentido, seu ceticismo não é sincero, dado que Hume é incapaz de conservá-lo na prática. Possui, porém, essa estranha consequência que é paralisar todo e qualquer esforço para demonstrar que determinada linha de ação é melhor do que outra.

Era inevitável que, a essa autorrefutação da racionalidade, se seguisse uma grande explosão de fé irracional. A rixa entre Hume e Rousseau é simbólica: Rousseau era louco mas influente; Hume, são e carente de seguidores. Os empiristas britânicos subsequentes rejeitaram seu ceticismo sem refutá-lo; Rousseau e seus seguidores se alinharam a Hume na hipótese de que crença nenhuma se fundamenta na razão, mas achavam que o coração era superior à razão e permitiram que isso os levasse a convicções que em muito se diferenciaram daquelas que Hume conservou na prática. De Kant a Hegel, os filósofos alemães não assimilaram os argumentos de Hume. Digo isso deliberadamente, não obstante a crença de muitos filósofos em que Kant respondeu a Hume com sua *Crítica da razão pura*. Na realidade, esses filósofos — Kant e Hegel, ao menos — representam um tipo de racionalismo pré-humiano que os argumentos humianos são capazes de refutar. Os filósofos que não podem ser refutados dessa maneira são aqueles que não se pretendem racionais, como Rousseau, Schopenhauer e Nietzsche. O crescimento da irracionalidade ao longo do século XIX e daquilo que já se passou no século XX é consequência natural da destruição do empirismo que Hume perpetrou.

Por conseguinte, é importante descobrir se há qualquer resposta possível a Hume dentro da estrutura de uma filosofia que seja inteiramente, ou sobretudo, empírica. Caso não haja, inexistirá também diferença intelectual entre sanidade e insanidade. O louco que diz ser um ovo escaldado só poderá ser condenado pelo fato de estar em minoria ou — dado que não devemos presumir a democracia — de o governo não concordar com ele. Esse é um ponto de vista desesperador, e cumpre esperar que haja forma de evitá-lo.

O ceticismo de Hume se baseia inteiramente na rejeição do princípio indutivo. Do modo como aplicado à causação, este princípio postula que, por observarmos que A é muitas vezes acompanhado ou seguido de B e que não há caso conhecido em que isso não aconteça, é provável que, na próxima ocasião em que notarmos A, ele seja acompanhado ou seguido de B. Para que tal princípio seja adequado, um número suficiente de casos deve fazer com que a probabilidade se aproxime da certeza. Se ele (ou qualquer outro a partir do qual possa ser deduzido) for verdadeiro, as inferências causais que Hume rejeita serão válidas — não por nos oferecerem certeza, decerto, mas por nos darem probabilidade suficiente no âmbito prático. Se porventura for falso, toda tentativa de chegar a leis científicas genéricas a partir de observações particulares será falaciosa e o ceticismo de Hume mostrar-se-á inescapável ao empirista. O princípio mesmo, é claro, não pode ser inferido, sem circularidade, a partir das uniformidades observadas, uma vez que é exigido para justificar toda e qualquer inferência. Desse modo, ele deve constituir um princípio independente que não se encontra fundamentado na experiência ou ser deduzido a partir desse tal princípio. Até aqui, Hume tem demonstrado que o empirismo puro não é base suficiente para a ciência; mas, se este princípio é admitido, todo o restante pode proceder conforme a teoria de que todo o nosso conhecimento se baseia na experiência. É preciso admitir que isso se afasta seriamente do empirismo puro e que os que não são empiristas podem questionar por que, se permitido esse afastamento, outros deveriam ser proibidos. De todo modo, essas não são questões suscitadas diretamente pelos raciocínios de Hume. O que seus argumentos demostram — e não creio que a prova possa ser contestada — é que a indução constitui princípio lógico independente, incapaz de ser inferido tanto a partir da experiência quanto a partir de outros princípios lógicos, e que, sem esse princípio, a ciência é impossível.

Parte II
De Rousseau até o presente

18

O movimento romântico

Do final do século XVIII até hoje, a arte, a literatura, a filosofia e até mesmo a política têm sido influenciadas, positivamente ou não, por um modo de sentir característico do movimento que, em sentido amplo, podemos denominar romântico. Mesmo os que rejeitavam essa forma de sentir se viram forçados a levá-la em consideração, e em muitos casos foram mais afetados do que perceberam. Neste capítulo, tenho por objetivo oferecer uma descrição breve da visão romântica de mundo, sobretudo em relação a questões que não são marcadamente filosóficas; com efeito, é esse o pano de fundo cultural da maior parte do pensamento filosófico do período sobre o qual nos debruçaremos.

Em seus primórdios, o movimento romântico não esteve vinculado à filosofia, muito embora isso tenha demorado pouco para ocorrer. Com a política, por intermédio de Rousseau, houve relação desde o início. Porém, antes que possamos compreender seus efeitos políticos e filosóficos, cumpre examiná-lo em sua forma mais essencial, isto é, como uma revolta contra os padrões éticos e estéticos anteriores.

A primeira grande figura do movimento é Rousseau, mas, em certa medida, tudo o que ele fez foi expressar tendências já existentes. Aqueles que eram instruídos na França do século XVIII nutriam fervorosa admiração pelo que denominavam *la sensibilité*, por eles entendida como uma inclinação às emoções, sobretudo à compaixão. Para que seja de todo satisfatória, a emoção deve ser direta, violenta e desligada do pensamento. O homem de sensibilidade seria levado às lágrimas pela visão de uma família de camponeses necessitados, ao mesmo tempo que mostrar-se-ia frio diante de projetos premeditados para a melhoria da classe camponesa. Os pobres eram tidos como mais virtuosos dos que os ricos; sábio era quem se afastava da corrupção das cortes a fim de gozar dos prazeres serenos de uma existência rural sem muitas ambições. Como disposição passageira, essa postura é encontrada em poetas de quase todas as épocas. O duque exilado de *Como gostais* a expressa, não obstante retorne a seu ducado tão logo surja a oportunidade; somente o melancólico Jaques prefere sinceramente a vida da floresta. Mesmo Pope, exemplo perfeito de tudo aquilo que o movimento romântico combatia, afirma:

Feliz quem, com zelo e elã vivos,
    Alguns acres pátrios tangeu,
Alegre em tomar ar nativo
Em solo seu.

Os pobres, na imaginação dos que cultivavam a sensibilidade, tinham sempre alguns acres pátrios e viviam do próprio trabalho, sem que houvesse necessidade de qualquer comércio exterior. É bem verdade que sempre perdiam suas terras em circunstâncias patéticas, dado que o pai idoso não podia mais trabalhar, a filha adorável estava em decadência e o credor perverso ou o senhorio iníquo estava pronto para lançar-se sobre os acres ou a virtude da filha. Para os românticos, os pobres jamais eram urbanos ou industriais; o conceito de proletariado vem do século XIX, e, embora talvez seja igualmente romantizado, é um tanto diferente.

Rousseau recorreu ao já existente culto da sensibilidade e deu-lhe extensão e escopo que, de outro modo, provavelmente não se desenvolveriam. Foi democrata não apenas em suas teorias, mas também em seus gostos. Durante períodos longos de sua vida, não passou de um pobre vagabundo, objeto da bondade de gente só um pouco mais pobre que ele. Essa bondade foi muitas vezes retribuída com terrível ingratidão, mas do ponto de vista emocional tal resposta era tudo o que o mais fervoroso devoto da sensibilidade poderia desejar. Tendo o gosto dos mendigos, Rousseau considerava o comedimento da sociedade parisiense repugnante. Dele, os românticos assimilaram o desprezo pelos grilhões da convenção — expresso, primeiro, nas vestimentas e no comportamento, no minueto e no dístico heroico; depois, na arte e no amor; por fim, em toda a esfera da moral tradicional.

Os românticos não eram alheios à moral; pelo contrário: seus juízos morais eram aguçados e veementes. No entanto, estavam alicerçados em princípios distintos daqueles que, a seus predecessores, haviam parecido bons. O período que vai de 1660 a Rousseau é dominado pelas reminiscências das guerras religiosas e civis na França, na Inglaterra e na Alemanha. Os homens traziam vivos na memória o perigo do caos, as tendências anárquicas de todas as paixões vigorosas, a importância da segurança e os sacrifícios necessários para alcançá-la. A prudência era vista como virtude suprema; o intelecto, valorizado por ser a arma mais eficaz contra os fanáticos subversivos; e as boas maneiras, enaltecidas como obstáculo à barbárie. O cosmos ordenado de Newton, no qual os planetas giram imutavelmente ao redor do sol em órbitas que seguem à risca suas leis, tornou-se símbolo fantasioso do bom governo. O comedimento na expressão das paixões era o principal objetivo da educação e a marca mais característica do cavalheiro. Na Revolução, os aristocratas franceses pré-românticos tiveram mortes silenciosas, enquanto madame Roland e Danton, ambos românticos, morreram retoricamente.

À época de Rousseau, muitos já estavam cansados da segurança e começaram a desejar emoções. Estas lhes foram oferecidas pela Revolução Francesa e por Napoleão. Quando, em 1815, o mundo político voltou à tranquilidade, tratava-se de uma tranquilidade tão morta, tão rígida, tão hostil a toda e qualquer vida vigorosa, que apenas os conservadores amedrontados foram capazes de suportá-la. Por conseguinte, não houve aquela aquiescência intelectual ao *status quo* que caracterizara a França do *Roi Soleil* e a Inglaterra anterior à Revolução Francesa. A revolta do século XIX contra o sistema da Santa Aliança assumiu duas formas. De um lado, estava a revolta do industrialismo — tanto o capitalista quanto o proletário — contra a monarquia e a aristocracia; tal aspecto, que em muitos pontos retrocedia ao século XVIII, permaneceu quase inalterado pelo romantismo. Esse movimento é representado pelos radicais filosóficos, pelo movimento do livre-comércio e pelo socialismo marxista. Muito diferente mostrou-se a revolta romântica, que foi em parte reacionária e, em parte, revolucionária. Os românticos não almejavam a paz e a tranquilidade, e sim uma vida particular vigorosa e apaixonada. Não nutriam qualquer afeição pelo industrialismo por causa de sua feiura, porque a avareza lhes parecia indigna de uma alma imortal e porque o crescimento das organizações econômicas modernas interferia na liberdade individual. No período pós-revolucionário, imiscuíram-se gradualmente na política por meio do nacionalismo: achavam que cada nação possuía uma alma coletiva que não se veria livre enquanto as fronteiras dos Estados diferissem das fronteiras nacionais. Na primeira metade do século XIX, o nacionalismo foi o mais vigoroso de todos os princípios revolucionários, e a maioria dos românticos o defendia fervorosamente.

O movimento romântico se caracteriza, em linhas gerais, pela substituição dos padrões utilitaristas pelos padrões estéticos. A minhoca é útil, mas não é bela; o tigre é belo, mas não é útil. Darwin (que não foi romântico) enalteceu a minhoca; Blake, o tigre. Sua moral considera a motivação estética antes de qualquer outra. Todavia, para caracterizar os românticos é preciso levar em consideração não somente a importância dos motivos estéticos, mas também a mudança de gosto que fez com que seu senso de beleza diferisse daquele de seus antepassados. Em relação a isso, a preferência pela arquitetura gótica nos oferece um dos exemplos mais óbvios. Outro está no apreço pela paisagem. O dr. Johnson preferiu a Fleet Street a qualquer paisagem rural, declarando que o homem que está cansado de Londres deve estar cansado da vida. Se havia, no campo, algo que os predecessores de Rousseau admiravam, este algo era o cenário de fertilidade, com seus pastos ricos e seu gado mugente. Rousseau, por sua vez, suíço como era, nutriu uma admiração natural pelos Alpes. Nos romances e histórias de seus discípulos, por sua vez, encontramos torrentes devastadoras, precipícios terríveis, florestas intransitáveis, temporais, tempestades em alto-mar e, em geral, tudo aquilo que é inútil, destrutivo e violento. Essa mudança, ao que parece, foi mais ou menos permanente; quase todos, hoje, preferem o Niágara e o Grand Canyon a prados profusos e plantações de milhos ondulantes. Os hotéis para turistas nos dão evidências estatísticas do gosto pela paisagem.

O temperamento dos românticos pode ser mais bem estudado na ficção. Gostavam do que era estranho: de fantasmas, de castelos antigos e decadentes, dos melancólicos descendentes de famílias que foram um dia notáveis, de praticantes do mesmerismo e das ciências ocultas, de tiranos arruinados e piratas levantinos. Fielding e Smollett escreveram sobre pessoas comuns vivendo em circunstâncias que podem muito bem ter ocorrido; o mesmo fizeram os realistas que reagiram ao romantismo. Para os românticos, contudo, temas assim eram vulgares demais; eles só se sentiam inspirados pelo que era grandioso, remoto e aterrorizante. A ciência — de um tipo um tanto duvidoso — poderia ser empregada caso levasse a algo espantoso, mas eram sobretudo a Idade Média e aquilo que havia de mais medieval no presente o que mais agradava aos românticos. Com muita frequência se afastaram da realidade — fosse do passado, fosse do presente. O *Velho marinheiro* é exemplo típico, e o *Kubla Khan* de Coleridge está longe de representar o monarca histórico de Marco Polo. A geografia dos românticos é interessante; de Xanadu à "solitária praia corásmia", os lugares pelos quais se interessaram são remotos: pertencem ou à Ásia, ou à antiguidade.

Não obstante devesse suas origens a Rousseau, o movimento romântico foi, de início, majoritariamente germânico. Os românticos alemães eram jovens nos anos finais do século XVIII, e foi ainda em sua juventude que deram expressão ao que houve de mais característico de sua visão de mundo. Os que não tiveram a sorte de morrerem novos acabaram permitindo que sua individualidade fosse obscurecida pela uniformidade da Igreja Católica. (Um romântico poderia converter-se ao catolicismo caso houvesse nascido protestante, mas dificilmente seria católico em situação distinta, uma vez que era necessário mesclar o catolicismo com a revolta.) Os românticos alemães influenciaram Coleridge e Shelley; e, independentemente da influência germânica, a mesma visão de mundo se difundiu na Inglaterra durante os primeiros anos do século XIX. Na França, muito embora de forma mais fraca, tais ideias floresceram após a Restauração e perduraram até Victor Hugo. Nos Estados Unidos, estão presentes de forma quase pura em Melville, Thoreau e Brook Farm. Mais branda, vemo-la também em Emerson e Hawthorne. Não obstante tendessem ao catolicismo, havia um traço inextirpavelmente protestante no individualismo dos românticos, e seu êxito permanente no estabelecimento de costumes, opiniões e instituições restringiu-se quase por completo aos países reformados.

Pode-se identificar os primórdios do romantismo inglês nos escritos dos satiristas. Em *Os rivais*, de Sheridan (1775), a heroína está determinada a casar-se com um pobre por amor em vez de tomar como esposo alguém rico que agrade a seu guardião e aos pais do noivo; o homem que estes escolhem, porém, conquista seu amor ao cortejá-la sob um nome fictício e ao fingir que é pobre. Jane Austen zomba dos românticos em *A abadia de Northanger* e *Razão e sensibilidade* (1797-8). *A abadia de Northanger* tem como heroína uma personagem que se deixa desviar pelos *Mistérios de Udolfo* da sra. Radcliffe, obra ultrarromântica de 1794. A primeira *boa* obra romântica na Inglaterra — fora a de Blake, swedenborgiano solitário que esteve longe de fazer parte do "movimento" — foi o *Velho marinheiro* de Coleridge, lançada em 1799. No ano seguinte, após passar pela infelicidade de precisar ser agraciado com os recursos dos Wedgewood, o autor partiu para Göttingen e mergulhou em Kant, o que em nada contribuiu para a melhora de seu verso.

Depois de Coleridge, Wordsworth e Southey se tornarem reacionários, o ódio pela Revolução e por Napoleão deram fim temporário ao romantismo inglês. Logo, porém, retomaram-no Byron, Shelley e Keats, e o romantismo de certa forma dominou todo o período vitoriano.

Frankenstein, de Mary Shelley, escrito sob a inspiração de alguns colóquios com Byron na paisagem romântica dos Alpes, contém o que quase parece ser a alegoria de uma história profética do desenvolvimento do romantismo. O monstro de Frankenstein não é, como se tornou aos olhos populares, um *mero* monstro; trata-se, antes, de um ser cordial que anseia por afeto humano, sendo porém levado ao ódio e à violência pelo horror que sua feiura inspira naqueles cujo amor ele deseja conquistar. Despercebido, o personagem observa uma virtuosa família de aldeões pobres e os auxilia em seus afazeres discretamente. Por fim, decide fazer-se conhecido:

> Quanto mais os via, mais tornava-me desejoso de solicitar sua proteção e bondade; meu coração ansiava por ser conhecido e amado por aquelas adoráveis criaturas; ter sobre mim seus olhares doces e afetuosos era o máximo de minha ambição. Não ousava imaginar que poderiam me dar as costas com desdém e pavor.

Foi isso, porém, o que fizeram. Desse modo, exigiu ele que seu criador desse vida a uma fêmea feita à sua imagem e semelhança. Tendo o pedido recusado, dedicou-se a assassinar todos aqueles que Frankenstein um dia amara, um a um. No entanto, mesmo após realizados todos os homicídios, e mesmo enquanto contempla o cadáver de Frankenstein, os *sentimentos* do monstro permanecem nobres:

> Esta é também minha vítima! Em sua morte meus crimes se consumam; o miserável gênio de minha existência está preso a seu fim! Ah, Frankenstein! Homem generoso e tão dedicado a si! De que me serve pedir agora um teu perdão? Eu, que a ti irreparavelmente destruí ao destruir todos aqueles que amaste! Pobre de mim! Está frio, ele não pode responder-me. (...) Quando perscruto o terrível rol de meus delitos, não posso crer que sou a mesma criatura cujos pensamentos um dia estiveram tomados por imagens sublimes e transcendentes da beleza e da magnificência do bem. Mas são assim as coisas; o anjo caído torna-se demônio maligno. Todavia, mesmo esse inimigo de Deus e dos homens teve amigos e sócios em sua desolação; eu estou sozinho.

Despojada de sua forma romântica, essa psicologia nada tem de irreal; por conseguinte, não precisamos recorrer a piratas ou reis vândalos em busca de algum paralelo. A um visitante inglês, o ex-*kaiser* lamentou, em Doorn, que os ingleses não mais o amavam. O dr. Burt, em seu livro sobre o delinquente juvenil, menciona um menino de sete anos que afogara outro no Regent's Canal. O garoto disse que o fez porque nem sua família nem seus contemporâneos demonstravam-lhe afeto. O dr. Burt mostrou-se afável para com ele, que assim tornou-se cidadão respeitável; médico nenhum, porém, quis fazer o mesmo com o monstro de Frankenstein.

Não é a psicologia dos românticos o que devemos culpar, mas seu padrão de valores. Eles admiram paixões fortes, não importa quais sejam. Tampouco importam suas consequências sociais. O amor romântico, sobretudo quando desventurado, é forte o bastante para obter aprovação, mas a maior parte das paixões mais fortes é destrutiva — o ódio e o ressentimento e a inveja, o remorso e o desespero, o orgulho ferido e a fúria de quem é oprimido injustamente, o ardor marcial e o desdém pelos escravos e covardes. Desse modo, o tipo de homem encorajado pelo romantismo, em especial pelo romantismo de tipo byroniano, é violento e antissocial; trata-se de um rebelde anárquico ou de um conquistador tirânico.

Essa visão de mundo remete a razões que se encontram profundamente arraigadas na natureza do homem e suas circunstâncias. Não obstante o interesse próprio o tenha tornado gregário, instintivamente o homem continua a ser, em altíssimo grau, solitário; daí a necessidade de que a religião e a moral reforcem tal interesse. Ao mesmo tempo, o hábito de adiar a satisfação presente em vista de benefícios futuros é maçante; quando as paixões são instigadas, as contenções prudentes do comportamento social se tornam difíceis de suportar. Em épocas assim, aqueles que as colocam de lado adquirem vigor novo e a sensação de poder que advém do fim do conflito interno. Embora possam ter fim desastroso, nesse ínterim essas pessoas desfrutam de um sentimento de elevação divina que, não obstante conhecido pelos grandes místicos, jamais pode ser experimentado por uma virtude meramente corriqueira. A parte solitária de sua natureza reafirma a si própria, mas, se o intelecto sobrevive, uma tal reafirmação deve revestir-se do mito. O místico se torna um só com Deus e, na contemplação do Infinito, sente-se absolvido do dever para com o próximo. O rebelde anárquico faz ainda melhor: não se sente um só com Deus, e sim Deus. A verdade e o dever, que representam nossa sujeição à matéria e ao próximo, não mais existem ao homem que se tornou Deus. Para os outros, a verdade consiste naquilo que *ele* postula; o dever, naquilo que *ele* exige. Se pudéssemos levar vida solitária e sem trabalho, desfrutaríamos todos desse êxtase da independência; como não podemos, porém, seus deleites cabem apenas aos loucos e aos ditadores.

A revolta dos instintos solitários contra os laços sociais não é chave apenas para a filosofia, a política e os sentimentos daquilo que é comumente chamado de movimento romântico, mas também para a filosofia, a política e os sentimentos de seus descendentes até o dia de hoje. Sob a influência do idealismo alemão, a filosofia tornou-se solipsista, e o autodesenvolvimento passou a ser declarado princípio fundamental da ética. Quanto ao sentimento, é preciso que haja desagradável meio-termo entre a busca de isolamento e as necessidades da paixão e da economia. O conto "O homem que amava ilhas", de D.H. Lawrence, traz um herói que passou a desdenhar cada vez mais desse meio-termo e que, por conta disso, veio a morrer de fome e frio, mas na alegria do isolamento completo. Esse grau de consistência, contudo, não foi alcançado pelos autores que enaltecem a solidão. Dos confortos da vida civilizada não goza o eremita, e aquele que deseja escrever livros ou produzir obras de arte precisa submeter-se ao auxílio alheio a fim de sobreviver enquanto se dedica à tarefa. Para continuar *sentindo-se* solitário, ele deve impedir os que o servem de atentarem contra seu ego, o que se torna mais fácil quando são escravos. O amor passional, por sua vez, é tema mais difícil. Na medida em que são vistos como dois revoltados contra as restrições sociais, os amantes arrebatados são objeto de admiração; na vida real, porém, a relação amorosa logo se torna restrição, como todas as outras. Desse modo, o parceiro apaixonado converte-se em objeto de ódio — e ainda mais quando o amor é forte o suficiente para dificultar o rompimento do vínculo. Assim, passa o amor a ser concebido como batalha em que um tenta destruir o outro violando os muros de proteção de seu ego. Esse ponto de vista tornou-se conhecido pelos escritos de Strindberg e, sobretudo, D.H. Lawrence.

Além do amor passional, a relação amistosa também só se torna possível a esse modo de sentir na medida em que os outros podem ser vistos como projeção do próprio Eu. Isso é viável quando se trata de parentes de sangue, tornando-se tanto mais possível quanto mais próximos forem. Daí a ênfase na raça que culminou, no caso dos ptolomeus, em endogamia. O modo como isso afetou Byron é conhecido; Wagner sugere sentimento semelhante no amor de Siegmund e Sieglinde. Nietzsche, embora não de modo escandaloso, preferiu sua irmã a todas as outras mulheres: "Quão forte sinto", escreve-lhe, "em tudo o que dizes e fazes, que pertencemos à mesma linhagem. Tu me compreendes mais do que os outros porque temos mesma descendência. Eis algo que se adequa muito bem à minha 'filosofia'".

O princípio da nacionalidade, do qual Byron foi protagonista, é extensão da mesma "filosofia". Presume-se que a nação é uma raça que descende de ancestrais comuns e partilha de certa espécie de "consciência de sangue". Mazzini, que constantemente reclamou da incapacidade dos ingleses de apreciarem Byron, afirmou que as nações possuíam individualidade mística e atribuiu-lhes o tipo de grandeza anárquica que outros românticos buscaram nos homens heroicos. A liberdade, para as nações, passou a ser vista — não somente por

Mazzini, mas também por estadistas comparativamente sóbrios — como algo absoluto, o que na prática tornava impossível a cooperação internacional.

A crença no sangue e na raça encontra-se naturalmente associada ao antissemitismo. Ao mesmo tempo, a visão romântica de mundo — em parte por ser aristocrática e, em parte, por preferir a paixão ao cálculo — nutre veemente desprezo pelo comércio e pelas finanças. Desse modo, é obrigada a declarar uma oposição ao capitalismo que em muito difere daquela dos socialistas que representam os interesses do proletariado, uma vez que se trata de uma objeção baseada no desgosto pelas preocupações econômicas e fortalecida pela sugestão de que o mundo capitalista é governado pelos judeus. Esse ponto de vista é expresso por Byron nas raras ocasiões em que se prestou a tratar de algo tão vulgar quanto o poder econômico:

> Quem possui, do mundo, a balança? Quem ganha
> Do conquistador, monarquista ou liberal?
> Quem desperta o desnudo patriota da Espanha?
> (Que tolhe, da Europa, cada velho jornal.)
> Quem, em pesar, o Novo e Velho mundo banha,
> E em gozo, dando à política poder tal?
> Do Bonaparte a sombra grã da pretensão?
> Rothschild, o judeu, e o amigo Baring, cristão.

Esses versos talvez não sejam muito musicais, mas o sentimento se assemelha bastante ao dos nossos tempos, e reverberou na boca de todos os seguidores de Byron.

Em essência, o movimento romântico teve como objetivo libertar a personalidade humana dos grilhões da convenção e da moral social. Em parte, esses grilhões não passavam de um obstáculo inútil a atividades desejáveis, dado que todas as comunidades antigas haviam desenvolvido regras comportamentais sobre as quais nada havia a ser dito, exceto que eram tradicionais. As paixões egoístas, porém, uma vez libertas, não voltam a se submeter facilmente às necessidades da sociedade. Em certa medida, o cristianismo conseguiu domar o Ego, mas razões econômicas, políticas e intelectuais acabaram por estimular, contra as Igrejas, uma revolta que o movimento romântico levou para a esfera da moral. Ao encorajar um Ego novo e sem leis, tornou a cooperação social impossível e deixou para seus discípulos a escolha entre anarquia e despotismo. Inicialmente, o egoísmo fez os homens esperarem dos outros uma ternura familiar; quando, porém, descobriram, indignados, que esses outros também possuíam Ego próprio, seu desejo frustrado de ternura converteu-se em ódio e violência. O homem não é animal solitário. E, na medida em que a vida social sobreviver, a autorrealização não poderá ser o princípio supremo da ética.

19

Rousseau

Jean-Jacques Rousseau (1712-78), embora *philosophe* no sentido que os franceses do século XVIII atribuíram ao termo, não foi o que denominaríamos, hoje, "filósofo". Ainda assim, exerceu influência profunda sobre a filosofia, bem como sobre a literatura, o gosto, os costumes e a política. Independentemente de nossa opinião a respeito de seus méritos como pensador, devemos reconhecer sua imensa importância como força social. Teve tamanha importância, antes de mais nada, porque foi encantador ao coração e porque nutriu o que era, à época, conhecido como "sensibilidade". É o pai do movimento romântico, fundador tanto de sistemas de pensamento que inferem fatos não humanos a partir de emoções humanas quanto da filosofia política das ditaduras pseudodemocráticas, nascidas em oposição às monarquias absolutas. Depois de sua época, os que se consideraram reformadores se dividiram em dois grupos: os seguidores de Rousseau e os seguidores de Locke. Por vezes ambos cooperaram, e muitos não viam incompatibilidade entre eles. Aos poucos, no entanto, a inconciabilidade vem se tornando manifesta. Hoje, Hitler é fruto de Rousseau; Roosevelt e Churchill, de Locke.

A biografia de Rousseau foi detalhadamente exposta pelo próprio filósofo em suas *Confissões*, mas sem qualquer respeito servil pela verdade. Ele gostava de passar por grande pecador e, às vezes, foi exagerado nesse aspecto; ao mesmo tempo, abundam as evidências externas de que careceu de todas as virtudes comuns. Isso não o perturbou porque Rousseau acreditava ter, desde sempre, um coração afetuoso, o que porém nunca o impediu de agir perversamente com seus melhores amigos. Só direi de sua vida o que for necessário para compreendermos seu pensamento e influência.

Rousseau nasceu em Genebra e foi educado por um calvinista ortodoxo. Seu pai, que era pobre, trabalhava como relojoeiro e também como mestre de danças. Sua mãe, por outro lado, morreu quando Rousseau era ainda pequenino, e o menino foi criado por uma tia. Aos doze anos, tornou-se aprendiz de vários ofícios, mas odiava todos, e aos dezesseis fugiu de Genebra para Saboia. Sem meio pelo qual pudesse subsistir, recorreu a um sacerdote católico e disse querer converter-se. A conversão formal se deu, após um processo de nove dias, numa instituição para catecúmenos de Turim. Segundo seu relato, o que lhe motivava eram razões puramente mercenárias: "Não podia enganar-me; o feito sagrado que me via prestes a concretizar não passava, no fundo, do ato de um bandido." Isso, no entanto, foi escrito após seu regresso ao protestantismo, e há razões para acharmos que, durante alguns anos, a crença de Rousseau no catolicismo fora sincera. Em 1742, declarou que a casa em que morara em 1730 fora miraculosamente protegida de um incêndio graças às orações de um bispo.

Deixando a instituição de Turim com vinte francos no bolso, Rousseau tornou-se lacaio da madame de Vercelli, morta três meses depois. Na época da morte, descobriu-se que ele trazia consigo um laço que pertencera à senhora e que havia sido roubado. Rousseau, no entanto, afirmou que ganhara de certa moça de quem gostava; sua declaração foi acolhida, e a jovem, punida. A desculpa é estranha: "Jamais esteve a iniquidade tão distante de mim quanto naquele momento cruel; se acusei a pobre jovem — isso é contraditório e ao mesmo tempo veraz —, foi meu afeto por ela a causa. Fazia-se presente em minha memória, e joguei a culpa que sobre mim recaía no primeiro objeto que se apresentara." Eis um bom exemplo do modo como a "sensibilidade", na ética de Rousseau, toma o lugar de todas as virtudes ordinárias.

Após o incidente, Rousseau contou com a ajuda da madame de Warens; convertida, como ele, do protestantismo, a moça encantadora recebia pensão do rei de Saboia em consideração aos serviços prestados à religião. Ao longo de nove ou dez anos, a maior parte do seu tempo se passou na casa dela; Rousseau chamava-a de *maman* mesmo após terem se tornado amantes. Durante certo período, partilhou-a com um factótum. Viviam todos em enorme amizade, e quando o faz-

-tudo morreu Rousseau sentiu-se pesaroso. Consolou-o o pensamento: "Bem, ao menos ficarei com suas roupas."

Durante a juventude, foram vários os períodos que Rousseau passou como vagabundo, viajando a pé e levando sua vida precária da melhor maneira que podia. Num desses interlúdios, um amigo com quem estivera viajando sofreu um ataque epilético nas ruas de Lyon. O filósofo se aproveitou da multidão e abandonou o companheiro durante a convulsão. Noutra ocasião, tornou-se secretário de um homem que se apresentara como arquimandrita a caminho do Santo Sepulcro; numa terceira, envolveu-se com uma senhora rica passando-se por um jacobino escocês chamado Dudding.

Em 1743, contudo, valendo-se da ajuda de uma senhora importante, Rousseau tornou-se secretário do embaixador francês em Veneza, um beberrão de nome Montaigu que deixou para ele os afazeres, mas descuidou de pagar-lhe o salário combinado. Rousseau cumpriu bem sua tarefa, e a inevitável rixa que se seguiu não foi culpa sua. Ele foi a Paris buscar justiça; todos reconheceram que estava certo, mas por muito tempo nada foi feito. As angústias causadas pela demora ajudaram a fomentar sua oposição à forma de governo praticada na França, muito embora, no final das contas, ele tenha recebido a quantia que lhe era devida.

Foi mais ou menos nessa época (1745) que Rousseau se ligou a Thérèse le Vasseur, criada de seu hotel em Paris. Viveu com ela pelo resto da vida (sem, porém, que prescindisse de outros casos) e, ao seu lado, teve cinco filhos, todos abandonados no orfanato. Ninguém jamais entendeu o que via nela. Era feia e ignorante; não sabia ler ou escrever (ele a ensinou a escrita, mas não a leitura); desconhecia o nome dos meses e não conseguia contar dinheiro. A mãe da moça era ambiciosa e avarenta; ambas usaram Rousseau e seus amigos como fontes de renda. Rousseau afirma (se com justiça ou não, ignora-se) que Thérèse jamais acendeu nele a menor faísca de paixão; quando mais velha, passou a beber e correr atrás de cavalariços. É provável que o autor gostasse de sentir-se evidentemente superior a Thérèse tanto no plano financeiro quanto no plano intelectual, bem como do fato de ela lhe ser completamente dependente. Rousseau sempre se sentiu desconfortável na companhia dos grandes e preferia, de fato, pessoas simples; nesse aspecto, seu senso democrático era de todo sincero. Muito embora jamais a tenha tomado como esposa, tratou-a praticamente como tal, e todas as grandes damas que se tornaram suas amigas tiveram de suportá-la.

Do sucesso literário, desfrutou tardiamente. A Academia de Dijon ofereceu um prêmio a quem redigisse o melhor ensaio em resposta à pergunta: Porventura as artes e ciências conferiram benefícios à humanidade? Rousseau apresentou resposta negativa e venceu o prêmio (1750). Segundo ele, a ciência, as letras e as artes são os piores inimigos da moral, e ao criarem necessidades acabam tornando-se fontes de escravidão. Com efeito, como impor grilhões a quem anda, qual os selvagens americanos, sem roupa alguma? Como era de se esperar, Rousseau se coloca ao lado de Esparta e contra Atenas. Ele lera as *Vidas* de Plutarco aos sete anos e fora, por elas, muito influenciado; de modo particular, tinha admiração por Licurgo. Como os espartanos, considerava o sucesso marcial uma prova de mérito; ao mesmo tempo, admirava o "nobre selvagem" que os europeus sofisticados poderiam derrotar na guerra. A ciência e a virtude, afirmou, são incompatíveis; todas as ciências têm origem ignóbil. A astronomia resulta da superstição da astrologia; a eloquência, da ambição; a geometria, da avareza; a física, da curiosidade vã. Mesmo a ética tem como fonte o orgulho humano. A educação e a arte da impressão devem ser lamentadas; tudo o que distingue o homem civilizado do bárbaro ignorante é mau.

Tendo recebido o prêmio e alcançado fama repentina graças ao ensaio, Rousseau passou a viver segundo suas máximas. Adotou a vida simples e vendeu seu relógio, dizendo que não precisava mais saber as horas.

As ideias do primeiro ensaio foram desenvolvidas num outro, posterior, intitulado "Discurso sobre a desigualdade" (1754); este, porém, não ganhou prêmio nenhum. Rousseau afirmou que "o homem é naturalmente bom e só se torna mau em virtude das instituições"; trata-se da antítese da doutrina que se refere ao pecado original e à salvação por intermédio da Igreja. A exemplo da maioria dos teóricos da política de seu tempo, Rousseau tratou o estado de natureza, ainda que de modo um tanto hipotético, como "estado que não mais existe, que talvez jamais tenha existido e que provavelmente jamais existirá, mas acerca do qual é preciso formar ideias justas que nos permitam julgar apropriadamente nosso estado presente". O direito natural deveria ser deduzido do estado de natureza, mas enquanto ignorarmos o homem natural será impossível definir a lei que lhe foi originalmente prescrita ou que melhor se lhe adequava. Tudo o que podemos saber é que a vontade dos que estão sujeitos a tal lei deve ter ciência de sua submissão e que deve ser proveniente diretamente da voz da natureza. Rousseau não se opõe à desigualdade *natural*, causada pela idade, pela saúde, pela inteligência etc.; contesta, antes, somente a desigualdade que resulta dos privilégios ratificados pela convenção.

A origem da sociedade civil e das desigualdades sociais que lhe são consequentes deve ser buscada na propriedade privada. "O primeiro homem que, ao cercar um pedaço de terra, cogitou afirmar 'isto é meu' e encontrou gente simples o bastante para acreditá-lo foi o verdadeiro fundador da sociedade civil." Rousseau diz ainda que uma revolução deplorável desenvolveu a metalurgia e a agricultura: o grão constitui o símbolo de nosso infortúnio. A Europa é o mais infeliz dos continentes porque possui a maior quantidade de grãos e ferro. Para desfazer tal mal, basta abandonar a civilização; com efeito, o homem é naturalmente bom, e o selvagem, *após ter jantado*, permanece em paz com toda a natureza e todas as outras criaturas (grifos meus).

Rousseau enviou o ensaio a Voltaire, que respondeu (1955): "Recebi vosso livro contra a raça humana. Sou-vos grato. Jamais se empregou tanta inteligência no intento de nos fazer estúpidos. Sente-se a ânsia, quando da leitura de vosso livro, por andar sobre quatro patas. Tendo abandonado o hábito há mais de sessenta anos, porém, sinto-me incapaz de retomá-lo, infelizmente. Tampouco posso empenhar-me na busca de selvagens do Canadá, uma vez que as enfermidades a que estou condenado tornam-me dependente de um cirurgião europeu; uma vez que a guerra se prolonga em tais regiões; e uma vez que o exemplo de nossas ações fez dos selvagens gente quase tão má quanto somos nós."

Não surpreende que Rousseau e Voltaire acabassem por brigar; maravilhoso é que não o tenham feito antes.

Em 1754, quando já famoso, Rousseau foi lembrado por sua cidade natal e convidado a visitá-la. Aceitou o convite, mas, como somente calvinistas poderiam ser cidadãos de Genebra, teve de reconverter-se à sua fé original. Já havia adotado a prática de falar de si próprio como puritano e republicano genebrês, e após a reconversão cogitou mudar-

-se para Genebra. Dedicou o *Discurso sobre a desigualdade* às autoridades do local, mas não as agradou: não queriam ser consideradas semelhantes aos cidadãos comuns. Não foi esse, porém, o único revés da vida na cidade; outro, ainda mais grave, estava no fato de ter se radicado ali. Ele era autor de peças e entusiasta do teatro, mas Genebra proibira, por razões puritanas, todas as representações dramáticas. Quando Voltaire buscou a remoção do veto, Rousseau passou a integrar o rol dos puritanos. Os selvagens jamais fazem encenações; Platão se opõe a elas; a Igreja Católica se recusa a casar ou enterrar atores; Bossuet chama o teatro de "escola da concupiscência". A chance de atacar Voltaire era boa demais para passar batida, e Rousseau converteu-se a si mesmo em defensor da virtude ascética.

Essa não foi a primeira discórdia pública entre esses dois homens de destaque. A primeira fora suscitada pelo terremoto de Lisboa (1755), o qual motivou Voltaire a escrever um poema que lançava dúvidas sobre o governo providencial do mundo. Rousseau ficou indignado. Disse: "Voltaire, parecendo a todo momento acreditar em Deus, na realidade jamais acreditou em algo além do diabo, visto seu pretenso Deus consistir em Ser maligno que, para ele, granjeia todo o seu prazer pela prática de maldades. O caráter absurdo de uma tal doutrina é especialmente revoltante em alguém coroado com toda sorte de coisas boas — alguém que, do meio da própria felicidade, tenta imbuir as outras criaturas de desespero, recorrendo à imagem cruel e terrível de calamidades graves, das quais ele mesmo se encontra livre."

Rousseau, por sua vez, não viu no terremoto justificativa alguma para tumulto. É coisa boa que, de tempos em tempos, certo número de pessoas venha a morrer. Além disso, o povo de Lisboa sofreu porque morava em edifícios de sete pavimentos; vivesse disperso na selva como deveria, teria escapado incólume.

As questões a respeito da teologia dos terremotos e da moral das peças teatrais deram origem a uma amarga inimizade entre Voltaire e Rousseau, e nela todos os *philosophes* tomaram partido. Voltaire tratava Rousseau como louco perverso; Rousseau falava de Voltaire como "trombeta da impiedade, alguém de engenho admirável e alma vil". Bons sentimentos, porém, devem encontrar expressão, e Rousseau escreveu a Voltaire (1760): "Odeio-vos, de fato, pois assim o desejaste; faço-o, porém, como a um homem ainda mais digno de ser amado, caso assim o tivésseis desejado. De todos os sentimentos por vós que plenificam meu coração, resta tão somente a admiração que não podemos recusar a vosso engenho admirável, bem como o amor por vossos escritos. Se nada há em vós que eu possa honrar senão vossos talentos, não possuo eu culpa alguma."

Chegamos agora ao período mais frutuoso da vida de Rousseau. Seu romance *La Nouvelle Héloïse* veio a público em 1760; *O contrato social* e *Emílio*, em 1762. Este último, um tratado sobre a educação segundo princípios "naturais", provavelmente seria considerado inofensivo pelas autoridades caso não contivesse "A profissão de fé do vigário saboiano", que formulou os princípios da religião natural tal qual compreendida por Rousseau e inflamou, assim, tanto a ortodoxia católica quanto a ortodoxia protestante. *O contrato social* era ainda mais perigoso, uma vez que defendia a democracia e negava o direito divino dos reis. Embora aumentassem enormemente a reputação de seu autor, os dois livros renderam-lhe uma chuva de condenações oficiais. Rousseau viu-se obrigado a fugir da França; em Genebra, era indesejado;[1] Berna recusou-lhe asilo. Frederico, o Grande, por fim compadeceu-se dele e permitiu que residisse em Môtier, próximo a Neuchâtel, região que integrava os domínios do rei-filósofo. Ali Rousseau viveu por três anos; ao fim do período (1765), contudo, os aldeões locais, liderados pelo pastor, acusaram-no de envenenamento e tentaram assassiná-lo. O filósofo então fugiu para a Inglaterra, onde Hume, em 1762, ofertara seus serviços.

De início, tudo correu bem em solo inglês. Tendo Rousseau desfrutado de enorme sucesso social, Jorge III concedeu-lhe uma pensão. Ele encontrava Burke quase diariamente, mas a amizade entre os dois logo esfriou de tal maneira que este chegou ao ponto de dizer: "Não possuía ele qualquer princípio que influenciasse seu coração ou orientasse seu entendimento, além da vaidade." Hume lhe foi fiel por mais tempo; disse que o adorava e poderia viver a seu lado, em amizade e estima mútuas, por toda a vida. À essa época, porém, Rousseau já estava naturalmente acometido pela mania de perseguição que acabaria por levá-lo à loucura, passando a suspeitar de que Hume elabora-

[1] O Conselho de Genebra ordenou que os dois livros fossem queimados e instruiu que Rousseau fosse preso caso pisasse na cidade. O governo francês solicitara sua detenção: a Sorbonne e o Parlamento de Paris condenaram *Emílio*.

va atentados contra sua vida. Por vezes, percebia a absurdez de suas suspeitas e abraçava o amigo, exclamando: "Não, não, Hume não é traidor nenhum!" — ao que Hume (decerto com enorme embaraço) respondia: "*Quoi, mon cher Monsieur!*" No final, contudo, suas ilusões triunfaram e ele fugiu. Rousseau passou seus últimos anos em Paris, vivendo na miséria; na época de sua morte, suspeitou-se de suicídio.

Após a ruptura, Hume afirmou: "Tudo o que fez durante a vida foi *sentir*, e nesse aspecto sua sensibilidade chega a grau superior a tudo o que vi; não obstante, isso ainda lhe propicia sensação mais aguda de dor do que de prazer. Ele é como alguém que estivesse despido não somente das roupas, mas também da própria pele, e que, em situação tal, devesse combater com os elementos rudes e tempestuosos."

Esse é, de todos, o resumo mais benevolente de seu caráter que está, de alguma forma, de acordo com a verdade.

Há muito na obra de Rousseau que, embora seja importante em outros aspectos, não diz respeito à história do pensamento filosófico. São apenas duas as partes de sua obra que examinarei em detalhes: a teologia e a teoria política.

Na teologia, foi ele responsável por uma inovação que é hoje aceita pela grande maioria dos teólogos protestantes. Antes de Rousseau, todo filósofo posterior a Platão que acreditasse em Deus fornecia argumentos intelectuais adequados à sua crença.[2] Tais argumentos podem não parecer convincentes a nossos olhos, e talvez achemos que não seriam persuasivos a ninguém que já não estivesse certo da veracidade da conclusão; o filósofo que os formulava, no entanto, decerto os julgava logicamente válidos, considerando-os de tal maneira que certamente convenceriam da existência divina qualquer um que não possuísse preconceitos e fosse dotado de capacidade filosófica suficiente. Em sua maioria, os protestantes modernos que nos conclamam a crer em Deus desprezam essas velhas "provas" e fundamentam sua fé em algum aspecto da natureza humana — nas emoções de espanto e mistério, no sentimento do certo e do errado, na sensação de aspiração etc. Essa forma de defender a crença religiosa foi elaborada por Rousseau. A ideia é tão difundida que talvez o leitor moderno se

[2] Devemos excetuar Pascal. "O coração tem razões que a própria razão desconhece" é máxima que se alinha ao estilo de Rousseau.

veja incapaz de estimar sua originalidade, exceto caso se dê o trabalho de comparar Rousseau com, digamos, Descartes ou Leibniz.

"Ah, madame!", escreveu Rousseau a uma dama da aristocracia. "Às vezes, na intimidade de meu escritório, tendo as mãos pressionadas contra os olhos ou na escuridão da noite, sou da opinião de que Deus não existe. Mas coloco o olhar ao longe: o nascer do sol, enquanto dispersa a névoa sobre a terra e revela a vista espantosa e deslumbrante da natureza, dispersa também cada nuvem de minh'alma. Encontro a fé novamente, bem como meu Deus e minha crença nEle. Admiro-O, adoro-O e prostro-me ante a Sua presença."

Noutra ocasião, ele diz: "Creio em Deus com a mesma firmeza com que creio em qualquer outra verdade, dado que crer e não crer são as últimas coisas no mundo que dependem de mim." Essa forma de pensar tem como revés o fato de ser particular; o fato de Rousseau se ver forçado a crer em algo não é motivo para que outra pessoa creia na mesma coisa.

O teísmo de Rousseau foi assaz enfático. Em determinada ocasião, ele ameaçou sair de um jantar porque Saint-Lambert (um dos convidados) expressou dúvidas quanto à existência divina. "*Moi Monsieur*", exclamou colericamente, "*je crois en Dieu!*". Robespierre, em tudo seu fiel discípulo, também o seguiu nesse aspecto. A "Fête de l'Être Suprême" teria recebido aprovação entusiasmada de Rousseau.

"A profissão de fé do vigário saboiano", interlúdio encontrado no quarto livro de *Emílio*, é a declaração mais explícita e formal do credo de Rousseau. Não obstante essa profissão se afirme como aquilo que a voz da natureza ditara a um virtuoso sacerdote desgraçado pela culpa inteiramente "natural" de ter seduzido mulher não casada,[3] o leitor descobre com espanto que essa voz traz uma mistura de argumentos derivados de Aristóteles, santo Agostinho, Descartes etc. É bem verdade que surgem revestidos de precisão e forma lógica; isso supostamente os justificaria e permitiria, ao digno vigário, afirmar seu pouco caso para com a sabedoria dos filósofos.

As partes finais da "Profissão de fé" evocam menos os pensadores de outrora do que as partes iniciais. Tendo convencido a si mesmo

3 "*Un prêtre en bonne règle ne doit faire des enfants qu'aux femmes mariées*" é o que ele, em outro momento, afirma ter ouvido de um padre saboiano.

de que Deus existe, o vigário passa a examinar as regras de conduta. "Não deduzo tais regras", diz ele, "a partir dos princípios de uma filosofia superior; encontro-as, antes, nas profundezas de meu coração, escritas pelas Natureza em caracteres indeléveis". Em seguida, desenvolve a visão de que a consciência, em toda e qualquer circunstância, constitui guia infalível para a ação correta. "Graças a Deus", conclui o raciocínio, "vemo-nos deste modo livres de todo o aterrorizante aparato da filosofia; podemos ser homens sem sermos doutos. Dispensados de perder a vida no estudo da moral, desfrutamos, sob menor fardo, de guia mais seguro nesse imenso labirinto das opiniões humanas". Nossos sentimentos naturais, defende, levam-nos a servir o interesse comum, ao passo que a razão conclama ao egoísmo. Para que sejamos virtuosos, portanto, devemos seguir tão somente o sentimento.

A religião natural, nome pelo qual o vigário chama sua doutrina, não necessita de revelação alguma. Se ouvissem os homens o que Deus diz ao coração, haveria apenas uma religião no mundo. Se tivesse Ele revelado a Si mesmo a apenas alguns, só o saberíamos mediante o testemunho humano, que é falível. A religião natural tem a vantagem de ser revelada diretamente a cada indivíduo.

Há uma curiosa passagem acerca do inferno. O vigário não sabe se os iníquos têm o tormento eterno como destino, e diz, com certa jactância, que o futuro dessa gente não desperta nele grande interesse; no geral, inclina-se à visão de que as dores do inferno não são perpétuas. Qualquer que seja o caso, Rousseau está certo de que a salvação não se limita aos membros de uma só Igreja.

Ao que parece, foi a rejeição da revelação e do inferno o que chocou com tanta intensidade o governo francês e o Conselho de Genebra.

A rejeição da razão em favor do coração não constituiu, a meus olhos, nenhum avanço. De fato, ninguém jamais pensou nesse artifício enquanto a lógica racional pareceu estar ao lado da crença religiosa. No ambiente de Rousseau, a razão, tal qual representada por Voltaire, se opunha à religião — portanto, fora com ela! A razão, ademais, era abstrusa e difícil; o selvagem, mesmo após ter jantado, é incapaz de compreender o argumento ontológico, mas ainda assim continua a ser repositório de toda sabedoria necessária. O selvagem de Rousseau — que diferia do selvagem conhecido pelos antropólogos — era bom marido e pai afetuoso; desconhecia a ganância e possuía uma religião de bondade natural. Era uma pessoa conveniente, mas, se foi capaz de seguir as razões do bom vigário a respeito da crença em Deus, deve ter compreendido mais filosofia do que sua inocente singeleza nos levaria a esperar.

À parte o caráter fictício do "homem natural" de Rousseau, há duas objeções à prática de fundamentar nas emoções do coração as crenças referentes a fatos objetivos. Uma está no fato de não haver razão para acharmos que tais crenças serão verdadeiras; a outra, no fato de que as crenças resultantes serão individuais, uma vez que o coração diz coisas distintas a pessoas distintas. A "luz natural" convence alguns selvagens de que é seu dever comer outras pessoas, e nem mesmo os selvagens de Voltaire, aos quais a razão afirma que só se deve comer jesuítas, são de todo satisfatórios. Aos budistas, a luz natural não revela a existência de Deus, mas proclama que é equivocado ingerir carne de animais. Ainda que o coração dissesse o mesmo a todos os homens, nenhuma prova teríamos da existência de algo exterior a nossas emoções. Por mais fervorosamente que eu, ou toda a humanidade, venha a desejar algo, por mais necessário que isso seja à felicidade humana, não há motivos para acharmos que esse algo existe. Não há lei da natureza que determine que a humanidade deve ser feliz. Podem todos confirmar a veracidade dessa afirmação ao contemplar a vida aqui na Terra, mas, em virtude de uma reviravolta curiosa, nossos sofrimentos na vida presente se tornam argumento em favor de uma vida melhor no além. Não devemos empregar argumento assim ao tratar de qualquer outro assunto. Se alguém comprar dez dúzias de ovos e notar que a primeira dúzia está podre, não deduzirá que as nove dúzias restantes devem ser de excelência inigualável; não obstante, é esse o tipo de raciocínio que o "coração" encoraja como consolo pelos nossos sofrimentos terrenos.

De minha parte, prefiro o argumento ontológico, o argumento cosmológico e os artifícios de outrora à ilogicidade sentimental a que deu origem Rousseau. Os velhos argumentos eram ao menos honestos: quando válidos, provavam sua veracidade; quando inválidos, qualquer crítico poderia demonstrar a invalidez. A nova teologia do coração, por outro lado, prescinde do raciocínio; não pode ser refutada porque não afirma demonstrar a própria veracidade. No fundo, o único motivo oferecido para sua aceitação é o fato de permitir que nos entreguemos a fantasias aprazíveis. Todavia, trata-se de uma justificativa sem nenhum valor. Se tivesse que escolher entre Tomás de Aquino e Rousseau, eu optaria pelo santo sem pestanejar.

A teoria política de Rousseau foi formulada em seu *Contrato social*, publicado em 1762. O livro tem caráter muito distinto da maioria de seus escritos; contém pouco sentimentalismo e se aproxima muito mais do raciocínio intelectual. Suas doutrinas, embora se declarem a favor da democracia, tendem a justificar o Estado totalitário. Todavia, Genebra e a antiguidade se mesclaram para fazer com que Rousseau preferisse a cidade-Estado aos grandes impérios, como o da França e da Inglaterra. Na folha de rosto, ele se denomina "cidadão de Genebra"; nas linhas introdutórias, afirma: "Uma vez que nasci cidadão de Estado livre e membro do Soberano, creio que, por fraca que seja a influência de minha voz sobre os afazeres públicos, o direito de neles votar obriga-me a investigá-los." Surgem, com frequência, referências laudatórias à Esparta que Plutarco forjara na biografia de Licurgo. Rousseau afirma que a democracia convém mais aos Estados pequenos; a aristocracia, aos de tamanho médio; e a monarquia, aos de grande extensão. Deve-se ter em mente, porém, que para ele os Estados pequenos são preferíveis — em parte, porque tornam a democracia mais viável. Quando fala em democracia, Rousseau se refere ao mesmo que se referiam os gregos: à participação direta de cada cidadão. Ao governo representativo ele dá o nome de "aristocracia eletiva". Como aquela não é possível num Estado de grandes proporções, seus elogios à democracia implicam sempre o elogio da cidade-Estado. Tenho para mim que esse amor à cidade-Estado não é suficientemente enfatizado na maioria das exposições da filosofia política de Rousseau.

Ainda que tal livro seja, como um todo, muito menos retórico do que a maioria dos escritos do autor, seu primeiro capítulo se inicia com uma retórica assaz vigorosa: "O homem nasce livre e se encontra, em toda parte, agrilhoado. Um julga-se mestre dos demais, mas não deixa de ser mais escravo que eles." A liberdade é o objetivo nominal do pensamento de Rousseau, mas na realidade é a igualdade o que ele valoriza, e busca assegurá-la ainda que às custas da liberdade.

De início, seu conceito de Contrato Social parece análogo ao de Locke, mas logo descobrimos ser mais similar ao de Hobbes. Em seu desenvolvimento a partir do estado de natureza, chega um momento em que os indivíduos não mais podem conservar a independência primitiva; exige a autopreservação, portanto, que se unam e formem sociedade. De que modo, porém, posso garantir minha liberdade sem prejudicar meus interesses? "Consiste o problema em encontrar forma de associação que defenda e proteja, com toda a força comum, a pessoa e os bens de cada associado, e na qual cada um, embora unindo-se a todos, só venha a obedecer a si próprio, permanecendo tão livre quanto antes. É esse o problema basilar a que o Contrato Social oferece solução."

O contrato se resume à "alienação plena de cada associado, bem como de todos os seus direitos, à comunidade toda. Pois, em primeiro lugar, dado que cada qual se doa em absoluto, as condições são as mesmas para todos; e, por ser assim, ninguém tem interesse em converter-se em fardo para os demais". A alienação deve ser sem reservas. "Restassem certos direitos aos indivíduos, não havendo superior comum que decidisse entre eles e o público, cada qual, sendo juiz próprio, logo desejaria sê-lo de todos; o estado de natureza, então, perduraria e a associação tornar-se-ia, necessariamente, inoperante ou tirânica."

Isso implica a ab-rogação completa da liberdade e a rejeição completa da doutrina dos direitos humanos. É bem verdade que há, em capítulo posterior, certa suavização da teoria. Lemos nesse ponto que, apesar de o contrato social conferir, ao corpo político, poder absoluto sobre todos os seus membros, os seres humanos gozam, como homens, de direitos naturais. "Não pode o soberano impor aos súditos grilhão que seja inútil à comunidade; não pode, tampouco, desejar fazê-lo." No entanto, o soberano é o único juiz daquilo que é útil ou inútil à coletividade. Claro fica, pois, que somente um obstáculo muito frágil detém a tirania coletiva.

Cumpre observar que "soberano", em Rousseau, não é o monarca ou o governo, e sim a comunidade em sua capacidade coletiva e legislativa.

O Contrato Social pode ser enunciado da seguinte maneira: "Cada um de nós dispõe sua pessoa e todo o seu poder ao comum, sob a direção suprema da vontade geral; e, em nossa capacidade coletiva, recebemos cada membro como parte indivisível do todo." Esse ato de associação engendra um corpo moral e coletivo chamado "Estado" quando passivo; "Soberano" quando ativo; e "Potência" quando em sua relação com outros corpos semelhantes a si.

O conceito de "vontade geral", que figura nessa enunciação do Contrato, desempenha papel importantíssimo no sistema de Rousseau. Tecerei novos comentários sobre isso em breve.

Lemos que o Soberano não precisa oferecer quaisquer garantias a seus súditos, pois, sendo ele formado por indivíduos, não pode haver interesse que os contrarie. "O Soberano, apenas em virtude daquilo que é, é sempre o que deveria ser." Essa doutrina pode ser interpretada erroneamente pelo leitor que não observa o uso assaz peculiar que Rousseau dá aos termos. O Soberano não consiste no governo, que, admite-se, pode ser tirânico; trata-se, antes, de um ente mais ou menos metafísico que não se encontra plenamente incorporado em nenhum dos órgãos visíveis do Estado. Sua impecabilidade, portanto, ainda que reconhecida, não possui as consequências práticas que se poderia imaginar.

A vontade do Soberano, sempre certa, é a "vontade geral". Cada cidadão, na condição de cidadão, tem participação nessa vontade, mas também pode nutrir, como indivíduo isolado, vontade que vá de encontro à geral. O Contrato Social exige que todo aquele que se recusa a obedecer à vontade geral seja forçado a fazê-lo. "Isso significa, tão somente, que ele será forçado a ser livre."

A ideia de ver-se "forçado a ser livre" é profundamente metafísica. Não há dúvidas de que a vontade geral, à época de Galileu, era anticopernicana; porventura ele foi "forçado a ser livre" quando a Inquisição o instigou a abjurar? Um malfeitor é "forçado a ser livre" quando levado à prisão? Lembremos do Corsário de Byron:

Em mar de azul profundo e tão revolto,
É infinda a nossa mente e o peito, solto.

Porventura esse homem estaria mais "livre" numa masmorra? É curioso que os nobres piratas de Byron tenham influência direta de Rousseau, que, na passagem acima, esquece seu romantismo e se exprime qual um policial sofístico. Hegel, em grande débito com ele, adotou o uso equivocado da palavra "liberdade" e a definiu como o direito de obedecer à polícia ou algo muito parecido.

Rousseau não nutre, pela propriedade privada, o mesmo respeito profundo que caracteriza Locke e seus discípulos: "O Estado, em relação aos membros que o compõem, é senhor de todos os seus bens." Ele tampouco acredita na divisão de poderes apregoada por Locke e Montesquieu. Nesse aspecto, porém, bem como em alguns outros, suas minuciosas investigações feitas posteriormente não estão inteiramente de acordo com os princípios gerais de seus primeiros textos. No primeiro capítulo do Livro III, ele afirma que o papel do Soberano se reduz à elaboração de leis e que o executivo — isto é, o governo — é o corpo intermediário que se põe entre os súditos e aquele no intuito de garantir correspondência mútua entre os dois. Rousseau diz: "Caso o Soberano deseje governar, ou o magistrado, elaborar leis, ou ainda se os súditos se recusem a obedecer, a desordem toma o lugar da regularidade e (...) o Estado resvala no despotismo ou na anarquia." Nisso, se deixarmos de lado a diferença vocabular, ele parece estar de acordo com Montesquieu.

Chego agora à doutrina da vontade geral, que é ao mesmo tempo importante e obscura. A vontade geral não é o mesmo que a vontade da maioria; tampouco equivale à vontade de todos os cidadãos. Ela parece ter sido concebida como a vontade que pertence ao corpo político como tal. Se tomarmos a visão de Hobbes segundo a qual a sociedade civil é uma pessoa, devemos imaginá-la dotada dos atributos da personalidade, entre os quais está a vontade. Porém, quando vemo-nos diante da dificuldade de definir como essa vontade se manifesta concretamente, Rousseau nos deixa no escuro. Lemos que a vontade geral está sempre certa e tende sempre ao benefício público; a isso não se segue, no entanto, que as deliberações do povo sejam igualmente corretas, pois muitas vezes há diferença grande entre a vontade de todos e a vontade geral. Como, então, estaremos em condições de saber qual é esta segunda vontade? No mesmo capítulo, encontramos uma espécie de resposta:

> Se o povo, munido das informações necessárias, realizasse suas deliberações sem que os cidadãos tivessem acesso à comunicação entre

si, a soma total das pequenas diferenças resultaria sempre na vontade geral e a decisão seria invariavelmente boa.

Eis como o conceito parece afigurar-se na mente de Rousseau: a opinião política de todo homem se pauta pelo interesse próprio, mas este consiste em duas partes: uma própria do indivíduo e outra comum a todos os membros da comunidade. Se aos cidadãos for impedida a troca de favores, seus interesses individuais divergentes se neutralizarão e restará apenas o interesse comum — esse resultado é a vontade geral. Talvez o conceito de Rousseau fique mais claro se recorrermos ao exemplo da gravitação terrestre. Cada partícula na Terra atrai as outras partículas do universo para si; o ar sobre nossas cabeças nos atrai para cima, e o solo, para baixo. Todas essas atrações "egoístas", porém, neutralizam umas às outras na medida em que são divergentes, restando apenas a atração resultante rumo ao centro da Terra. Fantasiosamente, poderíamos considerar isso um ato da Terra como comunidade, bem como expressão de sua vontade geral.

Afirmar que a vontade geral está sempre certa nada mais é do que afirmar que, por representar os elementos comuns ao interesse próprio de vários cidadãos, ela representa a maior satisfação coletiva possível desse interesse. Essa interpretação do que disse Rousseau parece estar mais de acordo com suas palavras do que qualquer outra que me vem à mente.[4]

Na opinião de Rousseau, o que, na prática, interfere na expressão da vontade geral é a existência de associações subordinadas no seio do Estado. Cada uma dessas terá uma vontade geral própria, a qual pode ir de encontro à vontade geral da comunidade como um todo. "Pode-se dizer, pois, que não há mais tantos votos quanto há homens, mas apenas tantos votos quanto há associações." Isso leva a uma consequência importante: "É portanto essencial, caso a vontade geral deva expressar-se, que não exista sociedade parcial no interior do Estado e que cada cidadão tenha em mente somente seus próprios pensamentos — foi este, com efeito, o sublime e singular sistema con-

[4] Por exemplo: "Muitas vezes há grande diferença entre a vontade de todos e a vontade geral: esta só leva em consideração o interesse comum; aquela se volta para o interesse privado e nada mais é do que a soma de vontades particulares. Retire-se, porém, dessas mesmas vontades o mais e o menos que se anulam e a vontade geral continuará sendo a soma das diferenças."

cebido pelo grande Licurgo." Em nota de rodapé, Rousseau respalda sua opinião na autoridade de Maquiavel.

Considere-se o que tal sistema acarretaria na prática. O Estado teria de proibir a existência de igrejas (exceto a Igreja Estatal), de partidos políticos, de sindicatos e de todas as outras organizações humanas dotadas de interesses econômicos semelhantes. O resultado evidentemente seria a formação do Estado totalitário ou corporativo, no qual o cidadão individual se encontraria completamente impotente. Ao que parece, Rousseau percebeu que proibir todas as associações pode ser tarefa difícil e acrescentou, após reflexão posterior, que, se *deve* haver associações subordinadas, quanto mais delas existirem, melhor; desse modo, poderão neutralizar umas às outras.

Quando, em seção posterior da obra, Rousseau se põe a analisar o governo, nota que o executivo será sempre associação dotada de interesse e vontade geral próprios, o que pode muito bem entrar em conflito com o interesse e a vontade geral da comunidade. Diz o autor que, embora o governo de um Estado grande deva ser mais forte do que o governo de um Estado pequeno, há também maior necessidade de restringi-lo por meio do Soberano. Um membro do governo possui três vontades: sua vontade pessoal, a vontade do governo e a vontade geral. As três deveriam formar um *crescendo*, mas na prática é um *diminuendo* o que costumam representar. Mais uma vez: "Tudo conspira para suprimir, no homem que exerce autoridade sobre os outros, seu senso de justiça e razão."

Desse modo, a despeito da infalibilidade da vontade geral — "sempre constante, inalterável e pura" —, as velhas questões de como evitar a tirania perduram todas. O que Rousseau tem a dizer sobre tais problemas resume-se ou a uma repetição sub-reptícia de Montesquieu, ou à insistência na supremacia do legislativo, que será, se democrático, idêntico ao que ele denomina Soberano. Os amplos princípios gerais que Rousseau toma como ponto de partida e que apresenta como soluções para os problemas políticos desaparecem quando o autor se dedica a fazer considerações minuciosas que em nada contribuem para a solução.

A condenação do livro pelos reacionários contemporâneos faz com que o leitor moderno espere encontrar, nele, doutrina revolucionária muito mais violenta do que aquela que de fato está presente. Pode-se usar como ilustração o que diz a obra sobre a democracia. Ao empregar a palavra, Rousseau tem em mente, como vimos, a democracia direta da antiga cidade-Estado. Essa democracia, assinala, jamais se realizará por completo, uma vez que o povo nem sempre está em condições de se reunir e tratar das questões públicas. "Houvesse um povo composto de deuses, seu governo seria democrático. Governo tão perfeito não é para os homens."

O que denominamos democracia é por ele denominado "aristocracia eletiva"; esta, diz, constitui o melhor dos governos, mas não convém a todos os países. O clima não deve ser nem muito quente, nem muito frio; a produção não pode exceder o necessário, pois, nos locais onde isso acontece, o mal da luxúria é inevitável, e é melhor que tal mal permaneça limitado a um monarca e sua corte do que difuso por toda a população. Graças a restrições assim, grande terreno é deixado ao governo despótico. De todo modo, malgrado suas limitações, sua defesa da democracia foi decerto uma das razões que fizeram o governo francês tornar-se implacavelmente hostil ao livro; a outra parece ter sido a rejeição do direito divino dos reis, que se encontra na base da doutrina do Contrato Social como origem do governo.

O contrato social tornou-se Bíblia para a maioria dos líderes da Revolução Francesa. No entanto, como sói acontecer com todas as Bíblias, não há dúvidas de que essa não foi lida com atenção por muitos de seus discípulos, quanto mais compreendida. O livro reintroduziu a prática das abstrações metafísicas entre os teóricos da democracia e, mediante sua doutrina da vontade geral, possibilitou uma identificação mística do líder com o povo, que não precisa ser confirmada por um aparato tão mundano quanto a urna de votação. Muito de sua filosofia pôde ser retomado por Hegel[5] em sua defesa da autocracia prussiana. Seu primeiro fruto na prática foi o reinado de Robespierre; as ditaduras da Rússia e da Alemanha (sobretudo esta última) resultam, em parte, da doutrina de Rousseau. Que triunfos o futuro reserva a seu espírito é algo que não ouso predizer.

[5] Hegel opta por enaltecer, de modo particular, a distinção entre a vontade geral e a vontade de todos. Diz ele: "Rousseau teria oferecido contribuição mais sã à teoria do Estado caso conservasse sempre essa distinção diante dos olhos" (*Lógica*, seção 163).

20
Kant

A. O idealismo alemão em geral

A filosofia do século XVIII era dominada pelos empiristas britânicos, dos quais podemos tomar Locke, Berkeley e Hume como representantes. Nesses homens havia um conflito, do qual eles mesmos não pareciam ter ciência, entre seu estado de espírito e a inclinação de suas doutrinas teóricas. Quanto ao primeiro aspecto, eram cidadãos de inclinação social: estavam longe de ser autoafirmativos, não nutriam ânsia indevida pelo poder e defendiam um mundo tolerante em que, dentro dos limites do direito criminal, cada um poderia agir como bem lhe aprouvesse. Tratava-se de pessoas de boa natureza, de homens do mundo, de gente cortês e afável.

No entanto, se eram dotados de temperamento social, sua filosofia teórica conduzia ao subjetivismo. Essa tendência não era nova: existira já na antiguidade tardia, sobretudo em santo Agostinho; fora resgatada, em tempos modernos, pelo *cogito* de Descartes; e alcançara auge temporário nas mônadas sem janelas de Leibniz. Segundo Leibniz, tudo em sua experiência permaneceria inalterado caso o resto do mundo fosse suprimido; não obstante, dedicou-se à reunião das Igrejas católica e protestante. Inconsistência semelhante encontramos em Locke, Berkeley e Hume.

Em Locke, a incoerência se encontra ainda na teoria. Vimos, em capítulo anterior, que, embora o autor diga, por um lado: "Uma vez que a mente, em todos os seus pensamentos e raciocínios, não possui um objeto imediato além de suas ideias, as quais apenas ela contempla ou pode contemplar, claro está que nosso conhecimento só é versado nelas"; e, também: "O conhecimento é a percepção do acordo ou desacordo de duas ideias" por outro lado, afirma ele que há três tipos de conhecimento da existência real: o intuitivo, referente a nós mesmos; o demonstrativo, referente a Deus; e o sensitivo, referente ao que se faz presente ao sentido. As ideias *simples*, diz, resumem-se a um "produto de coisas que operam na mente de maneira natural". Como ele o sabe, não explica; certamente isso vai além do "acordo ou desacordo de duas ideias".

Berkeley deu importante passo rumo ao fim dessa inconsistência. Para ele, nada mais existe além das mentes e suas ideias; o mundo *físico* exterior é abolido. Contudo, também ele mostrou-se incapaz de compreender *todas* as consequências dos princípios epistemológicos que tomara de Locke. Fosse completamente consistente, teria negado o conhecimento de Deus e das mentes que não a sua. De uma tal negação ele se afastou em virtude dos sentimentos que nutria como clérigo e agente social.

Nada deteve Hume em sua busca por consistência teórica. No entanto, ele não sentiu impulso que o levasse a conformar sua prática à teoria. Hume negou o Eu e colocou em xeque a indução e o princípio da causalidade. Aceitou a abolição da matéria apregoada por Berkeley, mas não o substituto, sugerido sob a forma das ideias de Deus. É bem verdade que, a exemplo de Locke, Hume não admitia uma ideia simples sem impressão antecedente; além disso, não há dúvidas de que tenha *imaginado* uma "impressão" como estado mental suscitado diretamente por algo exterior à mente. Todavia, não podia admitir isso como *definição* de "impressão", uma vez que questionava a noção de "causa". Desconheço se ele ou seus discípulos tiveram clara ciência desse problema referente às impressões. Decerto uma "impressão", segundo ele, teria de ser definida por determinado caráter intrínseco que a distinguisse da "ideia", dado ser impossível defini-la causalmente. Portanto, Hume não poderia afirmar — como o fizera Locke e, de forma distinta, também Berkeley — que as impressões fornecem conhecimento de coisas exteriores a nós mesmos. Deveria, antes, acreditar-se encerrado num mundo solipsista, ignorando tudo além de seus estados mentais e as relações que travavam.

A consistência de Hume demonstrou que o empirismo, se levado à sua conclusão lógica, tinha resultados que poucos seres humanos poderiam aceitar, e abolia, em todo o campo científico, a distinção entre crença racional e credulidade. Locke previra esse perigo. Na boca de um pretenso crítico, ele coloca o seguinte raciocínio: "Caso consista o conhecimento na conformidade de ideias, o entusiasta e o homem sóbrio se encontram no mesmo plano." Locke, que viveu quando os homens haviam se cansado do "entusiasmo", não teve dificuldades para convencê-los de que sua resposta à crítica era válida. Rousseau, de um tempo em que todos já se cansavam da razão, resgatou o "entusiasmo" e, aceitando a falência da razão, permitiu que o coração decidisse questões que a cabeça deixava em aberto. De 1750 a 1794, o coração falou cada vez mais alto; por fim, o Termidor deu termo temporário a suas sentenças ferozes, ao menos no que diz respeito à França. Sob Napoleão, tanto o coração quanto a cabeça foram silenciados.

Na Alemanha, a reação contra o agnosticismo de Hume assumiu forma muito mais profunda e sutil do que aquela que lhe dera Rousseau. Kant, Fichte e Hegel desenvolveram um novo gênero de filosofia cujo objetivo era proteger, das doutrinas apregoadas no final do século XVIII, tanto o conhecimento quanto a virtude. Em Kant, mas ainda mais em Fichte, a tendência subjetivista que começara com Descartes foi levada a novos extremos; nesse aspecto, não houve de início reação alguma em relação a Hume. A guinada contra o subjetivismo teve início com Hegel, que procurou estabelecer, por intermédio de sua lógica, uma nova forma de escapar do indivíduo para o mundo.

Todo o idealismo alemão tem afinidades com o movimento romântico. Essas são manifestas em Fichte, e mais ainda em Schelling. Em Hegel, tais afinidades são menos evidentes.

Kant, fundador do idealismo alemão, não tem relevância política por si só, embora escrevesse ensaios interessantes na área. Fichte e Hegel, por sua vez, formularam doutrinas que exerceram — e ainda exercem — influência profunda sobre os rumos da história. Nenhum dos dois pode ser compreendido sem um estudo prévio de Kant, sobre quem nos debruçaremos neste capítulo.

Há certas características comuns aos idealistas alemães que podemos mencionar antes de nos dedicarmos aos detalhes.

A crítica do conhecimento como modo de alcançar conclusões filosóficas é enfatizada por Kant e adotada por seus seguidores. Atribui-se destaque à mente em oposição à matéria, o que acaba por culminar na afirmação de que apenas a mente existe. Há também vigorosa rejeição da ética utilitarista em favor de sistemas considerados demonstráveis por raciocínios filosóficos. Um tom escolástico que era verificável nos filósofos franceses e ingleses de outrora surge; Kant, Fichte e Hegel eram professores universitários que falavam para públicos instruídos, e não cavalheiros ociosos pregando para amadores. Embora seus resultados tenham sido em parte revolucionários, eles mesmos não foram deliberadamente subversivos; Fichte e Hegel claramente se preocuparam em defender o Estado. A vida de todos foi exemplar e acadêmica; suas posições acerca de questões morais eram estritamente ortodoxas. Se inovaram na teologia, fizeram-no segundo os interesses da religião.

Feitas essas observações preliminares, voltemo-nos agora para o estudo de Kant.

B. Linhas gerais da filosofia de Kant

Immanuel Kant (1724-1804) é em geral tido como o maior de todos os filósofos modernos. Não estou de acordo com a avaliação, mas seria tolice de minha parte não reconhecer sua importância grandiosa.

Ao longo de toda a sua vida, Kant viveu em ou próximo a Königsberg, na Prússia Oriental. Sua vida exterior foi acadêmica e inteiramente pacata, não obstante tenha vivido a Guerra dos Sete Anos (durante a qual os russos ocuparam o leste da Prússia), a Revolução Francesa e o início da carreira de Napoleão. Foi educado numa versão wolfiana da filosofia de Leibniz, mas viu-se levado a abandoná-la graças a duas influências: Rousseau e Hume. Hume, com sua crítica ao conceito de causalidade, despertou-o de uma letargia dogmática — é isso o que diz, ao menos. Tal despertar, no entanto, foi passageiro, e Kant logo concebeu um soporífero que lhe permitiu adormecer novamente. Hume, para ele, era um adversário a ser refutado, mas a influência de Rousseau mostrou-se mais profunda. Kant foi homem de hábitos tão regulares que as pessoas costumavam ajustar os relógios quando o viam fazer sua caminhada, mas em certa ocasião seu horário foi tumultuado por vários dias: a causa fora a leitura de *Emílio*. Kant afirmou que precisava ler os livros de Rousseau várias vezes, pois a beleza do estilo o impedia de perceber o conteúdo no primeiro contato. Não obstante tivesse sido criado dentro do pietismo, tornou-se liberal tanto no plano político quanto no teológico; foi simpático à Revolução Francesa até o Período do Terror e acreditou na democracia. Sua filosofia, veremos, abriu espaço ao coração contra os frios ditames da razão teórica, o que se poderia tomar, com certo exagero, como uma versão pedante do vigário saboiano. O princípio por ele defendido de que todo homem deve ser visto como fim em si constitui uma das formas da doutrina dos Direitos Humanos. Seu amor pela liberdade, ademais, torna-se explícito na afirmação (referindo-se tanto às crianças quanto aos adultos) de que "nada pode haver de mais temeroso do que o fato de as ações de determinado homem se encontrarem sujeitas à vontade de outro".

As primeiras obras de Kant dizem mais respeito à ciência do que à filosofia. Após o terremoto de Lisboa, escreveu sobre a teoria dos terremotos; redigiu também um tratado sobre os ventos e um breve ensaio dedicado a investigar se o vento ocidental na Europa era úmido porque atravessava o oceano Atlântico. A geografia física foi tema por que nutriu enorme interesse.

Seu escrito científico mais importante é a *História geral da natureza e teoria do céu* (1755), na qual vemos antecipada a hipótese nebular de Laplace e formulada uma possível origem do sistema solar. A obra tem partes de notável sublimidade miltoniana. Possui também o mérito de conceber hipótese que viria a tornar-se frutuosa; no entanto, ao contrário do que fez Laplace, não apresenta qualquer argumento sério em seu favor. Há segmentos puramente fantasiosos — por exemplo, a doutrina de que todos os planetas são habitados e de que os mais distantes possuem habitantes melhores; esta visão deve ser enaltecida em virtude de sua modéstia terrestre, mas não tem embasamento em qualquer fundamento científico.

Na época em que mais se ocupou dos argumentos céticos, Kant escreveu curiosa obra intitulada *Sonhos de um visionário explicados por sonhos da metafísica* (1766). O "visionário" é Swedenborg, cujo sistema místico fora apresentado ao mundo numa obra monumental que teve quatro cópias vendidas: três para compradores desconhecidos e uma para Kant. Em parte a sério e, em parte, zombando, ele sugere que o sistema do sueco, dito "fantástico", talvez não o seja mais do que a metafísica ortodoxa. Kant, porém, não é de todo desdenhoso. Seu lado místico, que existia mesmo sem indícios em seus escritos, admirou Swedenborg, que caracterizou-o como "muito sublime".

A exemplo de todos os outros à época, ele escreveu tratado sobre o sublime e o belo. A noite é sublime, o dia é belo; o mar é sublime, o solo é belo; o homem é sublime, a mulher é bela — e assim por diante.

A *Encyclopædia Britannica* observa que, "não tendo jamais se casado, conservou até a velhice o modo de estudar da juventude". Pergunto-me se o autor do artigo era casado ou não.

A obra mais importante de Kant é a *Crítica da razão pura* (primeira edição: 1781; segunda: 1787). Ela tem como objetivo demonstrar que, embora nenhuma parcela de nosso conhecimento transcenda a experiência, em parte ele se dá *a priori*, e, portanto, não é indutivamente inferido a partir da experiência. Essa parte do conhecimento que se dá *a priori* abarca, segundo Kant, não somente a lógica, mas muito daquilo que ela não engloba nem permite deduzir. Ele faz duas distinções que inexistem em Leibniz. De um lado está a distinção entre proposições "analíticas" e "sintéticas"; do outro, aquela entre proposições "apriorísticas" e "empíricas". É preciso dizer algo a respeito de ambas.

Na proposição "analítica", o predicado é parte do sujeito; por exemplo: "um homem alto é um homem" ou "um triângulo equilátero é um triângulo". Proposições assim derivam da lei da contradição; afirmar que um homem alto não é homem seria autocontraditório. A proposição "sintética" é aquela que não é analítica. Todas as proposições que só conhecemos por intermédio da experiência pertencem a essa categoria. Somos incapazes de descobrir, mediante mera análise de conceitos, verdades como "terça-feira foi um dia úmido" ou "Napoleão foi um grande general". Kant, porém, ao contrário de Leibniz e todos os filósofos anteriores, não reconhecerá o contrário, isto é, que todas as proposições sintéticas só são conhecidas através da experiência. Isso nos leva à segunda das distinções mencionadas acima.

A proposição "empírica" é aquela que nós não podemos conhecer senão com o auxílio da percepção sensorial — seja da nossa, seja de alguém cujo testemunho aceitamos. Os fatos da história e da geografia são desse tipo; o mesmo se aplicará às leis da ciência sempre que nosso conhecimento de sua veracidade depender de dados que provêm da observação. A proposição "*a priori*", por sua vez, embora possa ser *obtida* a partir da experiência, revela ter como base, quando conhecida, algo que se encontra além dela. Uma criança que aprende aritmética pode se beneficiar ao ver dois pares isolados de bolas de gude, e notando que está diante, no final das contas, de quatro peças. Porém, após entender a proposição geral "dois mais dois são quatro", ela não mais precisa de exemplos que a confirmem; a proposição carrega uma certeza que a indução jamais poderá conferir a uma lei geral. Todas as proposições da matemática pura são, nesse sentido, *a priori*.

Hume havia demonstrado que a lei da causalidade não é analítica, e deduzido que não podemos ter certeza de sua veracidade. Kant reconheceu que se trata de lei sintética, mas declarou que é conhecida *a priori*. Disse também que a aritmética e a geometria são sintéticas e igualmente *a priori*. Assim, foi levado a formular seu problema nos seguintes termos:

De que modo os juízos sintéticos *a priori* são possíveis?

A resposta, com todas as suas consequências, constitui o tema principal da *Crítica da razão pura*.

Kant teve enorme confiança na solução que deu ao problema. Passara doze anos de sua vida buscando-a, mas, uma vez formada a teoria, apenas alguns meses lhe foram necessários para escrever sua longa obra. No prefácio à primeira edição, ele diz: "Ouso afirmar que não há um só problema metafísico que não esteja aqui resolvido ou que, ao menos, não encontre aqui chave para sua resolução." No prefácio à segunda edição, Kant se compara a Copérnico ao dizer que realizou uma revolução copernicana na filosofia.

Segundo o filósofo, o mundo exterior só causa a matéria da sensação, a qual nosso aparato mental ordena no espaço e no tempo para, então, fornecer os conceitos por meio dos quais compreendemos a experiência. As coisas em si, que são as causas de nossas sensações, são incognoscíveis; não se encontram no espaço ou no tempo e não são substâncias, tampouco podem ser descritas pelos outros conceitos gerais que Kant denomina "categorias". O espaço e o tempo são subjetivos — integram nosso aparato perceptivo. Precisamente em virtude disso, porém, podemos estar certos de que tudo o que experimentarmos terá as características investigadas pela geometria e a ciência temporal. Alguém que sempre utilize óculos azuis terá certeza de ver tudo azul (esse não é o exemplo fornecido por Kant). Do mesmo modo, por sempre utilizar óculos espaciais, inevitavelmente verá tudo no espaço. A geometria, por conseguinte, é *a priori* no sentido de que deve ser verdadeira para tudo o que é experimentado; ao mesmo tempo, não temos motivo para crer que tudo o que é análogo será verdadeiro para as coisas em si, que não experimentamos.

O espaço e o tempo, diz Kant, não são conceitos; trata-se, antes, de formas de "intuição". (Em alemão, a palavra utilizada é *Anschauung*, que ao pé da letra significa "olhando para" ou "visão". O termo "intuição", não obstante seja a tradução reconhecida, não é satisfatório.) Todavia, há ainda os conceitos *a priori*, os quais consistem nas doze "categorias" que Kant infere a partir das formas de silogismo. Essas categorias são divididas em quatro grupos de três — as categorias (1) de quantidade: unidade, pluralidade, totalidade; (2) de qualidade: realidade, negação, limitação; (3) de relação: substância-e-acidente, causa-e-efeito, reciprocidade; (4) de modalidade: possibilidade, existência, necessidade. Elas são subjetivas no mesmo sentido em que o são o espaço e o tempo — ou seja, a constituição de nossa mente é tal que se aplicam a tudo o que experimentamos, sem que haja motivo, contudo, para acharmos que são aplicáveis às coisas em si. Entretanto, no que diz respeito à causa, há uma inconsistência, uma vez que Kant entende que as coisas em si são causas das sensações e vê as volições livres como causas das ocorrências no espaço e no tempo. Essa inconsistência não se resume a uma negligência acidental; trata-se de uma parte basilar de seu sistema.

Grande parte da *Crítica da razão pura* tem como objetivo demonstrar as falácias que surgem da aplicação do espaço e do tempo, bem como das categorias, a coisas que não são experimentadas. Quando o fazemos, diz Kant, inquietam-nos as "antinomias", isto é, as proposições mutuamente contraditórias que parecem passíveis de demonstração. Kant nos oferece quatro antinomias, todas compostas de tese e antítese.

Na primeira, a tese diz: "O mundo tem início no tempo e é limitado no espaço." E a antítese: "O mundo não tem início no tempo e não possui limites no espaço; é infinito tanto no tempo quanto no espaço."

A segunda antinomia demonstra que toda substância composta é e não é constituída de partes simples.

A tese da terceira sustenta a existência de dois tipos de causalidade: uma segundo as leis da natureza e a outra segundo as leis da liberdade. De acordo com a antítese, só há causalidade segundo as leis da natureza.

A quarta antinomia prova que há e não há Ser absolutamente necessário.

Essa parte da *Crítica* exerceu grande influência sobre Hegel, cuja dialética se desdobra integralmente por meio de antinomias.

Num famoso trecho, Kant se propõe a refutar todas as provas puramente intelectuais da existência divina, mas deixa claro que possui outras razões para crer em Deus. Tais motivos ele enunciaria posteriormente, na *Crítica da razão prática*. Por ora, seu objetivo é apenas negativo.

Só existem, segundo Kant, três provas da existência divina oferecidas pela razão pura. São elas a ontológica, a cosmológica e a físico-teológica.

A prova ontológica, em sua formulação, define Deus como *ens realissimum*, o mais real dos seres — isto é, sujeito de todos os predicados que pertencem ao ser absoluto. Os que julgam a prova válida acreditam que, por ser "existência" um predicado do tipo, esse sujeito deve gozar dela, isto é, ele deve existir. Kant, por sua vez, objeta que existência não é predicado. Cem táleres imaginados, diz, possuem os mesmos predicados de cem táleres reais.

A prova cosmológica diz: se algo existe, um Ser absolutamente necessário deve existir; ora, eu sei que existo; por conseguinte, um Ser absolutamente necessário existe e deve ser o *ens realissimum*. Kant declara que o último passo, nesse raciocínio, é mais uma vez o raciocínio ontológico, já refutado pelo que dissera antes.

A prova físico-teológica consiste no célebre argumento teleológico, mas revestido de caráter metafísico. Ela afirma que o universo possui uma ordem que revela propósito. Kant trata esse argumento com respeito, mas assinala que, na melhor das hipóteses, ele revela apenas um Arquiteto, e não um Criador; por conseguinte, é incapaz de fornecer conceito adequado de Deus. O autor conclui que "a única teologia possível da razão é aquela que se fundamenta nas leis morais ou que busca, nelas, orientação".

Deus, liberdade e imortalidade, diz ele, são as três "ideias da razão". Todavia, não obstante a razão pura nos leve a *formar* essas ideias, não pode ela demonstrar sua realidade. A importância de tais ideias é prática, isto é, relativa à moral. O uso puramente intelectual da razão culmina em falácias; seu único emprego correto se destina a fins morais.

O uso prático da razão é examinado brevemente ao final da *Crítica da razão pura* e, de modo mais exaustivo, na *Crítica da razão prática* (1786). Kant diz que a lei moral exige justiça, isto é, uma felicidade proporcional à virtude. Somente a Providência pode garanti-la, e claramente não a assegurou *nesta* vida. Por conseguinte, há um Deus e uma vida futura. Deve, ademais, existir liberdade: caso contrário, virtude nenhuma haveria.

O sistema ético de Kant, tal qual formulado em sua *Metafísica dos costumes* (1785), possui relevância histórica considerável. O livro apresenta o "imperativo categórico", que ao menos como expressão tornou-se familiar fora do círculo de filósofos profissionais. Como era de se esperar, Kant nada tem que ver com o utilitarismo ou com qualquer outra doutrina que confira, à moral, objetivo fora de si mesma. Ele afirma querer "uma metafísica dos costumes inteiramente isolada, que não esteja mesclada com a teologia, a física ou a hiperfísica". Todos os conceitos morais, continua, residem e se originam *a priori* na razão. O valor moral só existe quando um homem age segundo o sentimento de dever: não basta agir da maneira que o dever *teria* prescrito. O comerciante que é honesto por interesse próprio não é virtuoso, bem como o homem que só é afável por conta de um impulso de benevolência. A essência da moral deve ser deduzida da concepção das leis; com efeito, não obstante tudo na natureza aja segundo leis, somente um ser racional tem a capacidade de agir segundo a representação delas, isto é, pela Vontade. A representação de um princípio objetivo, na medida em que coage a vontade, é denominada mandamento da razão, ao passo que a fórmula do mandamento é chamada *imperativo*.

São dois os tipos de imperativo: o imperativo *hipotético*, que diz que "você deve fazer isso-e-aquilo caso deseje alcançar esta-ou-aquela finalidade", e o imperativo *categórico*, que determina que certo tipo de ação é objetivamente necessário por si só, sem relação com qualquer finalidade. O imperativo categórico é sintético e *a priori*. Seu caráter foi por Kant deduzido a partir do conceito de Lei:

> Se penso num imperativo categórico, sei de imediato o que contém. Pois, não contendo o imperativo, além da Lei, senão a necessidade de que a máxima conforme-se à lei, e não contendo esta Lei nenhuma condição que a limite, nada resta além da generalidade de uma lei ge-

ral a que a máxima da ação deve conformar-se, conformidade esta que é a única coisa que o imperativo apresenta como necessária. Por conseguinte, o imperativo categórico é só um, qual seja: *age apenas de acordo com uma máxima pela qual possas também desejar que ela se torne lei geral.*

Ou ainda:

Age como se a máxima de tua ação devesse converter-se, pela tua vontade, em lei geral da natureza.

Como exemplo da operação do imperativo categórico, Kant apresenta o fato de ser errado tomar dinheiro mediante empréstimo, uma vez que, se todos tentássemos fazê-lo, nenhum dinheiro restaria a ser emprestado. Do mesmo modo, é possível demonstrar que o furto e o homicídio são condenados. Contudo, alguns atos que o filósofo decerto reprovaria não podem ser declarados errados a partir de seus princípios. O suicídio, por exemplo: um melancólico poderia muito bem desejar que todos se matassem. A máxima de Kant, na realidade, parece oferecer critério de virtude necessário, mas não suficiente. Para obtermos critério *suficiente*, teríamos de abandonar o ponto de vista puramente formal que ele adota e levar em consideração os efeitos das ações. Kant, no entanto, declara enfaticamente que a virtude não depende do resultado almejado de determinada ação, mas apenas do princípio do qual ela resulta; se admitirmos isso, nada mais concreto do que sua máxima se mostrará possível.

Conquanto seu princípio não pareça acarretar tal consequência, Kant defende que deveríamos agir de modo a tratar cada homem como fim em si. Essa pode ser considerada uma forma abstrata da doutrina dos direitos humanos e está aberta a objeções. Se levada a sério, impossibilitaria alcançar qualquer decisão sempre que os interesses de duas pessoas entrassem em conflito. As dificuldades são particularmente óbvias na filosofia política, que exige algum princípio — como a preferência pela maioria — segundo o qual os interesses de uns possam ser sacrificados, quando necessário, pelos interesses de outros. Se deve haver qualquer ética governamental, a finalidade do governo deve ser uma só, e o único fim compatível com a justiça é o bem da comunidade. No entanto, é possível interpretar o princípio de Kant não como se afirmasse que cada homem é um fim absoluto, e sim como se apregoasse que todos deveriam importar igualmente na determinação de ações pelas quais muitos serão afetados. Se assim interpretado, o princípio pode ser tido como fonte de base ética para a democracia. Uma tal leitura não está suscetível à objeção acima.

O vigor e o frescor do Kant tardio saltam aos olhos em seu tratado sobre a *Paz perpétua* (1795). Nele, o autor defende uma federação de Estados livres, unidos por um pacto que proíbe a guerra. A razão, diz, condena por completo a guerra, a qual somente um governo internacional pode impedir. A constituição civil dos Estados integrantes deve ser "republicana", mas para Kant o termo significa apenas que o executivo e o legislativo devem estar isolados. Ele não afirma que não deve haver rei; na realidade, chega a dizer que é mais fácil obter governo perfeito sob a monarquia. Escrevendo sob o impacto do Período do Terror, ele suspeita da democracia; diz que se trata, necessariamente, de despotismo, uma vez que institui um poder executivo. "O chamado 'povo inteiro', que leva a cabo suas medidas, na realidade não são todos, mas apenas uma maioria; assim, aqui, a vontade universal encontra-se em contradição com si própria e com o princípio de liberdade." O modo de expressar-se revela a influência de Rousseau, mas a importante ideia da federação mundial como forma de assegurar a paz não deriva dele.

A partir de 1933, esse tratado fez Kant cair em desgraça em seu país.

C. A teoria kantiana do espaço e do tempo

A parte mais importante da *Crítica da razão pura* é a doutrina do espaço e do tempo. Nesta seção, desejo dedicar-lhe um exame crítico.

Explicar a teoria kantiana do espaço e do tempo decerto não é tarefa fácil, uma vez que a teoria mesma não é clara. Vemo-la formulada tanto na *Crítica da razão pura* quanto nos *Prolegômenos*; a segunda exposição é mais fácil, mas não tão completa quanto a primeira. Tentarei, de início, expor a teoria, procurando torná-la o mais plausível possível; somente após a exposição é que me dedicarei à crítica.

Kant afirma que os objetos imediatos da percepção se devem em parte às coisas externas e, em parte, a nosso próprio aparato perceptivo. Locke acostumara o mundo à ideia de que as qualidades secundárias — cores, sons, cheiros etc. — são subjetivas e não pertencem ao objeto tal como ele é em si. A exemplo de Berkeley e Hume, mas não de maneira tão semelhante, Kant vai além e declara subjetivas também as qualidades primárias. Na maior parte das vezes, não duvida de que as sensações tenham causas, por ele denominadas "coisas-em-si" ou *noumena*. Tudo o que percebemos — por Kant denominado "fenômeno" — consiste em duas partes: a que se deve ao objeto, chamada "sensação", e a que se deve a nosso aparato subjetivo; esta, diz ele, faz com que a multiplicidade se organize em certas relações. A segunda parte é denominada a *forma* do fenômeno. Essa se trata da sensação em si, e portanto não depende do acidente do ambiente; é sempre a mesma, uma vez que a carregamos conosco. Do mesmo modo, é *a priori*, no sentido de que independe da experiência. Uma forma pura de sensibilidade é chamada "intuição pura" (*Anschauung*). Há duas formas assim, o espaço e o tempo: o primeiro, para o sentido exterior; o segundo, para o interior.

Para demonstrar que o espaço e o tempo são formas *a priori*, Kant recorre a duas classes de argumentos. A primeira é metafísica; a segunda, epistemológica ou, como ele mesmo diz, transcendental. Aquela tem argumentos tomados diretamente da natureza do espaço e do tempo; os desta derivam de maneira indireta da possibilidade da matemática pura. Os argumentos referentes ao espaço são apresentados de forma mais completa do que aqueles que tratam do tempo, visto que estes são essencialmente os mesmos que aqueles.

No que diz respeito ao espaço, são quatro os argumentos metafísicos.

(1) O espaço não é conceito empírico, abstraído das experiências exteriores, porque é pressuposto na referência das sensações a algo *externo*, e a experiência externa só é possível mediante a representação do espaço;

(2) O espaço é uma representação necessária *a priori* que subjaz a todas as percepções externas; com efeito, não podemos conceber que não exista espaço, não obstante possamos imaginar que nada exista nele;

(3) O espaço não é um conceito discursivo ou universal a respeito das relações das coisas em geral, uma vez que só existe *um* espaço, do qual os denominados "espaços" são parte, não ocorrência;

(4) O espaço é representado como grandeza infinita e *dada* que abarca, em si, todas as partes do espaço; essa relação é diferente daquela estabelecida entre um conceito e suas ocorrências, e portanto o espaço não constitui conceito, mas uma *Anschauung*.

O argumento transcendental referente ao espaço deriva da geometria. Kant afirma que a geometria euclidiana é conhecida *a priori*, não obstante seja sintética, isto é, não deduzível apenas a partir da lógica. As provas geométricas, reflete, dependem das figuras; podemos *observar*, por exemplo, que, dadas duas linhas retas perpendiculares, apenas uma linha reta pode ser traçada sobre seu ponto de interseção para formar ângulos retos com as duas. Esse conhecimento, pensa o autor, não deriva da experiência. Todavia, minha intuição somente pode antecipar o que será encontrado no objeto caso contenha apenas a forma de minha sensibilidade, fazendo preceder em minha subjetividade todas as impressões reais. Os objetos do sentido devem obedecer à geometria porque a geometria diz respeito a nossas formas de percepção, e portanto não podemos perceber de outro modo. Isso explica por que ela, embora sintética, é *a priori* e apodíctica.

Os argumentos que tratam do tempo são essencialmente os mesmos. A exceção está no fato de a aritmética substituir a geometria sob a alegação de que contar consome tempo.

Examinemos agora cada um deles.

O primeiro dos argumentos metafísicos relacionados ao espaço diz: "O espaço não é um conceito empírico abstraído de experiências exteriores. Com efeito, para que eu possa referir certas sensações a algo fora de mim [isto é, a algo em posição espacial que difere daquela em que me encontro], e para que me veja capaz de percebê-las como exteriores e ao lado uma das outras — e, portanto, não como algo meramente diferente, mas também em locais distintos —, a representação do espaço deve, antes, ser subjacente [*zum Grunde liegen*]." Por conseguinte, a experiência externa só é possível por meio da representação do espaço.

A expressão "fora de mim [isto é, a algo em posição espacial que difere daquela em que me encontro]" é complexa. Como coisa-em-si, não estou em lugar nenhum, e nada é espacialmente exterior a mim mesmo; é somente ao meu corpo como fenômeno que ela pode se referir. Desse modo, tudo o que na verdade está envolvido é o que se encontra na segunda parte da afirmação, a saber: que percebo objetos diferentes como se em locais diferentes. A imagem que surge à mente é a do encarregado de um vestiário que vai pendurando paletós distintos em ganchos distintos; os ganchos já devem existir, mas é a subjetividade daquele homem que organiza os paletós.

Há aqui, bem como em toda a teoria kantiana da subjetividade espaçotemporal, uma dificuldade que Kant jamais parece ter experimentado. O que me leva a organizar os objetos da percepção da maneira como o faço, e não de outro modo? Por que sempre vejo, por exemplo, os olhos das pessoas acima de suas bocas, e não abaixo? Segundo Kant, os olhos e a boca existem como coisas em si e geram meus perceptos isolados, mas nada neles corresponde à disposição espacial que existe em minha percepção. Compare-se com a teoria das cores. Não consideramos que existem cores na matéria no mesmo sentido em que há cores nos nossos perceptos, mas acreditamos que cores diferentes correspondem a comprimentos de onda diferentes. No entanto, uma vez que as ondas envolvem espaço e tempo, não pode, para Kant, haver ondas nas causas de nossos perceptos. Porém, se o espaço e o tempo de nossos perceptos possuem, como a física afirma, correspondentes no mundo da matéria, a geometria é aplicável a tais congêneres e os argumentos de Kant se tornam inadequados. Kant acredita que a mente ordena o material bruto da sensação, mas não julga necessário dizer por que ela o ordena de um modo, e não de outro.

No que diz respeito ao tempo, essa dificuldade é ainda maior em virtude da intrusão da causalidade. Percebo o relâmpago antes de perceber o trovão; uma coisa-em-si denominada A causou minha percepção do relâmpago, e uma coisa-em-si B, do trovão; todavia, A não foi anterior a B, uma vez que o tempo só existe nas relações dos perceptos. Por que, então, as duas coisas atemporais, A e B, produzem efeitos diferentes em momentos diferentes? Caso Kant esteja certo, isso deve ser inteiramente arbitrário e não existe relação entre A e B que corresponda ao fato de o percepto causado por A ser anterior ao percepto gerado por B.

O segundo argumento metafísico sustenta que é possível imaginar que nada exista no espaço, mas impossível não imaginar espaço algum. Parece-me que nenhum argumento sério pode basear-se naquilo que podemos ou não podemos imaginar; de todo modo, devo negar enfaticamente que possamos conceber um espaço que nada contenha. Você pode muito bem imaginar-se contemplando o céu durante uma noite escura e nublada, mas nesse caso você mesmo se encontra no espaço, e imagina as nuvens que não pode ver. O espaço de Kant, como bem assinalou Vaihinger, é absoluto como o de Newton, e não um mero sistema de relações. No entanto, desconheço como um espaço vazio absoluto pode ser imaginado.

Diz o terceiro argumento metafísico: "O espaço não é discursivo ou, como se diz, um conceito universal das relações das coisas em geral, e sim uma intuição pura. Pois, em primeiro lugar, só podemos imaginar [*sich vorstellen*] um único espaço, e se falamos em "espaços" referimo-nos apenas a partes de um único e mesmo espaço. Estas partes, ademais, não podem preceder o todo na condição de partes suas (...); antes, podem apenas ser concebidas como se *nele*. [O espaço] é essencialmente único; a multiplicidade que ali existe baseia-se apenas em limitações." A partir disso conclui-se que o espaço é intuição *a priori*.

O ponto central desse argumento é a negação da pluralidade no espaço mesmo.

O que denominamos "espaços" não são ocorrências do conceito geral de "um espaço", tampouco partes de um agregado. Não sei ao certo qual seria, segundo Kant, sua condição lógica, mas de todo modo eles são logicamente subsequentes ao espaço. Àqueles — quase todos os modernos — que adotam, quanto ao espaço, visão relacional, esse argumento não pode ser formulado, dado que nem "espaço" nem "espaços" podem sobreviver como substantivos.

O principal propósito do quarto argumento metafísico é demonstrar que o espaço é uma intuição, não um conceito. Sua premissa é: "O espaço é imaginado [ou representado, *vorgestellt*] como uma grandeza infinita *dada*." Essa é a visão de alguém que vive numa região plana, como a de Königsberg; não vejo como o habitante de um vale alpino possa adotá-la. É difícil conceber como algo infinito pode ser "dado". Deveria ser óbvio que a parte dada do espaço é povoada pelos objetos da percepção e que, quanto às demais partes, temos apenas sensação da possibilidade do movimento. Ademais, mesmo que um argumento tão vulgar quanto esse possa ser apresentado, os astrônomos modernos declaram que, na realidade, o espaço não é infinito, mas gira sem parar, como a superfície do globo.

O argumento transcendental (ou epistemológico), que encontra sua melhor formulação nos *Prolegômenos*, é mais bem-definido do que os argumentos metafísicos, bem como mais claramente refutável. A "geometria", tal como hoje a conhecemos, é um nome que une dois estudos diferentes. De um lado, há a geometria pura, que deduz consequências a partir de axiomas sem investigar se tais axiomas são "verdadeiros". Ela nada contém que não proceda da lógica; também não é sintética e não necessita das figuras empregadas nos manuais da geometria. Do outro lado, há a geometria como ramo da física — do modo como aparece, por exemplo, na teoria geral da relatividade. Trata-se de uma ciência empírica, na qual os axiomas são deduzidos a partir de medidas e se mostram diferentes daqueles de Euclides. Assim, dos dois tipos de geometria existentes, um é *a priori*, mas não sintético, e o outro é sintético, mas não *a priori*. Isso liquida o argumento transcendental.

Procuremos agora examinar, de maneira mais geral, as questões que Kant levanta a respeito do espaço. Caso adotemos a visão, dada como certa pela física, de que nossos perceptos possuem causas externas que são (em certo sentido) materiais, seremos levados a concluir que as qualidades reais dos perceptos são diferentes das qualidades encontradas em suas causas não percebidas, mas que há certa semelhança estrutural entre o sistema dos perceptos e o sistema de suas causas. Por exemplo, existe correlação entre as cores (tais quais percebidas) e as ondas de comprimento (tais quais inferidas pelos físicos). Do mesmo modo, deve haver correlação entre o espaço como ingrediente dos perceptos e o espaço como ingrediente do sistema das causas não percebidas dos perceptos. Tudo isso se fundamenta na máxima "mesma causa, mesmo efeito", com seu anverso: "Efeitos diferentes, causas diferentes." Por conseguinte, quando um percepto visual A surge à esquerda de um percepto visual B, supomos que há certa relação correspondente entre a causa de A e a causa de B.

Temos, segundo essa perspectiva, dois espaços: um subjetivo e outro objetivo, um conhecido na experiência e outro apenas inferido. Todavia, não há diferença alguma, a esse respeito, entre o espaço e os outros aspectos da percepção, como as cores e os sons. Todos, em suas formas subjetivas, são conhecidos empiricamente; todos, em suas formas objetivas, são inferidos por meio de uma máxima relativa ao princípio de causalidade. Não há razão nenhuma para encararmos nosso conhecimento do espaço como algo que difere de nosso conhecimento da cor, do som e do cheiro.

Quanto ao tempo, a questão é diferente. Com efeito, se aderirmos à crença nas causas não percebidas dos perceptos, o tempo objetivo deve ser idêntico ao subjetivo. Caso contrário, encontramos as dificuldades já examinadas quando do tratamento do relâmpago e do trovão. Tomemos ainda um caso como este: tendo ouvido um homem falar, você lhe responde e ele o escuta. O ato de falar e o ato de escutar a resposta encontram-se, no que diz respeito a você, no mundo impercebido; e, nesse mundo, o primeiro precede o segundo. Além disso, no mundo objetivo da física, o ato de falar de um terceiro precede a escuta que você faz; sua escuta, no mundo subjetivo dos perceptos, precede a resposta que você deu; e a resposta que você deu, no mundo objetivo da física, precede a escuta por parte de seu interlocutor. Claro está que a relação de "precedência" deve ser a mesma em todas essas proposições. Desse modo, embora haja séria razão para que o espaço perceptual seja subjetivo, não há razão alguma para que o tempo perceptivo também o seja.

Os argumentos acima presumem, assim como Kant, que os perceptos são causados pelas "coisas em si" ou, como diríamos nós, pelos acontecimentos do mundo da física. Esse pressuposto, no entanto, está longe de ser logicamente necessário. Se o descartarmos, os perceptos deixam de ser "subjetivos" em qualquer sentido importante, uma vez que nada há com que possamos contrastá-los.

A "coisa-em-si" era um elemento estranho na filosofia de Kant e foi abandonada por seus sucessores imediatos, que portanto resvalaram em algo muito semelhante ao solipsismo. As inconsistências de Kant foram tais que se tornou inevitável que os filósofos influenciados por ele seguissem, muito rapidamente, ou o caminho empírico, ou o caminho absolutista. Foi esta segunda direção que a filosofia alemã tomou até a morte de Hegel.

O sucessor imediato de Kant, Fichte (1762-1814), abandonou as "coisas-em-si" e levou o subjetivismo a um ponto que parece quase implicar uma espécie de insanidade. Ele afirma que o Ego é a única realidade definitiva, e que existe porque postula a si mesmo; o não Ego, cuja realidade é subordinada, também só existe porque o Ego o postula. Fichte não ganhou importância como filósofo puro, mas por ter fundado teoricamente o nacionalismo alemão, mediante seus *Discursos à nação alemã* (1807-8), cujo objetivo era instigar o povo a resistir a Napoleão após a batalha de Jena. O Ego como conceito metafísico logo foi confundido com o Fichte empírico; por ser o Ego alemão, seguiu-se que os alemães eram superiores a todas as outras nações. "Ter caráter e ser alemão", diz Fichte, "decerto significa a mesma coisa". Com base nisso, o autor elaborou uma filosofia do totalitarismo nacionalista que exerceu, na Alemanha, enorme influência.

Schelling (1775-1854), seu sucessor imediato, foi mais afável, mas não menos subjetivo. Vinculou-se intimamente aos românticos alemães; no plano da filosofia, embora gozasse de reputação em seu tempo, não é ninguém importante. Foi Hegel quem deu desenvolvimento relevante à filosofia kantiana.

21

As correntes de pensamento do século XIX

A vida intelectual do século XIX foi mais complexa do que a de qualquer época precedente. Isso se deu por diversos motivos. Primeiro, a área em que se desenvolveu nunca foi tão grande: Estados Unidos e Rússia ofereceram contribuições importantes, enquanto a Europa tomou maior ciência das filosofias indianas, tanto as antigas quanto as modernas. Em segundo lugar, a ciência, principal fonte de novidades desde o século XVII, alcançou novas conquistas, sobretudo nos campos da geologia, da biologia e da química orgânica. Terceiro, a produção mecânica modificou profundamente a estrutura social, dando aos homens nova concepção de seus poderes em relação ao ambiente físico. Em quarto lugar, uma profunda revolta — tanto no plano filosófico quanto no plano político — contra os sistemas tradicionais de pensamento, política e economia deu origem a ataques voltados a numerosas crenças e instituições vistas, até então, como inexpugnáveis. Essa revolta assumiu duas formas muito distintas: uma romântica e outra racionalista. (Emprego os termos em sentido amplo.) A revolta romântica passa de Byron, Schopenhauer e Nietzsche a Mussolini e Hitler; a racionalista tem início com os filósofos franceses da Revolução, passa, de modo um tanto brando, aos radicais filosóficos da Inglaterra, adquire forma mais profunda em Marx e culmina na Rússia soviética.

O predomínio intelectual da Alemanha é fator novo e começa com Kant. Leibniz, embora alemão, escreveu sempre em latim ou francês, sofrendo pouquíssima influência germânica em sua filosofia. O idealismo posterior a Kant, por outro lado, bem como a filosofia germânica tardia, foi profundamente influenciado pela história do país; muito do que parece estranho na especulação filosófica alemã reflete o estado de espírito de uma nação vigorosa que foi privada, graças a acidentes históricos, de seu quinhão natural de poder. A Alemanha lograra sua posição internacional graças ao Sacro Império Romano, mas o imperador aos poucos perdeu o controle dos seus submissos de menor importância. O último imperador poderoso foi Carlos V, que deveu seu poder aos bens que detinha na Espanha e nos Países Baixos. A Reforma e a Guerra dos Trinta Anos destruíram o que restara da unidade alemã, deixando uma série de principados insignificantes à mercê da França. No século XVIII, somente um Estado seu, a Prússia, havia resistido de maneira bem-sucedida aos franceses; foi essa a razão por que Frederico veio a ser denominado o Grande. Até mesmo a Prússia, porém, não conseguiu resistir a Napoleão, sendo completamente derrotada na batalha de Jena. A ressurreição prussiana sob Bismarck afigurou-se como o resgate do passado heroico de Alarico, Carlos Magno e Barbarossa. (Para os alemães, Carlos Magno é germânico, e não francês.) Bismarck demonstrou seu senso histórico ao dizer: "Nós não iremos a Canossa."

A Prússia, porém, não obstante predominasse na política, era muito menos avançada culturalmente do que a maior parte da Alemanha Ocidental. Isso explica por que tantos alemães de destaque, entre eles Goethe, não lamentaram o êxito de Napoleão em Jena. No início do século XIX, a Alemanha ostentava diversidade cultural e econômica extraordinária. Na Prússia Oriental, a escravidão perdurava ainda; a aristocracia rural se via amplamente imersa na ignorância bucólica, enquanto os trabalhadores careciam até mesmo da educação mais rudimentar. A Alemanha Ocidental, por sua vez, tivera parte de seu território submetida a Roma ao longo da antiguidade. Desde o século XVII, andara sob influência francesa e se vira ocupada pelos exércitos revolucionários da França, adquirindo instituições tão liberais quanto as francesas. Alguns de seus príncipes foram inteligentes, patronos das artes e ciências como aqueles das cortes renascentistas de outrora; o exemplo mais notável é o de Weimar, onde o grão-duque foi patrono de Goethe. Naturalmente, a grande maioria dos príncipes se opôs à unidade alemã, dado que destruiria sua independência. Eram, por conseguinte, antipatriotas, e nisso os seguiram muitos dos homens de destaque que deles dependiam; a estes, Napoleão se afigurou como missionário de uma cultura superior àquela da Alemanha.

Pouco a pouco, ao longo do século XIX, a cultura da Alemanha protestante foi tornando-se prussiana. Frederico, o Grande, na condição de livre-pensador e admirador da filosofia francesa, esforçara-se para fazer de Berlim um centro cultural; a Academia da cidade teve como presidente vitalício um destacado francês de nome Maupertuis, que no entanto tornou-se a infeliz vítima da zombaria letal de Voltaire. A exemplo dos outros déspotas esclarecidos da época, Frederico não teve em vista nenhuma reforma econômica ou política; tudo o que logrou foi uma claque de intelectuais contratados. Após a sua morte, a Alemanha Ocidental voltou a ser o lugar onde se encontrava a maioria dos homens de cultura.

A filosofia alemã era mais próxima da Prússia do que a literatura e a arte. Kant foi súdito de Frederico, o Grande; Fichte e Hegel, professores em Berlim. Kant sofreu pouca influência prussiana (na realidade, sua teologia liberal lhe trouxe problemas com o governo da Prússia); tanto Fichte quanto Hegel, por outro lado, foram seus porta-vozes e deram grande contribuição à posterior identificação do patriotismo alemão com a admiração pela Prússia. Nesse aspecto, a obra de ambos foi levada adiante por grandes historiadores alemães, sobretudo Mommsen e Treitschke. Bismarck, por fim, convenceu a nação alemã a aceitar a unificação sob a Prússia, dando, assim, vitória aos elementos de inclinação menos internacional da cultura germânica.

Ao longo de todo o período que se seguiu à morte de Hegel, a maior parte da filosofia acadêmica se manteve tradicional — portanto, sem importância. A filosofia empirista britânica predominou na Inglaterra quase até o fim do século; na França, até período um tanto anterior. Aos poucos, no que diz respeito aos professores de filosofia técnica, Kant e Hegel conquistaram as universidades francesas e inglesas, mas o público instruído em geral foi pouquíssimo afetado por esse movimento, que teve reduzida adesão entre os homens de ciência. Os autores que deram prosseguimento à tradição acadêmica — John Stuart Mill, do lado empirista; Lotze, Sigwart, Bradley e Bosanquet, do lado do idealismo alemão — não pertenceram ao primeiro escalão de filósofos, isto é, não estiveram no mesmo plano daqueles cujo sistema, em geral, haviam adotado. A filosofia acadêmica muitas vezes estivera dissociada do que de mais vigoroso havia no pensamento da época — nos séculos XVI e XVII, por exemplo, quando ainda era majoritariamente escolástica. Sempre que isso acontece, o historiador da filosofia volta-se menos para os mestres do que para os hereges amadores.

A maior parte dos filósofos da Revolução Francesa mesclou a ciência com certas crenças associadas a Rousseau. Helvétius e Condorcet podem ser considerados exemplares em sua combinação de racionalismo e entusiasmo.

Helvétius (1715-71) teve a honra de ter sua obra *De l'Esprit* (1758) condenada pela Sorbonne e incendiada pelo carrasco. Bentham a leu em 1769 e logo resolveu dedicar a vida aos princípios da legislação, dizendo: "O que Bacon foi para o mundo físico, Helvétius foi para a moral. O mundo moral, portanto, teve seu Bacon, mas seu Newton ainda há de vir." James Mill usou Helvétius como guia na educação de seu filho John Stuart.

Seguindo a doutrina lockiana segundo a qual a mente é uma *tabula rasa,* Helvétius considerava as diferenças entre os indivíduos inteiramente procedentes das diferenças educacionais: os talentos e as virtudes de cada indivíduo são resultado de sua instrução. O gênio, afirma, muitas vezes nasce do acaso: se não tivesse sido flagrado caçando ilegalmente, Shakespeare teria vivido como mero comerciante de lã. Seu interesse pela legislação advém da doutrina de que os principais instrutores da adolescência são as formas de governo e os modos e costumes que lhe sucedem. Os homens nascem ignorantes, não estúpidos; o que os torna estúpidos é a educação.

Na ética, Helvétius era utilitarista: o prazer equivalia ao bem. Na religião, adotou posicionamento deísta e veementemente anticlerical. Na teoria do conhecimento, tomou para si uma versão simplificada de Locke: "À luz de Locke, sabemos que é aos órgãos sensoriais que devemos nossas ideias, e, por conseguinte, também nossa mente." A sensibilidade física, diz, é a causa única de nossas ações, nossos pensamentos, nossas paixões e nossa sociabilidade. Ele discorda veementemente de Rousseau quanto ao valor do conhecimento, tendo-o em altíssima conta.

Sua doutrina é otimista, visto que uma educação perfeita é suficiente para tornar o homem perfeito. Há sugestão de que seria fácil encontrar educação perfeita caso os padres saíssem do caminho.

As opiniões de Condorcet (1743-94) se assemelham às de Helvétius, mas têm influência maior de Rousseau. Os direitos do homem, diz, deduzem-se todos de uma única verdade, qual seja: a de que ele é ser sensível, capaz de elaborar raciocínios e adquirir ideias morais. Disso se segue que os homens não podem mais ser divididos entre governantes e súditos, mentirosos e incautos. "Princípios tais, aos quais o generoso Sidney dedicou sua vida e Locke conferiu a autoridade de seu nome, foram depois elaborados com maior precisão por Rousseau." Locke, afirma, demonstrou pela primeira vez os limites do conhecimento humano. Seu "método logo se tornou o de todos os filósofos, e foi por terem-no aplicado à moral, à política e à economia que conseguiram trilhar, nessas ciências, caminho quase tão certo quanto aquele das ciências naturais".

Condorcet admira sobremaneira a Revolução Americana. "O bom senso puro e simples revelou, aos habitantes das colônias britânicas, que os ingleses nascidos do outro lado do oceano Atlântico possuíam exatamente os mesmos direitos daqueles que nasceram no meridiano de Greenwich." A Constituição dos Estados Unidos, diz, baseia-se nos direitos naturais; além disso, a Revolução Americana tornou os direitos do homem conhecidos em toda a Europa, desde o Neva até o Guadalquivir. Os princípios da Revolução Francesa, no entanto, são "mais puros, precisos e profundos do que aqueles que guiaram os americanos". Essas palavras foram escritas quando Condorcet se escondia de Robespierre; logo em seguida, foi capturado e mandado à prisão. Morreu preso, mas a forma de sua morte é incerta.

Ele acreditava também na igualdade das mulheres. Ademais, concebeu a teoria populacional de Malthus, mas sem as mesmas consequências sombrias, pois a associou à exigência do controle da natalidade. O pai de Malthus foi discípulo de Condorcet, o que explica por que o filho veio a conhecer a teoria.

Condorcet é ainda mais entusiasta e otimista do que Helvétius. Acredita que, se difundidos os princípios da Revolução Francesa, todos os grandes males sociais logo desaparecerão. Talvez lhe tenha sido bom falecer antes de 1794.

As doutrinas dos filósofos revolucionários franceses, sob forma menos entusiasmada e muito mais precisa, foram levadas à Inglaterra pelos radicais filosóficos, dos quais Bentham foi o líder reconhecido.

De início, Bentham praticamente só se interessou pelo direito, mas aos poucos, chegando à velhice, ampliou seus interesses e adotou opiniões mais subversivas. De 1808 em diante, foi republicano, defendeu a igualdade das mulheres, opôs-se ao imperialismo e tornou-se inflexível democrata. Algumas de suas opiniões ele deveu a James Mill; ambos acreditavam na onipotência da educação. A adoção do princípio da "maior felicidade ao maior número de pessoas" sem dúvida resultou de seu sentimento democrata, mas também implicava oposição à doutrina dos direitos do homem, que o autor expressamente denominou "bobagem".

De diversas maneiras os radicais filosóficos diferiram de homens como Helvétius e Condorcet. De temperamento paciente, eles gostavam de elaborar suas teorias até os detalhes mais práticos. Conferiram, ademais, grande importância à economia, que, em sua opinião, precisava ser desenvolvida como ciência. Tendências ao entusiasmo existiram em Bentham e John Stuart, mas não em Malthus ou James Mill, a quem tal "ciência" refreara — sobretudo a sombria versão malthusiana da teoria populacional, segundo a qual os assalariados devem sempre, exceto após a ocorrência de uma peste, ganhar o mínimo possível para assegurar a vida de suas famílias. Outra grande diferença entre os benthamistas e seus predecessores franceses está em que houve, na Inglaterra industrial, o violento conflito entre empregadores e assalariados que culminaria no sindicalismo e no socialismo. Os benthamistas em geral se alinharam aos empregadores e se opuseram à classe trabalhadora. John Stuart Mill, porém, seu último representante, aos poucos deixou de aderir aos inflexíveis princípios do pai e tornou-se, conforme envelhecia, cada vez menos hostil ao socialismo e cada vez menos convicto da veracidade eterna da economia clássica. De acordo com sua autobiografia, esse processo de abrandamento se iniciara com a leitura dos poetas românticos.

Os benthamistas, não obstante fossem, de início, revolucionários muito brandos, aos poucos deixaram de sê-lo; parte disso deveu-se a seu êxito na conversão do governo britânico a algumas de suas posições e, parte, à oposição à força crescente do socialismo e do sindicalismo. Os que se rebelavam contra a tradição se dividiam, como visto, em dois grupos: os racionalistas e os românticos (embora as duas visões se mesclassem em homens como Condorcet). Os benthamistas foram quase inteiramente racionalistas, assim como os socialistas que se rebelaram contra eles e contra a ordem econômica existente. Esse movimento não adquire filosofia plena até chegarmos a Marx, de quem trataremos em capítulo posterior.

A forma de revolta que assumiu o movimento romântico é muito diferente da forma adotada pelo racionalismo, não obstante ambas derivem da Revolução Francesa e dos filósofos que imediatamente a precederam. A forma romântica é vista em Byron de um modo infilosófico, mas em Schopenhauer e Nietzsche ela já conhece a linguagem da filosofia. Sua tendência, às custas do intelecto, é de se voltar para a vontade, a impacientar-se com as cadeias de raciocínio e a glorificar certos tipos de violência. Na política prática, é importante como aliada do nacionalismo. Sua propensão, se não toda a sua prática, é a de ser definitivamente contrária ao que em geral chamamos razão; tende, ademais, a ser também anticientífica. Algumas de suas formas mais radicais são encontradas entre os anarquistas russos, mas na Rússia foi a forma racionalista de revolta que enfim prevaleceu. Veio da Alemanha, sempre mais suscetível ao romantismo do que qualquer outro país, a válvula de escape governamental para a filosofia antirracional da vontade bruta.

As filosofias que temos examinado até aqui tiveram inspiração tradicional, literária ou política. No entanto, houve também duas outras fontes de opinião filosófica: a ciência e a produção mecânica. Esta última teve sua influência teórica iniciada com Marx e tornou-se, desde então, cada vez mais importante. A primeira tem se mostrado importante desde o século XVII, mas durante o XIX assumiu novas formas.

O que Galileu e Newton representaram para o século XVII, Darwin foi para o século XIX. A teoria darwiniana consistia em duas partes. De um lado, havia a doutrina da evolução, segundo a qual as diferentes formas de vida haviam se desenvolvido gradualmente a partir de um ancestral comum. Essa doutrina, hoje aceita por todos, não era nova. Lamarck e o avô de Darwin, Erasmus, haviam-na defendido, sem falar em Anaximandro. Darwin ofereceu fartas evidências que a respaldavam; na segunda parte de sua teoria, julgou também ter descoberto a causa da evolução. Assim, conferiu à doutrina uma popularidade e um vigor científico antes inexistentes. Todavia, não está nele, de modo algum, a sua origem.

A segunda parte da teoria de Darwin versava sobre a luta pela existência e sobre a sobrevivência do mais adaptável. A velocidade com que os animais e as plantas se multiplicam é maior do que a velocidade com que a natureza pode sustentá-los; em cada geração, portanto, muitos perecem antes de chegar à idade reprodutiva. O que determina quem irá sobreviver? Em certa medida, a sorte, sem dúvida. Todavia, há outra causa ainda mais importante. Em regra, os animais e as plantas não são precisamente como seus pais; antes, diferem levemente por excesso ou falta em cada característica mensurável. Em determinado ambiente, os membros da mesma espécie competem pela sobrevivência, e aqueles que melhor se adaptam têm melhores chances. Assim, de todas as variações casuais, as que são mais favoráveis preponderarão entre os adultos de cada geração. Eis o que explica por que, era após era, os cervos correm com mais velocidade, os gatos são mais silenciosos ao perseguir suas presas e o pescoço das girafas se torna mais longo. Em tempo oportuno, dizia Darwin, esse mecanismo explicaria o longo desenvolvimento verificado desde os protozoários até o *homo sapiens*.

Essa parte da teoria darwiniana foi bastante contestada; a maioria dos biólogos a tem como objeto de muitas qualificações importantes. Contudo, não é isso o que mais interessa ao historiador que se dedica às ideias do século XIX. Do ponto de vista histórico, o que interessa é a extensão de Darwin à vida da economia que caracterizou os radicais filosóficos. A força motriz da evolução, segundo ele, consiste numa espécie de economia biológica praticada num mundo de livre concorrência. Foi a doutrina populacional de Malthus, estendida ao mundo dos animais e das plantas, o que sugeriu a Darwin a luta pela existência e a sobrevivência do mais apto como fontes da evolução.

Embora Darwin mesmo tenha sido liberal, suas teorias tiveram consequências que, em certo sentido, se opõem ao liberalismo tradicional. A doutrina de que todos os homens nascem iguais e de que a diferença entre os adultos se deve apenas à educação era incompatível com a ênfase atribuída às diferenças congênitas entre os membros da mesma espécie. Se as características adquiridas, como afirmou Lamarck, e como o próprio Darwin, até certo ponto, esteve disposto a reconhecer, eram de fato herdadas, seria possível atenuar a oposição a conceitos semelhantes àqueles defendidos por Helvétius; no entanto, fora algumas exceções não muito importantes, somente as características congênitas parecem ser transmitidas. As diferenças inatas entre os homens, pois, adquirem importância fundamental.

Há uma consequência ulterior da teoria da evolução, que independe do mecanismo particular sugerido por Darwin. Dado que os homens e animais possuem ancestral comum, e dado que os homens se desenvolveram em estágios tão lentos que houve um dia criaturas sobre as quais não saberíamos dizer se foram humanas ou não, surge o problema: em que estágio da evolução os homens, ou seus ancestrais semi-humanos, passaram a ser todos iguais? Porventura o *Pithecanthropus erectus*, caso adequadamente educado, teria feito trabalho tão bom quanto o de Newton? Por acaso o Homem de Piltdown teria escrito a poesia de Shakespeare se houvesse quem o acusasse de caça ilegal? Um igualitário inflexível que responda afirmativamente às perguntas acima será forçado a igualar os macacos aos seres humanos. E por que parar nos macacos? Não vejo como ele poderia resistir a um raciocínio em favor do sufrágio para as ostras. Um adepto da evolução deveria afirmar que não somente a doutrina da igualdade dos homens é contrária à biologia, mas também a doutrina dos direitos humanos; com efeito, ela estabelece distinção assaz enfática entre os homens e os outros animais.

Há, contudo, ainda outro aspecto do liberalismo que se viu amplamente fortalecido pela doutrina da evolução: a crença no progresso. Na medida em que a condição do mundo permitiu o desenvolvimento do otimismo, a evolução foi acolhida pelos liberais (seja por conta disso, seja por oferecer novos argumentos contrários à teologia ortodoxa). O próprio Marx, não obstante formulasse doutrinas que são, em certos aspectos, pré-darwinianas, quis dedicar seu livro a Darwin.

O prestígio da biologia fez com que os homens influenciados pela ciência aplicassem ao mundo categorias biológicas, e não mecanicistas. Tudo estava em evolução, e era fácil imaginar um objetivo imanente. A despeito de Darwin, muitos acharam que a evolução justificava a crença num propósito cósmico. O conceito de organismo veio a ser tratado como chave para as explicações tanto científicas quanto filosóficas das leis naturais, enquanto o pensamento atômico do século XVIII passou a ser visto como datado. Esse ponto de vista influenciou até mesmo a física teórica. Na política, ele naturalmente desloca a ênfase do indivíduo e a volta para a comunidade, em oposição. Isso está em harmonia com o poder crescente do Estado; harmoniza-se também com o nacionalismo, que pode recorrer à doutrina da sobrevivência do mais apto tal qual aplicada não aos indivíduos, mas às nações. Nesse ponto, porém, adentramos a região das visões extracientíficas que o grande público assimila a partir de doutrinas científicas malcompreendidas.

Se a biologia se opôs a uma visão mecanicista de mundo, a técnica da economia moderna teve efeito oposto. Até cerca do fim do século XVIII, a técnica científica não exerceu um efeito importante sobre as opiniões, ao contrário do que acontecia com as doutrinas da ciência. Foi apenas com a ascensão do industrialismo que a técnica passou a afetar o pensamento dos homens. Mesmo então, contudo, esse efeito foi mais ou menos indireto. Em regra, os homens que produzem teorias filosóficas travam pouquíssimo contato com as máquinas. Os românticos perceberam e odiaram a feiura gerada pelo industrialismo em lugares outrora belos, bem como a vulgaridade (ao menos segundo eles) daqueles que faziam fortunas no "comércio". Isso os fez nutrir, pela classe média, uma hostilidade que por vezes os levou a algo semelhante a uma aliança com os defensores do proletariado. Engels enalteceu Carlyle sem perceber que seu desejo não era que os assalariados se emancipassem, e sim que se sujeitassem ao tipo de senhores que um dia tiveram na Idade Média. Os socialistas acolheram o industrialismo, mas desejaram libertar os trabalhadores industriais da submissão ao poder dos empregadores. Do industrialismo, eles extraíam os problemas que se punham a examinar, mas não as ideias empregadas na solução desses problemas.

O efeito mais importante da produção mecânica sobre o retrato imaginativo do mundo está no enorme aumento da sensação do poder humano. Trata-se tão somente da aceleração de um processo iniciado antes do despontar da história, quando os homens viram reduzido o medo dos animais selvagens, mediante a invenção de armas, e o medo da fome, mediante a invenção da agricultura. Essa aceleração, contudo, foi tão grande que acabou por gerar uma visão de mundo radicalmente nova naqueles que exercem o poder engendrado pela técnica moderna. Antigamente, montanhas e quedas d'água constituíam fenômenos naturais; hoje, é possível eliminar uma montanha inconveniente e criar uma queda d'água oportuna. Antigamente, havia desertos e regiões férteis; hoje, caso julguemos válido, o deserto pode florescer qual uma rosa, enquanto otimistas insuficientemente científicos convertem regiões férteis em desertos. Antigamente, os camponeses viviam como seus pais e avós haviam vivido, e acreditavam nas mesmas coisas em que eles haviam acreditado; nem o poder da Igreja foi capaz de eliminar as cerimônias pagãs, que recebiam traje cristão ao serem associadas a santos locais. Agora, as autoridades podem decretar o que os filhos dos camponeses aprenderão na escola e transformar a mentalidade dos agricultores no espaço de uma geração; alguns depreendem que isso foi realizado na Rússia.

Desse modo surge, entre aqueles que orientam as decisões ou que têm contato direto com quem o faz, uma crença nova no poder: primeiro, no poder do homem em seus conflitos com a natureza; depois, no poder dos governantes em oposição aos seres humanos cujas crenças e aspirações eles procuram controlar por meio da propaganda científica, de modo particular pela educação. Vemos, como resultado, a redução da fixidez: nenhuma mudança parece impossível. A natureza é material bruto; o mesmo se aplica àquela parte da raça humana que não tem participação eficaz no governo. Existem alguns conceitos de outrora que representam a crença dos homens nos limites do poder humano; destes, os dois principais são Deus e a verdade. (Não digo, aqui, que ambos estejam *logicamente* vinculados.) Conceitos assim tendem a se esvair; mesmo se não forem explicitamente negados, perderão importância e só serão admitidos de maneira superficial. Essa visão de mundo é integralmente nova, sendo impossível predizer como a humanidade se adaptará a ela. Gerou até agora calamidades imensas e decerto gerará outras no futuro. Forjar filosofia que seja capaz de lidar tanto com homens inebriados pela possibilidade de ter um poder quase pleno quanto com a apatia dos que são impotentes é a tarefa mais urgente de nossa era.

Embora muitos ainda creiam sinceramente na igualdade humana e na democracia teórica, a imaginação dos modernos foi assaz afetada pelo modelo de disposição social sugerido pela organização essencialmente antidemocrática da indústria no século XIX. De um lado, estão os magnatas industriais; do outro, a massa de trabalhadores. Essa ruptura da democracia que ocorre em seu interior ainda não foi reconhecida pelos cidadãos comuns dos países democráticos, mas tem sido causa de preocupação desde Hegel, e a clara incompatibilidade descoberta entre os interesses dos muitos e os interesses dos poucos encontrou expressão prática no fascismo. Dos filósofos, Nietzsche esteve descaradamente ao lado dos poucos; Marx, fervorosamente ao lado dos muitos. Talvez Bentham tenha sido o único homem de relevância a tentar harmonizar os interesses conflitantes; por conseguinte, incorreu na hostilidade de ambos os lados.

Para formularmos satisfatoriamente qualquer ética moderna das relações humanas, será essencial reconhecer tanto as limitações necessárias do poder dos homens sobre o ambiente não humano quanto os limites desejáveis do poder que os homens exercem uns sobre os outros.

22
Hegel

Hegel (1770-1831) representou o ápice do movimento que, na filosofia alemã, tivera início com Kant; apesar de criticá-lo, Hegel jamais poderia ter criado seu sistema se o de Kant não existisse. Sua influência, embora em declínio hoje, não foi enorme apenas — ou sobretudo — na Alemanha. Em fins do século XIX, os principais filósofos acadêmicos, tanto nos Estados Unidos quanto na Grã-Bretanha, eram amplamente hegelianos. Fora da filosofia pura, muitos teólogos protestantes adotaram suas doutrinas, e sua filosofia da história afetou a teoria política de maneira profunda. Marx, como é de conhecimento geral, foi discípulo de Hegel na juventude, e conservou em seu sistema definitivo alguns traços hegelianos de relevância. Ainda que todas as doutrinas de Hegel sejam falsas (como eu mesmo acredito), o autor conserva importância que não é meramente histórica: ele é o melhor representante de certo tipo de filosofia que, em outros, é menos coerente e abrangente.

Poucos foram os acontecimentos importantes de sua vida. Na juventude, Hegel sentiu grande atração pelo misticismo, e suas visões tardias podem ser consideradas, em certa medida, uma intelectualização do que inicialmente lhe parecera vislumbre místico. Lecionou também filosofia: primeiro, como *Privatdozent* em Jena (ele menciona ter concluído a *Fenomenologia do espírito* um dia antes da batalha ocorrida na região); depois, como professor em Heidelberg (1816-1818); e, por fim, em Berlim, de 1818 até sua morte. Adulto, tornou-se prussiano patriota, um servo leal do Estado que desfrutou confortavelmente de sua reconhecida preeminência filosófica; quando jovem, contudo, havia desprezado a Prússia e admirado Napoleão ao ponto de regozijar-se com a vitória francesa em Jena.

A filosofia de Hegel é muito difícil. Devo dizer que, de todos os grandes filósofos, é o de compreensão mais severa. Antes de entrar em detalhes, uma caracterização geral talvez se faça útil.

De seu velho interesse pelo misticismo, Hegel conservou a crença na irrealidade da separação: segundo ele, não consistia o mundo num agrupamento de unidades sólidas — fossem átomos ou almas — e completamente autossubsistentes. A aparente autossubsistência das coisas finitas soava-lhe ilusória; nada, dizia, exceto o todo, é definitiva e completamente real. Hegel, porém, diferiu de Parmênides e Spinoza porque não concebeu o todo como substância simples, e sim como um tipo de sistema complexo a que daríamos o nome de organismo. As coisas aparentemente independentes que parecem compor o mundo não são apenas ilusões; cada qual ostenta maior ou menor grau de realidade, que por sua vez consiste num aspecto do todo que pode ser observado quando visto segundo a verdade. A essa visão associa-se, naturalmente, a descrença na realidade do tempo e do espaço, uma vez que ambos, se tomados como elementos completamente reais, implicam a separação e a multiplicidade. Tudo isso deve ter se apresentado a ele como "vislumbre" místico; a elaboração intelectual apresentada em seus livros provavelmente surgiu depois.

Hegel afirma que o real é racional, e o racional, real; todavia, quando o diz, não entende por "real" o que indicaria um empirista: ele reconhece — e até preconiza — que aquilo que o empirista toma por fatos é irracional e deve necessariamente sê-lo, só tornando-se racional quando, vendo-o como aspecto do todo, transforma o seu caráter aparente. Não obstante, a identificação do real com o racional inevitavelmente conduz a certa complacência inseparável da crença em que "tudo o que é é correto".

O todo, em toda a sua complexidade, é denominado por Hegel "o Absoluto". O Absoluto é espiritual. A visão de Spinoza, segundo a qual o Absoluto possui o atributo da extensão, bem como o do pensamento, é rejeitada.

Duas coisas o distinguem de outros que tiveram visão metafísica mais ou menos semelhante. Uma delas é a ênfase atribuída à lógica: Hegel acredita que a natureza da Realidade só pode ser deduzida a partir da hipótese de que não deve ser autocontraditória. O outro traço distintivo (intimamente vinculado ao primeiro) é o movimento triádico chamado "dialética". Seus livros mais importantes são as duas *Lógicas*, e ambas devem ser compreendidas para entendermos corretamente o que ele tem a dizer sobre os outros temas.

Tal qual Hegel o compreende, o termo "lógica" tem o mesmo sentido que a metafísica; trata-se de algo muito diferente daquilo que em geral chamamos por esse nome. Segundo o autor, qualquer predicado comum, se tomado como qualificação de toda a Realidade, acaba por mostrar-se autocontraditório. Tomemos, como exemplo rudimentar, a teoria de Parmênides segundo a qual o Uno, única coisa real, é esférico. Nada pode ser esférico sem ter limite, e nada pode ter limite sem que haja algo (ao menos um espaço vazio) fora de si. Consequentemente, conceber o universo todo como esférico é autocontraditório. (Esse raciocínio pode ser questionado ao se recorrer à geometria não euclidiana, mas serve, não obstante, como ilustração.) Tomemos, do mesmo modo, exemplo ainda mais rudimentar — de fato, rudimentar demais para ser usado por Hegel. Você pode muito bem dizer, sem resvalar em contradição aparente, que o sr. A é tio. Entretanto, caso dissesse que o Universo é tio, encontraria dificuldades. Tio é um homem que possui sobrinho, que por sua vez é uma pessoa que dele é independente; desse modo, um tio não pode ser toda a Realidade.

Pode-se usar o mesmo exemplo para ilustrar também a dialética, que consiste em: tese, antítese e síntese. Nós primeiro dizemos: "A realidade é um tio." Esta é a tese. No entanto, a existência de um tio implica a existência de um sobrinho. Uma vez que nada existe de fato senão o Absoluto, e uma vez que estamos agora diante da existência do sobrinho, devemos concluir: "O Absoluto é um sobrinho." Esta é a antítese. A ela, porém, aplica-se a mesma objeção que apontamos no enunciado de que o Absoluto é um tio. Portanto, somos levados à visão de que o Absoluto é o todo composto de tio e sobrinho: trata-se da síntese. Esta, contudo, é ainda insatisfatória, pois o homem só pode ser tio se possuir irmão ou irmã que seja pai ou mãe do sobrinho. Por conseguinte, devemos ampliar nosso universo a fim de incluir esse irmão ou essa irmã, junto de sua esposa ou seu marido. Desse modo, podemos ser conduzidos, pela mera força da lógica, de qualquer predicado do Absoluto à conclusão final da dialética, isto é, à "Ideia Absoluta". Ao longo de todo o processo, subjaz a hipótese de que nada pode ser de fato verdadeiro se não remeter à Realidade como um todo.

Para esse pressuposto subjacente há fundamento na lógica tradicional, segundo a qual toda proposição possui sujeito e predicado. Segundo essa perspectiva, todo fato consiste em algo que possui certa propriedade. Segue-se, então, que as relações não podem ser reais, dado que envolvem *duas* coisas, e não uma. "Tio" é uma relação, e alguém pode tornar-se tio sem sabê-lo. Nesse caso, de um ponto de vista empírico, ao tornar-se tio o homem não é afetado; ele não adquire nenhuma qualidade que não tivera antes — ao menos se entendemos, por "qualidade", algo necessário para descrevê-lo tal como é em si mesmo, fora de suas relações com as outras pessoas e coisas. A lógica do sujeito e predicado só poderá evitar essa dificuldade caso afirme que a verdade não é propriedade somente do tio ou somente do sobrinho, mas de todo o composto tio-e-sobrinho. Como tudo, à exceção do Todo, possui relações com coisas exteriores, segue-se que nada de muito verdadeiro pode ser dito sobre as coisas isoladas e que, em verdade, apenas o Todo é real. Isso decorre mais diretamente do fato de que a proposição "A e B são dois" não é do tipo sujeito-predicado, e portanto, com base na lógica tradicional, tal proposição não pode existir. Desse modo, não há no mundo duas coisas; somente o Todo, considerado como unidade, é real.

O raciocínio acima não se encontra explícito em Hegel, mas está implícito tanto em seu sistema quanto no de muitos outros metafísicos.

Alguns exemplos do método dialético hegeliano podem torná-lo mais inteligível. O raciocínio de sua lógica parte do pressuposto de que "o Absoluto é Ser Puro"; presumimos que ele apenas é, sem atribuir a ele quaisquer qualidades. Entretanto, um ser puro sem qualidade é nada, e desse modo surge a antítese: "O Absoluto é Nada." Da tese e da antítese, passamos à síntese: a união de Ser e Não Ser é Devir. Portanto: "O Absoluto é Devir." Isso, como é evidente, também não servirá, uma vez que deve haver algo que se transforma. Como se vê, nossas visões da Realidade se desenvolvem mediante a correção contínua dos erros anteriores, todos procedentes de uma abstração equivocada, que considera que algo finito ou limitado pode constituir o todo. "As limitações do finito não vêm apenas de fora; sua própria natureza é a causa de sua ab-rogação, e mediante seu ato próprio ela se converte em seu complemento."

O processo, segundo Hegel, é essencial ao entendimento do resultado. Cada estágio posterior da dialética contém todos os estágios anteriores, como se estivessem dissolvidos; nenhum deles é suplantado *por completo*: antes, cada um encontra lugar próprio como um momento do Todo. Desse modo, não é possível chegar à verdade sem percorrer todos os passos da dialética.

O conhecimento como um todo possui movimento triádico. Inicia-se na percepção sensorial, em que há apenas ciência do objeto. Em seguida, por meio da crítica cética dos sentidos, torna-se puramente subjetivo. Por fim, alcança o estágio do autoconhecimento, no qual sujeito e objeto não mais se distinguem. Por conseguinte, a forma de conhecimento mais elevada é a autoconsciência. É evidente que esse deve ser o caso no sistema de Hegel, dado que o tipo mais elevado de conhecimento necessariamente será aquele de que desfruta o Absoluto; uma vez que o Absoluto é o Todo, fora dele nada há a ser conhecido.

Segundo Hegel, nos melhores raciocínios os pensamentos se tornam fluentes e se fundem. Ao contrário do que em geral se supõe, verdade e falsidade não são opostos claramente definidos: nada é inteiramente falso, e nada que *nós* conhecemos é inteiramente verdadeiro. "Podemos saber de maneira falsa", diz; isso ocorre quando atribuímos veracidade absoluta a uma informação isolada. A uma pergunta como "Onde César nasceu?", existe uma resposta direta que, em certo sentido, é verdadeira — mas não em sentido filosófico. Para a filosofia, "a verdade é o todo", e nada que seja parcial é *inteiramente* verdadeiro.

"A razão", afirma Hegel, "é a consciente certeza de ser toda a realidade". Isso não significa, porém, que uma pessoa isolada seja toda a realidade. Separada, ela não é inteiramente real; o que há de real nela é sua participação na Realidade como um todo. Na mesma proporção em que nos tornamos mais racionais, essa participação aumenta.

A Ideia Absoluta, com a qual a *Lógica* termina, se assemelha ao Deus de Aristóteles. Trata-se do pensamento que pensa sobre si mesmo. Claro é que o Absoluto não pode pensar sobre algo além de si, uma vez que nada mais *existe* — exceto para nossas formas parciais e errôneas de apreender a Realidade. Lemos que o Espírito é a única realidade e que seu pensamento se reflete em si mesmo mediante a autoconsciência. As palavras usadas para definir a Ideia Absoluta são um tanto obscuras. Wallace as traduz da seguinte maneira:

> *A Ideia Absoluta.* A ideia, como unidade da Ideia Subjetiva e da Ideia Objetiva, é a noção da Ideia — noção cujo objeto (*Gegenstand*) é a Ideia como tal, e para a qual o objetivo (*Objekt*) é a Ideia (um Objeto que abarca todas as características em sua unidade).

O original alemão é ainda mais difícil,[1] mas a essência da questão é bem menos complexa do que Hegel faz parecer. A Ideia Absoluta é o pensamento puro pensando sobre o pensamento puro. Isso é tudo o que Deus faz ao longo dos séculos. Decerto, trata-se do Deus de um professor. Hegel então afirma: "Essa unidade é, consequentemente, a verdade absoluta e plena, a ideia que pensa por si própria."

Chego agora a um traço singular que distingue a filosofia hegeliana daquela de Platão, Plotino ou Spinoza. Embora a realidade definitiva seja atemporal, e o tempo não passe de ilusão gerada por nossa incapacidade de ver o Todo, o processo temporal tem relação íntima com o processo puramente lógico da dialética. Na realidade, a história do mundo progrediu por meio das categorias — desde o Ser Puro na China (do qual Hegel só conhecia a existência) até a Ideia Absoluta, que parece ter sido quase (se não inteiramente) realizada no Estado prussiano. Não vejo como pode haver, com base na própria metafísica hegeliana, qualquer justificativa para a visão de que a história mundial repete as transições da dialética. De todo modo, foi essa a posição que Hegel desenvolveu na *Filosofia da história*. Trata-se de tese interessante, que dá unidade e sentido às revoluções dos assuntos humanos. A exemplo de outras teorias históricas, se fizeram necessárias certa distorção dos fatos e uma considerável ignorância para que se tornasse plausível. Hegel, qual seus sucessores Marx e Spengler, usou de ambas as qualificações. É estranho que um processo apresentado como cósmico se dê inteiramente em nosso planeta — a maior parte dele, ademais, próxima ao Mediterrâneo. Tampouco há razão, caso a realidade seja atemporal, que explique por que as seções tardias do processo devem incorporar categorias mais elevadas do que aquelas dos

[1] Eis a definição em alemão: *"Der Begriff der Idee, dem die Idee als solche der Gegenstand, dem das Objekt sie ist."* Exceto em Hegel, *Gegenstand* e *Objekt* são sinônimos.

segmentos anteriores — a não ser que adotemos a blasfema hipótese de que o Universo foi aos poucos aprendendo a filosofia hegeliana.

O processo temporal, de acordo com Hegel, vai do menos perfeito ao mais perfeito tanto em sentido ético quanto lógico. Com efeito, segundo ele, esses dois sentidos não são de fato distinguíveis, uma vez que a perfeição lógica consiste em ser um todo perfeitamente fundido, sem irregularidades e partes independentes, perfeitamente unido — qual um corpo humano ou, mais ainda, uma mente sensata — num organismo cujas partes são interdependentes e, juntas, trabalham para um único fim. Essa é também a perfeição ética. Algumas citações ilustrarão a teoria:

> A exemplo do Mercúrio condutor de almas, a Ideia é, na verdade, o que orienta os povos e o mundo; e o Espírito, vontade racional e necessária desse condutor, é e tem sido o diretor dos eventos da historia mundial. Conhecer o Espírito em seu ofício de guia é o que esta nossa iniciativa almeja.

> O único pensamento que a filosofia traz consigo à contemplação da história é o simples conceito da Razão; que a Razão é a soberana do mundo; e que a história do mundo, portanto, apresenta-nos um processo racional. Essa convicção e intuição constituem hipótese no domínio da história propriamente dito. No da filosofia, não formam hipótese alguma. Lá, prova a cognição especulativa que a Razão — e o termo deve bastar-nos aqui, sem que investiguemos a relação travada pelo universo com o Ser Divino — é *Substância*, bem como *Poder Infinito*; é também seu próprio *material infinito*, subjacente a toda a vida natural e espiritual a que dá origem, do mesmo modo que a *Forma Infinita* a qual põe o material em movimento. A razão é a *substância* do universo.

> Que essa "Ideia" ou "Razão" é o *Verdadeiro*, o *Eterno*, a essência absolutamente *poderosa*; que ela revela a si mesma no mundo e que, no mundo, nada mais se revela senão ela e sua honra e glória — eis a tese que, segundo vimos, foi demonstrada na filosofia e é aqui tratada como tal.

> O mundo da inteligência e da volição consciente não está abandonado ao acaso, mas deve revelar-se à luz da Ideia autocognoscente.

Essa é "uma consequência que porventura é conhecida *por mim* porque pude percorrer todo o campo".

Todas as citações acima vêm da introdução à *Filosofia da história*.

"O espírito, bem como o curso de seu desenvolvimento, constitui o objeto substancial da filosofia da história. A natureza do Espírito pode ser compreendida a partir do contraste com seu oposto, a saber: a Matéria. A essência da matéria é a gravidade; a do Espírito, a Liberdade. A matéria encontra-se fora de si mesma, enquanto o Espírito tem seu centro em si próprio. O espírito é a existência que se contém a si." Se porventura a ideia acima não ficou clara, a definição seguinte talvez seja mais esclarecedora:

> O que é, porém, o Espírito? Trata-se do Infinito único e imutavelmente homogêneo — a Identidade pura — que, em sua segunda fase, separa-se de si mesmo e faz desse segundo aspecto seu completo oposto, isto é, a existência por Si e em Si, em oposição ao Universal.

Quanto ao desenvolvimento histórico do Espírito, houve três fases principais: os orientais, os greco-romanos e os alemães. "A história do mundo é a disciplina da vontade natural sem controle, submetida à obediência de um princípio universal e dotada de liberdade subjetiva. O Oriente sabia, e até hoje sabe, que apenas o *Uno* é livre; o mundo grego e romano, que *alguns* são livres; e o alemão, que *Todos* o são." Poder-se-ia supor que seria a democracia a forma de governo em que todos são livres; todavia, as coisas não são bem assim. Tanto a democracia quanto a aristocracia pertencem a um estágio em que alguns são livres; o despotismo, a outro em que apenas um o é; e a *monarquia*, àquele em que todos gozam de liberdade. Isso tem que ver com o estranhíssimo modo como o termo "liberdade" é empregado por Hegel. Segundo ele, não há liberdade sem lei — e com isso podemos estar de acordo; todavia, o autor tende a deturpar isso e afirmar que, sempre que há lei, há liberdade. "Liberdade", por conseguinte, não é muito mais do que o mero direito de obedecer à legislação.

Como era de se esperar, Hegel confere aos alemães o papel mais elevado no desenvolvimento terreno do Espírito. "O espírito alemão é o espírito do novo mundo. Seu objetivo é a realização da Verdade absoluta como autodeterminação ilimitada da liberdade — *aquela* liberdade que tem como propósito a própria forma absoluta."

Eis uma forma excelente de liberdade. Ela não o impede de ir para um campo de concentração. Não implica a democracia ou a liberdade de imprensa,[2] tampouco apregoa os lemas que os liberais de sempre costumam bradar e que Hegel rejeita com desprezo. Quando o Espírito elabora leis para si próprio, o faz livremente. Segundo nossa perspectiva mundana, talvez pareça que o Espírito legislador está encarnado no monarca, e o Espírito que recebe as leis, em seus súditos. No entanto, do ponto de vista do Absoluto, a distinção entre monarca e súditos é ilusória como todas as outras, e quando o monarca envia um súdito de mentalidade liberal à prisão, ainda se trata do Espírito determinando livremente a si próprio. Hegel enaltece Rousseau por ter distinguido a vontade geral da vontade de todos. Depreende-se que o monarca incorpora a vontade geral e que a maioria parlamentar só realiza aquela que é de todos. Essa é uma doutrina bastante conveniente.

Hegel divide a história alemã em três períodos: o primeiro vai até Carlos Magno; o segundo, de Carlos Magno à Reforma; e o terceiro, da Reforma em diante. Distinguem-se como o Reino do Pai, do Filho e do Espírito Santo, respectivamente. Parece um pouco estranho que o Reino do Espírito Santo tenha se iniciado com as atrocidades sangrentas e abomináveis cometidas na repressão à Guerra dos Camponeses, mas Hegel naturalmente não menciona um incidente tão trivial. Em vez disso, como era de se esperar, passa a enaltecer Maquiavel.

A interpretação hegeliana da história posterior à queda do Império Romano é tanto consequência quanto causa do modo como a história mundial é lecionada nas escolas alemãs. Embora homens como Tácito e Maquiavel nutrissem admiração romântica pelos germânicos, na Itália e na França os alemães têm sido geralmente vistos como autores da invasão "bárbara" e inimigos da Igreja — primeiro, sob os grandes como imperadores; depois, na condição de líderes da Reforma. Até o século XIX, as nações latinas os trataram, do ponto de vista civilizacional, como inferiores. Os protestantes da Alemanha naturalmente adotaram uma visão distinta: consideravam decadentes os romanos

[2] A liberdade de imprensa, diz ele, não consiste em poder escrever o que quiser: esta é uma visão bruta e superficial. Não se deve permitir à imprensa, por exemplo, representar como desprezível o governo ou a polícia.

tardios e viam a conquista alemã do Império do Ocidente como passo essencial rumo à revivificação. Quanto ao conflito medieval entre Império e papado, assumiram posição gibelina: até hoje, os estudantes são ensinados a guardar uma admiração irrestrita por Carlos Magno e Barbarossa. No período que se seguiu à Reforma, a fraqueza política e a desunião da Alemanha eram lamentáveis. A ascensão gradual da Prússia foi acolhida porque tornava a Alemanha forte sob liderança protestante, e não sob a fragilíssima condução católica da Áustria. Quando filosofa sobre a história, Hegel tem em mente figuras como Teodorico, Carlos Magno, Barbarossa, Lutero e Frederico, o Grande. É preciso interpretá-lo à luz da façanha desses homens e da recente humilhação alemã perpetrada por Napoleão.

Tão glorificada é a Alemanha que acabamos por esperar que seja tratada como corporificação final da Ideia Absoluta, além da qual nenhum desenvolvimento ulterior se tornaria possível. No entanto, não é essa a posição de Hegel. Pelo contrário: diz o autor que são os Estados Unidos a terra do futuro, "na qual se revelará, durante os anos que temos adiante, o fardo da história mundial — talvez [acrescenta de sua maneira característica] numa disputa entre a América do Sul e a América do Norte." Hegel parece acreditar que tudo o que é importante assume a forma da guerra. Se lhe sugerissem que a contribuição americana para a história universal seria o desenvolvimento de uma sociedade sem pobreza extrema, ele não demonstraria interesse. Ao contrário, diz ele que ainda não há Estado verdadeiro nos Estados Unidos porque um Estado verdadeiro exige divisão de classes entre ricos e pobres.

As nações, em Hegel, desempenham o papel que as classes desempenham em Marx. O princípio do desenvolvimento histórico, diz, é o gênio nacional. Em todas as eras, há uma nação encarregada de conduzir o mundo pelo estágio da dialética em que se encontra. Na nossa época, é claro, essa nação é a Alemanha. Porém, devemos levar em consideração não somente as nações, mas também os indivíduos históricos; em seus objetivos se incorporam as transições dialéticas que deverão se realizar em tempo oportuno. Esses homens são heróis e têm justificativas para violar as normas morais ordinárias. Alexandre, César e Napoleão são os exemplos fornecidos. Não sei ao certo se, na opinião de Hegel, alguém que não fosse conquistador militar poderia tornar-se "herói".

A ênfase atribuída às nações, junto com sua peculiar concepção de "liberdade", explica sua glorificação do Estado. A este aspecto importantíssimo de sua filosofia política devemos voltar agora nossa atenção. A filosofia hegeliana do Estado foi desenvolvida tanto na *Filosofia da história* quanto na *Filosofia do direito*. Em linhas gerais, há compatibilidade com sua metafísica, que contudo não a exige; em certos pontos, porém — no que se refere, por exemplo, às relações entre Estados —, sua admiração pelo Estado nacional se estende tanto que chega a tornar-se inconsistente com a preferência genérica pelo todo em detrimento das partes.

No que diz respeito aos tempos modernos, a glorificação do Estado tem início com a Reforma. No Império Romano, o imperador era deificado e conferia, assim, caráter sagrado ao Estado. Por outro lado, os filósofos do medievo pertenciam quase todos ao clero, antepondo a Igreja ao Estado. Lutero, com o apoio de príncipes protestantes, inaugurou prática oposta; a Igreja Luterana como um todo foi erastiana. Hobbes, que do ponto de vista político era protestante, elaborou a doutrina da supremacia estatal, com que Spinoza, em linhas gerais, esteve de acordo. Rousseau, como vimos, achava que o Estado não deveria tolerar outras organizações políticas. Hegel foi protestante fervoroso, de linha luterana; o Estado prussiano, por sua vez, era uma monarquia absoluta erastiana. Isso bastaria para que se esperasse, dele, uma valorização elevada do Estado. Ainda assim, tal filósofo alcança níveis espantosos.

Na *Filosofia da história*, lemos que "o Estado é a vida moral realizada e verdadeiramente existente", e que toda a realidade espiritual de um ser humano só é possuída por meio do Estado. "Com efeito, é nisso em que consiste sua realidade espiritual: em que sua essência mesma — a Razão — lhe esteja objetivamente presente, que possua, para ele, existência imediata objetiva. (...) A verdade, pois, é a unidade da Vontade universal e da Vontade subjetiva, e a Vontade universal deve ser encontrada no Estado, em suas leis, em suas disposições universais e racionais. O Estado é a Ideia Divina tal qual existe na Terra." E mais uma vez: "O Estado é a corporificação da liberdade racional, realizando-se e reconhecendo-se de uma forma objetiva. (...) O Estado é a Ideia do Espírito na manifestação exterior da Vontade humana e de sua Liberdade."

A filosofia do direito, na seção dedicada ao Estado, elabora a mesma doutrina de modo muito mais pleno. "O Estado é a realidade da ideia moral — o espírito moral como vontade substancial visível, evidente a si mesma, pensando e conhecendo a si própria, e satisfazendo o que conhece na medida em que o faz." O Estado é o racional em e para si. Se, como os liberais afirmam, ele só existisse em prol dos interesses individuais, um indivíduo poderia ser ou não ser um de seus membros. Contudo, a relação entre Estado e indivíduo é muito distinta: uma vez que é Espírito objetivo, o indivíduo só possui objetividade, veracidade e moral na medida em que é membro do Estado, cujo verdadeiro conteúdo e objetivo é a união como tal. Admite-se que pode haver Estados maus, mas estes apenas existem e não gozam de verdadeira realidade, ao passo que o Estado racional é infinito em si mesmo.

Veremos que Hegel confere ao Estado a mesma posição que santo Agostinho e seus sucessores católicos um dia conferiram à Igreja. Todavia, em dois aspectos a reivindicação católica é mais razoável do que a hegeliana. Primeiro, a Igreja não é uma associação geográfica fortuita, e sim um corpo unido ao redor de um credo comum, com membros que o creem de suprema importância; desse modo trata-se, em essência, da corporificação daquilo que Hegel denomina "Ideia". Em segundo lugar, se há apenas uma Igreja Católica, muitos são os Estados. Quando cada Estado é feito absoluto em relação a seus súditos — e é isso o que Hegel faz —, torna-se difícil encontrar princípio filosófico que regule as relações entre diferentes Estados. Com efeito, nesse ponto Hegel abandona sua tagarelice filosófica e resvala tanto no estado de natureza quanto na guerra de todos contra todos apregoada por Hobbes.

O costume de falar em "*o* Estado", como se apenas um deles existisse, é capcioso na medida em que não há um só, de nível mundial. Se o dever, para Hegel, é apenas a relação entre indivíduo e Estado, não resta um princípio que possa moralizar as relações de um Estado com outro. Hegel reconhece isso. Nas relações exteriores, diz, o Estado é um indivíduo e cada Estado é independente dos demais. "Dado que, nesta independência, o ser-para-si do espírito real encontra sua existência, trata-se da primeira liberdade e da mais elevada honra de um povo." Em seguida, ele se volta contra toda espécie de Sociedade de

Nações que possa limitar a independência estatal. O dever do cidadão (no que diz respeito às relações exteriores de seu Estado) se limita a defender sua individualidade, sua independência e sua soberania substanciais. Segue-se que a guerra não é um mal completo, tampouco algo que deve ser abolido. O objetivo do Estado não é somente defender a vida e a propriedade dos cidadãos; disso depreende-se uma justificativa moral para a guerra, que não deve ser vista como mal absoluto ou incidental, nem tratada como se sua causa fosse algo que não deveria existir.

Hegel não quer dizer apenas que, em certas situações, não travar guerra é um erro. Ele diz muito mais. Hegel se opõe à criação de instituições — como um governo mundial — que possam impedir que situações como essa surjam, uma vez que é bom que de tempos em tempos haja guerras. É na condição de guerra, diz, que levamos a sério a futilidade dos bens e das coisas mundanas. (Deve-se contrastar essa perspectiva com a teoria oposta, segundo a qual todas as guerras possuem causas econômicas.) O valor moral da guerra é positivo. "Sua maior relevância está em que, por meio dela, a saúde moral dos povos é preservada em sua indiferença pela estabilização das determinações finitas." Paz é ossificação; a Santa Aliança e a Liga de Paz de Kant constituem equívoco, porque uma família de Estados precisa de inimigo. Os conflitos estatais só podem ser solucionados mediante conflito; se os Estados permanecem em situação de natureza, suas relações não são legais ou morais. Seus direitos encontram realidade em suas respectivas vontades, e o interesse de cada Estado constitui sua lei suprema. Não há contraste no plano da moral e da política porque os Estados não estão sujeitos às leis morais ordinárias.

Tal é a doutrina hegeliana do Estado — uma doutrina que, se aceita, justifica toda tirania interna e toda agressão externa que se possam imaginar. A força da tendenciosidade de Hegel é evidente no fato de sua teoria ser amplamente inconsistente com sua metafísica, e de as inconsistências serem tais que tendem a justificar a crueldade e o banditismo internacional. Um homem pode ser perdoado caso a lógica o obrigue a chegar, pesarosamente, a conclusões que ele deplora, mas nunca por afastar-se da lógica a fim de evitar a defesa de crimes. A lógica de Hegel o levou a crer em que há mais realidade ou excelência (ambos os termos lhe eram sinônimos) nas totalidades do que nas partes, e em que um todo cresce em realidade e excelência à medida que se torna mais organizado. Isso lhe deu justificativas para preferir o Estado a uma reunião anárquica de indivíduos, mas também lhe deveria ter feito preferir um Estado mundial a uma reunião anárquica de Estados. No âmbito estatal, sua filosofia geral deveria tê-lo levado a nutrir mais respeito pelo indivíduo, uma vez que as totalidades de que sua *Lógica* trata não são como o Uno de Parmênides ou o Deus de Spinoza; trata-se de totalidades em que o indivíduo não desaparece, mas logra realidade mais plena mediante sua relação harmoniosa com um organismo maior. Um Estado em que o indivíduo é ignorado não serve como modelo em pequena escala do Absoluto hegeliano.

Tampouco há, na metafísica de Hegel, boa razão para justificar a ênfase exclusiva no Estado em detrimento de outras organizações sociais. Não vejo nada além de viés protestante em sua preferência pelo Estado à Igreja. Além disso, se Hegel estiver certo ao supor que é bom que a sociedade seja a mais orgânica possível, muitas organizações sociais se farão necessárias além dessas duas. A partir dos princípios que ele postula, teríamos de concluir que todo interesse que não prejudique a comunidade e que possa ser promovido por meio da cooperação deveria ter organização apropriada e que toda organização como tal deveria possuir seu quinhão de independência restrita. É possível objetar que deve haver autoridade definitiva em algum lugar e que esse lugar não pode ser outro senão o Estado; ainda assim, podemos desejar que essa autoridade definitiva não seja irresistível ao tentar ser opressiva além de determinado ponto.

Isso nos leva a uma questão que é fundamental no julgamento da filosofia de Hegel: haveria mais realidade e mais valor num todo do que em suas partes? O filósofo diz que sim. A questão da realidade é metafísica; a do valor, ética. Ambas são em geral tratadas como se mal fosse possível distingui-las, mas a meu ver é importante conservá-las isoladas. Partamos da questão metafísica.

Segundo Hegel — e muitos outros filósofos —, o caráter de qualquer quinhão do universo é afetado de modo tão profundo por suas relações com as outras partes e o todo que nenhuma suposição verdadeira pode ser formulada sobre ela além da atribuição de seu lugar na totalidade. Uma vez que esse lugar depende de todas as outras partes, um enunciado verdadeiro sobre seu lugar na totalidade revelará ao mesmo tempo o lugar de cada parte. Por conseguinte, só pode haver um único enunciado verdadeiro: não há verdade senão toda a verdade. Do mesmo modo, nada senão o todo é de fato real, uma vez que qualquer parte, quando isolada, tem seu caráter alterado pelo isolamento e não pode mais se mostrar como verdadeiramente é. Por outro lado, quando determinada parte é vista — como deveria ser — em sua relação com o todo, descobre-se que ela não é autossubsistente e não pode existir senão como parte daquele mesmo todo que constitui a única coisa verdadeiramente real. É essa a doutrina metafísica.

A doutrina ética, segundo a qual o valor reside antes no todo do que nas partes, deve ser verdadeira caso a doutrina metafísica seja verdadeira, mas não necessariamente será falsa se a doutrina metafísica o for. Além disso, pode ser que se aplique a certas totalidades e não a outras. Em certo sentido, é claramente verdadeira quando diz respeito a um corpo vivo. O olho não tem valor quando separado do corpo; uma coleção de *disjecta membra*, mesmo quando completa, não possui o valor que um dia pertenceu ao corpo do qual foi retirada. Hegel concebe a relação ética entre cidadão e Estado como análoga àquela do olho com o corpo: em seu lugar, o cidadão é parte de um todo valioso, mas se isolado torna-se tão inútil quanto é um olho isolado. A analogia, porém, está sujeita a questionamentos; da importância ética de algumas totalidades não se segue a importância ética de todas.

Tal afirmação sobre o problema ético apresenta falhas em um aspecto importante: não leva em consideração a distinção entre fins e meios. Um olho, quando num corpo vivo, é útil, isto é, possui valor como meio, mas não goza de maior valor *intrínseco* do que quando isolado. Uma coisa possui valor intrínseco quando é valorizada pelo que é, e não por ser meio para algo mais. Nós valorizamos o olho como meio de alcançar a visão. Ver pode ser meio ou fim: é meio quando nos revela um alimento ou inimigos e fim quando nos revela algo que julgamos belo. O Estado é claramente valioso como meio: ele nos protege contra ladrões e assassinos, constrói estradas e escolas e assim por diante. Sem dúvida, também pode ser um meio mau — ao travar uma guerra injusta, por exemplo. A verdadeira questão que se deve levantar em relação a Hegel não é essa; antes, devemos questionar se o Estado é bom por si só, como fim: os cidadãos existem em prol do Estado ou o Estado existe em prol dos cidadãos?

Hegel sustenta a primeira hipótese; a filosofia liberal fundada por Locke, a segunda. Claro está que só atribuiremos valor intrínseco ao Estado caso o concebamos como algo dotado de vida própria, isto é, como se fosse, em certo sentido, uma pessoa. Nesse ponto do problema do valor, a metafísica de Hegel se torna relevante. Uma pessoa é um todo complexo, dotado de uma só vida; porventura poderia existir uma superpessoa, composta de pessoas tal qual o corpo é composto de órgãos, e ainda dotada de uma vida que não se resuma à soma das vidas de quem a integra? Se, como crê Hegel, é possível existir uma superpessoa assim, esse ser pode equivaler ao Estado e ser tão superior a nós quanto o corpo inteiro é superior ao olho. Ao mesmo tempo, caso não passe ela de uma monstruosidade metafísica, seremos obrigados a afirmar que o valor intrínseco de uma comunidade deriva do valor intrínseco de seus membros, e que o Estado é meio, e não fim. Desse modo, somos levados, da questão ética, de volta à metafísica — e a questão metafísica, como descobriremos, é na realidade uma questão de lógica.

O que está em jogo é muito maior do que a veracidade ou falsidade da filosofia de Hegel; trata-se, antes, da questão que separa aqueles que são amigos da análise de seus inimigos. Tomemos um exemplo. Suponhamos que eu diga: "João é o pai de Tiago." Hegel, bem como todos aqueles que acreditam no que Marshal Smuts denomina "holismo", dirá: "Antes que seja capaz de compreender o enunciado, você deve saber quem João e Tiago são. Ora, saber quem é João é conhecer todas as suas características, uma vez que, sem elas, ele não seria distinguível dos outros. Contudo, cada uma de suas características remete a outras pessoas ou coisas. Ele é caracterizado por suas relações com seus pais, sua esposa e seus filhos, por ser um cidadão bom ou ruim e pelo país a que pertence. Tudo isso deve ser conhecido antes que você possa definir a quem a palavra 'João' se refere. Passo a passo, em seu esforço para esclarecer o que quer dizer com a palavra 'João', você será forçado a levar em consideração o universo inteiro. Assim, a declaração original acabará por revelar algo sobre todo o universo, e não sobre duas pessoas isoladas, isto é, João e Tiago."

Tudo isso parece ótimo, mas está sujeito a uma objeção inicial. Se o raciocínio acima fosse válido, como o conhecimento sequer teria início? Sei de uma série de proposições que seguem a forma "A é o pai de B", mas desconheço o universo inteiro. Se todo conhecimento fosse do universo como um todo, não haveria conhecimento nenhum. Isso basta para nos fazer suspeitar de que há algo errado.

A verdade é que, para usar a palavra "João" de maneira correta e inteligente, eu não preciso saber *tudo* sobre João, mas apenas o suficiente para reconhecê-lo. Não há dúvidas de que João tem relações, próximas ou remotas, com tudo o que há no universo, mas é possível se referir verdadeiramente a ele sem levá-las em consideração, à exceção daquelas que constituem o objeto imediato do que está sendo dito. Ele pode ser, da mesma forma, o pai de Jemima, mas não é preciso ter conhecimento disso para saber que se trata do pai também de Tiago. Se Hegel estivesse certo, não poderíamos afirmar integralmente o que entendemos por "João é o pai de Tiago" sem mencionarmos Jemima; antes, deveríamos dizer: "João, pai de Jemima, é o pai de Tiago." Ainda assim, tratar-se-ia de declaração inadequada; devemos ir além e mencionar seus pais e avôs, bem como um extenso "Quem é Quem?". Isso nos leva ao absurdo. A posição hegeliana pode ser formulada da seguinte maneira: "A palavra 'João' significa tudo o que é verdadeiro acerca de João." Como definição, porém, essa é uma afirmação circular, porque a palavra "João" está presente na expressão que a define. Com efeito, se Hegel estivesse certo, nenhuma palavra poderia ter sentido, dado que deveríamos conhecer de antemão o sentido de todas as demais a fim de enunciar cada uma das propriedades daquilo que a palavra designa — propriedades que, segundo a teoria, constituem seu significado.

Formulando o problema abstratamente: nós devemos distinguir diferentes tipos de propriedades. Uma coisa pode ter uma propriedade que não envolve nada mais; a esse gênero dá-se o nome de *qualidade*. Do mesmo modo, pode ter uma propriedade que implica outra coisa; estar casado é uma delas. Também pode implicar dois outros fatores, como ser cunhado de alguém. Se algo possui certo número de qualidades que nenhuma outra coisa possui, é possível defini-lo como "aquilo que possui tais e tais qualidades". Uma vez que as possui, nada pode ser deduzido, por meio da lógica pura, acerca de suas propriedades relacionais. Hegel achou que, ao conhecer o suficiente sobre algo a ponto de distingui-lo de todas as outras coisas, seria possível inferir todas as suas propriedades pela lógica. Trata-se de um erro, e sobre esse erro foi erigido todo o imponente edifício de seu sistema. Isso ilustra uma verdade importante, qual seja: quanto pior a sua lógica, mais interessantes são as consequências a que dará origem.

23
Byron

Se comparado com os dias de hoje, o século XIX parece racional, avançado e satisfeito; não obstante, muitos dos homens mais notáveis do período de otimismo liberal eram dotados de qualidades opostas às que encontramos hoje em nossa era. Quando vemos os homens não como artistas ou descobridores, não como gente que agrada ou desagrada a nossos gostos, mas como forças, causas de transformação da estrutura social, dos juízos de valor ou da perspectiva intelectual, descobrimos que o curso dos acontecimentos recentes exigiu um grande reajuste de nossa avaliação, fazendo que alguns se afigurassem mais e outros menos importantes do que antes pareciam ser. Entre aqueles cuja importância é maior do que se afigurava, Byron merece lugar de destaque. No mundo de língua inglesa talvez essa posição soe um pouco estranha, mas, na Europa Continental, não seria surpreendente. Foi nesse local que Byron exerceu influência, e não é na Inglaterra que sua descendência espiritual pode ser encontrada. Para a maioria de nós, seus versos parecem pobres, e seus sentimentos, muitas vezes espalhafatosos. No exterior, contudo, seu modo de sentir e sua visão da vida foram de tal maneira transmitidos e desenvolvidos e transmutados que acabaram por influenciar grandes acontecimentos.

O rebelde aristocrático, do qual Byron foi um exemplo em sua época, é um tipo que muito se difere de um líder de uma revolta camponesa ou proletária. Os que têm fome não precisam de filosofia complexa que estimule ou justifique o descontentamento; algo assim lhes parece mero passatempo dos ricos ociosos. Eles querem o que os outros têm, e não um bem intangível e metafísico. Embora possam apregoar o amor cristão (como fizeram os rebeldes comunistas do medievo), os verdadeiros motivos para fazê-lo são muito simples: sua ausência entre os ricos e poderosos causa o sofrimento dos pobres, e sua presença entre os camaradas revoltosos se faz essencial ao sucesso. No entanto, a experiência do confronto leva ao desespero da capacidade de amar, restando apenas o ódio como força motriz. Se um rebelde como esse vier a conceber, como fez Marx, uma filosofia, só a elaborará para demonstrar a vitória final de seu grupo, e não para tratar de valores. Seus valores continuam primitivos: o bem é aquilo que basta para comer, e o resto é conversa fiada. Provavelmente nenhum faminto ousará dizer o contrário.

Uma vez que tem o bastante para comer, o rebelde aristocrático deve possuir outras causas de descontentamento. Por rebeldes não entendo os líderes de grupos que se encontram temporariamente fora do poder, mas apenas aqueles cuja filosofia exige mudança maior do que o sucesso pessoal de cada um. Talvez o amor ao poder seja a fonte subterrânea de seu descontentamento, mas seu pensamento consciente traz uma crítica ao governo do mundo que, se suficientemente profunda, assume a forma de uma autoafirmação cósmica titânica ou, naqueles que conservam certa superstição, do satanismo. Ambas são encontradas em Byron. Ambas, sobretudo por meio daqueles que foram por ele influenciados, se tornaram comuns em grandes segmentos da sociedade que dificilmente denominaríamos aristocráticos. Crescendo, desenvolvendo-se e mudando ao aproximar-se da maturidade, a filosofia aristocrática da rebelião inspirou uma longa série de movimentos revolucionários, desde a Carbonária, após a derrocada de Napoleão, até o golpe de Hitler em 1933; em cada estágio, ademais, suscitou um modo correspondente de pensar e sentir entre intelectuais e artistas.

É evidente que um aristocrata não se tornará rebelde se seu temperamento e circunstâncias não forem, de certa forma, peculiares — e as circunstâncias em que Byron viveu o foram em demasia. Suas recordações mais remotas são das brigas de seus pais. A crueldade de sua mãe fazia-o temê-la, e sua vulgaridade o levou a desprezá-la; sua ama uniu a perversidade à teologia calvinista mais rigorosa. A claudicância de Byron o enchia de vergonha e impediu-o de fazer parte do rebanho na escola. Após viver na pobreza, assumiu repentinamente, aos dez anos, a condição de lorde e proprietário de Newstead. Seu tio-avô, o "lorde perverso" de quem a herdara, havia matado um homem em duelo 33 anos antes, sendo então lançado ao ostracismo por seus vizinhos. Os Byron foram uma família corrupta — e os Gordon, ancestrais de sua mãe, ainda mais. Após viver dias de miséria numa ruela em Aberdeen, o menino naturalmente regozijou-se com seu título e sua propriedade, mostrando-se disposto a assumir o caráter de seus ancestrais como gratidão pelas terras recebidas. Se a belicosidade familiar recentemente lhes havia provocado problemas, ele descobriu que, em séculos pregressos, havia-lhes dado renome. Um de seus primeiros poemas, "On Leaving Newstead Abbey", relata seu sentimento de admiração pelos ancestrais que haviam combatido nas Cruzadas, em Crécy e em Marston Moor. Byron o conclui com a piedosa resolução:

> Viver e perecer irá, qual vós:
> Que, findo, o pó seu ao vosso mescle.

Esse não é o temperamento de um rebelde, mas lembra "Childe" Harold, o nobre moderno que se põe a imitar barões medievais. Quando pela primeira vez esteve, ainda graduando, em posse de renda própria, Byron escreveu que se sentia tão independente quanto "um príncipe alemão que cunha a própria moeda, ou ainda um chefe cheroqui que não cunha moeda alguma, mas desfruta daquilo que há de mais precioso: a Liberdade. Falo em êxtase sobre essa deusa porque minha adorável Mama foi assim despótica". Mais tarde, ele escreveria versos muito mais nobres em louvor à liberdade. No entanto, é preciso ter em mente que a liberdade por Byron enaltecida era a de um príncipe alemão ou de um chefe cheroqui, e não o tipo inferior que poderia ser desfrutado pelos meros mortais.

A despeito de sua linhagem e seu título, os parentes aristocráticos se esquivavam de Byron e o levaram a achar que não fazia parte de sua sociedade. Sua mãe despertava intensa antipatia, e portanto todos o viam com suspeição. Byron sabia que ela era vulgar e temeu, sombriamente, ter defeito semelhante. Daí a singular mistura de esnobismo e rebelião que lhe foi característica. Se não poderia ser um *gentleman* ao estilo moderno, seria então um barão audacioso à maneira de seus antepassados cruzados, quiçá até à maneira, mais feroz, mas ainda mais romântica, dos líderes gibelinos, que maldiziam a Deus e ao Homem à medida que abriam caminho a uma esplêndida derrocada. Os romances e histórias medievais eram seus livros de boas maneiras. Ele pecou como os Hohenstaufen e morreu, como os cruzados, combatendo os muçulmanos.

Sua timidez e a sensação de que não tinha amigos fizeram-no buscar consolo nos casos amorosos, mas, inconscientemente, o que queria era uma mãe, e não uma amante. Todas o decepcionaram, com exceção de Augusta. O calvinismo, do qual nunca se livrou — a Shelley ele descreveu-se, em 1816, como "metodista, calvinista, agostiniano" —, fazia-o achar que seu modo de vida era iníquo. Ao mesmo tempo, acreditava também que a iniquidade era uma maldição hereditária em seu sangue, um destino maligno ao qual o Todo-poderoso o havia predestinado. Nesse caso, uma vez que *deveria* tornar-se alguém notável, notabilizar-se-ia como pecador e ousaria cometer transgressões que exigiam uma coragem superior àquela dos libertinos em voga a quem desejava menosprezar. Ele amava Augusta porque tinham o mesmo sangue — da raça ismaelita dos Byron — e porque possuía o zelo de uma irmã mais velha por seu bem-estar cotidiano. Contudo, não era apenas isso o que Augusta oferecia. Com sua simplicidade e bonomia, tornou-se um meio de suscitar, nele, um remorso deliciosíssimo e narcisista. Byron podia sentir-se igual aos maiores pecadores — companheiro de Manfredo, de Caim, quase do próprio Satanás. O calvinista, o aristocrata e o rebelde ficavam igualmente satisfeitos, assim como o amante romântico, cujo coração era pisoteado pela perda do único ser terreno que ainda conseguia suscitar-lhe as emoções, mais brandas, da compaixão e do amor.

Não obstante se sentisse como Satanás, Byron jamais ousou se pôr em lugar de Deus. Esse passo ulterior no progresso do orgulho foi dado por Nietzsche, que diz: "Se existissem deuses, como admitiria eu não ser um Deus? *Por conseguinte*, não há deuses." Note-se a premissa oculta do raciocínio: "Tudo o que rebaixa meu orgulho deve ser considerado falso." A exemplo de Byron — em grau ainda maior —, Nietzsche recebeu educação piedosa; tendo, porém, inteligência superior, encontrou saída melhor do que o satanismo. De todo modo, continuou a nutrir grande simpatia por Byron. Diz:

> Jaz a tragédia em que não podemos acreditar nos dogmas da religião e da metafísica quando trazemos os rígidos métodos da verdade no co-

ração e na cabeça e em que, por outro lado, graças ao desenvolvimento da humanidade, tornamo-nos tão ternos, sensíveis e sofridos que necessitamos do mais alto tipo de salvação e consolo: daí o risco de que o homem sangre até a morte pela verdade que reconhece.

Byron o expressa em versos imortais:

Sofrer é saber: aos que sabem mais
Maior dor dá a verdade letal.
A Árvore é do Saber, não de Vida.

Às vezes — raramente, contudo —, Byron se mostra mais próximo das concepções de Nietzsche. Ainda assim, em oposição às suas práticas, sua teoria ética permanece estritamente convencional.

O grande homem, para Nietzsche, é como um deus; para Byron, trata-se em geral de um titã em guerra consigo mesmo. Ocasionalmente, no entanto, ele acaba por retratar um sábio que pouco difere de Zaratustra. O Corsário, ao lidar com seus seguidores,

Impele ainda as almas com comando
Que cega, guia e gela o cor mundano.

Esse mesmo herói, ademais, "odiava em demasia o homem para sentir remorso". Uma nota de rodapé nos assegura que o Corsário é fiel à natureza humana, dado que traços semelhantes foram um dia ostentados também por Genserico, rei dos vândalos; pelo gibelino e tirano Ezzelino; e por certo pirata da Louisiana.

Byron não se viu obrigado a buscar heróis no Levante e no medievo apenas; com efeito, não era difícil conferir a Napoleão uma aparência romântica. A influência napoleônica sobre a imaginação europeia no século XIX foi muito profunda; ele inspirou Clausewitz, Stendhal, Heine, o pensamento de Fichte e de Nietzsche, bem como as ações dos patriotas italianos. Seu fantasma paira sobre toda uma era e constitui a única força capaz de opor resistência ao industrialismo e ao comércio, fazendo recair o desprezo sobre o pacifismo e as mercearias. A *Guerra e paz* de Tolstói constitui tentativa de exorcizar esse fantasma, mas em vão: o espectro jamais se mostrou tão poderoso quanto nos dias de hoje.

Durante os Cem Dias, Byron disse querer a vitória de Napoleão; quando informado sobre Waterloo, declarou: "Lamento muitíssimo." Somente uma vez, e por um breve instante, voltou-se contra o herói: em 1814, quando (segundo ele) o suicídio teria sido mais honroso do que a abdicação. Nesse momento, buscou consolo na virtude de Washington, mas o retorno de Elba fez que tal esforço deixasse de ser necessário. Na França, quando morreu Byron, "muitos jornais observaram que os dois maiores homens do século, Napoleão e Byron, haviam partido quase ao mesmo tempo".[1] Carlyle, apesar de, posteriormente, ter acabado por preferir Goethe, à época tinha Byron como "o espírito mais nobre da Europa" e disse ter a sensação de que "perdera um irmão", sem deixar de aproximá-lo a Napoleão:

> A vossos espíritos mais nobres, a publicação de uma obra de arte assim, num ou noutro dialeto, converte-se quase em necessidade. Pois o que é mais oportuno, antes de combater o Diabo, senão uma altercação com ele? Vosso Byron publica seus *Sofrimentos do lorde George* em verso e prosa, e copiosamente; vosso Bonaparte representa os *Sofrimentos de Napoleão*, a ópera, em assombrosíssimo estilo. Sua música é a salva dos canhões e o grito homicida do mundo; as luzes de sua ribalta são o fogo da conflagração; sua rima e recitativo são o marchar das tropas preparadas e o som de cidades em ruínas.[2]

É bem verdade que, três capítulos adiante, encontramos enfática ordem: "Fecha teu *Byron*; abre teu *Goethe*." Byron, entretanto, corria em seu sangue, enquanto Goethe permaneceu como mera aspiração.

Para Carlyle, Goethe e Byron eram opostos; para Alfred de Musset, cúmplices na perversa tarefa de instilar o veneno da melancolia na alegre alma gálica. Ao que parece, a maioria dos jovens franceses de então só conhecia Goethe pelos *Sofrimentos do jovem Werther*, e não como o olímpico. Musset culpou Byron por não encontrar consolo na adriática condessa Guiccioli — e nisso esteve equivocado, pois, após conhecê-la, o poeta não voltou a escrever nenhum outro *Manfredo*. *Don Juan*, no entanto, foi tão pouco lido na França quanto a poesia mais alegre de Goethe. A despeito de Musset, a maior parte dos poetas

---

[1] Maurois, *Life of Byron*.

[2] *Sartor Resartus*, Livro II, cap. VI.

franceses subsequentes tomou a infelicidade byroniana como a melhor matéria-prima para seus versos.

Aos olhos de Musset, Byron e Goethe só perdiam para Napoleão no posto de maiores gênios do século. Nascido em 1810, Musset pertenceu à geração descrita por ele, num retrato lírico das glórias e desastres do Império, como *conçus entre deux batailles*. Na Alemanha, as opiniões sobre Napoleão eram mais divididas. Houve aqueles que, assim como Heine, o consideravam o majestoso missionário do liberalismo, o destruidor da servidão, o inimigo da legitimidade, o homem que fazia os principezinhos hereditários tremerem. Ao mesmo tempo, outros o tiveram como o anticristo, o pretenso destruidor da nação alemã, o imoral que demonstrara, de uma vez por todas, que a virtude teutônica só pode ser preservada pelo insaciável ódio à França. Bismarck trouxe a síntese: Napoleão continuou a ser o anticristo, mas um anticristo que não deveria ser apenas detestado, como também imitado. Nietzsche, que aceitou o meio-termo, observou com mórbida alegria que a era clássica da guerra se aproximava e que não devemos essa explosão marcial à Revolução Francesa, mas a Napoleão. Desse modo, por intermédio do nacionalismo, do satanismo e do culto do herói, o legado de Byron tornou-se parte integrante da complexa alma alemã.

Byron não é afável; assemelha-se mais a uma tempestade. O que afirma de Rousseau parece aplicar-se a si mesmo: Rousseau, diz, foi aquele

> Que revestiu
> A paixão de encanto, e do pesar
> Eloquência tirou, pasmosa (...).
> foi, no entanto, capaz
> De fazer da loucura o belo, e deu
> Divino tom a ideias e ações más.

Há, contudo, profunda diferença entre os dois homens. Rousseau é patético; Byron, feroz. A timidez de Rousseau é manifesta; a de Byron, dissimulada. Rousseau admira a virtude na medida em que é simples, enquanto Byron admira o pecado na medida em que elementar. Essa diferença, embora somente entre dois estágios da rebelião dos instintos antissociais, é importante porque revela a direção que o movimento vem tomando.

Deve-se admitir que o romantismo de Byron não foi de todo sincero. Por vezes, diria ele que a poesia de Pope era melhor do que a sua, mas é provável que também esse juízo só lhe tenha sido sugerido por certas disposições de espírito. O mundo insistiu em simplificá-lo e em omitir o elemento fingido de seu desespero cósmico e seu proclamado desprezo pela humanidade. A exemplo de muitos homens de destaque, ele foi mais importante como mito do que na realidade. Como mito, sobretudo na Europa Continental, sua importância foi enorme.

24
Schopenhauer

Em muitos aspectos, Schopenhauer (1788-1860) ocupa posição peculiar entre os filósofos. É pessimista quando quase todos os outros, em certo sentido, abraçam o otimismo. Não é de todo acadêmico, como Kant e Hegel, mas também não se mostra inteiramente alheio à tradição da academia. Sente desgosto pelo cristianismo e prefere as religiões da Índia, tanto o hinduísmo quanto o budismo. Homem de cultura extensa, nutriu pela arte quase o mesmo interesse que tinha pela ética. Era, ademais, excepcionalmente isento de nacionalismo, sentindo-se tão à vontade com os autores ingleses e franceses quanto com aqueles de seu país. Seu encanto sempre recaiu menos sobre os filósofos profissionais do que sobre a gente da arte e da literatura que buscava uma filosofia em que pudesse acreditar. Ele deu início à ênfase na Vontade que caracterizou grande parte da filosofia dos séculos XIX e XX, mas a seus olhos a Vontade, embora metafisicamente fundamental, é eticamente maléfica — posição que só se faz possível a um pessimista. Schopenhauer reconhece três fontes para a sua filosofia: Kant, Platão e os upanixades. No entanto, não acredito que deva tanto a Platão quanto afirma. Sua visão de mundo tem certa afinidade temperamental com a do período helenístico: é fatigada e valetudinária, valorizando mais a paz do que a vitória, e mais o quietismo do que as tentativas de reforma, por ele consideradas inevitavelmente fúteis.

Seus pais pertenceram a famílias de destaque no comércio em Danzig, onde nasceu. O pai era voltairiano e via a Inglaterra como terra da liberdade e da inteligência. Alinhando-se à maioria dos cidadãos proeminentes de Danzig, repudiou as intromissões da Prússia na independência da cidade livre e ficou indignado na época de sua anexação ao país, em 1793 — a ponto de mudar-se para Hamburgo, às custas de uma considerável perda pecuniária. Schopenhauer lá viveu, na companhia paterna, de 1793 a 1797; em seguida, passou dois anos em Paris, ao fim dos quais agradou ao pai descobrir que o garoto havia praticamente esquecido o alemão. Em 1803, foi enviado para um internato na Inglaterra, onde a beatice e a hipocrisia o repugnaram. Dois anos depois, no intuito de contentar o pai, tornou-se auxiliar numa casa comercial de Hamburgo, apesar de não desejar seguir carreira nos negócios e ansiar por uma vida literária e acadêmica. Essa se tornou possível com a morte paterna, provavelmente por suicídio; era da vontade de sua mãe que o jovem trocasse o comércio pela escola e universidade. Talvez se tenha a impressão de que, por conta disso, Schopenhauer a preferisse ao pai, mas o que se deu foi o contrário: Schopenhauer desgostava da mãe e conservou de seu pai uma lembrança afetuosa.

Sua mãe foi moça de aspirações literárias que se instalou em Weimar duas semanas antes da batalha de Jena. Ali, manteve um salão literário, escreveu livros e gozou da amizade de homens de cultura. Sentia-se pouco afeita ao filho e foi rigorosa com suas faltas; alertou-o contra o páthos afetado e vazio. Schopenhauer, por sua vez, irritava-se com sua promiscuidade. Chegando à maturidade, herdou meios de subsistência consideráveis, e depois disso sua relação se tornou cada vez mais marcada pela intolerância. O pouco que Schopenhauer fazia das mulheres decerto se deve, ao menos em parte, a suas rixas com sua mãe.

Já em Hamburgo, sofreu a influência dos românticos, sobretudo de Tieck, Novalis e Hoffmann, com quem aprendeu a admirar a Grécia e a malquerer os elementos hebraicos do cristianismo. Outro romântico, Friedrich Schlegel, corroborou sua admiração pela filosofia indiana. No ano em que chegou à maturidade (1809), ingressou na Universidade de Göttingen, na qual aprendeu a admirar Kant. Dois anos depois, seguiu para Berlim, onde estudou sobretudo ciência; escutou também as lições de Fichte, mas desprezou-o. Permaneceu indiferente em meio a todo o entusiasmo suscitado pela guerra da libertação. Em 1819, tornou-se *Privatdozent* em Berlim e teve a prepotência de dar suas aulas no mesmo horário das de Hegel; incapaz de atrair os alunos do concorrente, logo deixou de lecionar. Por fim, foi ter uma vida de solteirão em Frankfurt. Levava um *poodle* de nome Atma (a alma do mundo) para passear durante duas horas por dia, fumava um longo cachimbo, lia o *Times* londrino e empregava correspondentes para que colhessem evidências de sua fama. Foi antidemocrático e detestou a revolução de 1848; acreditava no espiritualismo e na magia. No escritório, mantinha um busto de Kant e um Buda de bronze. Em seu estilo de vida, procurou imitar Kant, exceto quanto a despertar cedo.

Sua principal obra, *O mundo como vontade e representação*, foi publicada ao final de 1818. Ele a julgava de enorme importância e chegou a dizer que alguns de seus parágrafos lhe haviam sido ditados pelo Espírito Santo. Para sua grande mortificação, o livro foi um grande fracasso. Em 1844, Schopenhauer convenceu o editor a lançar uma segunda edição, mas somente alguns anos depois passou a receber parte do reconhecimento por que ansiara.

O sistema de Schopenhauer é uma adaptação do kantiano, mas não enfatiza os mesmos aspectos da *Crítica* que foram enfatizados por Fichte ou Hegel. Ambos abriram mão da coisa-em-si e, com isso, tornaram o conhecimento metafisicamente fundamental. Schopenhauer a conservou, mas identificou-a com a vontade. Afirmou que aquilo que se afigura como meu corpo à percepção é minha vontade e nada mais. Dessa visão como desdobramento de Kant, havia mais a ser dito do que a maioria dos kantianos esteve disposta a reconhecer. Kant afirmara que um estudo da lei moral pode nos levar para além dos fenômenos, e possibilitar um conhecimento que a percepção sensorial é incapaz de fornecer; do mesmo modo, declarara que a lei moral por essência diz respeito à vontade. A diferença entre um homem bom e um homem mau, segundo Kant, se encontra no mundo das coisas-em-si e diz respeito às volições. Segue-se que as volições devem pertencer ao mundo real, e não ao dos fenômenos. O fenômeno que corresponde à volição é um movimento corporal; eis por que, aos olhos de Schopenhauer, o corpo é a aparência de que a vontade constitui a realidade.

Porém, a vontade que se encontra por trás dos fenômenos não pode consistir numa série de volições diferentes. Segundo Kant (e com isso Schopenhauer está de acordo), tanto o tempo quanto o espaço pertencem apenas aos fenômenos; a coisa-em-si não se encontra nem em um, nem em outro. Minha vontade, portanto, no sentido em que é real, não pode ser datada; tampouco pode ser composta de atos separados, uma vez que são o tempo e o espaço a fonte da pluralidade — o "princípio de individuação", para usarmos a expressão escolástica a que Schopenhauer dá preferência. Por conseguinte, minha vontade é una e atemporal. E não só isso: deve ser também identificada com a vontade de todo o universo. Meu isolamento não passa de ilusão resultante do aparato subjetivo de minha percepção espaçotemporal. Real é apenas uma grande e única vontade que se faz aparente em todo o curso da natureza, tanto no que é animado quanto naquilo que não o é.

Nesse aspecto, podemos esperar que Schopenhauer identifique sua vontade cósmica com Deus e apregoe uma doutrina panteísta que pouco se distinguiria daquela de Spinoza, em que a virtude consiste em conformar-se à vontade divina. No entanto, nesse ponto seu pessimismo conduz a um desdobramento distinto. A vontade cósmica é iníqua; a vontade como um todo o é — trata-se, de todo modo, da fonte de nossos sofrimentos infindáveis. O sofrimento é essencial a toda a vida e aumenta sempre que cresce o conhecimento. A vontade não possui fim fixo que propicie contentamento quando alcançado. Não obstante a morte triunfe no fim, nós continuamos a ir atrás de nossos objetivos fúteis, como se "fizéssemos a bolha de sabão mais longa e gorda possível, mesmo sabendo perfeitamente bem que estourará". Não existe algo como felicidade porque um desejo não satisfeito causa dor, e sua satisfação, apenas saciedade. O instinto impele os homens à procriação, que por sua vez suscita nova ocasião para sofrimento e morte: eis por que a vergonha está associada ao ato sexual. O suicídio é inútil; a doutrina da transmigração, mesmo que não seja literalmente verdadeira, comunica a verdade em forma de mito.

Tudo isso é muito triste, mas há saída. E ela foi descoberta na Índia.

O melhor dos mitos é aquele do Nirvana (que Schopenhauer interpreta como extinção). Trata-se, e o filósofo o admite, de algo contrário à doutrina cristã, mas "a velha sabedoria da raça humana não será afetada por aquilo que ocorreu na Galileia". A causa do sofrimento é a intensidade da vontade; quanto menos a exercermos, menos sofreremos. E aqui o conhecimento acaba por mostrar-se útil, desde que seja de determinado de tipo. A distinção entre um homem e outro faz parte do mundo dos fenômenos e desaparece quando o mundo é visto segundo a verdade. Para o homem bom, o Véu de Maya (ilusão) é transparente; ele percebe que todas as coisas são apenas uma e que a distinção entre ele mesmo e outrem só existe em aparência. A esse vislumbre o homem chega por meio do amor, que é sempre compaixão e tem relação com a dor alheia. Quando o Véu de Maya é retirado, ele assume o sofrimento do mundo inteiro. No homem bom, o conhecimento do todo silencia a volição; sua vontade se afasta da vida e nega sua natureza. "Surge, em seu interior, uma repulsa pela natureza de que sua existência fenomenológica é expressão, pelo núcleo e essência de um mundo reconhecido como repleto de miséria."

Desse modo, Schopenhauer se vê obrigado a concordar por inteiro, ao menos no plano prático, com o misticismo ascético. Eckhart e Angelus Silesius são melhores do que o Novo Testamento. Há bons elementos no cristianismo ortodoxo — sobretudo a doutrina do pecado original apregoada, contra o "pelagianismo vulgar", por santo Agostinho e Lutero —, mas os Evangelhos infelizmente carecem de metafísica. O budismo, diz Schopenhauer, é a religião mais elevada; suas doutrinas éticas, ademais, são ortodoxas em toda a Ásia, exceto onde a "detestável doutrina do islã prevalece".

O homem bom praticará a castidade plena, a pobreza voluntária, o jejum e a automortificação. Em tudo almejará destruir a vontade individual. No entanto, ao contrário dos místicos ocidentais, não o faz para lograr harmonia com Deus; antes, não tem em vista qualquer bem positivo. O bem almejado é todo e completamente negativo:

> Devemos dissipar a sombria impressão daquele nada que discernimos como fim por trás de toda virtude e toda santidade, e que tememos do mesmo modo como as crianças temem o escuro; não devemos tampouco escapar-lhe como os indianos, isto é, por meio de mitos ou palavras sem sentido, como reabsorção em Brahma ou o Nirvana dos budistas. Antes, reconhecemos livremente que, para todos os que ainda se encontram repletos de vontade, o que resta após a plena supressão da vontade é o nada. Por outro lado, àqueles em quem a vontade virou-se e negou a si mesma, este nosso mundo tão real, com os seus sóis todos e suas vias lácteas, é... nada.

Há vaga sugestão, aqui, de que o santo vê algo positivo que os outros não veem, mas em lugar nenhum encontramos indicação do que se trata. Creio que a sugestão é meramente retórica. O mundo e todos os seus fenômenos, diz Schopenhauer, são apenas a objetificação da vontade. Com a supressão da vontade,

> todos os fenômenos são também suprimidos. O ímpeto e esforço constantes, sem objetivo e repouso, em todos os graus de objetividade em que e por meio de que o mundo subsiste; as formas multifacetadas que se sucedem umas às outras em gradação; toda a manifestação da vontade; e, por fim, também as formas universais dessa manifestação (o tempo e o espaço), bem como sua última forma fundamental (sujeito e o objeto) — tudo é abolido. Nenhuma vontade: nenhuma representação, nenhum mundo. Diante de nós nada há, decerto, senão o nada.

Só podemos interpretar que a ideia acima indica que o propósito do santo é se aproximar ao máximo da não existência, o que, por alguma razão jamais esclarecida, não pode ser alcançado mediante suicídio. Por que se deve preferir o santo a alguém que está sempre bêbado não é facilmente discernível; talvez Schopenhauer achasse que os momentos de sobriedade estavam fadados a uma triste recorrência.

O evangelho da resignação apregoado pelo filósofo não é muito consistente, tampoco muito sincero. Os místicos a que recorre acreditavam na contemplação: pela Visão Beatífica, o tipo mais profundo de conhecimento seria alcançado, o qual constituía o sumo bem. Desde Parmênides, o conhecimento ilusório da aparência passou a ser contrastado com um conhecimento de outro tipo, e não com algo completamente diferente; o cristianismo, ademais, declara que no *conhecimento* de Deus encontra-se a vida eterna. Em Schopenhauer, entretanto, não há nada disso. Ele reconhece que aquilo que costuma passar por conhecimento pertence ao domínio de Maya, mas quando rasgamos seu véu não é Deus quem contemplamos; trata-se, antes, de Satanás, a vontade iníqua e onipotente que se põe a tecer, perpetuamente, uma rede de sofrimento que tortura suas criaturas. Aterrorizado pela Visão Diabólica, o sábio grita "Avante!" e busca refúgio na não existência. É insultuoso declarar que os místicos são adeptos de uma tal mitologia. Além disso, a sugestão de que, sem lograr a não existência, o sábio pode ainda levar vida de certo valor é incompatível com o pessimismo de Schopenhauer. O sábio só existe porque conserva a vontade, que é má. É possível que reduza a quantidade do mal ao enfraquecê-la, mas jamais pode lograr qualquer bem positivo.

Tampouco a doutrina é sincera — ao menos se a julgamos segundo a vida de seu autor. Schopenhauer costumava comer bem, em um bom restaurante; teve muitos casos amorosos triviais (de cunho sensual, mas não apaixonados); se envolvia em brigas em demasia e era excepcionalmente avarento. Certa ocasião, irritou-se com uma costureira já idosa que conversava com uma amiga à porta de seu apartamento. Lançou-a então escada abaixo, causando-lhe danos permanentes. Da corte, a senhora conseguiu uma ordem que o obrigava a pagar certa quantia (quinze táleres) trimestral enquanto estivesse viva. Quando morta, Schopenhauer registrou em seu livro-razão: "*Obit anus, abit onus.*"[1] É difícil encontrar, na sua vida, indícios de qualquer virtude além da bondade para com os animais, por ele praticada ao ponto de opor-se à vivissecção feita em prol da ciência. Em todos os outros aspectos, foi homem completamente egoísta. É difícil acreditar que alguém tão convicto da virtuosidade do ascetismo e da resignação jamais tenha realizado qualquer tentativa de incorporar suas convicções à prática.

Historicamente, há dois elementos relevantes em Schopenhauer: seu pessimismo e a doutrina de que a vontade é superior ao conhecimento. O pessimismo possibilitou que os homens se dedicassem à filosofia sem a necessidade de se convencerem de que todo mal pode ser explicado. Nesse aspecto, como antídoto, foi útil. Do ponto de vista científico, tanto o otimismo quanto o pessimismo são repreensíveis: o otimismo pressupõe, ou tenta demonstrar, que o universo existe para nos agradar, enquanto o pessimismo parte do princípio contrário. Cientificamente, não há indícios de que o universo se ocupe de nós de um modo ou de outro. A crença no pessimismo ou no otimismo relaciona-se antes ao temperamento do que à razão, mas o temperamento otimista tem se mostrado muito mais comum entre os filósofos do Ocidente. Um representante do grupo oposto, desse modo, provavelmente será útil para suscitar reflexões que acabariam, de outro modo, negligenciadas.

[1] "Morre a velha, vai-se o ônus."

Mais importante do que o pessimismo foi a doutrina da primazia da vontade. É evidente que entre ambos não há nenhum vínculo lógico necessário, e aqueles que a apregoaram depois de Schopenhauer muitas vezes encontraram fundamento para o otimismo. Seja qual for a sua forma, a visão de que a vontade é suprema foi assumida por muitos filósofos modernos, de modo particular Nietzsche, Bergson, James e Dewey. Além disso, tal doutrina alcançou destaque também fora do círculo de filósofos profissionais. Como consequência, na mesma medida em que a vontade cresceu em escala, o conhecimento decaiu. Essa é, a meus olhos, a mudança mais notável a acometer o espírito da filosofia em nossa era. Prepararam-na Rousseau e Kant, mas foi Schopenhauer o primeiro a enunciá-la em sua forma pura. Por essa razão, a despeito de sua inconsistência e de certa superficialidade, a filosofia que elaborou possui importância considerável como um dos estágios do desenvolvimento histórico.

25
Nietzsche

Nietzsche (1844-1900) julgava-se — e com razão — sucessor de Schopenhauer, mas a ele foi superior em muitos aspectos, sobretudo na consistência e coerência de sua doutrina. A ética oriental da renúncia que Schopenhauer apregoara parece incompatível com sua metafísica da onipotência da vontade; em Nietzsche, tanto na ética quanto na metafísica a vontade possui primazia. Embora professor, Nietzsche foi antes filósofo literário do que acadêmico. Não inventou teorias técnicas na ontologia ou na epistemologia: sua relevância jaz sobretudo na ética e, depois, em sua perspicaz crítica histórica. Vou limitar-me quase inteiramente à sua ética e à sua crítica da religião, dado ter sido esse o aspecto de sua escrita que tornou-o influente.

A vida de Nietzsche foi simples. Tendo por pai um pastor protestante, recebeu educação bastante devota. Na universidade, foi brilhante como classicista e estudioso da filologia — de tal maneira que, em 1869, antes de graduar-se, ofereceram-lhe uma cadeira de filologia na Basileia, a qual ele aceitou. Sua saúde jamais foi boa, porém, e no ano de 1879, após alguns períodos de licença, Nietzsche viu-se obrigado a recorrer à aposentadoria. Em seguida, instalou-se tanto na Suíça quanto na Itália. Em 1888, ficou louco e permaneceu nessa condição até a morte. Nutriu por Wagner uma admiração apaixonada, mas acabou por atacá-lo — ao que parece, em virtude de *Parsifal*, que, em seu julgamento, era demasiado cristão e repleto de renúncias. Após a briga, tornou-se crítico selvagem do compositor, chegando ao ponto de acusá-lo de ser judeu. Sua visão de mundo, no entanto, permaneceu muito semelhante à do Wagner do *Anel*; o super-homem de Nietzsche é assaz parecido com Siegfried, exceto pelo fato de saber grego. Isso talvez pareça estranho, mas a culpa não é minha.

Nietzsche não foi conscientemente romântico. Na realidade, muitas vezes criticou com rigor os adeptos do movimento. Conscientemente, sustentou uma visão helenista, mas sem seu componente órfico. Admirava os pré-socráticos, exceto Pitágoras. Com Heráclito, possui forte afinidade. O homem magnânimo de Aristóteles em muito se assemelha a seu "nobre", mas, em linhas gerais, Nietzsche considerou os filósofos gregos que se seguiram a Sócrates inferiores aos predecessores. Quanto a Sócrates, foi incapaz de perdoá-lo por sua origem humilde: chama-o "plebeu" e acusa-o de corromper a juventude nobre de Atenas com seu viés moral democrático. Platão, de modo especial, é condenado por seu apreço pela edificação, mas a Nietzsche claramente não agrada condená-lo, o que o leva a sugerir, como pretexto, que talvez o grego não fosse sincero e só apregoasse a virtude como forma de conservar a ordem nas classes inferiores. Em determinada ocasião, refere-se a ele como "o grande Cagliostro". Nietzsche estima também Demócrito e Epicuro, mas seu apreço por este parece um tanto ilógico (a não ser que o interpretemos como se fosse, no fundo, admiração por Lucrécio).

Como é de se esperar, ele tem Kant em baixíssima conta e o considera "um fanático moral à maneira de Rousseau".

A despeito da crítica que tece contra os românticos, sua visão de mundo deve muito a eles. Trata-se da visão do anarquismo aristocrático, como o de Byron, por quem não surpreende que tenha admiração. Nietzsche procura mesclar dois grupos de valor que não são facilmente harmonizáveis: de um lado, gosta da brutalidade, da guerra e do orgulho aristocrático; do outro, ama a filosofia e a literatura e as artes, sobretudo a música. Historicamente, tais valores coexistiram no Renascimento; o papa Júlio II, que lutou por Bolonha e empregou Michelangelo, pode ser considerado o tipo de homem que Nietzsche gostaria de ver à frente de um governo. É natural comparar o filósofo com Maquiavel, malgrado as diferenças relevantes entre os dois. No plano das diferenças, Maquiavel foi homem de negócios, alguém cujas opiniões se haviam formado a partir de seu íntimo contato com as questões públicas, estando, ademais, em plena harmonia com seu tempo. Não foi uma figura pedante ou sistemática, e sua filosofia política não chega a constituir um todo coerente. Nietzsche, por sua vez, foi professor, um homem essencialmente livresco, e um filósofo que assumiu posição consciente contra as tendências políticas e éticas predominantes à sua época. Não obstante, as semelhanças são ainda mais profundas. A filosofia política de Nietzsche, embora elaborada e aplicada a uma esfera mais ampla, é análoga àquela do *Príncipe* (não à dos *Discursos*). Tanto ele quanto Maquiavel possuem ética que almeja o poder e é deliberadamente anticristã, ainda que Nietzsche seja mais franco a esse respeito. O que César Bórgia foi para Maquiavel, Napoleão foi para Nietzsche: um grande homem derrotado por oponentes mesquinhos.

A crítica de Nietzsche às religiões e filosofias é inteiramente permeada por motivos éticos. Ele admira certas qualidades que — talvez com razão — só julga possíveis a uma minoria aristocrática; a seu ver, a maioria não deve passar de meio para a excelência de uns poucos, e não deve ser tratada como se dotada de direito independente à felicidade ou ao bem-estar. Costuma designar os seres humanos comuns pela expressão "fracos e malogrados", não vendo objeção a que sofram, caso preciso, para a produção de um grande homem. Desse modo, toda a importância do período de 1789 a 1815 se condensa em Napoleão: "A Revolução tornou Napoleão possível: trata-se de sua justificativa. Caberia a nós desejar o colapso anárquico de nossa civilização inteira caso tal recompensa fosse seu resultado. Napoleão tornou possível o nacionalismo: é, deste, o pretexto." Quase todas as aspirações mais elevadas deste século, diz, devem-se a Napoleão.

Nietzsche gosta de expressar-se por meio de paradoxos e com o objetivo de desconcertar os leitores convencionais. Para isso, emprega as palavras "bem" e "mal" em sentido corriqueiro e afirma, em seguida, que prefere este àquele. Em *Para além do bem e do mal*, almeja mudar a opinião do leitor acerca daquilo que é bom ou mau, mas declara, a quase todo momento, estar enaltecendo o "mal" e condenando o "bem". Diz o autor, por exemplo, que é equívoco tomar como dever a vontade de que o bem vença e o mal seja eliminado; trata-se, esta, de uma visão inglesa, típica da "besta quadrada que é John Stuart Mill", homem por quem o autor sente um desprezo particularmente virulento. Sobre ele, afirma:

> Abomino a vulgaridade que este homem demonstra ao afirmar que "o que é certo para um homem é certo para outro" e que "não deveis fazer a outrem o que não queres que seja feito convosco".[1] Princípios assim de bom grado alicerçariam todas as relações humanas *sobre ganhos mútuos*, de modo que toda ação pareceria constituir pagamento em espécie por algo que nos foi feito. A hipótese, aqui, é ignóbil em altíssimo grau: considera-se certo que há *equivalência de valor entre minhas ações e as vossas*.[2]

A verdadeira virtude, em oposição a seu tipo convencional, não é para todos e deve permanecer como característica de uma minoria aristocrática. Não é vantajosa ou prudente, isola quem a possui dos outros homens, é hostil à ordem e prejudica os inferiores. É necessário que os homens superiores travem guerra contra as massas e resistam às tendências democráticas da época, pois, em todas as direções, há medíocres unindo forças para se fazerem senhores. "Tudo o que mima, abranda e põe o 'povo' ou a 'mulher' em primeiro plano opera em favor do sufrágio universal — isto é, do domínio dos homens 'inferiores'." O corruptor foi Rousseau, que tornou as mulheres interessantes; depois, vieram Harriet Beecher Stowe e os escravos; por fim, os socialistas, com sua defesa dos trabalhadores e dos pobres. Tudo isso deve ser combatido.

A ética de Nietzsche não é uma ética de permissividade em sentido ordinário; ele acredita na disciplina espartana e na capacidade de suportar e infligir dor em prol de objetivos importantes. Admira a força de vontade acima de qualquer outra coisa. "Examino a *força de determinada vontade*", diz, "segundo a resistência que pode oferecer e segundo a quantidade de dor e tortura que pode suportar e converter para benefício próprio; não aponto para o mal e para a dor da existência um dedo em reprovação: antes, nutro a esperança de que a vida possa uma dia tornar-se mais má e sofrida do que tem sido." Para ele, a compaixão é uma fraqueza a ser combatida. "O objetivo é lograr aquela enorme *energia de grandeza* que pode dar forma ao homem do futuro por meio da disciplina e da eliminação, aos milhões, dos fracos e malogrados, e que, não obstante, impede a *ruína* ante a visão do so-

[1] Tenho a impressão de que alguém precedeu Mill nisso.

[2] Em todas as citações de Nietzsche, os grifos se encontram no original.

frimento assim criado, algo como o qual nunca se viu." Ele profetizou, com certo júbilo, a era das grandes guerras. Imagino se teria se alegrado ao ver a profecia cumprida.

Ainda assim, Nietzsche não foi adorador do Estado — longe disso. Ele é um individualista apaixonado, alguém que acredita no herói. A miséria de uma nação inteira, diz, é de menor importância do que o sofrimento de um grande indivíduo. "Os infortúnios de toda essa gente menor não constituem, juntos, uma soma total, exceto nos sentimentos dos *fortes*."

O filósofo também não é nacionalista e não demonstra uma admiração excessiva pela Alemanha. Deseja uma raça internacionalmente dominante, formada por membros que se tornariam senhores da Terra: "Uma nova e prodigiosa aristocracia alicerçada sobre a mais rigorosa autolegislação, na qual a vontade dos poderosos filosóficos e dos artistas-tiranos permanecerá gravada por milhares de anos."

Do mesmo modo, Nietzsche está longe de ser antissemita, não obstante acredite que a Alemanha possui tantos judeus quanto pode assimilar e não deve permitir a entrada de mais nenhum de seus fluxos. Desgosta do Novo Testamento, mas não do Antigo, do qual fala com enorme admiração. Deve-se fazer justiça a Nietzsche e enfatizar que muitos desdobramentos modernos que possuem algum vínculo com sua perspectiva ética geral contrariam as opiniões que ele explicitamente professou.

Duas aplicações da ética nietzschiana merecem destaque: primeiro, o desprezo pelas mulheres; depois, a amarga crítica do cristianismo.

Nietzsche nunca se cansa de invectivar contra as mulheres. Em seu livro pseudoprofético *Assim falou Zaratustra*, afirma que elas ainda não são capazes de amizade: não passam de gatos ou pássaros — de vacas, na melhor das hipóteses. "Os homens devem ser treinados para a guerra e as mulheres para a recreação do guerreiro. Tudo o mais é tolice." Se pudermos confiar no aforismo mais enfático que dedica ao tema, essa recreação será bastante singular: "Recorres à mulher? Não te esqueças do chicote."

Todavia, embora aja sempre com o mesmo desprezo, Nietzsche não é sempre tão feroz. Na *Vontade de poder*, afirma: "Desfrutamos das mulheres como se na companhia de um tipo de criatura mais gracioso, delicado e etéreo. Que alegria encontrar criaturas que só trazem danças, bobagens e joias na cabeça! Elas sempre foram o deleite da tensa e profunda alma masculina." Mesmo esses agrados, contudo, só podem ser encontrados nas mulheres que os homens viris mantêm sob ordem; tão logo adquirem qualquer independência, elas se tornam intoleráveis. "A mulher tem tantos motivos para se envergonhar; nela se ocultam tanto pedantismo, tanta superficialidade, tanto daquilo que se aprende nas escolas, tanta presunção mesquinha, tanto descontrole e tanta indiscrição (...) os quais até aqui foram da melhor maneira refreados e dominados pelo *medo* do homem." É isso o que diz em *Para além do bem e do mal*, em que acrescenta que devemos seguir o exemplo dos orientais e tomar a mulher como propriedade. Todo esse abuso das mulheres é enunciado como verdade autoevidente: isso não vem da história ou da experiência do filósofo — a qual, no que se refere às mulheres, limitou-se praticamente à sua irmã.

Nietzsche se opôs ao cristianismo ao afirmar que tal crença levava à aceitação do que denominou "moral escrava". É curioso notar o contraste entre seus argumentos e aqueles dos *philosophes* franceses que antecederam a Revolução, os quais consideravam que os dogmas cristãos não eram verdadeiros. Acreditavam também que o cristianismo pregava a submissão ao que era tido como vontade de Deus, quando os seres humanos que se dão o respeito não deveriam se curvar a nenhum Poder superior; e, além disso, que as Igrejas cristãs haviam se tornado aliadas dos tiranos, ajudando os inimigos da democracia a negarem a liberdade e maltratarem os pobres. Nietzsche não está interessado na veracidade metafísica do cristianismo ou de qualquer outra crença; certo de que religião nenhuma é verdadeira, julga todas segundo suas consequências sociais. Está de acordo com os *philosophes* quando se opõe à submissão a uma suposta vontade divina, mas no lugar desta vontade colocaria aquela dos "artistas-tiranos" deste mundo. Exceto para esses super-homens, submeter-se é correto, mas não ao Deus cristão. O fato de as Igrejas se aliarem a tiranos e serem inimigas da democracia trata-se, segundo Nietzsche, de uma inverdade. Para ele, a Revolução Francesa e o socialismo são, em espírito, essencialmente idênticos ao cristianismo; a todos se opõe da mesma forma, e pela mesma razão: ele não tratará os homens como iguais em aspecto algum.

O budismo e o cristianismo, diz ainda Nietzsche, são duas religiões "niilistas", no sentido de que negam qualquer diferença fundamental de valor entre um homem e outro. O budismo, no entanto, é, de ambas, a menos censurável. O cristianismo é degenerativo, repleto de elementos decadentes e excrementosos; sua força motriz é a revolta dos fracos e malogrados. Essa revolta fora iniciada pelos judeus e transferida ao cristianismo por "santos epilépticos" como são Paulo, o qual não teve honestidade alguma. "O Novo Testamento representa o evangelho de uma espécie humana completamente *ignóbil*." O cristianismo é a mentira mais letal e sedutora que já existiu: jamais um homem de destaque se aproximou do ideal cristão; vejam-se, por exemplo, os heróis das *Vidas* de Plutarco. O cristianismo deve ser condenado porque nega o valor "da altivez, do páthos da distância, da grave responsabilidade, dos espíritos exuberantes, do animalismo esplêndido, dos instintos de guerra e da conquista, da deificação da paixão, da vingança, da ira, da voluptuosidade, da aventura, do saber". Tudo isso é bom, e é considerado ruim pelo cristianismo — ao menos segundo Nietzsche.

O cristianismo, declara, tem por objetivo domesticar o coração humano, o que é um equívoco. Uma fera selvagem possui certo esplendor que se perde quando domesticada. Os criminosos a quem Dostoiévski se associara eram melhores do que ele por tratarem a si mesmos com mais respeito. Nietzsche sente-se enojado ante o arrependimento e a redenção, por ele denominados *folie circulaire*. É difícil, para nós, libertar-nos desse modo de ver o comportamento do homem: "Somos herdeiros da vivissecção da consciência e da autocrucifixão de dois mil anos." Há uma eloquentíssima passagem sobre Pascal que merece reprodução, uma vez que revela o esplendor das objeções de Nietzsche ao cristianismo:

> O que é isso que combatemos no cristianismo? Que almeje destruir o forte, fraturar seu espírito, explorar seus momentos de desgaste e debilidade, converter sua orgulhosa confiança em angústia e inquietação de consciência; que saiba como envenenar seus instintos mais nobres e com uma doença infectá-los até que sua força, sua vontade de poder, volte-se para dentro, contra si próprios, até que o forte pereça por meio de um autodesprezo e uma autoimolação excessivos — essa pavorosa forma de perecer de que Pascal é o exemplo mais famoso.

Em lugar do santo cristão, Nietzsche deseja ver o que chama de homem "nobre" — não um tipo universal, mas um aristocrata dominador. O "nobre" será capaz de cometer crueldade e, por vezes, o que é em geral considerado crime; só reconhecerá ter deveres para com seus iguais. Protegerá artistas e poetas e todos os que porventura tiverem algum talento, mas apenas na condição de alguém que pertence a uma ordem superior à dos que só sabem fazer algo. A exemplo dos guerreiros, aprenderá a associar a morte aos interesses por que está lutando; a sacrificar multidões; a levar suficientemente a sério a própria causa, a ponto de não poupar ninguém; a praticar uma disciplina inexorável; e a permitir-se a violência e a esperteza na guerra. Reconhecerá também o papel que desempenha a crueldade na excelência aristocrática: "Quase tudo o que denominamos 'cultura superior' baseia-se na espiritualização e na intensificação da *crueldade*." Em essência, o "nobre" é a encarnação da vontade de poder.

O que pensar das doutrinas de Nietzsche? Quanto têm de verdadeiro? Há nelas alguma utilidade? Possuem algo de objetivo, ou não passam das fantasias de um inválido com o poder?

Não se pode negar que Nietzsche exerceu enorme influência — não, porém, entre os filósofos técnicos, e sim entre os membros da cultura literária e artística. Também devemos reconhecer que, até aqui, suas profecias estiveram mais próximas da realidade do que aquelas dos liberais ou dos socialistas. *Se* ele nada mais é do que mero sintoma de uma doença, essa doença deve ter se espalhado amplamente pelo mundo moderno.

Ainda assim, há nele muita coisa que deve ser descartada como mero fruto da megalomania. Ao tratar de Spinoza, Nietzsche diz: "Quão grande timidez pessoal e quão grande vulnerabilidade não revela a mascarada desse recluso enfermiço!" Precisamente o mesmo pode ser dito sobre ele próprio — e com menos relutância, dado que não hesitou em afirmá-lo de Spinoza. É evidente que, em seus devaneios, Nietzsche é um guerreiro, não um professor; todos os homens que admira foram militares. Seu juízo das mulheres, como o que faz de todos os homens, é mera objetificação do sentimento que ele mesmo nutre a respeito delas — claramente um sentimento de medo. "Não te esqueças do chicote": nove entre dez mulheres, porém, tirariam o chicote de suas mãos, e ele bem o sabia; por conseguinte, afastou-se delas e mitigou a vaidade ferida por meio de comentários pouco gentis.

Nietzsche condena o amor cristão por achar que se trata de resultado do medo: temo que o próximo me prejudique, e por isso asseguro-lhe que o amo. Se fosse eu mais forte e audacioso, revelaria abertamente o desprezo que obviamente lhe dedico. Não ocorre ao filósofo que alguém possa sentir amor universal, porque ele mesmo evidentemente nutre ódio e medo de quase todos, disfarçando-os sob a máscara de uma altiva indiferença. O "nobre" — que, em seus devaneios, era ele mesmo — é um ser destituído de qualquer compaixão, alguém implacável, engenhoso, cruel, preocupado somente com o próprio poder. O rei Lear, à beira da loucura, declara:

> Tantas coisas farei —
> Quais, ainda ignoro, mas hão de ser
> O terror da Terra inteira.

Eis, em pouquíssimas palavras, a filosofia de Nietzsche.

Jamais lhe ocorreu que a ânsia pelo poder de que dota seu super-homem é, por si mesma, fruto do medo. Aqueles que não temem o próximo não sentem a necessidade de ser opressivos para com ele. Homens que dominaram o medo não possuem a desvairada qualidade que têm os Neros, os "artistas-tiranos" de Nietzsche, os quais procuram desfrutar da música e do massacre enquanto seus corações são tomados pelo medo do inevitável golpe de Estado. Não nego que, em parte graças a sua doutrina, o mundo real se tornou muito semelhante a esse pesadelo, mas isso não a torna menos terrível.

É preciso admitir que há certo tipo de ética cristã a que a censura de Nietzsche pode ser justamente aplicada. Pascal e Dostoiévski — exemplos que ele mesmo oferece — possuem algo de abjeto em sua virtuosidade. Pascal sacrificou a seu Deus sua magnífica inteligência matemática, atribuindo a Ele uma barbaridade que não passava da ampliação cósmica das próprias perversões mentais mórbidas. Dostoiévski nada tinha do "justo orgulho": pecava apenas para arrepender-se e gozar dos deleites da confissão. Nada direi sobre quanto aberrações assim podem ser colocadas na conta do cristianismo, mas reconheço que estou de acordo com Nietzsche quando julgo a prostração de Dostoiévski desprezível. Um pouco de altivez e orgulho e até certo tipo de autoconfiança, devo concordar, faz parte do melhor caráter; não se pode admirar muito uma virtude que tem raízes no medo.

Existem dois tipos de santo: aquele que o é por natureza e aquele que o é por medo. O santo por natureza nutre amor espontâneo pela humanidade; pratica o bem porque fazê-lo causa-lhe felicidade. O santo que nasce do medo, por sua vez, a exemplo de quem só deixa de roubar por conta da polícia, seria iníquo caso não se visse coagido pela imagem do fogo infernal ou da vingança de seus próximos. Nietzsche só consegue conceber este segundo tipo; seu medo e ódio são tão grandes que o amor espontâneo pela humanidade lhe parece impossível. Jamais concebeu alguém que, com o destemor e o orgulho obstinado do super-homem, não inflige dor porque não deseja fazê-lo. Porventura alguém acha que Lincoln fez o que fez por temer o inferno? Não obstante, ele é, para Nietzsche, alguém abjeto, enquanto Napoleão se afigura como personagem magnífico.

Resta ainda examinar o principal problema ético levantado por Nietzsche: deve nossa ética ser aristocrática, ou deve tratar, em certo sentido, todos os homens como iguais? Como há pouco pude declarar, essa é uma questão que não possui sentido muito claro. É evidente, portanto, que nosso primeiro passo deve ser torná-la mais precisa.

Em primeiro lugar, é preciso diferenciar a ética aristocrática da *teoria política*. Quem crê no que apregoa Bentham, isto é, no princípio da maior felicidade ao maior número de pessoas, possui uma ética democrática, mas pode muito bem julgar que a felicidade geral será promovida da melhor forma por meio de um governo aristocrático. Não é essa a posição de Nietzsche. Ele afirma que a felicidade das pessoas comuns não faz parte do bem propriamente dito. Tudo o que é bom ou mau em si só existe nos poucos que são superiores; o que acontece com os outros não tem importância.

A pergunta seguinte é: como esses poucos superiores são definidos? Na prática, eles em geral pertencem a uma raça dominante ou a uma aristocracia hereditária — e as aristocracias costumam ser formadas, ao menos em teoria, pelos que descendem das raças dominantes. Creio que Nietzsche aceitaria essa definição. "Moral nenhuma é possível sem um bom berço", diz-nos. Do mesmo modo, ele afirma que a casta nobre é sempre bárbara de início, mas que toda elevação do Homem se deve à sociedade aristocrática.

Não fica claro se, em sua concepção, a superioridade do aristocrata é congênita ou se advém da educação e do ambiente. Confirmada a segunda hipótese, seria difícil defender que outros devem ser privados das vantagens a que, *ex hypothesi*, encontram-se igualmente qualificados. Assim, partirei do princípio de que Nietzsche vê as aristocracias dominantes e seus descendentes como biologicamente superiores a seus súditos, da mesma forma como os homens são superiores aos animais domésticos, ainda que em grau mais reduzido.

O que devemos entender por "biologicamente superior"? Ao interpretarmos Nietzsche, que os indivíduos da raça superior, bem como seus descendentes, têm mais chances de serem "nobres" em sentido nietzschiano: terão mais força de vontade, mais coragem e mais desejo de poder, assim como menos compaixão, menos medo e menos docilidade.

Podemos agora articular a ética de Nietzsche. Creio que apresento, a seguir, uma justa análise.

Os que vencem na guerra, bem como seus descendentes, costumam ser biologicamente superiores aos conquistados. Por conseguinte, é desejável que detenham todo o poder e gerenciem seus assuntos particulares segundo apenas os próprios interesses.

Todavia, resta ainda definir a palavra "desejável". O que é "desejável" na filosofia de Nietzsche? Do ponto de vista de quem está de fora, o que Nietzsche considera desejável é o que ele mesmo deseja. Nesse caso, sua doutrina poderia ser formulada, com maior simplicidade e franqueza, numa só frase: "Quisera eu ter vivido na Atenas de Péricles ou na Florença dos Médici." No entanto, isso não constitui filosofia; trata-se, antes, de um fato filosófico referente a determinado indivíduo. A palavra "desejável" não é o mesmo que "por mim desejado", mas possui certa pretensão, ainda que obscura, de aplicar-se a todos. Um teísta pode muito bem dizer que desejável é o que Deus deseja; Nietzsche, contudo, não pode fazê-lo. Poderia afirmar que sabe o que é bom por intuição ética, mas não o fará porque isso soa demasiadamente kantiano. O que lhe é possível dizer, como desdobramento do termo "desejável", é: "Se os homens lerem minhas obras, certa percentagem deles partilhará do que desejo como organização da sociedade; então, inspirados pela energia e determinação que minha filosofia lhes infundirá, poderão preservar e restaurar a aristocracia, tornando-se eles mesmos aristocratas ou (como eu) seus puxa-sacos. Dessa maneira, alcançarão uma vida mais plena do que aquela de que podem gozar como servos do povo."

Há, em Nietzsche, outro elemento que em muito se aproxima da objeção que os "ríspidos individualistas" levantam contra os sindicatos. Numa luta de todos contra todos, o vitorioso provavelmente terá certas qualidades que Nietzsche admira, como a coragem, a engenhosidade e a força de vontade. Contudo, caso aqueles que não possuem essas qualidades aristocráticas (e que formam a grande maioria) venham a se unir, poderão vencer a despeito das inferioridades individuais. Nessa disputa da *canaille* coletiva contra os aristocratas, o cristianismo é a frente ideológica do mesmo modo como a Revolução Francesa foi a frente de batalha. Devemos nos opor, portanto, a todo tipo de união entre os que são individualmente frágeis, impedindo, assim, que a soma de suas forças sobrepuje a força dos individualmente fortes; do mesmo modo, é preciso fomentar a união dos que são robustos e viris. O primeiro passo rumo à criação de tal união é apregoar a filosofia de Nietzsche. Observar-se-á que não é fácil conservar a distinção entre ética e política.

Suponha-se que queiramos — como decerto o quero — encontrar argumentos em oposição à ética e à política de Nietzsche. Que argumentos nos são possíveis?

Alguns argumentos práticos e convincentes demonstram que a tentativa de lograr os fins almejados por Nietzsche acaba, no fundo, por conquistar algo muito diferente. As aristocracias de berço hoje estão em descrédito; a única forma viável desse tipo de governo consiste numa organização como a do partido fascista ou do nazista. Uma tal organização, porém, gera oponentes e provavelmente será derrotada em guerra. Mesmo que não o seja, em breve se converterá num Estado policial, em que os governantes vivem sob o medo do assassinato, e os heróis são enviados para campos de concentração. Numa comunidade assim, a fé e a honra são minadas pela delação, e a suposta aristocracia de super-homens resvala numa panelinha de poltrões desequilibrados.

Entretanto, esses são argumentos que se aplicam somente à nossa era; não teriam sido acolhidos em tempos pregressos, quando a aristocracia jamais era questionada. O governo egípcio se deixou guiar por princípios nietzschianos durante milênios. O governo de quase todos os grandes Estados foi aristocrático até que ocorressem as Revoluções Americana e Francesa. Desse modo, devemos nos perguntar se há alguma boa razão para preferirmos a democracia a uma forma de governo que teve histórico tão longo e bem-sucedido — ou ainda, dado que nos interessamos antes pela filosofia do que pela política, se há fundamentos objetivos para rejeitarmos a ética mediante a qual Nietzsche dá apoio ao regime aristocrático.

Ao contrário da questão política, a questão ética está relacionada à *compaixão*. No sentido de se tornar infeliz por conta do sofrimento alheio, a compaixão é, em certa medida, natural aos seres humanos; as crianças pequeninas ficam desconcertadas quando escutam outros pequenos chorarem. No entanto, o modo como esse sentimento se desenvolve difere muito em cada um. Alguns sentem prazer ao infligir tortura; outros, como Buda, acham que não é possível ser inteiramente feliz enquanto um único ser vivo estiver sofrendo. A maioria das pessoas divide emocionalmente a humanidade entre amigos e inimigos, sentindo compaixão somente pelos primeiros. Uma ética como a do cristianismo ou do budismo encontra alicerce emotivo na compaixão universal; a de Nietzsche, na ausência completa de compaixão. (Nietzsche muitas vezes tece invectivas contra tal sentimento, e nesse aspecto temos a impressão de que não sente dificuldades para cumprir os próprios preceitos.) A questão é: caso Buda e Nietzsche fossem colocados frente à frente, algum deles seria capaz de formular argumento que tocasse um ouvinte imparcial? Não me refiro, aqui, a argumentos políticos. Podemos imaginá-los diante do Todo-poderoso, como no primeiro capítulo do Livro de Jó, oferecendo-Lhe conselhos quanto ao tipo de mundo que deveria criar. O que cada um diria?

Buda começaria falando dos leprosos, dos marginalizados e dos miseráveis; dos pobres, que labutam com seus membros dolorosos e sobrevivem à base de pouquíssima comida; dos feridos em combate, morrendo em lenta agonia; dos órfãos, maltratados por tutores cruéis; e até mesmo dos bem-sucedidos assombrados pelo espectro do fracasso e da morte. Diante dessa carga de sofrimento, diria, um caminho de salvação deve ser encontrado, e somente a partir do amor.

Nietzsche, cuja interrupção somente a Onipotência poderia evitar, explodiria tão logo chegasse a sua vez: "Pelo amor de Deus, homem, você deve aprender a ser durão! Por que sair choramingando pelo sofrimento de gente insignificante? Ou ainda por causa do sofrimento dos grandes? Os insignificantes sofrem de maneira insignificante, e os grandes, com grandeza; além disso, os grandes sofrimentos não devem ser lamentados, pois são nobres. Seu ideal é puramente negativo: a ausência de sofrimento, que pode ser lograda pela não existência. Eu, por minha vez, trago ideais positivos: admiro Alcibíades, o imperador Frederico II e Napoleão. Por homens assim, toda e qualquer miséria é válida. Recorro a Vós, Senhor, o maior de todos os artistas criadores: não permitais que Vossos impulsos artísticos sejam reprimidos pelo murmurejar degenerado e medroso deste pobre psicopata."

Buda, que nas cortes do Céu tomara conhecimento de tudo o que ocorrera desde a sua morte, e tendo, também, dominado a ciência com deleite pelo conhecimento e com pesar ante o uso que os homens lhe deram, responde com serena civilidade: "O senhor está errado, professor Nietzsche, ao dizer que meu ideal é puramente negativo. Sim, é bem verdade que há nele um elemento negativo: a ausência de sofrimento. Contudo, possui também, de positivo, tanto quanto há em sua doutrina. Embora não nutra qualquer admiração especial por Alcibíades e Napoleão, também tenho meus heróis: meu sucessor Jesus, que instou os homens a amarem os inimigos; aqueles que descobriram forma de dominar as forças da natureza e de garantir alimento com menor esforço; os da medicina que demonstraram como reduzir doenças; os poetas, artistas e músicos que vislumbraram a beatitude divina. O amor, o conhecimento e o deleite na beleza não são negações; eles bastam para plenificar a vida dos maiores nomes que já existiram."

"Isso nada muda", responde Nietzsche. "Seu mundo seria insípido. Você deveria estudar Heráclito, cujas obras temos completas na biblioteca celeste. Seu amor é compaixão, que por sua vez é suscitada pela dor; sua verdade, caso esteja sendo sincero, é desagradável e só pode ser conhecida pelo sofrimento. Quanto à beleza, o que há de mais belo que o tigre, cujo esplendor se deve à ferocidade? Não: caso o Senhor opte pelo mundo que você propõe, receio que morreremos todos de tédio."

"Talvez o *senhor* o fizesse", objeta Buda, "porque adora a dor. Seu amor à vida, ademais, é uma farsa. No entanto, aqueles que de fato a amam seriam mais felizes do que poderiam ser no mundo tal qual ele é."

De minha parte, concordo com o Buda que concebi. Ignoro, porém, como se poderia demonstrar, por argumentos semelhantes aos utilizados numa questão matemática ou científica, que ele está correto. Desgosto de Nietzsche porque ele aprecia a contemplação da dor, porque faz da prepotência um dever e porque os homens que mais admira são conquistadores cuja glória está na astúcia com que levaram homens à morte. Creio, no entanto, que o argumento definitivo contra sua filosofia, bem como contra toda e qualquer ética desagradável, mas internamente consistente, não jaz no recurso aos fatos, e sim no recurso às emoções. Nietzsche despreza o amor universal, o qual tenho como força que orienta tudo aquilo que desejo para o mundo. Seus seguidores tiveram a sua vez; talvez possamos esperar que ela esteja chegando rapidamente ao fim.

26

Os utilitaristas[1]

Ao longo do período que se estende de Kant a Nietzsche, os filósofos profissionais da Grã-Bretanha praticamente não foram afetados pelos contemporâneos alemães. A única exceção é William Hamilton, que pouca influência teve. Coleridge e Carlyle, é bem verdade, ficaram profundamente impressionados por Kant, Fichte e os românticos alemães, mas esses dois não são filósofos em sentido técnico. Parece que alguém mencionou certa vez o nome de Kant a James Mill, que teria observado, após inspeção superficial: "Vejo muito bem aonde o pobre Kant chegaria." Esse grau de reconhecimento, no entanto, é incomum; em geral, há silêncio quase completo acerca dos alemães. As linhas gerais da filosofia de Bentham e sua escola foram extraídas de Locke, Hartley e Helvétius; sua importância é menos filosófica do que política: foram eles os líderes do radicalismo britânico, bem como aqueles que, sem querer, prepararam o caminho para as doutrinas do socialismo.

Jeremy Bentham, líder reconhecido dos "radicais filosóficos", não foi o tipo de homem que esperamos encontrar na liderança de um movimento como esse. Ele nasceu em 1748, mas só veio a tornar-se radical em 1808. Era tímido em demasia, e só com grande apreensão conseguia suportar a companhia de estranhos. Escreveu copiosamente, mas jamais se deu o trabalho de publicar; o que veio a público sob seu nome se devia ao furto benevolente de seus amigos. Seu principal interesse era a jurisprudência, na qual reconhecia Helvétius e Beccaria como predecessores mais importantes. Foi graças à teoria do direito que ele passou a interessar-se pela ética e pela política.

---

[1] Para uma abordagem mais completa do tema, bem como de Marx, veja-se a Parte II de meu *Freedom and Organization: 1814-1914*.

Bentham alicerça toda a sua filosofia sobre dois princípios: o "princípio de associação" e o "princípio da maior felicidade". O de associação fora enfatizado por Hartley em 1749; antes dele, não obstante sua existência fosse reconhecida, a associação de ideias era considerada — por Locke, por exemplo — como mera fonte de erros triviais. Bentham, na esteira de Hartley, converteu-a no princípio básico da psicologia. Ele reconhece a associação de ideias e linguagem e a associação de ideias e ideias. À luz desse princípio, almeja oferecer uma explicação determinista das ocorrências mentais. Em essência, trata-se de doutrina igual à teoria do "reflexo condicionado", que é mais moderna e se baseia nos experimentos de Pavlov. A única diferença importante está em que o reflexo de Pavlov é psicológico, enquanto a associação de ideias não passava de algo puramente mental. Por conta disso, a obra de Pavlov é passível de explicação materialista — tal como dada pelos behavioristas, por exemplo —, enquanto a associação de ideias culminou numa psicologia mais ou menos independente da fisiologia. Não há dúvidas de que, do ponto de vista científico, o princípio do reflexo condicionado representa avanço em relação ao princípio anterior. O de Pavlov consiste no seguinte: dado um reflexo em que o estímulo B gera uma reação C, e dado que certo animal com frequência experimentou um estímulo A junto com o B, em geral, com o tempo, o estímulo A gerará a reação C mesmo quando B estiver ausente. Determinar as circunstâncias em que isso ocorre é questão de experimentação. Obviamente, se colocarmos "ideias" em lugar de A, B e C, o princípio de Pavlov se torna o princípio da associação de ideias.

Ambos, não há dúvidas, são válidos em determinado âmbito; a única questão controversa diz respeito à sua extensão. Bentham e seus seguidores exageraram na aplicação do princípio de Hartley, assim como os behavioristas, no caso de Pavlov.

Para Bentham, o determinismo tinha importância para a psicologia uma vez que almejava definir um código de leis — e, de modo mais genérico, também um sistema social — que fizesse os homens virtuosos de maneira automática. Seu segundo princípio, o da maior felicidade, fez-se necessário, nesse ponto, para que se pudesse atribuir uma definição a "virtude".

Ele afirmou que o bem está no prazer ou na felicidade — em seu uso, ambos os termos eram sinônimos — e que o mal está na dor. Por conseguinte, a situação de um será melhor que a de outro quando trouxer mais prazer do que dor, ou então menos dor do que prazer. De todas as situações possíveis, a melhor é a que envolve mais prazer do que dor.

Nada há de novo nessa doutrina, que acabou por receber o nome de "utilitarismo": Hutcheson já a tinha apregoado em 1725. Bentham a atribui a Priestley, que não tem com ela, porém, qualquer relação. Locke praticamente a formulou. O mérito de Bentham não consistiu tanto na doutrina, mas em sua aplicação vigorosa a diversos problemas práticos.

Ele não defendeu apenas que o bem é a felicidade em geral, mas também que cada indivíduo busca sempre o que imagina ser a própria felicidade. A atividade do legislador, portanto, está em gerar harmonia entre os interesses público e privado. Interessa ao público que eu me abstenha de roubar, mas não a mim — exceto onde existe uma legislação criminal eficaz. Dessa forma, o direito criminal consiste num método de fazer com que os interesses do indivíduo coincidam com os da comunidade. É essa a sua justificativa.

Os homens são punidos pelo direito criminal para que não haja crimes, e não porque odiamos o criminoso. É mais importante que o castigo seja certeiro do que severo. Na Inglaterra daquela época, muitos delitos menores poderiam levar à pena de morte, fazendo com que diversos júris não declarassem o réu culpado por acharem a punição exagerada. Bentham defendeu o fim da pena capital para todos os delitos, menos os piores, e, antes de sua morte, a legislação criminal já havia sido abrandada nesse aspecto.

O direito civil, diz ele ainda, deveria ter quatro objetivos: a subsistência, a abundância, a segurança e a igualdade. Notar-se-á que a liberdade não é mencionada. Com efeito, Bentham pouca importância deu a isso. Ele admirava os autocratas benevolentes que haviam precedido a Revolução Francesa: Catarina, a Grande, e o imperador Francisco. Nutria grande desprezo, ademais, pela doutrina dos direitos humanos. Os direitos do homem, diz, são desvario evidente; os imprescritíveis direitos do homem, um desvario sobre muletas. Quando os revolucionários franceses redigiram a "Déclaration des droits de l'homme", Bentham denominou-a "obra metafísica — o mais alto grau da metafísica". Seus artigos, declarou, poderiam ser divididos em três classes: (1) os que são ininteligíveis; (2) os que são falsos; (3) os que são ambos.

O ideal de Bentham, como o de Epicuro, era a segurança, e não a liberdade. "Guerras e tempestades são temas melhores para a leitura, mas para suportarmos convêm mais a paz e a calmaria."

Foram duas as fontes de sua gradual evolução rumo ao radicalismo: de um lado, a crença na igualdade, resultado do cálculo de prazeres e dores; do outro, a inflexível decisão de submeter tudo ao arbítrio da razão tal qual ele a concebia. Seu amor à igualdade logo levou-o a defender a divisão igualitária da propriedade entre os filhos do dono, e a se opor à liberdade testamentária. Futuramente, isso o levaria a se opor à democracia, inclusive ao voto feminino. Sua recusa em crer sem ter fundamentos racionais o levou a rejeitar a religião, até mesmo a fé em Deus; também tornou-o profundamente crítico em relação aos absurdos e anomalias da lei, por mais veneráveis que fossem suas origens históricas. Ele não isentaria nada por ser tradicional. Desde quando muito novo, Bentham se opôs ao imperialismo — fosse o dos britânicos nos Estados Unidos, fosse de outras nações. A seus olhos, as colônias não passavam de tolice.

Foi a influência de James Mill que o levou a tomar partido no âmbito da política prática. Mill era 25 anos mais novo que ele e fervoroso discípulo de suas doutrinas; no entanto, era também ativo radical. Bentham deu-lhe uma casa (que havia pertencido a Milton) e auxiliou-o financeiramente a escrever uma história da Índia. Concluída a obra, a Companhia das Índias Orientais ofereceu a Mill um cargo, como também viria a fazer com seu filho até a revogação suscitada pela Rebelião.[2] James Mill teve em alta conta Condorcet e Helvétius. A exemplo de todos os radicais do período, acreditou na onipotência da educação. Praticou suas teorias com o filho, John Stuart Mill, e teve resultados parcialmente bons, parcialmente maus. O resultado negativo mais importante foi o fato de John Stuart jamais ter conseguido se livrar da influência paterna — nem mesmo após perceber que a visão de mundo de seu pai era limitada.

James Mill, como Bentham, considerava o prazer como único bem, e a dor como único mal. Qual Epicuro, no entanto, deu mais valor

[2] Possivelmente o autor faça referência à rebelião de 1857. [N.E.]

ao prazer moderado. Considerava melhores os deleites intelectuais e apregoou a temperança como virtude maior. "*Intenso* era, para ele, sinônimo de desaprovação desdenhosa", diz seu filho, acrescentando que o pai se opusera à ênfase dos modernos na emoção. Como todos da escola utilitarista, voltou-se energicamente contra toda e qualquer forma de romantismo. Achava que a política poderia ser governada pela razão, e esperava que a opinião dos homens se pautasse pelo peso das evidências. Se os lados contrários de uma controvérsia forem apresentados com igual destreza, haverá certeza moral — assim achava — de que a maioria fará o julgamento correto. Sua visão de mundo foi limitada pela pobreza de sua natureza emocional, mas dentro de suas limitações ele possuiu o mérito da engenhosidade, da imparcialidade e da racionalidade.

Seu filho, John Stuart Mill, nascido em 1806, promoveu até morrer, em 1873, uma forma bem mais branda da doutrina benthamista.

Se levada em consideração sua completa ausência de apelo emocional, a influência dos seguidores de Bentham sobre a legislação e a política britânicas de todo o meado do século XIX foi de espantar.

Bentham formulou uma série de argumentos para mostrar que a felicidade geral é o *summum bonum*. Alguns constituíam críticas aguçadas contra outras teorias éticas. No tratado sobre os sofismas políticos, ele diz, em linguagem que parece antecipar Marx, que as moralidades sentimentalistas e ascéticas servem aos interesses da classe governante e são produto de um regime aristocrático. Os que apregoam a moral do sacrifício, continua, não são vítimas de erro: querem, antes, que os outros se sacrifiquem em seu benefício. A ordem moral, afirma ainda, resulta do equilíbrio de interesses. As corporações no poder fingem que a identidade de interesses entre governantes e governados já existe, mas os reformadores deixam claro que essa identidade ainda é inexistente e tentam instaurá-la. Bentham declara que somente o princípio da utilidade pode servir como critério moral e legislativo para preparar os alicerces de uma ciência social. Seu principal argumento positivo favorável afirma que esse princípio se encontra implícito em sistemas éticos aparentemente discrepantes. Isso, no entanto, só se torna plausível graças a uma severa limitação de seu escrutínio.

Há, no sistema de Bentham, uma lacuna evidente. Se todo homem busca sempre o próprio prazer, como nos certificaremos de que o legislador procurará o prazer da humanidade como um todo? A benevolência instintiva do próprio Bentham (a qual o autor foi incapaz de perceber em virtude de suas teorias psicológicas) lhe ocultou o problema. Caso empregado para elaborar o código legislativo de determinado país, ele teria forjado suas propostas segundo aquilo que acreditava ser o interesse público, sem querer fomentar os próprios interesses ou (conscientemente) os interesses de sua classe. No entanto, se porventura tivesse reconhecido isso, precisaria alterar suas doutrinas psicológicas. Bentham parece ter achado que, se a democracia estivesse associada a uma supervisão adequada, os legisladores poderiam ser de tal maneira controlados que só fomentariam interesses particulares que fossem úteis ao público geral. À época, não havia material abundante que permitisse julgar o funcionamento das instituições democráticas, e seu otimismo talvez seja, por isso, desculpável. Em tempos mais desiludidos como o nosso, contudo, parece um tanto ingênuo.

No *Utilitarismo*, John Stuart Mill oferece um raciocínio tão falacioso que é difícil compreender como pode tê-lo julgado válido. Diz: o prazer é a única coisa desejada; por conseguinte o prazer é a única coisa desejável. Ele afirma que as únicas coisas visíveis são as que são vistas, que as únicas coisas audíveis são aquelas ouvidas e que, portanto, as únicas coisas desejáveis são as coisas desejadas. O autor não percebe que algo é "visível" se *pode* ser visto, mas "desejável" apenas se *convém* desejá-lo. "Desejável", por conseguinte, é palavra que pressupõe uma teoria ética; não podemos deduzir o que é desejável a partir do que é desejado.

E ainda: se cada homem inevitavelmente busca o próprio prazer, não há sentido em dizer que lhe *convém* fazer algo mais. Kant enfatizou que, sob o "convém", está implícito o "é possível"; inversamente, caso não seja possível, é fútil dizer que convém. Se todo homem deve sempre buscar o próprio prazer, a ética se reduz à prudência: você pode muito bem fomentar o interesse dos outros na esperança de que, em troca, os outros venham a fomentar os seus. Do mesmo modo, na política toda cooperação consiste em troca de favores. Partindo das premissas dos utilitaristas, nenhuma outra conclusão pode ser deduzida validamente.

Estão implícitas, aqui, duas perguntas distintas. Primeiro, cada homem de fato busca a própria felicidade? Depois, a felicidade geral é realmente a finalidade correta das ações humanas?

Quando se diz que cada homem deseja a própria felicidade, tal declaração pode ter dois significados: um deles é um truísmo, e o outro, uma inverdade. Independentemente do que desejo, terei certo prazer ao realizá-lo; nesse sentido, tudo o que desejo constituirá *um* prazer, e assim pode-se dizer, de modo um tanto vago, que os prazeres são aquilo que desejo. É neste sentido que a doutrina forma um truísmo.

Ao mesmo tempo, quando digo que, ao desejar algo, desejo-o em virtude do prazer que me dará, temos em geral uma inverdade. Quando estou com fome, desejo alimento, e na medida em que a fome persiste o alimento me será fonte de prazer. Essa fome, porém, que é um desejo, vem em primeiro lugar; o prazer é consequência do desejo. Não nego que existam ocasiões em que há desejo direto por prazer. Se planejou dedicar uma tarde livre ao teatro, você escolherá o teatro que aparentemente lhe será mais aprazível. Entretanto, as ações determinadas pelo desejo direto de prazer são excepcionais e carecem de importância. As principais atividades de qualquer pessoa são determinadas por desejos que antecedem o cálculo de prazeres e dores.

Tudo pode ser objeto do desejo; um masoquista pode desejar a própria dor. Decerto, ele obtém prazer da dor que desejara, mas este prazer só se dá em virtude do desejo, e não o contrário. Um homem pode querer algo que não o afeta pessoalmente apenas em virtude do próprio desejo — a vitória de certo lado numa guerra em que seu país é neutro, por exemplo. É possível querer o aumento da felicidade geral ou o abrandamento do sofrimento de todos. Mas também, como Carlyle, pode desejar o contrário. Do mesmo modo como variam os desejos, variam também os prazeres.

A ética se faz necessária porque os desejos humanos conflitam, e a principal causa desse conflito é o egoísmo: a maioria das pessoas está mais interessada no próprio bem-estar do que no bem-estar alheio. Contudo, também podemos encontrar conflito onde não há egoísmo algum. Um homem pode desejar que todos sejam católicos; outro, que todos se tornem calvinistas. Esses desejos destituídos de egoísmo muitas vezes vêm implícitos nos conflitos sociais. A ética possui objetivo duplo: em primeiro lugar, encontrar um critério que nos permita distinguir os desejos bons dos desejos maus; depois, mediante o louvor e a censura, promover aqueles e desestimular estes.

A parte ética da doutrina utilitarista, logicamente independente de sua parte psicológica, declara: serão bons os desejos e as ações que de fato promoverem a felicidade geral. Essa não precisa ser a *intenção* da ação, mas apenas seu *efeito*. Porventura há argumento teórico válido em favor ou contra tal doutrina? Vimo-nos diante de questão semelhante quando tratamos de Nietzsche. Sua posição difere daquela dos utilitaristas, pois apregoa que somente uma minoria da raça humana possui relevância ética; a felicidade ou infelicidade do restante deve ser ignorada. Não creio que, ao lidar com esse desacordo, seja possível empregar argumento teórico semelhante aos que podem ser utilizados numa questão científica. É evidente que os excluídos da aristocracia nietzschiana irão protestar, e assim o problema deixa de ser teórico e se faz político. A ética utilitarista é democrática e antirromântica. Os democratas provavelmente a aceitarão, mas, em minha opinião, os que preferem uma visão de mundo mais byroniana só podem ser refutados na prática, e não mediante considerações que recorrem somente a fatos, e não a desejos.

Os radicais filosóficos foram uma escola de transição. Seu sistema deu origem a outros dois mais importantes, a saber: o darwinismo e o socialismo. O primeiro consistia na aplicação, a toda a vida animal e vegetal, da teoria populacional de Malthus, parte integrante da política e economia dos benthamistas — uma livre concorrência global em que a vitória caberia aos animais que mais se assemelhassem aos capitalistas bem-sucedidos. O próprio Darwin sofreu influência malthusiana e nutriu, em geral, simpatia pelos radicais filosóficos. Havia, porém, enorme diferença entre a concorrência admirada pelos economistas ortodoxos e a luta pela existência que Darwin proclamou como força motriz da evolução. A "livre concorrência", na economia ortodoxa, é conceito assaz artificial, limitado por restrições legais. É possível vender por menos do que um concorrente, mas não matá-lo; não é possível também obter ajuda das forças armadas do Estado para superar os fabricantes estrangeiros. Os que não têm a sorte de possuir capital não devem tentar melhorar o próprio destino por meio de revolução. A "livre concorrência", tal qual compreendida pelos benthamistas, não era lá muito livre.

A concorrência darwiniana não se afigurava tão limitada; não havia regra contra golpes baixos. Não existe suporte da lei entre os animais; tampouco a guerra é excluída dos métodos de competição. O emprego do Estado para garantir vitória ia contra as regras na visão dos benthamistas, mas não podia ser eliminado da luta darwiniana. Com efeito, não obstante o próprio Darwin tenha sido liberal e Nietzsche só o mencione com desprezo, a "sobrevivência do mais apto", quando profundamente assimilada, alinha-se mais à filosofia nietzschiana do que à de Bentham. Esses desdobramentos, no entanto, pertencem a um período posterior, uma vez que a *A origem das espécies* foi publicada em 1859 e suas implicações políticas não foram percebidas de imediato.

O socialismo, por sua vez, surgiu no apogeu do benthamismo como consequência direta da economia ortodoxa. Ricardo, que teve vínculo próximo com Bentham, Malthus e James Mill, apregoou que o valor de venda de determinada mercadoria se deve inteiramente à mão de obra empregada em sua produção. Sua teoria veio a público em 1817; oito anos depois, Thomas Hodgskin, ex-oficial da Marinha, publicou a primeira refutação socialista: *A defesa do trabalho contra as pretensões do capital*. Dizia ela que, se Ricardo estivesse certo e o valor fosse inteiramente conferido pelo trabalho, toda a recompensa deveria caber à mão de obra; o quinhão obtido pelo dono das terras e pelo capitalista não passaria de extorsão. Nesse ínterim, Robert Owen, após longa experiência prática como produtor manufatureiro, convencera-se da doutrina que logo receberia o nome de socialismo. (O primeiro uso do termo surge em 1827, quando aplicado aos seguidores de Owen.) As máquinas, disse, vinham tomando o lugar da mão de obra, enquanto o *laisser-faire* não oferecia às classes trabalhadoras nenhum meio de combater o poder maquinal. O método que propôs para lidar com esse mal constitui a primeira forma de socialismo moderno.

Embora Owen fosse amigo de Bentham, e tivesse contado com sua considerável ajuda financeira em seus negócios, os radicais filosóficos pouco gostaram de suas novas doutrinas. Com efeito, o advento do socialismo os fez menos radicais e filosóficos do que antes. Hodgskin conquistara certo número de seguidores em Londres, o que deixou James Mill horrorizado. Ele escreveu:

> O que pensam sobre a propriedade parece horrendo; (...) aparentemente, acreditam que não deve existir e que sua existência é um mal. Decerto há crápulas agindo entre eles. (...) Tolos, não percebem que tudo quanto cegamente desejam lhes traria calamidade tal que mão alguma, além das próprias mãos, a poderiam suscitar.

A carta acima, redigida em 1831, pode ser tomada como o início do grande conflito entre capitalismo e socialismo. Em missiva posterior, James Mill atribui a doutrina à "insana absurdez" de Hodgskin, acrescentando: "Opiniões tais, uma vez difundidas, seriam a subversão da sociedade civilizada, algo pior do que o devastador dilúvio dos hunos e tártaros."

O socialismo, na medida em que apenas político ou econômico, não pertence à esfera de uma história da filosofia. Nas mãos de Karl Marx, contudo, adquiriu cunho filosófico. Sua filosofia será examinada no capítulo seguinte.

27
Karl Marx

Karl Marx costuma ser visto como o homem que alegou ser o responsável por criar o socialismo científico, e também como aquele que mais fez para engendrar o poderoso movimento que dominou, por atração e repulsão, a história recente da Europa. Não é da alçada deste trabalho examinar sua economia ou política, exceção feita a certos aspectos gerais; meu objetivo é tratar de Marx como filósofo e como alguém que influenciou a filosofia de terceiros. Nesse aspecto, ele é uma figura de difícil classificação. De um lado, assemelha-se a Hodgskin como fruto dos radicais filosóficos, dando continuidade a seu racionalismo e à sua oposição aos românticos. Do outro, restaura o materialismo, atribuindo-lhe nova interpretação e nova relação com a história humana. Além disso, é o último a erigir um grande sistema, o sucessor de Hegel — alguém que acreditou, como ele, numa fórmula racional que resumia a evolução da humanidade. Enfatizar um desses aspectos em detrimento dos outros gera uma visão falsa e distorcida de sua filosofia.

Os acontecimentos de sua vida explicam parcialmente essa complexidade. Marx nasceu no ano de 1818 em Tréveris, assim como santo Ambrósio. A cidade fora profundamente influenciada pelos franceses durante o período revolucionário e também no napoleônico, sendo, portanto, muito mais cosmopolita em sua visão de mundo do que a maior parte da Alemanha. Seus ancestrais foram rabinos, mas seus pais se tornaram cristãos quando Marx era ainda menino. Ele se casou com uma aristocrata gentia, a quem se dedicou durante toda a vida. Na universidade, sofreu a influência do hegelianismo que ainda predominava, bem como da revolta de Feuerbach contra Hegel e rumo ao materialismo. Arriscou-se como jornalista, mas a *Rheinische Zeitung*, por ele editada, teve as portas fechadas pelas autoridades em virtude de seu radicalismo. Marx, então, no ano de 1843, foi para a França a fim de estudar o socialismo. Lá conheceu Engels, gerente de uma fábrica de Manchester. Por meio dele, travou contato com as condições de trabalho e a economia inglesa. Adquiriu desse modo, antes das revoluções de 1848, uma cultura internacional incomum. No que diz respeito à Europa Ocidental, não demonstrou qualquer viés nacional. À Europa Oriental isso não se aplica, pois Marx sempre desprezou os eslavos.

Ele tomou parte nas revoluções francesa e alemã de 1848, mas em 1849 a reação forçou-o a buscar refúgio na Inglaterra. Passou o restante da vida, com alguns breves intervalos, em Londres, acometido pela pobreza, pela doença e pela morte de alguns de seus filhos; ainda assim, escreveu infatigavelmente e acumulou conhecimento. O estímulo de seu trabalho sempre foi a esperança da revolução social — se não em sua vida, ao menos num futuro não muito distante.

A exemplo de Bentham e James Mill, Marx nada quer com o romantismo; sua intenção é sempre a de ser científico. Sua economia é fruto da economia britânica clássica; altera-se apenas a força motriz. Conscientemente ou não, os economistas clássicos desejavam o bem-estar do capitalista, e não do dono de terras e do assalariado. Marx, por sua vez, esforçou-se para representar os interesses deste último. Na juventude — como fica claro no Manifesto Comunista de 1848 —, teve o vigor e a paixão que convinham a um novo movimento revolucionário, como tivera o liberalismo à época de Milton. Ao mesmo tempo, ansiou sempre por recorrer a evidências e jamais confiou em qualquer intuição que não fosse científica.

Denominou-se materialista, mas não como aqueles do século XVIII. Pertencia ao tipo a que, sob influência hegeliana, denominou "dialético" e que diferia de maneira relevante do materialismo tradicional, estando mais alinhado ao que hoje chama-se instrumentalismo. O materialismo antigo, afirmou, se equivocara ao considerar a sensação algo passivo, atribuindo a atividade sobretudo ao objeto. Segundo Marx, toda sensação ou percepção consiste na interação entre sujeito e objeto; o objeto puro, isolado da atividade do percipiente, é mera matéria-prima que se transforma por meio do processo de tornar-se conhecido. Em seu sentido antigo, no qual era tido como contemplação passiva, o conhecimento não passava de abstração irreal; o processo que de fato ocorre é o do *manejo* das coisas. "Se a verdade objetiva pertence ao pensamento humano é menos uma questão teórica do que prática", diz. "A verdade — isto é, a realidade e o poder — do pensamento deve ser demonstrada praticamente. A discussão sobre a realidade ou a irrealidade de um pensamento isolado da prática é mera questão escolástica. (...) Os filósofos nada mais fizeram do que *interpretar* o mundo de diferentes maneiras, quando a verdadeira tarefa consiste em *modificá*-lo."[1]

Creio que podemos interpretar Marx como se dissesse que o processo que os filósofos afirmavam ser a busca pelo conhecimento não é, como se pensava, um processo em que o objeto é constante e toda adaptação cabe ao conhecedor. Antes, tanto o sujeito quanto o objeto, tanto o conhecedor quanto a coisa conhecida, estão envolvidos num processo contínuo de adaptação mútua. Uma vez que esse processo nunca se completa plenamente, é denominado "dialético".

É essencial à sua teoria negar a realidade da "sensação" tal qual concebida pelos empiristas britânicos. O que ocorre, quando aquilo que mais se aproxima do que entendem por "sensação", deveria ser denominado "percepção", o que traz implícita uma atividade. Com efeito — assim diria Marx —, nós só percebemos as coisas como parte do processo de nossas ações com relação a elas, e qualquer teoria que deixe a ação de fora não passará de uma abstração enganadora.

Até onde sei, Marx foi o primeiro filósofo a criticar a noção de "verdade" a partir dessa perspectiva ativista. Nele, essa crítica não foi muito enfatizada, portanto, nada mais direi aqui sobre isso. Deixo o exame da teoria para um capítulo posterior.

A filosofia marxista da história é uma mistura de Hegel com economia britânica. A exemplo de Hegel, Marx acredita que o mundo se desenvolve segundo uma fórmula dialética, mas discorda por completo quanto à força que motiva tal desenvolvimento. Hegel acreditava num ente místico chamado "Espírito", responsável por fazer que a história humana se desenvolva de acordo com os estágios da dialética enunciados na *Lógica*. Por que o Espírito deve percorrer tais estágios não

[1] *Teses sobre Feuerbach*, 1845.

fica claro. Sentimo-nos tentados a dizer que o Espírito está tentando compreender Hegel e que, a cada fase, objetifica impulsivamente o que leu. A dialética marxista não possui uma qualidade como essa, exceção feita a certa inevitabilidade. Para Marx, a força motriz é antes a matéria, e não o espírito. Trata-se, no entanto, da matéria no sentido peculiar sobre o qual nos temos debruçado, e não daquela inteiramente desumanizada dos atomistas. Isso significa que, para Marx, a força motriz é, na realidade, a relação do homem com a matéria, cuja parte mais importante é seu modo de produção. É desse modo que o materialismo de Marx se torna, na prática, economia.

Segundo ele, a política, a religião e a arte de todas as eras da história humana resultam de seus métodos de produção e, em menor grau, de distribuição. Não creio que Marx defenderia a aplicação disso a todas as nuances da cultura, mas apenas a suas linhas mais gerais. Essa doutrina é denominada "concepção materialista da história". Trata-se de tese assaz importante; interessa, de modo particular, ao historiador da filosofia. Eu mesmo não a aceito da maneira como foi formulada, mas considero que contém elementos verdadeiros importantíssimos, e tenho ciência de que influenciou minhas visões do desenvolvimento filosófico, apresentadas nesta obra. Examinemos, para começar, a história da filosofia em relação à doutrina de Marx.

Subjetivamente, todos os filósofos parecem empenhados na busca do que podemos denominar "verdade". Podem diferir quanto àquilo em que a "verdade" consiste, mas trata-se, de todo modo, de algo objetivo, algo que, em certo sentido, caberia a todos aceitar. Homem nenhum se embrenharia na filosofia se julgasse que *toda* ela *não passa* da expressão de propensões irracionais. Ao mesmo tempo, qualquer filósofo dirá que muitos pensadores atuaram segundo preconceitos e tiveram, para várias de suas opiniões, razões extrarracionais das quais não tinham consciência. Marx, como todos os demais, acredita na veracidade de suas doutrinas; trata-se, para ele, da expressão dos sentimentos naturais a um judeu alemão rebelado e de classe média em meados do século XIX. O que dizer desse conflito entre as visões subjetiva e objetiva de determinada filosofia?

Em linhas gerais, podemos afirmar que a filosofia grega até Aristóteles expressa a mentalidade adequada à cidade-estado; que o estoicismo é próprio de um despotismo cosmopolita; que a filosofia escolástica é expressão intelectual da Igreja como organização; que a filosofia desde Descartes, ou ao menos desde Locke, tende a incorporar os preconceitos da classe média mercantil; e que o marxismo e o fascismo são filosofias adequadas ao Estado industrial moderno. Isso, creio eu, é tão verdadeiro quanto importante. Acho, no entanto, que Marx equivocou-se em dois aspectos. Primeiro, as circunstâncias sociais que se deve ter em mente são tão políticas quanto econômicas; elas têm relação com o poder, do qual a riqueza é apenas uma forma. Em segundo lugar, a causalidade social praticamente deixa de aplicar-se tão logo determinado problema se converte em algo detalhado e técnico. A primeira dessas objeções eu articulei no livro *Power*, e portanto nada mais direi sobre ela. A segunda é mais próxima da história da filosofia, e portanto fornecerei alguns exemplos de seu escopo.

Tomemos, antes de mais nada, o problema dos universais. Platão foi o primeiro a examiná-lo, seguido por Aristóteles, pelos escolásticos, pelos empiristas britânicos e pela maioria dos lógicos modernos. Seria absurdo negar a influência da parcialidade sobre as opiniões dos filósofos mencionados. Platão foi influenciado por Parmênides e pelo orfismo; desejava um mundo eterno e não podia acreditar na realidade definitiva do fluxo temporal. Aristóteles foi mais empírico e não desgostava do mundo cotidiano. Os empiristas fervorosos da modernidade possuem inclinação contrária à platônica: julgam desagradável a ideia de um mundo suprassensível e estão dispostos a fazer tudo para não terem de acreditá-la. Esses tipos opostos de parcialidade, porém, são perenes e só possuem vínculo remoto com o sistema social. Dizem que o amor ao eterno é característico de uma classe ociosa, que vive do trabalho alheio. Não creio que isso seja verdade. Epiteto e Spinoza não foram cavalheiros repletos de tempo livre. Poder-se-ia muito bem declarar, por outro lado, que o conceito de paraíso como lugar em que nada é feito pertence a trabalhadores fatigados que só desejam o descanso. Uma linha de raciocínio assim poderia se estender indefinidamente e não leva a lugar nenhum.

Ao mesmo tempo, quando passamos aos detalhes da controvérsia dos universais, descobrimos que cada um dos lados pode conceber argumentos que o outro reconhecerá válidos. Algumas das críticas que Aristóteles teceu a Platão nesse âmbito têm sido aceitas por todos. Em tempos recentíssimos, embora a nenhuma decisão se tenha chegado, uma nova técnica foi desenvolvida e muitos problemas incidentais tiveram solução. Não é irracional esperar que, em breve, um acordo definitivo sobre essa questão seja logrado pelos lógicos.

Tomemos, como segundo exemplo, o argumento ontológico. Como vimos, quem o inventou foi Anselmo, Tomás de Aquino rejeitou-o, Descartes aceitou-o, Kant refutou-o e Hegel o reformulou. Creio ser possível dizer, de forma bastante definitiva, que a lógica moderna o demonstrou inválido pela análise do conceito de "existência". Não se trata de uma questão de temperamento ou de sistema social, mas de algo puramente técnico. A refutação do argumento, é claro, não nos dá base para declarar falsa sua conclusão, isto é, a existência de Deus; se fosse esse o caso, Tomás de Aquino provavelmente não o teria rejeitado.

Tomemos, do mesmo modo, a questão do materialismo. Trata-se de palavra passível de muitas significações, e vimos que Marx modificou o seu sentido de maneira radical. A vitalidade das acaloradas controvérsias sobre sua veracidade ou falsidade se deve, em grande medida, ao fato de uma fuga à definição. Quando definido o termo, descobrimos que o materialismo é comprovadamente falso segundo certas definições possíveis; que, segundo outras, pode ser veraz, não obstante inexista razão positiva para pensarmos assim; e que, segundo ainda outras mais, há razões em seu favor, muito embora não sejam conclusivas. Tudo isso, repito, depende de considerações técnicas e nada tem que ver com o sistema social.

A verdade, no fundo, é muito simples. O que se costuma denominar "filosofia" consiste em dois elementos assaz distintos. De um lado, temos as questões científicas ou lógicas, receptíveis a métodos aceitos por todos. Do outro, encontramos questões que interessam fervorosamente a uma grande quantidade de gente e em relação às quais não existe evidência sólida. Entre estas últimas há questões práticas que tornam a indiferença impossível. Quando uma guerra é travada, devo apoiar meu país ou entrar em doloroso conflito com meus amigos e as autoridades. Em muitas ocasiões, não houve meio-termo entre apoiar e se opor à religião oficial. Julgamos impossível, por algum motivo, assumir uma postura de desapego cético ante muitos problemas que a razão pura trata com silêncio. A "filosofia", no sentido assaz comum da palavra, consiste num todo orgânico formado por decisões extrarracionais assim. É com relação a este sentido de "filosofia" que as alegações de Marx são em geral verdadeiras. Mesmo nesse caso, porém, a filosofia é determinada por outras causas sociais, bem como pelas causas econômicas. A guerra, de modo muito particular, leva sua parcela de culpa na causalidade histórica, e a vitória no combate nem sempre cabe a quem possui maiores recursos econômicos.

Marx forjou sua filosofia da história segundo modelo sugerido pela dialética hegeliana, mas na realidade era apenas uma a tríade que lhe importava: aquela formada pelo feudalismo, representado pelo dono das terras; o capitalismo, representado pelo empregador industrial; e o socialismo, representado pelo assalariado. Hegel considerara as nações veículos do movimento dialético; em seu lugar, Marx colocou as classes. Para justificar sua opção pelo socialismo ou pelo assalariado, condenou todas as razões éticas ou humanitárias: não afirmava que seu lado era eticamente superior, e sim que aquele fora o lado tomado pela dialética em seu movimento determinista. Talvez pudesse ter dito que não defendia o socialismo, mas apenas o profetizava. Isso, porém, não seria de todo verdadeiro. Ele decerto achava que todo movimento dialético constituía, em certo sentido impessoal, um progresso; do mesmo modo, afirmou que o socialismo, uma vez instaurado, lograria mais a felicidade humana do que o haviam feito tanto o feudalismo quanto o capitalismo. Em grande medida, essas crenças, embora provavelmente pautassem a sua vida, permaneceram em segundo plano nos seus escritos. Todavia, Marx às vezes troca sua calma profecia por um convite vigoroso à rebelião, e o fundamento emocional de seus prognósticos ostensivamente científicos está implícito em tudo o que escreveu.

Se visto apenas como filósofo, Marx possui graves falhas. É demasiadamente prático, demasiadamente preso aos problemas de sua época. Seu horizonte se limita a este planeta e, nele, ao homem. Desde Copérnico, é evidente que o ser humano não possui a importância cósmica que um dia reivindicara a si próprio. Aquele que não compreendeu isso não tem o direito de denominar científica a sua filosofia.

A essa restrição a questões terrenas, associa-se a propensão a acreditar no progresso como lei universal. Tal tendência caracterizou o século XIX, e existiu tanto em Marx quanto em seus contemporâneos. Foi somente a crença na inevitabilidade do progresso que permitiu a

Marx prescindir de considerações éticas. Se o socialismo estava por vir, deveria ser um aperfeiçoamento. Ele reconhecia de bom grado que não seria avanço para os donos de terra ou para os capitalistas, mas isso só demonstrava que ambos estavam em desarmonia com o movimento dialético da época. Marx declarava-se ateu, mas conservou certo otimismo cósmico que apenas o teísmo poderia justificar.

Em linhas gerais, os elementos que Marx extraiu de Hegel não são científicos, no sentido de que não há motivo algum para supô-los verdadeiros.

Talvez o revestimento filosófico que Marx deu a seu socialismo não tivesse muito que ver com o fundamento de suas opiniões. É fácil reformular a parte mais importante do que disse sem fazer qualquer menção à dialética. Marx ficou impressionado com a apavorante crueldade do sistema industrial da Inglaterra de um século atrás, da qual tomou profundo conhecimento por meio de Engels e dos relatórios das Comissões Reais. Percebeu que o sistema provavelmente passaria da livre concorrência ao monopólio, e que sua injustiça geraria movimento de revolta no proletariado. Declarou que, numa comunidade profundamente industrializada, a única alternativa ao capitalismo privado consiste na posse da terra, bem como do capital, pelo Estado. Nenhuma dessas proposições cabe à filosofia, e portanto não determinarei sua veracidade ou falsidade. A questão é que, se verazes, bastarão para definir o que é praticamente importante em seu sistema. Por conseguinte, pode ser vantajoso deixar de lado as armadilhas hegelianas.

A história da reputação de Marx é peculiar. No seu país de origem, suas doutrinas inspiraram o programa do Partido Social-Democrata, que cresceu constantemente até garantir, nas eleições gerais de 1912, um terço dos votos. Imediatamente após a Primeira Guerra Mundial, o partido permaneceu temporariamente no poder. Ebert, primeiro presidente da República de Weimar, era um de seus membros, mas à época o grupo já não adotava mais a ortodoxia marxista. Na Rússia, enquanto isso, devotos fanáticos por Marx haviam tomado posse do governo. No Ocidente, nenhum movimento amplo de trabalhadores foi marxista à risca; o Partido Trabalhista inglês pareceu às vezes seguir essa direção, mas acabava sempre por aderir a um gênero empírico de socialismo. De todo modo, tanto na Inglaterra quanto nos Estados Unidos, um número gigantesco de intelectuais foi profundamente influenciado por Marx. Na Alemanha, toda e qualquer defesa de suas doutrinas tem sido forçosamente suprimida, mas é de se esperar que renasça na derrocada dos nazistas.[2]

Desse modo, em tempos modernos, a Europa e os Estados Unidos têm se dividido em três campos políticos e ideológicos. Há primeiro os liberais, que ainda seguem Locke ou Bentham quando possível, mas com diferentes graus de adaptação às necessidades da organização industrial. Depois, os marxistas, que controlam o governo russo e provavelmente terão crescente influência em muitos outros países. Esses dois grupos não estão muito distantes filosoficamente: ambos são racionalistas e, ao menos em intenção, científicos e empíricos. Do ponto de vista da política prática, a diferença é clara e já aparece na carta de James Mill reproduzida no capítulo anterior, na qual se lê: "O que pensam sobre a propriedade parece horrendo."

É preciso, contudo, reconhecer certos aspectos em que o racionalismo de Marx está sujeito a limitações. Não obstante declare que sua leitura da tendência do desenvolvimento é verdadeira e encontrará respaldo nos acontecimentos, ele acredita que seu argumento só será convincente (salvo algumas exceções) àqueles cujo interesse de classe se alinha com o seu. Marx espera pouco da persuasão e muito da luta de classes. Na prática, portanto, está comprometido com a política de poder e com a doutrina de uma classe — mas não de uma raça — superior. É bem verdade que, em decorrência da revolução social, a divisão de classes deve vir a desaparecer, dando lugar a uma harmonia política e econômica plena. Trata-se, porém, de ideal tão distante quanto a Segunda Vinda; nesse ínterim, há guerras e ditaduras, bem como a insistência na ortodoxia ideológica.

Filosoficamente, o terceiro segmento da opinião moderna, representado na política pelos nazistas e fascistas, difere muito mais dos outros dois do que estes diferem entre si. Consiste ele num segmento antirracional e anticientífico. Seus progenitores filosóficos são Rousseau, Fichte e Nietzsche. Esse segmento enfatiza a vontade, sobretudo a vontade de poder, e julga-a concentrada sobretudo em certas raças e indivíduos, que portanto têm direito ao controle.

[2] Escrevo em 1943.

Antes de Rousseau, o mundo filosófico teve certa unidade. Essa unidade anda hoje desparecida, mas talvez por pouco tempo. É possível recuperá-la mediante a reconquista racionalista do espírito humano — e somente assim, uma vez que a alegação de superioridade só é capaz de gerar conflitos.

28
Bergson

Henri Bergson foi o principal filósofo francês de nosso século. Exerceu influência sobre William James e Whitehead, e teve considerável impacto sobre o pensamento francês. Sorel, defensor fervoroso do sindicalismo e autor de obra intitulada *Reflexões sobre a violência*, empregou o irracionalismo bergsoniano para justificar um movimento trabalhista revolucionário que não tinha objetivo definido. No final, porém, abandonou o sindicalismo e tornou-se monarquista. A principal consequência da filosofia de Bergson teve caráter conservador e harmonizava-se facilmente com o movimento que culminaria em Vichy. Seu irracionalismo, no entanto, suscitou interesses que não tinham quase nenhuma relação com a política — o de Bernard Shaw, por exemplo, cuja *Volta a Matusalém* é de um bergsonismo puro. Deixando a política de lado, é sob seu aspecto puramente filosófico que devemos examiná-lo. Debrucei-me sobre ele de maneira um tanto profunda, em virtude de sua exemplificação admirável da revolta contra a razão que, iniciada em Rousseau, pouco a pouco veio a dominar esferas cada vez maiores da vida e do pensamento mundial.

Em regra, a classificação das filosofias ou é realizada segundo seus métodos ou segundo seus resultados: "empírica" e "*a priori*" são categorias referentes ao método; "realista" e "idealista", aos resultados. Dificilmente uma tentativa de classificar a filosofia de Bergson conforme um desses parâmetros terá sucesso, dado que seu pensamento transcende todas as divisões reconhecidas.

Todavia, há ainda outra forma de classificar filosofias — uma forma menos precisa, mas talvez mais útil aos que não são filósofos. Segundo ela, o que funciona como princípio da divisão é o desejo predominante que levou o pensador a filosofar. Desse modo, teremos as filosofias do sentimento, inspiradas pelo amor à felicidade; as filosofias teóricas, inspiradas pelo amor ao saber; e as filosofias práticas, inspiradas pelo amor à ação.

Entre as filosofias do sentimento, colocaremos todas aquelas que são, antes de mais nada, otimistas ou pessimistas, todas as que oferecem planos de salvação ou procuram demonstrar que a salvação é impossível; a essa classe pertence a maioria das filosofias religiosas. Entre as teóricas, observaremos a maior parte dos grandes sistemas; com efeito, embora o desejo de conhecimento seja raro, trata-se da fonte do que se fez de melhor em filosofia. As filosofias práticas, por sua vez, serão as que veem a ação como sumo bem, tendo a felicidade como sua consequência e o conhecimento como mero instrumento para a atividade bem-sucedida. Caso os filósofos da Europa Ocidental fossem homens comuns, filosofias desse gênero teriam sido corriqueiras; no entanto, foram raras até tempos recentes. Com efeito, seus principais representantes são os pragmatistas e Bergson. Na ascensão desse tipo de filosofia podemos notar, como Bergson mesmo o fez, a revolta do homem de ação moderno contra a autoridade da Grécia, e, particularmente, de Platão; ou, então, podemos vinculá-la, como aparentemente faria o dr. Schiller, ao imperialismo e ao automóvel. O mundo moderno pede uma filosofia assim, e o sucesso por ela alcançado não é, portanto, uma surpresa.

Ao contrário do que notamos na maioria dos sistemas do passado, a filosofia de Bergson é dualista. O mundo, para ele, se divide em duas porções díspares: de um lado, a vida; do outro, a matéria, ou, antes, aquele algo inerte que o intelecto vê como matéria. Todo o universo consiste na disputa e no conflito de dois movimentos opostos: a vida, que ascende, e a matéria, que descende. A vida é a única e grande força, o único e enorme impulso vital, conferida de uma vez por todas no início do mundo, encontra a resistência da matéria, esforça-se para violá-la e aprende, aos poucos, a utilizá-la como forma de organização; dividida em correntes divergentes por obstáculos, como o vento que encontra uma esquina; é parcialmente subjugada pela matéria em virtude das adaptações a que esta a obriga, mas conserva-se sempre capaz de exercer a atividade livre, lutando a todo momento para encontrar novas válvulas de escape, buscando sem cessar maior liberdade de movimento entre os muros materiais que fazem resistência.

A principal explicação para a evolução não está na adaptação ao ambiente. Esta só explica suas reviravoltas, como as sinuosidades de uma estrada que, para chegar a certa cidade, percorre região montanhosa. A comparação, porém, não é de todo adequada: não há cidade alguma, nenhum objetivo definido, ao final do percurso evolutivo. O mecanicismo e a teleologia sofrem do mesmo defeito: ambos partem do princípio de que não há novidade fundamental no mundo. O mecanicismo vê o futuro implícito no passado, enquanto a teleologia, crendo que o fim a ser logrado pode ser conhecido de antemão, nega toda e qualquer novidade essencial ao resultado.

Em oposição às duas visões — embora com maior estima pela teleologia do que pelo mecanicismo —, Bergson afirma que a evolução é, na verdade, *criativa* qual o trabalho de um artista. Um impulso à ação, um desejo indefinido, existe de antemão, mas até que esse desejo seja satisfeito é impossível conhecer a natureza do que o satisfará. Nos animais cegos, por exemplo, pode-se supor a existência de um vago desejo de conhecer o que se encontra à sua frente antes que entrassem em contato. Isso gerou esforços que por fim resultaram na criação dos olhos. A visão satisfez o desejo, mas não poderia ter sido concebida com antecedência. Eis por que a evolução é imprevisível e o determinismo não consegue refutar os que defendem o livre-arbítrio.

Esse amplo esquema é permeado pela explicação do verdadeiro desenvolvimento da vida sobre a Terra. A primeira divisão do processo se deu entre plantas e animais: aquelas desejavam armazenar energia num reservatório e estes optaram por utilizar a energia em movimentos repentinos e rápidos. Entre os animais, contudo, houve bifurcação ulterior: o *instinto* e o *intelecto* se tornaram mais ou menos apartados. Ambos jamais estão inteiramente separados, mas o intelecto costuma ser o infortúnio do homem; o instinto, por sua vez, é visto em seu auge nas formigas, nas abelhas e em Bergson. A divisão entre intelecto e instinto é fundamental em sua filosofia, da qual grande parte se afigura como uma espécie de Sandford e Merton, sendo o instinto o bom menino, e o intelecto, o mau.

Em sua melhor forma, o instinto é chamado *intuição*. "Por *intuição*", diz Bergson, "entendo o instinto que tornou-se desinteressado, ciente de si, capaz de refletir sobre seu objeto e de ampliá-lo indefinidamente." A descrição das operações do intelecto nem sempre é de fácil compreensão, mas para entendermos Bergson precisamos dar nosso melhor.

A inteligência, ou o intelecto, "tão logo sai das mãos da natureza, tem como principal objeto o sólido inorgânico". Só é capaz de formar uma ideia clara daquilo que é descontínuo e imóvel; seus conceitos são extrínsecos uns aos outros como os objetos no espaço, possuindo a mesma estabilidade. O intelecto separa no espaço e fixa no tempo; ele não é feito para pensar a evolução, mas para representar o *devir* como uma série de estados. "O intelecto se caracteriza por sua natural incapacidade de compreender a vida"; a geometria e a lógica, seus frutos característicos, são estritamente aplicáveis aos corpos sólidos, mas em outros aspectos o raciocínio deve ser controlado pelo bom senso, que constitui, na acertada opinião de Bergson, algo muito distinto. Os corpos sólidos, ao que parece, foram criados pela mente com o objetivo de aplicar o intelecto, do mesmo modo como veio a criar os tabuleiros para que pudesse jogar xadrez. A gênese do intelecto e a gênese dos corpos materiais são correlatas; ambas resultam de adaptação recíproca. "Processo idêntico deve ter separado a matéria e o intelecto, ao mesmo tempo, de algo que continha os dois."

O crescimento simultâneo da matéria e do intelecto é conceito engenhoso e merece, portanto, que o compreendamos. Em linhas gerais, creio, resume-se a isto: o intelecto consiste na capacidade de ver as coisas como elementos isolados uns dos outros, enquanto a matéria é aquilo que se divide em coisas distintas. Na realidade, não existe nada sólido, mas apenas um fluxo infindo de devir, no qual nada se torna e o nada em nada se faz. No entanto, o devir pode consistir em movimento para cima ou em movimento para baixo: quando para cima, chama-se vida; quando para baixo, trata-se daquilo que, malcompreendido pelo intelecto, denominamos matéria. Acredito que o universo seja representado como um cone que traz o Absoluto em seu vértice, uma vez que o movimento para o alto reúne as coisas e o movimento para baixo as separa — ou ao menos aparenta fazer isso. Para que siga o próprio caminho em meio à descida dos corpos cadentes que se lançam sobre ele, o movimento de ascensão da mente deve abrir veredas. Desse modo, tão logo formada a inteligência, planos e caminhos surgiram e o fluxo primitivo se dividiu em corpos isolados. Pode-se comparar o intelecto a uma faca, mas há nele a particularidade de perceber que a galinha sempre consistiu nas partes isoladas em que a lâmina a divide.

Do mesmo modo como o intelecto tem relação com o espaço, também o instinto ou a intuição tem relação com o tempo. É dos traços mais notáveis da filosofia de Bergson que, ao contrário da maioria dos autores, ele veja o tempo e o espaço como elementos profundamente dessemelhantes. O espaço, característico da matéria, surge de uma dissecção do fluxo que é, no fundo, ilusória — útil, até certo ponto, na prática, mas profundamente enganadora no plano da teoria. O tempo, por sua vez, é a característica essencial da vida ou do espírito. "Onde há coisa viva", diz ele, "há também, aberto em algum lugar, um registro em que o tempo vai sendo inscrito". O tempo aqui mencionado, contudo, não é aquele matemático, um agrupamento homogêneo de instantes mutuamente extrínsecos. O tempo matemático, segundo Bergson, é na verdade uma forma de espaço; aquele que se encontra na essência da vida é por ele denominado *duração*. Este conceito ocupa posição fundamental em sua filosofia; surge já no *Ensaio sobre os dados imediatos da consciência*, seu primeiro livro, e devemos compreendê-lo se quisermos entender algo do sistema bergsoniano. Entretanto, trata-se de um conceito muito difícil: eu mesmo não o compreendo inteiramente, e desse modo não almejo explicá-lo com a lucidez decerto merecida.

"A duração pura", lemos, "é a forma que nossos estados conscientes assumem quando nosso ego se deixa *viver*, quando este deixa de apartar seu estado presente de seus estados passados". Ela une o passado e o presente num todo orgânico, no qual há penetração mútua, sucessão sem distinção. "No interior do ego, existe sucessão sem exterioridade mútua; fora dele, no espaço puro, há exterioridade mútua sem sucessão."

"Questões referentes ao sujeito e ao objeto, à sua distinção e sua união, devem ser formuladas segundo o tempo, e não segundo o espaço." Na duração em que *vemos a nós mesmos agindo*, existem elementos dissociados; naquela em que *agimos*, porém, nossos estados se fundem uns nos outros. A duração pura é o que há de mais afastado da exterioridade e de menos permeado por ela; trata-se de duração em que o passado é imenso, com um presente absolutamente novo. Todavia, nossa vontade é então tensionada ao máximo; devemos recolher o passado que se esvai e forçá-lo, inteiro, sem divisões, sobre o presente. Em momentos assim, possuímos verdadeiramente a nós mesmos, mas são raras as ocasiões em que isso se dá. A duração constitui a substância da realidade, que é devir perpétuo e nunca algo feito.

É sobretudo na *memória* que a duração se revela, uma vez que, nela, o passado sobrevive no presente. Por conseguinte, a teoria mnemônica assume grande importância na filosofia de Bergson. *Matéria e memória* tem como objetivo expor a relação entre espírito e matéria — ambos ditos reais — mediante a análise da memória, que constitui a "interseção" dos dois.

Há duas coisas radicalmente diferentes, segundo o autor, que em geral são chamadas de *memória*; à distinção de ambas Bergson dá grande ênfase. "O passado", diz, "sobrevive sob duas formas distintas: primeiro, nos mecanismos motores; depois, nas recordações independentes". Dizem, por exemplo, que alguém recorda um poema quando pode repeti-lo de cor, isto é, quando adquiriu certo costume ou mecanismo que lhe permite repetir uma ação pregressa. Ao mesmo tempo, pelo menos em teoria, seria possível repetir o poema sem lembrar-se das outras ocasiões de leitura; não há, portanto, nesse tipo de memória, consciência dos acontecimentos passados. O segundo tipo, único que deve ser denominado memória, revela-se na lembrança das diferentes ocasiões em que o poema foi lido — cada uma das quais é única e datada. Nesse ponto, crê Bergson, não há o elemento do *costume*, uma vez que cada acontecimento só ocorreu uma vez e teve de causar sua impressão imediatamente. Sugere-se que, de alguma forma, tudo o que um dia nos aconteceu é recordado, mas em regra somente o que é útil vem à consciência. Lemos que o que parece ser falha da memória não é de fato falha de sua parte mental, e sim do mecanismo motor que a desencadeia. Essa perspectiva encontra respaldo num exame da fisiologia cerebral e das causas da amnésia, do que se seguiria que a verdadeira memória não é uma função cerebral. O passado deve ser *representado* pela matéria e *imaginado* pelo espírito. A memória não é emanação da matéria; o contrário estaria mais próximo da realidade, ao menos se compreendermos matéria como algo assimilado na percepção concreta, o que sempre toma certa duração.

"A memória deve ser, em princípio, faculdade absolutamente independente da matéria. Se, portanto, o espírito é uma realidade, é aqui, nos fenômenos da memória, que podemos ter contato com ele de maneira experimental."

Do lado oposto ao da memória pura, Bergson situa a percepção pura, a respeito da qual adota posição ultrarrealista. Nela, diz, "vemo-nos colocados fora de nós mesmos, tocamos a realidade do objeto em intuição imediata". De tal maneira ele identifica a percepção com seu objeto, que quase se recusa a chamá-la mental. "A percepção pura", continua, "grau mais baixo da mente — mente sem memória —, é na realidade parte da matéria tal qual a compreendemos". Constitui-se da ação incipiente e sua realidade jaz na atividade. É desse modo que o cérebro se faz relevante à percepção, uma vez que não é instrumento de ação. A função cerebral é limitar a vida de nosso espírito ao que é útil na prática. Depreende-se, no entanto, que para o cérebro tudo seria percebido, quando na realidade só percebemos o que nos interessa. "O corpo, voltado sempre à ação, possui como função essencial restringir, com vistas a ela, a vida do espírito." Consiste, na realidade, em instrumento de seleção.

No esboço acima, meu principal objetivo era articular as visões de Bergson sem fornecer as razões que ele apresenta em favor de sua veracidade. Isso é mais fácil do que seria com a maioria dos outros filósofos, uma vez que Bergson não costuma fundamentar suas opiniões — antes, recorre à sua atratividade inerente e aos encantos de um estilo brilhante. A exemplo dos publicitários, vale-se de declarações pitorescas e diversas. Beneficia-se, do mesmo modo, da aparente explicação de muitos fatos obscuros. Analogias e comparações formam, de modo especial, uma parte bastante ampla do processo que usa para sugerir suas visões ao leitor. A quantidade de metáforas para a vida encontrada em seus trabalhos excede a quantidade que há em qualquer poeta que me é conhecido. A vida, diz, é uma granada que se despedaça em fragmentos, os quais formam, mais uma vez, novas granadas. Assemelha-se, também, a um feixe de cereais. De início, "tende a crescer num açude, como fazem sobretudo as partes verdes dos vegetais". O açude, porém, deve ser preenchido com água fervente, de onde emana vapor; "jatos jorrarão incessantemente, constituindo, cada qual, ao cair, um mundo". E mais: "A vida se apresenta, toda ela, qual uma imensa onda que se estende para fora a partir de um centro e que, em quase toda a sua circunferência, é detida e convertida em oscilação: num só ponto o obstáculo foi forçado, a impulsão passou livremente." Então há o grande clímax, no qual a vida é comparada a uma carga de cavalaria. "Todos os seres organizados, do mais humilde ao mais sublime, desde os primórdios da vida até a época em que estamos, em todos os lugares e todas as eras, nada mais fazem senão testemunhar uma única impulsão, o inverso do movimento da matéria, algo em si mesmo indivisível. Tudo o que é vivo se conserva unido, e tudo cede ao mesmo e tremendo impulso. O animal encontra apoio na planta, o homem monta na animalidade, e toda a humanidade, no espaço e no tempo, constitui um imenso exército que galopa ao lado, à frente e atrás de todos nós, numa carga devastadora capaz de vencer qualquer resistência e transpor muitos obstáculos, quiçá até a morte."

Um crítico imparcial, porém, que se julgasse mero espectador — um espectador antipático, quem sabe — da carga que traz o homem montado na animalidade, talvez se visse inclinado a pensar que o pensamento sereno e cauteloso não é compatível com essa forma de exercício. Quando lhe dizem que o pensamento é mero meio de ação, mero impulso que busca evitar obstáculos no campo, ele poderia muito bem achar que uma tal visão é devir num oficial de cavalaria, mas não num filósofo, cuja atividade, afinal, remete ao pensamento; poderia achar que, na paixão e no ruído do movimento violento, não há espaço para a música, por mais fraca que seja, da razão, nenhum ócio que permita a contemplação desinteressada que busca a grandeza, não mediante a turbulência, mas mediante a grandeza do universo refletido. Nesse caso, o crítico talvez se visse tentado a questionar se existem motivos para aceitar uma visão tão agitada do mundo; e, ao levantar a questão, descobrirá, se aqui não me engano, que não há razão nenhuma para aceitarmos essa perspectiva — seja no universo ou nos escritos do *monsieur* Bergson.

Um dos efeitos negativos de uma filosofia anti-intelectual como a de Bergson está em que ela viceja a partir dos erros e confusões do intelecto. Desse modo, é levada a preferir o mau ao bom pensamento, a declarar insolúvel toda dificuldade momentânea e a ver cada deslize tolo como sinal da falência do intelecto e do triunfo da intuição. Em suas obras, são muitas as alusões à matemática e à ciência, e para um leitor desatento isso talvez pareça fortalecer enormemente sua filosofia. Quanto à ciência, de modo especial a biologia e a fisiologia, não tenho competência para criticar suas interpretações. No que se refere à matemática, contudo, ele deliberadamente preferiu os erros tradicionais de interpretação em detrimento das visões mais modernas que vêm prevalecendo entre os matemáticos nos últimos oitenta anos. Nesse aspecto, seguiu o exemplo da maioria dos filósofos. Nos séculos XVIII e XIX, o cálculo infinitesimal, não obstante fosse método bem-desenvolvido, respaldava seus fundamentos sobre muitas falácias e raciocínios confusos. Hegel e seus seguidores os tomaram como ponto de apoio em suas tentativas de provar que a matemática é inteiramente autocontraditória. Toda a exposição hegeliana desses temas passou, então, ao pensamento corrente dos filósofos, no qual permaneceu muito depois de os matemáticos terem eliminado os obstáculos a que os filósofos recorrem. Na medida em que o objetivo principal dos filósofos for demonstrar que nada pode ser apreendido por meio da paciência e do pensamento detalhado, e que, em lugar disso, devemos cultuar os preconceitos do ignorante sob o título de "razão" — caso sejamos hegelianos — ou "intuição" — caso bergsonianos —, eles continuarão a ignorar o que os matemáticos fizeram para retificar os erros de que Hegel se valera.

À parte a questão do número, por nós já examinada, é a rejeição do que denominou representação "cinematográfica" do mundo o principal ponto em que Bergson tange a matemática. A matemática concebe que a mudança, mesmo a contínua, é constituída por uma série de estados; Bergson, por sua vez, declara que nenhuma série como essa pode representar o que é contínuo e que, na mudança, nada jamais assume estado algum. A visão de que a mudança é formada por uma série de estados cambiantes é por ele dita cinematográfica; uma tal perspectiva, diz, é natural ao intelecto, mas radicalmente falha. A verdadeira mudança só pode ser explicada por intermédio da verdadeira duração; ela implica a interpenetração de passado e presente, e não uma sucessão matemática de estados estáticos. É essa a chamada visão "dinâmica", e não "estática", de mundo. Essa é uma questão importante e, não obstante sua dificuldade, não podemos ignorá-la.

A teoria bergsoniana da duração está atrelada à sua teoria da memória. Segundo ela, o que é recordado sobrevive na memória e, portanto, interpenetra as coisas de agora; passado e presente não são mutuamente extrínsecos, mas mesclam-se na unidade da consciência. A ação, diz Bergson, é o que constitui o ser; o tempo matemático, no entanto, é mero receptáculo passivo que nada faz e nada é, portanto. O passado, afirma, é aquilo que não mais age, enquanto o presente é aquilo que está em ação. Nesta declaração, contudo, bem como em toda a exposição da duração, o autor pressupõe inconscientemente o tempo matemático comum; sem esse conceito, suas declarações carecem de sentido. O que é possível entender por "o passado é essencialmente *aquilo que não mais age*" (grifos dele), senão que o passado é aquilo cuja ação é passada? As palavras "não mais" exprimem pretérito; a quem não conhecesse a ideia tradicional do passado como algo extrínseco ao presente, elas não teriam sentido nenhum. Por conseguinte, sua definição é circular. O que Bergson diz, na realidade, é: "O passado é aquilo cuja ação se encontra no passado." Como definição, não podemos dizer que tenha alcançado um bom resultado. O mesmo, ademais, se aplica ao presente. Lemos que o presente é "*aquilo que está em ação*" (grifos dele). Entretanto, a palavra "está" carrega precisamente a ideia do presente que deveria ser definido. O presente é aquilo que *está* em ação, e não o que *estava* ou *estará* em ação — ou seja, o presente é aquilo cuja ação está antes no presente do que no passado ou no futuro. Mais uma vez, a definição é circular. Uma passagem prévia, na mesma página, esclarecerá ainda mais a falácia. "Aquilo que constitui nossa percepção pura", diz o autor, "é nossa ação incipiente. (...) A *realidade* de nossa percepção, portanto, jaz em sua *atividade*, nos movimentos que a prolongam, e não em sua maior intensidade: o passado é apenas ideia; o presente, ideomotor." Essa passagem não deixa dúvidas de que, ao tratar do passado, Bergson não se refere ao passado propriamente dito, e sim à memória presente que temos dele. O passado, quando existiu, foi tão ativo quanto o presente é agora; se correta a exposição do autor, o momento presente seria o único, em toda a história do mundo, a conter qualquer atividade. Outrora, houve outras percepções, todas tão ativas e tão reais, à época, quanto nossas percepções de agora; o passado, quando em seu tempo, esteve longe de ser mera ideia; tratava-se, antes, em seu caráter intrínseco, daquilo que o presente é hoje. O passado real, no entanto, é esquecido por Bergson; o que ele tem em mente é a ideia presente do passado.

O passado real não se mescla com o presente porque não é parte dele. Esta, porém, é questão muito distinta.

Toda a teoria bergsoniana da duração e do tempo baseia-se na elementar confusão entre a ocorrência presente de uma lembrança e a ocorrência passada daquilo que é lembrado. Todavia, por ser o tempo tão familiar a nós, o círculo vicioso implícito na tentativa de definir o passado como aquilo que não é mais ativo se torna imediatamente evidente. Da maneira como o lemos, o que Bergson nos oferece é uma exposição da diferença entre percepção e lembrança (dois fatos *presentes*), enquanto o que acredita ter oferecido é uma exposição da diferença entre presente e passado. Tão logo notamos a confusão, sua teoria do tempo se torna simplesmente uma teoria que omite o tempo por completo.

É claro que grande parte da filosofia de Bergson — provavelmente a parte a que sua popularidade mais se deve — não depende de argumentos e não pode ser por eles derrubada. Seu retrato imaginativo do mundo, se encarado como esforço poético, em geral não está suscetível a demonstrações ou refutações. Shakespeare diz que a vida não é senão uma sombra ambulante, Shelley afirma que é qual um domo de vidro multicolor, e Bergson postula que se trata de uma granada que se fragmenta em partes que constituem novas granadas. Se porventura você preferir a imagem de Bergson, nada há de errado nisso.

O bem que Bergson deseja ver realizado no mundo é a ação pela ação. Toda contemplação pura é por ele denominada "sonho" e condenada mediante uma série de epítetos pouco elogiosos: estática, platônica, matemática, lógica, intelectual. Aos que desejam alguma previsão do fim que a ação deve lograr, ele diz que um fim antevisto não seria algo novo, pois o desejo identifica-se, como a memória, com seu objeto. Vemo-nos assim condenados, na ação, a sermos escravos cegos do instinto: a força vital nos impulsiona impaciente e incessantemente por trás. Nessa filosofia, não há espaço para o momento de vislumbre contemplativo em que, transcendendo a vida animal, tomamos ciência dos fins maiores que redimem o homem da vida selvagem. Aqueles a quem uma atividade sem propósito parece um bem suficiente encontrarão, nos livros de Bergson, um retrato agradável do universo. Entretanto, para quem a ação, quando valorosa, deve ser inspirada por certa visão, por determinado prenúncio de um mundo menos doloroso, menos injusto, menos tomado por lutas do que o mundo de nossa vida cotidiana, quem, em suma, fundamenta a ação na contemplação, não encontrará em sua filosofia nada do que busca e não lamentará a ausência de motivos para a declararmos verdadeira.

29
William James

William James (1842-1910) foi antes de mais nada psicólogo, mas desempenhou papel importante na filosofia por duas razões: por ter concebido a doutrina que denominou "empirismo radical" e por ter sido um dos três protagonistas da teoria chamada "pragmatismo" ou "instrumentalismo". Em idade avançada, veio a ser reconhecido, merecidamente, como líder da filosofia americana. Pelo estudo da medicina, foi levado a ter em conta a psicologia; seu grande livro sobre o tema, publicado em 1890, ostenta enorme brilhantismo. No entanto, não me debruçarei sobre a obra por tratar-se de contribuição à ciência, e não à filosofia.

Os interesses filosóficos de William James tinham dois aspectos: um científico e outro religioso. Do lado científico, o estudo da medicina conferira a seu pensamento uma tendência ao materialismo, que no entanto foi refreada por seus sentimentos religiosos. Estes sentimentos eram profundamente protestantes, profundamente democráticos e profundamente carregados da candura da bondade humana. James se recusou sumariamente a acompanhar o irmão Henry em seu incansável esnobismo. "O príncipe das trevas", disse, "pode ser um cavalheiro, como de fato nos dizem ser. O Deus do céu e da Terra, porém, independentemente do que seja, decerto não é um cavalheiro". Esta declaração lhe é muito característica.

Sua cordialidade e seu humor aprazível fizeram com que caísse nas graças de quase todos. Até onde sei, o único homem que não sentiu qualquer tipo de afeição por ele foi Santayana, cuja tese de doutorado William James descreveu como "a perfeição da podridão". Entre os dois, houve oposição temperamental que nada poderia superar. Santayana também teve a religião em alta conta, mas de modo muito distinto. Estimava-a estética e historicamente, e não como auxílio para a vida moral; como era de se esperar, preferiu muito mais o catolicismo ao protestantismo. No plano intelectual, não aceitou nenhum dos dogmas do cristianismo, mas agradava-lhe que outros os acreditassem, e ele mesmo apreciava o que interpretou como o mito cristão. Para James, tal atitude não poderia ser nada além de imoral. De seus antepassados puritanos, conservou a arraigada crença em que o importante é a boa conduta, e sua inclinação democrática o fez incapaz de aceitar a existência de uma verdade para os filósofos e outra para o vulgo. A oposição temperamental entre protestantes e católicos persiste entre os heterodoxos. Santayana foi livre-pensador católico, e James, protestante, apesar de herético.

A doutrina do empirismo radical foi publicada em 1904, figurando no ensaio que James intitulou "A 'consciência' existe?". O principal objetivo desse texto era negar o caráter fundamental da relação entre sujeito e objeto. Até então, os filósofos haviam considerado certa a existência de um acontecimento que denominavam "conhecer", no qual certo ente, o conhecedor ou sujeito, tomava ciência de outro, a coisa conhecida ou objeto. O conhecedor era visto como espírito ou alma, ao passo que o objeto conhecido poderia ser algo material, uma essência eterna, outro espírito ou, na autoconsciência, o conhecedor mesmo. Quase tudo na filosofia então aceita tinha relação com o dualismo representado por sujeito e objeto. Para que essa distinção não seja mais reconhecida como fundamental, a oposição entre espírito e matéria, o ideal contemplativo e a noção tradicional de "verdade" precisam ser repensados de maneira radical.

De minha parte, estou convencido de que James estava parcialmente certo nesse aspecto e que apenas isso já lhe valeria lugar de destaque entre os filósofos. Nutri opinião contrária até o momento em que ele e aqueles que compartilhavam suas ideias me convenceram da veracidade de sua doutrina. Voltemo-nos agora a seus argumentos.

Consciência, diz ele, "designa um não ente e não merece figurar entre os primeiros princípios. Os que ainda se atêm a ela se atêm a um simples eco, ao débil rumor que a 'alma' desvanecedora deixa para trás no ar da filosofia". Não existe, continua, "substância original ou qualidade do ser, em contraste com aquelas de que os objetos materiais são feitos, a partir das quais nossos pensamentos se constituem". James esclarece que não nega o fato de nossos pensamentos desempenharem a função de conhecer, e que tal função pode ser denominada "ser consciente". O que nega pode ser rudemente formulado como a visão de que a consciência é uma "coisa". James afirma que "só há uma substância ou um material primevo", que compõe tudo o que há no mundo. Essa substância denomina "experiência pura". O conhecer, diz ele, consiste num tipo de relação peculiar entre duas partes dessa experiência. A relação entre sujeito e objeto é derivativa: "A experiência, creio, não possui essa duplicidade interior." Em determinado contexto, uma porção indivisa da experiência pode ser o conhecedor e, noutro, o que é conhecido.

James define a "experiência pura" como "o fluxo imediato de vida que dá material à nossa reflexão posterior".

Será observado adiante que uma tal doutrina suprimirá a distinção entre espírito e matéria caso esta seja vista como distinção entre dois tipos diferentes daquilo que James denomina "substância". Por conseguinte, os que concordam com ele nesse aspecto defendem o que chamam de "monismo neutro", segundo o qual o material de que o mundo é construído não é nem espírito, nem matéria, mas sim um elemento anterior aos dois. James mesmo não levou adiante os desdobramentos de sua teoria; pelo contrário, seu emprego da expressão "experiência pura" assinala um idealismo berkeliano que talvez lhe fosse inconsciente. A palavra "experiência" é empregada com frequência por filósofos, mas raramente é definida. Vejamos, sem nos alongarmos, seus possíveis sentidos.

O senso comum afirma que muito do que ocorre não é "experimentado" — os acontecimentos que se dão no lado invisível da lua, por exemplo. Berkeley e Hegel, por razões distintas, negaram isso e declararam que aquilo que não é experimentado nada é. Hoje, a maioria dos filósofos considera inválidos os seus argumentos — e com razão, creio. Se adotarmos a perspectiva de que a "substância" do mundo é a "experiência", perceberemos que é necessário oferecer explicações complexas e implausíveis para aquilo que queremos dizer quando falamos em coisas como o lado invisível da lua. E, exceto se tivermos a capacidade de inferir o que não é experimentado a partir do que experimentamos, será difícil encontrar fundamentos para crermos na existência de qualquer coisa além de nós mesmos. James, é bem verdade, nega isso, mas suas justificativas não são muito convincentes.

O que entendemos por "experiência"? A melhor forma de responder a isso é perguntando: qual é a diferença entre um acontecimento que não é experimentado e outro que é? A chuva que vemos ou sentimos cair é experimentada, mas não aquela que cai num deserto em que inexiste qualquer ser vivo. Chegamos, assim, ao primeiro ponto: não há experiência onde não há vida. Contudo, a experiência não é coextensiva à vida. Não percebo muito do que me acontece, portanto não posso dizer que o experimento. É evidente que experimento o que recordo, mas certas coisas de que não me lembro explicitamente podem ter criado hábitos que ainda perduram. A criança que se queimou teme o fogo ainda que não recorde a ocasião em que se feriu. Creio que podemos dizer que determinado acontecimento é "experimentado" quando instaura um hábito. (A memória é uma espécie de hábito.) Em linhas gerais, só há hábito em organismos vivos. Um atiçador não teme o fogo, não obstante fique muitas vezes em brasa. Alicerçados no senso comum, portanto, diremos que a "experiência" não é coextensiva à "substância" do mundo. Não vejo razão válida para negarmos o senso comum neste ponto.

Exceto na questão da "experiência", estou de acordo com o empirismo radical de James.

O mesmo não ocorre com seu pragmatismo e sua "vontade de crer". Esta última, de modo especial, parece-me elaborada a fim de possibilitar uma defesa especiosa, mas sofística, de certos dogmas religiosos — defesa, ademais, que nenhum fiel sério poderia aceitar.

A vontade de crer foi publicada em 1896; *Pragmatismo: um nome novo para velhas formas de pensar*, em 1907. A doutrina dessa última obra é uma ampliação da doutrina da primeira.

A vontade de crer sustenta que, na prática, somos muitas vezes forçados a tomar decisões para as quais não há fundamento teórico adequado, uma vez que mesmo o fazer nada resulta de decisão. As questões que dizem respeito à religião, diz James, se enquadram nessa classificação; segundo ele, temos o direito de adotar uma postura de crença mesmo quando "nossa inteligência meramente lógica não foi coagida". É essa, em essência, a postura do vigário saboiano de Rousseau, mas a explicação de James é nova.

Lemos que o dever moral da veracidade consiste em dois preceitos equivalentes: "acreditar na verdade" e "afastar-se do erro". De forma equivocada, o cético atém-se apenas ao segundo, deixando de acreditar, assim, nas várias verdades em que crerá alguém menos cauteloso. Se acreditar na verdade e evitar o erro possuem importância equivalente, quando estiver diante de alternativas farei bem em crer, ao acaso, numa das possibilidades, pois terei uma chance igual de estar acreditando na verdade; suspendendo o juízo, chance nenhuma existirá.

Levada a sério, essa doutrina resultaria numa ética muito esquisita. Suponha-se que eu conheça um estranho no trem e pergunte a mim mesmo: "Porventura seu nome é Ebenezer Wilkes Smith?" Se reconheço que não sei, decerto não conhecerei a verdade acerca de seu nome; caso opte por acreditar que o nome é de fato aquele, há alguma chance de minha crença estar correta. O cético, diz James, teme ser ludibriado e pode deixar escapar, pelo medo, verdades importantes; "que prova há", acrescenta, "de que o engano causado pela esperança é muito pior do que o engano causado pelo temor?". Parece seguir-se que, se por anos estivesse na esperança de conhecer homem chamado Ebenezer Wilkes Smith, a veracidade positiva, e não a negativa, deveria instar-me a acreditar que é esse o nome de todo desconhecido que vier a conhecer, até o momento em que obtiver provas conclusivas do contrário.

"Entretanto", pode-se afirmar, "esse exemplo é absurdo porque você, embora desconheça o nome do estranho, sabe que uma percentagem muito diminuta da humanidade tem por nome Ebenezer Wilkes Smith. Por conseguinte, não se encontra naquele estado de ignorância plena que sua liberdade de escolha pressupõe". Ora, por mais estranho que seja isso, James nunca faz, em todo o seu ensaio, qualquer menção à probabilidade, apesar de ser possível refletir sobre ela no tratamento de toda e qualquer questão. Admitamos (embora nenhum fiel ortodoxo venha a fazê-lo) que não há evidência em favor ou contra as religiões do mundo. Em seguida, imaginemos que você seja um chinês que toma conhecimento do confucianismo, do budismo e do cristianismo. As leis da lógica o impedem de achar que cada um dos três é veraz. Então, suponhamos que o budismo e o cristianismo tenham chances iguais de ser verdadeiros; dado que não podem ser verdadeiros os dois, e que apenas um deles o deve ser, o confucianismo será falso. Se todos os três tiverem as mesmas chances, é mais provável, portanto, que cada qual seja falso do que verdadeiro. Por conseguinte, o princípio de James sucumbe tão logo recorremos às considerações da probabilidade.

É curioso que, a despeito de ser um psicólogo de destaque, James tenha se permitido cometer uma tolice tão singular. Ele age como se as únicas alternativas fossem a crença ou a descrença plenas, ignorando todas as nuances da dúvida. Suponha-se, por exemplo, que eu esteja procurando um livro nas minhas prateleiras. "*Talvez esteja* nesta aqui", penso, e então começo a procurar. Antes de vê-lo, porém, não direi que "*está* nesta prateleira". Nós agimos costumeiramente à luz de hipóteses, mas não do mesmo como agimos à luz do que julgamos certo; com efeito, quando agimos segundo uma hipótese, mantemos os olhos abertos para qualquer evidência nova.

O preceito da veracidade, parece-me, não é tal como James o supõe. Antes, seria preciso dizer: "Só dê às hipóteses que sejam dignas de consideração o grau de crença que a evidência garante." E, caso a hipótese tenha importância suficiente, haverá justificativa para o dever adicional de buscar evidências ulteriores. Tudo isso nos diz o senso comum, em harmonia com o que se pratica nos tribunais de justiça, mas difere consideravelmente do procedimento que James recomenda.

Seria injusto com James examinar de forma isolada sua vontade de crer. Trata-se de uma doutrina de transição que, por desenvolvimento natural, conduziu ao pragmatismo. Como o próprio nome revela, o pragmatismo é sobretudo uma nova definição de "verdade". Outros dois nomes o protagonizaram: F.C.S. Schiller e o dr. John Dewey. Tratarei do dr. Dewey no capítulo seguinte; Schiller teve menor importância. Entre James e o dr. Dewey há diferença de ênfase. A visão de mundo deste último é científica; seus argumentos derivam, antes de mais nada, do exame do método da ciência. James, por sua vez, interessa-se primeiro pela religião e pela moral. Em linhas gerais, defende de bom grado toda e qualquer doutrina que tenda a fazer as pessoas virtuosas e felizes; se bem-sucedida nisso, será "verdadeira" no sentido em que o autor emprega o termo.

O princípio do pragmatismo, segundo James, foi primeiro articulado por C.S. Peirce, que considerava que, no intuito de lograr clareza no que pensamos sobre um objeto, devemos considerar somente quais efeitos de ordem prática ele poderia acarretar. A título de elucidação, James afirma que a função da filosofia é descobrir que diferença faz, para você ou para mim, o fato de esta ou aquela leitura do mundo ser verdadeira. Por conseguinte, as teorias se tornam instrumentos, e não respostas a enigmas.

As ideias, de acordo com o que James nos diz, são verdadeiras na medida em que nos ajudam a travar relações satisfatórias com outras partes de nossa experiência: "Uma ideia é 'verdadeira' se acreditá-la é vantajoso para nossas vidas." A verdade é uma espécie de bem, e não uma categoria à parte. Ela ocorre a uma ideia e é *feita* verdadeira pelos acontecimentos. É correto dizer, com os intelectualistas, que a ideia verdadeira deve estar de acordo com o real, mas "estar de acordo" não significa "copiar". "'Estar de acordo' com uma realidade, no sentido mais amplo do termo, só pode consistir em ser guiado diretamente a ela ou seus arredores, ou ainda em travar com ela um contato operante que nos permita manejá-la — ou algo com que tem vínculo — melhor do que o faríamos se tal acordo não existisse." James acrescenta que "o verdadeiro é somente o expediente em nossa maneira de pensar (...) em longo prazo e em todo o percurso". Noutras palavras, "nossa obrigação de buscar a verdade é parte da obrigação geral de fazer o que compensa".

Em capítulo sobre o pragmatismo e a religião, ele colhe os frutos. "Não podemos rejeitar hipótese alguma se dela emanam consequências úteis." "Se a hipótese de Deus opera de maneira satisfatória no sentido mais amplo do termo, ela é verdadeira." "Com base nas provas que a experiência religiosa oferece, podemos muito bem acreditar que poderes superiores existem e operam, no intuito de salvar o mundo, segundo linhas ideais semelhantes às nossas."

Vejo grandes dificuldades intelectuais nessa doutrina. Ela parte do princípio de que uma crença será "verdadeira" quando seus efeitos forem bons. Para que uma tal definição seja útil — e, caso não seja, estará condenada segundo os parâmetros do pragmatista —, devemos saber (a) o que é o bem e (b) quais são os efeitos desta ou daquela crença; devemos conhecer tudo isso antes de sabermos se algo é "verdadeiro", uma vez que só poderemos declará-lo veraz após definirmos que os efeitos de determinada crença são bons. Temos, por conseguinte, uma complicação incrível como resultado. Suponhamos que você queira saber se Colombo atravessou o Atlântico em 1492. Ao contrário do que fazem os outros, você não deve recorrer a um livro. Antes, precisa investigar quais são os efeitos dessa crença e como eles diferem dos efeitos da crença em que Colombo viajou no ano de 1491 ou 1493. Trata-se de algo bem difícil, mas ainda mais complicado é ponderar os efeitos a partir de um ponto de vista ético. Você pode dizer que 1492 sem dúvida traz os melhores efeitos porque lhe possibilita obter notas maiores nos exames. Seus concorrentes, contudo, que lhe ultrapassariam caso você dissesse 1491 ou 1493, podem considerar seu sucesso eticamente lamentável. À parte os exames, não consigo conceber nenhum efeito prático dessa crença, exceto no caso de um historiador.

No entanto, o problema não chegou ao fim. Você deve afirmar que sua avaliação das consequências de determinada crença é ética e factualmente verdadeira; se for falsa, seu argumento em favor de sua veracidade estará equivocado. Declarar veraz, porém, sua crença referente às consequências é o mesmo que dizer, segundo James, que ela possui consequências boas, o que por sua vez só é verdadeiro se tiver boas consequências — e assim por diante, *ad infinitum*. É óbvio que isso não dará certo.

Há ainda outra dificuldade. Suponhamos que eu declare que Colombo existiu. Todos estarão de acordo quanto à veracidade do que digo. No entanto, por que é verdadeiro? Porque certo homem, de carne e osso, viveu há 450 anos — em suma, em virtude das causas de minha crença, e não de seus efeitos. Se tomamos a definição de James, "A existe" pode ser verdadeiro mesmo se, na realidade, A não existir. Eu sempre achei que a hipótese do Papai Noel "opera de maneira satisfatória no sentido mais amplo do termo"; por conseguinte, "Papai Noel existe" é declaração verdadeira, embora não exista nenhum Papai Noel. Diz James (e repito): "Se a hipótese de Deus opera de maneira satisfatória no sentido mais amplo do termo, ela é verdadeira." Não se questiona mais, por não se considerar importante, se Deus de fato habita em Seu paraíso; caso Ele constitua uma hipótese útil, nada mais é preciso. O Deus como Arquiteto do Universo cai no esquecimento; tudo o que se tem em mente é a crença e suas consequências para as criaturas que habitam nosso planetinha insignificante. Não surpreende que o papa tenha condenado a defesa pragmática da religião.

Deparamo-nos aqui com uma diferença fundamental entre a visão religiosa de James e aquela dos povos religiosos do passado. James se interessa pela religião como fenômeno humano, mas demonstra pouco interesse pelos objetos que ela contempla. Ele quer que as pessoas sejam felizes — e, se a crença em Deus as faz felizes, que creiam! Até aí, não se trata de filosofia, mas de benevolência; torna-se filosofia quando se diz que, se as torna feliz, a crença é "verdadeira". Àquele que deseja um objeto de louvor, isso não basta. Este homem não dirá: "Se vier a acreditar em Deus, serei feliz", e sim: "Acredito em Deus e, por conta disso, sou feliz." Quando acredita em Deus, ademais, o faz como quem acredita na existência de Roosevelt, Churchill ou Hitler; Deus, para ele, é um Ser real, e não somente uma ideia humana que tem consequências boas. É essa crença genuína que gera efeitos assim, e não o substituto enfraquecido que James põe em seu lugar. Se afirmo que "Hitler existe", é evidente que não quero dizer que "os efeitos da crença na existência de Hitler são bons". Para o fiel sincero, o mesmo se aplica a Deus.

A doutrina de James consiste em tentativa de erigir uma superestrutura de crença sobre um fundamento de ceticismo. A exemplo de todos os projetos do tipo, também este depende de falácias. Nesse caso, as falácias advêm da ânsia por ignorar toda e qualquer realidade extra-humana. A mistura de idealismo berkeliano e ceticismo o leva a substituir Deus pela crença em Deus e a fingir que isso não fará diferença nenhuma. Essa, contudo, não passa de mais uma forma da loucura subjetivista que caracteriza a maior parte da filosofia moderna.

30

John Dewey

Nascido em 1859, John Dewey é em geral reconhecido como o principal filósofo norte-americano vivo, e com essa avaliação estou plenamente de acordo. Sua influência não foi profunda somente entre filósofos, mas também entre os estudiosos da educação, da estética e da teoria política. Trata-se de um homem de caráter sublime, visão de mundo liberal, generosidade e afabilidade em suas relações pessoais, infatigável no trabalho. Dou assentimento quase pleno a muitas de suas opiniões. Em virtude do respeito e da admiração que nutro por ele, bem como da experiência particular de sua bondade, gostaria que o assentimento fosse integral, mas infelizmente me vejo forçado a discordar de sua doutrina filosófica mais singular: a substituição da "verdade" pela "investigação" como conceito fundamental da lógica e da teoria do conhecimento.

Como William James, Dewey vem da Nova Inglaterra e carrega consigo a tradição liberal da região, abandonada por alguns dos que descendem dos grandes *New Englanders* do século passado. Ele jamais foi o que chamaríamos de "mero" filósofo. De modo particular, a educação foi sua principal fonte de interesse, e a influência que tem exercido sobre o ensino americano é profunda. Eu mesmo almejo, em menor grau, exercer sobre a área influência semelhante. Como ocorre comigo, talvez ele nem sempre tenha se sentido satisfeito com a prática dos que diziam seguir seus ensinamentos, mas no fundo toda doutrina nova está sujeita a certa extravagância e exagero. De todo modo, isso não possui a importância que parece ter, uma vez que as falhas do que constitui novidade são identificadas muito mais facilmente do que no que é tradicional.

Quando, em 1894, Dewey se tornou professor de filosofia em Chicago, um dos assuntos a serem tratados era a pedagogia. O autor fundou uma escola progressista e escreveu muito sobre educação. O que produziu à época foi condensado no livro *A escola e a sociedade* (1899), considerado o mais influente de seus trabalhos. Durante toda a vida, continuaria a escrever sobre educação quase tanto quanto escreveria sobre a filosofia.

Outras questões sociais e políticas também ocuparam grande importância em seu pensamento. Assim como ocorreu comigo, sofreu forte influência de visitas à Rússia e à China — influências negativas, no primeiro caso, e positivas, no segundo. Relutantemente, declarou apoio à Primeira Guerra Mundial. Desempenhou papel importante na investigação da suposta culpa de Trotsky e, embora certo de que as acusações careciam de fundamento, não acreditava que o regime soviético teria sido satisfatório caso houvesse sido ele, e não Stálin, o sucessor de Lênin. Estava convicto de que o modo de lograr uma sociedade boa não passa pela revolução violenta cujo fim é a ditadura. Embora fosse de esquerda nas questões econômicas, Dewey nunca foi marxista. Já o ouvi dizer que, após emancipar-se com certa dificuldade da teologia ortodoxa tradicional, não iria algemar-se novamente a outra. Em tudo isso, seu ponto de vista é quase idêntico ao meu.

De uma perspectiva estritamente filosófica, a principal importância da obra de Dewey está na crítica ao conceito tradicional de "verdade", incorporada na teoria que o autor denominou "instrumentalismo". A verdade, tal qual concebida pela maioria dos filósofos profissionais, é estática e definitiva, perfeita e eterna; segundo a terminologia religiosa, pode ser identificada com os pensamentos de Deus, assim como com os pensamentos que nós, na condição de seres racionais, partilhamos com Ele. O modelo perfeito da verdade é a tabuada de multiplicar: algo preciso e certo e livre de todos os dejetos temporais. Desde Pitágoras, mas sobretudo desde Platão, a matemática tem sido vinculada à teologia e influenciado, de maneira muito profunda, a teoria do conhecimento defendida pela maioria dos filósofos profissionais. Os interesses de Dewey são antes biológicos do que matemáticos; ele concebe o pensamento como processo evolutivo. A visão tradicional, é claro, admitiria de bom grado que os homens gradualmente adquirem maior conhecimento, mas cada fragmento de saber, quando conquistado, é tido como definitivo. É bem verdade que Hegel não vê o conhecimento humano assim, mas antes como um todo orgânico que cresce aos poucos em cada parte e que não é perfeito em parte nenhuma até que o todo também o seja. Contudo, não obstante tenha influenciado Dewey em sua juventude, a filosofia hegeliana ainda remete tanto a um Absoluto quanto a um mundo eterno mais real do que o processo temporal. Ambos não têm espaço no pensamento de Dewey, para quem toda realidade é temporal e o processo, embora evolutivo, não consiste, como em Hegel, no desdobramento de uma Ideia eterna.

Estou de acordo com Dewey até aqui — e não se trata do último ponto em que concordamos. Antes de examinarmos os aspectos em que diferimos, direi algumas palavras sobre minha visão de "verdade".

A questão primeira é: que tipo de coisa é "verdadeira" ou "falsa"? "Uma frase", eis a resposta mais simples. "Colombo atravessou o oceano em 1492" é declaração verdadeira; "Colombo atravessou o oceano em 1776", falsa. Uma resposta como essa é correta, mas não completa. As frases são verdadeiras ou falsas porque são "significantes", e seu significado depende da linguagem empregada. Caso traduzisse uma história de Colombo para o árabe, você teria de substituir 1492 pelo ano maometano correspondente. Em cada idioma, as frases podem ter o mesmo significado, e é esse significado, e não as palavras, o que determina se a declaração é "verdadeira" ou não. Ao afirmar algo, expressa-se uma "crença", a qual pode muito bem ser expressa noutra língua. É essa "crença", qualquer que seja ela, o que é "verdadeiro", "falso" ou "mais ou menos verdadeiro". Investigar a "crença", portanto, torna-se tarefa obrigatória.

Ora, uma crença pode existir, desde que seja suficientemente simples, sem ser expressa em palavras. Sem o emprego delas, seria difícil acreditar que a razão entre a circunferência de um círculo e seu diâmetro é de aproximadamente 3,14159 ou que César, ao decidir cruzar o Rubicão, selou o destino da constituição republicana de Roma. Em casos simples, contudo, as crenças não verbalizadas são comuns. Suponhamos, por exemplo, que, enquanto desce uma escada você calcule errado o momento de chegar ao chão. Ao dar um passo adequado ao pavimento, você cairá. O resultado é um choque ou uma surpresa violenta. Naturalmente, você dirá: "Achei que estivesse lá embaixo", mas na realidade você não estava pensando sobre a escada — se estivesse, o erro não teria sido cometido. Seus músculos se haviam adequado ao pavimento quando você ainda não estava lá (ao menos é essa uma forma natural de expressar o ocorrido). Todavia, a distinção entre mente e corpo é dúbia. Seria melhor falar em "organismo" e deixar indeterminada a divisão de suas atividades. Portanto, pode-se dizer: seu organismo se ajustou de maneira que se faria adequada caso você já se encontrasse no chão, mas que não se mostrou certa na ocasião. Esse ajuste constituiu erro, sendo possível dizer, portanto, que você nutriu uma crença falsa.

A *prova* do erro, no exemplo acima, é a *surpresa*. Creio que isso em geral se aplique às crenças passíveis de prova. A crença *falsa* é aquela que, em circunstâncias oportunas, provocará surpresa a quem a nutre, enquanto a *verdadeira* não terá esse efeito. Entretanto, embora seja um bom critério quando passível de ser aplicada, a surpresa não comunica o *sentido* das palavras "verdadeiro" e "falso", e não pode ser sempre aplicada. Suponhamos que você esteja caminhando sob uma tempestade e diga a si mesmo: "Muito dificilmente serei atingido por um raio." Logo em seguida um raio o atinge, mas você não pode experimentar surpresa porque está morto. Se um dia, como parece esperar o sr. James, o sol vier a explodir, morreremos instantaneamente e, portanto, não nos surpreenderemos; a não ser que esperemos a catástrofe, porém, teremos todos nos enganado. Exemplos assim sugerem objetividade à verdade e à falsidade; verdadeiro (ou falso) é um estado do organismo, mas em geral a verdade (ou falsidade) se dá em virtude de ocorrências que lhe são extrínsecas. Por vezes é possível definir a verdade ou a falsidade de maneira experimental, mas por vezes não. Quando a possibilidade inexiste, contudo, a alternativa perdura e é relevante.

Nada mais direi sobre minha posição acerca da verdade e falsidade. Passarei ao exame da doutrina de Dewey.

Dewey não almeja juízos que sejam absolutamente "verdadeiros" nem condena seus opostos por serem absolutamente "falsos". Em sua opinião, existe um processo denominado "investigação", que consiste numa forma de ajuste mútuo entre um organismo e seu ambiente. Se, partindo do meu ponto de vista, eu desejasse ir o mais longe possível em busca de um ponto em que concordasse com Dewey, deveria começar pela análise do "sentido" ou "significado". Suponhamos, por exemplo, que você se encontre no zoológico e escute uma voz que diz, por meio um megafone: "Um leão acabou de fugir." Nesse caso, você agiria como se tivesse visto o animal — ou seja: fugiria o mais rápido possível. A frase "um leão fugiu" *significa* certa ocorrência, no sentido de que fomenta o mesmo comportamento que a ocorrência fomentaria caso fosse vista. Em linhas gerais: uma frase S "significa" um acontecimento E se promove o comportamento que E fomentaria. Se na realidade o acontecimento não existiu, a frase é falsa. O mesmo se aplica a uma crença que não está expressa em palavras. Pode-se dizer: a crença é um estado do organismo responsável por fomentar um comportamento que seria promovido por determinada ocorrência caso esta se fizesse sensivelmente presente; a ocorrência que fomentaria esse comportamento é o "significado" da crença. O que exponho aqui está excessivamente simplificado, mas é suficiente para assinalar a teoria que advogo. Até este ponto, não creio que eu e Dewey discordaríamos muito. Com seus desdobramentos ulteriores, porém, meu desacordo torna-se notório.

Em lugar da verdade ou do conhecimento, Dewey faz da *investigação* a essência da lógica. Assim a define: "A investigação consiste na transformação controlada ou dirigida de certa situação indeterminada em outra que é tão determinada em suas distinções e relações constituintes que realiza uma conversão dos elementos da situação original num todo unificado." A isso, acrescenta que "a investigação se volta às transformações objetivas da matéria objetiva". Essa definição é claramente inadequada. Tomemos, por exemplo, o comportamento de um sargento ante uma multidão de recrutas, ou ainda o de um pedreiro diante de uma pilha de tijolos; ambos satisfazem exatamente o que Dewey entende por "investigação". Uma vez que não os incluiria em sua definição, deve haver algum elemento em relação ao conceito que o autor esqueceu de mencionar. Qual elemento é esse eu tentarei definir em breve. Antes, examinemos o que resulta da definição tal qual ela se apresenta.

Claro está que a "investigação", do modo como a concebe Dewey, é parte do processo genérico que busca tornar o mundo mais orgânico. Dela devem resultar "todos unificados". O amor de Dewey pelo que é orgânico se deve em parte à biologia e, em parte, à duradoura influência de Hegel. Exceto com base numa metafísica hegeliana inconsciente, não vejo por que "todos unificados" devem ser o resultado da investigação. Se alguém me dá um baralho desordenado e me pede para investigar sua sequência, o que primeiro devo fazer, se estiver seguindo a prescrição de Dewey, será distribuí-los em ordem e, então, dizer que aquela era a ordem que a investigação engendrara. Haverá, é bem verdade, "transformação objetiva da matéria objetiva" enquanto eu estiver organizando as cartas, mas isso é admitido pela definição. Se, ao final, alguém me disser: "Queríamos saber qual era a sequência das cartas no momento em que você as recebeu, e não após sua reorganização", responderei, caso seja discípulo de Dewey: "Suas ideias são, todas elas, estáticas em demasia. Sou uma pessoa dinâmica, e, quando investigo uma matéria qualquer, primeiro a altero de modo a facilitar a investigação." A ideia de que tal procedimento é legítimo só pode ser justificada à luz da distinção hegeliana entre aparência e realidade: a aparência pode ser confusa e fragmentária, mas a realidade é sempre ordenada e orgânica. Ao organizar as cartas, portanto, tudo o que faço é revelar sua verdadeira natureza eterna. Entretanto, essa parte da doutrina jamais é articulada explicitamente. A metafísica do organismo subjaz às teorias de Dewey, mas desconheço quanto ele tem ciência disso.

Tentemos encontrar, agora, o complemento que a definição de Dewey exige para que seja possível distinguir a investigação dos outros tipos de atividade organizacional, como aquelas do sargento e do pedreiro. Outrora poderia se dizer que a investigação se distingue pelo seu propósito, o de averiguar alguma verdade. Para Dewey, no entanto, "verdade" é palavra que deve ser definida segundo a "investigação", e não o contrário; ele reproduz, com aprovação, a definição de Peirce: "Verdade" é "a opinião destinada a ser aceita, no final, por todos que investigam". Isso nos deixa completamente no escuro quanto àquilo que os investigadores estão fazendo, uma vez que não podemos afirmar, sem resvalarmos na circularidade, que eles se esforçam para averiguar a verdade.

Creio que a teoria do dr. Dewey pode ser formulada da maneira que se segue. As relações entre determinado organismo e seu ambiente às vezes satisfazem o organismo, às vezes, não. Quando não são satisfatórias, a situação pode ser aprimorada mediante ajuste mútuo. No caso em que as alterações responsáveis pela melhora ocorrem sobretudo no lado do organismo — elas jamais se dão *todas* de um lado só —, o processo em questão recebe o nome de "investigação". Um exemplo: durante uma batalha, o que você mais deseja é alterar o ambiente, isto é, o inimigo; no período anterior, de reconhecimento, entretanto, o que mais se quer é adaptar as próprias forças às disposições observadas. Esse período precedente constitui um período de "investigação".

Aos meus olhos, a dificuldade que essa teoria impõe está na cisão do vínculo entre a crença e o fato (ou os fatos) que em geral seriam pensados como aqueles que a "ratificam". Continuemos com o exemplo de um general que planeja uma batalha. Seus aviões de reconhecimento lhe relatam os preparativos de certo inimigo, e por conta disso também ele faz os seus. O senso comum afirmaria que os relatórios à luz dos quais ele age serão "verdadeiros" se os movimentos dos inimigos corresponderem a seus planos. Nesse caso os relatórios continuam sendo verdadeiros mesmo se o general vier a perder a batalha. Essa visão o dr. Dewey rejeita. Ele não divide as crenças em "verdadeiras" e "falsas", mas apresenta dois outros tipos, que chamaremos de crenças "satisfatórias", caso o general vença, e "insatisfatórias", caso seja derrotado. Até a batalha, Dewey não sabe o que pensar acerca dos relatórios que os batedores elaboraram.

Generalizando, podemos dizer que o dr. Dewey age como todos e divide as crenças em duas classes, das quais uma é boa, e a outra, má. Para ele, contudo, uma crença pode ser boa agora e má depois. Isso é algo que se dá com as teorias imperfeitas que se mostram melhores que as anteriores e piores do que suas sucessoras. O fato de ser a crença boa ou má depende de serem satisfatórias ou não as consequências das atividades que inspira no organismo que crê. Desse modo, uma crença referente a certo acontecimento passado não deve ser classificada como "boa" ou "má" segundo a real existência do ocorrido, e sim de acordo com os efeitos futuros da crença. Os resultados são curiosos. Suponha-se que alguém me diga: "Porventura você tomou café no desjejum desta manhã?" Se sou uma pessoa comum, procurarei recordar-me. Mas, se sou discípulo de Dewey, direi: "Espere um pouco. Devo fazer dois experimentos antes de responder-lhe." Então, primeiro me obrigarei a acreditar que tomei café a fim de observar as consequências dessa crença, caso de fato haja alguma; depois, forçar-me-ei a crer em que não tomei café algum e farei as mesmas observações. Por fim, compararei as duas séries de consequências, com o objetivo de identificar qual me é mais satisfatória. Caso a balança penda para um dos lados, escolherei essa resposta. Caso não o faça, terei de admitir minha incapacidade de responder à pergunta.

Os problemas, no entanto, não acabam por aí. Como saberei quais são as consequências de acreditar que tomei café no desjejum? Se digo que "as consequências são tais e tais", terei de averiguar isso segundo suas consequências antes de saber se o que afirmei foi declaração "boa" ou "má". Mesmo se tal dificuldade fosse superada, ademais, como posso julgar qual série de consequências é a mais satisfatória? Certa decisão quanto ao fato de eu ter tomado café ou não pode me encher de contentamento; outra pode me fazer determinado a fomentar esforços de guerra. Cada uma delas pode ser considerada boa, mas até definir qual é a melhor eu não poderei dizer se tomei café no desjejum. Evidentemente, isso é algo absurdo.

A divergência entre Dewey e aquilo que até então era tido como senso comum se deve à sua relutância em assimilar "fatos" à metafísica, uma vez que os "fatos" são teimosos e não podem ser manipulados. É possível que, nesse aspecto, o senso comum esteja mudando e a visão de Dewey não venha mais a parecer contrária àquilo em que o consenso vem se convertendo.

A principal diferença entre o que Dewey advoga e o que eu advogo está em que ele julga determinada crença segundo seus efeitos, e eu, no que toca a uma ocorrência passada, segundo suas causas. Tomo determinada crença como "verdadeira", ou tão "verdadeira" quanto nos é possível averiguar, quando possui certo tipo de relação (às vezes, uma relação bastante complicada) com suas causas. O dr. Dewey, por sua vez, afirma que uma crença terá "assertividade garantida" — por ele colocada no lugar da "verdade" — quando apresentar certos tipos de efeito. Essa divergência é fruto da diferença de nossas visões de mundo. O passado não pode ser afetado pelo que fazemos e, portanto, se a verdade é determinada pelo que ocorreu, é independente das volições presentes ou futuras; de forma lógica, ela representa as limitações da capacidade humana. Entretanto, se a verdade — ou, antes, a "assertividade garantida" — porventura depende do futuro, está em nosso poder modificar o futuro, na medida em que se pode alterar o que deveria ser asseverado. Isso amplia o sentido da capacidade e da liberdade humanas. Por acaso César atravessou o Rubicão? Verei uma resposta afirmativa como algo invariavelmente exigido por um acontecimento passado. O dr. Dewey, de sua parte, só dirá sim ou não após uma avaliação dos acontecimentos futuros, e não há motivo por que tais acontecimentos não possam ser dispostos pelas faculdades humanas de modo a tornar uma resposta negativa mais satisfatória. Se me é desagradável a crença em que César atravessou o Rubicão, não preciso resignar-me ao desespero sombrio; posso organizar, caso dotado de capacidade e destreza suficientes, um ambiente social em que a declaração de que a travessia não ocorreu gozará de "assertividade garantida".

Ao longo de todo este livro eu procurei, quando possível, associar cada filosofia ao ambiente social dos filósofos em questão. Parece-me que a crença na capacidade humana, bem como a relutância em aceitar os "fatos teimosos", tem vínculo com a esperança engendrada pela produção maquinal e pela manipulação científica de nosso ambiente físico. Essa perspectiva é comum a muitos partidários do dr. Dewey. Assim, George Raymond Geiger, em ensaio elogioso, afirma que o método de Dewey "acarretaria, ao pensamento, uma revolução tão burguesa e pouco extraordinária, mas ao mesmo tempo tão estupenda, quanto aquela que se verificou na indústria um século atrás". Tive a impressão de estar dizendo o mesmo quando escrevi que "o dr. Dewey possui uma visão de mundo que, no ponto em que se distingue, encontra-se em harmonia com a era do industrialismo e do empreendimento coletivo. É natural que tenha exercido sobre os americanos sua influência mais forte e que tenha sido igualmente estimado, graças a seus elementos progressistas, em países como a China e o México".

Para minha tristeza e surpresa, a declaração acima, considerada por mim completamente inócua, irritou o dr. Dewey. Respondeu ele: "O inveterado costume do sr. Russell de vincular a teoria pragmática do conhecimento aos aspectos odiosos do industrialismo americano (...) equivaleria a que eu vinculasse sua filosofia aos interesses da aristocracia latifundiária inglesa."

De minha parte, acostumei-me a ver minhas opiniões explicadas (sobretudo por comunistas) à luz de meu vínculo com a aristocracia britânica, e estou disposto a reconhecer que minhas visões sofrem, como a dos outros homens, a influência do ambiente social. Se, porém, no que diz respeito ao dr. Dewey, equivoco-me quanto às influências sociais em questão, lamento o erro. Considero, entretanto, que não fui o único a cometê-lo. Santayana, por exemplo, diz: "Em Dewey, bem como na ciência e na ética atuais, há em toda parte uma tendência quase hegeliana a dissolver o indivíduo em suas funções sociais, bem como tornar tudo o que é substancial e real algo relativo e transitório."

Tenho a impressão de que o mundo do dr. Dewey é um mundo no qual os seres humanos ocupam a imaginação; o cosmos da astronomia, mesmo que tenha reconhecida a sua existência, é na maioria das vezes ignorado. Sua filosofia é uma filosofia do poder, ainda que não se trate, como em Nietzsche, do poder individual. Antes, é o poder da comunidade o que é tido como valioso. O elemento do poder social é o que me parece tornar a filosofia do instrumentalismo encantadora aos que se deixam impressionar mais pelo nosso novo controle das forças naturais do que pelas limitações a que esse controle ainda está sujeito.

A postura do homem com relação ao ambiente inumano mudou profundamente ao longo do tempo. Os gregos, que temiam o húbris e acreditavam numa Necessidade ou num Fado superior até mesmo a Zeus, evitaram cautelosamente o que pudesse parecer insolência para com o universo. A Idade Média levou tal submissão a novos patamares: a humildade diante de Deus constituía o dever primeiro do cristão. As iniciativas estavam repletas dessa postura, e uma grande originalidade tornou-se um objetivo quase impossível. O Renascimento resgatou, em seguida, o orgulho humano, mas de tal maneira que culminou na anarquia e no desastre. Suas obras foram amplamente desfeitas pela Reforma e pela Contrarreforma. A técnica moderna, por sua vez, embora não de todo favorável ao indivíduo magnânimo dos tempos renascentistas, recuperou o sentimento do poder coletivo das comunidades humanas. O homem, outrora assaz humilde, começa a ver a si próprio como quase divino. Papini, o pragmatista italiano, insta-nos a substituir a "Imitação de Cristo" pela "Imitação de Deus".

Em tudo isso noto grande perigo: o da impiedade cósmica. Conceber a "verdade" como algo que depende de fatos amplamente extrínsecos ao controle humano tem sido uma das formas pelas quais a filosofia inculcou o elemento necessário da humildade. Quando esse freio ao orgulho é suprimido, um passo a mais é dado na estrada rumo a certo tipo de loucura — à embriaguez de poder que invadiu a filosofia com Fichte e que, aos homens modernos, sejam eles filósofos ou não, é tentadora. Estou certo de que essa embriaguez é o maior perigo de nosso tempo, e de que toda filosofia que vier a fomentá-la, ainda que sem o desejar, elevará os riscos de um enorme desastre social.

31

A filosofia da análise lógica

Desde os tempos de Pitágoras, está presente na filosofia uma oposição entre aqueles cujo pensamento foi inspirado principalmente pela matemática e aqueles influenciados pelas ciências empíricas. Platão, Tomás de Aquino e Kant pertencem ao grupo que podemos denominar matemático; Demócrito, Aristóteles e os empiristas modernos posteriores a Locke, ao grupo oposto. Em nossa época, surgiu uma escola filosófica que tem por objetivo eliminar o pitagorismo dos princípios da matemática e mesclar o empirismo com o interesse pelas áreas dedutivas do conhecimento humano. Os propósitos dessa escola são menos espetaculares do que aqueles da maioria dos filósofos do passado, mas alguns de seus triunfos têm tanta solidez quanto os dos homens de ciência.

A origem dessa filosofia está nas conquistas dos matemáticos que se empenharam em eliminar de sua disciplina as falácias e o raciocínio indolente. Os grandes matemáticos do século XVII eram otimistas e almejavam resultados rápidos; como consequência, deixaram inseguros os fundamentos da geometria analítica e do cálculo infinitesimal. Leibniz acreditou em infinitesimais reais, mas, embora sua crença se adequasse à metafísica que apregoava, não fixava nenhum alicerce sensato na matemática. Weierstrass, logo após meados do século XIX, demonstrou como era possível estabelecer o cálculo sem os infinitesimais e, assim, acabou por torná-lo logicamente seguro. Em seguida veio Georg Cantor, que elaborou a teoria da continuidade e do número infinito. Até o surgimento de sua definição, "continuidade" era um conceito vago, conveniente para filósofos como Hegel, que desejavam introduzir na matemática confusões metafísicas. Cantor deu sentido preciso à palavra e mostrou que a continuidade, tal qual a definia, era o conceito de que os matemáticos e físicos necessitavam. Com isso, uma grande dose de misticismo, como aquele de Bergson, passou a ser vista como antiquada.

Cantor também solucionou os antiquíssimos enigmas lógicos que diziam respeito ao número infinito. Tomemos a série de números inteiros que se inicia no 1; quantos deles existem? A quantidade não é finita, decerto; até mil, mil são os números; até um milhão, um milhão. Qualquer que seja o número finito mencionado, há mais números do que ele, pois desde o 1 até o número em questão existe essa mesma quantidade de números, e depois há outros maiores. O número de números inteiros finitos, portanto, deve ser um número infinito. Nesse ponto, porém, deparamo-nos com um fato curioso: o número de números pares deve ser igual ao número de todos os números inteiros. Considerem-se as duas fileiras:

1, 2, 3, 4, 5, 6...
2, 4, 6, 8, 10, 12...

Há uma entrada na fileira de baixo para cada entrada na fileira de cima. Por conseguinte, o número de termos nas duas fileiras deve ser o mesmo, não obstante a de baixo consista em apenas a metade dos termos da fileira acima. Leibniz, que percebeu esse fato, julgou-o contraditório e concluiu que, embora existam compilações infinitas, os números infinitos não existem. Georg Cantor, por sua vez, negou corajosamente que se tratasse de contradição — e estava certo: trata-se apenas de algo estranho.

Cantor definiu uma compilação "infinita" como aquela cujas partes contêm tantos termos quanto toda a compilação. Com base nisso, conseguiu erigir uma interessantíssima teoria matemática dos números infinitos, conduzindo, assim, ao reino da lógica exata uma região outrora abandonada ao misticismo e à confusão.

O próximo homem de relevância foi Frege, que publicou sua primeira obra em 1879 e, em 1884, a sua definição de número. Todavia, a despeito da natureza monumental de suas descobertas, não obteve reconhecimento nenhum até 1903, quando lhe dei destaque. É fato notável que, antes dele, toda definição de número continha gafes lógicas elementares. Era corriqueiro identificar "número" com "pluralidade". No entanto, um exemplo de "número" é um número em particular (3, digamos), enquanto um exemplo de 3 consiste numa tríade. A tríade constitui uma pluralidade, mas a classe de todas as tríades — por Frege identificada com o número 3 — é uma pluralidade de pluralidades, e o número em geral, do qual 3 é exemplo, uma pluralidade de pluralidades de pluralidades. O equívoco gramatical elementar que existe em confundir isso com a pluralidade simples de dada tríade fez de toda a filosofia numérica anterior a Frege um tecido de disparates no sentido mais estrito do termo.

Da obra de Frege deduzia-se que a aritmética — e a matemática pura em geral — nada mais é do que um prolongamento da lógica dedutiva. Isso refutou a teoria kantiana segundo a qual as proposições aritméticas são "sintéticas" e envolvem uma referência ao tempo. O desenvolvimento da matemática pura a partir da lógica foi detalhadamente articulado nos *Principia Mathematica* que Whitehead e eu elaboramos.

Aos poucos tornou-se clara a possibilidade de reduzir grande parte da filosofia ao que podemos denominar "sintaxe", embora a palavra deva ser empregada, aqui, em sentido bem mais amplo do que costuma ter. Alguns homens, de modo especial Carnap, defenderam que todos os problemas filosóficos são sintáticos e se mostram, uma vez evitados os erros de sintaxe, solucionados ou insolúveis. Julgo tal declaração exagerada, e Carnap está hoje de acordo comigo; de todo modo, não há dúvidas quanto à enorme utilidade da sintaxe filosófica para o tratamento dos problemas tradicionais.

Ilustrarei essa utilidade com uma breve exposição da chamada teoria das descrições. Por "descrição" entendo uma expressão como "o atual presidente dos Estados Unidos", na qual uma pessoa ou coisa é designada não pelo seu nome, e sim por certa propriedade que se julgue ou se saiba particular a ela. Expressões assim foram responsáveis por gerar uma série de problemas. Suponhamos que eu diga que "a montanha dourada não existe" e que você me pergunte: "O que é que não existe?" Ao que parece, se eu responder: "A montanha dourada", estarei atribuindo certo tipo de existência a ela. É evidente que não faço, aqui, a mesma declaração que faria se dissesse: "O quadrado redondo não existe." Isso parecia sugerir que a montanha dourada é uma coisa, e o quadrado redondo, outra, embora nenhum dos dois exista. A teoria das descrições foi elaborada para superar esta e outras dificuldades.

Segundo seus preceitos, quando uma declaração que contenha uma expressão do tipo "o fulano de tal" é corretamente analisada, a expressão "o fulano de tal" desaparece. Tomemos como exemplo a afirmação: "Scott foi o autor de *Waverley*." A teoria das descrições a interpreta como se dissesse:

> Apenas um homem escreveu *Waverley*, e esse homem foi Scott.

Ou, de maneira mais completa:

> Há um ente *c* tal que a declaração "*x escreveu Waverley*" será verdade se *x* for *c*, e falsa se não o for; *c*, ademais, é Scott.

Com essa definição, a confusão causada pelo sentido da frase "A montanha dourada não existe" se esvai.

A "existência", de acordo com essa teoria, só pode ser asseverada a respeito de descrições. Podemos dizer que "O autor de *Waverley* existe", mas afirmar que "Scott existe" é trair a gramática — ou melhor, a sintaxe. Isso esclarece dois milênios de trapalhadas a propósito da "existência", a começar pelo *Teeteto* de Platão.

Entre os resultados do trabalho em exame estão o destronamento da matemática, que perdeu a sublime posição ocupada desde Pitágoras e Platão, e a destruição dos juízos contra o empirismo que disso derivava. É bem verdade que o conhecimento matemático não é obtido por uma indução dada a partir da experiência; não cremos que dois mais dois são quatro porque observamos com frequência que a junção de dois pares forma um quarteto. Nesse sentido, o conhecimento matemático não é ainda empírico; tampouco é, contudo, um conhecimento *a priori* acerca do mundo. Com efeito, trata-se de um conhecimento meramente verbal: "3" significa "2 + 1", e "4", "3 + 1". Disso se segue (embora a demonstração seja longa) que "4" é o mesmo que "2 + 2". Dessa maneira, o conhecimento matemático deixa de ser misterioso: é da mesma natureza da "grande verdade" que três pés formem uma jarda.

A exemplo da matemática pura, a física ofereceu contribuições para a filosofia da análise lógica. Isso se deu sobretudo por meio da teoria da relatividade e da mecânica quântica.

É importante para o filósofo, na teoria da relatividade, a substituição do espaço e do tempo pelo espaço-tempo. O senso comum considera que o mundo físico é composto de "coisas" que perduram por certo período de tempo e se deslocam no espaço. A filosofia e a física fizeram que "coisa" passasse a ser vista como "substância material", por sua vez concebida como algo composto de partículas, cada qual muito pequena e constantemente presente. Einstein substituiu partículas por acontecimentos; cada um destes últimos travava com os outros uma relação denominada "intervalo", o qual poderia ser analisado de diversas maneiras — como elemento temporal e elemento espacial. A opção por uma dessas formas era arbitrária, e nenhuma delas mostrava-se teoricamente preferível às demais. Dados dois acontecimentos, A e B, cada qual verificado em regiões diferentes, poderia ocorrer que ambos fossem simultâneos segundo determinada convenção, que A fosse anterior a B segundo outra e que B fosse anterior a A segundo uma terceira. Nenhum fato físico corresponde a essas diferentes convenções.

De tudo isso, parece seguir-se que a "substância" da física são antes os acontecimentos do que as partículas; o que vem sendo concebido como partícula terá de ser visto, antes, como uma série de acontecimentos. Essa série que substitui a partícula possui certas propriedades físicas importantes e, por isso mesmo, exige atenção; ainda assim, não possui mais substancialidade do que qualquer outra série de acontecimentos que poderíamos destacar. Por conseguinte, a "matéria" não constitui o material último do mundo, mas somente uma forma conveniente de reunir, em feixes, certos acontecimentos.

A teoria quântica reforça a conclusão, mas sua principal relevância filosófica está em que trata os fenômenos físicos como algo possivelmente descontínuo. Ela sugere que, num átomo (interpretado como acima), certa situação perdura durante determinado período de tempo e é de súbito substituída por outra, finitamente diferente. A continuidade do movimento, realidade sempre dada como certa, afigura-se agora como mero preconceito. Todavia, uma filosofia adequada à teoria quântica ainda não foi satisfatoriamente elaborada. Suspeito de que será necessário afastar-se da doutrina tradicional do espaço e do tempo com uma radicalidade ainda maior do que aquela exigida pela teoria da relatividade.

Se a física tem transformado a matéria em algo menos material, a psicologia tem tornado a mente menos mental. Em capítulo anterior, tivemos a oportunidade de comparar com a associação de ideias o reflexo condicionado. Este último, que a substituiu, é claramente mais fisiológico. (Este é apenas um exemplo; não desejo exagerar o escopo do reflexo condicionado.) Por conseguinte, de ambas as extremidades a física e psicologia têm se aproximado uma em relação à outra, possibilitando ainda mais a doutrina do "monismo neural" que William James sugeriu ao criticar a "consciência". A distinção entre espírito e matéria passou à filosofia a partir da religião, ainda que por muito tempo parecesse fundamentada sobre alicerces válidos. Creio que tanto o espírito quanto a matéria não passam de formas convenientes de agrupar acontecimentos. Admito que certos acontecimentos isolados só pertencem a grupos materiais, mas outros integram tanto um grupo quanto o outro e, portanto, são ao mesmo tempo materiais e mentais. Essa doutrina simplifica enormemente a imagem que fazemos da estrutura do mundo.

A física e a fisiologia modernas lançam nova luz sobre o velho problema da percepção. Se há algo que possa ser chamado "percepção", esse algo deve ser, em certa medida, consequência do objeto percebido; além disso, para que seja fonte de conhecimento do objeto, deve assemelhar-se mais ou menos a ele. O primeiro requisito só pode ser satisfeito caso existam cadeias causais que independam, em maior ou menor grau, do resto do mundo. Segundo a física, é esse o caso. As ondas de luz viajam do Sol à Terra e obedecem, ao fazê-lo, às próprias leis. Isso, porém, é algo que só procede *grosso modo*. Einstein demonstrou que os raios luminosos são afetados pela gravidade. Quando chegam à atmosfera, sofrem refração, e alguns se dispersam mais do que os outros. Ao entrarem em contato com o olho humano, dá-se uma série de coisas que não ocorreria alhures, terminando naquilo que chamamos "ver o Sol". Entretanto, embora o Sol de nossa experiência visual seja muito diferente do sol do astrônomo, ainda contribui para seu conhecimento, uma vez que "ver o Sol" difere de "ver a Lua" de maneiras que estão causalmente relacionadas à diferença entre o

Sol do astrônomo e sua Lua. O que podemos conhecer dessa maneira acerca dos objetos físicos, porém, são certas propriedades estruturais abstratas e só. Podemos saber, em certo sentido, que o Sol é redondo — ainda que não no mesmo sentido em que aquilo que vemos —, mas não temos por que achar que ele é luminoso ou quente, uma vez que a física pode explicar por que ele parece sê-lo sem pressupor que o seja. Por conseguinte, nosso conhecimento do mundo físico é apenas abstrato e matemático.

O empirismo analítico moderno, do qual tenho esboçado as linhas gerais, difere daquele de Locke, Berkeley e Hume por incorporar a matemática e por desenvolver uma técnica lógica poderosa. Desse modo, consegue alcançar, a respeito de certos problemas, respostas definitivas de caráter científico, e não filosófico. Se comparado à filosofia dos que erigiram grandes sistemas, ele tem a vantagem de abordar um problema de cada vez, sem precisar conceber, numa só pincelada, uma teoria que abranja todo o universo. Seus métodos, nesse aspecto, se assemelham aos da ciência. Não tenho dúvidas de que, na medida em que o conhecimento filosófico se mostra possível, é mediante métodos tais que o empirismo analítico deve ser procurado; também não tenho dúvidas de que, por meio deles, muitos problemas antigos são completamente solucionáveis.

Resta, no entanto, um vasto território que cabe tradicionalmente à filosofia, e ao qual os métodos científicos se mostram inadequados. Esse território inclui questões definitivas de valor. Por si só, a ciência é incapaz de demonstrar, por exemplo, que é mau deleitar-se com a prática da crueldade. Tudo o que pode ser conhecido pode sê-lo por meio da ciência; aquilo, porém, que é matéria legítima do sentimento encontra-se fora de sua alçada.

Ao longo de toda a sua história, a filosofia consistiu em duas partes que se mesclaram sem harmonia alguma: de um lado, uma teoria que se volta para a natureza do mundo; do outro, uma doutrina ética ou política que diz respeito à melhor forma de viver. A não separação de ambas com suficiente clareza tem sido fonte de vasta confusão. De Platão a William James, os filósofos permitiram que suas opiniões acerca da constituição do universo fossem influenciadas pelo desejo da edificação: acreditando saber quais crenças tornariam os homens virtuosos, eles elaboraram argumentos — muitos deles demasiadamente sofísticos — com o objetivo de demonstrar que eram verdadeiras. De minha parte, censuro esse tipo de viés tanto do ponto de vista moral quanto do intelectual. Moralmente, o filósofo que usa sua competência profissional para qualquer outra coisa que não seja a busca desinteressada da verdade comete uma espécie de traição. Além disso, quando presume, antes de iniciar a investigação, que certas crenças — sejam elas verdadeiras ou não — promovem o bom comportamento, está limitando de tal maneira o escopo da especulação filosófica que acaba por tornar a filosofia trivial. O verdadeiro filósofo está preparado para examinar *todos* os prejulgamentos. Quando um limite é consciente ou inconscientemente imposto à busca da verdade, paralisa-se a filosofia por ação do medo, e prepara-se o caminho para a censura do governo, que punirá aqueles que expressarem "pensamentos perigosos". Na realidade, o próprio filósofo já impusera tal censura às suas investigações.

Intelectualmente, as considerações morais equivocadas têm impedido um progresso extraordinário da filosofia. Eu mesmo não creio que a filosofia possa demonstrar ou refutar a veracidade dos dogmas religiosos, mas desde Platão a maioria dos pensadores considerou parte de suas questões a elaboração de "provas" da imortalidade e da existência de Deus. Eles encontraram falhas nas provas de seus predecessores — santo Tomás rejeitou as provas de santo Anselmo; Kant rejeitou as de Descartes —, mas não deixaram de oferecer as suas. A fim de que estas provas parecessem válidas, tiveram, porém, de violar a lógica, de tornar mística a matemática e de fingir que preconceitos profundamente arraigados eram, na verdade, intuições vindas do céu.

Tudo isso rejeitam os filósofos que consideram a análise lógica a atividade principal da filosofia. Eles reconhecem, com franqueza, que o intelecto humano é incapaz de dar respostas conclusivas a muitas questões importantíssimas para a humanidade, mas se recusam a acreditar em uma forma "superior" de chegar ao conhecimento, mediante a qual poderíamos descobrir verdades ocultas à ciência e ao intelecto. Por conta dessa renúncia, foram recompensados tanto com a percepção de que muitos problemas obscurecidos pela névoa da metafísica podem ser perfeitamente solucionados quanto com métodos objetivos que nada têm do temperamento do filósofo, exceto o desejo de compreender. Tomemos perguntas como: o que é o número? O que são o espaço e o tempo? O que é o espírito e o que é a matéria? Não digo que podemos oferecer, aqui e agora, respostas definitivas a todas essas velhas questões, mas afirmo que foi descoberto um método pelo qual somos capazes de nos aproximar gradualmente, como na ciência, da verdade; um método no qual cada estágio novo resulta não da rejeição do que viera antes, mas de seu aprimoramento.

No rebuliço dos fanatismos conflitantes, uma das poucas forças de unificação vem da honestidade científica, pelo que entendo o hábito de fundamentar nossas crenças em observações e inferências tão impessoais e tão despojadas de traços locais e temperamentais quanto é possível a seres humanos. Ter insistido na absorção dessa virtude pela filosofia e ter concebido um método poderoso pelo qual ela pode se tornar prolífica são os principais méritos da escola filosófica de que faço parte. O costume da veracidade cautelosa, adquirido a partir da prática desse método, pode ser estendido a todo o âmbito das atividades humanas, produzindo, onde quer que exista, o abrandamento do fanatismo e o crescimento da compaixão e da compreensão mútua. Ao abandonar parte de suas pretensões dogmáticas, a filosofia não deixa de sugerir e inspirar um modo de vida.

Direção editorial
Daniele Cajueiro

Editora responsável
Ana Carla Sousa

Produção editorial
Adriana Torres
Júlia Ribeiro
Juliana Borel
Phellipe Marcel

Revisão de tradução
Alexandre Zanella
Clarice Goulart

Revisão
Guilherme Semionato
Janaína Senna
Stephany Leal

Diagramação
Elza Maria da Silveira Ramos
Marina Lima

Este livro foi impresso em 2025, pela Vozes, para a Nova Fronteira.
O papel do miolo é Ivory Slim 65g/m² e o da capa é Cartão 250g/m².